Le Routard

Mexique

Cofondateurs : Philippe GLOAGUEN et Michel DUVAL

Directeur de collection et auteur
Philippe GLOAGUEN

Rédacteurs en chef adjoints
Amanda KERAVEL
et Benoît LUCCHINI

Directrice de la coordination
Florence CHARMETANT

Directrice administrative
Bénédicte GLOAGUEN

Directeur du développement
Gavin's CLEMENTE-RUIZ

Conseiller à la rédaction
Pierre JOSSE

Direction éditoriale
Hélène FIRQUET

Rédaction
Isabelle AL SUBAIHI
Emmanuelle BAUQUIS
Mathilde de BOISGROLLIER
Thierry BROUARD
Marie BURIN des ROZIERS
Véronique de CHARDON
Fiona DEBRABANDER
Anne-Caroline DUMAS
Éléonore FRIESS
Géraldine LEMAUF-BEAUVOIS
Olivier PAGE
Alain PALLIER
Anne POINSOT
André PONCELET
Alizée TROTIN

Responsable voyages
Carole BORDES

2018

hachette

TABLE DES MATIÈRES

PRÉAMBULE

COMMENT Y ALLER ? 36

MEXIQUE UTILE 48

Important : dernière minute

Sauf rare exception, le *Routard* bénéficie d'une parution annuelle à date fixe. Entre deux dates, des événements fortuits (formalités, taux de change, catastrophes naturelles, conditions d'accès aux sites, fermetures inopinées, etc.) peuvent modifier vos projets de voyage. Pour éviter les déconvenues, nous vous recommandons de consulter la rubrique « Guide » par pays de notre site • *routard.com* • et plus particulièrement les dernières ***Actus voyageurs.***

Cuisine de rue, Guanajuato

LA RÉDACTION DU ROUTARD

(sans oublier nos 50 enquêteurs, aussi sur le terrain)

Thierry, Anne-Caroline, Éléonore, Olivier, Pierre, Benoît, Alain, Fiona, Gavin's, André, Véronique, Bénédicte, Jean-Sébastien, Mathilde, Amanda, Isabelle, Géraldine, Marie, Carole, Philippe, Florence, Anne.

La saga du *Routard* : en 1971, deux étudiants, Philippe et Michel, avaient une furieuse envie de découvrir le monde. De retour du Népal germe l'idée d'un guide différent qui regrouperait tuyaux malins et itinéraires sympas, destiné aux jeunes fauchés en quête de liberté. 1973. Après 19 refus d'éditeurs et la faillite de leur première maison d'édition, l'aventure commence vraiment avec Hachette. Aujourd'hui, le *Routard*, c'est plus d'une cinquantaine d'enquêteurs impliqués et sincères. Ils parcourent le monde toute l'année dans l'anonymat et s'acharnent à restituer leurs coups de cœur avec passion.

Merci à tous les Routards qui partagent nos convictions : liberté et indépendance d'esprit ; découverte et partage ; sincérité, tolérance et respect des autres.

NOS SPÉCIALISTES MEXIQUE

Fiona Debrabander : franco-britannique, passionnée d'histoire, de musique et de cinéma, elle apprécie autant prendre le thé après un trek qu'un café au comptoir, les bains de foule sur les marchés que les bains de minuit en bord de mer. Avide de rencontres et de nature, au coin de la rue ou au bout du monde, elle sillonne la planète avec l'envie de partager ses découvertes.

Éric Milet : né à Saint-Nazaire, il a passé son enfance à regarder s'éloigner les bateaux. Premier voyage à 15 ans. Seul. Depuis, il n'a pas cessé. Voyager, c'est comme une petite vie dans la vie : on naît, on vit, on meurt… et on renaît (ouf !). Juste l'envie de voir, de toucher, de sentir. Envie de raconter, aussi, qu'on arrive du bout du monde ou du fond de son jardin.

UN GRAND MERCI À NOS AMI(E)S SUR PLACE ET EN FRANCE

Pour cette nouvelle édition, nous remercions particulièrement :

- **Benjamin Mathieu,** pour ses connaissances sur le pays ;
- **Marjorie Dubois,** pour son aide dynamique ;
- **Marie-Ange Brillaud,** pour son accueil à Oaxaca ; et **Olivia Guinebretière,** pour son aide enthousiaste.

Pictogrammes du Routard

Établissements

- Hôtel, auberge, chambre d'hôtes
- Camping
- Restaurant
- Boulangerie, sandwicherie
- Glacier
- Café, salon de thé
- Café, bar
- Bar musical
- Club, boîte de nuit
- Salle de spectacle
- Office de tourisme
- Poste
- Boutique, magasin, marché
- Accès Internet
- Hôpital, urgences

Sites

- Plage
- Site de plongée
- Piste cyclable, parcours à vélo

Transports

- Aéroport
- Gare ferroviaire
- Gare routière, arrêt de bus
- Station de métro
- Station de tramway
- Parking
- Taxi
- Taxi collectif
- Bateau
- Bateau fluvial

Attraits et équipements

- Présente un intérêt touristique
- Recommandé pour les enfants
- Adapté aux personnes handicapées
- Ordinateur à disposition
- Connexion wifi
- Inscrit au Patrimoine mondial de l'Unesco

Tout au long de ce guide, découvrez toutes les photos de la destination sur • *routard.com* • Attention au coût de connexion à l'étranger, assurez-vous d'être en wifi !

Le *Routard* est imprimé sur un papier issu de forêts gérées.

I.S.B.N. 978-2-01-279999-8

30°
Golfe de Californie
BAJA CALIFORNIA
Hermosillo
Chihuahua
Río Grande
Río Bravo del Norte
Creel
45
57
Los Mochis
15D
Torreón
La Paz
San José del Cabo
Durango
40D
Mazatlán
54D
Zacatecas
49
San Luis Potosí
45
Environs de Tequila
San Miguel de Allende
Tequila
15D
Guanajuato
Puerto Vallarta
Guadalajara
200
54D
15D
Morelia
Pátzcuaro
80
Santuarios mariposa monarca
Barra de Navidad
CÔTE PACIFIQUE NORD p. 488
200
OCÉAN
PACIFIQUE
Veracruz Lieux traités
Monterrey Repères
sites inscrits au Patrimoine mondial de l'Unesco
0 100 200 km

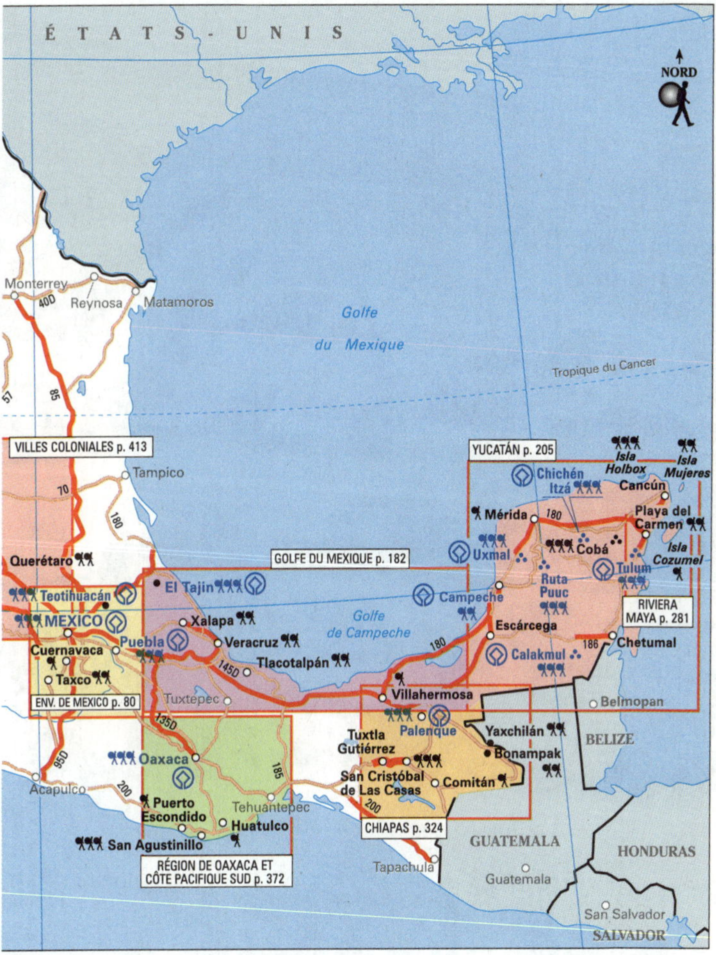

ÉTATS-UNIS
NORD
Monterrey
40D
Reynosa
Matamoros
Golfe du Mexique
Tropique du Cancer
57
85
VILLES COLONIALES p. 413
Tampico
70
180
Querétaro
GOLFE DU MEXIQUE p. 182
YUCATÁN p. 205
Isla Holbox
Isla Mujeres
Chichén Itzá
Cancún
Mérida
180
Playa del Carmen
Uxmal
Cobá
Isla Cozumel
Tulum
Ruta Puuc
El Tajín
Teotihuacán
MEXICO
Campeche
Golfe de Campeche
RIVIERA MAYA p. 281
Xalapa
Escárcega
Puebla
Veracruz
180
186
Chetumal
Cuernavaca
Tlacotalpán
Calakmul
145D
Taxco
ENV. DE MEXICO p. 80
Tuxtepec
Villahermosa
Belmopan
135D
Palenque
Tuxtla Gutiérrez
Yaxchilán
BELIZE
Oaxaca
Bonampak
95D
185
San Cristóbal de Las Casas
Comitán
Acapulco
200
Puerto Escondido
Tehuantepec
200
Huatulco
CHIAPAS p. 324
San Agustinillo
GUATEMALA
HONDURAS
RÉGION DE OAXACA ET CÔTE PACIFIQUE SUD p. 372
Tapachula
Guatemala
San Salvador
SALVADOR

LE MEXIQUE

Pyramide de la Luna, Teotihuacán

« Le Mexique est un mélange bien dosé de Quetzalcóatl et de Pepsicóatl avec quelques gouttes de tequila en plus... »
Carlos Fuentes

À l'image de sa capitale, le Mexique est **un pays cosmopolite, bouillonnant, multiple et fascinant.** Une terre mythique, qui évoque tout à la fois le monde préhispanique, l'aventure, la révolution, les fêtes joyeuses et colorées. Les nombreuses civilisations qui s'y sont succédé au fil des siècles furent d'une telle richesse que l'on peut passer toute une vie à étudier la science des Mayas, l'esthétisme des Olmèques, l'esprit sportif des Toltèques ou l'organisation militaire des Aztèques.

À côté des sites archéologiques majeurs s'étendent des plages somptueuses, des villes coloniales pittoresques, des paysages à couper le souffle, déserts arides au nord, forêts tropicales au sud. Et partout pulse la musique, celle d'un peuple métissé – indien et espagnol – qui résume les contradictions de l'Amérique latine. Violenté par de profondes inégalités bien sûr, mais aussi tout à la fois résolument ancré dans la mondialisation et riche de la diversité de ses langues, de ses cultures, qui puisent leurs racines dans le monde précolombien. Pour couronner le tout, l'influence économique et culturelle du puissant voisin américain génère un mode de vie où se rejoignent divinités aztèques et Internet, fête des Morts traditionnelle et Halloween.

Venez y faire la fête avec les mariachis, plonger sur les traces du commandant Cousteau dans les récifs de Cozumel, découvrir le tombeau de Pacal, le roi maya de Palenque, flâner sur les marchés villageois et explorer les *cenotes* (puits naturels) du Yucatán. Comme dans les livres de Carlos Castañeda, un séjour sur cette terre surréaliste et magique ne peut être comparé qu'à un voyage initiatique.

Orchestre norteño au marché flottant de Xochimilco

NOS COUPS DE CŒUR

© Gardel Bertrand/hemis.fr

1 Se balader dans le Bosque de Chapultepec et visiter le superbe musée d'Anthropologie de Mexico.

Un musée prestigieux installé dans un magnifique édifice d'acier et d'aluminium, au milieu du bois de Chapultepec, poumon vert de la ville semé de lacs et sillonné par de grandes avenues. Beaucoup de familles en fin de semaine (location de barques, balade en petit train, zoo et fête foraine). Dans le musée, outre de sublimes pièces d'art précolombien, on peut admirer la pierre du Soleil, connue sous le nom de calendrier aztèque, tout en basalte et pesant… 24 tonnes ! *p. 124, 125*

Bon à savoir : *ouv mar-dim 9h-19h. Entrée : 65 $Me. Infos : • mna.inah.gob.mx •*

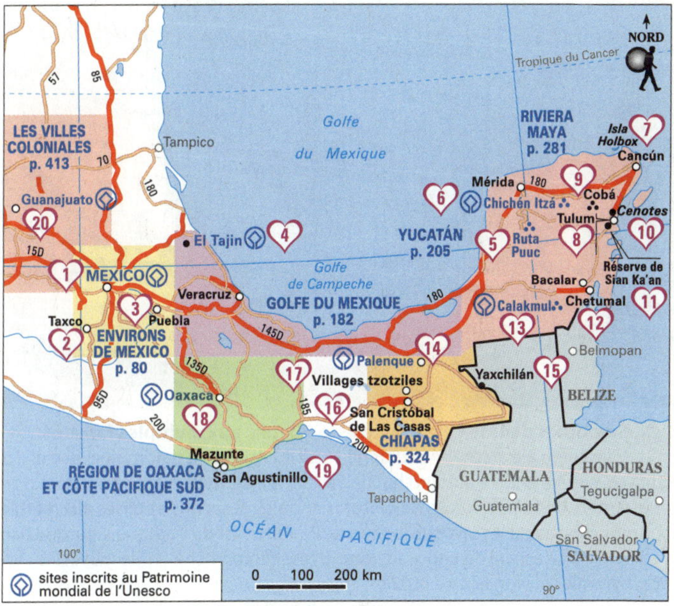

(2) Parcourir les rues pentues de Taxco, l'une des capitales mondiales de l'argent, à la recherche de la perle rare.

Ville coloniale du nord du Guerrero, Taxco déverse ses maisonnettes toutes blanches sur le flanc d'une colline aride, en pleine Sierra Madre. Fondée en 1534 consécutivement à la découverte d'une mine d'argent, la ville doit sa notoriété à ses nombreux ateliers de joaillerie et bijouteries – on en compte plus de 300 ! *p. 155*

Bon à savoir : l'argent véritable est poinçonné 925 mais à Taxco, comme partout en Amérique latine, on vend souvent de l'alpaca, un alliage qui contient du nickel, alors ayez l'œil !

© Gardel Bertrand/hemis.fr

3 **Séjourner dans la ville baroque de Puebla, aux multiples facettes.**
Ville coloniale au charme suranné, Puebla, inscrite au patrimoine mondial de l'Unesco, cultive encore aujourd'hui un certain art de vivre. Avec ses musées d'art, ses quartiers populaires ornés de pinturas murales et son lot d'églises aux retables tous plus clinquants les uns que les autres, Puebla, c'est du baroque… jusque dans la cuisine ! Une escale de choix au cœur d'une région riche en découvertes : volcans, pyramides, monastères oubliés, etc. *p. 164*
Bon à savoir : de nombreux musées sont gratuits le dimanche.

© Jon Arnold Images/hemis.fr

4 **Assister au spectacle grand frisson que procure la danse des *voladores*, à l'entrée du site d'El Tajín.**
Site précolombien parmi les plus importants et les mieux conservés du Mexique, El Tajín est le centre de la culture totonaque, un peuple qui rêvait de voler pour s'approcher du ciel. On peut assister au très beau rituel des *voladores* : des hommes attachés à un poteau par une corde, à 30 m de hauteur, qui se jettent dans le vide tête en bas, pour tourner 52 fois (c'est précis !) autour du mât. Impressionnant. *p. 182*
Bon à savoir : le rituel a lieu chaque jour, mais les danseurs attendent qu'il y ait du monde pour obtenir un pourboire consistant.

5 Apprendre à reconnaître la trompe du dieu Chac en visitant les sites mayas de la ruta Puuc.

Au sud de Mérida, la ruta Puuc désigne un ensemble de cités mayas jadis reliées entre elles, caractérisées par un style commun, le Puuc, qui multiplie les représentations de Chac, le dieu de la Pluie. Site majeur du circuit, Uxmal émerveille par ses proportions monumentales. Plus modestes, les autres cités ont aussi leur charme, comme celle de Labná, oubliée des touristes. *p. 229*

Bon à savoir : pour ceux qui n'ont pas de véhicule, un bus effectue le dimanche depuis Mérida un tour de tous les sites de la zone.

© Witold Skrypczak/Alamy/hemis.fr

6 Assister à la magie du son et lumière projeté sur la grande pyramide de Chichén Itzá.

Désormais classée comme l'une des sept merveilles du monde moderne, elle accueille, au plus fort de la saison, près de 8 000 visiteurs par jour ! Assister à ce spectacle permet de comprendre combien la religion des Mayas était intimement liée avec le soleil, les astres et la nature. *p. 247*

Bon à savoir : résa à l'avance en haute saison. Prévoir une lampe de poche, un répulsif antimoustiques, un vêtement chaud et de quoi se protéger de la pluie, au cas où…

© Morandi Tuul et Bruno/hemis.fr

7 Sur Isla Holbox, embarquer avec un « capitaine » pour aller nager avec les *tiburones*.

Ces célèbres requins-baleines migrent au large de cette île paradisiaque, à l'ambiance très « atlantique », entre juin et septembre. Pas de danger de se faire croquer… ces monstres marins ne mangent que du plancton ! *p. 261*

Bon à savoir : *Holbox est infestée de moustiques en été ! Moustiquaire et puissant répulsif obligatoires ; opter aussi – de préférence – pour une chambre avec la clim.*

© Chicurel Arnaud/hemis.fr

8 Faire une session de snorkelling au large de Tulum, avec son célèbre site maya pour toile de fond.

À quelques brasses au large de la Punta Sur, voici la deuxième plus grande barrière de corail du monde après celle d'Australie ! On y observe de magnifiques poissons coralliens et des tortues marines dans l'une des eaux les plus chaudes et translucides de la Caraïbe… En outre, le site archéologique de Tulum est l'un des plus importants du Yucatán, surplombant une plage superbe. *p. 310*

Bon à savoir : *résa indispensable en haute saison (Pâques, juillet-août et autour de Noël).*

© Robert Harding/Alamy/hemis.fr

9 **Partir à l'ascension de Nohoch Mul, la grande pyramide de Cobá.** Pour comprendre l'importance capitale de ce site à la période classique de l'Empire maya, tellement vaste qu'on peut le visiter en « tricycle avec chauffeur » et dont la majeure partie est encore enfouie dans la forêt. La vue depuis le sommet de la pyramide, tôt le matin, donne le sentiment d'être seul au monde ! *p. 315*

***Bon à savoir :** arriver dès l'ouverture pour se faire conduire directement à la grande pyramide et éviter la foule.*

10 Plonger dans les eaux cristallines d'un *cenote*, sur la péninsule du Yucatán.

Ces puits naturels dissimulés en pleine jungle servaient jadis de réservoirs d'eau potable aux Mayas. Creusés dans le calcaire, ils sont en relation avec le formidable astéroïde qui frappa la Terre il y a 65 millions d'années… Un vrai voyage dans le temps ! Et si le soleil est de la partie, l'atmosphère des cavités baignées de lumière est tout simplement féerique. *p. 205*

Bon à savoir : *venir de préférence vers 12h, car certains* cenotes *ne laissent passer la lumière que lorsque le soleil est au zénith.*

11 **Explorer la réserve naturelle de Sian Ka'an.**

Située au sud de Tulum, la réserve de Sian Ka'an (« l'origine du ciel » en maya) est classée au Patrimoine de l'Unesco, pour la richesse de sa faune et de sa flore. On embarque à bord d'un petit bateau pour aller observer lamantins, crocodiles, ainsi qu'un grand nombre d'oiseaux et de fleurs endémiques. *p. 313*

Bon à savoir : *plusieurs accès dont Punta Allem et Boca Paila (au sud de la zone hôtelière de Tulum), mais le plus rapide est celui qui passe par le site archéologique de Muyil, à visiter au passage.*

© Blaine Harrington/Agefotostock.fr

12 **Visiter le Musée maya de Chetumal, puis filer jusqu'à la laguna de Bacalar, dans le Quintana Roo.**

Admirer la reconstitution virtuelle du monde maya dans le très sombre, mais très instructif Musée maya de Chetumal, puis mettre le cap sur Bacalar et sa lagune aux sept nuances de bleu, véritable petit paradis pour pratiquer le kayak ou simplement pour se détendre. *p. 317, 319*

Bon à savoir : *peu de colectivos pour faire les 30 km qui séparent Chetumal de Bacalar. Se grouper et prendre un taxi depuis Chetumal, av. Independencia (à proximité de l'hôpital).*

© Eddy Galeotti/Alamy/hemis.fr

13 **Grimper au sommet de la plus grande des pyramides du site de Calakmul (55 m) pour la vue sur l'immense mer végétale qui l'entoure.** Rivale de Tikal au Guatemala voisin, Calakmul fut le centre du royaume de la Tête de Serpent. Elle se trouve aujourd'hui au cœur d'une réserve naturelle qui abrite une faune riche (oiseaux, serpents, pumas…) et une grande variété d'orchidées. Les escaliers qui mènent au sommet de la plus haute pyramide sont abrupts, mais de là-haut, on surplombe la canopée jusqu'au Guatemala ! *p. 246*

Bon à savoir : le site se trouve dans la région du Río Bec, dans l'État de Campeche, entre Escárcega et Chetumal.

© Constant Dupuis/No Strings/Agefotostock.fr

14 Explorer les ruines de Palenque, l'un des sites mayas les plus spectaculaires.

Aujourd'hui enfouie dans la jungle, la cité de Palenque connut son apogée aux VIIe et VIIIe s. Parmi ses nombreux édifices monumentaux, la pyramide du templo de las Inscripciones recelait un trésor fabuleux, la tombe du roi Pacal, dissimulée dans une chambre funéraire secrète. Ne pas rater sa passionnante réplique dans le musée du site. *p. 335*

Bon à savoir : *venir dès l'ouverture, pour éviter la foule et les grosses chaleurs.*

15 Jouer les Indiana Jones en partant à la découverte du site maya de Yaxchilán.

Niché au bord du río Usumancinta, qui sépare le Chiapas du Guatemala, Yaxchilán est une ancienne cité maya perdue en pleine jungle. S'y rendre a déjà un parfum d'aventure : aucun accès par voie terrestre, on doit emprunter une pirogue à moteur. Sur place, les ruines, aux magnifiques linteaux sculptés, émergent de la forêt, alors que d'arbre en arbre se répondent les rugissements inquiétants des singes hurleurs. *p. 339*

***Bon à savoir :** on peut s'y rendre dans la journée depuis Palenque, mais la route est longue. Mieux vaut passer une nuit sur place.*

© Emiliano Rodriguez/Alamy/hemis.fr

16 Se balader dans les rues pittoresques de San Cristóbal de Las Casas pour apprécier son atmosphère cosmopolite.

Plus vieille cité du Chiapas (1528), San Cristóbal attire autant les routards au long cours que les touristes mexicains venus s'encanailler le temps d'un week-end, pendant que les Indiens tzotziles descendent des montagnes vendre leurs produits au marché. En résulte un mélange joyeux et atypique, à base de cafés-concerts, hostales pas chers et revendications zapatistes, avec pour écrin de délicieuses rues coloniales. *p. 348*

***Bon à savoir :** à 2 140 m d'altitude, les nuits sont froides en hiver. Prévoir pull et veste !*

© Stefano Paterna/Alamy/hemis.fr

17 **S'initier aux pratiques religieuses des villages tzotziles.**

Les croyances des Indiens tzotziles, qui peuplent les montagnes autour de San Cristóbal, sont un syncrétisme entre religion catholique et rituels mayas. À San Juan Chamula, le village le plus touristique, les chamans y pratiquent un culte déroutant : dans l'ancienne église des colons, on sort les bancs pour recouvrir le sol d'aiguilles de pin, y brûler des bougies et psalmodier en buvant du posh, un alcool local. Une étrange atmosphère, fervente et mystique. *p. 360*

Bon à savoir : *il est strictement interdit de photographier l'intérieur des églises, les cérémonies ou les fêtes religieuses.*

18 Flâner dans les ruelles aux façades multicolores de la paisible Oaxaca.
Perchée à 1 500 m d'altitude, Oaxaca est l'un des joyaux du Mexique. Balade très agréable au gré de ses rues bordées de maisons basses aux couleurs vives. Derrière chaque porte, l'œil curieux entrevoit un patio fleuri, un cloître paisible, une fontaine rieuse… À juste titre, cette ville coloniale tranquille et pleine de charme est classée au Patrimoine mondial de l'Unesco. p. 372
Bon à savoir : ne pas hésiter à consacrer plusieurs jours à la découverte de la ville et de ses environs.

© Stéphane Frances/Onlyworld.net

19 Sur la côte pacifique sud, assister, à l'aube, au retour des pêcheurs de San Agustinillo et Mazunte.
Ici, pas de *resorts* ni d'hôtels de luxe, simplement le calme et l'authenticité d'un charmant port de pêche occupant une échancrure de la côte pacifique. Partis relever leurs filets avant l'aube, les pêcheurs rentrent les uns après les autres, en lançant leurs barques à pleins gaz pour se laisser glisser sur le sable ! Thons, espadons et autres *huachinangos* s'entassent alors sur le quai… p. 399, 401
Bon à savoir : San Agustinillo se trouve environ à 50 km à l'ouest de Huatulco.

© Kaos03/Sime/Photononstop

20 En fin de semaine, faire la fête jusqu'au bout de la nuit en se mêlant aux joyeux défilés de Guanajuato.

Guanajuato doit son existence aux mines d'or et d'argent exploitées par les colons espagnols. Ils ont construit un centre historique splendide, inscrit au Patrimoine mondial de l'Unesco. La ville s'anime le soir, quand les *callejoneadas* envahissent les rues. Ces joyeux défilés, où se mêlent jeunes, étudiants et musiciens en costume traditionnel, se transforment rapidement en une vaste fête populaire. Une super ambiance ! *p. 452*

***Bon à savoir :** les* callejoneadas *ont lieu tous les jours vers 20h, mais d'autres surgissent spontanément à tout moment.*

Isla Mujeres

ITINÉRAIRES CONSEILLÉS

L'itinéraire parfait au Mexique n'existe pas, à moins que vous n'ayez plusieurs mois devant vous ! Voici quelques suggestions pour élaborer votre périple.

Le Yucatán, entre îles et *cenotes* (env 15 j.)

- **Cancún (1).** Première étape envisageable pour débuter un circuit dans le Yucatán (vols directs internationaux).
- **Isla Mujeres (2).** Une petite île aux plages idylliques…
- **Puerto Morelos (3).** Halte tranquille dans ce village de pêcheurs dont les récifs coralliens font la joie des plongeurs et des adeptes du snorkelling.
- **Playa del Carmen (4).** Pour profiter de l'ambiance festive et des belles plages au sud.
- **Isla Cozumel (5).** Une île où il fait bon flâner, profiter des plages sauvages ou pratiquer la plongée sous-marine (site particulièrement réputé).
- **Tulum, Muyil et la réserve naturelle de Sian Ka'an (6).** Bain de culture avec la

visite des sites archéologiques, et bain de nature à Sian Ka'an, parc naturel inscrit au patrimoine mondial de l'Unesco (nombreuses espèces d'oiseaux).

- **Cobá (7).** La plus puissante des anciennes cités mayas du nord de la péninsule. Les lacs qui l'entourent sont peuplés de crocodiles…
- **Valladolid (8).** Étape agréable dans cette jolie ville au charme colonial.
- **Chichén Itzá (9).** Le site archéologique le plus visité de la région, célèbre notamment pour sa grande pyramide.
- **Río Lagartos (10).** Pour explorer la réserve du parc national Río Lagartos, territoire des flamants roses.
- **Isla Holbox (11),** petit paradis protégé où la voiture est encore interdite. Puis retour à **Cancún (1).**

La route des Pyramides et le Chiapas (env 15 j.)

- **Mérida (1).** Étape dans la capitale du Yucatán, dont le centre conserve quelques beaux vestiges coloniaux. Bon point de départ pour visiter Valladolid et Izamal.
- **Uxmal et la Ruta Puuc (2).** Découverte des sites archéologiques de la région : Uxmal, mais aussi Kabah, Sayil, Xlapak, Labná, etc.
- **Campeche et Edzná (3).** Campeche est la seule ville fortifiée du Mexique, même s'il ne reste aujourd'hui que quelques vestiges de la muraille. À 50 km de là, visite du site archéologique d'Edzná.
- **Palenque (4).** L'une des plus grandes cités mayas du pays et un parc national, tous deux classés par l'Unesco. Superbe site archéologique entouré de forêt vierge.
- **Bonampak (5).** Cité maya située au cœur du territoire des Indiens lacandons.
- **Yaxchilán (6).** Une autre cité maya à laquelle on accède uniquement en pirogue à moteur (lancha).
- **Comitán (7).** Agréable étape dans cette ville coloniale tranquille, sur la route du Guatemala. En prime, la visite des lagunes de Montebello et des cascades de Chiflón.
- **San Cristóbal de Las Casas (8).** La plus vieille cité espagnole de l'État du Chiapas, fondée en 1528. Visite des villages tzotziles, dans les environs.

De la sierra aux plages du Pacifique sud (15 j.)

- **Mexico (1).** Visite du centre historique et des grands musées de la capitale (musée national d'Anthropologie, d'Art populaire, etc.), sans oublier la maison-musée de Frida Kahlo.
- **Taxco (2).** L'une des plus jolies villes coloniales du pays (et les plus visitées). Spécialité d'artisanat en argent.
- **Oaxaca (3).** Étape prolongée dans cette ville coloniale au charme indéniable, riche d'un patrimoine historique et d'une vie culturelle très dynamique.
- **Monte Albán (4).** Visite de ce site archéologique perché à 2 000 m d'altitude, qui domine la vallée de Oaxaca.
- **San Agustinillo (5).** Cap sur la côte pacifique et séjour balnéaire dans ce petit village tranquille, qui borde une longue plage de sable fin.
- **Puerto Escondido (6).** Un petit port de pêche devenu une station balnéaire animée et un célèbre spot de surf, en particulier l'immense playa Zicatela.

Le Mexique colonial (15-20 j.)

Cet itinéraire permet d'admirer les splendeurs de l'époque de la vice-royauté de la Nouvelle-Espagne et de l'art baroque.

- **Mexico (1).**
- **Tepotzotlán (2).** Étape sur la route des villes coloniales du nord, visite du monastère et de l'un des plus beaux musées d'Art colonial du pays.
- **Querétaro (3).** Amis routards amateurs de vieilles pierres, cette ville abrite pas moins de 1 200 édifices historiques !
- **San Miguel de Allende (4).** Pour son centre colonial préservé et ses galeries d'art, boutiques d'artisanat et d'antiquités d'une grande richesse.
- **San Luis Potosí (5).** Étape possible pour goûter à l'atmosphère dynamique et visiter le centre historique.
- **Zacatecas (6).** Un joyau de l'architecture coloniale, isolé à 2 500 m d'altitude. La ville a prospéré grâce aux mines d'argent, dont le sous-sol regorge dans la région.
- **Guanajuato (7).** L'un de nos coups de cœur pour son architecture coloniale très particulière, son ambiance dynamique et étudiante et sa vie culturelle trépidante.
- **Morelia (8).** Autre superbe ville coloniale, aux allures bourgoises cette fois. De quoi en prendre plein les yeux.

• **Pátzcuaro (9).** Une ville de montagne établie au bord d'un lac, dont l'architecture évoque les villages du pays… basque ! L'occasion aussi de faire des achats dans les nombreuses boutiques d'artisanat. Enfin, retour à **Mexico (1) ***.

** Si vous disposez de* ***2-3 jours supplémentaires,*** *avant de reprendre l'avion, n'oubliez pas d'aller faire un tour à* ***Puebla,*** *la* ***ville baroque située au pied du volcan Popocatépetl.***

SI VOUS ÊTES…

Plutôt culture et « vieilles pierres » : c'est l'un des points forts du pays. En vedettes, le site archéologique de Teotihuacán, pour ses imposantes pyramides (celle dite « du Soleil » est la plus grande du continent) ou encore la cité fortifiée de Xochicalco, classée elle aussi au patrimoine mondial par l'Unesco, sans oublier bien sûr, l'une des sept merveilles du monde moderne : Chichén Itzá, site maya dans le Yucatán, à l'est. À voir aussi les ruines mayas du Chiapas (Palenque, Bonampak, Yaxchilán), émergeant de la jungle.

Changement d'époque au centre du pays. Là, les villes coloniales (beaucoup sont inscrites au Patrimoine de l'humanité) se bousculent, tant au sud de Mexico (Taxco, Puebla, Oaxaca...) qu'au nord (Morelia, Pátzcuaro, Querétaro, San Miguel de Allende, Guanajuato, San Luis Potosí, Zacatecas...). Et, bien sûr, la capitale elle-même, avec ses nombreuses églises et musées d'art sans oublier le célèbre musée national d'Anthropologie. Bref, les amateurs d'art précolombien ou baroque seront ravis !

En famille : le pays est suffisamment varié pour offrir des activités qui plairont aux adultes comme aux enfants. À commencer par les superbes plages de la côte caribéenne, où l'on peut se la couler douce ou explorer les nombreux parcs d'attractions aménagés autour des *cenotes,* pour faire du *snorkelling* ou même de la tyrolienne. Dans Yucatán, on peut combiner un séjour balnéaire à des visites culturelles, l'arrière-pays regorgeant de sites et vestiges mayas tels Tulum, Cobá ou Chichén Itzá. Ailleurs, les routards en herbe ne manqueront pas d'apprécier les richesses naturelles et artisanales du Mexique : rassemblement de papillons monarques (en hiver), à l'est de Morelia, marchés indigènes et colorés du Chiapas, spectaculaires grottes de Cacahuamilpa, au sud de Mexico, etc.

Plutôt nature : des déserts du Nord, popularisés par Hollywood avec les westerns, aux zones tropicales du Sud, vers le Chiapas, en passant par les sierras hérissées de cactus qui traversent le cœur du pays, et les plages bordées de cocotiers du Yucatán, vous aurez l'embarras du choix ! Ah, on oubliait le chapelet de volcans (Popocatépelt en tête) au sud de Mexico, offrant par beau temps un véritable décor de carte postale, sans oublier la deuxième plus grande barrière de corail au monde devant Isla de Cozumel, paradis des plongeurs.

Amateur de bonne chère : la cuisine mexicaine est l'une des rares à être inscrites au Patrimoine immatériel de l'Unesco. Elle constitue un modèle culturel complet rassemblant des pratiques agricoles, des techniques culinaires et des coutumes communautaires ancestrales. Avec ses tacos, enchiladas, *quesadillas, pozoles,* sans oublier quelques insectes croustillants, les fameuses sauces dont celle au cacao *(mole)* et le piment bien sûr, elle possède une vraie personnalité !

Musicien de rue dans le quartier de Coyoacan, Mexico

LU SUR routard.com

Les plages du Pacifique

(tiré du carnet de voyage de Claude Hervé-Bazin)

Au sud d'Acapulco, le Mexique déroule une côte immense : plus de 800 km de falaises, lagunes, cocoteraies et plages baignées par les eaux tièdes, mais souvent agitées, d'un océan pas toujours si pacifique que son nom voudrait le faire croire. Acapulco, la bruissante capitale de la riviera mexicaine, n'est plus ce qu'elle était. Un rapide coup d'œil et, déjà, l'envie de découvrir d'autres horizons, plus sereins, se fait sentir. Cap au sud, donc, pour un fantastique voyage de plage en plage, où l'on croise des lieux mythiques comme *Puerto Escondido, Zipolite* ou *Puerto Ángel.*

Huit heures de bus de nuit depuis Acapulco, histoire d'économiser l'hôtel. Au petit matin, la lumière dorée nappe une campagne tropicale semée de palmiers, puis de villas. En 1970, ***Puerto Escondido*** ne comptait guère que 500 habitants, pêcheurs pour la plupart. Quelques *gringos* s'arrêtèrent pour surfer. Certains restèrent. Et le « port caché » devint station balnéaire, sa population multipliée par cent. Des hôtels ont poussé face à la Bahia Principal, où se baignent les familles et dodelinent les barques blanches des pêcheurs. Rien qui ne dépasse encore le sommet des cocotiers, mais de petits établissements familiaux et quelques 3-étoiles. L'hiver, les dauphins sont si nombreux que certains affirment en avoir vu des centaines en une seule journée ! Et des tortues aussi. Question de chance... Grâce au surf, Puerto Escondido est entré dans la légende, et sa plage de Zicatela s'est taillé une place dans la liste des spots mondiaux.

Après Zicatela, ***Zipolite.*** Le surf trip se poursuit sur cette autre plage mythique, qui a grandi avec les hippies, pour devenir l'une des Mecque du Mexico gay. Tout ici se fait les pieds dans le sable : dormir, manger, danser. Et, le soir venu, on trinque autour d'un feu, guitare en main, à l'ombre des dunes légères. Le lendemain, les choses sérieuses recommencent. Au programme : un *beach break* qui n'admet pas l'erreur, même minime. Aucun hasard si, en mazatèque, Zipolite signifie « plage des morts »... Sur la playa del Amor, au fond d'une crique timide, la baignade est plus sûre, et les maillots sont optionnels. Un souvenir du temps où Zipolite était 100 % nudiste.

Au fond d'une jolie baie verdoyante gardée par de timides pains de sucre, une longue plage se déroule, semée de barques colorées. ***Puerto Ángel,*** le « port de l'ange », est bien un port, vivant, actif – pas une station balnéaire. Son long *muelle* (jetée) dit de quoi il retourne : ici, on est pêcheur de père en fils. Le soleil n'a pas encore atteint la plage que, déjà, un attroupement s'est formé. Partis relever leurs filets avant l'aube, les pêcheurs reviennent les uns après les autres, lançant leur moteur à fond pour mieux laisser glisser leur embarcation sur le sable humide. Les habitués, restaurateurs en tête, louchent sur les plus belles prises...

LES QUESTIONS QU'ON SE POSE AVANT LE DÉPART

➢ Quels sont les documents nécessaires ?

Passeport valable au moins pour la durée du séjour. Pas de visa, mais une fiche touristique que l'on vous demandera de remplir à l'arrivée et que vous devrez rendre à la sortie du territoire. En cas d'escale par les États-Unis, il est obligatoire de vous inscrire au moins 72h à l'avance par Internet sur la page : • *https://esta.cbp.dhs.gov* •

➢ Quelle est la meilleure saison ?

Réponse de Normand : tout dépend de l'itinéraire choisi ! Le climat et les températures varient d'une région à l'autre. Évitez peut-être septembre-octobre, la saison des pluies et des cyclones.

➢ Quel est le taux de change ? Comment payer sur place ?

Le taux de change appliqué sur cette édition est de 20 $Me pour 1 €. Pour payer sur place, tout dépend de la catégorie du resto ou lieu d'hébergement. Sur les marchés, dans les gargotes et dans les hôtels bon marché, on paye en espèces. Pour faire le plein au supermarché et dans les établissements « plus chic », les cartes de paiement sont généralement acceptées.

➢ Quel budget prévoir ?

Le coût de la vie est moins élevé qu'en France. En voyageant à deux, prévoir minimum 40 € par jour et par personne. On peut toutefois loger à moindre frais en dormant dans son hamac, qu'on accroche sur certaines plages et dans quelques campings de la côte ! Également des auberges de jeunesse et des hôtels bon marché partout dans le pays.

➢ Comment se déplacer dans le pays ? Quels moyens de transport ?

Tout dépend de votre budget et de votre itinéraire, mais sachez qu'il existe un excellent réseau de bus, dense, bien organisé et offrant plusieurs niveaux de confort. Pour les longues distances, plusieurs compagnies aériennes à bas prix desservent les principales villes du pays.

➢ Y a-t-il des problèmes de sécurité ?

La criminalité a beaucoup augmenté au Mexique ces dernières années, mais cela concerne surtout le Nord et certains milieux liés au narcotrafic. En vous limitant aux zones touristiques et en adoptant les règles de sécurité élémentaires, il est peu probable qu'il vous arrive quelque chose.

➢ Quel est le décalage horaire ?

Il y a 4 fuseaux horaires au Mexique mais, grosso modo, il est de 7h (de moins) dans la plus grande partie du pays (8h durant quelques jours en avril et en octobre, le Mexique ne passant pas à l'heure d'été en même temps que nous).

➢ Côté santé, quelles précautions prendre ?

Il n'y a pas de vaccin obligatoire pour le Mexique mais, en plus de ceux recommandés en France, il est conseillé de se faire vacciner contre l'hépatite A et la fièvre typhoïde. Se prémunir des piqûres de moustiques est indispensable, surtout dans les zones tropicales (Chiapas) et plus particulièrement pendant la saison humide. Ne jamais boire l'eau du robinet et, si vous achetez des fruits ou des légumes sur les marchés, pensez à bien les laver.

➢ Peut-on y aller avec des enfants ?

À condition d'alterner les marches, les visites des sites précolombiens et la plage, les enfants seront aux anges... Et puis les Mayas et les Aztèques – et autres civilisations en « èques » : Olmèques, Zapotèques, Toltèques... – , c'est dans leurs manuels scolaires, non ?

➢ Quelles langues parle-t-on ?

Les Mexicains parlent un espagnol relativement académique. On les comprend donc très facilement. Dans les grandes villes et dans les sites touristiques, il n'est pas rare de pouvoir échanger quelques bribes d'anglais.

➢ Quels sports et activités peut-on pratiquer ?

Le tourisme d'aventure et l'écotourisme offrent plein de possibilités : descente de rapides en kayak, randonnées pédestres, équestres ou à VTT, spéléologie, escalade... Et bien sûr, plongée sous-marine dans les eaux des Caraïbes et les *cenotes* du Yucatán, snorkelling pour les autres, sans oublier le surf sur la côte pacifique.

COMMENT Y ALLER ?

LES COMPAGNIES AÉRIENNES

▲ **AIR FRANCE**

Infos et résas au ☎ 36-54 (0,35 €/mn – tlj 6h30-22h), sur • airfrance.fr •, dans les agences Air France et dans ttes les agences de voyages. Fermées dim.

➢ Air France dessert Mexico avec 2 vols directs/j. (slt 1 vol direct/j. ven et dim), dont 1 en partage de code avec *Aeroméxico* au départ de Roissy-Charles-de-Gaulle, terminal 2E. Des vols sont aussi effectués par *KLM* au départ d'Amsterdam. Également, 3 vols directs/sem pour Cancún.

➢ En correspondance avec ses vols transatlantiques de/vers Mexico, Air France propose plusieurs destinations au Mexique, en partage de code avec *Aeroméxico* : Cancún, Guadalajara, Mérida, Acapulco et Puerto Vallarta.

Air France propose à tous des tarifs attractifs toute l'année. Pour consulter les meilleurs tarifs du moment, allez directement sur la page « Nos meilleurs tarifs » sur *• airfrance.fr • Flying Blue,* le programme de fidélité gratuit d'Air France-KLM, permet de gagner des *miles* en voyageant sur les vols Air France, KLM, Hop et les compagnies membres de *Skyteam,* mais aussi auprès des nombreux partenaires non aériens *Flying Blue*... Les *miles* peuvent ensuite être échangés contre des billets d'avion ou des services (surclassement, bagage supplémentaire, accès salon...) ainsi qu'auprès des partenaires. Pour en savoir plus, rendez-vous sur *• flyingblue.com •*

▲ **AEROMÉXICO**

Infos : ☎ 0800-916-754 (n° gratuit ; tlj 9h-22h30). • aeromexico.com •

➢ Assure 1 vol/j. sans escale de Paris (Roissy-Charles-de-Gaulle, terminal 2E) à Mexico et dessert plus de 50 villes mexicaines en correspondance.

Formule « Super Plan » : pour l'achat d'un billet transatlantique, on peut acheter avant le départ ou sur place, à prix réduits, autant de vols intérieurs souhaités pendant la durée du séjour au Mexique.

▲ **IBERIA**

Infos et résas au ☎ 0825-800-965 (0,15 €/mn). • iberia.fr •

➢ Au départ de Paris, via Madrid, Iberia propose env 2-3 vols/j. pour Mexico.

▲ **XL AIRWAYS**

Résas au ☎ 0892-692-123 (0,35 €/mn) et sur • xl.com • ou en agence de voyages.

➢ XL Airways relie Roissy-Charles-de-Gaulle à Cancún jusqu'à 2 fois/sem tte l'année. Durant le vol, 1 repas chaud, collation, eau, thé et café gratuits pendant le service ainsi qu'un programme audio-vidéo fréquemment renouvelé.

LES ORGANISMES DE VOYAGES

– Ne pas croire que les vols à tarif réduit sont tous au même prix pour une même destination à une même époque : loin de là. On a déjà vu, dans un même avion partagé par deux organismes, des passagers qui avaient payé 40 % plus cher que les autres. De plus, une agence bon marché ne l'est pas forcément toute l'année (elle peut n'être compétitive qu'à certaines dates bien précises). Donc, contactez tous les organismes et jugez vous-même.

EN FRANCE

▲ **ALTIPLANO**

– Annecy (Metz-Tessy) : Park Nord, Les Pléiades n° 35, 74370.

☎ 04-50-27-62-57. • mexique@altiplano-voyage.com • altiplano-voyage.com • Agence ouv lun-ven 9h-13h, 14h-18h.
Osez l'inédit ! L'équipe de passionnés d'Altiplano vous invite à explorer l'immensité et la variété du Mexique. À votre écoute, un expert partage avec vous ses conseils et astuces pour un itinéraire à votre image. Créativité et convivialité sont les maîtres mots chez Altiplano. Cette agence est aussi spécialisée en circuit multi-destinations (Guatemala) et multi-régions (Basse-Californie, Chiapas, canyon du Cuivre, etc.).

▲ ALMA LATINA

– Paris : 5 bis, rue de l'Asile-Popincourt, 75011. ☎ 01-53-70-23-68. • alma-latina-tours.com •
Cette agence spécialiste vous accompagne dans l'organisation de vos voyages sur mesure en Amérique latine (Mexique, Guatemala, Costa Rica, Pérou, Bolivie, Équateur, Brésil, Argentine et Chili). Une équipe de globe-trotteurs est à votre disposition pour vous conseiller sur la destination et la formule à adopter selon vos envies : circuits en liberté au volant de votre voiture ou avec un chauffeur privé, circuits en groupe guidés en français, combinés de différents pays, et de nombreuses expériences insolites... N'hésitez pas à leur demander conseil !

▲ ANAPIA VOYAGES

– Aix en Provence et Saint-Jean-de-Luz : ☎ 04-42-54-21-52. 📱 06-88-62-62-66. • anapiavoyages.fr •
L'équipe d'Anapia Voyages, basée à Aix-en-Provence et à Saint-Jean-de-Luz, s'appuie sur l'expérience de ses créateurs pour proposer des séjours et circuits, notamment en Amérique latine. Le plus d'Anapia : proposer, en plus des visites de sites incontournables, une qualité d'accueil pour les hébergements (charme, petites structures) et surtout une vraie rencontre avec les populations grâce à des repas, des activités et des nuits chez l'habitant. Le mélange est dosé selon le cahier des charges de chaque client, du sur mesure au cousu main.

▲ BACK ROADS

– Paris : 14, pl. Denfert-Rochereau, 75014. ☎ 01-43-22-65-65. • backroads.fr • Ⓜ ou RER B : Denfert-Rochereau. Lun-ven 9h30-19h, sam 10h-18h.
Depuis 1975, l'équipe de Back Roads sillonne les routes de l'Amérique, du nord au sud. Pour cette raison, ils ne vendent leurs produits qu'en direct, ce qui leur permet de pratiquer des tarifs très compétitifs. Ils vous feront partager leurs expériences et vous conseilleront les itinéraires les plus adaptés à vos centres d'intérêt. À côté des circuits classiques, ethnologiques ou archéologiques, ainsi que des circuits camping et des séjours balnéaires ou en hacienda, ils ont développé des programmes « Aventure » tels que des randonnées à pied ou à cheval dans la sierra Tarahumara ou sur l'Altiplano guatémaltèque, la découverte de la Baja California ou du Belize en kayak de mer ou en voilier, ou encore l'observation des baleines en Baja California.

▲ CERCLE DES VACANCES

– Paris : 4, rue Gomboust (angle 31, av. de l'Opéra), 75001. ☎ 01-40-15-15-03. • cercledesvacances.com • Ⓜ Opéra ou Pyramides. Lun-ven 9h-19h, sam 10h-18h30.
Le vrai voyage sur mesure, à destination de l'Amérique latine : Mexique, Guatemala, Argentine, Bolivie, Pérou, Brésil, Chili, Costa Rica, Cuba, Équateur.
Cercle des Vacances propose un large choix de voyages adaptés à chaque client : circuits privés, trekking, voyages au volant d'une voiture de location, croisières, circuits en petits groupes, combinés, voyages de noces... Les experts Cercle des Vacances partagent leurs conseils et leurs petits secrets pour faire de chaque voyage une expérience inoubliable. Cercle des Vacances offre également un service liste de mariage gratuit. Les petits plus qui font la différence : une virée en tyrolienne dans la forêt tropicale, une excursion en rafting, un tour en vieille voiture américaine, un cours de salsa...

▲ COMPTOIR DES VOYAGES

– • comptoir.fr • Paris : 2-18, rue Saint-Victor, 75005. ☎ 01-53-10-30-15. Lun-ven 9h30-18h30, sam 10h-18h30. Ⓜ Maubert-Mutualité.

– Bordeaux : 26, cours du Chapeau-Rouge, 33800. ☎ 05-35-54-31-40.

– Lille : 76, rue Nationale, 59160. ☎ 03-28-34-68-20.

– Lyon : 10, quai Tilsitt, 69002. ☎ 04-72-44-13-40. Lun-sam 9h30-18h30. Ⓜ Bellecour.

– Marseille : 12, rue Breteuil, 13001. ☎ 04-84-25-21-80. Lun-sam 9h30-18h30. Ⓜ Estrangin.

– Toulouse : 43, rue Peyrolières, 31000. ☎ 05-62-30-15-00. Lun-sam 9h30-18h30. Ⓜ Esquirol.

Comptoir des Voyages s'impose comme une référence incontournable dans le voyage sur mesure, avec 80 destinations couvrant les 5 continents. Ses voyages s'adressent à tous ceux qui souhaitent vivre un pays de façon simple en s'y sentant accueilli. Les conseillers privilégient des hébergements typiques, des moyens de transport locaux et des expériences authentiques pour favoriser l'immersion dans la vie locale. Comptoir vous offre aussi la possibilité de rencontrer des francophones habitant dans le monde entier, des *Greeters,* qui vous donneront, le temps d'un café, les clés de leur ville ou de leur pays. Comptoir des Voyages propose aussi une large gamme de services : échanges par visioconférence, devis web et carnet de voyage personnalisés, assistance téléphonique 24h/24 et 7 j./7 pendant votre voyage.

▲ LES COMPTOIRS DU MONDE

Infos et résas : ☎ 09-80-08-02-00. • comptoirsdumonde.fr •

– Paris : 19, av. d'Italie, 75013. Lun-ven 9h-18h.

– Lyon : parc Technoland, 3, allée du Lazio, 69800 Saint-Priest. Lun-ven 9h-18h.

Que vous souhaitiez voyager seul, en couple, en famille ou entre amis, les Comptoirs du monde sont à votre écoute pour vous offrir des voyages personnalisés de qualité et vous proposer des prestations qui répondent véritablement à vos attentes. Globe-trotters, passionnés d'histoire, amoureux de la nature, ayant une connaissance approfondie des pays, leur équipe de spécialistes peut satisfaire vos demandes les plus diverses tout en respectant votre budget.

▲ FRANCE AMÉRIQUE LATINE

– Paris : 37, bd Saint-Jacques, 75014. ☎ 01-45-88-20-00. • franceameriquelatine.fr • Ⓜ Saint-Jacques. Lun-jeu 9h30-18h ; ven 10h-16h.

Présent depuis 1986 sur les terrains de la culture, de la solidarité et de la défense des Droits de l'homme, le service voyage de France Amérique latine propose de découvrir les richesses naturelles et surtout humaines du continent latino-américain à travers des circuits uniques et authentiques. Toute l'Amérique latine et la Caraïbe sont programmées afin de montrer la réalité de leurs peuples, sous diverses formes de voyages : séjours organisés ou à la carte, treks, mais aussi chantiers internationaux dans de nombreux pays, avec plusieurs associations et organisations de jeunesse, notamment des voyages solidaires. Sur place, les voyageurs pourront remettre eux-mêmes les médicaments et le matériel scolaire qu'ils auront réunis avant leur départ.

▲ NOSTALATINA

– Paris : 19, rue Damesme, 75013. ☎ 01-43-13-29-29. • ann.fr • Ⓜ Tolbiac. Lun-ven 10h-13h, 15h-18h.

Parce qu'il n'est pas toujours aisé de partir seul, NostaLatina propose des voyages sur mesure en Amérique latine, notamment au Mexique, du séjour classique jusqu'aux contrées les plus reculées, en individuel ou en groupe déjà constitué. Plusieurs formules au choix dont deux qui sont devenues des formules de référence depuis quelques années pour les voyageurs indépendants : *Les Estampes* avec billets d'avion, logement, transferts entre les étapes en mixant avec astuces avion, bus, train, ou encore location de voiture ou bien *Les Aquarelles* avec en plus un guide et un chauffeur privé à chaque étape. Vous trouverez sur le site internet des idées d'itinéraires que vous pourrez ensuite personnaliser et

adapter selon vos envies avec Ylinh, la chaleureuse directrice qui connaît parfaitement le terrain et son équipe de jeunes passionnés qui vous donneront des conseils avisés pour découvrir le continent sud-américain dans ses moindres recoins.

▲ ROUTE DES VOYAGES (LA)

• route-voyages.com • Agences ouv lun-jeu 9h-19h, ven jusqu'à 18h. Rdv conseillé.
– Angers : 6, rue Corneille, 49000. ☎ 02-41-43-26-65.
– Paris : 10, rue Choron, 75009. ☎ 01-55-31-98-80. Ⓜ Notre-Dame-de-Lorette.
– Annecy : 4 bis, av. d'Aléry, 74000. ☎ 04-50-45-60-20.
– Bordeaux : 19, rue des Frères-Bonie, 33000. ☎ 05-56-90-11-20.
– Lyon : 59, rue Franklin, 69002. ☎ 04-78-42-53-58.
– Toulouse : 9, rue Saint-Antoine-du-T, 31000. ☎ 05-62-27-00-68.

20 ans d'expérience de voyage sur mesure sur les 5 continents ! 14 pays en Europe complètent maintenant leur offre de voyages sur mesure. Cette équipe de voyageurs passionnés a développé un vrai savoir-faire du voyage personnalisé : écoute, conseils, voyages de repérage réguliers et des correspondants sur place soigneusement sélectionnés avec qui ils travaillent en direct. Son engagement à promouvoir un tourisme responsable se traduit par des possibilités de séjours solidaires à insérer dans les itinéraires de découverte individuelle. Elle a aussi créé un programme de compensation solidaire qui permet de financer des projets de développement locaux.

▲ TERRES LOINTAINES

– Issy-les-Moulineaux : 2, rue Maurice-Hartmann, 92130. Sur rdv slt ou par tél : ☎ 01-75-60-63-50. • terres-lointaines.com • Lun-ven 9h-19h, sam 10h-18h.
– Bordeaux : 4, rue Esprit-des-Lois, 33000. ☎ 05-33-09-09-10.

Terres Lointaines est le dernier-né des acteurs du Net qui comptent dans le monde du tourisme, avec pour conviction : « Un voyage réussi est un voyage qui dépasse les attentes du client ». Son ambition est clairement affichée : démocratiser le voyage sur mesure au prix le plus juste. En individuel ou en petit groupe, entre raffinement et excellence, Terres Lointaines met le monde à votre portée. La palette de destinations programmées est vaste, toutes proposées par des conseillers-spécialistes à l'écoute des envies du client. Grâce à une sélection rigoureuse de prestataires locaux, Terres Lointaines crée des voyages de qualité, qui laissent de merveilleux souvenirs.

▲ TUI

Rens et résas au ☎ 0825-000-825 (0,20 €/mn + prix appel) • tui.fr • dans les agences de voyages TUI présentes dans tte la France.

TUI, numéro 1 mondial du voyage, propose tous les circuits Nouvelles Frontières, ainsi que les clubs Marmara et un choix infini de vacances pour une expérience unique. TUI propose des offres et services personnalisés tout au long de vos vacances, avant, pendant et après le voyage.
Un circuit accompagné dans une destination de rêves, un séjour détente au soleil sur l'une des plus belles plages du monde, un voyage sur mesure façonné pour vous, ou encore des vacances dans un hôtel ou dans un club, les conseillers TUI peuvent créer avec vous le voyage idéal adapté à vos envies. Ambiance découverte, familiale, romantique, dynamique, zen, chic... TUI propose des voyages à deux, en famille, seul ou entre amis, parmi plus de 180 destinations à quelques heures de chez vous ou à l'autre bout du monde.

▲ VOYAGEURS DU MONDE / VOYAGEURS AU MEXIQUE ET EN AMÉRIQUE CENTRALE

• voyageursdumonde.fr •
– Paris : La Cité des Voyageurs, 55, rue Sainte-Anne, 75002. ☎ 01-42-86-17-70. Ⓜ Opéra ou Pyramides. Lun-sam 9h30-19h. Avec une librairie spécialisée sur les voyages.
– Également des agences à Bordeaux, Grenoble, Lille, Lyon, Marseille, Montpellier, Nantes, Nice, Rennes, Rouen, Strasbourg et Toulouse, ainsi qu'à Bruxelles et à Genève.

Parce que chaque voyageur est différent, que chacun a ses rêves et ses idées

pour les réaliser, Voyageurs du Monde conçoit, depuis plus de 30 ans, des projets sur mesure. Les séjours proposés sur 120 destinations sont élaborés par leurs 180 conseillers voyageurs. Spécialisés par pays, et même par région, ils vous aideront à personnaliser les voyages présentés à travers une trentaine de brochures d'un nouveau type et sur le site internet où vous pourrez également découvrir leurs hébergements exclusifs et consulter votre espace personnalisé. Au cours de votre séjour, vous bénéficiez des services personnalisés Voyageurs du Monde, dont la possibilité de modifier à tout moment votre voyage, l'assistance d'un concierge local, la mise en place de rencontres et de visites privées et l'accès à votre carnet de voyage via une application iPhone et Android.
Voyageurs du Monde est membre de l'association ATR (Agir pour un tourisme responsable) et a obtenu sa certification Tourisme responsable AFAQ AFNOR.

Voir aussi, au sein de chaque ville, les agences locales que nous avons sélectionnées.

Comment aller à Roissy et à Orly ?

Toutes les infos sur notre site ● *routard.com* ● à l'adresse suivante : ● *bit.ly/aeroports-routard* ●

Conservez dans votre bagage cabine vos médicaments, vos divers chargeurs et appareils ainsi que vos objets de valeur (clés et bijoux). Et on ne sait jamais, ajoutez-y de quoi vous changer si vos bagages n'arrivaient pas à bon port avec vous.

EN BELGIQUE

▲ CONTINENTS INSOLITES

– Bruxelles : rue César-Franck, 44A, 1050. ☎ 02-218-24-84. ● continents-insolites.com ● Lun-ven 10h-18h, sam 10h-16h30, sur rdv.
Continents Insolites, organisateur de voyages lointains sans intermédiaire, propose une gamme étendue de formules de voyages détaillées dans son guide annuel gratuit sur demande.
– Voyages découverte sur mesure : à partir de 2 personnes. Un grand choix d'hébergements soigneusement sélectionnés : du petit hôtel simple à l'établissement luxueux et de charme.
– Circuits découverte en minigroupes : de la grande expédition au circuit accessible à tous. Des circuits à dates fixes dans plus de 60 pays en petits groupes francophones de 7 à 12 personnes. Avant chaque départ, une réunion est organisée. Voyages encadrés par des guides francophones, spécialistes des régions visitées.

▲ TUI

● tui.be ●
– Nombreuses agences dans le pays, dont Bruxelles, Charleroi, Liège, Mons, Namur, Waterloo, Wavre, et au Luxembourg.
Voir le texte dans la partie « En France ».

▲ PAMPA EXPLOR

– Bruxelles : av. du Parc, 10, 1060. ☎ 02-340-09-09. ● pampa.be ● Lun 13h-19h, mar-ven 10h-19h, sam 10h-18h. Également sur rdv, dans leurs locaux ou à votre domicile.
Spécialiste des voyages à la carte, Pampa Explor propose plus de 70 % de la « planète bleue », selon les goûts, attentes, centres d'intérêt et budgets de chacun. Pampa Explor privilégie les découvertes authentiques et originales. Pour ceux qui apprécient la jungle et les Pataugas ou ceux qui préfèrent les voyages de luxe. En individuel ou en petits groupes, mais toujours sur mesure.

▲ VOYAGEURS DU MONDE

– Bruxelles : chaussée de Charleroi, 23, 1060. ☎ 02-543-95-50. ● voyageursdumonde.com ●
Le spécialiste du voyage en individuel sur mesure.
Voir le texte dans la partie « En France ».

EN SUISSE

▲ ALTIPLANO VOYAGE

– Carouge – Genève : pl. du Temple, 3, 1227. ☎ 022-342-49-49. ● altiplano-voyage.ch ●
Voir le texte dans la partie « En France ».

NOUVEAUTÉ

COLOMBIE (avril 2018)

Pays d'une étonnante diversité : de l'océan Pacifique à la côte caraïbe, des lacs d'altitude et sommets enneigés en passant par les vastes prairies qui mènent à l'Amazonie, sans oublier, autour de Medellín, cette région fertile qui produit le meilleur café du monde et, cerise(s) sur le gâteau, les îles de San Andrés et Providencia… Une nature qui se prête à l'aventure : rafting et parapente à San Gil, escalade et treks dans le majestueux parc El Cocuy, randonnées en Amazonie et, sur la côte caribéenne, à la découverte de la *Ciudad Perdida*. De quoi en prendre plein les yeux à Villa de Leyva, Barichara et la capitale Bogotá, avec son fameux museo de Oro et le quartier de La Candeleria, aux murs couverts de superbes *murals*. Faire battre son cœur au rythme de la salsa à Calí et à Medellín, s'émerveiller devant les vestiges précolombiens de San Agustín, laisser filer le temps à Salento, adorable bourgade colorée au cœur de la *zona cafetera,* ou encore à Mompox, petite ville coloniale au bord du río Magdalena, qui s'anime pour son festival de jazz. Enfin, parcourir à pied les remparts et ruelles de la mythique Cartagena de Indias… Ce qui unit les Colombiens aujourd'hui ? Un incroyable sens de la fête, qui prouve que la population a su courageusement tourner la page des années noires.

▲ ROUTE DES VOYAGES (LA)

Infos et résa : ☎ 022-552-34-46. • *route-voyages.ch* •
Voir le texte dans la partie « En France ».

▲ STA TRAVEL

☎ *058-450-49-49.* • *statravel.ch* •
– Fribourg : rue de Lausanne, 24, 1701. ☎ *058-450-49-80.*
– Genève : rue Pierre-Fatio, 19, 120. ☎ *058-450-48-00.*
– Genève : rue Vignier, 3, 1205. ☎ *058-450-48-30.*
– Lausanne : bd de Grancy, 20, 1006. ☎ *058-450-48-50.*
– Lausanne : à l'université, Anthropole, 1015. ☎ *058-450-49-20.*
Agences spécialisées notamment dans les voyages pour jeunes et étudiants. 150 bureaux STA et plus de 700 agents du même groupe répartis dans le monde entier sont là pour donner un coup de main *(Travel Help).*
STA propose des tarifs avantageux : vols secs *(Blue Ticket)*, hôtels, écoles de langues, *Work & Travel*, circuits d'aventure, voitures de location, etc. Délivre la carte internationale d'étudiant et la carte Jeune.

▲ TUI

• *tui.ch* •
– Genève : rue Chantepoulet, 25, 1201. ☎ *022-716-15-70.*
– Lausanne : bd de Grancy, 19, 1006. ☎ *021-616-88-91.*
Voir le texte dans la partie « En France ».

AU CANADA (QUÉBEC)

▲ KARAVANIERS

– Montréal : 4035, rue Saint-Ambroise, local 220N, H4C 2E1. ☎ *(514) 281-0799,* • *karavaniers.com* • *Lun-ven 9h-18h, sam 10h-15h.*
L'agence québécoise Karavaniers a pour but de rendre accessible des expéditions aux quatre coins de la planète. Toujours soucieuse de respecter les populations locales et l'environnement, Karavaniers favorise la découverte d'une quarantaine de destinations à pied, en petits groupes accompagnés d'un guide francophone et d'un guide local, avec hébergement en auberge ou sous la tente.

▲ TOURS CHANTECLERC

• *tourschanteclerc.com* •
Tours Chanteclerc est un tour-opérateur qui publie différentes brochures de voyages : Europe, Amérique du Nord, Amérique du Sud, Asie et Pacifique sud, Afrique et le Bassin méditerranéen en circuits ou en séjours. Il s'adresse aux voyageurs indépendants qui réservent un billet d'avion, un hébergement (dans toute l'Europe), des excursions ou une location de voiture. Également spécialiste de Paris, le tour-opérateur offre une vaste sélection d'hôtels et d'appartements dans la capitale française.

MEXIQUE UTILE

ABC du Mexique

- ***Organisation :*** Fédération des États-Unis mexicains ; 31 États plus un district fédéral, la ville de Mexico.
- ***Population :*** env 125 millions d'hab.
- ***Superficie :*** 1 964 380 km².
- ***Point culminant :*** volcan Pico de Orizaba (5 675 m).
- ***Capitale :*** Mexico.
- ***Langues :*** espagnol (env 93 %) et 67 langues indigènes.
- ***Monnaie :*** peso mexicano ($Me).
- ***Gouvernement :*** République fédérale. Régime présidentiel.
- ***Chef de l'État :*** Enrique Peña Nieto, depuis le 1er juillet 2012. Prochaines élections en juillet 2018.
- ***Revenu par habitant :*** env 9 700 US$.
- ***Taux de chômage :*** 4,9 %.
- ***Espérance de vie :*** 77 ans.

AVANT LE DÉPART

Adresses utiles

En France

■ ***Conseil de promotion touristique du Mexique :*** *4, rue Notre-Dame-des-Victoires, 75002 Paris. N° Vert de l'antenne européenne basée à Madrid : ☎ 00-800-11-11-22-66. • visitmexico.com • Ⓜ Bourse. Dans le même immeuble que le consulat. Pas de permanence, mais doc sur place, lun-ven 9h30-13h, 14h-17h30. Sinon, infos par tél ou sur leur site internet. Vous pouvez aussi consulter le site • destinationmexique.com •* Toutes sortes d'articles sur l'actualité touristique du pays.

■ ***Ambassade du Mexique :*** *9, rue de Longchamp, 75116 Paris. ☎ 01-53-70-27-70. • embamex.sre.gob.mx/francia •* Publie un mensuel électronique, *Le Mexique aujourd'hui,* qui présente des actualités économiques, culturelles, etc., franco-mexicaines.

■ ***Consulat mexicain :*** *4, rue Notre-Dame-des-Victoires, 75002 Paris. ☎ 01-42-86-56-20. • consularmex.paris@wanadoo.fr • Ⓜ Bourse. Lun-ven 9h-12h.* Adresse utile si vous envisagez une expatriation au Mexique (études ou travail), pour laquelle vous aurez besoin d'un visa de long séjour et des cartes de séjour du Mexique. Les autres lecteurs se reporteront plus loin à la rubrique « Formalités d'entrée », car les ressortissants français n'ont pas besoin de visa.

■ ***Instituto de México*** *(service culturel de l'ambassade)* ***:*** *119, rue Vieille-du-Temple, 75003 Paris. ☎ 01-44-61-84-44. • icm.sre.gob.mx/francia/ • Ⓜ Filles-du-Calvaire. Lun-ven 9h30-13h, 14h30-18h. Fermé w-e et j. fériés.* Organise des expos mensuelles d'artistes contemporains mexicains, des rencontres littéraires, des conférences et des projections cinématographiques.

■ ***Le Mexique Autrement :*** *☎ 55-22-45-70-39 (ajouter 00521 devant le n° depuis l'étranger). • lemexiqueautrement.com.mx •* Benjamin Mathieu, installé au Mexique depuis 2002, et son associée Diana organisent des séjours à la carte et proposent plusieurs circuits modulables dans tout le Mexique. L'accent est mis sur le tourisme durable, la rencontre avec les Mexicains et les contrastes sous toutes leurs coutures. Logements de charme, sites archéologiques, observation de la faune et de la flore, plage...

En Belgique

■ ***Ambassade et consulat :*** *av. Franklin-D.-Roosevelt, 94, 1050 Bruxelles-Ixelles. ☎ 02-629-07-77. • embamex.eu •* Pas de visa nécessaire pour les routards belges (voir « Formalités d'entrée »).

En Suisse

■ ***Ambassade et section consulaire du Mexique :*** *Weltpoststrasse, 20, 3015 Berne. ☎ (031) 357-47-47. • embamex.sre.gob.mx/suiza • Ouv lun-ven 9h-13h.* Pas de visa pour les routards suisses (voir « Formalités d'entrée »).

■ ***Consulat honoraire :*** *rue de Candolle, 16, 1205 Genève. ☎ (022) 328-39-20. • consulatdegeneve@consulmex.ch •*

■ ***Consulat honoraire :*** *Tödistrasse, 16, 8002 Zurich. ☎ (044) 280-67-00.*

Au Canada

■ ***Ambassade et consulat général du Mexique :*** *2055, rue Peel, # 1000, Montréal H3A 1V4. ☎ (514) 288-2502 et 288-2707. • embamex.sre.gob.mx/canada • Lun-ven 9h-13h ; permanence tél jusqu'à 17h.*

■ ***Consulat honoraire :*** *380, Grande Allée Ouest, bureau 1470, Québec G1S 1E5. ☎ (418) 681-31-92.*

Formalités d'entrée

Pensez à scanner passeport, visa, carte de paiement, billets d'avion et *vouchers* d'hôtel. Ensuite, adressez-les-vous par e-mail, en pièces jointes. En cas de perte ou vol, rien de plus facile que de les récupérer. Les démarches administratives en seront nettement accélérées. Et tâchez de ne pas transférer tous ces documents sur une clé USB, car si quelqu'un de mal intentionné tombait dessus, il aurait toutes les infos à disposition...

– Pour les Européens et les Canadiens, aucun visa n'est nécessaire. Il faut juste être en possession d'un ***passeport,*** dont la validité doit couvrir au moins la durée du séjour. Vous remplirez aussi un document d'immigration (FMM ou ***Forma Migratoria Múltiple***) que l'on vous remet dans l'avion ou à la frontière. Cette fiche permet de rester au Mexique jusqu'à 180 jours (vous devez y indiquer la durée estimée de votre séjour). Lors de votre entrée dans le pays, ce document FMM est tamponné et **doit être conservé précieusement,** car il vous sera exigé à la sortie du territoire.

– ***Pour ceux qui passent par les États-Unis :*** en cas d'escale dans ce pays, il n'y a pas besoin de visa non plus mais, pour faciliter le passage à l'immigration américaine, **il est obligatoire de vous inscrire au moins 72h à l'avance par Internet sur la page** *• https://esta.cbp.dhs.gov •* (14 US$; réponse environ 72h après). Ce système s'appelle « Electronic System for Travel Autorisation (ESTA) ». Fiche valable 2 ans. C'est sur ce site, celui de l'ESTA, et uniquement sur celui-là, que vous devez vous enregistrer, car les autres, clandestins, sont plus chers.

Attention, un vol avec escale aux États-Unis peut entraîner un retard tel que vous risquez de manquer votre correspondance pour le Mexique : donc, au moment des réservations, **prévoyez au minimum 3h entre vos correspondances.**

– ***Permis de conduire :*** votre permis national suffit.

Avoir un passeport européen, ça peut être utile !

L'Union européenne a organisé une assistance consulaire mutuelle pour les ressortissants de l'UE en cas de problème.

Vous pouvez y faire appel lorsque la France (c'est rare) ou la Belgique (c'est plus fréquent) ne disposent pas d'une représentation dans le pays où vous vous trouvez. Concrètement, cette assistance vous permet de demander de l'aide à l'ambassade ou au consulat de n'importe quel État membre de l'UE. Leurs services vous indiquent alors s'ils peuvent directement vous aider ou vous précisent ce qu'il faut faire.

Leur assistance est, bien entendu, limitée aux situations d'urgence : décès, accidents ayant entraîné des blessures ou des lésions, maladie grave, rapatriement pour raison médicale, arrestation ou détention. En cas de **perte** ou de **vol de votre passeport,** ils pourront également vous procurer un **document provisoire** de voyage.

Cette entraide consulaire entre les 28 États membres de l'UE ne peut, bien entendu, vous garantir un accueil dans votre langue. En général, l'anglais est pratiqué.

Ariane, le fil à suivre

Ariane est un service gratuit mis à disposition par le centre de crise du ministère des Affaires étrangères et européennes. Il permet aux voyageurs français qui le souhaitent de s'enregistrer à l'occasion de leurs séjours à l'étranger. Les informations déposées sur Ariane sont utilisées en cas de crise, par exemple pour contacter des voyageurs dans l'hypothèse où des opérations de secours sont organisées, ou encore pour joindre rapidement les familles ou les proches en France si une situation le nécessite. Infos : • *pastel.diplomatie.gouv.fr/fildariane* •

Assurances voyage

■ ***Routard Assurance :*** *c/o AVI International, 40-44, rue Washington, 75008 Paris.* ☎ *01-44-63-51-00.* • *avi-international.com* • Ⓜ *George-V.* Depuis 20 ans, *Routard Assurance,* en collaboration avec *AVI International,* spécialiste de l'assurance voyage, propose aux voyageurs un contrat d'assurance complet à la semaine qui inclut le rapatriement, l'hospitalisation, les frais médicaux, le retour anticipé et les bagages. Ce contrat se décline en différentes formules : *individuel, senior, famille, light* et *annulation.* Pour les séjours longs (2 mois à 1 an), consultez le site. L'inscription se fait en ligne, et vous recevrez dès la souscription tous vos documents d'assurance par e-mail.

■ ***AVA :*** *25, rue de Maubeuge, 75009 Paris.* ☎ *01-53-20-44-20.* • *ava.fr* • Ⓜ *Cadet.* Un autre courtier fiable pour ceux qui souhaitent s'assurer en cas de décès-invalidité-accident lors d'un voyage à l'étranger, mais surtout pour bénéficier d'une assistance rapatriement, perte de bagages et annulation. Attention, franchises pour leurs contrats d'assurance voyage.

■ ***Pixel Assur :*** *18, rue des Plantes, BP 35, 78601 Maisons-Laffitte.* ☎ *01-39-62-28-63.* • *pixel-assur.com* • *RER A : Maisons-Laffitte.* Assurance de matériel photo et vidéo tous risques (casse, vol, immersion), dans le monde entier. Devis en ligne basé sur le prix d'achat de votre matériel. Avantage : garantie à l'année.

Carte internationale d'étudiant (carte ISIC)

Elle prouve le statut d'étudiant dans le monde entier et permet de bénéficier de tous les avantages, services et réductions dans les domaines du transport, de l'hébergement, de la culture, des loisirs, du shopping...

La carte ISIC permet aussi d'accéder à des avantages exclusifs (billets d'avion spécial étudiants, hôtels et auberges de jeunesse, assurances, cartes SIM internationales, location de voiture...).

Renseignements et inscriptions

- ***En France :*** *• isic.fr • 13 € pour 1 année scolaire.*
- ***En Belgique :*** *• isic.be •*
- ***En Suisse :*** *• isic.ch •*
- ***Au Canada :*** *• isiccanada.com •*

Carte d'adhésion internationale aux auberges de jeunesse (carte FUAJ)

Cette carte vous ouvre les portes des 4 000 auberges de jeunesse du réseau *HI-Hostelling International* en France et dans le monde. Vous pouvez ainsi parcourir 90 pays à des prix avantageux et bénéficier de tarifs préférentiels avec les partenaires des auberges de jeunesse *HI.* Enfin, vous intégrez une communauté mondiale de voyageurs partageant les mêmes valeurs : plaisir de la rencontre, respect des différences et échange dans un esprit convivial. Il n'y a pas de limite d'âge pour séjourner en auberge de jeunesse. Il faut simplement être adhérent.

Renseignements et inscriptions

- ***En France :*** *• hifrance.org •*
- ***En Belgique :*** *• lesaubergesdejeunesse.be •*
- ***En Suisse :*** *• youthhostel.ch •*
- ***Au Canada :*** *• hihostels.ca •*
- ***En France et dans le monde :*** si vous prévoyez un séjour itinérant, vous pouvez réserver plusieurs auberges en une seule fois, sur le site : *• hihostels.com •*

ARGENT, BANQUES, CHANGE

Il est très vivement conseillé d'avertir votre banque avant votre départ (pays visités et dates). En effet, votre carte peut être bloquée dès le premier retrait pour suspicion de fraude... C'est de plus en plus fréquent. Ainsi, cela vous évitera de vous retrouver rapidement dans l'embarras ! Vous pouvez aussi relever votre plafond de carte pendant votre déplacement. Utile surtout pour les cautions des locations de voitures et les garanties dans les hôtels. Enfin, n'oubliez pas de **VÉRIFIER LA DATE D'EXPIRATION DE VOTRE CARTE BANCAIRE.**

- La ***monnaie mexicaine*** est le *peso* ($Me). Son cours est quasi indexé sur le dollar américain, ce qui revient à dire que, lorsque le dollar monte, le Mexique est plus cher pour les Européens.

Mi-2017, on obtenait environ 20 $Me pour 1 €. Son symbole est similaire à celui du dollar, mais il n'y a qu'une barre verticale et il est placé avant le préfixe du pays : $ ($Me dans ce guide). D'où parfois des confusions, surtout dans les zones touristiques, où pas mal de prix sont affichés en US$!

- ***Pour changer de l'argent liquide*** (euros, francs suisses ou dollars canadiens), le plus simple et le plus rapide restent les bureaux de change *(casas de cambio),* présents dans la plupart des villes et endroits touristiques. Aucune commission perçue, mais des taux qui varient selon les bureaux, n'omettez pas de comparer (taux intéressant à l'aéroport de Mexico). Ils ont aussi l'avantage d'avoir des horaires assez étendus (même si beaucoup ferment le dimanche). Sinon, il y a les banques comme *Banamex, Scotiabank* ou *Bancomer* qui, pratiquent parfois des taux plus intéressants que les bureaux de change, mais toutes les agences ne

changent pas (ça dépend des villes), elles exigent souvent le passeport et, bien sûr, les horaires (en général du lundi au vendredi de 10h à 16h) sont plus limités.
- ***Autre solution pratique, avant le départ :*** commander vos devises sans commission, en ligne, comme le propose Travelex. Il suffit de commander/payer vos devises sur le site ● *travelex.fr* ● et de passer les récupérer directement dans l'une des agences Travelex présentes dans la plupart des grands aéroports et gares en France.
- ***Pour retirer de l'argent,*** les banques possèdent toutes des distributeurs de billets acceptant *Visa* et *MasterCard,* parfois aussi *American Express.* Attention, en plus de la commission prise par votre banque, la banque mexicaine s'octroie aussi la sienne lors du retrait (le distributeur vous indique le montant, variable d'une banque à l'autre). Mieux vaut donc éviter de répéter les petits retraits.
- ***Un conseil :*** si vous retirez de l'argent avec une carte, évitez de le faire de nuit ou dans un endroit isolé. Veillez également à respecter l'intimité de celui qui retire devant vous en restant à distance convenable.

Cartes de paiement (tarjetas de crédito)

Petite mesure de précaution : si vous retirez de l'argent dans un distributeur, utilisez de préférence les distributeurs attenants à une agence bancaire. En cas de pépin avec votre carte (carte avalée, erreurs de code secret...), vous aurez un interlocuteur dans l'agence pendant les heures ouvrables.

Le paiement par carte n'est pas aussi répandu qu'en Europe, les Mexicains utilisant surtout les espèces. Ne comptez pas vous servir de votre carte pour régler un billet de bus local, l'addition d'un resto de quartier ou votre nuit dans une *posada* bon marché. En revanche, pour les hôtels ou restos un peu chic, des courses dans un supermarché de chaîne, voire un billet de bus en 1re classe (pas partout), c'est possible... avec souvent une commission de l'ordre de 3 à 7 %, parfois plus, du moins pour les cartes françaises (pas pour les belges).
Une carte de paiement internationale est par ailleurs **indispensable pour louer une voiture.** Dans les restaurants, pensez à remplir (comme aux États-Unis) la case « pourboire » *(propina)* et inscrivez vous-même le total en bas ; sinon le restaurateur peut remplir lui-même cette case...
Quoi qu'il en soit, ne perdez jamais de vue votre carte quand vous effectuez un règlement ! La tentation est grande d'en tirer plusieurs factures... D'ailleurs, un Latino-Américain la suit des yeux en permanence, comme un soldat n'abandonne jamais son fusil !
En cas de perte, de vol, ou de fraude, quelle que soit la carte que vous possédez, chaque banque gère elle-même le processus d'opposition et le numéro de téléphone correspondant. Avant de partir, notez donc bien le numéro d'opposition propre à votre banque, ainsi que le numéro à 16 chiffres de votre carte. Bien entendu, conservez ces informations en lieu sûr et séparément de votre carte. Voir aussi plus loin la rubrique « Urgences ».
Par ailleurs, l'assistance médicale se limite aux 90 premiers jours du voyage et l'assistance véhicule aux cartes haut de gamme (renseignez-vous auprès de votre banque).
Au Mexique, le service *Western Union* est présent dans certaines banques mais aussi certains commerces, notamment la chaîne de magasins *Elektra.*

ACHATS, ARTISANAT

Le Mexique, pays des arts populaires par excellence, propose l'une des plus larges productions d'objets artisanaux d'Amérique latine. Les artisans y sont extrêmement créatifs et chaque année voit apparaître son lot d'innovations.

Même si, sur les grands marchés, on trouve de l'artisanat en provenance de tout le pays, une bonne partie de la distribution reste très locale. Il n'est pas certain que vous trouviez à Mexico les plateaux laqués de Pátzcuaro ou la poterie aperçue à Oaxaca. Autrement dit, le meilleur moyen d'éviter les regrets, c'est d'acheter dès que vous voyez quelque chose qui vous plaît.

Ce qui suit est une liste non exhaustive de ce que vous pourrez rapporter du Mexique.

- ***Alebrijes :*** à Mexico et à Oaxaca. Les *alebrijes* sont des créatures imaginaires (un peu comme les gargouilles en Europe), en papier mâché, qui trouvent leur origine dans les contes et histoires du sud du Mexique. Contrairement à une idée répandue, les *alebrijes* sont nés à Mexico dans les années 1950, grâce à l'imagination et au savoir-faire de la famille Linares, précurseurs de cet art. À Oaxaca, les *alebrijes* sont en bois. Ce ne sont pas les « traditionnels », mais ils ont l'avantage d'être moins fragiles.
- ***Arbres de vie** (árboles de la vida) **:*** structures en céramique en forme de chandelier, de deux à six branches, voire huit pour les plus grands, qui peuvent dépasser 1,50 m de hauteur. « L'arbre » est recouvert d'une multitude de petites figurines en argile. À l'origine, les thèmes étaient religieux, mais aujourd'hui les artisans font preuve de créativité dans le choix des motifs. Les lieux de production sont principalement Acatlán (État de Puebla), Izucar de Matamoros (entre Puebla et Cuernavaca) et Metepec (près de Toluca). En dehors de ces endroits, il n'est pas courant de voir des arbres de vie sur les marchés d'artisanat. En revanche, vous en trouverez dans les magasins d'artisanat *Fonart* ou dans certaines galeries d'art.
- ***Bijoux en argent :*** à Taxco, la ville de l'argent par excellence. Mais aussi à Cuernavaca et à Zacatecas (où se trouve la plus grande mine d'argent du monde).
- ***Bijoux en ambre et en jade :*** à San Cristóbal de Las Casas et dans le Chiapas. La qualité n'est pas garantie dans la rue ni sur les marchés, préférez donc les boutiques qui ont pignon sur rue.
- ***Catrinas :*** elles ont été inspirées par José Guadalupe Posada, qui, à la Belle Époque, dessinait des squelettes habillés en femmes élégantes. Depuis lors, la *catrina* est devenue le symbole national du jour des Morts. On peut la trouver sur la fresque de Diego Rivera, *Dimanche après-midi dans le parc Alameda*. Un village de l'État de Michoacán s'est spécialisé dans les *catrinas* d'argile, mais devenue une icône de l'artisanat mexicain, on en trouve à présent en papier mâché, fil de fer et bois sculpté.
- ***Céramique talavera :*** dans le style des azulejos du Portugal. Le centre traditionnel de fabrication de la Talavera est à Puebla (cruches, jarres, tasses, assiettes...), mais aussi à Dolores Hidalgo.
- ***Coffrets et coffres :*** les plus célèbres (qu'on trouve très facilement à Mexico) sont en bois peint laqué, fabriqués à partir de ce bois délicieusement odorant caractéristique d'Olinalá.
- ***Hamacs :*** un peu partout sur la côte (Yucatán ou côte Pacifique). Quelques tuyaux utiles pour votre achat : un bon hamac, de catégorie n° 3, doit avoir au minimum 90 paires de fils à chaque bout (soit trois bobines de fils utilisées). On aura 120 paires pour un hamac de catégorie n° 4 (quatre bobines utilisées), 150 paires pour un hamac de catégorie n° 5 (combien de bobines ?), 190 pour un n° 6 et ainsi de suite. Chaque bobine pèse environ 250 g. Il suffit donc de peser son hamac pour connaître la catégorie ! Si vous n'avez pas de balance sous la main (cela peut arriver...), alors, il n'y a qu'un seul moyen pour vérifier : compter les paires ! Mais, attention, chaque paire est constituée de quatre fils... Voir la tête des vendeurs lorsqu'on les compte, ils sont convaincus d'avoir affaire à des spécialistes. Les fils doivent aussi être triples et la trame fermée. Les hamacs en coton ou, mieux, en fibre de cactus (sisal), sont plus agréables, mais ceux en nylon résistent plus longtemps. Prendre un *matrimonial,* même pour une personne seule ; c'est plus confortable. Évitez aussi de choisir un hamac à armatures en bois pour dormir : il risque de se retourner en pleine nuit ! Enfin, pensez qu'il faut disposer de 4 m en longueur et 1,80 m en hauteur pour le tendre convenablement.
- ***Huipil :*** tunique typique, richement brodée, portée par les femmes indiennes.

– ***Masques en bois :*** dans l'État de Guerrero, à Taxco et à Oaxaca, mais également dans les principaux sites touristiques.
– ***Objets en cuivre :*** à Pátzcuaro et le village d'à côté, Santa Clara del Cobre.
– ***Plateaux, assiettes en laque :*** à Morelia, Pátzcuaro et Uruapán.
– ***Poteries :*** un peu partout, mais spécialement à Morelia, Pátzcuaro, Guadalajara. À Oaxaca, on trouve la typique poterie noire, aux reflets argentés, fabriquée dans la région, notamment dans le village de San Bartolo Coyotepec.
– ***Vannerie :*** les Mixtèques (État d'Oaxaca) sont particulièrement doués en la matière. Superbes paniers aux motifs géométriques bicolores.
– ***Tapis et couvertures (sarapes) :*** une autre spécialité de la vallée d'Oaxaca et plus particulièrement du village de tisserands de Teotitlán del Valle, où certains artisans utilisent encore des teintures naturelles. De nombreux textiles viennent en fait du Guatemala.
– ***Rebozos :*** grands châles tissés rectangulaires, en coton ou même en soie. Un classique ! Vous en trouverez partout. Le cadeau-souvenir idéal : joli, multi-usage et ça ne pèse pas lourd. Un des hauts lieux de la production se trouve à Santa María del Río, dans l'État de San Luis Potosí.
– ***Sombreros de mariachi :*** à choisir au moins aussi larges que vos épaules. C'est pour se protéger du soleil, ma bonne dame !
– ***Tissages :*** les tissages indiens (mayas en particulier) comprennent des motifs complexes qui empruntent à la cosmogonie et à l'histoire locale. Ils varient selon l'ethnie et le lignage : les motifs abstraits ou figuratifs font partie de la mémoire collective et comprennent des symboles qui demandent un décryptage particulier. Chaque tisserande y apporte sa touche personnelle en guise de signature. Vous trouverez de beaux tissus et vêtements brodés notamment à Oaxaca, où l'artisanat indien est encore très important.

BUDGET

S'agissant du coût de la vie, le Mexique reste moins cher que la France, de l'ordre d'environ 50 % sauf en ce qui concerne certaines régions comme le Yucatán et plus particulièrement les villes de Playa del Carmen et Cancún. En voyageant à deux à l'économie, on peut s'en sortir avec un budget d'environ 800 $Me (environ 40 €) par jour et par personne : 600 $Me pour la chambre double (soit 300 $Me par personne), environ 300 $Me pour la nourriture et 200 $Me pour les visites, transports, boissons, etc. Bien sûr, en ajoutant 300-400 $Me de plus, on voyagera dans des hôtels un peu plus confortables et on pourra s'offrir de meilleures tables au dîner !

> **PLASTIC MONEY**
>
> *Les billets mexicains de 20 et 50 pesos sont en plastique (polymère). Ils durent trois fois plus longtemps que le papier, résistent au lavage... et sont bien plus difficiles à imiter !*

Pour vous aider à préparer votre voyage et à établir votre budget, nous vous donnons des fourchettes de prix pour l'hébergement et les restaurants. À noter que les hôtels les plus chic annoncent souvent leurs tarifs en dollars et exigent parfois le paiement dans cette monnaie.
Le taux de change appliqué sur cette édition est de 20 $Me pour 1 €.

Hôtels

Les prix suivants s'entendent pour ***deux personnes occupant une chambre double.*** Pour le petit déj, pas de règle. Il est parfois inclus, parfois non.
– ***Bon marché :*** moins de 400 $Me (env 20 €).
– ***Prix moyens :*** 400-800 $Me (env 20-40 €).
– ***Chic :*** 800-1 200 $Me (env 40-60 €).

- ***Plus chic :*** 1 200-1 600 $Me (env 60-80 €).
- ***Très chic :*** plus de 1 600 $Me (env 80 €).

Pour les villes très touristiques (notamment la Riviera maya dans le Yucatán et sur la côte pacifique), les prix peuvent être plus élevés ; de même en haute saison à certains endroits (la Semaine sainte et Pâques, juillet, août et autour de Noël), ils peuvent augmenter de 30 à 60 %. En réalité, chaque établissement n'en fait qu'à sa tête ! Si la fréquentation est importante, les prix augmentent ; sinon, ils restent sages. C'est particulièrement vrai dans les environs de Mexico, où les hôteliers des villes prisées par les *capitalinos* le week-end (Cuernavaca, Puebla, Taxco, par exemple) augmentent sensiblement le prix de leurs chambres les vendredi et samedi...
Pour les destinations plage, il peut parfois s'avérer intéressant de consulter les offres des compagnies aériennes proposant des combis billets d'avion et séjour en demi-pension ou des formules tout compris dans des établissements autrement très chers. C'est l'idéal pour les familles.

Restaurants

Il s'agit des fourchettes moyennes pour un repas complet (sans la boisson), bien qu'un plat mexicain soit suffisamment copieux pour vous rassasier. Comme pour les hébergements, les fourchettes doivent être un peu revues à la hausse dans certaines villes touristiques et à Mexico. N'oubliez pas d'inclure dans votre budget la *propina* (pourboire) : entre 10 et 15 % de la note totale.

- ***Bon marché :*** moins de 150 $Me (env 7,50 €).
- ***Prix moyens :*** 150-300 $Me (env 7,50-15 €).
- ***Plus chic :*** 300-500 $Me (env 15-25 €).
- ***Très chic :*** plus de 500 $Me (env 25 €).

Taxes et pourboire

- ***L'IVA :*** c'est la ***TVA locale,*** de 16 % (parfois réduite à 11 % dans certaines villes frontalières). En général, les prix l'incluent, mais dans certains grands hôtels (ainsi que dans les restos chic ou les supermarchés), les prix sont donnés hors IVA. Il faut être vigilant. Lorsque c'est le cas, on peut parfois l'éviter en payant en espèces sans exiger de facture. À négocier sur place. Dans certains coins, il convient aussi d'ajouter une surtaxe locale de 2 %.
- À l'image des États-Unis, le Mexique est le pays de la *propina* : ***le pourboire est OBLIGATOIRE dans les cafés et les restos.*** Il est au minimum de 10 % de l'addition, jusqu'à 15 % si vous êtes content du service. Prévoyez-le dans votre budget. Attention, dans les régions touristiques, comme le Yucatán par exemple, certains restos échaudés par les « oublis » des touristes européens incluent le pourboire dans l'addition. Dans ce cas, pas de sur-pourboire, bien sûr. Dans les taxis avec compteur (que vous trouverez surtout à Mexico), on a coutume d'arrondir au peso supérieur. Dans les stations-service, le pompiste a droit à 4 ou 5 pesos, un peu plus s'il nettoie le pare-brise ou vérifie la pression des pneus. Il est aussi de coutume de donner un pourboire au personnel dans un hôtel de catégorie supérieure.

Marchandage

Il est une loi non écrite, au Mexique, qui prescrit de marchander sur tous les marchés, surtout pour les produits d'artisanat. Si vous parlez l'espagnol, ne serait-ce que quelques mots, les marchands vous considéreront autrement que comme un *gringo* et baisseront les prix. Quand on vous annonce le prix, répondez : « *¿ Y por lo menos ?* ». Cela dit, il faut éviter de trop en faire : l'artisanat demande du temps, beaucoup de travail et de savoir-faire – sans parler de la matière première –, et c'est souvent l'unique source de revenus d'une famille. Les superbes œuvres des artisans mexicains, achetées pour deux bouchées de pain dans les villages de production, sont souvent vendues 10 fois leur prix d'achat dans des boutiques de décoration de New York ou Paris. Et là, on ne marchande pas...

CLIMAT

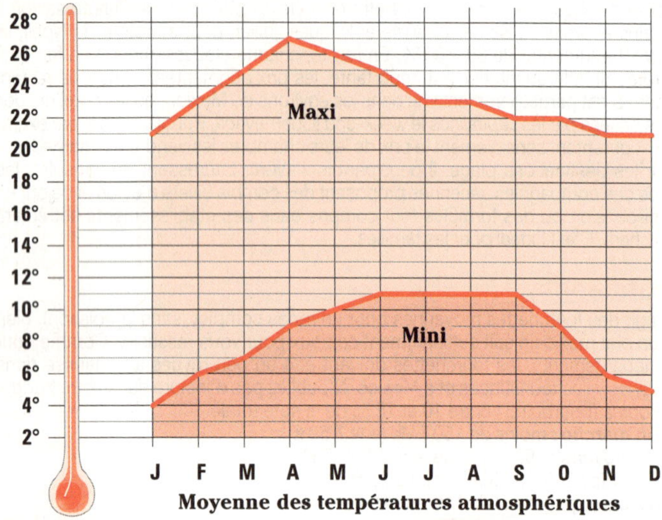

Moyenne des températures atmosphériques

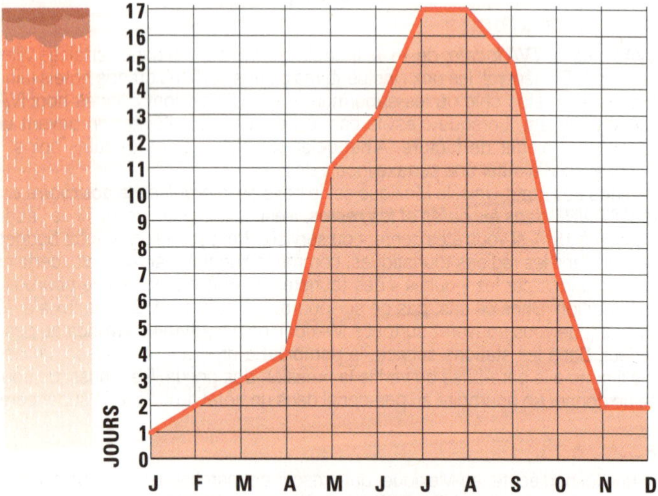

Nombre de jours de pluie

MEXIQUE (Mexico)

Il y a deux saisons au Mexique : la saison sèche, qui s'étend de novembre à mai, et la saison des pluies durant l'été (de juin à octobre). Il tombe alors des trombes d'eau mais, heureusement, plutôt en fin d'après-midi ou durant la nuit, et généralement sur une courte durée. Tout au long de l'année, il faut compter avec l'influence de l'altitude. Dans les régions montagneuses, au-dessus de 2 000 m, il fait frisquet, voire froid durant les mois d'hiver lorsque le soleil a disparu. C'est le cas, par exemple, de Mexico, à 2 240 m d'altitude, et San Cristóbal de Las Casas, au Chiapas (2 140 m). Les zones comprises entre 1 000 et 2 000 m d'altitude qui se trouvent à l'intérieur du pays bénéficient d'un climat tempéré avec une température moyenne de 18 °C et des soirées plus fraîches en hiver. En revanche, grosse chaleur, jour et nuit, le long des côtes et dans les terres sous les 1 000 m d'altitude (température moyenne : 25 °C). Dans la partie nord du pays, où les pluies sont plus rares, le climat est franchement continental avec des hivers froids, voire enneigés, et des étés très chauds et orageux, particulièrement de juillet à septembre.

UN TYPHON, PHON, PHON

Typhon ? Cyclone ? Ouragan ? Le nom change (selon qu'il vienne d'Asie ou des Amériques), mais c'est un seul et même phénomène climatique, propre aux mers tropicales chaudes (26 °C au moins) et profondes, qui frappe réguièrement le Yucatán en septembre-octobre. Selon les Mayas, lorsqu'on voit les baleines partir du sud vers le nord, leur nombre indique celui des cyclones à venir. Nous, la météo, on la prédit avec une grenouille.

Consultez sur Internet le site • *climatiempo.com.mx* • avant de partir. Vous aurez ainsi le bulletin météo de la région que vous allez parcourir.
Voir également « Géographie » dans « Hommes, culture, environnement », plus loin.

Quand partir ?

Tout dépend de la partie du pays que vous comptez visiter. En général, on considère que la bonne période s'étend d'octobre à avril, c'est-à-dire pendant la saison sèche. Très agréable : du soleil, mais pas trop chaud, presque pas de pluie et pas trop de monde. Mais il fait frais le soir en altitude, comme à Mexico, Puebla, Oaxaca, Querétaro, San Miguel de Allende, Zacatecas, Guanajuato, Guadalajara, Morelia, Pátzcuaro et dans la partie montagneuse du Chiapas (au pied des montagnes, la chaleur est tropicale)... Ailleurs, comme dans le Yucatán, le temps est souvent nuageux, et le risque de pluie n'est pas à négliger. De plus, la descente des vents du nord, les *nortes,* peut rendre les soirées frisquettes : mieux vaut prévoir des lainages et une cape de pluie. Notez enfin que sur le littoral des Caraïbes et du golfe du Mexique, les mois de septembre et d'octobre sont propices aux cyclones.
La vie quotidienne durant les vacances de Pâques (la Semaine sainte) est perturbée : banques fermées, hôtels et transports complets. C'est le meilleur moment pour visiter la capitale : Mexico se vide, la pollution baisse, et pendant quelques jours on peut profiter de la clarté du ciel.
Autres périodes difficiles pour les déplacements et réservations : Noël, les ponts du mois de mai, et le jour des Morts *(día de los Muertos),* l'une des fêtes les plus pittoresques d'Amérique latine (voir plus loin « Fêtes et jours fériés »).

Quoi emporter ?

- Vêtements d'été et maillot de bain pour le littoral.
- Lainages pour les régions en altitude et le Yucatán en hiver.
- Une cape de pluie, mais on peut en acheter sur place à un prix dérisoire. Très utile !
- Le sac de couchage peut se révéler utile en hiver, surtout si vous comptez dormir dans de hôtels bon marché, où les couvertures sont parfois insuffisantes !
- Une tente légère. Les terrains de camping sont souvent envahis en hiver par les immenses camping-cars nord-américains, mais on peut quand même essayer d'y planter sa tente.
- ***Important :*** si vous vous baladez dans les régions indiennes comme le Chiapas, évitez de porter les chemises et tuniques typiques que vous aurez achetées au

marché. En effet, ces habits ont des coloris évoquant l'origine et le clan de ceux qui les portent. Les Indiens sont plutôt vexés de voir les touristes faire les guignols avec leurs costumes traditionnels.

DANGERS ET ENQUIQUINEMENTS

On entend beaucoup parler de l'envolée du taux de criminalité au Mexique. Certes, les chiffres sont là, et l'augmentation de l'insécurité est bien réelle, mais il faut savoir que certaines régions (le Nord ou l'Etat d'Acapulco, notamment) sont beaucoup plus touchées que d'autres et que cette criminalité est essentiellement liée au trafic de drogue. Bref, si vous limitez vos visites et déplacements aux zones touristiques et que vous prenez les mesures de sécurité élémentaires, il est peu probable qu'il vous arrive quelque chose.
Avant de partir, vous pouvez faire un tour sur le site du ministère des Affaires étrangères : • *diplomatie.gouv.fr/fr/conseils-aux-voyageurs/* • Bref récapitulatif des derniers événements dans le pays, conseils de sécurité, numéros de téléphone des consulats sur place, etc.

Entourloupe

Si les « puissants » pratiquent la corruption à grande échelle (le Mexique est l'un des pays les plus corrompus d'Amérique latine), pas étonnant que les « petits » fassent de même. Attention donc au truandage, même dans les endroits les plus officiels : banques (faire les calculs de change avant), compagnies de cars, stations-service (pompe trafiquée ou arnaque à la monnaie), restaurants (recompter l'addition), taxis (vérifier que le chauffeur mette le compteur en marche... quand il y en a un)...

L'ESSENCE DU POMPISTE PRESTIDIGITATEUR

Un pompiste vous fait le plein d'essence : « 192 pesos por favor *». Vous donnez un billet de 200 pesos et...* tac y tactac, *manœuvre de diversion, petit mouvement du poignet, il tient alors un billet de 20 pesos en main en disant : « Désolé, Señor, ce n'est pas assez ! » Bredouillant quelque excuse penaude, vous reprenez SON billet de 20 et lui en redonnez un de 200... Magique, non ? La parade : tendre le billet de 200 en disant : « ¿* Un verde, no *? » (un vert ?). Difficile après pour lui d'exhiber un «* azul *» (un bleu)...*

Vols, brigandages

Les grands centres urbains, Mexico en tête, ne sont pas les endroits les plus sûrs du pays. Les Mexicains se sont habitués à cette situation et ont intégré à leur mode de vie tout un ensemble de précautions. Mais on vous rassure, la plupart du temps, vous passerez de bonnes vacances sans le moindre pépin ! Il suffit simplement de respecter un certain nombre de règles élémentaires et de bon sens.
– Faites des photocopies de tous vos papiers (passeport, permis de conduire, billets d'avion, etc.). Ce sera beaucoup plus facile pour les faire refaire en cas de perte. Une photocopie de votre carte de paiement peut s'avérer aussi très utile si vous devez faire opposition. Les plus prudents laisseront les originaux dans le coffre de l'hôtel et n'emporteront en balade que le strict minimum.
– Dans les grandes villes, évitez les quartiers non touristiques, surtout à la tombée de la nuit.
– Ne laissez rien dans votre voiture, même le temps d'une simple halte.
– Dans le bus, gardez toujours vos objets de valeur sur vous. Dans le métro, ayez votre sac devant vous. Ne glissez rien dans les poches arrière de votre pantalon. Les pickpockets sont habiles.

– Si vous vous baladez à Mexico, dans des quartiers populaires ou des zones isolées, évitez de porter bijoux et montres de luxe.
– Dans les taxis, fermez le loquet de sécurité de la portière (de nombreux chauffeurs le font automatiquement) et la fenêtre. Idem si vous êtes en voiture. Dès que la nuit est tombée, ne prenez jamais un taxi ordinaire à la volée, mais appelez (ou attrapez en maraude) un taxi de *sitio,* plus cher mais très sûr. Le plus sûr, c'est l'application Uber (à condition de disposer d'une tablette ou d'un smartphone et de se connecter au wifi). Pas de transaction d'argent, et le chauffeur sait exactement où il doit vous conduire.
– N'acceptez jamais de la nourriture ou des boissons proposées par des inconnus : elles peuvent contenir des somnifères ! Des cas ont été signalés, en particulier dans des boîtes de nuit.
– En cas d'agression, donnez tout, sans essayer de jouer au héros. Les voyous ne cherchent qu'un peu de liquide... et se contenteront de 100 ou 200 pesos... Ayez donc toujours une petite somme de cet ordre dans une poche tandis que vous conserverez le reste de votre argent dans l'autre, afin de pouvoir la donner rapidement à un éventuel agresseur (le tout, c'est de ne pas se tromper de poche !).
– En cas de problème, c'est à la police touristique ou aux bureaux de l'office du secrétariat au tourisme que vous devrez vous adresser. Ils sont présents dans la plupart des grandes villes, et on y parle généralement l'anglais. Voir aussi plus loin la rubrique « Urgences ».

Fausses antiquités

En ce qui concerne les antiquités au Mexique, sachez que l'exportation des pièces originales est strictement interdite par les lois du Mexique et par celles des autres pays – qui luttent contre le trafic d'art. En revanche, rien n'empêche d'acheter des reproductions, vendues soit à la sauvette sur les sites archéologiques (de qualité médiocre), soit dans les grands musées, qui proposent parfois de très belles pièces, mais chères.

Drogues

Les drogues sont interdites au Mexique. Les autorités n'autorisent la consommation du *peyotl* et des champignons hallucinogènes qu'aux Indiens pour leurs rituels traditionnels.
Si le Mexique produit certaines drogues (cannabis et héroïne entre autres), c'est avant tout une énorme zone de transit de la cocaïne sud-américaine vers les États-Unis. Cette filière représente près de 90 % dudit stupéfiant introduit aux États-Unis ! Les sommes en jeu sont colossales. Et la bataille des cartels pour contrôler ce commerce occulte n'en est que plus âpre, notamment dans le Nord, aux abords de la zone frontière. En effet, qui dit drogue dit crime organisé ; autrement dit violence, délinquance, insécurité... Au point que certains n'hésitent pas à comparer la situation du Mexique à celle de la Colombie des années 1990, et à qualifier le pays de narco-État...
C'est pourquoi le routard averti évitera d'aller traîner son sac du côté des zones figurant en rouge sur la carte de la rubrique « Conseils aux voyageurs » du ministère des Affaires étrangères, à savoir, l'État du Tamaulipas (non décrit dans ce guide), l'État du Guerrero (à l'exception de la ville de Taxco) et certaines villes de l'État de Veracruz, comme Martínez de la Torre. Plus globalement, sont à éviter les États du Nord limitrophes avec les États-Unis, Basse-Californie comprise. Évidemment, le camping sauvage est à exclure (évitez de dormir sur les plages) et, si vous avez loué une voiture, renseignez-vous bien sur les axes routiers que vous empruntez pour vous rendre d'une ville à une autre. Certains quartiers de Cuernavaca sont également à éviter.
Sur les routes du pays, en particulier celles menant aux plages discrètes, ***la police fédérale ou les militaires contrôlent souvent les véhicules.*** Si la courtoisie est

de mise, vu leur équipement façon GIGN variante tortue Ninja, on n'a pas vraiment envie d'être pris en flagrant délit ! Le sujet est particulièrement sensible depuis les années 2000, et force est de constater que les mesures antidrogue adoptées par le gouvernement sont loin d'avoir atteint leur objectif...

La *mordida*

Une institution au Mexique. La *mordida* a en réalité deux significations. Pour le fonctionnaire ou le policier corrompu qui la reçoit, c'est le moyen d'arrondir ses fins de mois. Pour celui qui la donne, c'est un moyen d'éviter les lenteurs administratives ou les tracasseries policières. Le gouvernement tente de lutter contre ce fléau de la société mexicaine...

DÉCALAGE HORAIRE

On compte quatre fuseaux horaires au Mexique. Heureusement, la majeure partie du pays est calée sur un seul fuseau (UTC - 6). Dans celui-ci, compter 7h de décalage avec la France (quand il est 12h à Mexico, il est 19h à Paris), parfois 8h durant quelques jours (en mars-avril et en octobre), lors du changement d'heure, car le Mexique ne passe pas à l'heure d'été ou d'hiver tout à fait en même temps que l'Europe. Le deuxième fuseau horaire se situe à l'est, dans le Quintana Roo (avec Cancún, Tulum, Isla Mujeres, etc.) : là, on est à UTC - 5 en hiver et UTC - 4 en été. Le troisième fuseau concerne le nord-ouest du Mexique (États de Sonora, Sinaloa, Chihuahua, une bonne partie du Nayarit et la Basse-Californie du Sud) : on est à UTC - 7 en hiver et UTC - 6 en été. Enfin, le quatrième fuseau concerne la Basse-Californie du Nord : UTC - 8 en hiver ; UTC - 7 en été.
Important : si vous résidez à Valladolid (Yucatán) et que vous avez un avion à prendre à Cancún (Quintana Roo), n'oubliez pas que vous avez 1h de décalage entre les deux villes !

ÉLECTRICITÉ

110 volts et prises à fiches plates comme aux États-Unis. Apportez (ou achetez sur place) un adaptateur.

FÊTES ET JOURS FÉRIÉS

Voici les principales fêtes du Mexique. Vu le nombre, c'est bien le diable si vous ne tombez pas sur une petite fiesta lors de votre séjour. Lorsqu'il s'agit de jours fériés officiels, les banques et administrations sont fermées, mais de nombreux magasins restent ouverts.

> **ATTENTION, JOURS D'IVRESSE**
>
> *N'oubliez pas : jour de paie = jour d'ivresse. Or, au Mexique, les salaires sont versés deux fois par mois ! Le 15 et le 30, c'est la paie de la quinzaine. Si ça tombe un vendredi ou un samedi, soyez sûr qu'il y aura fête... et bien arrosée !*

– ***1er janvier :*** jour férié et rues désertes.
– ***6 janvier :*** jour des Rois mages. Ce sont eux, au petit matin, qui apportent les cadeaux aux enfants. Le Père Noël *(Santa Claus)*, lui, est arrivé au Mexique bien plus tard et s'occupe surtout des enfants des familles aisées, qui doublent ainsi la mise. Quant aux adultes, ils partagent ce jour-là l'équivalent de la galette des rois, la *rosca,* sorte de brioche en forme de couronne, comme on peut en trouver dans le sud de la France. Celui qui tire la fève est tenu d'organiser une fête le 2 février suivant et devra servir à ses invités des *tamales.* Eh oui, tout est prétexte à faire la fête !

– ***2 février :*** *día de la Candelaria* ou Chandeleur. Pas de crêpes, mais des *tamales*, un must de la cuisine mexicaine (voir « Cuisine » dans « Hommes, culture, environnement »). Côté église, une drôle de tradition veut qu'on habille le petit Jésus de vêtements très élégants (les marchés se remplissent d'habits de poupée). Puis toute la famille l'apporte à la messe, où il est béni par le prêtre.
– ***5 février :*** fête de la Constitution. Jour férié officiel.
– ***24 février :*** jour du Drapeau (voir l'encadré « Drapeau mexicain » dans « Hommes, culture, environnement ; Histoire »).
– ***Fin février :*** le carnaval, qui dure plusieurs jours. Celui de Veracruz est particulièrement chaud et coloré. Mais ceux de Mazatlán, Villahermosa et Mérida valent également le coup d'œil si vous êtes dans les parages. Les dates sont fluctuantes. Vérifiez sur Internet. Et réservez votre hôtel bien à l'avance, surtout à Veracruz.
– ***21 mars :*** commémoration de la naissance (en 1806) de Benito Juárez, Indien zapotèque de Oaxaca devenu président du Mexique. Un cas unique dans l'histoire du pays ! Il n'y a pas eu d'autres présidents indiens depuis. Jour férié officiel.
– ***Mars-avril :*** les fêtes de Pâques. La *Semana santa* (Semaine sainte), qui précède le dimanche de Pâques, est la principale période de vacances pour les Mexicains. Attention, les transports et les hôtels de la côte sont souvent complets. Les Jeudi et Vendredi saints sont fériés. Durant ces quelques jours, vous verrez de nombreuses processions religieuses, notamment les *via crucis* du Vendredi saint, représentations « en chair et en os » du chemin de croix. C'est parfois impressionnant de réalisme comme à Taxco ou à Ixtapalapa, près de Mexico, où le *via crucis* dure toute la journée, suivi par une immense foule.

SPRINGBREAK

Vers la mi-avril, grande tradition américaine : les étudiants fêtent la fin de leur session scolaire en s'éclatant quelques jours à Cancún. La température grimpe vite avec la musique inouïe et les shots d'alcool. En revanche, la pudeur a sacrément tendance à diminuer.

– ***1er mai :*** fête du Travail et jour férié officiel.
– ***5 mai :*** commémoration de la bataille de Puebla, où l'armée mexicaine l'emporta sur les troupes de Napoléon III. Les Mexicains en sont très fiers. C'est le seul jour où vous éviterez de crier sur les toits que vous êtes français !
– ***10 mai :*** fête des Mères. Prise très au sérieux par les Mexicains, qui peuvent même ne pas aller au boulot ce jour-là.
– ***15 mai :*** jour des Professeurs. Les enseignants sont de repos. Et les élèves aussi par la même occasion !
– ***13 août :*** commémoration (non officielle et informelle) de la chute de Mexico-Tenochtitlán aux mains de Cortés. Danses aztèques traditionnelles et beaucoup de nostalgie.
– ***Septembre :*** mois de la patrie. Chacun y va de son drapeau mexicain. On le suspend aux fenêtres, on l'installe sur les façades des immeubles, dans les voitures, sur les autobus. Les chauffeurs de taxi en recouvrent leur capot. Les façades des édifices autour du *zócalo* se couvrent de guirlandes aux couleurs de la bannière mexicaine, bref, tout est vert, rouge et blanc.
– ***1er septembre :*** rapport présidentiel annuel.
– ***15 septembre :*** c'est ce soir-là que commence la célébration de l'indépendance. À 23h, le président de la République, depuis la fenêtre du palais présidentiel, face à la foule réunie sur le *zócalo,* crie trois fois : « *¡ Viva México !* » C'est ce qu'on appelle *el Grito* (« le cri »), en souvenir de l'appel du curé Miguel Hidalgo, qui, en 1810, déclencha la guerre d'indépendance contre l'Espagne. Sur tous les *zócalos* du pays, dans le moindre petit village, le maire lance le même cri au milieu de la liesse populaire.
– ***16 septembre :*** fête de l'Indépendance. Défilé militaire, etc. Jour férié.
– ***12 octobre :*** *día de la Raza,* qui commémore la « découverte » du Nouveau Monde et le métissage des peuples.

- **2 novembre :** *día de los Muertos* ou jour des Morts. Une des fêtes les plus emblématiques du Mexique, qui date de l'époque préhispanique. Dans chaque foyer est installé un autel, superbement décoré avec des objets ayant appartenu aux défunts. On y dépose aussi des offrandes : les fameuses têtes de mort en sucre, le traditionnel *pan de los muertos*, des fruits ou des plats appréciés par le défunt. Le 1er novembre est le jour des enfants morts, et le 2 novembre est consacré aux adultes disparus. Les familles mexicaines, accompagnées des amis, se rendent au cimetière avec le pique-nique. Sur place, on nettoie la tombe, on la décore avec des fleurs, on repeint la croix, on plante un nouvel arbuste, puis on s'installe, assis sur les dalles de marbre chaud ou à l'ombre d'une sépulture. Les mariachis sont de la partie. On se met à chanter. C'est la fête des Morts. Et les cadavres de bouteilles s'amoncellent... Certains resteront au cimetière toute la nuit, à la lumière vacillante des bougies.

LE JOUR DES MORTS

Les Aztèques avaient déjà l'habitude de venir sur les tombes en apportant de la nourriture et des offrandes. Histoire de subvenir aux besoins des défunts dans l'au-delà. Les Espagnols n'ont jamais réussi à éradiquer cette coutume païenne. Ainsi, le 2 novembre, il arrive que certaines familles mexicaines aillent au cimetière avec leur pique-nique (une portion est prévue pour les morts) et de la tequila, tandis que les enfants jouent entre les tombes.

- **20 novembre :** anniversaire de la révolution mexicaine qui a commencé en 1910. Jour férié officiel.
- **12 décembre :** fête de la Vierge de la Guadalupe. La fête religieuse la plus importante du pays (voir « Religion » dans « Hommes, culture, environnement »).
- **Du 16 au 24 décembre :** les *posadas.* Encore une tradition mexicaine très vivace dans les villages. Tous les soirs, durant les 9 jours précédant Noël, une procession reconstitue la pérégrination de Joseph et Marie à la recherche d'un toit lors de leur arrivée à Bethléem. Chaque soir, c'est une famille différente qui offre la *posada,* c'est-à-dire l'hébergement, et qui, symboliquement, accueille la crèche jusqu'au lendemain. La procession se termine par le rituel de la *piñata* : les enfants, les yeux bandés, tentent de rompre avec un bâton une figure d'argile ou de papier mâché qui représente les sept péchés capitaux. Elle est garnie de friandises et de sucreries.
- **24 décembre :** le soir, messe et dîner familial de la *noche buena.* Le pays se pare alors de poinsettias, cette plante verte aux jolies fleurs rouges que les Mexicains appellent... *noche buena.*
- **25 décembre :** *Navidad.* Jour férié officiel.

HÉBERGEMENT

Sans surprise, hôtel se dit *hotel* en espagnol, mais on peut aussi désigner les lieux d'hébergement en général (y compris les hôtels) par les termes *posada, casa (de huéspedes), pensión, hospedaje, hospedaría* ou encore *mesón.* Quant au mot ***hostal,*** il est souvent utilisé pour les auberges de jeunesse (voir plus loin) ou les hôtels bon marché.

Remarque : les chambres *single* sont rarement équipées d'un lit *(cama)* individuel, mais plutôt d'un grand lit *matrimonial* voir d'un *king size.* Dans les AJ, en dortoir, les lits restent individuels. Il existe aussi de moins en moins de chambres doubles avec deux lits simples. Une double (*doble* ou *twin*) compte, comme aux États-Unis, deux grands lits et revient plus cher que la *matrimonial.* Les hôtels disposent même parfois de chambres avec trois ou quatre grands lits (vive la colo !). Pensez-y lorsque vous voyagez à plusieurs, entre amis ou avec des enfants par exemple. Le prix par personne devient alors très intéressant.

Il est d'usage de payer d'avance la première nuit, ou, dans les hôtels plus chic, de laisser son passeport ou l'empreinte de sa carte de paiement. On doit en principe libérer la chambre vers 13h ; si l'hôtelier est sympa, il accepte de garder les bagages à la réception jusqu'au soir.

Dans les régions humides et chaudes, inspecter son lit avant de dormir et l'éloigner des murs. Les scorpions ne sont pas si agréables que ça, surtout cachés entre les draps.

Dans la plupart des hôtels, on peut déposer argent et autres objets de valeur dans un coffre *(caja fuerte)* ; cela s'appelle un *depósito de valores.* Demander un reçu où tous les détails des valeurs sont inscrits.

– ***Les auberges de jeunesse (AJ) :*** voir aussi la rubrique « Avant le départ ». Appelées *hostal* (ou *hostel*), les AJ sont privées ou font partie du réseau *Hostelling International* (affilié à la *International Youth Hostel Federation* ou Fédération unie des auberges de jeunesse). On en trouve un peu partout, avec une plus grande concentration dans les gros spots touristiques... mais le pire côtoie le meilleur : modernes, propres et bien équipées pour certaines, vétustes voire sales pour d'autres. Mieux vaut jeter un œil avant de poser son sac. Même constat pour l'ambiance, très variable. Les plus festives ne laissent pas que de bons souvenirs à ceux qui envisagent de dormir, et inversement ! À chacun son type d'AJ en somme, sachant qu'elles offrent plus ou moins le même confort de base : des dortoirs avec lits superposés, quelques chambres doubles, des sanitaires collectifs, une cuisine commune et toujours le wifi. Les mieux équipées disposent de la clim, de chambres avec salle de bains privée et d'espaces communs plus sympas. On peut également parfois suspendre son hamac dans le jardin ou sur le toit-terrasse. Une liste est disponible sur le site • *hostels.com/mx.html* • Mais de toute façon, on indique les principales pour chaque ville traitée.

– On trouve en centre-ville une foule ***d'hôtels de bon marché à prix moyens.*** Sans grand luxe mais au confort suffisant, et même du charme pour certains. Certains hôtels bon marché proposent parfois des chambres avec sanitaires communs. L'hôtelier ne songera pas toujours à vous les proposer. Pensez à les lui demander. Enfin, dans la catégorie « Prix moyens », une chambre avec clim vous coûtera davantage que si vous vous contentez d'un ventilo.

– ***Les hôtels chic :*** le confort est généralement au rendez-vous, la déco plus recherchée, bref, on atteint les standards internationaux. Mention spéciale pour les ***haciendas et hôtels coloniaux,*** lieux historiques, qui gardent le charme et, parfois, les meubles d'époque. Les prix ne sont pas forcément exorbitants pour des chambres de quatre personnes ou plus. Même si vous pensez que votre budget ne vous le permet pas, n'hésitez pas à jeter un œil au site internet de ces établissements, car ils y affichent régulièrement des réductions, parfois conséquentes. Pour à peine quelques euros supplémentaires, on bénéficie alors d'un rapport qualité-prix nettement meilleur que celui d'un établissement de catégorie « Prix moyens » ; le charme en prime.

– ***Les campings*** (le plus souvent appelés *Trailers Park*) ***:*** avec l'afflux des Nord-Américains qui fuient plusieurs mois leur rigoureux hiver, des terrains ont été aménagés à proximité des côtes pour accueillir leurs énormes camping-cars *(trailers)* qui arrivent par convois. Ce sont souvent d'anciens terrains vagues ou des espaces peu attrayants pour le simple campeur. De plus, le camping sauvage est fortement déconseillé (ne dormez jamais sur la plage, par exemple). Les AJ disposent d'espaces aménagés pour les campeurs.

– Une solution très économique consiste à acheter un ***hamac,*** notamment pour voyager sur la côte ou au Yucatán. Certains hôtels prévoient des espaces pour les accrocher (avec parfois possibilité d'en louer). Mais cette disposition se raréfie.

– On peut dormir aussi dans le hall des ***gares routières,*** mais seulement à condition qu'il y ait du monde et que la gare connaisse une activité soutenue pendant la nuit. On y trouve des lavabos et des w-c. S'il y a un terminal de 1re classe dans le coin, ne pas hésiter à y aller. C'est nettement plus confortable ! Et surtout plus calme. Déposez vos bagages à la consigne *(guarda equipaje),* car les rôdeurs traînent.

LANGUE

Si le mixtèque, le tzeltal, le zapotèque ou le nahuatl vous paraissent trop difficiles, essayez au moins d'apprendre quelques rudiments d'espagnol avant le départ. Vos contacts avec les habitants et ainsi votre séjour s'en trouveront enrichis.

TOUR DE BABEL

Même si l'espagnol est parlé par la grande majorité de la population, il existe toujours 67 langues indigènes d'origine précolombienne au Mexique. Certaines personnes ne parlent absolument pas l'espagnol.

Pour vous aider à communiquer, n'oubliez pas notre *Guide de conversation du routard* en espagnol.

Prononciation

Les mots se lisent comme ils s'écrivent, sachant qu'il existe quelques particularités de prononciation...
- ***u,*** toujours prononcé *ou.*
- ***j,*** jota, prononcé comme *rh,* son très guttural.
- ***ll,*** prononcé comme *ill* ou *ye.*
- ***r,*** prononcé presque comme un *l.*
- ***rr,*** *r* très fortement roulé.

Accentuation

N'oubliez pas que dans tout mot espagnol, il y a une syllabe prononcée plus fortement que les autres. Il s'agit de l'avant-dernière syllabe lorsque le mot se termine par un *s*, un *n* ou une voyelle, ou de la dernière lorsque le mot se termine par une des autres consonnes. L'accent n'est écrit que pour constater une exception à ces deux règles.
Exemples :
- ***por favor*** se prononce por faVOR ;
- ***Francia*** se prononce FRANcia, mais ***francés*** se prononce franCÈS ;
- ***turístico*** se prononce tuRIStico (et non pas turisTIco).

Courage, ce n'est pas si difficile !

Vocabulaire espagnol de base utilisé au Mexique

Oui	*sí*
Non	*no*
D'accord, ok	*ya*

Politesse

Ouf ! vous ne serez guère obligé d'utiliser le « vous » *(usted).* Une conjugaison de moins à apprendre ! En espagnol, c'est le « tu » qui prévaut dans la plupart des relations, sauf si vous abordez quelqu'un dans un contexte un peu formel ou commercial.

Merci	*gracias*
S'il vous plaît	*por favor*
Excusez-moi	*disculpe, permiso* (quand on veut passer à côté de quelqu'un)
Bonjour, salut	*hola*
Bonjour	*buenos días* (matin), *buenas tardes* (à partir de 12h pétantes)
Bonsoir	*buenas noches* (à la nuit tombée)
Au revoir	*adios, hasta luego* (ou, plus simple, *tchao* ou *bye* !)

Expressions courantes

D'où viens-tu ?	*¿ de dónde vienes ?*
Je suis français(e), belge, suisse	*soy francés, francesa, belga, suizo(a)*
Je ne comprends pas	*no entiendo*
Comment dit-on ?	*¿ cómo se dice ?*
Avec/sans	*con/sin*
Plus/moins	*más/menos*

Vie pratique

Portable	*celular*
Centre-ville	*el centro (centro histórico)*
Bureau de poste	*correos*
Lettre, enveloppe	*una carta, un sobre*
Timbre	*sello ou estampilla*
Office de tourisme	*la oficina de turismo*
Un plan	*un mapa*
Une banque	*un banco*
Un bureau de change	*una casa de cambio*
Police	*policía*
Téléphoner	*llamar por teléfono*
Entrée/sortie	*entrada/salida*
Les toilettes	*los baños*
Mon sac à dos, ma valise	*mi mochila, mi maleta*

Transports

Gare des bus	*la terminal de autobuses* (ou *central camionera*)
Billet, ticket de bus	*un boleto*
À quelle heure y a-t-il un bus pour... ?	*¿ a qué hora hay un autobus para... ?*
Aller-retour	*ida y vuelta*
Voiture	*un carro, un coche, un auto*
Vol (d'avion)	*un vuelo*

Argent

Argent	*el dinero*
Billet, monnaie	*billete, cambio*
Payer	*pagar*
Prix	*el precio*
Combien ça coûte ?	*¿ cuánto vale ?*
Cher/bon marché	*caro/barato*
Prenez-vous la carte *Visa* ?	*¿ acepta la tarjeta* Visa *?*

À l'hôtel

Chambre simple, double	*habitación (cuarto) para una persona, para dos personas...*
On peut voir une chambre ?	*¿ se puede ver una habitación ?*
Eau froide, eau chaude	*agua fría, agua caliente*

Au restaurant

Le petit déjeuner	*el desayuno*
Le déjeuner	*la comida, el almuerzo*
Le dîner	*la cena*
Eau plate, gazeuse	*agua natural (sin gas), agua minéral (con gas)*
Des légumes	*unas verduras*
L'addition, s'il vous plaît !	*¡ la cuenta, por favor !*
Le pourboire (non inclus)	*la propina (no incluída)*

Jours de la semaine

Lundi	*lunes*
Mardi	*martes*
Mercredi	*miércoles*
Jeudi	*jueves*
Vendredi	*viernes*
Samedi	*sábado*
Dimanche	*domingo*

Nombres

1	*Uno*	8	*Ocho*
2	*Dos*	9	*Nueve*
3	*Tres*	10	*Diez*
4	*Cuatro*	20	*Veinte*
5	*Cinco*	50	*Cincuenta*
6	*Seis*	100	*Cien* (ou *ciento*)
7	*Siete*	500	*Quinientos*

Quelques expressions spécifiquement mexicaines

LOS PIROPOS

Ce sont des propos flatteurs que les hommes adressent aux femmes, dans la rue ou ailleurs. Souvent humoristiques, mais jamais blessants, il s'agit juste d'un hommage à leur beauté, sans vraiment d'arrière-pensée.

– *¿ Mande ? :* comment ?
– *¿ Bueno ? :* allô ?, au téléphone.
– *¡ Órale ! :* une expression vraiment polysémique. Selon le ton, peut exprimer l'approbation (OK, d'accord), l'étonnement (ah bon ?) ou encore le défi (chiche ?). À vous de découvrir la bonne intonation !
– *¡ Ándale ! :* comme *vamos*, allons-y !
– *¡ Híjole ! :* zut alors !
– *Buey* (ou *güey*) *:* mec. Littéralement, un bœuf (sic !). Un enfant est un *escuintle* (une ancienne race de chiens aztèques sans poils ; c'est joliment imagé, non ?). Un jeune homme est un *chavo* (une *chava* pour une jeune fille).
– *Vieja :* nana. Littéralement, une vieille (re-sic !). Comme quoi, avoir de la bouteille est une valeur sûre au Mexique !
– *¡ Que padre !* (ou *¡ que chido !) :* c'est super, génial ! C'est le pied ! (très utilisé par les jeunes).
– *La chamba :* le boulot.
– *La lana :* fric, pèze (littéralement la laine).
– *Ahorita :* tout de suite, dans une heure, quand on aura le temps...
– *Buen provecho, provechito :* bon appétit.
– *Camión :* autocar ou bus.
– *Güero* (« huero ») *:* les personnes à la peau blanche (en opposition aux métis). L'équivalent sympathique de *gringo.*
– *Fresa :* bourgeois, snob, fils à papa. Le routard lui paraît un extraterrestre.
– *Jóven :* jeune. N'y voyez pas d'offense ni de familiarité, c'est comme ça qu'on vous interpellera si vous paraissez moins de 35-40 ans...
– *Mordida :* au sens propre du terme, la morsure. Celle que vous inflige le douanier ou le policier quand vous lui glissez quelques pesos (parfois plus) pour résoudre un petit contentieux...
– Les langues indigènes ont apporté leur contribution à l'espagnol du Mexique : *huaraches* pour *sandalias* (sandales), *huipil* pour *túnica* (tunique ou robe) ou encore *guajolote* pour *pavo* (dindon).
– Plein de mots venant du grand voisin du Nord ont été « hispanisés » ou plutôt « mexicanisés » : *pie* (gâteau) devient *pay* ; *biscuit* se transforme en *bisquet, pancake* en *panqué, donut* en *dona...* On dit aussi *carro* (car) pour voiture et *rentar* (to

rent) au lieu de *alquilar* (louer). À l'inverse, la *barbacoa,* un plat d'origine préhispanique, est devenue le célèbre *barbecue* !
– Et bien sûr, plein de diminutifs et de superlatifs, employés très couramment pour adoucir le discours ou lui donner plus d'emphase. Dans l'espagnol du Mexique, on passe souvent par la périphrase et toutes sortes de politesses quelque peu baroques pour éviter d'être trop direct dans ses réponses (ressenti ici comme quelque chose d'agressif). Enfin, surtout pas de blasphèmes, on ne touche jamais au sacré !
– Pour conclure, méfiez-vous du verbe *chingar,* très fréquent... et très injurieux ! Essayez de ne pas répliquer sur le même ton...

LIVRES DE ROUTE

Histoire et essais

– ***Le Labyrinthe de la solitude,*** d'Octavio Paz, Prix Nobel 1990 (Gallimard, 2006). Un essai qui se présente comme une méditation sur les diverses composantes du peuple mexicain et qui met en évidence, à travers leur évolution, leurs caractères communs : solitude, hermétisme, machisme, masques, communion entre les êtres, nostalgie d'un ordre primitif, amour comme expérience transcendante, mais qui empêchent aussi les véritables identités de s'affirmer.
– ***Le Dictionnaire amoureux du Mexique,*** de Jean-Claude Carrière (éd. Plon, 2009). Une sélection de lieux mythiques ou non, de personnages, de coutumes... traités avec tendresse et bienveillance par cet amoureux indéfectible du Mexique depuis près de 50 ans.
– ***Le Destin brisé de l'Empire aztèque,*** de Serge Gruzinski (éd. Gallimard, coll. « Découvertes », 2010). L'histoire des Mexicas, guidés par leur dieu Huitzilopochtli, et l'arrivée de Cortés. Riche et ludique.
– ***La Très Brève Relation de la destruction des Indes,*** de Bartolomé de Las Casas (La Découverte, 2004). Soixante ans après le premier voyage de Colomb, Bartolomé de Las Casas, religieux dominicain, évêque du Chiapas, rédige à l'usage du souverain espagnol un réquisitoire contre la colonisation dans les premiers territoires conquis d'Amérique. Plus de quatre siècles après sa mort, Las Casas demeure toujours une figure emblématique auprès de la population indienne.
– ***La Conquête du Mexique,*** de Hernán Cortés (La Découverte, 2007). En 1519, 27 ans après le premier voyage de Colomb, Hernán Cortés quitte La Havane à la tête de 10 vaisseaux pour la côte mexicaine. C'est le début de la conquête d'un continent. En 2 ans, un empire, une culture, se disloquent, pour faire place à celle de l'Amérique espagnole. C'est le rapport de Cortés destiné à Charles Quint qui est contenu dans cet ouvrage.
– ***Histoire véridique de la conquête de la Nouvelle-Espagne,*** de Bernal Díaz del Castillo (La Découverte, 2009). Premier découvreur espagnol de la terre mexicaine en 1517, compagnon d'armes d'Hernán Cortés lors de la conquête de Mexico-Tenochtitlán, Bernal Díaz del Castillo raconte la chronique détaillée des événements dont il a été acteur et témoin sur les 4 années décisives qui marquent la fin du monde aztèque et le début de la colonisation espagnole. Son récit décrit le quotidien des conquistadors avides d'or et de puissance, leur admiration devant la splendeur de Mexico et de l'Empire aztèque, mais aussi leur effroi devant les rites sacrificiels. Si, comme nous, vous vous posez la question « Comment une poignée de soldats espagnols a-t-elle réussi à s'approprier un empire ? », lisez ce livre !
– ***Cortés et son double,*** de Christian Duverger (Seuil, Points, 2015). Une enquête passionnante sur l'histoire de Bernal Díaz del Castillo et la paternité du texte de l'*Histoire véridique de la conquête de la Nouvelle-Espagne,* considéré aujourd'hui encore comme un ouvrage de référence sur la conquête du Mexique, et l'un des premiers chefs-d'œuvre de la littérature espagnole. Dans ce livre alerte au ton romanesque, Duverger établit *in fine* que l'auteur du fameux livre n'est pas Díaz, mais... Cortés lui-même !

Romans

– ***Au-dessous du volcan,*** de Malcolm Lowry (Folio, 2011). Roman dont l'action se situe à Cuernavaca. Longue plainte frénétique, exaltée, violente, démoniaque, sur l'amour, l'alcool, la mort, la déchéance, l'impossibilité de communiquer.
– ***Le Serpent à plumes,*** de D. H. Lawrence (Robert Laffont, coll. « Pavillons Poche », 2015). Le spectacle terrifiant et inoubliable d'une corrida mexicaine ouvre ce roman, histoire d'une jeune femme arrivant au Mexique et tombant sous le charme de cet étrange pays.
– ***Azteca,*** de Gary Jennings (Le Livre de Poche, 1991). LA saga par excellence avec pour toile de fond le Mexique à la fondation de l'Empire aztèque. Massacres, sacrifices, rebondissements en tout genre. Un excellent roman historique, très bien documenté !
– ***Cosa fácil,*** de Paco Ignacio Taïbo II (Rivages/Noir, 1994). Mexicain « pur jus » d'origine espagnole, l'auteur nous conte les insomnies d'un privé entre un meurtre sur fond de conflit syndical, le racket de la fille d'une actrice X et la quête de la nouvelle identité de Zapata ; c'est toute la sensualité irrationnelle de Mexico qui est transcrite au fil des pages. Si vous êtes séduit, Taïbo a écrit d'autres polars tout aussi croustillants.
– ***La Révolte des pendus,*** de B. Traven (La Découverte, 2010 – première édition en 1936). L'identité de l'auteur reste mystérieuse. Sous ce pseudo se cacherait un Nord-Américain, militant anarchiste qui, après avoir parcouru l'Europe du début du XXe s, s'exila au Mexique, alors en pleine révolution. Observateur précis de la société locale, il écrit plusieurs romans consacrés aux Indiens du Chiapas (*La Révolte des pendus*, mais aussi *Rosa Blanca* et *La Charette*), dénonçant dans une langue engagée et caustique l'exploitation dont ils font l'objet.
– ***Les Enfants du Jaguar,*** de John Vaillant (Buchet-Chastel, 2016). Un roman très actuel, qui dénonce le trafic de migrants et met en lumière l'instinct de survie de l'humain à travers l'aventure de quatre clandestins mexicains enfermés dans un camion-citerne en panne en plein désert alors qu'ils tentent de rejoindre les Etats-Unis. C'est aussi une réflexion sur la communauté de destins qui unit l'une et l'autre des rives du Río Grande.
– Citons encore Elena Poniatowska, Ángeles Mastretta, Carlos Castañeda, Juan Rulfo, Jorge Volpi... et surtout ***Carlos Fuentes,*** auteur de nombreux romans, et d'un essai, *Contre Bush,* paru en 2004, qui fustige l'ancien président américain.

Bandes dessinées

– ***Les Amis de Pancho Villa,*** de Léonard Chemineau et James Carlos Blake (Caster man, 2012). Le récit de la révolution mexicaine de 1910 à travers le personnage de Fernando Hierro, compagnon d'armes du grand révolutionnaire, dans un récit violent, mais efficace.
– ***Conquistador 1 et 2,*** de Jean Dufaut et Philippe Xavier (éd. Glénat, 2012). La conquête du Mexique par Cortés, oppressante et sanglante, traitée sur le mode du fantastique avec un graphisme imprégné de l'influence de Philippe Druillet.
– ***Juarez,*** de Nathalie Sergeef et Corentin Rouge (éd. Glénat, 2012). Inspiré de faits réels en 1993, un album coup de poing relatant l'enquête d'un homme à la recherche de sa sœur disparue lors de massacres perpétrés entre bandes de trafiquants de drogue, dans une cité minée par le crime et la corruption.

POSTE, TÉLÉCOMMUNICATIONS

POSTE *(CORREOS)*

Le réseau postal fonctionne de façon très aléatoire. Compter 2 à 3 semaines pour qu'une carte postale arrive en France. Pour un envoi plus rapide (moins de 8 jours) et relativement sûr, utilisez la formule « *registrado* » (enregistré), qui permet de

suivre sa course sur Internet. En général, il y a une poste par ville et les horaires sont à peu près similaires partout *(lun-ven et parfois sam mat, sf j. fériés, 8h-16h ou 18h).* Heureusement, car c'est l'un des rares endroits où l'on trouve des timbres, hormis la réception de certains grands hôtels...
– Prix d'un timbre pour l'Europe : 13,50 $Me jusqu'à 20 g (environ 0,70 €) en normal et 44 $Me (environ 2,20 €) jusqu'à 20 g en « *registrado* ».

TÉLÉPHONE

Les numéros de téléphone comptent sept chiffres, sauf à Mexico, Monterrey et Guadalajara, où ils sont à huit chiffres. Pour téléphoner d'une ville à l'autre, il faut composer un indicatif que l'on vous indique pour chaque ville (en intro à côté de son nom). Ce sont des communications *larga distancia.*

Communications internationales

Elles sont assez chères. Depuis la France : environ 1,10 €/mn en heures pleines, 0,86 €/mn en heures creuses. Autour de 10 $Me/mn depuis le Mexique (beaucoup plus cher si vous téléphonez depuis votre hôtel).
– Il existe de petites boutiques *(casetas telefónicas)* d'où l'on peut téléphoner (appel local ou international). Cela revient en général moins cher que de téléphoner d'une cabine téléphonique (ces dernières, comme partout, se faisant de toute façon assez rares). Pour l'étranger, mieux vaut opter pour une carte avec un code à gratter que l'on achète dans les kiosques à journaux ou, de plus en plus, sur Internet. Par exemple, la *Saluda* d'Ekofon permet de téléphoner vers la France depuis un fixe pour 0,33 $Me/mn. Mais il y en a bien d'autres... Elles fournissent plus ou moins de minutes de communication vers un fixe ou un mobile, à vous de comparer selon votre destination. On peut aussi appeler via Internet dans certaines boutiques, c'est encore moins cher.
– ***Mexique → France :*** 00 + 33 + n° du correspondant (sans le 0 initial). Pour téléphoner en PCV *(por cobrar),* composer le 09.
– ***France → Mexique :*** 00 + 52 + indicatif de la ville + n° du correspondant.

Communications intérieures

Une vraie usine à gaz. Mêmes les Mexicains s'y perdent.
– De téléphone fixe à fixe : composer le 01 + indicatif de la ville *(clave)* + n° du correspondant. On signale l'indicatif de la ville dans le bandeau-titre de chaque ville. Exemple : l'indicatif de Mexico est 55 ; celui de Puebla est 222.
– De fixe à portable : composer le 045 + indicatif de la ville *(clave)* + n° du correspondant (attention, si votre correspondant a un numéro qui dépend de la même zone que vous, composez le 044 à la place du 045).
– De portable à portable : si votre correspondant appartient à la même zone, composez le n° du correspondant. Si votre correspondant appartient à une région différente, composez l'indicatif de la ville *(clave)* + le n° du correspondant.
– ***Bon à savoir :*** de plus en plus d'adresses disposent d'un n° gratuit qui commence par 01-800, valable à l'intérieur du pays.

Numéros utiles

– ***Renseignements téléphoniques :*** ☎ 040.
– ***Appel national via une opératrice (ou pour les PCV) :*** ☎ 020.
– ***Appel international via une opératrice bilingue (ou PCV) :*** ☎ 090.

Téléphone portable

– ***À savoir :*** il est difficile de reconnaître un numéro de portable au Mexique. Faites-vous préciser s'il s'agit d'un numéro fixe *(fijo)* ou portable *(celular)* : la marcation est différente (et le coût aussi !).

On peut utiliser son propre téléphone portable au Mexique avec l'option « Monde ». Un téléphone tri-bande ou quadri-bande est nécessaire pour les États-Unis et le Canada. C'est également le cas au Mexique. Pour être sûr que votre appareil est compatible avec votre destination, renseignez-vous auprès de votre opérateur.
- ***Activer l'option « International » :*** elle est en général activée par défaut. Pensez sinon à contacter votre opérateur pour souscrire à l'option (gratuite) au moins 48h avant le départ.
- ***Le « roaming » ou itinérance :*** c'est un système d'accords internationaux entre opérateurs. Concrètement, cela signifie que lorsque vous arrivez dans un pays, le nouveau réseau s'affiche automatiquement. Vous recevez rapidement un sms de votre opérateur qui propose un ***pack voyageurs*** plus ou moins avantageux (plutôt moins que plus), incluant un forfait limité de consommations téléphoniques et de connexion Internet. À vous de voir...
- ***Tarifs*** *(hors UE)* **:** ils sont propres à chaque opérateur et varient en fonction des pays. ***N'oubliez pas qu'à l'international, vous êtes facturé aussi bien pour les appels sortants que les appels entrants,*** idem pour les textos. Donc quand quelqu'un vous appelle à l'étranger, vous payez aussi. Soyez bref !
- ***Acheter une carte SIM/puce sur place :*** si vous restez assez longtemps au Mexique, cela peut être une option avantageuse. Il suffit d'acheter une carte SIM/puce locale (pour moins de 100 $Me) chez l'un des opérateurs *(Telcel, Movistar...)*, représentés dans les boutiques de téléphonie mobile des principales villes du pays et souvent à l'aéroport et de l'insérer dans son téléphone – préalablement débloqué. On vous attribue alors un numéro de téléphone local et un crédit de communication. Avant de signer le contrat et de payer, essayez si possible la carte SIM/puce du vendeur dans votre téléphone – préalablement débloqué – afin de vérifier si celui-ci est compatible. Ensuite, les recharges de crédit s'achètent un peu partout, dans les stations-service, supermarchés, tabacs-presse, etc. Autre solution : acheter tout simplement un téléphone portable basique (pas cher du tout, vendu dans ces mêmes boutiques) !

INTERNET / WIFI

On trouve encore pas mal de cybercafés et centres Internet. La plupart restent ouverts tard le soir. Compter entre 10 $Me/h pour les moins chers et 20 $Me dans les endroits touristiques.
Sinon, la plupart des lieux d'hébergement (*hostels,* hôtels, maisons d'hôtes, etc.) et de nombreux cafés ou restos sont désormais équipés du wifi, presque toujours gratuit pour les clients.

Connexion Internet en voyage

- ***Se connecter au wifi*** à l'étranger est le seul moyen d'avoir accès au web gratuitement. Attention, ne vous connectez pas aux réseaux 3G ou 4G, au risque de faire grimper votre facture !
Le plus sage consiste à ***désactiver la connexion*** « Données à l'étranger » (dans « Réseau cellulaire »). On peut aussi mettre le portable ***en mode « Avion »*** et activer ensuite le wifi. Attention, le mode « Avion » empêche, en revanche, de recevoir appels et messages.
De plus en plus d'hôtels, restos, bars et mêmes certains espaces publics disposent d'un réseau, le plus souvent gratuit.
- Une fois connecté au wifi, vous avez accès à tous les services de la ***téléphonie par Internet. Whatsapp, Messenger*** (la messagerie de *Facebook*), ***Viber, Skype*** permettent d'appeler, d'envoyer des messages, des photos et des vidéos aux quatre coins de la planète, sans frais. Il suffit de télécharger – gratuitement – l'une de ces applis sur son smartphone. Elle détecte automatiquement dans votre liste de contacts ceux qui utilisent la même appli.

SANTÉ

Les consultations médicales sont faciles d'accès, sans rendez-vous *(généralement lun-sam 9h-21h)* et bon marché. Les cabinets regroupent généralement deux médecins, d'où la plage horaire assez large. Prix de la consultation : de 30 à 50 US$. Prévoir néanmoins une bonne assurance assistance internationale pour ***les cas plus sérieux.***
Le réseau des pharmacies et des laboratoires d'analyses médicales est bien réparti, et les officines approvisionnées comme il se doit. Grande concurrence entre elles ; la plus répandue étant la chaîne *Paris.* La moins chère : les pharmacies *Similares* du docteur Simi *(lo mismo, pero más barato !).* • *ssdrsimi.com.mex* • Les prix des médicaments sont rarement ceux indiqués sur les boîtes, grâce à l'aide gouvernementale, ils sont souvent plus bas. Dès leur arrivée à Mexico, les asthmatiques, allergiques, insuffisants respiratoires ou cardiaques peuvent voir leur état aggravé par l'intense pollution. Voir aussi, au chapitre Mexico, « Adresses utiles. Urgences ».
■ ***Urgences médicales :*** *☎ 8.*

Vaccinations

Il convient que soient à jour les vaccinations universelles : tétanos, poliomyélite, diphtérie, coqueluche (Repevax®), hépatite B. Vaccins contre l'hépatite A et la fièvre typhoïde très, très recommandés, car les infections d'origine alimentaire sont fréquentes. Celui contre la rage en cas de séjours ruraux ou prolongés.
Pour les centres de vaccinations partout en France, dans les DOM-TOM, en Belgique et en Suisse, consulter le site : • *astrium.com/espace-voyageurs/centres-de-vaccinations-internationales.html* • Tous les centres de vaccinations sont aussi disponibles sur • *routard.com* •

Problèmes de santé : prévention et remèdes

Maladies transmises par les insectes

– Le paludisme est confidentiel pour le voyageur (zones reculées du Chiapas et du Yucatán), et toujours dans sa forme mineure, à *Plasmodium vivax* : médicaments préventifs inutiles en pratique, mais moustiquaire, imprégnation des vêtements et répulsifs cutanés.
– Pas de fièvre jaune (pour commencer à en trouver, il faut descendre au sud du canal de Panamá).
– En revanche, il y a de la dengue, et de plus en plus, mais pas partout et pas toujours. Présence également dans certaines zones de la maladie à virus Zika. Se renseigner avant de partir : toutes les protections antimoustiques sont alors nécessaires, même de jour.
– Également transmise par les insectes, la leishmaniose, y compris dans sa forme grave (mais zones rurales seulement).
– Enfin, ne pas marcher pieds nus à la campagne (puces, chiques) ni sur les plages fréquentées par les chiens *(larva migrans).*
– Présence d'« abeilles tueuses » dans tout le pays. Tarentules, veuves noires, scorpions, serpents à sonnette. Risques quasi absents dans les sites les plus touristiques.
– Vous entendrez peut-être parler de la maladie de Chagas, en augmentation : mais cette maladie, transmise par des punaises, ne concerne pas les sites touristiques.
N'utilisez pas de lotions achetées au hasard dans un supermarché ou une pharmacie. Recommandées par l'OMS et le ministère de la Santé : celles qui contiennent du DEET à 30-50 % (adultes), type Insect Écran.

Maladies transmises par l'alimentation et les boissons

Elles sont omniprésentes. Fièvre typhoïde, volontiers résistante aux antibiotiques. Hépatite A : partir vacciné. Hépatite E, amibes, etc., pour lesquelles la seule

prévention est une hygiène alimentaire scrupuleuse : désinfection de l'eau par *Micropur DCCNa®* ou filtration microbienne type *Katadyn.*
La probabilité d'une turista (la « revanche de Moctezuma ») est très élevée : selon certaines études, 40 % des voyageurs sont touchés. Le traitement d'une diarrhée simple, sans fièvre, sans pus ni sang, repose sur l'association d'un antibiotique en une prise, une seule fois (*Zithromax,* deux comprimés) et d'un inhibiteur de la sécrétion intestinale (*Tiorfan,* une gélule d'emblée puis trois fois par jour ; maximum pendant 7 jours).
– Les produits et matériels utiles aux voyageurs, assez difficiles à trouver, peuvent être achetés par correspondance sur le site de *Santé Voyages* • *sante-voyages.com* • Infos complètes toutes destinations, boutique en ligne en paiement sécurisé, expéditions Colissimo Expert ou Chronopost (☎ *01-45-86-41-91 – lun-ven 14h-19h).*

SITES INTERNET

• ***routard.com*** • Le site de voyage n° 1 avec 750 000 membres et des millions d'internautes chaque mois. Partagez vos expériences avec la communauté de voyageurs : forums de discussion, avis, bons plans et photos. Pour s'inspirer et s'organiser, plus de 250 fiches pays actualisées avec les infos pratiques, les incontournables et les dernières actualités, ainsi que des reportages terrain et des carnets de voyage. Enfin, vous trouverez tout pour vos vols, hébergements, activités et voitures pour réserver votre voyage au meilleur prix. Routard.com : votre voyage de A à Z !
• ***tiempolibre.com.mx*** • La page de l'hebdomadaire qui recense les expositions, concerts et événements culturels à Mexico.
• ***cmll.com*** • Site de la fédération mondiale de *lucha libre,* pour connaître toute l'actualité des matchs de catch.
• ***frida-kahlo-foundation.org*** • Pour en savoir plus sur la célèbre et énigmatique peintre mexicaine.
• ***schoolsforchiapas.org*** • Site d'une ONG pour ceux qui veulent soutenir la mise en place d'un réseau éducatif au Chiapas.
• ***visitmexico.com/fr/*** • Site généraliste sur le pays qui présente l'avantage d'offrir certaines rubriques en audio pour les malentendants.
• ***legrandjournal.com.mx*** • Site d'actualités en langue française sur le Mexique.

TRANSPORTS

Bus

Le bus est le seul vrai moyen de transport terrestre entre les villes au Mexique. Il va absolument partout, dans des conditions de confort toutefois variables selon les régions et les parcours.
Dans les grandes villes, les compagnies sont généralement regroupées dans une ***même central de autobuses*** (ou ***central camionera***), souvent excentrée. Il faut donc s'y rendre en taxi ou, moins cher mais moins pratique, en bus urbains. Ces gares routières offrent souvent cafétérias, boutiques, sanitaires (quelquefois avec douches) et consignes à bagages. Ça se complique lorsque les compagnies possèdent leur propre terminal... ce qui n'est

VITESSE *UNDER CONTROL*

Les bus mexicains affichent fièrement leur credo sécuritaire : « Vitesse contrôlée par satellite ». De fait, un boîtier compare la limita de velocidad *de la route (selon la position GPS) avec la vitesse du bus. Et ça sonne s'il va trop vite. Super, rassurant et moins brutal qu'un méchant flash de radar ! Seulement voilà : les panneaux routiers sont toujours 20 à 40 km/h en dessous de la vitesse autorisée par le petit boîtier ! À quand la mise à jour ?*

Distances entre les villes (en km)	ZACATECAS	VERACRUZ	SAN LUIS POTOSÍ	QUERÉTARO	PUEBLA	OAXACA	MORELIA	MEXICO	MÉRIDA	GUANAJUATO	GUADALAJARA	CANCÚN	CAMPECHE
CAMPECHE	1760	879	1570	1366	1032	996	1457	1155	177	1520	1697	494	
CANCÚN	2254	1373	2064	1860	1526	1490	1951	1649	317	2014	2191		
GUADALAJARA	320	944	340	377	665	1012	302	542	1874	277			
GUANAJUATO	312	767	215	154	488	835	180	365	1697				
MÉRIDA	1937	1056	1747	1543	1209	1173	1634	1332					
MEXICO	605	402	415	211	123	470	302						
MORELIA	447	704	395	192	425	772							
OAXACA	1075	395	885	681	347								
PUEBLA	728	279	538	334									
QUERÉTARO	433	613	208										
SAN LUIS POTOSÍ	190	817											
VERACRUZ	1007												
ZACATECAS													

pas si rare. Entre les deux, il y a aussi des villes avec un terminal pour les bus de 1re classe et un autre pour les bus de 2de classe.

– ***Bus de 2de classe :*** souvent appelé *servicio ordinario.* Ce sont des bus de 45-50 places, généralement sans confort particulier et faisant plus d'arrêts que les bus de 1re classe (voir ci-après). Cependant, les meilleurs ont parfois la TV, des toilettes et même l'AC !

– ***Bus de 1re classe :*** ou *servicio ejecutivo.* Moins de sièges, donc plus de place, et globalement un bon niveau de confort, avec TV, w-c, sièges inclinables, rideaux aux fenêtres, AC et même le wifi. De plus, ils font moins d'arrêts et sont donc plus rapides que les 2de classe. Plus cher, évidemment, mais pas tant que ça. Bref, pour les longs trajets ou les parcours de nuit, on vous les conseille vivement.

– ***Bus de luxe*** *(servicio de lujo)* ***:*** le top ! Encore plus de place, TV individuelle, deux w-c... et surtout des sièges (20-24 par bus) très larges et super inclinables. Le grand confort !

– On a oublié de mentionner les ***bus locaux,*** dits *guajoloteros* – de *guajolote,* dindon – car on y voyageait autrefois (et encore parfois aujourd'hui !) entre cages à poulets, seaux remplis de poissons, sacs de cochonnaille... Le Mexique populaire, quoi ! Dans le même esprit, certains villages sont desservis par des minibus appelés ***combis.*** Ils partent quand ils sont pleins et s'arrêtent à la demande.

Vous pouvez ***consulter les sites web des principales compagnies, acheter vos billets en ligne,*** ou les appeler gratuitement (numéros « 01-800-... ») à l'intérieur du pays. Il existe parfois des réductions (jusqu'à 50 %) pour les enfants (l'âge varie selon les compagnies), les plus de 60 ans et les personnes handicapées.

Enfin, pour les longues distances, comparez quand même avec les tarifs des compagnies aériennes à bas prix.

Voici les coordonnées des principales compagnies de bus qui desservent le territoire.

■ ***ADO (Autobuses de Oriente) :*** ☎ *01-800-702-80-00 ou 01-800-822-23-69.* • *ado.com.mx* • Dessert tout le sud du pays. Bus de 1re classe, avec l'option luxe en prenant ***ADO GL*** ou, plus prestigieux encore : ***ADO Platino.*** Le groupe compte aussi plusieurs compagnies de bus de 1re classe : ***OCC*** et ***AU,*** ainsi que ***Mayab.***

■ ***Autovías :*** ☎ *01-800-622-22-22.* • *autovias.com.mx* • Bus de 1re classe. Dessert les villes du Centre.

■ ***Estrella Blanca :*** ☎ *01-800-507-55-00.* • *estrellablanca.com.mx* • Dessert surtout les villes du Centre. Bus de 2de classe. Le groupe compte aussi plusieurs compagnies de bus de 1re classe ou de luxe, comme ***Chihuahenses*** et ***Futura.***

■ ***Estrella de Oro :*** ☎ *01-800-900-01-05.* • *estrelladeoro.com.mx* • Bus de luxe desservant Acapulco.

■ ***Estrella Roja :*** ☎ *01-800-712-22-84.* • *estrellaroja.com.mx* • Bus de tous niveaux de confort sur la ligne Mexico-Puebla.

■ ***ETN-Turistar Lujo :*** ☎ *01-800-800-03-86.* • *etn.com.mx* • Bus de luxe. Dessert le Centre et le Nord.

■ ***Omnibus de México :*** ☎ *01-800-765-66-36.* • *odm.com.mx* • Bus de 1re classe. Dessert le Centre et le Nord.

■ ***Primera Plus :*** ☎ *01-800-375-75-87.* • *primeraplus.com.mx* • Bus de 1re classe. Dessert le Centre.

– ***À noter :*** certains sites internet des compagnies de bus n'acceptent pas les règlements avec une carte de paiement étrangère. Impossible de réserver/acheter son billet en ligne. Dans ce cas, passer par une « plate-forme » de réservation qui regroupe la majorité des compagnies de bus, par exemple : • *miescape.mx* •

Taxi

Le taxi est un moyen de transport pratique et économique. Il faut distinguer Mexico du reste du pays.

– En dehors de la capitale, les taxis n'ont presque jamais de compteur. Or, comme vous serez souvent pris pour un *gringo* parce que c'est écrit en gros sur votre front, on vous demandera souvent le double du prix ! Le mieux est de se renseigner auparavant sur les tarifs en vigueur, on peut alors se montrer beaucoup plus ferme pour négocier. Dans certaines villes, les taxis disposent d'une liste de tarifs.
– À Mexico, les taxis ont un compteur, donc pas de problème de ce côté-là (à condition que le chauffeur le mette en route). Pour les autres recommandations, voir au chapitre sur Mexico « Comment se déplacer ? ».
– Pour éviter les arnaques, les terminaux des bus et les aéroports ont désormais tous une station de taxis prépayés intégrée. On achète son billet au comptoir à l'intérieur du terminal et on paie un prix fixe selon la longueur du parcours. Il est vivement conseillé de prendre ces taxis « officiels » plutôt que d'aller en chercher un dans la rue. La sécurité est garantie.

Uber

Dans les villes, le plus sûr et le moins cher, c'est de télécharger l'application *Uber* sur votre smartphone ou sur votre tablette ; nul besoin de posséder un abonnement et d'être connecté au réseau téléphonique, il suffit de se connecter au wifi dans votre hôtel ou dans un café, éventuellement sur la place publique (wifi accessible pratiquement sur toutes les places des villes mexicaines). Avec *Uber,* pas de transaction d'argent avec le chauffeur étant donné que tout est payé d'avance, pas de problème de langue non plus (ce qui n'empêche pas de lui adresser la parole !). C'est aujourd'hui un des moyens les plus fiables et les plus sûrs pour se déplacer dans les grandes villes.

Colectivo (ou *pesero*)

Très pratique et économique, c'est le moyen de transport le plus répandu dans la périphérie des villes et les agglomérations, même s'il est peu utilisé par les touristes et qu'il est amené à disparaître car c'est le premier des pollueurs... L'itinéraire est fixe et annoncé sur le pare-brise. Un simple signe de la main suffit à l'arrêter ; pour descendre, on presse la sonnette et il vous laisse au coin de rue suivant. On paie en montant. C'est le moyen de transport le plus intéressant sur les courtes distances... à condition de connaître les quartiers où il circule et de ne pas s'aventurer au hasard, surtout le soir.

Location de véhicules

Pratique, mais évidemment beaucoup plus cher que le bus. Toutefois, à partir de 3 ou 4, ça peut valoir la peine. De même, à partir de 6 personnes, la location d'un minibus peut parfaitement être rentabilisée. L'essence n'est pas très chère (environ 16 $Me le litre, soit 0,80 €).
Il est conseillé de louer à partir de la France, les prix étant plus intéressants qu'au Mexique. En général, les compagnies mexicaines ne louent pas de voiture aux moins de 25 ans, parfois 22 ans, ni aux plus de 75 ans. La plupart exigent passeport, permis de conduire de plus de 1 an (le permis national suffit) et carte de paiement internationale pour la caution. Faites-vous préciser la couverture de l'assurance *(el seguro)* et vérifiez soigneusement l'état général du véhicule avant le départ (surtout l'état du pare-choc avant). L'état des routes (innombrables *topes,* les dos-d'âne locaux) et la configuration des rues dans les villes coloniales (trottoirs rehaussés) occasionnent facilement de petits dégâts à la carrosserie et au bas de caisse, sans compter les cailloux qui viennent étoiler le pare-brise de temps en temps. Les loueurs ne laissent parfois rien passer au retour. Il peut donc être judicieux de prévoir le ***rachat de franchise*** à la signature du contrat.
Avec certaines agences, il est possible de laisser sa voiture dans une autre ville que celle du départ, mais cela entraîne des frais supplémentaires.

■ ***BSP AUTO :*** ☎ *01-43-46-20-74 (tlj).* ● *bsp-auto.com* ● Les prix proposés sont attractifs et comprennent le kilométrage illimité et les assurances. *BSP Auto* propose exclusivement les grandes compagnies de location sur place, assurant un très bon niveau de service. Les plus : vous ne payez votre location que 5 jours avant le départ. Remise spéciale de 5 % aux lecteurs de ce guide avec le code « ROUTARD18 ».

■ ***Avis :*** ☎ *0820-05-05-05 ou 0821-230-760 (0,12 €/mn).* ● *avis.fr* ●

■ ***Europcar :*** ☎ *0825-358-358 (0,15 €/mn).* ● *europcar.fr* ●

■ ***Hertz :*** ☎ *0825-030-040 (0,15 €/mn).* ● *hertz.com* ●

Quelques règles de conduite...

Il y a des pays où la circulation automobile est pire qu'au Mexique, d'autres où elle est bien mieux régulée... C'est surtout le royaume du dos-d'âne (les ***topes***), aussi appelés ***reductores de velocidad*** ou encore ***vibradores*** ! On en trouve un peu partout en travers des routes. Peu ou mal annoncés... Redoutables de nuit. Destinés à faire respecter les limites de vitesse, ils achèvent surtout les suspensions ! Sachez que n'importe qui conduit au Mexique, souvent sans permis ni assurance et dès l'âge de 14 ou 15 ans (de toute façon, le permis ne veut pas dire grand-chose car il s'achète, tout simplement). Autant dire que la conduite est assez particulière.

Voici quelques trucs à savoir.

– ***Attention,*** les ***feux*** sont placés APRÈS les carrefours, comme aux États-Unis. Quand on n'a pas l'habitude, on peut croire qu'il n'y a pas de feux, ou alors on s'arrête en plein carrefour. Funeste erreur !

– Aux carrefours sans feu, il n'y a souvent ni stop ni priorité. On passe alors « *uno a uno* », c'est-à-dire un par un, dans l'ordre d'arrivée : on cède le passage à un premier véhicule, puis on s'engage.

– Les lignes blanches et panneaux sont peu respectés. Attention aux sens interdits qui ne sont presque JAMAIS signalés, y aller mollo en tournant dans une rue, elle peut s'avérer à sens unique ! Essayer de repérer la flèche bleue qui indique le sens de la rue.

– Attention à l'utilisation du ***clignotant.*** En effet, si un camion ou un véhicule lent qui vous précède met son clignotant à gauche, cela peut signifier deux choses : qu'il va tourner à gauche ou que vous pouvez le doubler. À vous de deviner !

– ***Stationnement :*** en ville, on trouve de nombreux parkings *(estacionamientos),* heureusement moins chers qu'en Europe. Ils sont indiqués par un « E ». Il vaut mieux les utiliser plutôt que de se garer dans la rue. D'abord, on ne sait jamais très bien si c'est autorisé ou non. Et ensuite, on n'est jamais sûr de retrouver son véhicule à cause des vols. Ça fait beaucoup d'incertitudes !

Dans les parkings, il faut souvent laisser sa voiture avec la clé de contact, et les gardiens la garent eux-mêmes. Dans ce cas, les Mexicains ne laissent aucun objet de valeur à l'intérieur.

Dans certains centres urbains, il y a des parcmètres. Mais le plus courant est de tomber sur un gars qui s'est approprié un bout de trottoir et qu'il « loue » moyennant une *propina* (5 à 10 pesos). En échange de quoi, il surveille votre véhicule. Vous ne pouvez pas les louper, ils agitent un foulard rouge.

– ***Mauvais stationnement :*** ne vous inquiétez pas le jour où vous retrouvez votre véhicule avec une plaque d'immatriculation en moins ou un sabot accroché à l'une des roues. Vous vous êtes sans doute mal garé (en principe, les stationnements interdits sont indiqués par un « E » barré d'un trait rouge oblique). Il faut alors aller au *Tránsito* (police municipale) le plus proche et payer une contravention. Prévoyez un tournevis, ils ne remettront pas la plaque eux-mêmes... En cas de mauvais stationnement à Mexico, les voitures sont souvent enlevées par la fourrière. Là, bon courage !

– ***Les abords des grandes villes :*** on quitte et on entre dans les grandes métropoles (en particulier Mexico) par une série de voies rapides à sens unique, qui parfois

se chevauchent, s'entrecroisent... un vrai casse-tête. Les panneaux sont rares, voire inexistants et souvent placés au dernier moment, à hauteur de la sortie (pas 100 m avant, ce serait trop simple). On a donc vite fait de louper le coche et de s'embarquer sur une autoroute pour Pétaouchnoko. Ne pas désespérer et guetter sur la voie de gauche les panneaux « *Retorno* », qui indiquent où faire demi-tour.
À Mexico, la circulation est particulièrement dense et les embouteillages fréquents, la ville ayant été élue ***1re ville la plus embouteillée du monde en février 2017*** devant Bangkok et Jakarta (Paris n'arrive qu'à la 35e place de ce classement). Pour la petite histoire un habitant de Mexico passe 227 heures par an coincé dans les embouteillages ! Seule solution pour ne pas péter une durite : rester attentif, avoir de bons réflexes, du « pif », et surtout conserver son flegme.
– ***Quatre-voies et autoroutes*** (*autopistas* et *carreteras de cuota*) **:** n'allez surtout pas imaginer que parce que vous roulez sur une quatre-voies, vous êtes en sécurité. Elles sont diversement fréquentées : piétons sortis du néant, cyclistes chargés d'énormes ballots qui zigzaguent en tous sens, chiens errants, cageots de fruits, ouvriers mal signalés... On en a même vu qui se sont trouvés nez à nez avec des vaches. À 120 km/h, la rencontre peut être douloureuse.
Attention aussi aux camions. Ils roulent comme des dingues. D'une manière générale, c'est la jungle ! On double par la droite, on fait des queues-de-poisson et, si ça ne va pas assez vite, on prend la bande d'arrêt d'urgence... Les panneaux de distance sont souvent fantaisistes. La destination se rapproche, puis s'éloigne à nouveau... Étrange. Rassurez-vous, on finit toujours par arriver !
Quant aux autoroutes à très nombreux péages *(con cuota),* elles sont sacrément chères et donc moins fréquentées. Prévoir du cash pour le péage. Heureusement, elles sont souvent doublées par des nationales *(carreteras libres)* ; si on n'est pas pressé, on prendra plutôt ces dernières. Un avantage cependant de l'autoroute : le ticket de péage inclut une assurance spéciale. Et en cas de pépin, on est secouru par les *ángeles verdes* (anges verts), patrouille spéciale d'aide aux conducteurs.
Sur les ***routes à une voie,*** il est de coutume de se rabattre sur la bande d'arrêt d'urgence, ou le bas-côté, pour se laisser doubler.
– ***Conduite de nuit :*** déconseillée dans certaines régions peu fréquentées. À Mexico, la pratique veut qu'on ne s'arrête ni aux feux ni aux stops – insécurité oblige. Mais ralentissez quand même et regardez bien de tous côtés avant de brûler le feu rouge comme tout le monde !
– ***Essence :*** on trouve des stations-service partout, et la plupart prennent les cartes de paiement. Demandez de l'essence *sin plomo* (sans plomb), sauf indication contraire du loueur. Des pancartes placées dans les stations-service invitent la clientèle à vérifier si le compteur de la pompe à essence a bien été remis à zéro avant que le pompiste ne procède à une nouvelle distribution. N'hésitez pas à suivre ce conseil. Et n'oubliez pas le pourboire de quelques pesos au pompiste.
– ***Accrochages ou accidents :*** en cas d'accident, ne bougez pas ! C'est la règle. Téléphonez immédiatement au loueur, il préviendra l'assurance, qui enverra un de ses agents sur les lieux. Ce dernier se chargera de tout. Le seul problème qui peut surgir, c'est que l'autre véhicule ne soit pas assuré. Dans ce cas, soit il fuit à toute vitesse, soit il vous propose un règlement à l'amiable. Ne traitez pas avec lui, attendez l'arrivée de l'agent d'assurance.

Avion

Les compagnies ***low-cost*** ont généré une petite baisse des tarifs aériens, significative surtout pour les trajets entre villes de province. Cela dit, l'avion permet d'éviter de longs trajets en bus et n'est parfois pas beaucoup plus cher, surtout en basse saison (il faut quand même ajouter les transferts entre l'aéroport et la ville).
Pour les vols avec correspondance, prévoir minimum 2h pour le transit.
Voici les compagnies charter et low-cost relativement stables.

Vols nationaux

■ ***Aeroméxico :*** ☎ *51-33-40-00 ou 01-800-021-40-00.* • *aeromexico.com* • Nombreux vols nationaux et internationaux. Vers la France, vols partagés avec *Air France.*
■ ***Volaris :*** ☎ *11-02-80-00 ou* ☎ *01-800-122-80-00.* • *volaris.com* • Vols bon marché vers une trentaine de destinations nationales, mais aussi vers les États-Unis. C'est la compagnie la plus importante après *Aeroméxico.*
■ ***Interjet :*** ☎ *11-02-55-55 ou 01-800-011-23-45.* • *interjet.com.mx* • Compagnie low-cost créée en 2005 ; depuis l'aéroport de Mexico, elle dessert de nombreuses villes dans tout le pays mais aussi au Guatemala et aux États-Unis.
■ ***Magnicharters :*** ☎ *01-800-201-14-04.* • *magnicharters.com.mx* •
■ ***VivaAerobus :*** *centre téléphonique de Mexico,* ☎ *01-8182-150-150.* • *vivaaerobus.com* • Autre compagnie à bas coût.
■ ***Aeromar :*** ☎ *51-33-11-07 ou* ☎ *01-800-237-66-27.* • *aeromar.com.mx* • Pour des vols vers des villes côtières comme Manzanillo, Veracruz, Acapulco, Puerto Escondido.

Vols internationaux

■ ***Aeroméxico :*** ☎ *51-33-40-00 ou 01-800-021-40-00.* • *aeromexico.com* •.
■ ***Air France :*** *infos et résas, 01-800-266-00-48.* • *airfrance.com* • Vols directs pour Paris ; en général, en partenariat avec *Aeroméxico.* Membre de *Skyteam.*
■ ***Iberia :*** ☎ *11-01-15-15 ou 01-0825-800-965.* • *iberia.com* •
■ ***American Airlines :*** ☎ *01-800-433-7300.* • *aa.com* • Nombreux vols internationaux, mais généralement avec escale à Miami (où il faut récupérer ses bagages et repasser la douane et les services de migration ; donc, prévoyez au moins 3h entre vos 2 vols).
■ ***Delta Airlines :*** ☎ *01-800-266-00-46.* • *delta.com* •.
■ ***United Airlines :*** ☎ *01-800-900-50-00.* • *united.com* •.

Les coordonnées et principales destinations des compagnies d'aviation sont regroupées dans « Quitter Mexico ».

Train

Une seule ligne :
➢ ***Los Mochis-Chihuahua :*** c'est le fameux train *Chihuahua al Pacífico,* qui traverse le magnifique cañón del Cobre (canyon du Cuivre) et la sierra des Tarahumaras. Infos sur le site : • *chepe.com.mx* •

Auto-stop

L'auto-stop, pour des raisons d'insécurité, se pratique très peu au Mexique. Toutefois, on s'aventure à *pedir un aventón* (faire du stop) dans certains coins très spécifiques (qu'on vous indique), pour de petits trajets, sans bagage et en prenant les précautions d'usage avant de monter.

URGENCES

Depuis octobre 2016, certains États utilisent un ***numéro d'appel unique, le 911.*** Cependant, les anciens numéros d'urgence restent quand même valables, les voici.

Numéros nationaux

- ***Police fédérale :*** ☎ *088.*
- ***Police municipale, police d'Etat :*** ☎ *060 ou 066.*
- ***Urgences médicales :*** ☎ *066.*
- ***Pompiers :*** ☎ *068 ou 066.*
- ***Protection Civile (catastrophe naturelle) :*** ☎ *088.*
- ***Ángeles Verdes*** *(en cas de pépin mécanique sur route ou autoroute)* ***:*** ☎ *078.*

Perte/vol de cartes de paiement

– ***Carte Visa :*** *assistance médicale et véhicule incluse ; numéro d'urgence (Europ Assistance) : ☎ 0-800-891-3680 (24h/24). • visa.fr •*
– ***Carte MasterCard :*** *numéro d'urgence : ☎ 0-800-90-1387. • mastercard.com •*
– ***Carte American Express :*** *☎ (00-33) 1-47-77-72-00. • americanexpress.com •*

Besoin urgent d'argent liquide

Vous pouvez être dépanné en quelques minutes grâce au système ***Western Union Money Transfer.*** L'argent vous est transféré en moins de 1h. La commission, assez élevée, est payée par l'expéditeur. Possibilité d'effectuer un transfert auprès d'un des bureaux *Western Union* ou, plus rapide, en ligne, 24h/24 par carte de paiement *(Visa* ou *MasterCard).*
Même principe avec d'autres organismes de transfert d'argent liquide comme ***MoneyGram, PayTop*** ou ***Azimo.*** Transfert en ligne sécurisé, en moins de 1h.
Dans tous les cas, se munir d'une pièce d'identité. Toutefois, en cas de perte/vol de papiers, certains organismes permettent de convenir d'une question/réponse-type pour pouvoir récupérer votre argent. Chacun de ces organismes possèdent aussi des applications disponibles sur téléphone portable. Consulter les sites internet pour connaître les pays concernés, les conditions tarifaires (frais, commission) et trouver le correspondant local le plus proche :
• westernunion.com • moneygram.fr • paytop.com • vazymo.com/fr •
– Autre solution, envoyer de l'argent par ***la Poste*** : le bénéficiaire, muni de sa pièce d'identité, peut retirer les fonds dans n'importe quel bureau du réseau local. Le transfert s'effectue avec un mandat ordinaire international (jusqu'à 3 500 €) et la transaction prend 4-5 jours en Europe (8-10 jours vers l'international). Plus cher, mais plus rapide, le mandat express international permet d'envoyer de l'argent (montant variable selon la destination – 34 au total) sous 2 jours maximum, 24h lorsque la démarche est faite en ligne. *Infos : • labanquepostale.fr •*

Perte/vol de téléphone portable

Suspendre aussitôt sa ligne permet d'éviter de douloureuses surprises au retour du voyage ! Voici les numéros des quatre opérateurs français, accessibles depuis la France et l'étranger :

– ***SFR :*** *depuis la France : ☎ 1023 ; depuis l'étranger : 📱 + 33-6-1000-1023.*
– ***Bouygues Télécom :*** *depuis la France comme depuis l'étranger : ☎ + 33-800-29-1000.*
– ***Orange :*** *depuis la France comme depuis l'étranger : 📱 + 33-6-07-62-64-64.*
– ***Free :*** *depuis la France : ☎ 3244 ; depuis l'étranger : ☎ + 33-1-78-56-95-60.*

Vous pouvez aussi demander la suspension de votre ligne depuis le site internet de votre opérateur.
Avant de partir, notez (ailleurs que dans votre téléphone portable !) votre numéro IMEI utile pour bloquer à distance l'accès à votre téléphone en cas de perte ou de vol. Comment obtenir ce numéro ? Il suffit de taper sur votre clavier *#06#. Puis reportez-vous au site *• mobilevole-mobilebloque.fr •*

MEXICO ET SES ENVIRONS

La capitale du Mexique est une introduction incontournable à la compréhension du pays. Car si le Mexique est surréaliste, Mexico en est la quintessence ! La ville rassemble tous les excès. Par sa démesure déjà, en figurant dans le *top ten* des agglomérations les plus peuplées au monde. Avec 50 km du nord au sud et 30 km d'est en ouest (à vol d'oiseau)... Inutile de vous dire que vous allez avoir du travail si vous voulez tout connaître. L'ancienne capitale de l'Empire aztèque a de quoi satisfaire le routard le plus exigeant. C'était d'ailleurs plus ou moins écrit : une légende aztèque prévoyait, il y a 500 ans, que *Tenochtitlán* deviendrait la ville la plus peuplée au monde. Étonnant, non ? Mais Mexico c'est aussi la mythique Teotihuacán, qui fut l'une des plus grandes villes de l'Amérique précolombienne. Les villes coloniales de Taxco et Puebla, des rues escarpées jalonnées de boutiques d'orfèvres pour la première, et le foisonnement baroque (classé par l'Unesco) qui caractérise la seconde. À cela ajoutons Tepoztlán, petit paradis d'altitude lové dans une sierra aride... Ou encore Atlixco, la ville aux mille fleurs, campée à l'ombre du Popocatépetl, l'un des volcans les plus actifs de notre planète. Bref, une région riche d'art et d'histoire, propice à un séjour culturel d'une grande variété.

MEXICO

env 22 millions d'hab. (agglomération) IND. TÉL. : 55

• Plan d'ensemble *p. 82-83* • Centro histórico (plan I) *p. 86-87* • Zona Rosa, Condesa, Roma (plan II) *p. 89* • Coyoacán, San Ángel (plan III) *p. 90-91*

Ville tentaculaire, ville plurielle, ville inouïe... Mexico joue de ses superlatifs comme d'un supplément d'âme. Campée à plus de 2 200 m d'altitude, CDMX

(pour Ciudad de Mexico) a de quoi vous donner le vertige. Avec plus de 10 000 km de voiries parcourus quotidiennement par plus de 5 millions de véhicules, elle étale sa trame urbaine dans une cuvette sur près de 1 500 km². Autant dire que ça fait du monde aux heures de pointe ! Ici, il faut apprendre à voyager façon sardines-en-boîte dans le métro ou dans le bus, ronger son frein dans les embouteillages, arpenter ses rues et ses places surdimensionnés...

Néanmoins, malgré une pollution endémique et quelques problèmes de sécurité dans certains quartiers périphériques, la ville ne manque pas de charme. Classé par l'Unesco, son cœur historique (autour du Zócalo) ravira les trekkeurs urbains, avec ses musées, ses vieilles églises penchées et ses bâtiments tantôt baroques, tantôt néoclassiques ou pseudo-coloniaux. Les fêtards et les épicuriens, eux, trouveront leur bonheur dans les quartiers sud-ouest : Condesa, La Roma, La Zona Rosa, où foisonnent les bars, les restos et les boîtes ; les amateurs d'art et de belles choses pousseront jusqu'à Polanco, quartier chic, avec ses larges avenues et ses centres commerciaux de luxe, toisés par de hautes tours de verre. Sans oublier les anciens petits villages que Mexico a eu tôt fait de prendre sous sa coupe et qui sont aujourd'hui autant de foyers d'innovation pour la culture alternative : La San Rafael, La Santa María La Ribera, Coyoacán, San Ángel... Car Mexico est une ville en perpétuelle effervescence, une ville grouillante de vie et, surtout et avant tout, une vraie capitale d'Amérique latine... Arribaaa !

ZONA ROSA ?

Mécontent du développement anarchique de la ville dans les années 1950, le maire de Mexico de l'époque entendait remettre de l'ordre. Trouvant aussi la vie nocturne trop débridée, il imposa la fermeture des commerces à 22h. Et pour que les touristes n'aient pas à pâtir de ces restrictions, il leur affecta un quartier, la Zona Rosa, où les lieux de sortie pouvaient rester ouverts bien plus tard. Pour délimiter ce quartier, ses façades furent peintes... en rose, même si aujourd'hui ce rose a disparu.

CLIMAT ET POLLUTION

Mexico bénéficie de plus de 200 jours d'ensoleillement par an. À cette altitude, il fait chaud dans la journée mais frais dès que le soleil disparaît, voire froid les soirs d'hiver. En été, grosso modo de juin à octobre, c'est la saison des pluies. Heureusement, celles-ci ne tombent qu'en fin de journée. Ce sont des trombes d'eau de courte durée qui viennent rafraîchir l'atmosphère, nettoyer la ville... et créer de monstrueux embouteillages (à cause des inondations de la chaussée) !

La pollution ! Sujet intarissable des *capitalinos.* Deux indicateurs la mesurent en permanence (indiqués au journal météo). Dès que l'indice IMECA atteint 240 ou l'indice PM^{10} 180, le maire déclare l'état d'alerte. En cause, surtout, les automobilistes et, bien sûr, les usines, sans compter les quelque 100 000 taxis qui sillonnent constamment les rues et le ballet des avions qui atterrissent en pleine ville... Mais il y a aussi, outre la position de la ville dans une cuvette, l'altitude : à 2 240 m, le carburant brûle imparfaitement en raison de la moindre quantité d'oxygène dans l'air, produisant davantage de monoxyde de carbone et d'oxyde d'azote. Et pour couronner le tout, le soleil, très présent, favorise leur transformation en smog.

Pour tenter de remédier au problème, les autorités ont mis en place un système de circulation automobile alternée en semaine, mais cela a poussé certains habitants à acheter une seconde voiture... neuve pour les plus aisés, vieille

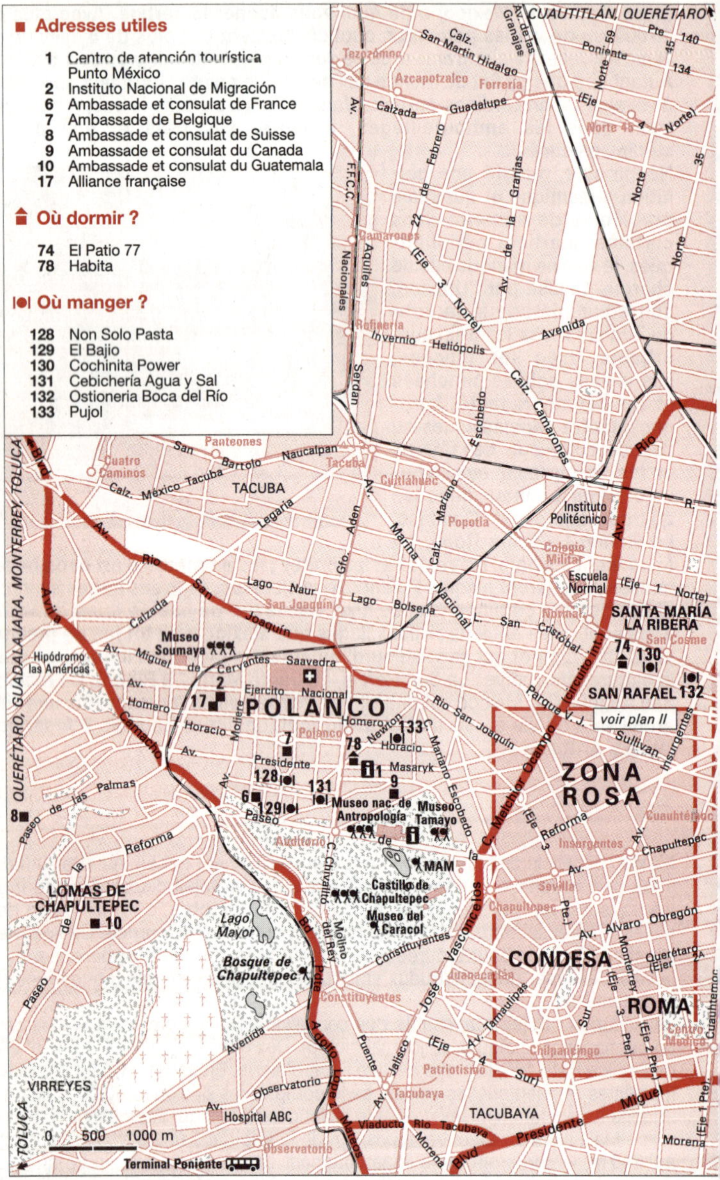
■ Adresses utiles
1 Centro de atención turística Punto México
2 Instituto Nacional de Migración
6 Ambassade et consulat de France
7 Ambassade de Belgique
8 Ambassade et consulat de Suisse
9 Ambassade et consulat du Canada
10 Ambassade et consulat du Guatemala
17 Alliance française
Où dormir ?
74 El Patio 77
78 Habita
Où manger ?
128 Non Solo Pasta
129 El Bajío
130 Cochinita Power
131 Cebichería Agua y Sal
132 Ostioneria Boca del Río
133 Pujol
CUAUTITLÁN, QUERÉTARO
TACUBA
POLANCO
SANTA MARÍA LA RIBERA
SAN RAFAEL
voir plan II
ZONA ROSA
CONDESA
ROMA
TACUBAYA
LOMAS DE CHAPULTEPEC
VIRREYES
Museo Soumaya
Museo nac. de Antropología
Museo Tamayo
MAM
Castillo de Chapultepec
Museo del Caracol
Bosque de Chapultepec
Lago Mayor
Hipódromo las Américas
Instituto Politécnico
Colegio Militar
Escuela Normal
Hospital ABC
Terminal Poniente
QUERÉTARO, GUADALAJARA, MONTERREY, TOLUCA
TOLUCA
0 500 1000 m

MEXICO (Plan d'ensemble)

guimbarde, plus polluante encore, pour les autres... Mieux : le vélo a retrouvé droit de cité le dimanche (de 7h à 14h), lorsque l'immense et belle avenue Reforma est fermée à la circulation jusqu'au centre historique. Deux-roues, poussettes et rollers s'emparent alors du pavé... une vraie révolution !

UN PEU D'HISTOIRE

Imaginez un peu la stupeur des Espagnols quand ils découvrent, en 1519, la capitale de l'Empire aztèque, construite au milieu d'un lac bordé de majestueux volcans. Une merveilleuse ville flottante couverte de palais gigantesques, de pyramides flamboyantes, entourés de jardins enchanteurs, de marchés, de canaux et d'immenses aqueducs qui alimentent la ville en eau. Tout est net et ordonné, régi par des règles et des rites stricts.
Ce bel ordonnancement est bouleversé par l'arrivée de Cortés et de ses hommes. Mexico-Tenochtitlán tombe aux mains des Espagnols à l'issue d'un siège de plusieurs mois. En 2 ans, l'ensemble de l'Empire aztèque est soumis.
Cortés prend alors une décision qui nous paraît aujourd'hui monstrueuse et absurde : il fait tout simplement raser la ville et réemploie les pierres des pyramides pour l'édification des premiers édifices coloniaux (lire aussi la rubrique « Histoire » dans le chapitre « Hommes, culture, environnement »). Mexico devient alors, pour près de 300 ans, la capitale de la puissante vice-royauté de la Nouvelle-Espagne. Dès la conquête des Philippines, dans la seconde moitié du XVIe s, le pays deviendra même le passage obligé entre l'Asie et l'Europe. Les marchandises débarquant à Acapulco, côté Pacifique, pour être acheminées jusqu'à Veracruz où elles embarquent à nouveau pour l'Europe. Mexico jouant le rôle de plaque tournante, de grandes foires commerciales s'y déroulaient.

Arrivée à l'aéroport

Essayez d'avoir un siège côté hublot, l'arrivée sur Mexico, de jour comme de nuit, est l'une des visions les plus saisissantes qui soient ! L'aéroport se situant en pleine ville, le survol de la mégapole à quelque 500 m de hauteur est particulièrement impressionnant.
– ***Formalités à l'arrivée :*** il y a de fortes chances que Mexico soit votre porte d'entrée au Mexique. Vous devrez donc remplir le formulaire FMM *(Forma Migratoria Múltiple)*, qui vous est remis dans l'avion. ***Gardez-le précieusement, car ce document sera exigé lors de la sortie du territoire mexicain.*** En cas de perte, vous devrez vous rendre à l'Instituto nacional de Migración (voir « Adresses et infos utiles »). Il vous faudra également remplir le formulaire des douanes (fourni dans l'avion).

✈ ***Aeropuerto internacional Benito Juárez*** *(plan d'ensemble)* ***:*** *situé à l'intérieur de la ville (à l'est), à 8 km du centre historique. Infos : ☎ 24-82-24-00. • aicm.com.mx •* Il est constitué de 2 terminaux reliés par un aérotrain *(aerotren)* gratuit qui passe toutes les 10 mn. Le ***terminal 1*** reçoit la plupart des vols internationaux *(Air France, KLM, Iberia, British Airways...)*, mais aussi certains vols nationaux *(Interjet, Volaris...)*, bien pratique pour les correspondances. Le ***terminal 2*** accueille tous les vols d'*Aeroméxico*, ainsi que ceux de *Lan*, *Copa* et *Aeromar*.

Depuis le terminal 1, le départ de l'aérotrain se fait au niveau de la porte 6 des « Arrivées », après le passage de l'immigration et de la douane. Depuis le terminal 2, le prendre au niveau des départs.

ℹ ***Point d'info :*** *dans le terminal 1, au niveau des « Arrivées » nationales (porte 7). ☎ 24-82-22-59. Tlj 6h30-22h. Autre guichet au terminal 2.* Pour tout renseignement (plutôt en espagnol) sur l'aéroport et les vols.

■ ***Change :*** banques et bureaux de change *(casas de cambio)* en grand nombre dans tout l'aéroport mais attention, comparez les taux ! Également de nombreux distributeurs automatiques pour cartes *Visa* et *MasterCard*.

■ ***Consignes :*** *au niveau de la porte 8 du terminal 1 et de la porte 4 du terminal 2. Ouv 24h/24 (casiers). Compter 120-160 $Me pour 24h selon taille du bagage*.

■ ***Location de voitures :*** *comptoirs des différentes compagnies entre les portes 7 et 8 du terminal 1.* De là, une navette vous conduit au parking, où est généralement établi le contrat. Au retour, prévoyez large (un bon 30 mn, voire 45 mn).

Comment rejoindre la ville ?

On peut rejoindre la ville en taxi, en métro ou en métrobus.

– ***Taxis :*** il faut prendre un taxi officiel, en prépayant la course au guichet d'une des compagnies affichant « taxi autorizado ». Elles sont situées, dans le terminal 1, autour des portes 10, 7 et 1. Compter 375 $Me pour le centre-ville et environ 20 % de plus pour la Zona Rosa. Si vous êtes nombreux, vous pouvez demander une camionnette (type fourgon), presque 2 fois plus chère, mais pouvant prendre jusqu'à 8 passagers. Ne jamais prendre un taxi non autorisé, pour des raisons de sécurité.

– ***Métro :*** la solution la moins chère (env 5 $Me !). Mais, attention, l'accès du

■ Adresses utiles

3 CI Banco (change)
25 Arena Coliseo
26 Arena México
42 Mundo Jovén

Où dormir ?

40 Downtown Beds
41 Hostel México City
42 Hostel Mundo Jovén Central
43 Hostal Centro Histórico Regina
45 Massiosare El Hostal
46 Hostel Suites DF
47 Casa San Ildefonso
48 Hotel Congreso
49 Chaya B & B Boutique
52 Hotel Rioja
54 Hotel San Antonio
55 Hotel Azores
56 Hotel Roble
58 Hotel Catedral
59 City Express Ciudad de Mexico Alameda
60 Hotel Gillow
61 Hotel Metropol
62 Chillout Flat B & B
63 Gran Hotel

Où manger ?

43 Los Canallas
49 La Azotea
90 Mercado de alimentos San Camilito
91 Jamón J Jamón
92 Taquería El Flaco
93 Café El Popular
94 Pastelería Madrid
95 La Isla del Dragón
96 Trevi
97 Hostería La Bota
98 Coox Hanal
99 Hostería de Santo Domingo
101 Gotan
102 El Cardenal
103 Danubio
104 La Ópera
105 Café de Tacuba
106 Centro Castellano
107 Los Girasoles
108 Casa de las Sirenas

Où prendre un petit déjeuner ? Où faire une pause sucrée ?

94 Pastelería Madrid
140 Bertico Café
141 Café La Habana
142 Jugos Canada
145 Pastelería Ideal
147 El Mayor Deli
148 Finca Don Porfirio
149 Café Jekemir

Où boire un verre ? Où sortir ?

49 La Azotea
97 Hostería La Bota
160 Crisanta
161 El Salón Tenampa
162 Zinco Jazz Club
163 Salón Tropicana

Achats

144 Dulcería Celaya
180 Bazar de la Fotografía Casasola
181 Mercado de la Ciudadela
182 Mercado San Juan
183 Magasin FONART
184 Plantes médicinales

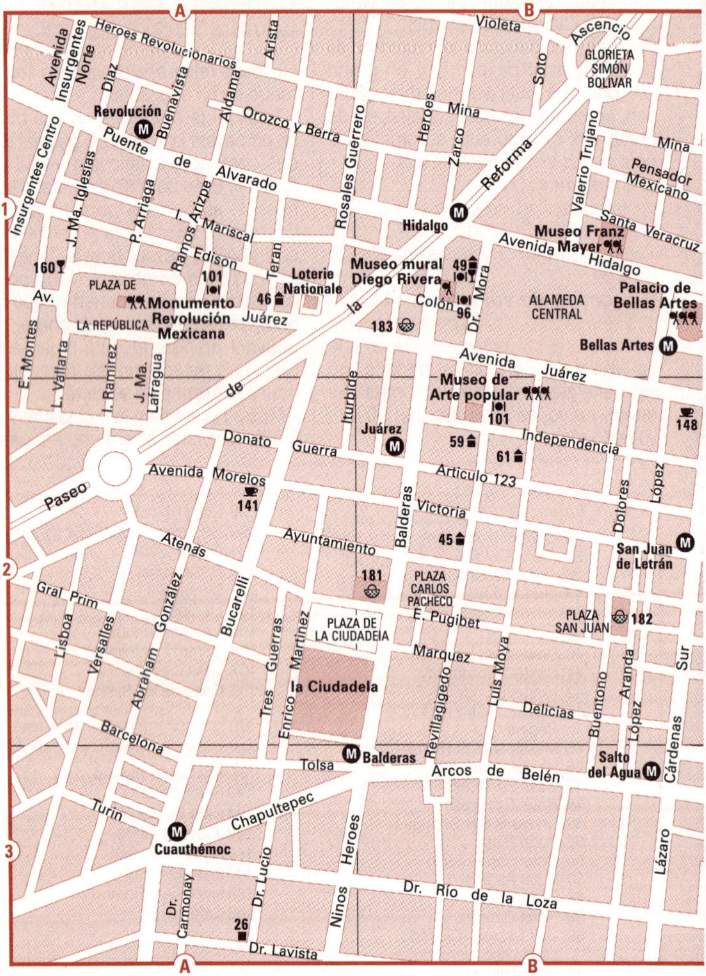

métro est interdit aux passagers avec de gros bagages et valises encombrantes aux heures de pointe : 7h-10h et 17h-20h. En dehors de ces heures, c'est toléré. La station de métro est *Terminal Aerea* (ligne nº 5). À l'extérieur du terminal 1, en sortant à gauche par la porte 1 – suivez le trottoir en arc de cercle (illuminé la nuit). Pour le centre historique, prendre la direction Pantitlán (terminus de la ligne nº 5) et ensuite la correspondance avec la ligne nº 1 (direction Observatorio). Changer une fois de plus à la station Pino Suárez pour prendre la ligne nº 2 en direction de Cuatro Caminos et descendre au Zócalo.

– ***Metrobús :*** avec la ligne nº 4, à prendre au niveau des portes 6 et 7 du terminal 1, ou de la porte 3 (terminal des taxis) du terminal 2. Départs ttes

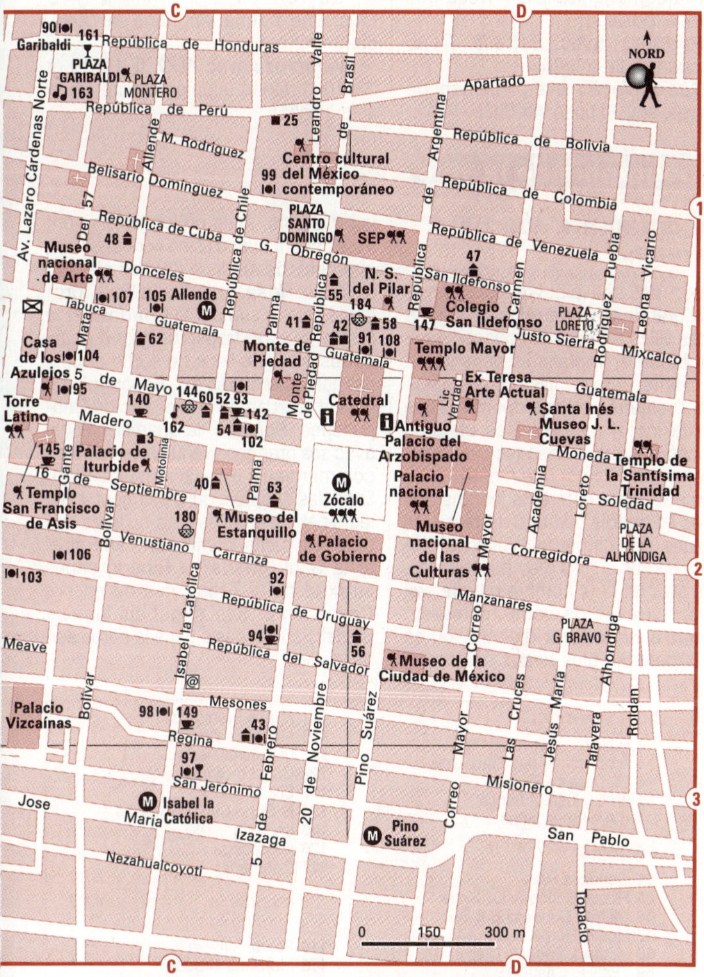

MEXICO – Centro histórico (Plan I)

les 15 mn. Plus rapide que le métro jusqu'au centre, car direct (pas de changement), mais « plus cher » puisqu'il existe une tarification spéciale (30 $Me) entre l'aéroport et l'arrêt San Lazaro. Achat de carte magnétique (16 $Me) indispensable (lire plus loin la rubrique « Comment se déplacer ? Le *metrobús* »). Compter environ 30 mn jusqu'au centre-ville. Bagages acceptés.

Liaisons directes vers d'autres villes

Il est possible de rejoindre quelques villes directement en ***bus*** depuis l'aéroport international *(Bus Autorizado)*. Les départs se font du 1er étage du terminal 1 (au niveau de la porte 7) pour la plupart des compagnies et au rez-de-chaussée

pour la compagnie *ADO* (niveau des arrivées, porte 7).
➢ ***Puebla :*** avec *Estrella Roja,* 17 départs/j. 2h-23h20.
➢ ***Cuernavaca :*** avec *Pullman de Morelos,* env 30 bus/j. 4h-0h30.
➢ ***Querétaro :*** avec *Primera Aero Plus,* une bonne vingtaine de bus/j. 5h20-1h20.
➢ ***Veracruz :*** avec *ADO*, tlj 15h10 et 23h10 (1 départ supplémentaire lun et sam à 0h55).

Topographie de la ville

Les différents quartiers *(colonias)*

Mexico est une pieuvre gourmande qui a grandi en avalant les villages et petites villes alentour. Un phagocytage anarchique et implacable engendrant une trame urbaine illisible en raison de la prolifération désordonnée d'une quantité incroyable de voiries, bretelles d'accès et autres passages surélevés. Résultat : la ville est une mosaïque de quartiers assez différents les uns des autres et parfois distants de plusieurs dizaines de kilomètres, voire de plusieurs heures en cas d'embouteillages. Mais seul un petit nombre d'entre eux est susceptible de vous intéresser : le ***centre historique*** d'abord, où se regroupent les plus beaux édifices et les marchés, mais où les hôtels sont assez chers quand ils ne sont pas franchement désuets. À l'ouest s'étend la ***Zona Rosa,*** quartier animé, prolongé vers le sud par la ***Condesa*** et la ***Roma,*** où l'on trouve un grand choix de restos et de lieux de sortie et où il est agréable de résider. Encore plus à l'ouest, bordant le grand parc de Chapultepec, ***Polanco,*** le quartier chicos, avec ses grandes avenues, ses centres commerciaux et ses musées d'art. Enfin, les quartiers qui s'affirment, avec leurs petites galeries d'art ou leurs bistrots alternatifs, comme La San Rafael et la Santa María La Ribera, situés au nord de la Zona Rosa ou encore ***Coyoacán*** et ***San Ángel*** qui forment de délicieuses oasis dans la partie sud de la ville.

■ Adresses utiles

- **4** Policía
- **11** Ambassade des États-Unis
- **14** La Casa de Francia
- **15** IFAL – Institut français d'Amérique latine

Où dormir ?

- **64** Condesa Haus
- **65** Hostal Boutique La Tercia
- **66** Distrito Condesa B & B
- **67** Hostel Home
- **68** Hostal 2 Fridas y Diego
- **69** Hotel El Castro
- **70** Posada Viena Hotel
- **71** María Cristina
- **72** Casa González
- **73** Valentina
- **75** Red Tree House
- **76** La Casona

Où manger ?

- **109** Tacos Deme
- **110** La Casa de Toño
- **111** La Herradura
- **112** Pizza del Perro Negro
- **113** Bellopuerto
- **114** Fonda Mayora
- **115** Fonda El Refugio
- **116** El Tizoncito
- **117** Frutos Prohibidos
- **118** Monsieur Croque
- **121** La Buena Tierra
- **122** Café La Gloria
- **123** El Péndulo
- **124** El Ocho Café Recreativo
- **125** La Tecla
- **126** La Bodega
- **127** Contramar

Où prendre un petit déjeuner ? Où faire une pause sucrée ?

- **114** Fonda Mayora
- **118** Monsieur Croque
- **123** El Péndulo
- **124** El Ocho Café Recreativo
- **151** El Péndulo

Où boire un verre ? Où sortir ?

- **77** Condesa DF
- **150** Fiebre de Malta
- **151** El Péndulo
- **164** Casa Franca
- **165** Pata Negra
- **166** Mama Rumba
- **167** Wallace

Achats

- **185** Plaza del Ángel

MEXICO – Zona Rosa, Condesa, Roma (Plan II)

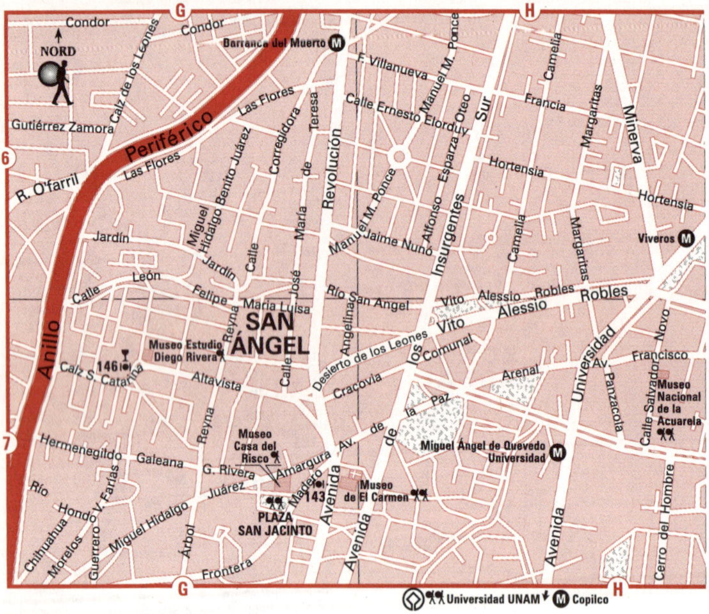

Où manger ?	**135** Mesón Santa Catarina
132 Mercado	**136** La Vienet
133 El Mercadito	**137** Moheli
134 La Casa del Pan Papalotl	**138** La Bipo

Comment se déplacer ?

Le métro

Avec ses 12 lignes et ses 195 stations, c'est le premier réseau en taille d'Amérique latine et le deuxième d'Amérique (après New York). Très pratique et on s'y sent en sécurité, à défaut d'être confortable (rames très souvent bondées). • *metro.cdmx.gob.mx* • Fonctionne lun-ven 5h-minuit, sam 6h-minuit, dim et j. fériés 7h-minuit. Prix du billet : 5 $Me. Attention aux heures de pointe, et sur certaines lignes, les têtes de train sont réservées aux femmes et aux enfants ! Moindre affluence entre 10h et 16h. Pour circuler, le plus simple est d'acheter une carte (16 $Me) et de la recharger au fur et à mesure de ses besoins. Cette carte est aussi valable dans le metrobús et si l'on voyage à plusieurs, une seule suffit, inutile d'en acheter chacun une.

Le *metrobús*

C'est un double bus à accordéon, qui dispose de son propre couloir et s'arrête systématiquement à toutes les stations, comme le métro. Il est complémentaire au métro pour se déplacer dans la ville. La ligne nº 4 dessert l'aéroport (il existe 6 lignes en tout, dont certaines se subdivisent). Pour la liste des arrêts, consulter la page

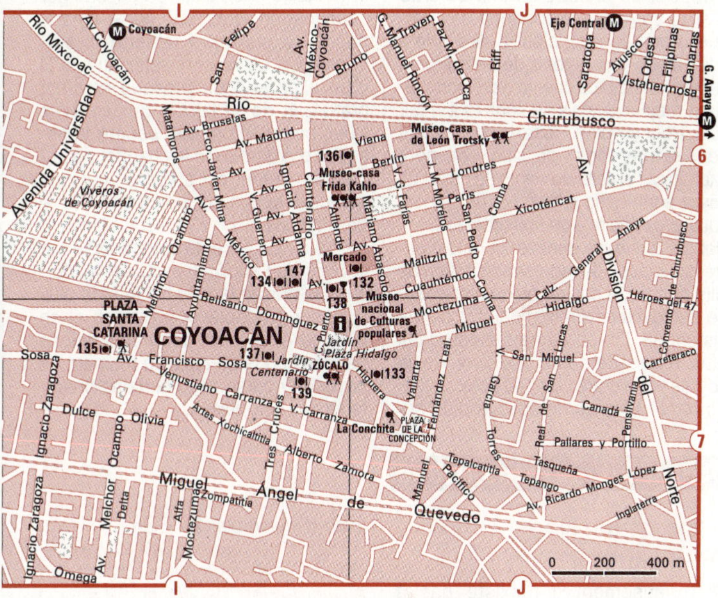

MEXICO – Coyoacán, San Ángel (Plan III)

139 Los Danzantes	**Où boire un verre ?**
143 Crêperie du Soleil	
146 San Ángel Inn	**138** La Bipo
147 Aura Vegana	**146** San Ángel Inn

• *metrobus.cdmx.gob.mx* • Fonctionne de 4h30/6h à 20h30/0h30 selon le jour et les lignes. Accessible avec la même carte et selon le même principe que le métro.

Le taxi, les pédicabs et Uber

Les taxis sont omniprésents dans les rues et ils sont bon marché (à condition de ne pas prendre un « taxi de sitio », voir plus loin). Ils sont rose et blanc et marqués du fameux CDMX pour *Ciudad de México.*

Si vous optez pour le taxi, quelques recommandations.

– Ils ont obligatoirement un compteur. Vérifiez qu'il a été remis à zéro (env 8-10 $Me de prise en charge le jour ; un peu plus après 22h).

– Les chauffeurs doivent tous afficher leur permis avec photo sur le pare-brise. Prenez le temps de vérifier avant de monter. La lumière intérieure doit être obligatoirement allumée la nuit. Ne pas prendre de taxi sans compteur ou sans le permis affiché.

– Ne payez qu'après avoir récupéré les bagages.

– Et attendez-vous, de temps en temps, à un petit détour... Cela dit, à ce prix, ce n'est pas bien grave. On va du Zócalo à la Zona Rosa pour environ 60 $Me, disons quand il n'y a pas d'embouteillage.

– Dès la tombée de la nuit, plutôt que de prendre un taxi dans la rue, on conseille

d'appeler ou prendre un ***taxi de sitio*** (voir ci-après les téléphones de quelques compagnies), c'est-à-dire relié à une station (qui répond de ce qui peut arriver). C'est plus cher (c'est l'inconvénient majeur...) mais ils sont tout à fait sûrs. Pour savoir si les taxis qui passent dans la rue sont « de sitio » ou non, examinez l'arrière du véhicule : si vous voyez écrit « sitio », c'en est un ; sinon, vous avez affaire à un taxi ordinaire.
Depuis quelques années, la municipalité, soucieuse de redorer son image de ville polluée, a mis en place un service de pédicabs *(ciclotaxis)* dans le centre historique. On en compte aujourd'hui plus d'une centaine. Le prix de la course varie entre 20 et 40 $Me.
Sinon, le plus commode, le plus sûr et le moins cher, c'est de télécharger l'application Uber sur votre smartphone ou sur votre tablette. Il suffit pour ça de se connecter au wifi (il y en a partout ou presque et c'est gratuit) et de se laisser guider. Avec Uber, pas d'embrouille, pas de transaction d'argent avec le chauffeur étant donné que tout est prépayé ; qui plus est, celui-ci connaît exactement votre destination puisqu'il l'a reçue à l'instant même où il a accepté votre course par le biais de l'application. C'est aujourd'hui le moyen le plus fiable et le plus sûr pour se déplacer à Mexico et en plus ça évite bien des négociations de marchands de tapis au moment de payer sa course avec certains chauffeurs peu scrupuleux...

Adresses et infos utiles

Infos et services touristiques

ℹ Curieusement il n'existe pas à Mexico de véritable office de tourisme (contrairement à Puebla, par exemple). On trouve juste quelques guérites ou ***points d'infos touristiques*** *(tlj 9h-18h)* postés aux endroits stratégiques : sur le *Zócalo,* en face du musée d'Anthropologie, à l'aéroport et dans les 4 gares routières de la ville. Infos de base en espagnol (voire en anglais), plans, etc. Sinon, vous pouvez aussi consulter le site : • cdmxtravel.com/fr/ • (« version française » disponible), ou encore appeler le ☎ 01-800-008-90-90.

■ ***Turibus :*** *☎ 51-41-13-60. • turibus.com.mx • Départs 9h-21h, env ttes les heures. Achat des billets dans le bus ou à certains arrêts. Prix : 140 $Me lun-ven, 165 $Me w-e et j. fériés (ticket valable 1 j.) ; réduc. Commentaires en français (écouteurs).* Bus panoramique proposant 4 parcours à travers Mexico. C'est le principe du hop-on hop-off, c'est-à-dire que l'on peut descendre à n'importe quel arrêt de l'un des circuits et reprendre le bus suivant. Il existe aussi un ***circuit nocturne*** *(21h-1h, 100$ Me),* ainsi qu'un *turibus* qui va jusqu'au ***site de Teotihuacán*** (cher mais pratique... et incluant le déjeuner).

■ ***Instituto nacional de Migración*** *(plan d'ensemble,* ***2****) : Ejército Nacional 862 et Homero 1832. ☎ 01-800-00-46-264. • inm.gob.mx • Ⓜ Polanco. Au nord-ouest de Polanco. Lun-ven 9h-13h.* Si vous avez perdu votre FMM *(Forma Migratoria Múltiple),* c'est en principe ici qu'il faut venir. Munissez-vous de votre passeport et d'une copie de celui-ci, et prévoyez env 310 $Me.

Argent, banques, change

■ Toutes les banques disposent de ***distributeurs de billets*** pour cartes *Visa* et *MasterCard.* Évitez de sortir de l'argent d'un guichet non surveillé ou isolé, et encore moins de nuit.
– Autrement, on trouve des petits ***bureaux de change*** dans les zones touristiques, dont les taux peuvent différer un peu. Dans le centre historique, on vous conseille le ***CI Banco*** *(Madero 27 ; plan I, C2,* ***3*** *; lun-ven 9h-18h, le w-e 10h-15h).* Sinon, dans la Zona Rosa, la ***calle Londres*** *(entre Florencia et Genova ; plan II, F5)* en regroupe plusieurs, dont certains sont ouverts le dimanche.

Urgences

■ ***Urgences :*** *☎ 080 ou 060.*
■ ***Policía :*** *urgences au ☎ 066.* Pour toute plainte, perte, vol ou agression,

s'adresser au poste de police touristique situé dans la Zona Rosa *(plan II, F5, **4** ; Amberes 54, angle Londres ; ☎ 55-33-44-44 ; ouv 24h/24).* Ou encore à celui de Polanco *(Mazaryk 73, 4e étage ; tlj 9h-17h).*

■ ***Santé :*** vous pouvez consulter le site du consulat de France qui recommande des professionnels de la santé dans de nombreuses spécialités, en général français ou parlant français. *• ambafrance-mx.org/Liste-de-notoriete-medecins •*

Hospital Español *(plan d'ensemble) : av. Ejército Nacional 613, Colonia Granada. ☎ 52-03-37-35 ou 52-55-96-00. Ⓜ Polanco. CB acceptées.* Immense hôpital privé fréquenté par la communauté française expatriée. Toutes sortes de spécialistes et service d'urgences (caution demandée dans ce cas). Efficace et cher, mais les soins sont remboursés sur facture par votre assurance.

Représentations diplomatiques

■ ***Ambassade et consulat de France*** *(plan d'ensemble, **6**) : Campos Eliseos 339 et Lafontaine 32. ☎ 91-71-97-00. En cas d'extrême urgence, ☎ 91-71-97-00. • ambafrance-mx.org • Ⓜ Auditorio. Accueil du public lun-jeu 9h-13h, ven 9h-11h30 ; accueil tél lun-jeu 15h30-18h.* En cas de difficultés financières, médicales et juridiques, le consulat peut vous assister pour résoudre vos problèmes (pas les régler !).

■ ***Ambassade de Belgique*** *(plan d'ensemble, **7**) : av. Alfredo Musset 41. ☎ 52-80-07-58. • diplomatie.belgium.be/mexico • Ⓜ Polanco. Lun-ven 8h30-13h30.*

■ ***Ambassade et consulat de Suisse*** *(plan d'ensemble, **8**) : paseo de Las Palmas 405, edificio Torre Optima, 11e étage. Col. Lomas de Chapultepec. ☎ 91-78-43-70. • eda.admin.ch/mexico • Ⓜ Polanco ou Auditorio (puis prendre le microbus marqué « Palmas »). Accueil du public : lun-ven 9h-12h ; accueil tél : lun-jeu 8h-13h, 14h-16h ; ven 8h-13h.*

■ ***Ambassade et consulat du Canada*** *(plan d'ensemble, **9**) : Schiller 529 ; à l'angle de Tres Picos. ☎ 57-24-79-00. • canada.org.mx • Ⓜ Polanco ou Auditorio. Section consulaire (assistance aux Canadiens) lun-ven 9h-12h, 14h30-16h.*

■ ***Ambassade et consulat du Guatemala*** *(plan d'ensemble, **10**) : av. Explanada 1025, quartier Lomas de Chapultepec. ☎ 55-40-75-20. • embaguatemx@minex.gob.gt • Ⓜ Observatorio, puis prendre un microbus qui indique « Olivo ». Lun-ven 9h-13h.* Pour les Belges, les Canadiens, les Français, les Suisses et les Mexicains, pas de visa nécessaire, le passeport suffit. En revanche, ne pas oublier votre FMT (Formulaire migratoire mexicain de touriste) pour pouvoir sortir du Mexique.

■ ***Ambassade des États-Unis*** *(plan II, F5, **11**) : Reforma 305. ☎ 50-80-20-00. • usembassy.gov • Ⓜ Insurgentes.*

Agences de voyages

■ ***Mundo Jovén*** *(plan I, C1, **42**) : República de Guatemala 4. ☎ 54-82-82-82 ou 01-800-000-07-89. • mundojoven.com • Agence située dans les locaux de l'hostal du même nom. Lun-ven 9h-19h, sam 10h-14h.* Adresse intéressante pour les vols internationaux (tarifs spéciaux pour étudiants) et pour se faire une carte d'étudiant internationale ISIC (plus chère qu'en France), celle-ci donnant droit à des réducs dans les musées.

■ ***Le Mexique Autrement :*** *📱 55-22-45-70 (on vous répond en français). • lemexiqueautrement.com.mx •* Circuits sur mesure à Mexico et dans tout le pays.

Culture, sorties

Pour organiser vos sorties (théâtre, ciné, expos, concerts, musées, loisirs, etc.), procurez-vous dans tous les kiosques de la ville les revues ***Tiempo Libre*** *(• tiempolibre.com.mx •)* qui sort le jeudi ou ***Dónde Ir*** *(• dondeir.com •)* qui sort chaque mois ou encore ***Chilango*** *(• chilango.com •)* avec sa rubrique spécialement dédiée aux enfants.

■ ***La Casa de Francia*** *(plan II, F5,* ***14****)* **:** *Havre 15. ☎ 55-11-31-51. • ambafrance-mx.org/Casa-de-Francia-Bibliotheque,4394 • Ⓜ Insurgentes. Mar 12h30-19h30, mer-ven 10h30-17h30, sam 12h-17h.* Au 1er étage d'une belle maison rénovée, bibliothèque, médiathèque et accès gratuit à Internet. Également le resto d'application (cher) du *Cordon bleu*, école de cuisine française.

■ ***IFAL – Institut français d'Amérique latine*** *(plan II, E4,* ***15****)* **:** *Río Nazas 43. ☎ 55-66-07-77. • ifal.mx • Ⓜ Insurgentes. Lun-ven 7h-21h. Ciné-club gratuit mar et jeu à 20h.* 💻 Films sous-titrés en espagnol. Café-resto *Le Préau*. Cuisine française, bien sûr !

■ ***Alliance française*** *(plan d'ensemble,* ***17****)* **:** *Socrates 156 ; angle Homero (Polanco). ☎ 10-84-41-90. • alianzafrancesamx.edu.mx/centros/polanco/cursos/ • Pas très loin du lycée français. Lun-ven 7h-20h, sam 8h30-13h30.* La médiathèque et sa collection de films français classiques pourra intéresser ceux qui restent quelque temps à Mexico. Carte de membre nécessaire. L'agglomération compte 4 autres alliances.

■ ***Apprendre l'espagnol*** **:** *au CEPE, à l'UNAM, av. Universidad 3002. • cepe.unam.mx •* Le *Centro de Enseñanza para Extranjeros (CEPE)*, qui dépend de l'Université nationale autonome de Mexico (UNAM), dispense de bons cours d'espagnol pour étrangers. Chaque module comprend 90h, à raison de 3h par jour (le matin) du lundi au vendredi (6 semaines en tout). Âge minimum : 18 ans. Les niveaux supérieurs ont également droit à un cours de culture.

Où dormir ?

C'est dans le centre historique que l'on trouve le plus de possibilités de logements. Mais il faut bien avouer que la plupart d'entre eux accusent franchement le poids des ans et manquent cruellement de charme. Sinon, il y a aussi la Zona Rosa, plus vibrante le soir et, un peu plus au sud, La Condesa qui, outre une vie nocturne débridée, offre d'intéressantes solutions d'hébergement au cœur d'un quartier résidentiel sûr et tranquille mais à condition d'y mettre le prix. Quant à Polanco, Coyoacán et San Ángel, ils sont franchement excentrés, et à moins d'y passer une nuit dans un hôtel chic, ce n'est pas là que vous poserez votre sac pour la semaine.

Centro histórico (plan I)

AUBERGES DE JEUNESSE, HOSTELS

Pratique pour se loger à petit prix en dortoir quand on voyage seul, car les chambres privées reviennent souvent plus cher que si vous preniez un petit hôtel. Souvenez-vous aussi qu'un *hostel* n'est pas toujours l'endroit le plus calme ; il y a souvent des soirées et autres « veillées de groupe » qui s'éternisent ! Mais ça reste idéal pour faire des rencontres. De plus, le petit déj est compris dans le prix de la nuitée.

🏠 ***Massiosare El Hostal*** *(plan I, B2,* ***45****)* **:** *Revillagigedo, 47. ☎ 55-21-32-56. • massiosareelhostal@gmail.com • Ⓜ Juárez. Dortoirs 4-13 lits 170-220 $Me/pers, doubles 400-420 $Me ; petit déj compris.* 📶 Après avoir monté 4 étages sans ascenseur, vous découvrirez une petite AJ privée bricolée, pleine de coins et de recoins. Plancher lustré, grandes pièces hautes de plafond où l'on discute volontiers autour d'un mug de thé en regardant la télé. Sans être superstitieux, mieux vaut éviter le dortoir de 13, on est un peu les uns sur les autres. Ceux de 4 ou de 6 font très bien l'affaire. 2 cuisines à dispo (dont une réservée aux végétariens). Fiesta en terrasse tous les jeudis. Un bon petit nid, dans un quartier très vivant situé à un jet de pierre de l'*Alameda Central*.

🏠 ***Downtown Beds*** *(plan I, C2,* ***40****)* **:** *Isabel la Católica 30. ☎ 51-30-68-55 ou 1-800-400-8484. • downtownbeds.com • Ⓜ Zócalo. Dortoirs 4-8 lits 280-410 $Me/pers, double 680 $Me ; petit* *déj compris.* 💻 📶 L'une des AJ les plus récentes de la ville, l'une des plus séduisantes mais aussi l'une des plus prisées, et les prix s'en ressentent ! Au cœur du centre historique, dans un palais superbement rénové du XVIIe s, le lieu présente un style postindustriel plein de cachet, avec une bonne quinzaine de dortoirs au plancher blanc, plafond en tôle ondulée et lits superposés en parpaings ! Également 3 chambres privées du même tonneau, avec des poutrelles métalliques pour supporter les lits. Beaux sanitaires à l'ancienne. Sans oublier le petit bar et le coin « ciné ». Baby-foot et prêt de bicyclettes. Accueil simple et amical.

🏠 ***Hostal Centro Histórico Regina*** *(plan I, C2-3,* ***43****)* **:** *5 de Febrero 53 (angle Regina).* ☎ *57-09-41-92.* • *hostalcentrohistoricoregina.com* • Ⓜ *Isabel la Católica ou Pino Suárez. Dortoir 190 $Me/pers, doubles 500-520 $Me, petit déj inclus.* 💻 📶 *(parties communes slt).* Une AJ installée dans le quartier le plus animé du *centro*. Une grande demeure coloniale rénovée à grands coups de *pinturas murales,* autour d'un atrium central où pendouillent un tas d'objets. 3 étages et une superbe terrasse où un bar est ouvert en fin de semaine. Dortoirs de 12 à 16 lits, assez hauts de plafond, avec brasseurs d'air et casiers. L'un d'entre eux est réservé aux filles. Sanitaires modernes et impeccables et belles pièces communes au 1er étage (cuisine, coin canapés...). On prend le petit déj au resto *Los Canallas* (voir « Où manger ? »). Bonne ambiance.

🏠 ***Hostel México City*** *(plan I, C1,* ***41****)* **:** *República de Brasil 8.* ☎ *55-12-77-31 ou 36-66.* • *mexicocityhostel.com* • Ⓜ *Zócalo ou Allende. Dortoirs 190-240 $Me/pers, doubles sans ou avec sdb 480-600 $Me ; petit déj compris.* 💻 📶 Sise dans un bel immeuble colonial, cette AJ propose des dortoirs de 8 à 12 lits et des chambres sans salle de bains dans la partie ancienne ou des dortoirs de 4 à 6 lits et des chambres avec sanitaires privés dans la partie nouvelle, située de l'autre côté de la rue. Privilégiez cette dernière, tout y est plus agréable (vastes chambres, fraîches et bien arrangées) ! De plus, l'atmosphère est plus tranquille.

🏠 ***Hostel Mundo Jovén Catedral*** *(plan I, C1,* ***42****)* **:** *República de Guatemala 4.* ☎ *55-18-17-26.* • *mundojovenhostels.com* • Ⓜ *Zócalo. Dortoir 230 $Me/pers, doubles sans ou avec sdb 460-640 $Me, avec petit déj.* 💻 📶 Membre du réseau *Hostelling International.* Son emplacement de choix derrière la cathédrale la dessert plutôt qu'il ne l'avantage, car du coup, elle est vite prise d'assaut et fait un peu « usine ». Cela dit, restons honnêtes, elle offre un bon niveau de confort et de nombreux services (excursions, sorties foot ou lutte, *pubcrawls*, lave-linge, etc.). Chaque dortoir, de 4 à 6 lits, dispose de sa propre salle de bains, certains ont même une vue sur le Zócalo. Bref, une bonne AJ pour ceux qui cherchent avant tout à faire des rencontres.

🏠 ***Hostel Suites DF*** *(plan I, A1,* ***46****)* **:** *Jesús Teran 38.* ☎ *55-35-81-17.* • *hostelsuitesdf@hostellingmexico.com* • Ⓜ *Hidalgo. Dortoirs 220 $Me/pers, doubles (1 ou 2 lits) 550 $Me ; petit déj inclus.* 📶 Membre du réseau *Hostelling International.* Situation intéressante entre le *centro* et la Zona Rosa, dans une rue calme. La jolie façade ocre-rouge dissimule des petits dortoirs bien nets de 6 lits, mixtes ou non, et une huitaine de chambres privées avec salle de bains, fraîches et sympathiques, quoiqu'un peu surfacturées. Petite cuisine, agréable salle à manger, coin TV et joli patio pour les fumeurs. Eau minérale gratuite. L'*hostal* organise aussi, tous les vendredis, une soirée jeux-tequila pour réunir les hôtes. Une adresse conviviale, dans un quartier en pleine restructuration.

HÔTELS

Les hôtels bon marché ont souvent été rénovés, mais la déco n'a pas passé le cap des années 1970, alors pour l'ambiance, c'est pas trop ça : peinture tristoune, carrelage à foison, meubles mélaminé, éclairage blafard... Les chambres avec lit « matrimonial», appelées *sencilla,* sont généralement plus économiques que les chambres à 2 lits ou que celles avec des lits *king size.*

Bon marché (moins de 400 $Me / env 20 €)

Hotel Congreso *(plan I, C1,* ***48****) : Allende 18. ☎ 55-10-44-46. • hotelcongreso@hotmail.com • Ⓜ Allende. Doubles 340-380 $Me. Pas de petit déj. Garage gratuit.* Façade des années 1950, assez laide il faut l'avouer, mais intérieur en partie rénové quand bien même il règne un gentil bazar à la réception. Petites chambres à prix très compétitifs, assez propres, avec moquette, literie bien ferme et TV câblée. Calme si vous évitez la rue. Apprécié aussi des couples en goguette. Un bon point pour son emplacement.

Hotel Rioja *(plan I, C2,* ***52****) : 5 de Mayo 45. ☎ 55-21-83-33. Ⓜ Zócalo ou Allende. Double 400 $Me. Pas de petit déj.* Un hôtel absolument sans charme mais central et bien rénové, avec une quarantaine de chambres bien tenues donnant au choix sur le patio (calmes mais plus sombres) ou sur la rue (moins sombres mais moins calmes). TV et salle de bains. Attention, les moins chères n'ont pas de fenêtre. Pour dépanner.

Prix moyens (400-800 $Me / env 20-40 €)

Hotel San Antonio *(plan I, C2,* ***54****) : callejón 5 de Mayo 29. ☎ 55-12-99-06. • hotelsanantoniomexico@hotmail.com • Ⓜ Zócalo. Doubles 385-550 $Me. (réception slt).* Très central mais à l'écart du bruit, dans une ruelle. Les chambres, un peu petites mais bien nettes, avec TV, salle de bains étriquée (douche arrosant les toilettes), penderie et faux parquet, se répartissent autour d'un patio sur 5 étages. Ascenseur. Éviter quand même la 101 et la 102.

Hotel Azores *(plan I, C1,* ***55****) : República de Brasil 25. ☎ 55-21-52-20. • hotelazores.com • Ⓜ Zócalo ou Allende. Doubles 460-570 $Me. Parking.* Tout près de la place Santo Domingo. Ce bel hôtel rénové, au hall d'entrée en marbre, propose une soixantaine de chambres très bien tenues mais petites. Mobilier moderne, TV, coffre-fort et bouteilles d'eau. 5 seulement offrent un lit *king size*. Celles donnant sur le patio sont un peu sombres (verre cathédrale), celles donnant sur la rue sont plus claires (mais plus bruyantes). Resto. Bon rapport qualité-prix.

Hotel Roble *(plan I, D2,* ***56****) : República de Uruguay 109. ☎ 55-22-78-30. • hotelroble.com • Ⓜ Zócalo ou Pino Suárez. Doubles 690-800 $Me. Parking payant à proximité.* Hôtel des années 1970, sans charme particulier mais aux 60 chambres impeccables, avec TV et coffre-fort. Celles côté rue (plus claires) sont toutes à 2 lits. Ascenseur. Bar et petit resto mais accueil aussi froid que le granit de la réception.

Casa San Ildefonso *(plan I, D1,* ***47****) : calle Ildefonso, 38. ☎ 57-89-19-99. • casasanildefonso.com • Ⓜ Hidalgo. Lit en dortoir 360 $Me ; doubles sans ou avec sdb 750-900 $Me, petit déj inclus.* Dans un grand patio bleu pâle ouvert sur le ciel, une quinzaine de chambres (salles de bains à partager ou privatives) et 3 petits dortoirs (5 à 6 personnes). Si la nuit en dortoir nous a semblé surfacturée, ce n'est pas le cas des chambres. Au nombre d'une quinzaine (moitié avec salle de bains, moitié sans), elles sont distribuées en coursive et fort bien aménagées dans leur coque d'origine : carrelage Art nouveau ou parquet ciré, plafond voûté, etc. Des parties communes émane une atmosphère reposante : cuisine à dispo, petit salon pour bouquiner. La maison organise aussi des excursions.

De chic à très chic (800-1 600 $Me et plus / env 40-80 €)

Hotel Gillow *(plan I, C2,* ***60****) : Isabel la Católica 17. ☎ 55-18-14-40. • hotelgillow.com • Ⓜ Allende ou Zócalo. Doubles env 900-1 020 $Me. Petit déj 130 $Me/pers.* Juste à côté de l'église de *San Felipe Neri*, cet établissement rénové, à la belle façade 1930, appartient au même groupe que le *Catedral*. Chambres à la déco plutôt classique, assez petites en ce qui concerne les *sencillas*. Elles se répartissent autour d'un puits de lumière où s'égosillent des canaris. Préférez celles du 6ᵉ étage, ce sont les plus récentes et, 9 d'entre elles bénéficient d'une terrasse. La suite *Queen Elizabeth* avec son lit à baldaquin et son jacuzzi, à peine plus chère, n'est pas mal non plus. Bon accueil.

Chillout Flat B & B *(plan I, C1,* ***62****) : Bolivar 8. ☎ 55-10-26-65. • chilloutflat.com.mx • Ⓜ Zócalo. Pas d'enseigne, entrée par le hall de l'immeuble Santa Clara (s'inscrire auprès du gardien). Selon confort et saison, doubles 950-1 950 $Me, petit déj inclus.* Une chambre d'hôtes tenue par David et sa famille. On loge dans l'un des 8 petits nids répartis 2 par 2 dans différents endroits d'un immeuble des années 1940. Toutes avec salle de bains, les chambres sont coquettes et personnalisées, la plupart avec lit *king size* (une seule à 2 lits), couvre-lit fleuri, beau parquet et dressing pour les plus chic. Salle commune charmante, avec télé, ordinateur et cuisine américaine. Tout est nickel. Ambiance légèrement *feng shui*. N'hésitez pas !

Hotel Metropol *(plan I, B2,* ***61****) : Luis Moya 39. ☎ 10-85-08-30. • hotelmetropol.com.mx • Ⓜ Bellas Artes. Doubles 800-1 500 $Me. Petit déj 120 $Me/pers. Parking.* Accueillant de nombreux groupes (français en particulier), cet hôtel non-fumeurs et sans surprise offre un rapport qualité-prix convenable avec ses bonnes chambres à la déco standard des années 1980, équipées de TV câblée, sèche-cheveux et même d'un fer à repasser pour les maniaques du faux pli... Grandes douches. Ventilo (l'AC est néanmoins prévue). Resto très correct.

Hotel Catedral *(plan I, D1,* ***58****) : Donceles 95. ☎ 55-18-52-32. • hotelcatedral.com • Ⓜ Zócalo. Doubles env 1 420-1 530 $Me, petit déj américain compris. Parking inclus.* Vous en rêviez, l'*Hotel Catedral* l'a fait : des chambres cossues, avec moquette et lit douillet, à un jet de pierre du Zócalo. Pour ne rien gâcher, le personnel est agréable, le resto *(7h-23h)* est bon, et la petite terrasse dominant la place offre une jolie vue - optez, dès votre arrivée, pour une chambre dans les étages supérieurs pour en bénéficier.

City Express Ciudad de Mexico Alameda *(plan I, B2,* ***59****) : Revillagigedo 23. ☎ 55-17-89-00. • cityexpress.com.mx • Ⓜ Juárez. Double env 1 700 $Me, petit déj compris. Parking payant.* Immeuble à la façade d'alu et de verre. À l'intérieur, ça rutile, avec des chambres lookées dans un style « cité U de luxe », proche du standard européen. Elles sont néanmoins agréables et bien finies mais sans âme. Personnel accueillant et caféť à l'image de l'établissement.

Encore plus chic (plus de 2 000 $Me / env 100 €)

Chaya B & B Boutique *(plan I, B1,* ***49****) : Doctor Mora, 9. ☎ 55-12-90-74. • chayabnb.com • Ⓜ Hidalgo. Doubles selon confort 120-150 US$, petit déj inclus.* Perché au dernier étage d'un immeuble qui compte un resto, un bar, quelques boutiques et un barbier. Les 11 chambres sont distribuées autour d'une terrasse à ciel ouvert à moitié mangée par les plantes où se balancent quelques hamacs. Ici, le décorateur a fait dans la matière brute et le design : sol ciment ou vieux parquet mettent en valeur un mobilier contemporain, le tout rehaussé de quelques effets de couleur. C'est lumineux. Côté confort, ventilateurs (pas d'AC), TV câblée, coffre-fort, réveille-matin et une salle de bains avec douche à l'italienne. La pièce où l'on prend le petit déj donne sur l'*Alameda Central*. Pour toucher Mexico en plein cœur...

Gran Hotel *(plan I, C2,* ***63****) : 16 de Septiembre 82. ☎ 10-83-77-00. • granhoteldelaciudaddemexico.com.mx • Ⓜ Zócalo. Selon saison, la double* (sencilla) *250-300 US$; promos fréquentes sur Internet. Parking payant.* Cet incontournable – 1ᵉʳ édifice Art nouveau de Mexico – se dresse à quelques mètres du Zócalo. Sa grande verrière (1908) façon Tiffany est un vrai joyau. Ses fers forgés et ses ascenseurs datent du XIXᵉ s et ses chambres, avec lit à baldaquin, sont belles et grandes. Si le lieu est un peu chic pour vous, venez au moins y jeter un coup d'œil... À noter que tout l'établissement est réservé certains week-ends, pour des bals ou des mariages. Quand ce n'est pas le cas, on peut aussi venir y bruncher : voir « Où prendre un petit déjeuner ? Où faire une pause sucrée ? ».

Zona Rosa, Condesa et Roma (plan II)

Pour ceux qui souhaitent être proches de la vie nocturne et des bons restos, loger dans la Zona Rosa ou, un peu au sud, dans les *colonias* Condesa ou Roma, est un bon choix... à condition de dormir en AJ ou dans des établissements un peu plus chers, car ici, contrairement au centre, il n'y a pas vraiment d'hôtels bon marché. En revanche, pour nos lecteurs les plus à l'aise dans leur budget, le quartier offre pas mal d'options chic (et même très chic), notamment quelques maisons d'hôtes très sympas.

AUBERGES DE JEUNESSE, HOSTELS

Hostal Boutique La Tercia (plan II, F5, **65**) : *Genova 75. ☎ 55-33-78-48. • hostalboutiquelatercia.com.mx • Ⓜ et Metrobús : Insurgentes. Lit en dortoir env 220 $Me (même tarif pour ts les dortoirs), double 650 $Me (pour 50 $Me/pers de plus, petit déj au café d'en bas). (payant).* Bien située au cœur de la Zona Rosa et à un bloc du métro, cette structure un peu aseptisée, sur plusieurs niveaux, abrite un douzaine de dortoirs de 6 à 14 lits et 8 chambres doubles avec salle de bains. Le tout sans grande déco mais neuf et équipé d'une bonne literie. Les chambres privées sont même assez plaisantes. Espaces communs ouverts sur l'extérieur, avec la « rumeur » du quartier en bruit de fond. Coin cuisine et à manger.

Hostel Home (plan II, E-F6, **67**) : *Tabasco 303. ☎ 55-11-16-83. • hostelhome.com.mx • Ⓜ Sevilla. Metrobús : Álvaro Obregón. Compter 250-270 $Me/pers, avec le petit déj.* Une AJ à dimension humaine, membre du réseau *Hostelling International,* installée dans une belle maison du XIXe s avec du plancher bien usé partout et un grand salon au plafond mouluré. 3 dortoirs de 5 à 8 lits (dont un réservé aux filles) et 3 petites salles de bains, ainsi qu'une chambre privée avec 3 lits. Cuisine. Ambiance super cool.

HÔTELS, MAISONS D'HÔTES

De bon marché à prix moyens (moins de 800 $Me / env 40 €)

Hostal 2 Fridas y Diego (plan II, E-F4, **68**) : *Río Tigris 128. ☎ 55-33-24-99. • dosfridasydiego.com • Ⓜ Reforma. Metrobús : Insurgentes. Lit en dortoir env 270 $Me, doubles 650-750 $Me, petit déj américain inclus. CB refusées.* Petite maison d'hôtes proposant des chambres privées et parquetées de belle taille, la plupart avec 2 lits et salle de bains commune. Vue sur la rue ou sur le jardin. Également un dortoir de 4 gros lits superposés qui donne sur la salle commune. C'est soigné, coloré et coquet, à l'image de la maison. Courette toute garnie de végétation à l'arrière, pour le petit déj. Beaucoup de charme. Accueil réservé.

Hotel El Castro (plan II, F6, **69**) : *Sinaloa 32 ; angle Monterrey. ☎ 52-07-07-26. Ⓜ Insurgentes. Metrobús : Durango. Doubles selon confort 370-520 $Me (600 $Me avec jacuzzi). Parking gratuit.* Un guichet en verre fumé fait office de réception. Passé cette austère entrée en matière, vous découvrirez des chambres caractéristiques des années 1970, avec tout le confort (certaines avez jacuzzi pour 2 personnes)... et même des préservatifs discrètement placés sur la table de nuit. Préférer les chambres donnant sur l'arrière, calmes et néanmoins lumineuses. L'un des hôtels les plus abordables de la Zona Rosa. Bon rapport qualité-prix. D'ailleurs, il est bien connu des couples fervents des 5 à 7.

Chic (800-1 200 $Me / env 40-60 €)

Posada Viena Hotel *(hors plan II par F5,* ***70****) : Marsella 28 ; angle Dinamarca. ☎ 55-92-73-12 ou 13. • posadavienahotel.com • Ⓜ Cuauhtémoc. Doubles à partir de 850 $Me. Parking inclus.* Curieux nom pour ce cube de béton gris pétrole, à l'intérieur coloré très « colonial *mexicano* ». Chambres agréables, confortables avec un réel souci de déco, tant dans le choix des couleurs que dans celui du mobilier. Également des suites, certaines pouvant accueillir 4 personnes. Grande salle de resto à la déco ranch ; spécialités argentines. Bar. Une bonne adresse.

María Cristina *(plan II, F4,* ***71****) : Río Lerma 31 ; Amazonas. ☎ 57-03-12-12 ou 55-66-96-88. • hotelmariacristina.com.mx • Ⓜ Insurgentes. Metrobús : Reforma ou Hamburgo. Double et suite 995 $Me ; petit déj 90-120 $Me/pers. Parking. (1 seul appareil autorisé).* Carrelage rutilant, grooms en livrée bleu ciel. Pas de doute, vous êtes chez Marie-Christine, un hôtel croquignolet, de style colonial. Vaste hall de réception chaleureux, avec cheminée. Bel escalier intérieur et charmant patio fleuri. Les chambres, elles, sont restées fidèles aux canons des années 1970, avec murs crépis, moquette, ventilo ou AC, TV câblée et chauffage d'appoint. Les plus chères, dans l'aile du fond, sont un peu plus grandes et ont de très belles salles de bains en marbre. Les plus agréables ont une vue sur le jardin intérieur ou un patio avec fontaine. Une valeur sûre du quartier.

Casa González *(plan II, E-F4,* ***72****) : Río Sena 69. ☎ 55-14-33-02. • hotelcasagonzalez.com • Ⓜ Insurgentes. Metrobús : Reforma. Double env 1 150 $Me ; petit déj compris.* Une maison d'hôtes discrète (pas d'enseigne), située dans un quartier résidentiel. Elle abrite une trentaine de chambres pouvant héberger de 1 à 5 personnes – certaines dans la maison originelle de 1920, d'autres dans celle datant de 1940. Les moins chères (de 109 à 112) sont côté rue, donc bruyantes. Néanmoins l'ensemble a du charme avec ces vieux meubles et ces portraits de voyageuses, croqués par un artiste américain ayant résidé ici dans les années 1940-1950. Beau jardin avec courettes, où l'on peut boire un verre. Le petit déj est servi dans une jolie verrière qui fait aussi resto.

Très chic (plus de 1 600 $Me / env 80 €)

Distrito Condesa B & B *(plan II, E7,* ***66****) : Chochula, 62 ; colonia Condesa. 81-17-69-27-69. • distritocondesa.com • Ⓜ Chilpancingo. Metrobús : Campeche. Doubles 1 550-1 785 $Me, petit déj inclus.* Au cœur d'un quartier résidentiel, une maison toute blanche. Elle recèle une demi-douzaine de chambres doubles et un studio tout équipé. Assez petites dans l'ensemble et meublées avec sobriété, elles n'en demeurent pas moins bien équipées, agréables et bien au calme. 2 d'entre elles donnent sur un petit patio, les autres sont à l'étage. Laura, qui a vécu à Paris, vous accueillera dans la langue de Molière et, avec la bonne humeur qui la caractérise, vous refilera plein de tuyaux sur les choses à faire dans son quartier.

Encore plus chic (plus de 2 000 $Me / env 100 €)

El Patio 77 *(plan d'ensemble,* ***74****) : Icazbalceta 77 ; colonia San Rafael. ☎ 55-92-84-52. • elpatio77.com • Ⓜ San Cosme. Metrobús : Revolución ou Plaza de la República. Doubles 120-180 US$, petit déj inclus.* Diego veille amoureusement sur cette belle et majestueuse maison ancienne avec un souci écologique et l'envie de satisfaire ses hôtes. Située dans un quartier populaire en plein revival, où coexistent avec nostalgie vieilles demeures bourgeoises du XIXe s semi-abandonnées, galeries d'art et ateliers de petits artisans (menuisiers, ferronniers...). Ce *B & B* de charme dispose de 8 chambres, 2 d'entre elles partageant la même salle de bains. Chacune a été décorée avec beaucoup de créativité par Alan, l'ancien proprio, qui garde toujours un œil sur la marche de la maison. Côté confort, rien à redire, vous vous y sentirez comme un coq (ou une cocotte) en pâte. Un véritable coup de cœur.

Condesa Haus *(hors plan II par E7,* ***64****) : Cuernavaca, 142 ; colonia Condesa. ☎ 52-56-24-94. • condesahaus.com • Ⓜ Chilpancingo. Metrobús : Campeche. Doubles 2 100-2 900 $Me, petit déj inclus.* Dans une ancienne maison de maître superbement réhabilitée : carrelage d'époque ou parquets ripolinés, meubles des années folles, marbres, etc. Le tout dégageant de beaux volumes et une atmosphère chic et relax, notamment grâce à un éclairage zénithal omniprésent. La petite dizaine de chambres, elle, est au diapason de la maison, elle offre le minimum syndical au voyageur désireux de se faire du bien : AC ou non, lit *king size* dans certaines chambres, cuisinette dans d'autres (idéal pour un long séjour), baignoire ou douche à l'italienne. Petite terrasse pour prendre le frais en sirotant une tequila. Fernando, le proprio vous accueillera en français. Une belle adresse.

Valentina *(plan II, F5,* ***73****) : Amberes 27. ☎ 50-80-45-00. • valentina.room-matehotels.com • M. et Metrobús : Insurgentes. À partir de 140 US$ la double.* Un hôtel de la chaîne espagnole *Room Mate.* Situé au cœur de la Zona Rosa, en plein dans la rue des bars chauds. Animation assurée le week-end. Pourtant, à l'abri des immenses vitres du lobby, on se sent transporté dans un espace épuré et futuriste. Meubles design aux lignes simples et couleurs qui évoquent le Mexique : rose fuchsia, turquoise, bleu intense. Les chambres tout confort, sont au diapason, ultra-contemporaines, nettes et lumineuses, quand bien même à peine 10 % d'entre elles offrent un lit *king size,* ce qui est nettement insuffisant pour ce type d'hôtel. Cafétéria.

Red Tree House *(plan II, E7,* ***75****) : Culiacán 6 ; dans la Condesa. ☎ 55-84-38-29. • theredtreehouse.com • Ⓜ Chilpancingo. Metrobús : Campeche. Doubles 160 US$ en moyenne, petit déj inclus. Résa conseillée.* Ce *B & B* haut de gamme, très prisé des Américains en vadrouille, est installé dans une belle demeure des années 1930. Ses 25 chambres, réparties dans 2 bâtiments, sont d'un excellent niveau de confort. Élégantes, contemporaines et colorées, elles sont à l'image des parties communes dont les murs sont recouverts d'œuvres d'art. Patio chauffé, coin salon avec cheminée, on s'y sent bien. Mention spéciale pour le *penthouse,* une immense suite avec 2 chambres, salon, cuisine et terrasse privée. Très accueillants, les proprios sont toujours prêts à aider.

La Casona *(plan II, E6,* ***76****) : Durango 280 ; dans la Condesa. ☎ 52-86-30-01. • hotellacasona.com.mx • Ⓜ Sevilla. Metrobús : Durango. Double env 170 US$, petit déj inclus.* Belle bâtisse de style français, construite sous le Porfiriato, en 1923, et classée Monument historique. Une trentaine de chambres cossues, assez vastes et bien décorées dans le style européen en vogue à l'époque. Murs jaunes, saumon ou pistache. Des gravures ornent les murs du petit salon bourgeois. Parquets et mobilier en bois bien ciré, salles de bains avec baignoire... Bref, pas mal de charme et reposant. On a du mal à se croire à Mexico. Au rez-de-chaussée, petit resto « provincial », *La Taverna Suiza,* ouvert pour les 3 repas. Cuisine helvético-mexicaine à prix abordables.

Polanco *(plan d'ensemble)*

À l'ouest de la Zona Rosa, ce quartier chic et résidentiel n'abrite aucun hôtel bon marché, ni même à prix moyens. On vous livre une adresse « spécial folie » au cas où vous restiez dormir sur place après un dîner en tête à tête chez Pujol...

Habita *(plan d'ensemble,* ***78****) : av. Presidente Masaryk 201. ☎ 52-82-31-00. • hotelhabita.com • Doubles 280-340 US$, petit déj compris.* Membre des *Design Hotels.* Une bonne trentaine de chambres très contemporaines et hyper confortables, avec une dominante de blanc, gris béton et bois clair. Moquette couleur mastic, salle de bains avec baignoire, petit balcon avec agave minimaliste. Les amateurs de design apprécieront les chaises fourmi de Jacobsen et les fauteuils Eames. Petits salons aux murs couverts d'art moderne. Terrasse avec piscine au 5e étage. Service aimable et pas prétentieux. Si vous n'y logez pas, allez au moins faire un tour au bar du 6e étage (avec DJ le week-end), tout ouvert, avec vue sur le quartier.

Où manger ?

Centro histórico (*plan I*)

Bon marché (moins de 150 $Me / env 7,50 €)

🍽 ***Mercado de alimentos San Camilito*** (*plan I, C1,* ***90***) **:** *pl. Garibaldi. Tlj 24h/24.* Plutôt qu'un marché, un vaste espace couvert et tout en long, qui donne sur la place des mariachis. Succession de petits restos identiques et alignés, aux murs de brique rouge. Ne vous laissez pas embobiner par les rabatteurs qui vous alpaguent dès votre entrée, mais choisissez celui où il y a le plus de clients, surtout ceux où mangent les mariachis eux-mêmes, ce sont les meilleurs ! Vérifiez bien l'addition et la monnaie.

🍽 ***Taquería El Flaco*** (*plan I, C2,* ***92***) **:** *5 de Febrero, au niveau du nº 17.* Ⓜ *Zócalo. Tlj 9h-21h.* Un petit creux et pas de temps à perdre ? Cette *taquería* repérable à la petite armée de clients qui fait le pied de grue sur le trottoir, est l'une des plus prisées du *centro*. On y déguste des tacos de *mole verde* (avec de la sauce verte), de viande grillée ou en daube *(carne adobada),* etc. Le tout sur une assiette en plastique et pour trois fois rien.

🍽 ***Café El Popular*** (*plan I, C2,* ***93***) **:** *av. 5 de Mayo 50 et 52.* ☎ *55-18-60-81.* Ⓜ *Allende. Tlj 24h/24.* Il y en a deux l'un à côté de l'autre. À trois enjambées du Zócalo, un café-resto qui tourne depuis 1948, devenu aussi populaire (voir le nom) auprès des habitants du quartier que des touristes... Cuisine mexicaine sans aucune prétention mais à petits prix (pas moins d'une douzaine de menus déj quotidiens). Il y a toujours du monde, jour et nuit.

🍽 ***Pastelería Madrid*** (*plan I, C2,* ***94***) **:** *5 de Febrero 25.* Ⓜ *Zócalo ou Isabel la Católica. Tlj 7h30-21h30.* Pour lier conversation avec les locaux, rien de tel que cette adresse ! D'abord, on zieute, on hume, on questionne... Puis on passe à la caisse, ensuite on commande, enfin on va s'assoir avec son frichti. C'est de la *cocina típica local,* variée, copieuse et bon marché ! Côté cafét', quelques gourmandises à se damner, prenez un plateau et faites le plein !

🍽 ***La Isla del Dragón*** (*plan I, C2,* ***95***) **:** *Filomeno Mata 15.* ☎ *55-10-10-80.* Ⓜ *Bellas Artes ou Zócalo. Tlj 11h-23h.* Les Mexicains adorent les restos chinois – et surtout leurs buffets à volonté (ici, pas moins de 60 plats différents servis en continu) à prix très démocratiques (petit supplément de prix le week-end). Avantage supplémentaire : la terrasse donnant sur une agréable rue piétonne, très animée en fin de semaine. La queue est alors parfois longue de 20 m, mais elle avance vite...

🍽 ***Trevi*** (*plan I, B1,* ***96***) **:** *Colón 1 ; à l'angle de Dr Mora.* ☎ *55-12-30-20.* Ⓜ *Hidalgo. Tlj 8h-23h.* Voilà plus d'un demi-siècle que ce *diner* à l'américaine est ouvert. Cadre sympathiquement désuet, avec des banquettes et des chaises en skaï rouge, et des serveurs qui semblent là depuis toujours... Commande prise, ils jetteront une grande nappe blanche sur votre table. Les 2 menus du jour comprennent 3 plats et ne sauraient attenter à votre portefeuille (un peu plus cher le dimanche). Service rapide et accueillant.

Prix moyens (150-300 $Me / env 7,50-15 €)

🍽 ***Hostería La Bota*** (*plan I, C3,* ***97***) **:** *San Jerónimo 40, presque au coin avec Isabel la Católica.* ☎ *57-09-90-16.* Ⓜ *Isabel la Católica. Lun-jeu 13h30-minuit, ouvre plus tôt et ferme plus* *tard le w-e.* Au cœur du *centro* jeune et branché, en voilà une drôle de taverne ! Grande ouverte sur la rue piétonne, elle donne de suite envie de s'installer à l'une des grandes tables en bois pour discuter avec les habitués. Dans un environnement qui croule sous un amoncellement d'objets, façon collage : vélo suspendu, têtes de taureau, masques, poupées, bouteilles vides et graffitis sur les murs... On s'y attable aussi bien en fin d'après-midi devant une bière, que le soir autour d'un bon et copieux plat de pâtes, d'une *gram chinampa* (pain fourré au steak et chorizo argentin) et d'une bouteille de vin pas chère.

Coox Hanal *(plan I, C2, **98**) : Isabel la Católica 83. ☎ 57-09-36-13. Ⓜ Isabel la Católica. Au 2ᵉ étage, au-dessus d'une salle de billard. Tlj 10h30-18h30.* Excellente cuisine du Yucatán, avec à la carte les meilleures spécialités de la péninsule. *Sopa de lima* (soupe de tortilla au poulet et aux citrons verts) et tacos de *cochinita pibil* (viande de porc marinée et cuite à l'étouffée dans une feuille de bananier) à goûter absolument. Musique *en vivo* tous les jours et ballet folklorique le week-end (installez-vous en terrasse si la musique est trop forte). Très fréquenté par les Mexicains. Excellent accueil.

Los Canallas *(plan I, C2-3, **43**) : Regina 58, communique avec l'hostal Regina. ☎ 57-09-12-00. Ⓜ Isabel la Católica. Tlj 8h-minuit-1h (23h dim-mar).* Un p'tit bout de resto, bien chaleureux, qui attire les fausses canailles du quartier. Si le temps le permet, on s'installe en terrasse, le nez sur le va-et-vient de la trépidante *calle Regina,* très animée, surtout en soirée. Salades composées pour démarrer et, ensuite, une bonne pièce de viande avec des *empanadas* dans le style argentin. Pizza pour les enfants. Très bien pour les 3 repas de la journée.

Jamón J Jamón *(plan I, D1, **91**) : calle Republica de Guatemala 18, à côté de la Cathédrale. ☎ 55-10-00-37. Tlj sf lun 13h-minuit (21h dim). Au 2ᵉ étage du centre culturel espagnol.* Dans un intérieur plutôt design style bodega chic ou sur la terrasse en plein air, avec vue sur l'arrière de la cathédrale. C'est ici que le Mexique renoue avec l'Espagne, dans ce *taller de tapas* qui ne jure que par l'ibérico, le serrano, le *queso,* le chorizo, les *papas bravas, calamares fritos* et autres tortillas ! Faut-il traduire ? Bref, tout un panel de tapas « *para picar* » entre amigos des viandes et des poissons. Belle sélection de vin du monde ibérique à prix raisonnables. Concerts et expos temporaires.

La Azotea *(plan I, B1, **49**) : Doctor Mora, 9 ; dans le barrio Alameda, 4ᵉ étage. ☎ 55-18-50-23. M. Hidalgo. Tlj 13h-19h (20h30 en fin de sem).* Au dernier étage d'un petit complexe à la mode, une terrasse avec une très belle vue sur l'*Alameda Central.* On y sert une cuisine mexicaine sans prétention et des pizzas. L'occasion de tester aussi quelques bières artisanales. Idéal pour une pause entre deux musées.

Plus chic (300-500 $Me / env 15-25 €)

Hostería de Santo Domingo *(plan I, C1, **99**) : Belisario Domínguez 70-72. ☎ 55-10-14-34. Ⓜ Allende. Tlj 9h-22h. Résa conseillée le w-e.* L'un des plus anciens restos du Mexique, fondé en 1860. On est dans la grande tradition : *papel picado* suspendu au plafond, diplômes culinaires affichés avec orgueil. Les autographes et les graffitis des convives de renom tapissent les murs. Cuisine ultra-typique. Il faut, bien sûr, goûter à la spécialité de la maison, le *chile en nogada,* qui est servi ici toute l'année (c'est normalement un plat d'été). Il s'agit d'un gros poivron vert farci à la viande de porc et de bœuf, aux amandes, raisins secs et citron doux mexicain, le tout baignant dans une sauce aux noix et aux graines de grenade. Un vrai plat de régime !

Danubio *(plan I, C2, **103**) : República Uruguay 3. ☎ 55-12-09-12. Ⓜ San Juan de Letrán. Tlj 13h-22h. Menu déj (tlj) env 225 $Me.* Si vous aimez les restos un tantinet désuets et le service académique avec chef de rang immaculé, serveurs en livrée et tout le tralala, vous allez adorer cette petite croisière gustative sur le Danube ! Fondé en 1936, cet excellent resto de fruits de mer est un modèle du genre. La soupe de crustacés maison est un régal, et on vous apporte la *cazuela de mariscos* encore toute crépitante sur la table. Sinon, si la grande salle aux murs couverts de dédicaces affiche souvent complet à l'heure du déjeuner, elle est nettement plus tranquille le soir. Une adresse constante et qui déçoit rarement.

Gotan *(plan I, A1,* ***101****) : Pedro Baranda 17. ☎ 55-35-21-36. Ⓜ Hidalgo ou Revolución. Tlj sf dim 14h-21h30 (22h ven-sam).* Une très belle trouvaille que ce petit resto tenu par Juan Carlos. Dans une petite salle tout en longueur aux murs incarnadins avec des tables en bois garnies de planches (de B.D.) de Mafalda, il a fait du bœuf (uruguayen) sa spécialité. Le résultat est assez époustouflant, avec une viande juteuse et fondante, servie sur planche de bois, accompagnée de salade délicatement assaisonnée et de pommes de terre rissolées aux herbes. Un régal ! Et comme ça marche, *Gotan* s'est dédoublé à deux pas de l'*Alameda Central,* où vous serez accueilli par Viviana : *calle Revillagigedo 18 (plan I, B2,* ***101****). ☎ 55-12-62-03. Tlj 13h-23h (minuit ven, sam).*

El Cardenal *(plan I, C2,* ***102****) : Palma 23. ☎ 55-21-88-15 à 17. Ⓜ Allende. Tlj 8h (9h dim)-18h30.* Installé dans un bel édifice début XXᵉ s, ce restaurant est fréquenté par bon nombre d'hommes politiques. La cuisine, très réussie, est on ne peut plus mexicaine, traditionnelle et rurale. Pain, tortillas, chocolat et même fromage, bien des choses sont faites maison. Goûtez aux *tortitas de huautzontles* (une variété d'amarante), aux *chinicuiles* en salade (une larve de mite parasite de l'agave) ou au célèbre *cuitlacoche* (un grain de maïs pourri qui rappelle un peu un champignon). Sinon arrivage de fleurs de cactus au printemps et de *gusanos* (vers) en été... Préférer la salle de l'étage à celle du rez-de-chaussée. *Plusieurs autres adresses à Mexico, notamment dans le quartier de San Ángel, av. de la Paz 32.*

La Ópera *(plan I, C1,* ***104****) : av. 5 de Mayo 10. ☎ 55-12-89-59. Ⓜ Bellas Artes. Tlj 13h-23h30 (18h dim).* Une institution. Beau resto typique de l'époque du Porfiriato, recouvert de boiseries sculptées, moulures dorées au plafond et banquettes en velours rouge. Ça rappelle un peu le style de certaines brasseries parisiennes. Pancho Villa, après y avoir débarqué à cheval, y joua du revolver (l'impact de la balle au plafond est l'une des attractions de l'endroit). La carte navigue entre le Mexique et l'international. Mais les avis sont partagés sur la qualité de la cuisine. Souvent bondé pour le déjeuner, surtout le week-end.

Café de Tacuba *(plan I, C1,* ***105****) : Tacuba, 28. ☎ 55-21-20-48. Ⓜ Allende. Tlj 8h-23h30.* Tout le monde se fait un devoir d'y manger au moins une fois... La maison, fondée en 1912, occupe une très belle *casona* du XVIIᵉ s. On s'installe dans une salle voûtée au superbe décor d'azulejos, bois sculptés, lustres hollandais, fresques et toiles de l'école de Cuzco. Le lieu est réputé hanté par le fantôme d'une nonne (d'où la coiffe des serveuses ?) ! La cuisine, traditionnelle, est toutefois de qualité variable ; essayez les enchiladas et le *mole poblano.* La préparation du café au lait (style Veracruz) est toute une cérémonie et, il n'est pas un groupe de mariachis qui ne vienne vous casser les oreilles dans la bonne humeur.

Très chic (plus de 500 $Me / env 25 €)

Centro Castellano *(plan I, C2,* ***106****) : República Uruguay 16. ☎ 55-18-60-80. Ⓜ San Juan de Letrán. Tlj 13h-23h (20h dim). Menu déj lun-sam env 230 $Me.* Ce grand resto aux allures de bodega, sur plusieurs niveaux, est l'un des rares établissements du *centro histórico* à attirer des habitants d'autres quartiers. Un nombre honorable de célébrités, dont les photos tapissent les murs, ont mangé ici. Une fois retirées les assiettes factices qui ornementent les tables, un personnel accorte vous apporte une cuisine espagnole bien dans la tradition, plutôt bien faite et copieuse. Ici, on sert la paella même aux individuels. Le menu déjeuner est de bon aloi mais, attention, à la carte, le soir, ça peut monter très vite car les boissons ne sont pas données !

|●| ***Casa de las Sirenas*** *(plan I, D1,* ***108****) : República de Guatemala 32, juste derrière la cathédrale. ☎ 57-04-33-45. Ⓜ Zócalo. Tlj 11h-23h (2h ven-sam, 19h dim).* Dans une magnifique demeure du XVIIe s, ancienne dépendance du presbytère (admirez la façade avec des sirènes sculptées dans la pierre). Le resto est au 2e étage, avec une terrasse qui surplombe l'arrière de la cathédrale. Nouvelle cuisine mexicaine de qualité. Spécialité de la maison : la *gallinata en mole de mango,* une poule dans une sauce épaisse à la mangue. Cher, mais quelle vue ! Ambiance féerique le soir.

|●| ***Los Girasoles*** *(plan I, C1,* ***107****) : Tacuba 8 et 10 ; à l'angle de la pl. Manuel Tolsá. ☎ 55-10-06-30. Ⓜ Bellas Artes. Dim-mer 9h-21h (22h-23h en fin de sem). Couvert facturé 24 $Me.* Dans une belle demeure coloniale, face au *Munal.* Le cadre, aux tons passés, est chaleureux, et le menu propose des spécialités mexicaines. Pas donné, certes, mais la qualité est généralement au rendez-vous. Grande terrasse.

Zona Rosa (plan II)

Bon marché (moins de 150 $Me / env 7,50 €)

|●| ***Tacos Deme*** *(plan II, F4,* ***109****) : Río Sena 87b ; dans la Zona Rosa. ☎ 55-25-65-15. Metrobús : Reforma. Lun-ven 8h30-16h30. Menu complet 75 $Me.* Resto de quartier, très propre avec une enfilade de petites salles aux nappes flashy. Ici, on a le choix entre le menu du jour (copieux) ou alors 3 *tacos de guisados* à choisir dans la vitrine. Pour bien déjeuner sans casser sa tirelire.

|●| ***Cochinita Power*** *(plan d'ensemble,* ***130****) : Ignacio Manuel Altamirano, 19 ; dans la San Rafael. M : San Cosme. Tlj 12h-21h (19h sam, dim). CB refusées.* La puissance du cochon de lait... Tout un programme ! Intérieur franchement moderne, long bar, quelques tables et ce néon rouge qui attire le regard. Ici, c'est du cochon et rien que du cochon. Il est préparé façon *comida yucateca* : en quiche, en taco, en hamburger, en *chilaquiles, panucho* ou *sopa de lima.* Le tout épicé à souhait (palais sensibles, s'abstenir), parfois mariné dans le jus d'orange... Une expérience gustative typiquement mexicaine.

|●| ***La Casa de Toño*** *(plan II, F5,* ***110****) : Londres 144 ; au 1er étage. ☎ 53-86-11-25. Ⓜ Insurgentes. Metrobús : Glorieta Insurgentes ou Reforma. Mar-dim 24h/24 (lun ferme à 23h).* Cuisine mexicaine typique, qui a l'art de rassembler toutes les classes sociales. On y savoure un délicieux *pozole* à toute heure du jour et de la nuit, une soupe à base de maïs, viande de porc ou poulet, fleur de courgette, radis, etc. Mais aussi des *quesadillas* de viande hachée et des *sopes* bien garnies et délicieuses. Toujours du monde. Pratique, bon, efficace et vraiment pas cher.

Prix moyens (150-300 $Me / env 7,50-15 €)

|●| ***Ostioneria Boca del Río*** *(plan d'ensemble,* ***132****) : Ribera de San Cosme, 42. ☎ 55-35-01-28. Ⓜ San Cosme. Tlj 10h-22h.* Si vous pensez avoir pêché un petit resto intime pour un tête-à-tête, vous vous êtes trompé sur toute la ligne. Ici, dans ce grand hangar verdâtre ouvert à tous vents, la priorité, c'est la fraîcheur de l'assiette, pas la déco. Depuis 1941, on s'y presse pour des huîtres au roquefort ou à la diable, des fruits de mer en *ceviches* ou en *cockteles...* Ici, le poulpe a le tentacule bien tendre, la crevette en rosit de plaisir. Les prix sont raz-les-anémones, notamment ceux du poisson. Alors les connaisseurs les commandent en papillote. Faites comme eux, même si ce n'est pas sur la carte !

Plus chic (300-500 $Me / env 15-25 €)

|●| ***Bellopuerto*** *(plan II, F5,* ***113****) : Florencia 30. ☎ 52-08-00-07. Ⓜ Insurgentes. Tlj 11h-23h (minuit ven-sam, 19h dim).* Salle aux tables et plancher blancs avec un grand bar au milieu, la cuisine bien en vue et une terrasse surélevée donnant sur la rue. Pour les

amateurs de poisson et fruits de mer, une adresse qui propose des plats aussi variés que les *ceviches,* tacos de thon (succulent !), bouillon de crevette (hmm...), carpaccio de poulpe, crème de palourdes ou la traditionnelle cassolette de fruits de mer. Tout est soigné et bien présenté. Service aux petits oignons. Autre adresse à Polanco.

Fonda El Refugio *(plan II, F5,* ***115****) : Liverpool 166 (près de Florencia). ☎ 55-25-81-28. Ⓜ Insurgentes. Tlj 13h-23h (22h dim).* À l'entrée, un autel dédié à la Vierge, changé à chaque fête religieuse. Aux murs blancs, des casseroles et des ustensiles en cuivre. Et au milieu, une poignée de tables joliment dressées pour cette taverne un peu chic proposant une bonne cuisine des quatre coins du pays. Spécialité : le *filete El Refugio,* mariné et tendre à souhait. Pour démarrer, le guacamole est délicieux. Essayez aussi les margaritas, très réussies.

Condesa et Roma (plan II)

Pléthore de bars et restos dans le coin. Beaucoup sont rassemblés autour du carrefour Michoacán et Tamaulipas, centre névralgique de la Condesa.

Bon marché (moins de 150 $Me / env 7,50 €)

La Herradura *(plan II, F5,* ***111****) : Orizaba, 5 (angle Chapultepec) ; à la Roma. ☎ 52-08-61-79. M : Insurgentes. Lun-ven 9h-18h.* Si vous trouvez moins cher ailleurs, on vous rembourse la différence ! Telle pourrait être la devise de ce petit resto de quartier – très propre – tenu par Carlos et qui propose un menu complet pour 50 $Me ! Clientèle éclectique, de sexas esseulés venus trouver ici un peu de chaleur, de cols blancs en pause-déjeuner et de ménagères sur le sentier des courses. C'est très bon et copieux, alors on sort d'ici le cœur léger et le portefeuille à peine entamé.

El Tizoncito *(plan II, E7,* ***116****) : Tamaulipas 122. Angle Campeche ; à la Condesa. ☎ 52-86-21-17. Ⓜ Chilpancingo. Metrobús : Campeche. Tlj 12h-3h30 (bière servie jusqu'à 2h).* L'incontournable *taquería* de Mexico, qui s'autoproclame l'inventeur des fameux *tacos al pastor.* Y goûter absolument. La viande de porc est culte sur une broche verticale, à la mode turque. On y ajoute de l'ananas, des oignons hachés, de la coriandre et l'une des sauces piquantes proposées. Un délice. Et un super remontant à la sortie de la disco, avant d'aller au lit. *Nachos, quesadillas* et grillades pour les plus grosses faims. Si c'est plein, il y a une autre adresse un peu plus loin dans la rue (angle Cholula).

Pizza del Perro Negro *(plan II, E6,* ***112****) : pl. Parque España 3 ; entre la Roma et la Condesa. ☎ 53-51-74-01. Metrobús : Álvaro Obregón. Tlj 12h-minuit (1h le w-e).* C'est le chien noir qui casse les prix, promet la pizza la plus *rock & roll* du monde et dispense sa musique sans ménagement ! Toujours du monde devant une bonne grosse pizza bien épaisse qu'on vous apporte sur un plateau de bois posé sur un petit trépied. Choisissez les quelques tables sur le trottoir car à l'intérieur, la musique est vraiment trop forte. Pour se caler la panse avant d'attaquer sa nuit...

Frutos Prohibidos *(plan II, E7,* ***117****) : Amsterdam 244, angle Michoacán, à la Condesa. ☎ 52-64-58-08. Metrobús : Campeche. Lun-ven 8h-22h, le w-e 9h-18h30.* Un endroit bien propret qui fleure bon le sans-gluten et la *comida sana.* Avec les bancs en bois sur le trottoir et le comptoir tourné vers la rue, on s'y retrouve à toute heure pour un bon jus de fruits (plusieurs combinaisons) ou un *lacteo* revigorant. Pour les petits creux, des salades, des sandwichs et des wraps, accompagnés d'une saine verdure. On aime bien. Succursale à la colonia Roma *(angle Orizaba et Chihuahua ; mêmes horaires).*

Prix moyens (150-300 $Me / env 7,50-15 €)

Fonda Mayora *(plan II, E7,* ***114****) : Campeche 322 (angle Ometusco) ; à la Condesa. ☎ 68-43-05-95. Metrobús : Campeche. Tlj 8h-19h.* Agréable petit resto avec quelques tables en

MEXICO ET SES ENVIRONS

bois clair égayées par des fleurs fraîchement coupées. Terrasse sur le trottoir. Ici, quand on ne vient pas pianoter sur son ordi ou lire la presse en prenant son petit déj, on pioche dans une carte de cuisine bio, préparée à base d'ingrédients sélectionnés chez des petits producteurs. *Cecina,* poisson frais du jour, *mole,* tout est concocté *a la casa* par Gerardo, le chef. Une adresse qui reflète bien l'esprit du quartier.

I●I ***Monsieur Croque*** *(plan II, E7, **118**) : Tamaulipas, 39 ; à la Condesa.* ☎ *55-52-11-78 ou 98. Metrobús : Campeche. Lun-mer 8h-22h (2h en fin de sem, 9h-19h dim).* Serveurs arborant des T-shirts sérigraphiés « l'amour à la française ». Pas de doute, ici, c'est du franchouillard : attablé au bar ou en terrasse, on y lit le *Canard Enchaîné* en mangeant des croque-monsieur. Originaux, ces derniers vous feront voyager en fonction de la garniture : tapenade, houmous, tartare de thon, crème d'oignons, etc. Tous préparés avec le bon pain de la boulangerie d'à côté. Côté liquide, vin français et bières artisanales. Le samedi, vers 20h30, un petit groupe vient mettre un peu d'ambiance.

I●I ***La Buena Tierra*** *(plan II, E7, **121**) : Atlixco 94 ; à l'angle de Michoacán ; à la Condesa.* ☎ *55-53-22-81. Metrobús : Campeche. Tlj 8h-23h30 (22h dim).* Chaîne de restos qui se veut écolo et à la cuisine plus ou moins bio ; et qui rencontre un franc succès auprès des Mexicains branchés pour ses grandes salades composées, ses sandwichs et paninis faits avec du bon pain complet et ses plats de poisson et volaille (pas de viande rouge). Agréable terrasse protégée de la rue par des bacs de plantes.

I●I ***Café La Gloria*** *(plan II, E7, **122**) : Vicente Suárez 41 ; à la Condesa.* ☎ *52-11-41-85. Metrobús : Campeche. Tlj 9h-minuit.* Un des plus anciens restos de la Condesa, au cadre assez sobre pour le quartier mais joliment patiné, avec un carrelage en damier rouge et blanc, et des murs ornés de photos, gravures, peintures, ça dépend de la petite expo en cours. Bonne ambiance. Cuisine de bistrot français à la sauce ritale, où le coq au vin et la soupe à l'oignon côtoient la *pasta* dans tous ses états. Une valeur sûre depuis des années, aussi agréable en terrasse qu'à l'intérieur.

I●I ***El Péndulo*** *(plan II, E7, **123**) : Nuevo León 115. À l'angle de Vicente Suárez ; dans la Condesa.* ☎ *52-86-94-93. Metrobús : Campeche. Tlj 8h-23h (minuit jeu-sam).* Cette *cafebrería,* installée dans une grande maison aux murs garnis de pots de fleurs qui se veut le centre culturel du quartier, regroupe sur 2 niveaux un café-resto et une librairie proposant aussi CD et DVD. Atmosphère conviviale. On mange au milieu des livres. Bien pour une pause-café et très plaisant pour le déjeuner ou le dîner : les plats sont bien préparés, avec des produits de qualité. Très fréquenté dès le matin pour le petit déj. Autre adresse dans la Zona Rosa.

I●I ***El Ocho Café Recreativo*** *(plan II, E7, **124**) : av. Mexico 111.* ☎ *55-84-00-32. Metrobús : Chilpancingo ou Campeche. Presque à l'angle de Chilpancingo ; dans la Condesa. Tlj 8h-minuit (1h jeu-sam).* Idéalement placé, en face du parc Mexico, ce resto récréatif invite ses clients à grignoter un morceau (formules types snacks : hamburgers, salades et *huevos fritos*) en feuilletant des revues ou en pianotant sur leur portable. Plein de jeux à disposition, espaces TV et, le soir, on allume la superbe cheminée dans la salle du fond. Un endroit vraiment sympa, très apprécié des gens du quartier.

I●I ***La Tecla*** *(plan II, F6, **125**) : Durango 186 (presque sur la plaza Madrid, en face de chez Perez) ; à la Condesa.* ☎ *55-25-49-20.* Ⓜ *Insurgentes. Metrobús : Durango. Tlj 13h-minuit (18h30 dim).* Petit bistrot de quartier qui fait le plein de sa quinzaine de tables les jours où la *calle Oro,* située juste derrière, accueille le marché *(mer, sam et dim).* Au menu : une cuisine mexicaine aux touches novatrices dans la présentation et l'usage des condiments. Succulente entrée de *gorditas* (galettes de haricot) fourrées au cochon de lait, des tacos de canard sauce verte, ou encore un filet de poisson à la fleur de courge. Délicieux, et ça change des préparations habituelles. Portions très satisfaisantes. Une bonne adresse.

De plus chic à très chic (300-500 $Me et plus / env 15-25 €)

La Bodega (plan II, E6, **126**) : *Popocatépetl 25 ; à la Condesa. ☎ 55-25-24-73 ou 55-11-73-90. • labodega.rest • Ⓜ Insurgentes. Metrobús : Álvaro Obregón. Tlj sf dim 13h30-minuit (20h lun, 2h jeu-sam). Spectacle, cabaret 100-300 $Me.* Grande bâtisse abritant sur 2 niveaux un bar, un resto chic et un cabaret-théâtre *(mar-sam vers 21h).* Jolie décoration colorée dans le style capharnaüm mexicain. Même les toilettes n'y ont pas échappé ! Cuisine traditionnelle qu'on accompagne de tequila. Spécialités : *hongos* (champignons) *a la bodega* cuits au vin rouge et *res* (bœuf) *a la tampiqueña.* Du mardi au samedi soir, groupe de musique cubaine *(cover 95 $Me)* à partir de 21h15 (dès 16h vendredi). Une adresse typique, avec beaucoup d'ambiance le soir en fin de semaine, super pour les amateurs de musique tropicale.

Contramar (plan II, E6, **127**) : *Durango 200 ; à la Roma. ☎ 55-14-92-17. Tlj 12h-18h30 (20h ven-sam). Résa conseillée (min 2 j. avt le w-e).* L'une des meilleures adresses pour déguster poissons et fruits de mer. Grande salle très accueillante avec les fourneaux bien en vue, où s'affaire une belle brochette de cuistots. Beaucoup de monde le week-end. En semaine, la salle est tapissée de costumes-cravates. Essayez donc les *tostadas de atún* (tortillas frites au thon) avec leur mayonnaise au *chipotle* (piment *jalapeño* fumé), les tacos de poisson *salteados* et, en plat, le *pescado alla talla,* grillé et servi sur planche. Allez-y en toute confiance mais, attention, les entrées sont au même prix que les *platos fuertes,* et les desserts sont chers.

Polanco (plan d'ensemble)

Comme vous n'y dormirez pas, Polanco c'est plutôt pour déjeuner. À moins que vous ne soyez prévoyant et que vous ayez réservé chez Pujol...

Prix moyens (150-300 $Me / env 7,50-15 €)

Non Solo Pasta (plan d'ensemble, **128**) : *Julio Verne 89. ☎ 52-80-97-06. Tlj 12h30-minuit (plus tard en fin de sem).* Dans le style resto de quartier, une petite adresse italienne qui se remplit vite (attention à l'attente le week-end). Déco chaleureuse : une salle ouverte sur la rue, prolongée d'une terrasse sur le trottoir. Mis à part les *penne,* gnocchis et autres *fusilli,* salades copieuses très abordables et viandes plutôt bonnes.

El Bajio (plan d'ensemble, **129**) : *Alejandro Dumas 7. ☎ 52-81-82-45. Ⓜ Auditorio. Lun-sam 8h-23h, dim 9h-22h.* Vous vous attablez ici chez Carmen « Titita », promue matriarche de la cuisine mexicaine par le très respectable *New York Times.* La salle est grande, le cadre est plaisant, et la cuisine, toujours réalisée avec des produits frais, allie à la fois tradition et inventivité. Goûtez aux *garnachas* (tacos au bœuf, pommes de terre et sauce verte aigre), aux *carnitas* et aux *moles* (noir et vert), aux tacos de crabe dans des feuilles de bananier... Un bon choix avant de repartir au musée. D'autres adresses en ville.

Plus chic (300-500 $Me / env 15-25 €)

Cebichería Agua y Sal (plan d'ensemble, **131**) : *Campos Eliseos 199 A. ☎ 52-82-27-46. Tlj 12h-22h (18h dim).* Dans une petite salle de bistrot carrelée à l'ancienne, où les tables sont un peu serrées, les poissons et fruits de mer dans tous leurs états : soupe de crevettes, cocktail de poulpe, burger de poisson, *fish & chips,* langouste grillée... et, surtout, des *ceviches* (poisson et fruits de mer marinés dans du jus de citron vert), aussi bons qu'au Pérou ! Essayez le « leña » ou celui à la mandarine, deux créations de la maison, vous ne le regretterez pas ! Service impeccable.

Spécial folie (env 90 €)

Pujol (plan d'ensemble, **133**) : *Francesco Petrarca, 254. ☎ 55-45-35-07 ou 55-45-41-11. Lun-sam 13h30-15h,* *puis 2 services, le 1er à 18h30, le 2e à 21h30. Menu-dégustation 6 plats env 100 US$. Réserver min 1 mois à l'avance.* Décor et éclairage minimalistes (les grandes tables n'ont même pas de nappes), salle réduite à quelques convives. C'est la mise qu'Enrique Olvera, le chef, a choisi pour exprimer son art, et qui fait que Pujol compte toujours en 2017 parmi l'un des 25 meilleurs restaurants du monde. Ferran Adriá, le chantre de la cuisine moléculaire disait de lui : « Il y a la cuisine mexicaine d'avant Olvera et la cuisine mexicaine d'après Olvera ». Son menu change en fonction des saisons. Le prix n'inclut pas les boissons, une eau minérale pétillante vous coûtera le prix d'une place de ciné, un verre de muscadet sur lie environ le double et une bouteille de côte de nuits de chez Lucien Lemoine, un aller Paris-Mexico en avion. Une expérience gustative à ne pas manquer si vous en avez les moyens !

Coyoacán (plan III)

Tout autour du *zócalo* de Coyoacán, il y a pléthore de restos, *taquerías,* cafés, pâtisseries, glaciers... sans compter les vendeurs ambulants. L'occasion de goûter les *esquites,* servis dans un verre à emporter : une préparation de maïs, avec ou sans piment *(chile)* et citron.

Bon marché (moins de 150 $Me / env 7,50 €)

I●I *Mercado* *(plan III, I-J6,* ***132****) : à l'angle de Malitzin et Allende. Tlj 9h-18h.* C'est LE marché de Coyoacán, vraiment typique, propre et animé. Faites un tour dans les allées des vendeurs de fruits et légumes. Comme d'hab', plein de bouis-bouis à l'intérieur pour manger assis sur un banc en coudoyant les locaux. Sinon, optez pour le jardin du poulpe *(el jardin del pulpo)* et son mobilier en alu, situé sur le trottoir à l'angle Malítzin/Allende. C'est là que vous dégusterez des fruits de mer. Délicieuses *quesadillas de ceviche,* de thon ou de poulpe, des cocktails de crevettes, des soupes de poisson. Une grande tradition du quartier. Beaucoup de monde autour de grandes tables.

I●I *El Mercadito* *(plan III, J7,* ***133****) : au début de Higuera. Tlj 8h-23h.* Un ensemble de petits stands locaux où l'on savoure des *quesadillas* frites préparées devant vous (les prix sont affichés). Ultra-typique et très bonne ambiance. Délicieux et petits prix.

I●I *La Casa del Pan Papalotl* *(plan III, I6,* ***134****) : av. Mexico 25 B. À l'angle de Xicoténcatl. ☎ 30-95-17-67. Tlj 8h-22h (ouvre à 9h sam-dim).* Tout petit resto qui s'épanche allègrement sur le trottoir. Ici, tout est bon, tout est bio et c'est ce qui attire le monde, en particulier le dimanche à l'occasion du brunch. *Empanadas* de ceci-cela, *enchiladas, limonadas* et *pasteles,* une cuisine sans prétention à consommer sur des petites tables. Idéal pour une pause-déjeuner. Juste à côté, *El Jarocho* fait un excellent café, torréfié sur place depuis 1953.

I●I *Aura Vegana* *(plan III, I6,* ***147****) : av. Malíntzin, 199. ☎ 50-86-33-68. Tlj 11h-21h.* Microresto sympa qui propose de la cuisine exclusivement *vegan* concoctée à base de produits frais : rouleaux de printemps, raviolis, *aguachiles* de champignons, tapioca, soupes, etc. Bien aussi pour un encas : pâtisseries, viennoiseries, jus de fruits frais, thés, tisanes...

Prix moyens (150-300 $Me / env 7,50-15 €)

I●I *Mesón Santa Catarina* *(plan III, I7,* ***135****) : pl. Santa Catarina, face à l'église. ☎ 56-58-48-31. Tlj 8h-23h (minuit ven, 22h dim).* Atmosphère sereine pour ce resto joliment décoré dans l'esprit colonial de Coyoacán. Très agréable, surtout si vous vous installez sur la terrasse ombragée, à l'étage, où le petit déj est servi jusqu'à 13h. Bonne cuisine mexicaine (soupe à la fleur de courgette, mousse de *mole* !) et service attentionné.

I●I *La Vienet* *(plan III, I-J6,* ***136****) : angle Viena et Abasolo, près du museo Léon Trotski. ☎ 55-54-45-23. Tlj 8h-16h30 (9h-17h le w-e) ; petit déj servi jusqu'à 13h. Menu pour le déj.* Cette adorable maison de style colonial, aux murs tout bleus, coiffée d'un clocheton, est une vraie oasis de sérénité. On y sert (en français) quelques bons petits plats, dont une paella le week-end. Idéal aussi pour déguster une excellente pâtisserie après la visite de la maison de Frida Kahlo.

Moheli *(plan III, I7,* ***137****)* **:** *Francisco Sosa, 1 ; à 20 m du Zócalo. ☎ 55-54-62-21. Tlj 8h-minuit.* Les tables débordent sur le trottoir. Très sympa pour casser la graine avec un bagel au saumon fumé ou une salade – de tomates à la mozzarella, au poulet, au saumon, au fromage... Belle carte de pâtisseries maison aussi, dont un exquis croquant aux noix et aux mûres (boule glace vanille en option). Un des endroits les plus branchés de Coyoacán.

La Bipo *(plan III, I6-7,* ***138****)* **:** *Malitzin 155. ☎ 54-84-82-30. Dim-mar 12h-minuit, jeu-sam 12h-2h.* Un lieu plein de vie, ouvert par l'acteur mexicain Diego Luna, lequel a voulu créer une vraie *cantina* comme autrefois (enfin presque). Les accents kitsch y sont toujours notamment dans la manière d'annoncer les plats. La carte est appétissante et drôle. Mais on vient surtout ici pour se désinfecter le gosier au mezcal entre potes ou éteindre l'incendie des sauces maison à la bière. À l'étage, un DJ fait péter les watts du jeudi au samedi, alors évidemment ça fiche les boules à M. Quies. En fin de semaine, mieux vaut réserver pour espérer obtenir une table. Terrasse sur le toit ; voir plus loin « Où boire un verre ? Où sortir ? ».

Plus chic (300-500 $Me / env 15-25 €)

Los Danzantes *(plan III, I7,* ***139****)* **:** *jardín Centenario 12 ; sur le Zócalo, juste en face de la fontaine aux Coyotes. ☎ 55-54-12-13. Lun-jeu 12h30-23h, le w-e 9h-1h (ferme à 23h dim).* Très jolie décoration inspirée des motifs aztèques. Le ton est donné. Ce resto s'est donné pour mission d'utiliser les ingrédients de la cuisine traditionnelle, mais présentés sous une forme contemporaine. *Tostadas* de viande de cerf, fondue de *cuitlacoche* (grains de maïs pourris par un champignon), tacos de *chapulines* (une variété de criquets que l'on déguste depuis plus de 3 000 ans)... À accompagner de mezcal, bien sûr. Il y a aussi une très belle carte des vins. De quoi passer une bonne soirée gustative au milieu d'une clientèle d'intellectuels aisés. Attention, pas de viande le lundi.

San Ángel *(plan III)*

Crêperie du Soleil *(plan III, G7,* ***143****)* **:** *Madero 8, pl. del Carmen. ☎ 55-50-25-85. Tlj 8h30-20h.* Un tout petit local mais un grand choix de crêpes salées et sucrées. Et aussi des petits déj, de bons sandwichs et des salades mixtes pour casser la graine après la visite du quartier.

San Ángel Inn *(plan III, G7,* ***146****)* **:** *Diego Rivera 50 ; angle Altavista. ☎ 56-16-14-02 ou 22-22. Face au museo Estudio Diego Rivera. Tlj 13h-1h (22h dim). Env 550 $Me.* C'est dans cet ancien monastère de carmélites du XVIIIe s, connu sous le nom de *Hacienda de los Goicochea,* que fut signé le fameux pacte entre Pancho Villa et Zapata. Parmi ses hôtes célèbres, citons Caruso, Gershwin et même Brigitte Bardot. 3 jolis patios verdoyants entourent de petites fontaines. Un endroit vraiment exceptionnel. Au resto, carte réduite et service classieux, mais on peut se contenter de prendre un verre dans le *patio de la Fuente Escultiva,* tandis que les musiciens entonnent les classiques de la chanson mexicaine. Beaucoup de monde le week-end.

Où prendre un petit déjeuner ?
Où faire une pause sucrée ?

Certains restaurants mentionnés plus haut ouvrent tôt et servent le petit déj mexicain typique : des œufs (sous toutes leurs formes) accompagnés de haricots rouges *(frijoles),* un jus ou une petite salade de fruits et un café *americano.*

MEXICO ET SES ENVIRONS

Pour une fois, les lève-tard sont favorisés, puisqu'il est servi jusqu'à 12h, voire 13h. Sachez aussi qu'il y a des *pastelerías* (pâtisseries) un peu partout. Très économique pour le petit déj, mais on ne peut pas toujours consommer sur place.

Centro histórico (plan I)

Pastelería Madrid (plan I, C2, **94**) : *5 de Febrero 25. Voir « Où manger ? ».* On peut s'y asseoir côté cafétéria.

Bertico Café (plan I, C2, **140**) : *Madero 32. Ⓜ Allende. Tlj 9h-21h30 (19h dim).* Vaste choix d'omelettes et de *huevos* dans un cadre clair. Également une annexe au nº 66.

Café La Habana (plan I, A2, **141**) : *angle Bucarelli et Morelos. Tlj 7h-23h, 1h ven-sam. Petit déj-buffet ven-dim (à partir de 8h) env 100 $Me.* Grande salle typique du Mexique des années 1950. Ce café a à peine changé depuis cette époque, quand un jeune Cubain prénommé Fidel rencontra un médecin argentin répondant au nom de Guevara. Besoin de vous en dire plus ? Ils étaient chauffeurs de bus ! Hauts plafonds, ventilos, odeurs de café... Grandes photos en noir et blanc du Mexico d'antan. Très bon café, même l'*americano* ! Plein de formules pour le petit déj (et buffet en fin de semaine).

Jugos Canada (plan I, C2, **142**) : *5 de Mayo 47. Ⓜ Zócalo ou Allende. Jouxte l'Hotel Canada. Tlj 8h-22h.* Un choix déroutant de jus de fruits servi par un personnel souriant. Toutes les combinaisons sont possibles et fraîchement pressées devant vous. Également de bonnes *tortas* et des salades de fruits.

Pastelería Ideal (plan I, C2, **145**) : *16 de Septiembre 18. Ⓜ Bellas Artes. Tlj 5h-22h.* Pays des merveilles. Surprenante vitrine de pièces montées géantes, recouvertes de crème en veux-tu en voilà. Pour mariages, anniversaires ou communions. Ne manquez pas de faire un tour à l'étage : les plus hautes pièces montées exposées font bien 2,50 m !

El Mayor Deli (plan I, D1, **147**) : *República de Argentina 15. Ⓜ Zócalo. Entrée par la librairie Porrúa et ascenseur jusqu'au dernier étage. Lun-sam 9h-18h30 (ouvre à 10h dim).* Si vous n'avez pas encore visité le Templo Mayor, grimpez d'abord ici, sur cette terrasse sur le toit qui domine le site. Vue spectaculaire sur les ruines, avec le Zócalo en toile de fond. Parfait donc pour prendre un petit déj tardif ou un verre. On peut aussi y grignoter une salade ou un sandwich.

Finca Don Porfirio (plan I, B2, **148**) : *Juárez 14. Ⓜ Bellas Artes. Sur la terrasse du 8e étage du grand magasin Sears. Tlj 11h-21h.* Au sortir de l'ascenseur, ne soyez pas surpris de tomber sur un magasin d'ameublement, le café est bien là ! Il vaut vraiment une pause pour profiter de la vue sur le palais des Beaux-Arts et le jardin de l'Alameda, avec les montagnes en toile de fond. Pâtisseries, mais aussi chocolat chaud, cappuccino, espresso...

Café Jekemir (plan I, C2, **149**) : *Isabel la Católica 88 ; à l'angle de Regina. Ⓜ Isabel la Católica. Lun-sam 8h-21h.* Le meilleur café du coin (on vous parle du breuvage). Espresso, cappuccino, *frappuccino* froid ou chaud... la bonne odeur du café flotte jusque dans la rue. À accompagner de *churros*, gâteaux et autres muffins. Très fréquenté.

Zona Rosa (plan II)

El Péndulo (plan II, F5, **151**) : *Hamburgo 126. Ⓜ Insurgentes. Tlj 8h-23h (1h jeu-sam, ouvre à 9h le w-e).* Atmosphère cosy dans ce *cafebrería* (café doublé d'une *librería*), pour faire une pause dans des fauteuils en osier ou au petit bar en mezzanine, au milieu de beaux livres. Des œufs à toutes les sauces pour le petit déj (avec guitariste et violoniste le week-end à 11h), pas mal de gâteaux et des plats plus consistants, mais on vous le conseille plutôt pour prendre un café ou un verre. Bonne ambiance.

Condesa et Roma (plan II)

Voir dans « Où manger ? » l'autre adresse d'**El Péndulo** (plan II, E7, **123**), **Fonda Mayora** (plan II, E7, **114**), **Monsieur Croque** (plan II, E7, **118**) et **El Ocho Café Recreativo** (plan II, E7, **124**).

Où boire un verre ? Où sortir ?

Centro histórico (plan I)

Dans le *Centro*, l'animation en début de soirée se concentre principalement dans la ***calle Regina*** ainsi que dans ses rues adjacentes (1re callejón de Mesones) où l'on trouve une série de bars qui servent de la *cerveza de barril* (bière pression) et des *pulquerías* qui dispensent du *pulque* tiré au tonneau. Leurs terrasses affichent souvent complet bien avant le coucher du soleil, et il faut ruser pour trouver une place. Un bloc plus au sud, la ***calle San Jerónimo*** compte aussi plusieurs petits rades pour s'en jeter un à l'ombre des immeubles, le nez sur les *pinturas murales* qui ont fleuri un peu partout dans le quartier ces dernières années. Ambiance festive, jeune et décontractée.

🍷 ***Hostería La Bota*** *(plan I, C3,* ***97****) : San Jerónimo 40 ; presque à l'angle de Isabel la Católica.* Ⓜ *Isabel la Católica. Lun-jeu 13h30-minuit, ouvre plus tôt et ferme plus tard le w-e.* Parfait pour prendre un verre après le dîner ou avant de démarrer une longue nuit blanche. Voir « Où manger ? » plus haut.

🍷 ***Crisanta*** *(plan I, A1,* ***160****) : av. Plaza República, 51. ☎ 55-35-63-72. • crisantamx.com •* Ⓜ *Revolución. Tlj 9h-23h (2h jeu-sam). CB refusées.* Crisanta, c'est une sorte de couteau-suisse. Ce fut d'abord un resto, ensuite une boulangerie s'est greffée au projet, enfin aujourd'hui une micro-brasserie. Mais toujours ce souci de remettre au goût du jour d'anciennes recettes tout en créant du lien social. À la pompe, pas moins de 13 fûts qui vont de l'*American IPA* à l'*Irish Red* en passant par la *Porter.* Goûtez leur *Porter* maison, elle a un joli petit goût de vanille. Groupe de jazz un week-end sur deux, expos, conférences, cours de théâtre. Tout ça dans une salle à la déco minimaliste. On vient surtout ici pour causer...

🍷 ***El Salón Tenampa*** *(plan I, C1,* ***161****) : pl. Garibaldi 12. Tlj 13h-2h (3h jeu-sam).* Le temple des mariachis. Fiesta garantie ! C'est l'une des plus anciennes *cantinas* de la ville (fondée en 1925). Grandes fresques ringardes aux murs, qui représentent les vedettes de la chanson d'antan. Après quelques tequilas, vous ne résisterez pas au plaisir de faire jouer les mariachis à votre table. Parmi les grands classiques : *Mexico lindo, El Rey, Cielito lindo...* Ambiance d'enfer le week-end, surtout quand plusieurs groupes se mettent à jouer en même temps !

♫ ***Salón Tropicana*** *(plan I, C1,* ***163****) : pl. Garibaldi, sur le côté droit. ☎ 55-29-72-35.* Ⓜ *Garibaldi. Mar-jeu 21h-3h (ven-dim 19h-5h, fermé lun). Cover ven-sam slt (pas en sem) : 50 $Me.* Le typique *salón de baile* où les Mexicains, toutes générations confondues, se retrouvent dans les vapeurs de la tequila pour danser la salsa, la samba, le merengue ou la cumbia... On surnomme les lieux « cathédrale de la rumba » ! Le *Tropicana* est l'un des derniers de ces salons dansants qui ont fait la réputation du Mexico nocturne des années 1940. On y vient encore endimanché. Ici, c'est le royaume des classes populaires, sur lequel règnent des orchestres qui comptent parfois jusqu'à 10 musiciens. Mesdames, vous serez certainement invitées à danser par un Mexicain qui vous le demandera avec beaucoup de courtoisie. N'hésitez pas à accepter, car, ici, on vient avant tout pour ça.

♩ ***Zinco Jazz Club*** *(plan I, C2,* ***162****) : Motolinia 20 ; presque à l'angle de 5 de Mayo (entrée très discrète). ☎ 55-12-33-69. • zincojazz.com •* Ⓜ *Allende. Mer-sam 21h-2h30. Résa conseillée pour les fins de sem (par Internet lun-sam 10h-15h ou par tél jusqu'à 19h). Entrée : 100-350 $Me selon concert.* C'est le meilleur club de jazz de Mexico, voire du Mexique. Un p'tit bijou ! Salle *bajocentro* (en sous-sol) chaleureuse, installée dans les anciennes salles des coffres d'une banque ! Excellente programmation qui change chaque semaine, avec des musiciens du monde entier. Consultez le programme sur leur site. Sortie absolument incontournable pour les amateurs de jazz.

Zona Rosa (plan II)

Quartier d'affaires le jour, particulièrement aux abords de l'avenue Reforma, la Zona Rosa devient plus canaille à la tombée de la nuit, s'animant autour de nombreux bars, LGBT notamment. En journée, l'agitation se concentre dans la ***calle Genova*** (piétonne), avec ses vendeurs ambulants et des chanteurs de rue. Le soir, c'est la ***calle Amberes*** qui s'enflamme, entre Reforma et Hamburgo.

Fiebre de Malta *(plan II, E4-5,* ***150****) :* *Río Lerma, 156.* ☎ *52-07-04-91. Metrobús. : Reforma. Tlj 12h-minuit (2h ven-sam ; 22h dim).* Les amateurs de bière trouveront ici 2 douzaines de bières artisanales, qu'ils choisiront sur un petit nuancier mentionnant l'origine, le type de fermentation, le corps et le degré d'alcool. Quelques snacks pour éponger. Pour passer un bon moment.

El Péndulo (plan II, F5, ***151***) : *Hamburgo 126.* Ⓜ *Insurgentes. Tlj 8h-23h (1h ven-sam).* On vous le conseille plus haut pour faire une pause-café en journée, mais il y a aussi de la musique *en vivo* le soir, entre 20h30 et 22h30 : jazz, latino, pop-rock, etc. Petites formations souvent de qualité et bonne ambiance au petit bar en mezzanine. Le samedi, après-midi musicale pour les enfants. Programme sur le site : • *pendulo.com* •

Succession de bars et de boîtes gay dans la ***calle Amberes,*** entre Reforma et Hamburgo. Clientèle jeune qui déborde sur la rue, tout comme les décibels. Y aller le samedi soir pour voir l'ambiance, chaude, libérée et décontractée. Assez étonnant. Rappelons que la ville de Mexico a légalisé le mariage homosexuel en 2009.

Condesa et Roma (plan II)

La Condesa est le quartier du DF qui a le vent en poupe depuis quelques années, quand bien même aujourd'hui Hipódromo, quartier situé au sud du *Parque México,* lui ravit les faveurs d'un public un peu moins m'as-tu-vu. C'est à coup sûr dans cette partie de la ville que logeront les oiseaux de nuit. La Roma, elle, est autant branchée au nord qu'elle est cool au sud.

Condesa DF *(plan II, E6,* ***77****) :* *av. Veracruz 102. En face du Parque España, dans la Condesa.* Ⓜ *Sevilla. Metrobús : Álvaro Obregón. Tlj 14h-1h.* Très belle terrasse sur le toit, au niveau de la cime des arbres. Musique *lounge.* DJ le jeudi soir et le dimanche après-midi.

Pata Negra *(plan II, E7,* ***165****) :* *Tamaulipas 30. Metrobús : Sonora.* • *patanegra.com.mx* • *Tlj 13h30-2h.* Très bonne ambiance pour ce bar chaleureux et sans les prétentions branchées de certains de ses voisins. Les prix tout doux de la bière à la pression y sont bien sûr pour quelque chose. Clientèle hétéroclite. Le mercredi et le samedi, la salsa *en vivo* fait guincher l'assemblée ! Sinon, c'est modern jazz en début de semaine dès 19h, *son jarocho* (musique traditionnelle de Veracruz)... toujours *en vivo,* généralement à partir de 20h au bar et minuit au *salón,* à l'étage et DJ du jeudi au dimanche.

Mama Rumba *(plan II, F7,* ***166****) :* *Querétaro 230. À l'angle de Medellín ; à Roma.* ☎ *55-64-69-20. Metrobús : Sonora. Mer-sam 21h-3h. Entrée : 100 $Me (gratuit pour les filles mer).* Le week-end, arrivez tôt impérativement pour avoir une table ! Immense maison d'angle de style colonial. Intérieur aux couleurs chaudes et mobilier en bois. Très sympa et bonne ambiance ouverte à tous les publics. Au programme : de la salsa surtout, en live. Peu à peu, la *Mama* entre en ébullition ! Bientôt, on n'arrive presque plus à danser tant la foule est compacte. Offrez-vous un mojito pour vous rafraîchir, mais inutile de commander à manger.

Casa Franca *(hors plan II par F6,* ***164****) :* *Mérida, 109 (angle Álvaro Obregón), dans la Roma Norte. Metrobús : Durango. Mar-sam 17h-1h (voire 2h).* Avec sa déco un poil baroquisante et ses lumières tamisées, c'est un des bars référence du DF pour le jazz et le blues. Les *capitalinos* amateurs de beaux sons viennent y prendre leurs quartiers le week-end car ils s'y sentent un peu comme à la maison. Une cool-attitude d'autant plus avérée qu'Andrès et Emilio, les barmen, sont toujours au rendez-vous pour leur concocter une de leurs margaritas secrètes. Programmation sur leur page Facebook. Souvent de qualité.

Wallace (plan II, E7, **167**) : *Tamaulipas 45, dans la Condesa. Metrobús : Sonora. Tlj 17h-2h (min).* Le *Wallace*, c'est d'abord un beau bar à whiskies (150 sortes) installé dans une élégante demeure restaurée des années 1930, qui a conservé son bel escalier à rampe en fer forgé surmonté d'une verrière style Art nouveau. Çà et là, des petits salons et recoins avec mobilier d'époque et même un billard. Mais c'est aussi un endroit qui s'anime le soir, et diablement, surtout en fin de semaine lorsque le DJ met le feu à la baraque (résa conseillée ces soirs-là si vous voulez être assis) ! Sinon, rock *en vivo* en début de semaine et concert de jazz le dimanche soir.

Coyoacán et San Ángel (plan III)

La Bipo (plan III, I6-7, **138**) : *voir plus haut « Où manger ? ». Dim-mar 12h-minuit, jeu-sam 12h-2h.* Génial pour prendre un verre au milieu d'une clientèle hétéroclite. Le jeudi soir, vers 22h, chaude ambiance sur la terrasse du toit.

San Ángel Inn (plan III, G7, **146**) : *voir « Où manger ? ». Tlj 13h-1h (22h dim).* Un autre endroit très fréquenté en fin de semaine. Cadre superbe pour prendre un verre en musique.

Achats

Ah, les marchés de Mexico ! Ils sont immenses et innombrables. Dans le centre-ville, chaque corporation a aussi son quartier : les bijoutiers autour du Zócalo, les bouquinistes dans la calle Donceles, les imprimeurs autour de la plaza Santo Domingo. Puis il y a la rue des robes de mariée, celle des papeteries, etc.

Centro histórico et Zona Rosa (plan I et II)

Dulcería de Celaya (plan I, C2, **144**) : *5 de Mayo 39. M Allende. Tlj 10h30-19h30.* Pour les gourmands, magnifique confiserie fondée en 1874. Le décor est resté tel quel. *Turrón*, fruits confits, *mazapán*, macarons aux amandes, à la cannelle, aux noix... Pour le plaisir des yeux et du palais.

Bazar de la Fotografía Casasola (plan I, C2, **180**) : *Isabel la Católica 45 ; au 2e étage, salle 201. ☎ 55-10-00-60. Lun-ven 10h-19h, sam 10h-15h.* Vieilles photos de la révolution et du Mexico du début du XXe s avec le *paseo de la Reforma* en pleine campagne ! Près de 1 million de négatifs. Possibilité d'acheter des retirages et même de se faire tirer le portrait à l'ancienne en costume de Pancho Villa !

Mercado de la Ciudadela (plan I, B2, **181**) : *angle Balderas et pl. de la Ciudadela. M Balderas. Tlj 10h-19h.* Notre marché préféré, calme, aux innombrables allées. Le meilleur endroit de la ville pour acheter de l'artisanat mexicain de bonne qualité et à des prix raisonnables. Au centre du marché, resto sympa pour se requinquer.

Mercado San Juan (plan I, B2, **182**) : *sur la pl. San Juan. M San Juan de Letrán. Tlj 9h-19h (16h dim).* Centre commercial d'artisanat couvert. Moins agréable que celui de la *Ciudadela*, donc beaucoup moins de monde, donc plus de possibilités de marchander. CQFD !

Magasin FONART (plan I, B1, **183**) : *Juárez 89. ☎ 50-93-60-00. M Hidalgo. Lun-ven 10h-19h, sam 10h-18h, dim 10h-16h.* C'est l'une des boutiques de la chaîne des magasins d'État pour la promotion de l'artisanat. Les pièces sont de qualité, et les prix dans l'ensemble très abordables.

Plantes médicinales (plan I, D1, **184**) : *pasaje Catedral. M Zócalo. Petit* *passage couvert derrière la cathédrale, qui relie les rues Guatemala et Donceles.* Enfilade de boutiques pleines de remèdes indiens, très anciens. Ces boutiques alternent avec des échoppes de bondieuseries. Quand une méthode ne marche pas... on essaie l'autre !

Plaza del Ángel *(plan II, F5,* ***185****) : Londres, 161 (ou Hamburgo, 150) ; colonia Juárez dans la Zona Rosa.* Ⓜ *Insurgentes. Tlj 10h-20h (beaucoup ferment pdt la pause déjeuner, certains dim).* Passage couvert abritant une quarantaine de galeries d'antiquaires. Horlogerie, mobilier, lithographies, cartes mappemondes, rien que des belles choses...

Coyoacán et San Ángel *(plan III)*

Le week-end, le *jardín Centenario (Zócalo)* de Coyoacán est envahi par des ***stands d'artisanat hippie.*** Ambiance baba, musiciens de rue et odeurs d'encens... De même, à San Ángel, de nombreuses boutiques d'artisanat entourent la plaza San Jacinto.

À voir

CENTRO HISTÓRICO *(plan I)*

Sans surprise, c'est dans le centre historique que se concentre une bonne partie des musées les plus anciens et l'essentiel du patrimoine architectural de la ville. Mais c'est aussi un quartier populaire où s'affairent petits employés, commerçants, vendeurs à la sauvette et clients en quête d'une bonne affaire. Dans la journée, on dirait une immense fourmilière, mais dès 19h-20h, les rues se vident, et le quartier devient beaucoup plus tranquille.

Conseils pratiques

– ***Les musées nationaux sont fermés le lundi. Certains sont gratuits le dimanche.*** La plupart proposent des réductions pour les étudiants, les personnes handicapées et les plus de 60 ans mais, souvent, elles ne concernent que les Mexicains et les résidents. Tentez votre chance... Généralement gratuit pour les enfants.
– On peut aussi visiter le centre en ***bus touristique*** *(turibus).* Voir « Infos et services touristiques » dans « Adresses et infos utiles », plus haut.
– ***Visites guidées gratuites*** de la ville en espagnol ou en anglais avec ***Estación México.*** Rendez-vous tous les jours à 11h devant la cathédrale pour la visite du *centro.* Organise aussi des visites de Coyoacán avec départ à 15h. Rendez-vous dans ce cas-là directement au métro Viveros (devant le guichet). *Résa possible en ligne sur • estacionmexico.com.mx •*

Autour du Zócalo

Commençons donc la visite par la place centrale, officiellement plaza de la Constitución, mais que tous désignent sous le nom de Zócalo, puisque c'est le centre de Mexico, le métronome de la vie politique de la nation, le cœur d'un pays ultra-centralisé comme l'était déjà l'Empire aztèque. Quand on visite le *centro histórico,* il faut se souvenir qu'il aura fallu moins de 3 ans pour que Tenochtitlán, l'ancienne capitale

ZÓCALO

Zócalo veut dire « socle ». Si la place la plus importante de Mexico s'est appelée ainsi, ce serait à cause du socle de la statue équestre de Carlos IV, qui resta longtemps sans statue, d'où le surnom ironique de Zócalo pour désigner cette place. Par extension, on surnomma ainsi toutes les autres places mexicaines.

des Aztèques, soit détruite et que sur ses ruines soit fondée une ville totalement espagnole. Le sous-sol du centre historique est donc truffé d'anciens temples aztèques. Il y en aurait au moins 80, mais une quarantaine seulement a été identifiée.

Zócalo *(plan I, C-D2)* **:** d'une grande unité architecturale, c'est l'une des plus belles places du monde, mais aussi l'une des plus grandes (240 m de côté) et des plus anciennes.
Cortés décida que le centre de la nouvelle cité espagnole devait s'élever là, à l'emplacement du marché aztèque de l'ancienne Mexico-Tenochtitlán. Les pierres des pyramides servirent à paver l'esplanade et à construire les églises et les nouveaux édifices coloniaux. Si le Zócalo a conservé ses dimensions anciennes, il a subi au cours des siècles de nombreuses transformations. Au XIXe s, il abritait de beaux jardins avec un kiosque.
Aujourd'hui, tous les grands événements du pays s'y déroulent ; toutes les manifestations s'y achèvent, face au palais présidentiel *(palacio nacional)*. Des armées de manifestants peuvent même y camper des semaines entières. Mais le président ne vit pas là, il habite et travaille dans la maison de Los Pinos, un quartier excentré particulièrement bien gardé.
Côté nord, de part et d'autre de la cathédrale, se rassemblent souvent des groupes de danse aztèque. Les battements des tambours vous guideront. Rites préhispaniques dans des halos de fumée, odeur de copal (l'encens mésoaméricain), superbes costumes et de fantastiques coiffes de plumes. On s'y croirait. Les enfants adorent !

ERREUR POLITIQUE !

L'artiste Spencer Tunick décida de faire ses célèbres photos (avec 18 000 nus !) devant les pyramides de Teotihuacán. Refus catégorique ! En revanche, il eut l'autorisation, en 2007, d'effectuer son happening sur le Zócalo. Un bon nombre de naturistes en profitèrent pour huer dans la cathédrale l'archevêque, qui avait protégé des prêtres pédophiles.

Catedral *(plan I, C-D1-2)* **:** *tlj 7h-20h.* Elle domine le Zócalo avec sa grande et belle façade. Vous n'avez pas la berlue, oui, elle penche un peu... à cause de l'instabilité du sol. Avant, un plomb gigantesque suspendu au toit de la coupole centrale permettait de mesurer son degré d'inclinaison ! La situation a enfin été stabilisée grâce à l'injection de tonnes de béton dans le sous-sol. Cette opération de redressement a duré des années, et, si l'édifice est désormais plus d'aplomb qu'avant, il continuerait à s'enfoncer d'environ 1 cm par an...
Construite à partir de 1571, la cathédrale ne fut finalement achevée qu'en 1813. Cela explique ses différences de styles, notamment le baroque de la façade et le néoclassique des balustrades et des pinacles qui la surmontent. Du côté droit s'élève le *Sagrario,* église du XVIIIe s, à la magnifique façade churrigueresque.
L'intérieur de la cathédrale n'est pas fascinant, à part, derrière le chœur, l'*altar de los Reyes,* superbe retable churrigueresque foisonnant d'angelots, de motifs floraux et de dorures. Il est encadré par l'autel *del Perdón* et par celui de *Nuestra Señora de Zapopan.* Il faut quand même préciser qu'un grave incendie en 1967 causa beaucoup de dégâts.
La ***sacristie*** *(entrée à prix modique),* au fond à droite, abrite de superbes et monumentales peintures de Juan Correa : *L'Entrée du Christ à Jérusalem* et *L'Assomption de la Vierge.* Également un *Saint Michel terrassant le dragon* de Cristóbal de Villalpando, l'un des principaux peintres de la Nouvelle-Espagne à la fin du XVIIe s.
– Une visite guidée *(ttes les 30-50 mn, 10h40-18h ; 20 $Me)* permet de voir les ***toits de la cathédrale*** et d'approcher les tours et les cloches. Il y a 56 espaces prévus, mais seulement 30 cloches ; la plus grosse pèse 13 t. Privilégier la visite de 11h30 pour voir sonner l'angélus (à la main !). Vue dominante sur le Zócalo et le centre-ville.

Palacio nacional *(plan I, D2) : ☎ 36-88-16-02. • palacionacionaldemexico.mx • Mar-dim 10h (9h le w-e)-17h (dernière entrée à 16h30). GRATUIT. Contrôle de sécurité, et pièce d'identité demandée. Visite guidée (env 1h30-2h) en espagnol des murales de Diego Rivera, slt sur résa, dim à 9h05 : 120 $Me/pers. Visite libre également.*

C'est le palais présidentiel, magnifique édifice qui borde le côté est du Zócalo. Construit en 1523 sur les ruines du palais de l'empereur aztèque Moctezuma, ce fut la résidence des vice-rois d'Espagne, puis des présidents de la République jusqu'à la fin du XIXe s. Au-dessus du balcon principal, remarquez la cloche. Il paraît que c'est celle que Miguel Hidalgo sonna le 16 septembre 1810 dans le village de Dolores pour lancer le mouvement d'indépendance du Mexique. Depuis, tous les 15 septembre à 23h, le président de la République refait le même geste et crie trois fois « *¡ Viva México !* » C'est le *grito,* le cri de l'indépendance, repris par la foule en liesse.

À l'intérieur, on trouve les ***fresques extraordinaires de Diego Rivera,*** peintes de 1929 à 1935 et représentant toute l'histoire du Mexique. On commence, à gauche en entrant dans le palais, par l'immense *Mexique à travers les siècles.* Sur le côté droit est illustrée la vie avant l'arrivée des Espagnols, âge d'or glorieux avec le cacaoyer. Au centre, on retrouve la scène de l'aigle sur un cactus, mythe fondateur de Tenochtitlán. Sur le côté gauche, l'admirable tableau intitulé *La Lucha de clases* (La Lutte des classes). En haut, Marx indique à un paysan, à un ouvrier et à un soldat le futur radieux de l'humanité. Juste en dessous de lui, description sans complaisance de la société capitaliste, avec des portraits des maîtres de Wall Street de l'époque : John D. Rockefeller, Vanderbilt, Morgan... La tête de Frida Kahlo et celle de sa sœur sont cachées quelque part, à vous de les trouver.

Le long du corridor du 1er étage, d'autres peintures murales évoquent les différentes cultures préhispaniques, en commençant par une vue de Tenochtitlán. Ensuite, on visite l'ancien Parlement. Montez par l'escalier à droite de la porte d'entrée. Puis levez les yeux : au plafond brille un soleil de 33 rayons dorés. C'est l'œil de Dieu, l'architecte de l'univers, symbole clé de la franc-maçonnerie. Ceux qui ont le temps iront encore jeter un coup d'œil à la chambre du président Benito Juárez (il est mort ici), transformée en musée hagiographique. Jardin botanique au fond de la cour du fond.

Palacio de Gobierno *(plan I, C-D2) : ce sont les 2 beaux édifices qui bordent le côté sud du Zócalo. ☎ 53-45-80-00, poste 1652. Slt en visites guidées (fréquentes), lun-ven 10h-18h. GRATUIT. Pièce d'identité exigée.* C'est le siège de l'administration du district fédéral de Mexico, en fait la mairie. Autrefois, le maire, appelé *regente,* était nommé par le président de la République. Depuis 1997, il est élu au suffrage universel direct. La visite permet de voir une galerie de portraits des vice-rois de 1535 à 1821, puis la salle du Conseil, décorée en 1893 dans le style en vogue sous le Porfiriato. Au plafond, une allégorie de la construction de Mexico.

Monte de Piedad *(plan I, C1-2) : sur le côté ouest du Zócalo, à l'angle de 5 de Mayo. Lun-ven 8h30-18h, sam 8h30-13h. GRATUIT.* C'est le mont-de-piété, une institution chère au cœur de nombreux Mexicains puisqu'elle prête de l'argent sur dépôts d'objets précieux. Le bel édifice colonial a été construit en 1521 sur l'emplacement d'un ancien palais aztèque, celui-là même où furent somptueusement logés Cortés et ses hommes à leur arrivée à Tenochtitlán en 1519.

Templo Mayor *(plan I, D1-2) : au nord-est du Zócalo. ☎ 40-40-56-00. • templomayor.inah.gob.mx • Mar-dim 9h-17h. Entrée : 70 $Me. Audioguide en espagnol et en anglais (payant) pour la visite de la zone archéologique et du musée. Consigne obligatoire.*

Le site archéologique n'est pas très spectaculaire, mais il possède une grande valeur symbolique : on y trouve les vestiges du monument le plus important de l'Empire aztèque. Selon la cosmogonie *mexica,* c'était même le centre du monde.

Durant longtemps, on a pensé que le Templo Mayor se trouvait sous la cathédrale, au point qu'en 1900 un canal d'égout a été percé à travers les ruines préhispaniques sans que personne ne se doute qu'on était tout simplement en train de perforer la fameuse grande pyramide de Tenochtitlán !
C'est finalement en 1978 que le banal coup de pioche d'un terrassier mit au jour un chef-d'œuvre de la sculpture aztèque : le monolithe de Coyolxauhqui (présenté dans le musée). D'autres sculptures furent découvertes dans la foulée, notamment celle d'un *Chac-Mool,* un soldat allongé destiné à recevoir les cœurs arrachés. Des ruines émergent aussi des serpents à plumes, les têtes de la maison des Aigles et ses bas-reliefs peints, puis un *tzompantli,* le « mur aux crânes », avec 240 d'entre eux sculptés dessus.
La pyramide du Templo Mayormesurait à l'origine 45 m de haut. Elle représentait le point de convergence des éléments ciel, terre et inframonde, ainsi que l'axe des quatre points cardinaux. C'est la raison pour laquelle aucun gouvernant aztèque n'aurait envisagé de la changer de place. Pour marquer leur règne, ils préféraient construire par-dessus. La pyramide a ainsi été entièrement recouverte sept fois. Sur le site, on se rend très bien compte de cette juxtaposition de couches. L'édifice était surmonté de deux temples. L'un était dédié à Tlaloc, le dieu de la Pluie et de l'Agriculture ; l'autre à Huitzilopochtli, dieu de la Guerre et divinité suprême des Aztèques. C'est là qu'étaient conduites les funérailles des grands personnages de l'État.
La grande pyramide a été détruite juste après la chute de Tenochtitlán, et les pierres furent utilisées pour construire les palais de deux frères, compagnons de Cortés. Ironie du sort, ils n'en jouirent pas bien longtemps, car ils furent accusés de conspiration contre la Couronne et exécutés. Dans la foulée, leurs demeures furent détruites, les terrains laissés à l'abandon... et les ruines du Templo Mayor oubliées.
– ***Le musée du site :*** splendide et passionnant. Il renferme des pièces de toute beauté qui ont été retrouvées lors des fouilles du Templo Mayor et plus récemment sous la cathédrale. À voir en particulier : le ***monolithe de Coyolxauhqui,*** dont les couleurs vives sont restituées par projection ; les statues en terre cuite de *Xipe Totec,* le dieu chauve-souris ; les sculptures à taille humaine de dieux guerriers ; les poignards de pierre à œil d'obsidienne utilisés pour les sacrifices ; sans oublier ce magnifique disque incrusté de 15 000 tessons de turquoise ! Et puis, l'un des clous du musée : un immense bas-relief de 12 t qui représente ***Tlaltecuhtli,*** la déesse aztèque de la Terre. Cette superbe sculpture, datant de 1502, n'a été découverte qu'en 2006 sur le site même du Templo Mayor. Elle conserve encore ses couleurs d'origine et constitue une pièce unique, de même valeur archéologique que le soleil aztèque exposé au musée d'Anthropologie.

Museo de la Ciudad de México *(plan I, D2)* **:** *Pino Suárez 30.* ☎ *55-22-99-36.* Ⓜ *Pino Suárez. Mar-dim 10h-18h. Entrée : env 30 $Me ; gratuit mer.*
Le musée de la Ville est installé dans un beau palais baroque, une fois de plus construit sur les ruines d'un édifice aztèque ! L'une des pierres d'achoppement de l'immeuble est d'ailleurs une gueule de serpent, le *coalt.* On peut la voir au niveau du trottoir, à l'angle de Pino Suárez et República de Salvador.
Une fois à l'intérieur, il faut aussi regarder en l'air : surprenants canons qui servent de gouttière et beaux lions de pierre encadrant l'escalier. Notez enfin la lourde porte en cèdre blanc, provenant des Philippines. On visite, à l'étage, la salle de musique avec quelques beaux meubles coloniaux, la chapelle et la sacristie (quelques pièces d'art sacré). Montez encore d'un niveau, là où se trouvait l'atelier du peintre Joaquín Clausell. On l'appelle la ***torre de las mil ventanas,*** la « tour des mille fenêtres » : en effet, les murs sont entièrement recouverts de petites peintures impressionnistes enchevêtrées, réalisées par le peintre lorsqu'il nettoyait ses pinceaux sur les murs. Également des expositions temporaires.

À l'est du Zócalo

De ce côté s'étend le secteur colonial qui n'a pas encore été rénové. Un maillage serré de petites boutiques, leurs haut-parleurs déversant en continu annonces assourdissantes et musique tonitruante. On y croise aussi pas mal de vendeurs ambulants. C'est un quartier très populaire. Allez-y tôt le matin ou le dimanche. On commence la balade par la ***calle Moneda*** *(plan I, D2)*, l'une des plus belles rues du centre historique. Magnifique alignement de palais aux façades coloniales, qui témoigne d'une remarquable homogénéité architecturale.

👁👁 ***Templo de la Santísima Trinidad*** *(plan I, D2)* **:** à cause de son poids, l'église s'est peu à peu affaissée et se situe désormais 2 m plus bas que le niveau de la rue. Magnifique façade churrigueresque. Clocher richement sculpté, en forme de tiare. De là, remonter vers le Zócalo en prenant la rue Emiliano Zapata qui devient Moneda.

👁 À l'angle avec Academia, on tombe sur une belle église, ***Santa Inés*** *(plan I, D2)*. Portes finement sculptées de scènes religieuses. Intérieur sans intérêt. Elle jouxte le couvent du même nom, désormais ***museo José Luis Cuevas*** : *entrée sur Academia, au nº 13. ☎ 55-22-01-56 ou 55-42-61-98. • museojoseluiscuevas.com.mx • Mar-dim 9h30-18h. Entrée : env 20 $Me ; gratuit dim.* Le musée, installé dans l'ex-couvent Santa Inés (1600), rassemble la collection du peintre et sculpteur mexicain J. L. Cuevas, exposée autour d'un beau patio calme où trône l'une de ses sculptures monumentales (la *Giganta*, de près de 10 t, qui exprime la dualité homme-femme). On y découvre aussi des œuvres d'autres artistes contemporains de renommée internationale.

👁👁 ***Museo nacional de las Culturas*** *(plan I, D2)* **:** *Moneda 13. ☎ 55-42-04-84. • museodelasculturas.mx • Mar-dim 10h-17h. GRATUIT.* Beau musée didactique consacré aux grandes cultures du monde : Chine, Mésopotamie, Égypte, Grèce... mais aussi le Pacifique, et même les Esquimaux. C'est ici que l'on frappait la monnaie autrefois (d'où le nom de la rue). Magnifique patio avec sa fontaine centrale.

👁 ***Ex Teresa Arte Actual*** *(plan I, D2)* **:** *Licenciendo Verdad 8. ☎ 55-22-27-21. Tlj 10h-18h. • exteresa.bellasartes.gob.mx • GRATUIT.* Au fond de l'impasse, voici l'ancienne *église Santa Teresa La Antigua* qui a été reconvertie en centre culturel et musée avec des expos temporaires d'artistes contemporains : performances, happenings, art sonore, parfois très underground urbain... L'église est tellement penchée qu'à l'intérieur, on a presque l'impression de faire du ski ! À l'angle de l'impasse et de la calle Moneda, observez l'édifice de la première imprimerie d'Amérique.

👁 ***Antiguo Palacio del Arzobispado*** *(plan I, D2)* **:** *Moneda 4. ☎ 36-88-12-48. Mar-dim 10h-17h. GRATUIT.* Bel édifice datant de 1530 mais qui n'est devenu palais de l'archevêque qu'en 1720. C'est à l'architecte José Miguel Saravia Rivera, le maître de l'art churrigueresque au Mexique, que l'on doit son aspect actuel. C'est aujourd'hui le *musée du Ministère des finances* (*Secretaría de Hacienda y Crédito público*, ou *SHCP*). Nombreux espaces différents consacrés là encore à des expos temporaires, d'artistes latino-américains cette fois. Également des vestiges d'une ancienne pyramide cérémoniale ainsi que des fragments d'un monolithe découvert après le séisme de 1985.

Au nord du Zócalo

👁 ***Nuestra Señora del Pilar*** *(plan I, D1)* **:** *Donceles 104.* Cette église, aussi connue sous le nom de *templo de la Enseñanza,* forme un bel ensemble baroque avec ses huit retables dorés des XVIIᵉ-XVIIIᵉ s.

★★ ***Colegio San Ildefonso*** *(plan I, D1)* **:** *Justo Sierra 16. ☎ 36-02-00-00. • sanildefonso.org.mx • Mar-dim 10h-18h (20h mar). Entrée : 25 $Me (50 $Me en cas d'expo temporaire) ; gratuit mar. Visite guidée gratuite (en espagnol) des fresques à 11h, 13h et 16h30 (et 18h mar) ; durée : 1h.* Ce magnifique et grand édifice abritait l'ancien collège jésuite. Transformé en musée, il héberge d'intéressantes expos temporaires liées à l'art et à la culture. On peut aussi y admirer les fresques de sept artistes dont, bien sûr, Orozco (*La Trinchera,* dans la cour principale, évoquant la révolution) et Diego Rivera (*La Creación,* à voir dans l'amphithéâtre).

★ Prendre la calle San Ildefonso et traverser Argentina pour découvrir la ***plaza Santo Domingo*** *(plan I, C1)* : elle a conservé tout son caractère colonial. Au fond, le ***templo Santo Domingo,*** bel édifice de style baroque. Du côté est, la place est bordée de beaux palais, dont l'*Antiguo Palacio de la Inquisición,* désormais *museo de la Medicina mexicana (República de Brasil 33)* et celui de la SEP *(au n° 31 ; voir ci-après).* Sur le côté ouest de la place, sous les arcades, de petits imprimeurs exécutent toutes sortes de menus travaux sur des presses à main.

★★ ***Secretaría de Educación pública*** *(SEP ; plan I, C-D1)* **:** *República de Brasil 31 (ou Argentina 28). Lun-ven 9h-17h. GRATUIT.* Pour les amateurs de peinture murale, à ne pas manquer. Situé dans le couvent de la Inmaculada Concepción (fin XVIe s). Pas moins de 200 panneaux exécutés par Diego Rivera, entre 1922 et 1928. Au 2e étage, la série *Les Martyrs de la révolution* établit une synthèse entre deux faits fondateurs du Mexique : la révolution (Zapata, Villa, Obregón...) et le culte des morts. Une fête de couleurs au contenu politico-historique. La magnifique expression de l'art mural mexicain.

★ Prendre, sur le côté gauche de l'église, la ruelle Leandro Valle. Au n° 20 se trouve le ***centro cultural del México contemporáneo*** *(plan I, C1)* : *☎ 55-29-15-67. • ccmc.org.mx • Mar-dim 10h-18h. GRATUIT.* Un mélange très réussi d'architecture coloniale et contemporaine. Les murs anciens ont été conservés mais rehaussés d'éléments d'avant-garde. Au centre, un bouquet de palmiers. Outre une salle de ciné, le centre accueille des expos temporaires.

À l'ouest du Zócalo

★ ***Museo del Estanquillo*** *(plan I, C2)* **:** *Isabel la Católica, 26 (angle Madero). ☎ 55-21-30-52. Ext 101. • museodelestanquillo.com • Tlj sf mar 10h-18h. GRATUIT.* Ce musée retrace l'histoire de Mexico à travers le portrait et ses déclinaisons – des photos de famille aux caricatures politiques en passant par les « photosculptures » typiques des années 1940-1960, façon 3D médiévale... Grande terrasse sur le toit.

★ ***Templo San Francisco de Asis*** *(plan I, C2)* **:** église en retrait de la rue Madero, penchée et enfoncée dans le sol. Initié par Cortès dès 1524, ce fut le premier et le plus grand couvent franciscain de la ville. Son église, construite en 1716, arbore une superbe façade de style churrigueresque. À l'intérieur, immenses peintures sur les murs et un somptueux retable doré.

LA REVANCHE DU FILS...

« Tu n'auras jamais de maison en céramique, mon fils... » Ce sont ces mots, lancés par son père au comte del Valle de Orizaba durant sa jeunesse turbulente, qui seraient à l'origine de la décoration de la splendide casa de los Azulejos. Fortune faite, grâce à son mariage avec une jeune héritière, il retapa entièrement la maison reçue en dot et la tapissa de pied en cap de céramiques de Puebla.

★ ***Casa de los Azulejos*** *(plan I, C1-2)* **:** *Madero 4.* La façade de

ce superbe bâtiment colonial du XVIe s est entièrement recouverte de carreaux de faïence (azulejos) bleu et blanc. C'est le premier endroit où Pancho Villa est allé avec sa troupe, quand il a pris Mexico. À l'intérieur, superbe patio à colonnades, avec ses murs peints et décorés de céramiques, surmontés de linteaux en pierre sculptée. Ne manquez pas la grande peinture murale d'Orozco, baptisée *Omniscience,* dans l'escalier central (1925).
|●| Le lieu abrite le resto de la chaîne *Sanborn's*. Cuisine standard et pas très chère, servie à toute heure. Bons tacos et jus de fruits.

*** *Museo nacional de Arte (Munal ; plan I, C1) :*** *Tacuba 8. ☎ 86-47-54-30. • munal.mx • Mar-dim 10h-18h. Entrée : 60 $Me ; droits photo ; gratuit dim. Visite guidée gratuite tlj à 12h et 14h. Attention salles de 27 à 31 en rénovation lors de notre passage en 2017.* Très bel édifice du XIXe s dominant la statue équestre de Carlos IV (elle se trouvait à l'université jusqu'en 1852). La collection permanente occupe 33 salles consacrées à la peinture et l'art mexicains, entre 1550 et 1954. Trois parties : « Assimilation de l'Occident », « Construction d'une nation » et « Stratégie plastique pour un Mexique moderne ». Intéressantes expos temporaires. Un beau musée.

Plaza Garibaldi *(plan I, C1)* **:** *sur Lázaro Cárdenas Norte. Ⓜ Garibaldi puis 10 mn de marche plein sud.* Un endroit symbolique de Mexico : c'est le repaire des mariachis. Beaucoup de vrais machos aux moustaches noires et au costume ajusté, sombrero et bottes en cuir blanc ou noir. La place a bénéficié d'un lifting et héberge un musée de la tequila et du mezcal. Sans grand intérêt pendant la journée, on y va surtout le soir pour se réconcilier avec sa dulcinée en lui faisant jouer la sérénade par des trios de guitaristes ou des bandes de mariachis. Plus tard dans la nuit, au ***Salón Tenampa*** *(plan I, C1,* ***161*** ; voir « Où boire un verre ? Où sortir ? »), quelques tequilas dans le gosier vous aideront à saisir le charme sensuel de la vie nocturne du Mexique populaire.

Autour du parque de l'Alameda

Ce grand parc, joliment dessiné et très arboré, est le lieu favori des promenades dominicales. Les vendeurs de ballons et autres breloques s'y pressent alors. On y a même vu un concours du plus long baiser ! Moins romantique, l'Inquisition y exécutait jadis ses basses œuvres...

Torre Latino *(plan I, C2)* **:** *angle Lázaro Cárdenas et Madero. ☎ 55-18-74-23. • torrelatino.com • Tlj 9h-22h. Accès au mirador : 80 $Me ; ticket valable plusieurs fois dans la même journée.* Impossible de la louper ! Cette tour de 138 m de haut (sans l'antenne) est tout un symbole pour les Mexicains. Ce fut le premier gratte-ciel d'une ville dont le sous-sol ne cesse de bouger. Construite en 1956 par la société qui a édifié l'Empire State Building à New York, la tour a résisté à tous les tremblements de terre, notamment à celui de 1985. On y va pour le ***mirador,*** situé tout en haut (44e étage). Assurez-vous qu'il y ait une bonne visibilité. De toute façon, le panorama sur la ville (360°) est impressionnant.
– Petit musée sur l'histoire de la ville au 38e étage. À voir, entre autres : une intéressante peinture de Mexico en 1856, lorsque la ville n'était qu'une bourgade d'une vingtaine de *cuadras*... Le contraste avec la vue qui s'étend sous les pieds du visiteur depuis le mirador est évidemment saisissant...
– *Museo del Bicentenario :* au 36e étage *(tlj 9h-22h ; entrée : 20 $Me).* Petit musée qui expose photos et faits historiques sur l'indépendance (1810) et la révolution (1910).
|●| Boutique de souvenirs et ***cafétéria*** au 37e étage ; ***resto panoramique et bar*** au 41e étage *(tlj 9h-23h, 1h pour le bar jeu-sam).*

Correo Mayor *(plan I, C1)* **:** c'est la poste centrale. Construit comme un palais Renaissance vénitienne. La façade est très belle, mais entrez aussi à l'intérieur pour voir la verrière, l'escalier et les guichets en cuivre. Le marbre vient de Carrare. Superbe. Un *James Bond* fut tourné ici.

Palacio de Bellas Artes *(plan I, B1) : angle Juárez et Eje Central. ☎ 86-47-53-60. • palacio.bellasartes.gob.mx • Mar-dim 10h-18h (dernière entrée à 17h30). Entrée libre dans le hall, musée payant : 60 $Me.*

Ce palais possède une curieuse histoire. Commandé par le dictateur Porfirio Díaz comme théâtre à un architecte italien, il devait symboliser la puissance et la gloire du régime. L'architecte, qui le surnomma lui-même « l'éléphant blanc », le conçut dans un style hybride Art nouveau belge et néoclassique, entièrement en marbre de Carrare. Des éléments de décoration mexicaine, comme les gargouilles en forme de singes et de jaguars, ont été ajoutés. Commencé au début du siècle dernier, le théâtre devait en principe être achevé en 1910, pour le centenaire de la guerre d'indépendance mexicaine. Mais il ne connut que des vicissitudes. Pendant la construction, on s'aperçut d'abord qu'il s'enfonçait dans le sol trop meuble. Les travaux prirent du retard, puis furent interrompus après la révolution. L'architecte mourut, et les plans changèrent avec ses successeurs. Les travaux s'achevèrent, enfin, en 1934. Federico Mariscal, le dernier maître d'œuvre, en accord avec son époque, conçut l'intérieur en style Art déco.

- **Museo :** aux 1er et 2e étages. Il passionnera tous les amateurs des muralistes mexicains. Fresques remarquables de la « bande des quatre » : Orozco, Rivera, Siqueiros et Tamayo ; auxquels il faut ajouter Juan O'Gorman. Également des expos temporaires.
- **Salle de théâtre :** *slt en visite guidée (gratuite) mar-jeu à 13h et 13h30 (30 mn de visite) ; aussi ven à 12h30 et 13h (1h de visite).* Très beau rideau de scène en mosaïque de cristaux, représentant la vallée de Mexico, réalisé par le célèbre Tiffany de New York (celui des lampes).
- **Salle de spectacle :** programme varié et qualité de danse et de musique (de chambre ou symphonique) avec les compagnies et orchestres nationaux. *Achat des billets sur place pdt la journée (lun-sam 11h-19h, dim 8h30-19h).*

Au 1er niveau, belle cafétéria *(lun 12h-18h ; mar-dim 10h30-19h)* et boutique-librairie.

COUP D'ÉPÉE DANS L'EAU

Dans le palacio de Bellas Artes figure l'une des plus célèbres pinturas murales *de Diego Rivera :* El Hombre en El Cruce de Caminos. *Commandée à l'origine pour le Rockfeller Center de New York où elle fut réalisée en 1933, cette œuvre fut aussitôt détruite car Nelson Rockfeller l'avait prise pour de la propagande anticapitaliste ! Faut dire que Rivera avait particulièrement soigné le portrait de Lénine... Du coup, l'artiste l'a repeinte l'année suivante à Mexico d'après photo !*

Museo Franz Mayer (plan I, B1) : *Hidalgo 45. ☎ 55-18-22-66. • franzmayer.org.mx • Mar-dim 10h-17h. Entrée : 50 $Me ; gratuit mar (collection permanente slt) ; visite guidée 1h30, le w-e à 11h30 et 14h, 15 Me$ en plus ; réduc.*

Une belle bâtisse en contrebas, encadrée de deux vieilles églises sérieusement penchées. Très beau musée consacré aux arts décoratifs, surtout de l'époque coloniale mexicaine. On doit cette impressionnante collection à Franz Mayer, financier d'origine allemande venu faire fortune au Mexique. Il a légué au gouvernement mexicain plus de 10 000 pièces : une magnifique collection de céramiques (porcelaine de Chine et *talaveras* mexicaines), des meubles en marqueterie datant de la Nouvelle-Espagne, des tapisseries, des sculptures sur bois polychromes de toute beauté, des textiles anciens (*rebozos* et *sarapes*), des coffres et des toiles de l'école espagnole (Juan Correa, Zurbarán), etc. Ne manquez pas, dans la salle consacrée au XVIe s, l'étonnante petite sculpture en ivoire destinée aux études anatomiques...

Autour du cloître, à l'arrière, quelques pièces d'habitation, de celles qu'on trouve dans les haciendas, ont été reconstituées. Quant à l'édifice lui-même, construit au XVIe s, il eut, entre autres vocations, celle d'hôpital pour « filles de joie », quand l'empereur Maximilien légalisa la prostitution. Expos temporaires.
|●| En fin de visite, faites une pause pour grignoter un sandwich ou une salade dans la ***cafétéria*** du cloître. Agréable et très calme.

Museo de Arte popular *(MAP ; plan I, B2)* **:** *angle Independencia et Revillagigedo. ☎ 55-10-22-01. • map.cdmx.gob.mx • Ⓜ Juárez. Mar-dim 10h-18h (21h mer). Entrée : 40 $Me.* Ce magnifique musée consacré à l'art populaire mexicain occupe un immeuble Art déco construit en 1928 pour héberger, entre autres, la caserne des pompiers. Très endommagé par le tremblement de terre de 1985, il a été superbement restauré et abrite une très belle collection d'artisanat. On y trouve plus de 1 000 pièces de grande qualité artistique, réparties sur trois étages. Le 1er est consacré aux expos temporaires. Au 2e étage, superbes animaux fantastiques en papier mâché ou en bois *(alebrijes),* masques impressionnants et mille représentations de la mort à la mexicaine *(la catrina)*... Le 3e étage est consacré à l'artisanat et à la vie quotidienne, avec des costumes et des vêtements brodés, des jouets, des bijoux, etc. Boutique au rez-de-chaussée. À ne manquer sous aucun prétexte.

Museo mural Diego Rivera *(plan I, B1)* **:** *angle Colón et Balderas. ☎ 15-55-19-00. • museomuraldiegorivera.bellasartes.gob.mx • Mar-dim 10h-18h. Entrée : 30 $Me ; gratuit dim ; visite guidée 20 $Me, mar-ven ttes les heures 10h-18h.* Ce petit musée a été créé en 1986 pour recevoir la vaste fresque (15 m x 4 m) peinte par Rivera en 1947 pour l'hôtel *Prado,* intitulée *Songe d'un après-midi dominical dans le parc de l'Alameda.* Elle avait été gravement endommagée par le tremblement de terre de 1985. Elle représente tous les personnages illustres du pays se promenant dans le parc, d'Hernán Cortés à Frida Kahlo en passant par Maximilien et de simples travailleurs et zapatistes. Une bonne leçon d'histoire en B.D. Panneaux explicatifs en espagnol et en anglais. Des œuvres contemporaines sont exposées à l'étage. De là, vue d'ensemble sur la fresque.

Plaza de la República

Monumento Revolución Mexicana *(plan I, A1)* **:** *pl. de la República. ☎ 55-92-20-38. • mrm.mx • Ⓜ Revolución. Lun-jeu 12h-20h, ven-sam 12h-22h, dim 10h-20h. Entrée : 50 $Me pour le mirador seul ; 80 $Me pour le mirador et le paseo cimentación.* Au cœur d'un quartier aujourd'hui en pleine métamorphose, un imposant édifice dont la construction a démarré en 1910, sous les auspices du dictateur Porfirio Díaz qui voulait en faire le palais législatif. Mais, révolution aidant, le chantier fut abandonné. Ce n'est qu'en 1933 qu'on décida d'en faire un mausolée en l'honneur des héros de la *Revolución.* Massif et sans grâce, mais avec des accents Art déco, ce monument est resté longtemps oublié des citadins et des touristes. À l'occasion des fêtes du Centenaire de la révolution, il a été entièrement rénové. On peut désormais y monter grâce à un ascenseur extérieur. Vue spectaculaire. Au sous-sol, le ***paseo cimentación,*** un circuit retraçant l'histoire du monument. Également un petit ***musée consacré à la révolution*** *(mar-ven 9h-17h, le w-e 9h-19h30 ; 30 $Me)* ; pour les passionnés.

Au nord du centre historique

Insigne y Nacional basílica de Santa María de la Guadalupe *(plan d'ensemble)* **:** *infos : ☎ 51-18-05-00 (tlj 8h-21h). • virgendeguadalupe.mx • Ⓜ La Villa-Basílica (ligne n° 6). Tlj 6h-21h ; messes ttes les heures env.*

Cap au nord de la ville ! Il y a deux basiliques de la Guadalupe pour le même prix ; de quoi réjouir le routard le plus exigeant ! L'***Insigne,*** celle qui se prend pour la tour de Pise, date de l'époque coloniale. L'intérieur est entièrement corseté de piliers de soutènement métalliques pour éviter qu'elle ne s'effondre.

> **SAINTE COMMUNICATION, PRIEZ POUR NOUS**
>
> *La religiosité mexicaine, tout attachée aux traditions qu'elle soit, ne refuse pas la modernité. Pour preuve, la papamobile conservée en souvenir de la visite de Jean-Paul II, sur le parvis de la basilique de la Guadalupe, et ces étonnants confessionnaux alignés sur les côtés de la basilique moderne, comme autant de cabines téléphoniques...*

Les choses sérieuses se déroulent dans la ***Nacional basílica,*** juste à côté, une basilique new-look style palais des congrès. C'est là, sous l'autel, que l'on peut voir la tunique sacrée (l'image de la Vierge de la Guadalupe, celle-là même qui se serait auto-imprimée sur la tunique d'un jeune Indien fraîchement converti au christianisme en 1531). On l'admire depuis un tapis roulant, dans un sens, puis dans l'autre, ce qui empêche les foules de s'amasser devant l'effigie durant des heures !
Cette tunique reste une véritable énigme pour les scientifiques ; le vêtement, tissé en fibres d'agave, ne s'est jamais dégradé, et l'on ne connaît pas l'origine des pigments utilisés. Il fait l'objet de toutes les dévotions et c'est le but de nombreux pèlerinages dans tout le pays. Certains pèlerins s'y dirigent à genoux depuis la grande avenue qui mène à la basilique, notamment le 12 décembre, jour de la fête de la Vierge de Guadalupe. Des millions de Mexicains se pressent alors ici. Le voyage, à pied ou à vélo, dure plusieurs jours, voire des semaines. L'esplanade est remplie d'une foule immense et compacte. Vous côtoierez le Mexique religieux, au milieu des danses préhispaniques, des processions et des messes qui sont célébrées en permanence durant toute la journée.
– Également un ***museo*** *(mar-dim 10h-17h30, entrée à prix modique),* avec quelques ex-votos et de belles pièces d'art religieux pour les amateurs. Ne manquez surtout pas de visiter les beaux jardins et les cascades avec la reproduction, en statues plus grandes que nature, de l'apparition. Au-dessus, la ***capilla del Cerrito,*** ou *capilla de Tepeyac* *(tlj 8h-17h)* ; c'est là que le jeune Indien converti au christianisme aurait vu la Vierge pour la première fois. Très beau point de vue.

Plaza de las Tres Culturas *(plan d'ensemble)* **:** Ⓜ *Tlatelolco.* Cette esplanade possède une valeur symbolique parce qu'elle présente sur le même lieu les trois grandes cultures du Mexique : aztèque, coloniale et moderne. L'aztèque est représentée par les ruines assez étendues de l'*ancien marché de Tlatelolco,* l'espagnole par l'*église de Santiago* (1610), en pierre de lave, et la moderne par les affreux bâtiments administratifs qui entourent le site. Pour beaucoup d'autres, la place symbolise désormais la répression du régime autoritaire à l'époque du PRI : c'est en effet sur cette place qu'a eu lieu le « massacre de Tlatelolco », lorsqu'en 1968, à l'époque des révoltes étudiantes, des centaines d'étudiants et de manifestants y ont été tués.

LA SAN RAFAEL et LA SANTA MARÍA LA RIBERA
(plan d'ensemble)

Au nord de la Zona Rosa *(M : San Cosme)* s'étendent deux quartiers en plein revival, *la San Rafael* au sud et *la Santa María La Ribera* au nord, séparés par l'avenida Ribera de San Cosme. On y trouve quelques vestiges de la période Art déco comme le ***Cine Opera*** *(Serapio Rendon 9, dans la San Rafael)* aujourd'hui désaffecté, accolé à la très belle petite église San Cosme y San Damian datant du XVIIIe s. Dans la Santa María La Ribera, le ***Kiosko Morisco*** *(Salvador Díaz*

Mirón/Dr Atl) qui trône au milieu d'un parc très animé, est l'emblème de tout un quartier. Il a été construit pour représenter le Mexique à l'exposition universelle de 1885 qui s'est déroulée à Saint-Louis aux États-Unis puis a été reconstruit ici. Une superbe architecture néoarabe qui a longtemps servi de cadre au tirage de la loterie nationale. Juste à côté, le ***Museo del Instituto de Geología*** de l'Unam *(Jaime Torres Bodet 176. ☎ 55-47-39-48. • geologia.unam.mx • Tlj sf lun 10h-17h. Entrée 25 $Me)* ; des minéraux et le squelette d'un mammouth mis au jour lors de la construction de l'autouroute Mexico-Puebla en 1926. À une encablure de là, le ***Museo Universitario del Chopo*** *(Enrique González Martínez 10. ☎ 55-46-54-84. • chopo.unam.mx • Mer-dim 11h-19h. Entrée 30 $Me, gratuit mer).* Impossible de manquer ce bâtiment de fer et de verre quasi eiffelien (*jugendstil* pour être précis) construit à Düsseldorf puis assemblé ici au tournant du XXᵉ s. Il est dédié à l'art contemporain, à la danse et à la musique émergeante. Il est régulièrement le théâtre de manifestations engagées. Programmation sur leur site. Enfin, une petite halte à la ***librería galleria Bodet*** *(Jaime Torres Bodet 115 ; ☎ 52-47-26-32 ; lun-ven 11h-20h – 17h sam ; fermé dim).* Où dans une ambiance studieuse et décontractée, il est toujours agréable de prendre un petit café en grignotant un morceau (spectacles certains soirs, voir leur page *Facebook*). Pour un repas plus consistant dans le quartier, voir le chapitre « Où manger ? » du *centro.*

CONDESA *(plan II)*

Avec Roma, c'est l'un des quartiers très tendance depuis pas mal d'années. Celles et ceux qui en ont les moyens choisiront d'y loger car c'est l'un des quartiers les plus sûrs du DF. On y croise la jeunesse branchée de Mexico et pas mal d'expatriés. Se promener dans la Condesa, c'est humer le charme de l'Art déco transplanté à Mexico. Ce quartier, né au début du XXᵉ s, dispense avec nostalgie les souvenirs de la prospérité de l'époque de Porfirio Díaz. Agréable balade en commençant par le *parque México,* très vert, très arboré (l'un des plus agréables de la ville). Quelques beaux immeubles Art déco dans les rues adjacentes, bordées de palmiers, des bars plus design les uns que les autres et plein de restos avec des terrasses sur le trottoir, qui proposent une bonne cuisine du monde entier.

POLANCO *(plan d'ensemble)*

À l'ouest de la Zona Rosa, en continuant le Paseo Reforma, on tombe sur Polanco. Planqué derrière le très grand *bosque de Chapultepec,* qui accueille en son sein quelques-uns des plus intéressants musées de la ville, vit le gratin de la capitale. Polanco, c'est le royaume des toutous toilettés promenés par paquets de douze et des golden-boys gominés conduisant de gros 4x4 aux vitres fumées. Ici, les grandes enseignes du luxe (*Cartier, Vuitton* et consorts...) ont fait la nique aux épiceries de quartier, les concessionnaires *Bentley* ou *Rolls* aux garagistes nageant dans le camboui du *centro.* À l'ombre des hautes tours de verre, où les grandes sociétés et les banques d'Amérique latine ont élu domicile, fleurissent les malls « à l'américaine » avec leurs boutiques de produits haut de gamme, reflet d'une société mondiale standardisée. Rien de vraiment nouveau sur la comète, on est dans ce Mexico-là comme on est à Shanghai, Los Angeles ou Paris. Cela dit, Polanco, c'est aussi quelques musées incontournables pour celles et ceux qui s'intéressent à la peinture ou plus généralement à l'art. Sans oublier le fameux musée d'Anthropologie, celui-là même qui justifie votre voyage au Mexique...

i ***Centro de Atención turística Punto México*** *(plan d'ensemble **1**)* **:** *Presidente Masaryk, 172. ☎ 30-02-63-00. Ⓜ Polanco. Lun-sam 9h-19h, dim et j. fériés 9h-18h.* Quelques docs sur Mexico et ses environs et un plan du quartier.

Bosque de Chapultepec *(plan d'ensemble)* **:** *Ⓜ Auditorio. Mar-dim 5h-19h (20h en été) ; accessible aux vélos en transit lun.*

Poumon vert de Mexico, ce bois semé de plusieurs lacs et sillonné par de grandes avenues attire plus de 200 000 personnes chaque fin de semaine, notamment des familles. On peut louer des barques et des embarcations à pédales sur le lac ou se balader en petit train. Qui plus est, le dimanche matin, le Paseo de la Reforma est fermé à la circulation automobile depuis l'*Alameda Central* jusqu'au bosque lui-même, on peut alors s'y rendre à vélo sans aucun problème. Les enfants apprécieront le *parque infantil* (côté avenue Constituyentes) ou le zoo, au milieu du bois. Chaque premier samedi du mois se déroule le programme ***Lanchacinema,*** projection d'un film en plein air que vous regardez blottis 2 par 2 dans un pédalo. Accès aux embarcations à 19h, début de séance à 20h. On achète son ticket à la station de métro Chapultepec. *Rens sur • cdmx.gob.mx/vive-cdmx/post/lanchacinema-y-lagocinema •* Dans la section la plus éloignée du *bosque,* à l'ouest du périphérique, se trouve la *fête foraine de Chapultepec (mar-ven 10h-18h, sam 10h-19h, dim et j. fériés 10h-20h, plus lun pdt les vac).* Manèges et montagnes russes.

> **CORRUPTOUR**
>
> *La corruption gangrène la vie politique au Mexique. Chaque dimanche, un bus assure 2 rotations au départ du quartier Lomas de Chapultepec pour effectuer une excursion (gratuite) montrant une dizaine de bâtiments noyés dans les pots de vin et la cupidité de politiciens ou de fonctionnaires véreux. Ce fléau représente 9 % du PIB du pays. Selon Transparency International, la France est 26e de la classe... Restons modeste.*

ꝉꝉꝉ ***Museo nacional de Antropología*** *(plan d'ensemble) : dans le bois de Chapultepec. ☎ 40-40-53-00. • mna.inah.gob.mx • Ⓜ Auditorio. Mar-dim 9h-19h. Entrée : 70 $Me. Consigne obligatoire. Visites guidées gratuites, possibles en français, à partir de 5 pers. Sinon, guides privés payants à l'extérieur du musée. Parking 20 $Me.*

C'est le musée le plus visité de Mexico. Il a été construit dans les années 1960 par Pedro Ramirez Velasquez. Le gigantesque parapluie d'acier et d'aluminium de 4 400 m² dressé au centre de l'esplanade est en soi une vraie prouesse architecturale. Sa forme originale draine les eaux de pluie vers le bassin entourant la colonne. Et l'édifice n'a pas bougé d'un pouce lors du séisme de 1985.

Outre l'intérêt unique des pièces d'art précolombien, un tas de maquettes, cartes et dessins permettent de replacer les objets dans leur cadre ethnique ou historique. À noter cependant : les explications, dans certaines parties, ne sont qu'en espagnol. Voici une présentation, salle par salle, en commençant la visite par la droite de la cour.

- ***Salle des expos temporaires :*** souvent très bien faites.
- ***Salle d'introduction à l'anthropologie :*** mélange de reconstitutions et de pièces archéologiques allant des australopithèques à l'homme de Neandertal. Nombreux dioramas illustrant des scènes préhistoriques, explications sur l'évolution et le mode de vie des premiers humains.
- ***Salle du peuplement des Amériques :*** où l'on rappelle que les différentes civilisations précolombiennes sont issues d'une série de migrations provenant d'Asie, grosso modo entre 30 000 et 6 000 ans av. J.-C.
- ***Salle préclassique du centre du Mexique :*** durant 1 500 ans, l'Altiplano central voit apparaître progressivement les premières formes de vie sédentaire. Ce sont les débuts de l'agriculture, des villages permanents et de l'artisanat (poterie), puis l'apparition des premières pyramides, de l'écriture et du calendrier. C'est aussi une époque cannibale : on mange de la cervelle humaine et de la moelle ! Les échanges commerciaux se développent, permettant des progrès plus rapides et l'émergence de cultures plus puissantes. Ne manquez pas les magnifiques statuettes en terre, dont le splendide *Acrobate contorsionniste* trouvé à Tlatilco, considéré comme l'une des œuvres les plus importantes du musée. Belle reconstitution de tombes, où l'on apprend que les morts étaient enduits de pigments rouges.

– ***Salle de Teotihuacán :*** l'émergence de Teotihuacán, vers le Ier s, annonce la période classique. Représentation des temples du Soleil et de la Lune. Reconstitution du *temple de Quetzalcóatl,* le fameux serpent à plumes. Il alterne avec des masques de Tlaloc, dieu de la Pluie et de l'Agriculture. Également la sculpture monumentale de *Chalchiuhtlicue* (déesse de l'Eau) provenant de la place de la Lune. Ne pas manquer non plus la jolie collection de masques.
– ***Salle Tolteca :*** la première section est consacrée à la ville de *Xochicalco* et à ses fameuses stèles, la seconde au site de *Tula,* d'où fut rapporté un atlante de près de 5 m de haut. Apparaît un premier *chac-mool,* sculpture d'un homme sur le dos, appuyé sur les coudes. Sur son ventre, une sorte de plateau, où étaient placés les cœurs des victimes immolées.
– ***Salle Mexica :*** la plus grande, dédiée aux fondateurs de Tenochtitlán. Juste à l'entrée se dresse un jaguar avec un récipient où l'on déposait le sang et les cœurs des victimes humaines sacrifiées. Penchez-vous à l'intérieur : deux dieux se sacrifient en se coupant eux-mêmes le lobe de l'oreille ! Également un *temalacatl,* gros cylindre de pierre de 2,65 m de diamètre, orné de reliefs. Au centre, au fond, une sculpture similaire, la *pierre du Soleil,* connue sous le nom de *calendrier aztèque,* pèse 24 t. Tout en basalte, elle a été découverte sous le Templo Mayor en 1790. La pierre du Soleil est celle du Cinquième Soleil, symbolisé par les deux serpents de feu qui l'encerclent, chargés dans la cosmogonie aztèque de provoquer la rencontre des quatre premiers soleils : l'eau, l'air, la terre et le feu. La salle abrite de nombreux autres objets de culte, certains en obsidienne, toujours en provenance du Templo Mayor.
– ***Salle d'Oaxaca :*** c'est dans la vallée de l'actuelle ville du mezcal que se développèrent les importantes civilisations zapotèque (vers 200-600) et mixtèque (1000-1500), auxquelles on doit Monte Albán et Mitla. Un escalier permet d'accéder à une cave où a été reconstituée la célèbre *tumba 104 de Monte Albán.* On remarque également un *Gran Jaguar* en terre cuite peinte, servant d'urne funéraire, et un splendide masque du dieu chauve-souris en jade. La section mixtèque regroupe d'intéressants manuscrits illustrés et bijoux.
– ***Salle du golfe du Mexique :*** évocation des mystérieux Olmèques (XIIIe-VIe s av. J.-C.), la première civilisation à avoir émergé au Mexique, des Totonaques (qui édifièrent El Tajín) et celle des Huastèques, moins connus. Plein de statuettes d'enfants joufflus et deux *têtes monumentales,* chefs-d'œuvre monolithiques, légués par les Olmèques.
– ***Salle maya :*** dans le jardin, superbe reproduction grandeur nature du *temple de Hochob* (Campeche). Également la reconstitution d'un *temple de Bonampak,* orné de ses célèbres peintures murales. Dans la salle en elle-même, en sous-sol, ne manquez pas la reconstitution du tombeau de Kin Pakal, monarque de Palenque, avec un très beau masque funéraire en jade et des offrandes. Sculpture de *chac-mool* trouvée à Chichén Itzá.
– ***Salle du Nord et salle de l'Occident :*** on commence par l'ouest pour remonter vers le nord, jusqu'au domaine des Anasazis, qui vivaient sur l'actuel territoire américain. La première partie présente quelques figurines intéressantes. Beaucoup de céramiques rouges aux motifs variés – en particulier celles, zoomorphes, de Colima. Impressionnantes reconstitutions d'intérieurs et de tombes.
– ***Au 1er étage :*** on y trouve la section ethnologique du musée, précédée par une intéressante salle d'orientation. Pour chaque peuple sont présentés habits, religion, magie, danse, artisanat, habitat, etc. Un ensemble très riche, représentatif de la diversité culturelle du Mexique, où vous apprendrez qu'on parle encore 56 langues indigènes.
|●| ***Caféteria*** avec terrasse en contrebas du musée. Accès par la gauche en entrant dans la cour après le contrôle des tickets.

– Derrière l'allée (bordée de stands de nourriture) qui passe devant le musée, on peut voir, si le temps le permet, les démonstrations des ***voladores*** *(mar-dim 10h-17h),* ces danseurs acrobates totonaques qui s'élancent doucement dans le vide, en tournant, du haut d'un grand poteau, corde attachée à la taille. La cérémonie avait à l'origine pour vocation de favoriser la fertilité des terres. Les hommes, au nombre de quatre, effectuent chacun 13 tours du poteau (soit 52 à eux quatre, le nombre de semaines dans une année) avant d'atterrir en douceur. Étonnant !

Castillo de Chapultepec et museo nacional de Historia (plan d'ensemble) : *dans le bois de Chapultepec.* ☎ *40-40-52-14.* • *castillodechapultepec.inah.gob.mx* • Ⓜ *Chapultepec. Mar-dim 9h-17h. Entrée : 70 $Me ; réduc.*
Le *castillo,* perché au sommet de la « colline des sauterelles » *(chapultepec),* semble voguer au-dessus du bois, dominant l'avenue Reforma, exactement dans son axe (on peut prendre un petit train pour y accéder, car la montée est rude ; départ toutes les 12 mn).
C'est un vice-roi espagnol qui, en 1785, entreprit le premier de faire construire ici une résidence de campagne, jamais achevée, et qui fut transformée en collège militaire en 1833. De 1864 à 1867, l'édifice trouva enfin sa place dans l'histoire du Mexique en devenant le palais du couple impérial Maximilien et son épouse Charlotte, qui lui donnèrent son lustre. C'est d'ailleurs à cette époque que fut tracée la principale artère de Mexico, pour relier le palais au centre-ville. On l'appela d'abord *paseo de la Emperatriz* (en l'honneur de l'impératrice Carlota), puis *paseo de la Reforma* après la guerre du même nom (1857-1861). Abandonné à nouveau, le château fut occupé plus tard par toute une série de présidents, à commencer par le dictateur Porfirio Díaz qui entreprit plusieurs transformations, en ajoutant par exemple deux ascenseurs (le dernier cri à l'époque !). Le château fut transformé en musée en 1939.
Dans la première aile du château, on trouve le ***Museo nacional,*** avec ses 15 salles magistrales retraçant l'histoire de la ville du XVIe s à la révolution de 1910. Souvenirs de la conquête espagnole, de la vice-royauté, puis des périodes de l'indépendance, de l'empire et de la révolution. Plusieurs fresques, de Juan O'Gorman et José Clemente Orozco. Ça vaut un bon livre d'histoire. Les explications sont lisibles et très instructives (en espagnol).
L'autre partie est plus amusante puisqu'on visite le ***castillo*** (château) lui-même, avec ses pièces de réception, la chambre de l'empereur, celle de Carlota avec sa salle de bains attenante... On est d'abord accueilli par le carrosse impérial incroyablement baroque, construit en Italie. Suivent les splendides appartements, décorés dans le style napoléonien : céramique d'Iznik, tentures, lourdes pièces d'argenterie dans la salle à manger, boiseries travaillées... Magnifique ! Chaque pièce s'ouvre sur une immense terrasse courant autour du bâtiment et de laquelle on jouit d'un superbe panorama sur la ville ; ne manquez pas la vue sur la perspective du paseo de la Reforma. Au 1er étage, visite des appartements de Porfirio Díaz et de son épouse, avec beaucoup de mobilier Art déco d'origine française.

Museo del Caracol *(ou galerie-musée de l'Histoire de la lutte du peuple mexicain pour la liberté ; plan d'ensemble)* **:** ☎ *40-40-52-41.* • *caracol.inah.gob.mx* • *Mar-dim 9h-16h15. Entrée : 70 $Me. Possibilité de visite guidée en espagnol (en sem slt 10h-14h, téléphoner avt).* Le surnom d'« escargot » lui a été attribué à cause de sa forme en spirale. Il est situé juste en contrebas du *castillo de Chapultepec,* sur le côté droit du chemin d'accès (en montant). Visite intéressante pour compléter vos connaissances historiques sur le Mexique. Super didactique. Nombreux documents, photos, maquettes, montages pittoresques pour exalter toutes les dates clés de l'histoire du pays et les étapes de la lutte pour l'indépendance, de la République et de l'invasion américaine, de la Réforme, du Porfiriato et de la révolution. Tous les héros sont là : Hidalgo, Mina, Morelos, Juárez, Villa, Zapata... À la sortie, un exemplaire de la Constitution devant laquelle les Mexicains se recueillent religieusement.

Museo de Arte moderno *(MAM ; plan d'ensemble)* **:** *paseo de la Reforma ; angle Gandhi.* ☎ *86-47-55-30.* • *museoartemoderno.com* • Ⓜ *Chapultepec.*

Mar-dim 10h30-17h30 (dernière entrée à 17h15). Entrée : 60 $Me ; gratuit dim. Cet édifice circulaire regroupe une collection de peintures et de sculptures d'artistes mexicains modernes les plus célèbres. Le problème, c'est de la voir car les œuvres sont rarement exposées (bien se renseigner avant d'y aller). Reste le jardin où, pour vous consoler, vous verrez quand même quelques sculptures de Francisco Zúñiga. Sinon, expos temporaires.

Museo Tamayo *(plan d'ensemble)* **:** *paseo de la Reforma ; angle Gandhi. ☎ 41-22-82-00. • museotamayo.org • Mar-dim 10h-18h. Entrée : 60 $Me ; gratuit dim.* Le grand peintre Rufino Tamayo était un collectionneur avisé. Il a donné son nom à ce luxueux musée d'art contemporain à l'architecture avant-garde. La visite commence par la salle des expos temporaires. Puis on entre dans le vif du sujet avec des œuvres de Miró ou des héritiers de Mondrian que sont Barbara Hepworth ou l'Aveyronnais Pierre Soulages. Plus loin Rothko, Dubuffet... Une salle entière est consacrée à Tamayo lui-même : pastels, acryliques grand format, dont *Les Enfants au jeu* (1958) ou encore *Le Chanteur de rock* (1989), l'une des dernières œuvres peintes par l'artiste. Dans la salle attenante, ça continue dans l'abstrait, le surréalisme ou le modernisme avec Picasso, Max Ernst, Francis Bacon, Georgia O'Keefe. Un bien beau musée.

FAIRE LES POUBELLES PEUT RAPPORTER GROS !

Un tableau de Tamayo qui avait été volé chez un particulier en 1987 fut retrouvé dans une poubelle en 2003. Une ménagère avait récupéré la toile pour l'accrocher dans son salon, trouvant que c'était bien dommage de jeter de la peinture... Le hasard a fait que lors d'une émission de télé du type « Avis de recherche » qu'elle regardait ce jour-là, un expert en art montrait une photo de l'œuvre à l'écran dans l'espoir de la retrouver. La bonne dame prit illico contact avec le standard de l'émission. Le tableau fut restitué à ses propriétaires qui la dédommagèrent de 15 000 dollars. Puis ces derniers le mirent aux enchères chez Sotheby's où il fut adjugé 1 million de dollars !

Museo Soumaya *(plan d'ensemble)* **:** *pl. Carso, dans le Nuevo Polanco. ☎ 11-03-98-00. • soumaya.com.mx • Ⓜ Polanco (puis env 30 mn de marche). Tlj 10h30-18h30. GRATUIT.* Vous ne pourrez pas louper cette œuvre de l'architecte mexicain Fernando Romero, lequel a suivi les conseils avisés de Frank Gehry à cette occasion. C'est l'un des derniers caprices du milliardaire Carlos Slim (4e fortune mondiale en 2016). Ce bâtiment spectaculaire, désormais une icône de l'urbanisme du DF, totalise plus de 6 500 m². Totalement avant-gardiste, il abrite la collection de sa fondation (plus de 66 000 pièces).

Pour la visite, après avoir scruté la *Porte de l'enfer* et le *Penseur,* prenez l'ascenseur pour le 5e afin d'accéder au 6e et dernier niveau où le milliardaire a « entassé » ***l'une des plus importantes collections de Rodin exposée hors de France.*** Puis redescendez tranquillement.

5e niveau : l'étage est consacré aux expos temporaires, qui changent tous les 3-4 mois et sont généralement de qualité, quand bien même la muséographie nous a paru un peu « fouillis ».

4e niveau : salle intitulée *Des impressionnistes aux avant-gardistes.* Une visite qui commence par une série de petits cadres d'***Auguste Renoir,*** puis on enchaîne rapidement sur ***Marie Laurencin,*** Pissarro, ***Gauguin, Mary Cassatt.*** Plus loin, un Mondrian comme un cheveu sur la soupe du peintre-paysan ***Jules Breton,*** sans doute pour faire écho au *Retour des champs* de Joszef Koszta. L'école de Barbizon est aussi présente, avec Théodore Rousseau, Corot, ***Jean-François Millet,*** auxquels succèdent naturellement Courbet, ***Van Gogh*** et Vlaminck. Quelques expressionnistes, aussi, avec entre autres Georges Rouault, reconnaissable à son

trait noir très poussé. Une partie de l'expo est consacrée aux peintres-voyageurs : Turner, Delacroix. Sans oublier les artistes mexicains : Tamaya, Diego Rivera, Orozco... et une belle série de ***De Chirico*** sur son thème fétiche du cheval.
3e niveau : *Les maîtres de l'Europe et de la Nouvelle-Espagne.* Quelques portraits de ***Rubens,*** des scènes villageoises de Francisco Bassano Le Jeune, un tryptique de ***Quentin Metsys*** et des tableaux avec incrustation de nacre, caractéristiques de la Nouvelle-Espagne du XVIIIe s. Évidemment, la peinture religieuse n'est pas en reste avec une superbe *Vierge à l'Enfant* de Filipino Lippi, une *Adoration des Mages* de ***Giorgio Vasari*** et une *Pietà* du ***Sodoma,*** avec toujours ce Christ très sensuel qui caractérise sa peinture. En vedette, les très célèbres *Larmes de Saint-Pierre* d'***El Greco*** auxquelles répond un *Saint-Pierre Pénitent* du « peintre des ténèbres » ***José de Ribera.*** Sitons enfin Lucas Cranach (Adam et Eve), ***Le Tintoret,*** Estéban Murillo...
2e niveau : entièrement consacré à l'art oriental, principalement japonais avec un très remarquable travail sur ivoire, mais aussi chinois, des textiles et de surprenantes ***boules de Canton*** du début du XXe s, dont certaines comptent jusqu'à 12 sphères sculptées les unes dans les autres.
1er niveau : principalement de la monnaie, de l'horlogerie fine, des bijoux et une maquette du musée en argent et plaqué or réalisée spécialement par la maison Bvlgari.

Museo Jumex *(plan d'ensemble)* **:** *bd Miguel de Cervantes Saavedra, 303, dans le Nuevo Polanco. ☎ 53-95-26-15. • fundacionjumex.com.mx • Ⓜ Polanco (puis env 30 mn de marche). Mar-dim 11h-20h. Entrée : 30 $Me, réducs.* Ce bâtiment recouvert de travertin dont la rigidité des lignes tranchent avec celles quasi volubiles de son voisin Soumaya, abrite des expos temporaires d'art contemporain. Immenses salles réparties sur 3 niveaux bénéficiant chacune d'un éclairage zénithal astucieusement distillé grâce à la toiture en shed. Laissez votre sac à la consigne automatique située au sous-sol, au niveau de la librairie *(5 $Me).*

COYOACÁN *(plan III)*

Au début du XXe s, ce n'était qu'un petit village colonial à 10 km au sud de Mexico, entouré de champs et d'étables ; le refuge des artistes et des intellectuels.
Aujourd'hui absorbé par la mégapole, Coyoacán (« le lieu des coyotes » en nahuatl) a néanmoins gardé son charme bohème. Dans les rues pavées, entre les belles demeures peintes en bleu et ocre, planent les ombres de Frida Kahlo, de Diego Rivera et de leur copain Trotski. Le Mexique comme vous en rêviez, avec son architecture coloniale, de grandes portes en bois sculpté, des façades qui croulent sous les bougainvillées, des fenêtres protégées par des ferronneries. C'est aussi à Coyoacán que l'on trouve *Los Viveros,* les grandes pépinières de Mexico. Depuis quelque temps, le quartier est devenu l'une des promenades favorites des *capitalinos* le week-end. Sur la place principale : musiciens, artistes, cireurs de chaussures, vendeurs d'artisanat, diseuses de bonne aventure et danseurs emplumés... En semaine, et surtout tôt le matin quand il n'y a personne, c'est un ravissement que de se balader ici. Cafés avec terrasse, librairies, galeries d'art, jolies boutiques, etc.
➢ ***Comment y aller :*** depuis le *centro*, une course en taxi vous coûtera environ 80-100 $Me (env 20 % de moins avec Uber), sinon Ⓜ Coyoacán (ligne n° 3), mais il faut marcher pas mal.

■ ***Turibus*** *(plan II, F6)* **:** *☎ 51-41-13-60. • turibus.com.mx • Départ de la Plaza Madrid, dans la Roma Norte (connexion possible avec le circuit Centro Histórico) ; principe du hop-on hop-off (on descend et on reprend le prochain bus) ; fonctionne tlj 9h-21h. Le circuit complet dure 4h. Audioguides en français.* Du *centro,* si l'on est seul, l'aller-retour coûte moins cher qu'un taxi.
■ ***Train touristique tranvía*** *(plan III, I7)* **:** *☎ 56-59-71-98. • tranviaturistico.com.mx/rutas/coyoacan • Départ dans*

la calle Carillo Puerto, devant l'église San Juan Bautista, *quand le tranvía est plein ; env ttes les 1h30 en sem (10h-17h), ttes les 30 mn le w-e (11h-18h). Tour du quartier en 40 mn. Commentaires en espagnol.*

Zócalo *(plan III, I7)* **:** il est composé de deux places, légèrement décalées l'une par rapport à l'autre. D'un côté (ouest), le *jardín Centenario,* construit sur un ancien cimetière. Au centre, la fontaine aux Coyotes. De l'autre (est), la *plaza Hidalgo,* bordée par l'*église San Juan Bautista* (un bel édifice dominicain du XVIe s, ultra-baroque) et par le *palais de Cortés,* qui abrite aujourd'hui la mairie et une antenne de l'office de tourisme *(palacio municipal).* C'est là que le conquistador Hernán Cortés a torturé le dernier empereur Cuauhtémoc pour savoir où était caché le fameux trésor aztèque. Sans succès. Le trésor reste à découvrir...

Museo nacional de Culturas populares *(plan III, J7)* **:** *Hidalgo 289. ☎ 41-55-09-20. • museoculturaspopulares.gob.mx • À deux pas du Zócalo. Mar-jeu 10h-18h, ven-dim 10h-20h. Entrée : 15 $Me ; gratuit dim.* Allez jusqu'au fond, derrière la maison qui abrite la librairie. Petites expositions temporaires sur les arts populaires et la culture amérindienne. Quelques exemples de thèmes parmi d'autres : costumes, représentations de l'Enfant Jésus, symbolisme de la plume, jouets traditionnels, le *milpa* (culture sur brûlis des Amérindiens), etc.

La Conchita *(plan III, J7)* **:** en prenant la rue Higuera qui part de derrière l'église, vous arriverez sur la très arborée *plaza de la Concepción* (la *Conchita* pour les intimes), avec sa chapelle baroque toute mignonne, dont certains affirment qu'elle est la première église chrétienne du Mexique – malheureusment bien souvent fermée. Juste avant, au n° 57 de la calle Higuera, se trouve la *Casa Colorada,* autrement dit la « maison rouge ». Cortés l'a fait construire pour la Malinche, son interprète et surtout maîtresse. Ensuite, ce fut son épouse qui l'occupa en arrivant d'Espagne. Mais celle-ci n'en a pas profité bien longtemps, disparaissant sans laisser de traces...

Plaza Santa Catarina *(plan III, I7)* **:** partir du *jardín Centenario,* passer sous l'arche et prendre l'avenida Francisco Sosa. Au bout, une petite église toute jaune, sur une petite place tranquille. Rien de particulier, mais quel charme ! Entrez dans les jolis jardins de la Maison de la culture de Coyoacán, très paisibles. On y trouve une cafétéria agréable, face à une fontaine.

Museo-casa Frida Kahlo *(plan III, I6)* **:** *Londres 247 ; angle Allende. ☎ 55-54-59-99. • museofridakahlo.org.mx • Mar-dim 10h (11h mer)-17h45. Entrée : 130 $Me ; 150 $Me le w-e ; réduc. Vidéoguide en anglais ou en espagnol 80 $Me ; droit photo 60 $Me ; achat des billets par Internet recommandé (on rentre en premier, capacité du musée limité à 145 pers à chaque fois, et ça se remplit vite...). Sinon, y aller de bonne heure. Possibilité de prendre le* Fridabus, *une navette entre ce musée et celui de Diego Rivera ; fonctionne sam-dim à 12h30, 14h et 15h30 et coûte 150 $Me/pers.* C'est ici qu'est née Frida Kahlo, dans la fameuse « maison bleue » *(Casa Azul),* et qu'elle vécut plus tard avec son époux, le muraliste Diego Rivera (de 1929 à 1954). Elle y reçut plein de gens connus, comme Trotski ou André Breton. Ceux qui sont fascinés par la personnalité de la célèbre peintre mexicaine, abîmée par la vie à cause

KAHLO-DOSCOPE

À sa mort en 1957, Diego Rivera exigea par testament qu'une partie des affaires de Frida Kahlo, enfermées dans des coffres et des placards dans des coins plus ou moins secrets de la maison, ne soient pas ouverts avant au moins 15 ans. Sa mécène, Dolores Olmedo, fit mieux que cela : elle n'y toucha jamais. Et ce n'est que 1 an après sa mort à elle, en 2004, que l'on découvrit leur contenu : photos, magazines, corsets de Frida, une serviette avec un baiser au rouge à lèvres...

d'un grave accident d'autocar, communiste, féministe et fervente défenseuse de la cause indigène, seront comblés. On trouve ici son atelier de peinture, une cuisine ultra-colorée, sa chambre, sa chaise roulante, ainsi que les nombreux objets contenus dans les coffres et placards secrets. Partout sont disséminés également des objets précolombiens et d'artisanat populaire, dont une belle collection d'ex-voto et une trentaine de leurs œuvres. Ne ratez pas les titres. Une toile est intitulée *Le marxisme donnera la santé aux malades* ! Beau jardin et petite cafétéria.

Museo-casa de León Trotsky *(plan III, J6)* **:** *Río Churubusco 410. ☎ 56-58-87-32 ou 55-54-06-87. • museocasadeleontrotsky.blogspot.fr • Mar-dim 10h-17h. Entrée : 50 $Me ; droit photo 15 $Me.*
C'est ici que Trotski passa les 15 derniers mois de sa vie, en 1939-1940. Plus qu'une maison, c'est une forteresse ! Le révolutionnaire exilé fit murer les ouvertures et installer des miradors après un premier attentat organisé par le peintre Siqueiros. Peine perdue, il fut tué quelques semaines plus tard d'un coup de pic à glace (et enterré ici même)... Quelques jours avant, il prononça la phrase qui inspira le film de Roberto Benigni : « Et pourtant la vie est belle. »
Rien n'a changé depuis ce 20 août 1940 : sur son bureau, des notes dactylographiées, et dans la cuisine, des boîtes de thé entamées. L'ambiance est austère, la maison sans chichis, presque rustique.

SAN ÁNGEL *(plan III)*

Bien qu'il soit nettement moins agréable que Coyoacán, en raison d'une urbanisation destructurante, ce quartier aujourd'hui très résidentiel conserve lui aussi quelques beaux vestiges de la Nouvelle-Espagne. Depuis Coyoacán, il faut s'y rendre à pied (3 km en tout) par l'***avenida Francisco Sosa,*** l'une des plus anciennes voiries de Mexico, avec ses trottoirs revêtus de lourdes dalles de basalte et les façades colorées de ses riches maisons, dont certaines datent du XVIe s. En chemin, une petite halte au musée de l'Aquarelle s'impose. Essayez de vous rendre à San Ángel un samedi, afin de profiter du grand déballage qui se tient sur la charmante ***plaza San Jacinto.***

Museo nacional de la Acuarela *(plan III, H7)* **:** *Salvador Novo 88, dans le barrio Sta Catarina, à* ***Coyoacán.*** *☎ 55-54-18-01. Metrobús : La Bombilla. Tlj 10h-18h. GRATUIT. Audioguide en espagnol et en anglais.* Avec une collection permanente de 300 œuvres, ce musée, aménagé dans une belle maison entourée d'un agréable jardin, est également un centre de conférences et d'étude des techniques picturales. Les différentes salles d'exposition présentent les œuvres des pointures de l'aquarelle mexicaine tels que ***Alfredo Guati Rojo*** (l'aquarelliste qui peignait à la verticale), ***Edgardo Coghlan*** ou encore Joaquin Martínez Navarrete. Mais les artistes de renommée internationale y figurent également en bonne place, tels ***Mario Ruben Cooper*** ou encore l'Australien Robert Wade. Intéressantes expos temporaires.

Museo de El Carmen *(plan III, G-H7)* **:** *av. Revolución ; à l'angle de La Paz. ☎ 56-16-15-04 ext 118. • museodeelcarmen.org • Metrobús : La Bombilla. Mar-dim 10h-17h. Entrée : 55 $Me ; gratuit dim. Visites guidées en espagnol sam, dim à 11h, 12h30, 14h et 15h30.* Cet ancien couvent de carmélites, fondé en 1615, bien restauré, abrite un vrai dédale de salles où sont exposées peinture coloniale et sculpture religieuse. Ne manquez pas la chapelle intérieure au retable churrigueresque (1er étage), les cellules des moniales avec leur tronc-oreiller (!), la sacristie pour son magnifique plafond et les lavabos recouverts d'azulejos (rez-de-chaussée). De là, plongez dans la crypte. Douze cadavres momifiés dans leur robe de bure y regardent défiler les touristes... À l'extérieur, admirez encore les coupoles de l'église recouvertes de *talaveras* et faites aussi un tour dans le mignon jardin, désormais coincé entre les deux avenues les plus passantes de Mexico !

Plaza San Jacinto (*plan III, G7*) **:** traversez l'avenida Revolución vers la plaza del Carmen, puis continuez la grimpette jusqu'à cette charmante place où se trouve l'église du même nom (XVIe s) – avec un ravissant cloître fleuri et verdoyant. Le samedi, de nombreux commerçants s'y donnent rendez-vous pour le Bazar Sábado.

Fuente del Risco : allez aussi jeter un œil dans la cour du *centro cultural Isidro Fábela,* qui abrite le ***museo de la Casa del Risco*** (*plan III, G7*), au nº 15 *(mar-dim 10h-17h ; GRATUIT).* Il y a là une fontaine du XVIIIe s, de style baroque exubérant qui vous laissera coi. Dans le musée, collection permanente d'art et mobilier religieux ; expositions temporaires dans le centre culturel.

Museo Estudio Diego Rivera (*plan III, G7*) **:** *av. Altavista, esq. Diego Rivera. ☎ 86-47-54-70. • estudiodiegorivera.bellasartes.gob.mx • Mar-dim 10h-17h30. Entrée : 30 $Me ; gratuit dim.* La maison cubique conçue par l'architecte O'Gorman n'a rien d'extraordinaire. Seul l'atelier possède un certain charme. On peut y voir ses pinceaux, des objets préhispaniques de la collection personnelle de Rivera, ainsi que quelques-unes de ses œuvres et de nombreux *judas,* des personnages de carnaval en papier mâché. Le peintre a vécu ici avec Frida Kahlo, installée dans la maison d'à côté, les deux bâtiments étant réunis par une passerelle. Expos temporaires.

UNIVERSIDAD *(hors plan III par H7)*

Universidad nacional autónoma de México (UNAM) : *• unam.mx • M : Universitad (puis taxi jusqu'au campus principal (rectorat). Metrobús : Dr Gálvez ou la station CU pour le MUAC. Pour circuler à l'intérieur de la ville universitaire, emprunter la douzaine de lignes du Pumabus (gratuit) • pumabus.unam.mx •*

Por mi raza hablará el espíritu (L'esprit parlera par ma race), telle est la devise de cette université prestigieuse. L'Université nationale autonome de Mexico (UNAM) est la plus grande d'Amérique latine et un vrai symbole de l'accès à l'éducation pour tous. Construite entre 1949 et 1952, avec le concours de quelque 60 architectes, ingénieurs et artistes, elle a été classée au Patrimoine mondial par l'Unesco en 2007 pour son caractère d'« espace monumental, exemple du modernisme du XXe s, fusionné avec des éléments issus de la tradition mexicaine préhispanique ». Le campus est un phénomène, une ville entière, en vérité. On y trouve une radio (Radio UNAM), 13 musées, 22 facultés, 39 instituts et centres de recherche, 143 bibliothèques, près de 30 000 professeurs et 380 000 étudiants !

– ***Bibliothèque :*** c'est le bâtiment le plus connu, avec ses fresques de mosaïques exécutées par Juan O'Gorman. Elles représentent l'histoire du Mexique, synthétisée en trois périodes : préhispanique sur le mur nord, coloniale sur le mur sud et moderne sur le mur ouest. Le mur à l'est, lui, nous montre la vision qu'avait l'artiste de l'avenir du Mexique.

– ***Centro cultural universitario :*** au sud du campus, l'université possède également un *centre culturel* impressionnant, avec un espace où l'on découvre des exemples de la sculpture mexicaine contemporaine, au milieu d'une nature sauvage. Ne manquez pas non plus *El Horizonte de las Estrellas* (L'Horizon des étoiles), une œuvre monumentale autour de la lave volcanique qui recouvre cette zone. Lunaire. Enfin, le centre culturel abrite un restaurant de chef, ***Azul y Oro*** *(☎ 56-22-71-35, lun-mar 10h-18h, mer-sam 10h-20h, 9h-19h dim),* qui sert une très bonne cuisine mexicaine à prix abordables.

– ***Museo universitario Arte contemporáneo (MUAC) :*** *Insurgentes Sur 3000. ☎ 56-22-69-72. • muac.unam.mx • Situé dans le Centro cultural universitario de la UNAM. Mer, ven et dim 10h-18h ; jeu et sam 10h-20h.*

Dernière admission 15 mn avt fermeture. Fermé lun-mar. Entrée : 40 $Me ; 20$ Me mer et dim.
Ce musée abrite la plus importante collection publique d'art moderne mexicain (de 1952 à aujourd'hui). Il est installé dans un superbe bâtiment dessiné par l'architecte Teodoro González de León. L'exposition permanente est organisée en plusieurs sections, en commençant par celle des fondateurs de la cité universitaire et la présence des peintres muralistes (Siqueiros, Diego Rivera...). Ensuite, c'est la rupture, avec l'émergence de la peinture abstraite géométrique et l'expressionnisme abstrait (José Luis Cuevas, Toledo...), puis les héritiers du surréalisme. La partie consacrée aux artistes d'avant-garde présente de nombreuses œuvres des années 1990 et celles des précurseurs du langage conceptuel. Une section est réservée à la photographie contemporaine et aux courants les plus récents des arts plastiques et performances dans les arts visuels, sonores et cinétiques. Un magnifique musée !
Ne pas manquer non plus le très beau resto, ***Nube Siete*** *(lun-mar 9h-18h, mer-dim 8h-20h),* au design contemporain et au sol vitré permettant de voir la roche volcanique qui recouvre toute cette zone.
– De l'autre côté de l'avenue, on peut admirer le ***stade olympique.*** En forme de volcan, comme s'il sortait de la terre, il possède en façade des fresques de Diego Rivera : l'aigle et le condor symbolisant l'Amérique latine.

XOCHIMILCO

Le site a été inscrit au Patrimoine mondial de l'Unesco en 1987. Depuis l'époque aztèque vit à Xochimilco toute une population de maraîchers qui alimentent la capitale en légumes et en fleurs. C'est au printemps (avril-mai) que les champs de fleurs sont les plus beaux. À ce moment-là, l'endroit mérite plus que jamais son nom qui signifie « le jardin des fleurs » en nahuatl. *Xochili* est d'ailleurs le dieu de l'Amour chez les Aztèques. La campagne, avec ses îlots émergeant d'un maillage de canaux, les lignes croisées des peupliers et des saules, semble presque irréelle, ainsi que ces barques fleuries *(lanchas)* qui tournent et retournent comme dans un manège autour de l'îlot central, face au débarcadère. Ce type de culture sur sol plus ou moins mouvant, composé de débris de végétaux et de glaise, s'appelle *chinampa* (maquette explicative au musée du Templo Mayor).
– ***Mercado :*** *sam. Le marché s'étend le long de la calle del 16 de Septiembre.* Consacré aux fleurs et aux poteries.
➢ ***Se repérer :*** Xochimilco, c'est plusieurs embarcadères, dont 2 principaux. Celui de ***Nuevo Nativitas*** au sud, où se trouve l'office de tourisme et celui de ***Cuemanco*** au nord, proche du *parque ecológico. Ts les 2 ouvrent tlj 8h-22h mais les promenades en lancha n'ont lieu que le w-e.*
➢ ***Comment y aller :*** le plus commode (et le plus rapide), c'est de s'y rendre en taxi (ou Uber). Du *centro,* compter environ 100 $Me et 30-40 mn de trajet pour l'un ou l'autre des 2 principaux embarcadères. Sinon pour Nuevo Nativitas, prendre la ligne n° 2 du métro jusqu'à la station Taxqueña, puis la correspondance *tren ligero 1* (métro aérien ; même tarif) ou le bus (ruta 36), jusqu'au terminal Embarcadero. Compter env 1h30-2h depuis le centre de Mexico. Pour Cuemanco, prendre la ligne n° 2 du métro jusqu'à Chabacano, puis la n° 8 jusqu'à son terminus (Constitución de 1917). De là, attraper le bus 57-X jusqu'à l'arrêt Cuemanco. Même temps de parcours.

ℹ *Office de tourisme :* *à l'embarcadère Nativitas. ☎ 56-53-52-09. Lun-ven 9h-16h, sam, dim et j. fériés 9h-18h.*
– Les tarifs des différentes prestations sont affichés un peu partout. *Compter env 20 $Me/pers pour un aller en lancha collective (40 $Me/pers l'A/R). Loc d'une trajinera : 350 $Me/h, quel que soit le nombre de pers. Tarifs des repas, boissons et des musiciens affichés à l'office de tourisme.*

➢ ***Pour la visite depuis Nuevo Nativitas,*** deux solutions : soit prendre un bateau collectif *(lancha colectiva)* mais avec une attente de près de 20 mn *(fonctionne slt w-e et j. fériés)* ; soit affréter une *trajinera* avec son capitaine, faire le plein de bouffe, de tequila et de bière, se payer les services de quelques mariachis (compter quand même 100 $Me la chansonnette !), et partir à l'exploration des canaux. C'est le plus rigolo, mais cette solution est surtout valable à plusieurs (de 1 à 20 personnes c'est le même prix). Les citadins viennent à Xochimilco en famille, pour un déjeuner sur l'eau. Ambiance festive garantie, surtout si la tequila fait partie du voyage ! Tout autour, nombreuses *lanchas* de vendeurs de fleurs, nourriture, cadeaux et aussi quelques photographes.

POUPÉES MACABRES...

Don Julian Santana Barrera était un solitaire qui vivait sur une île de Xochimilco. Un jour, il trouva une poupée qui flottait sur les canaux et décida de l'accrocher à un arbre... Puis l'idée l'a pris d'en accrocher une autre, puis une autre encore, ce qu'il fit pendant 50 ans ! À sa mort en 2001, les curieux décidèrent d'aller voir de plus près cette installation macabre de jouets mutilés et, depuis, chacun apporte sa pierre à l'édifice. Beau et terrifiant à la fois !

➢ ***Pour la visite depuis Cuemanco,*** mêmes tarifs horaires concernant la location d'une *trajinera.* Sachez quand même qu'il faut 5 à 6 heures pour aller jusqu'au canal de Apatlaco (le plus éloigné de l'embarcadère) en passant par ***la Isla de las Muñecas*** (l'île aux Poupées, voir encadré) et pour en revenir.

Parque ecológico de Xochimilco : *un peu après l'embarcadère de Cuemanco. Tlj 9h-18h. Entrée : env 30 $Me.* Un parc qui mériterait un peu plus de soins.

À faire

– ***La lucha libre :*** c'est le fameux catch à la mexicaine. Avec des lutteurs masqués, portant capes et slips à paillettes ! Il s'agit de l'une des meilleures expressions de la culture populaire, qui atteint l'un des sommets du kitsch mexicain. Ambiance garantie. En plus, les billets ne sont pas très chers.

■ ***Arena Coliseo*** *(plan I, C1,* ***25****) :* *Perú 77. ☎ 55-26-16-87. • cmll.com • Ⓜ Allende. En principe, combats mer et sam à 17h ou 19h30. Billets : 40-170 $Me selon emplacement et lutteurs.* Choisir une séance l'après-midi, quartier un peu limite le soir.

■ ***Arena México*** *(plan I, A3,* ***26****) :* *à l'angle de Dr Lucio et de Dr Lavista, dans la colonia Doctores. • cmll.com • Ⓜ Cuauthémoc. En général, combats mar à 19h30, ven à 20h30 et dim à 17h ; il y en a 5 ou 6 à la suite.* Vous pourrez même y trouver des masques en souvenir ou de belles baskets avec des lacets aux couleurs du Mexique !

QUITTER MEXICO

En bus

Il y a ***4 terminaux de bus,*** aux 4 points cardinaux, organisés selon les destinations, tous accessibles en métro. Très modernes, ils offrent de nombreux services : cafétérias, consignes, téléphones, distributeurs d'argent, accès Internet et bureau d'infos touristiques.

– Les horaires des principales compagnies sont consultables sur leurs sites internet, voir la rubrique « Transports » du chapitre « Mexique utile » en début d'ouvrage.

– La plupart des compagnies permettent désormais de réserver et d'acheter les billets en ligne avec paiement sécurisé. Changements généralement

possibles au guichet du terminal (jusqu'à 3h avant le départ pour certaines compagnies, 30 mn pour d'autres). En revanche, si vous ratez le bus, votre billet perdra toute validité et vous devrez en acheter un autre.
– Il y a 2 classes (voire 3). Pour les longs trajets, préférez les bus 1re classe. Plus chers, mais vous aurez plus de chances de dormir ! Certaines compagnies comme *ETN* ou *ADO GL* proposent des cars super confortables, où les sièges se transforment en couchette. Vous pouvez aussi, pour les destinations lointaines (Yucatán, par exemple), vérifier les tarifs des vols. Il arrive que la différence de prix avec le bus soit minime.
– Le week-end ou en période de vacances, il est prudent de réserver vos billets à l'avance.

Terminal Norte *(plan d'ensemble)* **:** ☎ *53-68-81-71 ou 55-87-15-52.* • *centraldelnorte.com* • Ⓜ *Autobuses del Norte (ligne n° 5). Attention, aux heures de pointes, impossible de s'y rendre en métro avec un gros bagage. Mieux vaut prendre un taxi ou un Uber.*
➢ ***Teotihuacán (pyramides) :*** avec la compagnie *Autobuses Teotihuacán* (☎ *57-67-35-73).* Salle 8. Départs ttes les 15 mn 7h45-20h ; dernier retour à 22h10. Trajet : 1h30.
➢ ***Tula :*** avec *Ovnibus* (☎ *01-800-839-21-30).* Ttes les 30-40 mn, 6h15-21h-30 (22h15 dim). Trajet : 1h30.
➢ ***Poza Rica (El Tajín) :*** avec *ADO,* une vingtaine de bus/j. 6h-0h15. Trajet : 4h.
➢ ***Querétaro :*** départ garanti 24h/24 avec pratiquement ttes les compagnies. Trajet en 2h45-3h.
➢ ***San Miguel de Allende :*** 4 bus/j. 7h30-17h40 avec *Primera Plus.* Trajet : 4h.
➢ ***San Luis Potosí :*** ttes les heures 6h-1h avec *ETN* ; même chose avec *Futura.* Trajet : 5h.
➢ ***Zacatecas :*** une quinzaine de départs 6h30-23h45 avec *Omnibus de México,* aussi avec ETN. Trajet : 8-9h.
➢ ***Guanajuato :*** 10 départs/j. avec *Primera Plus* 6h-minuit. Trajet : 4h30-5h.
➢ ***Morelia :*** une petite quinzaine de bus 5h45-minuit avec *Primera Plus.* Trajet : 4h.
➢ ***Pátzcuaro :*** 4 bus/j. 9h-23h15 avec *Primera Plus,* et un avec *Autovías* (1h). Trajet : env 5h.
➢ ***Uruapán :*** un départ à 19h15 avec *Primera Plus.* Trajet : 6h.
➢ ***Guadalajara :*** départ garanti 24h/24 avec de nombreuses compagnies. Trajet : 6h-6h30.
➢ ***Puerto Vallarta :*** 2 bus directs de nuit avec *Primera Plus* et autant avec *Futura.* Trajet : 10h30-12h. Ou prendre un bus pour Guadalajara et ensuite pour Puerto Vallarta.
➢ ***Monterrey :*** une douzaine de bus/j. (9h-23h15) avec *Omnibus de México,* moitié moins 5h15-minuit avec *Futura* et 5 (17h30-22h30) avec *ETN.* Compter 12h de trajet.
➢ ***Veracruz :*** 7 bus/j. 7h30-23h15 avec *ADO,* aussi 1 bus de nuit à 23h45 avec *ADO Platins.* Trajet 6h-7h30. Fréquence supérieure depuis le terminal Oriente.

Terminal Sur *(ou* ***Taxqueña*** *; hors plan d'ensemble)* **:** ☎ *56-89-97-45.* Ⓜ *Taxqueña (ligne n° 2). En métro, env 40 mn de trajet depuis le centre.* Départs pour Taxco et la côte pacifique principalement.
➢ ***Cuernavaca :*** ttes les 15 mn 6h24-23h30 avec *Pullman de Morelos.* Également une vingtaine de départs avec *ETN.* Trajet : 1h20.
➢ ***Taxco :*** ttes les heures avec *Estrella Blanca.* Également 10 bus/j. 7h05-20h05 avec *Costa Line* et 5 slt 6h45-19h05 avec *Estrella de Oro.* Trajet : env 2h30.
➢ ***Acapulco :*** nombreux départs pratiquement 24h/24 avec *Estrella de Oro,* un peu moins avec *Costa Line.* Trajet : env 5h.
➢ ***Puerto Escondido :*** 2 bus de nuit avec *ETN,* vers 19h-20h.

Terminal Oriente *(ou* ***La Tapo*** *; plan d'ensemble)* **:** ☎ *55-42-04-00.* Ⓜ *San Lázaro (lignes n° 1 et 8).* Principalement pour le sud du pays et la côte du golfe du Mexique.
➢ ***Puebla :*** très nombreux départs 24h/24 avec *AU, ADO* et *ADO GL.* Même chose avec *Estrella Roja.* Env 2h de route (selon trafic).
➢ ***Xalapa et Veracruz :*** une trentaine de bus/j. 6h30-1h15 avec *AU, ADO, ADO GL* et *ADO Platino.*

➢ ***Oaxaca :*** une vingtaine de bus 7h-minuit avec *ADO, OCC, ADO GL ou ADO Platino.* Trajet : 6h-6h30.

➢ ***Tuxtla Gutiérrez :*** 8 bus/j. 7h15-21h45 avec ADO et ses filiales. Trajet : 11h30-12h30.

➢ ***San Cristóbal de Las Casas :*** une demi-douzaine de bus/j. 7h15-20h15 avec *ADO* et ses filiales. Trajet : env 13h.

➢ ***Campeche :*** 4 départs/j. avec *ADO* (16h30-22h). Trajet en 17-18h.

➢ ***Mérida et Cancún :*** 5 départs/j. avec *ADO,* 9h45-22h. Près de 20h de trajet pour Mérida et jusqu'à 27h pour Cancún.

➢ ***Huatulco :*** 4 bus/j. 17h30-21h, avec *OCC, AU* ou *ADO GL.* 14-15h de trajet.

Terminal Poniente *(plan d'ensemble)* **:** ☎ *52-71-01-49.* • *cen tralponiente.com.mx* • Ⓜ *Observatorio (ligne n° 1). Traverser la passerelle, puis descendre les escaliers côté gauche.* Liaisons vers certaines villes de l'ouest et du nord-ouest du pays.

➢ ***Querétaro :*** ttes les heures 5h10-16h10 avec *Pegasso* et une dizaine de bus 6h-12h40 avec *Primera Plus.*

➢ ***Morelia :*** une trentaine de bus 5h30-1h avec *ETN.* Trajet : 4h.

➢ ***Pátzcuaro :*** 9 bus/j. 5h30-23h45 avec *Autovías,* la plupart via Morelia. Trajet : 5h-5h30.

➢ ***Uruapán :*** une petite dizaine de bus/j. 7h-0h15 avec *Autovias,* même chose 6h40-1h avec *ETN.* Trajet : 5h30-6h.

➢ ***Guadalajara :*** 7 départs/j., 7h45-minuit avec *ETN,* 2 avec *Primera Plus* (11h30 et 23h45) et 4 (2 l'ap-m et 2 de nuit) avec *Autovías.*

En avion

Voir « Arrivée à l'aéroport » en début de chapitre pour les infos pratiques concernant l'aéroport et les manières de s'y rendre. Pont aérien entre Mexico, Guadalajara et Monterrey. Pour le reste des villes mexicaines, les fréquences varient de 2 à 10 vols/j. (pour Cancún, par exemple). Pour les contacts des compagnies aériennes nationales et internationales, voir la rubrique « Transports » du chapitre « Mexique utile » en début d'ouvrage.

LES ENVIRONS DE MEXICO

• Carte *p. 137*

VERS LE NORD ET LES VILLES COLONIALES

ZONA ARQUEOLÓGICA DE TEOTIHUACÁN

IND. TÉL. : 594

• Plan *p. 141*

À 50 km au nord-est de Mexico, en direction de Pachuca puis de Poza Rica. Le site est inscrit au Patrimoine mondial de l'Unesco depuis 1987.
Teotihuacán est à l'échelle des divinités qu'elle évoque : le Soleil et la Lune. Gigantesque. Les Aztèques pensaient que seuls des dieux ou des géants

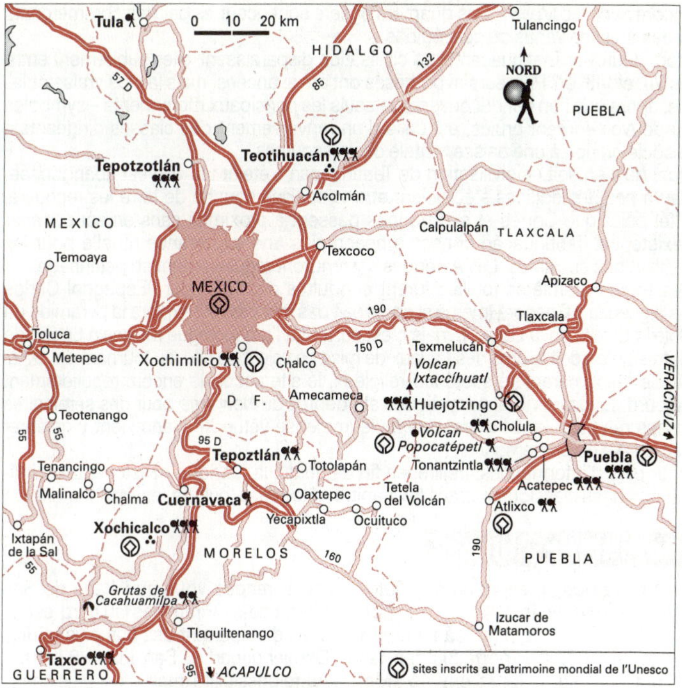

LES ENVIRONS DE MEXICO

avaient été capables d'ériger ces colossales constructions. Car loin d'être une cité-Etat centrée sur elle-même, à l'instar des villes mayas comme Copán ou Palenque, Teotihuacán, fut avant tout et surtout commerçante et ouverte sur le monde. Aux alentours de l'an 250, on estime même sa population à plus de 100 000 habitants ! Important centre idéologique, économique et religieux, elle fut l'une des villes les plus influentes du continent méso-américain entre l'an 150 et 550.

UN PEU D'HISTOIRE

Le destin de Teotihuacán semble intimement lié aux caprices de la nature – et, surtout, aux colères du volcan Xitle, qui, au Ier s avant notre ère, menace Cuicuilco, alors principale cité de la vallée centrale. La majeure partie de la population se déplace vers Teotihuacán, dont le centre cérémoniel est alors en plein essor. La cité, construite selon un axe nord-sud autour de la chaussée des Morts (Miccaotli), voit d'abord se dresser la pyramide du Soleil, puis celle de la Lune. Un axe transversal marque une nouvelle phase de développement autour de la citadelle et de la pyramide du Serpent à plumes. Vers l'an 250, Teotihuacán couvre plus de 20 km^2 et ne compte pas moins de 100 000 habitants.
La ville poursuit son développement pour atteindre son apogée entre les IVe et VIe s. À cette époque, elle entretient de nombreux échanges commerciaux et culturels avec d'autres cités et peuples comme Monte Albán, El Tajín, Cholula, ou

encore avec les Mayas. Des quartiers entiers sont occupés par des commerçants et des artisans venus de ces régions.
Alors pourquoi Teotihuacán et sa civilisation disparaissent-elles subitement entre les VIIe et VIIIe s ? Plusieurs hypothèses ont été avancées, mais la plus vraisemblable, après que l'on eut découvert que seuls les principaux monuments – symboles du pouvoir – furent brûlés, est celle d'un renversement des classes dirigeantes, associé ou non à une baisse brutale des ressources.
Quoi qu'il en soit, la civilisation de Teotihuacán s'éteint ; la ville est abandonnée. Peu à peu, les édifices s'écroulent et une épaisse couche de terre les recouvre, à tel point que Cortés et ses troupes passent à proximité sans en soupçonner l'existence. Teotihuacán conserve néanmoins une importance rituelle pour les civilisations suivantes. Les Aztèques s'y rendront régulièrement en pèlerinage.
Les toutes premières fouilles furent conduites dès 1675 par l'Espagnol Carlos de Sigüenza y Gongora (même si on ne sait pas très bien s'il explora la pyramide du Soleil ou celle de la Lune...), mais c'est surtout à l'archéologue mexicain Leopoldo Batres qu'on doit le gros des travaux de mise en valeur du site, au tournant du XXe s.
Fidèle à son caractère ésotérico-religieux, le site accueille encore régulièrement aujourd'hui de nombreux mystiques et adeptes du *New Age* pour des séminaires et des retraites. Le 21 mars, une foule immense vêtue de blanc vient y célébrer l'équinoxe de printemps.
Pour plus d'informations, (re)lire, en fin de guide, la rubrique « Histoire. Les civilisations dites classiques » dans le chapitre « Hommes, culture, environnement ».

Comment y aller ?

➢ ***De Mexico :*** prendre un bus *Autobuses Teotihuacán (☎ 57-67-35-73)* pour San Juan Teotihuacán, départ du terminal Norte (porte 8), ttes les 15 mn 7h45-20h. Tarif : env 45 $Me. Trajet : env 1h30. Les bus s'arrêtent à la porte 1 (à l'ouest du site) après avoir desservi le village de San Juan, ils vont jusqu'au terminal de San Martín de las Pirámides, situé derrière la pyramide de la Lune *(av. Tuxpan, careterra 132, à l'entrée du village).* Pour le retour, dernier départ vers 18h de la porte 1 et vers 19h de l'entrée nº 2. Si vous le ratez, rendez-vous au village de San Martín de las Pirámides (au nord-est du site), d'où partent des bus plus tardifs. Dernier départ de San Juan à 22h10.
Autre possibilité (mais c'est plus cher) : le bus touristique *Turibus* (voir à Mexico « Infos et services touristiques » dans « Adresses et infos utiles »).
➢ Nos lecteurs motorisés trouveront un parking à chacune des portes qui ponctuent la route qui entoure le site. Compter env 45 mn de trajet depuis le *centro.*

Où dormir ? Où manger ?
Où boire un verre près du site ?

Teotihuacán est une visite à la journée depuis Mexico. Il n'y a donc aucune nécessité d'y dormir. Cependant, ce peut-être une première nuit possible si vous débarquez de l'aéroport tôt le matin et que vous avez loué une voiture. Vous serez alors sur le pied de guerre pour profiter du site dès son ouverture à 9h du matin... sans avoir à affronter les embouteillages de Mexico !

Villas arqueológicas : *au sud du site. ☎ (55) 58-36-90-20 ou 01-800-557-77-55. • villasarqueologicas.com.mx • Double 1 280 $Me, petit déj env 150 $Me (resto ouv 7h-22h). Parking gratuit. (capricieux).* Pour nos lecteurs aisés qui rêvent d'avoir jalousement le site pour eux seuls (enfin, presque) dès l'ouverture. Cet hôtel-oasis, construit dans le style hacienda, offre des chambres pas très grandes mais bien agréables et très soignées, avec un lit double et un lit simple. Elles sont disposées autour d'une piscine, sur 2 étages. Également des suites de 2 chambres. Cuisine mexicaine et française au restaurant. Bar, jeux pour les enfants.

🍴🍷 Pour manger, le choix le plus évident semble être le ***resto Las Pirámides*** au niveau de l'entrée n° 1, au 2e étage de l'ancien musée *(tlj 9h-18h, prix moyens).* C'est l'unique restaurant à l'intérieur du site et, à travers les baies vitrées, la vue sur les pyramides vaut le coup. Sinon, on peut se contenter de boire un verre à l'agréable bar juste en dessous, au 1er étage.

🍴 Également de nombreux ***petits restos*** tout le long de la route circulaire, côtés sud, est et nord. L'embarras du choix !

Visite du site

Tlj 9h-17h (musée jusqu'à 16h30). Entrée : 70 $Me. Parking : 45 $Me. Visite guidée gratuite sur résa (min 2 sem à l'avance et 10 pers) au : ☎ (594) 958-20-81. • teotihuacan.inah.gob.mx • Compter 70 Me$; ou alors 800 $Me avec un guide privé (nombreux aux entrées), pour 1-5 pers et 2-3h de visite.

– ***Conseils pratiques :*** en semaine, il y a beaucoup moins de monde. Y aller le matin dès l'ouverture : c'est désert et deux fois plus beau.

– ***Son et lumière :*** *ven, sam et lun déc-juin, entrée porte 2, à partir de 18h30-19h. Compter 400 $Me/pers mais achat obligatoire auprès de* Ticketmaster *(• ticketmaster.com.mx •) qui prend 80 $Me de commission au passage (achat du billet impossible sur place). Durée du show env 45 mn. Surveiller la météo car c'est annulé en cas de pluie ou de vent. Résa très à l'avance.* Initié en 2016, ce spectacle a attiré plus de 12 000 personnes en 6 mois la première année, alors il faut s'y prendre à l'avance pour espérer obtenir un billet (270 places seulement). Le spectacle en lui-même se déroule en deux phases. Dans un premier temps, le spectateur est invité à emprunter la *calzada de los Muertos* jusqu'à la pyramide de la Lune, il enchaîne alors une dizaine de stations (aller et retour) en écoutant un audioguide programmé en 5 langues (dont le français). Puis il est invité à s'assoir pour contempler une projection sur la pyramide du Soleil proprement dite.

👁👁 ***Ciudadela** (citadelle)* **et templo de Quetzalcóatl :** *face à l'entrée n° 1.* C'est la partie que la plupart des visiteurs découvrent en premier lieu. Ce sont les archéologues qui lui donnèrent le nom de *Ciudadela,* car les plates-formes qui l'encerclent font penser aux remparts d'une forteresse... Il s'agissait, en fait, d'un ensemble formé par des bâtiments administratifs et résidentiels, un forum et le temple de Quetzalcóatl. La façade de ce dernier, spectaculaire, est greffée de dizaines de têtes de serpents à plumes et de ce qu'on a longtemps pris pour des représentations de Tlaloc, le dieu de la Pluie. On pense aujourd'hui que l'édifice est lié au mythe de la création du temps et du calendrier. Belle lumière en fin d'après-midi. Les archéologues ont aussi mis au jour, sous et autour du temple, un tunnel et des fosses contenant les restes de plus de 200 individus, probablement sacrifiés lors de la consécration du sanctuaire. La plupart étaient des hommes, peut-être des prisonniers de guerre.

👁 ***Calzada de los Muertos** (chaussée des Morts)* **:** c'est l'axe qui relie la *ciudadela* à la pyramide du Soleil et, tout au bout, à celle de la Lune. Tout au long de cette majestueuse perspective de 2 km s'alignent les principaux monuments du centre cérémoniel. Il faut la parcourir en imaginant que tous les édifices étaient ornés de sculptures et de stucs peints de couleurs vives. De même, il faut savoir que les pyramides étaient avant tout des soubassements qui servaient de support aux temples dressés aux sommets. Entre la *ciudadela* et la pyramide du Soleil, on traverse le complexe de la chaussée des Morts, une zone de 350 m de côté constituée de places, pyramides et édifices résidentiels. Certains archéologues en font le siège du pouvoir de Teotihuacán.

👁👁👁 ***Pirámide del Sol :*** *entrée n° 2 ou n° 5.* Construite au cours des Ier et IIe s, c'est la plus grande pyramide d'Amérique après celle de Cholula (qui, elle, n'est pas visible puisqu'elle n'a pas été dégagée). Elle mesure 215 m de côté à la base

MEXICO ET SES ENVIRONS

et devait atteindre à l'origine environ 75 m de haut ! Respirez bien avant d'entreprendre l'ascension, puis attaquez les 245 marches (petite pause bien méritée à la 177e)... Ce sont les Aztèques qui lui donnèrent le nom de pyramide du Soleil mais, en fait, on pense plutôt qu'elle était dédiée au dieu... de la Pluie, en tout cas c'est ce que suggèrent les découvertes (d'offrandes et de sacrifices) qui ont été faites dans son sous-sol. En 1971, on a aussi découvert sous l'édifice un tunnel (interdit au public) conduisant, 103 m plus loin, à quatre cavités artificielles, situées quasi au centre de la surface de la pyramide. Leur fonction reste toutefois méconnue car, ayant été visitées et pillées bien avant leur découverte par les archéologues, on n'y trouva que des fragments d'ardoise, de miroirs en pyrite, de coquillage et... d'arêtes de poisson.

*** ***Museo :*** *en contrebas de la pyramide du Soleil, accessible par la calzada de los Muertos.* À ne pas manquer. Remarquable, avec de belles pièces archéologiques fort bien mises en scène et en lumière. Les principales sections présentent les ressources régionales et le commerce, les grandes phases de construction de la cité, l'organisation sociale et économique avec les principaux métiers, puis la religion. À mi-chemin, on survole une grande maquette de ce à quoi devait ressembler Teotihuacán il y a 1 500 ans. Impressionnant, d'autant que la salle donne, à travers une grande baie vitrée, sur la pyramide du Soleil... La visite se poursuit par une section consacrée aux techniques d'inhumation. Jardin de sculptures et petit jardin botanique.

*** ***Pirámide de la Luna :*** *entrée n° 3.* Marquant l'extrémité nord de la *calzada de los Muertos,* elle se dessine dans l'ombre du cerro Gordo (la « grosse colline »), sorte de pyramide naturelle dressée en toile de fond et sacrée pour les Teotihuacanos. Quel alignement ! Plus petite que celle du Soleil, la pyramide de la Lune se retrouve pourtant au même niveau grâce à une dénivellation d'une trentaine de mètres de la chaussée. Elle aurait été achevée vers l'an 250. Ne manquez pas de grimper jusqu'au premier palier pour une vue imprenable sur l'axe cérémoniel. Comme pour la pyramide du Soleil, on n'est en réalité pas sûr qu'elle était dédiée à la Lune... en raison des deux représentations de la déesse de l'Eau et de la Fertilité retrouvées sur la place juste devant. Des restes humains et animaux (coyotes, serpents, aigles, jaguars...), ainsi que de belles statues de dignitaires en position de lotus, ont été découverts sous la pyramide.

** ***Palacio de Quetzalpapálotl*** *(palais du Beau Papillon)* **:** du côté ouest de la *plaza de la Luna,* l'édifice a été en partie reconstruit, avec des matériaux et selon des techniques d'origine. Il servait peut-être de résidence aux grands prêtres. Le patio intérieur est remarquable. Les colonnes sont recouvertes de bas-reliefs, certains représentant le fameux quetzal, cet oiseau aux longues plumes caudales vertes, qu'on peut encore voir, avec beaucoup de chance, dans les forêts du Guatemala et du Costa Rica. Belle peinture murale dans l'une des salles. À côté, le ***conjunto de los Jaguares*** présente aussi quelques fresques bien conservées montrant des jaguars à plumes soufflant dans des coquillages. Enfin, niché entre les deux, le ***templo de los Caracoles emplumados*** *(temple des Escargots à plumes)* est l'une des plus anciennes constructions de Teotihuacán. Une partie seulement de la façade richement décorée est encore visible.

*** ***Museo de los Murales Teotihuacanos Beatriz de la Fuente*** *(musée des Fresques)* **:** *en retrait de la porte 3, tlj 9h-16h30, gratuit avec le ticket du même jour.* Ce musée moderne, portant le nom d'une éminente chercheuse et historienne mexicaine, est trop souvent oublié des visiteurs. Il expose pourtant une magnifique collection de peintures murales, mises au jour dans les différents quartiers d'habitation de la ville au gré des fouilles. L'être humain, la nature, les animaux

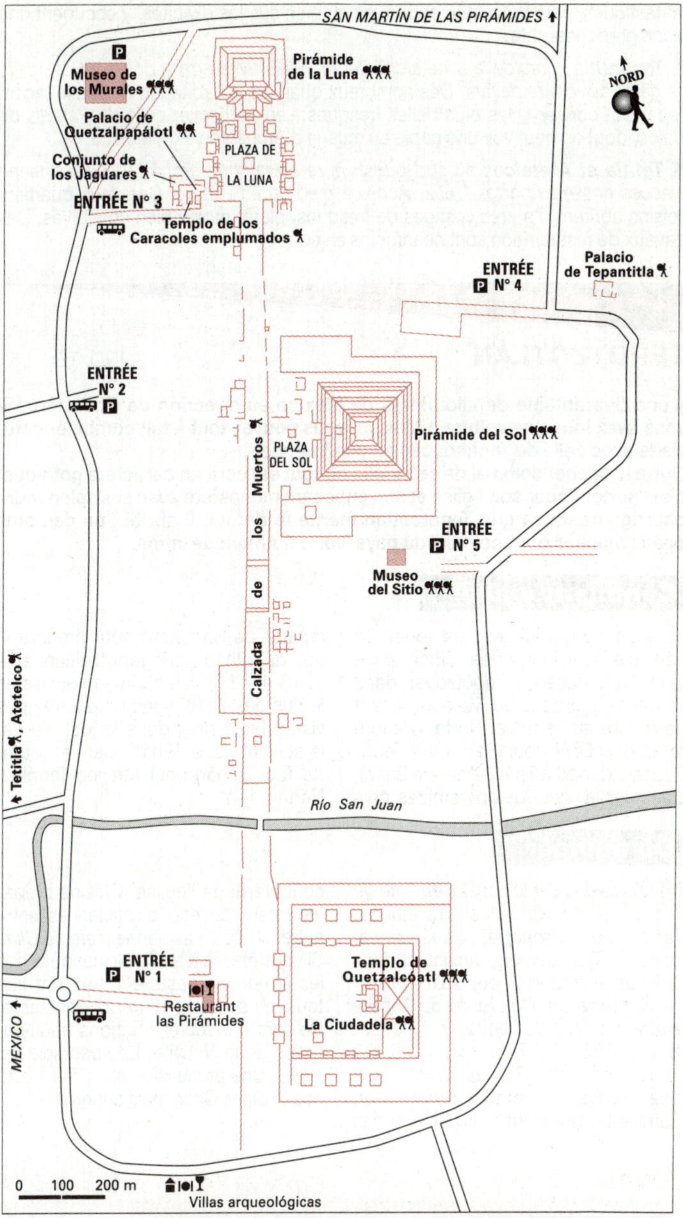

TEOTIHUACÁN (Zona arqueológica)

fantastiques, figures fantasmagoriques et, bien sûr, les divinités, y occupent une place prépondérante.

Tepantitla : *hors de la zone archéologique, au niveau de la porte 4. Possibilité de garer sa voiture devant.* Des nombreux quartiers d'habitation de Teotihuacán, Tepantitla conserve les plus belles fresques – en particulier celle du *Paradis de Tlaloc,* dont on peut voir une copie au musée d'Archéologie de Mexico.

Tetitla et Atetelco : *au sud-ouest, hors de la zone archéologique, chemin d'accès entre les portes 1 et 2. Accès à pied ou en voiture.* Ces deux quartiers voisins abritent d'autres vestiges de fresques, plutôt moins bien conservés. Des travaux de restauration sont néanmoins en cours.

TEPOTZOTLÁN

IND. TÉL. : 55

À une quarantaine de kilomètres de Mexico en direction de Querétaro. Si vous avez loué une voiture à Mexico, vous pouvez tout à fait combiner cette visite avec celle de Teotihuacán en une journée.
Outre le cachet colonial de cette ville où tout est écrit en caractère gothique, c'est surtout pour son église et son imposant monastère avec ses splendeurs churrigueresques que Tepotzotlán mérite le détour. Il abrite l'un des plus beaux musées d'art colonial du pays, voire d'Amérique latine.

Comment y aller ?

Le plus commode est de louer un véhicule pour la journée. Sinon, pour faire Teotihuacán et Tepotzotlán dans la même journée, de Mexico, il faut se rendre au Terminal Norte, prendre le 1er bus *ETN* pour San Juan Teotihuacán (départ à 7h45, arrivée à 9h15). Effectuer la visite des pyramides puis repartir de San Juan pour prendre le bus de 12h15 pour Tepozoltlán (arrivée à 14h15). Attention, si vous ratez le bus de 12h15, vous ne pourrez pas visiter les 2 sites dans la journée car le suivant est à 19h15. Dernier retour de Tepotzotlán pour Mexico Terminal Norte à 17h.

Où manger ?

Mercado : *sur le zócalo, en face de l'église, tlj 8h-19h.* Plusieurs stands. *Tacos de barbacoa, quesadillas, pozole...* Typiquement mexicain, dans une bonne ambiance populaire.

Hostería del Convento de Tepotzotlán : *à côté de l'entrée du monastère. ☎ 58-76-02-43 ou 16-46. Tlj sf lun 9h-18h. Prix moyens.* Très beau cadre récemment rénové : on domine un ravissant patio le long des contreforts de l'église. Cuisine préparée à partir de recettes anciennes, entre autres. Café à l'ancienne *(café de Olla).* Si vous êtes là à Noël, ne manquez pas les fameuses *pastorelas* qui ont lieu tous les soirs du 16 au 23 décembre. Ce sont des représentations traditionnelles de la Nativité. Le spectacle est suivi d'une procession avec feu d'artifice et dîner. Cher, mais superbe.

À voir

Museo nacional del Virreinato : *pl. Hidalgo 99. ☎ 58-76-02-45. • virreinato.inah.gob.mx • Tlj sf lun 9h-18h (dernière entrée à 17h45). Entrée : 70 $Me.*
Les amateurs de baroque et d'art colonial trouveront la visite passionnante. Installé dans un ancien couvent jésuite, le musée est articulé autour de trois patios

aux orangers centenaires. Outre les différentes salles, on visite aussi l'époustouflante église San Francisco Javier et la ravissante *capilla doméstica.*
– ***Premier patio :*** sur les murs du corridor sont apposés 22 tableaux de Critóbal de Villalpando (1649-1714). Ils retracent la vie de saint Ignace de Loyola, son parcours initiatique, la création de la Compagnie de Jésus. Puis une demi-douzaine de salles invite le visiteur à comprendre le processus de christianisation du Mexique, en dressant tout d'abord un état des lieux des cultures natives au moment de l'arrivée des Espagnols : statuaire, notamment. S'ensuit l'impact des nouveaux arrivants dans le domaine de la « culture » : armes, objets liturgiques, cartographie, mobilier et bondieuserie en tous genres. Intéressante section consacrée à l'influence de l'Orient en Nouvelle-Espagne, avec notamment de la porcelaine japonaise. Dans la même veine, belle série d'œuvres de ***Miguel Gonzalez,*** surnommé « El Conchero », maître dans la réalisation de tableaux avec incrustation de nacre, très actif à la fin du XVIIe s.
– ***Claustro de Naranjos*** *(cloître des orangers)* **:** la visite se poursuit au niveau du cloître, avec de la tapisserie flamande du XVIIe s, de la peinture religieuse : José Juárez, ***Juan Correa.*** N'oubliez pas de ressortir en direction de l'ancien verger *(huerta),* un jardin enchanteur de 3 ha où les jésuites cultivaient légumes, plantes médicinales et arbres fruitiers. Une fois la porte franchie, pensez à vous retourner pour admirer les fresques.
– ***L'intérieur de l'église de Saint-François-Xavier :*** construite à partir de 1670, mais la façade et les retables datent du milieu du XVIIIe s. Pléthore d'anges, de feuilles dorées et de symboles cachés... Confiée au sculpteur Higinio de Chávez et au peintre ***Miguel Cabrera,*** cette ***œuvre magistrale emblématique du baroque*** de la Nouvelle-Espagne de la moitié du XVIIIe s, est sans conteste ***l'une des plus belles réalisations de l'art churrigueresque du Mexique.*** Les murs, entièrement recouverts de 11 retables dorés, colorés et ultra-chargés, forment une vaste galerie d'une exubérance folle. Somptueux et impressionnant ! Près du porche principal (fermé), sur le côté gauche de la nef en regardant le chœur, ne manquez pas la chapelle dédiée à la Vierge de Loreto *(Camarín de la Virgen),* finement ouvragée ; le sol en azulejos qui la précède, protégé par des dalles en verre, est d'origine. À l'arrière de cette chapelle, une autre chapelle, octogonale celle-ci, est coiffée d'une coupole entièrement couverte de fresques. Une bonne idée : un miroir grossissant permet d'en observer les détails !
– ***Capilla doméstica :*** un chef-d'œuvre baroque de la 1re moitié du XVIIe s. Il est truffé de petites niches abritant des statuettes, des miroirs et des angelots baladant de lourdes guirlandes dorées. Il rassemble une grande partie de la symbolique des différents ordres, des Franciscains aux Jésuites, en passant par les Dominicains, Augustiniens, Carmélites... On y remarque aussi la croix de Malte, chère aux Mercédaires.
– ***Dernier étage :*** visite des salles des *Gremios* (l'équivalent des compagnons). Très belles pièces d'ébénisterie. Salle des nonnes couronnées *(monjas coronadas)* où sont exposées de magnifiques peintures de religieuses coiffées de couronnes de fleurs. Étonnant ! Enfin, n'oubliez pas d'aller admirer la vue depuis la terrasse *(mirador).*

TULA

IND. TÉL. : 773

À une centaine de kilomètres au nord de Mexico et environ 20 km à l'est de la route de Querétaro. Excursion à faire dans la journée et qu'on peut éventuellement grouper avec la visite de Tepotzotlán.
Les ruines de Tula sont étagées dans un paysage somptueux, qui rappelle un peu celui de nos sites antiques gréco-romains. Seulement, ici, les agaves et cactus de toutes sortes remplacent chênes verts et oliviers.

Comment y aller ?

➢ ***De Mexico :*** le plus rapide est de prendre le bus de la compagnie *AVM (Autotransportes Valle del Mezquital)* pour Pachuca au terminal Norte. Départ ttes les 30 mn-1h 6h20-21h30. Trajet : env 1h30. À Tula, prendre un combi qui s'arrête juste à la porte du site, devant le petit musée (env 10 $Me).

Visite du site

Infos : ☎ 714-34-31. Tlj 9h-17h. Compter env 2h de visite. Entrée : 70 $Me.
Tout le monde est désormais à peu près d'accord pour admettre que Tula fut la capitale des Toltèques. La cité a sans doute été fondée au début du Xe s, peu de temps après la destruction de Teotihuacán, dont elle est la digne héritière. Mais c'est aussi la ville sur laquelle régna le légendaire Quetzalcóatl de 977 à 999. Quetzalcóatl, dieu et humain tout à la fois, déclara le caractère sacré de la guerre et abolit les sacrifices humains. C'était sans compter la présence du Mal, représenté par son frère Tezcatlipoca qui lui fit boire du *pulque* pour l'enivrer et l'entraîner dans la débauche. Plein de remords et de honte, Quetzalcóatl abandonna son royaume et prit le chemin de l'exil vers le pays de l'Aurore (l'Est), tout en prophétisant son retour. Voir aussi la rubrique « Histoire » dans « Hommes, culture, environnement », et notamment le paragraphe « Le panthéon des dieux ».
Il ne reste de cette cité que les fameux *atlantes,* le *mur des Serpents* sculpté, des jeux de pelote *(juegos de pelota),* ainsi que les fondations d'un palais à portique. Des quatre colosses guerriers de pierre, hauts de 4,50 m (plus de 8 t chacun), seuls les deux du centre sont d'origine, mais les couleurs vives qui les recouvraient ont disparu. Installés sur le temple pyramidal qui répond au doux nom de *Tlahuizcalpantecuhtli,* ils dominent le site. Petit musée avec de bonnes explications.

VERS LE SUD ET LA CÔTE PACIFIQUE SUD

CUERNAVACA

366 000 hab. IND. TÉL. : 777

• Plan *p. 145*

À environ 2h de bus au sud de Mexico, Cuernavaca, perchée à 1 550 m d'altitude, est appelée la ville au « printemps éternel ». Depuis l'époque préhispanique, son climat exceptionnel en a fait le lieu de villégiature privilégié des habitants de la capitale. Moctezuma y avait son palais. Cortés y a fait construire le sien. Aujourd'hui, les classes aisées – politiciens, industriels et... narcotrafiquants – viennent y passer le week-end, protégés des regards indiscrets par les hauts murs de leurs résidences secondaires. Cuernavaca est aussi une ville étudiante.
On y fait volontiers escale entre Taxco et Puebla à condition d'éviter certains quartiers périphériques et de rester dans le centre-ville.

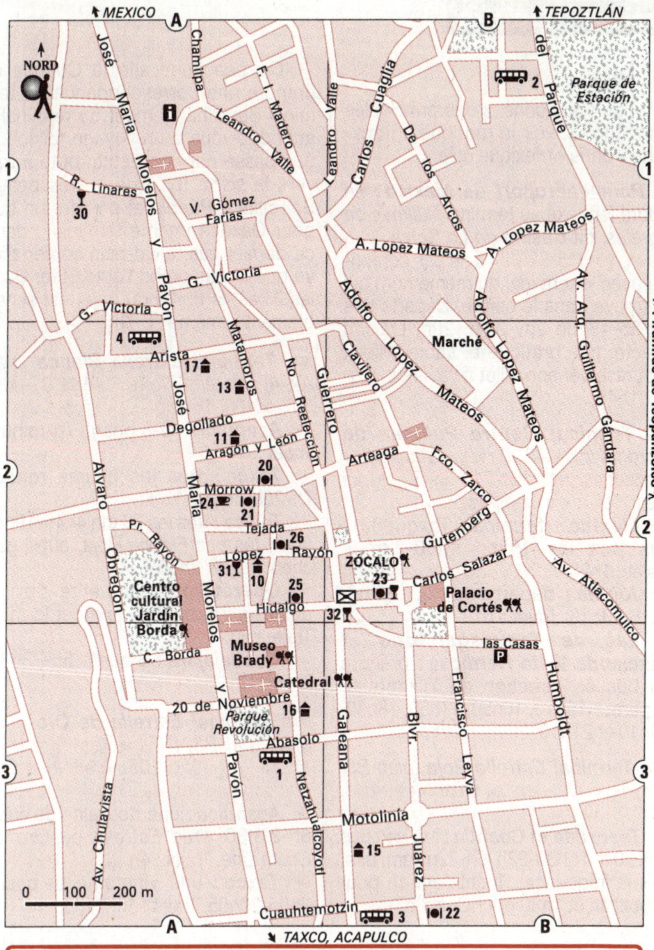

CUERNAVACA

Adresses utiles

- Módulo de Información Turística
- 1 Terminal Pullman de Morelos (Centro)
- 2 Terminal Pullman de Morelos (Casino de La Selva)
- 3 Terminal Estrella Roja
- 4 Terminal Estrella Blanca

Où dormir ?

- 10 Hotel Iberia
- 11 Hotel América
- 13 Hotel Roma
- 15 Antigua Posada
- 16 Hotel Boutique Villa Bonita
- 17 La Casa Azul

Où manger ?

- 20 La Mexicana
- 21 Restaurant La Maga Café
- 22 Rioni Pizzeria
- 23 Casa Hidalgo
- 25 Le Pastis Bistro
- 26 Manneken Pis

Où prendre un petit déjeuner ?

- 24 La India Bonita

Où boire un verre ?

- 23 Hidalgo Lounge
- 30 Las Mañanitas
- 31 L'Arrosoir d'Arthur
- 32 Bars de la plazuela del Zacate

Arriver – Quitter

En bus

Pour les coordonnées des principales compagnies, voir la rubrique « Transports » dans « Mexique utile ».

➢ ***Pour l'aéroport de Mexico :*** se rendre (en taxi) au terminal *Pullman de Morelos,* dit **Casino de La Selva** *(plan B1,* ***2****; ☎ 318-92-05),* à ne pas confondre avec le terminal du même nom qui se trouve dans le centre. Départs ttes les 35-45 mn env 3h15-20h. Liaison directe, très pratique et fiable. Mieux vaut réserver son billet à l'avance. Trajet : 1h45.

Terminal Centro Pullman de Morelos *(plan A3,* ***1****) : angle Abasolo et Netzahualcoyotl. ☎ 314-36-50. • pullman.com.mx • Consigne.*

➢ ***Mexico*** *(terminal Taxqueña)* ***:*** bus ttes les 15 mn 4h50-23h15. Trajet : 1h20.

➢ ***Jojutla :*** départs ttes les 30 mn 6h16-23h16. Trajet : 1h.

➢ ***Lac de Tequesquitengo et l'hacienda Vista Hermosa :*** prendre un bus en direction de Tilzapotla ; départs à 15h10, 16h50, 17h50, 18h50, 20h10 et 21h10.

Terminal Estrella Roja *(plan B3,* ***3****) : angle Galeana et Cuauhtemotzin. ☎ 318-59-34.*

➢ ***Tepoztlán et Cuautla :*** lun-ven bus ttes 20 mn 5h30-22h (6h-22h sam, dim, même fréquence). Trajet : env 1h pour Tepoztlán et 1h30 pour Cuautla.

➢ ***Oaxaca :*** soit aller à Cuautla et prendre une correspondance au terminal Sur (changement de terminal) ; attendez-vous à un voyage folklo : le bus passe par une petite route à travers la *sierra* (typique et très beau). Soit aller à *Puebla* et prendre un bus pour Oaxaca (même terminal) ; dans ce dernier cas, c'est plus confortable vu que le bus prend l'autoroute. Dans les 2 cas, la durée du trajet est sensiblement la même : 6-7h.

Terminal Estrella Blanca *(plan A2,* ***4****) : Morelos Norte 329. ☎ 01-800-507-55-00. Consigne.*

➢ ***Acapulco :*** 6-8 bus/j. 7h-minuit. Trajet : 4h.

➢ ***Taxco :*** ttes les heures rondes 7h-20h. Trajet : 1h30.

➢ ***Toluca :*** ttes les 30 mn 4h45-19h45 (avec les bus *Flecha Roja,* autre guichet). Trajet : 2h30.

➢ ***Querétaro :*** une petite dizaine de bus/j. 7h-30-0h15 (surtout le mat). Trajet : 5h.

➢ ***Guadalajara :*** 6 bus/j. 5h-23h30. Trajet : 9h.

Terminal Estrella de Oro *(hors plan par B3) : Morelos Sur 802. ☎ 01-800-9000-105. À quelques mn du centre en voiture.*

➢ ***Acapulco :*** une douzaine de bus/j. 6h-21h30 avec *Estrella de Oro* ou *Costa Line.* Trajet : 4h.

➢ ***Taxco :*** une vingtaine de bus/j., 6h05-20h05. Trajet : 1h.

Adresses et infos utiles

i ***Módulo de Información Turística*** *(plan A1) : Leandro Valle ; un peu en contrebas du Castillito, face à la fontaine. ☎ 312-27-47. Lun-ven 7h30-14h30.* Un peu excentré. Sinon, il y a aussi un module d'info à l'entrée du Palacio Cortès, mais ouvert en fin de semaine uniquement *(en principe 9h-17h30).* Infos générales.

■ ***Distributeurs automatiques :*** pour les cartes *Visa* et *MasterCard,* dans toutes les banques autour du *zócalo.*

Où dormir ?

Les hôtels tendent à se remplir le week-end, sachez-le. Bien sûr, ils en profitent aussi pour pratiquer des tarifs un peu plus élevés qu'en semaine. Même chose pendant les vacances scolaires.

Bon marché (moins de 400 $Me / env 20 €)

🏠 ***Hotel América*** *(plan A2, **11**) : Aragón y León 14. ☎ 318-61-27. Doubles 320-380 $Me. CB refusées.* Petit hôtel d'une trentaine de chambres, avec TV et sanitaires, qui donnent sur un patio couvert. Elles sont spartiates mais correctement tenues ; celles des étages inférieurs sont un peu sombres.

Prix moyens (400-800 $Me / env 20-40 €)

🏠 ***Hotel Iberia*** *(plan A2, **10**) : Rayón 7. ☎ 312-60-40. • hoteliberia.com.mx • Double env 520 $Me. Pas de petit déj. Parking. CB refusées.* Un hôtel central offrant une vingtaine de chambres pouvant accueillir 2 à 4 personnes. Elles sont distribuées sur 2 niveaux par de longs couloirs ornés d'azulejos. Petites mais très propres, elles offrent toutes un petit dressing et une salle de bains. On évitera quand même celles numérotées de 18 à 23 car elles donnent sur la rue.

🏠 ***Hotel Roma*** *(plan A2, **13**) : Matamoros 17. ☎ 318-87-78. • hotelroma01@hotmail.com • hotelromacuernavaca.com.mx • Doubles sencilla ou 2 lits 575-620 $Me, réduc de 15 % si paiement en espèces. Parking.* Chambres donnant sur un long patio couvert peint en jaune, garni de plantes et de palmiers. Elles sont très correctes, avec 1 ou 2 lits, ventilo, TV, salle de bains et faux parquet. Autre bonne petite surprise, la piscine (pas bien grande quand même), cachée tout au fond, avec même un bout de gazon et un bar. Cafétéria moderne attenante, pratique pour prendre le petit déj (en sus). Bon accueil.

De chic à plus chic (800-1 600 $Me / env 40-80 €)

🏠 ***Antigua Posada*** *(plan B3, **15**) : Galeana 69. ☎ 310-21-79. • hotelantiguaposada.com • Résa conseillée le w-e. Doubles 950-1 430 $Me avec petit déj.* Un petit hôtel d'une dizaine de chambres agréables et coquettes, avec sol carrelé, meubles en bois et poutres. Chacune dispose d'une terrasse individuelle où est servi le petit déj. Décoration dans le style un peu colonial. Bougainvillées en fleur et plantes vertes abondantes. Belle vue. Toute petite piscine. Une étape charmante et au calme. En plus, les prix ne jouent pas à l'ascenseur le week-end. Possibilité de stationnement.

Très chic (plus de 1 600 $Me / env 80 €)

🏠 ***Hotel Boutique Villa Bonita*** *(plan A3, **16**) : Netzahuálcoyotl 33. ☎ 312-29-06. • villabonitalesterrasses.com • Doubles 1 790-2 450 $Me selon confort et jour ; petit déj américain compris. Parking.* Petit hôtel de charme, doté de 6 chambres, pas plus. Très joliment arrangées : gros carrelage en terre cuite au sol, poutres, mobilier choisi, sanitaires couverts de faïence, AC, écran plat, super literie, et même une cheminée ! Les plus luxueuses possèdent en outre un lit *king size* et un jacuzzi. Petit déj servi à une grande table en bois donnant sur le patio. Salon, piscine, resto. Une adresse de choix.

🏠 ***La Casa Azul*** *(plan A2, **17**) : Arista 17. ☎ 314-21-41. • hotelcasaazul.com.mx • Doubles 1 390-2 990 $Me selon confort en sem, compter 1 000 $Me de plus le w-e ; petit déj américain compris. Parking.* Un beau boutique-hôtel pour une nuit de charme. Cette maison bleue n'est pas accrochée à la montagne, on n'y vient pas forcément à pied, on y frappe si besoin, car les chambres, neuves ou rénovées, ont été réalisées avec beaucoup de goût. Chacune a été décorée dans le style d'une région du Mexique par la proprio d'origine française. On a un faible pour la « San Miguel de Allende », avec son magnifique retable et son minipatio privé. Agréable patio garni de végétation avec piscine flanquée d'une petite pelouse et joli resto doté d'une grande cheminée. Un vrai petit havre de paix.

Où manger ?

Bon marché (moins de 150 $Me / env 7,50 €)

La Mexicana (plan A2, **20**) : *Dwight W. Morrow 6. ☎ 242-35-69. Lun-sam 8h-18h, 50 $Me le menu complet, boisson comprise.* Dans cette petite salle sans chichis, on sert une petite cuisine mexicaine pur jus et de bonne tenue. Y venir pour le menu du jour. Sinon, *cecina*, enchiladas, tacos, *molletes* à la carte, là encore à prix modérés. Fréquenté par les habitants et les travailleurs du quartier.

Restaurant La Maga Café (plan A2, **21**) : *Dwight W. Morrow Morrow 9 ; au 1er étage. ☎ 310-39-71. Tlj sf dim 13h-23h (21h lun-mer).* Cadre bohème pour une délicieuse cuisine mexicaine. Formule buffet pour le déjeuner (prix très raisonnable), servie jusqu'à 17h. C'est très copieux, et il y en a pour tous les goûts. Le soir, c'est plutôt pour y siroter un verre en dégustant des *antojitos* mexicains. Musique *en vivo* les vendredi et samedi soir, avec droit d'entrée. Un endroit jeune et sympa.

Prix moyens (150-300 $Me / env 7,50-15 €)

Le Pastis Bistro (plan A2, **25**) : *Hidalgo 20. ☎ 318-52-00. Tlj sf mar 10h-21h.* Cuisine française mexicanisée pour ce petit resto « plein centre » possédant une agréable terrasse. On y vient pour partager une bonne côte de bœuf, une raie au beurre noir ou des moules marinières. Sommelier de formation, David, le Lézignanais, vous conseillera aussi pour les vins.

Manneken Pis (plan A2, **26**) : *Rayón 22, pasaje Florencia (à l'étage). ☎ 244-62-07. Tlj sf mar 8h-19h.* Cuisine franco-belge concoctée par Patrice, ancien chef cuistot de Disneyland Paris. Ici, on y tâte du waterzooï de *pollo,* de la warbonnade wallonne à la Corona ou des moules-frites à la mayonnaise maison. Bardées d'affiches et de graffitis, une salle française et une salle belge – on ne mélange pas les torchons avec les serviettes ! Bien aussi pour le petit déj.

Rioni Pizzeria (plan B3, **22**) : *Cuauhtemotzin 18 ; angle bulevar Juárez. ☎ 244-04-36. Tlj sf lun 14h-23h30 (22h30 mar-mer et 21h30 dim).* À 3 blocs au sud du *zócalo,* une pizzeria installée dans une sympathique salle moderne avec de grosses tables en bois clair et une grande baie vitrée. Pizzas cuites au feu de bois (essayez la *aloha,* à l'ananas flambé, au jambon et au lard, ou celle au poulpe). Également des pâtes. Excellent service.

Plus chic (300-500 $Me / env 15-25 €)

Casa Hidalgo (plan B2, **23**) : *Miguel Hidalgo 6. ☎ 312-27-49. Côté sud du zócalo ; on entre soit par Hidalgo, soit par le zócalo. Lun-jeu 8h30-23h (minuit ven-sam ; 22h dim).* Une adresse de charme, de préférence pour le soir. Réservez une table en terrasse ou sur le balcon du 1er étage (encore plus romantique). On mange au pied du *zócalo,* face au *Palacio de Cortés* illuminé. Nouvelle cuisine mexicaine excellente (spécialité de poisson à la mangue et de médaillon de bœuf préparé et flambé à table). Service impeccable.

Où prendre un petit déjeuner ?

La India Bonita (plan A2, **24**) : *Morrow 15. ☎ 312-50-21. Tlj 8h-22h.* Traduisez « La belle Indienne », c'est-à-dire l'amante autochtone de l'empereur Maximiliano quand il venait se la couler douce à Cuernavaca. Fort joli cadre à la végétation débordante d'euphorbes et de palmiers entourant une fontaine. Très agréable pour le petit déj, servi de 8h à 13h. Parfois calme, parfois beaucoup d'ambiance.

Où boire un verre ?

🍷 ***L'Arrosoir d'Arthur*** *(plan A2,* ***31****)* **:** *Juan Ruiz de Alarcón 13 (1er étage). ☎ 243-70-86. Tlj 10h-minuit (ouvre à 13h lun et mer).* Encore un vélo perché au plafond ! C'est dans une ambiance mêlant le bric-à-brac au vintage, que nous reçoivent Benoît et Amaury. Jeune et décontracté, ce bar-resto propose d'excellentes tapas à partager autour d'un verre de vin ou de mezcal. Quelques groupes de musique viennent s'y produire de temps à autre. Programmation sur leur page *Facebook.*

🍷 **Las Mañanitas** *(plan A1,* ***30****)* **:** *Ricardo Linares 107. ☎ 362-00-00. Tlj 8h-23h. Essayez d'y aller à pied, le* Valet Parking *est cher.* On peut vous recommander l'hôtel (qui appartient à la chaîne *Relais & Châteaux*) ou le resto (pour un repas grand style !), mais à condition d'avoir le portefeuille bien garni. À défaut, allez y prendre un verre. Vous profiterez ainsi du magnifique cadre de cette hacienda et de son parc exotique, parsemé d'œuvres d'art moderne. Paons, aigrettes et flamants roses s'y promènent librement.

🍷 **Hidalgo Lounge** *(plan B2,* ***23****)* **:** *c'est le bar du resto* Casa Hidalgo *(voir « Où manger ? »). Ven-sam 20h-3h.* Un joli bar contemporain installé sur le toit du resto. On y accède par un ascenseur. Magnifique vue sur le Palacio de Cortés et la cathédrale. DJ maison qui passe une bonne musique *lounge* en début de soirée puis il enflamme la salle avec son électronique-dance et, ça guinche jusqu'à fort tard.

🍷 Sur la petite ***plazuela del Zacate*** *(plan B2-3,* ***32****)* et dans la jolie rue piétonne qui la prolonge, vous trouverez quelques ***bars à chicha et karaokés*** animés avec des tables sur le trottoir. Le soir, les jeunes viennent s'y attabler devant une bière. En fin de semaine, c'est encore plus animé, avec la présence de chanteurs *(bohemia)* et musique *en vivo.* Avec le *zócalo,* c'est le seul endroit où vous trouverez du monde une fois la nuit tombée.

À voir

Zócalo *(plan B2)* **:** bordé par la façade du *palacio del Gobierno.* Musique des mariachis le 1er mardi soir de chaque mois et ***orchestre local*** le jeudi soir au kiosque central.

Catedral *(plan A3)* **:** massive et austère, elle a été construite par les Franciscains entre 1529 et 1552. Elle est bordée par une imposante chapelle ouverte qui permettait de célébrer la messe pour les masses indiennes qui n'osaient pas entrer à l'intérieur. Grandes fresques murales racontant l'odyssée des missionnaires partis évangéliser le Japon (l'un des martyrs, san Felipe de Jesús, est aussi le premier saint mexicain). Dans le jardin, deux autres églises, dont le temple de la Tercera Orden de San Francisco, avec sa façade du XVIIIe s (1723) réalisée par des Indiens.

Palacio de Cortés *(plan B2)* **:** *côté droit du zócalo. ☎ 312-81-71. Mar-dim 9h-18h (dernière entrée à 17h30). Entrée : 55 $Me.*

UN SACRÉ PILLEUR, CE CORTÉS

Le Palacio de Cortés de Cuernavaca et l'alcazar de Colón à Saint-Domingue présentent une certaine ressemblance. Normal, Hernán Cortés n'a pas seulement volé l'or de Moctezuma, il a aussi dérobé les plans du palais que Diego Colomb, le fils de Christophe, s'était fait construire en 1510 alors qu'il était gouverneur de l'île de Saint-Domingue, l'une des premières terres d'Amérique à avoir été découvertes, 29 ans avant la conquête du Mexique.

Palais-forteresse construit entre 1526 et 1535 par Hernán Cortés sur les ruines d'une ancienne demeure tlahuica, d'après les plans du palais du fils de Christophe Colomb. Ce fut le premier bâtiment civil de l'Amérique latine continentale, siège du gouvernement provisoire de la République et, enfin, celui du gouvernement de l'État de Morelos.
Aujourd'hui, il abrite le *musée régional Cuauhnáhuac,* qui retrace l'histoire du coin. Au rez-de-chaussée, partie préhispanique, avec pas mal de poteries, bas-reliefs et statues. Puis, à l'étage, salles sur la *Conquista* (armures d'époque), objets liés aux voyages du « galion de Manille » (qui assurait la liaison entre le Mexique et les Philippines), cartes de ces mêmes Philippines au XVIIIe s. On apprend aussi que, parmi les apports européens sur le continent américain, il y eut les lapins, les souris et les cochons !
Enfin, ne manquez pas la splendide fresque de Diego Rivera, dénonçant les abus de la conquête.

🏃 ***Centro cultural Jardín Borda*** *(plan A2-3) : entrée par Morelos. ☎ 318-10-50. Mar-dim 10h-17h30. Entrée : 30 $Me ; réduc ; gratuit dim.* C'est l'ancienne « résidence secondaire » du couple impérial, Maximilien et Charlotte. Mais c'est surtout l'empereur qui y venait seul pour y retrouver son amante indienne, la *India bonita.* On se promène dans les jardins qui ont été aménagés par Manuel de la Borda, le fils de José qui construisit la cathédrale de Taxco. Visite de la maison aussi, qui abrite des expos temporaires (généralement de peinture). Concert ou spectacle de danse dans les jardins environ 3 fois par mois.

🏃🏃 ***Museo Robert Brady*** *(plan A3) : Netzahualcóyotl 4. ☎ 318-85-54. Mar-dim 10h-18h. Entrée : 40 $Me ; réduc.* Il s'agit de la maison de Robert Brady, collectionneur avisé natif des États-Unis qui rapporta dans cette belle demeure coloniale plus d'un millier d'objets d'art du monde entier (Amérique latine, Asie, Afrique...). Parmi les Tamayo, Toledo et autres Orozco, une œuvre phare : un autoportrait de Frida Kahlo. La maison restée en l'état, en elle-même vaut la visite, on peut voir les chambres (dont la *Josephine Baker Room,* consacrée à l'amie du collectionneur), les salles de bains, la cuisine, le jardin, etc. Superbe.

🏃 ***Pirámide de Teopanzolco*** *(hors plan par B2) : Río Balsas. ☎ 314-12-84. À 15 mn du centre en taxi ou 40 mn à pied. Tlj 9h-17h30. Entrée : 50 $Me.* Vous pouvez éventuellement aller y jeter un coup d'œil. Pyramide double, comme à Tenayuca, au nord de Mexico. Le site date de la période postclassique tardive, entre 1200 et 1521.

TEPOZTLÁN

21 900 hab. IND. TÉL. : 739

Pratiquement à mi-chemin entre Taxco et Puebla par la route, Tepoztlán est lové au pied de l'imposant massif montagneux du Tepozteco. Village natal de Quetzalcoátl (le célèbre Serpent à plumes), il est le théâtre de nombreuses manifestations colorées : carnaval, grande procession de l'équinoxe de printemps, célébration du dieu du Vent en septembre... Et attire depuis les années 1970 hippies, mystiques et autres adeptes du *New Age.* Le week-end, de nombreux badauds débarquent de la capitale pour profiter de son marché très animé.
Par ailleurs, on y trouve un ancien *convento* dominicain classé patrimoine de l'humanité par l'Unesco. Une halte profitable, donc, d'autant que les alentours offrent de belles balades.

Comment y aller ?

➢ ***Depuis Mexico Taxqueña (Terminal Sur) :*** avec la compagnie *OCC,* tlj 5h-23h, nombreux départs. Trajet : 1h10.

➢ ***Depuis Cuernavaca :*** prendre un bus ***TER*** (Estrella Roja, depuis le terminal du même nom (voir « Arriver – Quitter » à Cuernavaca) : lun-ven ttes les 20 mn 5h30-22h (6h-22h sam, dim, même fréquence). Sinon formule « éco » lun-ven à 18h15. Trajet : env 1h. Éviter les bus Ometochtli qui partent du marché.

Où dormir ?

Hospedaje Balcón de Santo Domingo : *Aniceto Villamar, 4. Dans le centre. ☎ 395-25-19. 777-363-31-60. Double env 900 $Me. Pas de petit déj. Parking. Résa conseillée le w-e.* Arturo vous accueille dans la demi-douzaine de chambres qu'il a aménagées chez lui. Très propres, lumineuses et bien décorées, disposant de tout le confort : salle de bains, TV, ventilo sur pied, elles donnent sur un petit jardin bien au calme. Piscine et transat pour prendre le soleil.

Où manger ?

Mercado : vraiment ce qu'il y a de plus typique, de plus original et de meilleur. En particulier les mercredi et dimanche, jours de marché. On s'installe sur des bancs à l'un des nombreux stands (choisir celui où il y a le plus de monde, garantie de qualité) pour déguster des *quesadillas* fourrées aux champignons ou à la fleur de courgette. Tout un tas d'insectes à grignoter, de la tripe *(pansa)* qui mijote, des beignets, des tacos... Un petit plus chez ***El Tlecuil*** *(735-172-36-40 ; tlj 10h-18h),* qui a remis au goût du jour d'antiques recettes indigènes, notamment à base de graines.

Los Colorines : *av. del Tepozteco 13. ☎ 395-01-98. Tlj 8h-21h. Prix moyens.* Un resto de cuisine mexicaine à la fois typique et touristique. Les couleurs vives de la déco sont là pour le rappeler. La nourriture est de bonne qualité et à des prix très raisonnables. Très apprécié par les Mexicains en visite dans le village.

El Ciruelo : *Zaragoza 17. ☎ 395-12-03. Ouv lun-jeu 13h-18h30 ; ven-sam 13h-22h30 ; dim 13h-19h30. Prix moyens.* Sans doute le meilleur resto du village. Très joli cadre, avec des tables installées dans un grand patio à l'air libre. Belle vue sur les montagnes et la pyramide. La cuisine est à la hauteur du cadre, tendance fusion mais d'inspiration mexicaine comme cette soupe de coriandre aux amandes ou cette *pechuga* (blancs de poulet) aux *cuitlacoches* (grains de maïs parasités par un champignon) et fromage de chèvre. Tout ça servi avec un petit rosé d'Anjou.

Où dormir ? Où manger très chic dans les environs ?

L'État de Morelos compte un nombre impressionnant d'haciendas, autrefois dédiées à la culture de la canne à sucre. Certaines ont été converties en *balnearios* (centres de villégiature avec piscines, jeux aquatiques, etc.). Ambiance coloniale assurée.

Hacienda de Cocoyoc : *à env 330 mn de route au sud-est de Tepoztlán. ☎ (735) 356-22-11. • hcocoyoc.com • Doubles standard à partir de 2 000 $Me, petit déj non compris ; réduc de 20 % à partir de 2 nuits hors w-e.* Vaste (près de 300 chambres), mais l'endroit n'est pas dénué de charme, avec ses belles piscines et son parc agrémenté d'aqueducs. L'ensemble remonte au XVIe s et a conservé quelques vestiges, notamment la chapelle et le bâtiment d'origine, qui abrite une quarantaine de chambres. Déco rustique et carrelage vernissé. C'est aussi une bonne étape pour déjeuner (resto à prix très abordables) pour ceux qui vont vers Puebla en voiture.

Où s'offrir une glace ?

Tepoznieves : difficile de passer à Tepoz sans prendre une glace ici. C'est une institution qui s'est développée dans tout le pays. On trouve plusieurs succursales dans le village. Des dizaines et des dizaines de parfums, plus originaux les uns que les autres.

À voir. À faire

Museo ex-convento de la Natividad et iglesia : *☎ 395-02-55. Mar-dim 10h-18h. Entrée 30 $Me.* Entré en fonction dès 1580, ce *convento* reste sous la houlette des Dominicains jusqu'en 1773, date à laquelle un clerc séculier entre en fonction conformément aux réformes bourboniennes. Rendu à la vie civile en 1857, le bâtiment fut occupé par les troupes françaises puis par celles des zapatistes. La ***façade plateresque de l'église*** laisse entrevoir des représentations chères aux Dominicains comme la torche ou le chien. On y décèle aussi des signes purement autochtones comme le soleil ou la lune, ainsi que quelques animaux. Tout ça en bonne entente avec la Vierge et quelques angelots. Les arcades et couloirs du cloître sont également ornés de ***fresques*** représentant tantôt des rois, tantôt des fleurs, des figures géométriques ou même des poissons (à l'époque, les copistes reproduisaient ce qu'ils voyaient dans les livres sans trop se poser de questions). Au centre du ***cloître*** se trouve une fontaine cernée d'orangers (symbole de pureté). À l'étage, les anciennes cellules des moines et la bibliothèque sont aujourd'hui occupées par un petit musée d'histoire régionale. Expos temporaires dans la salle capitulaire. De la terrasse du 1er étage, vue spectaculaire sur les montagnes qui ne sont pas sans évoquer les Météores (en Grèce) ou les Mallos de Riglos (en Aragón). Le dimanche, dans la cour, les sœurs clarisses viennent vendre des bondieuseries et des gâteaux.

Museo Carlos Pellicer : *González 2 ; derrière le couvent, en contrebas. ☎ 395-10-98. Tlj 10h-18h. Entrée 15 $Me.* Petite, mais très belle collection d'art préhispanique. On y voit notamment un fragment de pierre où l'on voit un lapin, symbole du dieu Ometochtli, qui signifie « deux lapins », dieu de l'Ivresse et de la Fertilité, sorte de Dionysos local. Notons que les moines dominicains à peine débarqués s'empressèrent de détruire toutes formes de représentation de ce culte païen.

Pirámide del Tepozteco : *itinéraire balisé. Depuis le Museo Carlos Pellicer, descendre la calle Anecito Villamar puis suivre le fléchage. Site ouv tlj 9h-17h30. On paie en arrivant au sommet (50 $Me).* Ça grimpe dur (400 m de dénivelée en un peu plus de 2 km !), mais la balade est superbe. Possibilité de prendre un guide au village. Comptez 1h si vous avez un bon pas. La pyramide est

LES DIEUX DE LA FÊTE

Coïncidence ? Ometochtli est le dieu de l'Ivresse et du Pulque, *un alcool produit par la fermentation du suc de l'agave* (maguey). *Chez les Grecs anciens, le mot agave vient d'Agavé, qui fut à la fois la tante et la nourrice de Dionysos, celle-là même qui instaura le culte du vin. Ce culte était célébré 4 fois l'an, notamment au cours des Grandes Dionysies qui marquaient l'équinoxe de printemps. Exactement comme à Tepoztlán !*

dédiée à Tepoztécatl, l'un des dieux de l'Ivresse et du *Pulque,* cette boisson séculaire produite à partir de la fermentation du *maguey.* D'en haut, vue splendide sur la vallée et le village. Le site est très prisé des parapentistes et la région des amateurs d'escalade.

ZONA ARQUEOLÓGICA DE XOCHICALCO

Entre Taxco et Cuernavaca, Xochicalco, le « lieu de la maison des fleurs » en Nahuatl, est un site d'une grande majesté. Beaucoup plus sauvages que celles de Teotihuacán, ses ruines dominent un ondoiement de collines écrasées de chaleur. D'une puissance évocatrice sans pareil, on imagine aisément ce que fut cette grande ville fortifiée (près de 10 km²) qui a connu son apogée entre 700 et 900 ap. J.-C., alors que Teotihuacán entamait son déclin. Encore peu fréquentée par les touristes, sa visite restera un moment privilégié de votre voyage au Mexique.

UN PEU D'HISTOIRE

Plus les recherches avancent, plus les archéologues sont convaincus que la cité-État de Xochicalco eut une importance considérable. En seulement 200 ans, entre les VIIe et IXe s, elle parvint à dominer, grâce à sa position stratégique, une grande partie du couloir méso-américain jusqu'à la mer, soumettant de nombreuses villes. À son apogée, elle comptait plus de 30 000 habitants. La chute de Teotihuacán et la période d'instabilité politique qui suivit obligèrent les peuples à construire des villes faciles à protéger. Ce fut le cas de Xochicalco et, à la même époque, d'El Tajín et de Cholula (près de Puebla).
Xochicalco fut donc édifiée sur une colline dominant les vallées alentour, selon une urbanisation parfaitement planifiée. Les grandes constructions datent de 700 apr. J.-C. Les bâtisseurs sont allés jusqu'à modifier la topologie de la colline avec des murs de soutènement pour construire des terrasses, tracer les rues et les places, creuser des escaliers et élever des murailles défensives. Centre marchand, culturel et religieux de premier ordre, Xochicalco entretenait de nombreux contacts avec l'extérieur, y compris avec les Mayas. C'était un centre riche et cosmopolite. Mais, vers l'an 900, Xochicalco s'éteint brutalement (décidément, c'est une habitude !), comme le suggèrent les traces d'incendie et de destruction qui ont pu être observées. Pour quelles raisons ? Les archéologues penchent pour la thèse d'une révolte populaire soudaine, comme à Teotihuacán.

Comment y aller ?

➢ ***En voiture :*** à 1h15 de route au nord de Taxco et à env 50 mn au sud de Cuernavaca par l'autoroute Mexico-Acapulco. Sortie bien indiquée.

➢ ***En bus :*** de Cuernavaca, prendre un bus *Lasser* sur la place du marché *(plan Cuernavaca, B2 ; départ ttes les heures 7h-20h)* qui indique « Cuentepec » et descendre à Xochicalco, sur la route située entre les ruines et le musée du site (demander l'arrêt au chauffeur). Dernier retour possible à 18h. De Mexico (Terminal Sur – Taxqueña) prendre un bus *Pullman de Morelos* pour Coatlán del Río *(départ ttes les heures 7h02-19h02)* et demander l'arrêt au croisement pour Xochicalco.

Visite du site

Infos : ☎ (737) 374-30-90. Tlj 9h-18h, musée ouv jusqu'à 17h. Entrée : 70 $Me, visites guidées gratuites en espagnol sam-dim à 11h, 12h et 13h.

Museo : *c'est là qu'on achète le billet pour l'ensemble du site.* Bâtiment à la belle architecture moderne et contenu très instructif. Il abrite le produit des fouilles archéologiques menées entre 1992 et 1994. Au total 9 salles d'exposition, dont une est réservée à la recherche sur informatique. La première est consacrée aux expos temporaires. Les 7 autres permettent d'approcher à la fois les croyances qui régissaient le rapport entre les habitants de Xochicalco et la terre, mais aussi leur vie de tous les jours. La pièce maîtresse en est sans doute le *señor de Rojo,* une statue dont le corps est représenté par la racine d'un arbre et dont la tête était entourée d'un halo de plumes. Entièrement baignée dans une solution à base de cinabre (d'où sa couleur rouge), il était le dieu-patron de la noblesse dirigeante.

Zona arqueológica : *à env 400 m du musée.*
En voici les parties les plus notables.
- **Plaza central :** c'est par là qu'on aborde la zone archéologique. C'était l'espace civico-religieux le plus important de la cité. Là où était vénéré le dieu Tlaloc. Au centre est érigée la stèle des deux glyphes (l'original est au musée). Une date y est gravée, le « 10 cane » du « 9 œil de reptile », avec ça, allez donc remplir un formulaire de la sécu... Sur son côté nord, elle est bordée par la plus grande pyramide du site. Grimpez-y, vous aurez une très belle vue sur la vallée et une partie des ruines.
- **Acrópolis :** comme son nom l'indique, c'est la partie la plus haute de la ville. Ici vivait le gratin de Xochicalco, avec de quoi stocker des denrées pour un siège et un *temazcal* (bain de vapeur rituel) pour se nettoyer la tête au lendemain d'un bon petit sacrifice bien arrosé. Un escalier permettait d'y accéder depuis la pyramide des Serpents à plumes.
- **Plaza principal :** à ne pas confondre avec la première. Celle-ci avait probablement une fonction plus politique et cérémoniale, et d'ailleurs elle accueille le clou du site : la ***pirámide de las Serpientes emplumadas*** *(pyramide des Serpents à plumes).* Noter, à la base de celle-ci, les bas-reliefs figurant huit serpents qui, bien sûr, ont été interprétés comme étant des représentations de Quetzalcóatl. L'édifice aurait été érigé pour commémorer une réunion de prêtres-astronomes venus célébrer une éclipse solaire en 743. Du coup, il paraît qu'ils auraient modifié leur calendrier en repartant. Ce qui est sûr, c'est que Xochicalco était un grand centre astronomique.
- **Cueva del Observatorio :** c'est une grotte construite artificiellement afin de pouvoir suivre les mouvements du soleil dans sa course vers le tropique du Cancer. Du 30 avril au 15 août, durant 105 jours, le soleil pénètre par une « cheminée » qui forme comme un puits de lumière et, les 14-15 mai et 28-29 juillet, à 13h, il projette sur le sol une figure géométrique.
- **Juego de pelota** *(jeu de pelote)* **:** très bien conservé. Les anneaux où devait passer la balle étaient accrochés le long de murs verticaux. En haut, il y avait des tribunes pour les spectateurs de haut rang. On jouait à la pelote avec une grosse balle de caoutchouc, qu'on mettait en mouvement avec les coudes, les genoux, les hanches ou les fesses. Le terrain de jeu représentait l'univers et la balle, les astres en mouvement. Ainsi s'opposaient le jour et la nuit, la vie et la mort. D'ailleurs, à la fin de la partie, plutôt que de rentrer au vestiaire pour la troisième mi-temps, les joueurs de l'équipe perdante étaient tous décapités et le sang versé utilisé pour fertiliser les terres ! Non loin du terrain de jeu, une *citerne* et, en face, le *temazcal,* qui devait servir aux joueurs pour se purifier avant l'épreuve.

➢ Avant de rentrer dans vos pénates. Si vous êtes véhiculé, le petit village d'***Alpuyeca*** (11,3 km du site, en direction de l'autoroute) possède une belle petite église (1719), construite elle aussi sur une ancienne pyramide. À ses pieds, quelques marchandes de tacos.

TAXCO

53 000 hab. IND. TÉL. : 762

• Plan *p. 157*

Comment en vouloir à Taxco d'être devenue une ville touristique ? C'est la contrepartie inévitable de son charme colonial et des centaines de boutiques qui se consacrent au commerce des bijoux en argent. Alors, autant profiter des enchantements de cette ville classée Monument national. Car rien ni personne ne peut venir gâcher le bonheur de se perdre dans ce labyrinthe d'escaliers et de ruelles où vibrionnent de l'aube au crépuscule des nuées de coccinelles-taxis. Taxco n'est certes pas caractéristique du Mexique profond, mais c'est peut-être l'une des plus jolies villes du pays. On y coule des heures agréables, à flâner de boutique en boutique, à arpenter son marché, à laisser vagabonder son regard à la terrasse d'un de ses nombreux restos, à la découverte de la gastronomie locale. Essayez d'y aller en semaine, car victime de son succès, Taxco fait le plein tous les week-ends.

L'ARGENT

Quand les Espagnols arrivent dans la région au début du XVIe s, ils cherchent de l'étain pour couler des pièces d'artillerie. Mais c'est de l'argent qu'ils découvrent. Ainsi naît la première mine espagnole en Amérique en 1531. Malheureusement, les hommes de Cortès n'ont pas le même appétit que les Aztèques, qui connaissent déjà l'emploi du précieux métal, et les premiers filons sont vite épuisés. Il faudra attendre le XVIIIe s et l'arrivée de José de la Borda, un industriel franco-espagnol natif d'Oloron, qui passe pour l'homme le plus riche du monde à l'époque, pour que l'extraction reprenne. Mais les gisements s'épuiseront à nouveau, et Taxco retombera dans l'oubli.
C'est un Américain, William Spratling, qui en 1929, en plein krach boursier mondial, relance l'activité, dans le domaine de la joaillerie notamment. Depuis cette date, Taxco exporte ses bijoux en argent dans le monde entier et l'on compte pas moins de 300 boutiques.

Arriver – Quitter

En bus

Voir la liste des principales compagnies et leurs coordonnées dans la rubrique « Transports » du chapitre « Mexique utile ».
Deux petits terminaux de bus à Taxco, situés à une dizaine de minutes à pied du centre.

🚌 ***Terminal Estrella Blanca*** *(plan B2,* ***1****)* **:** *av. de los Plateros.* ☎ *622-01-31.* Consigne.

➢ ***Mexico*** *(terminal Sur – Taxqueña)* **:** bus ttes les heures 5h-20h. Trajet : 3h.
➢ ***Cuernavaca :*** bus ttes les heures 6h-19h. Trajet : 1h40.
➢ ***Acapulco :*** 1 bus/j. à 20h30. Trajet : 5h (avec 2 arrêts, à Iguala et Chilpancingo).
➢ ***Puebla :*** slt 1 bus sam et dim, à 16h30. Trajet : 4h30. Sinon, il faut changer à Cuernavaca et continuer avec la compagnie *Oro* ou alors descendre jusqu'à Iguala *(bus ttes les 20 mn*

6h-20h30), puis prendre une correspondance *(14h-0h35)* pour Puebla.

➢ ***Oaxaca :*** si l'on veut éviter Mexico, il faut changer à Cuernavaca. De là, très grande fréquence pour Oaxaca (préférer le bus de nuit).

🚌 ***Terminal Estrella de Oro*** *(plan A3, **2**) :* ☎ *622-06-48.* Seulement des bus 1re classe.

➢ ***Mexico*** *(terminal Sur Taxqueña) :* 3-5 bus/j. lun-ven 7h30-17h ; 9 bus/j. sam, 6 bus/j. dim, dernier à 19h le w-e. Trajet : env 3h.

➢ ***Cuernavaca :*** 1 bus lun-ven, vers 8h. 1 bus de plus le w-e à 17h. Trajet : min 1h.

➢ ***Acapulco :*** 6 bus/j., 5h-18h. Trajet : 4h30.

Adresses utiles

ℹ ***Secretaria de Turísmo municipal*** *(plan A2) : dans le palacio municipal, à côté de la poste. Tlj 8h30-20h.* Infos générales sur la ville et un peu de doc.

■ ***Bancomer*** *(plan A3, **3**) : sur Cuauhtémoc ; presque à l'angle de la plazuela San Juan. Lun-ven 8h30-16h.* Change les euros à un bon taux. Distributeur.

■ ***Distributeur HSBC*** *(plan A2, **41**) : sur le zócalo, à côté du bar* Berta.

Où dormir ?

Peu d'options bon marché à Taxco. Certains hôtels, en revanche, proposent des tarifs un poil plus doux durant la semaine. C'est toujours ça ! Enfin Taxco est une ville très animée en soirée, surtout le week-end, autant le savoir et prévoir des bouchons d'oreilles si vous logez à proximité du *zócalo*.

Bon marché (moins de 400 $Me / env 20 €)

🏠 ***Casa de Huéspedes Arellano*** *(plan A2-3, **10**) : Pajáritos 23.* ☎ *622-02-15. Au cœur même du marché, sur une petite place en bas de grands escaliers. Dortoir env 150 $Me/pers, doubles sans ou avec sdb 250-350 $Me.* 📶 Sur 3 étages, la maison de la famille Arellano sert de refuge à prix sages. Grande et belle terrasse avec des plantes vertes et des transats. Un peu étouffantes, les chambres brillent par leur absence de déco mais ne sont pas mal tenues. Certaines possèdent leur propre salle de bains. Pour les routards en solo, chambre-dortoir de 6 lits. À deux, les chambres sans commodités situées sur la terrasse haute constituent un bon choix.

🏠 ***Posada Juan Sebastian*** *(plan A2, **11**) : Juan Sebastian 20.* ☎ *622-49-14. • hoteljoansebastian.com • Dans la ruelle piétonne qui descend face au palacio municipal. Dortoir 180-200 $Me/pers, doubles 350-550 $Me.* 📶 C'est l'autre adresse bon marché. Une maison à l'architecture typique, avec patio et balcons, dans une ruelle en plein centre mais au calme. Dortoir de 8 lits avec lits superposés... en béton ! Ou une douzaine de chambres privées assez exiguës mais joliment décorées, dont la moitié avec salle de bains. C'est bien tenu. Patron sympa et ambiance familiale. Cuisine à dispo. Une petite adresse appréciée des routards.

Prix moyens (400-800 $Me / env 20-40 €)

🏠 ***Hotel Santa Prisca*** *(plan A3, **15**) : plazuela de San Juan.* ☎ *622-00-80. • htl_staprisca@yahoo.com • Doubles env 630-700 $Me ; petit déj 90 $Me.* 📶 *(réception slt).* Ici, une petite trentaine de chambres réparties autour d'un grand patio central avec fontaine croulant sous la végétation. Déco simple et colorée, dans le style local, avec TV et

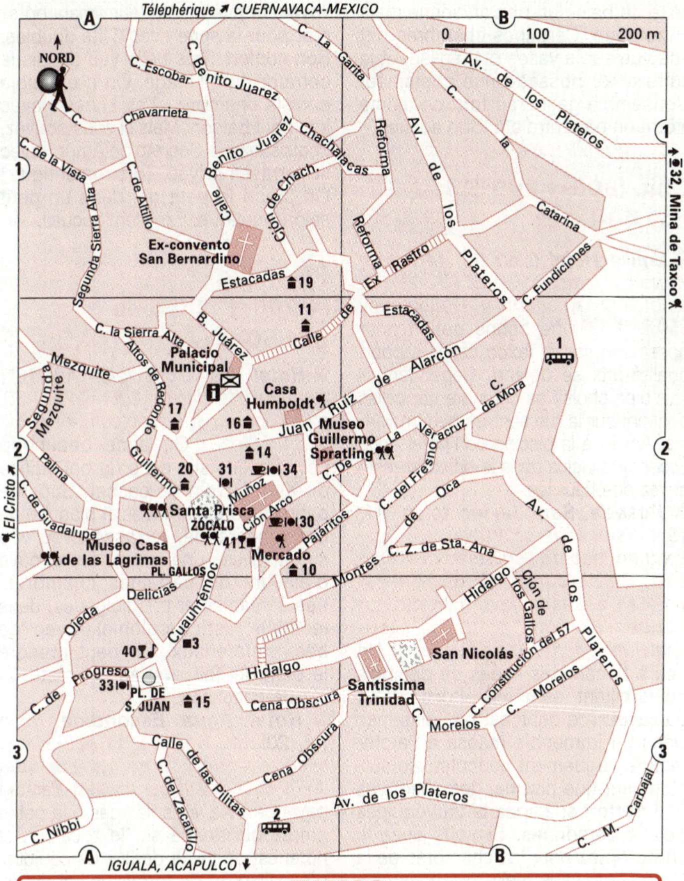

TAXCO

Adresses utiles

- Secretaria de Turísmo Municipal
- 1 Terminal Estrella Blanca
- 2 Terminal Estrella de Oro
- 3 Bancomer
- 41 Distributeur HSBC

Où dormir ?

- **10** Casa de Huéspedes Arellano
- **11** Posada Juan Sebastian
- **14** Emilia Hotel
- **15** Hotel Santa Prisca
- **16** Hotel Los Arcos
- **17** Mi Casita
- **19** Posada San Javier
- **20** Hotel Agua Escondida

Où manger ? Où prendre un petit déjeuner ?

- **30** Mercado
- **31** Pozolería Tía Calla
- **32** El Toque Romero
- **33** El Adobe
- **34** Del Angel Inn

Où boire un verre ? Où écouter de la musique ?

- **40** La Concha Nostra
- **41** Bar Berta

salle de bains un peu ancienne mais entretenue. Certaines chambres ont une vue sur la vallée ou l'église, et la suite n° 26 possède une cheminée. L'ensemble gagnerait tout de même à être un peu rafraîchi. Bon accueil.

Chic (800-1 200 $Me / env 40-60 €)

Emilia Hotel *(plan A2, **14**) : Juan Ruíz de Alarcón 7. ☎ 622-13-96. • hotelemilia.com.mx • Double env 850 $Me.* Une bonne option pour poser son sac à Taxco car le rapport qualité-prix se défend. Cependant, il faut bien choisir sa chambre car celles donnant sur la rue sont un peu bruyantes. Accès à la piscine de l'hôtel *Agua Escondida* inclus dans le prix. Bar-resto au rez-de-chaussée.

Posada San Javier *(plan A1, **19**) : Estacadas 32 (ruelle qui descend en face de l'église ex-convento San Bernardino). ☎ 622-31-77. • hotelposadasanjaviertaxco.net • Double 850 $Me, petit déj continental inclus. Parking privé.* Un peu à l'écart des excès de décibels qui habillent les hôtels situés autour du *zócalo,* ce qui n'est pas plus mal. Dans un immeuble massif à l'architecture vaguement néocoloniale surplombant une piscine, des chambres tout confort et 2 apparts tout équipés pour 6 personnes. Si vous avez le choix, optez pour les chambres de la *Casa Mimi,* sans réelle vue mais plus fraîches. Fait aussi resto. Accueil franchement moyen.

Mi Casita *(plan A2, **17**) : Altos de Redondo 1. ☎ 627-17-77. • hotelmicasita.com • Selon confort, doubles 850-1 050 $Me, 150-200 $Me la pers en plus, petit déj compris.* Avec l'hôtel *Los Arcos,* c'est l'une des adresses les plus charmantes de la ville, avec une douzaine de chambres fort joliment arrangées. Ceux qui voyagent avec toute leur smala opteront pour la suite avec 3 lits doubles. Bon confort. Très belle vue depuis le corridor du 1er étage. On a un faible pour la chambre « Les Livres » avec son petit balcon. Mais si vous pouvez, choisissez « El Secreto de Amor » avec sa terrasse privée. Très romantique ! On prend le petit déj dans un petit salon-boutique. Excellent accueil.

Plus chic (1 200-1 600 $Me / env 60-80 €)

Hotel Los Arcos *(plan A2, **16**) : Juan Ruiz de Alarcón 4. ☎ 622-18-36. • hotellosarcosdetaxco.com • Double 1 250 $Me.* On aime beaucoup cet hôtel installé dans un bel édifice du XVIIe s plein de cachet. Superbe patio entouré d'arcades et planté d'un beau jacaranda, terrasse avec vue sur la vallée ; une vue qu'on retrouve d'ailleurs de certaines chambres, très agréables et très soignées, dans le style rustico-colonial, avec de beaux matériaux. On peut prendre le petit déj (en sus) au bar-resto du rez-de-chaussée.

Hotel Agua Escondida *(plan A2, **20**) : pl. Borda 4. ☎ 622-11-66. • aguaescondida.com • Double 1 200 $Me ; petit déj en sus. Parking payant.* Ne vous fiez pas à la petite entrée qui donne sur le *zócalo.* Cet hôtel est un vaste dédale de couloirs, d'escaliers et de terrasses imbriqués les uns dans les autres. Il offre une soixantaine de chambres rénovées et de bon confort, bénéficiant d'une déco passe-partout. Le tout ici, étant donné l'environnement (proche de l'animation du *zócalo*), c'est de bien choisir sa chambre. Bar-resto en plein air *(ouv 15h-23h),* où l'on sirote une margarita face à l'église Santa Prisca. Piscine sur le toit et agréable salle de petit déj. Spa. Personnel gentil.

Où manger ? Où prendre un petit déjeuner ?

Beaucoup de restos touristiques autour du *zócalo.* Certains réservent de bonnes surprises, d'autres sont moins à la hauteur de leur vue panoramique. Mais aucun ne vous laissera sur la paille.

Bon marché (moins de 150 $Me / env 7,50 €)

☕ |●| **_Mercado_** *(plan A2,* ***30****) : accès par la droite de la cathédrale (en lui faisant face) puis suivre le fléchage* Aera de Comida. *Tlj 7h-20h.* Une ressource inépuisable, où l'on peut manger bien, rapide, dans une bonne ambiance et pour pas cher du tout ! Il faut descendre 2-3 escaliers bordés de stands de marchandises pour trouver les comptoirs de nourriture (demander *el lugar de las fondas*). Au programme : enchiladas, *quesadillas, mole, pollo frito, pozole rojo* (l'occasion de tester le fameux *chile guajillos*), *chile rellena, cecina...* bref, tout l'éventail des plats régionaux et typiques. Super jus aussi à la *juguería Dominguez.* Si vous êtes amateur de viande, rendez-vous au fond du marché (demander *el lugar de los chivos*). Vous y trouverez notamment du chevreau *(chivo)* cuit à la *barbacoa* (à l'origine du mot « barbecue ») : traditionnellement la viande est recouverte de feuilles de *maguey* et cuite dans un four creusé dans la terre. Et pour goûter à la *pansita* (l'estomac du chevreau), demandez ***El Cuate Guizado,*** où elle est préparée avec du piment *(chile)*, de la *salsa roja* et du sel.

|●| **_Pozolería Tía Calla_** *(plan A2,* ***31****) : sur le zócalo, à gauche de l'église. ☎ 622-56-02. Tlj sf mar 13h-22h30. CB refusées.* Grande salle en sous-sol, du genre *cantina,* au décor banal. On y sert, depuis 1951, un excellent *pozole,* l'un des plats phares de la cuisine mexicaine : une soupe de maïs avec de la viande et du *chicharón* (peau de porc grillée). On y ajoute au dernier moment de l'oignon haché, du piment et du citron vert. Ambiance populaire garantie.

De prix moyens à plus chic (150-500 $Me / env 7,50-25 €)

|●| **_El Adobe_** *(plan A3,* ***33****) : plazuela San Juan 13 ; au 1er étage. ☎ 622-14-16. Tlj 8h-23h.* Jolie déco mexicaine dans le style plutôt rustique. Bonne cuisine régionale et originale. Goûtez au *salmón al cilantro* (saumon à la coriandre) ou à la *cecina de Yecapixtla* (tranche de bœuf dans le filet si fine qu'on dirait du papier à cigarette). Ambiance chaleureuse et service aimable. Allez-y de bonne heure pour dégoter une des petites tables installées sur les balcons. Belle carte des vins.

☕ |●| **_Del Angel Inn_** *(plan A2,* ***34****) : Celsa Muñoz 4. ☎ 622-55-25. Tlj 8h-22h (22h30 le w-e).* Montez au 2e étage et installez-vous sur l'une des deux terrasses. De là, on jouit d'une vue exceptionnelle sur Taxco. On vient d'ailleurs ici pour ça. Nombreuses formules de petit déj à prix assez variables, proposées jusqu'à 12h. On peut aussi y déjeuner et y dîner. La *mole rosa,* spécialité de la maison, ne figure pas sur la carte ; le chef la concocte avec des pignons, des noix, des amandes du chocolat blanc et des pétales de rose. Le tout rehaussé d'une petite larme de *pulque.* Parfait pour accompagner une volaille.

|●| **_El Toque Romero_** *(hors plan par B1,* ***32****) : av. de los Plateros 28. ☎ 622-56-06. Tlj sf lun 11h-21h (jusqu'au dernier client en fin de sem).* Petit resto de bord de route (passante), qui sert de la cuisine d'un peu partout sauf du Mexique : salades, pâtes, pizzas, quiches, burgers, plats en sauce... le tout très bien exécuté et servi avec le sourire par Gerardo.

Où dormir ? Où manger très chic dans les environs ?

🏠 |●| ***Hacienda San José Vista Hermosa :*** *à* ***San José Vista Hermosa.*** *☎ (734) 342-90-40. • haciendavistahermosa.com.mx • Au nord du lac Tequesquitengo, à une bonne heure de route au nord-est de Taxco, dans le petit village de San José Vista Hermosa. Doubles à partir de 1 950 $Me, petit déj en sus ; forfait w-e en pens complète.* 📶 La plus somptueuse de toutes les haciendas. Elle fut fondée en 1529 par Hernán

Cortés en personne. Exposition de vieux carrosses et de peintures du XVIe s, écuries, aqueduc surplombant la piscine, etc. Pour ceux qui sont en voiture, c'est une étape idéale entre Mexico et Acapulco pour un repas-baignade ou, pourquoi pas, une nuit coloniale...

Où boire un verre ? Où écouter de la musique ?

La Concha Nostra *(plan A3, **40**)* **:** *pl. de San Juan. Accès par l'hôtel Casa Grande.* ☎ *622-52-27 ext 114. Tlj 8h-2h (fermé le 1er lun du mois).* Salle au 1er étage, donnant sur la *plazuela* de San Juan, avec même quelques tables aux balcons. Le samedi à partir de 21h, musique *en vivo* : groupe de rock des années 1970-1990 *(avec supplément de 35 $Me).* Cadre chaleureux et bonne ambiance. On peut aussi y manger un morceau : soupes, tacos, salades, pizzas (choisir l'une des 4 tailles en consultant le mur), lasagnes...

Bar Berta *(plan A2, **41**)* **:** *sur le zócalo. Tlj sf mar 13h-21h (12h30-22h le w-e).* Le plus ancien bar de Taxco, fondé en 1930 par Mme Berta Estrada. C'est ici qu'elle a inventé son cocktail maison, « la Berta », à base de tequila, jus de citron, miel et eau minérale. Avec un peu de chance, vous trouverez une table libre sur le balcon.

Achats

L'***argent,*** évidemment ! Il est omniprésent à Taxco. Avec plus de 300 boutiques, vous n'aurez que l'embarras du choix... À ce propos, sachez que le Mexique est de premier pays producteur d'argent au monde. Les bijoux en argent pur n'existent pas, ils seraient trop mous pour être portés. On mélange donc l'argent avec une petite quantité de cuivre afin d'augmenter ses qualités mécaniques. La proportion minimale légale pour ce que les anglophones appellent le *Sterling Silver* et les Français « l'argent 925 » est de 925 millièmes d'argent au gramme. D'où le poinçon « 925 » figurant sur les bijoux. Au Mexique, on trouve du 950 et même du 980. L'artisan peut légalement « descendre » cette proportion jusqu'à 800 millièmes, notamment pour graver les bijoux sans risquer de les abîmer, mais il doit le préciser. En dessous, ce n'est pas de l'argent. À Taxco, la plupart des boutiques sont fiables mais, si vous achetez un bel objet, rien ne vous empêche de vous assurer du sérieux du magasin en demandant une facture avec la mention *RFC (Registro Federal de Contribuyentes),* sachant toutefois que vous payerez plus cher car le vendeur vous facturera systématiquement la TVA. À signaler aussi : les ***mayoreos,*** ou grossistes, disséminés dans le village peuvent vous accorder des réductions à partir d'un montant d'achat conséquent. Dernière chose, on trouve aussi beaucoup de bijoux en alpaca, un alliage d'argent qui contient du nickel. L'alpaca *(german silver)* ressemble à l'argent, brille même plus que l'argent, mais ce n'est pas de l'argent car il n'est pas poinçonné 925.

Artisanat : on trouve un ***petit marché*** dans les ruelles qui descendent derrière l'église de Santa Prisca, où l'on vend sacs, bracelets, colliers, vaisselle, pierres « précieuses », etc. Et, bien sûr, aussi le ***marché*** de Taxco décrit plus haut dans « Où manger ? », qui vend aussi mille et un objets.

À voir. À faire

Zócalo *(plan A2)* **:** agréablement ombragé par des *ficus americana* et bordé de vénérables maisons, dont la ***Casa Borda,*** celle du richissime José de la Borda. Édifiée en 1759, cette demeure coloniale de trois étages abrite aujourd'hui la *Casa de la cultura,* qui accueille parfois des expos et événements culturels (sur la gauche en regardant l'église).

*** ***Parroquia Santa Prisca*** *(plan A2)* **:** *sur le zócalo. Ouv 7h-20h.* Érigée aux frais de José de la Borda, grâce aux revenus de la mine d'argent de San Ignacio. « Dieu donne à Borda, Borda donne à Dieu », avait coutume de dire le riche mécène alors qu'il faisait construire l'église de Santa Prisca. La construction de cette église engloutit une bonne partie de sa fortune. Mais qu'importe, quelques années plus tard, il redécouvrit un filon d'argent à Zacatecas. Construite en seulement 8 ans grâce à une centaine d'artisans, l'église, terminée en 1758, est un chef-d'œuvre de style churrigueresque, l'une des expressions du baroque les plus déjantées, que l'on doit aux frères Churriguera. Une profusion de fleurs, d'arabesques et d'angelots semblant monter droit vers le ciel, très en vogue en Nouvelle-Espagne à l'époque. Façade de pierre rose à l'exubérance tropicale à l'extérieur ; retables sculptés et décorés à la feuille d'or à l'intérieur. L'un des plus beaux monuments d'art religieux du pays. N'oubliez pas d'aller visiter la sacristie, derrière l'église, où vous verrez deux œuvres majeures de Miguel Cabrera.

** ***Balade dans les ruelles (callejones) :*** dur, dur pour les mollets... Une errance agréable au fils d'un maillage serré de ruelles et de passages où la ligne droite et l'à-plat ne sont que lointains souvenirs... mais on est récompensé par les superbes points de vue. Au petit matin, ou le soir quand la chaleur est tombée, c'est un ravissement. Un des buts de la balade est de grimper jusqu'à l'***iglesia de la Guadalupe.*** Prendre la calle Guillermo Spratling à gauche de l'hôtel *Agua Escondida* puis la calle Guadalupe. À l'arrivée, magnifique point de vue et aucun touriste.

* ***El Cristo :*** cette statue monumentale domine la ville. Comptez bien 1h pour s'y rendre à pied... et une bonne dose de souffle. Ceux qui peinent à se déplacer, prendront un minibus sur la place de San Juan *(plan A3),* qui indique « Panorámica » ou Casahuates, le nom du quartier le plus élevé, mais il faudra quand même marcher un bon quart d'heure. Faisable aussi en Coccinelle-taxi (environ 50 $Me). Panorama spectaculaire sur Taxco et la vallée, à découvrir l'après-midi. Redescendre à pied en flânant dans les ruelles pentues.

UN INSECTE QUI EN A SOUS LE CAPOT !

À Taxco, les rues sont tellement pentues et les pavés de basalte tellement glissants que les véhicules à traction avant patinent. La solution ? La Coccinelle de chez Volkswagen *! Avec sa propulsion arrière, elle grimpe partout et ne dérape pas.*

* ***Le panorama sur Taxco :*** les nostalgiques des sports d'hiver pourront prendre le ***téléphérique*** *(hors plan par A1 ; pour y accéder, prendre un minibus marqué « Los Dos Arcos » ; dim-jeu 8h-19h, ven-sam 8h-22h ; 95 $Me A/R),* qui monte à l'hôtel le plus luxueux du coin, le *Monte Taxco,* situé sur une colline en face de la ville. Vue superbe sur la vallée depuis le mirador de l'hôtel.

* ***Museo del Arte Virreinal*** *(ou* ***Casa Humboldt*** *; plan A2)* **:** *Ruiz de Alarcón 12. ☎ 117-15-61. Mar-dim 10h-18h. Entrée : 20 $Me ; plus cher en cas d'expos temporaires.* Cette maison du XVIIIe s (magnifique façade de style mudéjar) abrite une petite collection de meubles et d'objets de l'époque de la vice-royauté. Également quelques œuvres d'art sacré, provenant des églises de Taxco. Le baron Humboldt, l'un des premiers explorateurs naturalistes du Mexique, y passa une nuit en 1803, après plusieurs mois de voyage en Amérique centrale.

** ***Museo Guillermo Spratling*** *(plan A-B2)* **:** *Porfirio Delgado 1. ☎ 622-16-60. Mar-sam 9h-17h, dim et j. fériés 9h-15h. Entrée : 40 $Me ; gratuit dim.* William Spratling fut cet Américain débarqué à Taxco dans les années 1920. À la fois homme d'affaires, collectionneur, designer, caricaturiste et écrivain, il a légué à l'État son immense collection d'objets précolombiens. Le musée en expose une partie (le reste est au Musée national d'anthropologie de Mexico). Quelques très belles pièces bien mises en valeur, comme ce crâne couvert de petits carreaux turquoise et ces vases anthropomorphes illustrant le culte phallique. Au sous-sol, les objets conçus par Spratling lui-même, d'inspiration préhispanique. À l'étage, expos temporaires d'artistes locaux.

Museo Casa de las lagrimas – Casa Figueroa *(plan A2)* **:** *Guadalupe 2.* ☎ *622-00-03. Jeu-lun 10h-18h. Entrée : 30 $Me ; visite guidée en espagnol compris.* Une maison datant de la moitié du XVIIIe s ayant appartenu à l'origine au comte de la Cadena, un proche de José de la Borda. Elle avait la particularité de posséder 27 pièces pour 2 fenêtres seulement. Autant dire que le proprio ne devait pas souvent dormir sur ses deux oreilles. Coup du sort, elle fut le théâtre de nombreux drames (d'où son nom) avant d'être rachetée en 1943 par l'artiste mexicain Fidel Figueroa. Une petite dame nous invite à découvrir son univers et, à travers lui, celui de toute une époque et même des précédentes. Force anecdotes, détails historiques, beau mobilier et *talaveras* de Puebla à gogo, rendent cette visite *muy interesante*.

Mina de Taxco *(hors plan par B1)* **:** *cerro de la Misión 32, dans l'hôtel* Posada de la Misión. ☎ *622-82-86. Tlj 9h-18h. Entrée : 150 $Me, droit photo 50 $Me.* En 2013, un hôtelier qui faisait des travaux de plomberie dans son établissement découvre une grotte débouchant sur une mine exploitée il y a plus de 500 ans dont il ne soupçonnait même pas l'existence ! Du coup, il exploite le filon... mais touristique cette fois !

Fêtes

– ***Día de Santa Prisca :*** *18-20 janv.* C'est la sainte patronne de la ville. Avec grand feu d'artifice, et tout et tout. La veille, concours et bénédiction des animaux qui se présentent en costume, même les cochons.
– ***Semana santa :*** *du dim des Rameaux au dim de la Résurrection (dim de Pâques).* Ces fêtes de Pâques, qui datent de l'époque coloniale, sont célèbres dans tout le pays et prennent parfois des aspects spectaculaires. Il y a des processions tous les jours, avec notamment celles des pénitents qui, pieds nus et recouverts d'une capuche noire, se flagellent le dos ou portent une énorme croix en bois. Le Jeudi saint et le Vendredi des figurants miment Passion et Crucifixion. Le samedi, c'est plus calme, et un silence absolu règne dans la ville en signe de deuil.
– ***Día del Jumil :*** *1er lun de nov après le día de Muertos (la Toussaint).* Le *jumil* ? C'est un petit cafard. Tous les ans en novembre, ils quittent les cultures et migrent vers les forêts autour de Taxco, spécialement sur la colline Huixteco. Les habitants de la ville vont alors les chasser pour les déguster vivants ou en faire une sauce pour les tacos !
– ***Feria nacional de la Plata :*** *début déc.* Fête à la mexicaine : avec majorettes, chanteurs et concerts sur le *zócalo,* courses d'ânes, etc. Mais, surtout, concours des plus belles œuvres en argent et exposition. Et puis le clou de la feria : l'élection de Miss Plata (Miss Argent), avec sa ravissante couronne... en argent, bien sûr !
– Nombreuses festivités à Taxco tout au long de l'année. Infos sur le site : • *taxco landia.com* •

DANS LES ENVIRONS DE TAXCO

Grutas de Cacahuamilpa : *à une bonne demi-heure de voiture au nord de Taxco.* ☎ *(721) 104-01-61.* • *cacahuamilpa.conanp.gob.mx* • *Prendre un bus* Tres Estrellas *pour « las grutas » (trajet : 40 mn, env 40 $Me). Demander l'arrêt au*

chauffeur. Du croisement, 10 mn à pied (ou taxi). Tlj 9h-17h. Départ de la visite guidée (obligatoire) ttes les heures. Durée : 2h. Entrée : 75 $Me ; réduc.
Ces immenses grottes, qui sont parmi les plus vastes du continent (du monde, vous diront les guides), ont été découvertes en 1835. Ce sont aujourd'hui les plus visitées du pays ! Elles s'étirent au-dessus de deux rivières, avec des salles dont la plus volumineuse, celle de la *botella de champagne,* atteint 81 m de hauteur. Autre salle remarquable, *el salón de los enamorados* (la salle des amoureux), vous verrez pourquoi quand vous y serez ! Bien sûr, profusion de stalactites et de stalagmites créant des formes plus ou moins figuratives qui sont commentées de manière assez romanesque par le guide.
Le circuit aménagé sur 2 km traverse 18 salles. Celles-ci ont vraisemblablement servi aux Indiens chontales pour leurs rituels religieux. Impressionnant et très beau, ce site vaut vraiment le déplacement.

Pozas Azules de Atzala : *à* **_Atzala,_** *à env 30 mn de voiture au sud-ouest de Taxco. ☎ (747) 160-66-04. Sinon, prendre un combi pour* Ixcateopan de Cuauhtémoc *en face du Terminal des bus* Tres Estrellas *et demander au chauffeur qu'il vous dépose sur la route de San Pedro Chichila. De là, il reste 7 km jusqu'à Atzala. Tlj 8h-18h ; 25 $Me.* Spa naturel et revigorant. Un ruisseau dévale une anfractuosité de la montagne couverte de végétation, alimentant une série de vasques aux eaux turquoise et frisquettes. On saute, on glisse, on fait de la tyrolienne (payant), on s'ébroue dans l'eau... Le rendez-vous préféré des familles de la région.

VERS L'EST ET LE GOLFE DU MEXIQUE

LES VOLCANS POPOCATÉPETL ET IXTACCÍHUATL

Le volcan Popocatépetl, indissociable des cours de géo, dresse son cône presque parfait à 5 426 m d'altitude, à 70 km au sud-est de Mexico.
Depuis son éruption de fin 1994, qui sonna son réveil après 47 ans de sommeil, le « Popo » est un multirécidiviste. Fin 2000, d'abord, forçant les riverains à évacuer préventivement leur village. Il est vrai que quand le géant toussote, il ne fait pas dans la demi-mesure avec parfois des cendres qui montent jusqu'à 3 km de hauteur ! Puis il a remis ça en en 2005, 2012 et encore en 2013, et plus récemment en 2016 où il est entré en colère 4 fois dans l'année, provoquant l'annulation de nombreux vols à l'aéroport de Puebla. Bien qu'il n'en ait pas connu depuis près de 1 200 ans, une explosion majeure pourrait menacer des centaines de milliers, voire des millions de personnes, notamment les habitants de Puebla et de ses environs. Inutile, donc, de caresser l'idée de grimper dessus pour aller voir de plus près si la lave est à bonne température, son ascension est formellement interdite.
À côté du « Popo » se découpe la silhouette d'un autre grand volcan, l'Ixtaccíhuatl (5 230 m), dont le nom signifie « la femme endormie ». Beaucoup plus docile puisqu'il est éteint.
Aujourd'hui encore, le Popocatépetl conserve une aura mythologique auprès des populations locales. Plusieurs fois l'an, les villageois le gavent d'offrandes, notamment le 12 mars, jour de la San Gregorio, en hommage à celui qu'ils appellent Don Goyo. Car ils croient que le « Popo » abrite l'âme

de Tlaloc, le dieu de la Pluie, et qu'il est en mesure d'intercéder en leur faveur pour de bonnes récoltes. Il semble que les Aztèques pratiquaient déjà de tels rites.

TRISTAN ET YSEULT CHEZ LES AZTÈQUES

Une légende raconte que l'Ixtaccíhuatl serait l'incarnation d'une princesse, morte de chagrin d'avoir cru tuer au combat le guerrier dont elle était amoureuse. À son retour, celui-ci, désespéré, se suicida à son tour. Suite à cette tragédie, les dieux transformèrent les deux amants en volcans, le Popocatépetl et l'Ixtaccíhuatl. Les éruptions du premier semblent rappeler ses accès de rage...

En 1994, l'Unesco a classé un ensemble de 14 monastères du XVIe s érigés dans un rayon proche du Popocatépetl – preuve, s'il en fallait, de la volonté espagnole de dompter les dieux aztèques en s'installant sur leur ventre... Certains sont aisément accessibles, comme aux environs de Puebla, ou encore à Cuernavaca, Tepoztlán ou Tochimilco, d'autres un peu moins. Tous présentent le même style plateresque (Renaissance).

PUEBLA

1 500 000 hab. IND. TÉL. : 222

• Plan *p. 166-167*

L'homme est ainsi fait qu'il montre souvent le contraire de ce qu'il est. Puebla est baroque. Ultra-baroque, même, à l'image du *mole poblano,* sa spécialité : des dizaines d'épices, du piment... et du chocolat. Baroque à l'image des angelots et des chérubins qui partent à l'assaut des retables dorés des églises. Baroque comme ses façades fardées de céramiques, les fameuses *talaveras.* Derrière ce visage enjoué se cache pourtant une bourgeoisie conservatrice, raide comme les rues tracées en damier. Cette fille de l'Espagne, fière et hautaine, a volé dès le XVIe s la suprématie à sa voisine, l'indigène Cholula. Fondée dès 1531, sous le nom de Puebla de los Ángeles, elle a prospéré grâce au commerce, à mi-chemin du Pacifique et du golfe du Mexique. C'est aujourd'hui la quatrième ville du pays.

Cinq siècles ont passé, et le legs de la vice-royauté espagnole est de toute beauté. Le centre historique, inscrit au Patrimoine mondial de l'humanité par l'Unesco, se parcourt à pied : demeures du XVIIIe s, églises baroques à tous les coins de rue, musées superbes, petites places charmantes, quartiers pittoresques... Autour de la 3e semaine de novembre s'y déroule un important festival : concerts, théâtre, folklore... Puebla, c'est la culture servie sur un plateau.

À 2 160 m d'altitude, le climat est similaire à celui de Mexico : frais le soir, surtout en hiver.

Arriver – Quitter

En bus

Pour les coordonnées des principales compagnies, voir « Transports » dans « Mexique utile ».

Terminal de bus *(CAPU ; hors plan par A1) :* *bulevar Norte 4222, à 4 km du centre, soit 15-20 mn en taxi (comptoirs de prépaiement à l'intérieur et sur le côté du terminal).* ☎ *249-72-11.* • *capu.com.mx* • Très bien équipé : cafétérias, boutiques, téléphones, consigne 24h/24, change, distributeur de billets et pharmacie.

Dessert pratiquement toutes les villes du pays.
Pour y aller en bus urbain, prendre sur le bulevar Héroes del 5 de Mayo *(plan D1-2)* un *colectivo* bleu avec l'inscription « Interior CAPU ». Pour ***rejoindre le centre-ville,*** le taxi officiel *(autorizado)* revient à moins de 75 $Me.
➢ ***Mexico :*** très grande fréquence (pas besoin de réserver), 6h-22h env (moins de bus la nuit), avec *AU* (les cars bon marché du groupe *ADO*), mais aussi *ADO, ADO GL et ADO Platino* (plus cher). La plupart arrivent au terminal *Tapo* de Mexico mais certains vont jusqu'au terminal *Norte* ou encore s'arrêtent à *Taxqueña.* Se renseigner. Bonne fréquence également avec *Estrella Roja.* Trajet : 2h-2h30 selon trafic à l'entrée de Mexico.
➢ ***Aéroport de Mexico :*** avec *Estrella Roja, 24h/24,* ttes les 20 mn jusqu'à 13h, puis ttes les 30 mn jusqu'à 17h, enfin ttes les heures jusqu'à 1h du mat, ***depuis le terminal de la compagnie Estrella Roja,*** situé 4 Poniente 2110 *(hors plan par A1),* entre les calles 21 et 23, plus proche du centre que le terminal CAPU (taxi néanmoins nécessaire). Également des bus *Estrella Roja* pour l'aéroport depuis le terminal CAPU mais moins nombreux. Vos bagages sont étiquetés en fonction du terminal de votre choix (T1 ou T2), n'oubliez pas de le préciser. Le terminal 2 est desservi en premier. Mêmes fréquences dans le sens inverse, 6h15-minuit pour le terminal de 4 Poniente, 8h-23h pour la *CAPU.* Trajet : 2h30.
➢ ***Oaxaca :*** avec *ADO,* 14 bus/j. (dont 2 avec *ADO GL*), 7h25-minuit. Résas à l'avance en période de rush. Trajet : 4h-4h30.
➢ ***Xalapa :*** ttes les 30 mn-1h avec le groupe *ADO* (dont 2 départs avec *ADO GL*), 5h45-21h15. Trajet : 2h45-3h.
➢ ***Poza Rica*** *(El Tajín)* ***:*** avec *Verdes* (le moins cher), env 7 bus/j. 7h-22h30 (dernier à 0h30 sam-dim) ; ou avec *ADO,* env 16 bus, 7h-23h30. Trajet : 5h.
➢ ***Papantla*** *(El Tajín)* ***:*** 2 bus/j. avec *ADO,* 14h15-17h30. Trajet : 6h.
➢ ***Veracruz :*** ttes les 30 mn-1h avec le groupe *ADO* (*AU, ADO* et *ADO GL*), 24h/24. Trajet : 3h30-5h.
➢ ***Cuernavaca :*** ttes les heures 6h-20h30 avec *Oro.* Trajet : 3h30-5h. Trajet : 3h.
➢ ***Atlixco :*** ttes les 20 mn en direct 5h30-20h avec *Oro,* compter de nombreux arrêts avec *Erco.* Trajet : 40 mn en direct, au moins 1h sinon.
➢ ***Cholula :*** ttes les 5-10 mn 5h30-22h35 avec *Autobuses Puebla-Cholula y Anexas* *(départ de leur terminal sis 6 Poniente 1106 ; ☎ 247-99-18).*

Adresses utiles

- **1** Centro de Atención a Visitantes
- **2** Oficina de Turísmo del Estado
- **5** Bureau de change
- **8** Laverie

Où dormir ?

- **20** Hostal Santo Domingo
- **21** Hotel Victoria
- **22** Hostal Casona Poblana
- **23** Hostel Gente de Más
- **24** Hotel Casa Abolengo
- **25** Hotel Santiago
- **26** Hotel Virrey de Mendoza
- **27** Hotel Puebla Plaza
- **28** Hotel Imperial
- **30** Hotel Gilfer
- **31** Hotel Palace
- **32** Hotel Colonial
- **33** Quinta Real
- **34** El Sueño
- **35** Hotel Real Santander

Où manger ? Où prendre un petit déjeuner ?

- **40** Mercado de Sabores Poblanos
- **41** La Zanahoria
- **42** La Fonda
- **43** Restaurante-bar del Parián
- **44** Celia's Café
- **45** El Mural de los Poblanos
- **46** Casareyna
- **47** La Conjura
- **48** Fonda Santa Clara
- **49** Mesón Sacristía de la Compañía
- **51** La Casa del Mendrugo

Où faire une pause sucrée ? Où boire un bon café mexicain ?

- **50** Paletería Michoacan
- **52** Zaranda Café

Où boire un verre ? Où sortir ?

- **60** La Pasita
- **62** Musa
- **63** El Penthouse
- **64** Café Rentoy

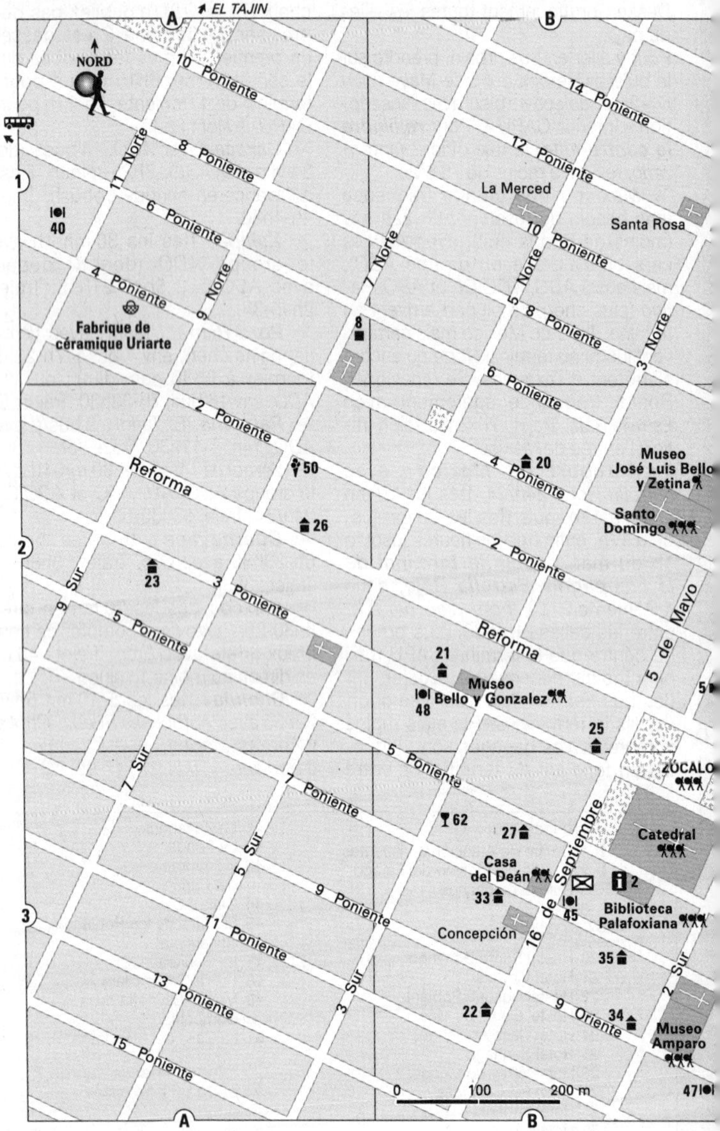
EL TAJIN
NORD
A
B
1
2
3
10 Poniente
14 Poniente
8 Poniente
12 Poniente
11 Norte
6 Poniente
La Merced
Santa Rosa
40
10 Poniente
4 Poniente
9 Norte
7 Norte
5 Norte
8 Poniente
Fabrique de
céramique Uriarte
8
3 Norte
6 Poniente
2 Poniente
50
4 Poniente
20
Museo
José Luis Bello
y Zetina
Reforma
26
Santo
Domingo
2 Poniente
23
9 Sur
3 Poniente
5 Poniente
5 de Mayo
Reforma
21
Museo
Bello y Gonzalez
48
25
7 Sur
5 Poniente
ZÓCALO
7 Poniente
62
27
Catedral
16 de Septiembre
5 Sur
Casa
del Deán
33
2
9 Poniente
45
Biblioteca
Palafoxiana
Concepción
11 Poniente
35
2 Sur
13 Poniente
3 Sur
22
9 Oriente
34
Museo
Amparo
15 Poniente
0
100
200 m
47

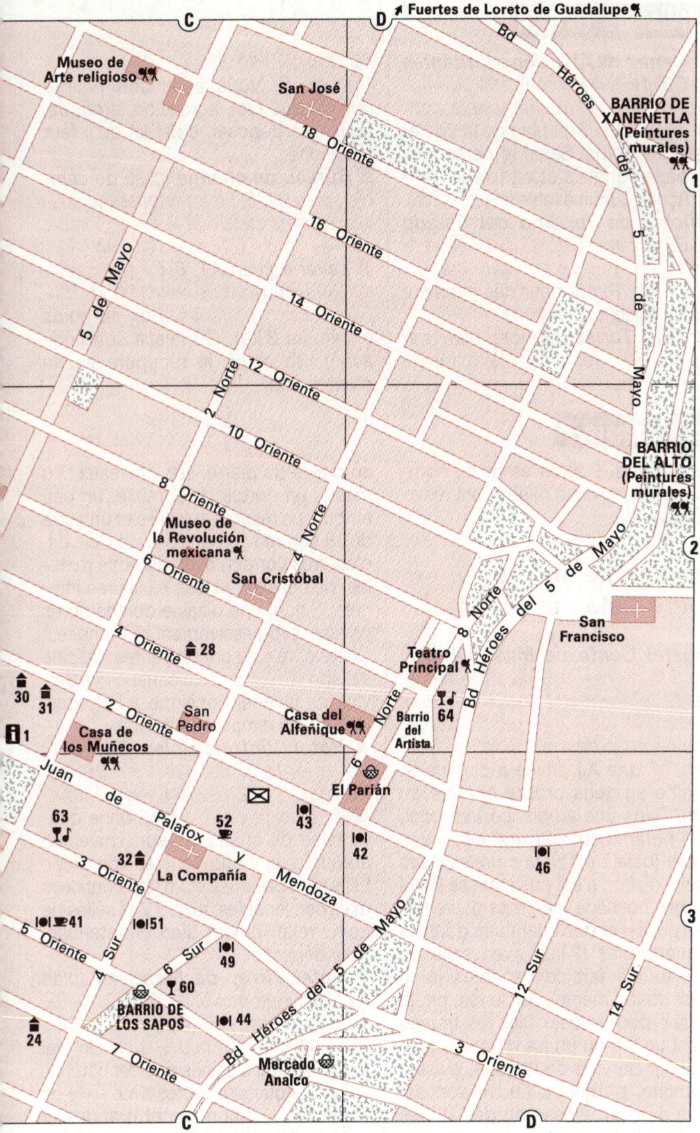
C
D
Fuertes de Loreto de Guadalupe
Museo de Arte religioso
San José
18 Oriente
16 Oriente
14 Oriente
12 Oriente
10 Oriente
8 Oriente
6 Oriente
4 Oriente
2 Oriente
3 Oriente
5 Oriente
7 Oriente
Bd Héroes del 5 de Mayo
BARRIO DE XANENETLA (Peintures murales)
BARRIO DEL ALTO (Peintures murales)
5 de Mayo
2 Norte
4 Norte
6 Norte
8 Norte
Museo de la Revolución mexicana
San Cristóbal
San Francisco
Teatro Principal
28
30
31
1
San Pedro
Casa de los Muñecos
Casa del Alfeñique
Barrio del Artista
64
El Parián
Juan de Palafox y Mendoza
63
52
43
42
46
32
La Compañía
41
51
49
60
44
4 Sur
6 Sur
12 Sur
14 Sur
BARRIO DE LOS SAPOS
24
Mercado Analco
1
2
3

PUEBLA

Adresses utiles

Centro de Atención a Visitantes (plan C2, **1**) : *sur le zócalo. ☎ 309-43-00 (ext. 197). • turismopuebla.gob.mx • Tlj 9h-20h.* Bon plan de la ville et excellentes infos. Selon le personnel, on y parle l'anglais et parfois le français. Accès gratuit à Internet (aléatoire).

Oficina de Turísmo del Estado (plan B3, **2**) : *av. 5 Oriente 3. ☎ 246-24-90. • puebla.travel • Lun-sam 8h-20h, dim 9h-14h.* Plutôt pour des infos sur l'État de Puebla.

Policía Turística (hors plan par A1) : *Héroes del 5 de Mayo (angle 31 Oriento), colonia Ladrillera de Benítez. ☎ 232-44-78. Lun-sam 8h-22h.* Si vous avez une plainte quelconque (vol, agression, arnaque, abus...) à déposer, c'est ici qu'il faut téléphoner.

Bureau de change (casa de cambio ; plan B2, **5**) : *dans le passage couvert entre le zócalo et la rue 2 Oriente. Lun-ven 8h30-18h, sam 10h-14h.*

Laverie (plan A1, **8**) : *7 Norte 404. ☎ 246-35-18. Lun-sam 9h30-19h. Fermé dim et j. fériés.* Prix au poids (minimum 3 kg). On laisse son linge avant 13h et on le récupère en fin d'après-midi.

Où dormir ?

Le week-end, Puebla attire de nombreux visiteurs, alors mieux vaut réserver à l'avance.

Bon marché (moins de 400 $Me / env 20 €)

Hostel Gente de Más (plan A2, **23**) : *3 Poniente 713. ☎ 232-31-36. • gentedemashostel.com • Dortoirs 4-5 lits 170-180 $Me/pers, double 410 $Me, quadruple 525 $Me ; petit déj inclus.* Une AJ privée à dimension humaine au sens propre comme au figuré. Dans une ambiance très cool, créée notamment par une déco très colorée (belles *pinturas murales*), des dortoirs où l'on n'est pas entassé (celui des filles possède même sa petite terrasse privée) et des chambres doubles ou quadruples (2 lits) avec salle de bains tout à fait convenables (bien choisir quand même). Sur le toit, petite terrasse pour laisser filer les heures devant un thé ou un jus d'orange (pas d'alcool). Service de lingerie, cuisine commune, babyfoot. La maison est active dans la réinsertion des jeunes à travers la production de peintures murales dans les quartiers défavorisés.

Hostal Santo Domingo (plan B2, **20**) : *4 Poniente 312. ☎ 232-16-71. • hostalsantodomingo.com • Dortoirs 150-160 $Me/pers, double env 450 $Me ; petit déj inclus.* L'ensemble s'organise autour d'un vaste patio en dalles de pierre, sur 2 niveaux. Au menu : un dortoir de 6, mixte, un peu étriqué, un réservé aux filles et un autre de 18 comme au pensionnat ! Cela dit, c'est très correct, avec de bons matelas, des casiers et des sanitaires intégrés. Sinon, une dizaine de chambres privées, progressivement réarrangées. Celles côté rue sont bruyantes. Cuisine à dispo *(7h-21h)*. Coin canapé-TV. Service de laverie, consigne à bagages. Une AJ qui remplit sa fonction.

Hotel Victoria (plan B2, **21**) : *3 Poniente 306. ☎ 232-89-92. Doubles env 210-260 $Me. CB refusées. (capricieux).* Une bonne quarantaine de chambres sur 3 niveaux, autour d'un patio tout en longueur. Elles sont basiques et un peu confinées mais convenables, avec TV et salles de bains relativement bien entretenues. Pour dépanner.

Hotel Virrey de Mendoza (plan A2, **26**) : *Reforma 538. ☎ 242-39-03. • hotelesdepuebla.com • Doubles 350-400 $Me. CB refusées.* Un vrai petit réservoir à selfies que cet hôtel de style Art nouveau. Toutes avec salle de bains, les chambres sont grandes et propres, la verrière vaut le coup d'œil et l'escalier s'avère délicieusement grinçant. Une bonne adresse.

Hostal Casona Poblana (plan B3, **22**) : *16 de Septiembre 905. ☎ 246-03-83. • casonapoblana@yahoo.com.mx • Selon confort, dortoirs 150-190 $Me/pers, double 500 $Me ; petit* *déj inclus.* 💻 📶 Une AJ possédant une demi-douzaine de dortoirs de 4 à 14 lits. Le plus grand est aussi le plus volumineux mais on est franchement les uns sur les autres. Préférez les plus petits (4 ou 5 lits, pas plus), ils donnent sur l'arrière. La douzaine de chambres doubles, elle, ne casse pas trois pattes à un canard mais c'est bien tenu. Cuisine au rez-de-chaussée et terrasse sur le toit. Patio en guise d'espace commun (pas de salon pour les hôtes).

Prix moyens (400-800 $Me / env 20-40 €)

Hotel Santiago (*plan B2-3,* **25**) : *3 Poniente 106.* ☎ *242-28-60.* • *hotelsantiago.com.mx* • *Doubles 570-620 $Me. Pas de petit déj. Parking.* 📶 Super bien placé, presque à l'angle avec le *zócalo,* quasi en face de la cathédrale. Réception bien nette et chambres (la plupart intérieures) avec marbre, faux parquet, élégant mobilier, salles de bains nickel, TV câblée, eau minérale... bref, tout le confort. Du dernier étage, très belle vue sur la cathédrale. Un bien bon rapport qualité-prix, surtout pour les chambres *sencillas,* avec lit *matrimonial.*

Hotel Palace (*plan C2,* **31**) : *2 Oriente 13, à côté du Gilfer.* ☎ *232-24-30 ou 242-40-30.* • *hotelpalace.com.mx* • *Selon confort, doubles 600-760 $Me, petit déj 70 $Me/pers. Parking (gratuit) à 2 rues (Valet). Résa recommandée.* 📶 Avec ses serviettes de toilette pliées dans la pure tradition hôtelière, cet hôtel, dont la déco des chambres est restée scotchée dans les années 1980, s'avère un bon compromis. Pour éviter d'être dérangé par l'ascenseur, le routard averti ira quand même faire son nid au 4ᵉ étage. D'ailleurs, les couples de sortie doivent le savoir, ils nous ont dit qu'il fallait absolument réserver le samedi soir.

Hotel Puebla Plaza (*plan B3,* **27**) : *5 Poniente 111.* ☎ *246-31-75 ou 01-800-926-2703.* • *hotelpueblaplaza.com.mx* • *Selon confort, doubles 600-800 $Me. Pas de petit déj. Parking payant.* 📶 Dans une vieille demeure à la façade bleue, les chambres (une quarantaine) donnent sur une cour intérieure un peu sombre, où sont garées sous bâche les bagnoles des proprios. Même si les chambres ont été refaites et qu'elles disposent désormais toutes de salles de bains carrelées bien propres et d'une literie sans histoire, on préférera quand même celles situées à l'étage. Accueil moyen.

Hotel Imperial (*plan C2,* **28**) : *4 Oriente 212.* ☎ *242-49-80 ou 01-800-874-49-80.* • *hotelimperialpuebla.mx* • *Double 720 $Me, petit déj inclus. Parking (mais nombre de places limité).* 💻 📶 Dans cet hôtel qui doit tout à la peinture et aux plantes vertes dégoulinant de ses balcons, les chambres sont plutôt sans surprise. Seulement, on a tout intérêt à bien choisir. Certaines ont une literie molle, d'autres possèdent des meubles franchement usés, d'autres encore donnent sur la rue... On comprendra bien vite que même si on peut y laver son linge gratis, se taper une partie de minigolf sur le toit et bénéficier d'un *room service* jusqu'à pas d'heure, mieux vaut faire le tour des chambres avant d'emménager. Faut quand même pas pousser mémé dans les orties.

Chic (800-1 200 $Me / env 40-60 €)

Hotel Casa Abolengo (*plan C3,* **24**) : *7 Oriente 209.* ☎ *242-70-00.* • *casaabolengohotel.com* • *Double 850 $Me, 950 $Me avec lit* king size *; petit déj américain inclus.* 📶 *(parties communes slt).* Un petit hôtel dont les chambres sont distribuées plus ou moins autour d'un petit patio. Très colorée, la déco mêle l'ancien au moderne, avec quelques effets flashy et des meubles faussement vieillis. Une série de couloirs mène à des chambres plus en retrait de la rue, certaines isolées sur de petites terrasses. 3 d'entre elles n'ont pas la télé, mais toutes ont une salle de bains. Bon accueil.

Hotel Colonial (*plan C3,* **32**) : *4 Sur 105 et 3 Oriente.* ☎ *246-46-12 ou 01-800-013-00-00.* • *colonial.com.mx* • *Résa conseillée. Double 900 $Me. Petit déj en sus. Parking assez cher.* 📶 Autrefois partie intégrante d'un monastère jésuite (XVIIᵉ s), l'établissement, qui donne sur un petit morceau de rue piétonne, a gardé son cachet colonial. La plupart des chambres sont spacieuses et calmes, de style ancien comme l'hôtel d'ailleurs... Resto sur place. Reçoit beaucoup de groupes, de ce fait les individuels pourront se sentir isolés.

Hotel Gilfer (plan C2, **30**) : *2 Oriente 11. ☎ 309-98-00. • gilferhotel.com.mx • Doubles 820-880 $Me selon confort, petit déj 70-100 $Me/pers. Résa conseillée. Parking gratuit.* Grand hôtel pour cadres commerciaux en vadrouille. Pas franchement rock & roll mais au standard bien affirmé et sans surprise. Les chambres offrent le standing qu'on attend de ce type d'établissement, avec AC, écran plat, coffre-fort, etc. Certaines donnent sur la cathédrale. Resto.

Plus chic (1 200-1 600 $Me / env 60-80 €)

Hotel Real Santander (plan B3, **35**) : *7 Oriente 13. ☎ 246-13-44 ou 35-53. • hotelrealsantander.com • Doubles 1 015-1 800 $Me, petit déj compris. Parking.* Ce petit hôtel de charme, sis dans une demeure du XVIIe s, a bénéficié d'une rénovation soignée. Cadre colonial, meubles anciens, poutres apparentes et quelques belles pièces d'art sacré. Beaucoup de cachet. Les chambres sont spacieuses, confortables et douillettes (les lits notamment), avec une belle hauteur de plafond qui maintient la fraîcheur. On a un faible pour la no 1, au fond, avec son minipatio privatif.

Très chic (plus de 1 600 $Me / env 80 €)

El Sueño (plan B3, **34**) : *9 Oriente 12. ☎ 232-64-89. • elsuenohotel.com • Doubles 2 000-3 600 $Me, petit déj inclus (à la carte). Parking gratuit.* Alliant ultra-modernité et décorum du XVIIIe s, cet hôtel a de quoi surprendre. Et l'audace paie, puisque poutres apparentes et design contemporain créent une ambiance exquise et unique. Chacune des 20 chambres, toutes différentes, superbes et absolument tout confort, met à l'honneur une femme artiste de langue espagnole, peintre ou écrivain. Dans le prix, hammam et jacuzzi sur le toit-terrasse avec chaises longues sont compris. Spa en supplément. Très bel espace pour le petit déj et un resto ouvert jusque tard. Accueil prévenant.

Quinta Real (plan B3, **33**) : *7 Poniente 105. ☎ 229-09-09 ou 01-800-500-40-00. • quintareal.com • Doubles en principe à partir de 3 300 $Me, petit déj 275 $Me/pers.* L'un des plus beaux hôtels de Puebla, dans un ancien couvent de clarisses du XVIe s. Magnifique cour intérieure inondée de soleil. Les chambres ont été refaites, avec moquette épaisse, gros lit douillet, fresque au mur et, bien sûr, tout le confort moderne. Une véritable adresse de charme et des prix qui font l'ascenseur en permanence (voir les promos sur Internet). Superbe bar à l'entrée et resto.

Où manger ? Où prendre un petit déjeuner ?

La *cocina poblana,* savant assemblage d'influences aztèques, espagnoles et même séfarades, est un cocktail de saveurs baroques à ne négliger sous aucun prétexte. Profitez-en pour goûter le fameux *mole poblano* (sauce à base de cacao), le *chile en nogada* (poivron farci à la viande, aux noix et aux raisins secs, proposé surtout en août-septembre) ou le *pipián,* une sauce verte (ou rouge) que l'on sert avec du poulet ou, plus traditionnellement, avec du porc. Dans les marchés et petits restos de rue, on trouve aussi des *chalupas,* petites tortillas à la sauce (rouge ou verte) avec des morceaux de porc ou de poulet. Succulent ! Sans oublier, bien sûr, les célèbres *camotes poblanos,* ces confiseries à base de fruits et de patate douce, spécialités de Puebla.

Pour le petit déjeuner, pratiquement tous les restos ouvrent vers 8h et proposent des formules qui sont servies jusque vers 12h, voire 13h. Enfin, n'allez pas dîner trop tard, les restos ferment tôt.

Bon marché (moins de 150 $Me / env 7,50 €)

Mercado de Sabores Poblanos *(plan A1,* ***40****)* **:** *4 Poniente 1106. Lun-jeu 8h-20h (21h ven, sam).* Bâtiment moderne abritant une foultitude de comptoirs flanqués de tables et chaises, idéal pour goûter à la cuisine du coin : *mole poblano, pipián, chilaquiles, chalupas,* mais aussi toutes sortes de grillades, *comida corrida,* soupe de crevettes et autres *cazuelas de mariscos* (cassolettes de fruits de mer), sans oublier les jus frais... Les plats sont bien préparés et peu ruineux. Bonne hygiène et service charmant des restaurateurs.

La Zanahoria *(plan C3,* ***41****)* **:** *5 Oriente 206. ☎ 232-48-13. Tlj 7h30-21h. Buffet déj servi 13h-18h.* Ce grand resto végétarien, installé dans un patio couvert avec fontaine, propose un intéressant buffet le midi, avec 7 plats au choix. On peut aussi manger à la carte, qui affiche notamment des salades, des hamburgers de soja ainsi que de nombreux plats à base de céréales ou de légumineuses. Bons petits déj *(7h-13h)* aussi, avec du pain fait maison, à la carte ou en buffet du vendredi au dimanche. En semaine, les prix sont moins élevés que le week-end. Et ils dégringolent entre 18h et 20h.

Restaurante-bar Del Parián *(plan C3,* ***43****)* **:** *2 Oriente 415. ☎ 232-33-04. Tlj sf mar 10h-20h.* Dans ce resto couleur fraise écrasée où l'on se transmet le flambeau de mère en fille depuis 1935, vous tâterez du *chile en nogada* ou du *mole.* Le menu du jour n'asséchera pas votre portefeuille et vous le dégusterez un œil sur les sirupeuses *telenovelas* qui passent en boucle à la télé.

Prix moyens (150-300 $Me / env 7,50-15 €)

Fonda Santa Clara *(plan B2,* ***48****)* **:** *3 Poniente 307. ☎ 242-26-59. Tlj 8h-22h.* Un resto (plusieurs adresses en ville) créé par une dame qui voulait remettre au goût du jour la cuisine populaire, et avouons que c'est plutôt réussi ! On goûtera au *mole poblano,* au *pipián* (vert ou rouge) ; ou encore, selon les saisons, aux *gusanos de maguey* (mai-juillet), ces petits vers parasites de l'agave au délicieux goût de poulet ; aux *chapulines* (octobre-novembre), des sauterelles frites avec du piment, excellentes à l'apéro ; et aux *escamoles...* Rien d'extraordinaire, ce sont simplement des larves de fourmis, le caviar mexicain ! Déco kitscho-rustico-chic dans le genre apothéose.

La Fonda *(plan D3,* ***42****)* **:** *2 Oriente 801. ☎ 232-44-49. En face du marché d'artisanat El Parián. Tlj 8h30-20h (sam, dim buffet-brunch 8h30-12h30).* Cadre typique, avec murs roses couverts de vieilles photos, tables aux couleurs chatoyantes et fourneaux en vue. Bonne cuisine populaire et ambiance familiale. Goûtez aux spécialités du coin, bien sûr, mais aussi au *bacalao a la Vizcaina,* un plat mexicain qu'on ne trouve pas partout. Également un menu-déjeuner pas cher du tout. Bon accueil.

Celia's Café *(plan C3,* ***44****)* **:** *5 Oriente 608. ☎ 242-36-63. Tlj 9h-22h.* On entre dans un 1er patio couvert, garni de plantes et de cages à oiseaux, avant de pénétrer dans d'autres salles plus intimes, dont une avec piano, prolongée d'une courette. Un lieu plein de charme qui propose une bonne *cocina poblana* (*chilaquiles* maison). Le soir, changement d'ambiance à partir de 20h, on dîne au son du piano ou, le vendredi, au rythme des chanteurs de *trova* (petit supplément ce soir-là). On peut aussi juste y boire un verre dans l'après-midi... ou y acheter de la céramique *talavera,* fabriquée par la famille. Une adresse très sympathique.

Mesón Sacristía de la Compañía *(plan C3,* ***49****)* **:** *6 Sur 304. ☎ 232-45-13. Tlj 8h-23h (18h dim).* Le cadre est splendide. On mange dans le patio aux murs rose Malabar ou dans une des petites salles, au milieu d'œuvres d'art et de mobilier ancien. Bonne cuisine régionale (des petits piments figurent astucieusement sur la carte pour vous avertir du risque d'incendie). On recommande le *mancha mantel,* viande de porc en sauce, peu épicée, avec bananes plantain, ananas et *camote* (patate douce). Pour l'ambiance, *trío de Boleros* le vendredi à 20h, pianiste le dimanche à 11h pour le brunch. Un endroit bien agréable.

Casareyna *(plan D3,* ***46****) : Privada 2 Oriente 1007. ☎ 232-00-32. Tlj 8h-22h.* Le *Casareyna,* qui est le resto de l'hôtel chic du même nom, c'est d'abord un cadre sobre, agréable et très soigné, en salle, ou, pour une atmosphère plus intime, dans les patios et les courettes du bâtiment. Ensuite, la cuisine est réputée et très appréciée des *Poblanos.* Plat phare : le *mole,* bien sûr (ici de la *abuela Ángela,* servi en 4 versions !), mais si vous en avez déjà mangé dans les jours précédents, tentez le steak de thon, le saumon au tamarin, le filet de bœuf à la mangue ou le poulet à la moutarde. Bon vin au verre. Service impeccable.

Plus chic (300-500 $Me / env 15-25 €)

El Mural de los Poblanos *(plan B3,* ***45****) : 16 de Septiembre 506. ☎ 242-05-03. Tlj 8h-23h.* Le resto est touristique, c'est indéniable, mais le service et la cuisine sont tous deux excellents. De plus, très agréable patio, orné d'une fresque illustrant les habitants de Puebla et d'une fontaine qui gargouille. Au menu : *cocina poblana* et plats aztèques en saison (surtout des vers et des insectes !). Pour changer du *mole,* essayez les crevettes au mezcal ou les *cemitas de chalupas* (sorte de petit hamburger local), les meilleurs de Puebla à ce qu'on dit. Au dessert, ne manquez pas l'excellente glace au *turrón* suintant de caramel. Dégustation de vins certains soirs.

La Conjura *(plan B3,* ***47****) : 9 Oriente 201. ☎ 232-96-93. Mar-sam 14h-23h, dim-lun 14h-18h.* Ce resto de haute volée, estampillé « *comidas lentas* » (alias *slow food*), a élu domicile sous les voûtes du XVIIe s d'une ancienne fumerie de lard. Déco élégante sous les vieilles pierres rehaussées par un éclairage contemporain. Au menu, de bons produits, comme le fameux *jamón de Jabugo,* des préparations bien ficelées, où la cuisine castillane s'acoquine sans vergogne avec la *cocina poblana,* comme pour cette *fideua* (paella aux fruits de mer dont le riz est remplacé par des vermicelles), le tout servi avec élégance. Également quelques tapas chic. Carte des vins soignée, avec quelques choix au verre.

La Casa del Mendrugo *(plan C3,* ***51****) : 4 Sur 304. ☎ 232-51-38. Tlj 8h-23h (9h-18h dim).* Resto chicos resserré sur lui-même dans le patio d'une vénérable demeure où fut exhumée en 2010 *Doña Chuchila,* la plus ancienne habitante de Puebla (1500-1300 av. J.-C.). La cuisine, en revanche, est bien contemporaine, puisqu'elle marie la tradition *poblana* à quelques effets d'assiette. Ici, la grande majorité des produits est issue d'une production maison, qui s'étend de la charcuterie aux fromages en passant par le mezcal et quelques bières artisanales. Bon vins également. Ambiance musicale *en vivo* certains soirs (du jazz essentiellement). On peut aussi se contenter d'y boire un verre en picorant des tapas. En repartant, ne manquez pas la visite du musée.

Où faire une pause sucrée ?
Où boire un bon café mexicain ?

Confiseries (dulces) : *rassemblées dans la rue 6 Oriente, entre 5 de Mayo et 4 Norte (plan C2).* Le sucre dans tous ses états. *Borrachitos* (pâtes de fruits), *tortitas de Santa Clara* et sauce *mole poblano* si vous voulez vous essayer à la cuisine mexicaine en rentrant. Et n'oubliez pas les *camotes poblanos.*

Paletería Michoacan *(plan A2,* ***50****) : angle 7 Norte et 2 Poniente. Tlj 9h30-21h30.* De très bonnes glaces en boules ou en bâtonnets, proposées dans une trentaine de parfums. Beaucoup de choix dans les fruités avec des morceaux dedans. Également des *aguas frescas.*

Zaranda Café *(plan C3, **52**) : Don Juan de Palafox 412A. ☎ 242-09-88. Tlj sf dim 8h30-21h.* La pièce principale est plutôt impersonnelle, passez tout de suite dans le cloître, sur l'arrière (on peut y fumer). Brochures et magazines à consulter devant un excellent café maison fraîchement torréfié et moulu devant vous. Quelques pâtisseries.

Où boire un verre ? Où sortir ?

La Pasita *(plan C3, **60**) : 5 Oriente 602, pl. de los Sapos, à l'angle de 6 Sur. Tlj sf mar 12h30-17h30.* Depuis près d'un siècle, les Poblanos viennent s'offrir un p'tit gorgeon dans cette drôle de cave à vins, où l'on ne trouve pas de vin, mais la fameuse liqueur *Pasita* inventée par le père de l'actuel tenancier. La *Pasita,* à base de raisin sec, est servie dans un petit verre *(caballito)* avec un morceau de savoureux fromage de chèvre, à grignoter entre deux gorgées. Ni chaises ni tables, on boit debout. Vente de bouteilles à emporter. Autre adresse tenue par le fils : *504-B de 3 Sur (plan B3, à côté du **62**) ; tlj 15h-21h.*

Musa *(plan B3, **62**) : 3 Sur 504. Tlj 10h-23h.* Dans le patio d'une ancienne demeure, un lieu consacré aux arts visuels, avec une boutique d'objets de jeunes designers, des expos de peinture ou de photo, et même une mini-salle de ciné (cherchez dans le catalogue). Clientèle branchée arts graphiques. Spectacles ou happenings fréquents (théâtre, projections, concerts ou même spectacles de danse). Coin fumeur à l'étage.

El Penthouse *(plan C3, **63**) : 3 Oriente 206. ☎ 246-24-03. Lun-sam 17h-1h30 (3h ven-sam), dim 13h-22h.* Un bar à ciel ouvert installé sur le toit de l'hôtel *Puebla de Antaño.* On y vient surtout pour la vue sur les tours et les coupoles, joliment illuminées, du centre historique. Musique *en vivo* le week-end à partir de 22h. Beaucoup de monde certains soirs.

Café Rentoy *(plan D2, **64**) : 8 Norte 602 ; à l'angle de 6 Oriente. ☎ 246-44-59. • rentoy.com.mx • Tlj 8h-2h30.* Donnant sur la place des artistes, l'endroit est idéal pour boire un café ou un cappuccino dans la journée sur la terrasse ensoleillée. À partir de 18h, ambiance plus *caliente* avec musique *en vivo* : jazz, salsa, ballades, etc. Grand choix de cocktails, dont certains aux noms très osés...

Ceux qui cherchent plus d'animation et un plus grand choix de bars et de lieux de sortie, avec ou sans musique live, où l'on guinche ou non, iront faire un tour du côté de l'***avenida Juárez,*** à environ 2 km à l'ouest du centre *(dans le prolongement de 7 Poniente ; hors plan par A2).* C'est désormais ici qu'on trouve les soirées les plus *caliente* !

Achats

Fabrique de céramique Uriarte *(plan A1) : 4 Poniente 911. ☎ 232-15-98 ou 51-26. • uriartetalavera.com.mx • Boutique ouv lun-ven 10h-19h, le w-e 10h-17h. Visite guidée lun-ven ttes les heures 10h-14h (en espagnol ou anglais, visite gratuite à 11h) ; tarif : 50 $Me.* Entrez au moins pour voir le patio couvert de *talaveras* et sa belle fontaine. La visite, très intéressante, détaille l'histoire de la maison, fondée en 1824, et la fabrication des *talaveras,* nom donné ici aux azulejos. C'est en fait le nom d'une petite ville espagnole proche de Tolède, d'où la technique fut importée. Les 6 couleurs utilisées n'ont pas changé : vert, jaune, orange, noir, bleu ciel et le fameux bleu cobalt. En revanche, les motifs ont subi diverses influences, italienne, espagnole (et arabe par conséquent), chinoise aussi. Assiettes, vases, bonbonnières, carafes... de magnifiques pièces sont présentées à la vente.

MEXICO ET SES ENVIRONS

Calle de la Talavera (plan C1) : *dans 18 Poniente, entre 3 Norte et 5 de Mayo, près du museo de Arte religioso. En principe, tlj 10h-20h (18h dim).* Quelques boutiques de vrais objets en *talavera* ; et beaucoup de céramiques partout, même dans les confiseries ! La *talavera* a sa dénomination d'origine depuis 1998 : DO4. Ce sigle est peint sous le dessous de l'objet en céramique. La dénomination « talavera » certifie la méthode artisanale (450 ans d'existence), la production régionale (Puebla) et l'utilisation des 6 couleurs traditionnelles d'origine minérale. Les autres céramiques sont aussi très jolies (moins chères), mais ce n'est pas de la *talavera.*

Mercado artesanal El Parián (plan D3) : *entre les av. 6 et 8 Norte, 2 et 4 Oriente. Boutiques ouv jusque 19h-19h30.* Petit marché et stands d'artisanat et de bibelots dans une agréable ruelle piétonne débouchant sur le barrio del Artista où les artistes locaux exposent leur production.

Barrio de los Sapos (plan C3) : autrement dit, le « quartier des crapauds ». En réalité, c'est le coin des artisans. On y trouve de belles boutiques d'***antiquaires...*** et des ***ateliers d'artisanat*** du bois dans le bas de 5 Oriente et dans le callejón de los Sapos. Meubles et superbes cadres en bois sculpté.

Mercado de pulgas (plan C3) : *le w-e (9h-17h), plazuela de los Sapos.* La place se transforme en marché aux puces dans une ambiance bon enfant. Bien sûr, les boutiques des antiquaires sont ouvertes.

Mercado Analco (plan C-D3) : *le w-e slt, dans le prolongement de 5 Oriente, de l'autre côté du bulevar Héroes del 5 de Mayo, dans le jardin public.* Immense marché d'artisanat, populaire et sympa.

À voir. À faire

Les aficionados des bus à impériale et autres inconditionnels de la balade motorisée, n'auront que l'embarras du choix. Tous les bus permettant de découvrir la ville sans se fatiguer partent du *zócalo (10h-18h, le w-e à partir de 9h).* Ils sont, à quelque chose près, au même tarif *(60-85 $Me).*
Voici leurs sites internet :
- *turisticopoblanos.com* •
- *turibus.com.mx* •
- *tiptours.mx* •
- *citytourister.mx* •

Zócalo (plan B-C2-3) : le centre historique de Puebla est l'une des plus belles réussites de l'urbanisme espagnol en terre mexicaine. La légende veut que ce soit l'œuvre des anges qui dessinèrent dans le ciel une immense croix pour indiquer le plan de la ville... d'où son ancien nom de *Puebla de los Ángeles.* Et son surnom moderne : Angelópolis... Au centre du *zócalo,* la belle fontaine de l'archange san Miguel (saint Michel), le patron de la ville, érigée en 1777.

Catedral (plan B3) : *ouv à la visite lun-ven 10h-11h30, 13h-17h30 ; sam 10h-11h, 14h-17h ; dim 15h-17h30.* Imposante bâtisse en pierre grise. Construite à partir de 1575 et consacrée dès 1649 (4 ans avec celle de Mexico), elle arbore différents styles. La façade principale est plutôt Renaissance, mais l'intérieur, qui a subi plusieurs apports au fil des siècles, est aujourd'hui majoritairement de facture néoclassique. Les tours, culminant à 74 m de haut, sont plus tardives encore : l'une a été achevée en 1678, l'autre en 1768... Ce sont les plus hautes du pays. La coupole est recouverte de *talaveras.* À l'intérieur, parmi de nombreuses œuvres, notons le chemin de croix peint par ***Miguel Cabrera.*** La coupole est l'œuvre de ***Critóbal de Villalpando.*** Baroque en diable, c'est ***l'une des rares peintures a tempera conservées au Mexique.***

Dans l'autel à baldaquin qui devance l'autel des rois, un bronze représentant une Vierge de l'Immaculée Conception piétinant le serpent biblique, œuvre de ***Manuel Tolsá.*** Elle pèse une tonne. Une vidéo instructive (en espagnol) tourne en boucle dans l'édifice en dehors des heures de messe.

🎬🎬 ***Casa de los Muñecos*** *(plan C2-3) : av. 2 Norte, près du zócalo.* Observez la façade, recouverte de drôles de figurines en céramique. La demeure abrite le ***Museo universitario*** *(tlj 10h-17h – 18h ven-dim ; entrée : 30 $Me, gratuit mer).* Des appareils d'optique et de physique du XIXᵉ s ; d'autres raretés comme un squelette de fœtus, une momie, des animaux empaillés et la tête réduite d'un Indien navajo (oui, comme dans Tintin !). Peintures d'art religieux de l'époque coloniale au dernier étage, dont une belle série d'ermites de ***Diego de Borgraf*** (un peintre flamand qui œuvra la plus grande partie de sa vie à Puebla), mais aussi *Las doce tribus de Israel* de ***Francisco de Zurbarán*** (seuls Jacob, Gab, Zebulon et Aser sont exposés, les autres toiles sont en restauration).

CLOCHEMERLE

Pour se venger de la municipalité qui l'avait obligé à murer ses fenêtres parce que sa maison était plus haute que l'hôtel de ville, le propriétaire de la Casa de los Muñecos fit installer de grotesques personnages en céramique sur la façade. Il s'agit des caricatures des membres du conseil municipal de l'époque. Une belle vengeance !

🎬🎬🎬 **Biblioteca Palafoxiana** *(plan B3) : av. 5 Oriente 5 ; au 1er étage de la Casa de la cultura. ☎ 246-36-32. Mar-ven 10h-17h, w-e 10h-16h. Entrée : 25 $Me ; gratuit dim.* La plus ancienne bibliothèque publique des Amériques (1646). Fondée par l'évêque Juan de Palafox. Tout simplement superbe. Une bonne partie des livres anciens a été héritée des collèges des jésuites quand cet ordre fut expulsé du Mexique. Au total, plus de 45 500 volumes, dont plus de 5 300 manuscrits et 9 incunables, un atlas d'Orbelius imprimé en 1548 à Anvers et... une grammaire égyptienne de Champollion. L'ensemble est classé Monument historique et inscrit au registre de « Mémoire du monde » par l'Unesco.

Dans le patio, souvent des concerts de musique classique ou folklorique les samedi et dimanche après-midi (gratuit). Également des expos temporaires.

🎬🎬 ***Casa del Deán*** *(plan B3) : 16 de Septiembre 505. ☎ 235-94-21. Mar-dim 10h-17h. Entrée : 55 $Me. Possibilité de visite commentée (en espagnol).* C'est l'une des premières maisons de Puebla, construite à partir de 1575. Elle appartenait au doyen de la cathédrale. D'une surface à l'origine de 1 725 m², la somptueuse *Casa del Deán* comportait d'innombrables pièces couvertes de magnifiques fresques. Longtemps abandonnée, elle a été en grande partie détruite pour être transformée en cinéma en 1953... Seules la façade et deux pièces ont pu être sauvées. Des étudiants de l'université ont découvert par hasard des fresques Renaissance profanes, splendides, sous les couches de peinture chaulée et de papier peint. C'est un exemple unique dans tout le Mexique.

🎬🎬🎬 **Museo Amparo** *(plan B3) : av. 2 Sur 708 ; à l'angle de 9 Oriente. ☎ 229-38-50. • museoamparo.com • Tlj sf mar 10h-18h, sam jusqu'à 21h. Entrée : 35 $Me ; gratuit dim-lun. Audioguide en français 40 $Me.* Dans un ancien hôpital du XVIᵉ s, rénové dans un style ultra-contemporain mêlant le verre, le métal et la pierre. Le musée abrite la plus importante collection d'art préhispanique du Mexique. Les premières salles permettent de visualiser les différents sites d'où proviennent les artéfacts rassemblés dans le musée ainsi que la chronologie. La salle 2 aborde la ***cosmogonie indigène*** à travers la notion fondamentale selon laquelle la terre est le domaine de l'enfoui, du féminin, de l'inframonde et de l'humide. Un monde qui n'attend que la fécondation d'un autre monde, masculin celui-ci, sec et solaire, par l'intermédiaire de « verticalités » que sont les arbres ou les montagnes. Intéressante section consacrée aux ***offrandes offertes aux dieux*** et notamment l'utilisation des encens pour s'accorder leurs grâces. Ne pas manquer les ***couteaux sacrificiels*** qui servaient à extraire le cœur encore palpitant des sacrifiés. Dans la salle 3, statuaire d'une étonnante modernité (***culture mezcala,*** 300-600 apr. J.-C.) qui réduit le corps humain à quelques traits essentiels. Rien à voir avec la tradition olmèque, très figurative, elle (regardez le penseur). Dans la salle 4, des outils, des figures et des attributs, dont les *bezotes* (labret). Seuls les nobles avaient droit de porter le labret, lequel exigeait qu'ils se perforent la lèvre inférieure. La salle 5 aborde l'écriture ***(civilisation mayas et olmèques).*** Dans la salle 6, arts et différentes formes d'expression, notamment la danse. Quelques instruments de musique. Enfin la salle 7 aborde le thème de la mort à travers des ***reconstitutions de tombes à puits*** *(tumbas de tiro).* La visite se poursuit avec de l'art religieux : objets liturgiques, fragments de retables, ex-voto. À l'étage, de la peinture, avec ***Diego de Borgraf,*** ainsi que le très controversé ***Dr Atl*** (Gerardo Murillo). Avant de quitter les lieux, deux superbes armoires d'***André-Charles Boulle,*** le célèbre ébéniste de Louis XIV.

👁👁 ***Museo Bello y Gonzalez*** *(plan B2)* **:** *3 Poniente 302. ☎ 232-94-75. Mar-dim 10h-17h. Entrée : 30 $Me ; gratuit dim.* Dans la maison même de José Mariano Bello (1869-1938), un industriel négociant qui, sans avoir jamais quitté Puebla, a pourtant réuni une magnifique collection d'arts décoratifs du monde entier. Sans descendance, il a fait don de cette collection de plus de 3 000 pièces à la ville. Treize salles. Beaucoup de céramiques *talaveras,* bien sûr (avec même la tête de Napoléon III en pot de fleur), mais aussi des porcelaines chinoises de l'époque Ming, des objets sculptés en ivoire, des peintures du XVIIe s. Dans le salon rouge, un coffre aux trésors avec sa fausse serrure sur le devant ; la vraie serrure est cachée ailleurs... Magnifiques meubles en marqueterie, dont un secrétaire d'origine indienne de 78 tiroirs. Au 1er étage, vous verrez un orgue baroque mexicain du XVIIIe s et l'un des deux exemplaires au monde d'un piano avec la queue en l'air (sans rire), c'est-à-dire avec le cadre des cordes installé vers le haut. Étonnant. Bref, des pièces rares et très belles.

👁👁👁 ***Templo de Santo Domingo*** *(plan B2)* **:** *dans la rue piétonne 5 de Mayo, à l'angle de 4 Poniente. Tlj 8h-14h, 16h-20h30.* Construit entre 1680 et 1720, il présente une façade sans intérêt. Le clou est à l'intérieur, dans le transept gauche : la ***capilla del Rosario*** *(visite lun 10h-15h, mar-ven 10h-12h45 et 16h-18h, sam 10h-18h, dim après 14h).* Datant de 1690, cette chapelle est un joyau du baroque churrigueresque. C'est une débauche de sculptures dorées en stuc, bois, marbre et onyx. Des angelots semblent surgir de partout. À voir absolument, de préférence le matin, lorsque le soleil fait briller les dorures. Dans le *templo,* n'oubliez pas d'admirer les magnifiques retables du chœur et leurs ribambelles de saints.

👁 ***Museo José Luis Bello y Zetina*** *(plan B2)* **:** *dans la partie piétonne de la rue 5 de Mayo, au nº 409, à côté de l'église Santo Domingo. ☎ 232-47-20. • museobello.org • Mar-dim 10h-16h. Fermé en janv. GRATUIT (visite guidée).* Installé dans la riche demeure d'une vieille famille de collectionneurs avertis, le musée renferme un nombre impressionnant de belles pièces : une copie du lit gondole de Napoléon Ier, son buste par Canova, la réplique en taille réduite de la statue équestre de Louis XIV, des porcelaines de Sèvres, de Chine et du Japon, des meubles de la Renaissance italienne et un splendide salon Napoléon III... Une manière comme une autre de voyager en Europe pour ces riches *poblanos,* marchands d'art. Ne manquez pas non plus l'étonnante pendule française illustrant les *Mille et Une Nuits* !

👁👁 ***Museo de Arte religioso – Ex-convento de Santa Mónica*** *(plan C1)* **:** *18 Poniente 103. ☎ 232-01-78. Mar-dim 10h-17h. Entrée : 55 $Me.* Ce très beau musée consacré à l'art religieux colonial occupe l'ancien couvent Santa Mónica, qui a la particularité d'avoir fonctionné dans la clandestinité durant 77 ans, de 1857 à 1934, en violation des lois de la réforme de Benito Juárez – qui imposaient la fermeture des couvents. D'où la façade qui ressemble à celle d'une banale maison ! Cloître magnifique recouvert d'azulejos avec, au centre, une fontaine silencieuse. On ne vient d'ailleurs pas tant pour les collections, assez modestes, que pour le lieu en lui-même. Ne manquez pas la vue sur l'église que les sœurs cloîtrées avaient à travers les œilletons de la jalousie ni, dans la bibliothèque, au rez-de-chaussée, la reconstitution de la Cène avec des mannequins. Mais où est Judas ? Belle cuisine décorée de *talaveras*.

Museo de la Revolución mexicana *(plan C2)* **:** *6 Oriente 206. ☎ 242-10-76. Mar-dim 10h-18h. Entrée : 25 $Me.* Vous remarquerez sur la façade les impacts de balles, qui datent de la révolution. C'était la maison des frères Serdán, qui initièrent à Puebla le mouvement de 1910 contre le dictateur Porfirio Díaz. Ils y furent tués. Y sont exposés des meubles et des objets de l'époque de la révolution mexicaine. Certains sont à l'image de la façade, tel ce grand miroir troué d'impacts. C'est aussi l'occasion de visiter une maison de cette époque avec sa cuisine, sa salle à manger, son salon...

Casa del Alfeñique *(plan C-D2)* **:** *4 Oriente 416 ; à l'angle de 6 Norte. ☎ 232-04-58. Mar-dim 10h-18h. Entrée : 25 $Me ; gratuit dim.* *Alfeñique* signifie « sucre d'orge ». Ce n'est pas un hasard, car la façade de cette demeure semble avoir été décorée à la crème Chantilly – un bel exemple d'architecture churrigueresque de la seconde moitié du XVIIIe s. À l'intérieur, les pièces se répartissent autour d'un petit patio avec fontaine. La valetaille vivait au rez-de-chaussée, tandis qu'au 1er étage se trouvaient les chambres, transformées aujourd'hui en musée : documents historiques, costumes traditionnels et peintures religieuses souvent anonymes. Le 2e étage est sans doute le plus intéressant, avec la grande pièce de réception, la salle à manger, la cuisine et une somptueuse chapelle privée recouverte de chérubins dorés. Beaux meubles du XVIIIe s.

Museo de Arte San Pedro *(plan C2)* **:** *4 Norte 203. ☎ 246-66-18. Mar-dim 10h-18h. Entrée : 30 $Me ; gratuit dim.* Une petite exposition permanente retrace l'histoire de cet ancien hôpital. Sans grand intérêt. Expos temporaires de qualité. Également des concerts dans l'auditorium.

Teatro Principal *(plan D2)* **:** *à l'angle de 6 Norte et 8 Oriente. Tlj 10h-16h30 (en principe). GRATUIT.* Entièrement rénové. Paraît-il le plus vieux théâtre du continent, inauguré en 1760 mais entièrement reconstruit en 1920. Très bonne acoustique. Petit café à l'intérieur.

Visite des églises : plusieurs présentent un intérêt particulier, à commencer par **San José** *(plan C1)* pour ses splendides retables baroques, son beau dôme recouvert de *talaveras* bleues et jaunes, et son étonnant oratoire du Santo Niño de la Sonrisa (à gauche en entrant), à l'autel entassé de jouets et de ballons. Voyez aussi **San Cristóbal** *(plan C2),* du XVIIe s, pour son architecture baroque, sa coupole ornée de personnages peints et ses deux tours plus tardives, très travaillées ; le **templo de la Compañía** *(plan C3),* à la façade churrigueresque (1767) toute blanche surgissant d'entre les arbres d'une placette ; l'église **San Francisco** *(plan D2)* pour son intérieur et ses peintures, dont l'arbre généalogique de l'ordre franciscain (en prime, façade superbement éclairée le soir !).

Museo Internacional del Barroco *(hors plan par B3)* **:** *bulevar Atlixcáyotl 2501. ☎ 326-71-30. Mar-dim 10h-19h. Entrée : 80 $Me ; gratuit dim. Audioguide en français 30 $Me (inutile).* Puebla la baroque voulait un musée du baroque, et bien elle l'a ! Confié à l'architecte japonais Toyō Itō, ce bâtiment composé de 55 murs courbes et pentus enroulés sur eux-mêmes autour d'un tourbillon d'eau censé évoquer un vortex est assez plaisant vu de l'extérieur. Mais à l'intérieur on est plutôt surpris. Alors que la ville regorge de merveilles baroques, ici, rien de tout ça ! La muséographie se veut certes au goût du jour, avec effets de miroirs, éclairages subtils, vidéos et grands panneaux en couleur censés vous en mettre plein les mirettes, mais il y a finalement très peu d'œuvres ou d'objets d'époque. Franchement, on reste un peu sur sa faim !

Murales du Barrio de Alto *(plan D2)* **et du Barrio Xanenetla** *(plan D1)* **:** *accessible par le bulevar Héroes del 5 de Mayo. Éviter d'y aller le soir.* Il y a encore quelques années, il était impossible de s'aventurer dans ces quartiers sensibles de Puebla, et plus particulièrement dans le petit labyrinthe que constitue Xanenetla. Aujourd'hui, grâce aux efforts combinés d'associations, d'artistes muralistes et des habitants eux-mêmes, ces quartiers sont devenus de véritables musées à ciel ouvert.

Fuertes de Loreto y Guadalupe *(hors plan par D1)* **:** *au Centro Cívico 5 de Mayo, sur l'av. Ejércitos de Oriente, au nord-est de la ville. En voiture depuis le centre, prendre le bulevar Héroes del 5 de Mayo puis la calzada Zaragoza et suivre les panneaux. Mar-dim 9h-16h30. Entrée pour chaque musée : 50 $Me ; gratuit dim.* Les forts (ici, du XVIe s) n'ont pas un intérêt fou, mais c'est là que, le 5 mai 1862, le corps expéditionnaire français envoyé par Napoléon III échoua dans sa tentative de s'emparer de la ville. Cette éphémère victoire est désormais fête nationale et jour férié au Mexique. Le musée du fort de Loreto, qui occupe la chapelle Notre-Dame de Loreto (XIXe s), présente une expo qui retrace les combats.

MEXICO ET SES ENVIRONS

DANS LES ENVIRONS DE PUEBLA

CHOLULA *(100 000 hab. ; IND. TÉL. : 222)*

À environ 10 km à l'ouest de Puebla. Habité depuis plus de 3 000 ans, Cholula fut un important centre de pèlerinage précolombien. En 1520, Cortés, dans une lettre à Charles Quint, évoqua une trentaine de « tours de temples » (il voulait dire « pyramides » !). Après la Conquête, Cholula « l'Indienne », site d'un grand marché, s'endormit bientôt, éclipsée par Puebla « l'Espagnole ». La terre, puis les arbres, recouvrirent encore un peu plus sa grande pyramide. Et les autres furent détruites et remplacées par des églises. La petite ville se divise en deux, d'un côté San Andrés, de l'autre San Pedro. Ce dernier possédant un agréable *zócalo,* bordé d'un côté par des arcades et de l'autre par un couvent franciscain du XVIe s. Le marché, quotidien, a gardé un caractère très traditionnel. Typique et coloré.

➢ En voiture, se garer de préférence à San Andrés, devant le cimetière, à l'intersection de la 5 de Norte et de la 2 de Poniente. Puis se rendre sur les sites et les musées à pied (compter 5 mn).

➢ Liaisons en bus depuis Puebla ttes les 5-10 mn 5h30-22h35 avec *Autobuses Puebla-Cholula y Anexas* *(départ de leur terminal sis 6 Poniente 1106 ; ☎ 247-99-18).* Pour le retour depuis Cholula, les bus indiquent « Centro ».

➢ Liaisons en train depuis Puebla depuis la gare du *Tren Turístico* située à l'intersection de 11 de Norte et de 18 de Poniente. Départs lun-ven à 7h, 8h30, 16h50 (7h, 8h40, 15h20 et 17h sam, dim et j. fériés). Compter 40 mn. Retour depuis Cholula lun-ven à 7h45, 12h20, 17h40 (7h50, 9h30, 16h10 et 17h50 sam, dim et j. fériés). *Résas en ligne sur • trenturisticopuebla.com •*

Où manger ?

Nombreuses options tout autour du *zócalo de San Pedro,* en particulier sous les arcades du côté ouest. On aime bien ***La Puerta Azul*** *(menu déj 85 $Me),* **Los Jarrones** (avec ses serveurs encravatés) et le **Café Tal** (personnel moins racoleur qu'ailleurs). Grand choix de salades, soupes, sandwichs et autres plats mexicains.

À voir

Pirámide de Cholula : *à 3 blocs du zócalo. Accès au musée, au tunnel et à la zone archéologique, mar-dim 10h-18h. Entrée : 70 $Me. Possibilité de visites guidées (en espagnol ou anglais, compter 300 $Me, pour 1 à 10 pers).* C'est la plus grande pyramide mais, attention, elle est enfouie sous une colline, et on ne la voit pas ! Même Cortés ne put en soupçonner l'existence quand il arriva ici. Plus tard, à la fin du XVIe s, on érigea une église sur son sommet : *Nuestra Señora de los Remedios* (accès gratuit), celle-là même qui se retrouve sur bien des cartes postales, avec le *Popocatépetl* en toile de fond. De là, on aperçoit aussi, par temps dégagé, l'*Ixtaccíhuatl* (la femme endormie), le *Citlaltepetl* (la colline de l'étoile) et la *Malinche* (celle à la robe bleue). Contrairement au panorama, l'intérieur de l'église n'a pas grand intérêt. Pour en revenir à la pyramide, sous l'église donc, c'est Humboldt qui, le premier, en estima les dimensions : 439 m de côté et 54 m de haut ! Depuis on s'est aperçu qu'elle est encore plus grande. On peut en parcourir une partie à travers 300 m de galeries souterraines (pas grand-chose à voir) et visiter la maigre zone archéologique qui s'étale à côté, ainsi que le petit musée du site (juste en face, de l'autre côté de la route). Il renferme de belles pièces préhispaniques et des reproductions de fresques.

LA PLUS GRANDE PYRAMIDE INVISIBLE AU MONDE !

Avec ses 4,4 millions de mètres cubes, Cholula est presque deux fois plus volumineuse que sa consœur égyptienne. En effet, si la pyramide de Cholula ne fait que 66 m de haut (146 m pour Khéops), elle est bien plus large : 450 m de large contre 230 m pour Khéops.

Museo Regional de Cholula : *au pied de la pyramide, sur l'esplanade nouvellement aménagée. ☎ 122-11-00. Mar-dim 10h-18h. Entrée : 50 $Me, gratuit dim. Possibilité de visites guidées à partir de 4 pers (espagnol ou anglais).* Aménagé dans un ancien hôpital psychiatrique, ce musée met en valeur les cultures indigènes. On commence la visite par les relations qu'entretenaient les natifs avec les volcans ***(intéressant vidéo-mapping sur le Popocatépetl).*** À l'étage, on est accueilli par Ehecatl, le dieu aztèque du Vent (un lointain cousin d'Eole). L'occasion de se familiariser avec le ***panthéon mésoaméricain*** à travers de nombreuses sculptures ou terres cuites. Ils sont tous là : Tlaltecuhtli, Tláloc, Chimecóatl, Quetzalcóatl (pour bien prononcer, mettez un glaçon dans la bouche)... Mais aussi avec les cultures d'Oaxaca et de Veracruz (notez les statuettes dites « souriantes » typiques de cette région). La salle 3 expose les œuvres de ***Cristóbal de Villalpando.*** La salle suivante retrace la manière dont on a évalué les dimensions de la pyramide enfouie de Cholula. La salle 5 recèle un ***codex qui fut peint par les Indiens au moment de l'arrivée des Espagnols*** (milieu du XVIe s). Des vidéos occupent la salle suivante. La salle 7 est consacrée aux expos temporaires. Enfin la dernière salle expose l'artisanat local : masques de carnaval, faïence et *talaveras,* sparterie, arts décoratifs...

Convento de San Gabriel : situé sur le côté est du *zócalo,* il a été bâti en 1549 à l'emplacement d'un temple dédié à Quetzalcóatl et Tlaloc et offre un aspect assez militaire. L'église *(tlj 7h-19h),* dans l'enceinte, présente un intérieur mêlant voûtes à nervures gothiques, ornementation baroque et néoclassique. Sur la gauche du couvent, la **Capilla Real** *(tlj sf mar 8h-13h, 16h-18h),* appelée aussi « chapelle des Indiens », date de 1540. Très étonnante avec ses 49 coupoles et sa forêt de piliers, elle est typique de l'architecture mudéjar (influencée par l'art arabe andalou).

IGLESIAS DE TONANTZINTLA ET ACATEPEC

À 4-5 km de Cholula. Tonantzintla est relié par bus à Cholula et à Puebla (le tranvía s'y arrête). Ensuite, jusqu'à Acatepec, on peut marcher ou prendre un combi. En voiture, prendre la direction Atlixco libre. Ouv en principe tlj 9h-18h (20h dim).
Deux églises à ne pas manquer. L'intérieur de l'église de ***Tonantzintla*** (début XVIIe s) est exceptionnel ! Angelots, archanges, saints, évêques, rois et autres glorieux personnages peuplent par centaines les murs et les voûtes tapissées d'arabesques dorées et de motifs floraux en stuc. De l'ultra-baroque populaire mâtiné d'indigénisme. Avant l'arrivée des Espagnols, les gens du coin vénéraient Tonantzín, déesse de la Fertilité liée au maïs. Rien de plus facile pour les missionnaires que de remplacer ce culte par celui d'une autre figure maternelle, la Vierge Marie. À noter, 70 % des couleurs sont d'origine et, plus singulier encore, ici tout ce qui brille est or !
Style similaire pour l'église d'***Acatepec*** (à 1,5 km), avec une magnifique façade recouverte d'azulejos multicolores et un intérieur qui déborde de dorures dans un style un peu moins chargé.

COMMENT PRÉSERVER SON IDENTITÉ...

Si les missionnaires réussirent à imposer la Vierge Marie, ils ne purent empêcher les artistes indigènes de donner des traits indiens aux angelots, de les coiffer de panaches de plumes et de sculpter des guirlandes de fruits tropicaux et surtout des épis de maïs. Juste histoire de rappeler leur ancienne religion.

ATLIXCO

À 30 km de Puebla. Depuis le terminal CAPU, bus ttes les 20 mn en direct 5h30-20h avec Oro, sinon avec Erco ttes les 10 mn, 7h-20h, mais arrêts fréquents.
Petite ville située au pied du Popocatépetl, avec vue superbe sur le majestueux volcan lorsque la brume de chaleur ne s'en mêle pas. Spécialisée dans l'horticulture, elle recèle plusieurs églises baroques. Demander le plan et les balades à faire pour les découvrir à ***l'office de tourisme*** *(plaza de Armas (zócalo) ; ☎ (244)-445-19-66 ; tlj 8h-16h).* Ne manquez pas non plus, sur les basses pentes de la colline dressée au sud-ouest, l'ancien monastère franciscain *(tlj 10h-14h, 16h-18h),* qui figure parmi les 14 classés par l'Unesco dans la région. Beau portail plateresque. Sur le terre-plein, devant, une cloche pendue aux arbres, comme dans *Zorro* ! À voir encore, un hôpital datant de l'époque coloniale. Le dernier dimanche de septembre, grande fête qui réunit toutes les ethnies de la région. Avant de repartir, si vous avez un petit creux, une adresse : ***l'Hostería del Parque,*** *2 de Oriente 5. ☎ (244)-445-24-13. Lun-jeu 9h-19h, ferme à 21h ven-dim. Prix moyens.* Une série de petites salles très prisées des locaux à l'heure du déjeuner ainsi qu'en fin de semaine.

HUEJOTZINGO

La Zuela de San Francisco Sn, Primero, Centro, à Huejotzingo. ☎ (227) 276-02-28. Mar-dim 9h-17h. Entrée dans l'église gratuite. Visite du Museo de la Evangelización : mar-dim 9h-17h. Entrée : 50 $Me. À env 40 km au nord-ouest de Puebla. Compter 45 mn en voiture par l'autoroute. C'est l'un des 14 *conventos* situés au pied du Popocatépetl classés par l'Unesco. En fait, il ne faudrait pas traduire par monastère le terme *convento.* Au XVIe s (date de naissance de ce *convento*), les ordres religieux étaient relativement indépendants du pouvoir clérical. Leur préoccupation était avant tout de faire fissa pour évangéliser les Indiens. Ce qui se traduit par la construction d'églises ouvertes, donnant sur une grande place délimitée par un mur où les Indiens étaient invités à assister à la messe. Chaque coin étant marqué par des petites chapelles. Le monastère était généralement accolé à l'église et organisé autour d'un cloître. Huejotzingo est un modèle du genre. On dirait d'ailleurs une forteresse. L'ensemble est un véritable melting-pot d'influences : européennes, autochtones ou encore mauresques. Construit par les Franciscains, il présente évidemment de nombreux cordages sur ses façades. L'intérieur de l'église, avec ses arcs en ogive et ses médaillons, est typique du gothique isabélin. Les murs intérieurs et les voûtes étaient à l'origine entièrement ornés de fresques (il en reste encore pas mal). Elle possède l'un des rares retables maniéristes du Mexique.

Juste à côté, le *Museo de la Evangelización* vaut le coup d'œil. Beau cloître, réfectoire pratiquement intact, quelques momies dont celle d'un enfant (derrière la cuisine). À l'étage, on découvre les chambres individuelles des moines. On y apprend l'histoire du monastère et la manière dont les Franciscains s'y sont pris pour convertir les Indiens au christianisme. Et pour terminer la visite, les habits des acteurs du carnaval de Huejotzingo. En ressortant, proche du *zócalo,* le très coloré ***Restaurante del Convento*** *(☎ (227)-276-03-88 ; tlj 9h-19h ; bon marché).*

LE GOLFE DU MEXIQUE

• Carte *p. 183*

IMPORTANT: avis à nos lecteurs

Nous attirons votre attention sur les mises en garde du ministère des Affaires étrangères français qui recommande au printemps 2017 une extrême vigilance en cas de déplacement dans l'État de Veracruz, en raison des « affrontements entre groupes criminels particulièrement violents ; la forte présence militaire et policière déployée peut également provoquer des fusillades avec ces groupes. »

ZONA ARQUEOLÓGICA EL TAJÍN

IND. TÉL. : 788

Site précolombien le plus important et le mieux conservé de la région littorale du golfe du Mexique, El Tajín est inscrit au Patrimoine mondial de l'Unesco. Niché entre de petites collines recouvertes par une épaisse végétation tropicale, parfois noyé dans la brume, le site exsude un charme certain. C'est également le grand centre de la culture totonaque, dont les descendants vivent toujours aux alentours.

On ne sait pas très bien qui a fondé la ville (entre 100 et 200 apr. J.-C.). Peut-être les Olmèques ou une branche des Huastèques. Ce qui est sûr, c'est qu'elle connut son apogée assez tard, entre le début du IXe s et le début du XIIIe s, occupant une importance considérable entre la chute de Teotihuacán et l'émergence de Tenochtitlán-Mexico. La ville était alors un grand centre politique et religieux (avec sans doute 25 000 habitants) qui avait assujetti les peuplades voisines. Dédiée au culte de Quetzalcóatl, elle aurait reçu de nombreuses influences de Teotihuacán et répandit les siennes jusque sur l'Altiplano et vers les zones mayas.

Lorsque El Tajín déclina au XIIIe s, la civilisation totonaque commença à s'épanouir dans la région. Ce peuple pacifiste, artiste et mystique, qui

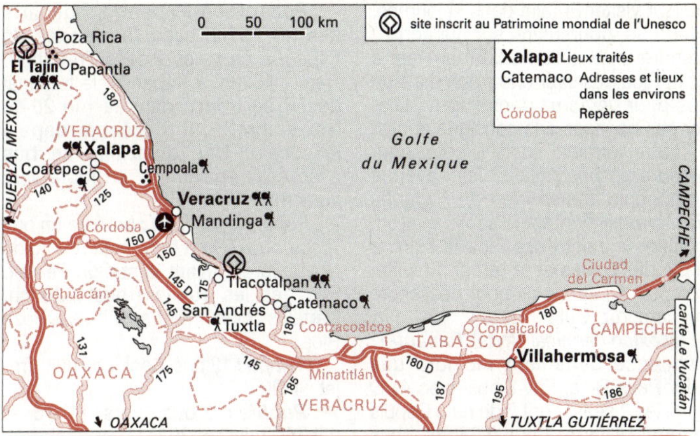

LE GOLFE DU MEXIQUE

rêvait de voler pour s'approcher du ciel (voir plus loin le rituel des *voladores*), fut soumis par les Aztèques au XVe s, avant de tomber dans l'oubli. Même les Espagnols ignorèrent El Tajín, qui ne fut découvert par hasard qu'en 1785, par un agent du fisc à la recherche de plantations illégales de tabac.

Près de 50 édifices ont été restaurés et sont visibles, ce qui représente à peine plus de 10 % du site. Malheureusement, le dernier grand projet archéologique s'est achevé en 1995. La caractéristique architecturale d'El Tajín, ce sont les fameuses niches, uniques en leur genre, qui recouvrent de nombreux bâtiments et pyramides. Autre particularité : le grand nombre de terrains de jeu de pelote, 17 aux dernières nouvelles. Une véritable obsession. Enfin, n'oubliez pas, en visitant le site, que la plupart des murs étaient peints en rouge, bleu et noir.

– ***Bon à savoir :*** si vous comptez dormir dans le coin, sachez que ***Poza Rica*** est une grande ville pétrolière sans aucun charme. On préfère de loin ***Papantla,*** une bourgade étagée sur une colline des contreforts de la sierra Madre, centre de l'ethnie totonaque. Les pressés peuvent aussi faire l'excursion dans la journée lors d'un parcours Mexico-Veracruz (ou vice versa !), mais ce sera un peu la course.

À noter, début juin : Fête-Dieu (Corpus Christi).

Arriver – Quitter

El Tajín se trouve à 300 km au nord-est de Mexico (4h de route en voiture), pas loin de la mer, à 17 km de Poza Rica et à 7 km de Papantla.

➢ Depuis Mexico, seule la compagnie *ADO* dessert Poza Rica et Papantla. De là, un bus local (fréquent) mène au site.

Terminal de bus ADO : *à 8 mn à pied du centre de Papantla. De là, il faut grimper !* • *ado.com.mx* • Attention, une partie des bus est *de paso* (Papantla n'est pas un terminus) et fait escale de nuit (vers 4h30). Si tout est complet, demander une résa au départ de Poza Rica et se rendre dans cette ville par l'un des nombreux bus locaux, très fréquents.

➢ ***Mexico*** *(terminal Norte)*-***Poza Rica :*** départ ttes les 30 mn ou 1h, 6h-0h30. Tarif variable en fonction du confort et de la rapidité du bus (5-6h de trajet). C'est l'option pour ceux qui veulent visiter El Tajín dans la journée, avant de poursuivre sur Veracruz : prendre un bus de nuit. En arrivant à Poza Rica, réserver une place dans un bus pour Veracruz dans l'ap-m, laisser ses bagages à la consigne et aller à l'autre terminal (juste à côté) pour prendre un bus pour El Tajín avec la compagnie *Transportes de Papantla (TP)*. L'excursion est faisable en 4-5h, incluant le trajet Poza Rica-El Tajín, la visite des ruines et le retour. Ensuite, compter 4h au moins pour descendre sur Veracruz. Ouf !

➢ ***Mexico** (terminal Norte)**-Papantla :*** fréquence nettement moindre que pour Poza Rica. Env 6 bus avec *ADO* dans les 2 sens, dont 2 de nuit. Depuis le terminal Tapo, 1 bus à 23h et 1 bus vers minuit ; retour à 14h. Trajet : env 6h.

➢ ***Poza Rica-Papantla :*** départs ttes les 15 mn avec *Transportes de Papantla* dans les 2 sens 7h-23h30. Trajet : 45 mn. À Papantla, le terminal de *TP* se trouve dans la rue 20 de Noviembre, qui descend depuis le *zócalo*. Une quinzaine de bus avec *ADO* également, en route vers Veracruz.

➢ ***Papantla-El Tajín :*** prendre un bus *Tuspa* ou *ATC* en bas de la rue 20 de Noviembre, devant la station *Pemex*. Env ttes les 10 mn. Trajet : 30 mn. Certains poursuivent ensuite sur Poza Rica.

➢ ***Xalapa :*** 12 bus, dont 4 de nuit. Trajet : 4h30.

➢ ***Puebla :*** 2 bus, vers 11h15 et 22h35. Trajet : 6h30.

➢ ***Veracruz :*** env 9 bus. Trajet : 4h.

PAPANTLA (IND. TÉL. : 784)

Adresse utile

■ ***Banques :*** *plusieurs agences sur Enriquez, autour du zócalo.* Distributeurs automatiques (*Visa* et *MasterCard*). *Santander* et la *Bancomer* changent les euros.

Où dormir ? Où manger ?

De bon marché à prix moyens

🏠 ***Hotel Tajín :*** *José de Nuñez 104. ☎ 842-16-23 ou 01-21. • hoteltajin@hotmail.com • Du zócalo, prendre à gauche de la cathédrale. Parking.* On le choisit avant tout pour les quelques chambres avec vue qui dominent le village, ou la petite piscine. Toutes ont l'AC, la TV câblée et un mobilier en bois blanc. Les *junior suites,* plus chères, sont vastes. Les clients bénéficient d'un accès gratuit à un *centro recreativo* situé sur la route de Poza Rica. Une adresse sympa.

🏠 ***Hotel Provincia Express :*** *Enriquez 103. ☎ 842-16-45. • hotelprovinciaexpress.com •* Membre d'une petite chaîne d'hôtels de province. Merveilleusement bien situé, sur le *zócalo* ; certaines chambres donnent directement sur la place, avec de petits balcons et lit *king size* (les plus chères). Les autres sont modernes et confortables (AC, TV câblée, téléphone). Évitez les quelques chambres sans fenêtre, un peu étouffantes. Bon accueil.

🍴 ***Sorrento :*** *Enriquez 105. ☎ 842-00-67. Tlj 7h30-minuit. Menu copieux et bon marché pour le déj.* Grand café-resto face au *zócalo*. Déco mignonnette, entre azulejos et nappes colorées. Cadre authentique pour une honnête cuisine locale.

🍴 ***La Hacienda :*** *Reforma 100. ☎ 842-06-33. Tlj 7h30-23h30. Prix moyens.* Cadre colonial bien sûr, avec un nom pareil, dans l'esprit des haciendas mexicaines. Il y fait frais. Savoureuse cuisine mexicaine typique. La terrasse domine le *zócalo* (vue imprenable), et, si on a de la chance, on peut même voir les fameux *voladores* (voir plus loin).

Où dormir dans les environs ?

On mentionne 2 adresses pour ceux qui sont véhiculés. Possibilité aussi de faire une halte agréable le long de la Costa Esmeralda, étirée sur une grosse vingtaine de kilomètres entre Tecolutla et Nautla, à 45 mn au sud de Papantla. Au programme : mer, plage et cocotiers à foison, et un grand choix d'hébergement, du camping aux hôtels à prix moyens, voire chic. En semaine, faites jouer la concurrence, il n'y a personne.

Près du site

☗ ***Hotel Campestre :*** *km 17, carretera Poza Rica.* ☎ *842-22-11.* ● *hotelcampestretajin.wixsite.com/tajin* ● *Sur la route principale, à 1,5 km de l'entrée du site en venant de Papantla. Doubles 400-600 $Me. CB refusées.* Très claires et confortables (AC, TV), joliment décorées, les chambres sont parfaites pour passer une nuit au calme avant de débuter la visite du site El Tajín. L'hôtel dans son ensemble est plutôt charmant avec sa piscine ressemblant à un bain romain et son accueil vraiment très enjoué. Une bonne escale pour les motorisés.

À Poza Rica

☗ ***Hotel Principal :*** *4 Oriente 22 ; angle 4 Norte, col. Obrera.* ☎ *(52) 78-28-22-02-35 ou 67-70. En plein centre-ville de Poza Rica, près de la gare routière. Doubles 300-500 $Me (ventilo ou clim, TV, etc.).* Hôtel raisonnablement confortable, propre et bien tenu, appartenant à un couple franco-mexicain de bon conseil pour découvrir la région. Évitez seulement les chambres sombres sans véritable fenêtre.

Le site

Tlj 9h-17h. Entrée : 70 $Me.
Sur place : cafétéria, boutiques et consigne à bagages.

⚲ Il faut commencer par le petit ***musée,*** à l'entrée, surtout pour la maquette du site : la première partie de la cité, par laquelle on arrive, est constituée du centre cérémoniel. La zone surélevée (par les urbanistes de l'époque), appelée *El Tajín Chico,* était réservée aux gouvernants et dignitaires.

⚲ ***Plaza del Arroyo :*** on passe d'abord par cette grande place rectangulaire entourée de quatre édifices. On suppose qu'il s'agissait d'un marché. La vanille devait déjà s'y échanger ! Aujourd'hui, ce sont les petits producteurs voisins qui viennent proposer leurs gousses aux touristes. Elles sont magnifiques mais pas toujours très sèches : aérez-les bien pour qu'elles ne pourrissent pas avant de rentrer.

⚲⚲⚲ ***Juego de pelota Sur*** *(jeu de pelote sud)* **:** célèbre pour ses bas-reliefs illustrant les rituels de ce jeu sacré. On y voit notamment le sacrifice d'un des joueurs, deux joueurs qui parlent ensemble et l'initiation d'un guerrier allongé sur un banc. Les tableaux centraux, avec une représentation d'un dieu assis en tailleur, qui pourrait être Quetzalcóatl, représentent le but du jeu.

⚲⚲⚲ ***Pirámide de los Nichos*** *(pyramide des Niches)* **:** *située dans la zone centrale, c'est-à-dire le centre cérémoniel.* Le clou du site. Elle comporte sept niveaux et compte au total 365 niches célébrant le calendrier solaire. Aujourd'hui encore, l'équinoxe de printemps est célébré ici. Les niches étaient peintes en noir, tandis que la pyramide était recouverte de rouge.

⚲ ***Templo El Tajín :*** *à côté de la pyramide.* Il est précédé d'un atlante représentant Tajín, dieu de la Foudre et de l'Éclair. Il a été découvert au bas de l'édifice.

Conjunto de las Columnas (ensemble des colonnes) : *dans le quartier du Tajín Chico, à l'endroit le plus élevé du site.* Les colonnes sont au musée. Leurs bas-reliefs racontent la vie d'un noble appelé *13 Conejo* (13 Lapin), qui mena aux destinées de la cité. Les maisons du coin étaient jadis toutes ornées de peintures d'animaux mythologiques aux couleurs vives. De là-haut, superbe panorama sur l'ensemble du site.

Gran Xicalcoliuhqui : *tt au fond, à droite.* Un long mur en quinconce, vaguement quadrilatère. Il représenterait le serpent à plumes Quetzalcóatl.

– **La danse des voladores :** *tlj devant l'entrée du site, mais les danseurs attendent qu'il y ait du monde pour un pourboire consistant. En général, à partir de 11h, 2-3 fois/j. en sem et 4-5 fois/j. le w-e. Autre représentation : sur le mât devant la cathédrale de Papantla, ven vers 9h30 et 19h, le w-e vers 8h30 et 19h.* Le très beau rituel traditionnel des Totonaques. Ils sont vêtus d'un pantalon rouge brodé, d'une chemise blanche et ils portent une coiffure conique ornée de miroirs et de rubans. Le chef de danse et ses quatre acolytes grimpent au sommet d'un poteau de 30 m. Le chef de danse, du haut d'une petite plate-forme, joue à la flûte une musique dédiée aux quatre points cardinaux, tandis que les quatre *voladores* se jettent dans le vide, retenus par une corde accrochée à la ceinture. Ils descendent la tête en bas et les mains tournées vers le ciel, en décrivant des cercles de plus en plus larges. Superbe. Chaque homme-volant tourne 13 fois autour du poteau, soit 52 tours à eux quatre. Ce chiffre symbolique représente le cycle calendaire de 52 années, au bout duquel les premiers jours des deux calendriers (solaire et rituel) coïncidaient. Ce rituel ancestral, qui était sans doute dédié à la fertilité, au soleil et au vent, est devenu aujourd'hui une attraction touristique. Comme quoi, le saut à l'élastique, on ne l'a pas inventé non plus !

XALAPA

457 614 hab. IND. TÉL. : 228

• Plan *p. 187*

Capitale de l'État de Veracruz, Xalapa est une ville universitaire de montagne. Son grand nombre d'étudiants lui vaut une vie culturelle dynamique et pas mal de bars sympas et animés. Le musée d'Anthropologie est absolument superbe et justifie une halte à lui seul. Il n'y a rien d'autre à voir, quoique les passionnés de VTT, d'alpinisme et de rafting pourront trouver à s'occuper. Côté climat, il fait chaud en été, froid en hiver, avec bien souvent une bruine persistante qui enveloppe la ville. La région est aussi grande productrice de café.

Arriver – Quitter

En bus

Xalapa est très bien desservie depuis Veracruz, Puebla et Mexico. Liste des compagnies principales et leurs coordonnées dans la rubrique « Transports » du chapitre « Mexique utile ».

Central de autobuses *(CAXA ; hors plan par B1-2)* **:** *av. 20 de Noviembre. ☎ 842-25-00. À 2 km du centre à l'est.* Consigne, guichet de l'office de tourisme (côté *ADO*), distributeurs, boutiques... N'oubliez pas qu'on peut acheter ses billets en ville, à *Boletotal* (voir « Adresses utiles »).

Pour ***rejoindre le centre-ville*** : sortir du terminal et aller jusqu'à l'avenue principale (20 de Noviembre). L'arrêt des ***bus urbains*** se trouve à 20 m sur la droite. Prendre un bus qui indique « Centro ». Demander l'arrêt au Parque Juárez (5 mn de trajet). Depuis le

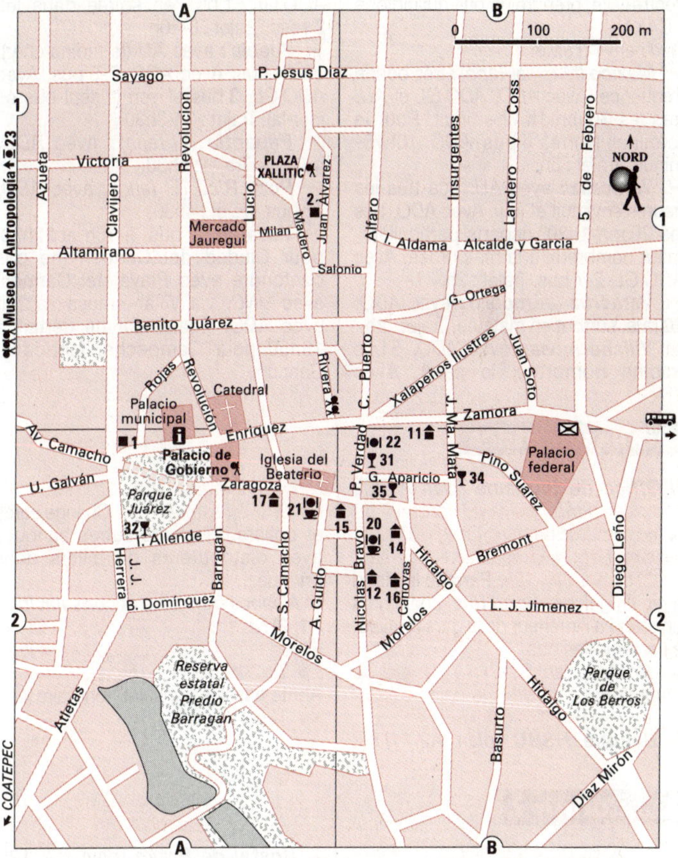

XALAPA

Adresses utiles	**Où manger ? Où prendre un petit déjeuner ?**

Adresses utiles

- Office de tourisme
- 1 Banque HSBC
- 2 Alliance française et consulat

Où dormir ?

- 11 Hostal de la Niebla
- 12 Hostal de Bravo
- 14 Posada Casa Regia
- 15 Hotel Salmones
- 16 Posada del Cafeto
- 17 Mesón del Alférez

Où manger ? Où prendre un petit déjeuner ?

- 20 Café Chiquito
- 21 La Casona del Beaterio
- 22 Il Postodoro
- 23 Churrería del Recuerdo

Où boire un verre ? Où sortir ?

- 31 Café Lindo
- 32 Café Don Justo
- 34 La Chiva – Cafe Galería Pub
- 35 Shalom Terraza

centre-ville, prendre un bus qui indique « CAXA ».
Taxi : env 40 $Me.
➢ ***Mexico*** *(terminal Tapo)* **:** très bonne fréquence. Avec *ADO, ADO GL* et *AU,* ttes les 30 mn-1h 6h-minuit. Pour le terminal Norte, 6 bus *ADO* 10h15-minuit. Trajet : 5h.
➢ ***Veracruz :*** avec *AU,* bus ttes les heures env, nuit et jour. Avec *ADO,* ttes les 20 mn-1h30, départs particulièrement nombreux à la mi-journée. Avec *ADO GL,* 2-7 bus. Trajet : 2h.
➢ ***Veracruz (aéroport) :*** avec *ADO,* 10 bus, surtout en matinée. Trajet : 2h.
➢ ***Villahermosa :*** avec *ADO,* 5 bus (moins nombreux le sam). Avec *ADO GL,* 1 bus en soirée dans les 2 sens. Trajet : 8-10h.
➢ ***Puebla :*** avec *AU* (le moins cher), 13-14 bus. Avec *ADO,* 7-9 bus. Avec *ADO GL,* 3 bus sf ven (1 seul bus ce jour-là). Trajet : 3h-3h30.
➢ ***Papantla*** *(El Tajín)* **:** avec *ADO,* 4-6 bus. Trajet : 4h30.
➢ ***Poza Rica*** *(El Tajín)* **:** avec *ADO,* 18 bus. Trajet : 4h30.
➢ ***Yucatán :*** 2 bus, à 18h et 22h30, pour Ciudad del Carmen (ne pas confondre avec Playa del Carmen) avec *UNO,* via Villahermosa ; à 17h avec *ADO.* Également un départ à 18h50 pour Campeche, Mérida et Cancún.

Adresses utiles

Office de tourisme *(plan A1-2)* **:** *kiosque d'info devant l'entrée du* palacio municipal, *sur Enriquez, sous les arcades.* • *xalapa.net* • *Lun-sam 8h-21h, dim 11h-19h.* Partage le stand avec un guichet *Ticket Bus.* Également un stand à l'intérieur de la gare routière, à l'arrivée des bus.
Poste *(plan B1-2)* **:** *à l'angle de Zamora et Leño, dans le* palacio federal. *Lun-ven 8h-17h, sam 8h-14h.*
Banque HSBC *(plan A2,* **1***)* **:** *à l'angle d'Enriquez et de Clavijero. Lun-ven 9h-17h, sam 9h-15h.* Change euros et dollars. Plusieurs autres banques avec distributeurs de billets dans Enriquez.
Alliance française et consulat *(plan A1,* **2***)* **:** *Juan Álvarez 21.* ☎ *817-43-30.* • *alianzafrancesaxalapa.edu.mx* • *Lun-jeu 9h-20h, ven 9h-18h, sam 9h-13h.* Abrite aussi le consulat honoraire *(lun-ven 12h-17h).*

Où dormir ?

Bon marché (moins de 400 $Me / env 20 €)

Hostal de la Niebla *(plan B1-2,* **11***)* **:** *Zamora 24.* ☎ *817-21-74 ou 818-28-42.* • *pradodelrio.com/pages/hostalniebla-es* • *Compter 200 $Me/pers, petit déj inclus.* AJ moderne, bien propre et pimpante, membre de *Hostelling International.* Dortoirs de 6 personnes avec lits superposés, lavabo dans la chambre et un casier par personne. Un étage pour les garçons, un autre pour les filles, mais on peut aussi être ensemble si on est en groupe. Également quelques chambres doubles et familiales avec salle de bains privée. Cuisine, salle à manger, terrasses ensoleillées. Idéal.

Hostal de Bravo *(plan B2,* **12***)* **:** *Bravo 11.* ☎ *818-90-38.* Petit hôtel tout à fait sympathique. 10 chambres en enfilade, lumineuses et guillerettes, plutôt spacieuses, avec salle de bains, carrelage bleu et TV câblée. Une charmante adresse, calme et bien tenue, d'un bon rapport qualité-prix.

Prix moyens (400-800 $Me / env 20-40 €)

Posada Casa Regia *(plan B2,* **14***)* **:** *Hidalgo 12.* ☎ *812-05-91.* • *posadacasaregia.com.mx* • *Double env 450 $Me. Parking payant.* Ce petit hôtel récent abrite une vingtaine de chambres donnant sur un labyrinthe d'escaliers. Propres et très calmes, elles sont toutefois assez petites et un peu sombres. Mobilier en bois à la mexicaine et TV câblée.

Hotel Salmones *(plan A-B2, **15**) : Zaragoza 24. ☎ 817-54-31. Doubles 500-600 $Me. Petit déj en sus. Parking payant.* Bien placé, ce grand hôtel au lobby rénové révèle des chambres spacieuses. La plupart avec lit *king size* ou 2 lits doubles, ventilo et TV câblée. Très agréable si vous donnez sur le jardin. Ascenseur et bar-resto abordable. Accueil chaleureux.

Posada del Cafeto *(plan B2, **16**) : Canovas 8. ☎ 812-04-03. • pradodelrio.com • Doubles 600-690 $Me.* Semées autour de plusieurs petits patios calmes et verdoyants, dans une maison ancienne fort bien rénovée, les chambres sont confortables et fraîches, certaines très hautes de plafond. Excellent niveau de confort : ventilo, TV câblée, sèche-cheveux, cafetière... Charmante cafétéria pour le petit déj continental (de 7h à 11h). Une bien agréable oasis dans le centre-ville.

Mesón del Alférez *(plan A2, **17**) : Sebastián Camacho 2 ; à l'angle de Zaragoza. ☎ 818-01-13. • pradodelrio.com • Double env 800 $Me. Parking.* Cet hôtel colonial des plus ravissant (même proprio que la *Posada del Cafeto*) occupe une discrète maison du XVIIIe s. On y trouve 16 chambres très hautes de plafond, réparties autour de puits de lumière, dont 5 suites. Dans celles-ci, poutres apparentes et lits nichés sur de belles mezzanines en bois apportent un cachet supplémentaire. Espace salon très cosy dans chaque chambre et tout le confort moderne (ventilo seulement, pas d'AC). Beaucoup de charme, en plein centre et au calme. Parfait.

Où manger ? Où prendre un petit déjeuner ?

Bon marché (moins de 150 $Me / env 7,50 €)

Café Chiquito *(plan B2, **20**) : Bravo 3. ☎ 812-11-22. Tlj 8h-minuit.* Cadre très agréable avec patio et fontaine, et feu de cheminée en hiver. Pas cher du tout, surtout le buffet du midi avec plusieurs plats chauds. À chaque table son pichet d'*agua fresca* (eau de fruit). Sinon, *empanadas,* salades, enchiladas, tacos, le tout très bien. Musique *en vivo* le soir. Délicieux petits déj.

Prix moyens (150-300 $Me / env 7,50-15 €)

La Casona del Beaterio *(plan A2, **21**) : Zaragoza 20. ☎ 818-21-19. Tlj 8h-23h.* Patio, fontaine, poutres, photos du vieux Xalapa et grandes fenêtres, le cadre est agréable et la cuisine savoureuse. Le midi, menu très abordable et hyper copieux. Viande grillée sous vos yeux. La *parrillada Casona* (grillade) pour 2 personnes vous comblera pour plusieurs heures. Service attentif. Musique *en vivo* certains soirs. Bien aussi pour le petit déj. Une bonne maison.

Il Postodoro *(plan B2, **22**) : Primo Verdad 11. ☎ 841-20-00. Dim-jeu 9h-minuit, ven-sam 9h-1h. CB refusées.* Très bon resto italien dans un décor rustique chaleureux. Grandes variétés de pâtes et énormes pizzas (même la *mediana* suffit à nourrir 2 personnes) servies dans un charmant patio arboré (pour les fumeurs).

Churrería del Recuerdo *(hors plan par A1, **23**) : Victoria 158. ☎ 841-49-61. À 10 mn à pied du centre par la rue Victoria (toujours tt droit). Juste en face de l'entrée du grand hôtel* Misión Xalapa. *Tlj 8h30-minuit.* Cette drôle de *cantina* aux plafonds tapissés de *papel picados,* prépare une excellente cuisine typique de Veracruz à partir d'authentiques recettes anciennes qui mitonnent dans des jarres en terre cuite. Produits frais, belles salades simples, *antojitos* réussis, avec même quelques choix pour les végétariens. Un lieu de sortie familiale populaire.

Où boire un verre ? Où sortir ?

Café Lindo (plan B2, **31**) : *Primo Verdad 21. Tlj 8h-2h.* Incontournable, ne serait-ce que pour ses horaires ! Grande salle chaleureuse et beaucoup de monde le soir, vers 20h, pour la musique *en vivo.* Grand choix d'alcools et quelques plats revigorants de cuisine mexicaine.

Café Don Justo (plan A2, **32**) : *au bout du parc Juárez (monter par les escaliers, juste avt la galerie d'art). Tlj 9h30-22h.* La terrasse surplombe la ville. Panorama exceptionnel sur Xalapa. Idéal pour prendre un verre, déguster une glace ou se requinquer d'un sandwich ou d'une crêpe.

La Chiva – Cafe Galería Pub (plan B2, **34**) : *angle José Maria Mata et callejón de González Aparicio. Ouvre tlj vers 18h.* Les étudiants et intellos s'y retrouvent dès l'ouverture. Échange de livres et parties d'échecs endiablées. Plus tard en soirée, ça s'anime sur fond de bonne musique (rock, électronique, hip-hop) et de bière bon marché.

Shalom Terraza (plan B2, **35**) : *callejón de González Aparicio 6 B. Mar-dim 13h30-minuit.* Dans une ruelle piétonne sympa. Pour changer un peu des tacos, glissez-vous sur les canapés rouges moelleux pour grignoter houmous et chiche-kebab ou pour fumer une *chicha.* En fait, toute la ruelle est très animée le soir, avec un alignement de bars pour tous les goûts, ambiances feutrées ou électrisées, jazzy, tropical ou house.

À voir

Museo de Antropología (hors plan par A1) : *sur le campus de l'université, à 15 mn en bus du centre-ville. ☎ 815-09-20. • uv.mx/max • Bus « Tesorería » et/ou « A. Camacho » sur l'av. Enriquez, face au parc Juárez. Tlj sf lun 9h-17h. Entrée : 50 $Me. Visites guidées payantes (1-20 pers ; en espagnol ou anglais) ; audioguide (anglais et espagnol) 50 $Me. Caféteria au 1er étage. Librairie.* Ce musée ultramoderne, le deuxième en importance du Mexique et l'un des plus beaux, a été inauguré en 1986. Conçu en escalier le long d'immenses pelouses arborées sur plus de 250 m de longueur, il est parfaitement intégré au paysage. Les fenêtres rappellent les niches des pyramides d'El Tajín. Il met superbement en valeur quelque 1 500 pièces d'art préhispanique (les fonds n'en comptent pas loin de 30 000 !) déroulant trois millénaires d'histoire. Les civilisations de la côte du golfe du Mexique y occupent logiquement une place prépondérante : olmèque, huastèque et centre de l'État de Veracruz. On y admire les fameuses têtes colossales olmèques (ce sont les originaux). Sept au total, qui viennent toutes du site de San Lorenzo, irrémédiablement impassibles à l'exception de la n° 9, qui esquisse un léger sourire... Vous avez dit Mona Lisa ? Des vitrines permettent de voir les pièces sous tous leurs angles. Immenses mais discrets panneaux didactiques qui jalonnent les étapes historiques de toutes les civilisations mexicaines. Intimité pour les petites pièces, vastes patios verdoyants et fleuris pour les énormes sculptures olmèques. Superbe.

Palacio de Gobierno (plan A2) : *entrée par la calle Leandro Valle. Lun-sam 9h-16h.* Pour les fanas des fresques murales. Celle qui domine l'escalier central est assez intéressante (sur l'histoire de la justice). Mais ne croyez pas ceux qui vous diront qu'elle est de Diego Rivera. Il s'agit d'un homonyme, Orozco Rivera.

Plaza Xallitic (plan A1) : une petite place tranquille, cachée aux yeux des touristes pressés. Un certain charme s'en dégage avec son vieux lavoir du XVIe s. Dommage que l'ensemble ait été un peu trop bétonné.

Callejón del Diamante (plan A1) : officiellement calle Rivera (comme indiqué sur le plan). Petite rue piétonne en pente, pleine du charme de la vie, où il fait bon se promener. S'y sont rassemblés quelques restos sympas, des boutiques et de l'artisanat néobaba. Senteurs mélangées de café et d'encens.

DANS LES ENVIRONS DE XALAPA

Coatepec : *à 8 km de Xalapa.* Une petite ville coloniale surnommée « le village du café » à cause de son climat idéal pour la culture du café d'altitude. Il fait bon se promener dans ses rues tracées en damier, bordées de maisons coloniales aux toits de tuiles et aux fenêtres en fer forgé. Sa douce atmosphère du passé lui a valu d'être classé parmi la trentaine de *pueblos mágicos* (« villages magiques ») du pays. Aux alentours, région de végétation luxuriante entre forêts et rivières. Si vous êtes en voiture (ou taxi), allez vous promener à la *cascade de Texolo* près du village de Xico. La passerelle date de 1908. Lieu de tournage favori pour de nombreux films ; vous êtes sur les traces de Michael Douglas, à la poursuite du diamant vert...

Zona arqueológica de Cempoala : *à env 75 km au sud-est de Xalapa en direction de Veracruz. ☎ 934-99-81. Tlj 9h-18h. Entrée : 50 $Me.* Ce fut l'une des plus grandes villes totonaques (30 000 habitants), conquise par les Aztèques au milieu du XVe s. Par la suite, la ville déclina en raison des destructions dues aux combats et surtout des épidémies. Elle fut abandonnée au début du XVIIe s et tomba dans l'oubli, disparaissant peu à peu sous une épaisse végétation. Une grande partie du site est enfouie sous le village actuel, mais on peut visiter les ruines de l'ancienne enceinte sacrée, avec quelques temples et autres édifices. Tous étaient à l'origine couverts de stucs peints. C'est sur le *Templo Mayor* que Cortés, après avoir détruit les idoles païennes de la ville, fit ériger un autel dédié à la Vierge.

VERACRUZ

457 614 hab. IND. TÉL. : 229

• Plan *p. 193*

Enfin un port ! Un vrai de vrai, avec des cargos et des bateaux de pêche. C'est le plus important du Mexique. Jusqu'en 1760, Veracruz était le seul port autorisé à pratiquer le commerce avec l'Espagne. C'est aussi ici que Cortés accosta avec ses caravelles et qu'il reçut les émissaires de Moctezuma avant d'entreprendre sa longue marche sur Mexico-Tenochtitlán.

Il n'y a pas grand-chose à voir à Veracruz, mais la ville possède un certain charme, avec ses places bordées de palmiers et sa promenade sur le *malecón* longeant le port. Il règne, surtout aux alentours du *zócalo,* une chaude ambiance dès que le jour tombe et jusqu'à des heures avancées de la nuit. C'est la ville de la musique et de la danse (influence afro-cubaine) et c'est d'ailleurs là qu'est née la célèbre *bamba.* Si vous y allez en février pendant

LA GUERRE DES PÂTISSERIES

En 1838, une pâtisserie française de Mexico fut saccagée par des pillards. Dépité, le propriétaire écrivit à Louis-Philippe. Le roi envoya une escadre de 22 navires pour faire le blocus de Veracruz. On ne rigole pas avec l'honneur des Français ni avec la nourriture ! Non mais !

le carnaval, c'est carrément la folie. Toute la population descend dans la rue pour danser, de 7 à 77 ans...
On ne va pas à Veracruz pour ses plages de sable gris (et sale), qui attirent surtout les Mexicains, mais pour des charmes qui lui sont propres : ses musiciens ambulants de marimbas, ses danses folkloriques (le *danzón*), ses mariachis, ses marchands de coquillages, sa nonchalance, sa moiteur et sa sensualité.

UN PEU D'HISTOIRE

L'histoire de Veracruz est étroitement liée à celle du pays, puisque la ville fut longtemps la seule porte d'entrée de la façade atlantique. Sa croissance est due à son activité portuaire. Au XVIe s, l'or et l'argent représentent 80 % des exportations. Le reste, transporté par voie terrestre depuis Acapulco, débarque des galions des Philippines : porcelaine, soieries, épices, etc. D'abord organisées à Mexico, les grandes foires commerciales se déplacent à Xalapa, plus proche. Ces trésors sont entreposés ici avant d'être chargés sur des galions à destination de l'Espagne. Quelle tentation pour les pirates ! Les flibustiers (dont Francis Drake et John Hawkins) ne s'en privent pas. Ils attaquent régulièrement la ville, au point que celle-ci, pour se protéger, s'enferme à l'intérieur d'une muraille défendue par neuf forts.
Longtemps Veracruz conserva auprès des Espagnols l'image d'un lieu insalubre et dangereux. Au XVIIIe s, toutefois, elle était devenue un centre commercial à part entière, bénéficiant de la mise en place d'un traité de libre commerce en 1778. Les fortifications ont été détruites à la fin du XIXe s pour faire face à la démographie croissante et accueillir de nouvelles vagues d'immigrants cubains, syriens et libanais.

Arriver – Quitter

En bus

À Veracruz, pour ***rejoindre le centre-ville*** depuis le terminal, il y a des bus urbains, sur l'avenue, à 100 m à droite. Ils indiquent « Centro » ou « Díaz Mirón ». On y est en 10 mn.
Liste des principales compagnies et leurs coordonnées dans la rubrique « Transports » du chapitre « Mexique utile ».

Terminaux de bus 1re et 2de classes (hors plan par A2) : *dans le même bloc, l'un derrière l'autre. ADO (1re classe) est situé sur l'av. Díaz Mirón (à l'angle d'Orizaba) et AU (2de classe) sur Lafragua. ☎ 01-800-702-8000 ou 937-29-22. Prendre un bus qui indique « Díaz Mirón » et/ou « ADO ».*

Terminal 1re classe (ADO)
On y trouve les compagnies *ADO, ADO GL* et *UNO*. Résa et achat en ligne : • *ado.com.mx* •
➢ ***Palenque :*** il faut changer à Villahermosa. En été, réserver son billet plusieurs jours à l'avance.
➢ ***Villahermosa :*** avec *ADO,* une vingtaine de départs 5h-23h45 dont 5 bus *ADO GL.* Préférer un bus de nuit, on économise ainsi l'hôtel. Trajet : 6-7h.
➢ ***Campeche :*** avec *ADO,* 3 bus 18h45-20h35, dont 1 avec *ADO GL.* Trajet : 12-13h.
➢ ***Mérida :*** avec *ADO,* 6 bus 13h-21h30, dont 3 avec *ADO GL.* Trajet : env 14-15h.
➢ ***Cancún et Playa del Carmen :*** 3 bus avec *ADO GL* pour Cancún, les mêmes que pour Mérida, dont 1 continue jusqu'à Playa. Avec *ADO,* 2 bus. Trajet : 18-19h pour Cancún et 19-20h pour Playa.
➢ ***Puebla :*** avec *ADO,* liaisons ttes les 1h30-2h30 env, 6h30-2h, et env 5h-0h30 dans le sens Puebla-Veracruz ; bus supplémentaires le w-e. Avec *ADO GL,* env 7-8 bus/j., 6h45-20h30. Trajet : 3h30.
➢ ***Oaxaca :*** avec *ADO,* 5 bus/j. ; dans

VERACRUZ

■ **Adresses utiles**

- Office de tourisme
- @ 1 Bureau de change
- 2 Banques

Où dormir ?

- **10** Hotel Las Nieves
- **11** Casa Blanca
- **12** Mesón del Mar
- **13** Hotel Amparo
- **14** Hotel Galery
- **15** Hotel Santander
- **16** Hotel Mar y Tierra
- **17** Hotel Santo Domingo
- **18** Hotel La Sirena
- **19** Hotel Baluarte
- **21** Hotel Imperial

Où manger ?

- **30** Mercado
- **31** La Gaviota
- **32** El Cochinito de Oro
- **34** Pardiñolas
- **35** La Suriana II
- **36** Mariscos Tano
- **37** Cafés de la Parroquia 1 et 2

Où prendre un petit déjeuner ?

- **41** Boulangerie-pâtisserie Colón
- **42** Lolita
- **43** Comida Casera Anne

Où boire un verre ? Où sortir ?

- **50** Salón de la República

l'autre sens, 5 bus, env 8h-minuit. Trajet : 8h30.

➢ ***Xalapa :*** avec *ADO*, bus ttes les 15-20 mn (moindre fréquence la nuit). Dans l'autre sens, bus jusqu'à env 22h. Avec *ADO GL*, 7-8 bus/j. Trajet : 2h.

➢ ***Papantla*** *(El Tajín)* **:** 3 bus *ADO* 6h-19h. Trajet : 4h15.

➢ ***Poza Rica*** *(El Tajín)* **:** avec *ADO*, bus ttes les 20-30 mn ou ttes les heures, et 3 avec *ADO GL*, mat, midi et soir. Trajet : 4h30-5h.

➢ **Mexico** *(terminal Tapo)* **:** pas de problème de fréquence. Avec *ADO*, bus ttes les 30 mn-1h 6h30-1h. Avec *ADO GL*, 7 bus/j. Trajet : 5h30-6h.

Terminal 2de classe (AU)

➢ **Catemaco :** ttes les 10 mn avec *Tuxtlas* 5h-22h. Trajet : 3h40.
➢ **Xalapa :** avec *AU*, départs ttes les 10-20 mn. Ttes les heures env avec *TRV.* Trajet : 2h-2h30.
➢ **Oaxaca :** départ à 23h15. Trajet : 8h-8h30.
➢ **Puebla :** 13 départs ttes les 1-2h, 6h15-0h30. Trajet : 4h30.
➢ **Poza Rica :** ttes les 45 mn-2h selon tranches horaires.
➢ **Mexico :** 16-19 bus/j., à chaque heure ronde 6h-16h, puis 21h-1h. Trajet : 7h.

En avion

✈ **Aéroport** *(hors plan par A2)* **:** *à 13 km au sud-ouest de Veracruz. ☎ 934-90-08. Le bus « Las Bajadas » sur Zaragoza vous laisse à 500 m de l'aéroport.* Vols nationaux avec *Aeroméxico, Interjet, Aeromar* et *VivaAerobus.* Vols vers les États-Unis avec *Continental* et *American Airlines.*
➢ **Mexico :** liaisons avec *Aeroméxico* et *Interjet.* Cette dernière compagnie propose des tarifs intéressants hors saison.
➢ Également des vols vers **Villahermosa, Mérida, Cancún** et **Guadalajara** ; aux États-Unis, **Houston** et **Dallas.**
– **Bus :** depuis l'aéroport, il existe des bus *ADO* directs pour Xalapa, à raison de 10 rotations/j. par sens. Tlj 8h15-23h20. Après la fermeture du guichet *ADO (tlj 7h-20h30),* on prend le billet dans le bus auprès du chauffeur.
– **Location de voitures :** plusieurs loueurs sont représentés. **Avis** *(☎ 932-96-23),* **Dollar** *(☎ 938-78-78),* **Budget** *(☎ 939-27-05). Généralement ouv 7h-22h30.* **Hertz** n'a pas de guichet sur place, mais à l'entrée de l'aéroport *(☎ 937-47-76 ou 229-772-25-12).*

Adresses utiles

ℹ Office de tourisme *(plan A1)* **:** *dans le palais municipal, sur le zócalo. ☎ 812-75-85. • veracruz.mx • Tlj 9h-21h, sf 1er janv et 25 déc.*
✉ **Poste principale** *(plan A1)* **:** *pl. de la República 213. Lun-ven 8h-18h, sam 8h-14h.* Dans un immeuble de style néoclassique, construit par une compagnie anglaise en 1902.
■ @ **Bureau de change** *(plan A1,* **1***)* **:** *Morelos 343. ☎ 931-88-44. Tlj 9h-1h du mat !* Change des euros, mais en espèces seulement. Fait également centre Internet et téléphone longue distance.
■ **Banques** *(plan A1,* **2***)* **:** *à chaque angle du croisement de Benito Juárez et Independencia, banques avec distributeurs automatiques.* **Bancomer** *(lun-ven 8h30-16h) et* **Banamex** *(lun-ven 9h-16h) changent les euros.*

Où dormir ?

Attention, durant les vacances de Noël et de Pâques ainsi que les week-ends prolongés, les prix que nous indiquons font un sacré bond. Idem durant le carnaval de février. Mais, là, de toute façon, tout est complet ! Il faut réserver au moins 1 mois à l'avance.

Bon marché (moins de 400 $Me / env 20 €)

⌂ **Hotel Las Nieves** *(plan A2,* **10***)* **:** *Tenoya 159. ☎ 932- 52-05. À 10 bonnes mn à pied du zócalo, dans un quartier populaire, près du grand parque Zamora. Doubles à partir de 200-250 $Me sans ou avec sdb.* Petites chambres propres et bien tenues (avec douche et ventilo) pour cet « Hôtel des Neiges »... Un souvenir des montagnes asturiennes, d'où est originaire le proprio. Plus ou moins lumineux et aéré, éclairage au néon. Un tiers des chambres se partagent des sanitaires. Très correct pour le prix, et en plus, c'est calme.
⌂ **Hotel Galery** *(plan A2,* **14***)* **:** *callejón Reforma 145. ☎ 931-38-33. • hotel_galery@hotmail.com • Doubles 300-450 $Me.* Un petit hôtel mignon... et calme ! Il donne sur une petite ruelle piétonne. Un peu excentré mais dans

un quartier tranquille. Mention honorable pour l'effort de déco, certes très kitsch avec ses effets de peinture violet, jaune et vert pomme. Petites chambres presque coquettes, avec ventilo et AC. Bonne literie. Très propre. Si vous êtes nombreux, demandez l'immense chambre (nº 11) qui donne sur le toit ; elle peut accueillir jusqu'à 6 adultes et 3 enfants (voire 10 personnes !). Accueil sympa de la patronne, toujours prête à renseigner ses clients. Notre adresse préférée dans cette fourchette de prix.

Hotel Santander *(plan A1, **15**) : Landero y Coss 123 ; à l'angle de Molina. ☎ 932-45-29 ou 86-59. Du simple au double selon saison. Parking payant.* Les chambres, rehaussées de touches de couleurs, sont confortables et agréables, avec AC, TV, téléphone et mobilier en rotin ou en bois brun. On préfère celles qui ont un joli carrelage bleu. Certaines avec lit *king size.* Les chambres à 2 lits sont les plus lumineuses mais elles donnent sur la rue (très bruyante). Un inconvénient de taille : c'est souvent complet, et on ne peut pas réserver.

Hotel Amparo *(plan A1, **13**) : Aquiles Serdán 482. ☎ 932-27-38. • hotelamparo.com.mx • Plusieurs tarifs selon confort. Parking gratuit.* Chambres patinées mais propres et assez calmes côté patio. Au choix, 1 ou 2 lits, avec ou sans TV. Ventilo et eau chaude. Un assez bon rapport qualité-prix pour les moins chères, mais ça se sait, et c'est souvent complet.

Hotel Santo Domingo *(plan A1, **17**) : Aquiles Serdán 481. ☎ 931-63-26. Parking payant.* Combinaison osée en vert et jaune pour cet hôtel bien placé, un peu vieillissant mais néanmoins agréable. Les chambres sont petites et lumineuses, voire colorées et guillerettes. TV et ventilo. Comme d'hab', et surtout à Veracruz, vous éviterez les chambres sur l'extérieur si vous avez l'ouïe sensible (rue bruyante).

Prix moyens (400-800 $Me / env 20-40 €)

Hotel La Sirena *(plan B1, **18**) : Gómez Farias 45 ; à l'angle de Serdán. ☎ 931-49-86. Parking payant.* Le *malecón* est à deux pas et les chambres, toutes de taille et de configuration différentes, sont dans l'ensemble correctes (certaines avec lit *king size*). Jaune canari, rose bonbon, vert menthe, choisissez votre couleur, elle s'étale jusqu'au plafond ! Toutes ont l'AC et la TV, certaines une petite vue sur la mer, d'autres un petit balcon, mais parfois pas de fenêtre du tout... Si la chambre qu'on vous présente vous déplaît, demandez à en voir une autre. Intéressant aussi pour des chambres de 4 ou 6 personnes. Accueil charmant.

Hotel Mar y Tierra *(plan B2, **16**) : en front de mer, au début du bulevar Manuel A. Camacho ; à l'angle de Figueroa. ☎ 931-38-66 ou 01-800-543-41-68. • hotelmarytierra.com • Doubles 500-790 $Me selon saison. Parking gratuit.* Un peu excentré, mais cet « hôtel de plage » bénéficie d'une situation agréable face à la mer et au *club de yates.* Chambres de taille variable, avec moquette, AC, TV câblée et téléphone. Les « anciennes » sont plus bruyantes. Demandez-en une avec vue sur la mer (plus cher) et évitez celles, très sombres, qui n'ont qu'une lucarne. Piscine sur le toit, avec un magnifique panorama à 360°. Resto. Une bonne adresse.

Casa Blanca *(plan A1, **11**) : callejón Trigueros 49. ☎ 200-46-24 ou 25. Parking.* Central et inhabituellement calme. Vous trouverez l'hôtel un peu cher si on vous refile une chambre avec lit *matrimonial,* et en plus si elle est sombre. Demandez un lit *king size.* Les chambres sont bien tenues, certaines assez agréables avec leurs touches colorées. Essayez de choisir.

Chic (800-1 200 $Me / env 40-60 €)

Hotel Baluarte *(plan B2, **19**) : F. Canal 265 ; à l'angle de 16 de Septiembre. ☎ 932-52-22 ou 42-92. • hotelbaluarte.com.mx • Doubles 800-950 $Me. Parking gratuit.* Presque en face du Baluarte de Santiago, dans un quartier calme, à 4 rues du *malecón.* Chambres confortables, avec lit double (moins cher),

LE GOLFE DU MEXIQUE

2 lits *matrimonial* ou lit *king size.* Très propres, avec AC, TV câblée, coffre et téléphone. Salles de bains impeccables, avec douche ou baignoire. Grandes chambres pour ceux qui voyagent en famille. Resto et bar *(7h30-22h30).* Jolie terrasse avec piscine. Sans surprise.

Mesón del Mar (plan A2, **12**) : *Estebán Morales 543 ; à l'angle de Zaragoza. ☎ 932-50-43 ou 01-800-581-55-55. Double env 850 $Me.* Voilà une bien belle adresse, nichée dans une maison coloniale. Autour d'un patio fleuri on ne peut plus adorable, des chambres lambrissées avec beaucoup de cachet, le confort en plus : AC, TV câblée et coffre-fort. Spacieuses, avec même une mezzanine pour certaines. Resto. Demandez une chambre au 3e étage, plus calme. Évitez la chambre sombre du rez-de-chaussée. Très bon rapport qualité-prix.

Hotel Imperial (plan A1, **21**) : *Miguel Lerdo 153 ; sur le zócalo. ☎ 931-34-70. • hotelimperialveracruz.com • Doubles 950-1 200 $Me.* C'est, dit-on, le plus vieil hôtel d'Amérique, fondé en 1793. On traverse un vaste hall doté d'une verrière magnifique avant d'atteindre la réception, un peu cachée au fond. À droite, un escalier en marbre de Carrare et un splendide ascenseur Art déco, importé de Suisse en 1904. L'empereur Maximilien et son épouse Carlota sont descendus ici ; ainsi que le dictateur Porfirio Díaz, lors de sa fuite vers la France. Le lieu est mythique, mais le temps a passé et l'*Imperial* ne cache plus ses rides. Quitte à descendre ici, demandez une *king,* un peu plus chère mais avec vue sur le *zócalo,* lit à baldaquin et baignoire à pattes. Les chambres standard ont perdu toute atmosphère coloniale. Petite piscine et piano-bar au 1er étage.

Où manger ?

Veracruz est célèbre pour ses crustacés et son poisson. Goûtez à la spécialité locale, le *huachinango a la veracruzana,* sorte de daurade cuite au four et nappée d'une sauce à la tomate, aux piments, aux oignons, aux câpres, aux olives...

Bon marché (moins de 150 $Me / env 7,50 €)

Mercado (plan A1, **30**) : *Landero y Coss. Comida corrida dès 40 $Me.* Il s'agit de l'ancienne criée. Immense espace désormais occupé par les bouis-bouis de fruits de mer. En principe très frais. Bonne ambiance populaire. Marée de chaises en plastique, ballet des ventilos... *¡ Qué calor !*

El Cochinito de Oro (plan A1, **32**) : *Zaragoza 190. ☎ 932-36-77. Tlj 7h-16h.* Le nom de ce resto populaire vient du fondateur, ancien catcheur qui combattait sous le pseudo de « cochon d'or » ! Il y a de cela 3 générations ! Depuis, tout s'est lentement décati. Grande salle claire et langoureusement aérée par des ventilateurs d'époque. L'endroit parfait pour déguster une bonne petite cuisine locale. Bon cocktail de crevettes. Bon accueil des petits-enfants du lutteur.

Prix moyens (150-300 $Me / env 7,50-15 €)

Pardiñolas (plan A1, **34**) : *au bord de la plazuela de la Campana, côté calle Arista. Tlj sf lun 13h-22h30.* On s'installe au choix dans la grande salle bruyante, aux tables et chaises bleues, ou en terrasse, sur la placette. Ce bon resto de fruits de mer prépare crabe, poisson, crevettes et autre poulpe de mille et une manières... Essayez les exquises spécialités maison comme la *piña rellena Don Fallo* : une préparation de fruits de mer gratinés servie dans un demi-ananas. Délicieusement tropical. Service pro et aimable.

Cafés de la Parroquia 1 et 2 (plan B1, **37**) : *sur le malecón, et il y en a 2 presque l'un à côté de l'autre. ☎ 932-18-55 ou 25-84. Tlj 7h-minuit.* C'est une institution à Veracruz depuis presque un siècle. Avant, ils étaient installés en face du *zócalo.* Mais la tradition n'a pas changé : si le service tarde, on frappe son verre avec une cuillère. Les salles sont grandes comme un terrain de football. On y sert un délicieux *café con leche,* on y prend le petit déj en terrasse en louchant sur les cargos, on y boit un verre à la fraîche, on y mange à toute heure... Beaucoup de monde, surtout le soir, lorsque débarquent les musiciens de rue.

La Gaviota *(plan A1,* ***31****) : callejón Trigueros 21. ☎ 932-39-50. Ouv 24h/24 ! Bon menu déj autour de 55 $Me ; plus cher dim.* Fondée il y a plus de 30 ans, la maison mitonne une excellente cuisine régionale, servie dans une petite salle plutôt chic, donnant sur une placette tranquille. Nappes blanches sur les tables. Spécialités de fruits de mer ; on a beaucoup aimé le *robalo a la veracruzana.* Mais pas d'inquiétude, les carnassiers ne sont pas oubliés. Une très bonne adresse.

La Suriana II *(plan A1,* ***35****) : Zaragoza 286 ; à l'angle d'Arista. ☎ 931-32-04. Tlj 9h-19h ; donc surtout pour le déj, mais slt à la carte.* Bonne ambiance de resto mexicain, façon tropiques et ventilos. Goûter au *filete relleno* (filet de poisson farci), un vrai délice, à la *sopa de mariscos* ou au poisson *a la veracruzana.*

Mariscos Tano *(plan A1,* ***36****) : Mario Molina 20. ☎ 931-50-50. Tlj 8h-21h.* Délirante collection de poissons-lunes, requins, petits alligators et murènes accrochés au plafond, et pin-up de carnaval des années 1950 sur les murs ! Dans l'assiette, de très bons fruits de mer. Le poisson est bien frais. Spécialité : la *cazuela de mariscos,* un délice. Pour peu qu'un trio se mette à jouer, on est plongé dans la grande tradition *veracruzana.*

Où prendre un petit déjeuner ?

Boulangerie-pâtisserie Colón *(plan A2,* ***41****) : Independencia 1435. Tlj sf dim 7h-21h.* La bonne odeur vous y mènera tout droit. De bons petits pains au lait, au jambon et fromage, des croissants et des brioches, des *empanadas* (chaussons) au thon et même des *volovanes* (traduisez « vol-au-vent » !). Faites le plein et allez vous installer à la terrasse de l'un des *Cafés de la Parroquia* (voir « Où manger ? »). Attention, plus rien en vitrine l'après-midi.

Lolita *(hors plan par B2,* ***42****) : 16 de Septiembre 837 ; à 2 cuadras hors du plan. Petit déj servi tlj 7h-13h, ferme vers 17h.* Pour ceux qui voudraient se lancer à l'assaut d'un vrai petit déj mexicain, dans une ambiance typiquement *veracruzana.* « *Bienvenido en tu casa* », peut-on lire à l'entrée. Le dimanche matin, on y vient en famille pour dévorer des quantités pantagruéliques d'enchiladas, *picadas* et autres *gordas dulce* (délicieux !). Aussi des œufs, sous 14 formes différentes ! Bon et copieux. Bon accueil. Une adresse coup de cœur.

Comida Casera Anne *(plan A2,* ***43****) : callejón de Nacozari 96. Tlj 8h-18h.* Dans une petite ruelle pittoresque, on s'installe chez la patronne, qui habite au-dessus de la salle à manger. Elle vous accueille avec un grand sourire et vous préparera un revigorant petit déj, bien copieux et délicieux. Profitez-en pour goûter aux typiques *chilaquiles rojos* (rouges) faits maison. Un régal, et ça vous calera pour la journée.

Où boire un verre ? Où sortir ?

Sur le ***zócalo,*** évidemment. C'est finalement l'une des meilleures options pour prendre un verre le soir. Beaucoup d'ambiance. Au son des marimbas. Et jusque tard dans la nuit. On a l'embarras du choix entre les différentes terrasses sous les arcades. Pour ceux qui ne la connaissent pas encore, c'est l'occasion de goûter à la *michelada* : une bière avec du jus de citron et de la *salsa inglesa* (Worcestershire sauce), servie dans un verre au rebord recouvert de sel, à la manière d'un bloody mary. Quand la *michelada* est dite *cubana*, c'est qu'elle arrache !

🍷♪ ***Salón de la República*** *(plan A1, **50**)* **:** *plazuela de la Campana 115. ☎ 932-04-00. Tlj à partir de 13h jusque tard dans la nuit.* On y va pour prendre un verre, mais un peu de restauration aussi. Le soir, changement d'atmosphère. À partir de 22h30, musique *en vivo (jeu-dim)* : son cubain, trova, bossa nova... bref, de la bonne musique tropicale comme il se doit à Veracruz, sans doute la ville la plus caribéenne du pays. Le jeudi, 2 mojitos pour le prix d'un. Et le dimanche, paella au programme.

À voir. À faire

– Des **concerts** (et danses) **gratuits** ont lieu tous les jours sauf le lundi sur le *zócalo*. La danse fait aussi partie de la vie des Veracruzanos. Ils ont créé leur propre style : le *jarocho*, mais aussi le *danzón*, danse traditionnelle, assez lente qui n'est plus guère dansé que par les personnes âgées.

➢ ***Tranvía*** **:** *départ sur le* malecón, *face au Faro (plan B1), ou autour du zócalo (plan A1). Ttes les heures 10h-22h. Parcours de 40 mn dans le centre historique 11h-21h. Tarif : 50 $Me. Éviter les* tranvías tradicionales *de Veracruz, juste à côté, qui font payer plus cher le fait de s'asseoir à l'étage supérieur du bus !* Également un *tranvía* jusqu'à la forteresse de San Juán de Ulúa.

El puerto *(plan B1)* **:** promenade quasi indispensable sur le *malecón* qui fait face au port et à ses cargos, avec les inévitables marchands de souvenirs. *Balades en bateau : tlj 10h-20h. Durée : 45 mn-1h. Tarif : env 70 $Me ; 10 $Me de réduc avec un billet de bus* ADO. On passe devant le fort de San Juan de Ulúa, mais on ne s'y arrête pas. Plus loin, le long de la côte, ça devient le *bulevar*, comme on l'appelle ici. Le soir, les jeunes de Veracruz y amènent leur fiancée.

Museo de la Ciudad *(plan A2)* **:** *Zaragoza 397. ☎ 200-22-38. Tlj sf mar 10h-18h. GRATUIT.* Installé dans une belle demeure de style néoclassique des années 1850, ce musée, entièrement rénové en 2000, retrace l'histoire de la ville depuis l'arrivée de Cortés à Veracruz en 1519. Très didactique, des bornes interactives permettent des illustrations sonores. On saisit parfaitement l'évolution de la ville grâce à de grandes maquettes, des gravures et des photos anciennes. Après la terrible attaque du pirate Lorencillo en 1683, la ville fut fortifiée. Nombreux panneaux explicatifs en espagnol. Visite intéressante.

Baluarte de Santiago *(plan B2)* **:** *mar-dim 9h-17h. Entrée : 55 $Me.* Construit en 1635, c'est le dernier vestige des neuf bastions qui ponctuaient les remparts de la ville pour la protéger des pirates. Quelques vieux canons montent encore une garde incertaine. Il abrite un petit musée de bijoux préhispaniques, appelés « joyaux du pêcheur », car ils furent découverts par un pêcheur de poulpes (et vite confisqués par les autorités). On peut parfaitement se dispenser de cette visite, d'autant que seule l'entrée de l'expo est payante, pas celle du fort.

Fortaleza San Juan de Ulúa **:** *pour y aller, 3 options. En bateau depuis le* malecón, *face au* Café de la Parroquia, *aux heures d'ouverture du fort : env 40 $Me ; en* tranvía *ou en taxi. Tlj sf lun 9h-16h30. GRATUIT.*

La forteresse se dresse au bout d'une presqu'île qui fait face au *malecón*. Autrefois, c'était une île, celle-là même où, un jour de 1518, débarqua l'explorateur Juan de Grijalva, accompagné de quatre navires et 240 hommes. Un an plus tard, Cortés mettait pied à terre à son tour. Ce fut le point de départ de l'incroyable épopée des conquistadors sur le continent américain.

En 1528, les Espagnols y construisirent un arsenal, un fanal et une chapelle. Les premières fortifications, bâties vers 1590, furent graduellement renforcées au XVIIe s pour protéger la ville contre les pirates. Mais la prise de la ville par

Laurencillo (Laurens de Graff) et ses acolytes, en 1683, obligea à de nouvelles modifications. Quatre puissants bastions en étoile et une seconde fortification indépendante en vis-à-vis furent érigés pour empêcher tout accès le long du chenal menant au port. Longtemps la forteresse servit de lieu d'échange : les marchandises arrivées d'Europe, huile, blé, papier, fer, vin, y croisaient argent, laine, peaux, plantes médicinales et autres bois précieux en partance. Plus tard, la forteresse devint prison, l'une des plus sinistres de la Nouvelle-Espagne.

Museo histórico naval *(plan B1)* **:** *Arista 418. ☎ 931-40-78. Tlj sf lun 10h-17h. GRATUIT.* Dans le bel édifice de l'école navale, construite à la fin du XIXe s. Tout, vous saurez tout sur la marine militaire mexicaine, de l'époque préhispanique à nos jours, en 18 salles climatisées. Explications assez généralistes et beaucoup de copies, mais pas inintéressant pour une vue d'ensemble. Dommage que la période du commerce colonial ne soit pas du tout couverte (on sait, ce n'est pas militaire). Ceux qui ont peu de temps pourront éventuellement se dispenser de l'étage, consacré aux époques plus récentes, sauf s'ils tiennent à voir la maquette géante de la frégate *Chapultepec,* utilisée pour les entraînements par les cadets à partir de 1899.

Acuario de Veracruz *(hors plan par B2)* **:** *à l'intérieur du centre commercial* Plaza Acuario, *sur le front de mer. ☎ 931-10-20. • acuariodeveracruz.com • Bus sur Zaragoza indiquant « Boca del Río » ou « Mocambo ». Lun-jeu 10h-19h, ven-dim et j. fériés 10h-19h30. Entrée : 130 $Me ; enfants (2-11 ans) 75 $Me.* C'est le plus grand zoo marin d'Amérique latine. On débute par le milieu amazonien, avec tortues, toucans et aras, loutres et poissons étranges. Suit un très bel aquarium géant, circulaire, où les bestioles océaniques nagent au-dessus de récifs de corail artificiels : barracudas, raies, mérous et requins-nourrices dont certains mesurent plus de 3 m de long. Viennent les poissons tropicaux, d'énormes langoustes, des tortues, des requins-tigres gris (on vous rassure, le verre fait 20 cm d'épaisseur !) et un espace didactique pour les enfants. Très réussi.

LE GOLFE DU MEXIQUE

DANS LES ENVIRONS DE VERACRUZ

Playas : la playa Hornos débute au sud du centre-ville *(à la limite du plan, B2).* Plage aménagée, bordée de *palapas,* noire de monde et très sale le week-end. On vous y proposera une excursion jusqu'à l'îlot de Cancuncito (sic !), avec son phare et sa plage de sable blanc (CQFD). Durée : environ 1h30, dont 1h sur place. Suivent d'autres plages : Villa del Mar, José Marti, puis Mocambo, à 6 km du centre. Accessible par les bus « Boca del Río », depuis la rue Serdan, angle de Zaragoza. Mais soyons clairs : côté plages, Veracruz n'est pas Cancún.

Mandinga : *un bus local (depuis le terminal de 2de classe, derrière le terminal ADO) vous conduit en 40 mn à ce petit village au bord d'une lagune.* Attablé dans un restaurant au bord de l'eau, devant un *torito* à base d'alcool de canne, vous dégusterez crevettes et poisson frais. Les Mexicains adorent venir s'installer autour d'une table des heures entières pendant que les enfants chahutent au bord de l'eau. Excursion en bateau à moteur sur la lagune. Adressez-vous, par exemple, à la *Palapa de Tomas.* Compter 200 $Me pour 45 mn de balade entre mangrove et bancs d'huîtres. Beaucoup de monde le week-end, désert en semaine. Dernier retour à 21h pour Veracruz.

San Andrés Tuxtla : *9 km avt Catemaco.* Connu pour ses cigares, qui, pour certains, valent bien des cubains. Quelques petits stands en vendent sur le bord de la route, de toutes les tailles. Deux usines de fabrication juste à la sortie de la ville, une à l'est, l'autre à l'ouest – celle des Puros Santa Clara, fondée en 1830 *(lun-ven 8h-17h ; GRATUIT).*

TLACOTALPAN

8 850 hab. IND. TÉL. : 288

Ce pittoresque et charmant village, fondé au XVIe s par les conquistadors, a si bien conservé son caractère historique qu'il a été inscrit au Patrimoine mondial de l'Unesco en 1998. En toile de fond – et quelle toile ! – s'étendent lagune et pâturages, façon Camargue tropicale. En arrivant, on longe de petites baraques sur pilotis en bois peint, donnant sur le río Papaloapán. Tlacotalpan est tellement mignon qu'on le croirait sorti d'un décor de film. D'ailleurs, les producteurs mexicains se l'arrachent : on y tourne des *telenovelas* à longueur de temps... Il est vrai que ce *pueblo* a vraiment tout pour plaire : de belles maisons coloniales aux toits de tuiles rouges, des murs bariolés de couleurs chatoyantes et des fenêtres ouvragées, des placettes romantiques et un ravissant *zócalo* bordé de terrasses, avec son kiosque à l'ancienne où se produisent parfois des mariachis.

➢ ***En bus :*** liaisons avec *TVR* au terminal *ADO*. Départ ttes les heures, env 5h30-22h30. Trajet : 2h-2h30.

Où dormir ?

De bon marché à prix moyens (moins de 800 $Me / env 40 €)

Posada D. Diego : *Gutiérrez Zamora 5 ; entre Carranza et Miguel Lerdo. ☎ 884-32-21. Dans une ruelle tranquille, à 300 m du zócalo.* Les 11 chambres de ce petit hôtel familial sont très propres et d'un bon confort (TV, AC, eau en bouteille). On préfère celles de l'étage, plus lumineuses, en particulier la n° 101, côté ruelle, sympa avec son haut plafond.

Hotel Tlacotalpan : *C. Rodriguez Beltrán 35. ☎ 884-20-63 ou 01-800-72-52-619. Parking.* Grande hacienda, peinte de ce fameux bleu un peu électrique, que l'on appelle le bleu colonial (comme la maison de Frida Kahlo à Coyoacán). Grand patio central. Et même une petite piscine. Belles chambres spacieuses au mobilier en bois, très mexicain. Allez prendre un délicieux petit déj au *Fandango,* juste à côté.

Où manger ? Où boire un verre ?

Rokola : *pl. Zaragoza. ☎ 884-22-92. Mer-dim 17h-minuit (parfois ouv lun ou mar). Plat env 80 $Me.* Pas de la haute gastronomie, mais on dégustera volontiers quelques crevettes ou du poulet *a la plancha,* rien que pour l'emplacement sur le délicieux *zócalo* où se promènent marchands ambulants et amoureux. On pourrait passer des heures à siroter une bière en regardant là la vie qui passe.

Bar Colonial : *presque sur la place, av. Venustiano Carranza. Ouvre tlj vers 11h.* Avec de vraies trognes mexicaines et de la salsa à tue-tête. Authentique à souhait. Juste à côté, *El Compadrito,* un autre bar dans le même genre, avec de hauts tabourets et un bel éventail de bouteilles.

À voir. À faire

➢ Se promener dans les ruelles et se croire revenu à l'époque de la vice-royauté...

– Ne manquez pas de jeter un coup d'œil à l'***iglesia de la Virgen de Candelaria,*** entièrement peinte couleur de ciel. À l'intérieur, les motifs floraux sont bleu et rose... Pendant une semaine, autour du 2 février (Chandeleur, *Candelaria*), c'est la fête patronale. Grande feria avec lâcher de taureaux dans les rues, musique et danses. Pour l'occasion, les habitants ressortent les costumes traditionnels.

– Deux ***musées*** aussi. L'un recrée, en musique, l'univers du compositeur Agustin Lara *(tlj 9h-19h sf j. fériés ; entrée : 20 $Me),* qui y vécut ; l'autre expose du mobilier local.

– Face à la lagune, le midi, plusieurs restos de poisson, avec des produits de la pêche du jour. Départ de ***balades en lancha*** sur la lagune *(45 mn-1h ; 200-250 $Me jusqu'à 8 pers).*

DANS LES ENVIRONS DE TLACOTALPAN

CATEMACO

➢ *À 165 km et 3h30 en bus (compagnie AU ou ADO, prévoir env 200 $Me), au sud de Veracruz.*

Cette petite ville de 28 000 habitants borde une immense lagune, offrant un agréable paysage de collines verdoyantes tombant dans les eaux bleues. Catemaco est surtout connu pour être le rendez-vous des chamans, des *curanderos* (guérisseurs) et autres *brujos* (sorciers). Ils ont d'ailleurs leur rendez-vous annuel sur les bords du lac (la convention des sorciers en quelque sorte, comme celle de Panoramix). Certains chamans y ont élu domicile toute l'année. Si, donc, vous avez besoin d'une *limpia* pour vous nettoyer de vos mauvaises énergies, vous protéger des personnes qui vous jalousent ou retomber amoureux, allez faire un tour à Catemaco !
Sur le *zócalo,* jeter un coup d'œil sur la *basílica Nuestra Señora del Carmen,* toute de jaune et de brique, avec ses deux clochers et son intérieur baroque. *Palacio municipal* de 1900, aux couleurs assorties.

Hotel Berthangel : *Madero 1. ☎ (294) 943-00-89. Doubles 580-700 $Me selon taux d'occupation et nombre de lits.* Nombreux hôtels situés autour du *zócalo,* assez chers pour la qualité ; celui-ci est indéniablement le mieux. Les chambres, très propres, sont confortables (AC, TV câblée, téléphone). Les plus agréables, avec 2 lits *matrimonial,* regardent vers la lagune.

La Ola : *sur le malecón, face au lac. ☎ (294) 943-00-10. Tlj 8h-21h. Prix moyens.* Grande salle prolongée par une belle terrasse sous *palapa* qui surfe jusqu'au rivage. Un cadre agréable pour le déjeuner : délicieuses crevettes grillées à l'ail, savoureuse soupe de poissons *(sopa de mariscos)* ou un filet de poisson farci.

➢ ***Balade en barque à moteur :*** de très nombreux « guides » vous proposeront leurs services. Au programme : escale à l'isla de Monos, où s'ébattent quelques macaques introduits par des chercheurs, l'îlot aux aigrettes, les plages, les « jardins marins » et, bien sûr, on vous déposera près d'une cabane d'un guérisseur qui vous enveloppera dans la fumée du copal et vous frottera avec des plantes... *Départs tlj 7h-18h. Compter 450 $Me pour env 1h et 6 pers max, 600 $Me pour 2h.* Cela dit, vu la concurrence féroce, on obtient des rabais importants.

➢ ***Ecobiosfera :*** *Comunidad Dos Amantes, à env 10 km au nord de Catemaco, sur la route de Sontecomapan. (229) 161-44-91. • ecobiosfera.com •* Le parc naturel des lagunes de Catemaco préserve de rares forêts primaires. Introduction au milieu tropical et aux mangroves. Tours avec balade en barque sur les lagunes, observation des oiseaux (toucans, oropendolas, colibris...), excursions vers les chutes d'Eyipantla, baignade dans des sources, promenades à cheval, à VTT... Nombreuses excursions, de 3h à 3 jours. On peut même s'y inscrire pour des stages d'ornithologie (certains pour les enfants) ou de photo.

VILLAHERMOSA

560 000 hab. IND. TÉL. : 993

À 900 km de Mexico et à 630 km de Mérida, la capitale de l'État de Tabasco n'a vraiment rien d'*hermosa* (« belle »). Mais elle est un carrefour souvent obligatoire pour tout routard se rendant au Yucatán ou dans le Chiapas. La ville est immense et curieusement conçue : encadrée par trois fleuves, parsemée de lagunes infestées de moustiques et traversée par de grandes voies rapides ! Au milieu de la chaleur moite, un petit centre-ville perdu sur l'une des rives du río Grijalva. On l'appelle la *zona luz,* la « zone lumière » (sic !). Ses rues piétonnes peuvent cependant être bien agréables le soir. L'atout principal de Villahermosa reste le *parque museo de La Venta,* un magnifique musée archéologique en plein air, consacré à la culture olmèque.

Arriver – Quitter

En bus

Liste des principales compagnies et leurs coordonnées dans la rubrique « Transports » du chapitre « Mexique utile ».

Terminal ADO 1re classe : *paseo Francisco Javier Mina.* Excentré, au nord du centre-ville. Grand terminal moderne : restos, consigne, téléphone, etc. De là partent et arrivent les bus *ADO, Cristóbal Colón (OCC)* et les cars luxueux de *ADO GL* et *UNO.*
Du terminal de bus *ADO,* compter env 20 mn à pied pour rejoindre le centre (la rue piétonne Lerdo de Tejada).
➢ **Mexico** *(Tapo-Oriente)* **:** avec *ADO,* 13 départs/j. 6h50-22h. Et 4 départs avec *ADO GL* en soirée. Trajet : 11-13h.
➢ **Mexico** *(av. Terminal Norte)* **:** avec *ADO,* 5 départs/j. 9h30-22h. Et le soir, 2 départs avec *ADO GL* et 1 avec *UNO.* Trajet : 11h30-13h.
➢ ***Veracruz :*** avec *ADO,* env 10 départs/j. Avec *ADO GL,* 4 départs/j. Trajet : 6-7h.
➢ ***Tuxtla Gutiérrez :*** avec *OCC,* 3-4 départs/j. Avec *ADO GL,* 2 départs/j. Trajet : 5h.
➢ ***Palenque :*** avec *ADO,* env 10 départs/j. Avec *OCC,* 3 départs/j. Trajet : 2h.
➢ ***Mérida :*** avec *ADO,* env 12 départs/j. Avec *ADO GL,* env 5 départs/j. Trajet : 8h.
➢ ***Campeche :*** mêmes bus que pour Mérida. Trajet : 6h.
➢ ***Cancún :*** avec *ADO,* 5-6 départs/j. Trajet : 13h. Avec *ADO GL,* 4-5 départs/j. Trajet : 12h.
➢ ***Chetumal :*** avec *ADO,* 4-5 départs/j. Trajet : 8h.

En avion

✈ ***Aéroport :*** *à env 15 km du centre-ville (min 20 mn en voiture).* Il n'y a pas de service de bus pour le centre. En taxi, compter 150 $Me.
➢ Vols directs avec *Aeroméxico* pour ***Mexico, Veracruz*** et ***Cancún.***

Adresses et infos utiles

Office de tourisme : *av. Juan Strada Torre 101, 2° piso, pl. Strada ; col. 1ero de Mayo. ☎ 310-97-00. Excentré. Lun-ven 8h-15h. Également un bureau à l'aéroport.*

✉ ***Poste :*** *à l'angle de Saenz et Lerdo de Tejada. Lun-ven 9h-15h ; sam mat.*
■ ***Banque HSBC :*** *à l'angle de Lerdo de Tejada et Juárez. Tlj sf dim 8h-19h.* Change les euros et les dollars en

espèces. Distributeur automatique 24h/24.
– Il est assez facile de ***se déplacer en ville,*** où circulent des minibus dans toutes les artères importantes. Il vous suffit de regarder sur le pare-brise les destinations annoncées (La Venta, Centro, etc.).

Où dormir ?

La plupart des hôtels à petit prix se trouvent au centre. Les hôtels de chaîne sont plutôt du côté de La Venta.

Prix moyens (400-800 $Me / env 20-40 €)

☗ ***Hotel Oriente :*** *av. Madero 425. ☎ 312-01-21.* Hôtel central et très bien tenu. Les chambres sont vraiment impeccables, très propres, avec salle de bains et ventilo. Celles qui donnent sur la rue sont plus claires mais bien sûr plus bruyantes. Beaucoup plus cher avec AC. Souvent complet.

☗ ***Hotel Provincia Express :*** *Lerdo de Tejada 303 ; à l'angle de Francisco Madero. ☎ 314-53-76 ou 77. • villaop@prodigy.net.mx • Doubles 450-500 $Me.* Chambres de belle taille et agréables, avec salle de bains, TV et AC. Préférer évidemment celles donnant sur l'arrière, les autres étant plus bruyantes. Certaines avec balconnet. Confortable. Resto. Pas de parking dans l'hôtel, mais parking gratuit au *Vip's* tout proche de 19h à 9h.

☗ ***Hotel Madan :*** *av. Madero 408. ☎ 314-05-18 ou 01-0800-543-47-77. • madan.com.mx • Doubles 750-795 $Me. Parking.* Un hôtel de standing international qui appartient à la chaîne *Best Western.* Chambres très agréables, dotées de tout le confort : AC, TV, cafetière, *room service* et téléphone. Bar et resto. Et le tout à un prix très raisonnable.

Où manger ? Où prendre un café ?

IOI ***Madan :*** *av. Madero 408. Resto de l'hôtel du même nom (cf. « Où dormir ? »). Tlj 8h-23h.* Climatisé, propre et sans surprise. Menu du jour à prix raisonnable et une carte, plus chère mais très variée. On peut aussi venir y prendre un copieux petit déj.

☕ ***Café Correo :*** *calle Saenz ; presque à l'angle de Lerdo de Tejada. Tlj sf dim 8h-21h.* Bon café *espresso* que l'on déguste en terrasse, dans la rue piétonne la plus calme de la *zona luz.* Parfait pour une pause en journée.

À voir

🚶 ***Calle Saenz :*** bon, on ne va pas vous dire que c'est une jolie rue. Disons simplement que c'est la plus agréable de la *zona luz,* avec ses quelques belles façades des années 1920 (certaines en piteux état), des galeries d'art et la maison natale de Carlos Pellicer. En quelque sorte, la *calle* culturelle de Villahermosa !

🚶 ***Casa-museo de Carlos Pellicer :*** *Saenz 203. ☎ 314-21-70. Tlj sf lun 10h-17h. GRATUIT.* C'est la maison natale du poète Carlos Pellicer, né en 1897 et mort en 1977. Toute sa vie, il a lutté contre l'interventionnisme nord-américain en Amérique latine, défendant bec et ongles l'idée d'une autre Amérique. Il est aussi le concepteur et créateur d'une dizaine de musées archéologiques comme celui de Palenque, le parque de La Venta à Villahermosa, ou encore le museo-casa Frida Kahlo à Mexico.

🚶 ***Museo regional de Antropologia :*** *sur Melchor Ocampo (suivre les flèches « CICOM »). ☎ 312-63-44. Tlj sf lun 9h-17h. Entrée : 20 $Me.* Jolies collections d'antiquités olmèques et mayas, provenant de divers sites de cet État.

*** ***Museo de Historia de Tabasco – Casa de los Azulejos :*** *Juárez ; à l'angle de 27 de Febrero. ☎ 314-21-72. Mar-dim 9h-17h. Entrée : 30 $Me.* Le musée est situé dans la belle maison aux carrelages bleus qui se détache des horribles bâtisses qui l'environnent. Rénové, l'intérieur est magnifique, un archétype des maisons bourgeoises du XIXe s, dont il ne reste presque plus d'exemples dans la ville. Panneaux retraçant la conquête de Cortés et de Montejo, puis l'époque révolutionnaire de Tabasco (vous trouverez les mêmes au musée de San Cristóbal de Las Casas !). À noter, quelques slogans anticléricaux de Victor Hugo et de Zola.

*** ***Parque museo de La Venta :*** *à 2 km du centre-ville. ☎ 314-16-52. Tlj 8h-16h. Entrée : 40 $Me. Spectacle son et lumière (en espagnol slt) mar-dim à 19h, 20h et 21h en hiver, à 20h, 21h et 22h en été ; durée : 1h ; coût : 100 $Me.*

➢ ***Comment y aller :*** dans Francisco Madero, prendre un combi qui indique « Carrizal » ; se faire arrêter devant la Torre Empresarial (haute tour moderne), puis marcher environ 500 m le long de l'eau, dans le parc.

– ***Conseils pratiques :*** prévoir 1h30-2h de visite pour un tour complet. Ceux qui sont pressés ou qui n'aiment pas les animaux en captivité pourront sauter la première partie (zone A) consacrée à la faune. Dans ce cas, compter 40 mn pour le seul parcours olmèque (zone B). Pensez à emporter une bonne lotion antimoustiques !

Ne pas confondre avec La Venta, une ville à 130 km à l'ouest de Villahermosa, où l'on découvrit les célèbres têtes olmèques... mais sur des gisements de pétrole ! Elles ont donc été transportées dans ce parc de Villahermosa, qui a été conçu pour l'occasion par le poète Carlos Pellicer (sur 7 ha). L'idée, assez géniale, est de présenter l'art olmèque dans son contexte d'origine, c'est-à-dire au milieu d'un environnement de jungle tropicale, avec des essences exotiques (acajou, cacaoyer, fromager...) et aussi les animaux avec lesquels les Olmèques partageaient leur quotidien, notamment le jaguar, un félin omniprésent dans la cosmogonie olmèque. En tout, une trentaine de très belles pièces disséminées le long d'un agréable parcours fléché dans une minijungle peuplée d'oiseaux et d'adorables mammifères pas farouches : les coatis.

Les têtes colossales sont intéressantes par leur aspect, mais aussi remarquables par leur poids : certaines pèsent plus de 30 t. Leur transport témoigne d'un véritable tour de force : le basalte dont elles sont faites provient d'une région distante de plus de 100 km !

Le parcours débute par le zoo, qui présente tous les animaux peuplant les forêts du Chiapas (zone A). N'hésitez pas à pénétrer dans la volière géante, où l'on se promène au milieu d'une multitude d'oiseaux exotiques. Ensuite, on passe par la salle d'introduction (à la culture olmèque) avant d'entrer dans la zone B et son parcours parsemé de sculptures et de... quelques jaguars.

LA PÉNINSULE DU YUCATÁN

• Carte *p. 207*

Lorsque l'explorateur espagnol Francisco Hernández de Córdoba accosta ici en 1517, il demanda aux habitants mayas comment s'appelait la région. La légende veut qu'ils aient répondu : « *yukatán* » (« je ne comprends pas ce que vous dites »). Ça commençait mal...

La péninsule, faisant face à Cuba et à la Floride, ferme le golfe du Mexique. Elle regroupe les États du Yucatán, du Quintana Roo et une partie de l'État de Campeche. Côté Caraïbes, elle possède parmi les plus belles plages du Mexique avec ses eaux turquoise et son sable blanc ! De fait, les fonds marins dans le secteur de Playa del Carmen et de l'île de Cozumel sont exceptionnels. C'est devenu par conséquent une région hyper touristique, investie par d'énormes complexes hôteliers. Les prix, souvent affichés en dollars, grimpent de façon chaotique, et le routard qui s'y attardera aura intérêt à avoir les poches bien remplies.

Cela dit, la région possède d'autres attraits : de nombreux sites archéologiques mayas (dont les réputés Uxmal et Chichén Itzá), des réserves naturelles encore préservées (dont celles de Sian Ka'an au sud de Tulum et de Calakmul près de la frontière guatemaltèque) et des lieux qui, bien que très fréquentés, gardent encore une âme mexicaine (Mérida, Valladolid, le « vieux centre » de Cancún – eh

LE SECRET DES *CENOTES*

Ces gouffres et puits naturels sont très particuliers au Yucatán. La météorite qui est tombée voici 65 millions d'années au nord de Mérida a provoqué une chaleur gigantesque qui liquéfia le calcaire. Ces cavités se sont ensuite remplies d'eau douce.

oui ! – Isla Mujeres). Et puis rien n'empêche de sortir des circuits habituels et d'aller découvrir des lieux moins courus qui, s'ils exigent quelques petits sacrifices en termes de temps et de conditions d'hébergement, ont conservé le charme de l'authenticité (Izamal, Holbox, Río Lagartos...).
– *Infos culturelles et touristiques sur l'État du Yucatán :* ● *yucatan.gob.mx* ● *yucatantoday.com* ●

DISTANCES DANS LA PÉNINSULE

Villes	Distance	Temps de transport (bus)
Mérida-Chichén Itzá	120 km	2h-2h30
Mérida-Valladolid	160 km	2h
Mérida-Cancún	320 km	4h (autoroute)
Mérida-Chetumal	520 km	7h
Mérida-Campeche	196 km	2h30
Campeche-Chetumal	425 km	6h
Valladolid-Cancún	160 km	2-3h (selon la route)
Valladolid-Tulum	100 km	2h30
Cancún-Playa del Carmen	70 km	1h30
Playa del Carmen-Tulum	60 km	1h
Tulum-Chetumal	250 km	3h

MÉRIDA

777 600 hab. IND. TÉL. : 999

● Plan *p. 209*

Située à 1 530 km de Mexico, Mérida, capitale du Yucatán, est une cité commerçante étendue, vivante et bruyante dans la journée, grouillante aux abords de son grand marché. Le centre-ville, ponctué de charmantes placettes, affiche quelques beaux restes de l'héritage colonial et certaines bâtisses rénovées arborent de jolies façades colorées. Si on ne recherche pas la plage, Mérida est un point de départ pratique pour rayonner dans la péninsule, et découvrir les villes coloniales de Valladolid ou Izamal. L'ouverture, en 2012, de son magnifique musée consacré à la civilisation maya en fait à présent un passage obligé pour découvrir les sites archéologiques de la péninsule comme Uxmal et Chichén Itzá. Un dernier mot : évitez de circuler en voiture dans le centre-ville, le stationnement est un vrai casse-tête.

UN PEU D'HISTOIRE

Après plusieurs années de combats, les Espagnols, conduits par le conquistador Francisco de Montejo (le fondateur de Campeche), entrent en 1542 dans la ville maya de Tihó, cité dont l'architecture leur fait penser aux vestiges romains de Mérida, en Estrémadure. « Qu'à cela ne tienne ! s'exclame le conquérant, nous lui donnerons le même nom. » Mérida (bis) était née. L'ancien site maya fut carrément rasé, et les pierres des pyramides permirent d'édifier la nouvelle cité. Celle-ci servit de point de départ à la conquête du

LE YUCATÁN

reste de la péninsule, qui fut achevée 4 ans plus tard. Une entreprise facilitée par les inimitiés qui divisaient ce qui restait des anciennes cités mayas.

Mérida connut dès sa création un essor commercial important, porté par le développement de la culture de l'agave *(henequen)*, dont on tirait la fibre. Grâce à l'exploitation de ce véritable « or vert » dans d'immenses haciendas, le Yucatán devint l'un des États les plus riches du Mexique, fournissant jusqu'au milieu du XXe s près de 90 % du marché mondial des cordages. Mais l'avènement des fibres synthétiques et le développement de la culture de l'agave dans d'autres pays, comme au Brésil, changèrent considérablement la donne. Aujourd'hui, la production a périclité et de nombreuses haciendas sont désormais abandonnées ou transformées en hôtels de luxe.

Dans la seconde moitié du XIXe s, cette région du Yucatán fut le théâtre d'une guerre civile, la guerre des Castes. Les *hacendados*, puissants propriétaires terriens, armèrent les Mayas pour défendre l'État indépendant qu'ils avaient créé et qui dura une dizaine d'années. Mais, voilà, les Mayas ainsi entraînés et soutenus par les Anglais du Belize se soulevèrent et faillirent prendre le pouvoir. La rébellion fut finalement écrasée en 1901, avec la prise de Chan Santa Cruz (capitale du Quintana Roo, aujourd'hui Felipe Carillo Puerto) et Bacalar.

Topographie

Les rues ont pour nom des numéros. Repérage très facile... une fois qu'on a compris le système ! Toutes les rues nord-sud sont paires, et celles est-ouest sont impaires. La ville est assez étendue et se divise en plusieurs quartiers distincts : le quartier colonial du côté de Santa Ana *(plan A-B1-2)*, le quartier indigène, plus typique, du côté de San Cristóbal et du marché Lucas de Galvez *(plan B3)* et Las Américas, le secteur culturel où se regroupent les écoles d'art et de musique *(hors plan par B1-2)*. Mais l'activité touristique principale se résume au *zócalo* (place centrale) et entre les calles 47 à 67 du nord au sud, 56 à 66 d'est en ouest. La longue artère moderne du paseo Montejo est bordée de belles villas bourgeoises et mène bien plus loin, jusqu'au centre de conférences où est installé le musée du Mundo Maya.

À savoir : pour ceux qui sont motorisés, parking bon marché à côté du *zócalo*.

Arriver – Quitter

En bus

Liste des principales compagnies et coordonnées dans la rubrique « Transports » du chapitre « Mexique utile ».

Un site utile qui donne aussi les prix : • *yucatantoday.com/en/topics/yucatan-bus-lines-and-taxis* •

Attention, en haute saison, quelle que soit votre destination, achetez votre billet

Adresses utiles

- 1 Office de tourisme gouvernemental *(zoom)*
- 2 Office de tourisme municipal *(zoom)*
- @ 3 Cybercafé et téléphone larga distancia *(zoom)*
- 4 Banamex *(zoom)*
- 8 Consulat de France
- 9 Alliance française
- 11 Laverie La Fe
- 12 Terminaux CAME et TAME (1re et 2de classes)
- 13 Terminal Autoprogreso
- 14 Terminal Noreste

Où dormir ?

- 20 Hostel Nómadas
- 21 Hostal Zócalo *(zoom)*
- 23 Hotel Hacienda Mérida
- 24 Hotel del Peregrino
- 25 Hotel La Piazzetta
- 26 Rosas & Xocolate
- 28 Koox Art 57 Hotel Boutique
- 29 Posada Toledo *(zoom)*
- 30 Hotel Dolores Alba – Doralba Inn
- 31 Hotel San Juan et Hotel Luz en Yucatán
- 33 Hotel Medio Mundo
- 34 Hotel Caribe *(zoom)*
- 35 Gran Hotel *(zoom)*
- 37 Hostal Santa Lucía
- 38 62 St. Guesthouse – Casa Álvarez

Où manger ?

- 33 Lo que Hay
- 40 Mercado Santa Ana
- 41 El Trapiche *(zoom)*
- 42 La Chaya Maya
- 43 El Nuevo Tucho
- 44 Amaro *(zoom)*
- 45 Café La Habana *(zoom)*
- 46 Trattoria La Pasta
- 49 Los Almendros
- 53 Café Alameda *(zoom)*
- 62 Eladio's
- 65 Los Henequenes

Où prendre un petit déjeuner ? Où s'offrir une glace ou une pâtisserie ?

- 41 El Trapiche *(zoom)*
- 42 La Chaya Maya
- 45 Café La Habana *(zoom)*
- 47 Cafetería Pop *(zoom)*
- 51 Dulcería y sorbetería Colón *(zoom)*
- 63 Pistache
- 64 Pola

Où boire un verre ? Où sortir ?

- 26 Rosas & Xocolate
- 43 El Nuevo Tucho
- 60 La Parilla *(zoom)*
- 61 El Peón Contreras *(zoom)*
- 62 Eladio's
- 65 Los Henequenes
- 66 La Negrita

Achats

- 44 Miniaturas *(zoom)*
- 68 Casa de las Artesanías
- 70 Hamacas Mérida

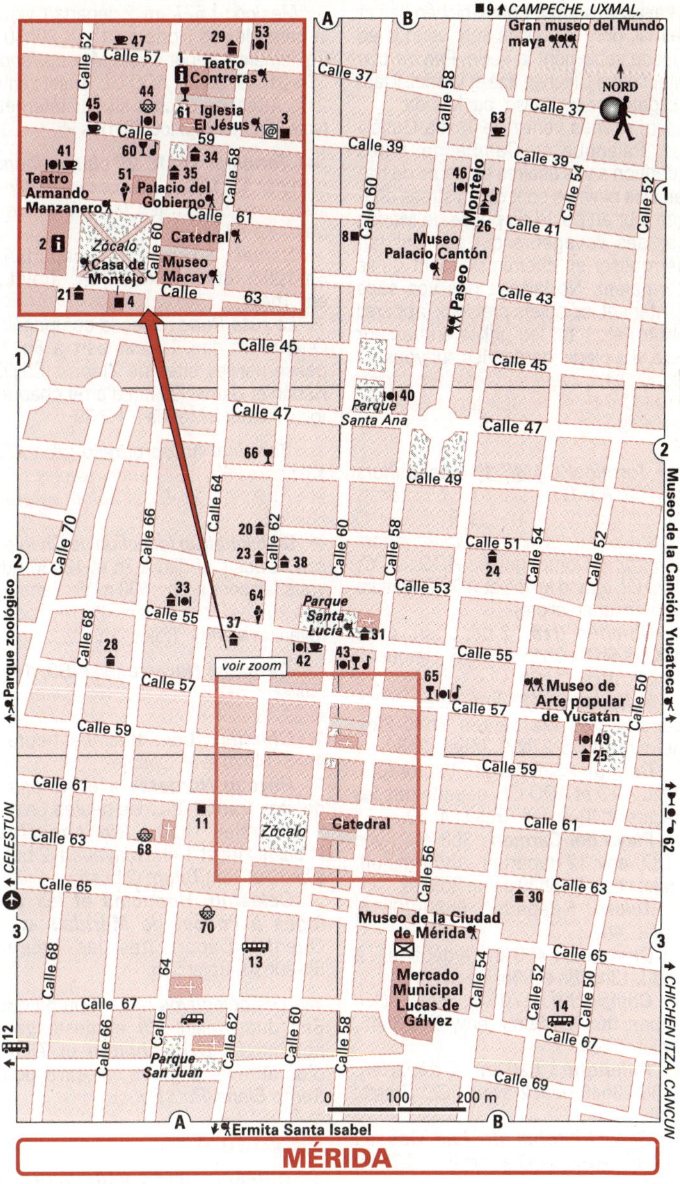

MÉRIDA

LA PÉNINSULE DU YUCATÁN

à l'avance, surtout pour Chichén Itzá et Uxmal, dont les billets sont vendus en théorie seulement la veille. Pas de bus direct entre Chichén Itzá et Uxmal, il faut obligatoirement passer par Mérida.
Enfin, si vous venez de Tuxtla Gutiérrez, Palenque ou Campeche, faites attention à vos affaires en cours de trajet. Des plaintes sont enregistrées chaque jour au poste de police de Mérida par des voyageurs qui se sont fait détrousser en chemin pendant qu'ils dormaient. Ne laissez pas vos sacs contenant les objets précieux (appareil photo, etc.) sur les grilles en hauteur ou à vos pieds, gardez-les sur vous.
Consigne à bagages entre les terminaux CAME et TAME, sur la calle 70, entre 69 et 71, 6h-21h30.

🚌 ***Terminal CAME 1re classe*** *(hors plan par A3,* ***12****) : calle 70 n° 555 ; entre les calles 69 et 71. ☎ 924-83-91. Horaires, tarifs et achat en ligne : • ado.com.mx •* Compagnies : *ADO, OCC, ADO GL* (grand luxe !) et *ADO Platinium* (le premier amélioré).
➢ ***Chichén Itzá :*** 3 départs/j. avec *ADO,* à 6h30, 8h15 et 9h15. Retours à 16h35. Trajet : 1h30.
➢ ***Valladolid :*** 185 km. Avec *ADO,* départs ttes les heures 6h10-22h. Retours 14h15-22h30. Trajet : 2h30.
➢ ***Cancún :*** 320 km par l'autoroute. Avec *ADO et ADO GL,* départs ttes les heures 4h40-minuit. Trajet : 4h30.
➢ ***Playa del Carmen :*** 350 km. Avec *ADO,* env 12 départs/j. 4h50-minuit. Trajet : env 4h-5h30 selon horaire.
➢ ***Tulum :*** 5 départs/j. 6h30-20h15. Trajet : 4h.
➢ ***Chetumal :*** 456 km. 4 départs/j. à 7h30, 13h, 18h et 23h. Trajet : 6h.
➢ ***Campeche :*** 170 km. Avec *ADO,* départ ttes les 30mn env, 6h-23h45. Trajet : 2h30.
➢ ***Palenque :*** 520 km. 5 départs/j. 8h30-23h45 dont 2 avec *OCC.* Trajet : 8-9h.
➢ ***San Cristóbal de Las Casas :*** 744 km. Avec *OCC* à 20h40 et 23h45. Trajet : 15h30.
➢ ***Villahermosa :*** 630 km. 1 départ/h env, 7h-23h30. Trajet : 8h-9h.
➢ ***Puebla :*** 1 442 km. 2 départs à 11h et 11h50 avec *ADO GL, et* 1 départ à 18h30 avec *ADO.* Trajet : 18-19h.
➢ ***Mexico :*** 1 577 km. 2 départs/j. vers la gare Mexico Norte à 11h et 20h30. Également 4 départs vers Mexico *Tapo* 11h-21h45, dont 2 *ADO GL.* Trajet : env 21h. Attention : achat slt sur Internet (voir « Quitter Mexico. En bus »).

🚌 ***Terminal TAME 2de classe*** *(hors plan par A3,* ***12****) : calle 69 n° 544 ; entre les calles 68 et 70 (en face du précédent). ☎ 924-08-30.*
➢ ***Uxmal :*** 80 km. Env 4 départs/j. 6h-12h ; retour 10h30-19h. Trajet : env 1h45.
➢ ***La ruta Puuc :*** avec la compagnie *Oriente* slt dim. Le car part à 8h. Il passe par les sites de Xlapak, Sayil, Kabáh et Uxmal (30 mn d'arrêt chaque fois). Retour à Mérida à 15h30.

🚌 ***Terminal Autoprogreso*** *(plan A3,* ***13****) : calle 62 n° 524 ; entre les calles 65 et 67. ☎ 928-39-65. • autoprogreso.com •*
➢ ***Dzibilchaltún*** *(direction de Chablecal) :* 2 bus/j. sf dim à 7h et 13h30 qui vous laissent à env 500 m de l'entrée des ruines. 1 bus dans l'ap-m pour revenir à Mérida. Trajet : 1h.

🚌 ***Terminal Noreste*** *(plan B3,* ***14****) : calle 67 n° 531 ; entre les calles 50 et 52. ☎ 924-63-55.*
➢ ***Chichén Itza :*** ttes les heures 4h45-14h20 avec *Oriente.*
➢ ***Réseau Nordeste*** avec *Oriente,* de/vers ***Izamal*** (ttes les heures 5h15-21h ; trajet 1h30), ***Río Lagartos*** (4 bus/j. ; trajet 3-4h), ***Mayapán*** (2 bus, à 8h30 et 16h) ***Tulum*** (2 bus/j.)...
➢ ***Celestún, Hunucma et les villages à l'ouest de Mérida :*** avec *Oriente.* Départ ttes les heures 5h-20h30. Trajet : 2h.

🚌 Les ***colectivos*** partent du parque San Juan *(plan A3)* et desservent notamment ***Dzibilchaltún*** et ***Ticul,*** d'où attraper un autre *colectivo* pour ***Santa Elena*** *(Ruta Puuc).*

En voiture

➢ ***Chichén Itzá, Valladolid et Cancún :*** il y a une autoroute à péage, recommandée si vous voulez éviter la multitude de *topes* et nids-de-poule de la route nationale, mais très chère. Compter 450 $Me pour Cancún payables en espèces (92 $Me jusqu'à Chichén Itzá). Pour accéder à l'autoroute, suivre les panneaux qui indiquent « Cancún Cuota ». Attention, il n'y a que 2 sorties (l'une pour Chichén Itzá-Piste, l'autre pour Valladolid) et vous ne pourrez faire le plein qu'à ces endroits-là. Mieux vaut le prévoir. Pour prendre la nationale (plus long mais nettement moins monotone), suivre « Cancún libre ».

En avion

✈ ***Aeropuerto internacional :*** *☎ 946-15-30.* Sur place, agences de locations de voitures *(Hertz, National, Europcar).*

➢ Liaisons avec ***Mexico, Cancún, Monterrey, Miami, Houston, Villahermosa, Guadalajara*** et ***Toronto.*** Voir « Adresses et infos utiles » ci-après pour les coordonnées des compagnies aériennes.

Liaisons avec le centre-ville

➢ En ***taxi*** (max 15 mn), compter 250 $Me la course.

➢ ***Bus*** indiqué « Umán » sur la route principale ; compter 30 mn de trajet entre le centre-ville et l'aéroport. Fonctionne tlj 5h-minuit ttes les 30 mn env. En ville, on le prend au parque San Juan *(plan A3).*

Adresses et infos utiles

Infos touristiques

Office de tourisme gouvernemental *(zoom,* ***1****)* **:** *en plein centre ; presque à l'angle des calles 59 et 60 ; à côté du café Peón Contreras. ☎ 924-40-00. • merida.gob.mx • Tlj 8h-20h.* Horaires de bus pour les sites archéologiques et toutes les grandes villes. Fichier avec les agences de location de voitures, les hôtels et restos de la ville.

Office de tourisme municipal *(zoom,* ***2****)* **:** *calle 62 ; entre les calles 61 et 63. ☎ 942-00-00. Tlj 8h-20h.* Accueil très sympathique. Bonne carte de la ville. Renseigne aussi sur les horaires des bus. Demander le calendrier des événements culturels de la ville, très fréquents à Mérida ! Organise aussi des visites gratuites commentées de la ville *(tlj sf dim à 9h30).* Se reporter plus loin à la rubrique « À voir. À faire ».

Banque, poste et télécommunications

■ ***Banamex*** *(zoom,* ***4****)* **:** *sur le zócalo, dans la Casa de Montejo. Lun-ven 9h-16h.* Change les espèces. Guichet automatique (*Visa* et *MasterCard*) et bureau *Western Union.* Nombreuses autres banques avec distributeurs dans le centre. ***Bureaux de change*** *(casas de cambio)* autour du *zócalo.*

✉ ***Poste*** *(plan B3)* **:** *calle 65, angle calle 56 (derrière le museo de la Ciudad). Lun-ven 8h-16h, sam 9h-14h.*

■ @ ***Cybercafé et téléphone larga distancia*** *(zoom,* ***3****)* **:** *calle 59 n° 495 ; presque à l'angle de calle 58 ; à côté de l'entrée du Plaza Internacional. ☎ 124-80-44. Tlj 9h-20h30 (20h dim). Nombreux autres cyber dans le centre, notamment sur le zócalo.*

Représentations diplomatiques

■ ***Consulat de France*** *(plan B1,* ***8****)* **:** *calle 60 n° 385 ; entre les calles 41 et 43 (dans le complexe Sipse). ☎ 930-15-00 (24h/24, slt en cas d'urgence). • consuladofrancia@sipse.com.mx • Lun-ven 9h-17h. Téléphoner avt pour fixer rdv.* Peut aussi vous assister juridiquement en cas de problème.

■ ***Alliance française*** *(hors plan par B1,* ***9****)* **:** *calle 23 n° 117 ; à l'angle de la calle 24, à deux pas du prolongement de l'av. Montejo. ☎ 927-24-03. • alianzafrancesa.org.mx/merida •* Revues et journaux, vidéos de films français.

■ ***Consulat de Cuba*** *(hors plan par A1)* **:** *calle 1 D n° 320 ; angle 42, colonia Campestre. ☎ 944-42-15. Lun-ven 8h30-13h.*

■ ***Immigration :*** *av. Colón 507 ; à l'angle de calle 8. ☎ 925-50-09. Lun-ven 9h-13h.* Pour prolonger la durée de votre séjour au Mexique ou si vous avez perdu votre FMT.

Urgences

■ ***Police touristique :*** ☎ 930-32-00 ; ext. 462.
■ ***Urgences :*** ☎ 066.
✚ ***Centro Médico de las Américas - CMA*** (hors plan par B1) **:** *calle 54 nº 365 ; à l'angle de l'av. Pérez Ponce.* ☎ *926-21-11.* • *centromedicodelasamericas.com.mx* • Médecins parlant l'anglais. ***Service des urgences 24h/24 :*** ☎ *927-31-99.*

Transports

Quel que soit le loueur de voitures, soyez très regardant sur l'état du véhicule.

■ ***Aeroméxico*** (hors plan par B1) **:** *calle 56 A nº 451-av. Colón ; au pied de l'hôtel* Fiesta Americana. ☎ *(01) 5551-334-000.* • *aeromexico.com* • *Lun-ven 9h-19h, sam 9h-14h.* Vols quotidiens vers Mexico et nombreuses connexions nationales et internationales.
■ ***Interjet*** (hors plan par B1) **:** *même adresse.* ☎ *920-34-14 ou 925-68-14.* • *interjet.com.mx* • *Lun-ven 9h-20h, le w-e 10h-15h (14h dim).* Vols low-cost pour Mexico City.
■ ***Hertz*** (hors plan par B1) **:** *même adresse.* ☎ *925-75-95.* • *hertz.com.mx* • Également un bureau à l'aéroport.
■ ***Europcar*** (hors plan par B1) **:** *même adresse.* ☎ *925-35-48.* • *europcar.com.mx* • Également un bureau à l'aéroport
■ ***Avis*** (hors plan par B1) **:** *calle 60, nº 319.* ☎ *930-20-00.* • *avis.mx* • Également un bureau à l'aéroport.
■ ***Mexico Rent-a-Car*** (plan B2) **:** *calle 57 A nº 491 (appelée callejón del Congreso) ; entre les calles 58 et 60.* ☎ *923-36-37.* Pas cher, mais le parc automobile n'est pas de première jeunesse...

Divers

■ ***Laverie La Fe*** (plan A3, **11**) **:** *calle 61, angle calle 64. Lun-ven 7h30-22h, sam 8h-19h.*

Où dormir ?

Mérida offre assez peu d'alternative en matière d'hébergement : les AJ pour les budgets serrés et la rubrique très chic pour les adresses de charme. Entre les deux, une poignée d'hôtels vieillissants, ou au charme suranné (au choix !). Mais, d'une manière générale, il est possible de négocier les prix (jusqu'à 20 % de remise), notamment dans les adresses « Chic », si l'hôtel n'est pas complet.

De bon marché à prix moyens (moins de 800 $Me / env 40 €)

🏠 ***Hostel Nómadas*** (plan A2, **20**) **:** *calle 62 nº 433.* ☎ *924-52-23.* • *nomadastravel.com* • *Dortoir env 190 $Me/pers, double 590 $Me. Petit déj inclus.* 💻 📶 Derrière sa jolie devanture bleu lavande se cache sans doute l'AJ la plus vivante de la ville. Dortoirs non mixtes de 4 à 8 lits (avec salle de bains commune) et quelques chambres avec ou sans salle de bains. Cuisine et, pour ceux qui ont besoin d'air, labyrinthe de cours-jardins avec coin hamacs et grande piscine. Ensemble coloré très agréable, savoureux petit déj, super accueil. Mais le vrai plus, c'est l'ambiance du lundi au vendredi de 19h30 à 20h30 durant les cours de salsa, cuisine, etc., gratuits. Organise aussi des excursions dans les sites archéologiques alentour.
🏠 ***Hostal Zócalo*** (zoom, **21**) **:** *calle 63 nº 508.* ☎ *930-95-62.* • *hostalzocalo.com.mx* • *En plein sur le zócalo, à côté de la Casa de Montejo (entrée au 1er étage). Env 180 $Me en dortoir et 430-600 $Me la double.* 💻 📶 Dans une ancienne et immense bâtisse coloniale, qui fut la demeure du poète José Peón y Contreras. Vastes galeries, grands volumes, murs bariolés, ambiance communautaire assez pagailleuse : l'AJ ne manque pas de charme, comme la propriétaire d'ailleurs, adorable. Grandes chambres

reconverties en dortoirs (mixtes ou filles exclusivement), avec des lits simples ou doubles pourvus de moustiquaires. Éviter celui de 5 lits qui se trouve au fond, près des sanitaires (bruyant). Chambres doubles également avec ou sans sanitaires. Celles, tout confort, donnant sur le patio, sont plus calmes. *Lockers* avec cadenas. Petit déj copieux avec fruits frais servi dans la cuisine collective. Salle de TV, laverie.

Hostal Santa Lucía (plan A2, **37**) : *calle 55 n° 512 ; entre les calles 64 et 62. ☎ 928-90-70. Lit en dortoir env 210 $Me, double env 400 $Me.* Pour les budgets très serrés, un plan vraiment pas cher mais plus bien frais. Grands dortoirs et quelques chambres privées correctement tenus, sanitaires communs décrépits. Cuisine, laverie, terrasse. Un peu triste.

62 St. Guesthouse – Casa Álvarez (plan A2, **38**) : *calle 62 n° 448 ; à l'angle de calle 53. ☎ 924-30-60. • casaalvarezguesthouse.com • Double env 800 $Me. Parking payant.* Une vraie maison d'hôtes, dotée d'une dizaine de chambres, la plupart donnant sur le patio intérieur. Celles du rez-de-chaussée sont vastes, celles à l'étage sont plus claires. Déco soignée un poil kitsch et confort variable : AC, frigo, coffre-fort. On a même droit à des lits *king size*. Dans tous les cas, entretien nickel. Petit déj à préparer soi-même dans la cuisine familiale, petits patios pour se prélasser et petite piscine pour se rafraîchir. Accueil adorable. Une maison bien chaleureuse.

Posada Toledo (zoom, **29**) : *calle 58 n° 487 ; à l'angle de calle 57. ☎ 923-16-90. • posadatoledo.com • Doubles env 530-860 $Me, petit déj inclus. Parking à proximité.* Ancienne demeure aristocratique décatie d'une vingtaine de chambres de taille variable, avec un agréable patio à arcades luxuriant. Un charme indéniable ; les vastes chambres du rez-de-chaussée (généralement bien tenues et bien équipées, mais un peu plus chères) ont conservé leur ameublement d'époque mais, du coup, manquent de fonctionnalité. Ceux qui cherchent un trip rétro apprécieront. Celles à l'étage bénéficient de petites terrasses avec salon de jardin, d'où l'on aperçoit les clochers de Mérida. Resto au décor un peu compassé. Accueil tout gentil.

Hotel San Juan (plan B2, **31**) : *calle 55 n° 497 ; entre les calles 60 et 58. ☎ 924-17-42 ou 16-88. • hotelsanjuan.com.mx • Double 600 $Me. Parking gratuit.* Une soixantaine de chambres banales avec ventilo, clim, TV. Propres, bien tenues et au confort suffisant, malgré des matelas béton. Toutes donnent sur le grand patio et la jolie petite piscine.

Chic (800-1 200 $Me / env 40-60 €)

Gran Hotel (zoom, **35**) : *parque Hidalgo, calle 60 n° 496 ; à l'angle de la calle 59. ☎ 924-77-30 ou 923-69-63. • granhoteldemerida.com • Doubles 750-950 $Me. Parking gratuit.* Inauguré en 1902 sur la plus jolie place de la ville, le *Gran Hotel* fut considéré jusque dans les années 1940 comme l'un des établissements les plus luxueux du Sud-Est mexicain. Il reçut la visite de Charles Lindbergh et, plus tard, celle de Fidel Castro. Rénové en 1987, il a gardé son côté « très grand hôtel » au charme suranné. Vaste hall, plantes, lustres imposants, patios. Chambres très spacieuses, hautes de plafond, avec d'immenses portes et fenêtres en bois, meublées à l'ancienne ou plus contemporaines pour certaines. Salles d'eau obsolètes, mais honnêtes pour le prix. Essayez d'obtenir une chambre donnant sur la place pour la vue et la luminosité ; bonne isolation. Accueil très pro. Une excellente adresse dans son genre.

Hotel Dolores Alba – Doralba Inn (plan B3, **30**) : *calle 63 n° 464 ; entre les calles 52 et 54. ☎ 928-56-50. • doloresalba.com • Double 900 $Me, petit déj inclus. Parking gratuit.* Appartient à la même famille que celui de Chichén Itzá. Dans un grand édifice, une centaine de chambres de bon confort mais un peu vieillottes, avec ventilo dans la partie ancienne et AC dans la partie récente, entourant un agréable patio et une belle piscine. Propreté impeccable.

Hotel Caribe (zoom, **34**) : *parque Hidalgo, calle 59 n° 500. ☎ 924-90-22.*

• *hotelcaribe.com.mx* • *À deux pas du zócalo. Doubles 1 000-1 200 $Me, petit déj en sus. Parking gratuit.* Splendide demeure coloniale dans un ancien collège catholique dont les chambres, disposées autour d'un joli patio à arcades, ont toutes été rénovées. Bon confort donc (clim, salle d'eau nickel, bonne literie), à défaut d'une grande personnalité. Des coursives de l'étage, envoûtant point de vue sur la cathédrale, à déguster au bord de la piscine. Petit resto en terrasse sur la place, cuisine correcte.

Hotel del Peregrino *(plan B2,* **24***) : calle 51 nº 488 ; entre les calles 54 et 56. ☎ 924-30-07. • hoteldelperegrino.com • Doubles à partir de 1 040 $Me. Petit déj-buffet inclus.* Dans une belle maison coloniale complètement rénovée, ce petit hôtel aux couleurs pimpantes n'abrite qu'une douzaine de chambres, impeccablement tenues. Toutefois, la moitié ne possède pas de fenêtre et 2 donnent directement sur la rue. Préférez les 4 autres donc, sur le patio, avec terrasse, plus calmes et plus claires. Pour ces raisons, il est indispensable de s'y prendre à l'avance. Jacuzzi et grande cuisine à dispo. Les lieux accueillent également l'agence *Mayan Ecotours (☎ 987-37-10 ; • mayanecotours.com •)*, qui organise des excursions personnalisées dans la région. Un bon plan.

Hotel La Piazzetta *(plan B2-3,* **25***) : calle 50 A nº 493 A, parque de la Mejorada. ☎ 923-39-09. • hotellapiazzettamerida.com • Doubles 1 180-1 230 $Me, petit déj inclus.* Aux manettes de ce mignon hôtel à la façade bleu azur, Léopold, un Français qui a roulé sa bosse dans l'hôtellerie avant d'aménager celui-ci. Au programme, du goût et du confort : matelas bien épais, déco douce et chaleureuse d'inspiration tropicale, salles de bains ouvertes, balcon pour les chambres donnant sur la jolie place. Agréable cour-jardin avec hamacs, et petit resto concoctant une cuisine mexicaine et méditerranéenne mâtinée de produits locaux (quiche à la *chaya,* etc.). Bons conseils pour explorer le coin.

Plus chic (1 200-1 600 $Me / env 60-80 €)

Hotel Luz en Yucatán *(plan B2,* **31***) : calle 55 nº 499 ; entre les calles 58 et 60. ☎ 924-00-35. • luzenyucatan.com • Doubles 75-90 US$. Min 3 nuits en saison.* Une *guesthouse* chic dans une jolie maison coloniale, idéale pour une retraite urbaine, surtout après une journée trépidante en ville. Vastes chambres modernes et climatisées, les plus chères dotées d'une terrasse avec hamac donnant sur la petite piscine. Certaines, idéales pour les familles, disposent d'une kitchenette. Lumières tamisées le soir venu dans les parties communes, où l'on dispose du salon et de la cuisine. Accueil à la fois attentionné et discret de Tom, un sympathique Américain. Ici, tout n'est que « *luz,* calme et volupté... ».

Hotel Medio Mundo *(plan A2,* **33***) : calle 55 nº 533 ; entre les calles 64 et 66. ☎ 924-54-72. • hotelmediomundo.com • Doubles 80-95 US$, petit déj inclus. Pas d'enfants de moins de 8 ans. Parking payant.* Une oasis de sérénité à la déco très mexicaine que cet ancien édifice entièrement rénové et aux couleurs vives, tenu par Nicole et Nelson, un Uruguayen chaleureux. Belles chambres confortables bien que sans objets inutiles, avec ventilo, ou AC dans les plus grandes (plus cher). On prend le petit déj dans l'arrière-cour, près de la piscine. Bonne ambiance de maison d'hôtes. Petite boutique artisanale et resto végétarien à prix moyens, ***Lo que Hay,*** proposant un menu unique différent chaque jour, élaboré en fonction du marché *(mar-sam le soir slt ; ☎ 924-54-72).*

Koox Art 57 Hotel Boutique *(plan A2,* **28***) : calle 57 nº 453 ; entre les calles 66 et 68. ☎ 289-54-94. • kooxart57boutiquehotel.com • Doubles 1 400-1 600 $Me, petit déj en sus. Parking.* Situation tranquille, enfants non souhaités... Pour les amateurs de modernité et d'esthétique innovante, coloris acidulés fraise-citron. Plus sobres, une quinzaine de chambres tout confort, pas très grandes mais cosy, avec petit balcon et affublées de noms d'artistes. Piscine, terrasse et solarium bien agréables, le tout au milieu d'une abondante végétation.

Très chic (plus de 1 600 $Me / env 80 €)

Rosas & Xocolate (plan B1, **26**) : *paseo Montejo 480, calle 41. ☎ 924-29-92. • rosasandxocolate.com • Double env 275 US$.* Au début du paseo Montejo, bordé de palais élégants, cette belle maison coloniale toute de rose revêtue allie avec élégance modernité et tradition. Un boutique-hôtel de charme, idéal pour une escapade romantique, proposant des chambres aux grands volumes et à la déco raffinée dans une structure architecturale colorée qui a su préserver l'ambiance des années d'or où le commerce du sisal enrichissait la ville. Salles de bains avec baignoire extérieure. Cuisine fusion d'excellent niveau au resto. Superbe vue depuis le bar sur le toit avec set de jazz plusieurs soirs par semaine. Boutique de chocolats, gymnase et spa. Pas donné bien sûr...

Hotel Hacienda Mérida (plan A2, **23**) : *calle 62 nº 441 ; entre les calles 51 et 53. ☎ 924-43-63. • hotelhaciendamerida.com • Doubles 160-200 US$. Parking gratuit.* Une autre belle adresse, à caractère confidentiel, de 8 chambres seulement. Superbes volumes, à peine perceptibles de l'extérieur, et, plutôt rare en centre-ville, un jardin paisible où sont installées des chaises longues et une grande piscine bordée d'arcades. Autour s'organisent les chambres, ravissantes, à la déco soignée et au confort optimal. Très bon petit déj et jus de fruits frais. Massages.

Où dormir ? Où manger très chic dans les environs ?

Hacienda Santa Cruz (hors plan par B3) : *calle 86 s/n, Santa Cruz Palomeque ; à 6 km au sud de la ville. ☎ 254-05-41. • haciendasantacruz.com • 20 mn en voiture : rejoindre le périphérique sud direction Cancún et prendre la sortie 2, Dzununcán ; l'hacienda se trouve à 1,5 km. Selon confort, double env 2 800 $Me, petit déj en sus.* Cet ancien monastère franciscain du XVIIᵉ s a été reconverti en plantation de sisal au début du XXᵉ s. Il en subsiste de magnifiques bâtiments rénovés, répartis au milieu d'un jardin luxuriant doté de 2 piscines et planté de flamboyants centenaires. Décoration très soignée et personnalisée pour la dizaine de chambres et suites, au confort idéal : AC, literie moelleuse, salle de bains en adobe, douche tropicale, tomettes au sol. Une ambiance raffinée digne d'un magazine de déco. Restaurant accessible aux non-résidents ouvert dès 12h30 pour un déjeuner léger au bord de la piscine ou un dîner à la lueur des chandelles. Centre de massages sous une paillote à l'écart. Personnel aux petits soins.

Où manger ?

Le centre-ville manque cruellement de bons p'tits restos sympas. On pourra alors se rabattre sur la spécialité de Mérida, les restos-bars avec musique *en vivo.* Le concept : une scène, avec un groupe qui balance du son tonitruant l'après-midi durant, sans que les convives y prêtent spécialement attention... Rigolo.

Bon marché (moins de 150 $Me / env 7,50 €)

Mercado Santa Ana (plan B2, **40**) : *sur le côté est de la pl. Santa Ana, à l'angle des calles 47 et 60. Activité réduite dim.* Groupe de stands où l'on vient manger à toute heure du jour.

Tacos, *tortas* (gros sandwichs très complets), viandes grillées, cocktails de crevettes, jus de fruits frais... On s'installe en plein air, sur une bien jolie place. Sympa et pas cher du tout.

|●| Des stands de nourriture également sur le ***mercado municipal*** *(plan B3, à l'angle des calles 67 et 56).* Choisissez le plus fréquenté.

|●| ***El Trapiche*** *(zoom,* ***41****) : calle 62 nº 491 ; entre les calles 59 et 61. ☎ 928-12-31. Tlj 8h-23h.* Un resto de rue populaire qui fait tout le temps le plein. Plusieurs formules pour le petit déj, puis grand choix de *tortas,* tacos, salades et pizzas. Quelques spécialités yucatèques, dont le fameux *poc chuc,* à dévorer sur des tables couvertes de toiles cirées. Profitez-en pour jeter un coup d'œil à la façade Art déco du théâtre Mérida, juste à côté, sur la gauche.

|●| ***Café Alameda*** *(zoom,* ***53****) : calle 58 nº 474 ; presque à l'angle de calle 57. ☎ 928-36-35. Tlj 8h-17h.* Grande cantine à l'entrée et patio à l'arrière. Le drapeau libanais sur le menu affiche la couleur : spécialités du Proche-Orient plébiscitées par les locaux. Parmi elles, les *alambres* (brochettes), les *kibbé* cuits et crus, le *labné,* le *kefta,* la soupe aux lentilles... Si après tout ça vous avez encore la nostalgie des tacos, celui au *poc chuc* n'est pas mauvais.

|●| ***El Nuevo Tucho*** *(plan A-B2,* ***43****) : calle 60 nº 482 ; entre 55 et 57. Tlj 12h-21h.* Un des ces restos musicaux, prisé des locaux, qui viennent s'envoyer en famille ou entre potes un petit plat régional au rythme des congas et du synthé. Grande salle sans fioritures, tout entière tournée vers la scène sur laquelle se relaient les groupes. Typique et sympathique. Dans le même genre, on peut aussi s'attabler à ***Los Henequenes,*** à l'angle des rues 57 et 56 *(plan B2,* ***65*** *; mêmes horaires),* plus petit mais tout aussi tonitruant, ou chez ***Eladio's,*** à l'angle des rues 59 et 44 *(hors plan par B3,* ***62*** *; mêmes horaires),* un incontournable du genre depuis plus de 60 ans. Des bons plans aussi pour un apéro généreux qui permet de sauter le dîner ; la *cerveza* s'accompagne sans supplément de prix d'un assortiment de *botanas* – sortes de tapas – vraiment copieux.

Prix moyens (150-300 $Me / env 7,50-15 €)

|●| ***La Chaya Maya*** *(plan A2,* ***42****) : calle 55 ; entre les calles 60 et 62. ☎ 928-47-80. Tlj 8h-23h. Résa conseillée.* La vitrine culinaire yucatèque : l'adresse en a quelque chose de très touristique (vente de produits artisanaux, etc.). Pourtant, force est de constater que la cuisine est goûteuse. La carte décline les grands classiques régionaux : *sopa de lima, poc chuc, pollo pibil, queso relleno,* et notamment de délicieux *empanadas de cazón* (garnis de chair de requin), sans oublier la *chaya* (sorte d'épinard au singulier goût de gazon) servie en soupe ou en jus frais. Pour finir sur une note sucrée, assortiment de desserts ou café « maya » (café, glace vanille et liqueur d'anis...). Le tout est servi dans un cadre charmant, autour d'un beau patio fleuri, un brin cliché mais très beau. Salle climatisée également. Sert aussi le petit déj. *Autre adresse dans la calle 62, à l'angle de calle 57, mais cadre moderne et service moins agréable.*

|●| ***Amaro*** *(zoom,* ***44****) : calle 59 nº 507 ; entre les calles 60 et 62. ☎ 928-24-51. Tlj 11h-1h.* Dans une maison coloniale où naquit Andrés Quintana Roo, héros de l'indépendance du Mexique. Cadre plaisant avec patio bordé de belles arcades et rafraîchi par un imposant hibiscus. Tables en fer forgé, éclairage à la bougie : l'ambiance est sympa, surtout lors des soirées animées par des musiciens de *trova.* Spécialités végétariennes, comme les fajitas de légumes ou la tarte de *chaya* (sorte d'épinard), mais aussi des viandes, poissons et pizzas. Cuisine savoureuse dans l'ensemble. Sert de bons jus naturels et des margaritas au piment.

|●| ***Café La Habana*** *(zoom,* ***45****) : à l'angle des calles 59 et 62. ☎ 928-65-02. Tlj 24h/24.* Rien de cubain. Les Méridiens, toutes classes sociales confondues, s'y retrouvent à toute heure. Immense salle, style brasserie sans le cachet, éclairée d'une lumière blafarde. De grands ventilos ronronnent et la clim marche à fond. Carte variée (steaks et spécialités mexicaines et

yucatèques) et bon café torréfié sur place. Idéal pour le p'tit creux de 3h du mat ou le petit déj.

Trattoria La Pasta *(plan B1,* ***46****) : paseo Montejo 481 ; entre les calles 39 et 41. 157-89-86. Tlj sf dim 12h-17h, 19h30-minuit.* Petit resto italien (on s'en doutait !) installé sur l'avenue chic de la ville. Ambiance *dolce vita* avec photos de films en noir et blanc et musique jazzy. Quelques tables dehors, on se perche sur de hautes chaises pour voir défiler les passants. *Antipasti* et salades pour commencer, puis pizzas du chef ou combinaison de différents types de pâtes avec la sauce de son choix. Jolis vins au verre. Pour le dessert, traverser l'avenue pour acheter un cornet de glace.

Los Almendros *(plan B2,* ***49****) : sur la pl. de Mejorada, calle 50 nº 493 ; entre les calles 57 et 59. ☎ 928-54-59. Tlj 11h-23h.* Attention, un resto peut en cacher un autre ! Dans celui du fond *(El Gran Almendros)*, on déjeune au son de la *música en vivo*. Dans le premier, pas de musique, mais d'excellentes spécialités du Yucatán à déguster dans un décor colonial un peu austère. Bien sûr, il faut goûter au *poc chuc*, la spécialité qui a été créée par ce resto, des tranches de porc légèrement boucanées et grillées, servies avec une sauce tomate, des haricots, des oignons grillés, du jus d'orange amère et des feuilles de coriandre. Un délice. Le *cochinita pibil* n'est pas mal non plus. Une adresse quasi incontournable, toujours très appréciée des locaux depuis plus de 50 ans.

Recommandable également, **Lo que Hay** *(plan A2,* ***33****)*, le resto de l'hôtel *Medio Mundo* décrit dans « Où dormir ? », pour sa cuisine végétarienne de marché.

Où prendre un petit déjeuner ?
Où s'offrir une glace ou une pâtisserie ?

Cafetería Pop *(zoom,* ***47****) : calle 57 nº 501. Tlj 7h (8h dim)-23h30.* Drôle de cafét' à la déco néo-années 1970 (vous avez dit pop ?). Vaut surtout pour ses formules petit déj variées (fruits, œufs, yaourts) et servies jusqu'à 12h. Idéal pour les lève-tard. Promos du jour affichées. Également quelques spécialités mexicaines à déguster sur le pouce, sur place ou à emporter.

Pour un copieux petit déj, voir aussi **El Trapiche** *(zoom,* ***41****)*, **La Chaya Maya** *(plan A2,* ***42****)* et le **Café La Habana** *(zoom,* ***45****)*, décrits plus haut dans « Où manger ? ».

Pistache *(plan B1,* ***63****) : paseo Montejo nº 470, entre 37 et 39. Tlj 7h30-23h.* Crêpes, quiches baveuses, tartelettes crémeuses, gros gâteaux comme chez Mamie... Cette petite boulangerie-casse-croûte tenue par un Français agit comme une madeleine de Proust. Petite terrasse ombragée pour s'empiffrer au bord du *paseo*.

Dulcería y sorbetería Colón *(zoom,* ***51****) : calle 61 nº 500 ; sous les arcades. Tlj 8h-23h30.* La maison est courue pour ses excellentes glaces et sorbets aux fruits de saison (coco, tamarin, *guanabana, zapote*, etc.), préparés à base d'eau purifiée. À déguster sur les tables en terrasse, ou en face, dans les jardins du *zócalo*.

Pola *(plan A2,* ***64****) : calle 55, entre 62 et 64. Tlj 12h-22h.* Une quinzaine de parfums au choix chez ce petit glacier ne travaillant que des produits naturels. Tous les classiques bien sûr, mais aussi quelques créations plus originales (*piña con chaya*, etc.). Tout a du goût, une réussite.

Où boire un verre ? Où sortir ?

Tous les mardis de 20h30 à 22h, bonne ambiance, chaleureuse et conviviale, dans le parc Santiago, devant l'église du même nom, où les habitants de Mérida se retrouvent pour danser autour d'un orchestre de musique latino et cubaine *(hors plan par A2 ; à l'angle des calles 59 et 72)*.

Pour un apéro en musique garni de *botanas* bien copieuses, arrêt au stand chez ***Eladio's*** *(hors plan par B3,* ***62****)*, ***El Nuevo Tucho*** *(plan A-B2,* ***43****)* ou à ***Los Henequenes*** *(plan B2,* ***65****)*, décrits plus haut dans « Où manger ? ».

La Negrita *(plan A2,* ***66****)* **:** *calle 62 nº 415 (angle calle 49). Tlj 12h-22h. Happy hours tlj 17h-20h (19h le w-e).* Vieux carreaux usés d'avoir été trop piétinés, murs décatis mangés de photos et tableaux bariolés, mobilier dépareillé, patio grignoté de plantes... Derrière des portes battantes de saloon vibre un lieu de convivialité, à la fois tranquille et foutraque, intime et énergique, peut-être le rade le plus sympa de la ville pour attaquer la soirée. Également quelques petits plats (burger, enchiladas, *poc chuc*), *La Negrita* fait aussi *cantina.* Dommage qu'elle ferme tôt, on s'y attarderait bien...

El Peón Contreras *(zoom,* ***61****)* **:** *calle 60 ; entre les calles 59 et 57, adossé au théâtre du même nom. ☎ 924-70-03. Tlj jusqu'à 2h.* Vaste salle, style 1900, et, surtout, belle terrasse sur la rue piétonne. L'été, la clientèle prend ses aises pour siroter une *horchata* (jus d'orgeat), savourer un excellent café ou déguster une glace au son d'un orchestre de mariachis. Pas donné, mais l'endroit est si agréable !

La Parilla *(zoom,* ***60****)* **:** *au coin de la calle 60 ; près de la calle 59 et face au Gran Hotel. ☎ 944-39-99. Tlj 11h-3h.* Salle grande ouverte sur la rue et la place Hidalgo et son animation. Déco tex-yuc (*piñatas,* costumes de mariachis, drapeaux) et serveurs avec sombrero qui sifflent pour mettre de l'ambiance. C'est un resto de grillades, mais on y sert aussi un large choix d'alcools, cocktails (margaritas en 2 tailles) et jus de fruits frais. En prime, bonne ambiance musicale *en vivo.*

Rosas & Xocolate *(plan B1,* ***26****)* **:** *voir plus haut dans « Où dormir ? Très chic ».* Cadre romantique pour s'offrir un verre en bonne compagnie, sur fond de musique jazz du mercredi au samedi.

Pour les noctambules, plusieurs bars et clubs dans le centre, comme le ***Mayan Pub*** *(calle 62, entre 55 et 57)* et ses concerts de rock, reggae ou jazz *(mer-dim 19h-3h),* ou ***Piripau,*** son bar bien fourni et son patio convivial, sur la *cuadra* suivante *(calle 62, entre 55 et 53).* Quelques bars également le long du paseo Montejo, notamment le pub irlandais ***Hennessy's*** *(au nº 486).*

Achats

Miniaturas *(zoom,* ***44****)* **:** *calle 59 nº 507 ; entre les calles 60 et 62. ☎ 928-65-03. Lun-sam 10h-18h.* Une petite boutique amusante pleine à craquer de bonnes idées cadeaux : poupées, arbres de vie, figurines satiriques, miniretables et inévitables *catrinas.* Prix fixes.

Hamacas Mérida *(plan A3,* ***70****)* **:** *calle 65 nº 510 ; entre 62 et 64. ☎ 924-04-40. • meridahammocks.com • Lun-ven 9h-19h, sam 9h-13h.* Pour buller de retour *a casa,* grand choix de hamacs confectionnés dans l'atelier attenant.

Casa de las Artesanías *(plan A3,* ***68****)* **:** *calle 63 nº 503 ; entre les calles 64 et 66. ☎ 920-73-34. Lun-ven 8h-15h.* Mise en place par les autorités de l'État du Yucatán, c'est une grande boutique qui est censée présenter l'artisanat de tout le pays. En réalité, c'est assez pauvre. Cela permet quand même d'avoir une petite idée des prix (fixes) avant d'arpenter les étals du marché.

Mercado municipal Lucas de Gálvez *(plan B3)* **:** *à l'angle des calles 67 et 56.* Le plus grand marché du Yucatán. On prend plaisir à se perdre le long des dizaines d'étroits passages bordés d'échoppes croulant sous les légumes et les épices multicolores. Nombreux stands de nourriture, choisissez le plus fréquenté. On trouve également, à l'étage, des chapeaux, des *huipiles* (jolies tuniques blanches brodées de couleurs vives) et des hamacs. Et, pour finir, une curiosité : les *maquechs,* des bijoux vivants ! Ce sont des scarabées dont on a décoré la carapace avec des pierres de couleur et auxquels on a collé une chaînette dorée pour qu'ils ne se fassent pas la belle... Allô, la SPA ?

À voir. À faire

➢ ***Visite de la ville en bus touristique* (*guagua* ou *carnavalito*) :** *☎ 927-61-19. • carnavalitocitytour.com.mx • Départ du parc Santa Lucía (plan A-B2), calle 55 ; entre les calles 60 et 62. Lun-sam à 10h, 13h, 16h et 17h ; dim à 13h et 15h. Le parcours dure 2h. Autour de 120 $Me. Explications en espagnol et en anglais.*
Autre possibilité, le ***Turibus.*** Même prix, mais le bus effectue un circuit desservant les principaux sites de la ville, avec passage ttes les heures 9h-20h. On peut descendre visiter un musée puis prendre le bus suivant. *Départ à l'angle du paseo Montejo et de l'av. Colón (hors plan par B1).*

➢ ***Visite de la ville à pied :*** *rdv lun-sam 9h30 devant l'office de tourisme municipal (zoom,* ***2****). GRATUIT.* Visites commentées du centre historique (en espagnol et en anglais). Parcours d'environ 1h30.

Catedral *(zoom)* **:** *tlj 6h-13h, 16h-20h.* Sobre et imposante, elle surplombe le *zócalo* du haut de ses quatre siècles d'existence. C'est la plus ancienne cathédrale (1561-1598) du continent américain. Elle aurait été construite avec les pierres d'anciens temples mayas qui se trouvaient à cet emplacement. Les Méridiens aiment raconter que leur véritable cathédrale se trouve au Pérou. La légende veut, en effet, que sur le bateau venant d'Espagne, les plans de construction aient été confondus avec ceux destinés à la ville de Lima. L'intérieur se révèle étonnamment sobre, ses trésors ont été pillés lors de la révolution de 1910. Le crucifix derrière l'autel serait un des plus grands au monde ; appelé ***Cristo de la Unidad,*** il symbolise la « réconciliation » entre les Espagnols et les Mayas.

UN CHRIST IGNIFUGÉ

À gauche de l'autel de la cathédrale, une chapelle abrite le Christ des Ampoules, taillé dans le bois d'un arbre miraculeux qui ne se serait pas consumé malgré son embrasement par la foudre. Par la suite, placée dans l'église d'Ichmul, la statue survécut à un nouvel incendie, celui de cet édifice. Noircie et couverte de cloques, elle fut installée en 1645 dans la cathédrale de Mérida.

Casa de Montejo *(zoom)* **:** *sur le zócalo. Mar-sam 10h-19h, dim 10h-14h. GRATUIT.*
Abrite aujourd'hui la *Banamex.* Vieille maison espagnole bâtie au XVIe s, sans doute la plus ancienne de la ville. En fait, c'est surtout la façade qui retient l'attention, décorée, au portique, dans le plus pur style plateresque (style de la Renaissance espagnole aux ornements baroques). Le reste de la façade hésite plutôt entre le baroque et le néoclassique. Parmi les sculptures, on reconnaît des conquistadors à hallebardes foulant au pied des têtes coupées et qui, visiblement, viennent de vaincre d'affreux personnages velus, munis de gourdins. Le sculpteur a quelque peu interprété la réalité si son intention était de symboliser les Mayas... La rapide visite de l'intérieur se déroule dans un décor du XIXe s, où sous les arcades du patio se distribuent des pièces au mobilier un peu sévère avec des toiles et de la vaisselle d'époque qui rivalisent avec les plafonds à caissons et marquetés, peints de ciels fleuris.

Museo de Arte contemporáneo Macay *(zoom)* **:** *pasaje de la Revolución, à côté de la cathédrale. ☎ 928-32-36. Tlj sf mar 10h-18h. GRATUIT.* Ancien palais épiscopal du XVIe s, transformé en musée d'art contemporain du Yucatán. Expos temporaires et permanentes de sculptures, peintures et photos. Parmi les œuvres du fonds permanent, ne pas manquer celles de Fernando Castro Pacheco (1918-2013), artiste méridien, fondateur de l'école libre des arts plastiques au Yucatán. Sa fresque historique du peuple yucatèque est d'un réalisme saisissant.

Palacio del Gobierno (zoom) : *sur le zócalo, à l'angle des calles 60 et 61. Tlj 8h-22h. GRATUIT.* Dans l'escalier, une grande fresque représente les croyances mayas, avec le jaguar symbolisant le côté sombre et la part animale de l'homme, et, en face, la lumière pour sa sagesse. De gigantesques *murales* (œuvres de Fernando Castro Pacheco) sont exposés dans les couloirs et dans le salon du 1er étage. Ils présentent les faits marquants de l'invasion du Yucatán par les conquistadors, l'esclavage des Mayas et la destruction de leur culture, au nom de la religion (ben dame !).

Iglesia El Jesús (zoom) : *calle 60 ; à l'angle de 59.* Appelée aussi *iglesia de la Tercera Ordén.* Située au centre d'un ancien complexe bâti par les Jésuites au XVIIe s, c'est aujourd'hui le siège de l'archevêché, bordé de deux sympathiques placettes sur lesquelles s'étalent à l'ombre des arbres les terrasses de cafés. On peut encore voir sur le côté, dans la calle 59, des inscriptions gravées dans les pierres récupérées sur un ancien temple maya.

Teatro Peón Contreras (zoom) : *calle 60 ; entre les calles 57 et 59. Tlj 9h-18h (s'il n'y a pas de spectacle). GRATUIT.* Majestueux, il fut construit en 1900 dans le style français et restauré en 1981. De nombreuses rencontres et festivités internationales s'y déroulent chaque année. Juste en face, jeter un coup d'œil à l'*université du Yucatán,* fondée en 1618 : façade imposante et joli patio.

Teatro Armando Manzanero (zoom) : *calle 62 ; entre les calles 59 et 61.* L'ancien théâtre de Mérida ne se visite pas, mais accueille toujours divers spectacles (concerts, théâtre, etc.) dans une superbe salle. Admirez toutefois la façade et glissez une tête dans le vaste hall d'entrée, tous deux chefs-d'œuvre Art déco. En façade, grandes portes en verre taillé et métal, aux formes géométriques. À l'intérieur, carrelage, rosaces de verre, rampes d'escalier, billetteries et portes en bois et miroirs ouvragés. Un modèle du genre.

Parque Santa Lucía (plan A-B2) : agréable square bordé d'arcades sur deux côtés, au carrefour des calles 60 et 55. Ce site accueille, le dimanche, un marché d'artisanat où vous pourrez admirer les *huipiles,* tuniques que portent toujours les femmes indigènes du Yucatán. Nombreuses animations toute l'année. Se renseigner auprès de l'office de tourisme municipal (voir plus haut « Adresses et infos utiles »).

Museo de Arte popular de Yucatán (plan B2) : *parque de la Mejorada (à l'angle des calles 57 et 50A). Mar-sam 9h30-18h30, dim 9h-14h. Entrée : 20 $Me.* Belle expo à caractère ethnologique : costumes, céramiques, sculptures, outils, mobilier, instruments de musique du Yucatán, mais aussi masques et tissages en provenance des États voisins. Amusante collection de *catrinas.* On peut poursuivre l'immersion culturelle avec la visite du petit ***museo de la Canción Yucateca,*** situé à deux pas *(hors plan par B2 ; calle 57 n° 464)* et consacré, comme son nom l'indique, à la musique et à la chanson du Yucatán *(trova, jarana...).* Instruments de musique préhispaniques, partitions, objets divers, illustrations... Petite boutique pour acheter des disques. *Tlj sf lun 9h-17h (15h le w-e). Entrée : 20 $Me ; gratuit dim.*

Museo de la Ciudad de Mérida (plan B3) : *calle 56 n° 529, près du marché. Mar-ven 9h-18h, le w-e 9h-14h. GRATUIT.* Un petit musée qui retrace l'histoire de la ville depuis les Mayas jusqu'à nos jours. Expos temporaires. À visiter un jour de pluie.

Ermita Santa Isabel (hors plan par A3) : cette église du XVIIIe s a une valeur historique et symbolique pour les indigènes, puisque c'est là qu'étaient baptisés tous les Indiens venant de Palenque. Le baptême était obligatoire pour pénétrer dans la ville, une sorte de passeport en somme.

Parque zoológico (hors plan par A2) : *calle 59 ; près de l'av. Itzaes. Y aller en bus (6 $Me) ou taxi. Mar-dim 8h-17h. GRATUIT.* C'est le rendez-vous dominical. Colonie de crocodiles de tous âges, flamants roses, tigres du Bengale, immense volière d'oiseaux exotiques, plusieurs variétés de singes et une collection de serpents de la région... Plusieurs attractions. De quoi plaire aux enfants.

LES FEMMES À LA CUISINE

Pratiqué avant l'arrivée des conquistadors, le baptême traditionnel maya a survécu à l'évangélisation. Et il n'a rien de progressiste. Puisqu'il est destiné à préparer l'enfant à sa vie d'adulte, on offre aux garçons des outils pour l'agriculture et la chasse, et aux filles des ustensiles de cuisine. Les garçons sont baptisés à 4 mois, en référence aux quatre saisons et points cardinaux. Les filles à 3 mois, comme les trois pattes du trépied sur lequel on fait cuire les tortillas...

Paseo Montejo (plan B1) **:** longue avenue chic aux larges trottoirs, et bordée de somptueuses demeures du début du XXe s, construites par de riches marchands de sisal et réinvesties pour la plupart par des sociétés qui y ont installé leurs bureaux. Quelques restos et bars également. Au milieu du *paseo* se dresse le ***monumento a la Patria*** (hors plan par B1), monumentale rotonde inaugurée en 1956 symbolisant le lien qui unit les 31 États du Mexique. Au-delà, le *paseo* s'étend encore sur plusieurs kilomètres, mais perd ses palais au profit de zones commerciales.

Museo Palacio Cantón (plan B1) **:** *paseo Montejo nº 485 (angle calle 43). ☎ 923-05-57. Mar-dim 8h-17h. Entrée : 55 $Me.* Superbement restauré, cet élégant palais du début du XXe s mêle avec exubérance les styles baroque et néoclassique : colonnes doriques et ioniques, médaillons, imposant escalier de marbre blanc... Un bel écrin pour des expos temporaires d'anthropologie (monde maya, etc.) de grande qualité.

Gran museo del Mundo maya (hors plan par B1) **:** *excentré, sur la prolongación du paseo Montejo, à 800 m au sud du périphérique. Bus « siglo XXI » depuis le centre (env 7 $Me). Parking payant. Tlj sf mar 8h-17h. Entrée : 150 $Me. Visites guidées en espagnol et en anglais, commentaires affichés dans ces 2 langues. On y consacre facilement 2-3h de visite. Parking 20 $Me.*
Ce musée de la Culture maya a été inauguré en 2012 dans une étonnante structure ovale recouverte de sortes de bandelettes. Il est considéré par les autorités comme une « reconnaissance de la dette contractée par le Mexique envers cette civilisation longtemps oubliée et décriée ». De fait, on n'a pas lésiné sur les moyens autant technologiques que didactiques : près de 18 000 m² de surface hébergeant sur plusieurs niveaux un jardin botanique, une salle de cinéma IMAX, des espaces de restauration, de conférence et le musée proprement dit, divisé en quatre sections d'expos permanentes et temporaires.
Le parcours commence par un film qui plonge le visiteur au cœur des mythes fondateurs de l'humanité, selon les Mayas, après la catastrophe naturelle qui vit la disparition des dinosaures il y a 65 millions d'années... On apprend ensuite à connaître *El Mayab*, soit le cadre géographique et naturel qui façonna la civilisation maya. Thème de l'étape suivante, *Les Mayas d'aujourd'hui.* De quoi

L'EXTINCTION DES DINOSAURES

Depuis 1981, on sait qu'une météorite géante de 10 km de diamètre frappa le Yucatán, près de Chicxulub, à 22 km au nord de Mérida, voici 65 millions d'années. Ce bloc extraterrestre provoqua un nuage de poussière qui obscurcit la planète pendant plusieurs années, faisant disparaître les végétaux. Or la plupart des dinosaures étaient herbivores, et l'espèce disparut pour toujours. Seuls les oiseaux, les amphibiens, les petits mammifères et les insectes survécurent.

réaffirmer une réalité que la colonisation s'est plu à occulter : si les rois jaguars ne règnent plus, les Mayas, en tant que peuple, n'ont pas pour autant disparu. On y découvre la répartition géographique des populations, leur organisation sociale, leurs différences linguistiques, leurs croyances et modes de vie montrés à travers la diversité des costumes, des instruments agricoles liés aux pratiques religieuses ancestrales... Sont décrites les différentes catégories socioprofessionnelles de la société maya contemporaine, composée en majorité d'ouvriers ou travailleurs des services. L'image d'un monde surtout paysan a vécu.

En remontant la chronologie, on revient aux *Mayas du passé,* après le bouleversement déclenché par l'invasion espagnole et ses innombrables répercussions sur le mode de vie (évangélisation, instauration du travail forcé par le système de l'encomienda, etc.). Une colonisation qui ne s'est pas faite sans heurts. Entre les XVIe et XVIIIe s, 14 rébellions d'importance tentèrent de chasser les Espagnols, tandis que beaucoup de Mayas fuyaient dans les montagnes pour vivre en autonomie, loin du contrôle espagnol s'exerçant surtout sur les villes de la plaine.

DÉCRYPTAGE

C'est un Soviétique, Youri Knorozov (1922-1999), qui est parvenu à déchiffrer l'énigme de l'écriture des anciens Mayas. Dans les années 1970, en pleine guerre froide, les théories de ce linguiste furent accueillies avec hostilité par les chercheurs occidentaux. C'est pourtant grâce à ses découvertes que 80 % des glyphes ont pu être déchiffrés de nos jours.

Les Mayas ancestraux constituent le thème suivant. Dans une sorte d'espace sacré fermé, le visiteur est initié aux croyances religieuses et à la cosmogonie maya par le biais d'un film projeté sur trois écrans, symbolisant les trois niveaux du monde maya : le ciel, la terre et l'inframonde. Un film inspiré du *Popol Vuh,* la « Bible » des Mayas, construit autour de la centralité du cycle du maïs. Tout autour, sculptures et masques de divinités plongent dans la frayeur ou la fascination. Des dioramas décrivent la vie quotidienne d'une société complexe divisée en classes, où les sacrifices sanglants faisaient partie des rites acceptés de tous.

La fin du parcours aborde la question du niveau des connaissances étonnant des Mayas dans les domaines de l'astronomie, des mathématiques, de la géologie, de l'architecture et de l'ingénierie hydraulique. On est presque surpris qu'à ces connaissances manquaient la roue (pourtant présente dans les jouets d'enfants), la clé de voûte et la métallurgie. L'écriture particulière, faite de glyphes et décryptée tardivement, est illustrée par une reconstitution des fameux *codex.* Amusant : on peut découvrir son horoscope maya à partir de sa date de naissance et se le faire envoyer sur une messagerie internet.

Autant de réponses bienvenues aux questions qui ne manqueront pas de se poser lors de vos visites des sites archéologiques de la péninsule.

|●| Cafétéria et restaurant sur place, pas donnés mais bien agréables.

Fêtes et manifestations

– **Carnaval :** *40 j. avt la Semaine sainte. Infos et horaires sur ● merida.gob.mx/carnaval ●* Il attire chaque année, durant 8 jours, plus de 1 million de participants. Des dizaines de chars (sponsorisés pour la plupart par des marques de boissons et de cigarettes !) et des centaines de danseurs en costumes chamarrés. De nombreux concerts et bals populaires ont lieu dans les différents coins de la ville, un événement à ne pas manquer ! Les festivités s'achèvent le lendemain de Mardi gras par l'*entierro de Juan Carnaval* (l'enterrement de Juan Carnaval).

– Toute l'année, le soir, Mérida organise de nombreux ***concerts publics*** et animations sur les places ou les squares. Procurez-vous le programme des spectacles à l'office de tourisme.

– Le dimanche, la fête dure toute la journée avec des ***vaquerías.*** Les rues autour du *zócalo* sont interdites aux véhicules, les restos de la calle 60 sortent leurs tables sur les trottoirs, les familles se baladent, les enfants mangent des glaces... Ce jour-là, le *zócalo* vit au rythme des sérénades et des spectacles folkloriques. Ces *vaquerías* remontent à l'époque coloniale, où ils célébraient le marquage du bétail. Pour attirer le touriste, la mairie finance un orchestre de cuivres et timbales au service d'une troupe de danseurs de ***jarana.*** La musique entraînante emporte les mouvements des couples et les solos de *taconeos* (claquements des talons proches du flamenco) donnent le rythme. Chaque chorégraphie est suivie d'une joute verbale entre l'homme et la femme, sorte de *slam* mi-sirupeux mi-coquin.
À la festive *jarana* répondent les genres plus romantiques du ***bolero*** et de la ***trova.*** Trombones et clarinettes cèdent alors la place aux guitares, aux maracas et à la voix mélodieuse des chanteurs. De même que pour les mariachis de Mexico, les couples s'installent dans les parcs et sur les places de Mérida, et le fiancé dédie une chanson à sa bien-aimée.

DANS LES ENVIRONS DE MÉRIDA

Tixkokob : *petit village à 28 km à l'est de Mérida.* C'est là que l'on fabrique les hamacs.
➢ *Pour s'y rendre depuis Mérida :* bus au terminal *Auto-centro* *(hors plan par B3 ; calle 65, entre les calles 46 et 48 ; ☎ 923-99-40).* 1 départ ttes les 30 mn, 5h-21h. Pour le retour, minibus sur le *zócalo* (départs fréquents).
Ici, pas de magasins, mais dans pratiquement chaque maison, un « métier à tisser » est caché à l'abri des regards indiscrets. Pour peu que vous demandiez : « *¿ Hamacas ?* », vous vous retrouverez face à la bête : immense cadre en bois très simple sur lequel on tend les fils du hamac, confectionné pratiquement comme un filet de pêche. Modèles aux couleurs chatoyantes et de toutes tailles : le *matrimonial* est pour un couple ; le *king size,* quant à lui, peut loger toute la famille ! Possibilité de louer un vélo-taxi pour faire le tour des fabricants.

Zona arqueológica de Dzibilchaltún : *à 15 km au nord de Mérida, par la route de Progreso (panneau sur la droite, 4 km). Les ruines se trouvent près du village. Site tlj 8h-17h. Entrée : env 140 $Me. Compter 20 $Me de plus pour le parking. Resto.*
➢ *Pour s'y rendre : colectivo* du *parque San Juan* *(calle 69 ; 8h-17h).* À l'arrêt Dzibilchaltún, prendre une moto ou un bicy-taxi. Compter 35 mn de trajet en tout.
Le site n'a rien de comparable avec Uxmal ou Chichén Itzá, qui le supplanta très vite, dès le XIe s. C'est une ville très ancienne, les premières constructions datent de l'an 500 av. J.-C. La cité aurait compté jusqu'à 20 000 habitants à son apogée. Elle doit son développement à la proximité de la mer et au commerce du sel et des produits de la pêche, notamment les coquillages. *Dzibilchaltún* signifie « lieu où l'on écrit sur la pierre », eu égard à la quantité de stèles gravées retrouvées sur place.
– Sur la *plaza central* se dresse une grande arche, en fait une ancienne « chapelle ouverte » datant de l'époque coloniale. Ces chapelles permettaient aux Mayas d'assister à la messe sans entrer dans l'église.
– Le sud de la *plaza* est occupé par les restes d'un immense palais réservé à l'élite, la structure 44, mesurant 130 m de long et doté de 16 rangées de marches courant sur toute la longueur de l'édifice. Dans sa partie nord, un ensemble de temples dont il ne reste guère plus que les marches pour témoigner. Au pied du palais luisent les eaux cristallines vert et bleu du ***cenote Xlacah.*** On peut s'y baigner, emportez donc votre maillot.
– Vers l'est, le *Sacbé* (la voie sacrée) mène au *templo de las Siete Muñecas* (le temple des Sept Poupées), ainsi appelé car on y retrouva sept statuettes. Lors des équinoxes, le soleil se lève précisément dans l'axe des deux portes, un spectacle

surprenant qui laisse augurer du degré de connaissances scientifiques des Mayas. Les sept poupées sont exposées dans le *musée,* parmi d'autres sculptures, stèles et céramiques et quelques pièces d'art colonial *(fermé lun).*

Mayapán : *à env 43 km au sud de Mérida. Site ouv tlj 8h-17h. Entrée : 40 $Me.*
➢ *Pour s'y rendre :* bus à 8h30 et 16h, depuis le *terminal Noreste (plan B3,* ***14****),* direction « Mayapán Ruinas » (env 25 $Me). Trajet : 1h30. En voiture, prendre la direction de Valladolid (route 180), puis bifurquer vers Teya/Mayapán (route 18). Emportez de l'eau, rien à vendre sur place.
Ce site, peu fréquenté et paisible, vaut vraiment le détour. C'est un des rares où l'on peut encore escalader les monuments disséminés au milieu de vastes pelouses. Mayapán (littéralement « le drapeau des Mayas ») est considéré comme la dernière grande capitale maya de la période postclassique (1200-1450 apr. J.-C.) et s'étend sur une superficie de 4 km². La population d'alors a été estimée à quelque 12 000 habitants. L'influence de Chichén Itzá y est évidente dans son édifice principal, dénommé le ***castillo de Kukulkan,*** pareil à celui de Chichén mais de dimension un peu inférieure : il mesure 18 m de haut, et l'on distingue au sommet une statue de Chac-Mool. Au pied, à gauche, sous une *palapa,* voir la *salle des fresques* avec ses stucs reconstitués de guerriers, et les restes d'une fresque polychrome (personnages richement vêtus avec des étendards). Autour de la place centrale, on trouve des bâtiments administratifs et religieux. À noter, un intéressant *observatoire* rond, la *salle des masques* du dieu Chac ou encore la *sala de las tortugas,* appelée ainsi parce qu'on y a retrouvé des offrandes de tortues en céramique. Du haut du *crematorium,* à droite de l'entrée, superbe vue sur l'ensemble du site.

CELESTÚN

6 000 hab. — IND. TÉL. : 988

Tranquille petit village de pêcheurs, situé à 96 km à l'ouest de Mérida, dans une zone classée « parc naturel ». On y embarque pour parcourir la lagune et admirer les flamants roses en bordure des mangroves de palétuviers. L'estuaire s'étend sur une vingtaine de kilomètres de long et constitue un biotope idéal pour une faune aviaire abondante : en plus des colonies de flamants roses, donc, on peut aussi observer les canards du Canada qui viennent passer l'hiver (de novembre à mars) au chaud, les hérons, les pélicans, les ibis, les aigrettes et les spatules rosées (plus rares), etc. Au total, plus de 230 espèces. Mais il y a aussi la plage, des kilomètres de sable blanc, et l'indolence de ce bourg isolé et sympathique. On peut y venir pour la journée, mais les amateurs de calme et de nature y passeront avec plaisir une nuit ou deux. Hors saison, il y a très peu de monde.

Arriver – Quitter

➢ ***Mérida :*** bus *Oriente* ttes les heures env, 5h15-20h30 dans le sens Mérida-Celestún et 5h-20h dans l'autre sens (attention, c'est le dernier !). Départ de Mérida au terminal Noreste et arrivée à Celestún sur le *zócalo.* Trajet : 2h30 en bus (compter env 55 $Me) et 1h30 en voiture.

Adresses utiles

■ ***Distributeur automatique :*** acceptant *Visa* et *MasterCard* dans la supérette *Willys,* sur le *zócalo (tlj 7h-22h).*

@ ***Point Internet Cyberline :*** *sur le zócalo. Tlj 10h-14h, 17h-21h30.*
■ ***Station-service :*** *sur le port, au bout du village par la gauche quand on fait face à la mer.*

Où dormir ?

Toutes nos adresses sont situées le long de la calle 12, la rue qui longe la plage.

De bon marché à prix moyens (moins de 800 $Me / env 40 €)

Camping Hotel Ría Celestún : *calle 12, à env 200 m du zócalo (descendre la rue vers la gauche). 999-257-51-51. Cabaña env 350 $Me.* En bordure de la plage, sous les palmiers et les flamboyants, une poignée de *cabañas* en dur avec salle de bains impeccables, contrairement à ce que la tenue générale du site, comme laissé à l'abandon, aurait pu laisser présager. Possibilité de planter sa tente *(env 80 $Me ; sanitaires communs très sommaires).* Le genre de lieu où on laisse sa montre au vestiaire.

Hotel Gutiérrez : *calle 12 (descendre la rue à gauche en arrivant du zócalo, c'est à deux pas). ☎ 916-26-48. Double env 500 $Me. Parking.* Le sympathique petit hôtel de plage, calé les pieds dans le sable, face à la mer. Chambres simples, fraîches et bien tenues, avec salle d'eau, clim et ventilo, distribuées le long de corridors ouverts sur le large. Resto.

Très chic (plus de 1 600 $Me / env 80 €)

Casa de Celeste Vida : *calle 12 nº 49. ☎ 916-25-36. • hotelcelestevida.com • Sur la route qui longe la plage. Studio env 95 US$/nuit, appart env 130 US$. Gratuit moins de 12 ans.* Emplacement idéal, à l'écart du village, pour jouer les Robinsons en famille, mais suffisamment proche pour envisager de s'y rendre par le bord de mer. Dans cette grande maison, 2 studios et un appartement de 4 personnes joliment meublés et dotés de tout le confort : cuisine parfaitement équipée, draps de bain pour la plage, hamac, chaises longues, barbecue... et une pléiade de services annexes (organisation de randos à cheval, kayak, vélo). Accueil convivial et sympathique des proprios anglophones. Le paradis n'est pas loin. Il est même là, juste devant, avec la plage qui s'étend à perte de vue.

Où manger ? Où prendre un petit déjeuner ? Où boire un verre ?

Plusieurs restos se sont installés sous des paillotes *(palapa)* le long de la plage. Pratiquement toujours le même menu et au même prix (autour de 100 $Me) : le poisson pêché du jour, entier (on vous conseille) ou en filet, que vous pouvez demander à la yucatèque (poivrons, tomates et oignons), à l'ail *(ajo)* ou nature, *a la plancha.* Il faut aussi essayer les succulentes *manitas de cangrejo* (pinces de crabe), proposées en saison uniquement, directement du pêcheur au consommateur, et à des prix imbattables. Attention, les restaurants ferment tôt (vers 19h).

La Playita : *calle 12 nº 99. ☎ 916-20-52. Tlj jusqu'à 19h env.* À l'abri de la paillote, l'accueil est délicieux, comme les plats, et d'une gentillesse toute naturelle. Les pieds dans le sable, face à la mer, avec un léger fond de musique. C'est tout bon ! Très recommandable également, son voisin et clone, ***Los Pompanos.***

El Lobo : *calle 10, maison jaune à l'angle du zócalo et de la rue qui mène à la plage. Tlj sf lun 8h-11h, 19h-minuit. Bon marché.* Tenu par un Hollandais, un petit troquet de rue, coloré et sympa comme tout, décoré d'une grande fresque avec un loup *(el lobo)*. En bas, quelques tables recouvertes de toiles cirées ; sur le toit, une terrasse abritée donnant sur le *zócalo*. Bonne musique et, au menu, de quoi mettre en appétit dès le matin : formules petit déj variées, avec un grand choix de pancakes maison. Le soir, carte toute simple de pizzas (prix selon taille et garniture), burgers, pâtes. Pas mal aussi pour se siffler une mousse, d'autant que c'est le seul lieu à fermer tard. Bref, le genre d'endroit dont on fait vite son repaire.

À voir. À faire

La ***plage*** s'étend à perte de vue et, si vous vous éloignez du village, vous serez complètement seul (oui !). Bien sûr, la mer est moins belle que côté Caraïbes, mais, pour ceux qui n'aiment pas la foule et veulent admirer le coucher de soleil, ça peut devenir très romantique... Et puis, il y a de gros coquillages en s'éloignant un peu de la partie où se trouvent les restos. Les enfants adoreront en ramasser comme souvenirs. Attention, le soir, les moustiques sont féroces !
Des locaux proposent aussi des balades à cheval. Très romantique au coucher du soleil.

Le port de pêche : *sur l'estuaire de la lagune, à env 500 m à l'écart du village, par la gauche quand on fait face à la mer.* La pêche est l'activité principale du village. Alignés le long de l'estuaire, barques et chalutiers décatis déchargent le matin, sous des nuées de pélicans, leurs filets gonflés de poissons encore frétillants.

Reserva natural : de part et d'autre du village s'étend une lagune immense, véritable paradis ornithologique, dont les vedettes sont les ***flamants roses.*** Longtemps ignorée par la population, la riche colonie qui vivait ici a vu son nombre d'individus décroître de façon importante, jusqu'à ce que Joan Andrews, une Américaine, prenne les choses en main pour informer et former les habitants du parc afin de développer le tourisme et prendre en charge la préservation des espèces. C'est ainsi qu'elle a aidé les villageois à organiser des circuits en barque à moteur. Projet relayé par le gouvernement, et à l'origine du *parador turístico* (centre touristique) d'où partent les balades en *lancha*. Pour les amoureux de la nature, sachez que cette réserve abrite la plus grande colonie de flamants roses d'Amérique du Nord. Les individus sont tous bagués, et chaque mardi, pendant la période de migration, l'institut de biologie dresse un inventaire de la population. Autant dire qu'on les suit de près.
Présents en principe toute l'année, ils sont plus nombreux durant les mois d'hiver. On compte alors jusqu'à 40 000 individus. L'été, les flamants roses partent nidifier du côté de Progreso et Río Lagartos. Pour info, le flamant rose pond un œuf par an et vit en moyenne 15-20 ans. On reconnaît les individus les plus âgés parce qu'ils ont le cou raide, la tête dressée qu'ils tournent de façon chronique à droite, puis à gauche, et tendent leurs ailes d'avant en arrière comme s'ils étaient atteints de la maladie de Parkinson. Groupés dans un coin de la lagune (ils se mettent à l'écart des plus jeunes), cela donne un étonnant spectacle !
Il est recommandé de ne pas faire s'envoler les flamants car ce sont des oiseaux fragiles, qui volent très peu (alors, chut !). Ne

POURQUOI LE FLAMANT EST-IL ROSE ?

À la période de migration des flamants roses, l'eau de la lagune prend une couleur rose. Ce phénomène n'est pas une illusion d'optique, il est dû à la présence de larves rouges dont se nourrit le grand échassier. L'enveloppe de cette larve colore durablement le plumage du flamant qui en est très friand, tandis que l'eau reprend sa couleur verte une fois la migration terminée.

demandez pas aux pêcheurs de s'approcher trop près d'eux : s'ils sont dérangés, ils pourraient s'en aller définitivement. Autres attraits de la réserve : les cormorans, les pélicans (les pélicans mexicains sont perchés sur les arbres et sont plus petits que les pélicans canadiens, à crête jaune), les hérons et bien d'autres... Alors, ouvrez l'œil !
- ***Bon à savoir :*** les meilleures saisons pour l'observation sont de décembre à mars et de juin à août. Meilleur moment : le matin. Les fans de photos penseront à emporter un téléobjectif.

➢ ***Tours en barque (lancha) dans la réserve :*** *au départ du* ***parador turístico,*** *juste après le pont de Celestún, sur la gauche en arrivant de Mérida. Tlj du lever au coucher du soleil.* Le tour dure environ 1h30, avec observation des oiseaux, passage dans un tunnel formé par la mangrove et baignade dans une source d'eau douce. *Au guichet, on peut prendre soit une lancha pour 2 pers (1 200 $Me/barque), soit une pour 5-6 pers (1 500 $Me/barque). CB refusées.*
- À la tombée du jour, changement d'ambiance pour le ***tour spécial crocodiles.*** Les flamants roses s'envolent vers les marais salants à l'intérieur de la mangrove. Place aux reptiles, des spécimens de 2 à 4 m de long ! *Compter env 1 500 $Me/barque, à négocier directement avec les* lancheros.
- Une autre option, à condition d'avoir déjà formé un groupe pour ne pas avoir à attendre (quatre personnes minimum), consiste à embarquer sur une barque de pêcheur ***depuis la plage du village.*** Petit kiosque sur place, à côté du resto *La Palapa.* Depuis ce point de départ, trajet agité par la mer, jusqu'à rejoindre l'embouchure de la lagune pour suivre ensuite le même circuit que celui décrit ci-avant. *Compter 2h en tt et 200-250 $Me/pers.*

IZAMAL

13 500 hab. IND. TÉL. : 988

Charmant village colonial construit sur les ruines d'une importante cité maya à environ 1h30 en bus de Mérida (70 km). Toutes les maisons du centre sont peintes en jaune et blanc, à l'image du magnifique et imposant couvent qui domine le *zócalo* agréablement ombragé. À l'heure où les rayons du soleil déclinent, c'est tout simplement magique. Dans les rues pavées, il règne une atmosphère tranquille, où l'on prend le temps de vivre et d'entrer en contact avec des habitants avenants et chaleureux. Une étape à ne pas manquer.

Arriver – Quitter

Terminal des bus : *calle 32 ; entre les calles 31 et 33. ☎ 954-01-07. Juste derrière le* palacio municipal. Bus *ADO* (1re classe) ; *Oriente* et *Centro* (2de classe).
➢ ***Mérida :*** avec *Oriente* et *Centro,* départ ttes les heures env 8h-19h (attention donc, le dernier bus part relativement tôt). Trajet : 2h.
➢ ***Valladolid :*** avec *Oriente* et *Centro,* départs ttes les heures env, 5h-16h40. Ce sont les bus qui viennent de Mérida vers Valladolid et s'arrêtent à Izamal. Trajet : 2h.
➢ ***Cancún :*** avec *Oriente* et *Centro,* 8 départs 5h-16h30. Trajet : 5h.

Adresse utile

Office de tourisme : *à l'intérieur du* palacio municipal. *☎ 954-00-09 ou 10-96. Lun-ven 9h-18h, sam 9h-13h.* Plan de la ville très pratique, avec positionnement des adresses, et brochures sur les différents ateliers d'artistes à visiter.

Où dormir ?

Prix moyens (400-800 $Me / env 20-40 €)

🏠 ***Posada Flory :*** *à l'angle des calles 30 et 27. ☎ 954-05-62. À 2 cuadras du zócalo.* Des chambres chez l'habitant plutôt qu'un hôtel. La patronne s'appelle Flory, évidemment, et tient le salon de beauté par où l'on entre. On vit dans la maison, on traverse la cuisine où mange la *familia*... Une dizaine de chambres à 1 ou 2 lits, toutes différentes les unes des autres, plus ou moins spacieuses mais toutes avec salle de bains (certaines sont d'un kitsch absolu), eau chaude et ventilo. AC pour les plus chères. On peut préparer son petit déj à condition d'apporter tous les ingrédients. Ambiance sympathique.

De chic à plus chic (800-1 600 $Me / env 40-80 €)

🏠 ***Macan-Ché B & B :*** *calle 22 nº 305 ; entre les calles 33 et 35. ☎ 954-02-87. • macanche.com • Doubles 1 000-1 500 $Me. Copieux petit déj inclus. (dans le lobby).* Ce *B & B* tenu par un couple d'Américains propose une quinzaine de chambres spacieuses (on peut y loger 2 enfants en plus) à la déco personnalisée. Ventilo pour les moins chères, AC pour les autres. Déco fraîche de bon goût. Il s'agit en fait de bungalows répartis dans un jardin à la végétation luxuriante. On prend le petit déj sous une très jolie *palapa. Temazcal* (sorte de hammam), massages et yoga, et belle piscine dans un coin intime. Au resto (sur résa le soir), une savoureuse cuisine aux saveurs exotiques, comme ce poisson à la mangue et légumes frais... Également 2 maisons à louer pour 6 personnes. Une superbe adresse.

🏠 ***San Miguel Arcángel :*** *calle 31 A nº 308. ☎ 954-01-09. • sanmiguelhotel.com.mx • En face de la pl. principale.* Petit hôtel de 8 charmantes chambres vastes et claires. La nº 4 jouit d'une vue superbe sur le couvent. Les nºs 5, 6 et 7 ont également un balcon sur la rue. À l'arrière, en hauteur, vestiges d'une pyramide sur laquelle se trouvent un joli jardin et un espace jacuzzi. Accueil jovial.

Où manger ?

🍴 ***Mercado municipal :*** *en face du couvent. Tlj 7h-16h.* Quelques *puestos* où grignoter une *botana* ou un sandwich, ou bien prendre un repas. À arroser d'un bon jus de fruits ou *licuado*.

🍴 ***Los Mestizos :*** *calle 33 nº 301 ; entre les calles 30 et 32, derrière le marché. ☎ 954-02-89. Tlj, du petit déj au dîner.* Salle fermée, très colorée, avec ventilos. Menu yucatèque habituel *(panuchos, salbutes, papadzules...)*, puis une spécialité de fromage fourré de 2 viandes (porc et bœuf). Bonne sélection de bières. Service aimable. Correct, ni plus ni moins.

🍴 ***Kinich :*** *calle 27 ; entre les calles 28 et 30. ☎ 954-04-89. Face au couvent, prendre sur la gauche la calle 28, puis, à 2 cuadras, tourner à droite. Tlj 10h-22h.* On mange sous une grande *palapa* installée dans un beau jardin, sous des ventilos bienvenus. Cuisine délicieuse à prix très raisonnables. La carte n'est pas très longue, mais elle propose de vraies spécialités du Yucatán. Essayez les *papadzules*, les *panuchos*, ou le porc *poc chuc*... Vous ne serez pas déçu. Ambiance et service pro, avec plein de petites attentions sur la table. Petite boutique d'artisanat à l'entrée.

Achats

Le village fournit de gros efforts pour mettre en valeur l'artisanat du coin. Partout, vous trouverez des enseignes vous indiquant les divers ateliers. On peut même louer une calèche à l'heure pour en faire le tour.

Lol Tuk (La Flor de Cocoyol) : *calle 26 nº 344 ; entre les calles 45 et 47. ☎ 957-20-26. Tlj 7h-21h.* L'intarissable Estebán Montejo est particulièrement fier d'exhiber ses bijoux, pour lesquels il a obtenu un prix national. Et il faut dire qu'il a trouvé des matières premières pour le moins originales : les épines du *henequen,* qui sert à confectionner le sisal, et les petits fruits en forme de noix de l'arbre de *cocoyol* et de *dzibul.* Les pièces sont belles et marient souvent les 3 matières naturelles, d'une consistance et d'une dureté inouïes. Prix élevés cependant.

Dans le ***mercado municipal,*** plusieurs échoppes vendent les filets à provisions (en nylon) à motifs colorés et anses en plastique. De toutes les tailles et vendus une poignée de pesos, ils sont increvables, et nul doute que vous ferez sensation de retour en France !

À voir

Convento de San Antonio de Padua : *impossible à louper, il domine le centre-ville. Tlj 6h-18h30. Spectacle son et lumière dans l'atrium mar et jeu-sam à 19h30 (85 $Me), plus tard en été.* Construit par les Franciscains entre 1553 et 1562 sur l'emplacement d'un temple maya. L'atrium est gigantesque (7 800 m²), bordé par 75 arcades (à part au Vatican, on n'en connaît pas de plus vaste dans le monde !), et d'une beauté à couper le souffle. En particulier lorsque le jaune des arcades contraste avec le vert du gazon et se découpe sur le ciel bleu outremer. C'est le moment de sortir l'objectif ! À l'intérieur de l'église, rutilant retable tout en or qui abrite la très vénérée Vierge d'Izamal, devenue patronne du Yucatán en 1949 par décret pontifical pour tous les miracles qui lui sont attribués, célébrée les 7 et 8 décembre. Jetez aussi un œil au *Camarín de la Virgen* (au 1er étage), un vitrail peint de couleurs vives *(accès 5 $Me).* En revanche, le couvent, encore fréquenté par des moines, ne se visite pas.

Centro cultural y artesanal : *calle 31 ; à l'angle de calle 31 A. Mar-sam 10h-18h. Entrée : 25 $Me.* Il s'agit d'un centre d'expositions sous le patronage de la fondation *Banamex* et qui regroupe de très belles pièces d'artisanat de tout le pays. On y voit notamment une splendide *catrina* (la mort avec son grand chapeau) en papier, des sosies de Frida Kahlo, des textiles yucatèques ou encore des vanneries et de la poterie.

Pirámide Kinich Kak Moo : *calle 27 ; à l'angle des calles 28 et 26 B. À moins de 10 mn du zócalo. Tlj 8h-17h. GRATUIT.* Izamal est construit sur une ancienne cité maya. Pas étonnant de découvrir çà et là des ruines préhispaniques, bien que la plupart aient été recouvertes par la ville actuelle, édifiée d'ailleurs avec les pierres des monuments préexistants. Du haut de la pyramide, l'une des plus imposantes en volume de la Méso-Amérique, on a une superbe vue sur la ville. On peut aussi se promener du côté du ***templo Itzamatul*** et visiter son petit jardin botanique.

LA RUTA PUUC

(IND. TÉL. : 997)

Dans cette partie du Yucatán, au sud de Mérida, émigrèrent des Mayas venus des régions Chenes et Río Bec (l'actuel État de Campeche) pour créer plusieurs centres urbains qui prospérèrent entre les VIIe et IXe s : Uxmal, la cité dominante, Kabah, Sayil, Xlapak, Labná, Oxkintok, Chacmultun... Ces villes constituaient une coalition politique et religieuse, et développèrent une architecture commune, le style Puuc.

Puuc présente aussi une forte homogénéité. Il s'agit d'une zone de douces collines, qui contraste avec la plaine monotone de la péninsule. Les terres y sont fertiles, favorisant l'agriculture depuis les temps préhispaniques. Le seul problème était l'eau. Ici, ni rivières ni lacs, pas même de *cenotes*, ces puits naturels qui permirent à d'autres villes mayas de subsister. Les Mayas de la région développèrent donc des systèmes de stockage d'eau, notamment des citernes *(chultunes)*, dont l'approvisionnement dépendait avant tout de la saison des pluies. On comprend qu'une des divinités les plus importantes ait été le dieu de la Pluie ou de l'Eau, le fameux Chac, identifiable à sa trompe... Les sites de cette région ont été regroupés sous le nom de la ruta Puuc, inscrite au Patrimoine mondial de l'Unesco.

Comment y aller ?

Uxmal est situé à env 80 km au sud de Mérida, les sites suivants une vingtaine de kilomètres plus au sud.

Pour éviter la foule, mieux vaut commencer le circuit par les ruines les plus retirées, Labná ou Sayil, et terminer par Uxmal. Comme ça, on est sûr de visiter au moins 2 ou 3 sites en toute tranquillité.

➢ ***En voiture :*** le circuit est facile d'accès et se fait tranquillement dans la journée. Quitter Mérida en direction d'Uman et suivre les panneaux « Ruta Puuc » (relativement bien indiquée).

➢ ***En bus :*** pour ***Uxmal,*** 4 bus/j. 6h-12h depuis le terminal 2de classe de ***Mérida*** (lire plus haut « Arriver – Quitter » à cette ville). On suggère de prendre le 1er bus du matin. Les bus poursuivent jusqu'à ***Campeche*** (route Mérida-Campeche « via Ruinas »). On peut donc, d'Uxmal, rejoindre l'une comme l'autre de ces 2 villes. Se placer sur la route, à la sortie du site, devant l'hôtel *Hacienda Uxmal.* En principe, dernier retour pour Mérida vers 19h, pour Campeche en milieu d'ap-m. Se faire préciser les horaires avt. Trajet : env 1h45 pour Mérida, 3h pour Campeche. Si vous avez raté le dernier bus, prendre un taxi pour Muna. De là, nombreux *colectivos* pour Mérida.

Pour les ***autres sites,*** les choses se compliquent ! Il faut jongler avec les rares combis locaux. Sinon, les agences de Mérida organisent des excursions à la journée (rens auprès de l'office de tourisme).

➢ Une autre option consiste à prendre à Mérida le ***bus « Ruta Puuc »*** de la compagnie *ADO,* qui fonctionne le dim slt. Départ à 8h et retour à Mérida vers 16h. Ce bus passe par Uxmal, puis file vers Labná, Xlapak, Sayil, Kabah, avec des arrêts d'env 30 mn pour retourner enfin à Uxmal. Compter env 150 $Me pour le circuit entier, auxquels il faut bien sûr ajouter le droit d'entrée aux sites. Résa la veille au terminal de bus. Toutefois, cela revient cher et l'on passe bien peu de temps sur les sites... On peut aussi faire le choix de rester à Uxmal et de reprendre le bus lorsqu'il a fini sa tournée, mais c'est un peu dommage.

➢ D'autres alternatives à négocier sur place, louer les services d'un ***mototaxi*** ou ***tuk-tuk.*** À partir de 500 $Me pour faire les 4 sites de la ruta Puuc. Pas mal d'avantages : on vient vous chercher à l'hôtel et vous négociez directement la durée du tour (en moyenne 3-4h) et les temps d'arrêts sur chaque site.

Où dormir ? Où manger dans la région ?

La plupart des hôtels du coin sont regroupés dans le village de ***Santa Elena,*** à 15 km environ au sud d'Uxmal en direction de Campeche, le long de la route principale contournant le bourg (desservis par les bus Mérida-Campeche via Ruinas). Quelques hôtels de luxe ont par ailleurs été construits aux abords directs du site d'Uxmal.

Prix moyens

☗ ***Hotel El Chac-Mool :*** *à la sortie de* ***Santa Elena,*** *direction Campeche.*

☎ *(997) 978-51-17. Double env 450 $Me.* 10 chambres sommaires sans petit déj, proprettes, grandes, avec 2 lits, salle de bains (eau chaude en principe), ventilo. Quelques-unes avec AC, plus chères. Fait aussi resto mais peu recommandable.

The Pickled Onion : *à la sortie de* ***Santa Elena,*** *direction Campeche.* ☎ *(997) 111-79-22.* • *thepickledonionyucatan.com* • *Double env 45 US$, petit déj inclus.* Coup de cœur pour cette jolie maison ocre et orange, en surplomb de la route, qui appartient à une discrète et très sympathique Anglaise installée au Mexique depuis quelques années. Elle a bâti dans son jardin une série de bungalows rustiques au toit de chaume de très bon goût. Jolis tissus, mobilier soigné, salles de bains étudiées (lavabos taillés dans le mur), séparées de la chambre par un muret en pavés de verre. Petite piscine bien agréable et hamac pour un repos absolu. Très calme. Service de laverie. Massages. Tout pour se détendre ! Au resto, excellents petits déj et très bonne cuisine régionale (*chaya, pibill,* etc.) à prix correct. Accueil charmant et attentif ; bref, une belle adresse !

Plus chic

B & B The Flycatcher Inn : *à* ***Santa Elena.*** ☎ *(997) 978-53-50.* • *flycatcherinn.com* • *Doubles 60-90 US$, petit déj compris. Repas possible sur commande.* *(à l'accueil).* Enfouie dans un magnifique jardin touffu, une imposante maison à colonnades tenue par la charmante Rosa. Le cadre se veut chic, mais les prix savent rester sages compte tenu du confort des 7 chambres avec AC pour 2 à 4 personnes (dont une suite à l'étage), certaines logées dans des bungalows au cœur du jardin. Tenue impeccable et calme absolu. Un bon point de chute.

Nueva Altia : *accès par une piste (800 m) sur la gauche à la sortie de* ***Santa Elena*** *direction Campeche.* ☎ *(998) 106-68-22.* • *nuevaaltia.com* • *Double 65 US$, petit déj inclus.* Calme absolu pour ce petit complexe de gros bungalows ronds (2 chambres par unité), dispersés dans la forêt à l'écart de la civilisation. Empilées sur 2 niveaux, les chambres, vastes, impeccables et confortables (ventilo, grande salle d'eau lumineuse), disposent chacune d'une terrasse privée. Piscine, massage. Seul hic, pas de resto sur place, il faut retourner au village.

Très chic

Hotel Hacienda Uxmal : *juste en face de l'entrée du site d'****Uxmal.*** ☎ *(997) 976-20-13 ou (998) 887-24-95 (central de résas).* • *mayaland.com/haciendauxmal* • *Doubles à partir de 1 750 $Me, petit déj en sus.* Grosse structure de 80 chambres, très prisée par les tour-opérateurs. Évidemment, tout le monde n'appréciera pas, mais les chambres, réparties dans des bâtiments de 2 étages avec larges galeries et vue sur les 2 grandes piscines, sont confortables et spacieuses. Environnement calme. Au restaurant, sous la grande *palapa,* très bonne cuisine yucatèque et ambiance agréable. Au final, des prix justifiés si l'on tient compte de sa situation privilégiée, pratique pour qui souhaiterait visiter Uxmal tôt le matin. Une dépendance, tout contre la route, propose des chambres moins chères *(env 900 $Me),* mais soumises au fracas du trafic.

ZONA ARQUEOLÓGICA DE UXMAL

• Plan *p. 233*

Émergeant de la forêt, le site d'Uxmal est remarquable par ses monuments et la beauté de son architecture, caractéristique du style Puuc : frises finement sculptées au sommet des édifices et omniprésence des représentations de Chac, le dieu de la Pluie. C'est l'ensemble le plus important du Yucatán avec Chichén Itzá, et sans doute le plus pittoresque, grâce à son paysage vallonné et à ses proportions réduites qui permettent d'être immédiatement sensible à son harmonie. Plus qu'un centre cérémoniel, Uxmal était la capitale politique, militaire et religieuse de la région Puuc, et comptait plus de 25 000 habitants à son apogée. S'il fallait choisir entre Uxmal et Chichén Itzá, eh bien, le premier remporte les suffrages, foi de routard !

Un peu d'histoire

Uxmal renferme encore de nombreux mystères. Cependant, l'archéologie contemporaine s'accorde à reconnaître l'importance de la cité comme centre politique lors de la période du classique tardif, entre les VIIe et X^{e} s apr. J.-C. Elle a joué dans la région un rôle comparable à celui de Chichén Itzá entre le Xe et le XIIe s. Le nom d'Uxmal était sans doute déjà utilisé à l'époque maya. Selon certains, il signifie « trois fois », indiquant ainsi le nombre de reconstructions qu'aurait subies la cité. Une autre étymologie préfère « le lieu des récoltes abondantes », ce qui correspond à la réalité agricole de la zone.
Le site d'Uxmal était occupé bien avant notre ère, mais ce n'est qu'à partir de l'an 500 qu'il commença à se constituer en centre urbain avant de devenir une ville active qui commerçait avec d'autres cités de la région sud (importation d'obsidienne, de basalte). L'activité marchande devint même le principal secteur économique, et les commerçants y occupaient le haut de l'échelle sociale. Entre l'an 1000 et l'an 1200, de nombreux émigrants originaires du Mexique central (les Xius), porteurs de la culture toltèque, arrivèrent au Yucatán. Ils introduisirent de nouvelles conceptions politiques et religieuses, notamment le culte du dieu-serpent Kukulcán (l'équivalent du Quetzalcóatl du centre du Mexique), qui apparut dès lors sur les bas-reliefs des édifices. Pour des raisons inconnues (guerre civile, luttes intestines au sein de l'élite gouvernante...), la cité commença à décliner vers l'an 1200, les habitants émigrant vers d'autres centres. Uxmal se réduisit à un centre cérémoniel de moins en moins fréquenté, peu à peu recouvert par la végétation. Désormais, des nuées d'iguanes ont pris possession des lieux...

Infos pratiques

- ***Infos et horaires :*** *☎ (997) 944-00-33. Tlj 8h-17h ; dernière entrée à 16h30.*
- ***Tarif :*** *213 $Me.*
- ***Consigne :*** *à l'accueil, inclus dans le prix du billet d'entrée.*
- ***Service de guide :*** *à l'accueil. Prévoir env 700 $Me pour un guide francophone, 1-10 pers.* On peut toujours essayer de se regrouper...
- ***Parking :*** *30 $Me.*
- ***Spectacle son et lumière :*** *à 19h en hiver, 20h en été. Arriver 30 mn avt. Tarif : 89 $Me. Durée : 45 mn. Attention aux moustiques qui s'invitent au spectacle et bien s'assurer de son mode de transport pour le retour ! Des agences organisent l'aller et le retour depuis Mérida.*
- ***À savoir :*** emporter une bouteille d'eau, éventuellement votre casse-croûte (la restauration est très chère). Distributeur automatique *(Visa)* sur place. Comme d'habitude, si l'on veut éviter la foule, y aller tôt le matin ou en fin d'après-midi. Compter 2-3h pour une visite standard.

Visite du site

Pirámide del Adivino (pyramide du Devin) : *difficile de la louper, on tombe dessus juste après l'entrée.* Probablement construite vers la fin du VIe s et, selon la légende, érigée en une nuit par un nain aux pouvoirs magiques, alors qu'il

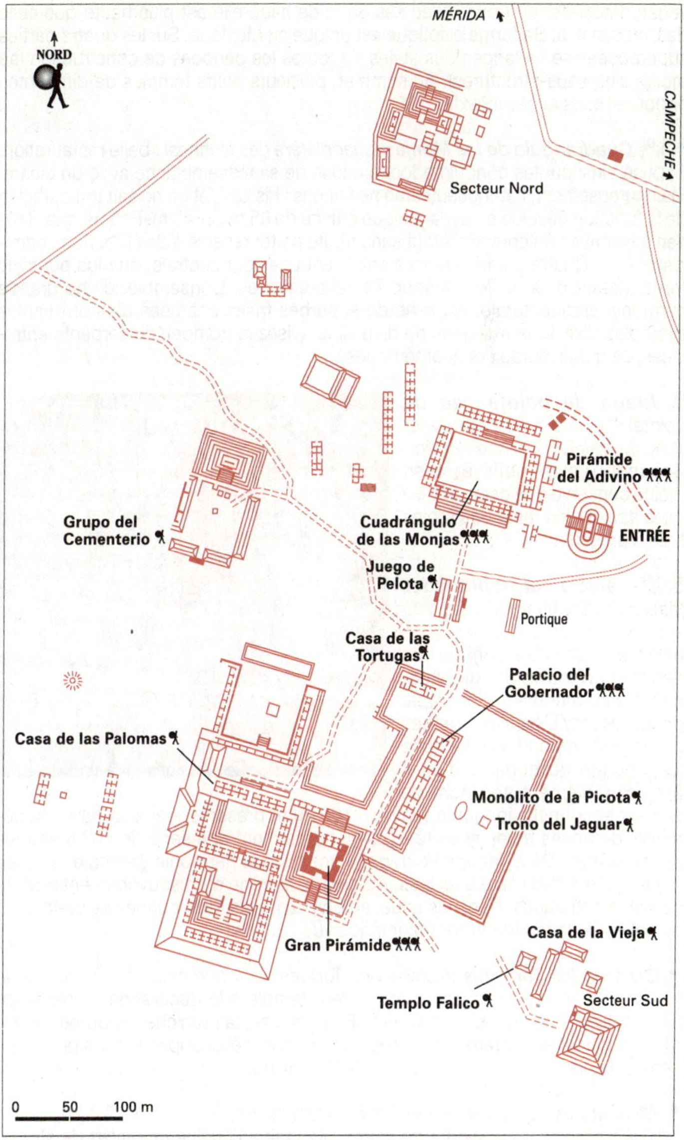

UXMAL (Zona arqueológica)

venait d'accéder au trône. Avec ses 35 m de haut, elle est plus haute que celle de Chichén Itzá. Sa forme elliptique est unique au Mexique. Sur les quatre parties superposées se mélangent les styles de toutes les périodes de construction (au moins cinq sous-structures). Au sommet, plusieurs petits temples de différentes époques, mais accès interdit.

Cuadrángulo de las Monjas *(quadrilatère des Nonnes)* **:** belle restauration. Baptisé ainsi par les conquistadors à cause de sa ressemblance avec un cloître. Malheureusement, l'ethnocentrisme ne fait pas l'histoire, et on ne sait toujours rien de la fonction dévolue à ce magnifique édifice de 65 m sur 45 m. En tout cas, il n'a rien à voir avec un couvent, étant sans doute plutôt réservé à des fonctions administratives. Quatre grands édifices entourent une cour centrale, du plus pur style Puuc, datant du Xe s. Tout autour, 74 petites portes. L'ensemble, d'une grande harmonie architecturale, est orné de superbes frises chargées d'innombrables symboles divins, de masques du dieu Chac (visez la trompe), de serpents entrelacés, de motifs floraux et géométriques...

Juego de pelota *(jeu de pelote)* **:** *on le traverse pour aller vers le palais du Gouverneur.* Beaucoup plus petit et bien moins conservé que celui de Chichén Itzá, il n'en reste pas moins bien représentatif.

Palacio del Gobernador *(palais du Gouverneur)* **:** *sur une esplanade.* Datant du Xe s, ce palais est considéré comme l'un des chefs-d'œuvre de l'architecture maya, magnifique exemple de l'art Puuc. L'équilibre de ses proportions répond à la fameuse loi grecque du nombre d'or. Il tire probablement son nom de son exceptionnelle longueur (environ 100 m) et présente, dans sa partie supérieure, de riches frises sculptées, avec notamment une série de 103 masques du dieu Chac. De la façade se dégage une grande harmonie générale, donnée par le rythme des pierres taillées. Au centre, le trône d'un souverain entouré de serpents entrelacés. Dans les talus, au bas du palais, des iguanes se prélassent au soleil. De la façade nord, magnifique vue sur le site.

C'ÉTAIT PAS DU BASKET !

Le jeu de balle (Ulama) *était à la fois un jeu maya et un rite symbolique : la trajectoire de la balle en caoutchouc correspondait à la course du Soleil dans le ciel. Les anneaux, disposés à l'est et à l'ouest, figuraient le levant et le couchant. Le terrain de jeu représentait la plateforme terrestre séparant le monde supérieur (le ciel) de l'inframonde (les « enfers »). L'issue du jeu révélait le choix des dieux pour trancher les conflits et pour donner des indices divinatoires aux prêtres en cas de calamité agricole.*

Casa de las Tortugas *(maison des Tortues)* **:** *sur la même esplanade que le palais du Gouverneur, du côté droit.* Petit temple à la décoration modeste en comparaison des autres monuments. En revanche, la corniche est ornée de tortues, ce qui est assez rare dans la région. Cet animal était apparenté à la pluie, tout comme le dieu Chac, qui pouvait en revêtir la forme.

Monolito de la Picota *(monolithe du pilori)* **:** *sur l'esplanade, en face du palais du Gouverneur.* Gros cylindre de pierre, qui était à l'origine recouvert de stuc et peint de motifs symboliques. Plusieurs hypothèses sur sa fonction : un poste de flagellation (bof !) ; la représentation de l'arbre du monde Ya'axché Cab, mentionné dans la mythologie maya (poétique) ; un élément de culte phallique (intéressant). Pourquoi pas ? D'ailleurs, on a retrouvé dans le secteur sud un temple dont les gargouilles en pierre représentent des phallus (lire plus bas). Et sur la façade ouest du palais des Nonnes, des personnages exhibent leur sexe, symbole de fertilité et de fécondité. Bizarre, bizarre.

Trono del Jaguar *(trône du Jaguar)* **:** *au centre de l'esplanade qui fait face au palais du Gouverneur.* Il s'agit d'un jaguar bicéphale, assez abîmé, qui servait de trône aux dignitaires de la cité. Il repose sur une plate-forme dans laquelle les archéologues ont retrouvé, dans les années 1950, des offrandes de grande valeur, bijoux en jade et nombreuses pièces en obsidienne.

Gran Pirámide *(grande pyramide)* **:** du sommet de ses 32 m (on peut encore y grimper, mais prudence, l'ascension est raide), la vue sur l'ensemble du site qui émerge de la forêt est époustouflante. Encore un temple dont on ne connaît ni les tenants ni les aboutissants ! Seul un des côtés a été dégagé et restauré. Au sommet, petit temple où l'on peut admirer une belle frise décorée d'oiseaux (sans doute des aras) et de masques de Chac dans sa partie supérieure. D'aspect plus brut et sans stuc, c'est le seul édifice qui ne soit pas de style Puuc. De là-haut, on aperçoit au loin le groupe du Cimetière.

Casa de las Palomas *(pigeonnier)* **:** on le voit très bien du haut de la grande pyramide. Évidemment, rien à voir avec le pigeonnier de nos campagnes. C'était plutôt un palais ou un ensemble résidentiel. De l'ancien quadrilatère, il ne reste plus que ce mur dont la crête dentelée a inspiré le nom à l'explorateur John I. Stephens lorsqu'il le découvrit au XIXe s.

Grupo del Cementerio *(groupe du Cimetière)* **:** *prendre le sentier qui s'enfonce dans la forêt sur une centaine de mètres.* Ruines mal conservées et non restaurées d'un quadrilatère entourant un patio. Pyramide mal en point. De jolies têtes de mort sculptées ornent les murets qui forment plusieurs carrés. Il ne s'agit pas pour autant d'un cimetière.

Templo Falico *(temple des Phallus)* **:** sous une *palapa,* une quinzaine de phallus de pierre en piteux état. Un exemplaire est exposé au musée.

Casa de la Vieja *(maison de la Vieille)* **:** *juste après le temple des Phallus.* Très délabrée. Il n'en reste plus qu'une corniche, enfouie dans la végétation. Près de là, une petite pyramide a été restaurée.

À voir dans les environs

Choco-story : *en face de l'entrée du site d'Uxmal, de l'autre côté de la route. • choco-storymexico.com • Tlj 9h-19h30. Entrée : 120 $Me ; réduc. Explications en espagnol et anglais.* Fondé par des Belges, cet écomusée part à la découverte de l'histoire du cacao, de son utilisation rituelle par les Mayas à la production industrielle de chocolat d'aujourd'hui. Un parcours ludique, le long des allées d'un luxuriant jardin botanique (plantes endémiques étiquetées, avec leurs usages alimentaires ou médicinaux), peuplé de jaguars et singes araignées. Au passage, reconstitution d'une cérémonie au dieu Chac (*propina* bienvenue) et dégustation d'une boisson traditionnelle au cacao, à agrémenter de piment pour faire comme les locaux. Pas de lait, ni de sucre, ingrédients importés par les conquistadors. Pas non plus de sang humain, recette jadis prisée par les nobles mayas à l'issue d'un sacrifice... Boutique.

PIÈCES EN CHOCOLAT

Dans le monde maya, on payait ses marchandises en fèves de cacao. Les Espagnols conservèrent un temps cet usage, établissant une parité flottante avec le real. Et le cacao avait la cote. Au milieu du XVIe s, 1 real valait 150 fèves. À la fin du siècle, seulement 80. Ceux qui avaient mis leur chocolat de côté ont vu leur compte doubler. Quant aux gourmands, il leur a fallu se serrer la ceinture.

LES AUTRES SITES DE LA RUTA PUUC

Zona arqueológica de Kabah : *à une vingtaine de km au sud d'Uxmal, direction Campeche. Les ruines s'étendent des 2 côtés de la route. Tlj 8h-17h (fermeture des caisses à 16h30). Entrée : 50 $Me.*
Édifié entre le VIIe et le Xe s, Kabah signifie en maya « la main qui cisèle » ou « le seigneur à la main puissante ». S'étendant sur 4 km², la ville comptait à son âge d'or 10 000 habitants.
Côté billetterie se dresse l'imposant ***Gran Palacio,*** presque fastueux. Sur sa droite, le ***Codz Poop,*** appelé aussi le palais des Masques, l'un des plus fascinants exemples du style Puuc (construit vers 800 apr. J.-C., peut-être plus tard). Un escalier (marches très étroites) gravit trois terrasses jusqu'à une imposante façade sculptée de remarquables motifs artistiques et de 270 masques de Chac. Remarquer la complexité de la structure de chaque masque, superbe ! Juste en haut de la volée de marches, devant le *Codz Poop,* l'*autel des glyphes,* aux pierres sculptées de symboles sur les quatre faces, et le ***chultún,*** citerne souterraine toujours en fonctionnement. Derrière le *Codz Poop,* imposantes sculptures de guerriers toltèques (postérieures donc à la construction du site), les envahisseurs des Mayas. Sur ce même pan de mur, pierres incrustées et gravées de motifs géométriques et croisillons.
De l'autre côté de la route, un petit sentier à travers bois mène à l'***arco monumental,*** sobre et élégante, du plus pur style Puuc (restauré), qui marquait le départ du *sacbé* menant à Uxmal, et à un petit temple, le ***mirador*** (à 1 km).

Zona arqueológica de Sayil : *à env 25 km au sud d'Uxmal. 5 km après Kabah, quitter la 261 à gauche, c'est 5 km plus loin. Tlj 8h-17h (dernière entrée à 16h30). Entrée : 50 $Me.*
Encore un site envoûtant, assez étendu et complètement enfoui dans la forêt dense. Beaucoup de ruines sont encore dans leur gangue de pierre et de terre. Sa construction date de l'an 750 à l'an 1000 de notre ère. Ce fut un centre urbain très important à l'époque. L'édifice le plus imposant est le ***Palacio Norte*** (*palais de Mjama Cab,* dieu de la montée du Soleil), de style Puuc (époque tardive). On pourrait croire qu'il a été retapé par un Viollet-le-Duc local. Long de 90 m, comptant plus de 90 antichambres, il pouvait abriter jusqu'à 350 personnes. Ses étages en retrait les uns par rapport aux autres sont reliés par un imposant escalier à trois volées de marches (accès interdit). Un seul côté a été dégagé, ce qui permet de mesurer l'ampleur du travail qu'exige une restauration. On remarquera l'élégant entablement à colonnes et à masques qui soutient la deuxième terrasse. Une curiosité : sur les colonnes, des triples renflements imitent les liens attachant les troncs entre eux dans les cabanes mayas. Nombreux masques de Chac et de serpents.
Du palais, un petit chemin mène au ***mirador,*** mur de pierre ajouré construit sur un monticule. À 100 m de là, un sentier conduit à une stèle qui représente ***Yum Keep,*** dieu de la Fertilité (bien membré !). Enfin, après une agréable marche de 800 m, on arrive au ***Palacio Sur,*** à moitié effondré et noyé dans la végétation, dont émerge une façade sur un seul niveau, sculptée de rangées de colonnes.

Zona arqueológica de Labná : *à 40 km d'Uxmal, après Sayil. Tlj 8h-17h. Entrée : 50 $Me.*
Labná est l'un de nos sites préférés. Non pour son côté monumental, mais pour son caractère isolé et le charme qui s'en dégage. Nous vous recommandons d'ailleurs, si vous disposez d'un moyen de transport individuel, de commencer par Labná dès l'ouverture. C'est le site qui permet peut-être le mieux d'imaginer ce qu'y fut la vie autrefois. On sent vraiment des vibrations dans l'air. Avec un peu de chance, vous serez seul. Pas trop difficile, donc, de se représenter les Mayas

déambulant entre les étals du marché. Jusqu'à 2 500 personnes auraient vécu sur ce petit territoire de 2 km^2, datant de la même époque que Sayil (entre 750 et l'an 1000).
Les ruines sont réparties autour d'une vaste clairière, tachée de flamboyants centenaires. Dès l'arrivée, on tombe sur un ***palais,*** moins haut mais proche de celui de Sayil dans sa structure. Juché sur une terrasse de 135 m de long en forme de L, il est composé de 67 pièces réparties sur deux niveaux. Stucs ouvragés, colonnes et incrustations de masques sont largement représentatifs du style Puuc. Aux angles du toit, les grands masques de Chac, dotés d'une trompe enroulée, sont sculptés sur d'imposants panneaux. À l'angle droit du *temple,* une grande mâchoire de serpent largement ouverte, à l'intérieur de laquelle apparaît un masque. Le corps du serpent ondule sur le côté de l'édifice. Plus loin, à droite, derrière une rangée d'arbres, un autre petit *palais* avec sa façade recouverte de colonnes. Sans doute la demeure d'une famille bourgeoise.
Le ***sacbé*** *(voie sacrée)* traversant la grande clairière mène aux deux plus fameuses constructions de Labná : la ***pyramide*** surmontée de son temple (c'est le mirador) et l'***arche monumentale*** (superbement reconstituée). Là aussi, remarquable décoration du mur, aux motifs géométriques, de part et d'autre de l'arche. Les colonnes imitent dans la pierre les enceintes de bois protégeant les premiers villages mayas. L'arche elle-même est unique : elle présente une architecture fine très élégante, peu habituelle. Atmosphère paisible, vous l'aviez deviné, Labná, on a plutôt aimé...

CAMPECHE

220 000 hab. — IND. TÉL. : 981

• Plan *p. 239*

Inscrite au Patrimoine mondial de l'Unesco depuis 1999, Campeche, ou plutôt la ville maya qui la précédait, fut découverte dès 1517, lors de la première expédition espagnole le long de ces côtes. C'est la seule ville fortifiée du Mexique, même s'il ne reste aujourd'hui que quelques fragments de la muraille qui l'entourait. À l'époque coloniale, la mer venait lécher ces fortifications. Mais au milieu des années 1950, on remblaya pour agrandir la ville du côté de la mer, tracer un *malecón* et de larges avenues qui déconnectèrent la vieille ville de la côte. Heureusement, à la fin des années 1990, la ville prit conscience de la valeur de son patrimoine et entreprit de sauvegarder ce qui restait de son histoire. Les vénérables maisons coloniales furent rénovées et les façades peintes de différentes teintes pastel. Avec ses rues en damier, ses pavés, ses balcons en fer forgé et ses corniches de stuc sculpté, Campeche a ainsi revêtu ses beaux atours, qui ont les défauts de leurs qualités. Le vieux centre est désormais plus un lieu qui se visite qu'un lieu de vie. Campeche, de son vrai nom San Francisco de Campeche, est calme, très calme même pour une ville mexicaine. La région compte également d'innombrables ruines mayas,

BOIS PRÉCIEUX

Dès le XVIe s, Campeche était célèbre pour le palo de tinte*, un bois utilisé pour teindre les étoffes. Pendant deux siècles, la ville fut régulièrement pillée par les pirates qui revendaient ce bois précieux, n'hésitant pas à massacrer une partie de la population. Exaspéré, le roi d'Espagne décida vers 1686 de faire fortifier la ville.*

certes moins célèbres mais plus sauvages que leurs consœurs de l'est de la péninsule, une bonne alternative à ceux qui veulent jouer les Indiana Jones en solo. Le site d'Edzná, notamment, mérite vraiment le détour (voir plus loin). En revanche, n'y allez pas pour les plages, elles sont de qualité médiocre. L'État de Campeche est le plus grand producteur de pétrole du pays, et les raffineries de Ciudad del Carmen, au sud-ouest, polluent allègrement la mer sans que personne n'ose s'opposer à la toute-puissante *Pemex*.
Pour qui veut quand même faire trempette, prendre le bus qui mène à la *playa Bonita* à 8 km au sud de la ville.

Arriver – Quitter

En bus

Liste des principales compagnies et coordonnées dans la rubrique « Transports » du chapitre « Mexique utile ».

Terminal 1re classe *(ADO ; hors plan par B2)* **:** *au sud de la ville, par l'av. Central, à env 30 mn à pied du centre-ville. ☎ 811-23-81 ou 816-28-02.* Bus urbains sur l'av. Central. Pour le centre-ville, ils indiquent « Mercado » ; dans le sens inverse, « ADO ». En taxi, compter env 40 $Me pour le centre.
➢ ***Mérida* :** avec *ADO,* très nombreux départs 5h-minuit. Quelques départs avec *OCC* (moins cher) et 3 avec *ADO GL* (banquettes-lits, w-c). Trajet : 2h30. Également 1 bus à 5h puis 1 départ/h 9h-15h, pour l'aéroport de Mérida.
➢ ***Veracruz* :** avec *ADO,* 1 départ à 20h15 et 1 bus à 22h30 avec *ADO GL.* Trajet : 12-13h.
➢ ***Palenque* :** avec *ADO,* 2 départs, à 11h et 21h50. Avec *OCC,* départ à 23h10. Même tarif. Trajet : 5h20.
➢ ***Villahermosa* :** avec *ADO,* 7 bus/j., 9h35-minuit (départs plus fréquents en soirée). Également 4 départs avec *ADO GL* (luxe). Trajet : 6h.
➢ ***Mexico* :** avec *ADO,* 2 départs à 22h55, et 2 autres à 14h30 avec *ADO GL* (luxe) en milieu d'ap-m. Trajet : 18h.
➢ ***Xpujil*** (120 km avt Chetumal, sites mayas du Río Bec) et ***Chetumal* :** départ à 14h avec *ADO.* Trajet : 4h30.
➢ ***Tuxtla Gutiérrez* :** 1 départ à 23h avec *OCC,* et un autre 20h20 avec *ADO GL* (luxe) à 0h30. Trajet : 12h.

Terminal 2de classe *(hors plan par B2)* **:** *av. Gobernadores. ☎ 816-34-45. À 15 mn de marche du centre ou bus indiquant « Gobernadores » depuis le mercado.* Dessert les destinations locales et également :
➢ ***Mérida* :** bus ttes les heures 5h-minuit. Trajet : 4h. Avec *ADO* et *ATS.*

En avion

✈ ***Aeropuerto internacional*** *(hors plan par B2)* **:** *av. López Portillo ; au sud de la ville. ☎ 823-40-59. Taxi pour le centre 150 $Me.* Sur place, agences de location de voiture *Europcar, Hertz* et *Sixt.*
➢ ***Mexico* :** plusieurs liaisons/j. avec *Aeroméxico* et *Interjet.*

Adresses utiles

Office de tourisme municipal *(plan A-B1)* **:** *kiosque sur le zócalo, sous la rotonde. Tlj 9h-21h (20h dim).* Plan de la ville, bon accueil.
✉ ***Poste*** *(plan B1)* **:** *à l'angle de l'av. 16 de Septiembre et de la calle 53. Lun-ven 8h-17h, sam 10h-14h.*
■ ***Banque Banamex*** *(plan B1,* ***2****)* **:** *à l'angle des calles 10 et 53. Lun-ven 9h-16h.* Change US$ et euros. Également des ***distributeurs de billets*** (*Visa* et *MasterCard*) dans toutes les banques, nombreuses autour du *zócalo.*

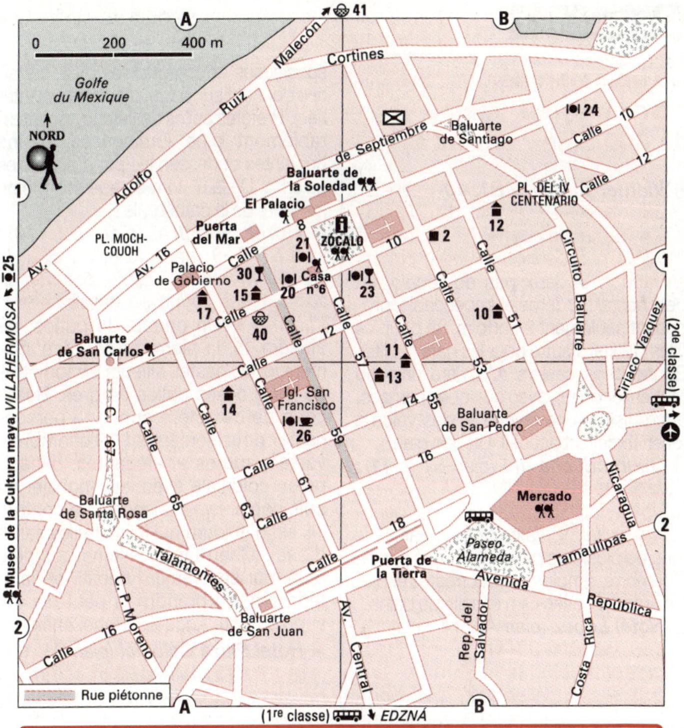

CAMPECHE

Adresses utiles

- Office de tourisme municipal
- 2 Banque Banamex

Où dormir ?

- **10** Viatger Inn
- **11** Guaranducha Inn
- **12** Hotel Plaza Colonial
- **13** Hotel Socaire
- **14** Hotel López
- **15** Hotel Misión Campeche
- **17** Hotel Castelmar

Où manger ?

- **20** El Hidalguense
- **21** El Bastión de Campeche
- **23** Casa Vieja de los Arcos
- **24** Restaurant La Pigua
- **25** La Palapa del Tío Fito
- **26** Chocol Ha

Où faire une pause sucrée ?

- **26** Chocol Ha

Où boire un verre ?

- **23** Casa Vieja de los Arcos
- **30** La Chopería

Achats

- **40** Casa de artesanías Tukulná
- **41** Bazar Artesanal

Où dormir ?

De bon marché à prix moyens (moins de 800 $Me / env 40 €)

Viatger Inn *(plan B1,* ***10****) : calle 51 nº 28 ; entre 12 et 14. ☎ 811-45-00. • viatgerinn.com • Lit en dortoir 250 $Me, petit déj inclus. Parking (payant) en face.* À deux pas du *zócalo*, un petit *hostal* moderne et impeccable, proposant seulement 2 dortoirs, un pour les filles (12 lits), l'autre pour les gars (14 lits). Bonne literie, casiers. À l'arrière, un patio tout en longueur, avec quelques hamacs, une cuisine, une laverie et des vélos à louer. Excellent accueil. Un bon plan.

Guaranducha Inn *(plan B1-2,* ***11****) : calle 55, entre 12 et 14. ☎ 811-66-58. Doubles 450-550 $Me, petit déj continental inclus.* Vaste hôtel organisé le long de plusieurs patios aux murs pastel. Chambres simples mais correctes et plutôt grandes, avec clim et salle de bains.

Hotel López *(plan A2,* ***14****) : calle 12 nº 189. ☎ 816-33-44. • hotellopez campeche.com.mx • Double env 700 $Me, petit déj en sus. Parking gratuit.* Bel hôtel de style vaguement Art déco (façade, corridor et balustrades). Chambres assez petites, mais modernes, à la déco soignée, confortables (clim) et dotées de jolies salles de bains. Toutes donnent sur le long patio, plus sombres au rez-de-chaussée. Préférer celles du fond, près de la piscine, bien plus agréables et rénovées. Service de laverie. Accueil professionnel.

Chic (800-1 200 $Me / env 40-60 €)

Hotel Misión Campeche *(plan A1,* ***15****) : calle 10 nº 252. ☎ 816-45-88. • hotelesmision.com.mx • Double env 900 $Me. Parking.* Autour d'un beau patio mêlant teintes ocre et touches de verdure, une cinquantaine de chambres spacieuses et confortables (AC), certaines donnant sur la rue, d'autres sur l'intérieur. Préférez celles de l'étage, incontestablement plus lumineuses, moins bruyantes et desservies par d'agréables galeries. De la nº 111, on aperçoit même les tours de la cathédrale !

Hotel Socaire *(plan B2,* ***13****) : calle 57 nº 19 ; entre 12 et 14. ☎ 811-21-30. Double 1 270 $Me, petit déj en sus ; grosse réduc en basse saison. Parking.* Un dédale de patios, où affleure, là, la pierre brute, où s'affirment ici les pastel, ailleurs les tomettes ou les grosses dalles de grès. Beaucoup de caractère donc, de personnalité, pour seulement 19 chambres, vastes, sobres et élégantes, d'inspiration coloniale avec leur mobilier de bois noble, leurs faïences. Le confort, lui, est d'aujourd'hui (clim, belles salles d'eau). Charmante piscine, au pied d'un mur savamment décati, et cafétéria *arty* où prendre le petit déj (en supplément). Accueil soigné, enfin.

Hotel Plaza Colonial *(plan B1,* ***12****) : calle 10 nº 15 ; entre calle 51 et Circuito Baluartes. ☎ 811-99-30. • hotelplaza colonial.com • Double env 1 150 $Me. Parking.* Joli petit hôtel moderne de bon confort, très bien situé à l'entrée de la rue principale. Chambres claires et spacieuses, avec une bonne literie et des salles de bains fonctionnelles. Petite piscine, coincée contre le parking. Le petit déj se prend au *Plaza Campeche* voisin, plus cher mais moins fringant, malgré son hall grand style.

Hotel Castelmar *(plan A1,* ***17****) : calle 61 nº 2 ; entre les calles 8 et 10. ☎ 811-12-04. • castelmarhotel.com • Double env 1 050 $Me. Parking.* Une petite structure, sise dans une maison coloniale bien rénovée. Mobilier de style colonial, sols d'époque en tomettes, ventilo et AC. Éviter les chambres sans fenêtre, trop humides. Piscine dont le bleu profond contraste avec les murs jaune maïs.

Où manger ?

Pas vraiment de petits restos dans le centre, plutôt mort une fois la nuit tombée. Exception notable, la portion piétonne de la calle 59, entre 8 et 12 *(plan A1),* qui aligne une brochette de bars restos touristiques (prix moyens). Plus typique, et bien moins cher, les gargotes du *mercado,* où manger sur les comptoirs crasseux, au coude à coude avec les locaux. Choisir en fonction de l'affluence...

Bon marché (moins de 150 $Me / env 7,50 €)

|●| ***El Hidalguense*** *(plan A1,* ***20****) : calle 10, entre 57 et 59. Tlj 7h-minuit.* À deux pas du *zócalo,* un petit snack tout simple, tout propret, où croquer pour trois fois rien une *quesadilla,* des tacos, des *gorditas,* des *empanadas,* ou un combo des 4. On choisit sa garniture parmi une vingtaine d'options, le tout est cuit à la demande et se dévore sur place ou à emporter.

|●| Voir aussi, pour ses petits en-cas, le salon de thé ***Chocol Ha*** *(plan A2,* ***26****),* décrit plus bas dans « Où faire une pause sucrée ? ».

Prix moyens (150-300 $Me / env 7,50-15 €)

|●| ***El Bastión de Campeche*** *(plan A1,* ***21****) : calle 57 ; sur le zócalo, du côté opposé à la cathédrale. ☎ 816-21-28. Tlj 6h30-23h.* Grande salle recouverte de photos sépia de la ville. Cuisine locale variée, à base de poissons et fruits de mer principalement, avec un plat du jour chaque fois différent. Assez touristique.

|●| ***La Palapa del Tío Fito*** *(hors plan par A1,* ***25****) : av. Resurgimiento. ☎ 816-59-18. Tt au bout du malecón, en direction du fuerte San Miguel, à env 1,5 km du centre. Lun-ven 9h-19h.* Sous une paillote, une salle immense, voire impersonnelle, avec, certains jours de match, la télé à tue-tête. Reste que *La Palapa* offre une vue unique sur la mer. Préférez donc à la téloche les tables face à la grande bleue ou carrément celles en terrasse, en contrebas, quasi les pieds dans l'eau. Au menu, plats de poisson et fruits de mer, évidemment. Très bon accueil.

Plus chic (300-500 $Me / env 15-25 €)

|●| ***Restaurant La Pigua*** *(plan B1,* ***24****) : calle 8 Miguel Alemán 179 A. ☎ 811-33-65. Tlj 13h-21h. Résa conseillée, le w-e surtout.* Service stylé, cadre sobre, voire épuré, pour cet incontournable du Campeche gastronomique. Au menu, presque exclusivement des poissons et crustacés, accommodés de toutes les manières : filets de poisson à l'ail (délicieux *pampano,* un poisson local), *a la plancha* ou à la moutarde, calamars... le tout joliment présenté. Et, pour finir, desserts soignés et vrai espresso !

|●| ***Casa Vieja de los Arcos*** *(plan B1,* ***23****) : calle 10 nº 319. ☎ 811-80-16. Au 1er étage ; accès par un petit escalier incrusté d'azulejos, sous les arcades, face au zócalo. Tlj 14h-2h.* Salles en enfilade, hautes de plafond, aux murs colorés couverts de toiles et photos anciennes chinées par le propriétaire. Mobilier d'époque, éclairages tamisés, la maison joue à fond la carte du décor colonial. Et l'ambiance devient quasi théâtrale sur la galerie, sur fond de musique classique, face au *zócalo* éclairé de mille feux. En soirée, le cadre est unique. Autant dire que le spectacle n'est pas seulement dans l'assiette, et ça tombe bien, la cuisine mixte terre et mer n'a rien d'extraordinaire. On peut évidemment se contenter d'y boire un verre. Tables à partager en cas d'affluence.

Où faire une pause sucrée ?

☕ ***Chocol Ha*** *(plan A2,* ***26****) : calle 59 nº 30 ; entre les calles 12 et 14. ☎ 811-78-93. Lun-sam 17h-23h.* Prolongée d'un patio-jardin touffu, une jolie maison coloniale, convertie en salon de thé mignonnet, repaire des fondus de chocolat. On en déguste de toutes sortes, chaud, froid, à compléter d'un jus, d'une pâtisserie, de bonnes crêpes salées ou sucrées. Vente de chocolat sous toutes ses formes, notamment de délicieuses tablettes.

Où boire un verre ?

🍷 ***La Chopería*** *(plan A1,* ***30****)* **:** *calle 59, entre 8 et 10. Tlj 14h-2h.* Un bar, tapissé de bouteilles de bières, du Mexique et d'ailleurs (pas données celles-là). Devant, sur la rue piétonne, une terrasse. Le bon spot pour s'en jeter une, ou deux, ou trois, ou une girafe, comme les locaux. On peut aussi y manger, cher. *Propina* ajoutée d'office à l'addition.

🍷 Voir aussi la ***Casa Vieja de los Arcos*** *(plan B1,* ***23****)*, dont on parle plus haut dans « Où manger ? ». Large sélection de cocktails, à siroter dans un cadre unique.

Achats

Casa de artesanías Tukulná *(plan A1,* ***40****)* **:** *calle 10 nº 333 ; entre les calles 59 et 61. ☎ 816-90-98. Tlj 9h-21h.* Expo et vente d'artisanat : broderies, vêtements... Cher.

Bazar Artesanal *(hors plan par A1,* ***41****)* **:** *sur le malecón, à côté du Centre des conventions, à env 500 m du zócalo. Tlj 10h-20h30 (18h dim).* Tissages, broderies, chapeaux et babioles souvenirs. Prix fixes.

À voir. À faire

➢ Possibilité de visiter le centre historique en trolley avec le ***Superguapo.*** *Départ du zócalo ttes les heures 9h-13h, 17h-20h. Durée du circuit : 45 mn-1h15. 100 $Me/pers.*

👥 ***Promenade dans la vieille ville :*** c'est-à-dire à l'intérieur des fortifications... qui ont en grande partie disparu à mesure que la ville se modernisait. On peut tout de même en apercevoir quelques vestiges, notamment au nord, de part et d'autre de la ***puerta del Mar*** *(plan A1)*, celle que franchissaient les équipages des bateaux pour entrer dans la ville. De là, prendre la ***calle 59,*** en grande partie piétonne, jusqu'à la ***puerta de la Tierra*** *(plan B2)*, côté marché. On peut y grimper sur une courte portion de muraille *(tlj 8h30-17h ; 20 $Me).* Le soir, du jeudi au dimanche à 20h, petit spectacle son et lumière sur l'histoire des pirates et des fortifications *(durée : env 1h ; 60 $Me ; traduction en français).*

👥 ***Zócalo*** *(plan A-B1)* **:** comme dans toutes les villes mexicaines, c'est le cœur de la vieille ville. Au centre, une rotonde abrite un agréable café. Le *zócalo* est dominé par la ***cathédrale Santa Isabel,*** au pur style baroque, et ceinturé par des maisons basses avec galeries commerçantes. Dans l'une d'elles loge le ***centro cultural, Casa nº 6*** *(plan A1)*, présentant quelques pièces meublées comme dans une demeure de la haute société d'autrefois. *Tlj 9h-21h ; 20 $Me.* On peut se contenter d'y jeter un œil depuis la rue.

👤 ***Centro cultural El Palacio*** *(plan A1)* **:** *sur le zócalo, à l'angle des rues 8 et 57. Mar-dim 10h-19h. GRATUIT.* Élégante bâtisse à double rangée d'arcades, l'ancien palais du gouverneur a été en partie converti en musée moderne, consacré au commerce maritime entre Campeche et l'Espagne, aux XVIIe et XVIIIe s. Détail des marchandises exportées (bois, maïs, sisal, etc.) et des différents ports fortifiés de l'Empire espagnol, maquette en coupe d'un galion et modeste « cinéma dynamique » simulant une traversée, avec tempête et attaque de pirates. Vite parcouru.

👥 ***Baluarte de la Soledad*** *(plan A1)* **:** *calle 8 ; à l'angle de calle 57. Mar-dim 8h-17h. Entrée : 40 $Me.* Cet ancien bastion, partie intégrante des murailles, abrite l'important ***museo de Arquitectura maya.*** Collection de vestiges mayas issus des sites de la région, notamment des éléments de la *gran plaza* de Calakmul, et de nombreuses stèles, colonnes, panneaux et figures anthropomorphes. Riches explications (en espagnol et anglais) sur les différents styles (Puuc, Chenes, Petén et Río Bec) et les significations des symboles et inscriptions.

Baluarte de San Carlos *(plan A1) : calle 8 ; à l'angle de calle 63. Tlj sf lun 8h-20h (9h-13h dim). Entrée : 20 $Me.* Un autre bastion, squatté cette fois par le modeste ***museo de la Ciudad.*** Maquette de la ville à l'époque coloniale, historique de l'édification des remparts de la ville suite aux multiples attaques de pirates. Du toit de la redoute, vue sur la mer.

Mercado *(plan B2)* : typique de ce genre de villes, un fatras de minuscules boutiques, enchevêtrées le long d'allées labyrinthiques. À l'extérieur, sous des auvents, des montagnes de fruits et légumes et, sous de grandes halles, les étals des bouchers et ceux des poissonniers, la pêche du jour entassée sur de longs comptoirs en inox. Foule de gargotes pour grignoter, de la musique plein les oreilles, dans une atmosphère bourdonnante et populaire.

Museo de la Cultura maya : *av. Escénica, à 4 km du centre-ville, dans le* ***fuerte San Miguel.*** *☎ 816-91-36. Bus urbain indiquant « Kila Lerma » sur l'avenue devant le marché ; descendre sur le* malecón, *puis remonter la route à pied (env 15 mn). Mar-dim 8h30-17h. Entrée : 50 $Me.* Pour ceux qui commencent la tournée des sites mayas par Campeche, ce musée est à visiter en priorité. Il expose des pièces en provenance de tout l'État de Campeche, organisées de façon thématique : diversité des styles mayas (Petén, Puuc), vie dans la cité (architecture et plans, stèles, colonnes sculptées), divinités (magnifiques masques funéraires en céramique), devoirs quotidiens, pouvoir et guerre avec, dans cette dernière partie, une présentation de l'organisation de la société maya des plus pédagogique. Une salle est consacrée aux figurines, ossements et poteries trouvés sur l'île de Jaina, ainsi qu'aux trésors découverts dans une tombe du site de Calakmul, dans le Río Bec (voir plus loin) : extraordinaires masques de jade. Du toit, superbe vue sur la mer.

DANS LES ENVIRONS DE CAMPECHE

ZONA ARQUEOLÓGICA EDZNÁ

➢ *À 55 km au sud-est de Campeche. Tlj 8h-17h. Entrée : 55 $Me.*
➢ *En voiture, depuis Campeche, suivre la direction de l'aéroport par l'av. de los Gobernadores. Après l'aéroport, direction Champotón cuota puis 1re sortie direction Mérida ; passer sous l'autoroute et continuer jusqu'à la voie de chemin de fer ; Edzná est ensuite indiqué.*
➢ *Des agences de Campeche organisent l'excursion en matinée. Alternative plus économique : les* colectivos *indiquant « Pich », au départ de la calle Nicaragua, à l'est du mercado (plan B2). Préciser au chauffeur que vous descendez à Edzná. Au retour, placez-vous au bord de la route. Départ ttes les heures ; dernier retour à 16h30 (partir tôt, donc). Compter 40 $Me. Trajet : 1h30.*

La zone archéologique d'Edzná se trouve en bordure de l'aire géographique du Río Bec (lire plus loin). Peu visitée, elle doit être l'un des secrets les mieux gardés de l'État de Campeche ! Le site, étonnamment bien conservé, est très sauvage (mais entretenu), ça vaut vraiment la peine d'y aller. Bien plus important autrefois (25 km²), il couvre aujourd'hui une superficie d'environ 6 km². Cela dit, la plupart des édifices sont recouverts par le maquis. Certaines structures avaient même été dégagées lors des premières fouilles, mais la nature a vite repris ses droits.
Dans cette vallée fertile, les habitants se consacraient à l'agriculture et avaient développé un réseau de canaux et un système de récupération des eaux de pluie dans des citernes, appelées *chultunes.* La ville connut son apogée au classique tardif

(600-900 apr. J.-C.) et tient son nom, vraisemblablement, du peuple des Itzáes, une lignée maya qui en aurait fait sa capitale. Elle reçut plusieurs influences, qui se reflètent dans son architecture. On trouve des édifices de style Puuc, d'autres avec des traits caractéristiques du Petén guatemaltèque ou du Río Bec et Chenes.

La visite

On arrive sur le site par la monumentale place principale, dominée par la ***grande acropole*** (à gauche), vaste plate-forme quadrangulaire empilant plusieurs bâtiments représentatifs du style Petén. Au 2d niveau se dresse la bâtisse la plus spectaculaire, l'***edificio de los Cinco Pisos*** (« édifice des Cinq Étages »), haut de 31 m et surmonté d'un temple (interdiction d'y monter). On suppose que ses quatre premiers étages, avec leurs galeries voûtées, servaient d'habitations aux prêtres. 80 hiéroglyphes mayas sont gravés sur les marches, certains sont dans un excellent état de conservation. Une partie des sculptures qui décoraient la pyramide ont été déplacées et se trouvent sous la *palapa,* juste après l'entrée.
De l'autre côté de la place principale s'étend sur 135 m de long la ***Nohoch-Ná*** ou « grande maison », sans doute à vocation administrative, puis le jeu de pelote dont il ne reste que des morceaux d'anneaux.
Derrière, la ***petite acropole*** correspond à la partie la plus ancienne du site. Elle présente des éléments d'architecture plus typique du style Puuc. Édifice le plus marquant, le ***templo de Mascarones,*** dont le fronton est orné de deux masques polychromes en stuc représentant le dieu Soleil : à gauche, à l'aube, à droite, au couchant. Le site compte encore de nombreux autres temples, moins bien conservés.

ESCÁRCEGA

29 480 hab. IND. TÉL. : 982

Située au croisement des routes 261 et 186, venant de Palenque, Campeche et Chetumal, Escárcega est une ville carrefour sans intérêt, si ce n'est de faire une étape, changer de bus, voire passer une nuit si nécessaire.

Arriver – Quitter

En bus

Liste des principales compagnies et coordonnées dans la rubrique « Transports » du chapitre « Mexique utile ».

Terminal ADO, OCC, ATS : *en venant de Campeche, au carrefour des routes en face du rond-point où trône une grande statue de femme.* Arrêt de ***taxis*** à la sortie de la gare pour visiter les sites mayas, négociez pour un forfait à la journée.

➢ ***Campeche, Mérida :*** avec *ADO,* 4 départs/j. dont 1 de nuit (avec *OCC*) et 3 avec *ADO.* Trajet : 2h pour Campeche ; 4h30 pour Mérida.

➢ ***Veracruz :*** avec *ADO,* 1 départ/j. à 21h45. Trajet : 13h30.

➢ ***Palenque :*** avec *ADO,* 2 départs/j., à 12h50 et 23h40. Trajet : 3h.

➢ ***Villahermosa :*** avec *ADO,* à 14h45, 19h40 et 21h45. Trajet : 4h45.

➢ ***Mexico*** *(Tapo et Norte)* **:** avec *ADO,* 3 départs/j., en milieu d'ap-m et le soir. Trajet : env 18h.

➢ ***Xpujil*** (120 km avt Chetumal, sites mayas du Río Bec) et ***Chetumal :*** 4 bus/j. 9h35-22h55. Trajet : respectivement 2h15 et 3h-4h.

➢ ***Cancún :*** 3 bus/j. avec *ADO* (le mat et de nuit), 1 vers 23h avec *ATS.* Durée : 9-10h.

Terminal de bus SUR *(2de classe)* **:** *à 1 km de l'autre terminal, av. Justo Sierra Méndez (à la hauteur de calle 31), l'av. principale qui mène à Chetumal.*

Dessert les mêmes destinations mais à des horaires différents.

➢ ***Campeche, Mérida :*** bus ttes les 30 mn, 24h/24.

➢ ***Xpujil*** *(trajet 2h30)* ***et Chetumal :*** 4 bus/j., 2 en milieu de journée, 2 de nuit.

➢ ***Playa del Carmen :*** 2 bus à 20h40 et 0h30.

Où dormir ? Où manger ?

Hotel Ah-Kim-Pech : *av. Solidaridad 43. ☎ 824-04-70. Proche du terminal de bus* ADO *(en face de la station* Pemex, *direction Villahermosa). Double env 600 $Me. Parking.* Pour une étape d'une nuit, chambres propres et convenables, quoique mal insonorisées, avec ventilo, clim et salle de bains privée. Autre option, plus moderne et plus chère, l'hôtel ***Global Express,*** situé juste en face. Chambres super clean au design contemporain, avec balcon s'ouvrant sur... la station-service et ses effluves *(☎ 824-04-24 ; double 850 $Me ;).*

Mi Ranchito : *à côté du terminal de bus* ADO, *direction Villahermosa. Tlj jusqu'à 2h30.* Grande salle ouverte sur la rue, rafraîchie par des ventilos, mais préférez le petit patio derrière. Ambiance ranch comme il se doit. Carte très complète. Plusieurs restos du même type tout autour.

LES SITES MAYAS DU RÍO BEC

La région du Río Bec, partie intégrante de l'État de Campeche, est située entre Escárcega et Chetumal, et très proche de la frontière nord du Guatemala. Elle recèle de nombreux sites archéologiques (Calakmul, Chicanná, Becán et bien d'autres !). Certes, ils ne sont pas encore très connus, car ils sont restés longtemps enfouis dans les milliers d'hectares de jungle, mais ils émergent peu à peu.

Arriver – Quitter

Voir aussi plus haut « Arriver – Quitter » à Campeche.

➢ En bus de 2de classe, 4 liaisons/j. avec les compagnies *Sur* et *Caribe*. En 1re classe, la compagnie *ADO GL* relie Xpujil 4 fois/j. À ***Xpujil,*** le terminal des bus se trouve en plein centre, à côté de l'hôtel *Victoria,* où l'on achète son billet.

➢ ***De Xpujil,*** si l'on est plusieurs, on peut prendre un taxi à la journée pour aller visiter les sites. Sinon, les lieux d'hébergement que nous mentionnons à proximité des sites organisent des excursions.

Où dormir ? Où manger dans le Río Bec ?

Campamento Yaax'Che : *à 98 km de Escárcega ; à 7 km du carrefour de Conhuas, sur la route de Calakmul, puis à 700 m par une piste caillouteuse. ☎ (983) 871-60-64. 101-19-21. Résa conseillée sur le site : • ecoturismocalakmul.com • Nuitée sous tente env 265 $Me ; 85 $Me pour un repas et 260 $Me pour les 3 repas.* En plein dans la forêt, Leticia, Fernando et leurs enfants proposent des tentes très rudimentaires. Toilettes sèches, douche à l'eau de pluie, etc. Plats préparés avec des produits locaux naturels, assez bons et copieux. Leticia connaît la forêt comme sa poche et sait détecter la présence des singes. Commentaires en anglais ou en espagnol pour la visite de Calakmul. Possibilité de forfait à la journée, repas inclus ou de circuits dans la forêt, d'une demi-journée.

🏠 🍽 ***Río Bec Dreams :*** *km 142, sur la gauche en direction de Chetumal, à env 150 m de la route et 2 km avt le carrefour de Chicanná. • riobec dreams.com • Bungalows à partir de 1 050 $Me/j. Compter env 1 300 $Me/j. pour les* cabañas. Sympathiques « *jungalows* » relativement luxueux et toutes sortes de *cabañas* éparpillés dans un parc fleuri à souhait : pour dormir (avec moustiquaire), pour les douches, mais aussi cabanes avec bains... Petit déj *take away.* Organise aussi des excursions aux sites mayas voisins.

🏠 🍽 ***Chicanná Village :*** *km 144, au carrefour pour le site du même nom, mais prendre la route opposée ; poste de contrôle visible de la route ; à 1,5 km dans la forêt. ☎ 871-60-75. • chicannaecovillageresort.com • À partir de 1 500 $Me pour 2, petit déj en sus ; promos sur le site internet.* Appartements sur 2 étages à l'entrée et magnifiques bungalows sur pilotis noyés dans la verdure et les fleurs, conçus de façon écologique : tout fonctionne à l'énergie solaire, l'eau et le compostage sont assurés sur place. Style village-club, mais les groupes disposent de leur propre resto. Au menu, des recettes inventées à l'écovillage. Calme assuré, mais accueil facétieux. Piscine. Minibus pour les excursions. La forêt qui entoure l'hôtel est riche d'animaux que l'on peut voir passer.

À voir. À faire

Reserva natural y zona arqueológica de Calakmul : *à 360 km de Campeche, 175 km de Chetumal et une trentaine de km de la frontière du Guatemala.* Le site se trouve au cœur de la réserve de la biosphère de Calakmul, inscrite depuis 2002 au Patrimoine mondial de l'Unesco, à une soixantaine de kilomètres au sud de l'axe Escárcega-Chetumal, au niveau du carrefour de Conhuas (km 97). Nécessité d'être motorisé. Prévoir une petite journée en tout.

– ***Entrée :*** *à la barrière du carrefour de Conhuas, on paie l'accès à la réserve, soit 70 $Me/véhicule + 48 $Me/pers. On roule à 30 km/h sur 40 km, puis nouvelle barrière où l'on peut acheter de l'eau (il n'y en a pas sur le site). Continuer encore 20 km pour accéder à l'entrée du site. Accès payant : 70 $Me. Site ouv tlj 8h-17h ; écomusée (8h-15h) présentant les espèces animales et maquettes du site.*

– ***La réserve :*** abrite d'innombrables variétés de bestioles. 354 espèces d'oiseaux, dont des migrateurs, presque autant de papillons, 25 de serpents (ah ! ils sont mignons ces petits rouges qui se faufilent sur les marches des pyramides !), des pumas, des chats sauvages, des jaguars (difficiles à voir)... On y trouve aussi quelque 70 espèces d'orchidées. Les villages environnants pratiquent l'agriculture biologique en alternance, l'apiculture et la médecine naturelle.

– ***Le site :*** la balade dans les sous-bois est très agréable, le long d'un sentier bien balisé, et peut durer de 2h jusqu'à 4h selon que vous optez pour l'itinéraire court, moyen ou long. Calakmul fut une très importante ville maya, en fait le centre du royaume de la Tête de Serpent. À l'époque préclassique, elle était forte de 50 000 habitants. Au sommet de sa gloire, vers 650 apr. J.-C., elle dominait de nombreuses cités des terres basses, dont Tikal (distante de 100 km), centre du royaume de la Griffe de Jaguar, et qui fut d'ailleurs son éternelle rivale. On y retrouve le même style d'architecture qu'à Tikal (style Petén), mais aussi le style Río Bec, particulier aux villes mayas de la région. Les principaux monuments et leurs fonctions sont d'époques différentes et reflètent la vie et l'histoire de Calakmul : le Grand Acropole, le jeu de balle *(pelota),* la Grand-Place, les stèles (structure V), très nombreuses, mais beaucoup des motifs sculptés ont été découpés et volés après le déclin du royaume, de même que les objets en jade. Ce qui a été retrouvé est exposé au musée de Campeche. Pyramide impressionnante qui domine la jungle (structure I) jusqu'au Guatemala.

Zona arqueológica Chicanná : *km 144, sur la droite en allant vers Chetumal et à une dizaine de km avt Xpujil. Tlj 8h-17h. Entrée : 50 $Me.* La structure est un des meilleurs exemples du style Río Bec, avec son orientation à l'ouest et ses tours massives de chaque côté. Les six chambres représentent le symbole et la synthèse des hautes autorités politique et religieuse qui dirigeaient la société maya ancienne. Le bâtiment situé à l'est de la place (structure II) possède une des façades les mieux conservées ; l'entrée est la bouche – de la Tête de Serpent –, les toits étaient faits de palmes et de bois.

Zona arqueológica de Becán : *env 2 km après Chicanná en allant vers Chetumal, tourner à gauche et aller au fond du village. Tlj 8h-17h. Entrée : 55 $Me.* Un petit joyau, avec de très beaux édifices du style Río Bec. La seule cité maya entourée de douves aujourd'hui asséchées. Dans ce site, on devine mieux l'aspect que devaient avoir les constructions d'habitation : les étages, les pièces avec leurs banquettes, les bains de vapeur, toujours avec des motifs évoquant la Tête de Serpent.

ZONA ARQUEOLÓGICA DE CHICHÉN ITZÁ

IND. TÉL. : 985

• Plan *p. 251*

La construction d'une cité maya à cet endroit est due à la présence de deux puits naturels – *cenotes* – qui constituaient une source d'eau majeure dans la région. Le site de Chichén Itzá doit son nom à cette source d'eau souterraine : *chi* signifie « bouche » et *chén* « puits ». Itzá est le nom du groupe qui aurait fondé la cité aux alentours de 500 et constituait la classe dirigeante. Aujourd'hui, c'est le site le plus touristique du Yucatán (près de 8 000 visiteurs par jour en haute saison !). Il est situé à 50 km à l'ouest de Valladolid, pratiquement à mi-chemin entre Mérida et Cancún. Ses ruines sont spectaculaires et s'étendent sur 300 ha, comptant de nombreux édifices bien restaurés. Ce sont aussi les moins mayas de la région, car l'apport toltèque y fut considérable. À son apogée, entre 750 et l'an 1200 de notre ère, la cité rayonnait sur l'ensemble de la zone maya. La pyramide Kukulkán, la plus célèbre silhouette du site, domine l'ancienne ville de Chichén Itzá ; une chaussée la relie au *cenote* sacré, 20 m plus bas. Sans cette précieuse eau, la cité n'aurait pu survivre.
Classé au Patrimoine mondial de l'Unesco, le site est aussi considéré depuis 2007 comme l'une des sept nouvelles merveilles du Nouveau Monde moderne !

Arriver – Quitter

En bus

Arrêts de bus : *il y a 2 arrêts à* **Piste.** *L'arrêt des bus* Oriente *est situé dans le village, devant la Zapatería Vasquez (guichet près du zócalo, tlj 8h30-17h). Celui des bus* ADO, *devant le marché artisanal du site archéologique (guichet dans la boutique du site, tlj 9h-19h).* On vous conseille d'acheter votre billet de retour dès votre arrivée, car après, c'est la ruée vers les guichets et les places deviennent rares. Attention, pas de bus de nuit, après le spectacle donc.

➢ ***Mérida :*** env 15 bus/j. 6h-21h30 avec *Oriente,* 1 bus à 16h35 avec *ADO.*

➢ ***Cancún (via Valladolid) :*** 1 bus rapide à 16h30 avec *ADO* ; env 15 bus/j. 5h30-21h30, avec *Oriente.*

➢ ***Tulum et Playa del Carmen :*** avec *ADO*, départs à 8h35 (Tulum slt), et 16h30. Un bus *Oriente* part à 7h30 et dessert Cobá, puis Tulum et Playa (bus supplémentaire à 13h, lun, mar, jeu, ven et à 17h dim).

Où dormir ? Où manger près du site ou dans les environs ?

Chichén Itzá ne regroupe que les ruines de l'antique cité. Le premier village est **Piste** (prononcer « Pisté »), à environ 4 km du site. Pas grand-chose à y faire. Celles et ceux qui ne veulent pas se ruiner après les ruines planteront leur guitoune à l'hôtel *Piramide Inn (☎ 851-01-15 ; • piramideinn.com • ; env 50 $Me/pers, supplément en CB).*

À Piste (à 4 km du site)

Posada Olalde : *du zócalo, suivre la route principale en direction des ruines et tourner à droite, juste après le resto* Los Pagaros *; c'est à 100 m sur la droite. ☎ 851-00-86. Double 350 $Me ;* cabaña *250 $Me ; pas de petit déj.* Dans un quartier calme, 7 chambres doubles et ventilées à 2 lits donnant de plain-pied sur un jardin, assez propres. Salles d'eau correctes et matelas convenables. Aussi quelques *cabañas* du genre « rusticos ». Accueil familial.

Lonchería Fabiola : *presque en face du zócalo, sur la droite quand on vient de Mérida. Tlj 7h30-22h30.* Pour manger sur le pouce, cette petite cantine de rue fait très bien l'affaire. Cuisine familiale. Petit choix de plats bon marché (tacos, *tortas, panuchos*). On peut aussi venir y prendre le petit déj.

Las Mestizas : *continuer en direction des ruines après le zócalo ; c'est sur la droite avt la* Posada Chac-Mool. *☎ 851-00-69. Tlj 9h-22h.* Dans une salle rappelant vaguement un décor colonial, des tables bien dressées, pour une carte courte de spécialités régionales. Excellente soupe de *lima* et bon *pollo pibil.* Flan maison. Servent aussi des petits déj. Patronne sympathique et service gentil de son fiston. Petite terrasse en bord de route.

Hotel Chichén Itzá : *calle principal, dans le village. ☎ 851-00-22 ou 23. • mayaland.com/hotel-chichen-itza • Doubles 1 260-1 480 $Me, petits déj 95-120 $Me selon formule. (à la réception slt).* Quand bien même cet établissement accueille majoritairement des groupes, c'est un poumon d'oxygène dans cette ville sans charme. Vaste hall aéré et une quarantaine de chambres tout autour de la grande piscine, dans un petit bâtiment de 2 étages. En 2016, déjà la moitié d'entre elles avaient été rénovées. Niveau de prestation et qualité d'accueil impeccables. Les chambres donnant vers l'intérieur et la piscine sont plus chères, mais valent le coup. Très beau jardin. Restaurant.

En dehors de Piste

Hotel Dolores Alba Chichén : *carretera Mérida-Cancún, km 122 ; 3 km après le site en direction de Valladolid, au niveau de l'entrée du cenote Ik-Kil. ☎ (999) 928-56-50. • dolore salba.com • Si vous venez de Mérida ou de Cancún par le bus, demandez au chauffeur de vous arrêter devant l'hôtel. Double env 1 000 $Me, petit déj inclus. Parking.* Une quarantaine de chambres pour 2 à 4 personnes, avec ventilo et AC (vieillotte), toutes mitoyennes, en rez-de-jardin, comme dans un motel. Correctes, sans plus. 2 piscines aménagées façon *cenote,* pour barboter. Relativement agréable, mais la présence de la nationale toute proche fait que vous n'y passerez pas vos vacances. Resto correct. Navette gratuite pour les ruines.

Villas Arqueológicas : *dans la zone des hôtels, proche de l'entrée sud du site archéo. ☎ 851-01-87. • villas mex.com • Double env 1 275 $Me, petits déj 80-110 $Me. (parties communes).* L'hôtel chic le moins cher de la zone. Architecture intérieure élégante et couleurs chaudes. Beau patio où fleurissent les bougainvillées. Le resto (délicieuse cuisine) borde la piscine. Les 40 chambres, toutes identiques, ne sont pas très grandes mais mignonnes, très bien conçues (murs en crépi, lits sous des voûtes) et disposent de tout le confort souhaité. Restaurant classique, bar cosy, salon TV et table de billard, service de spa. Avec, en prime, un accès direct à pied à l'entrée sud du site par l'hôtel voisin.

ZONA ARQUEOLÓGICA

Maya la belle !

L'histoire de Chichén est complexe et bourrée de points d'interrogation. La ville aurait été fondée par les Itzáes, tribu maya venue du sud, vers 450. Elle connaît une première période de splendeur entre les VIIe et IXe s. De cette époque datent les premières constructions à l'architecture typiquement maya, qui s'apparente au style Puuc (stucs et ornementations géométriques). Comme l'ensemble de la région maya, Chichén Itzá entre ensuite dans une phase de déclin au cours du Xe s. On ne sait pas bien si la ville fut abandonnée, comme ce fut le cas pour d'autres grandes cités du centre de la région maya, ou si elle se mit simplement en sommeil.

Quoi qu'il en soit, elle est repeuplée vers l'an 1000 grâce à l'arrivée de tribus du Nord, d'origine toltèque. Une légende raconte que ce sont les Itzáes eux-mêmes qui, après avoir abandonné leur ville, seraient revenus sous la conduite du roi de Tula, Quetzalcóatl, lequel aurait fondé une nouvelle dynastie avant de repartir pour le Mexique central. Ce qui est certain, c'est que Chichén Itzá connaît alors un nouvel âge d'or. La culture toltèque est intégrée, ce qui se traduit par une nouvelle forme d'architecture, ainsi que par l'apport du culte du dieu-serpent Quetzalcóatl (Kukulkán pour les Mayas).

La cité est définitivement abandonnée vers 1185 (ou 1250, selon d'autres chercheurs), sans doute à cause d'un conflit entre Uxmal, Mayapán et Chichén Itzá (la rupture d'une supposée triple alliance). À l'époque de la conquête espagnole (1533), la cité ne comptait plus que quelques rares habitants, même si Chichén Itzá restait un centre de pèlerinage maya très couru.

Infos pratiques

- ***Infos et horaires :*** *☎ 851-01-37 (entrée principale) ; ☎ 851-01-52 (entrée sud). Tlj 8h-17h (une bonne partie du site ferme à 16h). Pour le son et lumière (tlj sf lun 19h et parfois 20h), il est plus prudent de réserver bien à l'avance auprès de votre hôtel ou sur • nochesdekukulkan.com •*
- ***Tarif :*** *232 $Me.*

🅿 ***Parking :*** *payant à l'entrée (30 $Me). Sinon, accès possible au site par l'entrée sud et l'hôtel* Mayaland *(beaucoup moins de monde).*

🚕 ***Taxis :*** *station sur le parking, devant l'entrée.*

- ***Guide francophone :*** *compter autour de 750 $Me pour une visite de 2h, pour 25 pers max. L'idéal est de se grouper ! Sinon, compter 700 $Me pour un guide anglophone. Nombreux panneaux explicatifs sur place (en espagnol, en anglais et en maya)...*
- ***Pour la visite, deux options :*** soit vous avez dormi sur place, et on vous recommande de venir à 8h pile devant l'entrée afin de devancer les groupes ; soit vous séjournez à Mérida ou à Valladolid, et vous pouvez effectuer la visite à partir du début d'après-midi (attention, certaines parties du site ferment à 16h).
- Si vous êtes en voiture, présentez-vous à l'entrée sud, il y a moins de monde. Vous pourrez vous garer à l'hôtel *Mayaland.* Parking gratuit si vous consommez (ticket demandé à la sortie), sinon c'est 150 $Me.

– Si vous résidez à Piste, on déconseille fortement de rejoindre le site à pied car la route est extrêmement passante et dangereuse. Prenez un taxi.
– À l'entrée du site, grand centre touristique avec galerie marchande, resto-buvette, bureau de change (ouverture variable), distributeur automatique. Consigne à bagages (incluse dans le prix du billet).
– *À noter :* il n'est pas possible d'escalader les différentes pyramides. Par ailleurs, le site est grand et peu ombragé : prévoir un chapeau, de l'eau et une crème solaire. Compter 3-4h de visite.

À voir

On identifie aisément l'architecture toltèque par le soubassement incliné des temples. La base des monuments mayas était rectiligne. Au cours de la visite, d'autres différences notables dans l'art de la sculpture n'échappent pas : les Mayas utilisaient des formes très géométriques, hyper symbolistes, n'hésitant pas à réduire un visage à la forme d'un gros carré. Un effort d'imagination est souvent nécessaire pour découvrir ici un visage, là un serpent. En revanche, l'art toltèque, très réaliste, s'employait à restituer chaque détail des corps, des visages, des situations. Il cherchait à témoigner et à narrer avant tout. Quant aux représentations animales, l'aigle et le jaguar occupaient une importance considérable chez les Toltèques. Chez les Mayas, c'est le *papagayo* (perroquet) ; il symbolise le Soleil. C'est aux Mayas que l'on doit la technique de la voûte pentue à sommet plat.

Zone nord : style maya-toltèque

★★★ ***Castillo*** *(pirámide de Kukulkán)* **:** formé de neuf terrasses surmontées d'un temple. Les Espagnols l'appelèrent ainsi à cause de son aspect imposant. Sur chaque face du quadrilatère, une haute volée d'escaliers, délimités par un corps de serpent dont la gueule ouverte vient se poser sur le sol (à la base de la pyramide). Peu de pyramides au Mexique présentent une telle disposition. Et, preuve que les Mayas étaient de bons mathématiciens, au moment des équinoxes de mars et de septembre (vers le 21), le serpent apparaît quasi en mouvement le long de l'escalier nord du *Castillo,* dessiné par le jeu de l'ombre et du soleil au moment où celui-ci se couche. Le phénomène est visible 1 semaine avant et après l'équinoxe, et il dure un peu plus de 3h. Il est reproduit dans le spectacle du son et lumière.
La pyramide, de style maya et toltèque, construite sur des bases plus anciennes, possède 91 marches sur chacun des quatre côtés, plus une marche supplémentaire. Faites les comptes : cela donne 365 marches, ce qui rappelle le nombre de jours de notre révolution terrestre autour du Soleil. Le *Castillo,* entièrement dédié au soleil, était utilisé pour les grandes cérémonies.
À l'intérieur, une crypte abrite un *chac-mool* et un jaguar aux yeux de jade. Elle ne se visite malheureusement plus.

★★★ **Juego de pelota** (jeu de pelote) **:** *à voir dès l'ouverture ou en soirée, c'est le lieu de rassemblement des groupes.*

LES NERFS EN PELOTE !

Le jeu de pelote opposait sept joueurs par équipe : six au centre et les capitaines sur les terrasses bordant les deux murs. On utilisait genou, pied droit, hanches et même une batte pour faire toucher l'anneau adverse par la balle de bois ou mieux, la faire passer à l'intérieur (un exploit !). Un match pouvait durer plus d'une journée. Et se terminer dans un bain de sang, comme lors des combats de gladiateurs.

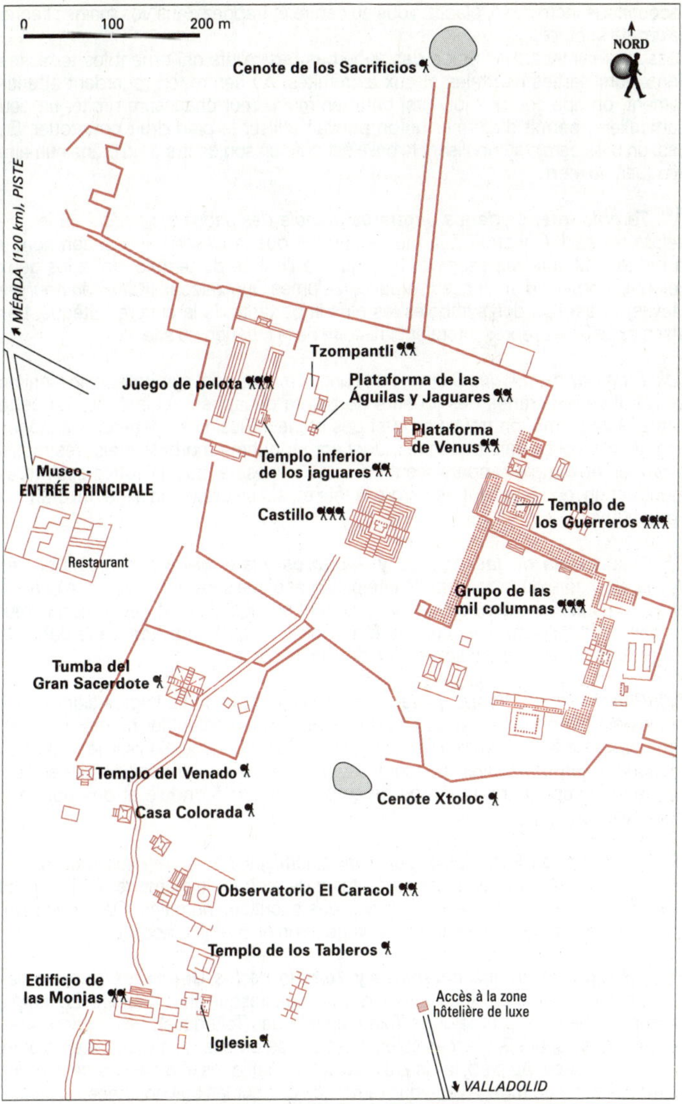

CHICHÉN ITZÁ (Zona arqueológica)

Le plus grand du continent méso-américain et particulièrement bien conservé. La ville en comptait au moins 13. Ce jeu revêtait un caractère rituel et sacré qui se ponctuait par un sacrifice humain. Les nobles, prêtres et invités d'honneur y assistaient, perchés tout en haut ou à chaque extrémité du terrain. Pour tester

l'acoustique incroyable, placez-vous au centre et frappez dans vos mains ; l'écho se répète sept fois.
Passons maintenant à l'étude des superbes bas-reliefs qui ornent les terrasses dans leurs parties centrales et aux extrémités. Au centre, en regardant attentivement, on aperçoit des joueurs, batte en main. Leur chaussure droite, un peu particulière, permit d'affirmer qu'on pouvait utiliser le pied droit pour jouer. En bas, un gros cercle symbolisant la balle est orné en son centre d'un crâne humain, évoquant la mort.

👥👥 ***Templo inferior de los Jaguares*** *(temple des Jaguars)* **:** *accolé au jeu de pelote, au sud.* Construit à la même période que le *Castillo.* Il doit son nom à la petite sculpture représentant un jaguar, à l'entrée du temple, entre les deux colonnes, ornées d'immenses serpents à plumes Quetzalcoátl (*Kukulcán* pour les Mayas). C'est l'un des symboles les plus importants de la culture toltèque. Les frises extérieures représenteraient l'histoire de la création du site.

👥👥 ***Tzompantli*** *(mur des Crânes)* **:** un curieux mur où sont symbolisés de manière très brutale les crânes des joueurs de pelote décapités. À l'intérieur de cette petite plate-forme, on trouva en effet des crânes. Plusieurs centaines de crânes grimaçants, tout à fait identiques, donnent un rythme morbide mais très réussi à ce mur. Aux angles apparaissent les seuls crânes de face. D'autres sculptures montrent un joueur venant de perdre la tête et, sur sa droite, un aigle dévorant un cœur humain.

👥👥 ***Plataforma de las Águilas y Jaguares*** *(plate-forme des Aigles et des Jaguars)* **:** *à côté du précédent.* Guère plus grand, mais très intéressant. À chaque angle, on voit clairement un jaguar (la nuit) et un aigle (le jour) dévorant un cœur humain, symbolisant ainsi l'offrande au Soleil. Noter la position de la patte de l'aigle, très humaine dans sa manière de tenir le cœur.

👥👥 ***Plataforma de Venus*** *(plate-forme de Vénus)* **:** la partie la plus significative de ce petit temple se trouve aux quatre coins, où se répètent les mêmes images : symbolisant la fertilité, le dieu Quetzalcóatl sort de la bouche d'un serpent. Ce dieu toltèque, « serpent couvert de plumes », apparaît aux quatre angles de l'édifice. Sur la frise supérieure, un corps de serpent (encore !) ondule et des poissons apparaissent.

👥 ***Cenote de los Sacrificios*** *(puits des Sacrifices)* **:** *à l'extrémité nord du site.* Un profond puits naturel d'une soixantaine de mètres de diamètre, où l'on jetait des offrandes et où l'on accomplissait des sacrifices humains. On y découvrit 21 crânes d'enfants. Il est entouré de végétation et interdit d'accès.

👥👥👥 ***Grupo de las mil columnas y Templo de los Guerreros*** *(groupe des 1 000 colonnes et temple des Guerriers)* **:** un gigantesque chef-d'œuvre. Le temple ressemble beaucoup à celui de Tula (capitale des Toltèques). Les colonnes, en réalité seulement 499, inaccessibles, sont toutes ornées d'un guerrier emplumé, muni de sa lance. Au pied, le visage de Quetzalcóatl dans une bouche de serpent, comme à son habitude. Avez-vous remarqué que sur les huit colonnes du centre, face à l'escalier, les personnages ont les mains nouées ? Ce sont en fait des prisonniers, guerriers ennemis, qui vont être sacrifiés sur le *chac-mool,* au sommet du temple.
Les apprentis architectes auront noté les bases toltèques de l'édifice (contreforts inclinés) ; les voûtes (aujourd'hui disparues) étaient de type maya. Sur le côté droit du temple (côté sud, mais on ne peut s'approcher en raison des cordages), on peut apercevoir de magnifiques frises sculptées représentant des jaguars, des aigles. Cette façade constitue un nouveau témoignage de l'imbrication des styles maya et toltèque.

LA PÉNINSULE DU YUCATÁN

Zone centrale : style purement maya

Tumba del Gran Sacerdote *(tombe du Grand Prêtre)* **:** petite pyramide avec un escalier sur chaque côté. Les bases sont ornées de têtes de dragon, ainsi que les angles du sommet de la pyramide. On y découvrit les ossements d'un prêtre.

Templo del Venado *(temple du Cerf)* **:** très détérioré. Il doit sans doute son nom à une fresque représentant un cerf, aujourd'hui détruite.

Casa Colorada *(maison rouge)* **:** édifice maya du plus pur style Puuc, où la couleur rouge dominait. Dans sa partie supérieure, frise géométrique où apparaît Chac.

Observatorio El Caracol *(observatoire)* **:** nommé *Caracol* par les Espagnols à cause de son escalier en colimaçon, cet observatoire présente l'étonnante particularité d'avoir été bâti en fonction de l'apparition de certaines étoiles à des périodes précises de l'année. De même, les entrées de la tour sont parfaitement alignées avec les rayons du soleil à certaines époques de l'année. Cet édifice ne possède pas de véritable symétrie architecturale ; l'important, ce sont les points de référence par rapport au soleil. Au sommet de la coupole, on distingue des fenêtres. Il y en avait trois permettant chacune d'observer Vénus, l'étoile polaire et, la dernière, les solstices.

Edificio de las Monjas *(temple des Nonnes)* **:** dans un piteux état suite à l'intervention d'un archéologue peu orthodoxe (voir encadré). Sur la droite, on passe à travers un petit tunnel. Ce temple doit son nom aux Espagnols qui ont assimilé les nombreuses petites pièces de l'intérieur à des cellules de couvent.
Pour admirer la très belle façade de l'annexe (côté est), il faut pénétrer dans le *patio de las Monjas.* On y retrouve notre ami Chac un peu partout. Au centre de la façade apparaît un grand prêtre (pense-t-on) assis, pieds et mains croisés. L'entrée symbolise une grande bouche entourée de dents.

UN FRANC-DÉMAÇONNEUR !

Augustus Le Plongeon, photographe et archéologue du XIXe s, affirmait que les Mayas étaient à l'origine de la franc-maçonnerie... Pour voir ce que l'edificio de las Monjas avait dans le ventre, il le fit péter à la dynamite !

Iglesia *(église)* **:** c'est l'édifice carré juste à côté de l'annexe. Bâtiment de petite importance avec une frise qui ondule. Il s'agit d'un serpent dont les pointes sur le corps rappellent les écailles. Dans les deux niches, on voit, à gauche, un *armadillo* (tatou) et un escargot, et à droite, une tortue et un crabe.

Templo de los Tableros *(temple des Panneaux)* **:** petite construction maya-toltèque décrépie mais qui possède sur chacun de ses murs, au centre, un panneau de quelques pierres sculptées représentant guerriers, jaguars, oiseaux et serpents. On y célébrait des rituels liés à l'élément feu.

Cenote Xtoloc : encore un immense puits naturel considéré comme sacré, dans lequel on jetait offrandes et êtres humains ! Même s'il est entouré de végétation, on arrive à l'apercevoir à certains endroits.

DANS LES ENVIRONS DE CHICHÉN ITZÁ

Grutas de Balancanche : *à 6 km de Chichén Itzá, après le cenote Ik-Kil, sur la route de Valladolid. Tlj. Compter 45 mn de visite (900 m de parcours). Entrée : 183 $Me. Visites guidées ttes les heures 9h-16h (en français à 10h slt).* Ancien sanctuaire de l'époque toltèque ; les Mayas y célébraient leurs cérémonies secrètes. On y a découvert des offrandes : poteries, encensoirs, etc. Jardin botanique devant l'entrée et petit musée instructif avec expo de photos d'objets trouvés sur le site (des offrandes, en fait).

LA PÉNINSULE NORD-EST

VALLADOLID

51 700 hab. IND. TÉL. : 985

• Plan p. 255

Située à mi-chemin entre Mérida et Cancún, Valladolid est stratégiquement placée pour partir à la découverte des sites archéologiques majeurs que sont Ek Balam et Chichén Itzá, ainsi que des *cenotes* qui émaillent la région. Celle que l'on surnomme « la sultane de l'Est », en raison de son architecture remarquable, est une jolie ville au charme colonial. Son *zócalo*, ombragé et dominé par les deux tours de la cathédrale, reste très agréable et animé à toute heure de la journée. Construite sur la cité maya de Zací, elle fut l'une des premières colonies espagnoles du Yucatán.

UN ENNEMI INVINCIBLE

Fondée en 1543, Valladolid était à l'origine située au bord d'une lagune dans la région de Tizimín. Ce sont les féroces moustiques qui eurent raison des colons ! Découragés, ceux-ci préférèrent le site de Zací, malgré le risque d'affrontements sanglants avec les Mayas. Les dernières insurrections ont eu lieu au milieu du XIXe s.

– ***Attention :*** si vous arrivez par la côte (depuis Cancún, Tulum...), pensez à remonter votre montre de 1 heure !

Le 1er février est férié dans la région (fête de la Virgen de la Candelaria). Banques fermées, hébergements complets, cérémonies drainant son lot de fidèles...

Arriver – Quitter

En bus

🚌 ***Terminal de bus*** *(plan A1) : à l'angle des calles 39 et 46. ☎ 856-34-48 ou 49.*

➢ ***Chichén Itzá :*** avec *Oriente*, env 15 bus/j. 7h-17h30 (arrivée à Piste). Avec *ADO*, 2 départs/j., à 10h (direct) et 15h35. Trajet : 45 mn.

➢ ***Mérida :*** avec *Oriente*, env 15 bus/j. 5h30-17h30. Avec *ADO*, env 10 bus/j. 5h40-20h10 (23h10 ven-dim).

➢ ***Cancún :*** avec *Oriente* (par la nationale), env 20 bus/j. 6h09-22h30. Trajet : 3h30. Avec *ADO* (par l'autoroute), 6 départs/j. 8h30-18h20.

➢ ***Playa del Carmen :*** avec *Mayab* à 17h15. Avec *ADO*, 9 départs

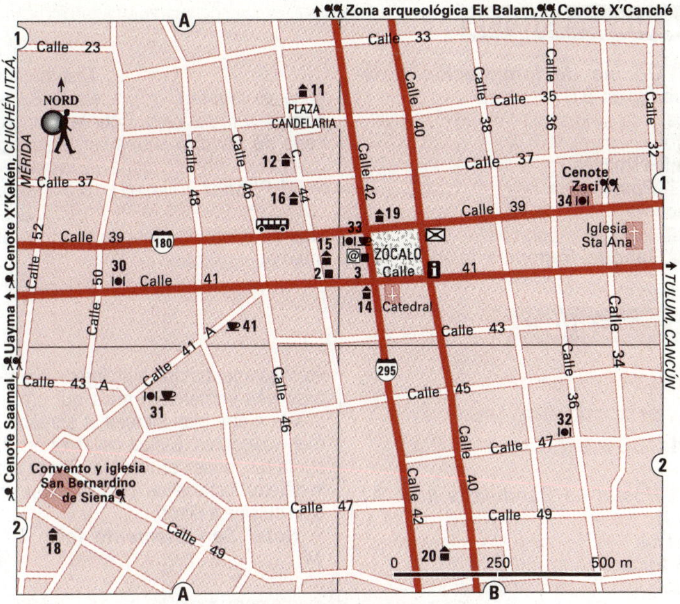

VALLADOLID

■ **Adresses utiles**

- Oficina de información turística
- 2 Banque Banamex
- @ 3 Phonet

Où dormir ?

- 11 Hostel La Candelaria
- 12 Hostal Santa María
- 14 Hotel San Clemente
- 15 Hotel María Guadalupe
- 16 Hotel Zaci
- 18 Casa Quetzal – Hotel Boutique
- 19 Mesón del Marqués
- 20 Casa Hamaca

Où manger ? Où prendre un petit déjeuner ?

- 30 Plaza Maya
- 31 El Jardín de los Frailes
- 32 Oasis Familiar Restaurante & Pizzeria
- 33 Restaurant de l'hôtel María de la Luz
- 34 Restaurant du Cenote Zaci

Où boire un bon chocolat ?

- 41 Cacao

10h-22h40. Trajet : 2h40. Avec *Oriente,* 2-3 départs/j.

➢ ***Tulum :*** avec *ADO,* 6 bus/j. 9h25-22h40. Avec *Oriente* ou *Mayab,* env 2-4 bus/j. Trajet : 1h30.

➢ ***Cobá :*** 60 km. Même bus que pour Tulum. Trajet : 1h.

➢ ***Tizimín** (connexion pour **Río Lagartos**) :* avec *Oriente,* env 22 départs/j. 5h30-21h30. Trajet : 1h. De Tizimín, prendre un bus pour Río Lagartos : env 7 départs. Trajet : 1h.

➢ ***Chiquilá** (Isla Holbox) :* 2 solutions : 1 bus *Oriente (de paso)* passe entre 2h et 2h15. Il arrive à Chiquilá vers 5h30, ce qui permet de prendre le 1er bateau à 6h ; l'autre solution, prendre un bus *Oriente* vers Cancún et descendre à El Ideal. De là, départs fréquents de *colectivos* pour Chiquilá.

Adresses utiles

Oficina de información turística (plan B1) : *à l'angle du zócalo et calle 40 nº 200. ☎ 856-25-51. • valladolid.com.mx • Tlj 8h-21h (18h le w-e).* Infos limitées.

Poste (plan B1) : *en bordure du zócalo ; à l'angle des calles 40 et 39. ☎ 856-26-23. Lun-ven 9h-16h.*

Banque Banamex (plan A1, **2**) : *calle 41 ; à 50 m du zócalo.* Distributeur (*Visa* et *MasterCard*). Idem à **Bancomer,** sur le *zócalo.* Pour le change, **casa de cambio** située sur le *zócalo (calle 41 nº 202, à gauche de Telcel).*

@ **Phonet** (plan B1, **3**) : *sur le zócalo. ☎ 856-58-84. Tlj 7h-23h.* Service de téléphone longue distance et Internet.

Où dormir ?

De bon marché à prix moyens (moins de 800 $Me / env 40 €)

Hostel La Candelaria (plan A1, **11**) : *calle 35 ; entre les calles 42 et 44. ☎ 856-22-67. • hostelvalladolidyucatan.com • Dortoirs 190 $Me/pers et doubles 460-550 $Me selon confort. Petit déj inclus.* Tout pour plaire : super situation (centrale et donnant sur une agréable placette), très bonne ambiance (équipe sympa), confort plus que suffisant (cuisines à dispo, salon TV, chambres et dortoirs mixtes ou non de 6-9 lits, avec ventilos et salles de bains privées ou partagées bien tenues), et beaucoup de charme. Agréable jardin. Prêt de vélos pour aller écumer les *cenotes* de la région.

Hostal Santa María (plan A1, **12**) : *calle 44 nº 198. ☎ 856-06-34. Lit en dortoir 150 $Me/pers, double 400 $Me ; 150 $Me pour un lit d'appoint.* Petite adresse centrale dont l'ambiance zen (pour ne pas dire monacale) vous promet de bons moments de détente. Ici, la fée du logis règne sans partage sur les 4 chambres et le petit dortoir de 8 lits. Seul bémol, l'eau des sanitaires est à température ambiante. Location de vélos. Accueil très sympa.

Hotel María Guadalupe (plan A1, **15**) : *calle 44 nº 198. ☎ 856-20-68. • hotelmariaguadalupe.com • Double env 600 $Me. Parking (sur résa).* Entièrement rénové dans un style vintage simple et coloré, un petit établissement d'une huitaine de chambres pas immenses, mais qui ont le mérite d'être bien situées et agréablement décorées. Évitez celles donnant sur la rue, assez bruyantes. Cerise sur le gâteau : la terrasse à l'étage, avec un coin cuisine à dispo.

Hotel San Clemente (plan B1, **14**) : *calle 42 nº 206, presque sur le zócalo. ☎ 856-22-08. • hotelsanclemente.com.mx • Double env 600 $Me, petit déj (copieux) 65 $Me/pers. Parking.* Très agréable, avec sa petite piscine, son patio et son air vaguement andalou. Chambres style années 1970, assez spacieuses avec 2 lits doubles, douche et w-c, ventilo ou AC. Un hôtel qui a un petit côté désuet mais à un prix raisonnable. Calme. Bref, un bon rapport qualité-prix.

Hotel Zaci (plan A1, **16**) : *calle 44 nº 191 ; entre les calles 39 et 37. ☎ 856-21-67. • hotelzacivalladolid.net • Double env 730 $Me, triple 900 $Me. Parking.* Enfilade de chambres, sur 3 étages (choisir celles du haut), de chaque côté d'un long patio verdoyant, qui se termine par une agréable piscine. Chambres climatisées, dotées pour une fois d'un mobilier qui a un peu d'allure avec ses 2 lits en fer forgé. Grande propreté et accueil courtois. Un bon hôtel que ce *Zaci*-ci, si, si !

De chic à très chic (800-1 600 $Me et plus / env 40-80 €)

Casa Quetzal – Hotel Boutique (plan A2, **18**) : *calle 51 nº 218 ; barrio*

LA PÉNINSULE DU YUCATÁN

Sisal. ☎ *856-47-96.* • *casa-quetzal.com* • *Derrière le couvent San Bernardino. Double 1 550 $Me, petit déj continental compris.* Judith, passionnée de culture maya, s'est installée à Valladolid il y a 15 ans après une petite vingtaine d'années passées au vent d'Isla Mujeres. Elle a aménagé dans sa charmante villa une dizaine de vastes chambres, superbement décorées avec plein de détails qui témoignent d'un grand sens de l'esthétique. Ambiance reposante dans un décor classieux et raffiné, garantie par le séduisant patio où l'on profite d'une agréable piscine.

Mesón del Marqués *(plan B1,* ***19****)* **:** *calle 39 ; sur le zócalo.* ☎ *856-20-73.* • *mesondelmarques.com* • *Doubles à partir de 1 000 $Me. Parking gardé.* Bel édifice avec patio à colonnades, où même les ailes récentes épousent un style colonial. Chambres pas bien grandes, et il est impératif d'en voir plusieurs avant de se décider car certaines écopent des odeurs de cuisine tandis que d'autres sont carrément très bruyantes. Belle piscine dans la cour arrière. Restaurant avec une carte de plats traditionnels soigneusement préparés : guacamole concocté sous vos yeux. Accueille pas mal de groupes.

Casa Hamaca *(plan B2,* ***20****)* **:** *calle 49 nº 202 ; dans l'angle de la place.* ☎ *100-42-70.* • *casahamaca.com* • *Doubles à partir de 1 600 $Me, petit déj (très copieux) inclus. Parking.* En pleine ville, mais presque coupée du monde, puisque cette chambre d'hôtes est littéralement noyée dans une végétation des plus luxuriante ! Dans un style néocolonial, une adresse très soignée, à l'image de ses fresques inspirées de l'univers maya et de ses 8 chambres toutes différentes côté couchage. L'une des 3 situées au rez-de-chaussée est aménagée pour les personnes à mobilité réduite. Bon petit déj (yaourt, muesli, œufs frais...), qu'on partage souvent avec Denis, le sympathique propriétaire. Piscine de poche pour se rafraîchir.

Où manger ? Où prendre un petit déjeuner ?

De bon marché à prix moyens (moins de 300 $Me / env 15 €)

Plaza Maya *(plan A1,* ***30****)* **:** *calle 41 ; entre les calles 48 et 50.* ☎ *127-13-89. Tlj 9h-21h. Bon marché.* Un peu excentré mais mérite le détour. Succession de salles en enfilade, un peu vieillottes, décorées de plantes vertes, masques et *piñatas.* Du pur jus yucatèque : *papadzules, poc chuc, salbutes, panuchos, longaniza...* Si vous êtes au régime, passez votre chemin. Bel accueil de Ruben.

El Jardín de los Frailes *(plan A2,* ***31****)* **:** *calzada de los Frailes (calle 41 A) nº 222 (entre 48 et 50).* ☎ *856-25-93. Tlj 7h-2h du mat. Bon marché.* Sous une *palapa* cachée au fond d'un jardin luxuriant, un resto très simple avec de grandes tables en bois. Les locaux y viennent en famille goûter aux enchiladas maison, entre autres spécialités. Bonne cuisine yucatèque et végétarienne, excellents jus de fruits maison. Service souriant.

Oasis Familiar Restaurante & Pizzeria *(plan B2,* ***32****)* **:** *calle 36 nº 221 F (entre 45 et 47).* ☎ *856-48-27. Tlj 8h-23h. De bon marché à prix moyens.* Petit local aux nappes couleur flashy à l'écart des routes touristiques. On y sert une bonne cuisine maison et quelques pizzas (taille *chica* ou *jumbo*). Excellents jus de fruits frais.

Restaurant de l'hôtel María de la Luz *(plan B1,* ***33****)* **:** *calle 42, 193 ; sur le zócalo.* ☎ *856-11-81. Tlj 6h30-22h.* Grande salle avec arcades, ouverte sur la place. Carte variée et *comida corrida* tous les jours à un juste prix. En prime, très agréable petit déj-buffet à volonté à partir de 6h30.

Restaurant du Cenote Zaci *(plan B1,* ***34****)* **:** *calle 39 ; entre les calles 36 et 34.* ☎ *856-07-21. Tlj 9h-18h.* Pour sa terrasse reposante qui surplombe le *cenote,* pour la possibilité de faire un plongeon entre deux plats. Pour le reste, aucune surprise côté cuisine. Vous pouvez vous contenter d'un verre et profiler du lieu.

Où boire un bon chocolat ?

☕ ***Cacao*** *(plan A1,* ***41****)* **:** *calle 41 A ; entre les calles 46 et 48. ☎ 856-08-33. Tlj 9h-21h.* Les Mayas cultivent le cacao depuis des temps immémoriaux. Mais quel goût avait donc la boisson préférée de Moctezuma avant que les Européens ne s'en emparent ? La réponse est dans cet adorable musée-boutique-bar à chocolat, conçu par un sympathique Français qui a reconstitué toute la chaîne de production (des plantations qu'il fait exploiter dans l'État de Tabasco, jusqu'aux ateliers où l'on concasse les granilles à la main, à l'ancienne). Après quelques explications, on se retrouve à humer les fragrances inédites d'un nectar artisanal composé de cacao, de miel, d'épices et d'eau, servi dans une calebasse. Surprenant et délicieux.

À voir. À faire

➢ ***Calle 41 et 41 A*** *(plan A1-2)* **:** appelée aussi *calzada de los Frailes* lorsqu'elle devient la *41 A.* Cette rue est bordée de maisons aux façades colorées. Un très bel exemple de rénovation urbaine réussie et de l'architecture locale. Mérite un détour, d'autant qu'elle mène au couvent de San Bernadino. Et puis, à l'aller ou au retour, halte très conseillée à la boutique *Cacao* (voir ci-avant).

✯ *Convento y iglesia San Bernardino de Siena* *(plan A2)* **:** *au bout de la calzada de los Frailes, c'est-à-dire de la jolie calle 41 A. En principe tlj 9h-17h30. Entrée : 30 $Me.*
C'est l'un des premiers couvents construits dans le pays (1552). Édifié comme une forteresse, il fut incendié par les indigènes en 1847 et en 1910. Le cloître attenant est austère, massif à souhait : il porte bien son âge. Un *cenote* est situé dans le parc du couvent. La bâtisse qui protège l'entrée dudit *cenote* mérite d'ailleurs un coup d'œil. Elle avait été conçue à l'origine pour abriter une noria, qui permettait d'alimenter en eau la communauté de moines.
Le 12 décembre, jour de la fête de *Nuestra Señora de Guadalupe,* grande kermesse populaire sur la place du couvent.

✯✯ *Cenote Zaci* *(plan B1)* **:** *calle 36 ; entre les calles 37 et 39. Tt près du centre. Tlj 8h30-17h30. Entrée : 30 $Me ; gratuit si l'on consomme au bar pour 100 $Me/pers. Vestiaires à l'entrée.* Ce *cenote* très encaissé, aux eaux d'un vert profond, a le mérite de pouvoir être contourné presque au ras de l'eau, grâce à un chemin qui en fait le tour. C'est l'un des lieux de baignade favori des gens du coin. Belle vue depuis la *palapa* du restaurant. Peu ensoleillé, y aller quand le soleil est au zénith.

DANS LES ENVIRONS DE VALLADOLID

✯ *Cenote Saamal* : *à env 4 km de la sortie ouest de la ville, juste à gauche au panneau « Dzitnup » en direction de Mérida. On peut y aller à vélo, mais préférer le taxi collectif, la route n'est pas agréable : départ calle 44 (entre 39 et 41). Tlj 10h-17h. Entrée : 50 $Me.* Grand *cenote* circulaire bien en-dessous du niveau du sol et profond (60 m). Ici, le proprio a eu la bonne idée de dériver un peu d'eau de la surface pour la faire plonger dans le *cenote* : résultat, massage de tête et d'épaules garanti ! *Juste à côté, l'*Hacienda Selva Maya *propose, tlj 12h-17h, un buffet copieux et varié pour 150 $Me/pers.*

Cenote X'Kekén (ou Dzitnup) : *à 7 km de la sortie de la ville, en direction de Mérida. Tlj 8h30-19h30. Entrée : 60 $Me (90 $Me pour les 2 cenotes).* On peut s'y baigner. Bel endroit avec sa voûte percée par laquelle pénètre un faisceau de lumière lorsque le soleil est au zénith. On aime moins le parc animalier et les activités payantes qui s'y sont greffées.

Uayma : *à env 15 km au nord-ouest de la ville, par la carretera 79 qui rejoint Piste. Tlj 10h-17h.* Uayma est un village tranquille dominé par le ***superbe et très photogénique ensemble conventuel Santo Domingo.*** Construite par les Franciscains dès 1646 pour évangéliser les Mayas, son église fut brûlée pendant la guerre des Castes (1847-1901) avant d'être entièrement réhabilitée en 2005. La prédominance de la couleur rouge évoque la passion du Christ, le vert l'espérance, les étoiles et les rosaces, l'adoration de la Vierge. Notez la présence en façade de l'aigle bicéphale de la maison des Habsbourg (il a des petits airs de Kukulkán, non ?). Grande fiesta fin juillet-début août avec un temps fort le 4 août.

Zona arqueológica Ek Balam : *à 28 km au nord de Valladolid. Site ouv tlj 8h-17h (dernière entrée à 16h). Env 1h30 de visite. Entrée : 193 $Me.*

➢ *Prendre à Valladolid un **taxi collectif** dans la calle 44, à l'angle de calle 37 (plan B1). Départs en fonction du remplissage, en principe tlj 8h-15h, ttes les 15-20 mn. Env 45 $Me/pers (base 4 pers). Pour le retour, fixez une heure pour qu'on vienne vous chercher sur le site.*

➢ *En **taxi,** course à négocier autour de 150 $Me l'aller ; possibilité de se regrouper à 3 ou 4. Pour le retour, station de taxis sur le parking.*

Très beau site, Ek Balam (« jaguar noir »). Les fouilles n'ont commencé que depuis 1994 et sont toujours en cours. Elles ont déjà mis au jour de superbes sculptures en stuc d'une grande finesse et très bien conservées. Les dates d'occupation sont encore sujettes à caution. On pense que la ville aurait été occupée aux alentours de 500 av. J.-C., bien que la plupart des constructions datent de la période classique (250 à 1200 apr. J.-C.). Comme Cobá, Ek Balam résistait aux Toltèques. La cité, qui fut un grand centre religieux, politique et économique, était fortifiée et ceinte de trois murailles, percées de quatre entrées d'où partaient des routes, les *sacbeob.* Chacune de ces quatre chaussées se dirigeait exactement vers les quatre points cardinaux. Ek Balam atteignit son apogée entre la fin du VIIIe s et le Xe s.

AU CLAIR DE LA LUNE

Les sacbé, ces chemins qui reliaient les cités mayas entre elles, étaient revêtus de pierres calcaires blanches et de coquillages. Cela permettait de refléter la lune. Une astuce aussi pour permettre aux porteurs de distinguer le chemin, puisqu'ils marchaient de nuit pour éviter les grosses chaleurs.

– À l'entrée, ***Arca Maya*** orientée selon les quatre points cardinaux.

– Après avoir franchi le rideau d'arbres, on découvre l'imposant ***Acrópolis.*** Il est divisé en plusieurs petites pièces et contient la tombe d'un cacique. On y a découvert en 1998 un glyphe représentant l'emblème de la ville (fait unique dans cette partie de la péninsule), ce qui semblerait indiquer le caractère royal de la cité et son importance à l'époque maya. Ne manquez pas d'escalader les quelques (!) marches si vous ne souffrez pas du vertige. Vous serez largement récompensé car du sommet, à 31 m de haut, la vue à 360° est y superbe.

Cenote X'Canché : *accessible depuis le site d'Ek Balam ; chemin situé juste après les caisses et avt le site. Tlj 9h-17h. Entrée : 130 $Me, avec loc de VTT.* Après un sentier de 1,5 km, on trouve le cenote de X'Canché où l'on peut se baigner, faire du snorkelling, du rappel et même une descente en tyrolienne. Petit resto et possibilité de dormir sur place *(130 $Me pour camper ; 600 $Me pour une cabaña).*

RÍO LAGARTOS

3 500 hab. IND. TÉL. : 986

Situé sur les rives d'une immense lagune, à une centaine de kilomètres au nord de Valladolid, ce petit village de pêcheurs est aussi la porte d'accès du parc national Río Lagartos (47 000 ha). Un vrai paradis pour les amateurs de bêtes à plumes – qui ne soient pas que des serpents –, car c'est ici que l'on trouve la plus grande colonie de flamants roses du Yucatán. Vous y verrez aussi des crocos, mais surtout de nuit.

– *Attention,* pas de banque ni de change à Río Lagartos. Station-service.

Arriver – Quitter

En bus

Arrêt des Autobuses del Norte : *calle 17 (angle 10).*

➢ ***Tizimín :*** 44 km. 7 bus 5h30-17h15.

➢ ***Mérida, Valladolid, Chiquilá (Holbox) ou Cancún :*** se rendre d'abord à Tizimín.

Où dormir ? Où manger ?

Où prendre un petit déjeuner ?

Punta Ponto : *sur le malecón ; à l'angle de la calle 19 (côté sud).* ☎ *862-05-09.* • *hotelpuntapontoreserva.com* • *Selon saison, doubles 900-1 200 $Me, petit déj (léger) inclus.* Petit immeuble mangé par les embruns offrant une dizaine de chambres fort convenables (clim, télé) pour 2-4 personnes. Certaines donnent sur la lagune. Très belle terrasse au 1er pour la bronzette. Accueil gentil.

Tabasco Río : *calle 12, 115 ; à l'angle du zócalo.* ☎ *862-01-16.* • *hotelriolagartos.com* • *Doubles 700-750 $Me. Pas de petit déj, mais café à dispo. CB acceptées.* C'est la formule la plus intéressante d'un point de vue rapport qualité-prix pour ceux qui voyagent en famille ou entre amis. Au nombre d'une vingtaine, les chambres sont toutes différentes en taille et en capacité. Modernes, lumineuses et bien agencées (télé, clim, ventilo). Un bon choix pour qui peut se passer de voir la lagune au réveil.

El Perico Marinero : *sur le malecón.* ☎ *862-04-03. Tlj 7h-22h. Prix moyens.* Petit resto largement ouvert sur le va-et-vient des *lanchas* qui sillonnent la lagune. Cuisine locale à base de poisson et de crustacés. Aussi du poulet.

À faire

➢ ***Balade en lancha*** vers le territoire des *flamingos.* En fonction des saisons, on peut observer les requins-baleines et les raies manta (de juin à septembre), les flamants (de novembre à janvier), et pêcher au gros (de février à mai). Les guides « officiels » (en fait, des pêcheurs reconvertis) sont regroupés sur le *malecón,* au niveau des calles 10 et 12. *Compter 900 $Me pour une lancha de 6 pers et 2h-2h30 de balade ; même tarif de nuit pour aller voir les crocos.*

ISLA HOLBOX

env 1 700 hab. IND. TÉL. : 984

• Plan *p. 263*

Petit paradis en forme de boomerang entre le golfe du Mexique et la mer des Caraïbes, à l'intérieur de la réserve écologique Yum Balam, lieu de prédilection d'une colonie de flamants roses. Holbox (prononcer « Holboch ») est donc protégée. Ici, pas de circulation automobile, les insulaires (des pêcheurs reconvertis dans l'activité très lucrative du tourisme) se déplacent en voiturette de golf ou à pied. Sur la place principale, des maisons basses et quelques baraques de bois colorées sur fond de ciel bleu confèrent au village son côté photogénique, d'autant que des virtuoses de l'aérographe ont jeté leur dévolu sur la plupart des murs pour exprimer leur art. Côté plage, quand bien même l'eau est un peu fraîche et trouble, comparée à la Caraïbe, c'est carrément la carte postale. La vie s'écoule ici entre de généreuses sessions de farniente sous les cocotiers et quelques escapades à la découverte des richesses naturelles de l'île. Les vraies vacances, quoi !

Arriver – Quitter

L'embarquement se fait à *Chiquilá,* à 165 km de Valladolid et à 170 km de Cancún. Pour y aller depuis Cancùn emprunter la *Federal Libre* ou passer par Playa del Carmen, où l'autoroute nº 305 relie la cité balnéaire à l'échangeur de Nuevo Xcán situé au sud de Kantunilkín.

En bus

– ***Mise en garde :*** de nombreux vols sont signalés régulièrement dans les bus qui arrivent à Chiquilá. Ne laissez jamais vos effets personnels sans surveillance.

➢ ***De Mérida via Valladolid :*** un bus *Oriente* part de Mérida à 23h30 (passe entre 2h et 3h à Valladolid) pour arriver sur les coups de 5h30.

➢ ***De Cancún :*** avec *Mayab* et *Oriente,* 4 bus/j. 4h30-14h15. Trajet : 3h-3h30. Dans l'autre sens, les bus sont plus ou moins calés sur l'arrivée des principaux bateaux (se renseigner chez les compagnies maritimes assurant la traversée au moment d'acheter son billet).

➢ ***De Tulum :*** 1 bus tlj à 8h10. Trajet : 3h.

En bateau

– ***Traversée :*** env 20-25 mn. Service régulier assuré par 2 compagnies, *Los 9 Hermanos (☎ 875-20-36)* et *Holbox Express (☎ 806-07-12),* bateau plus récent pour cette dernière. Prix du billet simple : env 120 $Me. Compter sur une quinzaine de rotations/j. 6h-21h30 ou 8h30-19h30 le jour suivant, par alternance entre l'une et l'autre des compagnies. Même fréquence pour le retour. En dehors de ces horaires, pas de panique : on peut traverser en *lancha* *(env 750 $Me de 1 à 6 pers).*

– ***Arrivée sur l'île :*** on peut très bien regagner son hébergement à pied. Cela dit, des taxis-voiturettes de golf vous y conduiront sans problème *(prix de la course 30-50 $Me selon distance).*

En voiture

On peut la laisser dans un parking gratuit à gauche de l'embarcadère. Mais par sécurité, laissez-la plutôt dans un parking privé payant *(env 100 $Me/24h).* Il y a une pompe à essence à l'entrée de Kantunilkín et une autre à côté de l'embarcadère de Chiquilá.

Adresses et infos utiles

■ ***Bancomer*** *(plan A1, **1**) : sur le zócalo, à l'étage d'un petit immeuble.* Distributeur pour cartes *Visa* et *MasterCard,* mais pas toujours alimenté. Mieux vaut prévoir suffisamment d'espèces avant de débarquer sur l'île.

■ ***Change :*** possibilité de changer des euros ou des dollars dans les commerces, ou à l'agence *VIP Holbox,* mais à un taux désavantageux.

■ ***VIP Holbox*** *(plan A1, **2**) : av. Damero (angle Carito). ☎ 875-21-07. • viphol box.com • Tlj 9h-21h.* Une agence sérieuse qui propose toutes sortes d'excursions.

✚ ***UTSAL Centro Médico*** *(plan A2, **3**) : av. Tiburón Ballena. ☎ 181-23-32 (en cas d'urgence). Tlj 9h-13h, 14h-17h.* Centre médical.

– ***Conseils pratiques :*** attention, à Holbox, au plus fort de la saison, c'est le bal des vampires dès que le soleil se couche. À défaut de gousses d'ail et d'un crucifix, pensez à apporter suffisamment de répulsifs antimoustiques !

Où dormir ?

Comme dans le Yucatán et le Quintana Roo, durant les périodes de vacances des Mexicains (la semaine de Pâques, juillet-août et surtout de mi-décembre à début janvier), les prix s'envolent (ils peuvent tripler !), et il est indispensable de réserver.

De bon marché à prix moyens (moins de 800 $Me / env 40 €)

🏠 ***Tribu Hostel*** *(plan A1-2, **11**) : av. Pedro Joaquín Coldwell. ☎ 875-25-07. • tribuhostel.com • Dortoirs 200-280 $Me selon saison et confort (avec ou sans clim) ; double env 850 $Me (sans clim).* 💻 📶 On adore cette adresse tenue par une équipe dynamique qui ne ménage pas sa peine. Tout est coloré, qu'il s'agisse de l'ambiance ou de la déco (mention spéciale pour le bar avec ses meubles maison). Bon confort général (vraie cuisine et barbecue à dispo, salle cinéma, dortoirs de 6 à 10 personnes et chambres doubles, tous avec ventilos et salles de bains privées) et plein d'activités pour pimenter le séjour : soirées à thème (un concert pratiquement tous les soirs), farniente sur le toit-terrasse, sorties en kitesurf ou en kayak, cours de salsa... Bravo !

⛺ 🏠 ***Hostel et cabañas Ida y Vuelta*** *(plan B1, **12**) : av. Paseo Kuka s/n ; entre Chac-Chi et Robalo. ☎ 875-23-58. • holboxhostel.com • Selon saison, hamac (avec moustiquaire) 250 $Me ; lits en dortoir ou tente 300-400 $Me. Chambres privatives et bungalows avec ou sans sdb 800-2 200 $Me selon confort (avec ou sans sdb et/ou clim) et saison. 10 % de réduc pour les membres de la FUAJ. Petit déj maison compris.* 📶 Les pieds dans le sable et la tête sous les palmiers, cette auberge privée, affiliée à *Hostelling International,* ne manque pas de charme. Sur 4 000 m², elle offre un joli terrain de camping, où pendouillent quelques hamacs, des *cabañas* abritant la cuisine commune, les dortoirs, ou les chambres. Le tout meublé « maison » avec les moyens du bord et beaucoup d'idées. Les plus grandes, dotées d'une mezzanine, sont impeccables pour les familles. Également des bungalows privatifs et un petit « loft » avec une chambre double, un autre lit sur la belle mezzanine, cuisine équipée, etc. Bon confort général, accueil très sympa, ambiance décontractée, possibilité d'excursions : un vrai village de vacances !

Chic (800-1 200 $Me / env 40-60 €)

🏠 ***Hacienda La Catrina*** *(plan B1, **13**) : Paseo Kuka (à côté de Cholecos Tours). ☎ 802-86-45. • lacatrinaholbox.com • Selon saison, 800-1 300 $Me, petit déj maison inclus.* 📶 Une maison d'hôtes

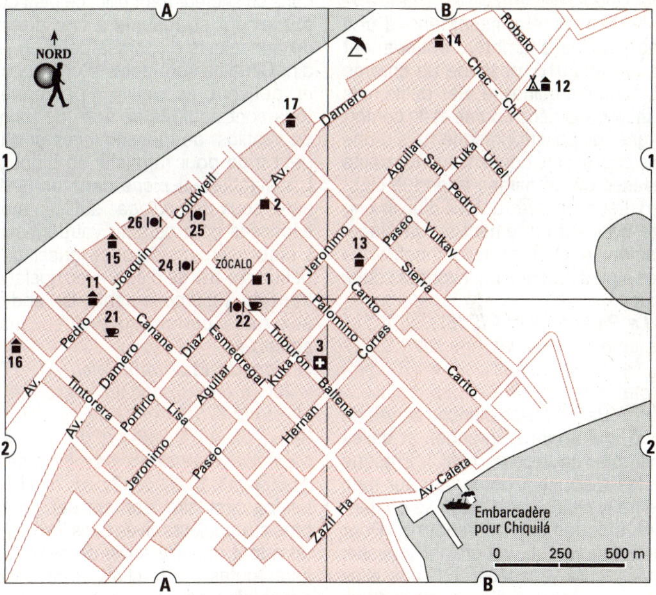

ISLA HOLBOX

Adresses utiles

- **1** Bancomer
- **2** VIP Holbox
- **3** UTSAL Centro Médico

Où dormir ?

- **11** Tribu Hostel
- **12** Hostel et cabañas Ida y Vuelta
- **13** Hacienda La Catrina
- **14** Casa Iguana
- **15** La Palapa
- **16** Zomay
- **17** Posada Mawimbi

Où manger ? Où prendre un petit déjeuner ?

- **21** Le Jardin
- **22** Isla del Colibri
- **24** Viva Zapata
- **25** Taco Queto
- **26** Buena Vista Grill

avec 4 chambres (3 doubles et 1 triple). On préfère celle qui donne sur la rue, plus lumineuse. Sinon, toutes possèdent leur propre salle de bains, certaines sont équipées de la clim, d'autres d'un simple brasseur d'air, mais elles ne sauraient se passer d'une moustiquaire. Pour leur confort, la maîtresse des lieux (qui se trouve être la présidente de l'association des hôteliers d'Holbox) met une petite cuisine à dispo et assure un service de lingerie. La famille possède aussi quelques studios tout équipés, un peu plus loin en ville.

Voir aussi les chambres privatives de l'*Hostel et cabañas Ida y Vuelta (plan B1, **12**).*

Très chic (plus de 1 600 $Me / env 80 €)

Casa Iguana *(plan B1, **14**) : av. Damero, face à la mer, au calme, un peu excentré. ☎ 875-24-69. • casaiguanaholbox.com • Doubles avec petit déj continental 2 100-3 400 $Me selon emplacement, confort et saison,* *env 200 $Me/pers supplémentaire.* Cet établissement d'une vingtaine de chambres, entièrement rénové en 2016, possède un charme typiquement balnéaire. Ses petits nids d'amour, à la déco épurée et au confort soigné, disposent presque tous d'une baie coulissante donnant sur une petite terrasse où un hamac attend le siestard. Les chambres dotées d'un lit *king size* donnent carrément sur la plage. Piscine. Accueil professionnel. Vous êtes à pied d'œuvre pour vous la couler douce.

La Palapa *(plan A1, **15**) : av. Morelos, carrément sur la plage. ☎ 875-21-85. • hotellapalapa.com • Doubles à partir de 3 500 $; pas de petit déj.* Belle bâtisse blanche au toit de coco, qui abrite 25 grandes et belles chambres tout confort (AC). Presque toutes disposent d'une vue sur mer, même si celles du 3e étage se contentent uniquement de fenêtres. Pour les amoureux qui voudraient y passer toutes leurs vacances, 3 d'entre elles sont équipées d'un lit *king size* et d'une cuisine. À l'accueil pro et chaleureux s'ajoute une petite cocoteraie dotée de hamacs, côté plage. Organise de nombreux tours et activités. Top !

Zomay *(plan A2, **16**) : sur la plage. ☎ 875-20-90. • zomayholbox.com • Bungalows pour 2 pers 1 200-2 700 $Me (jusqu'à 3 000 $Me pour ceux avec cuisine) ; 500 $Me/pers supplémentaire ; pas de petit déj. (réception slt).* Un peu excentré, dans un secteur tranquille, ce petit établissement se résume à une dizaine de bungalows dispersés dans un jardin. Certains sont dotés d'une cuisine et peuvent accueillir 4 personnes, tous sont équipés de salle de bains, de ventilos, de moustiquaires et d'un petit frigo pour rafraîchir sa binouze. L'ensemble est niché dans un jardin aéré, sous des *palapas* suffisamment espacées pour garantir votre intimité. L'établissement dispose aussi d'un petit resto-bar de plage, avec quelques transats à même le sable. Un endroit aux tarifs parfois surévalués, mais agréable.

Posada Mawimbi *(plan A1, **17**) : à 200 m env du zócalo, entre rue et plage. ☎ 875-20-03. • mawimbi.net • Selon saison, 2 300-4 000 $Me, petit déj inclus ; bungalows avec kitchenette 3 500-4 200 $Me pour 2 pers.* Haute *palapa* circulaire, abritant des chambres aux couleurs vives dans lesquelles on a tout de suite envie de poser son sac. Toutes ont la clim, en revanche celles côté océan, plus chères, n'ont pas une vue parfaitement dégagée car les palmiers s'interposent... Quelques *cabañas* également avec cuisine et une suite pour les amoureux avec lit *king size,* face à l'océan celle-là ! Hamacs sur la plage, joli petit jardin pour le café du matin. Seul bémol : le week-end, *Cariocas,* la boîte du coin, n'est pas avare de décibels (cela dit, ça dépend du vent).

Où manger ? Où prendre un petit déjeuner ?

De bon marché à prix moyens (moins de 300 $Me / env 15 €)

Taco Queto *(plan A1, **25**) : av. Pedro Joaquín Coldwell (entre Tiburón Ballena et Palomino). Tlj 18h30-minuit.* Un *food truck* en rade autour duquel papillonne une armée de petits hommes rouges. Voilà le décor pour ce bout de resto à moitié en plein air qui sert une excellente cuisine mexicaine à prix plancher. Vous en ferez vite votre cantine. Pour l'alcool, allez acheter votre bouteille à la supérette qui fait l'angle et apportez-la. Ici, il n'y a que du soda.

Buena Vista Grill *(plan A1, **26**) : av. Tiburón Ballena (côté plage). ☎ 875-21-02. Tlj sf mar 11h-21h.* Encore un resto dont on se demande où il a bien pu pêcher son nom ! Cela dit, la pêche, ici, on connaît. Grillades de poisson, soupe de fruits de mer, quelques variations sur le thème du poulpe ou de la langouste. Tout ça dans un décor d'une banalité affligeante, mais dans des assiettes servies avec le sourire et bien remplies par-dessus le marché.

☕ ***Le Jardin*** *(plan A2,* ***21****)* **:** *calle Lisa (entre Pedro Joaquín Coldwell et Damero).* ☎ *115-81-97. Mer-dim 8h30-12h30 (tlj en hte saison).* Envie d'un bon pain frais et de viennoiseries comme on les aime ? Direction cette boulangerie tenue par un couple de Français.

Plus chic (jusqu'à 500 $Me / env 25 €)

🍽 ***Viva Zapata*** *(plan A1,* ***24****)* **:** *av. Damero.* ☎ *875-23-62. Tlj 10h-23h30. Musique live 5 j./sem 19h-22h.* Agréable terrasse en retrait dans une cour intérieure, sous une *palapa.* Resto mexicain qui propose poissons (la famille pêche encore) et bonnes viandes passés au gril de la *revolución.* En revanche, leurs cocktails relèvent plus du folklore que d'un vrai savoir-faire (on peine à déceler des traces d'alcool dans leur margarita).

☕ 🍽 ***Isla del Colibri*** *(plan A1-2,* ***22****)* **:** *à l'angle du zócalo.* ☎ *875-21-62. Tlj 8h-23h.* Baraque en bois, dans le plus pur style caraïbe. Les murs sont joyeusement peinturlurés et recouverts de photos-souvenirs. On vous préparera de délicieux plats, surtout à base de poisson et fruits de mer, ainsi que salades, tacos ou sandwichs. Bien aussi pour le petit déj. Bonne ambiance, mais on paie surtout le décor car les prix pratiqués par Lolita ne cessent d'augmenter.

À faire

Promenade agréable sur la plage qui s'étend à l'est du village jusqu'aux abords du cabo Catoche ou, à l'ouest, vers les puntas Mosquito et Sots. N'oubliez pas vos crème solaire, casquette, lunettes, etc. Voir aussi les excursions proposées par l'agence *VIP Holbox* dans « Adresses et infos utiles », plus haut.

➢ ***Observation des requins-baleines :*** c'est la grande attraction entre juin et septembre. Les nombreux « capitaines » qui chalutent le touriste sur la plage ne manqueront pas de vous la proposer. Elle consiste à nager avec ces grosses bestioles, mais rassurez-vous, vous ne rentrez pas à la carte de ces gros pleins de soupe car ils ne mangent que du plancton.

➢ ***Excursion en bateau dans la réserve de Yum Balam :*** au programme, la *laguna Yalahau,* la *isla de los Pájaros,* ainsi que le *cenote Ojo de Agua (compter 400-500 $Me/pers pour 3h de balade en bateau de 6-10 pers ; collation comprise).* Située le long du rivage sud de l'île, la lagune est entourée de mangrove et abrite une importante colonie de flamants roses. Possibilité d'entrevoir des crocodiles, ainsi que des dauphins et des requins-baleines (mais en saison seulement). Le célèbre *Ojo de Agua* est un *cenote* aux eaux cristallines qui alimenta bien longtemps les habitants de l'île en eau potable. Les ornithologues s'intéresseront à la *isla de los Pájaros,* où l'on peut observer près de 140 espèces différentes d'oiseaux selon les saisons. L'accès est interdit, mais des tours d'observation ont été aménagées à proximité. N'oubliez pas vos jumelles !

CANCÚN

723 000 hab. IND. TÉL. : 998

• Plan *p. 267*

Uniquement conçue à l'échelle des Nord-Américains pour désengorger Acapulco, Cancún était autrefois un village de pêcheurs sans histoire,

ourlé d'une magnifique langue de sable aux eaux turquoise et d'une lagune où batifolaient crocos et crabes bleus. Sacrifié sur l'autel du tourisme de masse, le front de mer interminable qui faisait tout le charme de ce site naturel a été coulé dans le béton, genre « Domaine des dieux » (Astérix et Obélix). Face à ces immeubles disgracieux animés de jour comme de nuit par la frénésie de la conso, on se demande si le tourisme n'atteint pas ici ses limites... Allez-y quand même, pour vous faire une idée...

Aujourd'hui, Cancún, c'est trois parties : la banlieue, où logent les employés de la zone hôtelière ; le centre-ville, quartier autrefois vivant et qui se débat avec ce qui lui reste d'âme (le *parque de las Palapas* pour ne pas le citer) pour soustraire quelques touristes égarés aux sirènes affriolantes du dieu dollar échouées en bord de plage ; et, enfin, la zone hôtelière proprement dite, une cité-dortoir « de luxe » étalée sur plus d'une vingtaine de kilomètres de plage, dont les quelque 30 000 chambres font le bonheur des tour-opérateurs, principalement nord-américains.

QUAND LA SCIENCE-FICTION DEVIENT RÉALITÉ

Malgré son jeune âge, Cancún a déjà son histoire, celle de sa fondation incroyable au début des années 1970. L'endroit était en concurrence avec plusieurs autres sites, depuis les côtes de Tamaulipas jusqu'à Chetumal. Ce sont finalement les ordinateurs qui ont rendu leur verdict en analysant les courbes de température de l'eau, les données climatiques, les courants marins, ainsi que les possibilités de communication et d'approvisionnement.

Arrivée à l'aéroport

✈ ***Aeropuerto internacional*** *(hors plan par B3)* **:** à env 20 km au sud du centre. ☎ 848-72-00. Les vols internationaux arrivent aux terminaux 2 et 3 en fonction des compagnies. Nombreux distributeurs automatiques et bureaux de change.

➢ ***Cancún* :** bus *ADO,* devant le terminal 2, quai 67 (si on arrive au terminal 3, marcher jusqu'au terminal 2, il y a des contrôles en cours de route, pas de panique, dire qu'on va prendre le bus *ADO,* ils laissent passer). Ttes les 30 mn env, 8h-minuit. Compter 70 $Me. Trajet : 30 mn. Le bus arrive en plein centre-ville *(plan B1).*

Pour la zone hôtelière, prendre un taxi collectif (les compagnies *Aerocap, Supershuttle, Green Line et Airport Cab* fonctionnent 24h/24h) si vous êtes au moins 4, sinon c'est plus valable en taxi. Prévoir env 170 $Me. Ces camionnettes confortables (8-11 places) vous déposent à votre hôtel. Elles desservent aussi le centre-ville, mais après la visite de la zone hôtelière ! *Infos et résa :* • *cancun-cab.com.mx* •

➢ ***Playa del Carmen* :** bus *ADO,* terminal 2, quai 68. Ttes les 30 mn env 8h30-minuit. Compter 180 $Me. Trajet : 1h15. Sinon, taxi collectif *(colectivo)* ou taxi (préférable si on est au moins 4).

➢ ***Tulum* :** avec *ADO,* changement à Playa del Carmen. Durée : 2h. Sinon, la compagnie *Tucan-Kin* propose des liaisons en minibus ou en voiture particulière jusqu'à votre hébergement. • *tucankin.com* • Trajet : 1h50.

■ ***Location de voitures* :** toutes les grandes agences sont représentées à l'aéroport. Transfert assuré par navette jusqu'à leurs parkings où l'on prend possession de son véhicule. *Rens :* • *cancun-airport.com/rental-car-agencies.htm* •

■ ***Compagnies aériennes (vols intérieurs et low-cost)* :** infos sur le site • *cancun-airport.com/airlines-directory.htm* •

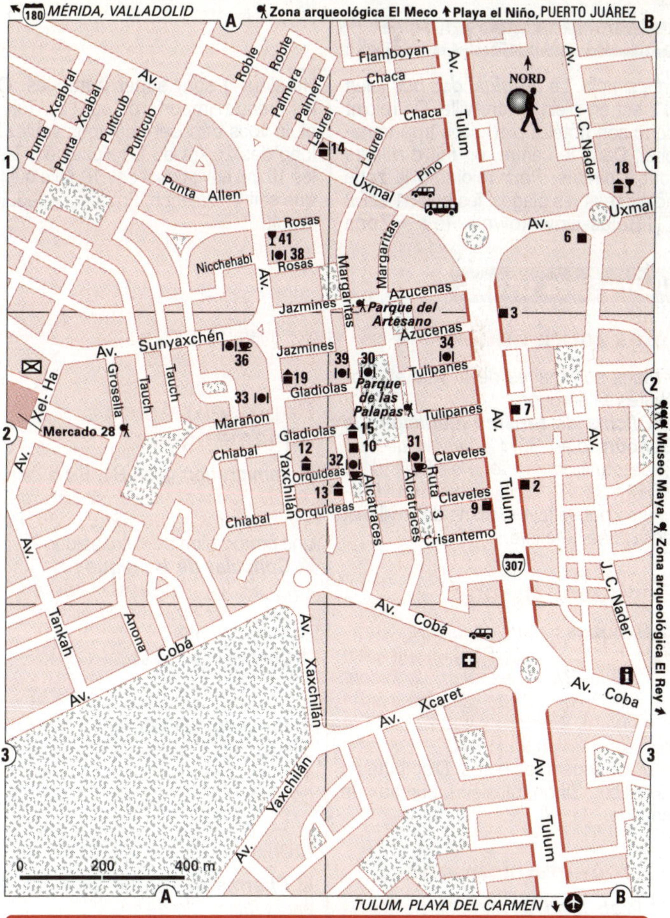

CANCÚN

Adresses utiles

- Oficina de turismo municipal de Cancún
- @ Internet
- **2** Bancomer
- **3** Scotiabank
- **6** Immigration
- **7** Banamex
- **9** Pharmacie 24h/24
- **10** Laverie

Où dormir ?

- **12** Orquideas Hostel
- **13** Hostel Quetzal
- **14** Mundo Joven Hostel
- **15** Cancún International Suites
- **18** Hotel El Rey del Caribe
- **19** Hotel Xbalamqué

Où manger ? Où prendre un petit déjeuner ?

- **30** Kiosques du parque de las Palapas
- **31** Los Huaraches de Alcatraces
- **32** El Cantón Toluqueño
- **33** Pescaditos
- **34** Gory Tacos
- **36** 100 % Natural
- **38** La Parrilla
- **39** Labná

Où boire un verre ? Où sortir ?

- **41** Los Arcos

Comment se déplacer ?

Très simple. Le ***terminal des bus*** *(plan B1)* est en plein centre-ville. On rejoint donc son hôtel à pied sans trop transpirer. Dans le centre, on fait d'ailleurs tout à pinces. Pour rejoindre la zone hôtelière et les plages, les bus R1 et R2 « Hoteles-Downtown » (ou « Zona Hotelera ») sont super pratiques. On les prend n'importe où sur l'av. Tulum et ils vous déposent où vous voulez le long des 25 km du bd Kukulcán. Ttes les 10 mn env ; ticket env 10 $Me quelle que soit la distance. Fréquence réduite la nuit.

Adresses utiles

Infos touristiques

– Plans sommaires de la ville et brochures à l'aéroport.

ℹ ***Oficina de turismo municipal de Cancún*** *(plan B3)* **:** *à l'angle des av. Cobá et Nader (à droite de Rolandi's). ☎ 887-33-79. Lun-ven 9h-16h.* Brochures publicitaires, plans de la ville et de la zone hôtelière.

Banques, change

■ ***Banques :*** *dans le centre,* ***Bancomer*** *(plan B2,* ***2****),* ***Scotiabank*** *(plan B1-2,* ***3****) et* ***Banamex*** *(plan B2,* ***7****) sont sur l'av. Tulum. Cette dernière assure le service Western Union. Pour le change, lun-ven 9h (ou 10h)-16h ; sam mat.* Changent les euros. Distributeurs de billets. Sinon, plusieurs bureaux de change.

Télécommunications

✉ ***Poste*** *(plan A2)* **:** *à l'angle de Xel-Há et Sunyaxchén, dans le centre-ville. Lun-ven 8h-17h, sam 10h-14h.*

@ ***Internet :*** *autour du terminal des bus (plan B1) et du parque de las Palapas (zócalo ; plan B2).*

Représentations diplomatiques

■ ***Immigration*** *(plan B1,* ***6****)* **:** *à l'angle des av. Nader et Uxmal. ☎ 881-35-60. • inm.gob.mx • Lun-ven 9h-13h.* Pour une prorogation de votre séjour.

■ ***Consulat de Belgique :*** *av. Tulum 192, Playa Tropical, bureau 59, 1er étage. ☎ 892-25-12. • info@belgicacancun.com • Lun-ven 9h-14h.*

■ ***Consulat de Suisse :*** *av. Cobá 12, edificio Vénus, bureau 214. ☎ 884-84-46. • cancun@honrep.ch • Lun-ven 9h-14h.*

■ ***Consulat du Canada :*** *bd Kukulcán, km 12, Centro Empresarial, oficina E7. ☎ 883-33-60. • cncun@international.gc.ca • Lun-ven 9h-13h.*

Divers

■ ***Pharmacie 24h/24*** *(plan B2,* ***9****)* **:** *angle Tulum-Claveles.*

■ ***Laverie*** *(plan B2,* ***10****)* **:** *parque de las Palapas. Lun-ven 7h-21h, sam 7h-20h. Une autre laverie calle 61, entre 62 et 64.*

Où dormir ?

Toutes nos adresses sont situées dans le centre-ville, et non dans la zone hôtelière. Pas de vue sur mer donc, mais des prix abordables. Si vous voulez absolument voir la mer et jouir d'un bout de plage, on vous conseille de filer plus au sud, à Puerto Morelos, Playa del Carmen ou Tulum.

Les catégories de prix correspondent aux périodes normales. Durant les 2 mois d'été, à Noël et à Pâques (le *spring break* des Américains), les prix s'envolent !

De bon marché à prix moyens (moins de 800 $Me / env 40 €)

⌂ ***Orquideas Hostel*** *(plan A2,* ***12****)* **:** *Orquideas 25. ☎ 884-06-74.*

• hostelorquideas.com • Selon saison, en dortoir de 6-8 lits 200-265 $Me/pers ; doubles sans ou avec sdb 500-680 $Me, petit déj inclus (parfois le dîner aussi). Antonella a quitté les Marches italiennes pour venir gérer cette petite auberge à l'adresse des routards de tous pays. Elle y perpétue son sens de l'accueil et a su apporter ce petit je-ne-sais-quoi qui manque aux AJ du quartier. C'est propre et plaisant.

Hostel Quetzal (plan B2, **13**) : *Orquideas 10 ; face au square. ☎ 883-03-98. • quetzal.hostel.com • En dortoir (6-12 lits, mixtes ou féminin) 220-320 $Me/pers ; doubles 700-900 $Me, petit déj et dîner inclus.* Très festive, cette petite AJ à la déco chatoyante ! On n'y dort pas forcément beaucoup, mieux vaut le savoir, mais les oiseaux de nuit apprécieront les soirées dans la courette, sur l'arrière autour de ce qui pourrait bien être une piscine ou sur le toit, perchés autour du bar. Pour récupérer, direction les 3 chambres avec salle de bains privée (grandes, certes, mais beaucoup trop chères) ou les dortoirs, basiques (avec AC de 21h à 9h, mais certains sans fenêtre). Optez pour celui de l'étage, il est lumineux, et on n'est pas les uns sur les autres. Très sympa dans son genre.

Mundo Joven Hostel (plan A-B1, **14**) : *av. Uxmal 25. ☎ 898-21-04. • mundojovenhostels.com • En dortoir 200-300 $Me/pers selon saison et confort ; doubles à partir de 600 $Me. Petit déj inclus. 10 % de réduc pour les membres de la FUAJ.* À quelques enjambées du terminal des bus, une AJ moderne sans charme apparent, mais qui cache bien son jeu. Tout se passe sur le toit, où l'on a aménagé un coin cuisine pour les hôtes, un salon TV et un espace Internet, le tout donnant sur la terrasse avec son jacuzzi et l'incontournable bar. Côté couchage, des dortoirs classiques très corrects (4-10 lits) mais sans AC, ou des doubles avec ou sans salle de bains privée. Bien pour une nuit ou deux, pas davantage.

De chic à très chic (800-1 600 $Me et plus / env 60-80 €)

Hotel Xbalamqué (plan A2, **19**) : *av. Yaxchilán 31. ☎ 998-193-27-20. • xbalamque.com • Doubles 930-1 350 $Me, petit déj compris ; pers supplémentaire 200 $Me. Parking (places limitées).* Un hôtel qui a connu ses heures de gloire mais qui reste malgré tout un bon plan compte tenu de son emplacement. Chambres très basiques style années 1980, diversement aménagées même si la plupart disposent de 2 lits *queen-size*. Intéressant pour les familles car on peut coucher à 4 par chambre. Pour le reste, piscine, salle de gym et joli jardin. Vous n'y passerez pas vos vacances, mais c'est une bonne étape.

Hotel El Rey del Caribe (plan B1, **18**) : *av. Uxmal 24. ☎ 884-20-28. • elreydelcaribe.com • Doubles 1 300-1 450 $Me, petit déj inclus. Parking.* Un peu excentré, mais ça vaut largement le détour. Une trentaine de chambres à 1 ou 2 lits, spacieuses, décorées avec goût (certaines ont un parquet en lamellé-collé de bambou), avec ventilo, AC, et un coin cuisine bien pratique. Le tout niché dans un beau jardin luxuriant, avec des hamacs pour faire la sieste, un jacuzzi et une piscinette pour se détendre. Accueil charmant tout à fait à la hauteur. Une bonne adresse.

Cancún International Suites (plan B2, **15**) : *Gladiolas 11 ; presque à l'angle du parque de las Palapas. ☎ 884-17-71. • cancuninternationalsuites.com • Doubles 1 650-2 900 $Me selon saison, petit déj compris.* Ce charmant petit hôtel ne manque pas d'atouts : stratégiquement situé, il propose de belles chambres hautes de plafond et tout confort (AC), joliment meublées et impeccables (salles de bains nickel). Ceux qui en ont les moyens choisiront l'une des 3 grandes situées à l'arrière et donnant sur la cour intérieure. Elles disposent d'une cuisine et d'un petit salon. Une belle adresse, dotée d'une terrasse pour prendre le frais.

Où manger ? Où prendre un petit déjeuner ?

De bon marché à prix moyens (moins de 300 $Me / env 15 €)

Sur le ***parque de las Palapas,*** plusieurs petits ***kiosques*** *(plan B2, **30** ; tlj jusqu'à 22h env)* permettent de manger des tacos, *tortas, quesadillas* pour une poignée de pesos. ***D'Luis*** (situé à l'extrémité droite si l'on a la place dans le dos) a notre faveur, avec des femmes qui pétrissent à la main les tortillas pour des foules d'habitués voraces. Bon, frais et à prix dérisoire. Devant, quelques tables en dur permettent de se poser le temps du festin. Ambiance populaire.

Los Huaraches de Alcatraces *(plan B2, **31**) : Alcatraces 31. ☎ 884-39-18. Mar-dim 8h-16h.* Dès le matin, une équipe de femmes s'affaire aux fourneaux pour préparer le repas que des habitués consomment à toute heure dans une ambiance familiale. Une sorte de self nickel et sans chichis, où les spécialités mexicaines copieuses et succulentes se dégustent dans une jolie salle aux murs orangés, sous l'œil de Frida Kahlo. Bon petit déj également, avec salade de fruits frais et jus tout aussi frais.

Pescaditos *(plan A2, **33**) : av. Yaxchilán 69 (presque face à l'hôtel Xbalamqué). ☎ 884-03-05. Tlj 12h-23h.* Esthétique sans prétention, chaises et tables en plastoc mais poisson et crustacés frais, servis en *ceviches* ou *cockteles,* tacos ou *quesadillas.* Bon et pas cher. Les locaux viennent y téter leur bière en écopant du guacamole en soirée.

El Cantón Toluqueño *(plan B2, **32**) : Alcatraces 41 ; presque à l'angle du parque de las Palapas. ☎ 295-48-29. Tlj 8h-18h (22h ven-dim).* Service efficace et souriant pour cet établissement propret et aéré prolongé par une petite terrasse. Impeccable pour un petit déj copieux, ou un plat classique qui ne révolutionne pas le genre, mais fait le bonheur des locaux pour ses tarifs très raisonnables. Pas d'alcool.

Gory Tacos *(plan B2, **34**) : Tulipanes 26, une rue piétonne entre Tulum et le parque de las Palapas. ☎ (998) 102-30-02. Tlj 13h (16h dim)-22h.* Petit resto tout simple, décoré de photos d'artistes de cinéma. Malgré son style un tantinet racoleur, avec ses tables en terrasse sous des parasols, on y mange des spécialités correctes, proposées en formules à prix très raisonnables. *Hora feliz* non-stop sur la bière et quelques cocktails (bonne *piña colada*) ! Accueil très sympathique du tandem Olga-Bartolomeo.

Plus chic (300-500 $Me / env 15-25 €)

La Parrilla *(plan A1, **38**) : av. Yaxchilán 51. ☎ 287-81-18. Tlj 12h-2h.* Déco très colorée et ambiance largement touristique qui pourra agacer certains, mais le service et la qualité des plats sont malgré tout au rendez-vous. Plats typiques et large éventail de bonnes viandes grillées. Soirées à thème avec buffets assortis. Le vendredi, c'est *mariscos* (beaucoup de monde). On s'y amuse bien, mais les prix suivent.

Labná *(plan B2, **39**) : Margaritas 29 ; à deux pas du parque de las Palapas. ☎ 892-30-56. Tlj 12h30-22h ; buffet lun-ven 12h30-17h30.* Un des restos chicos du centre. On s'attable d'ailleurs sous une reproduction de la fameuse voûte maya (!). Délicieuse cuisine yucatèque, mais la carte propose aussi quelques plats d'inspiration internationale. Clientèle mexicaine. Service impeccable, prix corrects.

100 % Natural *(plan A2, **36**) : av. Sunyaxchén 62-64. ☎ 884-01-02. Tlj 7h-23h.* Très clean et vaste. Un peu le genre *coffee shop* californien, tout crème et vert, avec un patio verdoyant. Bon petit déj, copieuses salades mixtes, *licuados* et d'énormes jus de fruits. Sandwichs divers. Attention, l'addition grimpe vite.

Où boire un verre ? Où sortir ?

Pas grand-chose à se mettre sous la dent dans le centre même de Cancún, car la zone hôtelière a aspiré la plupart des envies de fiesta du côté du célèbre club ***Coco Bongo*** et consorts. Mais entrées et consos sont hors de prix ! Les clubbers en vadrouille sauront trouver la bonne piste, les autres iront butiner les quelques terrasses de bistrots situées avenida Yaxchilán, du côté du resto *La Parrilla*.

Los Arcos *(plan A1, **41**)* **:** *av. Yaxchilán 51. Tlj 10h-5h.* On s'installe en salle ou sur la terrasse donnant sur l'avenue. Télés qui diffusent des matchs en permanence, plus sono à fond les manettes : se décrit comme une « *cantina* sport ». Le prix de la bière est très abordable. Et en plus, c'est *hora feliz* jour et nuit ! Clientèle touristique le jour et jeune la nuit. Mais bien aussi pour prendre un verre en soirée en terrasse, avant d'aller dîner.

À voir. À faire

Parque de las Palapas *(plan B2)* **:** une place à l'architecture froide le jour, quand il y fait 40 °C à l'ombre, sans ombre ! Faites-y plutôt un tour en fin de journée. L'ambiance est populaire et familiale et surtout 100 % mexicaine. Fréquents spectacles et animations : concerts, ballets, marché d'artisanat et ronronnement incessant des voitures électriques pour enfants... Le Mexique authentique, quoi. Ni cris, ni bousculades, ni agressivité, juste le plaisir d'être là.

À une encablure, on trouve le ***parque del Artesano*** avec quelques post-babas qui vendent leur production.

Mercado 28 *(plan A2)* **:** *derrière la poste.* Malgré ses vendeurs qui apostrophent le chaland et ses serveurs qui brandissent leurs menus, le très touristique Mercado 28 reste un but de balade pas désagréable. De la nappe aux couleurs chatoyantes aux céramiques les plus diverses ; du bon hamac pour la *siesta* aux bijoux en argent, on trouve ici plein de *touristeries* à rapporter à la maison et même de la bimbeloterie « made in China » ! Prix assez élevés (Cancún oblige) : faut négocier. Plein de petits restos sympas au centre du marché.

Museo Maya de Cancún *(hors plan par B3)* **:** *au km 16,5 du bd Kukulcán. Bus R1 ou R2. Mar-dim 9h-18h (dernière entrée à 17h30). Entrée : 70 $Me.* Un musée superbe, construit bizarrement au pied d'énormes complexes hôteliers, ce lieu très pédagogique allie en quelque sorte la théorie à la pratique avec, d'un côté, les expositions et, de l'autre, une balade complémentaire parmi une série de vestiges ! Le musée occupe un bâtiment très aérien aux lignes sobres, dont les salles d'exposition, à l'étage, sont largement ouvertes sur l'extérieur et accessibles par une rampe hélicoïdale. La collection, forte de plus de 400 objets, est organisée de façon thématique, avec en introduction une large section centrée sur ce secteur géographique, le Quintana Roo, avant d'élargir le sujet à l'ensemble du monde maya et de la culture méso-américaine. Toutes sortes de beaux éléments d'architecture polychrome, de masques, de statuettes votives, de bijoux, ou encore de stèles, permettent d'aborder l'architecture, l'écriture, le commerce, la religion, le rapport à la mort... Très complet.

Zona arqueológica El Rey *(hors plan par B3)* **:** *au km 18,5 du bd Kukulcán (un peu après la playa Delfines, direction aeropuerto). Bus R1 ou R2. Tlj 8h-17h (dernière entrée à 16h30). Entrée : 50 $Me.* Site mineur, qui mérite néanmoins une petite halte pour ses intéressants vestiges de la période postclassique (environ 1200-1500) caractéristiques de la région, dispersés sur un terrain bien entretenu investi par les iguanes. On distingue encore différentes plates-formes servant à l'origine de fondations pour des bâtiments résidentiels, ainsi qu'une pyramide bien préservée de 6 m environ de hauteur. Le site tire son nom de la découverte d'un buste orné d'une coiffe, figurant Itzamná, principal dieu maya de la période.

Zona arqueológica El Meco *(hors plan par B1)* **:** *sur la route de Punta Sam, env 1,7 km après Puerto Juárez, sur la gauche de la route. Ts les combis qui vont à Punta Sam vous y arrêteront. Tlj 8h-16h. Entrée : 50 $Me.* Encore un petit bijou maya planqué dans la verdure. Presque inconnu du grand public, son *castillo* (une pyramide à cinq niveaux) est le plus grand bâtiment maya de la côte. Une excursion vite faite mais très agréable.

Les plages : c'est bien simple, si vous avez au moins une demi-journée devant vous, filez à Isla Mujeres (voir chapitre suivant) ! Sinon, voici nos deux plages préférées.

– ***Playa El Niño :*** *à la sortie de Puerto Juárez, direction Punta Sam.* Petite plage aménagée (sanitaires, douches), avec cocotiers, lignes d'eau pour se baigner et un petit bar-resto *(La Palapa)* pour écluser un gorgeon en regardant la mer. Baignade très facile (on a pied loin) et ambiance familiale.

– ***Playa Delfines :*** *km 17,5 du bd Kukulcán ; entre le* Hilton *et le petit site archéologique El Rey.* Très grande plage aménagée (sanitaires, douches), avec une pente assez marquée. Mer souvent agitée et baignade assez sportive.

PANIER DE CRABES

Les crabes bleus qui figurent sous le nom de jaiba à la carte des restos ne sont pas à la noce. Déjà que les femelles ne s'accouplent qu'une fois dans leur vie, il leur est désormais impossible de quitter la lagune pour aller pondre sur la plage en raison de l'enfilade d'hôtels qui leur barrent désormais la route. Qu'à cela ne tienne, chaque année, les nuits de pleine lune de septembre et d'octobre, au moment de leur migration ancestrale, des bénévoles sont en charge de leur faire traverser la route !

Manifestations

Actualités culturelles et festives sur le site : ● *cancunactivo.com.mx* ●
– ***Festival Rivera Maya Wine & Food :*** *en mars.*
– ***Festival international de jazz :*** *en mai.*
– ***Cultura del Caribe :*** *en nov.*
(Concerts gratuits ou payants.)

QUITTER CANCÚN

En bus

Liste des principales compagnies et leurs coordonnées dans la rubrique « Transports » du chapitre « Mexique utile ».

Terminal des bus *(plan B1)* **:** *à l'angle des av. Tulum et Uxmal. ☎ 887-11-49. Consigne payante tlj 6h-22h.* Tous les bus de 1re et 2de classes y sont regroupés. La compagnie *ADO* (1re classe) et sa filiale *OCC* desservent les destinations lointaines ou régionales. Tout comme les 2 compagnies de grand luxe *ADO GL* et surtout *ADO Platinium,* la plus chère de toutes. CB acceptées.

– Pour la côte, les bus *Mayab* (2de classe) sont les moins chers et

s'arrêtent à la demande : *Playa del Carmen, Xcaret, Paamul, Puerto Aventuras, Akumal, Tulum...* Départs env ttes les heures env 5h-minuit.
➢ ***Aéroport :*** bus *ADO* ttes les 30 mn 5h15-23h. Compter 72 $Me. Trajet : 30 mn.
➢ ***Campeche :*** avec *ADO,* 9 bus/j. 8h30-23h30 dont 5 *ADO GL.* Trajet : 7-8h.
➢ ***Chetumal via Bacalar :*** avec *ADO,* 17 bus/j. 5h-minuit dont 3 *ADO GL* dans l'ap-m et le soir. Trajet : env 6h (passe par Playa del Carmen et Tulum).
➢ ***Chichén Itzá :*** bus *ADO* à 8h45. Trajet : env 3h. Retour 16h30.
➢ ***Chiquilá (Isla Holbox) :*** avec *Mayab* et *Oriente,* 4 bus/j. 7h45-13h45. Trajet : 3h-3h30. Faites très attention à vos affaires dans ce bus, de nombreux vols ont été signalés.
➢ ***Mérida :*** bus ttes les heures 5h-minuit. Trajet : env 4h15. Certains bus *Oriente* passe par la petite ville de *Piste* (Chichén Itzá).
➢ ***Mexico :*** avec *ADO,* 6 bus/j. 8h30-20h dont 2 avec *ADO GL.* Trajet : env 25h.
➢ ***Palenque :*** avec *OCC,* 2 bus/j. 15h45 et 20h30. Départ de l'*ADO GL* à 17h45. Trajet : env 13h.
➢ ***Playa del Carmen :*** avec *ADO,* ttes les 10-15 mn 5h-23h30. Également les bus *Mayab* (2de classe). Trajet : 1h15.
➢ ***Tulum :*** avec *ADO* et ses filiales, plus d'une vingtaine de bus 6h-minuit. Trajet : 2h-2h30.
➢ ***Valladolid :*** avec *ADO* et *Oriente,* 13 bus/j. 5h30-21h30. Trajet : env 2h.
➢ ***Ciudad Cuauhtémoc (frontière Guatemala) :*** avec *OCC* à 20h30 via Comitán. Trajet : 23h30.

ISLA MUJERES

17 000 hab. IND. TÉL. : 998

• Isla Mujeres (île) *p. 275* • Isla Mujeres (pueblo) *p. 277*

Plus ramassée et par conséquent plus festive que Cozumel, et beaucoup plus « esprit caraïbe » qu'Holbox, cette île minuscule (7 km de long sur 1 km de large) attire tous ceux que la grimpette des pyramides mayas a fait rêver de plage.
Et ils ont bien raison, car ici, sable et cocotiers composent une carte postale digne des plus beaux calendriers de La Poste ! Peu nombreuses, assez étroites et pas souvent désertes, les plages n'en demeurent pas moins très agréables, plus particulièrement au couchant. Quant au village, qu'on dirait sorti tout droit d'un tableau de David Hockney, il recèle une foultitude de petits endroits pour goûter à la cuisine locale, siroter une tequila ou une bière ou tout simplement ne rien faire. Sorte de marché d'artisanat le jour, il endosse ses habits de fête dès la nuit tombée au grand bonheur des touristes... En conclusion, on passe à Isla Mujeres une ou deux journées sans déplaisir, et ça, les gens du continent le savent bien.

FEMME, FEMME, FEMME !

Ah ! elle en a fait fantasmer des voyageurs, « l'île des Femmes » ! Son nom trouve-t-il son origine dans le nombre important de mujeres qui y vivaient pour la satisfaction des pirates ? Ou tout simplement provient-il des nombreuses statuettes féminines – idoles en l'honneur des déesses mayas de la Fertilité (notamment Ixchel) – que découvrirent les premiers Espagnols dans un sanctuaire ? Personne ne le sait vraiment !

Comment y aller ?

➢ ***En ferry :*** *l'embarcadère de Puerto Juárez est situé à 15 mn en bus du centre-ville de Cancún.* C'est ici que les rotations sont les plus nombreuses et que les tarifs sont les plus abordables comparés à ceux pratiqués dans la zone hôtelière qui peuvent parfois atteindre le double du prix ! Prendre n'importe quel *colectivo* indiquant « Puerto Juárez » le long de l'av. Tulum.

Il y a ***1 embarcadère, Puerto Juárez,*** où accostent les bateaux de la compagnie *Ultramar* : départs ttes les 30 mn, 5h-23h30. Dans l'autre sens, 5h30-minuit. Compter 150 $Me A/R. Parkings surveillés payants (le stationnement pour 24h équivaut à peu près au prix d'une traversée).

➢ ***En car-ferry :*** *à* ***Punta Sam,*** *8 km au nord de Puerto Juárez. ☎ 274-00-64 ou 89.* Compter 7 départs 7h15-20h15 en sem ; 5 slt 9h15-20h15 le w-e. Dernier retour à 19h15. Arriver 1h avt l'embarquement. Tarifs par traversée : env 300 $Me pour une voiture de tourisme, conducteur compris et 40 $Me/passager. Traversée : 45 mn. Précisons qu'il n'y a aucun intérêt à traverser avec sa propre voiture.

Transports dans l'île

➢ ***Taxi :*** très nombreux, ils disposent d'une liste de tarifs officiels selon la course. Compter 300 $Me/h. *Rens : ☎ 877-18-38.*

Location de vélos, scooters ou voiturettes de golf

Le mieux est de louer un 2-roues. Malheureusement, les vélos se font rares. Les loueurs se valent, et leurs prix (imposés) sont similaires. Vérifiez l'engin et faites-vous bien préciser ce qui sera à votre charge en cas de pépin car de toute manière ils ne sont pas assurés. Attention, les loueurs ferment presque tous à 16h ou 17h. Enfin, le port du casque est obligatoire.

La location à l'heure se paie d'avance, et le loueur ne rembourse pas les heures non consommées (!). Pas de fractionnement d'heure, 10 mn de tolérance. *Compter env 50 $Me/h (avantageux à la journée, 100 $Me) pour un vélo, 150 $Me/h pour un scooter. Promos en basse saison.*

Topographie de l'île

Très simple. Le point de débarquement est situé dans le village, au nord de l'île. C'est là que vous logerez, le centre de l'île étant occupé par les insulaires. Une route en fait le tour. Compter une petite demi-journée quel que soit le véhicule utilisé. La ***côte est,*** qui donne sur le large (la mer des Caraïbes), est rocailleuse et exposée au vent, du genre côte sauvage, bien que de riches propriétaires y aient fait construire de somptueuses villas. On ne s'y baigne pas à cause du ressac. La ***côte ouest,*** d'où l'on distingue les hôtels de Cancún, est plus hospitalière. Elle est bordée par quelques plages publiques, de superbes villas avec débarcadère privé et de petits hôtels au luxe discret. Au centre de l'île, une immense lagune sert de refuge aux yachts.

Adresses utiles

🛈 ***Dirección de turismo*** *(plan B2) : Rueda Medina 130 ; à 20 m du débarcadère, sur le trottoir d'en face. ☎ 877-00-82. • islamujeres.gob.mx •*

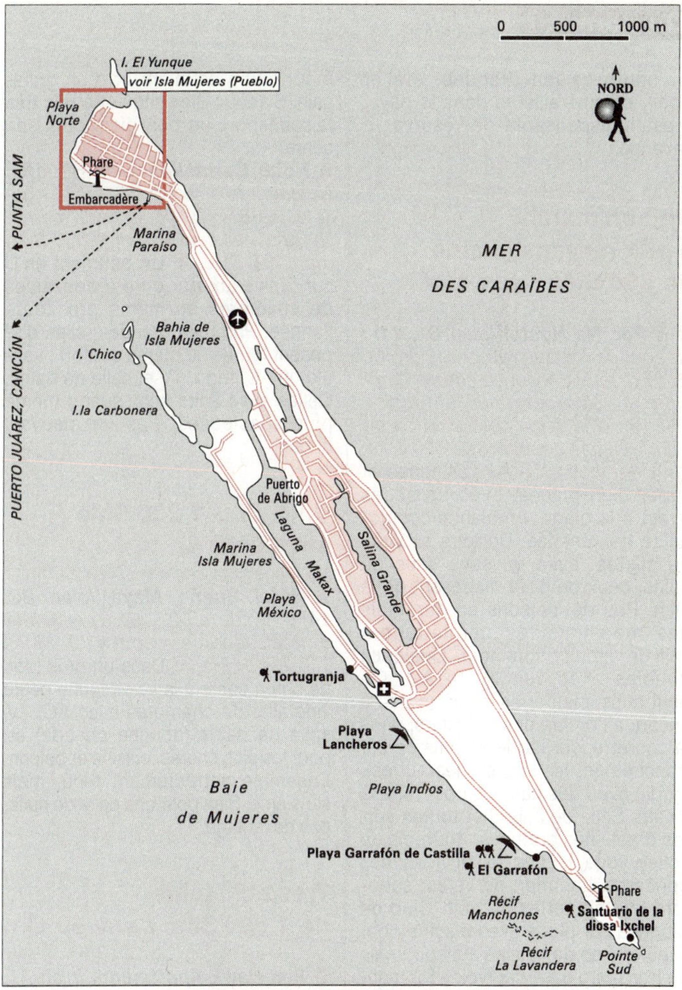

ISLA MUJERES (Île)

Tlj 9h-16h. Édite une brochure avec plan, carte et adresses utiles (hôtels, restos, etc.).

■ ***Banque HSBC*** *(plan B2,* ***2****)* **:** *Rueda Medina ; face à l'embarcadère.* Change et distributeur.

✉ ***Poste*** *(plan A1)* **:** *à l'angle de Guerrero et López Mateos. Lun-sam 9h-17h (wifi gratuit à proximité).*

■ ***Pharmacie 24h/24*** *(plan B2,* ***3****)* **:** *Juárez ; entre Abasolo et Madero.*

■ ***Laverie*** *(plan A2,* ***4****)* **:** *Juárez ; à l'angle d'Abasolo. Lun-sam 8h-20h, dim 8h-14h.*

Où dormir ?

En haute saison (Pâques, été et Noël), comme ailleurs dans le pays, il est indispensable de réserver à l'avance.

De bon marché à prix moyens (moins de 800 $Me / env 40 €)

Poc Na Hostel (plan B1, **11**) : *au bout de Matamoros, sur la droite. ☎ 877-00-90. • pocna.com • Camping 110 $Me/pers, nuit en dortoir 155-195 $Me selon confort et capacité (4-8 lits) ; doubles 370-500 $Me. Petit déj inclus.* AJ spacieuse et super bien placée, avec un accès direct à la plage. Ambiance cosmopolite très animée. Dortoirs séparés ou mixtes, avec ou sans salle de bains, ceux de 8 lits disposent de la clim. Peu de cloisons en dur, mais des moustiquaires permettent à l'air de circuler librement. Quelques doubles avec ventilo ou AC. On peut aussi planter sa tente un peu à l'écart, à l'ombre des cocotiers, dans la courette, sur l'arrière (mais on est franchement les uns sur les autres). Jardin avec des hamacs pour faire la sieste. Salle de billard et toutes sortes d'activités gratuites : tournois de volley, yoga, leçons de salsa, soirées concert... Location de vélos, scooters ou voiturettes de golf. Club de plongée sur place avec piscine pour s'initier. Pas de cuisine à dispo, mais un bon resto pas cher (voir « Où manger ? ») et un *beach bar* pour étoiler ses nuits.

Maria Leticia Apartments (plan A2, **12**) : *av. Juárez 28. ☎ 877-08-32 ou 877-03-94. • maria.leticia.apartments@live.com.mx • Doubles à partir de 450 $Me, studios à partir de 600 $Me.* Poussez la porte, pour découvrir une allée discrète qui conduit à une courette arborée tranquille, autour de laquelle s'organisent une quinzaine de chambres et studios de bon confort, équipés d'une salle de bains, de la clim, de la TV câblée, d'un frigo, d'une cafetière et d'un grille-pain. Sympa ! Bien situé et à prix très raisonnable : un bon plan dans son genre.

Hotel Carmelina (plan B2, **13**) : *av. Guerrero 4 ; entre Madero et Abasolo. ☎ 877-00-06. • hotel_carmelina@hotmail.com • Double 500 $Me, triple 750 $Me.* Un bâtiment en U sur 3 niveaux qui offre 2 douzaines de chambres au même prix toute l'année. Pas bien grandes, elles disposent toutes du même confort : ventilo ou AC, frigo, TV et salle de bains. Celles avec 2 lits sont quand même plus spacieuses. Pas un mauvais choix.

Chic (800-1 200 $Me / env 40-60 €)

Hotel Sueño Maya (plan B2, **14**) : *Madero 12. ☎ 877-16-95. • hotelsuenomaya.com • Doubles 750-1 200 $Me.* Dans un gros bloc de béton coffré à la va-vite, une petite vingtaine de chambres avec AC, TV, salle de bains (douche chaude) et, pour les plus chères, cuisine et balcon. Ensemble correctement tenu, mais sans âme. Bien pour une paire de nuits, pas davantage.

Très chic (plus de 1 600 $Me / env 80 €)

Sea Hawk Apartments (plan A1, **15**) : *Carlos Lazo s/n. ☎ 877-12-33. • seahawkislamujeres.com • Apparts env 1 600-2 800 $Me selon confort et saison.* Bien à l'écart du tumulte et à deux pas de la plus belle plage de l'île, ce petit ensemble d'appartements aménagés avec le souci du détail (belles finitions, jolies terrasses, literie et déco de qualité, etc.) offre une alternative intéressante aux pachydermes de béton sans âme que l'on trouve généralement dans cette catégorie de prix. Accueil courtois.

ISLA MUJERES (Pueblo)

Adresses utiles

- Dirección de turismo
- 2 Banque HSBC
- 3 Pharmacie 24h/24
- 4 Laverie
- 5 Carey Dive Center

Où dormir ?

- 11 Poc Na Hostel
- 12 Maria Leticia Apartments
- 13 Hotel Carmelina
- 14 Hotel Sueño Maya
- 15 Sea Hawk Apartments

Où manger ? Où prendre un petit déjeuner ?

- 11 Resto du Poc Na Hostel
- 29 Café Cito
- 30 El Poc-Chuc
- 31 Bistro français
- 32 Picus Cockteleria
- 33 Velasquez
- 34 Olivia

Où boire un verre ? Où sortir ?

- 11 Bar du Poc Na Hostel
- 40 La Terraza

Où manger ? Où prendre un petit déjeuner ?

De bon marché à prix moyens (moins de 300 $Me / env 15 €)

Sur le ***mercado*** *(plan A1)*, à côté de la poste, quelques petites *loncherías*, chacune portant le nom de sa cuisinière. Cuisine familiale et nettement meilleur marché que dans le centre.

Café Cito *(plan A2, **29**) : à l'angle de Juárez et Matamoros. ☎ 877-14-70. Tlj 7h-14h.* Un bon plan pour le petit déj. Joli cadre dans les tons azur. Très frais. Petites tables-vitrines remplies de coquillages. Formules pour tous les goûts : allemande, hollandaise, française, mexicaine... Crêpes, gaufres, omelettes, croissants, fruits, etc. Délicieuse confiture maison. Service relax.

Resto du Poc Na Hostel *(plan B1, **11**) : cf. « Où dormir ? ». Tlj 8h-22h30.* Dans une ambiance décontractée, on y mange des spécialités mexicaines, des salades, des sandwichs... pour pas bien cher. On commande à la réception, on retire son plat à la cuisine, on met son couvert, on débarrasse sa table, on peut même apporter ses boissons de l'extérieur. Barbecue le samedi soir. Musique *en vivo* tous les jours à 21h. Sympa.

El Poc-Chuc *(plan A2, **30**) : à l'angle de Juárez et Abasolo. Tlj 7h-22h30 (fermé lun en basse saison).* Cantine mexicaine où l'on découvre une bonne cuisine yucatèque à des prix « sympathypiques ». Goûtez à l'excellent *poc chuc,* à base de viande de porc grillée. Pour un petit déj mexicain classique, plusieurs formules copieuses. Pas de terrasse.

Bistro français *(plan A2, **31**) : Matamoros 29 ; à l'angle de Hidalgo. Tlj 8h-12h (petit déj), 18h-22h.* Belle sélection de petits déjeuners dans un cadre coloré très convial. Le soir, de bons plats copieux avec bière ou vin inclus. Accueil francophone.

De prix moyens à plus chic (jusqu'à 500 $Me / env 25 €)

Picus Cockteleria *(plan B2, **32**) : sur la plage du port, juste à gauche en descendant de l'embarcadère. Tlj 12h-20h30.* Petit resto de plage avec terrasse couverte, ainsi que des tables posées sur le sable. On mange en contemplant les bateaux qui déchargent leurs cargaisons de touristes. C'est l'une des adresses les plus populaires du coin, et il faut parfois prendre son mal en patience pour pouvoir se poser. Poisson et fruits de mer exclusivement, très frais et copieusement servis. Bel endroit pour l'apéro du soir.

Velasquez *(plan A2, **33**) : sur Rueda Medina. Tlj 9h-21h30.* Un petit cabanon sans prétention (quelques tables sous des cocotiers ou sous une haute toile). Chez Fernando et sa fille Gloria, on déguste calamars, poisson frit ou grillé, langouste au poids, pour pas trop cher et les pieds dans l'eau, en mirant le vol des pélicans... Dîner en musique pour ajouter une touche romantique, bons cocktails.

Très chic (plus de 500 $Me / env 25 €)

Olivia *(plan A2, **34**) : Matamoros ; entre Juárez et Medina. ☎ 877-17-65. Lun-sam 17h-21h45.* Un resto bobo où, pour changer, ce sont les fragrances subtiles du monde méditerranéen qui s'échappent de la cuisine ouverte. Dans la jolie salle ou en terrasse, sous la *palapa* de l'adorable patio luxuriant, les convives retrouvent avec plaisir les grands classiques de la gastronomie grecque, turque ou marocaine : *tzatziki,* pastillas, moussaka, kebabs... Service charmant et prix pas encore exagérés.

Où boire un verre ? Où sortir ?

La Terraza *(plan B2, **40**) : av. Hidalgo ; angle Abasolo. Tlj 16h-1h du mat.* À l'étage, une terrasse ouverte, une petite piste de danse et un barman qui s'agite sous sa petite sphère colorée. Musique latino en live tous les soirs. Les cocktails ne sont pas donnés mais ils tiennent la route et permettent de passer un agréable moment.

Bar du Poc Na Hostel *(plan B1, **11**) : voir « Où dormir ? ». Ouv jusqu'à 2-3h du mat.* La bière est à un prix défiant toute concurrence, ce qui, évidemment, attire des grappes de jeunes. En prime, concerts live tous les soirs à partir de 21h30. Musique très hétéroclite : rock, house, électro, rythmes latinos... Ne manquez donc pas le rendez-vous.

À voir. À faire

Playa Norte *(plan A1) : au nord du village, à 5 mn à pied du zócalo.* Sable chaud, eau turquoise (enfin, selon le temps) et cocotiers. Quoique toute proche du centre du village, elle n'est pas surpeuplée hors saison. C'est à notre avis la plus belle plage de l'île (voire de la région). Seul bémol : les (nombreux) yachts privés qui viennent mouiller devant et gâchent un peu la vue.

Vers la pointe sud

La route ouest vers la pointe sud permet de rejoindre les autres plages de l'île. N'oubliez pas, à l'aller ou au retour, de passer par la côte est : vue sur le large, mais baignade dangereuse. Que vous le fassiez entièrement à pied (c'est long, 14 km aller-retour), en bus et une partie à pied, à vélo (moyen le plus agréable ; la route est plate et facile – compter 2h) ou en voiturette, voici, dans l'ordre, les choses à découvrir.

Tortugranja *(ferme des tortues ; plan de l'île) : sur la côte ouest. Sac Bajo, km 4. Tlj 9h-17h. Entrée : 30 $Me.* C'est un petit centre de reproduction des tortues. Alors, pas de lièvre, on y voit des tortues marines dans différents bassins, regroupées par tailles, selon qu'elles sont à la maternelle, en primaire ou en fac. Un peu attrape-touristes quand même !

Playa Lancheros *(plan de l'île) : sur la côte ouest, à env 5 km au sud du village. Rueda Medina.* Bande de sable avec quelques restos, *palapas* et chaises longues à louer. L'abominable zone hôtelière de Cancún barre l'horizon. Mais la plage est agréable et populaire.

– Dans le coin, on trouve les vestiges de l'***Hacienda Mundaca*** *(tlj 9h-16h ; entrée : 20 $Me),* une toute petite maison en dur construite au début du XIXe s par le pirate et marchand d'esclaves du même nom. Pour compléter la visite, petit jardin botanique et zoologique pas très bien entretenu, ainsi qu'une reconstitution d'un habitat préhispanique maya. Pas très enthousiasmant...

Club de Playa y Hotel Garrafón de Castilla *(plan de l'île) : km 6. Tlj 10h-18h. Entrée : 60 $Me, parasol et chaise longue inclus ; loc d'équipement complet 100 $Me/j.* Un beau site de snorkelling, avec des fonds très riches et une grande variété de poissons. TUYAU : cette plage privée, située à 50 m du parc d'attractions ci-après, donne accès, pour quelques brasses de plus, aux mêmes fonds et poissons, tout en économisant ses pépètes. Donc, évitez absolument le parc d'attractions ci-après (bien plus cher !).

El Garrafón *(plan de l'île) : à l'extrême sud de l'île. Résas : 193-33-60. • garrafon.com • Tlj 10h-17h (fermé sam sept-nov sf pdt vac scol). Entrée forfaitisée 89-209 US$ (!) selon formule, incluant attractions, équipement de snorkelling et lunch avec boissons ; réduc si entrée à partir de 13h.* Ce parc naturel renferme un banc de corail qui retient des milliers de superbes poissons multicolores qu'on observe derrière la vitre de son masque dans une eau translucide. Pas farouches pour un poil, à croire qu'ils sont payés ! C'est la grande destination touristique de l'île, savamment organisée à la sauce *Disneybeach,* avec même des tyroliennes pour se donner le frisson et des options hors de prix comme la possibilité de batifoler avec les dauphins...

À l'extrême pointe sud de l'île se dressent un ***phare*** et les vestiges du ***santuario de la diosa Ixchel*** *(plan de l'île ; tlj 9h-17h ; entrée : 30 $Me).* Il y a peu encore, les femmes venaient ici implorer cette déesse de la Fertilité. Le site, jadis très sauvage et empreint d'une certaine magie, a été aménagé pour répondre aux sirènes mercantiles du tourisme. Petites maisons très colorées avec artisanat, restaurants panoramiques sur le large, etc.

Plongée sous-marine

C'est l'une des grandes attractions du coin. De nombreux clubs organisent des ***sorties au large*** et louent le matériel. Tous ont des tarifs similaires à quelque chose près. Ce qui les distingue, c'est la qualité de la prestation et l'accueil. Avoir sa licence internationale. Plongées sur les récifs des environs, notamment à *isla Contoy* ainsi qu'à *las cuevas de los Tiburónes* (« grotte des requins-baleines »). À savoir : la saison des requins-baleines commence mi-mai pour se terminer mi-septembre.
Et si vous n'êtes pas un pro de la plongée et que voulez quand même admirer la faune sous-marine, rassurez-vous, le ***snorkelling*** (plongée en surface avec masque, palmes et tuba) permet déjà de s'en mettre plein les yeux !

Museo subacuático de Arte : *près de l'embarcadère. • musacancun.org •* Certains n'y voient qu'une attraction touristique de plus, d'autres sont subjugués par l'atmosphère étrange qui se dégage de ces groupes de statues grandeur nature, près de 500 tout de même, qui peu à peu se recouvrent d'algues, de coraux et où la vie marine reprend rapidement ses droits. On n'y accède qu'en bateau et en faisant appel à un club de plongée *(en général, 2 départs/j. à 8h et 14h15, compter 2h30 le tour, 40 US$ pour le snorkelling, 85 US$ pour une plongée).* Cependant, quand bien même le site est enrichi régulièrement de nouvelles œuvres, certains risquent de rester sur leur faim. Réfléchissez bien avant d'y descendre en bouteilles (surtout à marée basse), on peut très bien se contenter d'y effectuer une session de snorkelling car les œuvres ne sont immergées qu'à 7-8 m de profondeur.

■ ***Carey Dive Center*** *(plan A2,* ***5****) : Matamoros 13 A. ☎ 877-07-63. • careydivecenter.com • Tlj 8h-20h (en principe).* Centre important dirigé par Gilberto qui propose d'aller faire des bulles dans toutes les eaux du coin, notamment avec les *tiburones* en saison (l'été).

■ Voir également le club de plongée de l'***AJ Pocna Hostel,*** une structure tenue par Tracy, qui privilégie les petits groupes.

Sorties en mer

➢ Possibilité de passer la ***journée en bateau, avec un pêcheur.*** Quelques agences proposent différentes balades, déjeuner compris. Comparez les prix avant de vous décider *(compter env 700-800 $Me).*

Isla Contoy : site naturel protégé situé au nord de Isla Mujeres. C'est une réserve naturelle d'oiseaux. Hérons, frégates, pélicans, cormorans... le bonheur des ornithologues. Apportez masque et tuba, car les fonds sont assez riches. Visites organisées principalement au départ de Cancún par de nombreuses agences. On embarque le matin et on quitte l'île vers 14h30. Attention, places limitées (maxi 200 personnes par jour). *Compter 100 US$.*

LA CÔTE DE PUERTO MORELOS À TULUM – LA RIVIERA MAYA

• Carte *p. 283*

Tout a commencé dans les années 1960, alors que la région n'était qu'une jungle épaisse bordée de plages désertes, connues seulement de quelques pionniers qui se rendaient à Isla Mujeres ou à Cozumel. Imaginez un peu la manne qui s'est soudain retrouvée entre les mains de quelques propriétaires, en général des hommes politiques bien informés : 200 km de plages de sable blanc sur l'une des plus belles côtes des Caraïbes ! Du jour au lendemain, les promoteurs ont vu se réaliser leurs rêves les plus fous. Et la célèbre Riviera maya de se couvrir d'énormes complexes touristiques...

LA LOI DU PLUS PUISSANT

Selon la loi mexicaine, le bord de mer est propriété fédérale (il appartient donc à tous), et les propriétaires sont censés créer des accès au littoral. Petit hic, ici, les propriétaires sont d'envahissants et boulimiques promoteurs, et les entrées tape-à-l'œil des méga-hôtels sont bien gardées. Quelle loi ? Quel accès ?

PUERTO MORELOS

IND. TÉL. : 998

Ce village de pêcheurs, fondé et peuplé par des Mayas ayant fui la guerre des Castes, est resté à l'écart des grands projets de développement touristique. Malgré la présence, au sud du village, d'un port de débarquement de containers, ses récifs coralliens font la joie des plongeurs et des adeptes du snorkelling. Une halte pépère sur la route de la trépidante Playa del Carmen.

➢ ***En bus :*** les bus qui descendent vers le sud s'arrêtent à l'embranchement (petit kiosque et quelques sièges sous un abri). Il reste 3 km jusqu'au village, à pied ou en *colectivo* (fonctionne 6h-20h).

■ ***Banques*** avec distributeurs dans le village.

Où dormir ?

Hotel Posada Amor : *calle Javier Rojo Gomez, à une cuadra du zócalo, sur la droite quand on fait face à la mer.* ☎ *871-00-33.* • *posada-amor.wix.com/puertom* • *Doubles 650-750 $Me selon confort et saison ;*

150 $Me/pers supplémentaire. Le nom seul donne déjà envie de descendre dans cette petite auberge toute simple, en pierre et coquillages, où l'on se sent bien. Des chambres sobres, avec salle de bains, ventilateur et cafetière. Jardin fleuri pour prendre le frais. Le resto-bar n'attend plus qu'un abordage. On y sert une nourriture simple dans une ambiance familiale. *Jazz ts les sam à 21h.*

Où manger ? Où prendre un petit déjeuner ?

Café d'Amancia : *à l'angle droit du zócalo en regardant la plage. ☎ 206-92-42. Tlj 6h30-23h.* Adorable café très coloré. Sandwichs, nombreux gâteaux, cafés, *licuados*. Idéal pour prendre le petit déj.

Restaurant-bar de la Posada Amor : *voir « Où dormir ? ». Tlj 12h-1h ; petit déj 7h-13h.* Cadre agréable et accueil familial.

El Pirata : *calle Javier Rojo Gomez, à gauche du zócalo en regardant la mer, à 100 m. ☎ 215-82-49. Tlj 8h-23h.* Un petit resto bien propret et une salle accueillante où l'on s'attable avec plaisir. Spécialités mexicaines, notamment viandes grillées et soupe de fruits de mer.

À faire

Partir à la découverte des ***plages*** désertes et se la couler douce en partant plutôt vers le nord ; palmage productif avec poissons et coraux à la clé. Possibilité de pêche au gros avec les gars du coin.

Jardín botánico Dr. Alfredo Barrera Marín : *entrée discrète, en bordure de la route 307 (km 320 dans le sens sud-nord) à 1 km du croisement pour Puerto Morelos. 206-92-33. Lun-sam 8h-16h. Entrée : 100 $Me.* Balade agréable sur 2 km d'une sente balisée serpentant au sein d'une forêt dense. On peut y voir également de petites ruines mayas et pas mal d'animaux.

PLAYA DEL CARMEN

187 000 hab. IND. TÉL. : 984

• Plan général *p. 284* • Zoom *p. 285*

Le moins qu'on puisse dire, c'est que ça bouge à Playa, en effet, avec 1 500 habitants en 1987 et près de 200 000 aujourd'hui, cet ancien village de pêcheurs devenu le cœur économique d'une des régions les plus touristiques du Mexique (la Riviera maya) est la ville d'Amérique latine qui a connu la plus grande croissance démographique. Magasins, hôtels et restos fleurissent comme des champignons, et la Quinta (la 5e avenue), entièrement inféodée au billet vert, ne cesse de se développer vers le nord. La plage, elle, se réduit à peau de chagrin car le sable se fait la malle depuis qu'un promoteur a eu la mauvaise idée d'aller faire prendre le large à un de ses pontons en béton. On l'aura compris, Playa – qui ne vit désormais que par et pour l'industrie touristique – n'intéressera que celles et ceux qui envisagent la plage version « Ibiza », c'est-à-dire *sea-sex-sun* et fiesta version XXL. Les autres glisseront un peu plus au sud où il reste quand même quelques plages où l'on peut dérouler sa serviette sans déranger son voisin.

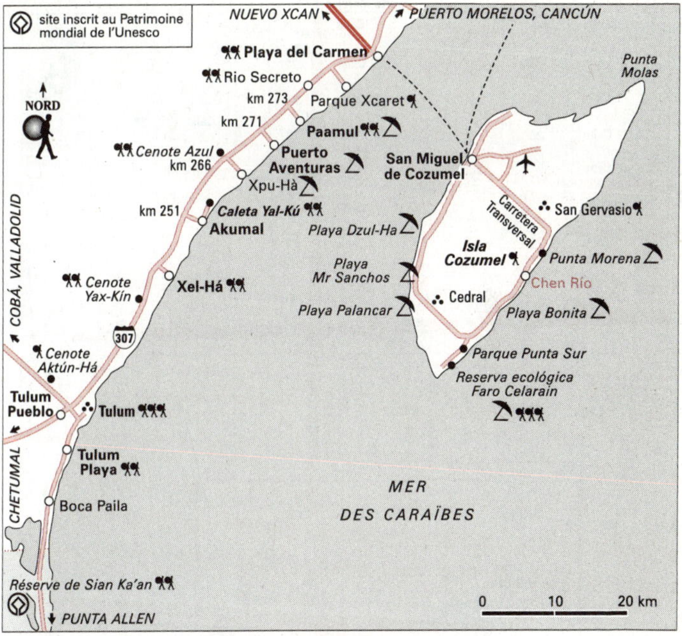

LA RIVIERA MAYA

Arriver – Quitter

En minibus (taxi collectif)

➢ Service de taxis ***colectivos* entre Playa, Tulum et Cancún** (combis confortables, avec AC) ; à l'angle de l'av. 20 et de la calle 2 *(zoom A3, **1**)*. Fonctionne 24h/24h. Moins cher que le bus et plus rapide. Vous pouvez demander l'arrêt où vous voulez. Départ quand le minibus est plein, et il se remplit assez vite.

En bus

🚌 ***Terminal régional ADO*** *(zoom B3, **2**)* **:** *av. Juárez ; à l'angle avec l'av. 5.* ☎ *873-01-09.* Dessert les destinations proches comme Tulum, Cancún ou son aéroport. Consigne à bagages. On peut aussi y acheter son billet pour un bus partant de l'autre terminal.

➢ ***Cancún (aéroport) :*** env 40 départs/j. 6h30-22h25. Compter 178 $Me. Trajet : env 1h.

➢ ***Cancún :*** bus ttes les 10-20 mn 6h-23h40. Trajet : env 1h15.

➢ ***Chetumal :*** env 15 bus/j., 6h20-minuit. Trajet : 4h30.

➢ ***Tulum :*** env 40 bus/j. 6h-23h40 ; 6 d'entre eux passent par le site archéologique. Trajet : env 1h. N'oubliez pas non plus le service de minibus *colectivos*.

➢ ***Cobá :*** départ à 9h. Trajet : 2h10.

➢ ***Valladolid :*** 12 bus/j. 6h-23h30. Trajet : 2h40.

🚌 ***Terminal longues distances*** *(zoom A2, **3**)* **:** *à l'angle de l'av. 20 et de la calle 12.* ☎ *873-01-09.* Principalement des bus de 1re classe *ADO, ADO GL, Oriente, Mayab* et *OCC*. Les bus pour l'aéroport s'y arrêtent aussi. On peut acheter son billet à l'autre terminal.

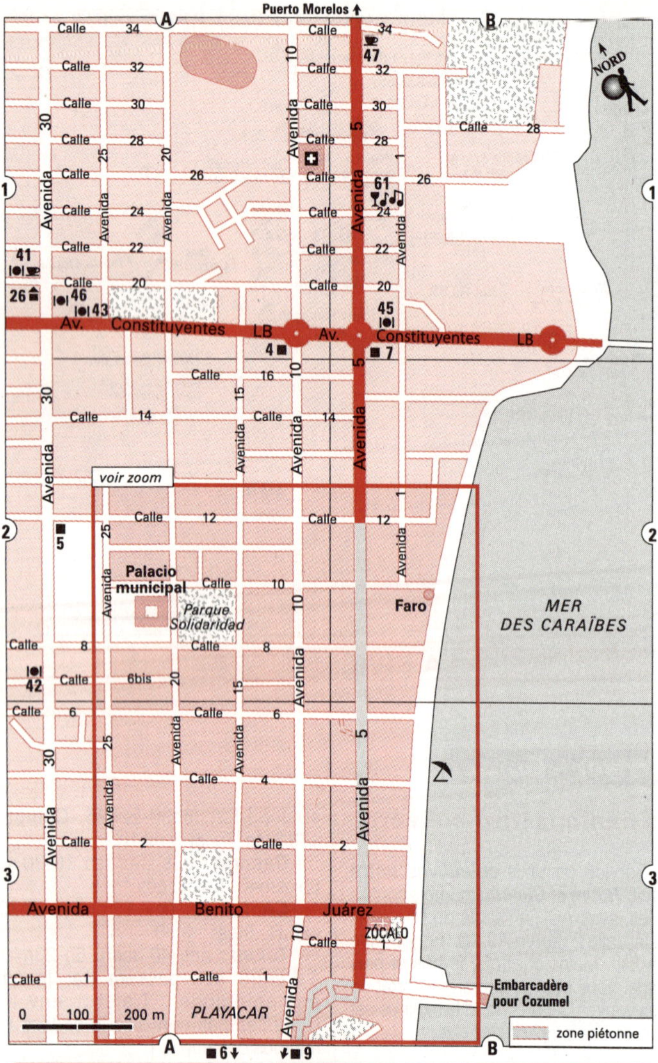

PLAYA DEL CARMEN (Plan général)

Adresses utiles

- Points d'informations touristiques
- Playa International Clinic
- 1 *Colectivos* pour Tulum et Cancún *(zoom)*
- 2 Terminal régional ADO *(zoom)*
- 3 Terminal longues distances *(zoom)*
- 4 Scotiabank
- 5 Banamex
- 6 Agence consulaire de France
- 7 Taxis
- 8 Phocea Mexico *(zoom)*
- 9 H & L Tours

Où dormir ?

- 20 Hostel Playa *(zoom)*
- 21 Hostel Che *(zoom)*
- 22 Hostel 3B *(zoom)*
- 23 Hostel Colores Mexicanos *(zoom)*
- 24 Hotel Colorado *(zoom)*
- 25 Casa Tucan *(zoom)*
- 26 Casa La Galeria

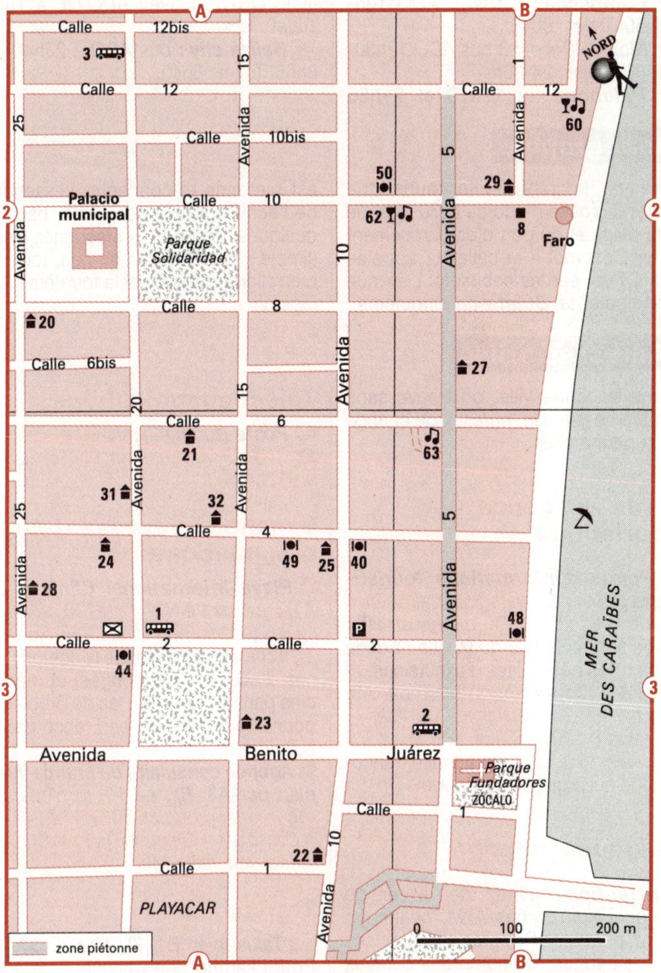

PLAYA DEL CARMEN (Zoom)

27 Pensión San Juan *(zoom)*
28 El Acuario Hotel *(zoom)*
29 Hotel Plaza *(zoom)*
31 Hotel Casa de las Flores *(zoom)*
32 Hotel Lunasol *(zoom)*

Où manger ? Où prendre un petit déjeuner ?

40 Las Brisas *(zoom)*
41 Nativo
42 El Fogón
43 El Sabrocito del Fogón
44 Asadero el Pollo *(zoom)*
45 Los Aguachiles
46 La Ceiba de la 30
47 Chez Céline
48 La Tarraya *(zoom)*
49 Romeo *(zoom)*
50 Babe's-Noodle-Bar *(zoom)*

Où boire un verre ? Où sortir ?

60 Bar-boîtes de la calle 12 Norte *(zoom)*
61 Caimán Tugurio
62 La Santanera *(zoom)*
63 Play@ 69 *(zoom)*

➢ ***Campeche :* 4 bus/j.,** *ADO* 10h-22h50. Trajet : 6h45.
➢ ***Mexico*** *(Taco)* **:** 3 bus *ADO* 12h30-21h30. Trajet : 24-26h.
➢ ***Palenque :*** à 17h10 et 21h55 avec *OCC*, et avec *ADO GL* à 19h. Trajet : 12h.
➢ ***Belize city :*** bus *ADO* à 23h40 et 8h55. Trajet : 6h40.

Topographie

À Playa, le centre-ville touristique s'étend grosso modo de la 30e avenue à la plage et du port d'embarquement pour Cozumel à la calle 46, appelée « la CTM » par les habitants. L'avenue principale, ***la Quinta*** (la cinquième), est piétonne et concentre l'essentiel de l'activité (boutiques, resto, bars et quelques hôtels). Pour stationner, c'est simple : ligne blanche ou rien, tout va bien ; ligne jaune, c'est la fourrière *muy rápido* !

Adresses utiles

Dans le centre-ville, on trouve sans problème laveries, bureaux de change et supermarchés.

Infos et agence touristique

ℹ ***Points d'informations touristiques :*** *kiosques stratégiquement situés un peu partout en ville. lun-ven 9h-20h.* Infos sur les hôtels de la ville et de la région, les possibilités d'excursions.
■ ***H & L Tours*** *(hors plan par A3,* ***9****)* **:** *av. 10 ; entre Biajaica del Mar et Abraica. 📱 120-39-39. • h-ltours.com • Lun-ven 10h-18h.* Une agence francophone qui organise des tours.

Banques, change

– ***Attention :*** évitez de retirer de l'argent aux bornes ATM, beaucoup sont piratées. Préférez les services d'une banque. De nombreux bureaux de change sur la Quinta.

■ ***Scotiabank*** *(plan A1,* ***4****)* **:** *av. Constituyentes 39 (angle av. 10). Lun-ven 8h30-16h, sam 10h-15h.*
■ ***Banamex*** *(plan A2,* ***5****)* **:** *angle av. 30 Norte et calle 12. Lun-ven 9h-16h.*

Télécommunications

✉ ***Poste*** *(zoom A3)* **:** *av. 20 et calle 2. ☎ 873-03-00. Lun-ven 9h-16h, sam 9h-12h45.*

Urgences, représentation diplomatique

✚ ***Playa International Clinic*** *(plan A1)* **:** *av. 10 ; angle calle 28. ☎ 803-12-15 (accueil) ou 873-13-65 (service 24h/24).* Très bien équipé (y compris en cas d'accident de plongée) et médecins parlant l'anglais. Pas de problème pour être remboursé en France par la suite.
■ ***Agence consulaire de France*** *(hors plan par A3,* ***6****)* **:** *av. 10, pl. Antigua, rdc intérieur, bureau 23. 📱 112-34-72. • consulatpdc@hotmail.com • Sur rdv mar et ven 9h30-14h.*

Transports

🚗 ***Taxis*** *(plan B1,* ***7****)* **:** *☎ 877-38-59.* Pour l'aéroport de Cancún, il peut se révéler plus intéressant de prendre un taxi à plusieurs que la navette ; comparez les prix.
■ ***Location de voitures :*** la plupart des agences sont représentées en centre-ville. *Elles ouvrent tlj 7h (ou 8h)-22h.* Renseignez-vous auprès de votre hôtel.

Où dormir ?

Victime de son succès (les hôtels pour *hipsters* éclosent un peu partout), il est difficile de se loger en haute saison, notamment en juillet-août, à Noël et à Pâques... Il est donc impératif de réserver à l'avance ! On rappelle que les prix jouent au yo-yo selon les époques de l'année. Enfin, les établissements situés dans les environs de la Quinta peuvent être bruyants compte tenu de leur proximité avec les bars et night-clubs.

De bon marché à prix moyens (moins de 800 $Me / env 40 €)

Hostel Playa (zoom A2, **20**) : *angle av. 25 et calle 8. ☎ 803-32-77. • hostelplaya.com.mx • Dortoirs 180-400 $Me ; doubles sans sdb 400-900 $Me.* Une AJ à l'ambiance jeune et routarde, dont les différents dortoirs de 8 lits (mixtes ou non, avec ventilos) s'organisent autour d'un vaste espace commun : cuisine, salon TV... C'est donc un chouia bruyant à certaines heures, mais la fête a généralement tendance à se déplacer dans l'arrière-cour (avec barbecue et hamacs), avant de migrer carrément sur le toit-terrasse pour des soirées haute tension ! Sanitaires communs corrects. Petite piscine hors sol.

Hostel Che (zoom A3, **21**) : *calle 6 ; entre av. 15 et 20. 147-17-41. • hostelche.com.mx • Lits en dortoir 250-500 $Me selon saison ; doubles 600-1 200 $Me, petit déj compris.* Petite AJ entièrement climatisée qui ne révolutionne pas le concept mais qui a fait ses preuves concernant le mariage ambiance-hébergement. Côté dodo, les dortoirs sont mixtes ou féminins et disposent de 6 à 12 lits ainsi que de leur propre salle de bains (prévoir de l'attente). Quelques chambres privées aussi, mais d'un rapport qualité-prix médiocre. Cuisine commune, bar, terrasse, soirées à thème. Bon accueil.

Hostel 3B (zoom A3, **22**) : *av. 10 ; à l'angle de calle 1. ☎ 803-29-01. • hostel3b.com • Nuit en dortoir 15-25 US$ selon saison ; triples 47-90 US$, petit déj américain compris. (parties communes). Chic and cheap !* C'est la devise de cette AJ dont le mobilier est stylé, et les dortoirs (8-12 lits) sont tous dotés d'une salle de bains privée. Attention, certaines chambres privatives ne possèdent pas de fenêtre (ça sent un peu le renfermé...). Sinon, cuisine à dispo, coin X-box, etc. Le toit est agrémenté d'un bar *lounge* façon *roof garden,* avec piscinette qui accueille diverses soirées à thème : barbecue, sushi night, DJ, etc. Autant dire que cet *hostel* ne s'adresse pas aux couche-tôt !

Hostel Colores Mexicanos (zoom A3, **23**) : *av. 15 ; entre Juárez et calle 2. ☎ 873-00-65. • hostelcolores_mexicanos@hotmail.com • Selon saison, lits en dortoir de 4 pers 120-200 $Me ; 380-750 $Me pour une double. Pas de petit déj. (sur le balcon).* Ce n'est pas notre 1er choix, compte tenu de l'absence notable de déco et d'ambiance, mais la quinzaine de chambres et le petit dortoir de 4 sont d'une propreté irréprochable. À l'étage, cuisine à dispo (très sommaire) prolongée par une terrasse qui surplombe la place. Un petit parking, juste devant, complète cette offre d'une autre époque mais bien située.

Hotel Colorado (zoom A3, **24**) : *calle 4 Norte ; entre av. 20 et 25. ☎ 873-03-81. Doubles 450-750 $Me.* À 3 rues de la Quinta, pour ceux qui veulent en être proches, tout en étant à l'écart de son effervescence. Tout en couleurs, disposées autour d'une charmante courette arborée et fleurie, une douzaine de chambres doubles ou triples bien entretenues avec frigo, TV, AC (neuve), et salle de bains. Certaines disposent même d'un balcon et les plus grandes d'une kitchenette. Barbecue commun. Personnel très aimable. Une bonne adresse, notamment pour les familles.

De chic à plus chic (800-1 600 $Me / env 40-80 €)

Casa Tucan (zoom A3, **25**) : *calle 4 ; entre av. 10 et 15. ☎ 873-02-83. Doubles 650-1 800 $Me selon saison et confort (avec ou sans clim).* Les chambres et les *cabañas* sont dispersées dans un grand jardin dont les végétaux distillent une fraîcheur salvatrice. Au fond, une piscine dominée par une grande fresque. Simples et sans prétention, d'un confort suffisant, avec salle de bains et, selon les catégories, ventilo, AC, frigo ou kitchenette, les chambres s'avèrent tout à fait correctes. Demandez à en voir plusieurs avant d'arrêter votre choix. Ambiance routarde calme et décontractée, comme l'accueil.

■ ***Casa La Galeria*** *(plan A1,* ***26****) : av. 30, angle calle 20. ☎ 147-91-52. • casalagaleria.com • Doubles avec sdb et clim 800-1 900 $Me. Pas de petit déj.* Dans une rue peu passante, ce petit hôtel récent de 3 étages propose une vingtaine de chambres doubles autour d'un petit atrium ouvert. Tout confort, elles sont lumineuses et plaisantes avec leur déco épurée et sont presque toutes équipées d'un lit *king size.* Ambiance faite de petites intentions comme ces cookies à dispo avec du café ou du thé et ce petit coup de rouge sur les coups de 17h. Petite terrasse près des étoiles avec piscine miniature. Accueil au diapason de la maison.

■ ***Pensión San Juan*** *(zoom B2,* ***27****) : av. 5 nº 165 ; entre les calles 6 et 8. ☎ 873-06-47. • hotelpension sanjuan.com • Selon saison, doubles 1 000-1 200 $Me. Pas de petit déj. (parties communes).* Petit hôtel sympathique et bien tenu, décoré de motifs au pochoir colorés. Une quinzaine de chambres doubles avenantes et une familiale pour 5 personnes, avec AC, ventilo, certaines avec minifrigo. À l'étage, grande cuisine à dispo prolongée par une agréable terrasse surplombant la Quinta. Un bon rapport qualité-prix.

■ ***El Acuario Hotel*** *(zoom A3,* ***28****) : av. 25 ; entre les calles 2 et 4. ☎ 873-21-33. • elacuariohotel.com.mx • Doubles 1 250-1 900 $Me selon saison (1 sem exigée à Noël).* Établissement convivial à l'écart de la frénésie de la Quinta. Ses chambres (qui disposent d'une cuisinette) sont organisées autour d'une petite piscine. Aménagements impeccables et tout confort, propreté au rendez-vous et petites attentions (la femme de chambre vous dressera l'inventaire de l'arche de Noé en « sculptant » vos serviettes de toilette !).

■ ***Hotel Plaza*** *(zoom B2,* ***29****) : calle 10 ; entre 1ra av. et la Quinta. ☎ 873-26-42. • hotelplaza-mexico.com • Doubles standard 1 600-3 820 $Me selon période. Réduc de 10 % sur le prix de la chambre sur présentation de ce guide.* Un hôtel géré par les patrons du club de plongée *Phocea Mexico* situé juste en face (voir plus loin « Plongée sous-marine »). Une vingtaine de chambres simples, propres, avec AC et ventilo, TV, balcon. Également 2 suites et 2 appartements avec kitchenette. Petite piscine biscornue. C'est à deux pas de la plage, et c'est là son grand atout.

Très chic (plus de 1 600 $Me / env 80 €)

■ ***Hotel Casa de las Flores*** *(zoom A3,* ***31****) : av. 20 ; entre les calles 4 et 6. ☎ 873-28-98. • hotelcasadelas flores.com • Doubles standard 1 700-3 400 $Me selon saison, supérieures 1 900-4 250 $Me, y compris petit déj continental. Parking.* Petit hôtel de charme, façon hacienda colorée, avec colonnades, fer forgé et carrelage d'époque. Une trentaine de chambres. Spacieuses et non sans charme, elles disposent toutes d'un lit *matrimonial* et donnent sur un très joli patio planté d'un arbre géant qui touche le ciel. Atmosphère très reposante autour de la piscine. Location de vélos. Accueil aimable. Un coup de cœur.

■ ***Hotel Lunasol*** *(zoom A3,* ***32****) : calle 4 nº 169 ; entre av. 15 et 20. ☎ 873-39-33. • lunasolhotel.com • Selon saison, doubles 1 900-2 600 $Me.* À deux pas de l'animation, un établissement tout en béton et carrelage, disposant d'une quinzaine de chambres bien fraîches grâce à leur clim individuelle. Avec terrasse ou balcon, elles donnent sur un jardin intérieur. Intéressante cuisine commune et petite piscine pour faire trempette. Accueil agréable.

Où manger ? Où prendre un petit déjeuner ?

La plupart des restos de la Quinta, à défaut de proposer une cuisine variée, rivalisent d'inventivité côté déco, sur tous les thèmes imaginables. Sachez cependant que ce sont souvent des pièges à touristes qui, en plus, ont la mauvaise habitude d'ajouter d'office 15 % de service, voire davantage. C'est principalement dans les rues perpendiculaires qu'on a dégoté nos petites adresses. Là où la cuisine a encore du goût et où l'on coudoie des autochtones à sa table. Quelques p'tits endroits sympas aussi pour prendre un petit déj.

Bon marché (moins de 150 $Me / env 7,50 €)

Las Brisas (zoom A3, **40**) : *calle 4 ; entre av. 5 et 10. Tlj 12h-22h.* Grande salle ouverte sur la rue, où l'on sert une cuisine mexicaine typique sur fond de TV (discrète). Gentille carte avec une large place faite aux poissons. Bons *pescado al ajo* et *calamares fritos* notamment. Propose aussi des assiettes de *mariscos* pour 2 et 4 personnes et un délicieux *ceviche de mariscos y camarones.* Ambiance familiale et loin des restos touristiques de la Quinta. Une valeur sûre.

Nativo (plan A1, **41**) : *av. 30 ; angle calle 20 Norte. ☎ 803-13-17. Tlj 7h-minuit.* Ici, les petits déj sont du genre pantagruéliques et les jus de fruits, pressés au litre, sont 2 fois moins chers que sur la Quinta. Sinon, ça fait le bonheur des familles, car les plats, goûteux, sont servis avec générosité (quelques spécialités mayas). Le tout proposé par une équipe tout sourire dans une salle à la déco très kitsch, façon salade de fruits tropicale. Autre entité à un jet de pomme de là, juste en face *La Ceiba de la 30.*

El Fogón (plan A2, **42**) : *av. 30 ; à l'angle de calle 6 bis. ☎ 803-08-85. Tlj 13h-5h.* Salle archibondée de locaux et de touristes : on s'extrait enfin de la dictature policée des restos *ital-mex* de la Quinta pour entrer dans le vrai Mexique ! La nourriture, ni chère ni chichiteuse, est bonne et bien d'ici, avec les viandes goûteuses qui grillent en direct, histoire de partager avec tout le monde la fumée et les odeurs. Ambiance ! Terrasse au 1er étage.

El Sabrocito del Fogón (plan A1, **43**) : *av. Constituyentes ; entre av. 25 et 30. Tlj 13h-6h.* La succursale du célèbre *Fogón* n'a rien à lui envier. Tout aussi bondé, voire plus, tout aussi enfumé par son gril débordant de viandes juteuses, et tout aussi délicieux.

Asadero el Pollo (zoom A3, **44**) : *av. 20 Norte, angle calle 2 Norte. Tlj 10h-18h.* Il embaume tout le quartier avec ses odeurs de poulet grillé à l'heure du déjeuner ! Ici, touristes et locaux se partagent chaises et tables en plastique pour des formules quart de poulet-soda à prix ras des pâquerettes. Recomptez quand même l'addition pour éviter de vous faire plumer.

Prix moyens (150-300 $Me / env 7,50-15 €)

Los Aguachiles (plan B1, **45**) : *calle 34 Norte, angle av. 25 Norte. Tlj 12h-19h30.* Grande *palapa* ouverte sur la rue qui propose tout ce que la mer produit de frais, cuit dans le jus de citron et aromatisé d'herbes et d'épices. Essayez les tacos, les *figurines* (on remplace la tortilla du taco par une feuille de salade, c'est bon pour le régime), le *trio fantástico* (3 assemblages différents de *cockteles* de fruits de mer). On y vient en famille pour la fraîcheur des produits, la bière vendue en format de 1 l et le bon rapport qualité-prix. *Pour les noctambules, une autre adresse à Playa : av. Constituyentes (entre la Quinta et av. 1 Norte). ☎ 803-15-83. Tlj 12h-minuit.*

La Ceiba de la 30 (plan A1, **46**) : *av. 30 ; presque à l'angle de Constituyentes. ☎ 873-21-35. Tlj 7h-22h (21h sam et 14h dim).* Accolée à une grande épicerie bio, *La Ceiba* se résume à une cuisine ouverte donnant sur une terrasse en bois. Peu de tables, mais un service rapide pour une cuisine goûteuse (excellent cordon-bleu), de belles et fraîches salades et des sandwichs. Le tout servi avec de délicieux cocktails de fruits énergétiques. Impeccable pour faire le plein de vitamines !

Chez Céline (plan B1, **47**) : *av. 5, calle 34. ☎ 803-34-80. Tlj sf lun 8h-23h30.* Une boulangerie-pâtisserie bien de chez nous, créée par un couple de Français, et dans laquelle s'active aujourd'hui une armée d'employés !

Si c'est pas de la réussite, ça ? Paraît qu'on arrive de tout le pays pour goûter ses croissants aux amandes ! Une vraie petite usine à se faire du bien. On y trouve du salé, du sucré, mais faut parfois ruser pour trouver de la place !

La Tarraya *(zoom B3, **48**) : au bout de la calle 2 ; sur la plage. ☎ 873-20-40. Tlj 12h-21h.* C'est le plus ancien resto installé sur la plage. Grande salle largement ouverte sur la mer, ou carrément les pieds sur le sable sous les cocotiers, pour déguster un poisson grillé ou un *ceviche.* Bonne ambiance, mais le service pèche parfois par son manque de métier.

Plus chic (300-500 $Me / env 15-25 €)

Romeo *(zoom A3, **49**) : calle 4 ; entre av. 10 et 15. 141-65-07. Tlj sf mer 16h-23h30.* Petite trattoria-pizzeria italienne plébiscitée par les locaux et les touristes. La salle est par conséquent souvent bondée et l'attente de mise, mais le spectacle de la cuisine ouverte donne envie de patienter ! En outre, les pizzas cuites au feu de bois sont bonnes, de même que les plats de viande ou les pâtes fraîches.

Babe's-Noodle-Bar *(zoom A2, **50**) : calle 10 ; entre av. 5 et 10. ☎ 879-35-69. Tlj sf lun 13h-minuit.* À un moment ou à un autre, on finit par échouer dans ce resto monté par un couple de Suédois en 2000 ; dans la 1re salle qui domine la rue, parmi les pin-up des années 1950, ou bien au fond dans le *Budha Bar* (sic !), beaucoup plus intime. Déco sympa et bonne cuisine majoritairement thaïe. Un classique à Playa.

Où boire un verre ? Où sortir ?

Les oiseaux de nuit trouveront leur bonheur dans le ***bars-boîtes de la calle 12 Norte,*** côté plage *(zoom B2, **60**).* Le périmètre est restreint, vous pouvez passer facilement de l'un à l'autre. Citons *La Vaquita,* le *Coco Maya Beach,* le *Blue Parrot, Tabú,* le *Mandala* et, bien sûr, le très en vogue *Coco Bongo* avec ses spectacles bruts de décoffrage... Sinon, voici 3 adresses parmi tant d'autres.

Caimán Tugurio *(plan B1, **61**) : calle 24 ; entre av. 1 A et 5. Tlj 20h-2h. Mar, ven, sam, concerts live vers 22h ; DJ le reste du temps. Rock, pop, remix et parfois latino.* Petit bar ouvert sur la rue où la bière (pression) et les cocktails sont encore à prix démocratiques et où la musique est bonne. Petite restauration.

La Santanera *(zoom A-B2, **62**) : calle 10 ; entre av. 5 et 10. Entrée payante selon programmation.* Un des endroits branchés de Playa. Bar toujours bondé et boîte où se produisent régulièrement la crème des DJs. Agréable *roof-top* donnant sur la 10.

Play@ 69 *(zoom B3, **63**) : au fond d'un passage étroit qui part de l'av. 5 (à gauche d'un 7-Eleven). Tlj sf lun à partir de 21h. Entrée payante.* Indétrônable discothèque gay, sombre et exiguë. Pleine comme un œuf dès 1h (mais déserte avant !)..

À faire

Si rien n'est fait pour endiguer le phénomène, il n'y aura bientôt plus de plage digne de ce nom à Playa del Carmen. Cela dit, pas de panique, pour en profiter un max, c'est dans la zone de ***Playacar fase 1*** qu'il y a plus de sable. On y accède à pied à extrémité de l'avenida 10 Sur, ou en passant par le bar *Señor Frog's* situé à droite de l'embarcadère pour Cozumel.

Plongée sous-marine

Avec la deuxième barrière corallienne la plus longue au monde, Playa del Carmen est un endroit bien connu des amateurs de plongée. Il faut dire qu'avec ses eaux de rêve, l'endroit s'y prête à merveille. Les tombants sont certes moins spectaculaires qu'à Cozumel, mais les fonds marins sont superbes ! Les récifs sont à moins de 15 mn en bateau. N'oubliez pas votre brevet international. Ou passez-le sur place. À vos marques, prêts, palmez !

Centre de plongée

Ce ne sont pas les clubs de plongée qui manquent ! Vérifiez toutefois qu'ils sont bien affiliés à l'*APSA (Asociación de Prestadores de Servicios Acuáticos),* gage d'une certaine déontologie et d'un travail de qualité. En tout cas, on a beaucoup apprécié :

■ ***Phocea Mexico*** *(zoom B2,* ***8****) : calle 10 ; entre les av. 1era et 5. ☎ 873-12-10. • phocea-mexico.com • ♿ Tlj 8h-19h. Réduc de 10 % sur présentation de ce guide (valable pour le centre de Playa comme pour celui de Cozumel).* Ce club de plongée est tenu par un couple à la tête d'une équipe pro et passionnée, pour qui le temps n'est pas chronométré. Ils font aussi école de plongée et forment jusqu'au niveau instructeur PADI. Équipement fourni. Ils vous emmèneront voir des tortues géantes, les requins-baleines de mi-mai à mi-septembre (rencontre 100 % garantie), et explorer de nombreux sites. Très sérieux. *Phocea Mexico* gère aussi 2 autres centres de plongée au Mexique. Le premier à Cozumel *(av. Rafael Melgar ; attenant à l'hôtel* Villablanca*, à env 3 km au sud de San Miguel de Cozumel ; ☎ (987) 869-01-43)* ; l'autre à La Paz, en Basse-Californie.

DANS LES ENVIRONS DE PLAYA DEL CARMEN

Parque Xcaret : *de Playa del Carmen, colectivo vers Tulum (voir « Arriver – Quitter » à Playa del Carmen). Demandez au chauffeur de vous arrêter à l'embranchement ; de l'arrêt, navette gratuite ttes les 20 mn vers l'entrée.*

– ***Infos et horaires :*** *☎ 01-800-212-89-51. • xcaret.com.mx • Tlj 8h30-22h30 (accès jusqu'à 21h30).* ***À noter :*** *à partir de 16h (15h en hiver), le tarif diminue de 30 %.*

– ***Tarifs :*** *à partir de 99 US$ (plus cher si on inclut les forfaits nourriture et transport depuis votre hôtel ; réduc si résa en ligne à l'avance) ; ½ tarif moins de 12 ans. Nombreuses activités en supplément (cher).* Tant que vous y êtes, prenez le forfait le plus élevé qui comprend, en plus de l'entrée, serviette, équipement de plongée, buffet le midi et boissons (non alcoolisées). Plan du parc distribué à l'entrée, où tous les suppléments sont indiqués.

Avec son village maya, Xcaret est un parc d'attractions qui se veut plus « culturel » (sic !) que celui de Xel-Há. Jusqu'en 1989, l'endroit était une superbe petite crique où une multitude de poissons tropicaux batifolaient dans une eau cristalline. Depuis, tout a été chamboulé. La lagune a été en partie fermée par des digues artificielles. Des bassins ont été créés, pour les poissons, pour les dauphins. But du jeu ? Servir à une clientèle de vacanciers majoritairement nord-américaine un concentré des beautés de la côte caraïbe sur un plateau d'argent !

Bien des pays ont honni les delphinariums (Australie, Brésil...), jugeant stupide de capturer des dauphins et de les apprivoiser pour le seul plaisir du public... Le Mexique, qui a pourtant interdit l'exploitation des animaux sauvages dans les cirques (contrairement à la France, soit dit en passant), continue d'autoriser ces pratiques.

– Dans ce grand parc d'attractions « à l'américaine », on peut parcourir la rivière souterraine à la ***nage*** (apportez vos masque et tuba, sinon on vous les facture), se balader à ***cheval,*** voir des tortues marines, des orchidées, des papillons et des oiseaux exotiques (flamants roses et perroquets), se donner quelques frissons dans la ***grotte aux chauves-souris.*** La ***laguna Azul*** est splendide. En revanche, les petits sites archéologiques ne valent guère tripette.

– ***Spectacle nocturne*** *(à 19h tte l'année)* **:** une reproduction de cérémonies religieuses mayas, danses et musique folkloriques, jeu de pelote maya, etc. On soigne la mise en scène, le spectacle reçoit l'unanimité des petits et des grands. Dîner possible (cher).

Río Secreto : *au sud de Playa del Carmen, peu après Xcaret, au km 283,5, sur la droite. ☎ (984) 147-60-50. • riosecreto.com • Départs tlj à 9h, 10h, 11h, 12h et 13h. Prévoir env 3h30. Entrée : 79 US$; réduc enfants.* Cet impressionnant réseau de grottes est l'un des plus étendus du Yucatán. Mais ce qui le distingue des autres, souvent complètement inondés, c'est que la majeure partie des salles n'est qu'à demi immergée ! Nul besoin de compétence spécifique pour arpenter le lit de cette formidable rivière souterraine, avant de barboter parmi les concrétions les plus incroyables. Chaque excursion commence par une petite présentation de la réserve naturelle, avant d'enchaîner par un transfert jusqu'à l'entrée des grottes, situées à 7 km de l'accueil. Sur place, on troque ses vêtements pour un équipement adapté (casque, lampe, combinaison et gilet – casiers fournis), puis direction les entrailles de la terre pour une visite de 1h30. Mieux vaut ne pas être claustro ! Au retour, repos bien mérité autour d'un buffet.

ISLA COZUMEL

86 000 hab. IND. TÉL. : 987

• Plan San Miguel de Cozumel *p. 295*

Cozumel, avec ses 56 km de long et 17 km de large, est bien plus grande que Isla Mujeres. C'est une île surtout fréquentée par les Nord-Américains, qui y débarquent pour quelques heures de leurs hôtels flottants, histoire de faire chauffer leurs cartes de paiement. Ici, toutes les prestations sont affichées et se paient en dollars. L'unique bourg de l'île, *San Miguel,* n'est pas désagréable avec ses petites rues tracées au cordeau, ses murs « enfresqués » et la nonchalance qui semble y régner. Le reste de « l'île aux hirondelles » (son nom en maya) recèle encore pas mal de plages désertes et sauvages, à condition de louer un véhicule (deux-roues ou voiture) pour y accéder. Cela dit, Cozumel, c'est avant tout un « parc marin national », et des fonds d'une incroyable beauté très prisés des plongeurs en raison de la clarté des eaux.

UN PEU D'HISTOIRE

Dès le début du premier millénaire de notre ère, l'île abrite, entre autres sanctuaires, celui d'Ixchel, déesse maya de la Naissance, et une légende (inventée de toutes pièces, puisqu'aucun document n'en fait état avant 1924) prête aux autochtones l'intention de lui rendre visite (les femmes enceintes notamment). C'est sans doute sur Cozumel que les Espagnols mettent pour la première fois le pied en « terre mexicaine ». De manière brutale, puisqu'ils vont refiler la variole aux insulaires ! De 40 000 âmes en 1518, l'île n'en comptera plus que 30 en 1570 (rappelons que l'épidémie de variole, importée par Cortés, a décimé 90 % des Indiens du Mexique entre 1515 et 1520) !
Désertée aux XVIIe et XVIIIe s, l'île devient un repaire de pirates et, par la suite, un refuge pour les Mayas durant la guerre des Castes. Dans la première moitié du XXe s, elle sert d'étape sur la route du chicle, le latex tiré du néflier d'Amérique, nécessaire à la fabrication des chewing-gums. Plus tard, pendant la Seconde

Guerre mondiale, les Américains y installent une base militaire et créent une piste d'atterrissage (rasant une pyramide au passage). Mais ce sont les plongeurs du monde entier qui lui donneront ses lettres de noblesse, notamment René Cordera, qui y tournera *Un Mundo Nuevo* (sorti en 1957), un film très inspiré du *Monde du silence* que Cousteau avait tourné l'année précédente (mais pas à Cozumel).

Arriver – Quitter

➢ ***En ferry :*** *l'embarcadère (plan A1) se trouve à* ***Playa del Carmen,*** *en bas du zócalo.* 2 compagnies assurent la traversée à l'année : *Ultramar (● granpuerto.com.mx ●)* et *Mexico Waterjets (☎ 872-15-08 ; ● mexicowaterjets.com.mx ●)* ; une 3e leur prête main-forte en saison. Elles pratiquent les mêmes tarifs (guichets à l'entrée du quai). Compter 330 $Me pour l'A/R ; ½ tarif moins de 12 ans. Trajet : 30-35 mn. Départ ttes les heures 7h-22h. Dans l'autre sens, ttes les heures 6h-21h. Attention : une compagnie assure les heures paires, l'autre les impaires, et elles inversent l'ordre chaque jour ! Privilégiez les allers simples pour être libre sur le choix de la compagnie au retour.
À Playa del Carmen, nombreux parkings si vous souhaitez laisser votre véhicule, mais cher : env 200 $Me/j.

➢ ***En car-ferry :*** *au Transbordadores del Caribe, à 15 km au sud de Playa (km 283 de la ruta federal), après Xcaret, à* ***Punta Venado,*** *muelle Calica. ☎ 872-76-88. ● transcaribe.net ●* Départs lun-sam à 4h, 8h, 13h30 et 18h (dim à 7h, 11h et 19h30 slt). Arrivée sur l'île, au sud de San Miguel, muelle Punta Langusta. Dans l'autre sens, départs lun-sam à 6h, 11h, 16h et 20h30 (dim à 9h, 17h et 21h slt). Arriver 1h avt l'embarquement. Trajet env 500 $Me/voiture (chauffeur inclus) et 68 $Me/passager. Traversée : 1h30.

➢ ***En avion :*** env 3 vols/j. relient Cancún, avec *Maya Air (☎ 872-36-09 ; ● mayair.com.mx ●)* à partir de 65 US$/trajet.

Transports dans l'île

Pour sortir de la ville, c'est soit le ***taxi*** (la liste des tarifs officiels est affichée au point de départ, devant l'embarcadère), soit la location d'un ***scooter*** (attention, la plupart du temps, c'est sans assurance). Un hôtel sur deux en loue, mais on vous conseille de vous adresser directement au loueur car les hôtels ont tendance à sérieusement se graisser au passage *(compter 25-35 US$/j.).* En revanche, peu de location de vélos. Comparez les prix, faites-vous préciser ce qui est à votre charge en cas de pépin et vérifiez méticuleusement l'état du véhicule avant de partir.
Une bonne adresse :

■ ***Rentadora Isis*** *(plan A1,* ***1****) : av. 5 Norte nº 181 ; entre les calles 2 et 4. ☎ (984) 879-31-11. ● rentadoraisis.com.mx ● Tlj 8h-18h. Compter 21 US$/j. pour un scooter, 50 US$/j. pour une voiture type Coccinelle.* Agence très sérieuse.

SAN MIGUEL DE COZUMEL

Les hôtels d'Isla Cozumel se trouvent dans le bourg de San Miguel. Comme à Playa del Carmen, les avenues sont parallèles à la mer et numérotées de 5 en 5, et les rues perpendiculaires de 2 en 2. L'avenue Benito Juárez, perpendiculaire à la

mer et qui longe le *zócalo,* est la ligne de démarcation entre les rues nord (paires) et sud (impaires).
Le quartier touristique est délimité en gros par le quai et la 5e avenue d'une part, et les calles 4 Norte et 5 Sur d'autre part. Mais la « vraie vie » de San Miguel se passe ailleurs, plus à l'est, entre les avenidas 30 et 40 et les calles 5 Sur et 8 Norte.

Adresses utiles

Dirección de turismo municipal *(plan A1) : de l'autre côté du zócalo, face à la sortie de l'embarcadère, edificio Plaza del Sol, au 1er étage des bâtiments jaunes, à droite de l'escalator. ☎ 969-02-12. Lun-ven 8h-15h.* Très aimable et disponible.

– À la descente des bateaux, des dizaines de petits kiosques vous proposent leurs services, mais ce sont des agences de voyages.

Banques : *dans le centre, autour du zócalo.* Distributeurs.

Poste *(plan A2) : av. Rafael Melgar ; à l'angle de la calle 7 Sur. Lun-ven 9h-16h, sam 9h-13h.*

Cozumel International Clinic *(plan A2,* ***3****) : calle 5 Sur ; entre l'av. 5 et le bord de mer. ☎ 872-14-30.* Urgences et consultations 24h/24. Équipée pour les accidents de plongée.

Laverie Express *(plan B2,* ***4****) : av. 20 ; entre calle Dr Salas et calle 3. ☎ 872-29-32. Lun-sam 7h-21h, dim 8h-16h.*

Bus ADO *(plan A-B2,* ***7****) : av. 10 ; entre calle 1 Sur et Benito Juárez. Tlj 7h-21h.* On y achète ses titres de transport.

Où dormir ?

De bon marché à prix moyens (moins de 800 $Me / env 40 €)

Hostelito *(plan B1,* ***19****) : av. 10 ; entre calle 2 et av. Juárez, proche du zócalo. ☎ 869-81-57. Lit en dortoir de 26 pers 180 $Me, doubles 650-900 $Me. Pas de petit déj.* Un ensemble bien situé. 2 établissements en 1 : côté *hostel,* on a le choix entre un grand dortoir mixte avec des matelas recouverts de bâches de camion (sic !) et un plus petit pour 6 personnes mais réservé à ceux qui le louent en totalité. Tous les deux possèdent douche et w-c. Côté hôtel (moins bien), des suites et des doubles se répartissent sur différents niveaux, et se révèlent propres et de bon confort (clim). En commun, une terrasse pour le farniente et une autre avec cuisine ouverte à dispo.

Amigos Hostel *(hors plan par B2,* ***20****) : calle 7 Sur ; entre av. 25 et 30. ☎ 872-38-68. • cozumelhostel.com • Lits en dortoir à partir de 250 $Me, chambre privée (3 lits simples) 800-950 $Me. Pas de petit déj.* Certes, un chouia excentrée, mais on profite du jardin arboré avec sa piscine et ses hamacs qui vous tendent les bras. Tous les bâtiments sont de plain-pied et donnent sur la verdure, qu'il s'agisse des espaces communs sous un toit de palmes (cuisine, coin salon TV, billard...) ou des 2 dortoirs de 8 lits et de la chambre pour 3 (tous avec AC mais horaires restreints) et salle de bains, plus une kitchenette en ce qui concerne la chambre. Accueil frisquet en revanche.

Posada Edem *(plan A1,* ***21****) : calle 2 Norte n° 124, proche de l'embarcadère. ☎ 872-11-66. • hotelposadaedem.com.mx • Doubles 450-700 $Me selon confort (ventilo ou clim). Pas de petit déj.* Petit hôtel rudimentaire, mais bien situé. Une quinzaine de chambres doubles, dont la moitié climatisées. C'est bien au calme, avec douche (eau chaude), ventilo ou AC et TV (supplément). Le tout donnant sur un couloir clair et aéré. Possibilité de garer son scooter. Bien tenu et gentil accueil. Très correct pour le prix.

LA PÉNINSULE DU YUCATÁN

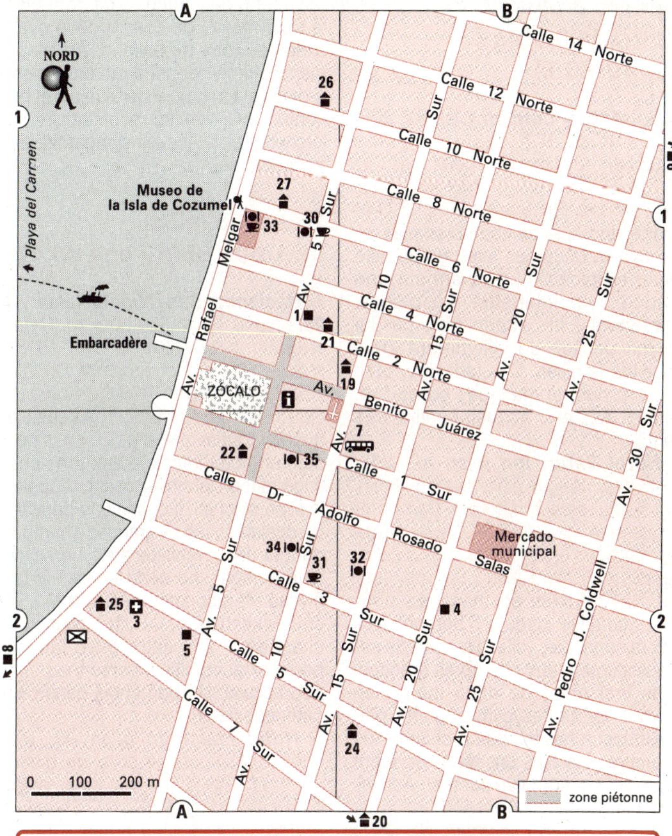

SAN MIGUEL DE COZUMEL

■ Adresses utiles

- i Dirección de turismo municipal
- **1** Rentadora Isis
- **3** Cozumel International Clinic
- **4** Laverie Express
- **5** Scuba Gamma
- **6** Blue Note
- **7** Bus *ADO*
- **8** Phocea Mexico

Où dormir ?

- **19** Hostelito
- **20** Amigos Hostel
- **21** Posada Edem
- **22** Hotel Mary Carmen
- **24** B & B Amaranto
- **25** Hotel Safari Inn
- **26** Hacienda San Miguel
- **27** Hotel Flamingo

Où manger ? Où prendre un petit déjeuner ?

- **30** La Candela
- **31** La Cozumeleña-Panadería-Cafetaría
- **32** Los Otates
- **33** Café-restaurant del Museo
- **34** La Choza
- **35** Casa Denis

De chic à plus chic (800-1 600 $Me / env 40-80 €)

Hotel Mary Carmen *(plan A2,* ***22****) : av. 5 nº 4. ☎ 872-05-81. • hotelmarycarmen.com.mx • À deux pas du zócalo. Doubles 750-1 100 $Me, petit déj compris. Parking payant.* Une bonne vingtaine de chambres claires, propres et décorées avec goût (salle d'eau en *tadelakt*), donnant sur une grande cour intérieure. La plupart possèdent 2 lits *queen size,* ce qui en fait un lieu de villégiature idéal pour les familles. D'autant que, côté confort, rien ne manque : coffre-fort, ventilo, AC, etc. Accueil familial très gentil.

Hotel Safari Inn *(plan A2,* ***25****) : av. Rafael Melgar nº 429. ☎ 872-01-01. • aquasafariinn.com • Dans une impasse à gauche de l'hôtel* Vista del Mar, *sur le port. Doubles à quintuples 840-1 200 $Me ; pas de petit déj.* Prix fixes et chambres pouvant accueillir jusqu'à 5 personnes à prix raisonnable, voilà la recette de cet établissement aux chambres grandes, sans vrai effort de déco mais bien tenues. Certaines clim sont un peu vieillottes, n'hésitez pas à changer de chambre ; les plus chanceux opteront pour les 2 qui ont vue sur mer. Accueil aimable.

B & B Amaranto *(plan B2,* ***24****) : calle 5 nº 321 ; entre av. 15 et 20. ☎ 872-32-19. 📱 106-62-20. • amarantobedandbreakfast.com • Suites 1 150-1 420 $Me ; bungalow env 1 200 $Me pour 2 ; petit déj 115 $Me/pers.* Dans une belle maison conçue par le propriétaire architecte, repérable à son escalier atypique et à sa tourelle coiffée d'une *palapa.* Cette bâtisse intrigante abrite 2 belles suites, tandis que les chambres « classiques » occupent des bungalows rappelant le style maya : de construction ovale, avec des toits de palmes. Aménagement original (douche ouverte, c'est-à-dire sans toit, pour certaines !) et bon confort (AC, ventilo, moustiquaire, TV, kitchenette...). Accueil sympathique et francophone.

Très chic (plus de 1 600 $Me / env 80 €)

Hacienda San Miguel *(plan A1,* ***26****) : calle 10 nº 500 ; entre Rafael Melgar et av. 5. ☎ 872-19-86. • haciendasanmiguel.com • Doubles 1 580-2 530 $Me ; 420 $Me/pers en plus ; petit déj compris.* À l'écart du quartier touristique et à deux pas de la mer, un hôtel intimiste aux tons ocre, enserrant un jardin reposant, rappelant le style colonial. Il cache une douzaine de chaleureuses et grandes chambres dont la déco, réalisée avec un savoir-faire évident, ne cède en rien à leur niveau d'équipement (AC, ventilo, TV, coffre, kitchenette). Suites pleines de charme sur 2 niveaux, avec terrasse pouvant accueillir 4 personnes. Très bon accueil. Un bon choix dans cette catégorie de prix.

Hotel Flamingo *(plan A1,* ***27****) : calle 6 nº 81 ; entre bord de mer et av. 5. ☎ 872-12-64. • hotelflamingo.com • Doubles 1 680-2 000 $Me, petit déj compris.* Une adresse qui se veut moderne (le réceptionniste vous fait votre compte sur la télé !). Elle offre une quinzaine de belles chambres classiques et spacieuses, avec ventilo, AC, bains, coffre et TV. Pour prendre le petit déj, reposant petit patio plein de verdure où murmure une jolie fontaine. Resto bon mais cher. Joli bar au rez-de-chaussée. Mais la vraie bonne surprise, c'est le jacuzzi posé sur la terrasse !

Où dormir chic ailleurs sur l'île ?

Hotel Ventanas al Mar : *à env 20 km au sud-est de San Miguel, sur la route côtière (km 44). ☎ 267-22-37. • ventanasalmarcozumel.com • Doubles à partir de 150 US$; 2 suites 200 US$; petit déj complet inclus.* Ceux qui veulent passer une nuit romantique dans cet hôtel isolé, agrippé à un rocher fouetté par les embruns, loueront un véhicule ou prendront un taxi pour s'y rendre car c'est loin de tout. Chambres vastes, claires et à la hauteur de vos attentes côté confort comme côté déco. La plupart profitent de vues superbes depuis les terrasses ou les balcons. Petite piscine spéciale selfie (elle est en forme de cœur). Le seul hic, c'est que la mer est souvent agitée.

Où manger ? Où prendre un petit déjeuner ?

Bon marché (moins de 150 $Me / env 7,50 €)

|●| À proximité du marché de fruits et légumes *(calle Dr Salas, entre av. 20 et 25),* plusieurs *lancherías* où l'on peut manger pour une poignée de pesos. Autour du *zócalo,* le dimanche soir, les locaux occupent le terrain. Ambiance familiale avec animations musicales.

☕ ***La Cozumeleña-Panadería-Cafetaría*** *(plan A2,* ***31****) : à l'angle de l'av. 10 Sur et calle 3. Tlj 7h-17h (21h pour la boulangerie attenante).* Pâtisseries fraîches, pain, croissants de la boulangerie à côté et bon café. Fréquentée par les locaux.

|●| ***Los Otates*** *(plan B2,* ***32****) : av. 15 ; entre Rosado Salas et calle 3 Sur. Tlj 13h-4h (5h le w-e).* On ne vient pas dans cette authentique *taquería* pour le cadre, franchement rustique (salle ouverte protégée par un toit de tôle, avec la TV en bonne place !), mais pour les tacos et les *burritos.* Certains les considèrent comme les meilleurs de l'île ! Accueil très sympa.

Prix moyens (150-300 $Me / env 7,50-15 €)

|●| ☕ ***La Candela*** *(plan A1,* ***30****) : av. 5 et calle 6. ☎ 878-44-71. Derrière le museo de Cozumel. Lun-sam 8h-18h.* Terrasse couverte spacieuse avec des tables en bois, cuisine ouverte. Devise : « *de mi cocina a tu mesa* » ; tout un programme. Clientèle mélangée de locaux et touristes. Petit déj et plats mexicains (du jour) bien cuisinés, *comida corrida* à prix plus que raisonnable. Une bonne adresse.

|●| ☕ ***Café-restaurant del Museo*** *(plan A1,* ***33****) : av. Rafael Melgar ; au 1er étage du musée. ☎ 120-22-55. Sur le front de mer. Tlj 7h-23h (15h dim).* On y vient surtout pour prendre un petit déj sur la terrasse perchée et idéalement placée face à la mer. Très populaire le dimanche matin : les Mexicains s'y retrouvent en famille.

|●| ***Casa Denis*** *(plan A2,* ***35****) : calle 1 ; entre av. 5 et 10. ☎ 872-00-67. Tlj 8h-22h.* Près du *zócalo,* une petite maison tout en bois qui signe le plus vieux resto de l'île (depuis 1945). Les innombrables portraits de famille accrochés aux murs attisent la curiosité. L'ambiance est là. La carte fait le tour de la cuisine locale, du *pollo pibil* au *poc chuc* en passant par les *mariscos.* Petite courette sur l'arrière.

|●| ***La Choza*** *(plan A2,* ***34****) : av. 10 nº 216 ; entre calle Dr Salas et calle 3 Sur. ☎ 872-09-58. Tlj 7h30-22h30.* Grande salle pas désagréable dans son genre, avec ses fausses pierres apparentes et ses nombreux ventilos ; cuisine ouverte. Beaucoup de groupes. Beau choix de petits déj et bonne cuisine mexicaine avec de nombreux poissons ou viandes au gril. Menu du déjeuner à bon prix.

À voir à San Miguel

Museo de la Isla de Cozumel *(plan A1) : av. Rafael Melgar. ☎ 872-14-34. Lun-sam 9h-16h. Entrée : 85 $Me.* La salle nº 1 présente de manière synthétique l'île de Cozumel, sa formation géologique, la faune et la flore terrestre. La salle nº 2, plus intéressante, est consacrée aux récifs coralliens, avec une énorme reproduction d'un fond sous-marin. Au 1er étage, salle nº 3, quelques sculptures et bas-reliefs de la civilisation maya (dont un magnifique masque de jade), et aussi des maquettes de vaisseaux, armes des conquistadors, sextants, scaphandres... Dans la salle nº 4, quelques scènes de l'histoire récente de l'île. Au rez-de-chaussée, au fond à droite, ne pas oublier de jeter un coup d'œil sur la reconstitution d'une *casa maya.* Resto au 1er étage (voir ci-avant « Où manger ? Où prendre un petit déjeuner ? »).

À voir. À faire sur l'île

➢ Pour faire le ***tour de Cozumel,*** préférer louer un véhicule car le taxi est hors de prix. En scooter ou en Coccinelle, compter environ 3h avec des arrêts. Ou plus si l'on veut tester les grains de sable... Le kilométrage commence à San Miguel, au km 0, continue vers la côte ouest (Palancar), se poursuit vers la côte est (Chen Rio) et revient, via San Gervasio, au point de départ.

La côte ouest

Pas bezef de plages publiques sur cette côte, il faut, presque partout, soit payer un droit d'entrée dans un parc (cher), soit consommer au restaurant de ladite plage (très cher). Sur la côte est, les plages sont magnifiques, et c'est gratuit, mais la mer est souvent agitée.

Playa du récif Dzul-Ha *(carte La Riviera maya)* **:** *entre le km 6,5 et le km 12 (commence au niveau du bar-resto* ***The Money Bar*** *(km 6,5), puis reprend devant le* ***bar-resto Corona*** *(km 11) accolé au bar de plage* ***Sky-reef.*** Assez proche, donc facile d'accès, et plutôt agréable, notamment pour ceux qui veulent s'essayer à faire un brin de snorkelling *(loc de matériel, casier pour ses affaires dans les 3 adresses précitées).*

Mr Sanchos *(carte La Riviera maya)* **:** *au km 15. Lun-sam 8h-17h.* Plage familiale aménagée (resto, jeux, piscines, boutiques) avec sable bien blanc et cocotiers en train de pousser. L'entrée (gratuite) comprend l'utilisation des transats, des jeux et de la piscine. Pas de conso exigée. La seule chose demandée : on n'apporte ni boisson ni casse-croûte.

Playa Palancar *(carte La Riviera maya)* **:** *au km 19. Tlj 9h-17h. Entrée gratuite (consos chères).* L'une des plages les plus agréables, que l'on atteint au bout d'une piste truffée de nids-de-poule. Au large, le célèbre récif de Palancar (malheureusement, on ne peut y aller qu'en bateau). C'est très touristique : bars, centre de plongée, chaises longues, boutiques artisanales.

Reserva ecológica Faro Celarain *(carte La Riviera maya)* **:** *à 30 km de San Miguel. Pas de bus, y aller en 2-roues ou en voiture. • cozumelparks.com • Lun-sam 8h-16h (16h30 pour la plage située avt le phare ; le site est ouv certains dim de fêtes). Tarif variable selon activités. Attention, pour profiter du site, allez-y dès l'ouverture, les plages ferment en milieu d'ap-m. Pas d'entrée possible après 14h.* Sur le site, une navette circule en permanence et vous dépose où vous voulez entre le phare et la plage. Situé à l'extrémité sud de l'île, ce grand espace naturel offre de belles balades dans un environnement préservé. Il ravira les amoureux de la nature. Nombreux oiseaux, crocodiles, belles lagunes et superbes plages. On peut louer sur place palmes, masque et tuba pour admirer de beaux poissons et des tortues, car c'est l'un des meilleurs spots de snorkelling de l'île. *Accès à la plage avec matériel compris : 450 $Me ; réduc enfants.* Ne pas manquer le petit musée de la Navigation, aménagé dans le phare *(accès payant : 300 $Me),* et le temple maya. Du haut du phare, vue imprenable sur tout le sud de l'île. Pensez à l'appareil photo ! Sur place, possibilité de s'y restaurer.

La côte est

Zona arqueológica San Gervasio *(carte La Riviera maya)* **:** *depuis San Miguel, emprunter la carretera Transversal, puis, à env 7,5 km, petite route sur la gauche : le site est à 6 km. Tlj 8h-16h30. Entrée : env 130 $Me.* Isolé en pleine forêt, ce joli site maya, certainement fondé en 300 apr. J.-C., rassemble quelques vestiges intéressants de la période postclassique (1200-1450), alors que la ville entretenait commerce avec Chichén Itzá. La balade, très agréable, emprunte près de 2 km de *sacbeob,* ces chemins blancs qui brillaient sous la lune, caractéristiques des cités mayas. On y voit une arche typique de l'architecture maya, les fondations d'un temple rond et une petite pyramide. Rien de transcendant quand même.

Plus sauvage et moins touristique, la côte est abrite de très belles ***plages*** désertes et quelques bars-restos à prix moyens. Mais attention, on s'y baigne peu, ou du moins avec grande prudence : les courants marins sont localement forts. Si vous envisagez de faire trempette, choisissez de préférence les secteurs de Chen Río et de la playa Bonita. Vous pouvez en profiter pour essayer les restos des plages *playa Bonita* (km 38), *Punta Chiqueros* (km 39), *Chen Río* (km 41). La *Punta Morena* (km 46), à 3 km au sud de la *carretera Transversal* (km 49), est le rendez-vous des surfeurs (location sur place). Enfin, pensez à faire une halte au site *El Mirador,* pour observer les vagues qui s'engouffrent furieusement dans le creux des rochers en faisant de l'écume.

Plongée sous-marine

Hommes et femmes-grenouilles, ami(e)s du détendeur et du néoprène, venez vous décoincer la bulle ici car ça vaut franchement le coup ! Cozumel, c'est comme qui dirait un *hotspot* de la plongée caraïbe car les récifs sont de toute beauté. Rien que dans le Sud-Ouest, on dénombre plus d'une trentaine de sites. L'eau est cristalline, chaude, et la visibilité exceptionnelle. C'est donc extra, qu'on soit expérimenté ou pas. Quelques mètres à peine sous la surface, parmi les pinacles de coraux, dans des grottes, la faune est bien présente : crustacés gigantesques et poissons multicolores. Avec de la chance, vous verrez le fameux *Sanopus splendidus,* le poisson-crapaud laid comme un pou et endémique à Cozumel. Il hante les trous obscurs de certains récifs.

– ***Important :*** dans le secteur, les plongées sont dérivantes. On gagne le récif en bateau qui dérive au gré des courants en suivant les bulles des plongeurs. Pas question de jeter l'ancre ! Et bien sûr, interdiction absolue de remonter un quelconque souvenir du fond de l'eau, les récifs sont protégés et vous risquez 14 ans de prison ferme ! Évitez aussi les crèmes solaires, non biodégradables.

Parmi la centaine de clubs qui draguent ferme (il y a de tout), on vous en recommande trois. *Compter env 85 US$ le baptême, équipement compris ; 80 US$ pour 2 plongées si vous êtes déjà plongeur(euse).*

■ ***Scuba Gamma*** *(plan A2,* ***5****)* **:** *calle 5 Sur n° 4 et av. 5 Sur. ☎ 878-42-57 et 878-54-37. • scubagamma.net • ♿ Tlj 8h-19h. Réduc de 8 % sur les cours et les plongées sur présentation de ce guide.* Centre très pro établi depuis une vingtaine d'années. Les moniteurs sont parfois trilingues. Pour chaque palanquée : 6 personnes maximum par niveau. Tous PADI, NAUI et/ou IAHD et SSI. Du baptême au cours de rafraîchissement jusqu'au passage des brevets spéciaux IAHD, ainsi que des sorties snorkelling. Un plus, les plongeurs handicapés sont les bienvenus.

■ ***Phocea Mexico*** *(hors plan par A2,* ***8****)* **:** *carretera Costera Sur, km 3 (attenant à l'hôtel* Villablanca*). ☎ 869-01-43. • phocea-mexico.com • ♿ Tlj 8h-18h. Réduc de 10 % sur présentation de ce guide.* Pros et disponibles,

LA PÉNINSULE DU YUCATÁN

les gérants et instructeurs de centre très bien équipé ont fait leurs preuves.

■ ***Blue Note*** *(hors plan par B1,* ***6****) : av. 50 nº 625 ; entre les calles 12 et 14.* ☎ *872-03-12.* ● *bluenotes-cuba.com* ● Centre de plongée PADI dirigé par Gérard et Claudine qui disposent désormais d'un bateau puissant (2 x 300 CV). Entourés de leur équipe franco-mexicaine, ils proposent plein de formules pour approcher les beautés de la grande bleue avec respect de l'environnement et de la population.

PAAMUL

IND. TÉL. : 984

À une petite trentaine de kilomètres au sud de Playa del Carmen, une petite baie de carte postale où l'on est sûr d'être tranquille en basse saison. Le long de la plage, quelques post-hippies, aujourd'hui septuagénaires, sont revenus garer leur *trailers* (gros camping-cars) sous les paillotes qu'ils occupaient déjà dans les années 1970. Ambiance *peace and love* garantie. La plage est une zone de ponte pour les tortues l'été, le coin est donc protégé. Le récif, quant à lui, est à portée de palmes, et ravira les amateurs de snorkelling. Bonne nouvelle, fidèle à son esprit néobaba, on peut planter sa guitoune pour quelques pesos à Paamul.

➢ ***Comment y aller :*** prendre un bus *Mayab* ou *colectivo* jusqu'à l'embranchement ; c'est à env 500 m, au bout du chemin. En voiture, suivre le panneau à gauche au km 273 de la *ruta federal.* L'accès étant gardé et payant, dire qu'on va au resto de la plage, et garder son ticket de caisse, il sera demandé à la sortie pour prouver qu'on a consommé.

Où dormir ? Où manger ?

Paamul Hotel & Cabañas : ☎ *875-10-50.* ● *paamul.com* ● *Resto tlj 8h-20h. Doubles 195-250 US$ selon catégorie, emplacement et saison. Camping 180 $Me/pers, eau, électricité, sanitaires et accès à la plage compris.* Une dizaine de *cabañas* sur pilotis assorties d'une douzaine de suites. Le tout avec terrasse privative, tournée soit vers la plage, soit vers le jardin. De facture simple mais agréables, avec prédominance du bois et un petit côté Robinson de luxe pas désagréable, plus conventionnel côté déco pour les suites (effets de serviette, produits d'accueil). L'ensemble est bien équipé, avec 2 lits *queen size,* salle de bains dans chaque chambre, AC, frigo et micro-ondes. Le resto (très agréable) propose une cuisine correcte à des prix spéculant sur l'éloignement. Belle piscine à débordement, supérette. Calme garanti.

PUERTO AVENTURAS

IND. TÉL. : 984

À environ 25 km au sud de Playa del Carmen et à 40 km au nord de Tulum (accès au km 271 de la *ruta federal*), belle plage de sable fin, bordée de cocotiers. On y accède en traversant un important complexe hôtelier résidentiel (paradis des Américains), avec belles pelouses, magasins, piscines, golf et marina. À deux pas, pour ceux qui en auraient assez de la plage, allez donc faire un tour en forêt à la découverte des eaux limpides des *cenotes.*

À faire

Baignade dans les cenotes : si l'océan est vaste et omniprésent, les *cenotes,* improbables avens lovés dans une inextricable jungle, sont bien cachés. Ceux des cités mayas étaient sacrés. Liées à l'inframonde, ces formations géologiques, en relation avec la chute de l'astéroïde qui pourrait bien avoir mis un terme au règne sans partage des dinosaures, il y a 65 millions d'années, furent pour les Mayas le théâtre de sacrifices et d'offrandes. Plus prosaïquement, ils offraient une formidable réserve d'eau potable aux populations locales. Aujourd'hui, certains d'entre eux sont exploités comme des parcs d'attractions, comme c'est le cas pour ***Kantún Chi*** et dans une moindre mesure pour ***Chikin-Há.*** Vous les trouverez sans difficulté sur les brochures des agences de voyages, alors nous avons sélectionné en priorité les petites unités, les « *cenote* à tonton Pedro », ceux où la baignade est encore familiale et relativement confidentielle. Rappelez-vous : pour le touriste, le *cenote* est la piscine d'un jour ; pour l'habitant, le puits de toujours. Donc, plus que jamais, le respect de l'endroit s'impose : les crèmes solaires y sont à proscrire. Pour éviter les coups de soleil, se couvrir d'un T-shirt.
- ***Cenote Cristalino :*** *km 266 de la* Federal, *même entrée que le cenote Kantún Chi. Tlj 8h-18h. Tarif : 150 $Me ; réduc.* On vous badge à l'entrée puis vous profitez de deux petits *cenotes* en enfilade. Rien de très spectaculaire mais c'est bon enfant.
- ***Cenote Azul :*** *km 266,5 sur la* ruta federal, *sur la droite en descendant vers le sud. Tlj 8h30-17h30 (18h en été). Tarif : 80 $Me ; réduc.* Un de nos préférés. Des vasques plus ou moins profondes dans un environnement rafraîchissant de jungle. Parfois, le week-end, eau + familles = agitation... mais c'est un lieu authentique et agréable.

Playa Xpu-Há : *accès presque en face du cenote Azul (km 264 de la* ruta Federal*). 2 pistes attenantes mènent à la même plage ; il faut acquitter un droit d'entrée : 30 $Me.* C'est un endroit assez tranquille pour passer un moment agréable dans les rumeurs du ressac. Très belle plage, prisée par les kitesurfeurs. Évidemment, il y a de quoi faire du snorkelling.

Possibilité de passer la nuit au ***Camping Xpu-Há Bonanza*** *(☎ (984) 116-47-33 ; compter 150 $Me/pers la nuitée).* Juste à côté, le *Glamping* (sic !) propose quelques *cabañas* (cher pour ce que c'est).

LA PÉNINSULE DU YUCATÁN

AKUMAL ET CALETA YAL-KÚ

IND. TÉL. : 984

À une vingtaine de kilomètres au nord de Tulum, *Akumal* (« lieu des tortues ») a été rendu célèbre par la découverte d'un galion espagnol coulé en 1741. Aujourd'hui, l'endroit est surtout connu pour sa superbe baie en croissant de lune, fermée par un récif de corail.
Ici règnent en maître les tortues marines. Malheureusement, le site est amoché par une urbanisation incontrôlée et l'unique plage ouverte au public (gratuite) est restreinte et très réglementée (on ne se baigne pas où l'on veut), du coup très souvent noire de monde... En outre, des promoteurs américains menacent de privatiser le site, en invoquant des raisons écologiques (on y croirait presque !). Les tortues continuent d'y venir pour pondre tranquillement, mais pour combien de temps encore ?

Arriver – Quitter

➢ ***En voiture :*** sur la *Federal,* tourner à gauche au fléchage « Playa Akumal » ; on passe une entrée de type complexe hôtelier ; 500 m plus loin, plusieurs parkings *(50 $Me/j. ; ferme à 18h).* Pour ***Yal-Kú,*** passez la série de parkings en direction de la plage, passer l'arche puis prendre la route à gauche ; env 3 km plus loin, elle se termine en cul-de-sac sur le site de la *caleta* (crique) Yal-Kú.

➢ ***En bus :*** en *colectivo* Playa-Tulum, se faire déposer au croisement pour Akumal ; puis 500 m à pied jusqu'à la plage puis encore 3 km jusqu'à la caleta Yal-Kú.

Adresse utile

■ ***Centro Ecológico Akumal :*** *sur la plage d'Akumal, derrière* Akumal Dive Shop. *☎ 875-90-95. • cea kumal.org • Tlj 9h-15h.* Ce centre, fondé en 1993 par les promoteurs d'Akumal (la famille de Laura Bush pour être précis), a pour mission de mesurer l'impact du développement hôtelier sur l'écosystème de la région (ou comment être juge et partie...). Autrement dit, le CEA lutte pour la défense du récif corallien et de sa faune, et met en œuvre de nombreux programmes pour la protection des tortues marines.

À voir. À faire

Playa Akumal : *tlj 8h-18h. Entrée gratuite (attention, parkings fermés à 18h).* On peut se baigner dans une zone délimitée par des bouées. Au-delà (environ 30 m), il est obligatoire d'être accompagné par un guide (payant) pour aller observer les tortues. Les crèmes solaires sont à proscrire absolument. Location de gilets, masques, tubas et palmes au centre *Akumal Dive Shop (tlj 8h-17h ; env 200 $Me).*

Caleta Yal-Kú : *tlj 9h-17h. Entrée : env 250 $Me ; réduc. Loc de masque, palmes et gilet env 85 $Me, palapa à louer à la journée 350 $Me. Parking.* Site privé joliment aménagé dans l'esprit d'un jardin d'art, avec quelques sculptures en bronze de Francisco Zúñiga et Charlote Yazbek. Superbes. La *caleta* en elle-même s'avère un site plein de charme (quand il fait beau). Dans une eau cristalline s'égaie une kyrielle de petits poissons. De quoi passer un agréable moment.

XEL-HÁ

Lagune de 14 ha (sur un site de 84 ha en tout), très touristique, à côté de la mer. Même proprio que Xcaret, mais la différence est notable. Si Xcaret s'intéresse plus à la « culture » (le mot est fort) et aux coutumes, Xel-Há (prononcer « Chéla ») est plus axé « nature et enfants », avec un ensemble de minuscules lagons coralliens foisonnant de poissons (75 espèces en tout). Le plus grand lagon, accessible aux nageurs, constitue une gigantesque piscine aux eaux parfaitement calmes et à la température idéale. On le rejoint par une rivière d'environ 1,5 km, qu'on peut descendre en bouée (comprise dans le prix, ainsi que le gilet de sauvetage). Entrée chère, certes, mais dans sa grande mansuétude, le parc vous fait cadeau du tuba quand vous repartez (!).

➢ ***Comment y aller :*** à 13 km au nord de Tulum (km 246 de la *Federal*). Bus Playa-Tulum ; se faire arrêter à l'embranchement de Xel-Há. Ensuite, navette gratuite ttes les 15 mn vers l'entrée.

Infos pratiques

– ***Infos et horaires :*** *● xelha.com ● Tlj 8h30-18h.*
– ***Tarifs :*** *forfait tt inclus env 89 US$; ½ tarif 4-11 ans ; gratuit moins de 4 ans. Comprend bouée, gilet, palmes, masque, tuba, casier et l'accès à volonté aux restos du site (jusqu'à 17h ou 17h30 suivant le resto) ! Pas mal d'activités en supplément (très chères).*
– Les crèmes solaires sont interdites. À la consigne, on vous échange votre crème classique contre un tube de crème biodégradable. Aux périodes humides, prévoir un antimoustiques.
– Douches, hamacs, chaises longues accessibles gratuitement.

À faire

➢ En général, on commence par une petite ***balade dans la forêt*** (compter 1h20 si vous la faite en intégralité) sur un sentier en dur, au tracé très agréable (plein d'iguanes), qui mène au départ de la rivière, cernée de mangroves épaisses. Ensuite, ***descente de la rivière*** sur environ 1,5 km, soit juché sur une grosse bouée en plastique, soit avec masque, palmes et tuba (et gilet de sauvetage), en se laissant filer au cours de l'eau. Extra. On arrive ensuite dans le vaste ***lagon,*** dont il faut explorer les rivages et les encaissements pour observer les poissons (on peut sauter de certains rochers). Vos affaires, que vous aurez laissées au point de départ (sac fourni), seront rapportées à votre point d'arrivée *(bandera de cuadros)*. À côté du grand lagon, faites donc un tour aux abords du pont flottant (sur la droite quand on vient de la rivière), où l'on trouve de gros poissons. Assez impressionnant.

À faire dans les proches environs

Cenote Yax-Kín : *km 242 sur la ruta federal (sur la droite en descend vers le sud). Colectivo depuis Playa ou Tulum. ☎ (984) 137-45-33. Tlj 10h-16h. Entrée : 65 $Me.* Ombre ou soleil, c'est au choix pour ce *cenote* très agréable, où la jungle est bien présente. Idéal pour les familles avec enfants. Petit camping *(compter 170 $Me/pers, accès aux sanitaires et au cenote compris)*. Un peu plus loin, les *cenotes* **Labna-Há** *(☎ (984) 806-60-40 ; ● labnaha.com ●)* comptent parmi les plus caractéristiques de la région. *Ils se visitent accompagnés, ttes les heures 10h-16h. Entrée comprenant le matériel de snorkelling : env 45 US$; réduc.*

TULUM

20 600 hab. IND. TÉL. : 984

● Tulum Pueblo (plan I) *p. 305* ● Tulum Playa (plan II) *p. 307*
● Tulum (Zona arqueológica) *p. 311*

Même bordée par une suite ininterrompue d'hôtels, la plage de Tulum demeure certainement l'une des plus romantiques de la côte. Cela dit,

conséquence de son succès, elle est devenue en quelques années un *hotspot* pour le gratin new-yorkais. Du coup, les prix ont flambé, et il est désormais indispensable de réserver en pleine saison. Malgré tout, Tulum demeure une étape idéale pour recharger ses batteries et s'avère un excellent point de chute pour écumer la région.
Côté « culturel », c'est aussi le seul vestige maya important en bord de mer. Contrairement à Chichén Itzá ou à Cobá, ici, ni pyramides imposantes ni palais gigantesques. C'est avant tout une « forteresse » (*tulum* en maya), d'où les Mayas assistèrent, interloqués, à l'apparition des premières caravelles espagnoles. C'était en 1518.

Arriver – Quitter

En bus

Terminal des bus *(plan I)* **:** *av. Tulum, dans le village (entre Jupiter Norte et Alfa).* ☎ *871-21-22.* Il existe aussi un ***arrêt de bus*** situé près du site archéologique. Attention, en hte saison, les bus sont vite complets ; achetez votre billet le plus rapidement possible.
➢ ***Aéroport de Cancún :*** liaisons avec *Riviera ADO,* env 6 bus/j., 7h10-15h15. Trajet : 2h. Autrement, se rendre en *colectivo* à Playa del Carmen, où la fréquence des bus est plus importante. Sinon, la compagnie *Tucan-Kin* propose des liaisons en navette privée. • *tucankin.com* •
➢ ***Playa del Carmen :*** env 20 bus/j., 10h50-1h20. Trajet : env 1h. Pensez également aux *colectivos Tulum-Playa* (taxis collectifs) qui passent le long de l'av. Tulum.
➢ ***Cancún :*** une bonne dizaine de bus/j., 5h38-21h45. Trajet : 2h15.
➢ ***Chetumal :*** env 12 bus/j. 8h30-23h50. Trajet : 3h15. 4 d'entre eux (dont 3 le mat) s'arrêtent à ***Bacalar*** (env 2h40 de trajet).
➢ ***Chichén Itzá :*** un bus tlj à 9h ; un autre à 15h30 ven-lun. Trajet : 2h30.
➢ ***Cobá :*** un bus *ADO* tlj à 10h01 du site archéologique, à 10h11 du terminal. Trajet : 1h.
➢ ***Mexico*** *(Tapo)* **:** avec *ADO,* tlj à 22h40. Trajet : env 25h.
➢ ***Palenque puis San Cristóbal :*** 3 bus/j. 18h25-23h. Trajets : 10h15 et 16h.
➢ ***Valladolid :*** une petite dizaine de bus/j. 5h-22h30. Trajet : 1h40.
➢ ***Chiquilá (Holbox) :*** 1 bus à 8h10. Trajet : env 3h.

En taxi et *colectivo*

■ ***Station des taxis*** *(plan I,* ***1****)* **:** *av. Tulum, à l'angle d'Orion, dans le village.* D'ici partent aussi les *colectivos* pour Playa del Carmen, ttes les 10-15 mn 4h-23h.
■ ***Station des colectivos Tiburones del Caribe*** *(plan I,* ***3****)* **:** *à l'angle d'Orion Sur et de Venus, dans le village.* Pour la zone hôtelière, la plage et le site archéologique.

Topographie

Deux choix de résidence possible : ***Tulum Pueblo,*** village sans âme véritable, coupé en deux par la *carretera federal,* avec des hébergements et des restos d'un rapport qualité-prix convenable. Dans ce cas-là, on va à la bronzette à vélo – une piste cyclable a été aménagée jusqu'à la plage –, ou en *colectivo.* Sinon : ***Tulum Playa,*** pour un hôtel qui vous promet une atmosphère à la Robinson Crusoé (de luxe ou pas) et vous le facture très cher. Ne pas oublier qu'ils sont à touche-touche sur plus de 8 km et que la plupart fonctionnent encore avec des groupes électrogènes, ce qui veut dire pas de clim en journée et du bruit la nuit (il est donc impératif de choisir l'emplacement de sa chambre).
Quel que soit votre choix, il est indispensable de réserver à l'avance en haute saison.

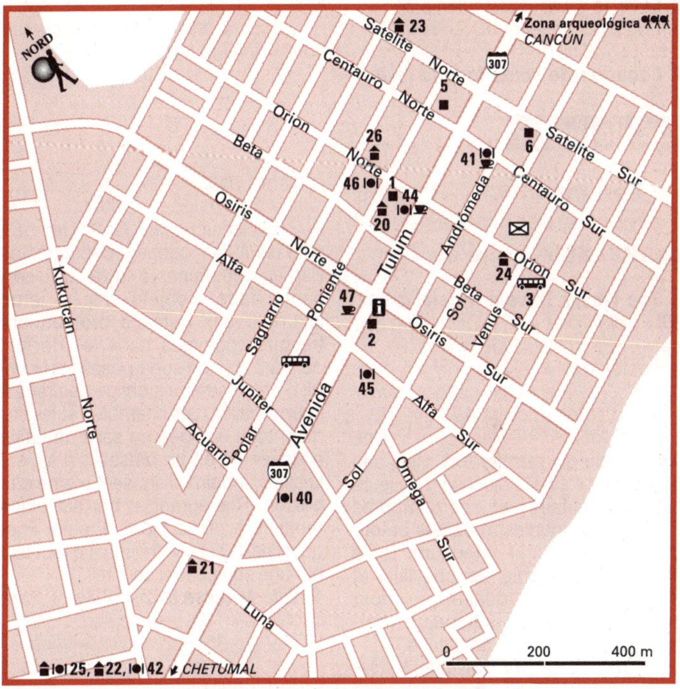

TULUM PUEBLO (Plan I)

Adresses utiles

- Kiosque d'infos touristiques
- **1** Stations de *colectivos* et de taxis
- **2** Banque HSBC
- **3** Station des *colectivos* Tiburones del Caribe
- **5** Laverie Lava Easy
- **6** Iguana (location de vélos)

Où dormir ?

- **20** The Weary Traveler Hostel
- **21** Hostel Casa del Sol
- **22** El Jardín de Frida
- **23** Villa Matisse
- **24** Hotel Kin-Há Pueblo
- **25** Hotel Don Diego de la Selva
- **26** Casa Sofia

Où manger ? Où prendre un petit déjeuner ?

- **25** Yerbas y Sabores
- **40** El Tacoqueto
- **41** Le Bistro
- **42** Los Aguachiles
- **44** La Nave
- **45** El Capitán
- **46** Cetli
- **47** La Fournée

TULUM PUEBLO

Adresses et infos utiles

Kiosque d'infos touristiques (plan I) **:** *à l'angle de av. Tulum et Osiris Sur, sur la petite place devant le* palacio municipal. *Lun-ven 9h-16h (10h-14h le w-e).* Très aimable et de bon conseil.

Banque HSBC (plan I, **2**) **:** *au milieu de l'av. Tulum, à côté du kiosque d'info. Lun-ven 9h-17h.* Distributeur.

Poste (plan I) **:** *av. Sol et Orion Sur. Lun-ven 8h-16h.*

■ **Laverie Lava Easy** (plan I, **5**) : *av. Tulum (entre Satelite et Centauro). Tlj sf dim 8h-20h.*
■ **Location de vélos Iguana** (plan I, **6**) : *av. Satelite Sur ; entre Sol et Andrómeda. ☎ 119-08-36. Lun-sam 8h30-18h.*

Où dormir ?

De bon marché à prix moyens (moins de 800 $Me / env 40 €)

The Weary Traveler Hostel (plan I, **20**) : *calle Polar (entre Orion Norte et Beta). ☎ 871-24-05. • wearytravelerhostel.com • Accueil tlj 7h-23h. Selon confort et saison, lits en dortoir 180-300 $Me ; doubles 400-650 $Me, petit déj (très complet) compris.* Une AJ centrale qui marche fort, avec des dortoirs de 4 à 8 lits disposant de leurs propres sanitaires et des chambres (simples ou doubles) réparties autour d'une grande cour intérieure. Belle piscine. L'ensemble est convivial et d'un bon rapport qualité-prix pour Tulum. Bar, cuisine équipée et barbecue à dispo. Bonne ambiance.

Hostel Casa del Sol (plan I, **21**) : *Polar Poniente 815 ; entre Saturno et Luna ; à env 300 m du terminal ADO en direction de Chetumal. ☎ 146-14-73 ou 129-64-24. • casadelsolhostels.com • Lits en dortoir 150-180 $Me, doubles à partir de 500 $Me (chères), possibilité de tendre son hamac ou de camper pour 130 $Me ; petit déj (basique) inclus, slt 8h-9h.* Grands espaces communs baignés de musique latino. Ici, mieux vaut savoir que l'entretien n'est pas la priorité de la gérance. Côté hébergement, des dortoirs mixtes de 7-10 lits avec sanitaires à partager. Cuisine commune, location de vélos et de matériel de snorkelling. Pour dépanner.

De prix moyens à chic (700-1 200 $Me / env 35-60 €)

El Jardín de Frida (hors plan I, **22**) : *av. Tulum ; 800 m au sud du terminal de bus. ☎ 871-28-16. • fridastulum.com • Selon saison, lit en dortoir env 200 $Me, doubles 700-1 100 $Me, studios avec kitchenette 900-1 300 $Me. Petit déj (basique) inclus.* Une belle adresse à l'atmosphère décontractée. Parties communes à la déco foisonnante, faite d'objets chinés, jardin luxuriant aux hamacs prometteurs, fresques colorées dans les dortoirs de 5 à 7 lits non superposés (pour une fois, on ne sera pas obligé de tirer à la courte-paille). Les chambres et les studios, tous équipés de salle de bains, possèdent soit un brasseur d'air, soit la clim. Certains disposent même d'un balcon. Restaurant et bar sur place, fontaine à dispo (normal, c'est Frida qu'a l'eau), cuisine fraîche. Le tout tenu par une équipe tout sourire.

Villa Matisse (plan I, **23**) : *av. Satelite Norte nº 19, angle calle 2 Poliente. ☎ 871-26-36. • villamatisse@hotmail.com • Doubles 700-1 000 $Me selon saison, petit déj et prêt de bicyclette inclus.* Petite pension d'une demi-douzaine de chambres nickel et confortable, tenue avec soin par l'adorable Lourdes qui parle très bien le français et donne à ce lieu une atmosphère de chambres d'hôtes. Cuisine, salon et meubles de jardin à disposition. Bon rapport qualité-prix.

De plus chic à très chic (1 200-1 600 $Me et plus / env 60-80 €)

Hotel Kin-Há Pueblo (plan I, **24**) : *Orion ; entre Sol et Venus. ☎ 871-23-21. • hotelkinha.com • Doubles climatisées à partir de 1 400 $Me ; réduc hors saison. Parking.* Une douzaine de chambres sans histoire pour 2 à 4 personnes, dont 2 apparts. Tout ça donne sur un ravissant petit jardin (hamacs devant chaque porte !) croulant sous la végétation tropicale. Les clients de l'hôtel bénéficient d'une

LA PÉNINSULE DU YUCATÁN

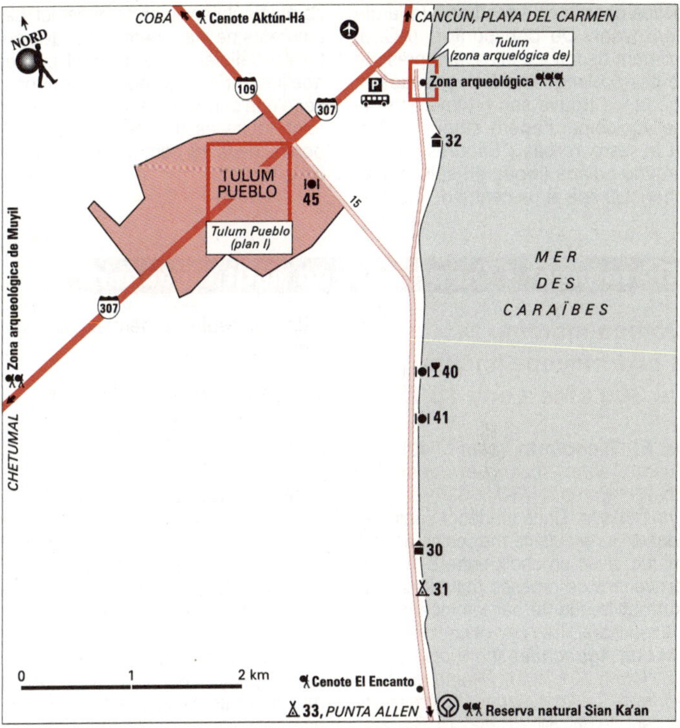

TULUM PLAYA (Plan II)

Où dormir ?

30 Playa Xcanan Cabañas
31 Camping Chavez
32 El Paraíso
33 Camping El Ultimo Maya

Où manger ?
Où boire un verre ?

40 Puro Corazón
41 Zamas
45 El Capitán

réduc sur les repas au resto de plage du même nom. Bon accueil.

Casa Sofia *(plan I, **26**)* **:** *Orion Norte ; entre Polar et Sagitario. ☎ 871-25-26. • hotelcasasofiatulum.com • Doubles à partir de 1 400 $Me, petit déj compris.* Dans un quartier tranquille, une petite hacienda colorée pleine de charme resserrée autour de sa piscine. Elle offre une dizaine de belles chambres tout confort, bien fraîches, toutes différentes et joliment agencées, si bien qu'il y règne une atmosphère des plus agréable. En terrasse, petit *sundeck* pour profiter des bienfaits de K'inich Ajaw, le dieu maya du soleil. Bon accueil d'Angel.

Hotel Don Diego de la Selva *(hors plan I, **25**)* **:** *à la sortie du village en direction de Chetumal, dans une ruelle sur la droite. ☎ 871-22-33. 📱 114-97-44. • dondiegodelaselva.com • Double env 1 900 $Me, petit déj continental inclus. Sur résa directe à l'hôtel, 10 % de réduc sur présentation de ce guide.* Excentré, ce petit hôtel de charme est tenu par Charlie et Stéphane, dans un esprit convivial très proche de la chambre d'hôtes. Il offre une douzaine de belles chambres encadrant un jardin verdoyant. De bon confort (AC...), joliment décorées, elles sont presque toutes prolongées par des terrasses. Ici, la vie trouve son rythme entre la belle piscine, l'apéro autour du bar et le resto *Yerbas y Sabores* sous la grande *palapa* (repas du soir un peu cher). Un spa et un centre de plongée complètent l'envie de se poser ici. Les amateurs ne manqueront pas de goûter au délicieux miel produit par les abeilles du coin (Stéphane, qui possède une centaine de ruches, tente de réintroduire les abeilles natives – *melipona* – dans les communautés mayas de la région).

Où manger ? Où prendre un petit déjeuner ?

De bon marché à prix moyens (moins de 300 $Me / env 15 €)

El Tacoqueto *(plan I,* ***40****) : av. Tulum ; entre Acuario et Jupiter. Tlj 8h-22h. Compter 75-120 $Me le plat et une boisson.* Dans un décor sans prétention, une cuisine mexicaine économique, avec un choix entre 8-10 plats provenant de grosses marmites. Lieu surtout fréquenté par les locaux (peu de touristes). Très bon et pas cher.

Los Aguachiles *(hors plan I,* ***42****) : av. Tulum (angle av. Palenque) ; à la sortie de Tulum direction Chetumal, sur la gauche. ☎ 802-54-82. Tlj 12h-22h.* Dans ce grand resto ouvert à tout vent, même déco, même ambiance qu'à la maison mère de Playa del Carmen. Sauf si vous allez chercher du côté du *pulpo asoleado* (le poulpe bronzé !) et des *aguachidos* (salades de légumes crus avec des crustacés), l'addition vous laissera de quoi vous payer une bière *caguama* (grand format).

La Fournée *(plan I,* ***47****) : av. Tulum ; entre Osiris Norte et Alfa. Tlj sf lun 7h-20h.* Les nostalgiques des viennoiseries bien de chez nous viendront s'attabler dans cette micro-boulangerie où l'expresso est à la hauteur de votre attente. Personnel souriant.

La Nave *(plan I,* ***44****) : av. Tulum ; entre les calles Orion et Beta (côté nord). ☎ 871-25-92. Tlj sf dim 7h-23h.* Un resto italien sympa dont on fait vite son QG. Joli cadre. On y savoure des pizzas cuites au feu de bois, des pâtes ou autres spécialités plus locales. Vin au verre et en bouteille. Également de bons petits déj, accompagnés d'un délicieux espresso (fermez les yeux : c'est l'Italie).

De plus chic à très chic (300-500 $Me et plus / env 15-25 €)

El Capitán *(plan I et plan II,* ***45****) : av. Tulum ; entre les calles Alfa Sur et Jupiter. Tlj 11h-22h.* Bar-restaurant de *mariscos,* à la déco évidemment nautique, tenu par une Hollandaise tout sourire. Petite carte. Poissons, langoustes grillés au poids et de bons produits de la mer, sans oublier quelques spécialités mexicaines. Douce musique d'ambiance, ça change. *Autre adresse sur la route de Tulum-Playa, en face de l'hypermarché* Chedraoui.

Le Bistro *(plan I,* ***41****) : Centauro, pl. Los Arcos. 134-87-43. Tlj 8h30-23h30.* En terrasse, ou dans le joli petit jardin derrière (où l'on a même aménagé une scène pour les concerts occasionnels !), un café-resto français convivial tenu par Laurent, patron très accueillant qui vous donnera toutes sortes de bons plans.

Cetli *(plan I,* ***46****) : calle Polar, à l'angle d'Orion Norte. ☎ 108-06-81. Tlj sf mer 17h-22h.* Légèrement à l'écart de l'animation, une belle adresse pour se faire plaisir. Le cadre est à la fois chaleureux et élégant, l'accueil charmant, et la cuisine de qualité. Ici, les spécialités mexicaines sont travaillées avec soin, pour ne pas dire retravaillées avec ce soupçon d'originalité qui justifie des tarifs élevés. Mais la maîtrise a un prix.

Yerbas y Sabores *(hors plan I,* ***25****) : à la sortie du village en direction de Chetumal, dans une ruelle sur la* *droite. ☎ 871-22-33. Tlj sf mer 14h-22h. Plats 160-200 $Me ; boissons assez chères.* C'est le resto de l'hôtel *Don Diego de la Selva.* Cuisine inventive, travaillée selon les préceptes de la *slow food* sur des bases de cuisine yucatèque. Pas mal de sucré-salé. L'assiette est bien présentée quoique chichement servie. La table est élégante et l'endroit charmant (grande *palapa*). Idéal pour un dîner en tête à tête. Service facturé d'office.

TULUM PLAYA

Où dormir ?

Bon marché (moins de 400 $Me / env 20 €)

Les petits budgets qui tiennent absolument à dormir sur la plage et qui ne craignent ni la promiscuité (pour le premier) ni l'éloignement (pour le second) opteront pour l'un des 2 campings suivants.

⛺ ***Camping Chavez*** *(plan II, **31**) : carretera Boca Paila, km 8,5. ☎ 145-30-87. Compter 150 $Me/pers. Parking.* Ambiance Woodstock version sardines en boîte, mais il y a quand même 3 douches chaudes et une cuisine à partager.

⛺ ***Camping El Ultimo Maya*** *(hors plan II, **33**) : carretera Boca Paila, km 13. ☎ 180-23-69. Compter 150 $Me/pers.* Bien à l'écart de la zone hôtelière en direction de Boca Paila, un petit camping en bord de plage avec sanitaires basiques (eau froide) et un petit resto ouvert en saison *(8h-18h, env 180 $Me le repas).* Belle plage, mais mal entretenue...

Très chic (plus de 1 600 $Me / env 80 €)

Playa Xcanan Cabañas *(plan II, **30**) : carretera Boca Paila, km 8. ☎ 801-24-70. • xcanan.com • Doubles 120-165 US$, quadruples 140-220 US$, petit déj compris.* Envie d'une robinsonnade ? C'est chez Fabio que ça se passe ! Ici, le maître des lieux a joué la proximité avec la mer et s'est approprié une petite plage paradisiaque. Il a construit 5 chambres doubles ou quadruples et a privilégié la facilité d'entretien à la déco. Côté confort, pas de clim mais des lits avec moustiquaire et des brasseurs d'air. En plus de ça, son côté écolo l'a conduit à produire son eau chaude et son électricité avec le soleil plutôt qu'avec un groupe électrogène. Ambiance détendue et agréable, petit déj en bord de plage.

El Paraíso *(plan II, **32**) : à 1,9 km de l'embranchement, en direction du site archéologique. 📱 113-70-89. • elparaisohoteltulum.com • Doubles 180-200 US$, petit déj-buffet continental compris.* Bâtiment fonctionnel et de plain-pied offrant une dizaine de chambres climatisées comportant 2 lits *queen-size.* Pas un mauvais plan si on en a les moyens, d'autant que la plage est superbe et qu'elle est toute proche. Le site archéologique n'est qu'à 500 m de là, vous pouvez y aller à pied. Bon accueil de Sylvia, la gérante.

Où manger ? Où boire un verre ?

Très chic (plus de 500 $Me / env 25 €)

Puro Corazón *(plan II, **40**) : côté forêt. 📱 115-11-97. Tlj 11h-23h. Happy hour en soirée (100 $Me pour 2 cocktails).* Avec ses lampions et ses tables colorées dispersées sous les frondaisons, ce charmant bar-resto compense l'absence de vue sur la mer en proposant une cuisine plus

LA PÉNINSULE DU YUCATÁN

raffinée que la moyenne. Parmi les musts, le *mole* ou le *Tikin Xic* (filet de poisson cuit avec ses légumes dans une feuille de bananier), préparés avec soin ne laissent pas indifférent ! Concerts programmés en soirée *(tlj sf lun).*

Zamas *(plan II,* ***41****) :* ☎ *877-85-23. Tlj 7h30-23h.* Installé sur une petite pointe rocheuse, à côté d'une plage croquignolette. Tables de toutes les couleurs sous des toits de palmes, face à la mer turquoise. Très bonne cuisine. Idéal pour un break du midi. Un peu cher, mais le cadre est ravissant.

À faire

■ ***Centre de plongée Zen Diving :*** *dans l'hôtel* Don Diego de la Selva, *à la sortie du village en direction de Chetumal, dans une ruelle sur la droite.* *198-21-07.* • *zen-diving.com* • *Ouv lun-sam 17h-19h. Compter env 2 500 $Me/pers pour 2 plongées en cenote, équipement fourni mais pas l'entrée dans les cenotes. Réduc de 10 % sur présentation de ce guide.* Ce centre PADI, animé par un instructeur français passionné, s'est spécialisé dans l'initiation et le perfectionnement à la plongée en *cenote.*

Se prélasser sur la ***plage,*** bien sûr, qui est très belle. Pour ceux qui logent à Tulum Pueblo, voici les accès libres les plus proches : vers la gauche, à l'hôtel *El Paraíso* ; vers la droite, entre les hôtels *Punta Piedra* et *Cala Luna,* puis à la plage du resto *Zamas.* Au-delà, presque tout est privé.

Cenote El Encanto *(plan II) :* *carretera Boca Paila, km 10,5, côté forêt.* *142-59-30. Entrée : env 60 $Me.* Grand *cenote* encore peu aménagé que l'on découvre après avoir laissé son véhicule à l'entrée et traversé une petite zone de palétuviers. Quelques *cabañas* et un petit camping pour ceux qui ne craignent pas les moustiques.

ZONA ARQUEOLÓGICA DE TULUM

Le site archéologique est à 4 km de l'entrée du village et 800 m de la *carretera Federal.*

Un peu d'histoire

Ce qui rend ce site unique, c'est sa position sur une falaise dominant la mer. Tulum est un exemple caractéristique du style maya-toltèque. Les bâtiments étaient recouverts d'une épaisse couche de stuc peint de couleurs vives, en bleu, blanc et rouge. Ils étaient construits selon les techniques en usage au Mexique central (maçonnerie, enduit, peinture) et programmés pour durer un siècle précolombien (52 ans), jusqu'à une nouvelle phase de travaux. La cité est entourée sur trois côtés d'une épaisse muraille, le quatrième côté faisant face à la mer du haut d'une falaise de 12 m, défense largement suffisante. Cet accès à la Caraïbe permettait en outre de nombreux échanges commerciaux avec l'Amérique centrale. Il semble même que la ville était signalée de nuit par un « phare » grâce à un feu qui brûlait sur l'une des tours (dans l'actuel Castillo). À l'intérieur des remparts, on trouve une cinquantaine de petits édifices, pour l'essentiel des temples et les habitations des nobles et des prêtres. La population vivait à l'extérieur et ne pénétrait dans l'enceinte sacrée que pour assister aux cérémonies.

La ville fut connue des Espagnols dès 1518 (soit 1 an avant le début de la conquête du Mexique par Cortés), lorsque Juan de Grijalva l'aperçut alors qu'il était en expédition le long de cette côte. Il fut tellement ébloui par la beauté de

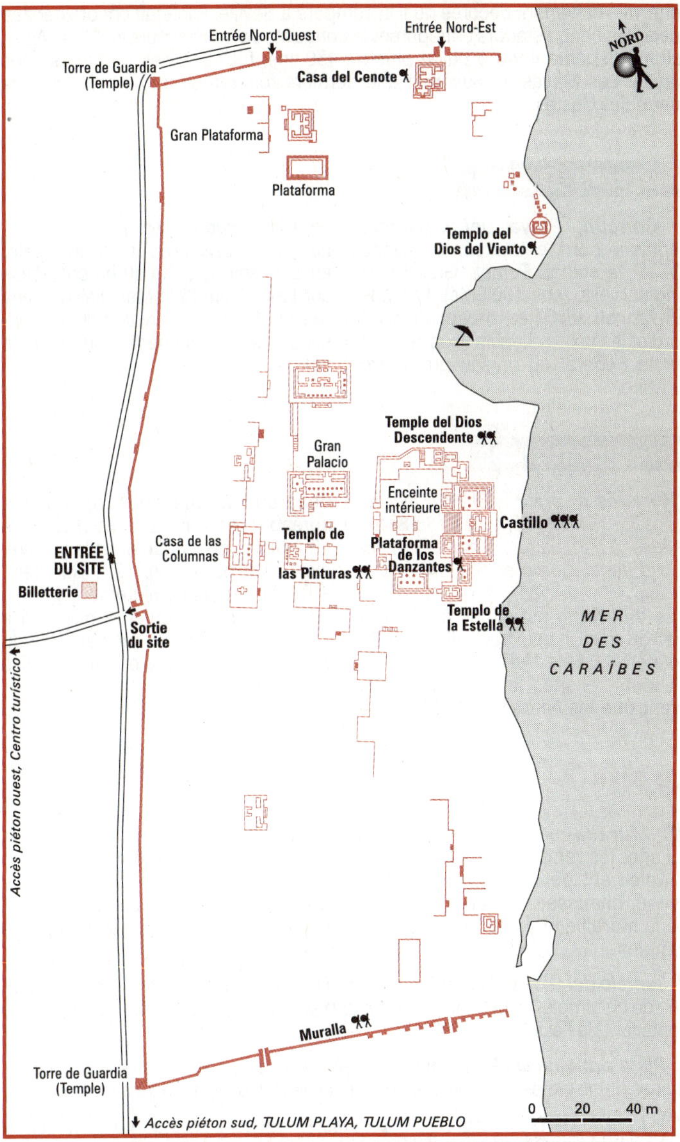

TULUM (Zona arqueológica)

cette ville richement décorée qu'il la compara à Séville. Elle était encore habitée quand les conquistadors entreprirent la conquête de la péninsule en 1544. Ainsi, Tulum, disparue il y a à peine plus de 450 ans, fut l'une des dernières cités mayas. Les Mayas y trouvèrent une dernière fois refuge au XIXe s, lors de la guerre des Castes.

Arriver – Quitter

➢ ***Cancún, Playa del Carmen :*** depuis le nord, entrée sur la gauche AVANT la station *Pemex.* Grand parking surveillé (env 100 $Me). Les bus (*Mayab* ou *ADO*) en provenance du nord et les taxis collectifs vous laissent sur la *Federal* au niveau du *centro turístico.*

➢ ***Tulum Pueblo :*** env 4 km du village au *centro turístico.* À pied ou à vélo, en taxi (env 80 $Me) ou en *colectivos* sur l'av. Tulum (32 $Me) : liaisons env ttes les 10 mn, en fonction du remplissage. Accès également depuis la route côtière.

Infos pratiques

– ***Horaires et prix :*** *tlj 8h-17h (accès jusqu'à 16h30). Entrée : 65 $Me. Guides parlant parfois le français, mais peu d'infos. Compter 650 $Me pour 4 pers.*
– La ***billetterie*** est située à 800 m à pied du site. Un petit train fait la navette pour env 20 $Me l'A/R.
– L'idéal : visiter le site avant 9h, avant que les hordes de touristes ne débarquent. Une autre option très agréable est la fin d'après-midi, vers 16h. Moins de monde et belle lumière, mais on en paye le prix : 220 $Me/pers.
– Tulum est particulièrement photogénique. Sachez toutefois que la ville s'est appelée *Zamá,* « face au lever du soleil ». L'éclairage y est donc moins favorable le matin.

Le site

🏛🏛 ***Muralla*** *(enceinte)* **:** édifiés pendant la dernière période d'habitation du site, les remparts (de 4 à 7 m d'épaisseur et de 3 à 5 m de haut) étaient simplement percés de cinq portes étroites. L'une d'elles s'ouvrait sur le *sacbé,* chaussée qui reliait Tulum à d'autres sites de la région. Au sommet de la muraille, il y avait un chemin de ronde où s'élevaient quelques petits temples.

🏛 ***Templo del Dios del Viento*** *(temple du Dieu du Vent)* **:** il domine la côte. À gauche de ce temple, la ***casa del Cenote,*** appelée ainsi car construite sur une grotte contenant de l'eau.

🏛 ***Plataforma de los Danzantes*** *(plate-forme des Danseurs)* **:** *devant le Castillo.* Ruines d'une plate-forme où, pense-t-on, avaient lieu les obsèques religieuses.

🏛🏛 ***Templo de las Pinturas*** *(temple des Fresques)* **:** sans doute construit au milieu du XVe s. C'est le plus intéressant, car il conserve un certain nombre de fresques dans des sortes de niches, mais seule une partie minime est visible. Sur le fronton, plusieurs sculptures de dieux.

🏛🏛🏛 ***Castillo :*** nommé ainsi par les Espagnols parce que c'était l'édifice le plus grand. De fait, c'est le plus haut du site et aussi le plus célèbre, surélevé à trois reprises au moins. Au sommet des marches, deux colonnes sculptées. Au-dessus, dans des niches, autres sculptures représentant des divinités. Ce temple religieux revêtait une importance extrême. Tous les 52 ans, les Mayas considéraient que le monde arrivait à la fin d'un cycle. Une cérémonie avait lieu, au cours de laquelle, durant 5 jours, tous les feux étaient éteints et toutes les dettes annulées. C'était en même temps la hantise de la fin, puis la fête du renouveau, et on en profitait pour embellir les édifices.

Templo del Dios descendente *(temple du Dieu descendant)* **:** *au nord du Castillo.* Son nom provient d'un motif sculpté au-dessus de l'entrée, présentant un dieu ailé descendant du ciel. Il n'est pas rare de retrouver ce symbole sur d'autres sites. Certains y voient Ah-Muzen-Cab, le dieu maya des Abeilles et du Miel. Toutes les peintures ont disparu. Remarquez aussi l'inclinaison des murs, de manière à ce que la partie haute surplombe la partie inférieure.

MAYA L'ABEILLE

Chez les Mayas, l'apiculture était une activité sacrée puisque le miel était destiné aux offrandes. Ah-Muzen-Cab, dieu des Abeilles, était aussi appelé le « dieu descendant », car il était représenté à l'envers, la tête en bas. Notons que la melipona *(l'abeille locale) construit sa ruche en forme de pyramide, de façon identique aux pyramides des sites mayas... Mais ne serait-ce pas plutôt le contraire ?*

Templo de la Estela *(temple de la Stèle)* **:** *au sud du Castillo.* Il doit son nom à une stèle trouvée à l'intérieur par l'explorateur Stephens et portant la date de 564 apr. J.-C. De quoi dérouter plus d'un archéologue, vu qu'aucun élément architectonique de la ville n'est antérieur au XIIIe s. Conclusion : la stèle (actuellement au British Museum de Londres) viendrait d'une autre cité. Quelques éléments sculptés sont encore visibles sur la partie supérieure de l'édifice.

La plage **:** *au nord, en contrebas du Castillo, accessible par un escalier. Parfois inaccessible en cas de grande marée (ou d'invasion de méduses !).* Façon de joindre l'utile à l'agréable : une immersion dans le monde maya (d'où l'utilité d'apporter son maillot de bain). Les iguanes sont déjà là pour se dorer sur les rochers.

DANS LES ENVIRONS DE TULUM

Cenote Aktún-Há (Carwash) **:** *à env 8 km sur la route de Cobá. Y aller en taxi ou en combi depuis Tulum Pueblo. Tlj 9h-17h. Entrée : 50 $Me.* Beau *cenote,* très prisé par les plongeurs, qui a la particularité de changer de couleur selon les époques de l'année. De janvier à avril d'un bleu cristal, de mai à août d'un vert émeraude à cause de la prolifération d'une algue. Et d'août à novembre, les eaux de ruissellement, dues à la saison des pluies, la colorent en rouge. Aguil, le gardien, vous expliquera tout ça.

RESERVA NATURAL SIAN KA'AN

Immense parc naturel, inscrit au Patrimoine mondial de l'Unesco en 1987, Sian Ka'an recouvre un territoire allant du nord au sud de Tulum à Punta Allen, et d'ouest en est de la *carretera federal* à la mer. C'est le paradis pour un grand nombre d'espèces d'oiseaux (on en a recensé 400), de reptiles et de mammifères (120), sans oublier les moustiques évidemment (plus de 310 modèles, du plus tendre au plus vorace !). Il abrite des ruines secrètes, dans un environnement mêlant côte sauvage, forêt tropicale, marais et mangrove... Le seul problème, c'est qu'il ne se laisse pas facilement approcher.

D'un côté, la mer vient mourir sur des plages superbes où plusieurs espèces de tortues marines viennent déposer leurs œufs ; de l'autre, une immense lagune, sertie d'une jungle très dense et très riche d'un point de vue botanique, qui offre aux crocos et à quelques lamantins de quoi se nourrir et se reproduire en toute quiétude. Un éden qui se mérite, puisqu'il n'est accessible qu'en bateau, à la rigueur en kayak.

➢ ***Comment y aller :*** pour découvrir les mystères de Sian Ka'an, mieux vaut avoir du temps devant soi et faire appel à un privé et à son bateau. On en trouve soit quelques kilomètres après l'entrée du parc quand on vient de la zone hôtelière de Tulum Playa, soit en se rendant à Punta Allen, soit à partir du site archéologique de Muyil *(laguna de Chunyaxché)*. Les prix se tiennent, en voici un parmi d'autres.

➢ ***Sian Ka'an Tours (Diamante Maya) :*** *carretera Boca Paila, à l'intérieur du parc, env 3 km après l'arche qui marque l'entrée. ☎ 876-33-85. Pour le tour de base, comptez 950 $Me/pers si vous êtes 2, 700 $Me/pers si vous êtes 6. Un peu plus cher pour les tours de 3h30 (négocier).* Romy Ancona-Nuñez – épaulé par Hector et Mario, ses deux capitaines – vous propose plusieurs formules pour découvrir le parc à bord de ses bateaux. Des tours « faune et flore » en 2h30 ainsi que des tours plus élaborés avec visite des ruines et dérive (gilet fourni) de 20-30 mn dans les 900 m que constituent les canaux mayas. On y voit des crocos, des lamantins et d'autres bestioles.

➢ ***Pour Punta Allen :*** *1 colectivo/j. à 14h (av. Tulum, angle Centauro Norte). Trajet : 2h30-3h (en fonction de l'état de la piste, qui peut être catastrophique après une période de fortes pluies).* Par temps de pluie, ne pas s'y aventurer sans un 4x4.

Où dormir ? Où manger ?

🏠 🍴 ***Punta Allen,*** village du bout du monde principalement fréquenté par des touristes amateurs de pêche, dispose de quelques petits restos très simples, ainsi que de différents types d'hébergements au rapport qualité-prix pas toujours évident, comme la ***Cuzan Guesthouse*** *(☎ (983) 834-03-58 ; des cabañitas assez rustiques sous les cocotiers à « Prix moyens »)*, ou le ***Sol Caribe*** *(☎ (984) 139-38-39 ; situé à l'écart du village, un hôtel catégorie « Très chic » aux chambres et cabañas de charme)*.

À voir. À faire

👍👍 ***Zona arqueológica de Muyil :*** *à 20 km au sud de Tulum, vers Chetumal (km 205 de la Federal). De Tulum, prendre un combi (nombreux) ou un bus Mayab pour Chetumal. Tlj 8h-17h (dernière admission 16h30). Entrée : env 40 $Me (+ 50 $Me si accès à la* ***laguna de Chunyaxché****)*. Muyil est un petit site enfoui dans la forêt, qui fut occupé dès 300 av. J.-C. et jusqu'au début du XVIe s. À l'entrée, un chemin sur la gauche conduit au *palacio Rosa,* datant de la période postclassique (1250-1550). Non loin de là, du haut de ses 17 m, *El Castillo* (datant de la période classique) est l'un des édifices les plus hauts de la côte est. Il se caractérise par sa tour circulaire au sommet. À l'arrière, au-dessus d'une porte sur le niveau supérieur, on distingue encore deux panneaux figurant des hérons sculptés. Au pied du Castillo débute l'ancien *sacbé,* qui assurait une communication avec les voies maritimes. De là, possibilité de rejoindre la ***laguna de Chunyaxché*** où l'on trouve des petits bateaux qui vous emmènent visiter la réserve Sian Ka'an *(compter env 700 $Me/pers, base 6 pers dans le bateau)*.

ZONA ARQUEOLÓGICA DE COBÁ

IND. TÉL. : 984

Cobá fut la cité maya la plus puissante du nord de la péninsule. Elle occupe un immense territoire de 70 km², dont la plus grande partie est encore enfouie dans la forêt. Seules les pyramides les plus importantes ont été dégagées, notamment le Nohoch Mul, une des plus hautes du Yucatán avec celle de Calakmul. De son sommet, vue admirable sur la jungle.
Cobá doit certainement son existence aux cinq lacs qui l'entourent. On y observe des crocodiles. Et on évite donc de s'y baigner, car l'attraction est réciproque...

UN PEU D'HISTOIRE

Cobá fut sans doute la plus importante des cités mayas de l'époque classique. L'important réseau de voies de communication qu'elle créa, les *sacbés*, permit à la ville de développer son influence politique et commerciale à partir de 200 apr. J.-C., pour atteindre son apogée entre l'an 600 et l'an 800. Durant cette époque, Cobá devint une ville puissante qui dominait le nord et l'est de la péninsule. Elle contrôlait le commerce maritime de la côte et à l'intérieur des terres, utilisant comme port principal la baie de Xel-Há. Cobá fournissait en sel la ville de Tikal. Par ailleurs, elle avait scellé des alliances militaires et politiques (à travers des mariages) avec d'autres cités importantes telles que Dzibanché, Calakmul ou Tikal. L'architecture montre d'ailleurs des liens étroits avec les cités de l'actuel Guatemala. Tout tend à prouver que Cobá fut, durant quelques siècles, un centre de communication extrêmement important de la Méso-Amérique.
À l'arrivée des conquistadors, au XVIe s, Cobá n'était déjà plus que ruines enfouies sous la jungle, et son existence passa inaperçue. Elle fut (re)découverte au XIXe s par les fameux archéologues Stephens et Catherwood.

TOUS LES *SACBÉS* MÈNENT À COBÁ

Une caractéristique de Cobá est d'avoir érigé un immense réseau de sacbés. Ces « chemins blancs », tracés par les Mayas, pouvaient mesurer 9 m de large et s'élever à 2,50 m. On en a recensé une quarantaine, certains d'une centaine de kilomètres, tel celui menant à la cité de Yaxúna (près de Chichén Itzá). Sacbé réseau, non ?

Arriver – Quitter

Cobá se trouve presque à mi-distance entre Valladolid et Tulum.

➢ ***En bus :*** les bus *ADO* desservent le parking situé devant l'entrée du site. Les bus *Mayab* et *Oriente* s'arrêtent devant la *Posada El Bocadito,* dans l'unique rue du village.

- ***Valladolid :*** avec *Oriente* à 16h30 ; avec *Mayab* (2de classe), 3 départs/j. ; retour de Cobá 17h et 19h.

- ***Tulum et Playa del Carmen :*** bus *ADO* tlj à 9h01 depuis Playa del Carmen, 10h11 depuis le terminal de Tulum, retour de Cobá à 15h10.

Infos pratiques

– **Infos et horaires :** ☎ *206-71-66. Tlj 8h-17h. Prévoir 2-3h de visite, car les ruines sont dispersées, c'est faisable à pied, sans se fatiguer mais ça prend du temps. On peut louer des vélos (45 $Me) ou un tricycle avec chauffeur (120 $Me pour 2), pour le tour de 1h20 avec arrêts (190 $Me pour le tour de 2h).*

– **Tarifs :** *entrée 70 $Me. Parking 50 $Me.*

– **Guide francophone :** *compter env 800 $Me pour 1-25 pers pdt env 45 mn.*

– N'oubliez pas d'apporter à boire (dans les boutiques à l'entrée, c'est hors de prix) et du répulsif antimoustiques !

Le site

Un site gigantesque ! Près de 6 500 structures. On ne va pas toutes les décrire, rassurez-vous ! Très peu d'entre elles ont d'ailleurs quitté leur manteau de verdure. Mais le site sera certainement un jour l'un des plus célèbres du Mexique si des budgets se débloquent pour les fouilles archéologiques.

Grupo Cobá : à une centaine de mètres après l'entrée, à l'endroit où l'on peut louer vélos et tricycles avec chauffeur, l'ensemble est situé à droite du chemin. Il se compose d'un ***jeu de pelote*** dont les parois sont penchées (intéressant, puisqu'à la différence de Chichén Itzá par exemple, où les murs sont verticaux, les joueurs pouvaient courir dessus pour atteindre les anneaux) et d'une ***pirámide*** surnommée « l'église ». Au pied de la pyramide, une stèle (stèle 11) protégée par une petite hutte. Jusqu'à peu, les Mayas du coin venaient y faire leurs dévotions et y déposer des offrandes en brûlant des cierges. En effet, le dessin représenterait une Vierge appelée Colebí, patronne des chasseurs et des paysans (nous, on ne voit pas grand-chose).

Conjunto Pinturas : construit au classique tardif (de 1250 à 1500) ; ce sont les benjamines des constructions de Cobá. Temple qui possède encore quelques fragments de peinture polychrome sur sa partie supérieure. Le reste du groupe (un peu plus loin vers Nohoch Mul) est en bon état : nouvel exemple de ***juego de pelota*** *(jeu de pelote).* Voir aussi la stèle fort bien conservée (200 m plus loin à droite) au pied d'un bel édifice. À proximité, quelques arbres produisant le copal, l'encens maya.

Pirámide Nohoch Mul : après environ 30 mn à pied (10-12 mn à vélo) d'une belle balade dans la jungle, impressionnante pyramide de 42 m de hauteur. C'est la plus haute de la région. Les courageux en grimperont les 113 marches (hardi, petit !) grâce à une corde centrale (mieux vaut toutefois ne pas être sujet au vertige). En haut, petit temple assez simple. Vue imprenable sur la forêt. Un conseil, pour redescendre, ne tentez pas de le faire en ligne droite mais faites des zigzags sur toute la largeur, comme quand vous randonnez en montagne.

QUAND LA RÉSINE EST BONNE

Les Mayas pensaient que le copal, résine extraite d'un arbre, était la nourriture des dieux. Lors des cérémonies, ils en brûlaient pour favoriser le dialogue avec eux. Cet encens était tellement sacré qu'une fois posé sur l'autel, il leur était interdit de le toucher avec les mains.

Xaïbé : photogénique et bien retapée, cette pyramide de forme semi-circulaire marquait la croisée des chemins.

Grupo Macanxoc : à 1,5 km du groupe Cobá. Plusieurs pyramides et des autels encore enfouis sous la végétation. Huit stèles qui commémorent des étapes du calendrier maya.

– De nombreux autres groupes sont accessibles par des chemins peu balisés ni entretenus, mais ils sont déconseillés car on risque de se perdre et de rencontrer quelques serpents.

LE SUD DU QUINTANA ROO

BACALAR

11 000 hab. IND. TÉL. : 983

À une trentaine de kilomètres au nord de Chetumal, le petit village reposant de Bacalar est en passe de devenir un haut lieu du tourisme « farniente ». Il domine un lac de 70 km de long, composé d'eau douce et d'eau salée, qui doit son surnom de « lagune aux sept couleurs » à la variété de ses tons de bleu. Un endroit idéal pour se mettre au vert et une bonne étape sur la route du Belize ou du Guatemala.

➢ Un bus *ADO* part tlj de Cancún à 18h30, passe par Playa del Carmen et à Tulum, puis arrive à Bacalar vers 23h. Sinon, plusieurs bus/j. avec *Mayab*, depuis Chetumal ou Tulum.

Adresse utile

Oficina de turismo : *av. Quinta, sur le côté ouest du zócalo (en face du resto Mesón Pirata). Tlj 9h-16h.* Quelques infos ainsi que des brochures à vendre sur les sites touristiques de la région. Distributeur de billets ATM.

Où dormir ?

De bon marché à un peu plus chic (moins de 1 000 $Me / env 50 €)

Yaxche Centro : *av. 9 ; entre calle 22 et 24. ☎ 834-20-81. Selon saison, en dortoir 180-200 $Me/pers, camping 80-95 $Me (possibilité de louer une tente) ; petit déj continental compris.* Un camping-auberge central, très aéré et pas désagréable, comprenant 2 dortoirs corrects (draps et oreillers fournis, moustiquaires) avec sanitaires à partager (4 douches). Tout se passe ici autour de la cuisine commune, libérée dès 11h, après le service du petit déjeuner. Edmundo, le sympathique proprio, propose aussi chaque jour à 10h pétantes un transfert vers son autre camping, situé au bord de la lagune, où l'on peut se baigner et faire du kayak. Retour en milieu d'après-midi.

Magic Hostel & Camping : *av. 3. ☎ (984) 803-36-31. • campingbacalar.com • Depuis le zócalo, face au fort, prendre à gauche l'av. 3, c'est tt au bout. En dortoir 190-320 $Me/pers* *selon emplacement, double 840 $Me, camping env 170 $Me ; petit déj continental compris.* Ce qui est *magic* ici, c'est le cadre : un terrain arboré qui descend vers la lagune. Ambiance vacances festives garantie. Pour se loger, des tentes en location (à moins d'avoir la sienne), et 2 paillotes renfermant chacune un dortoir (de 10 lits avec moustiquaires) et des combles aménagés en chambres « privées » (intimité relative). Avec en plus des hamacs et plusieurs cuisines. Tout ça serait parfait s'il n'y avait pas que 2 douches ! Kayaks et vélos à dispo.

Hotelito El Paraíso : *av. 1 (qui longe la lagune). ☎ 834-27-87. • hotelitoelparaiso.com.mx • Dans la ruelle qui mène à la plage municipale. Double 950 $Me, triple 1 100 $Me. Pas de petit déj.* Hôtel pimpant et coloré bordé par une pelouse d'un beau vert tendre, inclinée en pente douce vers la lagune. Grandes chambres nickel, simples mais de bon confort, avec 2 lits doubles, AC, coffre et salle de bains, qui donnent sur ce paysage chatoyant. Très bon accueil. Dans son genre, une bonne adresse.

Très chic (plus de 1 600 $Me / env 80 €)

Toto Blue Hotel-boutique : *av. 7 ; entre calle 18 et 20. ☎ 834-21-26. Doubles 1 650-2 000 $Me selon saison.* En plein centre du village, un petit hôtel cosy d'une douzaine de belles chambres tout confort (clim individuelle, douche à gros pommeau, produits d'accueil, etc.). On apprécie la propreté et l'effort de déco (meubles en bois cérusé, voilages). Sur 2 niveaux, façon loggia, elles sont réparties autour d'un petit patio. Agréable salle de resto circulaire, petite terrasse pour boutiquer. C'est pas mal.

Rancho Encantado : *route 307, km 24. ☎ (998) 884-11-81. • encantado.com • À 2 km de Bacalar en direction de Tulum, sur la droite. Doubles à partir de 2 770 $Me.* Bien cachés à bonne distance de la route, une quinzaine de bungalows confortables (terrasses, hamacs, salles de bains), dispersés dans un séduisant jardin déroulé le long de la lagune. Atmosphère paisible, impeccable pour se relaxer. Une adresse pour les amoureux, à l'image du resto romantique les pieds dans l'eau. Cher.

Où manger ? Où boire un verre ?

Kai Pez Restaurante & Marina : *sur la lagune, en contrebas du fort. Tlj midi et soir. Prix moyens.* Cuisine locale spécialisée dans les fruits de mer, à consommer les pieds dans l'herbe, face à la lagune. Bon rapport qualité-prix. Service hésitant.

El Barril Grill : *av. 7 ; entre calle 20 et 22, à côté de la pharmacie San Joaquín. ☎ 839-28-16. Tlj sf lun. Prix moyens.* Quand un chef français se met à faire de la mousse à l'autre bout du monde, ça donne ce petit resto sympa, largement ouvert sur l'extérieur, spécialisé dans les grillades et quelques bières artisanales de son cru. Bon accueil de Johan et d'Allegria.

À voir. À faire

Cenote Azul : *à la sortie de Bacalar vers Chetumal, à 50 m à gauche de la Federal (km 15). Tlj 10h-18h. Accès : 10 $Me.* Petit *cenote* circulaire entouré d'une épaisse végétation. Surtout beau vu d'avion.

Fuerte San Felipe : *en bordure du zócalo. Tlj sf lun 9h-19h. Entrée : 75 $Me.* Un fort pittoresque qui surplombe la lagune, construit en 1733 sur l'ordre de Don Antonio de Figueroa y Silva pour protéger la population de Bacalar des attaques de pirates. Petit musée sans beaucoup d'intérêt.

DANS LES ENVIRONS DE BACALAR

🏛🏛 ***Chacchobén :*** *au nord-est de Bacalar. En bus jusqu'à Limones ou Pedro Antonio Santos, puis en taxi. En voiture, prendre la 307 direction Tulum puis, au km 170, la 293 avt le village de Pedro Antonio Santos. Compter 40 mn depuis Bacalar. Tlj 8h-17h. Entrée : 62 $Me.* Chacchobén est aujourd'hui l'un des sites les plus visités de la Riviera maya. Faut dire que sa grande pyramide (sur les trois qui ont été restaurées) qui s'élève majestueusement au-dessus de la forêt a de quoi en laisser plus d'un baba. Si les premières traces de civilisation ont été attestées dès le premier millénaire avant notre ère, l'apogée de Chacchobén date de l'an 700. Ses pyramides avaient la particularité d'être peintes en rouge.

CHETUMAL

151 200 hab. IND. TÉL. : 983

• Plan *p. 321*

Entièrement reconstruite dans les années 1960 consécutivement à sa destruction par un ouragan, la capitale du Quintana Roo ne vous laissera pas un souvenir impérissable. Mis à part son musée de la culture maya, pas grand-chose à faire ici. Mieux vaut trouver refuge à Bacalar, à une trentaine de kilomètres plus au nord.

Arriver – Quitter

En bus

🚌 ***Terminal régional et succursale ADO*** *(plan A1,* ***1****)* ***:*** *à l'angle des av. Belice et Colón, près du marché.* ☎ *832-06-39.* Nombreux bus pour les destinations environnantes. Possibilité d'y acheter ses billets longue distance (dont *ADO*), mais départ du terminal principal.

🚌 ***Colectivos pour Bacalar*** *(plan B1,* ***2****)* ***:*** *sur Primo de Verdad, presque à l'angle avec Hidalgo.* Départs ttes les 2h, 8h-14h. Trajet : 40 mn. Mieux vaut prendre un taxi. Ces derniers (blancs avec des lignes bleues) partent tlj 6h-20h de l'av. Independencia, entre Mahatma Gandhi et Efraín Aguilar.

➢ ***Laguna Guerrero :*** *en principe, sur Venustiano Carranza (parallèle à Primo de Verdad).* Horaires aléatoires et s'attrape au vol.

🚌 ***Terminal Principal ADO*** *(hors plan par A-B1,* ***3****)* ***:*** *av. de los Insurgentes (angle av. Palermo).* ☎ *832-51-10. Très éloigné du centre, prendre un taxi.* Il regroupe les compagnies *ADO, ADO GL, OCC, Mayab, SUR, TRT* et *San Juan Travel.* Distributeur automatique. Consigne à bagages. Attention, en été, les bus sont bondés. Mieux vaut réserver le plus tôt possible.

➢ ***Bacalar :*** bus *ADO,* départ à 5h30 et 20h. Avec *AU,* départ à 20h (moins cher).

➢ ***Tulum :*** 8 bus/j. avec *ADO* 5h30-18h30, principalement le mat. 2 bus/j. avec *OCC,* à 5h15 et 8h15. Quelques bus de nuit avec *Mayab.* Trajet : 3h15.

➢ ***Playa del Carmen et Cancún :*** env 15 bus/j. 5h55-minuit. Trajet : respectivement 4h15 et 5h30.

➢ ***Campeche :*** 2 bus *SUR,* tôt le mat et à 14h45, et 1 bus *ADO* tlj à 12h. Trajet : 6h. Ces bus s'arrêtent à Xpujil et Escárcega.

➢ ***Mérida :*** 3-4 bus/j. 7h30-23h30

avec *ADO,* 4 bus/j. 5h30-15h avec *Mayab.* Trajet : 5h30-6h.
➢ ***Mexico :*** avec *ADO,* 4 bus/j. à 11h30-22h05 pour le terminal *Tapo,* un bus à 16h30 pour le terminal Norte. Bus *ADO GL* tlj à 19h55. Trajet : 21h.
➢ ***Palenque :*** bus *ADO GL* bien pratique ts les soirs à 23h30. Un autre à 21h35 avec *OCC.*

Pour le Belize

➢ ***Belize City :*** 160 km. 1 départ/j. à 7h30 avec l'agence ***San Juan Travel*** depuis le ***terminal principal ADO*** *(hors plan par A-B1,* ***3****)* ou à 9h30 avec ***Marlin Espadas*** *(prise en charge à votre hôtel à 8h30 en réservant à l'avance au ☎ 837-32-29, ou départ de leur terminal av. Maxuxac, entre av. 10 de Abril et av. 30 de Noviembre ; bus climatisé avec wifi ; • marlinespadas.com •).* Sinon, les liaisons régulières s'effectuent à bord de vieux bus scolaires depuis le *Mercado Nuevo (hors plan par A-B1)* : suivre l'av. Heroes au nord, puis à droite Luis Cabrera. Les bus sont stationnés devant le marché. Départs env ttes les heures, 11h-17h30.
➢ ***San Pedro, Cay Caulker et Belize City en bateau rapide :*** *infos et vente de billets au terminal maritime de Chetumal : bd Bahia (plan A3). Liaisons avec San Pedro Belize Express Water Taxi : ☎ 832-16-48. • belizewatertaxi.com •* Départ à 15h30 de Chetumal pour San Pedro et Cay Caulker. Tarifs selon période (sem ou w-e) : env 60 US$ pour San Pedro, 65 US$ pour Cay Caulker. Paiement en espèces en pesos, dollars du Belize ou US$. Se pointer au moins 1h avt le départ afin d'effectuer les formalités. De San Pedro ou Cay Caulker, bateau pour Belize City : une dizaine de départs/j., 6h-22h depuis San Pedro, 6h30-22h30 depuis Cay Caulker.

Pour le Guatemala

➢ ***Cuauhtémoc (frontière), via Palenque, Ocosingo et Comitán :*** avec *OCC,* 1 bus à 2h20. Trajet : 16h. De là, prendre un taxi pour la frontière *La Mesilla* et à nouveau prendre un bus pour la ville guatémaltèque de votre choix.
➢ ***Flores, via le Belize :*** départ à 7h30 avec l'agence ***San Juan Travel*** depuis le ***terminal principal ADO*** *(hors plan par A-B1,* ***3****).* C'est le même bus que celui de *Belize City.* Autre possibilité avec la compagnie ***Marlin Espadas,*** départ pour Flores tlj à 9h30 (7h30 de Flores).

Passage de douanes

– ***Mexique/Belize :*** *prévoir env 400 $Me pour sortir du Mexique, et 15 US$ pour y entrer.* N'oubliez pas de faire tamponner votre passeport au poste frontière et, si vous êtes en voiture, faites viser les papiers du véhicule (normalement, à la prise de l'auto, il est obligatoire de déclarer à votre loueur les passages de frontières). Une assurance supplémentaire est nécessaire. Le coût varie en fonction du nombre de jours passés dans l'autre pays.

Pour le Belize et le Guatemala, procurez-vous le *Routard Guatemala, Yucatán, Chiapas et Belize.*

Adresses utiles

🅸 ***Oficina de turismo municipal*** *(plan A2) : angle Carmen Ochoa de Merino, av. 5 de Mayo. ☎ 833-24-65. Lun-ven 8h30-16h30.* Plans de la ville et de la région. Bon accueil.
■ ***Banamex*** *(plan A2,* ***4****) : angle av. Obregón et Juárez. Lun-ven 8h-17h.* Guichet *Western Union.* Toutes les banques font le change. Distributeurs de billets. Aucune banque n'a de dollars Belize ni de quetzales du Guatemala. On en trouve à la frontière.
■ ***Bureau de change*** *(plan A2,* ***5****) : av. Heroes 83. Lun-sam 9h-19h.* Change les euros. Vend également des dollars du Belize.
✉ ***Poste*** *(plan A2) : Plutarco Elías Calles ; à l'angle de 5 de Mayo. Lun-ven 9h-16h, sam 9h-13h.*
@ ***Internet*** *(plan A1) : plusieurs adresses à proximité de la plaza, au niveau de l'av. Mahatma Gandhi et de l'av. Heroes.*

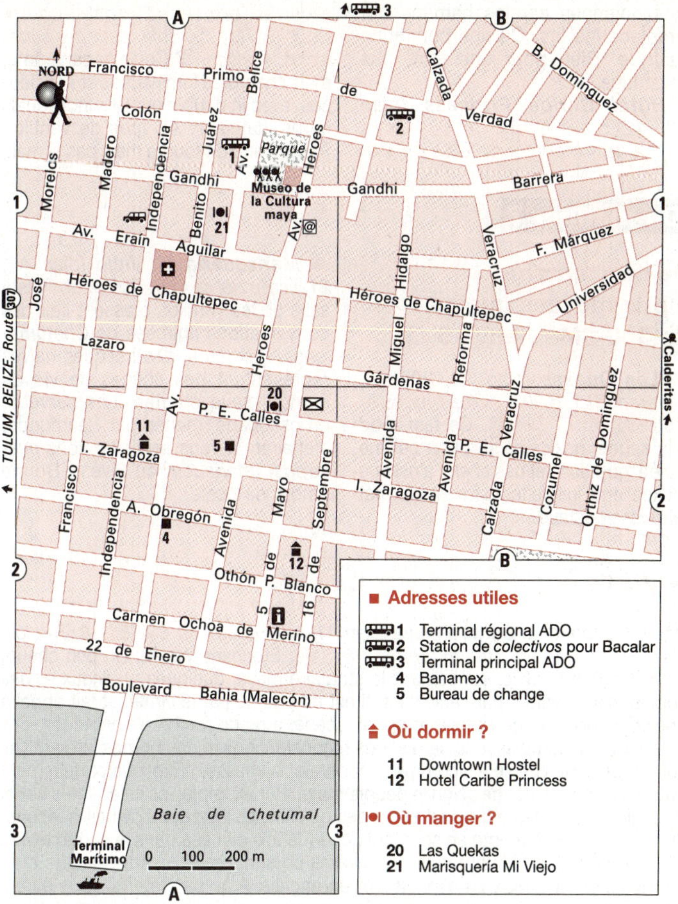

CHETUMAL

Où dormir ?

De bon marché à prix moyens (moins de 800 $Me / env 40 €)

Downtown Hostel (plan A2, **11**) : *av. Zaragoza n° 231 (entre Juárez et Independencia). ☎ 129-19-07. • downtownhostel.com.mx • Lits en dortoir 210-270 $Me, double 550 $Me petit déj (frugal) compris.* En plein centre-ville, un immeuble aux murs gris souris. Les chambres (des dortoirs de 6 ou 4 lits et 2 chambres doubles) sont du genre cellule de moine. Elles possèdent toutes leur salle de bains mais manquent cruellement de lumière. Certaines vous rappelleront vos nuits amazoniennes car les hamacs ont remplacé les lits. Cuisine commune basique. Bien pour une nuit, pas davantage.

Hotel Caribe Princess *(plan A2,* ***12****)* **:** *av. Obregón 168 ; près de 5 de Mayo. ☎ 832-09-00. • caribe_princess@hotmail.com • Doubles 700-750 $Me, petit déj-buffet inclus. Parking.* Couloirs sans âme, mais chambres lumineuses et spacieuses, avec lit double ou 2 lits individuels (bons matelas) ; AC (pas de ventilo). Pas le coup de foudre mais pas si mal.

Où manger ?

De bon marché à prix moyens (moins de 300 $Me / env 15 €)

Las Quekas *(plan A2,* ***20****)* **:** *av. Plutarco Elías Calles (entre Heroes et 5 de Mayo). Tlj 24h/24.* Ce fast-food à la sauce mexicaine sert une cuisine variée, goûteuse et pas chère, ainsi que d'excellents jus de fruits frais en format maousse costaud.

Marisquería Mi Viejo *(plan A1,* ***21****)* **:** *calle Belice 166. Tlj 9h-20h.* Vaste salle où les ventilos brassent l'air des conversations animées de *Chetumaleños.* Aux murs, des fresques naïves représentent des scènes de vie du monde maya d'antan. Les serveurs en escouade, menés par Raymundo, s'affairent à vous servir de bons *pescados, mariscos* ou *aves.* Bonne ambiance locale.

À voir

Museo de la Cultura maya *(plan A1)* **:** *av. Heroes. ☎ 832-68-38. En plein centre-ville. Mar-dim 9h-19h. Entrée : 75 $Me.* Étonnant musée. Un peu chaud, un peu sombre, avec, concernant la statuaire maya, quelques originaux et des copies mis en valeur par l'éclairage. Il est en grande partie virtuel et fait appel à une scénographie inventive mettant en scène, à grand renfort de bruitages, des maquettes de temples, des cartes, des reconstitutions et des bornes interactives sur toutes sortes de sujets comme l'économie, la chasse... Explique parfaitement la conception du monde selon le peuple maya. Par exemple, les calendriers astral et religieux, le système d'alphabet (un peu du chinois). Il y a aussi de belles reconstitutions (grotte et *cenote* en sous-sol), chaque fois placées dans le contexte des croyances mayas (l'inframonde, les vivants en surface, le paradis dans le ciel : dantesque). Panneaux en espagnol et en anglais. À ne pas rater si vous êtes à Chetumal.

Calderitas *(hors plan par B1)* **:** *pour s'y rendre, bus en face du terminal* ADO *(centre), av. Belice. En voiture, suivre le bulevar Bahia sur env 9 km.* Après avoir longé le *bulevar Bahia* et jeté un coup d'œil au passage au très controversé *Museo Cuna del Mestizaje,* on arrive à une plage artificielle où l'on peut se baigner. L'intérêt du lieu réside dans ses nombreux petits restaurants populaires, les pieds dans l'eau *(tlj midi et soir),* très agréables pour se détendre et beaucoup moins chers que ceux de Chetumal. Toujours de la musique *en vivo.*

DANS LES ENVIRONS DE CHETUMAL

Laguna Guerrero **:** *à 20 km au nord de Chetumal. En voiture, suivre l'av. Heroes vers le nord ; tourner à 5 km à gauche et, 6 km plus loin (patte-d'oie), encore à gauche. Combis sur Venustiano Carranza, face à la bibliothèque (parallèle à Primo de Verdad).* La *laguna* présente par elle-même un intérêt moyen et offre très peu d'infrastructures touristiques. Mais c'est un des derniers endroits du coin où peuvent s'observer les lamantins (*manati* en espagnol). Le ***sanctuario del Manati*** (sur la rive du lac à 15 km de la patte-d'oie) vous permettra de faire connaissance avec Daniel, un lamantin qui fait le bonheur des visiteurs.

Kohunlich : *à 70 km de Chetumal. En bus, prendre celui pour Escárcega et descendre à Francisco Villa (km 213) ; il reste 9 km de route mal entretenue (pas vraiment de taxis dans le coin) ; assez galère donc... En voiture, compter 1h15 depuis Chetumal. Tlj 8h-17h. Entrée : 65 $Me.* Cette ancienne ville maya connut son apogée entre 500 et 900 apr. J.-C. Site très riche mais assez concentré, qui se visite donc facilement (compter 1h30). Il possède l'un des plus beaux complexes résidentiels mayas, disséminé dans un somptueux cadre verdoyant de type tropical. Avec un système hydraulique très ingénieux pour recueillir l'eau de pluie. Exceptionnelle *pyramide des Masques* (tout au bout du site), de 14 m de haut, avec superposition de magnifiques masques en stuc. Quant au secteur appelé *Los 27 Escalones,* il s'agit des vestiges du quartier des dignitaires. Pas fous, ils s'étaient réservé une colline d'où l'on profite d'une vue formidable sur la forêt !

LE CHIAPAS

• Carte *p. 325*

Denses forêts de pins en altitude, autour de San Cristóbal et Comitán, jungle exubérante dans la région de Palenque, d'où émergent de fabuleuses ruines mayas... Jouxtant le Guatemala, le Chiapas est une rude et magnifique région montagneuse, peuplée de nombreuses communautés indigènes qui enrichissent cet État d'une identité singulière. Alors que les Amérindiens constituent environ 10 % de la population du Mexique, au Chiapas, ils sont plus de 1 million sur une population de 4,8 millions. Ce sont, pour la plupart, des descendants des Mayas. Plusieurs peuples composent cette population amérindienne, les plus importants en nombre étant les Tzotziles, les Tzeltales, les Choles, les Tojolabales et les Zoques. Chacun parle sa propre langue, très différente des autres, certains ne parlent pas l'espagnol. Au cœur de la *selva,* entre Ocosingo et la frontière guatémaltèque, de nombreux Amérindiens n'ont même jamais mis les pieds ni à Palenque ni à Comitán.

ZAPATISTES

La révolte des Indiens

Le 1er janvier 1994, le président du Mexique, Carlos Salinas de Gortari, célèbre l'entrée en vigueur de l'accord de libre-échange nord-américain (Alena), qui associe économiquement le Mexique à ses voisins du Nord, États-Unis et Canada. Ce même jour, dans la stupeur générale, les paysans indiens du Chiapas se soulèvent et prennent les armes, avec pour modèle Emiliano Zapata (d'où leur nom, EZLN, *Ejercito Zapatista de Liberación Nacional*). Cette guérilla, qui compte à peine 3 000 à 5 000 indigènes, réussit à occuper San Cristóbal de Las Casas. Ils revendiquent l'autogestion de leurs communautés, le droit à la terre, au logement, à la santé, à l'éducation, au travail et à la justice, mais aussi la reconnaissance de leur identité et de leur culture en tant que peuple indigène.

LE CHIAPAS

Depuis la conquête espagnole, l'histoire des populations indigènes rime avec extermination, exploitation et humiliation. La Constitution du Mexique ne reconnaît toujours pas l'existence des Indiens, alors qu'ils représentent près de 10 % de la population, soit environ 10 millions de personnes ! Un sentiment résumé par le sous-commandant Marcos, qui prend la tête de l'insurrection : « Ils nous "civilisèrent" hier et veulent aujourd'hui nous "moderniser". »

LE MAÏS DES GRINGOS

L'une des conséquences les plus dévastatrices de l'Alena, l'espace de libre échange s'étendant du Mexique au Canada, est la destruction de l'agriculture paysanne mexicaine, incapable de rivaliser avec les gigantesques exploitations des agro-industriels nord-américains. Ainsi, aujourd'hui, c'est du maïs produit principalement aux États-Unis qui compose les tortillas, tandis que des milliers de paysans en sont réduits à entrer clandestinement aux États-Unis, pour espérer y trouver du travail.

La contre-offensive du gouvernement

Aussitôt, le gouvernement déclenche une contre-offensive qui fait plusieurs centaines de morts. Mais, sous la pression de l'opinion publique, des négociations sont ouvertes entre le mouvement zapatiste et le gouvernement.

Le 16 février 1996, l'EZLN et le gouvernement signent les accords de San Andrés sur les droits des cultures indigènes. Mais rien ne se concrétise. Au contraire, le climat s'envenime, surtout après le massacre d'Acteal : en 1997, quelques jours avant Noël, dans le petit village d'Acteal, des gens se sont réunis pour prier. Un groupe de paramilitaires leur tirent dessus, les poursuivent, achèvent les blessés... Bilan : 45 morts, dont des femmes et des enfants. On apprendra par la suite que la police a protégé les paramilitaires, tentant même de faire disparaître des corps. Peu après démarre une vague d'expulsions de dizaines d'observateurs étrangers présents au Chiapas et une série d'agressions de l'armée contre plusieurs communes zapatistes.

La lutte continue

Avec l'investiture du président Vicente Fox, en 2000, l'espoir renaît. Fox promet de « résoudre le conflit en 15 mn », et les zapatistes organisent alors une immense marche pacifique vers Mexico (3 000 km), qui reçoit l'appui de personnalités du monde entier. Anecdote symbolique, José Bové et Marcos s'échangeant même leurs pipes !
Mais, en 2001, c'est la trahison. Le Parlement vote une loi bâtarde, vidée de tous les amendements que les zapatistes étaient venus défendre à Mexico, notamment ceux en faveur de l'autonomie des communautés indigènes. Les contacts sont rompus, et le silence retombe sur la jungle du Chiapas. Le bilan aujourd'hui est plutôt maigre : certes, le mouvement zapatiste a réussi à redynamiser la société civile, à réactiver les mouvements sociaux et à faire entendre la parole des communautés indiennes. Mais, en réalité, il n'y a eu aucune avancée concrète, et les accords de San Andrés restent lettre morte. Comme le souligne un rapport de l'ONU (2004), les peuples indiens ne comptent toujours pas politiquement. Cela dit, si l'emblématique sous-commandant Marcos a quitté la tête du mouvement en 2014 (et n'est officiellement plus poursuivi par la justice depuis début 2016), le tissu militant du Chiapas reste actif, portant toujours les mêmes revendications d'autogestion politique et économique des communautés indigènes et luttant contre la privatisation des ressources (lire plus bas). Les slogans fleurissent sur les murs des villes et le long des routes de montagne, les mouvements sociaux sont fréquents, et, en réaction, quelques groupes paramilitaires sévissent encore... Une poignée de villages reculés sont toujours autogérés par l'EZLN, les habitants organisant leur propre système économique, d'éducation, etc. Ceux que cette expérience politique intéresse vraiment peuvent leur rendre visite. Attention, cependant, il ne s'agit pas de lieux touristiques, mais de communautés en lutte ayant rompu avec l'État mexicain. Leur situation est donc précaire et la méfiance de mise.

LES ENJEUX SOCIO-ÉCONOMIQUES

Le Chiapas est l'État le plus pauvre du Mexique. Les chiffres sont accablants. 75 % des habitants sont considérés comme pauvres (et même « extrêmement pauvres » pour la moitié d'entre eux), 25 % souffrent de malnutrition, 57 % sont mal logés, sans équipement de base (pas d'eau, d'électricité, de sanitaires). 15 % des maisons n'ont pour sol que de la terre battue. Et pourtant, le Chiapas est l'une des grandes sources de richesse du Mexique. C'est le 1er producteur de café, le 3e pour le maïs et il occupe la 2e place pour l'élevage. La région possède les plus importants gisements de pétrole, les plus grandes réserves de gaz et fournit près de la moitié de l'électricité du pays grâce à d'immenses barrages. Mais les gouverneurs du Chiapas ont toujours soutenu les grands propriétaires, les éleveurs et les exploitants du bois au détriment des communautés indigènes. Leur économie repose donc sur une agriculture de subsistance : piment *(chile)*, patate douce,

haricots rouges *(frijoles)* et, surtout, maïs. Quelques-uns travaillent dans les plantations de café et de canne à sucre, ou bien comme *chicleros* (ceux qui récupèrent le chicle pour faire la gomme à mâcher).
Le Chiapas est, depuis 2001, au cœur du *Plan Puebla Panama* (PPP), rebaptisé depuis *Proyecto Mesoamérica,* mégaprojet qui prétend développer l'économie du sud du Mexique et de l'Amérique centrale. Des milliards de dollars doivent être injectés dans une région qui attire de plus en plus d'investisseurs étrangers (notamment nord-américains). Pour les laboratoires pharmaceutiques et les groupes agroalimentaires, la biodiversité de la forêt du Chiapas est une véritable aubaine offerte sur un plateau par le gouvernement mexicain. Sans parler des autres ressources stratégiques comme le pétrole et l'uranium, ou des grands projets de développement énergétique. Autant de richesses naturelles destinées bien plus sûrement aux grands groupes industriels qu'aux indigènes.

ORGANISATION SOCIALE

L'organisation sociale des communautés indigènes est très complexe : gendarmes, majordomes, capitaines, anciens du village, chamans... autant de personnages qui servent la communauté, rendent la justice, veillent au respect du calendrier, organisent les cérémonies religieuses, etc. C'est un système complètement parallèle à celui de l'État fédéral. Les communautés sont en fait dirigées par un conseil d'anciens.
Même l'Église n'a pu jouer son rôle habituel d'acculturation et d'intégration ; les Mayas ont été beaucoup plus récalcitrants que les autres peuples préhispaniques à intégrer le catholicisme à leur propre vision mystique. Ils vont à l'église, mais c'est pour pratiquer leur propre rituel, qui se passe allègrement de la participation sacerdotale. En réalité, les prêtres n'ont guère de pouvoir en comparaison du chaman, qui jouit, lui, d'un grand prestige, tout à la fois guérisseur, sorcier et devin.

VOYAGER DANS LE CHIAPAS

Du nord, on atteint le Chiapas par le golfe du Mexique (via Veracruz ou Villahermosa) ou bien par la côte pacifique (via Oaxaca et l'isthme de Tehuantepec). Deux portes d'entrée principales : Palenque ou Tuxtla Gutiérrez, la capitale de l'État. La carretera Fronteriza, la route qui longe la frontière guatémaltèque, permet de faire la boucle complète autour du Chiapas, et facilite l'accès aux sites de Bonampak et Yaxchilán.
Au Chiapas, il faut bien souvent payer une petite ***taxe*** (en général 25 pesos) pour accéder à certains sites naturels. Cette contribution revient soit à la communauté indigène propriétaire et gestionnaire de la zone (les fameux *ejidos*), soit à l'État quand il s'agit de parcs naturels. Le Chiapas en compte plus d'une quarantaine, qui ont été créés pour lutter contre la déforestation : Lagunas de Montebello, Cañón del Sumidero, Selva lacandona, Palenque, Montes Azules...
En voiture individuelle, la vigilance est de mise car, si les routes sont bonnes dans l'ensemble, on y croise du monde (et un paquet de *topes* !) : paysans rentrant du champ la machette sur l'épaule, gamins, troupeau de vaches... Mieux vaut donc éviter de rouler de nuit. Il arrive que des routes soient bloquées par des manifestations (prendre son mal en patience...) ou, sur les routes un peu isolées en montagne, que l'on soit contraint de franchir un barrage local en s'acquittant d'un droit de passage, modique en principe, même si au départ la somme réclamée est un peu exagérée. C'est bien sûr illégal, mais, en gardant son calme et le sourire, on rabattra aisément la somme à des proportions acceptables.

Distances par la route

Villes	Distances	Durées (en bus)
Oaxaca-Tuxtla Gutiérrez	550 km	10h30-12h
Tuxtla-San Cristóbal	80 km (péage)	45 mn
San Cristóbal-Comitán	85 km	1h45
Comitán-Cuauhtémoc (frontière)	85 km	1h30
San Cristóbal-Ocosingo	90 km	2-3h
San Cristóbal-Palenque	210 km	6-7h
Ocosingo-Palenque	120 km	3-4h
Palenque-Campeche	365 km	6h
Palenque-Mérida	520 km	7h30-8h30
Palenque-Villahermosa	140 km (péage)	2h30

Infos complètes sur le site officiel : • turismochiapas.gob.mx •

PALENQUE

42 900 hab. IND. TÉL. : 916

• Plan *p. 330-331* • Palenque (Zona arqueológica) *p. 337*

***Palenque* signifie « entouré d'arbres ». En réalité, on se trouve en bordure de la jungle, au pied des montagnes du Chiapas. Une zone de transition entre les Altos et l'immense plaine qui annonce la mer. Si vous venez de San Cristóbal, vous serez surpris par le changement de température. Il fait souvent chaud et lourd à Palenque.**

C'est là que se situe l'une des plus grandes cités mayas du Mexique et le parc national du même nom, tous deux inscrits au Patrimoine mondial de l'Unesco (1987). La cité ancienne est l'une des plus belles aussi, car l'une des mieux conservées, et sans aucun doute la plus romantique. Un temple sur chacune des petites collines, la forêt vierge autour et des nappes de brume d'où émergent des silhouettes d'un autre temps... Un site absolument magnifique !

La ville de Palenque, à 8 km du site maya, n'offre quant à elle rien de particulier. Si ce n'est l'animation de ses rues populaires, débordant de commerces, de musique, de petits restos, et celle de son *zócalo* qui prend vie dès la tombée du jour. Rien de spécial, donc, si ce n'est le plaisir d'être au Mexique.

Arriver – Quitter

En bus

Que vous veniez de Villahermosa ou de San Cristóbal de Las Casas, il est très facile de rejoindre Palenque par bus. Si vous venez de Comitán, inutile de repasser par San Cristóbal : prenez le bus jusqu'à Ocosingo, puis un autre jusqu'à Palenque.

🚌 ***Terminal ADO*** *(plan A2, **1**) : sur la route nationale, à l'entrée de la ville, au niveau du rond-point de la tête maya.* ☎ *345-13-44.* On y trouve les bus de 1re classe *ADO* et *OCC* (mêmes tarifs) et les bus luxueux de *ADO GL*. Également une consigne, très pratique car il n'y en a pas aux ruines. N'hésitez pas à acheter votre billet pour la destination suivante dès votre arrivée, ou à réserver en ligne. En haute saison, les bus du soir pour Mérida sont pris d'assaut.

➢ ***Campeche, Mérida :*** avec *OCC* et *ADO,* 4 bus/j. 20h30-23h. Trajet : 5h pour Campeche, 7h30-8h pour Mérida.
➢ ***Cancún, via Chetumal, Tulum et Playa del Carmen :*** avec *OCC* et *ADO* 4 bus en soirée 20h40-minuit ; 1 départ à 21h20 avec *ADO GL.* Trajet : 7h pour Chetumal, 10h30 pour Tulum, 11h30 pour Playa del Carmen, 12h30-13h pour Cancún.
➢ ***Villahermosa :*** avec *ADO,* bus ttes les heures 8h30-23h. Tous passent par l'aéroport. Trajet : 2h-2h30.
➢ ***San Cristóbal de Las Casas :*** avec *OCC,* 4 bus/j. : 2 le mat à 8h30 et 8h45 et 2 en soirée à 21h30 et 23h. Voyage de jour recommandé, choisir un siège à gauche, la route est très sinueuse mais absolument magnifique. Trajet : 5-6h.
➢ ***Oaxaca :*** avec *ADO,* départ à 17h30. Trajet : 15h.
➢ ***Mexico :*** départ à 18h30 avec *ADO.* Trajet : 14h.

Terminal Aexa *(plan B2,* ***2****) :* *av. Juárez, juste avt la fourche. ☎ 345-26-30. • autobusesaexa.com.mx •*
➢ ***Tuxtla Gutiérrez :*** 4 départs/j. 7h45-23h via **Ocosingo** et **San Cristóbal.**

Transportes Brisas de Agua Azul *(plan A-B2,* ***3****) :* *av. Juárez, angle calle 5 Poniente Sur. ☎ 345-29-97.* Combis pour Ocosingo, pour ceux qui veulent aller visiter par exemple le site de ***Toniná.*** On peut demander l'arrêt aux embranchements pour ***Misol-Ha*** et ***Agua Azul*** (voir plus loin « Dans les environs de Palenque »).
➢ ***Ocosingo :*** départ ttes les 30 mn env (quand le van est plein), 4h-18h. Trajet : 3h.

Transportes Chamoan *(plan A2) :* *sur la route nationale, à 50 m du terminal ADO, près de la tête maya.*
Ce sont des combis qui desservent la *selva* lacandone et la frontière guatémaltèque *(Frontera Corozal).* Le gros avantage, c'est que les minibus ne restent pas seulement sur la route principale. Pour ***Yaxchilán,*** le combi va jusqu'au village de **Frontera Corozal.** Pour ***Bonampak,*** en principe, le combi vous laissera le plus près possible, à l'entrée de ***Lacanjá Chansayab.*** Sinon, il vous déposera au croisement avec la route principale *(crucero San Javier)* à 12 km ; finir en taxi. Départs ttes les heures 4h-13h. Trajet : 2h30-3h.

Transportes Benemérito *(plan A2,* ***4****) :* *sur la route nationale, après le rond-point avec la tête maya en allant vers les ruines.* Même principe que *Chamoan,* sauf que les combis ne quittent pas la route principale. Pour ***Bonampak,*** ils vous laissent au *crucero San Javier* (à 12 km des ruines), pour ***Yaxchilán*** au *crucero Corozal* (à 16 km du village). Finir en taxi. Moins pratique, donc, mais plus de fréquences (départs ttes les 30 mn env 2h50-17h).

Transportes Montebello *(plan A1,* ***5****) :* *av. Manuel Velasco Suárez ; au nord du quartier de la Cañada.* Combis qui vont de Palenque à **Comitán** en prenant la route qui longe la frontière (très long). Ils passent par les embranchements *crucero San Javier* (pour **Bonampak**), *crucero Corozal* (pour **Yaxchilán**), et par les ***lagunas de Montebello.***
➢ 1er départ à 3h, puis ttes les heures 4h50-10h50. Compter 8h30 jusqu'à Comitán.

En avion

✈ ***Aeropuerto internacional*** *(hors plan par A1) :* *situé à 5 km au nord de la ville. ☎ 345-16-92.* Liaison avec **Mexico** seulement, opérée par *Interjet (• interjet.com.mx •).* Le qualificatif d'« international » est donc un rien usurpé... Un seul loueur de voitures sur place, *Dollar (☎ 112-38-11 ; • dollar.com •).* En taxi, compter 200 $Me pour le centre, 250 $Me pour la zone des ruines.

Adresses utiles

ℹ ***Office de tourisme*** *(plan C2) :* *angle av. Juárez (l'av. principale) et Abasolo. ☎ 345-03-56. En principe, lun-sam 9h-21h, dim 9h-13h.*

LE CHIAPAS

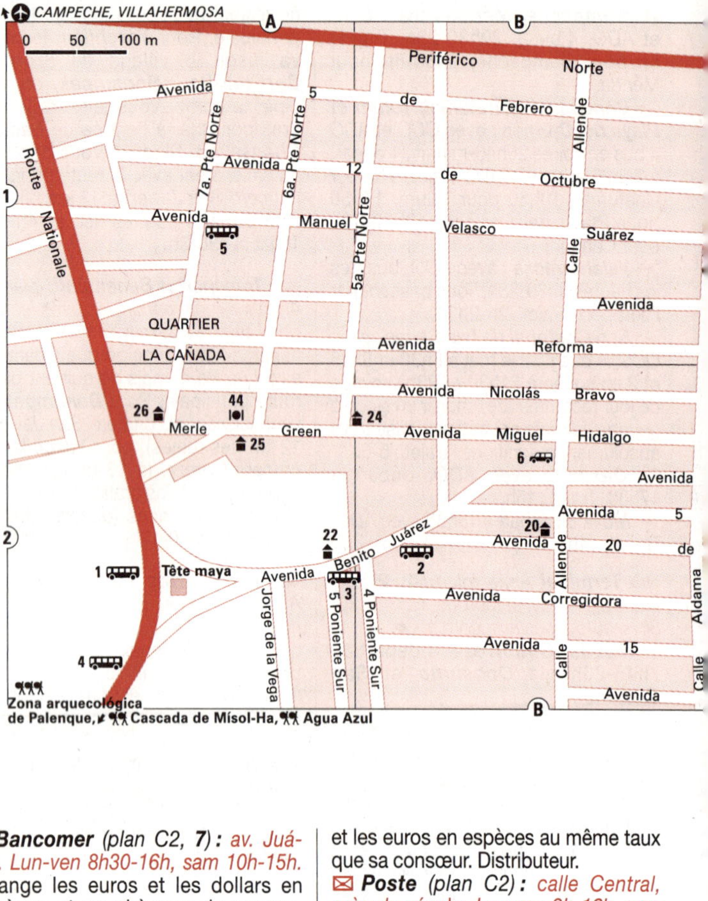

■ ***Bancomer*** *(plan C2,* ***7****)* **:** *av. Juárez. Lun-ven 8h30-16h, sam 10h-15h.* Change les euros et les dollars en espèces et en chèques de voyage. Distributeur automatique *Visa* et *MasterCard.*

■ ***Banamex*** *(plan C2,* ***8****)* **:** *calle Abasolo ; angle Nicolas Bravo. Lun-ven 9h-16h.* En principe, change les dollars et les euros en espèces au même taux que sa consœur. Distributeur.

✉ ***Poste*** *(plan C2)* **:** *calle Central, près du zócalo. Lun-ven 9h-16h, sam 9h-13h.*

@ ***Ciberespacio Internet*** *(plan C2)* **:** *av. Juárez ; presque en face de la banque Bancomer. Tlj 7h30-22h.* Plusieurs autres cybercafés en centre-ville.

Où dormir à Palenque et dans les environs du site ?

Deux possibilités : dormir près du site, dans l'un des nombreux hôtels enfouis dans la jungle. Ou loger en ville, pour profiter de son animation et se mêler aux Mayas d'aujourd'hui après avoir visité la cité en ruine de ceux d'hier...

À proximité du site

Des hôtels de toutes catégories sont disséminés le long de la route qui mène au site. Ils sont desservis par des combis marqués « Ruinas »,

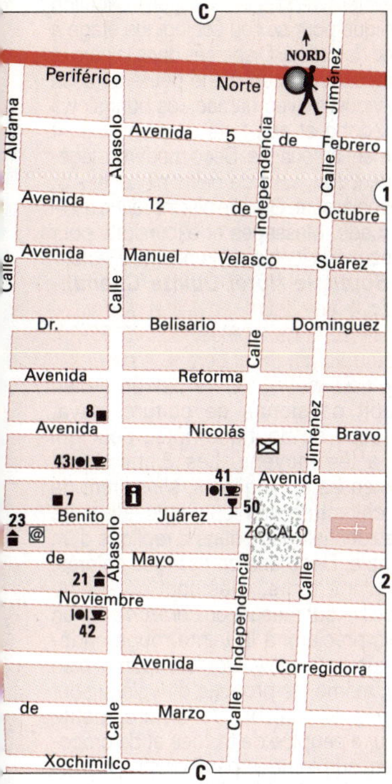

■ **Adresses utiles**

1 Terminal ADO
2 Terminal Aexa
3 Transportes Brisas de Agua Azul
4 Transportes Benemérito
5 Transportes Montebello
6 Combi pour les ruines
7 Bancomer
8 Banamex

Où dormir ?

20 Posada Nacha'n-Ka'an
21 Posada Kin
22 Hotel Quinta Avenida
23 Hotel Maya Rue
24 Yaxkin Hostel
25 Hotel Xibalba
26 Hotel Maya Tulipanes

Où manger ?
Où prendre un petit déjeuner ?

41 Restaurant Maya
42 Las Tinajas
43 Café de Yara
44 Maya Cañada

Où boire un verre ? Où sortir ?

50 Zanak

PALENQUE

partant ttes les 10 mn 6h-18h de la calle Allende, angle Juárez *(plan B2, **6**)*. Trajet : 20 $Me. En taxi, compter env 60 $Me. Pour les repas, il faudra retourner en ville ou se contenter, le soir, du restaurant de l'hôtel (plus de combi passé 18h).

Bon marché (moins de 400 $Me / env 20 €)

Les *hostales* pas chers se concentrent dans le lieu-dit ***El Panchán,*** un espace aménagé en pleine forêt pour les routards. On loge dans des cabanes en bois ou on suspend son hamac sous une paillote. Pour manger ou boire un coup, une paire de restos, dont l'incontournable *Don Mucho's* (lire plus bas « Où manger ?... »). Très bonne ambiance cosmopolite. Mais n'oubliez pas l'antimoustiques !
À env 3,5 km de la ville ; entrée sur la gauche, au niveau du péage qui marque l'entrée du parc naturel de Palenque.

Chato's Cabañas : *au lieu-dit **El Panchán.** Infos et résas : • elpanchan.com • Double 450 $Me, sans petit déj.* Disséminées dans la jungle, des cabanes en dur, spacieuses, simples et sympas, avec ou sans *baño* (plusieurs chambres par unité). Un concentré de tropiques, avec sa rivière marron et sa végétation luxuriante. Prix très cool, et accueil à l'avenant. Les proprios tiennent également dans la même zone le ***Jungle Palace.*** *Cabañas* plus sommaires, encore moins chères *(env 350 $Me),* avec ou sans salle d'eau, mais toutes avec ventilo et terrasse, donnant pour certaines sur la rivière. Propre.

Margarita & Ed's Cabañas : au lieu-dit **El Panchán.** ☎ 348-69-90. 111-91-12. • margaritaandedcabanas.blogspot.fr • Compter 300-500 $Me. Cachées dans la jungle, à l'écart du bruit ambiant, des *cabañas* rustiques au toit de palmes avec salle d'eau (2 chambres par unité), ou de gros bungalows en dur, confortables (ventilo ou AC, plus cher évidemment) pouvant héberger jusqu'à 4 personnes. Terrasse sur le toit du bâtiment principal, où se retrouvent les routards en soirée. Excellent accueil, pas avare de bons conseils.

De prix moyens à chic (400-1 200 $Me / env 20-60 €)

Mayabell : le plus proche des ruines, à 6 km de Palenque-ville. ☎ 341-69-77. • mayabell.mx • À l'intérieur du parc naturel. De ce fait, pour entrer, on doit s'acquitter de l'entrée journalière (31 $Me). En camping, compter 80 $Me/pers. En chambre, 750-1 300 $Me selon confort. Un vaste complexe gagné sur la forêt, avec aire de camping, espace pour les *trailers* (camping-cars), quelques cabanes avec des sanitaires collectifs (rustiques), des chambres à la déco « ethnique » plaisante, avec salle de bains et ventilo (catégorie « Chic ») et, dans la catégorie encore au-dessus, des bungalows avec clim. C'est un poil chérot pour le confort proposé, le petit déj est en supplément, mais le tout est bien tenu et on paie la proximité des ruines. Côté camping, on plante sa tente ou on accroche son hamac (à louer) sous de petites *palapas.* Grande piscine, spa et massages. Au restaurant (bon marché), musique live le soir. Bonne ambiance communautaire, sans prise de tête.

De plus chic à très chic (plus de 1 200 $Me / env 60 €)

La Aldea del Halach Huinic : à 3 km de Palenque-ville et à 4,5 km des ruines. ☎ 345-16-93. • hotellaaldea.net • Double env 1 500 $Me (30 % de réduc hors saison), petit déj en sus. Réduc sur le site internet. (à la réception). Situation idyllique pour ce lieu écologique étagé à flanc de colline. Dispersés dans le parc et disposant chacun d'une petite terrasse individuelle avec hamac, les bungalows en adobe et aux toits de palmes sont joliment aménagés. Déco moderne, légèrement zen, salle de bains nickel et AC. Calme assuré. Grande piscine, avec mini-cascade. Massages et excursions pour découvrir la jungle environnante. Resto.

Boutique Hotel Quinta Chanabnal : à env 2 km de Palenque-ville, sur la route des ruines. ☎ 345-53-20. • quintachanabnal.com • À partir de 180 US$ pour 2. Géré par un Italien érudit passionné de culture maya, un superbe boutique-hôtel, pour qui en a les moyens. Les 8 chambres, immenses et élégantes, s'inspirent de l'architecture préhispanique – la suite présidentielle loge dans la réplique d'un temple. Décorées de tissages colorés, de pierre brute, elles sont dotées de mobilier sur mesure en *corazón azul,* un bois précieux à la teinte rouge endémique de la *selva.* Confort optimal bien sûr, même les produits d'hygiène sont fabriqués maison. À l'arrière, petite lagune peuplée de tortues et de crocodiles, surplombée par 2 piscines d'eau de source et un *temazcal,* le sauna des Mayas. Resto. Accueil personnalisé.

En ville

Le centre-ville, surtout près du *zócalo,* est très animé et donc assez bruyant. Option plus tranquille, le ***quartier La Cañada*** enfoui sous la végétation tropicale, à 10 mn à pied du centre.

Bon marché (moins de 400 $Me / env 20 €)

Yaxkin Hostel (plan A-B2, **24**) **:** quartier **La Cañada,** prolongement av. Hidalgo 1, angle 5ta. ☎ 345-01-02. • yaxkinhostels.com • Nuit en dortoir à partir de 200 $Me/pers ; doubles 450-740 $Me ; petit déj en sus. Parking. Une belle AJ privée, moderne et écologique, installée au vert et au calme, à deux pas du centre. Au choix, dispersés dans le jardin ou dans la bâtisse principale, 3 dortoirs de 8 lits avec salles de bains privées (dont 1 réservé aux filles), et de jolies chambres doubles avec ou sans salle d'eau, mais certaines sans fenêtre. Cuisine commune, superbe bar-resto, immense jardin tropical avec barbecue. Location de vélos et excursions à Bonampak et Yaxchilán, aux cascades de Misol-Ha, etc. À coup sûr, la meilleure adresse de Palenque dans cette catégorie.

Posada Nacha'n-Ka'an *(plan B2, **20**) : av. 20 de Noviembre 25, au niveau d'Allende. ☎ 345-47-37. Lit en dortoir 200 $Me ; double env 300 $Me. Pas de petit déj.* Tout simple mais propre et frais. Chaque chambre dispose de sa salle de bains avec eau chaude. Au dernier étage, grand dortoir de 9 lits. Bon rapport qualité-prix et accueil tout sourire.

Posada Kin *(plan C2, **21**) : calle Abasolo, entre 20 de Noviembre et 5 de Mayo. ☎ 345-17-14. Double env 250 $Me, petit déj en sus.* Un autre petit hôtel aussi simple que propret (salle de bains, ventilo), qui a l'avantage, contrairement à ses concurrents du centre-ville, de servir le petit déj. 3 options au choix, à prendre dans le patio. Accueil vraiment gentil.

Hotel Quinta Avenida *(plan A2, **22**) : Juárez 173. ☎ 345-23-17. Doubles 350-400 $Me. Pas de petit déj. Parking.* Chambres avec 1 ou 2 lits, ventilo et *baño,* simples et sans charme, mais pas chères et récemment rafraîchies. Préférez celles donnant sur la cour. Piscine.

Prix moyens (400-800 $Me / env 20-40 €)

Hotel Maya Rue *(plan B-C2, **23**) : calle Aldama 36, à l'angle de Juárez. ☎ 345-07-43. • hotelmayaruepalenque.com • Double 650 $Me ; avec petit déj.* Élégant petit hôtel de très bon confort, à prix étonnamment serrés. Les chambres, sobres et contemporaines, privilégiant les matériaux bruts (pierre, bois), sont certes étroites mais très bien équipées : excellente literie, clim, salles d'eau fonctionnelles. Balcon pour celles en façade.

Hotel Xibalba *(plan A2, **25**) : quartier **La Cañada,** calle Merle Green 9. ☎ (612) 175-08-60 (call center). • hotelxibalba.com • Double 750 $Me. Petit déj en sus.* Hôtel moderne tranquille et de bon confort (clim), proposant 25 chambres coquettes (dont des triples et quadruples, idéales pour des familles), organisées autour d'un puits de lumière où trône une grande stèle maya. Restaurant-bar sur place. Une annexe à 30 m de là avec une dizaine de chambres. Prix dans le haut de la fourchette, mais compétitifs pour la qualité proposée. Accueil aimable.

Très chic (plus de 1 600 $Me / env 80 €)

Hotel Maya Tulipanes *(plan A2, **26**) : **Cañada** 6. ☎ 345-02-01. • mayatulipanes.com.mx • Double env 1 600 $Me, petit déj en sus. Parking. Promos en période creuse.* Grand hôtel de style vaguement maya. Chambres tout confort, avec AC. Belle piscine encadrée par la végétation, bar. En face, le resto *Saraguato's* peut être bruyant jusque tard. Demander une chambre à l'arrière. Pour le reste, excellent service et ensemble fort bien tenu.

Où manger ? Où prendre un petit déjeuner ?

À proximité du site

De bon marché à prix moyens (moins de 300 $Me / env 15 €)

Don Mucho's : *au lieu-dit **El Panchán.** ☎ 341-48-46. Tlj 7h-23h. CB refusées. (payant).* Tous les routards qui logent dans le coin se retrouvent sous cette grande paillote de guingois pour l'un des 3 repas de la journée. Petit déj servi jusqu'à 12h pour permettre aux fêtards de récupérer des excès de la nuit. Pour les autres repas, plats mexicains et cuisine italienne plutôt savoureuse avec des pâtes fraîches et des pizzas (à partir de 15h). Pain complet fait maison. Toujours beaucoup d'animation, surtout le soir, avec de bons groupes de musiciens. Attention, la *propina* est ajoutée d'office à l'addition.

Plus chic (300-500 $Me / 15-25 €)

Bajlum : *à 2,8 km de la Palenque-ville, sur la route des ruines (sur la gauche). ☎ 107-85-18. Tlj à partir de 14h. Résa conseillée. CB refusées.* Seulement 20 couverts, pour une expérience autant culinaire que culturelle. Le projet de Francisco, passionnant et passionné : élaborer une gastronomie locale, puisant seulement dans les produits de la forêt, ceux que cuisinaient les Mayas avant l'arrivée des Espagnols. *Puerco de monte* – un cousin du sanglier –, canard sauvage, *codorniz* – un perroquet –, sauce au café, au cacao, aux herbes sauvages, *camote* (tubercule proche de la patate douce)... Tout provient de la *selva* et des communautés indigènes qui l'habitent, jusqu'au mezcal des cocktails. Le résultat est raffiné, savoureux, étonnant et nourri des explications quasi ethnologiques de Francisco. Un moment d'exception, à déguster le soir dans une ambiance intime, bercé par le bruissement de la forêt.

Dans le centre-ville

De bon marché à prix moyens (moins de 300 $Me / env 15 €)

Le soir, autour du *zócalo,* une rangée de petits restos bon marché étalent leurs terrasses au bord de la place, alors qu'une nuée de roulottes vendent de bons tacos contre quelques pesos.

Restaurant Maya *(plan C2, **41**) : angle Primera Norte et zócalo. ☎ 345-02-16. Tlj 7h-minuit.* Un classique de la ville depuis 1958. Carte variée, associant viande, poisson et *antojitos mexicanos.* Menu bon marché pour le déjeuner, servi parfois le soir. On peut aussi y prendre le petit déj (plusieurs formules). À savoir : l'addition est majorée d'office de 10 %. Annexe dans le quartier Cañada, lovée sous une élégante paillote *(plan A2, **44** ; calle Merle Green s/n ; tlj 7h-minuit).* Service stylé et sérénade romantique du mercredi au samedi. Parmi les spécialités, les *tacos zapatistas,* pour savourer le goût de la révolution...

Las Tinajas *(plan C2, **42**) : 20 de Noviembre ; à l'angle d'Abasolo. Tlj 7h30-22h30.* Cuisine mexicaine copieuse (un plat suffit pour 2) et, surtout, pour les carnivores, des viandes cuites à votre goût (commander *medio,* pour laisser couler un peu de sang). Également un choix de petits déj. Salle quelconque prolongée de quelques tables dehors, sur le trottoir. Pas très original, certes, mais qualité constante.

Café de Yara *(plan C2, **43**) : angle Hidalgo et Abasolo. ☎ 345-02-69. Tlj 7h-23h.* Un café-resto ouvert aux quatre vents, à la jolie déco colorée sous le signe du café. Il y en a pour tous les goûts : espresso, cappuccino... Parfait aussi pour le petit déj ou se sustenter dans la journée avec une bonne salade composée, un petit menu ou un plat de viande.

Où boire un verre ? Où sortir ?

Impossible de mourir de soif à Palenque. Sur l'avenida Benito Juárez se multiplient les troquets, tous conçus sur le même modèle : une longue terrasse sur le toit, couverte d'un toit de palmes, et, selon l'heure et l'humeur, de la bière qui coule plus ou moins vite. Dans le genre, mention spéciale pour le **Zanate** *(plan C2, **50** ; mer-dim 18h-3h),* à l'angle de Juárez et du *zócalo,* d'où s'en jeter un sans quitter des yeux l'animation bourdonnante de la place. Parfois des concerts le week-end. Fait aussi resto.

Dans un autre genre, agglutinement de rades rugissants et populos sur Miguel Hidalgo, juste avant le pont menant à La Cañada *(plan B2)*. On y picole sans mesure, assourdi de cumbia, derrière des paravents dissimulant les soiffards au regard des passants.

ZONA ARQUEOLÓGICA DE PALENQUE

Un peu d'histoire

Si le site de Palenque commença à se développer durant l'époque classique (300 à 600 apr. J.-C.), c'est entre 600 et 700 qu'il connut son apogée, sous le très long règne du roi Pacal. Une période correspondant aux grandes avancées de la civilisation maya (fausse voûte, calendrier, écriture glyphique), durant laquelle furent édifiés la plupart des édifices importants de Palenque, dont l'architecture, dite classique, est très différente de celle d'Uxmal (style Puuc) ou de Chichén Itzá. À l'approche de ses 100 ans, le grand Pacal meurt enfin. Son fils Chan-Bahlum (Jaguar-Serpent) lui succède et poursuit l'œuvre de son père. L'histoire de Palenque est marquée par le règne de ces deux souverains éclairés, qui sont d'ailleurs honorés par de nombreux bas-reliefs. Peu après la mort de Chan-Bahlum, la cité entre dans sa phase de déclin. La civilisation de Palenque s'éteint à la fin du Xe s pour des raisons encore mystérieuses et disparaît durant presque huit siècles aux yeux des hommes et du monde. Les premiers travaux d'entretien des monuments ne commencèrent que vers 1940.

Comment y aller ?

➢ Le site se trouve à 8 km de la ville. Le plus rapide est de prendre un ***combi*** indiquant « Ruinas » (plusieurs compagnies), soit depuis le bord de la route des ruines (faire signe au chauffeur), soit depuis leur point de départ en ville, calle Allende, angle Juárez *(plan B2, **6**)*. Départs ttes les 10 mn 6h-18h ; 20 $Me. Descendre au terminus, c'est-à-dire en haut à l'entrée du site, et non pas au musée (en bas), que vous rejoindrez à la fin, après la visite du site, en descendant à travers une épaisse forêt. Dernier retour du site vers 17h.

➢ ***En voiture :*** on peut soit se garer en haut, côté entrée principale (parking vite plein cela dit, se garer le long de la montée et finir à pied), soit en bas, dans le grand parking du musée. Dans les 2 cas, jolie mais raide grimpette A/R dans la forêt pour relier musée et site. Ceux qui veulent éviter la marche se gareront en haut, puis reprendront la voiture pour descendre au musée.

➢ ***En taxi :*** compter 80 $Me.

Infos pratiques

– ***Entrée du parc naturel :*** *à hauteur d'El Panchán, 4 km avt les ruines. Tarif : 31 $Me/pers.* Il s'agit d'une forêt protégée, dans laquelle est englobé le site archéologique. Pour visiter les ruines, le paiement du droit d'accès au parc est donc obligatoire.

– ***Horaires du site archéologique :*** *tlj 8h-17h (billetterie jusqu'à 16h30 ; musée fermé lun).*

– ***Tarif du site archéologique :*** *70 $Me.*

– ***Guides accrédités :*** *cher. Compter 1 000-2 000 $Me pour 1-8 pers et 1h30-2h30 de visite ; 85 US$ pour un guide francophone.* Les guides proposent également des ***excursions dans la selva,*** à la découverte des plantes médicinales et ruines « oubliées ». Possibilité d'apercevoir des singes *(compter env 1 000 $Me pour 1h30).*

– ***Visite :*** prévoir 2h-2h30 pour le site, sans compter le musée. Mieux vaut y aller le plus tôt possible, à cause de la chaleur et de la foule (dès 9h), ou à partir de 15h, après le passage des groupes, mais il fait alors chaud. On conseille de commencer par la visite des ruines et de terminer par le musée, d'où l'on peut reprendre le minibus pour la ville. Quelques petits restos à l'entrée, et les inévitables boutiques de souvenirs et cohortes de vendeurs, présents jusqu'à l'intérieur du site où des gamins s'improvisent guides. Panneaux explicatifs en espagnol, en anglais et en tzeltal.

Infos : ☎ 348-34-06. ● palenque.ina.gob.mx ●

Visite du site

La végétation tropicale a littéralement englouti cette cité abandonnée. La partie du site actuellement dégagée ne représente qu'une petite fraction de l'ensemble de la zone archéologique, qui s'étend dans la forêt, peut-être sur une largeur de 6 à 8 km.

DES HAUTS ET DES BAS

Les neuf niveaux du temple des Inscriptions correspondent aux neuf étages de l'inframonde (enfer) que le défunt roi Pacal, en tant que représentant du soleil nocturne, doit franchir chaque nuit de sa tombe au sommet.

★★★ ***Templo de las Inscripciones*** *(temple des Inscriptions)* **:** le premier édifice important en entrant sur la droite. Rénové, il se dresse au sommet d'une pyramide de 22 m, appuyée contre une colline naturelle, mais il est interdit d'y grimper. Il doit son nom aux inscriptions qui couvrent les murs et les piliers. Pas moins de 617 glyphes, qui en font l'un des textes les plus longs du monde maya. En 1949, les archéologues firent une découverte capitale en mettant au jour un escalier secret qui descend à l'intérieur de la pyramide. Il leur fallut 3 ans pour le dégager, avant de mettre au jour une crypte funéraire contenant le tombeau du grand roi Pacal (VIIe s), un sarcophage de 13 t dont les magnifiques bas-reliefs symbolisent la mort de Pacal et son retour à la vie. À l'intérieur du caveau, on trouva de somptueux bijoux en jade et un inestimable masque mortuaire. La découverte de cette crypte bouscula les certitudes quant à la raison d'être des constructions mayas : on pensait jusqu'alors que les pyramides étaient simplement des socles supportant des sanctuaires.
La crypte n'est pas accessible au public, mais on peut voir une reproduction du tombeau au musée. Quant aux pièces du trésor, elles sont exposées au musée national d'Anthropologie de Mexico.

★ À droite du *templo de las Inscripciones,* on peut pénétrer dans le ***Templo XIII,*** pour y voir un sarcophage enduit de pigment rouge. Y fut découvert le corps d'une femme, la « reine rouge », dissimulée derrière un masque de jade.

★★★ ***Palacio*** *(palais)* **:** au sommet de cette vaste plate-forme s'élève un ensemble d'édifices qui furent construits en plusieurs étapes, les plus anciens disparaissant sous des remblais lors de l'érection des plus récents. Certains patios conservent de très belles frises. La tour (rénovée) fut construite pour l'observation du Soleil et des astres. L'appellation de « palais » est inadéquate : l'ensemble des bâtiments étaient destinés aux cérémonies religieuses rituelles du roi et de ses prêtres. L'édifice se double d'un vrai labyrinthe souterrain, auquel on accède par le pied de la plate-forme, côté ruisseau.
Noter enfin les beaux bas-reliefs de la façade est.
Les quatre temples suivants, édifiés sous Chan-Bahlum, se dressent autour d'une place juchée en hauteur, de l'autre côté du ruisseau.

★★★ ***Templo del Sol*** *(temple du Soleil)* **:** le premier, sur la gauche. Il fut un construit à la fin du VIIe s sur un haut soubassement pyramidal à quatre étages. À l'intérieur,

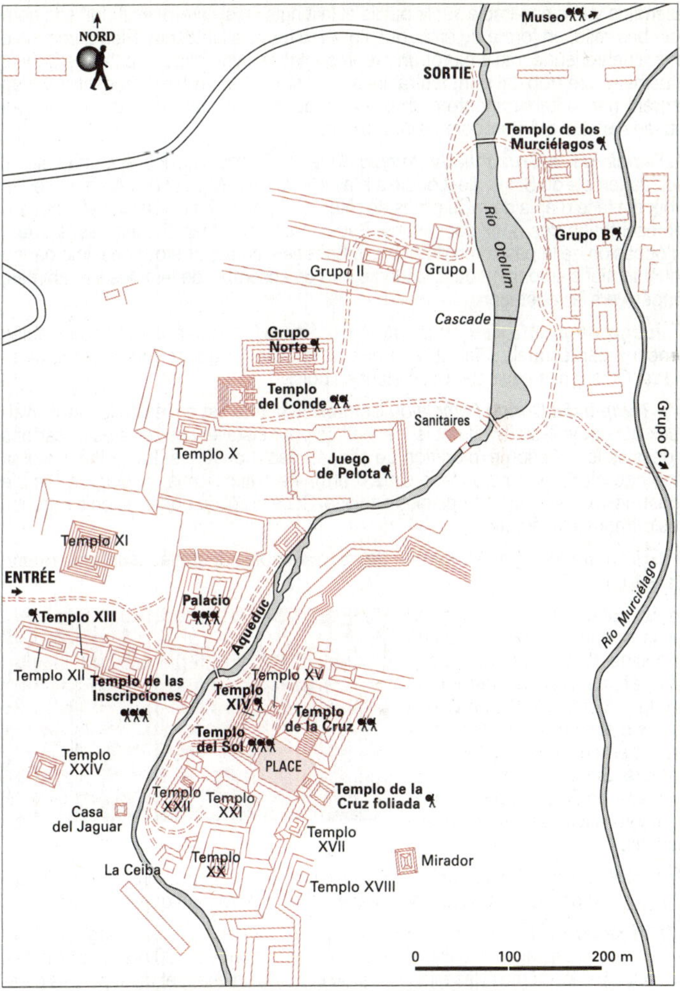

PALENQUE (Zona arqueológica)

un autel commémore la naissance et la montée sur le trône en 684 apr. J.-C. du seigneur Serpent-Jaguar II. C'est le personnage de droite. Face à lui, le roi Pacal.

Templo XIV : petit temple restauré. À l'intérieur, magnifique bas-relief représentant une danse rituelle, scène d'offrande dans laquelle une femme agenouillée tend une statuette divine au seigneur. Peut-être une évocation de Chan-Bahlum (revenant de l'au-delà) et sa mère.

Templo de la Cruz *(temple de la Croix)* **:** construit par Chan-Bahlum, c'est la plus haute structure de la place et l'une des plus hautes du site. Du sommet, splendide vue d'ensemble sur le palais et la jungle en arrière-plan. Il doit son nom à un bas-relief en forme de croix que l'on a retrouvé à l'intérieur. Rien à voir avec la croix chrétienne, mais plutôt une représentation symbolique de l'arbre de vie, la *ceiba* (arbre tropical dont les racines restent très en surface), constituée d'un serpent horizontal surmonté d'un oiseau, peut-être un quetzal. L'original est au musée national d'Anthropologie de Mexico.

Templo de la Cruz foliada *(temple de la Croix foliée)* **:** adossé à une colline, face au temple du Soleil, il est dédié à K'awil, le dieu du Maïs et de l'Agriculture. Sa croix est faite d'épis de maïs ornés de têtes humaines. Sur un bas-relief, nouvelle représentation des deux souverains, Pacal et son fils Chan-Bahlum, sans doute à l'occasion de la passation de pouvoir. En redescendant, détour possible par un court sentier s'enfonçant dans la jungle vers un ensemble de temples très abîmés, rongés vers la végétation.

Juego de pelota *(jeu de pelote)* **:** on n'a pas retrouvé les indispensables anneaux par lesquels il fallait faire passer la balle, et qui normalement sont en pierre. On suppose que ceux-ci étaient en bois.

Templo del Conde *(temple du Comte)* **:** le comte est en réalité le baron Waldeck qui, croyait-on, avait choisi cet édifice pour installer ses pénates et cartons à dessins lors de son exploration du site, au début du XIXe s. En réalité, il s'était établi au pied du *templo de la Cruz.* Parmi les édifices mis au jour, ce temple construit vers 640 est l'un des plus anciens. Sous le sol du portique, on a retrouvé des offrandes funéraires.

Grupo norte **:** un ensemble de cinq temples installés sur une même plate-forme.

➢ Le chemin qui mène au musée longe la rivière et descend la colline. Superbe balade dans la forêt, peuplée de nombreux vestiges, comme le ***Grupo B,*** des ruines d'anciens bains de vapeur qui émergent de leur gangue de verdure. Sur le sentier, une petite cascade coule dans un site très agréable, mais il est interdit de s'y baigner.

LE SAUNA DES MAYAS

Les nobles mayas prenaient des bains de vapeur dans le temazcal, *une petite hutte de pierre en forme d'igloo. Un rite purificateur, durant lequel on versait sur les pierres chaudes des décoctions de nopal et d'herbes médicinales.*

Templo de los Murciélagos *(temple des Chauves-souris)* **:** perdu dans la jungle et recouvert de mousse. Totalement Indiana Jones et romantique à souhait.

Museo **:** *sur la route qui mène à la sortie du site, avt le parking. Tlj sf lun 9h-16h30. Accès avec le billet d'entrée du site.* Il contient 300 pièces originales, découvertes ici même : des bijoux en jade et en obsidienne, et de superbes céramiques, glyphes et tablettes de stuc, aux significations scrupuleusement détaillées. Également une collection unique d'encensoirs merveilleusement sculptés de figures humaines, divines et animales, dans lesquels les Mayas brûlaient du copal et des bandelettes imbibées du sang de l'autosacrifice. Passionnante reproduction du tombeau de Pacal *(visites ttes les 30 mn 9h30-15h30, max 30 pers),* complétée par deux vidéos explicatives sur sa découverte (en espagnol sous-titré en anglais). Un complément indispensable à la visite du site.

DANS LES ENVIRONS DE PALENQUE

Les deux sites suivants, assez fréquentés, se situent sur la très belle route qui va à San Cristóbal. À 20 km pour ***Misol-Ha*** et 62 km pour ***Agua Azul,*** le plus éloigné de Palenque. N'oubliez pas votre maillot de bain !

Comment y aller ?

On peut y aller avec une agence (plusieurs sur l'av. Juárez notamment) qui propose de faire les 2 sites dans la journée, même si c'est un peu la course. Compter autour de 250 $Me. Certains hôtels proposent aussi l'excursion (comparez les prix). L'autre solution est de prendre les combis pour Ocosingo de la compagnie *Brisas de Agua Azul* *(plan A-B2,* ***3*** *; voir plus haut « Arriver – Quitter »).* Ils vous laissent à l'embranchement de la route qui mène au site que vous souhaitez. Il reste alors 3 km à faire pour rejoindre Misol-Ha, 5 km pour Agua Azul. Des combis locaux assurent la navette. Dans ce cas, choisissez de faire seulement un seul site dans la journée et partez tôt. Éviter de finir le trajet à pied, des voyageurs ont été victimes de vols sur le chemin.
Si vous êtes en ***voiture individuelle,*** sachez qu'il arrive que des habitants installent un barrage informel sur la route, exigeant une petite taxe de passage.

À voir

Cascada de Misol-Ha : *entrée 25 $Me + 10 $Me pour la communauté villageoise.* Chute d'eau de 30 m qui tombe dans un bassin. On peut s'y baigner. C'est un peu court si l'on y va avec une excursion organisée : on reste seulement 1h sur le site. Allez aussi faire un tour derrière la cascade, de préférence en maillot de bain (on a essayé tout habillé et, franchement, on vous le déconseille !). Tout au bout, on pénètre dans une grotte assez profonde, pas facile à atteindre. Se munir d'une lampe de poche : fossiles incrustés dans la roche.

Agua Azul : *compter env 1h30 de voiture depuis Palenque. Entrée : env 60 $Me.* Magnifique suite de cascades qui se déversent dans des vasques successives. En général, les eaux sont d'un bleu turquoise lumineux. Le matin, l'éclairage est meilleur pour les photos. Mais si vous venez après les orages tropicaux (en août) et jusqu'en octobre-novembre, l'« *azul* » tirera plutôt vers le « café », et la vue des eaux boueuses sera décevante. Cela dit, le spectacle fait toujours son effet avec les chutes en contre-jour et le bruit des eaux où l'on se baigne avec plaisir. Dommage que le site soit bordé de gargotes et boutiques de souvenirs. Au moins, vous n'aurez que l'embarras du choix pour vous restaurer.
– Si on ne veut pas revenir à Palenque, reprendre l'après-midi, au croisement, le bus pour San Cristóbal qui part de Palenque (vérifier les horaires).

ZONAS ARQUEOLÓGICAS DE BONAMPAK ET YAXCHILÁN

Au cœur du territoire des Indiens lacandons, deux anciennes cités mayas perdues en pleine jungle. L'intérêt de ces deux sites archéologiques réside autant dans le léger parfum d'aventure pour y accéder que dans les ruines elles-mêmes. Yaxchilán, niché dans une anse du fleuve Usumacinta, n'a aucun accès par voie terrestre : on doit emprunter une pirogue à moteur *(lancha).*
À partir de Palenque, vous pouvez visiter les deux sites dans la même journée, mais il faut partir à l'aube. Si vous êtes moins pressé, une nuit sur place

est possible, et c'est même conseillé, si vous souhaitez explorer un peu la jungle où vivent les Lacandons. Enfin, c'est également un point de passage obligé pour ceux qui veulent rejoindre Tikal, au Guatemala.

LES LACANDONS

> **À CHACUN SES SOURCES**
>
> *À coup sûr, Hergé s'est inspiré des photos de Lacandons disponibles dans les années 1930 et de leur tenue originale pour dessiner, dans* L'Oreille cassée, *la peuplade des Bibaros, adversaires des Arumbayas.*

Eux-mêmes se dénomment *Hala'ch Uinic,* les « vrais hommes ». C'est l'une des tribus les plus mystérieuses de la culture maya. Les Indiens lacandons ne sont plus très nombreux, à peine 500. Beaucoup d'hommes portent encore la longue tunique blanche traditionnelle et laissent tomber leurs cheveux sur les épaules, tandis que femmes et fillettes portent des robes fleuries. Selon leur langue, ils seraient d'origine maya-yucatèque et auraient traversé le fleuve Usumacinta au XVIIe s pour se réfugier dans cette immense jungle. Grâce à elle, ils sont restés en dehors de la civilisation, vivant en petites communautés de quelques familles semi-nomades. Ils pratiquaient l'agroforesterie et se déplaçaient au gré de l'appauvrissement des sols, vivant aussi de la chasse et de la cueillette. Dans les années 1950 a commencé l'exploitation systématique de la forêt, avec l'ouverture de nouvelles routes à travers la jungle, l'arrivée des compagnies forestières puis de paysans à la recherche de terres. Chassés de leur habitat traditionnel, les Lacandons ont été regroupés par le gouvernement dans trois hameaux : Naja, Mensabok et Lacanjá Chansayab, la communauté la plus ouverte au monde extérieur. Mais l'avenir de ce peuple reste fragile.

Arriver – Quitter

– Si vous ne disposez pas de votre propre véhicule, vous pouvez passer par une ***agence,*** au départ de Palenque (plusieurs dans l'av. Juárez notamment). Départ en général vers 6h et retour à 19h, avec visites des 2 sites dans la journée. Compter env 700 $Me/pers et autour de 6h de route A/R. Autre option, y aller avec les ***combis locaux.*** C'est beaucoup moins cher mais assez compliqué (lire ci-après). Dans ce cas, on recommande les combis de la compagnie ***Chamoan*** (cf. « Arriver – Quitter » à Palenque). Prévoir alors de dormir sur place.

– Si vous disposez de votre propre véhicule, vous pouvez faire un arrêt baignade à la *cascade de Welib-Já,* de larges chutes dégringolant dans la forêt à 30 mn de route de Palenque, moins fréquentées que Agua Azul. *Accès : 30 $Me.*

– Après Bonampak et Yaxchilán, on peut poursuivre sa route vers les lagunas de Montebello et ***Comitán*** par la carretera Fronteriza, qui coupe à travers la jungle en longeant la frontière avec le Guatemala. Trajet très long (6h en voiture individuelle, 8h avec les combis de *Transportes Montebello,* à prendre au bord de la route). Nombreux lacets sur les 150 derniers km. Station-service à Benemérito de Las Américas.

➢ ***De Palenque à Bonampak :*** 150 km (env 2h15). En général, les combis déposent leurs passagers à l'embranchement de San Javier, à 12 km des ruines. Là débute le territoire de la communauté lacandon (droit d'accès 25 $Me/pers). Les combis *Chamoan* vont en principe 2 km plus loin, jusqu'à l'entrée de la réserve de Bonampak. Ensuite, il reste encore 9 km de piste avant d'atteindre l'entrée du site : sur ce tronçon, le transport est assuré par des combis et taxis appartenant aux Lacandons (accès interdit aux véhicules individuels, donc) : compter env 130 $Me l'A/R.

➢ ***Pour Yaxchilán :*** il faut reprendre la route principale pour aller au village de *Frontera Corozal* (à 27 km de Bonampak ; compter 3h de route depuis Palenque). À l'entrée du village, taxe pour le développement de 20 $Me/pers. La plupart des minibus s'arrêtent au carrefour de *Crucero Corozal,* à 16 km de Frontera Corozal. Seuls les combis de la compagnie *Chamoan* vont jusqu'au village, et même parfois jusqu'à l'embarcadère, à 1 km du village (à faire à pied sinon, ou en taxi pour env 50 $Me). De là, on prend une pirogue à moteur *(lancha)* qui descend le fleuve Usumacinta jusqu'au site archéologique. Le Guatemala se trouve sur l'autre rive. 1er départ vers 7h et dernier départ vers 15h. Il y a 3 embarcadères, l'officiel et ceux des hôtels *Escudo Jaguar* et *Pájaro Jaguar* (comparer les prix, la différence peut être importante). Compter 1 200-1 600 $Me la *lancha* pour 1-7 pers (se grouper), même si les prix varient en fonction des saisons, de l'offre et de la demande...

La *lancha* attend sur le site durant 2h et vous ramène à Frontera Corozal (40 mn de trajet à l'aller, 1h au retour, à cause du courant). Bref, si la balade sur le fleuve colore l'excursion d'un délicieux parfum d'aventure, elle est un peu longue (rien à voir en dehors de deux ou trois petits crocos) et revient cher.

BONAMPAK

Où dormir ? Où manger ?

Le village le plus proche de Bonampak est ***Lacanjá Chansayab*** (à 6 km du croisement San Javier ; ne pas confondre avec Lacanjá Tzeltal, 35 km avant). Situé en lisière d'une immense forêt vierge constituée en réserve naturelle gérée par les Lacandons, Lacanjá Chansayab est un petit village d'à peine 250 habitants, paisible et fleuri, comme hors du temps. Une partie des villageois se sont convertis au tourisme grâce à l'appui du gouvernement. Ce dernier a financé la construction de logements chez des familles qui sont aussi formées à l'accueil et aux us et coutumes (notamment alimentaires) des voyageurs. Il y a donc une dizaine de *campamentos,* comme on les appelle ici, qui disposent tous de bungalows et blocs sanitaires identiques. Hélas, tous ne sont pas très bien tenus. Les combis de *Chamoan* vont parfois jusqu'au village. Sinon, du croisement San Javier, prendre un taxi lacandon. Du village, taxi direct pour le site de Bonampak *(env 100 $Me, même prix que depuis l'entrée de la réserve).*

🏠 🍽 ***Ecolodge Top Che :*** *au centre du village. ☎ (916) 111-06-83. • ecolodgetopche.com • 600-1 200 $Me pour 2 selon saison ; 1 200 $Me pour 4.* Wifi. Disposant chacune d'une terrasse, les 5 cabanes traditionnelles sur pilotis (2-4 personnes) offrent un confort insoupçonné (salle de bains, eau chaude, ventilo) et justifient un prix un peu plus élevé. Possibilité de promenades guidées dans la forêt. Propose aussi une aire de camping et une restauration tout à fait honnête pour le soir. Accueil adorable.

🏠 🍽 ***Río Lacanjá :*** *dans le village, au carrefour, prendre sur la gauche, c'est tt au bout du chemin, à env 1 km du village. ☎ (967) 631-74-98. • ecochiapas.com • Selon saison, cabanes avec sdb partagée 600-750 $Me pour 2 ; 800-1 100 $Me avec sdb privée ; petit déj en sus.* Disséminées dans la jungle (on dort enveloppé de ses bruissements), au bord d'une rivière, des cabanes (1-4 personnes) toutes simples et bien tenues, avec salle de bains privée ou partagée. Un campement appartenant à *Explora,* une agence d'écotourisme et d'aventure de San Cristóbal. Resto. Court sentier d'interprétation passant par une source dans laquelle on peut se baigner. Rafting. Excellent accueil là aussi.

À voir. À faire

Zona arqueológica de Bonampak : *tlj 8h-17h. Prévoir 1h de visite. Entrée : 65 $Me.*

C'est seulement en 1947 que ce site de 4 km² a été découvert. Bonampak était sans doute déjà habité en l'an 600 av. J.-C., mais l'âge d'or de la ville date de la période classique tardive, de 600 à 800 apr. J.-C.

Sur la grande place se dresse une admirable stèle de 5 m de haut, représentant le roi Chaan Muan II. Le clou du site se trouve perché sur l'acropole : c'est le ***templo de las Pinturas** (temple des Peintures),* qui contient les célèbres fresques murales qui ont apporté tant d'infos sur la vie des Mayas. On ne peut pénétrer dans les trois salles à plus de trois personnes à la fois. L'ensemble illustre trois moments d'une même histoire : avant, pendant et après la bataille. La palette, utilisant des pigments végétaux et minéraux, présente une incroyable variété de coloris. Dans la première chambre, sur fond bleu, les peintures racontent la consécration de l'héritier du trône que l'on habille pour une danse avec, de part et d'autre, un cortège de musiciens et une procession de dignitaires. Dans la deuxième, la moins lisible des trois, est dépeinte une bataille avec des guerriers mayas richement vêtus et une scène de torture des adversaires vaincus, presque nus. Dans la troisième, on découvre une cérémonie festive de danse au pied d'une pyramide. La cérémonie s'achève sur une banquette par l'autosacrifice du roi et de sa suite qui se passent une cordelette dans la langue pour faire couler le sang.

Noter aussi les superbes linteaux de porte sculptés (s'accroupir pour pouvoir les observer).

➢ ***Excursion en forêt :*** au départ de Lacanjá Chansayab, l'excursion classique (3h) consiste à aller jusqu'à un petit temple qui émerge soudain de la végétation tropicale. C'est le seul édifice visible de l'ancienne cité maya de ***Lacanjá,*** la rivale de Yaxchilán (pas de fouilles au programme, faute de budget). Ensuite, on passe par la ravissante ***cascade Ya Toch Kusam*** pour une baignade bien méritée. Le grand pied ! Vous pouvez y aller avec un guide lacandon *(env 350 $Me, demandez à votre campement)* ou bien tout seul. Dans ce dernier cas, vous n'irez qu'à la cascade (les ruines ne sont pas indiquées). Départ du petit centre touristique au bout du village (prendre en face au croisement en arrivant dans le village). Dans tous les cas, vous n'échapperez pas au paiement d'une petite contribution *(60 $Me)* pour bénéficier du sentier. Une autre balade de 2h30 mène à la *laguna de Lacanjá* (guide obligatoire cette fois).

➢ ***Rafting :*** en pleine jungle, descente de rapides durant 2h, combinée avec la balade décrite plus haut (5h d'excursion en tout). S'adresser au *club Explora* au *campamento Río Lacanjá (voir plus haut ; env 700 $Me/pers ; min 4 pers).* Organise aussi des expéditions de plusieurs jours.

YAXCHILÁN

Où dormir ? Où manger ?

Gargotes à l'embarcadère, pour avaler vite fait un *antojito* avant ou après l'excursion.

Centro turístico Nueva Alianza : *à* ***Frontera Corozal,*** *derrière la billetterie pour le site, à 2 mn à pied de l'embarcadère principal. ☎ 00-502-46-38-24-47 (n° au Guatemala). • ctnuevaalianza@hotmail.com • Compter 300 $Me pour 2 avec sdb partagée ; 700-800 $Me avec sdb privée ; petit déj en sus. (à la réception).* Pour les petits budgets, des chambres-cloisons dans un grand bâtiment avec sanitaires communs.

Sinon, quelques jolies *cabañas* en bois dispersées dans la végétation tropicale, prolongées d'une terrasse et son hamac. Confort simple, moustiquaires, tenue impeccable. Grande *palapa* pour se restaurer (bon marché). Accueil agréable.

À voir

Zona arqueológica : *tlj 8h-17h. La billetterie est située sur la route, 150 m avt l'embarcadère, et ferme à 15h30. Il faut donc acheter le billet d'entrée avt d'embarquer. Tarif : 70 $Me/pers. La dernière* lancha *repart du site vers 16h30. Prévoir de l'eau, de bonnes chaussures et un bon antimoustiques. Éviter de préférence la saison des pluies.*

Ces ruines à l'état brut se cachent dans la jungle au bord du fleuve Usumacinta, qui délimite à cet endroit la frontière avec le Guatemala. L'environnement est fascinant. Quelques magnifiques édifices émergent de leur écrin de verdure, d'énormes *ceibas* poussent sur l'escalier monumental qui monte à la Grande Acropole, tandis que d'un arbre à l'autre se répondent les rugissements rauques des singes hurleurs, telle une plainte lancinante venue de l'inframonde maya.

LE CRI DE LA JUNGLE

Le singe hurleur est l'un des symboles de la forêt tropicale d'Amérique centrale. Dès le matin, le soleil à peine au-dessus de la canopée, son terrifiant rugissement se fait entendre sur plusieurs kilomètres à la ronde. De quoi surprendre lorsqu'on s'attendait au chant des oiseaux ! Lors d'une grosse averse, il recommence à rugir tel un lion, et jusqu'à la tombée de la nuit ses cris transpercent la jungle.

La ville a d'abord été soumise à Tikal avant d'acquérir son autonomie en 526. Peu à peu, elle s'est imposée dans la région et a étendu son hégémonie entre 680 et 810 de notre ère, sous les règnes de Bouclier-Jaguar, puis de son fils Oiseau-Jaguar. C'est le site du Mexique qui compte le plus grand nombre d'inscriptions. Il s'agit en partie de superbes bas-reliefs finement sculptés sur les linteaux des portes, qui racontent l'histoire de toute la dynastie Jaguar. Drôle d'endroit pour des sculptures, qui obligent aujourd'hui à s'agenouiller sous chaque porte et à lever la tête ! Au Xe s, la ville s'éteint, avant d'être engloutie par la jungle.

Les premiers explorateurs, l'Anglais Alfred Maudslay et le Français Désiré Charnay, découvrent les ruines en 1882. Mais ce n'est qu'en 1935 que commencèrent les premières fouilles. Seule la moitié des 120 édifices recensés a été dégagée.

Marquant l'entrée du site, semblable à une porte fortifiée, l'***edificio 19,*** également surnommé « le labyrinthe », est un dédale de petites pièces obscures aux plafonds voûtés, reliées par d'étroits couloirs qui représentent le cheminement dans l'inframonde. On s'extraie de l'obscurité du labyrinthe pour embrasser la perspective spectaculaire de la ***Gran Plaza,*** grande place cérémonielle (80 m x 750 m) encadrée de petits temples. Côté fleuve, le traditionnel ***juego de pelota,*** que vous savez désormais reconnaître au premier coup d'œil ! À côté, l'***edificio 16*** a conservé ses trois linteaux sculptés sur lesquels apparaît, au centre, Oiseau-Jaguar. Au milieu de la place, la ***estela 1*** *(stèle 1),* sculptée en 766 et aujourd'hui brisée en deux, représente le même Oiseau-Jaguar réalisant un autosacrifice en se perçant les mains avec des arêtes de raie, laissant perler le sang.

Au sommet d'un imposant et magnifique escalier défoncé par les racines des arbres se dresse l'***edificio 33,*** sans conteste le plus beau monument du site. Il rappelle les temples de Palenque, avec sa crête faîtière. Bas-reliefs sur la

dernière marche d'accès, qui représentent des scènes de jeu de pelote. À l'intérieur du temple (levez la tête en passant pour détailler les linteaux sculptés), statue du roi Oiseau-Jaguar, décapité, sa tête gisant sur le sol. Ne la remettez surtout pas en place ; ce serait la fin du monde, du moins selon la croyance des Lacandons, puisque les jaguars célestes descendraient sur terre pour y dévorer les vivants...
Démarrant à droite de l'édifice, un sentier grimpe à travers la jungle jusqu'à la ***pequeña acropólis,*** un ensemble de 13 petits temples juché sur une colline dominant la *selva.* Le chemin redescend ensuite vers l'entrée.

OCOSINGO

41 800 hab. IND. TÉL. : 919

Petite ville populaire perdue à 900 m d'altitude, à mi-chemin entre San Cristóbal et Palenque. C'est une étape pour visiter l'étonnant et magnifique site maya de Toniná.

Arriver – Quitter

En bus

Voir la liste des principales compagnies et coordonnées dans la rubrique « Transports » du chapitre « Mexique utile ».

Terminal de bus Cristóbal Colón et ADO : *sur la route principale, au bout de la 4ª Norte Poniente, à 7 cuadras du centre.* ☎ *673-04-31.* Ce sont tous des bus *de paso,* les horaires sont donc approximatifs. En hte saison, il est préférable d'acheter ses billets à l'avance.
➢ ***Palenque :*** avec *OCC* 1 bus/j., à 20h10. Trajet : env 2h30. Le bus continue ensuite jusqu'à ***Cancún*** (17h30 de trajet), via ***Escárcega*** (8h), ***Chetumal, Tulum*** et ***Playa del Carmen.***
➢ ***San Cristóbal*** *(2h15)* ***et Tuxtla Gutiérrez :*** avec *OCC,* 1 bus/j. à 15h. Les fréquences pourraient augmenter, se renseigner.
➢ ***Mexico*** *(Tapo, Norte)* **:** avec *OCC,* vers 15h30. Trajet : 17h.

Transportes Brisas de Agua Azul : compagnie de minibus qui assure la ligne **Palenque-Ocosingo** ; départ ttes les 30 mn env (quand le minibus est plein) 4h-19h. Trajet : 2h30. On peut demander l'arrêt aux embranchements pour ***Misol-Ha, Agua Clara*** et ***Agua Azul.*** Départ sur la route principale, à côté du terminal de bus. Dans le même coin, combis pour ***San Cristóbal.***

Adresses utiles

■ ***Distributeurs automatiques :*** *sur le zócalo.*

@ ***Cybercafés :*** *autour du zócalo.*

Où dormir ? Où manger ?

De bon marché à prix moyens (moins de 800 $Me / 40 €)

Pour faire un repas à moindres frais, quelques ***comedores*** s'étirent près du terminal de bus, route principale.
Hotel Central : *sur le zócalo.* ☎ *673-00-24. Double 400 $Me, petit déj en sus. Resto tlj 7h-23h. Parking.* Une bonne option : chambres propres et fonctionnelles,

à des prix raisonnables. Au resto, agréable terrasse sous les arcades qui donne sur la place centrale. Idéal pour un petit déj illuminé par les premiers rayons du soleil. Le soir, spectacle assuré avec l'animation du *zócalo*.

Hotel Ex Hacienda La Ilusión : *un peu en dehors du centre, dans le quartier de Linda Vista, au carrefour rond-point qui donne sur la route de Palenque. 156-49-00. Resto tlj sf dim. Double env 500 $Me, petit déj en sus. Parking.* On ne peut pas le manquer : une ancienne hacienda (San Miguel) reconvertie en hôtel, construction tarabiscotée avec tourelles et décrochages amusants. L'ensemble est assez kitsch mais plutôt original et bien tenu. Chambres colorées de bon confort, avec murs de brique et mobilier style colonial. Double piscine. Resto.

DANS LES ENVIRONS D'OCOSINGO

ZONA ARQUEOLÓGICA DE TONINÁ

• Plan *p. 347*

Dominant un cirque de collines vallonnées où paissent des troupeaux de vaches, ce site isolé en terre zapatiste, particulièrement original, se présente sous la forme d'une gigantesque pyramide adossée à une colline. Une vraie ville verticale de 80 m de haut, qu'on visite en escaladant des centaines de marches ! Niveau après niveau, on découvre un dédale d'habitations, de bâtiments officiels, 8 palais et 13 temples. Le tout à 1 000 m d'altitude, dans la chaleur tropicale l'été. Ouf ! Une fois tout en haut, paysage grandiose : un panorama à 180° sur les montagnes environnantes.
Le site a été exploré dans les années 1970 par la mission archéologique française de P. Becquelin et C. F. Baudez. Mais le vrai travail de rénovation n'a eu lieu qu'à partir des années 1980 ; l'ouverture des ruines au public est donc récente.
Ne manquez pas le magnifique musée qui expose des pièces de toute beauté découvertes sur place.

Un peu d'histoire

La cité a été habitée dès le préclassique et a connu ses heures de gloire entre 600 et 900 apr. J.-C. L'avènement de Toniná coïncide avec un changement de dynastie au VIIe s. Les très anciens seigneurs du lignage du monde souterrain furent remplacés par la lignée nommée Squelette de serpent-Griffe de Jaguar. Tout un programme ! Cette nouvelle dynastie, ambitieuse et militariste, contesta le pouvoir régional de Palenque. Mais peu après, elle subit une invasion ennemie et, après la mutilation des sculptures et des inscriptions, elle fut rapidement abandonnée. À nouveau habitée un moment, elle fut définitivement oubliée des hommes à partir de 1250.
Les habitants de Toniná formaient donc un peuple super belliqueux, voire agressif. Ils enlevaient les dignitaires des peuples voisins pour les rançonner. La décapitation était chez eux une pratique courante. Avec une hache d'obsidienne, les Toniniens coupaient la tête aussi bien des statues que des vivants ; parmi ces derniers, les vainqueurs du jeu de pelote, dont la tête était offerte aux dieux et qui se transformait alors en étoile. Avec leur puissante armée, ils réussirent à capturer le roi de Palenque (Kan-Xul, Chitam II), qu'ils finirent par sacrifier.

Comment y aller ?

➢ Le site se trouve à 14 km d'Ocosingo. Des combis partent du marché ; compter 15 $Me. Attention, le dernier revient vers 18h. Un taxi peut valoir le coup (pas plus de 100 $Me, négociez le prix avant). En voiture, prendre la route de Comitán, puis suivre le fléchage sur la gauche à la sortie de la ville.

Infos pratiques

- ***Horaires et tarif :*** *site ouv tlj 8h-17h ; musée, mêmes horaires (mais attention, fermé lun). Entrée : 55 $Me.*
- ***Guides accrédités :*** *hispanophones slt (env 200 $Me). Pas de panneaux explicatifs sur le site.*
- ***Visite :*** compter 1h30-2h pour le site et au moins 40 mn supplémentaires, le temps de voir le film à l'auditorium et le musée, voire plus pour les passionnés. Prévoir de bonnes chaussures pour la grimpette, pas facile car parfois glissante et sans appui, ainsi qu'une lampe torche pour les labyrinthes.

|●| Petit resto à l'intérieur du site, une centaine de mètres après avoir passé l'entrée.

À voir

🚶 ***Juego de pelota*** *(jeu de pelote)* **:** très grand (plus de 72 m de long). On y a découvert des fosses contenant des lames d'obsidienne utilisées pour le sacrifice du vainqueur. D'ailleurs, on peut voir non loin de là une base en pierre qui servait d'autel pour les sacrifices.

🚶🚶🚶 ***Acrópolis*** *(acropole)* **:** impressionnant spectacle que ce centre cérémoniel construit tout en hauteur, surtout quand on songe que l'on voit seulement la partie centrale, d'autres ruines se cachant sous la colline de part et d'autre. On compte sept terrasses. À son apogée, quelque 3 000 personnes vivaient ici.

🚶🚶 ***Palacio del Inframundo :*** appelé aussi le palais de la Nuit. C'est un dédale de labyrinthes que l'on parcourt (avec un guide, de préférence) dans l'obscurité puisqu'ils représentent l'inframonde. Au détour des couloirs, de petites fenêtres cruciformes montrent simplement la direction de la lumière mais n'éclairent pas.

🚶 ***Palacio de Kukulkán :*** *il occupe la 4e et la 5e terrasse.* Ensemble complexe et labyrinthique d'édifices qui servaient de résidence pour les notables, mais aussi de bâtiments administratifs ou de magasins, et même de prisons pour les seigneurs étrangers capturés, en attendant l'heure du sacrifice. Le bâtiment s'appela alors le « lieu des captifs célestes ». Noter, sur la droite, le système de drainage et de récupération des eaux de pluie. Plusieurs bas-reliefs également.

🚶🚶🚶 ***Mural de las Cuatro Eras*** *(fresque des Quatre Ères)* **:** découvert en 1990. Il s'agit d'un magnifique bas-relief de 16 m x 4 m, qui illustre en quatre scènes, à la manière d'un codex, la cosmogonie un peu effrayante du peuple de Toniná. Les têtes à l'envers représentent des soleils qui regardent le ciel. Sur la gauche, observez la Mort qui prend par les cheveux la tête décapitée de l'infortuné Kan-Xul, le fils de Pacal et roi de Palenque, qui fut sacrifié à l'issue d'un jeu de pelote. Brrr !

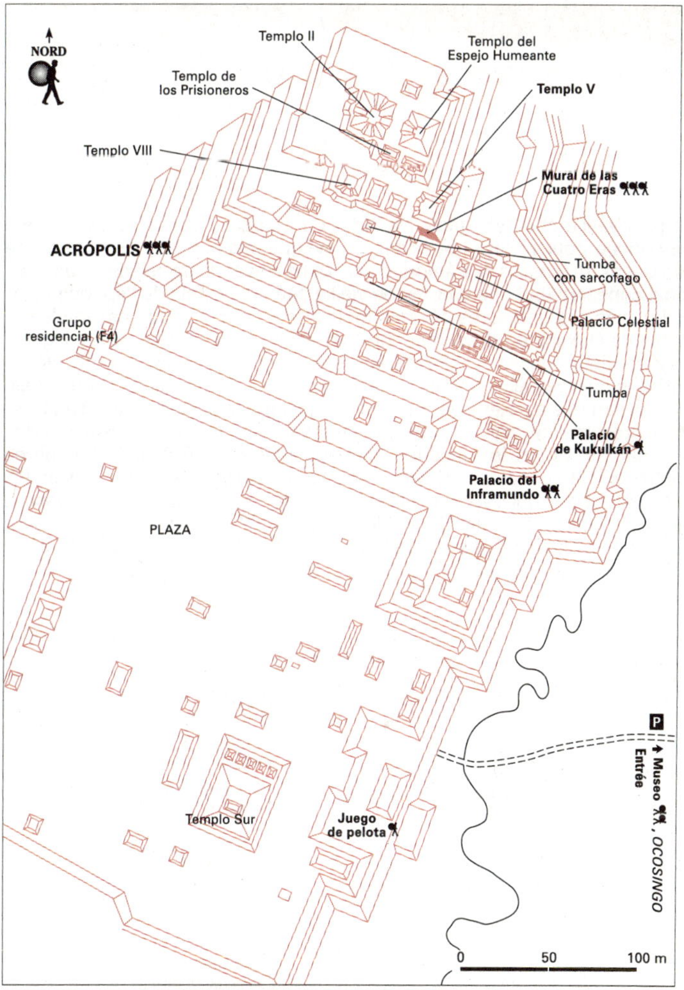

TONINÁ (Zona arqueológica)

Museo : l'édifice lui-même, à la très belle architecture conçue par l'archéologue en chef Juan Yadéun, est bourré de références à la mythologie maya. Le bâtiment du bas, par lequel on entre, représente l'inframonde. Y sont donc exposés les sculptures des prisonniers de guerre et les morts. On passe ensuite dans un patio intérieur qui rappelle le jeu de pelote, avant de pénétrer dans le bâtiment supérieur qui représente le supramonde, c'est-à-dire le monde des vivants et des gouvernants. Nombreux masques et calendriers, et des statues, décapitées pour marquer la transition d'une époque à une autre, symbole de l'abandon des valeurs de l'ère antérieure.

SAN CRISTÓBAL DE LAS CASAS

158 000 hab. IND. TÉL. : 967

• Plan *p. 349*

La plus vieille cité espagnole de l'État du Chiapas, fondée en 1528, a été rebaptisée pour rendre hommage à l'évêque missionnaire Bartolomé de Las Casas, défenseur des Amérindiens. Dans son écrin de collines, San Cristóbal conserve tout son charme de vieille cité provinciale de l'époque coloniale, avec ses demeures sévères mais aristocratiques, qui ressemblent à celles de Oaxaca ou d'Antigua, au Guatemala : rues étroites et rectilignes, constructions basses et colorées aux fenêtres grillagées de fer forgé, places animées ou tranquilles dotées de belles églises... Tout cela fait de cette jolie ville un lieu très agréable pour séjourner quelque temps. En outre, San Cristóbal présente un caractère cosmopolite tout à fait différent des autres villes du Chiapas. On croise dans les rues aussi bien des étrangers (membres d'ONG, nombreux routards de tous pays) que des touristes mexicains et des Indiens tzotziles qui descendent de leurs villages de montagne pour vendre leurs produits au marché. Un mélange surprenant, entre un centre qui vibre au rythme de la mondialisation, et des rues plus typées dès qu'on s'écarte à peine d'une paire de *cuadras*.

Adresses utiles

- Office de tourisme municipal
- **1** Banque HSBC
- **2** Banque Banamex
- **3** Boletotal – Ticket Bus *(zoom)*
- **4** Centro cultural El Puente

Où dormir ?

- **10** Hostal Qhia
- **11** Posada del Abuelito
- **12** Rossco Backpackers Hostel
- **14** Hotel Posada Jovel
- **15** Puerta Vieja Hostel
- **16** Hotel Fray Bartolomé de Las Casas
- **17** Hotel Cañadas del Sureste
- **18** Hotel Real del Valle et Hotel San Martín *(zoom)*
- **19** Casa Santa Lucia
- **21** Casa Margarita
- **22** Hotel Casavieja
- **23** Parador San Juan de Díos
- **24** Casa Na Bolom

Où manger ? Où prendre un petit déjeuner ?

- **4** La Casa del Pan
- **40** Maya Pakal
- **41** Madre Tierra
- **42** Resto Teatro Cocoliche
- **43** Tierradentro *(zoom)*
- **44** El Punto
- **45** Trattoria La Nonna
- **46** La Paloma
- **47** Frontera
- **48** Miura *(zoom)*

Où faire une pause sucrée ? Où boire un bon café ?

- **4** La Casa del Pan
- **41** Madre Tierra
- **57** Oh la la ! *(zoom)*
- **58** El Horno Mágico *(zoom)*
- **60** Café La Selva
- **61** Café Museo Café

Où boire un verre ? Où sortir ?

- **42** Resto Teatro Cocoliche
- **70** Kinoki *(zoom)*
- **71** Cocodrilo
- **72** Café Praga et Mambo y Mojito
- **73** Latino's
- **74** Revolución
- **75** La Viña del Bacco *(zoom)*

Achats

- **43** Soluna *(zoom)*
- **46** Kikimundo
- **80** SNA Jolobil
- **81** J'Pas Joloviletik
- **83** Mercado de Artesanías
- **84** Librairie Chilam Balam *(zoom)*
- **85** Taller Leñateros
- **86** Mercado de Dulces y Artesanías

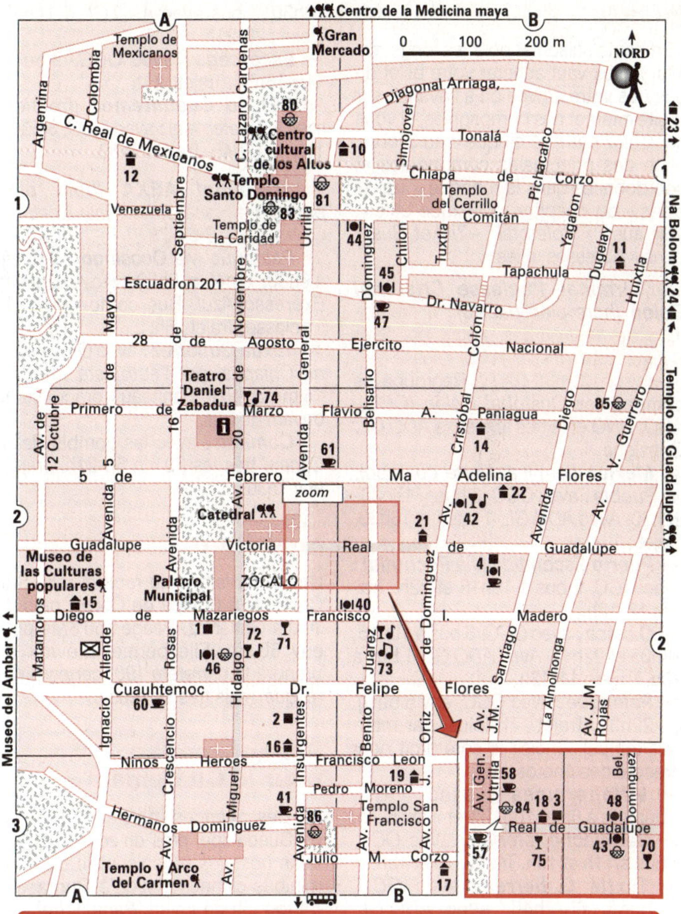

SAN CRISTÓBAL DE LAS CASAS

Hors saison estivale, se munir de vêtements chauds, car à 2 140 m d'altitude, il y fait frais le soir ! Toutefois, aucune difficulté à s'équiper sur place pour pas trop cher.

Arriver – Quitter

En combi

➢ Regroupées aux abords du terminal des bus *Cristóbal Colón (hors plan par A3)*, de nombreuses petites compagnies de transport assurent des liaisons avec ***Ocosingo*** (3h de trajet) ou ***Tuxtla Gutiérrez*** (env 45 mn). Très pratique, rapide et pas plus cher que le bus. Départ quand le combi est plein (ça se remplit très vite). Le chauffeur crie à la volée la destination. Tendez l'oreille !

En bus

– En haute saison et pour les longs trajets, mieux vaut acheter votre billet de bus dès votre arrivée ou à l'avance sur le site internet des compagnies, si vous ne voulez pas être bloqué 2 ou 3 jours. Liste des principales compagnies et coordonnées dans la rubrique « Transports » du chapitre « Mexique utile ». Voir aussi « *Boletotal – Ticket Bus* » dans « Adresses utiles ».

Terminal 1re classe Cristóbal Colón *(hors plan par A3)* **:** *à l'extrémité de Insurgentes, angle bd Juan Sabines ; à 5 mn à pied de l'église San Francisco.* ☎ *678-02-91.* Regroupe les compagnies *Cristóbal Colón (OCC), ADO, UNO* et la très luxueuse *ADO GL.* Consigne.

➢ ***Mexico*** *(terminal Norte ou Tapo), via* ***Puebla*** **:** avec *OCC,* 3 bus/j. 17h30-22h30. Avec *ADO GL,* 1 bus/j. à 16h30. Trajet : 13-14h.

➢ ***Puerto Escondido (via Pochutla) :*** avec *OCC,* 2 bus à 19h15 et 22h. Trajet : 12-13h.

➢ ***Oaxaca :*** avec *OCC,* 3 bus à 10h15, 18h05 et 22h45. Avec *ADO GL,* 1 bus à 20h. Trajet : 11-12h.

➢ ***Palenque :*** avec *OCC,* env 6 bus/j. 6h-22h30. Trajet : 7h (plus, par mauvais temps). Choisir le côté droit pour prendre des photos.

➢ ***Villahermosa :*** avec *OCC,* 2 départs à 6h et 10h. Trajet : env 5-7h.

➢ ***Campeche, Mérida :*** avec *OCC,* 2 bus à 11h et 16h. Trajet : 10 et 13h.

➢ ***Tuxtla Gutiérrez :*** avec *OCC,* 20 bus/j. 6h-2h45. Avec *ADO GL,* 2 départs. Trajet : 1h.

➢ ***Tuxtla Guttiérez (aéroport) :*** 60 km. Avec *OCC,* 7 bus/j. 5h-18h.

➢ ***Comitán :*** avec *OCC,* 13 bus/j. 5h30-3h. Trajet : 1h40.

➢ ***Cancún*** *(via Chetumal et Playa el Carmen)* **:** avec *OCC,* 2 bus/j. à 12h et 16h30. 1 bus avec *ADO GL* à 14h30. Trajet : 20-21h.

➢ ***Escárcega :*** avec *OCC,* 3 bus/j. 11h-16h30. Trajet : 11h.

➢ ***Ciudad Cuauhtemoc*** *(frontière avec le Guatemala)* **:** avec *OCC,* 3 bus/j. 11h45-17h45. Trajet : 3h30.

Terminal AEXA *(hors plan par A3)* **:** *en face du terminal Cristóbal Colón.* ☎ *678-61-78.*

➢ ***Palenque*** *(via* ***Ocosingo****)* **:** 3 bus/j. à 6h30, 11h45 et 0h30 avec *Autobuses Expresso Azul.* Bus confortables de 1re classe. Trajet : 6h.

➢ ***Tuxtla Gutiérrez :*** avec *Omnibuses de Chiapas,* par l'*autopista,* ttes les 15 mn 5h-22h. Panneau « omni » sur le devant du bus.

➢ ***Comitán :*** avec les combis *Balun Canan,* ttes les 20 mn 5h-21h. Trajet : env 1h30.

En voiture

Une *autopista* (voie rapide) relie San Cristóbal à Chiapa de Corzo, près de Tuxtla Gutiérrez. Péage : 50 $Me pour env 60 km. Elle permet d'éviter de prendre la *carretera 190,* certes pittoresque, mais très sinueuse.

Par agence, pour le Guatemala

➢ Des agences (plusieurs sur Real de Guadalupe, près du *zócalo*) et certains *hostales* organisent le trajet en minibus climatisé jusqu'à ***Quetzaltenango*** (6h de trajet), ***Panajachel*** (8h), ***Antigua*** (10h) et ***Guatemala Ciudad*** (12h). Changement de bus à la frontière (La Mesilla), ainsi qu'à Panajachel et Antigua pour ceux qui continuent le voyage. Solution confortable et relativement rapide malgré le changement de bus.

Adresses utiles

Office de tourisme municipal *(plan A2)* **:** *dans le teatro Zabadua, av. 20 de Noviembre. En principe, lun-ven 9h-20h.*

■ ***Banque HSBC*** *(plan A2,* **1***)* **:** *Diego de Mazariegos 6.* Distributeur. D'autres autour du *zócalo.*

■ ***Banque Banamex*** *(plan A2,* **2***)* **:** *av. Insurgentes 9. Lun-sam 9h-16h.* En principe, change les dollars. Distributeur.

✉ ***Poste*** *(plan A2)* **:** *Ignacio Allende 3. Lun-ven 8h-16h30, sam 8h-12h.*

@ **Cybercafés :** nombreux aux alentours du *zócalo.*

■ ***Boletotal – Ticket Bus*** *(zoom,* ***3****) :* *Real de Guadalupe 16. ☎ 678-85-03. Tlj 8h-22h.* Pratique pour acheter ses billets de bus *ADO* et *OCC,* puisque ça évite d'aller jusqu'au terminal, un peu excentré.

■ ***Laveries :*** comme pour les centres Internet, la ville en compte beaucoup. Surtout dans Real de Guadalupe.

■ ***Police :*** *☎ 678-05-54.*

✚ ***Hospital Colonial*** *(plan A2) : calle 1 de Marzo 25. ☎ 674-55-50.* ***Urgences :*** *☎ 066.*

■ ***Centro cultural El Puente*** *(plan B2,* ***4****) : Real de Guadalupe 55. ☎ 678-37-23. Tlj sf dim 10h-21h.* Ce centre culturel organise des cours de langues (espagnol, tzotzil et tzeltal). Salle de ciné et petite galerie avec expos temporaires. Fait resto également (voir *La Casa del Pan* dans « Où manger ? Où prendre un petit déjeuner ? », plus loin).

■ ***Schools for Chiapas :*** *● schoolsforchiapas.org ●* Pour étudier les sciences sociales, l'écologie, l'agriculture, etc. dans les communautés zapatistes du Chiapas.

Où dormir ?

En haute saison, les prix des hôtels (et de certaines AJ) grimpent de 20 à 25 %. La difficulté consiste à déterminer la haute saison : en principe, c'est quand la ville se remplit de touristes, pour le moins à Noël, à Pâques et pendant les vacances d'été.

Bon marché (moins de 400 $Me / env 20 €)

Hostal Qhia *(plan A-B1,* ***10****) : Tonalá 5. ☎ 678-05-94. ● hostelqhia.com ● Lit en dortoir env 130 $Me ; doubles 300-400 $Me sans ou avec sdb. Petit déj inclus.* À l'écart du circuit touristique, dans le quartier du marché, une petite AJ de charme, propre et tranquille, tenue par Rodolfo. Disséminés dans un dédale de courettes fleuries, quelques petits dortoirs mixtes et 3 chambres, dont une avec salle de bains (jusqu'à 4 personnes). Eau chaude 24h/24. Cuisine spacieuse et agréable, avec même un four. Sur le toit, une immense terrasse pour jouir du soleil et de la vue sur les collines ; et un grand salon où se vautrer sur des coussins devant la cheminée. Une adresse coup de cœur pour les budgets serrés.

Posada del Abuelito *(plan B1,* ***11****) : calle Tapachula 18. ☎ 678-17-41. ● posadadelabuelito.com ● Lit en dortoir 140 $Me ; doubles 280-400 $Me ; petit déj inclus.* Encore un coup de cœur pour cet *hostal* atypique, installé dans un quartier populaire aux murs bariolés de fresques, et géré par Simon, un jeune Français par ailleurs menuisier (c'est lui qui a fabriqué les lits). Autour de 2 courettes débordant de plantes, semées de hamacs, de fauteuils, 2 petits dortoirs (9 et 4 lits, ce dernier réservé aux filles), et quelques chambres sans ou avec salle de bains, simples et correctes, nichées entre les vieux murs en adobe. Également un coin salon avec cheminée, une bibliothèque, une belle cuisine équipée où se prend le bon petit déj avec pain de la boulangerie *El Horno mágico* (lire plus loin « Où faire une pause sucrée ? »), confiture maison, œufs, café bio... Organise également des excursions, classiques ou plus alternatives (tour à vélo, visite de la plantation de café qui fournit l'*hostal,* etc.). Atmosphère paisible et conviviale (pas de bruit après 22h). Des maisons voisines s'élève le chant des coqs...

Puerta Vieja Hostel *(plan A2,* ***15****) : calle Diego de Mazariegos 23. ☎ 631-43-35. ● puertaviejahostel.com ● Lit en dortoir 160 $Me ; double 380 $Me ; petit déj inclus.* Atmosphère joyeuse et communautaire dans cet *hostal* squattant une immense demeure coloniale, et géré par une équipe mexicaine jeune et énergique, qui se confondrait presque avec sa clientèle. Seulement 2 dortoirs, un de 16, l'autre de 10, posté sur le toit, avec vue panoramique sur la ville. Casiers. Quelques chambres privées pour 2-4 personnes également, avec salle de bains partagée. Ambiance bordélique mais tenue générale très correcte, bonne literie, sanitaires fonctionnels. Cuisine, vaste

LE CHIAPAS

jardin avec bar, hamac et feu de camp en soirée. Un bon spot pour qui est d'abord venu rencontrer du monde.

Rossco Backpackers Hostel *(plan A1,* ***12****) : Real de Mexicanos 16. ☎ 674-05-25. • backpackershostel.com.mx • Dortoirs 150-175 $Me. Doubles 350-500 $Me. Petit déj inclus. Parking.* Une grande auberge, top confort, plutôt fréquentée par les Anglo-Saxons. Propre, sympa et fleuri, avec une grande cour peinte en jaune, des canapés et hamacs un peu partout. Dortoirs de 4, 8 ou 14 lits (mixtes ou non), et chambres doubles avec ou sans salle de bains pour les portefeuilles mieux garnis. Cuisine, feu de camp en soirée. Divers services : laverie, excursions, etc.

Voir également plus bas les chambres dans la catégorie « Bon marché » de l'***Hotel Fray Bartolomé de Las Casas.***

Prix moyens (400-800 $Me / env 20-40 €)

Hotel Posada Jovel *(plan B2,* ***14****) : Flavio Paniagua 27. ☎ 678-17-34. • hoteljovel.com • Doubles 450-800 $Me, petit déj en sus. Parking.* Petit hôtel familial fort bien tenu. Chambres soignées, spacieuses et confortables, donnant sur un joli patio jardin. Divers services : laverie, horaires de bus, excursions, balades à cheval... Resto également. Une bonne adresse.

Hotel Cañadas del Sureste *(plan B3,* ***17****) : calle Julio M. Corzo 3 C. ☎ 674-55-37. Doubles 450-700 $Me. Pas de petit déj. Parking.* Dans un quartier tranquille, à mi-chemin du centre et du terminal de bus, des chambres aussi simplettes que proprettes, avec salle de bains, réparties autour d'un long patio lumineux. Comme d'hab, préférez celles à l'étage. Cuisine tout équipée à dispo *(droit d'usage 100 $Me/j.).* Accueil plein sourire.

Hotel Fray Bartolomé de Las Casas *(plan A2,* ***16****) : Niños Heroes 2 ; à l'angle d'Insurgentes. ☎ 678-09-32. Doubles 580-780 $Me selon confort et saison. Pas de petit déj.* L'entrée ne paie pas de mine mais le grand patio intérieur aux briques vernissées ne manque pas de cachet. 2 catégories de chambres, toutes avec salle d'eau, les plus chères un peu plus grandes et avec moquette. Literie fatiguée dans les deux cas. Celles du fond sont bien au calme.

Hotel Real del Valle *(zoom,* ***18****) : Real de Guadalupe 14. ☎ 678-06-80. • hrealdelvalle.com • Doubles 450-800 $Me. Petit déj en sus. Parking.* Si on vous le mentionne, c'est surtout pour sa situation, hyper centrale. Autour d'une large cour, chambres sans charme mais presque cosy, propres et dotées de bon matelas. Préférer celles à l'étage, plus claires. Bon accueil.

– Si c'est plein, on peut tenter sa chance chez le voisin, ***Hotel San Martín,*** au n° 16. Quasi identique, quoiqu'un peu plus triste avec son patio tout en longueur *(même tarifs ; ☎ 678-05-33 ;).*

Casa Margarita *(plan B2,* ***21****) : Real de Guadalupe 34. ☎ 678-09-57. • hotelcasamargarita.mx • Doubles 600-950 $Me selon saison, petit déj en sus.* Encore un hôtel très central, dans la rue la plus animée de la ville. Chambres au confort un cran au-dessus, petites mais décorées avec goût, organisées autour d'un grand patio ouvert doté d'un puits fleuri. Terrasse avec solarium. Évitez les chambres côté cuisine. Bon petit resto en annexe. Également une agence de voyages sur place, qui propose des excursions à des prix avantageux.

Plus chic (1 200-1 600 $Me / env 60-80 €)

Casa Na Bolom *(hors plan par B1,* ***24****) : dans le musée du même nom - se reporter à la rubrique « À voir. À faire ». • na-bolom.org • Double 1 450 $Me, petit déj en sus. (dans certaines chambres).* Une adresse originale dans un cadre magnifique, l'ancienne demeure aujourd'hui transformée en musée d'un couple suisso-danois ayant consacré sa vie aux Indiens lacandons. Une quinzaine de chambres avec cheminée, toutes différentes, et superbement décorées de mobilier d'époque, photos anciennes, bouquins aux pages jaunies. On ne bénéficie certes pas d'un service digne d'un hôtel de cette gamme de prix, mais on loge dans un cadre de rêve et on aide l'association. Réserver, car il y a quelquefois des groupes d'études qui occupent toutes les chambres. On peut aussi y aller pour un délicieux dîner autour d'une immense table commune (réserver la veille).

Très chic (plus de 2 000 $Me / env 100 €)

Hotel Casavieja *(plan B2, **22**)* **:** *Adelina Flores 27. ☎ 678-68-68. • casavieja.com.mx • Double env 2 300 $Me, petit déj en sus. Parking.* Une magnifique demeure construite en 1740. Très belle architecture coloniale, avec toits de vieilles tuiles, dalles anciennes et de grands corridors aux balustrades de bois, d'où l'on aperçoit les collines alentour. Près de 40 chambres confortables et au calme, lumineuses pour celles qui donnent sur le jardin principal. Chauffage en hiver, ce qui n'est pas superflu. On prend son petit déj à 30 m de là. Une adresse au charme certain.

Casa Santa Lucia *(plan B3, **19**)* **:** *av. Ortiz de Dominguez 13 (angle Pedro Moreno). ☎ 631-55-45. • casasantalucia.mx • Doubles à partir de 2 000 $Me, petit déj inclus mais taxes en sus.* Atmosphère intime et feutrée dans cette ancienne demeure coloniale de seulement 9 chambres, encadrant un patio couvert fleuri et coloré. Déco différente de l'une à l'autre, chacune puisant dans l'artisanat d'un village de la région. Pour toutes, une cheminée, et un excellent confort, bien sûr. Dommage que certaines, sans fenêtre, s'ouvrent directement sur le patio.

Parador San Juan de Díos *(hors plan par B1, **23**)* **:** *calzada Roberta 16. ☎ 678-42-90. • sanjuandios.com • Doubles à partir de 2 600 $Me.* Hacienda du XVIe s, réaménagée en un superbe *parador*, encadré de vastes jardins donnant sur les collines. Installées dans les différents bâtiments de la propriété, les chambres et suites au décor raffiné associent le meilleur confort d'aujourd'hui au charme de l'ancien. Spa, salle de gymnastique, restaurant. Une très belle adresse.

LE CHIAPAS

Où manger ? Où prendre un petit déjeuner ?

La ***portion piétonne de Real de Guadalupe*** *(zoom)* empile dans un joyeux brouhaha les restos-bars de cuisine du monde, de l'Argentine au Liban. Touristique évidement, avec un paradoxe, dur d'y dénicher un resto mexicain ! Plus typique, une série de ***gargotes*** encadrent le *mercado de Dulces y Artesanías (plan A3, **86**)*, au pied du templo San Francisco. Pour avaler un petit déj ou des tacos en regardant les fidèles sortir de la messe... Enfin, pour le petit déj, voir aussi nos adresses plus bas dans « Où faire une pause sucrée ? ».

Bon marché (moins de 150 $Me / env 7,50 €)

|●| ***Tierradentro*** *(zoom, **43**)* **:** *Real de Guadalupe 24. ☎ 674-67-66. Tlj 8h-22h30.* Un lieu hybride et cosmopolite, peut-être le plus sympa de la ville, regroupant sous un vaste atrium un café-resto, quelques boutiques militantes (librairie, etc.) et même un coin jeux pour les enfants. *Tierradentro* est en fait une coopérative zapatiste. On attend son tour pour se faire attribuer une place dans l'un des fauteuils en osier, calé au pied des fresques et affiches politiques déroulées sur les murs. Carte tous azimuts servie non stop : soupes, sandwichs, *antojitos*, salades, pizzas, le tout de bonne qualité à prix raisonnables. Bonne ambiance, détendue, avec parfois des musiciens.

|●| ***La Casa del Pan*** *(plan B2, **4**)* **:** *Real de Guadalupe 55, dans le centre culturel* El Puente. *☎ 678-72-15. Tlj 8h-22h. Buffet tlj 14h-16h (prix moyens).* Servie dans un grand patio couvert, une bonne cuisine, essentiellement

mexicaine, végétarienne et à base de produits bio et locaux, proposés à la vente dans l'espace boutique. Petite terrasse sur la rue.

|●| ***Maya Pakal*** *(plan A-B2,* ***40****)* **:** *Francisco Madero 12. Tlj 7h-23h.* Étroit resto tapissé de photos sépia de la ville et de la révolution, fréquenté par une clientèle mélangée de locaux et de voyageurs, venus se sustenter d'un choix de petits menus complets facturés ras du plancher. Tout simple et tout bon, avec pas mal d'options, volontiers végétariennes, même si les carnivores y trouveront aussi de quoi mastiquer. Sert aussi le petit déj.

☕ ***Madre Tierra*** *(plan A3,* ***41****)* **:** *av. Insurgentes 19. ☎ 678-42-97. Lun-sam 8h30-22h.* On vous le mentionne pour le petit déj servi dans le patio décati en plein air, ou dans la salle toute cosy au vieux plancher craquant. Œufs, *scones,* yaourts et *granola,* vaste choix de délicieux gâteaux. Le pain est aussi super bon : il vient de la boulangerie bio d'à côté (même maison). Dans un tout autre registre, coin bar à l'étage avec parfois de petits concerts organisés le week-end. Sympa.

☕ ***Frontera*** *(plan B1,* ***47****)* **:** *Belisario Domínguez, angle Dr Navarro. Mar-sam 9h-21h, dim 9h-18h.* Un de ces cafés urbains d'aujourd'hui, pour un petit déj comme à Brooklyn ou Paris. Bagels, pâtisseries maison, des œufs bien sûr et du bon café de la région, à siroter dans l'agréable patio ou en salle, affalé sur des coussins. Jeux de société pour tuer le temps.

Prix moyens (150-300 $Me / env 7,50-15 €)

|●| ***Resto Teatro Cocoliche*** *(plan B2,* ***42****)* **:** *Cristóbal Colón 3. ☎ 631-46-21. Tlj 13h-minuit.* Un décor bariolé et joyeux, une cheminée pour se réchauffer, un service rock'n roll et souriant et, dans l'assiette, une cuisine du monde récréative et pas chère. Bref, un lieu qui donne la pêche. Musique live tous les jours.

|●| ***El Punto*** *(plan B1,* ***44****)* **:** *Comitán 13 A. ☎ 678-00-47. Tlj sf lun de 13h jusque tard dans la nuit.* Pizzeria toute riquiqui, fréquentée à parts égales par les locaux, les expats et les touristes. Du vrai four à bois sort un vaste choix de pizzas style italien, copieuses et croustillantes, à dévorer dans la sympathique petite salle à l'étage, tapissée de brique et de bois, avec vue sur les collines par-delà la jolie place del Cerrillo. Possibilité de commander moitié-moitié. Vend aussi à emporter.

Plus chic (300-500 $Me / env 15-25 €)

|●| ***Trattoria La Nonna*** *(plan B1,* ***45****)* **:** *av. Belisario Domínguez 11 ; sur une placette, angle Dr Navarro. ☎ 101-65-61. Tlj sf mar 13h-22h (17h dim).* Quelques tables en terrasse, sur la placette. En salle, une fresque, mêlant côte amalfitaine et rivages mexicains. Et, surtout, une ardoise, alignant seulement quelques plats, qui changent tous les jours en fonction du marché. Aux manettes, la *Nonna,* une Milanaise qui a roulé sa bosse au Yucatán pour finalement préférer les montagnes du Chiapas. Cuisine lombarde, avec ses incontournables pâtes, mais, surtout, une palette de recettes de succulents raviolis léguées par sa propre grand-mère... un régal ! Les desserts font partie du registre des péchés mortels. Prix élevés mais justifiés.

|●| ***La Paloma*** *(plan A2,* ***46****)* **:** *Hidalgo 3 ; dans une maison historique adossée à la boutique* Kikimundo. *☎ 678-15-47. Tlj 9h-minuit.* La maison est une des plus anciennes d'Amérique latine, 1528, excusez du peu ! Quelques tables sur la rue et un patio meublé de cuir, débordant de plantes, décor élégant pour déguster une cuisine mexicaine revisitée, composée de produits frais. Au dessert, petit coup de cœur pour le cake aux noix de pécan. Galerie à l'étage avec salles d'expo. Service attentif.

|●| ***Miura*** *(zoom,* ***48****)* **:** *à l'angle de Real de Guadalupe et Belisario Domínguez. Tlj 12h-23h.* Ça n'a rien de pittoresque. On est au cœur de LA rue, celle de tous les restos, de tous les bars. Mais la viande, quelle viande ! On vous la présente avant, pour bien choisir son morceau, juteux, épais, cuit à votre goût, au gros sel seulement. Grande salle vaguement chic et quelques tables sur la rue.

Où faire une pause sucrée ?
Où boire un bon café ?

☕ ***Oh la ! la !*** *(zoom,* ***57****)* **:** *Real de la Guadalupe 2.* ☎ *674-76-47. Tlj 8h30-22h30.* Pâtisserie française avec d'excellents gâteaux et viennoiseries que se dispute dès le matin une clientèle d'habitués. Quel plaisir de trouver des pains au chocolat non industriels et un chocolat chaud sans cannelle et bien mousseux ! 2 tables sur le trottoir et petite salle à l'étage. Incontournable pour le petit déj.

☕ ***El Horno Mágico*** *(zoom,* ***58****)* **:** *General Utrilla 7. Derrière la cathédrale, à deux pas de la librairie* Chilam Balam. *Tlj 8h30-21h.* Tenue par trois jeunes Français, une boulangerie qui propose de bons produits : baguettes, fougasses, *caracol,* croissants et pains multicéréales. Histoire de changer de goût.

☕ ***La Casa del Pan*** *(plan B2,* ***4****)* **:** *voir « Où manger ? Où prendre un petit déjeuner ? ».* 📶 Outre un buffet varié servi au déjeuner, on peut s'offrir ici un bon jus de fruits frais, une pâtisserie, acheter du pain et d'autres produits issus de l'agriculture locale. Goûter notamment au *té de la casa,* à base d'herbes, fleurs et plantes curatives...

☕ ***Café La Selva*** *(plan A2,* ***60****)* **:** *Crescencio Rosas 9 ; à l'angle de Cuauthemoc.* ☎ *678-72-44. Tlj 8h30-23h.* Une très belle maison coloniale, où déguster toutes les variétés de café bio produites dans l'État du Chiapas, voire en acheter. On s'installe dans la salle rustique ou, s'il fait bon, dans le patio. Pour le petit déj, croissant fourré ou pâtisseries.

☕ ***Café Museo Café*** *(plan A2,* ***61****)* **:** *Adelina Flores 10.* ☎ *678-78-76. Lun-sam 8h-22h (21h sam).* L'endroit parfait pour goûter le café du Chiapas tout en s'instruisant, côté petit musée, sur l'origine du café et son histoire dans la région. 3 salles avec des photos anciennes et des explications en espagnol. L'endroit est géré par la coopérative des petits producteurs de café du Chiapas (17 000 paysans). Et, bien sûr, leur café bio est en vente sous le label « commerce équitable ».

☕ ***Madre Tierra*** *(plan A3,* ***41****)* **:** *lire plus haut « Où manger ? ».* Difficile de résister à son vaste choix de gâteaux maison, faisant de l'œil aux gourmands entassés autour d'une longue table de bois...

Où boire un verre ? Où sortir ?

🍷 ***Kinoki*** *(zoom,* ***70****)* **:** *Benito Juárez, angle Real de Guadalupe. À l'étage.* ☎ *678-50-46. Ouv 12h30-minuit.* Un lieu convivial et composite, à la fois resto-salon de thé et forum culturel indépendant, proposant 2 séances de cinéma quotidiennes *(à 18h et 20h30).* Bonne sélection de thés verts, noirs, *rooibos* et *pu-erh* (dont on vante les vertus contre la mauvaise humeur). Quelques en-cas sucrés (gaufres notamment) et petite restauration tout à fait acceptable. Bières et vins mexicains et chiliens. DJ et bonne musique. Un bon plan pour faire des rencontres et contempler du balcon l'animation de la rue piétonne.

🍷 ***Cocodrilo*** *(plan A2,* ***71****)* **:** *sur le zócalo, à l'angle de Insurgentes ; c'est le bar de l'hôtel* Santa Clara. ☎ *678-08-71. Tlj 8h-minuit.* Installé dans l'ancienne demeure du conquistador du Chiapas, un bar tranquille et très sympa, avec régulièrement de la musique live. Les consos sont un peu chères, mais le cadre est agréable, mêlant joyeusement poutres du XVIe s et mobilier *arty.* Sans oublier le crocodile, bien sûr, occupant tout un pan de mur façon trophée de chasse. Excellentissimes tacos.

🍷 ♪ ***Café Praga*** *(plan A2,* ***72****)* **:** *Miguel Hidalgo, à l'entrée de la partie piétonne qui part du zócalo.* 📶 Dans une ruelle piétonne entassant les *lounges* branchés, un bar à vins et à bières à la terrasse très convoitée, surtout quand des chanteurs y assurent une animation enflammée, qui déborde sur toute la rue. Évitez d'y manger en revanche. Grosse ambiance également, les vendredi et samedi soir, chez le voisin ***Mambo y Mojito,*** petit club où l'on danse collé-serré au rythme de groupes salsa, cumbia, etc. Pas grand monde avant minuit.

Latino's *(plan B2,* ***73****)* **:** *Francisco Madero 23. Tlj sf dim 20h-3h ; orchestre à partir de 22h. Entrée : env 30 $Me.* Le rendez-vous des *salseros.* Pas beaucoup de monde sur le *dance floor* avant 23h. Bons orchestres de merengue, *bachatay* et *reggaeton* qui mettent le feu, surtout en fin de semaine (vendredi et samedi). Lundi karaoké et samedi fiesta latina.

Revolución *(plan A2,* ***74****)* **:** *à l'angle de 20 de Noviembre et 1ero de Marzo. Bar-resto à partir de 12h.* Zapata et zapatistes tapissent les murs mais, plutôt que pour le vernis révolutionnaire, les *travellers* y squattent surtout pour le large choix de tequilas, mezcals et bières artisanales, à éponger avec une sélection de bonnes brochettes. Groupes (rock en général) vers 21h jusqu'à 2-3h.

La Viña del Bacco *(zoom,* ***75****)* **:** *Real de Guadalupe 7. Lun-sam 14h-minuit.* Bar à vins et tapas, avec un choix varié de pifs du Mexique et d'ailleurs, servis à prix raisonnables au verre ou en bouteille. Le rendez-vous des expats et des touristes, qui s'entassent à l'intérieur ou sur les 3 tables donnant sur la rue. Bonne ambiance conviviale.

Voir aussi le ***Resto Teatro Cocoliche*** *(plan B2,* ***42****),* décrit plus haut dans « Où manger ? Où prendre un petit déjeuner ? ».

Achats

Pas mal de choses à rapporter de San Cristóbal, même si une grande part de l'artisanat textile provient en réalité du Guatemala. En revanche, le cuir et les ponchos courts sont caractéristiques du coin.

- Bien sûr, nombreux gadgets aussi à l'effigie de Marcos et du mouvement zapatiste (poupées armées, T-shirts...).

- ***L'ambre :*** il était déjà très apprécié à l'époque préhispanique, le Chiapas devant en reverser comme tribut à la capitale de l'Empire aztèque, où les nobles l'utilisaient sous forme de bijoux. Aujourd'hui, depuis la découverte d'un important gisement près du petit village de Simojovel, le Chiapas est la seule région d'Amérique latine, avec la République dominicaine, où l'on peut extraire cette fameuse résine millénaire. L'ambre est en effet une résine végétale fossilisée. Autour de la mer Baltique, autre zone de production, elle est issue de conifères, alors qu'au Chiapas, elle provient de légumineuses et décline toute une gamme de couleurs : jaune, orangé, miel, marron ; l'ambre le plus recherché et le plus cher étant le rouge.

Pour en acheter, parcourez les boutiques de la ***calle Real de Guadalupe,*** ainsi que les abords du ***mercado.*** N'achetez pas d'ambre dans la rue, il sera sûrement bidon. Petite astuce, sachez que le vrai est léger et chaud dans la main, alors que le faux est froid et lourd. Et faites donc un tour avant au musée de l'Ambre, on y donne quelques tuyaux pour différencier les deux.

Mercado de Artesanías *(plan A1,* ***83****)* **:** *sur le parvis du templo Santo Domingo et à ses abords.* C'est là que vous irez pour acheter vos souvenirs. Pas de la grande qualité, mais un large choix de tissages, vêtements, bijoux, petits objets et jouets de toutes sortes, présentés en plein air sur une myriade de stands chamarrés. Négociez ferme ! L'ambre vendu ici est la plupart du temps authentique. Autre grand marché du même genre, couvert celui-ci, le ***mercado de Dulces y Artesanías*** *(plan A3,* ***86****),* situé côté de l'église San Francisco. On y trouve également quelques échoppes de pâtisseries et douceurs locales.

SNA Jolobil *(plan A1,* ***80****)* **:** *coopérative de femmes mayas artisans, à l'intérieur du couvent Santo Domingo. Entrée à gauche de l'église. Tlj sf lun 9h-14h, 16h-18h. Huipiles,* vêtements brodés, serviettes, tapisseries et poteries venant des villages avoisinants. Très cher mais de qualité. On est certain qu'il s'agit d'une production régionale et non guatémaltèque.

J'Pas Joloviletik *(plan A1, **81**) : av. General Utrilla 43. ☎ 678-28-48. Tlj 9h-14h, 16h-19h.* Coopérative de femmes d'origine tzotzile. Essentiellement des tissus et des broderies. Très belles pièces : nappes, *huipiles,* housses de coussins, *rebozos* (châles), sacs et ceintures...

Librairie Chilam Balam *(zoom, **84**) : av. Utrilla 3 ; derrière la cathédrale. ☎ 715-87-73. Tlj 10h-21h.* Une très belle librairie avec de beaux livres en espagnol sur le Chiapas, la culture maya, les zapatistes, la littérature mexicaine. Également des CD de musique mexicaine.

Taller Leñateros *(plan B2, **85**) : Flavio Paniagua 54. ☎ 678-51-74. Lun-ven 8h30-20h, sam 9h-14h. CB acceptées.* Atelier d'artisans papetiers, fondé en 1975 par la poétesse Ámbar Past. On peut visiter l'atelier dans l'arrière-boutique. La pâte à papier est fabriquée à partir de plantes séchées, de morceaux de tissu, de vieux papiers et de cartons... du vrai recyclage ! Ils publient des livres de poésie maya sous la même forme que les codex, ainsi que des cahiers et des carnets de toutes tailles. Cartes postales et petites boîtes, plein de cadeaux jolis et originaux.

Soluna *(zoom, **43**) : Real de Guadalupe 13 ; dans le café-galerie* Tierradentro. *Lun-sam 10h-14h, 16h-21h ; dim 13h-21h.* Petite librairie militante zapatiste. Livres, journaux et revues sur des sujets politiques en général et le mouvement zapatiste en particulier (en espagnol). CD et posters également.

Kikimundo *(plan A2, **46**) : Miguel Hidalgo 3 A. Tlj 9h-22h.* La production artistique pleine d'humour de Kiki Suarez, Allemande d'origine, mérite qu'on s'y attarde : peintures, collages, tissages, photographies, papier mâché, le tout énergique et bariolé, inspiré par les femmes du Chiapas et les couleurs du Mexique.

À voir. À faire

– Visite de la ville avec le **tramway El Coleto** : *départ du mercado de Dulces y Artesanías, av. Insurgentes 24 (plan A3, **86**), ttes les heures 10h-12h, 16h-19h (mais le bus ne part que s'il y a min 4 passagers). Prix : 70 $Me.*

Andador eclesiástico *(plan A1-2-3)* **:** c'est le nom donné à la rue piétonne qui traverse la ville du nord au sud. Elle suit le tracé de Miguel Hidalgo, puis de 20 de Noviembre, démarrant au sud avec le *templo del Carmen* pour aboutir au *templo Santo Domingo,* en passant par le *zócalo* et la cathédrale. Une promenade agréable, égrenant quelques beaux édifices et vénérables demeures, avec beaucoup de monde à toute heure du jour et de la nuit. Autre « andador » sur une partie de la calle Real de Guadalupe.

Arco del Carmen *(plan A3) : au sud du centre historique. Jouxte le templo del Carmen.* Élégante tour aux accents mudéjars qui coupe la rue en deux. Érigée en 1677, elle servait jadis de porte d'entrée à la ville et permettait aux nonnes de relier église et couvent (celui-ci a aujourd'hui disparu) sans sortir dans la rue, pour ne pas rompre leur vœu de clôture.

Catedral *(plan A2) : sur le zócalo.* Édifiée en 1528,

PARDONNEZ-MOI, MON PÈRE

Après avoir convaincu le roi d'Espagne d'interdire le travail forcé des Indiens, Bartolomé de Las Casas est ordonné, en 1544, évêque de San Cristóbal, avec pour mission de faire appliquer cette nouvelle législation. Il tente alors d'imposer ses vues en exigeant des colons qu'ils libèrent leurs esclaves s'ils veulent être reçus en confession. Face à la révolte des colons qui gronde dans tout l'empire, l'expérience tourne court. Le roi se dédit, et Las Casas est contraint de rentrer en Espagne 2 ans plus tard.

consacrée cathédrale 11 ans plus tard, elle fut reconstruite en 1670 d'après les plans de la cathédrale d'Antigua au Guatemala. Allure massive et façade ocre d'un baroque indigène assez typique. À l'intérieur, plafond de bois sculpté en style mudéjar, *pulpito* (chaire) Renaissance et très beaux retables en bois doré de style baroque.

Templo Santo Domingo *(plan A1)* **:** *au bout de la calle 20 de Noviembre.* Magnifique façade de style plateresque (fin XVIIe s), chef-d'œuvre de dentelle de pierre. À l'intérieur, les murs sont recouverts de panneaux de bois sculpté doré, incrustés de peintures religieuses et de statues.

Centro cultural de los Altos *(plan A1)* **:** *Lázaro Cárdenas. ☎ 678-16-09. Mar-dim 9h-18h. Entrée : 55 $Me.* Entièrement rénové, ce beau musée moderne s'est installé dans l'ancien couvent Santo Domingo, qui servit aussi, après la révolution, de prison puis de bibliothèque. Au rez-de-chaussée, la section historique présente quelques céramiques et tissus préhispaniques, puis une collection d'art colonial (religieux, donc). À voir, notamment, une belle chaire épiscopale en bois sculpté du XVIe s. Mais le plus intéressant se trouve à l'étage, une superbe collection de tissages et costumes traditionnels joliment présentés par villages de production (le costume est la marque d'appartenance à une communauté). La diversité des motifs et des couleurs semble infinie...

CACHEZ CE SEIN

Si, du fait du progrès technique, la tradition du tissage évolue constamment, son premier grand bouleversement fit suite à l'arrivée des colons espagnols, venus la Bible à la main. Les anciens mayas durent modifier leurs costumes pour se plier aux exigences prudes de l'évangélisation.

LE CHIAPAS

Gran mercado *(plan A-B1)* **:** *au nord du centre historique. Monter l'av. General Utrilla. Tlj. Y aller le mat.* L'un des plus beaux du Mexique. Les Indiens viennent y vendre leurs fruits, leurs fleurs. Ne pas prendre de photos sans autorisation, les réactions peuvent évidemment être assez hostiles.

Museo de las Culturas populares *(plan A2)* **:** *Diego de Mazariegos 37. Presque en face de l'église de la Merced. Mar-dim 10h-18h. Entrée : donation à votre bon cœur.* Expos temporaires consacrées à l'artisanat populaire (tissus, costumes, ouvrages en bois ou fer forgé, etc.).

Museo del Ambar *(musée de l'Ambre ; hors plan par A2)* **:** *Diego de Mazariegos ; au pied de l'église de la Merced. • museodelambar.com • Tlj 10h-14h, 16h30-20h. Entrée : 25 $Me.*
ATTENTION : ne pas confondre avec le lieu qui se qualifie de « musée » à trois blocs de là, au coin de Mazariegos et Allende. Il s'agit d'une boutique-musée à vocation essentiellement commerciale.
Le véritable musée est installé dans l'ancien couvent de la Merced du XVIIIe s devenu, avant abandon, caserne et prison, d'où l'architecture de la façade, avec tour et créneaux. L'idée de ce tout petit mais intéressant musée est née pour sauver le couvent, qui était en ruine. Les bénéfices servent à sa restauration.
Armé d'un fascicule en français très complet, on part à la découverte d'une petite collection de fascinantes œuvres d'art ciselées dans l'ambre et autres insectes piégés dans leur gangue de résine, à observer au microscope.

INSECTES MOMIFIÉS

Certaines pièces d'ambre du Chiapas renferment des insectes pétrifiés, figés dans la résine depuis des milliers d'années. Parmi celles exposées au museo del Ambar... un moustique vieux de plus de 25 millions d'années !

Petit film sur les techniques de travail de l'ambre. Au passage, quelques astuces pour savoir différencier le vrai du faux.

Templo de Guadalupe *(hors plan par B2)* **:** *au bout de la rue du même nom, en haut d'un grand escalier ; en surplomb d'une jolie place.* Elle présente peu d'intérêt d'un point de vue architectural, mais c'est un lieu de pèlerinage pour les habitants de la région. Un prétexte à une jolie promenade avec, en prime, un panorama exceptionnel sur la ville depuis le parvis.

Na Bolom *(hors plan par B1)* **:** *av. Vicente Guerrero 33. ☎ 678-14-18. • nabolom.org • Lun-ven 9h-19h. Entrée : 45 $Me (50 $Me avec la visite guidée, en espagnol et en anglais). Possibilité de loger ici (voir « Où dormir ? »).* À visiter en priorité si on a l'intention de se rendre en pays lacandon. L'association *Na Bolom* (« la maison du jaguar ») occupe une superbe demeure de la fin du XIXe s. Elle fut créée en 1951 par l'archéologue danois Franz Blom et par Gertrude Duby, Suissesse naturalisée mexicaine, qui a consacré une partie de sa vie à la protection des Lacandons. Photographe, elle a pris des milliers de clichés de 1942 à 1987. Depuis sa mort, en 1993, Na Bolom poursuit sa mission de promotion de la culture des Lacandons et accueille chercheurs et ethnologues dans l'une des plus importantes bibliothèques sur l'histoire maya (plus de 9 000 livres). Vidéo d'introduction en espagnol ou anglais (20 mn). Collection d'objets d'art : figurines, instruments de musique... et objets personnels ayant appartenu au couple. Magnifique jardin avec un prolongement en face, le jardin du Jaguar. Concerts de piano dans la chapelle. Les bénéfices de la fondation servent à financer des programmes de reforestation et d'appui à la communauté lacandon.

Centro de Desarrollo de la Medicina maya *(Centre de médecine maya ; hors plan par A1)* **:** *av. Gonzalez Blanco 10 ; colonia Morelos. ☎ 678-54-38. Du grand marché, c'est à 10 mn à pied. Mar-ven 10h-18h, le w-e 10h-16h. Entrée : 30 $Me. Demander le fascicule en français, très pédagogique.* Un lieu hybride, à la fois clinique traditionnelle, herboristerie où acheter des remèdes et musée engagé, militant pour la préservation et la diffusion de la médecine maya, et contre l'appropriation des plantes médicinales et du savoir-faire traditionnel par des groupes pharmaceutiques. On y découvre, aidé par de petites scénettes, la richesse et l'étendue de cette médecine millénaire et les ressources utilisées par les médecins indigènes : plantes bien sûr, mais aussi bougies, prières, encens, *posh* (alcool de maïs). Jardin médicinal et petite chapelle, toujours utilisée pour des rituels de guérison.

Fêtes à San Cristóbal et dans la région

– **Feria de la Primavera y de la Paz :** *1 sem courant avr, juste après la Semaine sainte.* Le grand festival de la ville, avec de nombreuses animations dans les rues et des concerts chaque soir.
– **Grande fête annuelle de San Cristóbal :** *25 juil.* La nuit, des pèlerins montent jusqu'à l'église, en haut de la colline, avec des torches.
– **Fête de la Révolution :** *19 et 20 nov.* Elle prend une saveur toute particulière au Chiapas. Défilé des écoliers en costume zapatiste. Gargotes et buvettes s'installent sous les arcades du *palacio municipal.*
– **Fête de Notre-Dame-de-Guadalupe :** *12 déc (les festivités commencent en fait 2 j. avt).* La ville connaît alors une animation dingue : fête foraine, processions, feux d'artifice, pétards toute la nuit, etc. Programme à l'office de tourisme.
– **Fêtes à San Juan Chamula :** *carnaval du Mardi gras et du w-e qui précède ; processions religieuses dans tt le village, autour du marché, musiciens, danseurs en costumes locaux. Également, le 24 juin, la Saint-Jean et, le 23 août, la Sainte-Rose.*

DANS LES ENVIRONS DE SAN CRISTÓBAL DE LAS CASAS

Chiapa de Corzo et cañón del Sumidero : *pour le détail, lire plus loin « Dans les environs de Tuxtla Gutiérrez ».* Pour ceux qui n'iraient pas à Tuxtla, des agences (plusieurs sur la calle Real de Guadalupe) et certains *hostales* organisent l'excursion à la journée depuis San Cristóbal *(env 400 $Me/pers).* Départ vers 9h, retour vers 15h. Possibilité également de faire l'aller-retour en combi. Dans ce cas, partir tôt.

LES VILLAGES TZOTZILES

Les villages les plus visités sont *San Juan Chamula* (à 10 km au nord-est) et *Zinacantán* (même route au départ). On les visite facilement dans la journée avec les combis locaux, mais on peut aussi passer par une agence ou par son hôtel. En y allant par ses propres moyens, mieux vaut dans ce cas partir tôt pour éviter la nuit dans les montagnes, et se renseigner au préalable auprès de l'office de tourisme de San Cristóbal pour connaître les conditions de sécurité de certains villages, en fonction des tensions politiques du moment. N'hésitez pas à faire appel à un guide professionnel si vous voulez en savoir plus, la communication avec les communautés n'est pas toujours aisée. *Compter 250 $Me/j. pour un guide en langue espagnole, 300 $Me en anglais.*

LE CHIAPAS

San Juan Chamula : *à 10 km au nord-est de San Cristóbal (fléché). Colectivo (env 15 $Me) après le grand marché sur la gauche, calle Lázaro Cárdenas angle Honduras (hors plan San Cristóbal de Las Casas par A1). On part quand il est plein. Dernier retour vers 18h. On peut aussi y aller à cheval : balade intéressante, mais malheureusement, une partie du parcours se fait sur une route goudronnée, et l'environnement n'est pas terrible. En voiture, parking obligatoire à l'entrée du village (20 $Me).*

Étonnante atmosphère dans cette grosse bourgade informe, à la fois si comparable à n'importe quel village du Mexique, et si particulière, témoignage vivant d'une civilisation que l'on croyait disparue sous la botte des conquistadors et de leurs curés. Organisés selon leurs propres rites et codes sociaux, syncrétisme unique de croyances mayas et catholiques, les Chamulas sont habillés d'une tenue traditionnelle faite d'une tunique de laine blanche (ou noire quand il fait froid) grossièrement filée. Les dignitaires religieux portent un foulard multicolore autour de la tête et les femmes sont vêtues de jupes en laine et de blouses blanches. En général, les Chamulas ***n'aiment pas les photographies,*** que ce soit au-dehors ou lors des cérémonies. Évitez donc toute situation conflictuelle. Dans l'église, les photos sont absolument interdites. Rangez votre appareil, on a vu des touristes se le faire confisquer.

GUERRE DE RELIGIONS

Depuis les années 1970, un violent conflit oppose les Chamulas « traditionalistes » à ceux convertis aux églises évangéliques. Derrière cette querelle religieuse se cachent des enjeux plus triviaux. Les évangélistes contestent la mainmise des chefs traditionalistes, liés au tout puissant PRI, le parti qui domina la vie politique mexicaine pendant près d'un siècle. En représailles, de 25 000 à 30 000 évangélistes ont été expulsés par la force de San Juan.

Si vous le pouvez, essayez de venir à San Juan un dimanche, jour du ***marché*** sur la place de l'église. Sous l'œil des caciques locaux en costume d'apparat, les paysans étalent leurs maigres récoltes de fruits, un peu d'artisanat, la laine juste tondue de leurs moutons. Pas mal de touristes, qui semblent laisser la plupart des habitants indifférents.

Mais la grande attraction ethnologico-touristique du coin, c'est bien sûr l'***église*** *(entrée : 20 $Me).* Passé la belle porte ornée de céramiques bariolées, on plonge dans un autre univers, étrange et fervent.

> **CONCURRENCE DÉLOYALE ?**
>
> *Depuis quelques années, l'alcool (le posh) traditionnellement utilisé dans les rites mayas est fortement concurrencé par...* Coca-Cola *et* Pepsi-Cola *! Ces sodas pétillants présentent deux avantages : ils font roter, ce qui permet d'extirper le mal encore plus rapidement, et les bouteilles coûtent moins cher que l'eau minérale ! Ne soyez donc pas surpris si vous voyez de vieilles femmes boire du* Pepsi-Cola *en priant.*

Le chamanisme est ici plus fort qu'ailleurs, et ce sont les esprits que l'on vient consulter en premier en cas de maladie ou de problème. Le dernier prêtre catholique a quitté le village en 1867, et l'évêque n'a le droit d'entrer dans cette église qu'une fois par an pour les baptêmes ! Les Tzotziles pratiquent donc leur propre religion mais en y intégrant des éléments du culte catholique, importé par les jésuites espagnols. Saints et symboles chrétiens sont associés au culte des esprits et des mythes mayas. Ainsi, la croix est très présente dans la vie des Tzotziles, qui l'associent à l'arbre de vie des Mayas. Quant au Christ, il a été remplacé par San Juan portant dans ses bras un mouton, l'animal sacré des Tzotziles. À l'intérieur de l'église, pas de bancs, des aiguilles de pin jonchent le sol. Toutes les statues des saints sont alignées le long des murs. Même une partie des cloches ont été descendues dans la nef. Des hommes grimpent jusqu'au clocher pour faire sonner à la volée celles restées là-haut. Dans un brouhaha incessant d'incantations et de prières, les dévots allument des bougies à même le sol, discutent ou jouent de la musique (les jours de fête). Le fidèle psalmodie, bénit son repas et communique avec le dieu en lui offrant et en consommant lui-même du *posh*, une eau-de-vie à base de canne à sucre, un vrai tord-boyaux. En principe, il ne prend qu'une gorgée, qu'il recrache aussitôt en soufflant pour évacuer les esprits maléfiques.

Zinacantán : *à 10 km de San Cristóbal, sur la route de San Juan puis fléché sur la gauche. Colectivo sur la calle Obregón à San Cristóbal, derrière le marché (hors plan par A-B1) ; ou taxi depuis San Juan (env 80 $Me pour 8 km). Accès au village : 15 $Me, à payer à la guérite à l'entrée.* Un village moins fréquenté, avec une église beaucoup moins spectaculaire. Le costume traditionnel y est différent, une sorte de poncho bariolé orné de nombreux motifs. Le truc, ici, c'est d'aller visiter la maison d'un habitant (sollicitations assez insistantes), pour voir l'atelier de tissage et la cuisine (démo de préparation de tortillas). Toutes les excursions des agences y passent.

TUXTLA GUTIÉRREZ

553 000 hab. IND. TÉL. : 961

À 1 000 km de Mexico. On y passe forcément en allant à San Cristóbal (distante de seulement 60 km) ou au Guatemala, mais on peut fort bien s'arranger pour ne pas s'y arrêter. La capitale de l'État du Chiapas est une grande ville moche et bruyante et n'offre aucune raison d'y dormir, si ce n'est éventuellement dans le cas d'un vol depuis l'aéroport situé à 35 km au sud-est de la

ville (bus directs depuis San Cristóbal cela dit). À 550 m d'altitude, le climat est semi-tropical et il fait très chaud, même en hiver durant la journée. C'est aussi la cité du marimba (xylophone mexicain). Finalement ce qu'il y a de mieux à faire, c'est, pour les amateurs, la visite du chouette zoo, et, depuis la charmante localité de Chiapa de Corzo, la balade en *lancha* dans le *cañón del Sumidero.*

Arriver – Quitter

En bus

Liste des principales compagnies et leurs coordonnées dans la rubrique « Transports » du chapitre « Mexique utile ».

Combi pour San Cristóbal de Las Casas : *au* ***terminal Ancianos,*** *excentré au sud-est du centre, à l'angle de l'av. Novena Sur Oriente et de la calle 13 A Oriente Sur. Pour y aller, taxi ou* colectivo *indiquant « Ancianos » ou « 9 A sur ».* Départs ttes les 15 mn 4h-21h. Combis pour **Comitán** également (mêmes fréquences).

Combis pour Chiapa de Corzo et le cañón del Sumidero : *à côté du* ***mercado San Roque,*** *3ra av. Sur Oriente 713, à 500 m au sud-est du* zócalo. Départs très fréquents 5h-23h ; 15 $Me. Les combis s'arrêtent ensuite devant le terminal Ancianos (celui pour San Cristóbal ; lire plus haut).

Terminal OCC *(1re classe)* ***:*** *très excentré à l'ouest du centre, au bout de l'av. Quinta Norte Poniente. De/vers le centre,* colectivo *indiquant « OCC » ou taxi (40-50 $Me).* Compagnies *OCC* et *ADO GL* (chic). Consigne.
- On peut aussi réserver son billet sur • *miescape.mx* • Pratique, ça évite d'aller jusqu'au terminal.

➢ ***San Cristóbal de Las Casas :*** avec *OCC,* env 15 bus/j. 4h30-1h40. Belle route de montagne. Choisir un siège du côté gauche. Trajet : 1h10.
➢ ***Palenque :*** avec *OCC,* 6 bus/j. 7h15-minuit, plus 1 avec *ADO GL* à 15h40. Trajet : 6-7h.
➢ ***Comitán :*** avec *OCC,* 20 bus/j. 4h30-1h40. Trajet : 3h. Également 2 liaisons/j. avec **Cuauhtémoc** (la ville frontière). Trajet : 5h.
➢ ***Tapachula*** *(autre poste frontière pour le Guatemala)* ***:*** 20 bus/j. 6h30-minuit, plus 7 avec *ADO GL.* Trajet : 5-6h.
➢ ***Oaxaca :*** 3 bus/j., plus 1 avec *ADO GL.* Trajet : 10-11h.
➢ ***Veracruz :*** 4 bus/j. 18h30-minuit, 2 avec *OCC,* 2 avec *ADO GL.* Trajet : 8h.
➢ ***Mexico*** *(Norte ou Tapo)* ***:*** avec *OCC,* 10 bus/j. 11h-minuit, plus 6 avec *ADO GL.* Trajet : 12-13h.
➢ ***Campeche, Mérida :*** 3 bus/j. avec *OCC* à 12h30, 17h30 et 19h30 ; puis 1 bus à 23h30 avec *ADO GL.* Compter 11h30 de trajet pour Campeche, 14h pour Mérida.

En avion

✈ ***Aéroport Angel Albino Corzo :*** *à 35 km au sud-est du centre, à proximité de Chiapa de Corzo. ☎ 615-50-60.* Bureaux de location de voitures, point d'infos touristiques, resto.
- ***De/vers San Cristóbal :*** avec *shuttle OCC (☎ 153-60-99),* 8 bus/j., 9h-20h depuis l'aéroport, 5h-18h dans l'autre sens. Prix : 210 $Me. Sinon, prendre un taxi pour **Tuxtla** (env 300 $Me) ou pour San Cristóbal (env 800 $Me).

➢ ***Mexico :*** plusieurs vols/j. avec *Aeroméxico* et la compagnie low-cost *Interjet (☎ 01-866-285-95-25 ; • interjet.com.mx •).*

Adresses utiles

✉ ***Poste :*** *dans le* palacio federal, *sur la grande esplanade en face de la cathédrale. En principe, lun-sam 9h-17h (13h sam).*

■ ***Distributeurs*** *(Visa et MasterCard)* ***:*** *un peu partout dans le centre, notamment sur l'av. Central, de part et d'autre du* zócalo. Idem pour les ***cybercafés.***

Où dormir ?

De bon marché à prix moyens (moins de 800 $Me / env 40 €)

Hostal Tres Central : *calle Central Norte 393, à 2 cuadras au nord du zócalo, derrière la grande esplanade du palacio federal. ☎ 611-36-74. • hostaltrescentral@gmail.com • Lit en dortoir 150 $Me ; doubles 550-680 $Me selon confort, petit déj léger inclus (café et pain).* Un bon point de chute que cet établissement mixte, entre l'auberge de jeunesse et l'hôtel. Au choix, petits dortoirs de 4, avec douche privée et lampe de chevet individuelle, ou différentes catégories de chambres, avec ou sans salle de bains et balcon. L'ensemble, moderne et impeccable – on se croirait en Scandinavie –, offre un excellent niveau de confort (bonne literie, clim). Cuisine commune (jusqu'à 15h seulement), resto-bar sur le toit. Consigne et laverie.

Hotel Casablanca : *2da av. Norte Oriente 251, à 100 m du zócalo, derrière le palacio federal. ☎ 611-03-05. Doubles 450-700 $Me selon confort (ventilo ou clim). Pas de petit déj.* Curieuse disposition, le long d'un étroit jardin intérieur planté de palmiers nains. Chambres simples et propres, avec matelas en béton, les plus claires à l'étage. Rapport prix-qualité convenable.

Hotel Maria Eugenia : *av. Central Oriente 507, sur l'av. principale, à 300 m à l'est du zócalo. ☎ 613-37-67. • mariaeugenia.com.mx • Double env 750 $Me, petit déj en sus. Parking. Transfert possible de/vers l'aéroport.* Zéro charme mais bon standing pour cet hôtel de plus de 80 chambres, claires, toutes avec balcon, clim, et lit *king size* pour les plus récentes. Demandez-en une le plus haut possible. Piscine le long du parking. Cafét' proprette au rez-de-chaussée, où prendre, entre autres, le petit déj-buffet *(130 $Me).*

Chic (800-1 200 $Me / env 40-60 €)

Best Western Palmareca : *bd Belisario Domínguez 4120. ☎ 617-00-09 ou 01-800-500-01-02. • palmareca.com • À 3 km à l'ouest du zócalo, mais accessible par les minibus* Ruta Uno. *Doubles 1 050-1 200 $Me. Parking. Transfert possible de/vers l'aéroport.* Un gros établissement, aux faux airs d'hacienda côté restaurant, et au vrai style motel dans les bâtiments à l'arrière, disposés autour d'un agréable jardin planté de palmiers. Piscine. Chambres neutres mais de bon confort, au standard de la chaîne.

Où manger ? Où prendre un petit déjeuner ?

Quelques cafés-snacks étalent leurs terrasses derrière la cathédrale. Sympa pour voir défiler le Tout-Tuxtla ou pour prendre un verre jusqu'à 23h-minuit.

Bon marché (moins de 150 $Me / env 7,50 €)

El Borrego Líder : *2da Oriente Norte 262, à 100 m du zócalo, derrière le palacio federal. ☎ 611-35-83. Tlj 8h30-19h30 (18h le w-e).* Salle ouverte sous une *palapa*, cadre propret, simple mais joyeux pour enfourner tacos, *arracheras* ou poulet en sauce tomate piquante *(mole)*. Bonnes viandes au barbecue. Également des petits déj et plats à emporter.

La Casona : *av. 1 Sur Poniente 134, à 30 m du zócalo. ☎ 612-75-34. Tlj 7h-23h (22h dim).* Large carte de plats mexicains savoureux, servis dans une maison ancienne et colorée, aux portes de bois sculpté. Très populaire chez les gens du quartier, venus profiter du menu complet du midi à prix riquiqui. Sert aussi le petit déj.

Où boire un verre ? Où sortir ?

Parque de la Marimba : *en bordure de l'av. Central Poniente. À 8 cuadras à l'ouest du zócalo.* L'autre *zócalo* local. Sur un kiosque central, des groupes font danser les couples tous les soirs, en général entre 18h et 21h (22h le dimanche), sur des airs de cumbia, mambo, cha-cha-cha... Belle atmosphère, festive, familiale et populaire, à déguster, par exemple, depuis la terrasse au 1er étage du **Café La Esphera** *(8ta Poniente Norte 150),* en sirotant un cocktail de fruits.

À voir

Zócalo : un secteur piéton agréable, surtout le soir, cœur de cette ville sans grand attrait. Des musiciens de marimba s'y produisent le dimanche soir. Les 48 clochetons de la cathédrale (curieuse bâtisse du XVIe s modernisée) carillonnent toutes les heures, en même temps que défilent les statues de saints sur l'un des niveaux de l'édifice.

UN INSTRUMENT AFRO-AMÉRINDIEN

Croisement entre le balafon venu d'Afrique avec les esclaves et des instruments de percussion précolombiens, le marimba, composé de lames de bois de palissandre, s'est répandu dans toute l'Amérique latine. Mais on peut aussi l'entendre dans le titre Under my Thumb *des Rolling Stones.*

Museo regional de Antropología y de Historia : *calzada de los Hombres Ilustres (angle av. Quinta Norte Oriente), à côté du théâtre de la ville. ☎ 613-44-79. Tlj sf lun 9h-18h. Entrée : 55 $Me. Panneaux en espagnol et en anglais.*
Au rez-de-chaussée, sculptures, figurines et céramiques peintes zoques, toltèques, olmèques et mayas, découvertes dans les sites de la région (à Chiapa de Corzo notamment). Au 1er étage, la section retraçant la conquête espagnole, l'indépendance et la révolution, s'ouvre sur une fresque illustrant la tragédie des 15 000 Amérindiens se précipitant dans le cañón del Sumidero plutôt que de se soumettre aux conquistadors. Suivent œuvres d'art religieux, armes, mobilier et objets d'époque... Une collection modeste mais une visite intéressante.
En face, les amateurs de vieux os pourront jeter un rapide coup d'œil au ***museo de Paleontología*** *(mar-dim 10h-17h ; ouv à 11h w-e ; 15 $Me).* Reproduction à l'échelle d'un dinosaure, fossiles marins, végétaux, pièces d'ambre. Enfin, à deux pas des musées, agréable promenade dans un luxuriant ***jardin botanique*** fondé en 1949 *(entrée sur l'allée piétonne ; ouv mar-dim 9h-16h ; 5 $Me).*

Zoomat *(zoo Miguel Alvarez del Toro)* **:** *calzada Cerro-Hueco, El Zapotal. ☎ 639-28-56. • zoomat.chiapas.gob.mx • Minibus n° 60 qui indique « Zoológico » sur la 1 Oriente Sur, entre 7 et 8 Sur, sinon taxi. Mar-dim 8h30-16h30. Entrée : 20 $Me ; gratuit mar. Visites guidées (payantes) en espagnol et en anglais.*
L'un des plus beaux parcs zoologiques du Mexique, centré sur la faune du Chiapas. Les animaux y vivent en semi-captivité, dans une minijungle rafraîchissante, traversée de *ríos,* de cascades. Biches et rongeurs vaquent en liberté. Autour de la *plaza de monos,* singes hurleurs et leurs cousins araignées sautent de branche en branche. Le long de l'agréable parcours de 2,5 km, on croise aussi, en cage cette fois-ci, des tapirs, lynx, pumas, perroquets, de beaux spécimens de crocodiles... et quelques animaux exceptionnels comme le jaguar noir ou le fameux quetzal (l'oiseau totem du Guatemala). C'est d'ailleurs le seul zoo au monde qui a réussi leur reproduction en captivité dans des conditions environnementales similaires à leur habitat naturel.

À voir aussi, l'étonnante « Casa nocturna », plongée dans l'obscurité pour pouvoir observer les mammifères nocturnes et, dans les deux *herpetarios,* des serpents rares comme le boa du Chiapas. Cafét' sur place.

DANS LES ENVIRONS DE TUXTLA GUTIÉRREZ

CHIAPA DE CORZO ET LE CAÑÓN DEL SUMIDERO

Situé à une quinzaine de kilomètres de Tuxtla, sur la route de San Cristóbal, l'impressionnant cañón del Sumidero traverse les États du Chiapas et du Tabasco. Il a été creusé par le fleuve Grijalva qui se jette dans le golfe du Mexique. Le site se visite en *lancha,* une balade de 2h20 aller-retour sur le *río.*
L'embarcadère principal se trouve dans la jolie bourgade coloniale de ***Chiapa de Corzo,*** fondée en 1528 par Diego de Mazariegos, le conquistador du Chiapas. Sur le *zócalo* de cette petite ville de 45 000 habitants se dresse une fontaine du XVe s, *La Pila,* de style mudéjar, et un vieux *Ceiba,* surnommé la Pochota, un arbre déjà présent au XVIe s et protégé depuis 1993 par l'État du Chiapas. Possibilité également de grimper dans le campanile de l'église ***Santo Domingo,*** qui domine l'embarcadère, pour un point de vue sur la rivière et le village. Nombreux restos au niveau de l'embarcadère.
– ***Fiesta Grande :*** début janvier, Chiapa de Corzo vibre au rythme de cette fête organisée en l'honneur de trois saints, en particulier saint Sébastien. Dissimulés sous des masques de bois, armés de maracas, des groupes de danseurs, les Parachicos, s'y démènent en rythme, du matin à la tombée de la nuit. Des danses en forme d'offrande aux saints, inscrites par l'Unesco au Patrimoine immatériel de l'humanité.

➢ ***Comment y aller :*** prendre un combi pour *Chiapa de Corzo* (voir à Tuxtla « Arriver – Quitter »). Il vous laisse sur le *zócalo* ; de là, descendre vers les quais pour prendre une *lancha.* Ceux qui arrivent de ***San Cristóbal*** par un combi direction Tuxtla peuvent demander à descendre à l'embranchement pour Chiapa, d'où attraper un autre combi pour le bourg. Sinon, aller jusqu'au terminus à Tuxtla pour changer de monture. Il existe un autre embarcadère, *Cahuaré,* à 5 km avant l'entrée de Chiapa de Corzo, mais la balade est un peu plus chère et aussi plus courte. En arrivant en voiture de Tuxtla, ne vous trompez pas, il ne faut pas prendre la direction « Cañón del Sumidero », mais bien la direction du village *Chiapa de Corzo* pour rejoindre l'embarcadère.

– ***Excursion dans le cañón :*** *la balade en bateau dure 2h20 et coûte 200 $Me/pers. Les lanchas ne partent que quand elles sont pleines (12-20 pers), soit 20 mn-1h d'attente selon saison. 1er départ vers 7h (hte saison) ou 9h30 (basse saison), dernier départ vers 16h ou 17h. Nombreux restos au niveau de l'embarcadère. Prévoir de l'eau et une protection solaire (le soleil tape très fort et les barques ne sont pas abritées).* Navigation sur le río Grijalva, entre les parois d'un gigantesque défilé. Impressionnant spectacle ! La *lancha* va jusqu'au barrage, puis revient à son point de départ (64 km au total). Avant la construction de celui-ci, les eaux étaient tumultueuses, alors qu'aujourd'hui la profondeur du lac de retenue atteint 250 m par endroits. Au fil de l'eau, on observe, outre la végétation, une poignée de crocodiles endormis sur la rive, de nombreux oiseaux pêcheurs (hérons, martins-pêcheurs, pélicans...). Des grottes enfin : celle du Silence (aucun écho à l'intérieur), celle des Couleurs, puis le fameux « Sapin de Noël », paroi rocheuse érodée par une interminable chute d'eau et recouverte de mousse. Une merveille de la nature !

➢ Ceux qui sont en voiture et qui ne souhaitent pas faire la balade en bateau peuvent découvrir les gorges depuis les « Miradores » du ***parque Cañón del Sumidero,*** situé au nord de Tuxtla. Il s'agit d'une route panoramique en lacet

LE CHIAPAS

distribuant, sur 18 km, cinq points de vue sur le défilé, le plus spectaculaire étant le dernier, dominant un coude du fleuve. Peut aussi se faire à VTT, par les chemins forestiers (bon courage !). *Accès par le périphérique nord direction Mexico, puis à droite (fléché). Tlj sf mar 8h-17h. Entrée : 31 $Me/pers.*

Où dormir à Chiapa de Corzo ?

Hotel de Santiago : *av. Vicente López (la rue qui part en face de l'élise, quand on descend vers l'embarcadère). ☎ (961) 112-10-75. Double env 500 $Me, sans petit déj.* Pour ceux qui voudraient éviter de dormir à Tuxtla. Bâtisse vaguement coloniale, distribuant de grandes chambres immaculées, simples et propres, avec clim et salle d'eau.

COMITÁN

105 000 hab. IND. TÉL. : 963

• Plan *p. 367*

À moins de 2h de route de San Cristóbal, Comitán de Domínguez constitue une agréable étape sur la route du Guatemala. Son atmosphère tranquille et populaire, son centre historique aux rues pentues grossièrement pavées, ses maisons basses et colorées aux toits de tuiles, son large *zócalo* aux accents coloniaux, cerné de belles arcades aux piliers de bois, sont autant d'attraits en sa faveur. La clémence de ses températures (à 1 600 m d'altitude, il y fait moins froid qu'à San Cristóbal) et la proximité des lagunes de Montebello et des cascades de Chiflón sont des atouts supplémentaires.

Arriver – Quitter

En bus

Voir la liste des principales compagnies et leurs coordonnées dans la rubrique « Transports » du chapitre « Mexique utile ».

Combis pour San Cristóbal, Tuxtla Gutiérrez et Cuauhtémoc *(frontière guatémaltèque ; hors plan par A1,* **4***)* **:** plusieurs compagnies partent côte à côte sur le bd Belisario Domínguez, au croisement avec la calle 1ra Poniente Sur, à 400 m du centre. Pour San Cristóbal (env 1h40 de trajet) et Tuxtla, départ ttes les 30 mn env 5h-18h. Pour Cuauthémoc, départs très fréquents quasi 24h/24 (env 2h de trajet pour 75 km).

Terminal 1re classe Cristóbal Colón (hors plan par A2, **1**) **:** *bd Belisario Domínguez 43. ☎ 632-09-80. Depuis et pour le centre, prendre la calle 4 Sur Poniente.* Compagnies *OCC* et *ADO*. Comme partout, on peut aussi réserver son billet sur *• miescape.mx •*

➢ **San Cristóbal :** avec *OCC*, env 15 bus/j. ttes les heures env 4h-minuit. Trajet : 1h45. Poursuivent jusqu'à **Tuxtla Gutiérrez** (trajet : 3h).

➢ **Mexico (via Puebla) :** 2 départs à 18h30 et 20h30 avec *OCC*. Trajet : 16h.

➢ **Cuauhtémoc (frontière Guatemala) :** 3 bus/j. à 13h40, 17h45 et 19h40. Trajet : 2h.

➢ **Palenque, Ocosingo, Escárcega, Chetumal, Playa del Carmen, Cancún :** avec *OCC*, départ à 14h15. Trajet : 10h jusqu'à Palenque, 24h jusqu'à Cancún. Pour **Palenque,** plus de fréquences depuis San Cristóbal.

Linea Comitán-lagos de Montebello (plan A2, **2**) **:** *av. 2 Poniente Sur 23 (appelée aussi Victor Aranda). ☎ 632-08-75.*

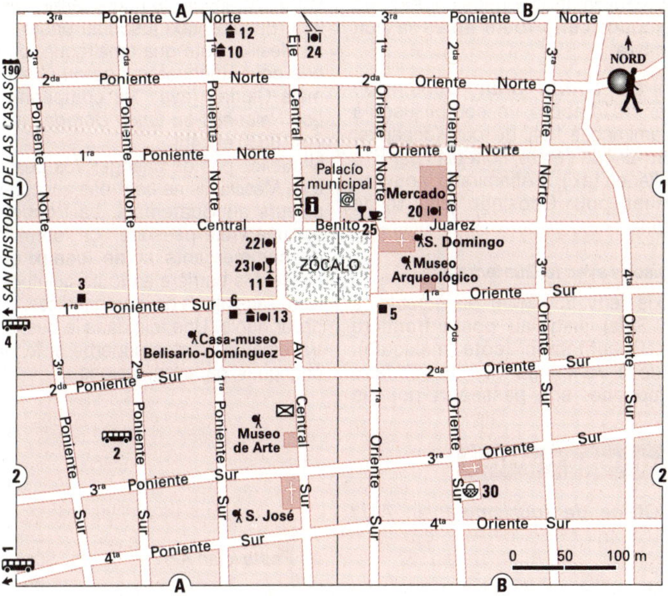

COMITÁN

Adresses utiles

- Office de tourisme
- 1 Terminal 1re classe Cristóbal Colón
- 2 Linea Comitán-lagos de Montebello
- 3 Consulat du Guatemala
- 4 Combis pour San Cristóbal, Tuxtla Gutiérrez, Cuauhtémoc et El Chiflón
- 5 Bancomer
- 6 Banco Azteca

Où dormir ?

- 10 Hotel Las Flores Posada
- 11 Hotel Delfín
- 12 Posada El Castellano
- 13 Hotel Casa Delina

Où manger ?

- 13 Ta'Bonitío
- 20 Mercado
- 22 Acuarío
- 23 La Techumbre
- 24 Due Torri

Où faire une pause sucrée ? Où boire un verre ?

- 23 Pub City
- 25 500 Noches

Achats

- 30 Plaza de las Artesanías

➢ ***Lagunas de Montebello :*** départs ttes les 30 mn env 3h-18h. Trajet : 1h15. Possibilité également d'affréter un minibus à la journée (se grouper) pour explorer la région des lacs. Lire aussi plus loin « Dans les environs de Comitán. Lagunas de Montebello ».

➢ ***Palenque (via Yaxchilán et Bonampak) :*** les minibus empruntent la *carretera Fronteriza,* la route qui longe la frontière guatémaltèque, en traversant la jungle lacandonne. Arrêt possible aux sites de *Yaxchilán* (descendre à *Frontera Corozal*) et *Bonampak* (descendre au *Crucero San Javier*). Départs ttes les heures 2h30-10h. Trajet très long : env 8h pour Bonampak, 12h pour Palenque, avec changement à Frontera Corozal.

En voiture individuelle, évitez de parcourir cette route après la nuit tombée.

En combi pour Ocosingo : prendre d'abord un combi jusqu'à Altamirano, à 1h40 de route (départ au nord-est du centre, *hors plan par B1* ; y aller en taxi). À Altamirano, nouveau combi, pour Ocosingo (env 1h de trajet).

Liaisons avec le Guatemala

Taxis (env 350 $Me) ou *colectivos* (50 $Me) jusqu'au poste frontière de Cuauhtémoc (côté mexicain), situé à 75 km de Comitán. Y faire tamponner son passeport pour la sortie. Attention, le poste ferme vers 21h. Ensuite, taxi jusqu'au poste de La Mesilla, côté guatémaltèque, puis bus pour Huehuetenango ou Guatemala Ciudad (avec les compagnies *Los Halcones* ou *Linea Dorada,* vers 7h, 10h30 et 14h).
N'oubliez pas de changer vos pesos à La Mesilla, ils ne sont pas acceptés ailleurs au Guatemala. La frontière est une vraie passoire : ça fourmille de commerçants et de locaux qui passent la barrière en toute quiétude, leurs sacs pleins de marchandises. Un bazar rigolo. Une fois dans le bus, on traverse une région superbe et fertile (mangues, papayes, melons...).

Adresses utiles

Office de tourisme *(plan A1)* **:** *av. Central Norte, derrière le palacio municipal, à 30 m du zócalo. ☎ 632-40-47. • turismocomitan.com • Tlj 8h-20h.* Peu de moyens, mais bon accueil.
Banques, change : *distributeurs de billets autour du zócalo, notamment à la* ***Bancomer*** *(angle des calle et av. 1ra Oriente Sur ; plan B1,* ***5****).* Change (euros et dollars) à la **Banco Azteca** *(plan A1,* ***6****)* : *calle 1ra Poniente Sur 8, au fond d'un magasin d'électroménager ! Tlj 9h-21h.*
Poste *(plan A2)* **:** *av. Central Sur 45 ; entre calle 2 et 3 Sur. Lun-ven 8h30-16h30, sam 8h-12h.*
@ **_Internet et téléphone_** *(plan A-B1)* **:** *plusieurs adresses autour du zócalo. En général ouv tlj 9h-20h.*
Consulat du Guatemala *(plan A1,* ***3****)* **:** *1ra Sur Poniente 35. 110-68-16. Lun-ven 9h-13h, 14h-17h.* Doc touristique. Bon accueil.

Où dormir ?

Bon marché (moins de 400 $Me / env 20 €)

Hotel Las Flores Posada *(plan A1,* ***10****)* **:** *av. 1 Poniente Norte 17. ☎ 632-33-34. Doubles sans ou avec sdb 250-400 $Me ; triples et quadruples également. Pas de petit déj. Parking.* Mignon petit hôtel coloré, répartissant ses chambres aux jolies portes de bois autour d'un patio aux colonnes bleues, avec une petite fontaine au milieu. Piaules simples mais bien tenues, avec une petite table et sa chaise et, au choix, 2 lits individuels ou 1 lit *matrimonial.* Une bonne adresse économique. Pour le petit déj, *comedor* populaire juste à côté.

Prix moyens (400-800 $Me / env 20-40 €)

Posada El Castellano *(plan A1,* ***12****)* **:** *à 4 blocs du zócalo, calle 3 Norte Poniente 12 ; entre l'av. Central et l'av. 1 Poniente Norte. ☎ 632-33-47. Double 550 $Me, petit déj en sus. Parking.* Agréable petit hôtel dans l'esprit rustique colonial. Enfilade de 2 jolis patios avec colonnades en bois et jardin intérieur. Petites chambres sur 2 niveaux, assez confortables, avec ventilo. Resto. Accueil moyen.
Hotel Delfín *(plan A1,* ***11****)* **:** *sur le zócalo. ☎ 632-00-13. • hoteldelfincomitan@hotmail.com • Double env 550 $Me, sans petit déj.*

Parking. Chambres propres et spacieuses bien que plus toutes fraîches, donnant sur un jardinet. Très central mais un peu bruyant, proximité du *zócalo* oblige. Bien pour une courte étape.

Chic (800-1 200 $Me / env 40-60 €)

Hotel Casa Delina *(plan A1, **13**) : 1ra calle Poniente Sur 6. ☎ 101-47-93. • hotelcasadelina.com • Double 1 200 $Me, petit déj en sus. Parking.* À deux pas du *zócalo,* un hôtel contemporain incongru, logé dans une ancienne bâtisse coloniale au toit de tuiles. Un mélange des genres réussi, avec de vastes chambres au sol en béton ciré et touches de déco *arty,* encadrant un magnifique patio jardin bordé de vénérables arcades de bois. Excellent confort (douche pluie, bonne literie). Sympathique petit resto dans le même esprit, le *Ta'Bonitío* (cf. « Où manger ? »).

Où manger ?

De bon marché à prix moyens (moins de 300 $Me / env 15 €)

Mercado *(plan B1, **20**) : calle Central Oriente, angle av. 2da Oriente Norte. Lun-sam 8h-16h30.* Ce petit marché, vraiment pittoresque avec ses étals débordant de fruits et ses échoppes de bondieuseries, offre quelques possibilités pour se sustenter à moindres frais : *quesadillas, tamales,* et même fleurs de courgette frites.

Acuarío *(plan A1, **22**) : sur le zócalo. Tlj 9h-23h. Bon marché.* Agréable terrasse sous les arcades et carte à prix doux longue comme les deux bras, incluant un large choix de petits déj. Simple et honnête. Évitez en revanche les tables à l'intérieur, la TV y fait sa loi ! Même terrasse, même téloche et même carte chez le voisin, **La Techumbre** *(plan A1, **23**)* avec, en prime, une sélection de grillades (prix moyens).

Ta'Bonitío *(plan A1, **13**) : 1ra calle Poniente Sur 6. Tlj 8h-23h. Prix moyens. Menu bon marché le midi.* Petit bistrot contemporain, convivial et coloré, bousculant les habitudes culinaires locales sans s'enflammer sur les tarifs. Courte carte changeante de plats maison s'appuyant sur des produits du coin (plantain, *camote* – une sorte de patate douce –, etc.) pour créer de nouvelles associations de goûts jouant volontiers sur le sucré salé. Un travail soigné, jusque dans la présentation. Cocktails inventifs pour se mettre en appétit. Sert aussi le petit déj.

Plus chic (jusqu'à 500 $Me / env 25 €)

Due Torri *(plan A1, **24**) : av. Central Norte 30 ; angle 3 Norte Poniente. ☎ 632-05-84. Tlj 14h-22h.* Un resto italo-mexicain qui mérite sa réputation de bonne table locale. Salle lambrissée, photos du carnaval de Venise. Carte avec son lot de pizzas et *pasta,* bien sûr, mais aussi vraies charcuteries italiennes en *antipasti* ainsi que viandes et poissons accommodés comme dans la péninsule. Chianti côté vins, grappa en digestif, sans oublier l'espresso bien serré de rigueur.

Où faire une pause sucrée ? Où boire un verre ?

500 Noches *(plan B1, **25**) : sur le zócalo, à côté du palacio municipal. Tlj 16h-2h.* Lumière tamisée, du bois, de la pierre, des citations de poètes sud-américains courant sur les murs vénérables, et un petit live chaque soir pour enrober le tout. Une atmosphère chic et intime, pour un café chaud ou frappé, un *churro* maison ou une pâtisserie voire, à mesure qu'avance les heures, un cocktail ou un verre de vin à accompagner de tapas. Quelques plats également, chers. Terrasse sur la place. Ambiance plus désinvolte au ***Pub City*** *(plan A1,* ***23****),* calé sous les arcades du *zócalo,* entre les restos *Acuarío* et *La Techumbre.* Et tant qu'à s'en jeter un, autant tester la tequila locale, le *comiteco.*

Achats

Plaza de las Artesanías *(plan B2,* ***30****)* **:** *2da av. Oriente Sur 42, à côté de l'église jésuite. Tlj jusqu'à 20h.* Pas mal de tissages et d'objets en bois, taillés ou peints, à prix doux.

À voir

Iglesia de Santo Domingo *(plan B1)* **:** *sur le zócalo.* Éclatante en jaune bouton d'or, elle se caractérise par ses quatre rangées d'arcades aveugles qui habillent le bas de sa tour. La partie conventuelle sur la droite abrite un centre culturel où l'on peut voir, dans le patio, une grande fresque retraçant l'histoire locale.

Museo arqueológico *(plan B1)* **:** *entrée par la calle 1 Oriente Sur. Mar-dim 9h-18h. GRATUIT. Panneaux en espagnol.* Quelques pièces archéologiques en provenance des hauts plateaux du Chiapas et des sites mayas de Chinkultic et de Tenam Puente. Voir notamment, ce n'est pas le plus ragoûtant, les crânes volontairement déformés dès la naissance, allongés ou élargis, avec le front aplati.

Casa-museo Belisario-Domínguez *(plan A1)* **:** *av. Central Sur 35. Lun-sam 10h-18h45, dim 9h-12h45. Entrée : 5 $Me.*
C'est la maison du grand héros de Comitán. Imaginez un peu ! À la fin du XIXe s, le jeune Belisario part faire ses études de médecine en France. De retour au pays, il sera le premier médecin de la ville, s'abstenant de faire payer les plus pauvres. Il devient sénateur du Chiapas et, dans un discours célèbre, critique les exactions du nouveau président Huerta. Pas content du tout, ce dernier le fait assassiner en 1913. Depuis, la ville s'appelle officiellement Comitán de Domínguez.
La visite est intéressante et amusante. On voit la pharmacie, les instruments de médecine et des tas d'invitations officielles et de diplômes, comme celui de la faculté de médecine de Paris (1889). La bibliothèque contient quelques beaux livres reliés de Voltaire et Montesquieu (en français, s'il vous plaît !).
Une *cuadra* plus bas, au nº 51 de l'avenida Central Sur, coup d'œil possible au ***museo de Arte,*** exposant des œuvres d'artistes contemporains mexicains. Quelques tableaux étonnants *(lun-ven 9h-18h, sam 10h-18h, dim 10h-13h ; 5 $Me).* À deux pas se dresse la surprenante façade néogothique de l'***église San José.***

DANS LES ENVIRONS DE COMITÁN

Tenam Puente **:** *à 12 km de Comitán par l'autoroute direction la frontière, puis fléché sur la droite. Combis depuis Comitán indiquant « Tenam Puente » (à prendre sur le bd Belisario Domínguez) ou taxi. Tlj 8h-17h. Entrée : 40 $Me.* Petit site paisible, très peu fréquenté. Habitée entre les IVe et XIIIe s, la cité de Tenam Puente, construite sur trois niveaux (pfou, c'est raide !), avec chacun un jeu de balle, marque une étape de transition entre la culture toltèque tardive et les Mayas. Belle vue sur la vallée du sommet de la grande pyramide, érigée sur le 2d niveau.

El Chiflón **:** *à 34 km de Comitán, par la route 226, direction Tuxtla Gutiérrez. Prendre le bus* Rápidos de la Angostura Comitán-Tuxtla, *sur le bd Belisario*

*Domínguez, près de 1ª calle Sur Poniente (hors plan par A1, **4**) ; ttes les 30 mn 7h-18h. Tlj 8h-17h30. Entrée : 40 $Me.* Très populaire auprès des locaux, ce centre écotouristique émerge entre les montagnes, au milieu de la jungle, dans une vallée de plantations de canne à sucre. Attraction naturelle majeure du lieu, une impressionnante chute de 120 m de haut, le ***Velo de novia*** *(voile de la mariée).* Diverses piscines naturelles couleur turquoise s'offrent à la baignade tout au long du chemin de plus de 1 km de montée menant à la partie la plus haute des cascades. Un mirador y voisine avec, pour les amateurs de sensations fortes, des tyroliennes qui franchissent la rivière. Un chemin moins aménagé conduit plus haut à la cascade ***Arcoiris*** (53 m de haut), après une demi-heure de grimpette supplémentaire.

Logement possible en jolies *cabañas* très confortables (prix moyens) et restaurant.

Lagunas de Montebello : *à 70 km à l'est de Comitán par la carretera Fronteriza (fléché). Accès : 30 $Me, à payer à la guérite d'entrée ou au 1er lac visité. Garder le ticket (valable 2 j.), il vous sera redemandé à l'entrée de chaque lac.*

Classées parc national, les lagunas de Montebello désignent une soixantaine de lacs de montagne aux teintes changeantes, disséminés dans les forêts de pins, de part et d'autre de la route longeant la frontière avec le Guatemala. Des aires ont été aménagées autour d'une dizaine d'entre eux, très fréquentés le week-end par les familles mexicaines qui viennent y grignoter des brochettes de poulet dans les nombreuses gargotes bordant les sites. À la belle saison, possibilité de faire des balades en barque ou en kayak sur certains lacs, mais baignade pas toujours possible. Une constante en revanche, les nombreuses sollicitations de pseudo-guides et autres vendeurs.

Au guichet d'entrée en arrivant de Comitán, le parc se divise en deux zones (fourche). À gauche s'enfonce sur 6 km une route sans issue desservant les ***Cinco Lagos,*** des lacs assez proches les uns des autres, dont le plus grand est le *Bosque Azul.* Au bout de cette branche, une grotte assez étonnante dans laquelle les Amérindiens pratiquent encore le culte de la fertilité (fleurs devant les stalagmites et papier rouge sur les stalactites).

À droite se poursuit la route principale, bordée de lacs très éloignés les uns des autres. D'abord la ***laguna Montebello,*** à 4 km de la bifurcation, comme enchâssée dans la forêt à 1 485 m d'altitude. De celle-ci, un joli sentier longeant des lacs permet de rejoindre en 1h30 le *Bosque Azul,* avec mirador offrant un superbe point de vue. Suit la ***laguna Pojoj*** (à 9 km ; baignade possible), la ***laguna Tziscao*** (à 9,5 km), au pied de laquelle se trouve le village du même nom, et enfin les ***Dos Lagunas,*** à 14 km.

Le coin peut constituer une excursion agréable pour qui dispose de son propre véhicule avec, en chemin, un crochet possible par la ***zona arqueológica de Chinkultic*** *(fléché sur la gauche un peu avt l'entrée du parc ; tlj 8h-17h ; 47 $Me).* Belles stèles et point de vue sur un *cenote.* On peut aussi rejoindre les *lagunas* en combi (lire plus haut « Arriver – Quitter » à Comitán) mais prévoir alors pas mal de marche vu les distances entre les lacs. Bien se faire préciser aussi sur laquelle des deux zones se rend le combi.

Possibilité de dormir dans des *cabañas* juchées au-dessus du Bosque Azul ou à Tziscao, le seul bled avec des restos ouverts le soir.

➢ De Tziscao, combi pour Palenque via Yaxchilán et Bonampak (7h de route).

LA RÉGION DE OAXACA ET LA CÔTE PACIFIQUE SUD

• Carte *p. 373*

LA RÉGION DE OAXACA

Oaxaca, capitale de l'État du même nom, mérite à elle seule une étape de plusieurs jours, afin d'apprécier le charme de son centre historique, ses demeures et églises coloniales ainsi que sa vie culturelle. C'est aussi l'occasion de goûter à diverses spécialités culinaires et de découvrir un riche artisanat local.
Dans les environs, la vallée de Oaxaca est le berceau de la civilisation préhispanique zapotèque ; l'une des plus anciennes et importantes du genre. On y répertorie près de 200 sites archéologiques, dont quelques-uns sont aussi inscrits au Patrimoine mondial de l'Unesco, comme celui de Monte Albán, gigantesque et magnifique. N'hésitez pas à consacrer plusieurs jours à la découverte de ce formidable patrimoine, en profitant de la douceur de vivre et du climat local. Et puis partez aussi à la découverte des sierras, des villages indiens des environs, sans oublier que vous êtes ici au pays du mezcal !

OAXACA

255 000 hab. IND. TÉL. : 951

• Plan général *p. 375* • Zoom *p. 377*

À 500 km au sud-est de Mexico, coup de cœur pour la capitale de l'État qui s'étire au creux d'une vallée verdoyante, perchée à plus de 1 500 m d'altitude

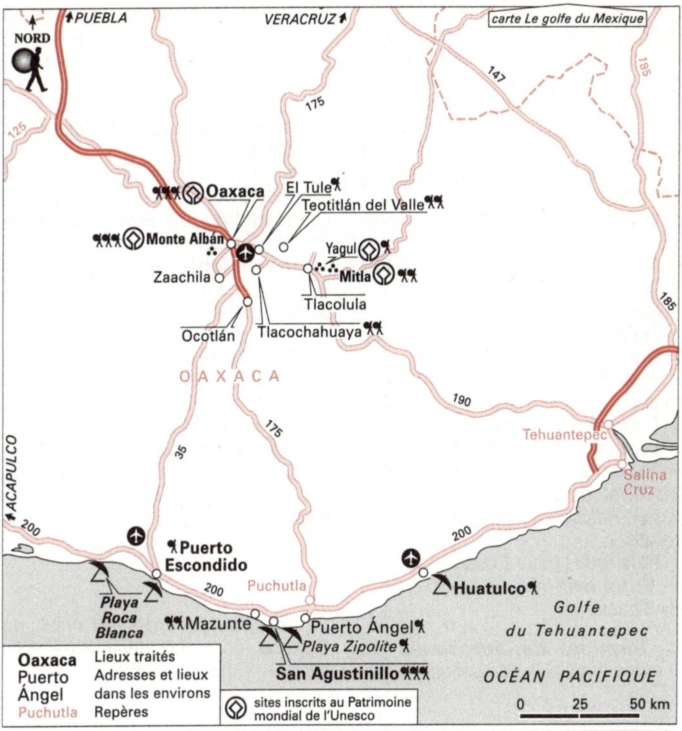

RÉGION DE OAXACA ET CÔTE PACIFIQUE SUD

et cernée de montagnes. Fondée en 1532, Oaxaca est une ville coloniale tranquille et pleine de charme, où il fait bon flâner dans ses coquettes rues piétonnes, bordées de maisons basses aux façades colorées. Un paysage urbain harmonieux où, derrière chaque porte, l'œil curieux entrevoit un patio fleuri, des arcades imposantes, un cloître paisible ou une fontaine sculptée. Le centre historique est d'ailleurs classé au Patrimoine mondial de l'Unesco.

Proche de ses racines indiennes, la ville demeure un haut lieu de la contestation politique et sociale depuis les années 1970. Régulièrement, activistes, syndicalistes, écologistes et autres révolutionnaires dans l'âme manifestent dans le centre historique.

Oaxaca a également donné au Mexique deux présidents de la République : l'Indien Benito Juárez, représentant des indigènes et protagoniste de la réforme (à sa mort en 1872, on a ajouté son nom à celui de la ville), puis le dictateur Porfirio Díaz (voir « Personnages » dans « Hommes, culture, environnement »).

Arriver – Quitter

En bus

Terminal de autobuses de 1ra clase (plan général B1, **4**) **:** calzada Heroes de Chapultepec 1036. ☎ 502-05-60. *Achat des billets ADO en ligne : ● ado.com.mx ● Au nord du centre historique ; compter 20 mn* *à pied jusqu'au zócalo ; sinon, bus urbains face au terminal.* Horaires et tarifs des liaisons affichés à côté du grand comptoir. Sur place : consigne à bagages 24h/24, distributeur de billets et bistrot.

➢ ***Mexico – Terminal Tapo*** *(6h)* **:** env 30 bus/j. Nombreux départs 22h-minuit.

➢ ***Mexico – DF Central del Norte*** *(6h)* **:** env 7 bus/j.

➢ ***Mexico – Terminal Ejecutiva Sur*** *(6h30)* **:** env 5 bus/j.

➢ ***Puebla*** *(4h30-5h)* **:** env 20 bus/j.

➢ ***Tehuantepec*** *(4h45)* **:** env 15 bus/j.

➢ ***Huatulco*** *(8h)* **:** env 5 bus/j.

➢ ***Puerto Escondido*** *(11h)* **:** env 4 bus/j.

➢ ***Cuernavaca*** *(8h)* **:** env 1 bus/j.

➢ ***Veracruz*** *(7h30)* **:** env 6 bus/j.

➢ ***Tuxtla Gutiérrez*** *(9-9h30)* ***et San Cristóbal de Las Casas*** *(10-11h)* **:** 4 bus/j. Résa à l'avance conseillée en hte saison.

➢ ***Palenque*** *(15h)* **:** 1 bus/j.

➢ ***Villahermosa*** *(12h30-13h)* **:** env 3 bus/j.

Terminal de autobuses de 2da clase *(hors plan général par A2,* ***5****)* **:** *Juárez Maza s/n ; face au mercado de Abastos. Compter 20 mn à pied jusqu'au zócalo.* C'est de ce terminal que partent notamment les bus pour les villages des environs. Horaires et tarifs auprès des guichets des différentes compagnies.

➢ ***Mitla*** *(1h)* **:** bus ttes les 10 mn avec *Fletes y Pasajes* et *Transportes Oaxaca-Istmo*, via **Tule, Tlacochahuaya** et **Tlacolula.**

➢ ***Tehuantepec*** *(6h)* **:** bus ttes les 30 mn avec *Fletes y Pasajes* et *Transportes Oaxaca-Istmo.*

➢ ***Pochutla*** *(7-8h)* **:** env 10 bus/j. *avec Transportes Oaxaca-Istmo* et *Blanesca* (ex-*Estrella del Valle* et ex-*Oaxaca Pacifico*). Plus rapides que les bus de 1re classe, car ils prennent la route de montagne (magnifiques paysages). Une fois arrivé à Pochutla, des *colectivos* vous mènent à ***San Agustinillo.***

En avion

✈ ***Aeropuerto international de Oaxaca*** *(hors plan général par A3)* **:** *carretera Oaxaca-Puerto Ángel, km 7,5.*

Adresses utiles

- 1 Office de tourisme Sedetur
- 4 Terminal de autobuses de 1ra clase
- 5 Terminal de autobuses de 2da clase
- 9 Tierraventura Turismo
- 13 Bicibella Oaxaca
- 15 Minibus pour Monte Albán

Où dormir ?

- 30 Hostel Hierba de Conejo
- 32 Hostel Oaxaca Magica
- 34 Hotel Casa de la Tía Tere
- 39 Hostel Don Nino
- 40 Hotel Posada Don Matias
- 44 Hotel Trebol
- 47 Hotel Camba
- 54 Hotel Parador Monte Carmelo
- 55 Hotel Casa Conzatti
- 57 Hotel Aurora
- 58 Hotel Las Mariposas

Où manger ? Où prendre un petit déj ?

- 70 Mercado 20 de Noviembre
- 74 La Cosecha
- 75 Los Adobes Oaxaqueños
- 76 Cafe Bar 1886
- 77 La Biznaga
- 78 La Jícara
- 80 Las Quince Letras
- 82 Zandunga
- 83 El Escapulario
- 85 Casa del Tío Güero

Où faire une pause sucrée ?

- 103 La Soledad
- 104 Chocolate Mayordomo
- 105 Manolo Nieves

Où boire un verre ? Où sortir ?

- 77 La Biznaga
- 78 La Jícara
- 114 La Casa del Mezcal

Achats, artisanat

- 74 La Cosecha
- 135 Instituto Oaxaqueño de las Artesanías
- 138 La Contra Oaxaca

Culture et loisirs

- 141 Teatro Juárez
- 142 Casa de la cultura oaxaqueña

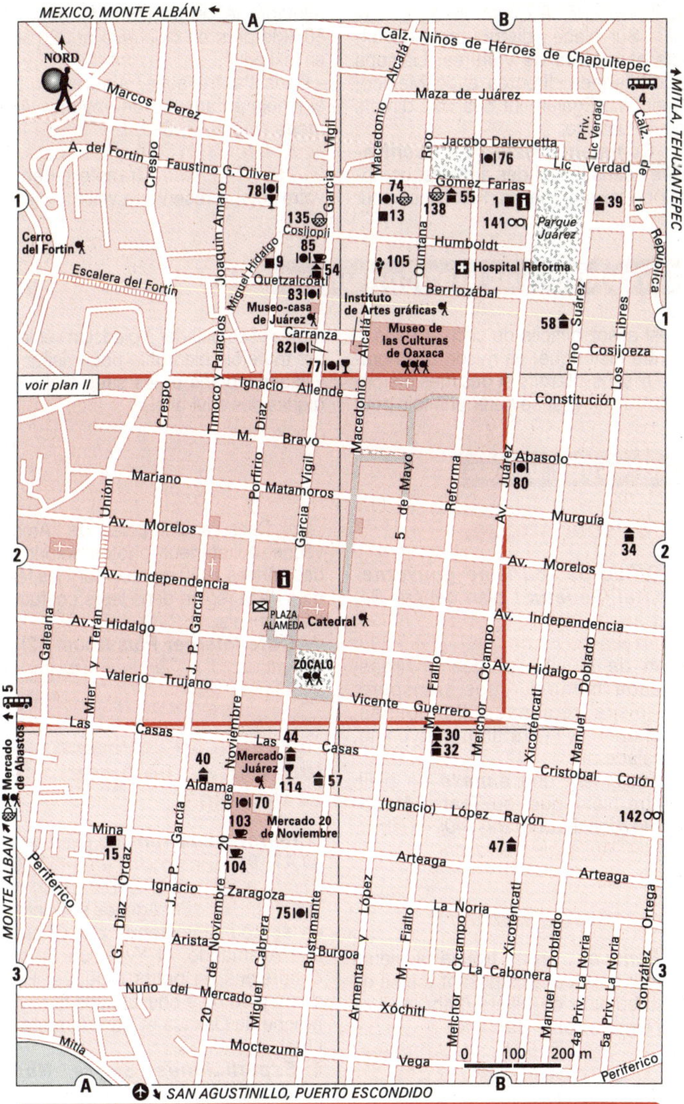

OAXACA (Plan général)

☎ *511-50-88. À 7,5 km au sud de la ville.* Sur place : distributeurs de billets et loueurs de voitures. Liaisons quotidiennes directes avec Mexico, Cancún... Également des vols directs pour Huatulco.
➢ ***Comment rejoindre le centre-ville :*** dans le hall des arrivées, comptoir de taxis prépayés. Prix fixes : pour rejoindre le centre (zone 1), compter 80 $Me/pers en *colectivo* et 320 $Me en taxi privé.
– Dans l'autre sens, s'adresser par exemple à l'agence de voyages ***Alameda*** *(zoom A2,* ***6****)* : *pl. Alameda 1 G.* ☎ *514-10-71. À côté de la poste. Tlj 9h-19h (14h dim).* Transfert depuis votre hôtel, à réserver la veille.

Circulation et stationnement

Il est assez difficile de circuler dans le centre historique, en raison des nombreux sens interdits et des rues piétonnes : mieux vaut se garer une fois pour toutes et se balader à pied. Un véhicule est toutefois bien utile pour visiter les villages indiens et les sites archéologiques des environs.

Adresses utiles

Infos touristiques

🅸 ***Office de tourisme gouvernemental (Sedetur*** *; plan général B1,* ***1****)* **:** *av. Juárez 703.* ☎ *502-12-00.* • *oaxaca-travel.com* • *Tlj 9h-20h.* Plan de la ville et des environs, agenda culturel, infos transports et loisirs régionaux (randonnée, équitation, VTT, rafting, canyoning, escalade...).
🅸 Également une ***annexe*** en plein centre historique, au ***Teatro Macedonio Alcalá*** *(zoom B2,* ***140****), Independencia 900 (angle d'Armenta y López) ; tlj 8h-20h.*

Argent et change

■ ***Banques :*** on en trouve plusieurs autour du *zócalo,* disposant toutes de distributeurs de billets (24h/24). Les principales sont : ***Banamex*** *(zoom B2,* ***7****), av. Hidalgo 821 ; et* ***Bancomer*** *(zoom A2,* ***8****), García Vigil 120. Tlj sf dim 9h-16h (13h sam).*
■ ***Change :*** aux alentours du *zócalo (zoom A2),* quelques bureaux de change ouverts tard et le week-end.

Poste et Internet

✉ ***Poste*** *(plan général A2 et zoom A2)* **:** *pl. Alameda (angle av. Independencia). Lun-sam 8h-19h (15h sam).* Dans l'ancien palais de l'Archevêché. À l'intérieur, photos colorisées des années 1950 représentant les femmes de la région dans leurs costumes traditionnels.
@ ***C@fé Internet Plus*** *(zoom A2)* **:** *à l'angle des J. P. García et Trujano. Tlj 9h-21h.*

Agences de voyages, location de voitures et de vélos

■ ***Tierraventura Turismo*** *(plan général A1,* ***9****)* **:** *Porfirio Díaz 719.* ☎ *501-21-96.* • *tierraventura.com* • *Lun-ven 10h-14h, 16h-18h.* Agence spécialisée en écotourisme, tenue par Claudia, une Allemande, et Yves, un Suisse. Excursions en petits groupes. Randos à pied ou à cheval dans la région proche de Oaxaca et dans le reste de l'État.
■ ***Expediciones Sierra Norte*** *(zoom A2,* ***10****)* **:** *M. Bravo 210.* ☎ *514-82-71.* • *sierranorte.org.mx* • *Lun-ven 9h30-19h (14h sam).* Agence sérieuse pratiquant un tourisme écologique et alternatif. Excursions, service de guides abordable, résa d'hébergements dans les villages indiens de la région de Oaxaca. Rando, VTT, camping (location de tentes), équitation.

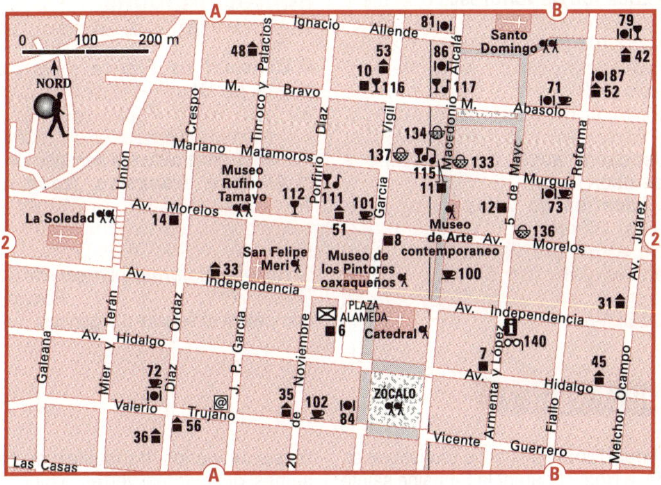

OAXACA (Zoom)

■ **Adresses utiles**

- 140 Annexe office de tourisme
- 6 Agence de voyages Alameda (*colectivos* pour l'aéroport)
- 7 Banamex
- 8 Bancomer
- 10 Expediciones Sierra Norte
- 11 Europcar
- 12 Only Rent a Car
- 14 Alliance française

Où dormir ?

- 31 Hostal Luz de Luna Nuyoo
- 33 Hotel Posada del Centro
- 35 Hotel Casona Oaxaca
- 36 Hotel Lupita
- 42 Hotel Maela
- 45 Hotel Dainzu
- 48 Hotel Las Golondrinas
- 51 Hotel Casantica
- 52 Casa de Las Bungambilias B & B
- 53 Casa Oaxaca
- 56 Paulina Youth Hostel

Où manger ?
Où prendre un petit déj ?

- 71 Pan : am
- 72 Café Alex
- 73 Jaguar Yuú Café
- 79 El Olivo Gastrobar
- 81 Nostrana
- 84 El Asador Vasco et Café Del Jardín
- 86 Los Danzantes
- 87 La Olla

Où faire une pause sucrée ?

- 100 La Brújula
- 101 Panificadora Bamby
- 102 Pastelería Tartamiel

Où boire un verre ?
Où sortir ?

- 79 El Olivo Gastrobar
- 111 La Nueva Babel
- 112 Mezcalería In Situ
- 115 La Tentación
- 116 Café Nuevo Mundo
- 117 Desestresse

Achats, artisanat

- 133 Huizache
- 134 Voces de Copal
- 136 Mujeres Artesanas de las Regiones de Oaxaca (MARO)
- 137 Casa de las Artesanías de Oaxaca

Culture et loisirs

- 140 Teatro Macedonio Alcalá

■ ***Location de voitures :*** *notamment chez* ***Europcar*** *(zoom B2,* ***11****), Matamoros 101 B. ☎ 01-800-201-20-84. • europcar.com.mx • Également chez* ***Only Rent a Car*** *(zoom B2,* ***12****), 5 de Mayo 215. ☎ 514-02-55. • onlyrentacar.com • Tlj 8h-20h.* Disposent aussi de comptoirs à l'aéroport.

■ ***Location de vélos :*** *chez* ***Bicibella Oaxaca*** *(plan général B1,* ***13****), Alcalá 802. 📱 109-97-27. Lun-sam 8h-21h, dim 9h-15h. VTT de bonne qualité (env 50 $Me/4h et 100 $Me/j.).*

Représentations diplomatiques, urgences

■ ***Consulat de France*** *(hors plan général par B1) : 3ª Privada de J. López Alavez 5. San Felipe del Agua. • ambafrance-mx.org/oaxaca •* Liste des médecins généralistes et par spécialités.

■ ***Alliance française*** *(zoom A2,* ***14****) : av. Morelos 306. ☎ 516-39-34. • alianzafrancesa.org.mx • Lun-ven 9h-13h30, 16h30-20h (19h ven).*

✚ ***Hospital Reforma*** *(plan général B1) : Reforma 613. ☎ 516-09-89.* Personnel compétent et service d'urgences.

Où dormir ?

– ***Important :*** l'affluence touristique en été, à Noël et durant la Semaine sainte fait grimper les prix. Pensez à réserver, ou arriver plutôt en fin de matinée, car il est rare de trouver une chambre libre après 16h... En dehors de ces dates, prix nettement plus intéressants et souvent négociables.

Bon marché (moins de 400 $Me / env 20 €)

🏠 ***Hostel Hierba de Conejo*** *(plan général B3,* ***30****) : Fiallo 305. ☎ 514-35-57. • hierbadeconejohostel@gmail.com • Compter 160 $Me/pers ; double avec sdb privée env 360 $Me.* 💻 📶 Sur 2 niveaux, autour d'un gentil patio paisible semé de quelques tables et chaises pour buller. Une quinzaine de chambres basiques, équipées de 4 lits superposés, caissons à bagage et ventilo. Sanitaires communs impeccables. Quelques doubles privatives et divers services : loc de vélos, consigne à bagages, transferts vers l'aéroport ou la côte Pacifique. Un bon rapport qualité-prix tout près du *zocálo*.

🏠 ***Hostal Luz de Luna Nuyoo*** *(zoom B2,* ***31****) : av. Juárez 101. ☎ 516-95-76. • luzdelunahostel.com • Lit en dortoir env 150 $Me ; double 435 $Me, petit déj inclus. Réduc avec la carte HI. CB refusées.* 💻 📶 Dans cette charmante maison coloniale dotée de plusieurs patios tranquilles et parsemés de plantes vertes, voici des chambres et des dortoirs simples, mais très propres. Avec ou sans sanitaires privés. Cuisine collective, excursions écotouristiques et mur d'escalade, entre autres services et activités proposés.

🏠 ***Hostel Oaxaca Magica*** *(plan général B3,* ***32****) : Fiallo 309. ☎ 516-60-69. Compter 140 $Me/pers ; double env 320 $Me.* 📶 . Juste à côté de l'auberge Hierba de Conejo, dans un registre beaucoup plus coloré. Fresques colorées et divers objets d'artisanat local dans les espaces communs, créant une ambiance très relax. Un dortoir de 6 lits et 4 chambres privatives (lit matrimonial ou 2 lits simples), assez basiques mais propres. Celles sur le toit, tout en bois, sont à éviter toutefois en cas de grosse chaleur... L'ensemble est un peu fait de bric et de broc mais l'accueil est très sympa et les prix restent modestes.

🏠 ***Paulina Youth Hostel*** *(zoom A2,* ***56****) : Trujano 321 (angle Díaz Ordaz). ☎ 516-20-05. • paulinahostel@hotmail.com • Dortoir env 190 $Me/pers ; double 450 $Me. Petit déj-buffet inclus. Réduc avec la carte HI.* 💻 📶 Spacieuse et proprette, une auberge de jeunesse au calme, aménagée autour d'un bout de jardin où glougloute une fontaine. Dortoirs et chambres privatives tous avec sanitaires communs. Toit-terrasse pour musarder. Accueil gentil et divers services sur place (laverie, consigne, infos touristiques). Un bon choix dans cette catégorie, même si les prix sont un peu surestimés.

Hotel Lupita *(zoom A2, **36**) : Díaz Ordaz 314. ☎ 516-57-33. • hotel.lupita.oaxaca@hotmail.com • À partir de 180 $Me/pers ; doubles env 210-240 sans sdb, 390 $Me avec sanitaires privés.* Hôtel fonctionnel et très propre. Chambrettes colorées assez simples, dotées d'un lavabo, et d'autres plus chères avec TV et salle de bains. Un bon rapport qualité-prix.

Prix moyens (400-800 $Me / env 20-40 €)

Hotel Posada Don Matias *(plan général A3, **40**) : Aldama 316. ☎ 501-00-84. • donmatias.net • Double à partir de 400 $Me, 680 $Me avec 2 grands lits.* Coup de cœur pour cette adresse au calme et fort bien située, à deux pas du marché Juárez. Une *posada* qui dispose de chambres impeccables et joliment décorées avec quelques objets traditionnels ; toutes avec salle de bains, ventilo et TV. Jolie courette colorée, débordante de plantes vertes. Atmosphère sereine et très agréable. Un excellent rapport qualité-prix.

Hotel Posada del Centro *(zoom A2, **33**) : av. Independencia 403. ☎ 516-18-74. • hotelposadadelcentro.com •* À un saut de puce de la cathédrale, on aime bien cette *posada* colorée, organisée autour de 2 patios fleuris avec fontaine. Une quinzaine de chambres assez simples, mais bien tenues ; toutes avec ventilo et TV. Salle de bains pour les plus chères. Accueil très aimable.

Hostel Don Nino *(plan général B1, **39**) : Pino Suárez 804. ☎ 518-59-85. • hosteldonnino.com • Dortoirs (4-10 lits) 170-200 $Me ; doubles env 700-800 $Me. Petit déj inclus.* Face au *parque Juárez*, à 10 mn à pied de la cathédrale. Une dizaine de chambres simples et propres, desservies par un dédale de couloirs et de patios verdoyants. C'est surtout pour les dortoirs que l'on vous recommande cette adresse. L'ensemble est assez rustique, mais propre et bien tenu.

Hotel Maela *(zoom B2, **42**) : Constitución 206. ☎ 516-60-22. • hotelesdeoaxaca.com/hotelMaela.html • Double env 630 $Me, 780 $Me avec 2 grands lits. Parking. CB refusées.* Dans un quartier très agréable, à 5 mn à pied du *zócalo* et juste derrière le couvent Santo Domingo. Une vingtaine de chambres soignées, avec salle de bains, ventilo et TV. Atmosphère fraîche et agréable, quelques touches de déco colorée. Resto attenant. Un bon rapport qualité-prix.

Hotel Dainzu *(zoom B2, **45**) : av. Hidalgo 1013. ☎ 516-18-21. • hotelesdeoaxaca.com/hoteldainzu.html • Doubles env 700-800 $Me selon saison.* En plein centre, gentil petit hôtel d'une vingtaine de chambres propres, dotées de salle de bains, ventilo et TV. Elles sont dispatchées sur 2 niveaux, autour d'un petit patio fleuri. Une adresse simple et agréable.

Hotel Camba *(plan général B3, **47**) : Xicoténcatl 504. ☎ 514-11-44. • hotelcamba.com • Double env 550 $Me, petit déj inclus. Parking à proximité.* Un peu excentré, petit hôtel d'une douzaine de chambres confortables (salle de bains, ventilo, TV...), propres et soignées. Le tout situé au fond d'une cour calme, assez lumineuse, et agrémentée de plantes vertes. Un bon rapport qualité-prix.

Hotel Aurora *(plan général A3, **57**) : Bustamante 212. ☎ 516-41-45. • hotelauroraoaxaca.com • Double env 650 $Me ; réduc en payant cash. Parking.* À proximité du *zócalo*, cet hôtel à la façade ancienne cache un intérieur moderne, fonctionnel et impeccable. Réparties dans 2 bâtiments, une trentaine de chambres carrelées, avec salle de bains, ventilo et TV. L'ensemble est un peu tristounet, mais compensé par un accueil sympathique.

De chic à plus chic (800-1 600 $Me / env 40-80 €)

Hotel Las Mariposas *(plan général B1, **58**) : Pino Suárez 517. ☎ 515-58-54. • lasmariposas.com.mx • Double env 800 $Me, petit déj inclus.* Des papillons – thème cher à la proprio, charmante – ornent les murs de ce petit hôtel aux allures de *B & B*. Chambres proprettes et aménagées avec goût ; toutes avec salle de bains, réparties autour de plusieurs patios fleuris. Eau chaude et électricité solaires, dans un esprit éco-responsable. L'ensemble dégage une atmosphère fraîche et très agréable.. Également des studios avec cuisine pour ceux qui veulent prolonger le séjour. Une excellente adresse dans cette catégorie.

Hotel Trebol *(plan général A3, **44**) : Flores Magón 201. ☎ 516-12-56. • hoteltrebol.com.mx • Face au marché Benito Juárez. Doubles env 750-880 $Me.* Autour d'un agréable patio à arcades, une quarantaine de chambres propres et spacieuses, à la jolie déco colorée. Tout confort : salle de bains, ventilo, TV, et AC pour les plus chères. On apprécie le charme et la tranquilité des lieux, ainsi que l'accueil à l'unisson. Bref, un havre de paix en pleine zone populaire animée, d'un très bon rapport qualité-prix.

Hotel Las Golondrinas *(zoom A2, **48**) : Tinoco y Palacios 411. ☎ 514-32-98. • lasgolondrinasoaxaca.com • Doubles env 800-900 $Me selon confort.* Bien isolée de la rue, une enfilade de patios-jardins luxuriants avec fontaines et fauteuils pour musarder. Tout autour, de jolies chambres nickel, avec salle de bains et ventilo. On prend le petit déj au milieu des fleurs et des chants d'oiseaux. Coin bibliothèque et cafétéria, divers services. Bref, un formidable havre de simplicité et de charme tranquille.

Hotel Casa de la Tía Tere *(plan général B2, **34**) : Murguía 612. ☎ 501-18-45. • casadelatiatere.com • Doubles env 1 200-1 600 $Me, petit déj inclus. Parking.* Coup de cœur pour cette coquette bâtisse en plein centre historique. Jolie façade colorée et un vaste patio à colonnades où se répartissent la vingtaine de chambres. Spacieuses et tout confort, avec lit queen ou king size, salle de bains, ventilo et TV, clim pour les plus chères. Ameublement sobre et de bon goût. Également des bungalows individuels pour les séjours prolongés ou les familles. Coin bibliothèque et jolie terrasse sur le toit. Le must, c'est la belle piscine extérieure, idéale pour se rafraîchir ou buller au soleil. Bon petit déjeuner complet avec fruits frais, céréales, etc. Accueil charmant. Une très bonne adresse.

Hotel Parador Monte Carmelo *(plan général A1, **54**) : García Vigil 705. ☎ 501-05-14/15. • hotelparadormontecarmelo.com • Double à partir de 1 080 $Me, suite env 1 250 $Me.* À 5 mn à pied du fameux *Museo de las Culturas de Oaxaca*, charmante maison historique pourvue d'un patio bien frais. Au choix, une bonne vingtaine de chambres nickel et agréablement aménagées, toutes pourvues de salle de bains, ventilo et TV. L'ensemble est calme et confortable. Terrasse sur le toit.

Hotel Casona Oaxaca *(zoom A2, **35**) : Trujano 206. ☎ 516-48-11. • lacasonaoaxaca.com • Double à partir de 850 $Me en basse saison, env 1 400 $Me en hte saison.* Tout proche du zócalo, un bâtiment historique entièrement rénové dans un style sobre et assez chic. Murs dans les tons ocres, petite fontaine japonisante dans le patio et une atmosphère très sereine. On apprécie les grandes chambres (lit queen ou king size), tout confort et au calme (double vitrage sur la rue). Seul bémol : les salles de bains, certes modernes et bien équipées, mais petites. Bon petit déj-buffet (inclus), accueil pro et serviable. Cela reste une bonne option dans cette catégorie.

Hotel Casa Conzatti *(plan général B1, **55**) : Gómez Farias 218. ☎ 513-85-00. • casaconzatti.com.mx • Double à partir de 1 350 $Me en basse saison.* Sur une paisible place verdoyante, un bel hôtel à l'architecture coloniale. Une quarantaine de chambres spacieuses et tout confort, d'excellent standing (salle de bains, AC, TV...). Déco chaleureuse, colorée et de bon goût. Évitez toutefois les chambres donnant sur le bar, moins tranquilles. Petit déj servi dans le charmant patio central. Resto sur place.

Très chic (plus de 1 600 $Me / env 80 €)

Casa de Las Bugambilias B & B *(zoom B2, **52**)* **:** *Reforma 402. ☎ 516-11-65. • lasbugambilias.com • Doubles env 80-125 US$; réduc en payant cash (dollars ou pesos). Petit déj inclus.* Maison moderne en retrait de la rue, avec patio fleuri, frais et sympa. On est sous le charme de cette dizaine de chambres ultra confortables, aménagées avec goût et couleurs, dans un esprit assez contemporain. Accueil chaleureux. Une excellente adresse qui s'adresse aux routards en fond ! Juste à côté, le resto ***La Olla*** jouit aussi d'une très bonne réputation... méritée.

Hotel Casantica *(zoom A2, **51**)* **:** *av. Morelos 601. ☎ 516-26-73. • hotelcasantica.com • Doubles env 1 900-2 500 $Me en hte saison, petit déj inclus. Parking.* À deux enjambées du *zocálo,* on est séduit par cet hôtel d'une cinquantaine de chambres confortables, aménagées avec soin. Elles entourent plusieurs patios colorés et parsemés de plantes vertes. Petite piscine et agréable cafétéria sur place. Prix toutefois un peu surestimés.

Ultra-chic (plus de 3 000 $Me / env 150 €)

Casa Oaxaca *(zoom A2, **53**)* **:** *García Vigil 407. ☎ 514-41-73. • casaoaxaca.com.mx • Petit déj inclus. Résa conseillée.* Cette vielle maison de caractère abrite une petite dizaine de chambres spacieuses, confortables et décorées avec beaucoup de goût ; le tout autour du patio où il fait bon se reposer sur des chaises longues. Petite piscine et sauna dans un second patio à l'arrière. Une belle adresse de charme pour ceux qui ont un budget très confortable.

Où manger ? Où prendre un petit déj ?

Bon marché (moins de 150 $Me / env 7,50 €)

Pan : am *(zoom B2, **71**)* **:** *Abasolo 809. ☎ 515-78-58. Tlj sf lun 8h-16h (déj à partir de 13h). Compter 150 $Me max/pers.* Chouette petite adresse qui fait aussi *panadería* (délicieux pains variés aux céréales, baguette, croissants et viennoiseries). Patio coloré dans les tons turquoise et jaune, quelques tables à l'ombre d'un frangipanier ou sous les arcades. Carte fraîche et variée pour le petit déj : œufs, *quesadillas*, sandwichs, jus de fruits et cafés spéciaux. Pour la pause déjeuner, de copieuses salades variées, quiche ou soupe du jour. Et pour les bouches en sucre, des gaufres (au « nutella maison », à la banane et éclats de noisettes), à se damner... Service charmant et attentionné. Un petit coup de cœur.

La Cosecha *(plan général B1, **74**)* **:** *Alcalá 806. Mer-dim 9h-17h. Compter max 100 $Me/pers.* Coup de cœur pour ce petit marché bio local, installé dans la cour d'un joli bâtiment historique. Une dizaine de stands proposant toutes sortes de spécialités : *tostadas, quesadillas, ceviche,* salades fraîches (hygiène garantie) et autres jus de fruits frais à tomber... De quoi prendre un repas sain et équilibré pour une bouchée de pain ! À déguster sur les quelques tables en plein air, dans un esprit très convivial. Boutique d'artisanat régional à l'entrée et vente de produits locaux également : fruits, légumes, miel, sauce *molle,* etc.

La Jícara *(plan général A1, **78**)* **:** *Porfirio Díaz 1105. ☎ 205-14-50. Tlj sf dim 13h-22h30. Menu du j. 100 $Me.* Très agréable petit centre culturel dans un quartier tranquille, un peu à l'écart de la foule. Librairie pour adultes et enfants (éditeurs indépendants) et divers évènements (concerts, projections, etc.) au cours de la semaine. Également une jolie boutique d'artisanat avec quelques bons produits locaux. Côté cuisine, on y sert un menu du jour d'une grande fraîcheur et des plats tendance végétarien, voire vegan, assez élaborés. Un lieu convivial et relax avec ses tables dispatchées dans le joli patio ombragé. Quelques bons desserts pour la pause goûter, des jus de fruits frais et *limonada* bien désaltérants. Pour un verre en soirée, pas mal de bières artisanales et du mezcal. Le tout mené par une équipe très sympa.

Los Adobes Oaxaqueños *(plan général A3, **75**) : Bustamante 506. ☎ 514-39-98. Tlj 8h-19h.* On est sous le charme de ce petit resto familial au cadre frais, coloré et propret. Ici, pas de gastronomie, mais des petits plats du genre omelettes, sandwichs, salades, etc., très appréciés des habitants du quartier pour leur bon rapport qualité-prix. Bien aussi pour le petit déj. Service jeune et sympa.

Jaguar Yuú Café *(zoom B2, **73**) : Murguía 202. ☎ 514-39-73. Tlj sf dim 8h30-22h.* Sandwichs, salades, crêpes, parts de tartes, jus de fruits frais... Bref on se régale simplement et sainement dans ce chaleureux bistrot à l'atmosphère cosy ; entre le coin salon, les tables du patio couvert et la salle sur rue. Bien aussi à l'heure du petit déj, ou pour faire une pause en journée. Une bonne adresse pas chère à l'écart de la foule touristique, et fréquentée par des Mexicains aisés.

El Escapulario *(plan général A1, **83**) : García Vigil 617. ☎ 516-46-87. Tlj 8h-23h.* Cadre simple et familial pour ce resto installé au 1er étage d'une maison ancienne. À la carte, cuisine typique servie copieusement, concoctée avec des légumes bio par de gentilles dames.

Casa del Tío Güero *(plan général A1, **85**) : García Virgil 715. ☎ 516-95-84. Tlj 7h30-21h30.* Plusieurs salles agréables et hautes de plafond sur différents niveaux. Dans l'assiette, cuisine du cru soignée et goûteuse avec en vedette : *chiles, huevos,* et *carnes* plus chères. Le menu du jour est d'un excellent rapport qualité-prix. Également un bon plan à l'heure du petit déj. Cours de cuisine.

Mercado 20 de Noviembre *(plan général A3, **70**) : tlj 8h-21h.* Marché occupé par une foule de stands servant de la nourriture typique, dans une chaleureuse ambiance populaire. Ne manquez pas l'allée des grillades, où la viande est exposée à côté de chaque barbecue. Ça fume là-d'dans ! C'est aussi l'occasion de goûter aux fameuses *chapulines* (sauterelles grillées), vendues au poids.

Cafe Bar 1886 *(plan général B1, **76**) : Reforma 804. ☎ 513-75-21. Tlj 8h30-23h (13h dim).* Donnant sur une grande place arborée, une minuscule courette encombrée d'une étonnante collection d'objets publicitaires *Coca-Cola,* la grande passion du patron. Dans l'assiette, pas de la grande cuisine, mais des plats simples, pas chers et roboratifs, du genre : burgers, huevos, tacos, chilaquiles et autres enchiladas...

Prix moyens (150-300 $Me / env 7,50-15 €)

El Olivo Gastrobar *(zoom B2, **79**) : Constitución 207. ☎ 501-03-33. Mar-sam 16h-1h, dim 14h-23h. Fermé lun. Plats env 200 $Me.* Un resto-bar tendance bien sympa pour prendre un repas assez élaboré ou simplement un verre en soirée (bonne musique). Jolie déco dans les tons vert olive – forcément –, beau comptoir à l'entrée, patio aéré et surtout, une grande terrasse ouverte sur le toit, idéale pour profiter de l'atmosphère des lieux en prenant le frais. On y sert notamment d'excellents plats de viande et assiettes de tapas, de savoureux cocktails et tout un choix de vins (superbe carte, env 60 $Me le verre). En prime, accueil cordial et service efficace.

La Biznaga *(plan général A-B1, **77**) : García Vigil 512. ☎ 516-18-00. Tlj* *sf dim 13h-22h (23h ven-sam).* Cette charmante vieille maison cache un grand patio bien frais, parsemé de tables et de chaises. Un cadre trendy encore plus agréable à l'heure du dîner, où l'on se régale d'une délicieuse cuisine fusion mexicaine, à la fois enracinée et extravagante. Le menu du jour est un joli tour de force, bravo ! Bien aussi pour boire un verre en soirée. On recommande.

Las Quince Letras *(plan général B2,* ***80****) : Abasolo 300. ☎ 514-37-69. Tlj 8h30-21h.* Deux salles attenantes à un gentil patio frais. Côté fourneaux, une délicieuse cuisine du cru mijotée avec soin, en combinant les bons ingrédients frais locaux. Accueil attentionné et souriant. C'est sûr, on reviendra !

La Olla *(zoom B2,* ***87****) : Reforma 402. ☎ 516-66-68. Lun-sam 8h-22h.* Un peu à l'écart du centre touristique, joli petit resto de cuisine traditionnelle, réputé pour la fraîcheur de ses produits et la créativité de sa chef, Pilar Cabrera, qui met à l'honneur les légumes et épices du cru, dans un bel esprit de fusion. Intéressants menus le midi qui permettent déjà d'apprécier des plats variés et fort joliment dressés : salade bio ou soupe du jour, émincé de bœuf et sauce demi-glace, courgettes farcies aux fromage et à la tomate... De 17h à 20h, happy hour pour siroter un verre avec un assiette de tapas. Le soir, la terrasse sur le toit offre un cadre romantique en diable.

Nostrana *(zoom B2,* ***81****) : Alcalá 501 (angle Allende). ☎ 514-07-78. Tlj 13h-23h.* Juste en face de l'église Santo Domingo, quelques tables pour ce vrai resto italien décoré façon trattoria avec des vieilles photos de l'Italie aux murs. À la carte, beau choix de pâtes maison, pizzas, risottos, *bruschettas*, salades...

Café Alex *(zoom A2,* ***72****) : Díaz Ordaz 218 (angle Trujano). ☎ 514-07-15. Tlj 8h-21h30 (13h dim). Menu du j. (boisson et dessert inclus) 75 $Me.* Adresse populaire, largement fréquentée par les gens du quartier dès le petit déjeuner. Un dédale de salles proprettes et colorées qui aboutit à un jardinet. Dans l'assiette, une honnête cuisine locale à prix juste.

De plus chic à très chic (300-500 $Me et plus / env 15-25 €)

Los Danzantes *(zoom B2,* ***86****) : Alcalá 403. ☎ 501-11-87. Tlj 13h-22h. Résa impérative le soir, plusieurs j. à l'avance.* L'un des meilleurs restos de Oaxaca, sans conteste. Cadre au design chic et épuré, grand patio frais et verdoyant où sont disséminées les tables, éclairées à la bougie en soirée. Dans l'assiette, on savoure une haute cuisine oaxaqueña revisitée, mettant en scène le meilleur des produits locaux dans des recettes originales. Miam ! Service à l'unisson, élégant et attentif. Prix en conséquence mais d'un excellent rapport qualité-prix-finesse...

Zandunga *(plan général A1,* ***82****) : García Vigil 512. ☎ 516-22-65. Tlj sf dim 14h-23h.* Joli resto à la déco contemporaine mêlée de beaux objets d'artisanat local. Au menu : *garnachas, molotes, tamales, totopos,* etc. Non, ce ne sont pas des formules de magie noire, mais les noms de plats savoureux, typiques de la cuisine de l'isthme de Tehuantepec. À déguster sur fond de musique douce dans une longue salle fraîche, colorée et soignée, ouverte sur la rue. Service élégant et efficace. Une bonne adresse dans cette catégorie.

El Asador Vasco *(zoom A2,* ***84****) : portal de Flores 10 A. ☎ 514-47-55. À l'angle du zócalo, au-dessus du Café Del Jardín. Tlj 13h30 (14h dim)-23h30.* C'est la bonne table du *zócalo* ! Vastes salles et belle terrasse avec vue plongeante sur le cœur de la ville. Au menu, délicieuse gastronomie régionale et mexicaine, avec quelques touches espagnoles. Au rez-de-chaussée, le **Café Del Jardín** est, certes, touristique, mais on profite de la grande terrasse ombragée de parasols pour observer l'animation. À la carte, toutes sortes de snacks, boissons et cocktails.

Où faire une pause sucrée ?

Café Brújula (zoom B2, **100**) : *Alcalá 104. ☎ 516-02-46. Lun-sam 8h-22h, dim 9h-21h.* Petite chaîne de cafétérias style *Starbucks* local. Pas donné donc, mais un large choix de bons cafés (organiques et locaux) pour tous les goûts, ainsi que d'excellents smoothies et jus de fruits frais. Quelques douceurs aussi, style cookie ou brownie au chocolat. On préfère cette annexe installée dans une antique maison coloniale, avec ses tables réparties autour d'un patio lumineux et tranquille.

– Autre adresse au cadre moderne et plus impersonnel, en face du Museo de las Culturas de Oaxaca *(Alcalá 407, plan général B1 ; mêmes horaires).*

Panificadora Bamby (zoom A2, **101**) : *García Vigil 205 (angle Morelos). ☎ 516-25-10. Tlj sf dim 6h-21h15.* Une boulangerie populaire fabriquant gâteaux secs, feuilletés, beignets, pains en tout genre... Roboratif et pas cher du tout.

Pastelería Tartamiel (zoom A2, **102**) : *Trujano 118. ☎ 516-73-30. Tlj 8h-20h.* Petite chaîne de pâtisseries fondée par une Française. Gâteaux et autres viennoiseries de qualité, à emporter (quelques tables en mezzanine mais cadre quelconque).

La Soledad (plan général A3, **103**) : *Mina 212. ☎ 516-58-41. Tlj 8h-21h.* Amer, doux, ou parfumé à la cannelle, aux amandes, à la vanille ou au café, le chocolat est transformé ici, puis vendu en vrac ou emballé. Sur place, un patio et quelques tables pour déguster un vrai chocolat chaud.

Chocolate Mayordomo (plan général A3, **104**) : *Mina 219 (angle 20 de Noviembre). ☎ 516-02-46. Tlj 7h-21h.* Une autre boutique-atelier odorante à souhait pour déguster un bon chocolat chaud, 100 % cacao ou aromatisé à la cannelle, vanille, etc. C'est une petit chaîne avec plusieurs adresses en ville. Ici le cadre est spacieux et assez moderne, avec une carte de snacks et un menu le midi.

Manolo Nieves (plan général B1, **105**) : *Alcalá 706. ☎ 143-92-53. Tlj 10h-22h.* On se pourlèche de l'incroyable variété de glaces maison aux parfums aussi originaux que détonnants. Le tout servi avec le sourire, dans une minuscule échoppe. Une autre adresse un peu plus haut dans la rue, en face de la plaza Santo Domingo Alcalá *(Alcalá 505 ; plan général B2).*

Où boire un verre ? Où sortir ?

La Nueva Babel (zoom A2, **111**) : *Porfirio Díaz 224. ☎ 115-94-38. Tlj 9h-2h.* Un minuscule bar conçu autour de 2 petites salles colorées et d'une courette aux murs appelant à la *lucha social* (lutte sociale) ! Beau choix de vins servis au verre, tapas et bon guacamole. Lecture de poèmes et *musica en vivo* (rock, jazz...) en fin de semaine.

Mezcalería In Situ (zoom A2, **112**) : *Morelos 511. ☎ 116-32-30. Tlj sf dim 13h-23h.* Minuscule échoppe avec quelques tables et chaises en mezzanine pour siroter plus d'une centaine de variétés de mezcal artisanal. Une adresse incontournable pour goûter à cette spécialité locale renommée.

La Casa del Mezcal (plan général A3, **114**) : *Flores Magón 209. ☎ 156-42-85. Tlj 9h-2h.* Fresques sur les murs et comptoir en bois sculpté où l'on s'accoude volontiers pour descendre un mezcal avec une tranche de citron vert et une pincée de sel. Calme en journée, parfois très animé le soir en fin de semaine.

Café Nuevo Mundo (zoom A2, **116**) : *Bravo 206. ☎ 501-21-22. Tlj 8h-22h.* Un petit café populaire, en fait un couloir et 2 salles quelconques où les habitués se pressent pour avaler un bon café, une pâtisserie, ou encore un menu du jour. Ça ne désemplit pas !

Voir aussi **La Biznaga** (plan général A-B2, **77**), **La Jícara** (plan général A1, **78**), ainsi que **El Olivo Gastrobar** (zoom B2, **79**) décrits dans « Où manger ? Où prendre un petit déj ? ».

🍸 ♫ ***La Tentación*** *(zoom A-B2,* ***115****)* **:** *Matamoros 101.* ☎ *514-95-21. Tlj 21h30-3h.* Bien caché au fond d'une salle de restaurant... chinois ! Murs en brique et vieilles voûtes en pierre pour ce tout petit bar dansant qui accueille des groupes de salsa, de merengue et de cumbia. Bonne ambiance *caliente* (après 23h), vite au coude à coude !

🍸 ♩ ***Desestresse*** *(zoom B2,* ***117****)* **:** *Alcalá 401.* ☎ *514-24-53. Tlj 14h-2h.* Juste à côté de la très sage église Sangre de Cristo. Jolie façade bleu roi pour ce bar en vogue à la déco colorée, assez déjanté. Le lieu est fréquenté par la jeunesse dorée de Oaxaca qui s'enivre de cocktails sur une musique distillée par un DJ.

Achats, artisanat

Spécialités locales

– ***Chocolat* :** c'est l'une des grandes spécialités de la région. Grand choix de boutiques au sud du *mercado 20 de Noviembre (plan général A3),* notamment *calle Mina.* Suivez l'odeur ! Également au marché bio ***La Cosecha*** *(plan général B1,* ***74*** *; fermé lun et mar),* décrit plus haut dans « Où manger ? Où prendre un petit déj ? ». On peut l'acheter en boule, en tablette ou en poudre. Dans ce dernier cas, le chocolat est moulu devant vous dans d'antiques machines : les graines de cacao sont broyées avec du sucre, de la cannelle et des amandes.

– ***Mole negro* :** la version *oaxaqueña* du fameux *mole* inventé à Puebla, cette sauce typique à base de cacao. Les piments utilisés ici sont différents, d'où cette couleur sombre, presque noire.

– ***Café* :** dans le même coin que les boutiques de chocolat.

– ***Mezcal* :** un décret en permet la vente uniquement en magasin, pour limiter le trafic d'alcool frelaté. Mais il y a pléthore de magasins, particulièrement dans les villages à l'est de Oaxaca. Et on le trouve souvent mélangé à des jus de fruits, épices...

– ***Fromage* :** fromage à pâte cuite de couleur crème et au goût assez fade. Achetez-le au *mercado Juárez (plan général A3)* ou au *mercado de Abastos (hors plan général par A3).* Il se présente sous forme d'une grosse ficelle roulée en pelote. C'est l'un des fromages les plus répandus dans le pays, utilisé dans les *quesadillas,* les *tortas* et de nombreux plats mexicains.

Artisanat

L'artisanat de la région est particulièrement riche ; chaque village des alentours possédant sa spécialité. Tapis de laine *(sarapes)* à Teotitlán del Valle, poteries noires à San Bartolo Coyotepec, animaux en bois sculpté et peint *(alebrijes)* à San Martín Tilcajete, alors que les nappes et habits traditionnels brodés sont fabriqués un peu partout dans l'État de Oaxaca. De plus, production importante d'objets en vannerie.

Mercado de Abastos *(hors plan général par A3)* **:** *Juárez Maza s/n, côté gauche, face au terminal de autobuses de 2da clase. Tlj.* Immense ! On y trouve absolument de tout, depuis les bricoles en plastique à trois sous jusqu'aux cochons de lait et chevrettes, en passant par une profusion de fruits, de légumes, d'herbes et d'épices. Seulement 2-3 allées pour l'artisanat, surtout des céramiques, des chapeaux et des vêtements.

Huizache *(zoom B2,* ***133****)* **:** *Murguía 101 (angle Alcalá).* ☎ *501-12-82. Tlj 9h-20h.* Grande boutique gérée par une coopérative d'artisans de qualité. Large choix de tissus et vêtements, *alebrijes* (objets en bois coloré), sacs, bijoux, ceintures, etc. On trouve même une petite section avec les fameux masques de catch, à bon prix. À noter : c'est ici qu'officie Roberto Méndez Gopar, un shaman musical très réputé dans la région (infos et rdv sur place).

Voces de Copal *(zoom B2,* ***134****)* **:** *Alcalá 303.* ☎ *516-83-41. Tlj 9h-21h.* Très belle galerie agrémentée d'une cafétéria à l'entrée. Pas mal d'œuvres contemporaines par des artistes et artisans de tout le pays. On y trouve notamment de superbes objets en bois peint (alebrijes) ou issus de l'art Huichol et couverts de perles multicolores.

Instituto Oaxaqueño de las Artesanías *(plan général A1,* ***135****)* **:** *García Vigil 809.* ☎ *514-40-30. Lun-ven 9h-19h, sam 11h-15h.* Ce magasin gouvernemental offre un panorama de l'artisanat de l'État de Oaxaca. Vente de beaux objets – vanneries, bijoux, vêtements, poteries, etc. – exposés dans plusieurs salles autour d'un patio central. Plus cher qu'au marché, mais authenticité et qualité garanties.

Mujeres Artesanas de las Regiones de Oaxaca *(MARO ; zoom B2,* ***136****)* **:** *5 de Mayo 204.* ☎ *516-06-70. Tlj 9h-20h.* Caverne d'Ali Baba de l'artisanat local, appartenant à une association de femmes artisans.

Casa de las Artesanías de Oaxaca *(zoom A2,* ***137****)* **:** *Matamoros 105 (angle García Vigil).* ☎ *516-50-62. Tlj 9h-21h (dim 10h-18h).* Centre regroupant une foule d'associations et d'ateliers familiaux. Choix large et éclectique de vêtements, hamacs, poteries...

La Contra Oaxaca *(plan général B1,* ***138****)* **:** *Gómez Farias 212 B.* ☎ *515-79-77. Tlj sf dim 10h-15h, 17h-20h (sam 10h-18h).* Pour rapporter le meilleur mezcal dans de belles bouteilles (jolies étiquettes créatives) et de bons vins mexicains. On peut demander à goûter !

À voir

Dans le centre historique

Inscrit au Patrimoine mondial de l'Unesco depuis 1987, le *centro historico de Oaxaca* offre un remarquable témoignage de l'architecture coloniale espagnole. La *cantera,* pierre verte typique de la région, donne un cachet particulier aux monuments et aux édifices religieux érigés par les Dominicains lors de la *conquista.*

Zócalo *(zoom B2)* **:** c'est la place principale, bordée au sud par le *palacio de Gobierno* (1775-1783), reconstruit plusieurs fois à la suite de tremblements de terre. En soirée, groupes de mariachis aux terrasses des bistrots, et parfois des orchestres folkloriques sous le kiosque central *(le soir 19h-21h ; dim 12h30-14h).*

Catedral *(zoom A2)* **:** *pl. Alameda (angle Independencia). Juste à côté du zócalo.* Construite par les Dominicains à partir de 1553, et achevée dans la première moitié du XVIIIe s, elle fut plusieurs fois endommagée par des tremblements de terre et restaurée. La cathédrale vaut surtout pour sa façade de style baroque (début XVIIIe s) en pierre finement ciselée, et sa petite coupole. L'intérieur du monument est peu chargé, contrairement aux autres édifices religieux de la ville.

Templo de Santo Domingo *(zoom B2)* **:** *Constitución 101 (angle Alcalá). Tlj 7h-13h, 16h-19h30.* Magnifique église édifiée à la fin du XVIe s par les Dominicains venus à la demande de Cortés pour convertir les Indiens. Avec ses embellissements baroques, elle demeure l'un des plus beaux exemples de l'architecture due à cet ordre... Si les murs, conçus pour résister aux tremblements de terre, n'ont pas bougé, en revanche, l'intérieur a été endommagé au XIXe s, quand l'église servit de quartier général à l'armée.
Orientée vers l'ouest, comme la plupart des églises dominicaines, sa façade d'inspiration Renaissance contraste avec l'exubérance de l'ornementation intérieure baroque : stucs dorés et peintures. Juste à l'entrée – au-dessus de votre tête –, notez le très bel arbre généalogique de Santo Domingo de Guzmán, fondateur de l'ordre des Dominicains. La Vierge, qui est à la tête de l'arbre, fut ajoutée au XIXe s. Dans le chœur, le retable principal exhibe des ors rutilants. Dans la travée de

droite, ne manquez pas la splendide *capilla de la Virgen del Rosario* (XVIIIe s) avec sa statue somptueusement vêtue au centre d'un retable doré...

Museo de las Culturas de Oaxaca *(plan général B1)* **:** *Alcalá s/n. ☎ 516-29-91. Tlj sf lun 10h-18h30. Entrée : 70 $Me. Audioguides en espagnol ou en anglais.*
Attenant à l'église Santo Domingo, ce centre culturel occupe l'ancien couvent Santo Domingo de Guzmán (XVIe-XVIIIe s), qui demeure l'une des constructions les plus importantes du pays pour son aspect monumental et sa valeur artistique. L'édifice abrite aujourd'hui le musée des Cultures de Oaxaca, consacré à l'histoire, l'art et la culture de la région. Un lieu à visiter en priorité avant de partir à la découverte de la ville et des sites archéologiques environnants.
– ***Au rez-de-chaussée :*** l'entrée se fait par le cloître massif, avec ses galeries à arcades sur deux niveaux et sa grande fontaine centrale. Au fond, on découvre la superbe *bibliothèque Burgoa,* qui renferme plus de 20 000 ouvrages. Côté droit, plusieurs salles d'expositions temporaires.
– ***À l'étage :*** une quinzaine de salles, occupant notamment les anciennes cellules des moines, retracent l'histoire régionale des origines jusqu'à l'époque moderne. Les plus intéressantes ont naturellement trait à l'époque précolombienne ; à savoir les ***salles I à IV.*** Ainsi, après quelques menus témoignages préhistoriques, sont exposés de belles urnes funéraires et autres statues à l'image de divinités, emblématiques de la culture zapotèque, bas-reliefs, anneaux de jeu de pelote, etc.

SACRÉE VACHE OU VACHE SACRÉE

Mis au jour en 1932, le trésor de la tombe n° 7 du site archéologique de Monte Albán doit beaucoup à une pauvre vache... Celle-là même qui, s'enfonçant la patte dans un trou profond et exigu, attira l'attention de son gardien, puis des archéologues, sur la cavité où se trouvait le trésor ! Parmi les quelque 400 objets mis au jour, 121 étaient en or !

La ***salle III*** – la plus riche – expose le trésor de la formidable ***tombe n° 7 de Monte Albán*** : os finement ciselés, étonnant crâne incrusté de turquoise, pièces en jade, bijoux en or et autres matériaux, coupe splendide taillée dans le cristal de roche, pourtant très dur, etc. ; le tout traduisant l'importance des offrandes et de l'art funéraire durant la période préhispanique.
Ensuite, les ***salles V à VIII*** se consacrent à la conquête espagnole – réalisée par Cortés dès 1519 – et ses conséquences pour les populations précolombiennes. On y apprend, par exemple, que l'image du Christ crucifié fut très rarement utilisée jusqu'au XVIIIe s, histoire de ne pas effrayer les Indiens lors des tentatives de conversion... Beaux objets de l'époque coloniale, en particulier des armes et armures, des coffres cloutés, et des objets religieux et sacerdotaux. En parallèle, plusieurs petites pièces illustrent la fabrication locale de céramiques, de bijoux, le travail du fer et du cuir, les instruments de musique, etc.
Les ***salles IX à XI*** abordent l'émancipation politique du Mexique et l'histoire des luttes de pouvoir – dont l'ascension de Porfirio Díaz, un enfant du pays.
Les ***salles XII à XIII*** se penchent sur la diversité ethnique de l'État de Oaxaca, l'art populaire et les coutumes indiennes. Enfin, la ***salle XIV*** est dédiée au bâtiment du couvent Santo Domingo lui-même, son architecture, son système hydraulique, etc., et expose quelques objets archéologiques découverts sur place.

Museo Rufino Tamayo *(zoom A2)* **:** *av. Morelos 503. ☎ 516-47-50. Tlj sf mar 10h-14h, 16h-19h (dim 10h-15h). Entrée : 45 $Me ; réduc. Explications en français dans les salles, détaillant chaque vitrine.*
Membre de la « bande des quatre » avec Orozco, Rivera et Siqueiros, mais plus lyrique et moins politisé qu'eux, le peintre Rufino Tamayo, originaire de Oaxaca,

a constitué au fil de sa vie une collection exceptionnelle d'objets d'art précolombiens. On la découvre ici, remarquablement présentée. Les salles sont organisées de manière chronologique, depuis l'époque « préclassique » jusqu'à la période « terminale », celle des Aztèques.
Voici un aperçu des pièces les plus intéressantes.
- ***Salle I :*** nombreux *baby faces* olmèques. Figurines funéraires, certaines partiellement peintes, haches rituelles en jadéite.
- ***Salle II :*** belles céramiques zoomorphes et anthropomorphes, statuettes funéraires très esthétiques, statue en pierre de lave à masque de coyote, figurines taillées dans des galets de rivière, superbe stèle représentant un personnage stylisé assis, bijoux.
- ***Salle III :*** grand ensemble préclassique de Colima, avec tout un troupeau de chiens engraissés pour être mangés ! Collection de Teotihuacán, dont une stèle à deux faces – l'une teotihuacano, l'autre réalisée à l'époque aztèque. Veracruz, Monte Albán... quelle richesse !
- ***Salle IV :*** bel anneau de jeu de pelote ornementé de crânes, statuettes d'enfants au crâne déformé, grande statue d'une prêtresse en costume cérémoniel, et puis cette belle stèle maya à l'effigie d'un prêtre en habits rituels provenant de Campeche.
- ***Salle V :*** curieux encensoir toltèque représentant un dieu de la mort aux grandes oreilles, nombreux objets aztèques dont ces statues en pierre de lave, parmi lesquelles un inquiétant dieu du vent.

🔭🔭 ***Iglesia de La Soledad*** *(zoom A2)* **:** *av. Independencia 107.* Plantée sur une jolie place jouxtant le *palacio municipal* (établi dans l'ancien couvent), cette belle église (1682-1690) est dédiée à la patronne de la ville, la Vierge de La Soledad (fêtée le 18 décembre), dont l'image serait apparue ici même, dans une caisse, un jour de 1543... Magnifique façade sculptée à la manière d'un retable baroque, et intérieur enrobé de dorure.

🔭 ***Templo de San Felipe Meri*** *(zoom A2)* **:** *av. Independencia (angle Tinoco y Palacios).* Église baroque du XVIIe s, avec façade de style plateresque. Beaux retables dorés à l'intérieur.

🔭 ***Museo de Arte contemporaneo*** *(MACO ; zoom B2)* **:** *Alcalá 202. ☎ 514-10-55. • museomaco.org • Tlj sf mar 10h30-20h. Entrée : 20 $Me ; gratuit dim.* Conçu à l'initiative du peintre Francisco Toledo, dans une très belle maison fin XVIIe-début XVIIIe s, connue sous le nom de *Casa de Cortés,* et dont les murs portent encore quelques vestiges des fresques d'origine. Le gouverneur de l'État de Oaxaca y résida. Très bel espace autour d'un patio à colonnades. Salles d'expositions temporaires d'art contemporain dédiées à des artistes oaxaqueños, mexicains et étrangers.

🔭 ***Museo de los Pintores oaxaqueños*** *(zoom A2)* **:** *av. Independencia 607 (angle García Vigil). ☎ 516-56-45. Tlj sf lun 10h-20h (18h dim). Entrée : 20 $Me.* Expos temporaires mettant en scène le travail de peintres de l'État de Oaxaca. On y trouve une annexe de l'office de tourisme.

🔭 ***Instituto de Artes gráficas*** *(plan général B1)* **:** *Alcalá 507. ☎ 516-69-80. Tlj sf mar 10h-20h. GRATUIT.* Charmante maison ancienne dotée de deux patios verdoyants. C'est avant tout un institut d'art vivant, avec bibliothèque et ateliers, né, tout comme le musée d'Art contemporain, à l'initiative du peintre Francisco Toledo. Expos temporaires : gravures, lithos, affiches...

🔭 ***Museo casa de Juárez*** *(plan général A1)* **:** *García Vigil 609. ☎ 516-18-60. Tlj sf lun 10h-16h (17h dim). Entrée : 50 $Me.* Maison où le président Benito Juárez vécut une dizaine d'années durant sa jeunesse (1818-1828). On en explore les différentes pièces agrémentées de meubles coloniaux, gravures, photos, souvenirs, objets du quotidien, etc. Reproduction de l'atelier de reliure où Juárez travailla, enfant. Une petite visite agréable, sans plus.

Mercado Juárez *(plan général A3)* : *20 de Noviembre (angle Las Casas). Tlj.* En plein centre-ville, un agréable marché à taille humaine, odorant et coloré à souhait, où l'on trouve fruits, légumes, fromages, épices, viandes, mezcal, fleurs, café, chocolat, etc., sans oublier les objets d'artisanat : chaussures, chapeaux, paniers, céramiques, statuettes en bois peint... Étalages groupés par spécialités. Également quelques stands servant nourriture et jus de fruits frais. Un vrai plaisir que d'y faire un petit tour.

Et au-delà...

Mercado de Abastos *(hors plan général par A3)* : Juárez Maza s/n, face au terminal de autobuses de 2da clase. *Tlj.* Un immense et authentique marché populaire où l'on a vite fait de se perdre parmi les fleurs, fruits et légumes, poulets pendus haut et étals de viande, fromage, épices colorées, quincaillerie, vêtements, chapeaux de *vaqueros* et stands de *machetes*... rien ne manque au quotidien des Oaxaqueños et des habitants des villages de la sierra. Également plein de petits stands pour manger, des boulangeries, des vendeurs de café et de chocolat. Ça grouille, et presque aucun touriste en vue !

Cerro del Fortín *(plan général A1)* : pour avoir une vue d'ensemble de la ville, il faut grimper sur la colline Fortín. Uniquement si vous avez du temps à perdre. Prendre la rue Crespo vers le nord jusqu'à rencontrer l'immense escalier sur la gauche (juste avant l'hôtel *Parador Crespo*). Bonne grimpette de 10-15 mn jusqu'à l'auditorium en plein air.

Culture et loisirs

Teatro Macedonio Alcalá *(zoom B2, **140**)* : *av. Independencia 900 (angle Armenta y López). ☎ 516-83-12.* Théâtre construit au début du XXe s dans le style Art nouveau français. Nombreux concerts, ballets et pièces de théâtre. En profiter pour admirer la somptueuse décoration Belle Époque et l'escalier de marbre. On trouve sur place une annexe de l'office de tourisme.

Teatro Juárez *(plan général B1, **141**)* : *Juárez 703. ☎ 502-54-76. Juste à côté de l'office de tourisme gouvernemental (Sedetur).* L'autre théâtre important de la ville, au nord-est du centre.

■ **Casa de la cultura oaxaqueña** *(plan général B3, **142**)* : *Ortega 403. ☎ 516-24-83. • casadelacultura.oaxaca.gob.mx •* Ancien couvent de style colonial. Beaucoup d'ateliers, mais aussi des concerts, spectacles de danse, expos de peinture, etc.

Fêtes

Oaxaca compte de nombreuses fêtes tout au long de l'année. Programme disponible à l'office de tourisme. Parmi les plus importantes :

– **Fête de la Guelaguetza** : *depuis des siècles, les 2 derniers lun de juil (ou parfois d'août).* Le nom de cette fête – en zapotèque – signifie « offrande ». Chaque communauté profite de cette occasion pour fêter un événement important dans la vie de l'un de ses membres, et celui-ci, à son tour, prend l'engagement solennel d'agir de même avec d'autres si l'occasion se présente. Les Indiens viennent des sept régions entourant Oaxaca. Toutes ces communautés, n'ayant pas les moyens de fêter les naissances, mariages et enterrements, réunissent leurs efforts depuis des générations. C'est un spectacle incroyable de couleurs, de danses folkloriques et de costumes extraordinaires. Chaque groupe effectue les danses et rites qui lui sont propres.

Une grande fête, aujourd'hui payante (le portefeuille des touristes est bien utile pour financer ces réjouissances !), mais qui a gardé son caractère populaire. Il est prudent d'acheter ses billets (assez chers) plusieurs jours à l'avance à l'office de tourisme. Les places en haut de l'amphithéâtre sont gratuites, mais, pour être bien placé, il vaut mieux payer et arriver au moins 5h à l'avance, avec son chapeau, de l'eau, etc.

– ***Fête traditionnelle :*** *à partir du sam précédant le 3e lun de juil et au début de l'hiver, sur la place à côté de la cathédrale.* On y mange des galettes de maïs frites, trempées dans une tasse de chocolat chaud à la cannelle ; il faut ensuite casser la tasse et faire un vœu !

– ***Fiesta de los Rábanos*** *(fête des Radis)* **:** *le soir du 23 déc, sous les arcades du zócalo.* Magnifique exposition de crèches réalisées avec des produits de l'agriculture. Tous les villages des alentours y participent. Ambiance très sympa.

Les marchés indiens

Ils sont tous situés dans un rayon d'une trentaine de kilomètres autour de Oaxaca.

– ***Zaachila :*** *à 18 km au sud-ouest de Oaxaca. Marché le jeu. Bus ttes les 10 mn avec* Autobuses de Oaxaca *depuis le* terminal de autobuses de 2da clase. Sous la halle couverte, les boulangers et les bouchers. Autour du *zócalo,* les autres produits et tout l'artisanat. Ne manquez pas la petite allée, au fond, où les familles viennent vendre leur production de maïs et de *frijoles.* Zaachila est aussi un site archéologique partiellement exploré, considéré comme la dernière capitale zapotèque.

Au retour, on peut s'arrêter aux ruines de ***Cuilapán de Guerrero*** et reprendre le bus suivant. Superbes vestiges d'un des plus grands monastères dominicains (XVIe s), réputé pour son cloître *(tlj 10h-18h ; 40 $Me).*

– ***Ocotlán :*** *à 30 km au sud de Oaxaca. Marché le ven.* Poteries de terre rouge, ustensiles de cuisine en bois, etc.

– D'autres marchés indiens sont accessibles en bus pour la journée : ***Miahuatlán*** *(lun)* et ***Zimatlán*** *(mer).*

– ***Tlacolula :*** *à 32 km à l'est de Oaxaca, direction Mitla (bus depuis le* terminal de autobuses de 2da clase*). Marché le dim.* C'est celui que nous préférons, authentique et coloré. Les Indiennes viennent y vendre leurs fruits et légumes. Artisanat, tissages, aliments, on y trouve de tout, et moins cher qu'à Oaxaca.

Juste derrière le marché, voir l'*église* avec sa chapelle latérale baroque très ornementée. Tlacolula est aussi un bon endroit pour goûter au mezcal. Mais la capitale mondiale de ce puissant breuvage se trouve 5 km après Mitla, sur la route de Tehuantepec, dans le village de Santiago de Matatlán. *¡ Salud !*

DANS LES ENVIRONS DE OAXACA

À L'EST DE OAXACA

★ ***Árbol de Tule :*** *à **Santa María del Tule,** à 10 km de Oaxaca en direction de Mitla (bus depuis le* terminal de 2da clase *de Oaxaca). Sur le zócalo du village de Tule, devant l'église Santa Maria. Tlj 7h-19h. Entrée : 10 $Me ; gratuit moins de 13 ans et senior.* Cet arbre exceptionnel mesure 58 m de circonférence, 42 m de hauteur et aurait plus de 2 000 ans ! Un colosse impressionnant unique en son genre – même si on en trouve d'autres plus petits de cette espèce *(Taxodium mucronatum)* dans la région. Célébration de l'arbre fin août.

★★ ***Tlacochahuaya :*** *à 21 km de Oaxaca, direction Mitla (bus depuis le* terminal de 2da clase *de Oaxaca) et 1,5 km de la route principale.* Petit village tranquille à l'écart des sentiers touristiques, qui vaut vraiment le détour pour son ***templo San Jerónimo*** *(tlj 10h-14h, 16h-18h),* magnifique église fondée en 1558 par les Dominicains. Façade sobre flanquée de deux clochers carrés, et murs extérieurs en pierre et brique. Toute l'ornementation intérieure a été réalisée par les Indiens zapotèques, d'où ce curieux mélange de styles. Autel doré ; murs, voûtes et coupoles très joliment fleuris. Une vraie curiosité, sublime !

Teotitlán del Valle : *à 25 km de Oaxaca, direction Mitla (bus depuis le* terminal de autobuses de 2da clase *de Oaxaca) et 3 km de la route principale (finir à pied).* Village spécialisé dans le tissage de la laine. Chaque maison, ou presque, abrite un métier traditionnel ! Superbes tapis, châles et couvertures, décorés de motifs zapotèques souvent propres aux différentes familles. La plupart des tisserands disent travailler avec des pigments naturels, mais peu le font en vérité. Car ces colorants, comme la cochenille ou l'indigo, valent une petite fortune et, du coup, feraient flamber les prix des tissus. Quel que soit votre choix, n'hésitez pas à marchander !

- Au centre du village, ne ratez pas la charmante ***église*** du XVIe s, dont la façade compte quelques beaux fragments de bas-reliefs préhispaniques. À l'intérieur, dôme peint sans dorure ; une fois n'est pas coutume ! À côté de l'église, petit ***marché*** couvert sympa...
- Pour un bon aperçu des techniques de tissage, visitez donc aussi le ***museo comunitario*** *(mar-dim 10h-18h ; entrée : 10 $Me).* Section consacrée aux traditions locales : tissage de la laine et fêtes populaires. Également quelques objets archéologiques précolombiens trouvés et donnés par les villageois.
- Côté folklore, plusieurs fois par an a lieu la danse du Serpent à plumes, très pittoresque.

IMPÔTS TISSÉS

Sous l'Empire aztèque, Teotitlán était déjà réputé pour son savoir-faire : chaque année, le village envoyait comme tribut à Moctezuma 400 mesures de tissu et 800 de couvertures ! Pour teindre leurs étoffes, les tisserands utilisaient des pigments naturels : cochenille (rouge), indigo (bleu), roches pulvérisées (brun, ocre), mousses et plantes (vert), etc. Une grande variété de teintes était obtenue grâce à des adjuvants comme le jus de citron, la cendre, les feuilles de tejute, l'urine de vache...

Zona arqueológica de Yagul : *à 35 km de Oaxaca, direction Mitla (bus depuis le* terminal de autobuses de 2da clase *de Oaxaca) et 2 km de la route principale (finir à pied). Tlj 8h-17h. Entrée : 65 $Me ; gratuit moins de 13 ans et senior.* Dans un très beau paysage assez aride et semé de cactus, voici les vestiges archéologiques d'une petite cité zapotèque contemporaine de Mitla. À proximité, des grottes préhistoriques ont été inscrites au Patrimoine mondial par l'Unesco. Vue superbe sur la vallée depuis le site, perché à la manière d'une acropole. Il subsiste quelques ruines très simples, parmi lesquelles se distingue le très grand ***juego de pelota*** : avec 42 m sur 24 m, c'est le deuxième par la taille de toute la Méso-Amérique (après celui de Chichén Itzá) ! Également les vestiges restaurés du palais : un dédale de salle aujourd'hui à ciel ouvert... Et puis montez donc par le sentier en haut de la colline verdoyante pour goûter la vue formidable sur le site archéologique et la campagne environnante.

Zona arqueológica de Mitla : *à env 45 km de Oaxaca (bus depuis le* terminal de autobuses de 2da clase *de Oaxaca ; trajet : 1h via Tule, Tlacochahuaya et Tlacolula). Arrêt à l'entrée du village (marché le sam), à env 800 m des ruines. Sinon,* colectivo *dans Derechos Humanos à Oaxaca (hors plan général de Oaxaca par B1, à deux pas du parque Juárez ; trajet : 45 mn). Enfin, les agences de voyages de Oaxaca organisent l'excursion.*

– Tlj 8h-17h. Entrée : 70 $Me ; gratuit moins de 13 ans et senior. Arriver de préférence avt 11h pour éviter la foule et les grosses chaleurs.
Ce site historique indien abrite les ruines d'une cité mixtèque d'époque post-classique. *Mitla,* ou *Mictlán,* dérive de la langue náhuatl et signifie « endroit des morts ». En langue zapotèque, le site s'appelait *Lyoabaa,* le « lieu de repos ». La construction des bâtiments, palais et édifices administratifs date principalement des années 1300-1400.
Le site archéologique se compose de cinq groupes disséminés parmi les quartiers d'habitation de la ville, dont quatre sont ouverts à la visite. Au centre trône une église coloniale aux dômes peints en rouge. Autour, des haies de cactus candélabres... et les édifices de la cité mixtèque. Les Espagnols ont élevé cette église San Pablo au XVIIe s au cœur même de l'ancienne ville : une bonne manière d'affirmer la suprématie et la continuité du pouvoir tout en arasant les symboles anciens. Les deux plus intéressants demeurent le ***grupo de la Iglesia*** et, surtout, le ***grupo de las Columnas.*** Ce dernier, situé au bout de l'allée sur le côté sud de l'église, de l'autre côté du marché d'artisanat, est composé de deux grands patios enchâssés de panneaux aux motifs géométriques, de colonnes monumentales, de corridors et de dédales de salles restaurées comme à l'origine. Dans la cour sud, des galeries souterraines mènent à deux étonnantes tombes de plan cruciforme, elles aussi ornées de panneaux géométriques.
À proximité, des grottes préhistoriques ont été inscrites au Patrimoine mondial de l'Unesco. Juste à l'entrée du site, on trouve un grand marché artisanal bien pourvu en textiles. Le village est aussi connu pour ses fabriques artisanales de mezcal, vendu dans de nombreuses boutiques.

ZONA ARQUEOLÓGICA DE MONTE ALBÁN

IND. TÉL. : 951

• Plan *p. 393*

Posé au sommet de la colline du Jaguar, à près de 2 000 m d'altitude, le site domine toute la vallée de Oaxaca, à une dizaine de kilomètres de là. Apparu en tant que centre culturel vers 500 av. J.-C., Monte Albán a connu son apogée entre 350 et 550 apr. J.-C. La cité était alors la plus importante du monde zapotèque, et le siège de la puissance dominante de la région des vallées centrales de Oaxaca. Grand centre politique, économique, culturel et spirituel, elle était aussi un foyer d'études astronomiques, cosmogoniques et scientifiques.
Situé sur la partie la plus haute, le centre cérémoniel occupe une immense esplanade artificielle qui offre une vue panoramique de toute beauté sur les montagnes environnantes. Découvert au début du XIXe s, le site a été inscrit au Patrimoine mondial de l'Unesco en 1987.

UN PEU D'HISTOIRE

La situation stratégique de la vallée de Oaxaca, au cœur de la Méso-Amérique et des échanges commerciaux et culturels, lui fait bénéficier très tôt des influences des Olmèques, de Teotihuacán, puis des Mayas. Aux alentours de 2500 av. J.-C., les populations se sédentarisent, l'agriculture apparaît, ainsi que les premières céramiques. Mais c'est à partir du VIIe s av. J.-C. que la région commence à jouer un rôle politique.

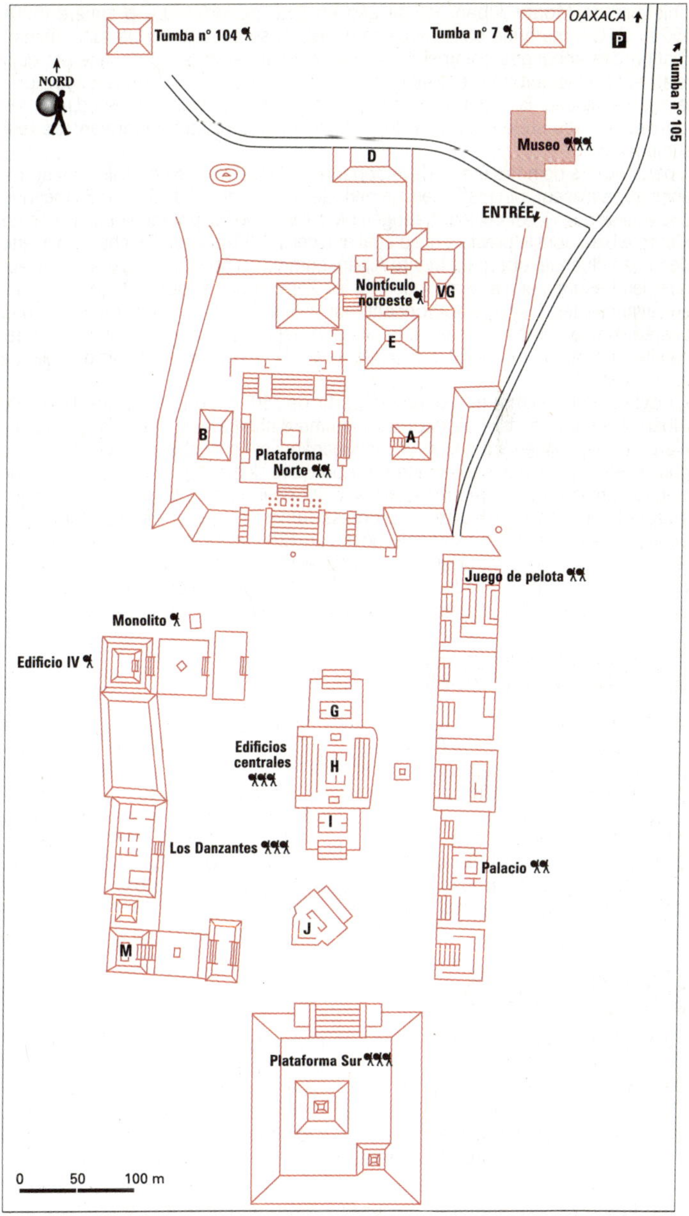

MONTE ALBÁN (Zona arqueológica)

L'histoire de Monte Albán est divisée en cinq périodes. La première (800-150 av. J.-C.), marquée par l'influence olmèque, se caractérise par une intensification des échanges commerciaux : nacre, pyrite et jade. La société est déjà relativement bien organisée avec sa hiérarchie religieuse, ses temples, ses dignitaires. Peu à peu, la cité impose son joug aux localités voisines : les *danzantes* (danseurs), des stèles gravées de personnages nus, témoigneraient de leur subjugation.
À partir du IIe s de notre ère, le développement s'accélère. De nouvelles constructions apparaissent, plus raffinées. La période III, qui s'étend de 300 à 750 (période dite « classique »), est celle de l'apogée de la civilisation zapotèque et de la ville de Monte Albán, dont le prestige n'a d'égal que celui de Tikal et de Teotihuacán. Cette dernière influence fortement Monte Albán, comme on peut le voir dans l'architecture, les fresques et les céramiques. Si les Zapotèques adoptent le jeu de balle, en revanche les Mayas s'approprient leur calendrier et leur système d'écriture. Les édifices et les pyramides de la cité sont recouverts de stuc peint en rouge. La ville compte au moins 24 000 habitants vers l'an 650, soit le quart de celle de Teotihuacán.
Le début de la quatrième période (à partir de 750) marque le déclin de Monte Albán, qui perd son rôle de capitale. Comme d'habitude, aucune cause précise n'a pu être identifiée. La chute de Teotihuacán y est probablement pour quelque chose. Mais on évoque aussi une forte poussée démographique, la sécheresse et une surexploitation des ressources. Quoi qu'il en soit, la culture zapotèque entre en décadence et la cité est progressivement abandonnée, transformée en centre cérémoniel et en nécropole. Vers l'an 1200 (cinquième période), les Mixtèques débarquent et introduisent l'orfèvrerie. Certaines tombes zapotèques sont réutilisées, comme la célèbre tombe nº 7, où a été découvert un véritable trésor, aujourd'hui exposé au *Museo de las Culturas de Oaxaca*.

Comment y aller ?

➢ **De Oaxaca :** *le site se trouve à une dizaine de km au sud-ouest.* En voiture, prendre la route de Mexico sur 3 km, puis à gauche à la bifurcation (panneaux). Trajet : 20 mn.
– Pas de bus publics directs. Le mieux, c'est d'emprunter les ***bus ou minibus*** de la compagnie ***Autobuses Turísticos*** *(plan général de Oaxaca, A3,* ***15****) : départ de Mina 501. ☎ 516-61-75. Bus ttes les heures (ttes les 30 mn le w-e et en hte saison) 8h30-15h30 ; retour 12h-17h. Compter 55 $Me l'A/R. Trajet : 30 mn.* Sinon, plusieurs agences proposent l'excursion. Insistez pour savoir combien de temps vous est accordé sur le site, car certaines ont tendance à abréger. Comptez bien 2h pour une visite classique.

Infos pratiques

– ***Renseignements :*** *☎ 513-33-46/52. • inah.gob.mx •*
– ***Horaires et prix :*** *tlj 8h-17h. Entrée : 70 $Me ; gratuit moins de 13 ans. Consigne.* On conseille d'arriver dès l'ouverture : température plus basse, moins de monde et bonne lumière pour les photos.
– Le bâtiment du musée abrite un café avec terrasse pour grignoter un morceau.

Visite du site

Le centre cérémoniel, orienté nord-sud, se compose d'une esplanade *(plaza Central)*, gigantesque d'environ 300 m de long sur 200 m de large, plantée de gazon, et occupée par une douzaine de bâtiments et plates-formes. On y entre par le nord et on conseille de débuter la visite par le *juego de pelota,* puis de parcourir le site dans le sens des aiguilles d'une montre, pour terminer par la *plate-forme nord.*

Juego de pelota *(jeu de pelote)* **:** l'un des cinq que comptait Monte Albán. Associé aux cérémonies rituelles, il servait à commémorer les cycles de la vie et les saisons de l'année. Des disques solaires taillés dans la pierre ornaient les panneaux de la façade. Comme tous les *juegos de pelota* de la région, il n'a pas d'anneaux sur les côtés, contrairement aux jeux mayas. Mais où donc faisaient-ils passer la ba-balle, ces diables de Zapotèques ? La pierre ronde au centre du terrain avait sans doute cette fonction.

Palacio : édifié à l'époque classique. Certainement une construction résidentielle destinée à quelque dignitaire zapotèque, d'où son nom de « palais ». Ses pièces donnent sur un patio central avec un autel. Seul bâtiment d'habitation sur l'esplanade, on y accédait par un grand escalier, plus large que la façade.

Plataforma Sur *(plate-forme sud)* **:** monumentale, comme son vis-à-vis nord. Il faut absolument gravir l'escalier, large de 40 m, pour bénéficier d'une vue unique sur l'ensemble du site et la campagne environnante. L'intérieur du monument n'a pas encore livré tous ses secrets. Sur certains angles de la base, on a retrouvé des **stèles** sculptées de personnages captifs, les bras ligotés dans le dos. Il s'agit de pierres préclassiques provenant probablement de l'édifice des Danzantes, réutilisées ultérieurement.

Los Danzantes *(les Danseurs)* **:** situé derrière la jolie pyramide dite *structure M,* cet édifice doit son nom aux magnifiques bas-reliefs sculptés de figures humaines découvertes en 1806, d'abord identifiées à des danseurs réalisant un rituel. Elles représentent des personnages datant de 500 à 100 avant l'ère chrétienne, sans doute olmèques, dont les visages peuvent être comparés à ceux des célèbres têtes monumentales du parc de Villahermosa ou du musée de Jalapa. En revanche, ce sont loin d'être des danseurs : la plupart des figures représentent des silhouettes masculines nues, trapues, dans des positions grotesques. Ce ne sont pas les théories qui manquent. La plupart des archéologues estiment qu'il s'agit de captifs, chefs de cités voisines soumises, destinés aux sacrifices. Leur nudité, signe d'infamie, et des symboles de castration et de sang collecté (consacré en offrandes) soutiennent cette hypothèse. D'autres théories circulent néanmoins : expression d'un culte à la fertilité, voire d'un culte phallique d'origine olmèque, déification de personnes handicapées, assimilées à des chamans...

Edificio IV : complexe cérémoniel constitué d'une base pyramidale carrée, à la droite duquel se dresse une **stèle monolithe** brisée mais dont on a recollé les morceaux, et qui mesure ainsi près de 6 m de haut. Attachée à la réalisation des rituels religieux, elle servait notamment à indiquer le midi (le moment où son ombre disparaît), et les solstices...

Edificios centrales G, H, I : au centre de l'esplanade, les trois *édifices (G, H et I)* formaient le principal lieu public de la cité. C'est dans le *bâtiment H* que l'on a retrouvé le fameux masque de jade en forme de chauve-souris qui est exposé au musée national d'Anthropologie de Mexico. Au pied de la plate-forme sud, l'**edificio J** avait vocation d'observatoire astronomique. Il servait notamment à prédire les saisons, les cycles agricoles, les récoltes... Et sa pointe en éperon avait un rapport avec le soleil à son zénith : l'ombre des fidèles disparaissait et, avec elle, leur âme ; vous imaginez le pouvoir des prêtres ! Sur la façade, à droite et à gauche de la porte principale (côté sud), de nombreux glyphes : les têtes renversées symbolisent autant de tribus ou de peuples soumis. Cet édifice est traversé par un couloir couvert de dalles, dont l'accès est fermé par une porte cadenassée.

Plataforma Norte *(plate-forme nord)* **:** le pendant de la plate-forme sud, précédé par un escalier de 37 m de large. À son pied se dresse une stèle maya. Au sommet, les vestiges de larges colonnes appartenant à un portique disparu. Voir également le ***patio Hundido,*** encadré par les *edificios A* et *B,* jadis surmontés de temples... De cette plate-forme, superbe vue panoramique sur l'ensemble du site. La colline au fond à gauche est sans doute un peu plus que cela : il semble que ce soit une autre pyramide ne demandant qu'à être fouillée...

Montículo noroeste *(groupe nord D, E, VG)* **:** toujours sur la plate-forme nord se situe un autre complexe cérémonial : une place cernée de trois temples à base pyramidale. Le site est traversé par un axe géodésique moderne qui a permis de cartographier la vallée de Oaxaca... Plus au nord encore se trouvent les ***tumbas*** *(tombes),* dont la ***n° 104*** – ornée de fresques représentant des prêtres emplumés – mais actuellement fermée, tout comme la ***n° 105*** et la célèbre ***n° 7...***

À l'entrée du site, le ***museo*** contient une importante collection archéologique, bien mise en valeur, avec d'énormes monolithes sculptés, de grandes stèles et autres beaux fragments de bas-reliefs. Également du matériel funéraire en céramique. Pierre, os, coquillages faisaient partie des offrandes placées dans les tombes. À noter : restes de colonnes sculptées en *cantera* et superbe petite sculpture en pierre noire de style *teotihuacano.* Le trésor exceptionnel de la *tumba n° 7,* découvert en 1932, est exposé au *Museo de las Culturas de Oaxaca* (lire plus haut « À voir » à Oaxaca).

LA CÔTE PACIFIQUE SUD

HUATULCO

33 200 hab. IND. TÉL. : 958

C'est une station balnéaire sortie de nulle part, le long de cette côte jusqu'alors sauvage ! Imaginez la campagne à la végétation luxuriante, les plages vierges, et puis, soudain, un aéroport international, de larges avenues au gazon bien tondu bordées de palmiers bien alignés, des golfs, et tout un tas d'hôtels dans le style *resort* ! Au début des années 1980, les autorités mexicaines ont décidé de créer ici une station balnéaire afin de désengorger Cancún et Acapulco. Et plusieurs grandes sociétés hôtelières s'y sont installées au bord des superbes plages étalées au fond de petites baies aux eaux limpides... La plupart sont désormais accessibles à la seule condition de loger dans les clubs-hôtels ou *resorts* qui ne cessent de se développer sur cette partie du littoral.
Hormis le vieux centre qui conserve un certain charme avec quelques bâtiments historiques autour du *zócalo,* Huatulco n'est pas franchement une destination routarde... On vous conseille de tracer la route un peu plus (à environ 1h) pour profiter de cette belle côte Pacifique en séjournant à Mazunte ou San Agustinillo.
Huatulco est une zone côtière accrochée à la sierra qui glisse doucement dans le Pacifique. D'est en ouest, sur 35 km de littoral, voici neuf baies, dont cinq d'entre elles et une bonne partie des terres sauvages attenantes (soit 11 891 ha) s'inscrivent dans le *parque nacional Huatulco.* Un site à découvrir lors de randonnées pédestres ou à VTT.

Arriver – Quitter

En bus

Terminal de autobuses de 1ra clase : *bd Chahué (angle av. Riscalillo). ☎ 587-02-59. • ado.com.mx •* Sur place : consigne à bagages et distributeur de billets.

➢ ***Mexico – Terminaux Tapo-Oriente, Norte et Tasqueña-Sur*** *(15h)* **:** env 7 bus/j. avec *OCC, ADO* et *AU.*

➢ ***Oaxaca*** *(8h)* **:** env 4 bus/j. avec *OCC* et *ADO.*

➢ ***Pochutla*** *(1h)* ***et Puerto Escondido*** *(2h20)* **:** env 30 bus/j. avec *SUR, OCC* et *AU.* Une fois arrivé à Pochutla, correspondance avec des *colectivos* pour **San Agustinillo.**

➢ ***Tehuantepec*** *(3h)* **:** env 6 bus/j. avec *OCC, AU* et *Ecobus.*

➢ ***Puebla*** *(12h30)* **:** 3-5 bus/j. avec *OCC, ADO* et *AU.*

➢ ***Tuxtla Gutiérrez*** *(9h)* ***et San Cristóbal de Las Casas*** *(10h)* **:** 2 bus/j. de nuit avec *OCC.* Résa à l'avance conseillée en hte saison.

➢ ***Veracruz*** *(12h)* **:** 2 bus/j. avec *ADO* et *AU.*

Terminal de autobuses de 2da clase : *av. Carpinteros 1 (secteur T), à env 1 km au nord du terminal précédent.* Consigne à bagages.

➢ ***Mexico – Terminaux Tapo-Oriente et Tasqueña-Sur*** *(15-16h)* **:** env 1 bus/j. avec *Alta Mar-Costeños.*

➢ ***Pochutla*** *(1h),* ***Puerto Escondido*** *(2h)* ***et Acapulco*** *(12h)* **:** 3-7 bus/j. avec *Alta Mar-Costeños.*

➢ ***Salina Cruz*** *(2h30)* **:** env 26 bus/j. avec *Istmeños.*

En avion

✈ **Aeropuerto international de Bahias de Huatulco :** *carretera Pinotepa-Salina Cruz, km 237. ☎ 581-90-04 ou 60. • asur.com.mx • À 15 km à l'ouest de la ville, direction Pochulta.* Surtout desservi par des charters américains et canadiens. Toutefois, les compagnies *Aeroméxico* et *Interjet* assurent des liaisons quotidiennes directes avec Mexico. Également 1 vol/j. pour Oaxaca avec *Aerotucán.*

➢ ***Rejoindre le centre-ville*** en taxi (env 380 $Me ; plus cher pour les plages) ou *colectivo* (100 $Me/pers). Le retour en taxi est moins cher : env 180 $Me *(résa taxis et colectivos pour l'aéroport : ☎ 581-90-14).*

Adresses utiles

Office de tourisme gouvernemental *(Sedetur)* **:** *bd Benito Juárez s/n, Bahía de Tangolunda. ☎ 581-01-77. • huatulco.com.mx • Lun-ven 8h-17h.* Une foule de renseignements sur Huatulco et la région de Oaxaca. Plans de la ville et des plages du littoral, infos sur le *parque nacional Huatulco* et les diverses activités dans la région (randonnée pédestre, équitation, VTT, rafting, canyoning, escalade, plongée sous-marine...).

■ **Argent et change :** *dans le quartier de La Crucecita, distributeurs de billets et change dans les banques* ***Banorte,*** *Guamuchil 604 ; et* ***HSBC,*** *Bugambilias (angle Sabalí).*

Taxis : *☎ 587-16-16 ou 583-43-53.*

Où dormir ? Où manger ?

Le petit centre « ancien » de Huatulco apporte une note un peu humaine et authentique. C'est là que se trouvent le marché, le *zócalo,* quelques boutiques, des restos et les hébergements bon marché. Un quartier à privilégier si vous devez passer la nuit ici avant ou après un vol.

Bon marché

Posada Leo : *Bugambilias 302 (angle Cocotillo), La Crucecita. ☎ 587-26-01. • posadaleo_hux@hotmail.com •* Petite *posada* familiale proprette, aux chambres simples

LA RÉGION DE OAXACA ET LA CÔTE PACIFIQUE SUD

mais toutes avec salle de bains et TV. Ventilo ou AC selon vos moyens. Choisir plutôt celles de l'étage, donnant sur le jardin. Accueil très aimable. Une excellente adresse à prix plancher.

Hotel Posada del Carmen : *Palo Verde 304, La Crucecita. ☎ 587-05-93.* Une vingtaine de chambres fonctionnelles et sans charme, mais propres et toutes équipées de salle de bains. Vraiment pas cher hors saison.

Mercado : *à 1 bloc du zócalo.* Plusieurs cantoches où manger de bons petits plats de poisson et de cuisine locale. Et plein de jus de fruits frais.

Prix moyens

Hotel Palma Real : *Palma Real 30, lote 7, La Crucecita. ☎ 112-05-80 ou 111-35-17.* Bâtiment blanc à un étage, donnant sur un petit jardin public. Chambres plutôt confortables et nickel, avec salle de bains, TV et ventilo. AC pour les plus chères. Les têtes de lit sont kitsch à souhait ! Accueil chaleureux et pro.

Hostal Luna Creciente : *Guarumbo 15, La Crucecita. ☎ 583-45-94. • hostalunacreciente@gmail.com •* On aime bien cette petite dizaine de chambres confortables avec salle de bains, TV, ventilo, et AC pour les plus chères. Aménagement sobre et élégant. Un très bon rapport qualité-prix-accueil.

Plus chic

Misión de los Arcos : *Gardenia 902, La Crucecita. ☎ 587-01-65. • misiondelosarcos.com • Petit déj inclus.* Dans ce grand bâtiment blanc moderne à deux pas du *zócalo,* voici des chambres confortables et élégantes. Bref, une belle adresse de charme. Resto chic – *Terra Cotta* – à consonance italienne. Accueil un rien tatillon, dommage !

Tostado's Grill : *Flamboyan 306. ☎ 587-16-97.* Une salle décorée de vieux meubles et d'objets anciens, flanquée d'une agréable terrasse couverte sur le *zócalo.* À la carte, *mariscos,* plats oaxaqueños, bon choix de viandes grillées, salades, pâtes... Copieux. Tortillas et guacamole servis gratuitement en entrée, juste pour patienter. Accueil stylé sympa. On s'est régalés !

Où boire un verre ? Où sortir ?

La Crema-Güatulko Bar : *Gardenia 311, sur le zócalo ; au-dessus du resto Tropicana. Au 1er étage. Tlj 19h30-2h.* Fréquenté par les jeunes et moins jeunes du coin, un grand bar parsemé de tables basses, de fauteuils et de canapés pour se vautrer dans la lumière tamisée. Déco hétéroclite et bonne musique rock, reggae et groupes nationaux live de temps à autre. Et, bien sûr, une ribambelle alléchante de cocktails. Sympa et souvent remuant en soirée.

À voir. À faire

Parque nacional Huatulco : dans le parc, possibilité de se baigner sur la plage de **Cacaluta,** protégée par un îlot au large, et celle de **Chachacual.** Toutefois ces belles plages sauvages sont seulement accessibles en bateau. Plus à l'ouest encore, la petite plage de **San Agustín** est préservée et son récif offre de belles découvertes en snorkelling (on la rejoint par une piste).

Possibilité de visiter les baies lors d'***excursions en bateau*** à la journée au départ du *port de Santa Cruz.* Le tarif se négocie sur place. Sinon, les agences proposent aussi la balade, mais c'est plus cher, en groupe et avec des horaires fixes.

SAN AGUSTINILLO

IND. TÉL. : 958

Gros coup de cœur pour cette longue plage sublime, soulignée de cocotiers et bordée par un gentil village aux maisons basses. Juste quelques *posadas* et restos, pour une ambiance tranquille – authentique et familiale – aux antipodes de Zipolite-la-surfureuse et de Mazunte-la-néo-hippie, deux jolies plages des environs à l'atmosphère un peu surfaite. Bref, San Agustinillo demeure un *lugar* idéal pour passer de bonnes vacances en famille. Foncez !

Arriver – Quitter

En bus

– ***Important :*** les bus s'arrêtent au village de ***Pochutla,*** à env 18 km de San Agustinillo. De là, prendre une camionnette bâchée ou un taxi *colectivo* desservant les villages de la côte : Puerto Ángel, Zipolite, San Agustinillo, puis Mazunte.

Terminal de autobuses : *av. Lázaro Cárdenas, à Pochutla.*

➢ ***Mexico – terminaux Norte et Tasqueña-Sur*** *(12-13h)* **:** env 6 bus/j. en 1re et 2de classes avec *OCC, Estrella Blanca, Blanesca* (ex-*Estrella del Valle* et ex-*Oaxaca Pacifico*), et *Altamar-Costeños.*

➢ ***Oaxaca*** *(9h)* **:** env 3 bus/j. en 1re classe avec *OCC.* Moins rapides que les bus de 2de classe qui prennent une route plus directe (7-8 h) : env 11 bus/j. avec *Transportes Oaxaca-Istmo* et *Blanesca* (ex-*Estrella del Valle* et ex-*Oaxaca Pacifico*). Autre solution pour les pressés (6h) : les minibus de ***Lineas Unidas*** *(Bustamante 601, angle Xóchitl, à Oaxaca ; ☎ 516-24-72),* et de ***Eclipse 70*** *(à Oaxaca : Bustamante 622, angle Xóchitl ; ☎ 516-10-68 ; à Pochutla : av. Lázaro Cárdenas 85, ☎ 584-08-40).*

➢ ***Huatulco*** *(1h)* ***et Puerto Escondido*** *(3h20)* **:** env 30 bus/j. avec *SUR, OCC, AU* et *Altamar-Costeños.*

➢ ***Acapulco*** *(11h)* **:** 7-8 bus/j. avec *Estrella Blanca* et *Alta Mar-Costeños.*

➢ ***Tehuantepec*** *(4h)* **:** env 4 bus/j. avec *OCC* et *Ecobus,* via ***Salina Cruz*** (3h30).

➢ ***Tuxtla Gutiérrez*** *(10h)* ***et San Cristóbal de Las Casas*** *(11h)* **:** 2 bus/j. avec *OCC.* Résa à l'avance conseillée en hte saison.

En avion

✈ ***Aeropuerto international de Bahias de Huatulco :*** *à env 70 km à l'est de San Agustinillo* (voir plus haut « Huatulco. Arriver – Quitter »).

Adresses utiles

■ ***Argent et change :*** *à **Puerto Ángel** (8 km à l'est de San Agustinillo), la **Banco Azteca** (bd Virgilio Uribe ; tlj 8h-22h) change euros et dollars, et service Western Union. Juste à côté, distributeur de billets **Bancomer** (bd Virgilio Uribe, angle José Vasconcelos).*

Où dormir ?

De bon marché à prix moyens (moins de 800 $Me / env 40 €)

Palapa Kaly : *à l'entrée de San Agustinillo en venant de Zipolite, côté colline. ☎ 116-23-13 ou 37-59.* La bonne affaire ! Impeccablement tenues par un jeune couple accueillant, voici des chambres simples, avec salle de bains, moustiquaire et ventilo ; réparties dans un long bâtiment bas en retrait de la route. Resto sous une *palapa.* Et pour aller à la plage, il n'y a que la route à traverser !

De chic à plus chic (800-1 600 $Me / env 40-80 €)

Un Sueño, cabañas del Pacífico : *au centre du village, côté mer. 113-87-49. • unsueno.com • Prix identiques en basse et hte saisons.* Après avoir passé plusieurs années au Mexique, Julien, un Français vadrouilleur, a ouvert cet hôtel face à l'océan il y a une quinzaine d'années. Plantées dans le sable entre les cocotiers, ses charmantes *cabañas* sont toutes équipées de salle de bains, moustiquaire, ventilo, coffre-fort et terrasse avec hamac. Déco un brin ethnique, avec des objets rapportés d'Inde, Afrique... Jolie terrasse couverte avec hamac devant la mer. Excellent rapport qualité-prix en haute saison. Fait aussi bar et resto-snack avec de bons petits déj et quelques plats frais et simples pour le déjeuner. Ambiance décontractée et accueil chaleureux. On aime !

Cabañas Punta Placer : *au centre du village, côté mer. 109-01-64. • puntaplacer.com •* L'adresse la plus chic de la plage ! Tenues par un couple de Français, ces maisonnettes à étage abritent de belles chambres dotées de salle de bains, moustiquaire, ventilo et coffre-fort. Jolie déco soignée un brin design. On a un gros faible pour celles de l'étage avec leur joli toit de palmes et la terrasse où pend un hamac. Vue sur mer. Resto le soir pour les seuls hôtes (résa le matin). Fait aussi école de surf (voir plus loin *Coco Loco Surf* dans « À faire »). Accueil parfois un peu rude, dommage !

Posada Rancho Cerro Largo : *2 km avt San Agustinillo en venant de Zipolite, playa Aragón. • rcerrolargo@yahoo.com • Dans un virage, prendre la piste qui monte, côté mer (panneau). Résa conseillée en hte saison. ½ pens incluse.* Tout en haut d'une énorme falaise verdoyante dominant le Pacifique, ainsi qu'une plage immense et déserte. Un escalier taillé dans la roche y descend, desservant en chemin plusieurs bungalows propres et aménagés avec goût. Un lieu très « rustique chic » soucieux de son environnement : toilettes sèches et douche à la louche dans la charmante *cabaña* ouverte sur l'océan et la végétation (notre préférée). Moustiquaires partout, mais sanitaires communs pour les moins chères. *Comedor* zen, joliment décoré, avec vue superbe ; on y mange une nourriture semi-végétarienne, autour d'une table commune. Cours de yoga. Une belle adresse.

Où manger ? Où boire un verre ?

De prix moyens à plus chic (150-500 $Me / env 7,50-25 €)

Mexico Lindo : *à l'extrémité ouest de la plage.* Une adresse incontournable ! Agréable paillote plantée dans le sable, face à l'azur intense du Pacifique. Dans l'assiette, de délicieux plats de poisson et fruits de mer, mais aussi des soupes, salades, pâtes... Bref, une cuisine du cru soignée et servie à prix honnêtes. Également de bons jus de fruits frais pour se désaltérer entre deux ploufs ! Accueil sympa.

La Termita : *au centre du village, côté mer. ☎ 589-30-46. Tlj 18h30-22h30.* En bord de plage, sous une belle *palapa* proprette, on se régale des excellentes pizzas, généreusement garnies sous vos yeux et cuites au feu de bois. Également de vastes et jolies *cabañas* à louer, mais la quiétude fait parfois défaut en soirée.

Un Sueño : *sur la plage de l'hôtel du même nom (voir « Où dormir ? »), au centre du village. 113-87-49. Tlj 8h-18h.* Juste devant l'océan, une *palapa* revisitée au cadre soigné, avec tables et chaises en bois, et quelques hamacs pour buller en bouquinant. Carte réduite mais de qualité, une bonne adresse, pour manger un morceau en journée ou prendre un verre, les yeux dans le bleu.

LA RÉGION DE OAXACA ET LA CÔTE PACIFIQUE SUD

Où dormir ? Où manger ? Où boire un verre ? Où sortir dans les environs ?

À Puerto Ángel

Lové au fond d'une petite baie à 8 km à l'est de San Agustinillo, cet authentique petit port de pêche invite à une courte escale. Les deux plages de sable clair étant impropres à la baignade, on vous recommande toutefois de vous contenter d'y prendre un repas ou un verre.

Hotel Bahía de la Luna : *playa Boquilla.* ☎ *589-50-20.* • *bahiadelaluna.com* • *À 7 km à l'est de Puerto Ángel. Direction Pochutla sur 4 km, puis à droite (panneau) un chemin rocailleux de 5 km – tt juste carrossable – descendant vers playa Boquilla. Plus simple d'y accéder en bateau ! Catégorie « Plus chic ».* Un bout du monde ! Sublime petite plage au fond d'une superbe baie isolée, cernée de collines et de jungle. Enfouies sous les arbres – côté mer ou colline –, une dizaine de *cabañas* tout confort, décorées avec goût dans le style « rustique chic ». Côté resto, savoureuse cuisine inventive qui revisite les classiques mexicains avec des touches européennes ; le tout servi sous une *palapa* plantée devant la mer. Kayaks de mer, masques et tubas à dispo des clients de l'hôtel. Une authentique adresse de charme.

Costeñita : *sur la playa Principal, au pied de la jetée. Tlj 6h-18h. De bon marché à prix moyens.* Cette cabane toute simple, flanquée d'une terrasse les pieds dans le sable, est l'endroit idéal pour prendre le petit déj, dévorer un poisson du jour ou boire un verre, en observant l'activité des pêcheurs. Accueil gentil.

À Zipolite

À 4 km à l'est de San Agustinillo, la longue plage de Zipolite est vraiment belle (et dangereuse, attention !), même si le béton des *posadas* a décimé les cocotiers. Ambiance déjantée, jeune et festive, à laquelle viennent se greffer d'anciens babas cool... devenant l'une des rares plages du Mexique où l'on peut pratiquer le nudisme et aussi l'une des seules *gay friendly.*

Bungalows Las Casitas : *Shambhala.* 📱 *100-92-34.* • *las-casitas.net* • *À l'extrémité ouest de la plage. Prix moyens. Resto plus chic, tlj 19h-23h.* On aime bien ces *cabañas* rustiques en bois, plantées sur une colline enrobée de végétation luxuriante, surplombant l'océan. Chambres agréables, toutes avec sanitaires privés, parfois extérieurs. Les plus chères équipées d'une cuisine et d'un salon avec terrasse et hamac. Sur place, l'une des meilleures tables de Zipolite – *La Providencia* – concoctant des spécialités mexicaines innovantes. À dévorer sur une terrasse cosy. Passé l'étonnement, on s'est régalés ! Accueil sympa. Une belle adresse paisible à 5 mn à pied de la plage.

El Alquimista : *Shambhala.* ☎ *587-89-61.* • *el-alquimista.com* • *À l'extrémité ouest de la plage. Plus chic.* Sous les arbres du bord de plage, ces maisonnettes au toit de palmes abritent des chambres tout confort et de bon goût ; chacune avec terrasse et hamac sur la mer superbe. Sur place, excellent resto sous une *palapa,* féérique en soirée quand les bougies sur les rochers sont allumées. On y sert une cuisine mexicaine et internationale, pas donnée mais fraîche, goûteuse et joliment présentée. C'est une des valeurs sûres de Zipolite pour faire un bon repas.

Pour sortir, boire un verre et se démener sur des rythmes endiablés, version techno, rave ou transe, rendez-vous au ***Babel Café*** ou au ***Nice Place on the Beach,*** tout 2 situés dans le centre (colonia Roca Blanca). Également de bonnes secousses au ***Bang-Bang,*** plus à l'est.

À Mazunte

Derrière la colline, juste à l'ouest de San Agustinillo, débute Mazunte. Pas vraiment un village, mais des maisons dispersées dans la végétation, le long de quelques rues, au fond d'une jolie baie soulignée par une plage de sable fin. Cependant, beaucoup de monde en saison et de plus en plus de constructions...

Posada Ziga : *au milieu de la playa Mazunte. • posadaziga.com • À gauche juste après le centro mexicano de la Tortuga, en venant de San Agustinillo. Prix moyens.* Surplombant la mer du haut d'une colline, voici des chambres rudimentaires mais nickel, réparties dans plusieurs petits bâtiments en bois ou en dur. Salle de bains, ventilo et moustiquaire de série. Resto-terrasse dominant la plage. Accueil pro et gentil, mais prix un peu surestimés.

Posada del Arquitecto : *playa El Rinconcito. • posadadelarquitecto.com • De bon marché à prix moyens.* Devant la plage, une dizaine de *cabañas* assez simples mais agréables et parfaitement tenues par Jean-Marie, un Français. Salle de bains, ventilo et moustiquaire. En retrait de l'autre côté de la rue, les moins chères n'ont pas de vue. Pour les fauchés, également des dortoirs sommaires avec moustiquaires, aménagés sur des terrasses ombragées ouvertes aux vents. Possibilité de hamac. Café-resto, face à la mer.

Altamira Mazunte Bungalows : *à l'ouest de la playa El Riconcito, sur la colline. 104-08-26. • altamiramazunte.com • Prendre le chemin à droite dans la rue menant à la playa El Riconcito (panneaux). De prix moyens à plus chic.* Vue panoramique superbe sur l'océan ! Une quinzaine de bungalows s'étagent sur le flanc d'un *cerro,* au milieu de la végétation luxuriante. Jolies chambres colorées et propres, dont certaines en duplex (4 personnes) ; toutes avec salle de bains, ventilo, terrasse avec vue et hamac. Chemin d'accès à la plage en contrebas. Accueil sympa, mais prix un peu exagérés.

Estrella Fugaz : *playa El Rinconcito. De bon marché à prix moyens.* Resto à l'étage dont la terrasse s'ouvre sur la plage. À la carte, de bons *desayunos completos,* mais aussi *mariscos y pescados, carnes, pastas...* Bref, de quoi se sustenter du matin au soir. Bien également pour siroter un cocktail au soleil couchant.

Juste à côté, le restaurant ***Siddhartha*** propose une bonne cuisine internationale *(prix moyens)* : *ceviche* d'une grande fraîcheur, salades, sandwichs...

À faire

– ***Surf :*** *avec* ***Coco Loco Surf,*** *au milieu du village, côté colline, quasi face aux Cabañas Punta Placer, dont il dépend. 109-01-64. Compter 350 $Me/pers.* Pendant que sa femme s'occupe des *cabañas,* David surfe ! Il donne des cours en français, loue du matériel, organise des *surf trips* ou des séjours de 2-3 jours dans la région, et propose des descentes en raft.

– ***Sorties en mer :*** *avec* ***Pacífico Mágico,*** *118-27-10. Compter 200 $Me/pers (10 pers max). Durée : 2h30-3h.* Le sympathique et sérieux Efren vous embarque sur son bateau en petit comité, pour voguer à la découverte des habitants du Pacifique : dauphins, baleines (en saison), sans oublier tortues et jolis poissons que l'on tutoie lors d'une séance de snorkelling. Taud pour protéger du soleil et gilets de sauvetage à poste !

DANS LES ENVIRONS DE SAN AGUSTINILLO

Cooperativa ecoturística La Ventanilla : *à l'entrée de la playa Ventanilla, à 3 km à l'ouest de* ***Mazunte,*** *côté mer (panneau). ☎ 585-91-11. 108-77-26. • laventanilla.com.mx • Accès en taxi ou colectivo. Tlj 8h-17h. Visite guidée en bateau env 100 $Me/pers (max 10 pers). Durée : 1h30-2h.* On a bien aimé cette promenade en bateau dans la mangrove à la découverte de la faune locale

(crocodiles, iguanes et nombreux oiseaux), avec escale sur un îlot pour visiter un *cocodrilario,* où plus d'une centaine de bébés crocos sont élevés en attendant d'être remis en liberté dans la lagune. Vous en profiterez pour saluer le coati, à la jolie queue annelée... Également d'autres options sur résa, dont une *promenade à pied* de 2h30 aller-retour, pour observer les oiseaux en compagnie d'un ornithologue.
On peut aussi manger et loger sur place (camping ou *albergue ecológico*). Ceux qui y passent la nuit pourront accompagner les gardes qui surveillent la ponte des tortues entre juillet et mars sur la belle ***playa Ventanilla,*** notamment. Les œufs sont ramassés et placés en incubation pour éviter tout braconnage, et améliorer le taux de survie des jeunes. Il s'agit surtout de tortues olivâtres *(golfinas),* mais on a parfois la chance de tomber sur une tortue noire ou une énorme tortue-luth. Une expérience formidable !

Centro mexicano de la Tortuga : *à l'entrée de* ***Mazunte,*** *sur la gauche en venant de San Agustinillo. • centromexicanodelatortuga.org • Tlj sf lun-mar 10h-16h30 (14h30 dim). Entrée : 35 $Me.* Ce musée fait partie du vaste programme de protection des tortues marines, classées parmi les animaux en voie d'extinction. Il en existe 11 espèces dans le monde, et 10 d'entre elles se reproduisent le long des côtes mexicaines. Les aquariums proposent de faire connaissance avec elles, ainsi qu'avec quatre espèces de tortues d'eau douce.

PUERTO ESCONDIDO

25 900 hab. IND. TÉL. : 954

• Plan *p. 404-405*

Ce petit port de pêche enfoui dans les cocotiers, découvert par les *gringos* dans les années 1970, s'est peu à peu bétonné pour devenir une station balnéaire fréquentée par les familles mexicaines, les retraités américains, sans oublier les surfeurs. Car la *playa Zicatela,* sur laquelle déferlent des rouleaux d'une belle ampleur, arrive en troisième position dans le classement des meilleurs spots de surf mondiaux ! Aussi le site accueille-t-il plusieurs épreuves du circuit mondial de la discipline. Plus grande, plus remuante et largement plus urbanisée que la paisible et authentique San Agustinillo, mais quand même un havre de paix comparé à la trépidante Acapulco, Puerto Escondido peut être une petite étape sur le littoral pacifique.

Arriver – Quitter

En bus

Central de autobuses *(1ra clase ; plan C1-2,* ***3****) :* *carretera Costera. ☎ 582-10-73. • ado.com.mx • Bâtiment moderne juste au nord de la playa Principal.* Sur place : consigne à bagages et distributeur de billets.

➢ ***Mexico – terminaux Norte, Tapo-Oriente et Tasqueña-Sur*** *(18h)* **:** env 3 bus/j. avec *OCC.* Trajets longs, car les bus transitent par Salina Cruz. Bien plus rapides, via Acapulco, à partir du terminal de *autobus turística.*

➢ ***Puebla*** *(15-16h)* **:** env 2 bus/j. avec *OCC.*

➢ ***Huatulco*** *(2h20)* **:** env 30 bus/j. avec *SUR, OCC* et *AU.* Une fois arrivé à Pochutla, des *colectivos* vous mènent à ***San Agustinillo.***

➢ ***Tehuantepec*** *(6h)* **:** env 4 bus/j. avec *OCC* et *Ecobus.*

➢ ***Oaxaca*** *(8h)* **:** env 3 bus/j. avec *OCC.*

➢ ***Tuxtla Gutiérrez*** *(12h)* ***et San***

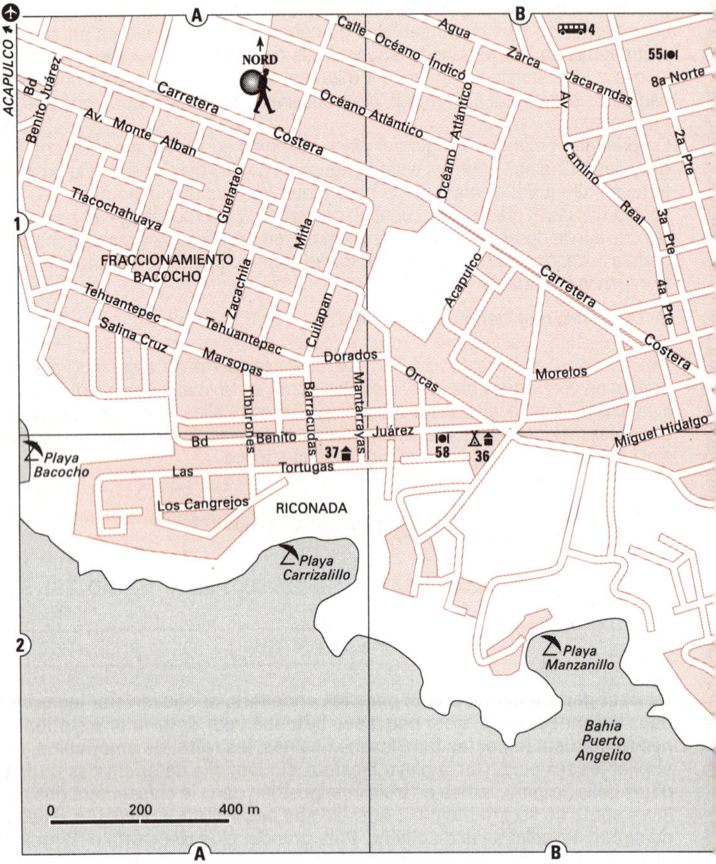

Adresses utiles

- Office de tourisme
- 2 Police touristique
- 3 Central de autobuses (1ra clase)
- 4 Terminal de autobuses turística (2da clase)
- 5 Banamex
- 6 Supermarché Che (DAB)
- 7 Agence de voyages Dimar
- 8 Coopérative de pêche

Où dormir ?

- **21** Hotel Buena Vista *(zoom)*
- **22** Hotel Flor de María
- **23** Hotelito Swiss Oasis *(zoom)*
- **24** Beach Hotel Inès *(zoom)*
- **25** Bungalows Puerta del Sol *(zoom)*
- **26** Casas de Playa Acali *(zoom)*
- **27** Hotel Santa Fe
- **29** Frutas y Verduras et Cabañas Buena Onda
- **30** Hotel Mayflower
- **32** Hotel Ribera del Mar
- **33** Hotel Casablanca

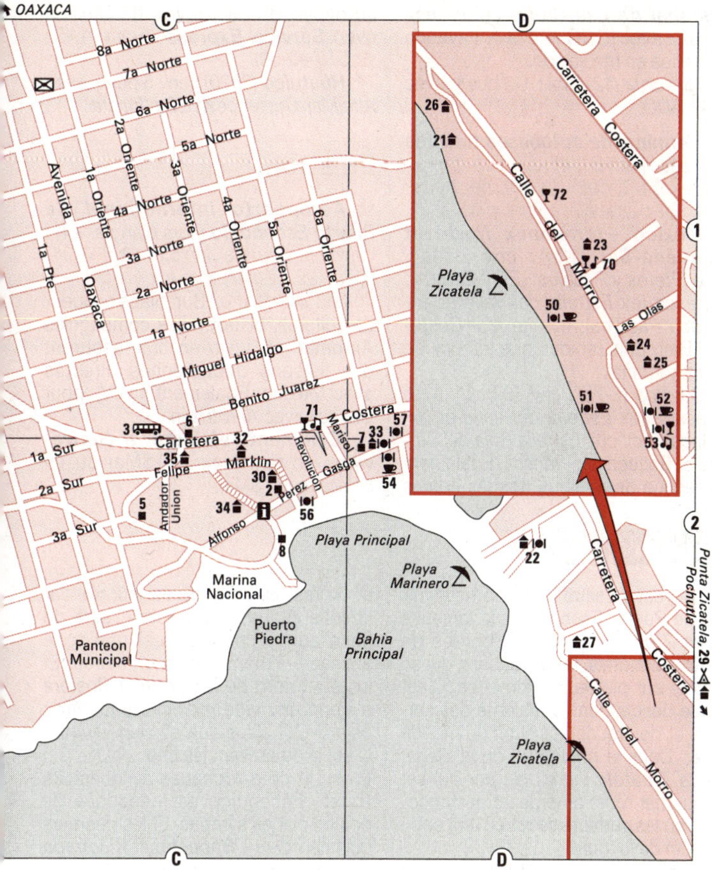

PUERTO ESCONDIDO

34 Le P'tit Hôtel
35 Hotel San Juan
36 Hostal Shalom
37 Villa Mozart y Macondo

Où manger ? Où prendre un petit déjeuner ?

22 Flor de María
50 Mango's *(zoom)*
51 Los Tíos *(zoom)*
52 El Cafecito *(zoom)*
53 Sativa *(zoom)*
54 Brasserie-crêperie Vivaldi
55 Mercado
56 Los Crotos
57 Bendito's
58 Almoraduz

Où boire un verre ? Où sortir ?

53 Bar Fly *(zoom)*
70 Casa Babylon *(zoom)*
71 Los Tarros
72 Fish Taco *(zoom)*

***Cristóbal de Las Casas** (13h)* **:** env 2 bus/j. avec *OCC.* Résa à l'avance conseillée en hte saison.
➢ ***Veracruz** (12-15h)* **:** 1-2 bus/j. avec *AU* et *ADO.*

Terminal de autobuses turística *(2da clase ; plan B1,* ***4****)* **:** *situé au nord du centre-ville, à côté du marché. Accès en taxi depuis la playa Principal.*
➢ ***Mexico – terminaux Norte et Tasqueña-Sur*** *(12h)* **:** env 8 bus/j. avec *Fletes y Pasajes, ETN-Turistar, Blanesca* (ex-*Estrella del Valle* et ex-*Oaxaca Pacifico*), et *Alta Mar-Costeños.* Bien plus rapides que les bus de l'autre terminal.
➢ ***Oaxaca** (6-7h)* **:** env 13 bus/j. avec *Blanesca* (ex-*Estrella del Valle* et ex-*Oaxaca Pacifico*), *Estrella Roja del Sureste* et Solteca (ex-*Transol*). Également un service de minibus ttes les heures au départ du centre-ville de Oaxaca avec ***Service Express*** *(Arista 116 ; ☎ 516-40-59).*
➢ ***Huatulco** (2h20)* **:** env 5 bus/j. avec *Alta Mar-Costeños* et *ETN-Turistar.*

En avion

✈ ***Aeropuerto international de Puerto Escondido*** *(hors plan par A1)* **:** *carretera Costera, km 6,5. ☎ 582-04-91 ou 92. • asur.com.mx • À 6 km à l'ouest du centre.* Sur place : loueur de voitures, bistrot... Les compagnies *Aeromar* et *VivaAerobus* assurent des liaisons quotidiennes directes avec Mexico. Également 1 vol/j. pour Oaxaca avec *Aerotucán.*
➢ ***Comment rejoindre le centre-ville :*** en taxi (env 250 $Me) ou en *colectivo* (60 $Me).

Topographie

Au sud-est se situe le centre névralgique de Puerto Escondido : la fameuse ***playa Zicatela*** *(plan D2),* bordée de nombreux hôtels, restos et bars, qui se déroule sur plusieurs kilomètres. C'est là que descendent la majorité des surfeurs et des touristes venus du monde entier. Dans la partie sud de la plage, ***punta Zicatela*** *(hors plan par D2)* est un quartier *roots* émergeant des cocotiers, où les surfeurs se retrouvent entre eux loin de la foule.
Au bord de la ***playa Principal*** *(plan C-D2),* on trouve un petit quartier touristique organisé autour de l'*avenida Alfonso Pérez Gasga,* partiellement piétonne et bordée de commerces et de restos. Délaissé en journée car la jolie plage – insalubre – sert de base aux pêcheurs, c'est une zone animée vraiment sympa en soirée. Et juste au nord de la *carretera Costera* s'étend une ***ville mexicaine*** *(centro ; plan B-C1)* classique et bien vivante. C'est là qu'arrivent les bus.
Enfin, la côte rocheuse à l'ouest de Puerto Escondido est découpée de petites plages sympas. Et les quartiers qui la bordent – ***Bacocho*** et ***Riconada*** *(plan A1-2, B2)* – constituent la nouvelle zone touristique qui monte.
– ***Attention :*** pour éviter tout risque d'agression, ne vous promenez JAMAIS sur les plages le soir.

Adresses utiles

ℹ ***Office de tourisme*** *(plan C2)* **:** *av. Pérez Gasga, playa Principal. ☎ 582-11-86. • oaxaca-travel.com • Kiosque au début de la rue piétonne. Tlj sf dim 10h-12h, 16h-18h (10h-13h sam).* Une foule d'infos sur Puerto Escondido et la région de Oaxaca, plan de la ville et des environs, agenda culturel, infos transports et loisirs (surf, pêche au gros, randonnée pédestre, équitation, VTT, rafting, canyoning, escalade, plongée sous-marine, snorkelling, canoë-kayak, observation de la ponte des tortues...).
■ ***Police touristique*** *(plan C2,* ***2****)* **:** *av. Pérez Gasga, playa Principal. ☎ 582-07-21.*
✉ ***Poste*** *(plan C1)* **:** *7a Norte (angle Oaxaca), dans le haut de la ville. Tlj sf dim.* On peut aussi acheter des timbres et poster ses lettres dans la rue piétonne de playa Principal.
@ ***Internet :*** *plusieurs possibilités*

de connexion dans la rue piétonne de playa Principal et à Zicatela. Certains font aussi centre d'appels. Et puis l'essentiel des hôtels, restos et bars sont équipés du wifi gratuit.

■ ***Argent et change :*** *on change euros et dollars à la banque* ***Banamex*** *(plan C2,* ***5*** *; av. Pérez Gasga 905, playa Principal ; lun-sam 9h-16h).* Sur place, distributeur de billets. Également un **bureau de change** dans la même rue, et un autre sur le front de mer de Zicatela (taux moins avantageux que ceux des banques, mais ouverts tard). *Enfin,* ***distributeurs de billets*** *à l'entrée des hôtels de playa Zicatela, ainsi qu'au supermarché* ***Che*** *(plan C1,* ***6*** *; carretera Costera, juste au-dessus de playa Principal).*

■ ***Agence de voyages Dimar*** *(plan D2,* ***7****) : av. Pérez Gasga 905 B, playa Principal. ☎ 582-15-51. • viajesdimar.com • Un autre bureau calle del Morro, playa Zicatela (zoom). ☎ 582-23-05. Tlj 9h30-20h30 (à partir de 12h dim).* Billets d'avion et de bus, location de voitures, excursions guidées sur les lagunes de Chacahua et Manialtepec...

■ ***Location de voitures*** *(hors plan par A1) : chez* ***Arrendadora de Autos y Camionetas Rentame,*** *à l'aéroport. 540-81-61.* Le seul loueur de la ville livre les véhicules à votre hôtel.

Taxis : *☎ 582-90-09. Pour une course en ville, compter env 25 $Me ; pour Zicatela, 35 $Me.*

Où dormir ?

– ***Important :*** en haute saison (décembre, Noël et Semaine sainte), arriver le matin pour être sûr de trouver une chambre. Préférer un hébergement avec moustiquaire.

Playa Zicatela et playa Marinero

Prix moyens (400-800 $Me / env 20-40 €)

Hotel Buena Vista *(zoom,* ***21****) : calle del Morro s/n. ☎ 582-14-74. • aidemej@hotmail.com • Doubles env 500-650 $Me avec ventilo ou AC.* Sur la colline dominant la plage, il faut grimper une belle volée de marches pour gagner cette petite dizaine de chambres fonctionnelles et propres ; toutes dotées de salle de bains, ventilo et frigo. AC et cuisine dans les plus chères, et balcon avec vue sur mer pour la plupart. Bon rapport qualité-prix-accueil.

Hotel Flor de María *(plan D2,* ***22****) : 1ª Entrada a playa Marinero. ☎ 582-05-36. • mexonline.com/flordemaria.htm •* Proche de l'une des plages du port de pêche, belle maison haute en couleur de style colonial, fraîche, proprette et tranquille. Une bonne vingtaine de jolies chambres confortables, spacieuses et agréablement décorées. Le tout entourant un patio. Vue sur mer pour les plus chères. Bon resto (voir « Où manger ?... »). Sur le toit-terrasse : hamacs, bar et piscinette avec vue mer. Une valeur sûre, d'un excellent rapport qualité-prix-accueil.

Hotelito Swiss Oasis *(zoom,* ***23****) : calle Andador los Adobes s/n. ☎ 582-14-96. • swissoasis.com •* Dans une ruelle calme perpendiculaire au front de mer, une petite dizaine de chambres coquettes et confortables, aménagées dans un long bâtiment à un étage. Salle de bains, ventilo et TV partout. Jolie piscinette avec jacuzzi et cadre agréable, verdoyant à souhait. Cuisine commune. Accueil gentil en français. Pas de vue sur l'océan toutefois, et l'ensemble est un peu étriqué.

Beach Hotel Inès *(zoom,* ***24****) : calle del Morro s/n. ☎ 582-07-92. • hotelines.com •* Un hôtel à dimension variable, pour toutes les bourses (de bon marché à plus chic) : de la petite chambre sommaire au grand appartement confortable pour loger une famille nombreuse, faites votre choix ! Toutes sont parfaitement tenues et dotées de salle de bains, ventilo et coffre. Les meilleures ont aussi une cuisine en terrasse, TV, AC, voire jacuzzi. Et plus les prix montent, plus

LA RÉGION DE OAXACA ET LA CÔTE PACIFIQUE SUD

les chambres sont grandes et joliment arrangées. Piscine centrale avec transats. Resto-bar. Bon accueil.

Bungalows Puerta del Sol (zoom, **25**) : *calle del Morro s/n. ☎ 582-29-22.* • *bungalowspuertadelsol.com* • Petit hôtel familial d'une dizaine de chambres coquettes et nickel, situées dans 2 bâtiments de part et d'autre d'une allée verdoyante avec piscine. Salle de bains, ventilo, TV, et AC dans les plus onéreuses. Accueil gentil.

Casas de Playa Acali (zoom, **26**) : *calle del Morro s/n. ☎ 582-07-54.* • *hotelacali.com* • Planté dans un jardin tropical luxuriant autour d'une piscine, un ensemble de *cabañas* rustiques en bois, avec salle de bains, ventilo, moustiquaires, terrasse et hamac. Les plus chères avec AC. Impeccable. Choisir celles en retrait de la rue, plus tranquilles.

De chic à plus chic (800-1 600 $Me / env 40-80 €)

Hotel Santa Fe (plan D2, **27**) : *calle del Morro s/n. ☎ 582-01-70 ou 01-800-712-70-57.* • *hotelsantafe.com.mx* • Bel hôtel moderne construit dans le style colonial au cœur d'un jardin creusé de plusieurs piscines. Une soixantaine de chambres tout confort et agréablement décorées. Aussi des bungalows avec cuisine et salon. Resto sous une véranda surélevée donnant sur la mer.

Punta Zicatela

Accès par la route de Pochutla, tourner à la hauteur du Puente Zicatela.

Bon marché (moins de 400 $Me / env 20 €)

Frutas y Verduras (hors plan par D2, **29**) : *av. Alejandro Cárdenas s/n. ☎ 540-17-82.* • *frutasyverdurasmexico.com* • Bien connues des surfeurs de Zicatela, voici des *cabañas* simples plantées sous les cocotiers et à deux pas de la mer. Ventilo, moustiquaire, et sanitaires collectifs. Camping possible. Cuisine commune, hamacs pour glander sous la *palapa*, location de planches... Certains y passent l'hiver au chaud, on les comprend !

Cabañas Buena Onda (hors plan par D2, **29**) : *av. Alejandro Cárdenas s/n. ☎ 582-16-63.* • *buenaondazicatela@live.com* • L'autre rendez-vous des surfeurs de la Punta, tenu par un Français sympa. Une dizaine de *cabañas* rondes en bois et toit de palmes, semées dans un gentil jardin en bord de plage. Sommaires mais propres, toutes avec moustiquaire et ventilo. Également plusieurs dortoirs (6 lits). Sanitaires communs. En face, le resto ***Moreo,*** idéal au petit déj.

Playa Principal

Bon marché (moins de 400 $Me / env 20 €)

Hotel Mayflower (plan C2, **30**) : *andador Libertad s/n. ☎ 582-03-67.* • *minnemay7@hotmail.com* • Un dédale de couloirs et de micro-patios desservent plusieurs vastes dortoirs (5-7 lits), avec sanitaires communs. Également des chambres aérées lumineuses, équipées de salle de bains, ventilo, TV et balcon. Coin cuisine, terrasse avec table de billard. Une bonne adresse, nickel et chaleureuse. On recommande !

Hotel Ribera del Mar (plan C2, **32**) : *Felipe Merklin 205, bahia Principal. ☎ 582-04-36.* • *hotelriberadelmar.com* • Autour d'un patio verdoyant tranquille et de 2 petites piscines, une quarantaine de chambres à la propreté correcte, avec salle de bains et ventilo. Vue sur la baie pour certaines. Bon rapport qualité-prix.

Prix moyens (400-800 $Me / env 20-40 €)

Hotel Casablanca (plan D1-2, **33**) : *av. Perez Gasga 905. ☎ 582-01-68.* • *ptohcasablanca.com* • À deux pas du port, cette longue bâtisse soignée renferme une vingtaine de chambres fonctionnelles et spacieuses. Salle de bains, TV et ventilo partout. Clim pour les plus onéreuses. Une bonne adresse.

Le P'tit Hôtel (plan C2, **34**) : andador Soledad 379. ☎ 582-31-78. • oaxaca-mio.com/leptit.htm • Étagé sur une colline en retrait de la rue commerçante, cet hôtel abrite une vingtaine de chambres confortables, avec ventilo ou AC selon vos moyens. Les plus chères ont cuisine, balcon et hamac. Déco chaleureuse de bon goût. Piscinette. Une excellente adresse tenue par un gentil couple franco-mexicain. On aime !

Hotel San Juan (plan C2, **35**) : Felipe Merklin 503. ☎ 582-05-18. • sanjuanhotel.com.mx • Un hôtel calme et soigné, égayé de plantes vertes et de couleurs chaleureuses. Une trentaine de chambres confortables, dont les plus chères ont AC et balcon avec vue sur mer. D'autres, plutôt sombres, donnent sur un corridor. Accueil familial gentil.

Rinconada et Bacocho

Bon marché (moins de 400 $Me / env 20 €)

Hostal Shalom (plan B2, **36**) : bd Benito Juárez 4082, Rinconada. ☎ 582-32-34. • hostalshalom.com • Excentré dans ce quartier récent un brin isolé mais tout proche de la jolie plage de Carrizalillo. L'ensemble est modeste, voire rudimentaire, mais bien entretenu, avec de nombreuses options : de l'espace camping dans le jardin, à la *cabaña* avec ou sans sanitaires, en passant par le dortoir. Jolie petite piscine, coin cuisine,... Déco colorée et bar convivial à l'avant. Bon accueil. Un repaire de routards anglophones.

Prix moyens (400-800 $Me / env 20-40 €)

Villa Mozart y Macondo (plan A2, **37**) : av. Las Tortugas 77, Riconada. 📱 104-22-95. • villamozartymacondo@hotmail.com • Coup de cœur pour cette adresse qui distribue ses 4 chambres, 2 apparts et bungalow dans un charmant jardin tropical, planté de jolies statues en bois. L'ensemble est confortable, soignée, la déco colorée et de bon goût. Une véritable adresse de charme à seulement 200 m de la belle playa Carrizalillo.

Où manger ? Où prendre un petit déjeuner ?

Playa Zicatela et playa Marinero

Bon marché (moins de 150 $Me / env 7,50 €)

Mango's (zoom, **50**) : calle del Morro s/n. 📱 114-37-14. Tlj 8h-minuit. Café-resto installé sous une grande *palapa* ventilée, plantée en bord de route face à la playa Zicatela. Au menu : sandwichs, salades, pâtes, jus de fruits frais, mais aussi de bons petits plats simples et typiques. Très populaire dès le petit déj.

Los Tíos (zoom, **51**) : calle del Morro s/n. ☎ 582-28-79. Tlj 7h-21h30. Agréable *palapa* ouverte sur la plage. Ici, tout est bon et copieux, avec un vaste choix : salades, *huevos*, tacos, burgers, et plats mexicains de poissons, fruits de mer et viandes mijotés avec soin. Présentoir de fruits et légumes odorants comme chez l'épicier du coin. Bien dès le petit déj. Une excellente adresse *muy local* pour ne pas se ruiner.

De prix moyens à plus chic (150-500 $Me / env 7,50-25 €)

El Cafecito (zoom, **52**) : calle del Morro s/n. ☎ 582-05-16. Tlj 6h-23h30. Une adresse incontournable ! Face à la playa Zicatela, c'est le grand rendez-vous des habitués, surfeurs et touristes dès le petit déj. À la carte : viennoiseries, jus de fruits frais, sandwichs, salades, *huevos*, et aussi quelques plats plus sérieux de viande et de poisson... Bref, de quoi nourrir la bête avant de l'envoyer cabrioler sur les vagues ! Également un autre ***Cafecito*** dans le quartier de Rinconada *(bd Benito Juárez).*

Flor de María *(plan D2,* ***22****) : à l'hôtel du même nom (voir « Où dormir ? »).* Salle ouverte à côté du patio, avec une belle fresque. À l'ardoise, renouvelée chaque jour en fonction du marché, savoureuse cuisine mexicaine, aux intonations internationales. C'est sûr, on reviendra !

Sativa *(zoom,* ***53****) : calle del Morro s/n. ☎ 582-43-84. Tlj 17h-minuit.* Au 1er étage, charmante terrasse de style contemporain ouverte sur rue, avec des comptoirs et chaises hautes. On s'y délecte d'une cuisine mexicaine évolutive réalisée avec les bons produits frais du cru. Une adresse côté saveurs. Sert aussi de bons cocktails.

Playa Principal et Centro

Bon marché (moins de 150 $Me / env 7,50 €)

Brasserie-crêperie Vivaldi *(plan D2,* ***54****) : av. Pérez Gasga. ☎ 582-08-00. Tlj 7h-minuit.* Petit local immaculé ouvert sur la rue animée, et tenu par un jeune couple allemand. Petit déj, sandwichs baguette, salades, burgers et crêpes composent l'essentiel du menu.

Mercado *(plan B1,* ***55****) : 9a Norte, tt au nord de la ville.* Plusieurs petits restos réalisant une cuisine typique de l'État de Oaxaca *(mole negro, tortilla, empanada...)* et de délicieux jus de fruits frais.

De prix moyens à plus chic (150-500 $Me / env 7,50-25 €)

Almoraduz *(plan B1-2,* ***58****) : av. Benito Juárez 12, Rinconada. ☎ 582-31-09. Tlj 13h30-22h.* Coup de cœur pour ce resto tenu par un chef mexicain inventif et talentueux, mitonnant une savoureuse cuisine fusion. Juste quelques plats à la carte, mais d'une fraîcheur absolue. Salle aérée, ouverte sur un patio avec piscinette. Une expérience formidable, certainement l'une des anecdotes de vos vacances !

Bendito's *(plan D1,* ***57****) : av. Pérez Gasga. 📱 588-21-86. Tlj 16h30-23h.* Un vrai resto italien servant de délicieuses pizzas cuites au feu de bois, mais aussi des pâtes et raviolis maison, salades, risottos... Cadre assez quelconque, mais on y va les yeux fermés !

Los Crotos *(plan C2,* ***56****) : av. Pérez Gasga. ☎ 582-00-25.* Situation superbe, face à la plage des pêcheurs, avec des tables dispersées sous les *palapas* et les cocotiers. Spécialités copieuses de poisson et fruits de mer, grillés ou farcis, plutôt bien présentés. Également quelques viandes pour les irréductibles. Prix un peu surestimés, mais la qualité est là !

Où boire un verre ? Où sortir ?

Casa Babylon *(zoom,* ***70****) : calle del Morro, playa Zicatela. Tlj 9h-2h.* Le lieu de rendez-vous de la plage, pour siroter un verre sur de la bonne musique, pas trop envahissante. Déco originale : sols en mosaïque de pierres, masques aux murs et coupole « babylonienne » au plafond. En prime, cette « maison de Babylone » est un lieu d'échanges avec un coin librairie-ludothèque, convivial en journée. *Musica en vivo* certains soirs. Accueil très sympa.

Bar Fly *(zoom,* ***53****) : calle del Morro, playa Zicatela ; au 1er étage du resto Bananas.* L'antre de la *world culture* ! Ambiance électro, *chicas* bronzées et machos aux pecs gonflés, tongs et pieds nus, bar et canapés.

Los Tarros *(plan C1-2,* ***71****) : av. Pérez Gasga, playa Principal. Tlj 20h-3h.* Bar qui se transforme en disco dès qu'il y a du monde. On s'y trémousse sur de la musique latino, rock, pop et électro. Groupes *en vivo* certains soirs. Clientèle mixte de Mexicains et de touristes.

Fish Taco *(zoom,* ***72****) : calle del Morro, playa Zicatela. Ouv le soir slt.*

Élégant bar *lounge* avec de grandes tables et des bancs en bois brut, ainsi qu'un salon devant un écran TV géant. Lumière tamisée, musique plutôt rock, et une foule de cocktails à siroter en remontant de la plage.

À voir. À faire

Attention : la ***playa Bacocho*** *(plan A1)* et la fameuse ***playa Zicatela*** *(plan D2)* – si chère aux cœur des surfeurs – sont ***TRÈS DANGEREUSES,*** à cause du fort ressac.
Toutefois, vous irez certainement passer au moins une journée à la ***playa Zicatela*** – réputée mondialement –, ne serait-ce que pour admirer les prouesses des surfeurs (tôt le matin). De plus, c'est l'une des plus belles plages de Puerto Escondido, longue de 3 km et très large, avec location de chaises longues, *palapas...* On insiste : y faire trempette avec précaution en restant collé au bord. Les maîtres nageurs-sauveteurs surveillent le centre de la plage de 7h à 19h.
On recommande plutôt de faire des ploufs à la ***playa Manzanillo*** *(plan B2),* plus sûre car mieux protégée, et bien connue pour ses petits restos à poisson les pieds dans le sable, sous des *palapas* ; ainsi qu'à la ***playa Carrizalillo*** *(plan A2),* enclavée dans une mignonne crique sauvage, accessible par des escaliers. Des *lanchas* peuvent vous y conduire depuis la ***playa Principal*** *(plan C-D2)* qui, elle, se révèle impropre à la baignade à cause de l'activité des pêcheurs.

– ***Surf :*** la ***playa Zicatela*** est mondialement connue pour ses énormes vagues : droites et gauches formant de super tubes, baptisés *Mexican pipeline.* Concours internationaux et nationaux d'août à novembre *(World Master Championship).* Plusieurs magasins le long de la plage proposent : location, vente, vêtements, leçons, etc., pour amateurs et pros.

– ***Pêche au gros :*** *avec la* ***coopérative de pêche*** *(plan C2,* ***8****), derrière le kiosque d'infos touristiques, ou adressez-vous au kiosque en question. Compter 400 $Me/h (min 3h).* Pour taquiner thon, *dorado (mahi mahi),* espadon, marlin... Tournois en février et novembre.

➢ ***Sorties en mer :*** *avec la* ***coopérative de pêche*** *(plan C2,* ***8****) ; ou contactez* ***Omar Ramírez,*** *à Puerto Angelito (plan B2). ☎ 559-44-06. Compter env 500 $Me pour une sortie de 3h (min 5 pers).* Pour partir à la découverte des habitants du Pacifique : tortues, dauphins, baleines (en saison)... Attention, de moins en moins de tortues, et, lorsqu'une est repérée, elle est plutôt maltraitée par le pêcheur qui veut à tout prix vous la montrer pour que vous la preniez en photo. Évitez ça !

➢ ***Observation de la ponte des tortues :*** *oct-janv, au* ***Santuario de las tortugas La Escobilla,*** *dans les environs de Puerto Escondido. Rens et résas au kiosque d'infos touristiques.* Observation de nuit de la ponte des tortues avec un guide anglophone. Un moment étonnant !

➢ ***Excursions à la journée dans les environs :*** en barque sur la ***laguna Manialtepec*** ou sur les ***lagunas de Chacahua*** pour les amateurs d'oiseaux (à 15 km à l'ouest de Puerto Escondido). L'occasion de croiser spatules roses et tantales (cigogne américaine), aigrettes et ibis, perroquets et pélicans. *Voir au kiosque d'infos touristiques ou contacter* ***Lalo Ecotours.*** *☎ 588-91-64. 📱 128-00-42. • lalo-ecotours.com • Compter 500-750 $Me selon durée.* Privilégiez les balades en canoë-kayak pour une meilleure observation de la nature. Également avec l'agence de voyages *Dimar* (voir « Adresses utiles ») ou en individuel : profitez d'une journée détente, en déjeunant dans les restos *La Flor Del Pacífico* ou *La Puesta del Sol,* au bord de la laguna de Manialtepec, km 123 et 124, sur la route d'Acapulco, les *lanchas* sont à vos pieds...

– ***Festival Costeño de Danza :*** *ts les w-e de nov. Infos : ☎ 582-11-36.* Festival de danse indienne : 350 danseurs originaires des états de Oaxaca, du Chiapas, du Michoacán et du Guerrero, parfois même de l'étranger, et puis des chanteurs mexicains réputés.

IMPORTANT : AVIS À NOS LECTEURS

L'État du Guerrero (avec notamment la ville d'Acapulco) est l'un des États du Mexique les plus touchés par les meurtres liés au trafic de drogue et leur répression par la police et l'armée. Le ministère des Affaires étrangères français a classé cette zone en rouge, les déplacements y sont donc « formellement déconseillés ». Seules les stations balnéaires d'Ixtapa-Zihuatanejo ne présentent pas le même niveau de dangerosité, à la condition expresse de s'y rendre par voie aérienne.

LES VILLES COLONIALES

• Carte *p. 415*

Pour les amateurs d'histoire et d'architecture coloniale, c'est un grand moment du voyage au Mexique ! Cette région au nord de Mexico fut le cœur de la Nouvelle-Espagne pendant trois siècles. Elle abrite une belle succession de villes baroques, pleines de charme, la plupart classées au Patrimoine mondial de l'Unesco. Au programme : églises ou cathédrales des XVIIe et XVIIIe s, splendides palais et musées d'art ou d'histoire. Qu'il s'agisse de la cité de Morelia et son très beau centre historique, de la très vivante Guanajuato, construite à flanc de colline, de la pittoresque San Miguel de Allende ou encore de Zacatecas, née des richesses minières de la région, chaque ville a sa personnalité. Aussi, il serait dommage de ne pas en découvrir au moins deux ou trois différentes !

QUERÉTARO

env 805 000 hab. IND. TÉL. : 442

• Plan *p. 417*

À 220 km au nord de Mexico, Querétaro séduit par sa beauté lumineuse, ses ruelles, ses places romantiques... et ses quelque 1 200 édifices historiques ! Le vieux centre, inscrit au Patrimoine mondial de l'Unesco, est un délice, les demeures coloniales aux couleurs chaudes bordent des rues piétonnes pavées d'énormes dalles et des places ombragées qui rivalisent de charme. Le soir, les innombrables dômes et clochers s'illuminent, et toutes les générations sortent pour leur balade vespérale. Vous l'aurez compris,

Querétaro est une escale de charme dans le circuit des villes coloniales, et un lieu prisé des habitants de la capitale ; les hôtels sont donc souvent complets le week-end et en période de fête, alors il vaut mieux réserver.

Arriver – Quitter

En bus

Voir la liste des principales compagnies et leurs coordonnées dans la rubrique « Transports » du chapitre « Mexique utile ».

Central de autobuses *(hors plan par B2)* **:** *prolongación Luis Vega y Monroy 800, à env 5 km au sud-est du centre. ☎ 229-01-81.*
Pour ***rejoindre le centre-ville,*** minibus blanc et orange (par exemple les *Red Q* nos 7, 8 et 121) au départ du terminal des microbus, situé à gauche en sortant du terminal A, tout au bout du parking. Arrêt aux portes du centre historique, à l'angle de l'av. Constituyentes et de la calle Pasteur *(plan B2).* Liaisons ttes les 15 mn env. En taxi prépayé (kiosque à l'intérieur du terminal A), compter 180 $Me.
Le terminal comprend 2 bâtiments :
- Terminal A, pour les bus de 1re classe et de luxe : *Primera Plus, ETN, Omnibus de México.* On y trouve un cybercafé, une consigne à bagages (ouv 24h/24), des distributeurs de billets et une agence de location de voitures ;
- Terminal B, pour les bus de 2de classe et les destinations proches : *Flecha Amarilla* (même groupe que *Primera Plus*), *Futura* et *Pegasso.*

➢ ***Mexico*** *(Norte)* **:** ttes les 20-30 mn (4h-23h30) avec *Primera Plus* et *ETN* ou, en 2de classe, ttes les 15 mn (6h-22h) avec *Flecha Amarilla.* Également de nombreux bus avec *Pegasso* et quelques-uns avec *Omnibus de México.* Trajet : 2h45-3h.
À noter : *Primera Plus* assure aussi la liaison ttes les 40 mn (1h-18h40) avec l'***aéroport international.***

➢ ***San Miguel de Allende :*** ttes les 40 mn avec *Flecha Amarilla* (6h-22h) ou *Pegasso* (6h-16h30). Trajet : 1h30.

➢ ***San Luis Potosí :*** env 1 bus/h (presque 24h/24) avec *Primera Plus,* 11 bus/j. (surtout le soir) avec *Omnibus de México* et autant avec *Flecha Amarilla* (5h-18h). Trajet : 2h30 (4h avec *Flecha*).

➢ ***Guanajuato :*** 7 bus/j. (6h30-18h30) avec *Primera Plus.* Trajet : 2h30.

➢ ***Morelia :*** env 1 bus/h 24h/24 avec *Primera Plus* (trajet en 3h) et env ttes les 2h (5h-19h) avec *Flecha Amarilla* (trajet en 4-5h).

➢ ***Guadalajara :*** 1 départ/h 5h-minuit avec *Primera Plus* et 15 bus/j. (7h-1h15) avec *ETN.* Trajet en 4-5h. Avec *Flecha Amarilla,* env 10 bus/j. minuit-14h. Trajet : 7h.

➢ ***Zacatecas :*** 7 bus/j. (dont 3 en fin de soirée) avec *Omnibus de México* et 3 bus (6h30, 18h30 et 23h30) avec *ETN.* Trajet : 5-6h.

➢ ***Uruapán :*** 3 bus/j. (le mat et à minuit) avec *Primera Plus,* 4 avec *Omnibus de México* (tôt le mat) et 1 avec *ETN* (à 6h). Trajet : env 5h.

➢ ***Puebla :*** ttes les heures (5h-23h) avec *Futura.* Trajet : 4h.

➢ ***Puerto Vallarta :*** 2 bus/j. (en soirée) avec *Futura* et avec *Primera Plus.* Trajet : 10h.

➢ ***Acapulco :*** 3 bus/j. avec *Futura* (11h, 22h et minuit). Trajet : 8h.

En avion

✈ ***Aeropuerto intercontinental :*** *à env 30 km à l'est de la ville, par la carretera estatal 200. • aiq.com.mx •* Compter 250 $Me en taxi. Liaisons avec ***Acapulco, Guadalajara, Tijuana, Cancún, Mexico*** et ***Monterrey,*** ainsi qu'avec ***Houston*** et ***Dallas.***

Adresses utiles

ℹ ***Secretaría de turismo*** *(plan B1)* **:** *Pasteur Norte 4. ☎ 238-50-00. • queretaro.travel • Presque sur la pl. de Armas. Tlj 9h-19h.* Donne un bon plan de la ville et le livret « Asomarte », avec toutes les infos utiles sur Querétaro,

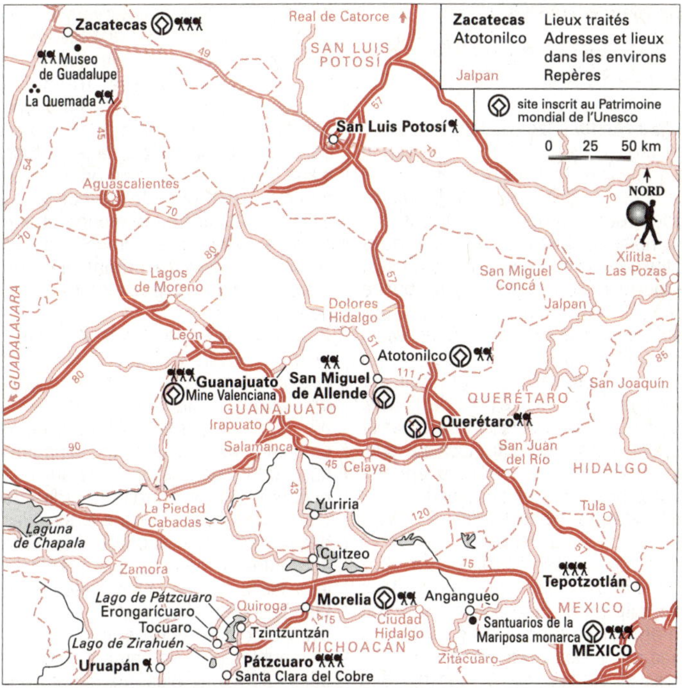

LES VILLES COLONIALES

y compris les spectacles du moment. Également des ***kiosques touristiques*** au *jardín Zenea* et à la *plaza de la Constitución*.

✉ ***Poste*** *(plan A2)* **:** *Arteaga 5. Lun-ven 8h-19h30, sam 9h-13h.*

On capte le ***wifi gratuit*** sur toutes les places de la vieille ville.

■ ***Distributeurs* :** *dans ttes les banques du centre, notamment **Banamex** et **Banco de Santander** (plan A1, **1** ; sur le jardín Zenea).*

■ ***Change* :** ***Casa Acueducto*** *(plan A2, **2**), Juárez Sur 58. Lun-ven 9h-18h, sam 9h-14h.*

■ ***Agence de voyages*** *(plan A1, **3**)* **:** ***Viajes Opalo,*** *Juárez 20. ☎ 212-99-88. Lun-ven 10h-14h, 16h-19h ; sam 10h-13h.* On peut y acheter des billets de bus 1re classe *(ETN, Primera Plus, ADO).*

■ ***Alliance française*** *(plan B2, **4**)* **:** *Manuel Tolsá 22. ☎ 212-78-87. • alianzafrancesa.org.mx/Queretaro • Lun-ven 7h-21h ; sam 9h-13h.* Petite médiathèque et projection de film le mardi à 20h.

■ ***Consul honoraire de France* :** *Mme Cécile Cherbonnel. ☎ 295-84-52 ou 295-66-99. • queretaro.chfrance@gmail.com •* En cas d'urgence seulement.

Où dormir ?

Résa vivement recommandée le week-end, obligatoire pendant les vacances de Noël, à Pâques et au cœur de l'été.

De bon marché à prix moyens (moins de 800 $Me / env 40 €)

Itza Hostal (plan A2, **10**) : *Francisco Fagoaga 17. ☎ 212-42-23. • itzahostal.com.mx • Compter 150 $Me en dortoir et 450 $Me la double.* Un *hostal* assez récent proposant surtout des chambres doubles mais aussi quelques petits dortoirs de 4 lits non superposés, le tout bien équipé (écran plat, bonne literie, douche en mosaïque et w-c privatif dans chaque chambre), agréable et neuf. En prime, une cafétéria au rez-de-chaussée avec pain cuit sur place (pratique pour le petit déj !), ainsi qu'une terrasse sur le toit avec bar et vue sur l'église de Santa Rosa. Laverie, ping-pong. L'un des meilleurs rapports qualité-prix dans cette catégorie.

El Petate Hostel *(plan A1, **11**) : andador Matamoros 20. ☎ 212-79-87. • elpetatehostel.com • Env 190 $Me/pers.* Au calme, dans une jolie ruelle piétonne. En entrant, on découvre un beau patio tout blanc avec baby-foot, bornes Internet, jeux, livres et petites tables. Les dortoirs (pour 4 à 12 personnes), modernes et équipés de liseuses, prises de courant et casiers à chaque lit, se situent tout autour, sur 2 étages (en été, privilégiez ceux du rez-de-chaussée, plus frais !). Les plus petits peuvent être utilisés comme chambres doubles privées. Sanitaires communs nickel et cuisine équipée à dispo. Accueil enjoué. Propose aussi un petit déj complet et bon marché dans un café situé à côté. Profitez-en !

Posada Mesón de Matamoros *(plan A1, **12**) : andador Matamoros 8. ☎ 214-03-75. • mesonmatamoros.com • Double 550 $Me.* Dans la même jolie ruelle que l'*hostel Petate,* un petit hôtel moderne aux chambres simples mais plutôt vastes et bien arrangées, toutes avec salle de bains et ventilo, certaines avec balcon ou donnant sur un long et charmant patio couvert agrémenté de plantes. Un bon rapport qualité-prix. Café à deux pas pour le petit déj.

Blue Bicycle House *(hors plan par B1, **14**) : Ejercito Republicano 15. ☎ 455-48-13. • bluebicyclehouse.com • Dortoirs 175-200 $Me/pers, doubles 470-650 $Me, petit déj (léger) inclus.* Une adresse tranquille un peu à l'écart du centre. Au choix, 5 dortoirs de 4 à 6 lits et 5 chambres doubles bien plaisantes, dans les tons blanc et bleu, autour d'un grand patio couleur « ciel-piqueté-de-nuages ». 3 douches pour tout le monde et une salle de bains privée pour l'une des chambres. Terrasse offrant une vue étendue sur une partie de la ville. Laverie et casiers.

Hotel Hidalgo *(plan A1, **13**) : Madero 11. ☎ 212-00-81. • hotelhidalgo.com.mx • À 50 m du jardín Zenea. Doubles 1-2 lits 600-750 $Me.* Cette vieille demeure coloniale abrite une petite cinquantaine de chambres donnant sur une belle cour jaune à arcades ornée de motifs. L'ensemble conserve quelques beaux vestiges, avec une jolie fontaine au centre du patio et quelques azulejos dans l'entrée. Chambres plutôt bien finies à la déco rustico-coloniale, avec le confort de base, faux parquet et meubles en bois sombre. Préférer celles à l'étage, plus intimes et donnant sur le patio ; les autres n'ont pas de fenêtre. Resto dans la cour, pratique pour le petit déj.

Voir aussi le ***Kuku Rukú*** (pour sa partie *hostal*).

De chic à très chic (800-1 600 $Me et plus / env 40-80 €)

La Mansión del Burro Azul *(plan B1, **16**) : Altamirano Sur 35. ☎ 224-24-10. • lamansiondelburroazul.com • Doubles 1 300-1 550 $Me, avec le petit déj.* Une très belle adresse, repérable à son enseigne bleue en forme d'âne. Passé le porche, on pénètre dans un patio tout en longueur ponctué d'arches et d'arcades, de style espagnol, avec, au centre, une fontaine. 2 types de chambres : garnies de vieux azulejos, de lavabos en céramique et de lanternes en guise de lampes... au rez-de-chaussée ; plus modernes, mais tout aussi charmantes et originales,

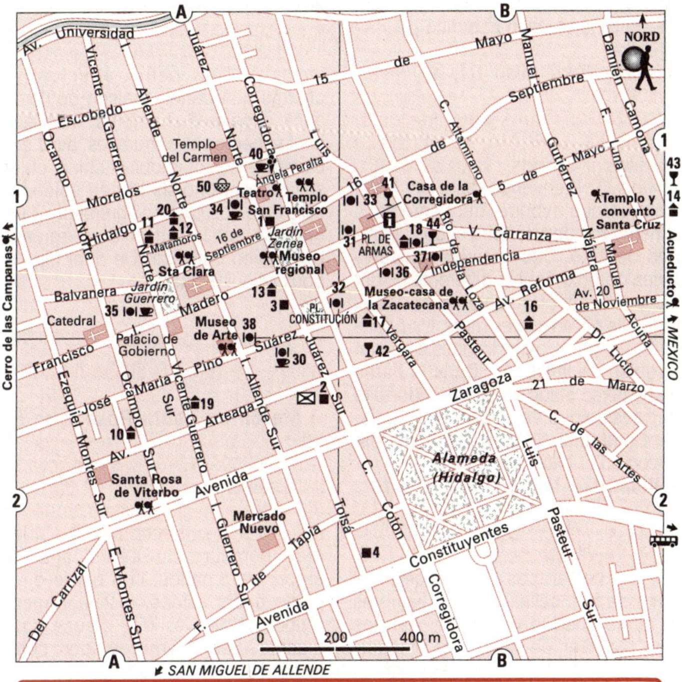

QUERÉTARO

Adresses utiles

- Secretaría de turismo
- 1 Banamex et Banco de Santander
- 2 Casa Acueducto
- 3 Viajes Opalo
- 4 Alliance française

Où dormir ?

- 10 Itza Hostal
- 11 El Petate Hostel
- 12 Posada Mesón de Matamoros
- 13 Hotel Hidalgo
- 14 Blue Bicycle House
- 16 La Mansión del Burro Azul
- 17 Kuku Rukú
- 18 Mesón de Santa Rosa
- 19 Villa del Villar
- 20 La Casa del Naranjo

Où manger ? Où prendre un petit déjeuner ?

- 18 Restaurant de l'hôtel Mesón de Santa Rosa
- 30 Café del Fondo
- 31 La Antojeria de la Casona de los 5 Patios
- 32 Las Deliciosas Gorditas del Portal
- 33 Los Compadres
- 34 Restaurante Fin de Siglo
- 35 El Arcángel
- 36 El Mesón de Chucho El Roto
- 37 Café Breton
- 38 Tikua Sur-Este

Où faire une pause sucrée ?

- 40 La Mariposa

Où boire un verre ?

- 41 Manceba
- 42 El Rincón de los Sentidos
- 43 La Selva Taurina
- 44 GAD

Achats

- 50 Dulces Típicos

à l'étage, avec leur petit mobilier de brocante et leur... vélo posé sous le lavabo ! Excellent confort partout, belle cuisine et salon commun pour se détendre.

Kuku Rukú *(plan B1, **17**) : Vergara 12. ☎ 245-87-77. • kukuruku.mx • Dortoir env 200 $Me/pers, doubles 950-1 950 $Me (selon type de chambre et période) ; petit déj inclus. Parking.* Bienvenue dans cet hôtel écolo un peu hybride, qui abrite sous le même toit des dortoirs et des chambres de luxe. Ces dernières (3 catégories de prix), toutes différentes, sont plaisantes et originales, avec vieux appareils photo sur les murs, lits posés sur socle, petits plans inclinés en béton en guise de lavabos... Dans la partie *hostal* (avec salon et cuisine), dortoirs tout aussi soignés et sympas. Également une terrasse sur le toit avec bar (ouvert au public) et vue sur la ville.

Villa del Villar *(plan A2, **19**) : Vicente Guerrero Sur 33. ☎ 223-23-30. • villadelvillar.com • Doubles 1 200-1 650 $Me, petit déj inclus.* Si la façade ne paie pas de mine, cet hôtel abrite de très belles petites chambres de style rustico-mexicain, garnies d'un mobilier de caractère et équipées de tout le confort, avec même une machine à café et un petit poêle pour les soirées d'hiver ! Pendant la saison chaude, l'épaisseur des murs garantit une fraîcheur suffisante. Petit déj complet servi dans le patio.

La Casa del Naranjo *(plan A1, **20**) : Hidalgo 21. ☎ 212-76-06. • lacasadelnaranjo.com • Doubles 1 450-2 300 $Me, petit déj américain inclus.* Une petite structure de charme que cette « maison de l'oranger ». À peine 6 chambres, mais elles sont superbes et parfumées, avec gros carrelage au sol, mobilier chiné, objets savamment choisis et une splendide salle de bains. Le tout agrémenté d'une terrasse sur le toit et d'un agréable patio avec petit bar. De quoi faire un doux séjour à Querétaro !

Beaucoup plus chic (plus de 3 600 $Me / 180 €)

Mesón de Santa Rosa *(plan B1, **18**) : Pasteur Sur 17 ; sur la pl. de Armas. ☎ 212-00-46. • hotelmesondesantarosa.csom • À partir de 3 600 $Me mais offres fréquentes (consulter le site internet).* Une splendide demeure du XVIIe s agencée autour de 3 patios, l'un bordé d'élégants petits salons, le 2e agrémenté d'une fontaine et le 3e creusé d'une piscine. Les chambres, des suites immenses pour la plupart, sont dignes de figurer dans un magazine de déco. Resto proposant un brunch-buffet gargantuesque et pourtant très abordable le week-end (jusqu'à 14h), magnifique bar... Pas pour toutes les bourses, certes, mais quelle classe !

Où manger ? Où prendre un petit déjeuner ?

Bon marché (moins de 150 $Me / env 7,50 €)

Las Deliciosas Gorditas del Portal *(plan A-B1, **32**) : Corregidora 15 B, face à la pl. de la Constitución. Tlj 8h-22h30.* Dès l'entrée, pétries par des mains expertes, elles vous font de l'œil, ces « petites grosses » *(gorditas)*, des galettes épaisses, au porc haché ou au fromage, avec ou sans œufs en sauce... Même pas besoin de choisir au pif, il suffit de montrer celles qui chauffent ou de zieuter les photos. Puis on s'enfonce dans la salle colorée, pour engloutir le tout accoudé à une table ornée de scènes pastorales mexicaines en relief... bien kitsch. Populaire, pas cher *(env 15 $Me l'unité)* et très bon. Pas d'alcool.

Café del Fondo *(plan A2, **30**) : Pino Suárez 9. Tlj 7h45-22h.* Dans une vieille maison coloniale, plusieurs salles aux murs jaune-orange. Diverses formules pour le petit déj et bon menu du jour, avec un grand choix d'entrées et de plats. Oh, rien de renversant dans la gamelle, mais on en ressort le portefeuille presque indemne ! Toutes sortes de cafés aussi (brûlerie sur place), arrosés ou non d'alcool. Bonne atmosphère et service décontracté. Un jumeau, *Los Caracoles,* est né dans la même rue, au nº 53, derrière l'église de Santo Domingo.

|●| ***La Antojeria de la Casona de los 5 Patios*** *(plan B1, **31**) : andador 5 de Mayo. Tlj 9h-minuit (23h lun-mar).* Ici, on sert avec diligence (et le sourire !) tous les classiques de la cuisine mexicaine (tacos, *tortas,* enchiladas, *chilaquiles...*), dans un décor pétaradant d'objets hétéroclites et colorés. Rapport quantité-prix indéniablement bon. Pas d'alcool mais des cocktails de fruits. Très populaire, souvent plein, et il faut alors faire la queue dehors.

|●| ***Los Compadres*** *(plan B1, **33**) : andador 16 de Septiembre 46. ☎ 212-98-86. Tlj sf lun 9h-22h30.* Autre petit resto populaire bien appréciable dans ce coin très touristique. On s'installe sur les bancs en bois d'un petit patio orangé et on coche soi-même son menu, avec au choix toute une variété de *tostadas, quesadillas, gorditas, pozoles* ou des plats complets de viande. Le tout est cuit illico et servi dans la minute, prêt à être englouti avec délice ! Pas d'alcool non plus, mais de grandes jarres d'*agua fresca,* entre autres.

Prix moyens (150-300 $Me / env 7,50-15 €)

|●| ☕ ***Café Breton*** *(plan B1, **37**) : andador Libertad 82 B. ☎ 299-62-07. Tlj sf lun 8h-17h.* Intérieur bien de chez nous, avec le buffet en bois chargé de baguettes et de pots de rillettes ! On a été séduits par ce bistrot tenu par le sympathique Benjamin, qui accueille chaleureusement les clients, et sa femme mexicaine, qui officie aux fourneaux. L'endroit parfait pour le petit déj ou le midi (surtout si vous rêviez d'autre chose que d'enchiladas et de *filetes con frijoles...*) : œufs à la coque, omelette au chèvre et épinards, croissants au beurre, brioche, cafés, chocolat chaud (extra !), jus de fruits super frais... mais aussi de délicieuses salades servies avec du pain croustillant, des quiches, sandwichs ou encore un menu du jour très abordable. Fréquenté tant par les locaux (un peu aisés) que les étrangers. Le soir, on s'installe à l'étage et c'est parti pour des planches de fromages, raclettes et autres pierrades.

|●| ☕ ***Restaurante Fin de Siglo*** *(plan A1, **34**) : Hidalgo 1. ☎ 224-25-48. En face du théâtre. Tlj 8h-22h (minuit ven-sam) ; petit déj-buffet le w-e (jusqu'à 12h30).* Le petit patio, très lumineux, couvert d'une verrière, fait office de salle principale ouvrant sur 2 autres plus cosy, garnies de chaises colorées. En guise de déco, tableaux et bibelots sur les murs, et, dans l'assiette, une cuisine traditionnelle. Goûter notamment le *chile en nogada* ou la *carne virtuosa,* un tendre morceau de bœuf flambé à l'alcool sous vos yeux ! Un délice. Musique live le soir en fin de semaine.

|●| ☕ ***El Arcángel*** *(plan A1, **35**) : Guerrero 1 ; à l'angle de Madero, face à la pl. Guerrero. ☎ 212-65-42. Mar-sam 8h-21h, dim 8h-20h. Menu le midi env 100 $Me.* Jolie déco de bistrot pour ce petit resto aux murs ocre et beige, aux tables en bois verni et vieux carrelage. L'archange, du haut de sa niche, veille à la bonne tenue des serveuses vêtues de noir et d'un petit tablier blanc en dentelle. On y déguste toute une variété de *huevos* pour le petit déj, de bons plats mexicains, mais aussi de délicieuses pizzas et des salades, dans une ambiance calme. Également une cour intérieure garnie de plantes.

Plus chic (plus de 300 $Me / env 15 €)

|●| ***Tikua Sur-Este*** *(plan A1-2, **38**) : Allende Sur 13. ☎ 455-33-33. Tlj 9h-minuit (21h dim).* Très apprécié des habitants de la ville, ce resto au cadre sobre et de bon goût propose une cuisine du sud-est du Mexique. Au programme, des plats de viande, de fromage et des enchiladas copieusement arrosés de sauce au chocolat et piments, de *mole almendrado* (sauce aux amandes) ou *amarillo,* ou encore soupe de *lima* (agrume proche du citron), *cochinita pibil* (porc dans une sauce rouge du Yucatán)... le tout très soigné et généreusement servi.

Ambiance à la fois classe et informelle, dans plusieurs salles très hautes de plafond aux grandes tables bien espacées. Accueil et service au top.

🍽 ***El Mesón de Chucho El Roto*** *(plan B1, **36**)* **:** *Libertad 60 ; sur le côté sud de la pl. de Armas.* ☎ *212-42-95. Tlj 8h-23h.* Pour le plaisir de manger en terrasse face à la prestigieuse et splendide *plaza de Armas.* Carte bien fournie, mais on vient plus ici pour voir et être vu que pour la cuisine mexicaine saupoudrée de quelques plats internationaux. Guitariste midi et soir.

🍽 Pour un vrai dîner de charme, en revanche, vous pouvez essayer, juste en face, le restaurant de l'hôtel ***Mesón de Santa Rosa*** *(plan B1, **18**).*

Où faire une pause sucrée ?

☕ 🍦 ***La Mariposa*** *(plan A1, **40**)* **:** *Angela Peralta 7.* ☎ *212-11-66. Près du théâtre. Tlj 8h-21h30.* Une institution depuis 1940 ! Un rendez-vous des familles où, dans un décor de papier peint désuet éclairé aux néons (1940 qu'on vous dit !), les serveuses en blouse bleu layette et tablier blanc s'affairent tranquillement malgré l'affluence. Propose surtout pâtisseries, yaourts frais et glaces (goûtez à la *matecado,* le parfum traditionnel de l'État de Querétaro), mais aussi des plats simples (*pozoles,* enchiladas...).

Où boire un verre ?

Le centre historique a vu les petits bars, à thème ou non, pousser comme des champignons ces dernières années, il ne faut donc pas chercher bien loin pour se rincer le gosier, du moins entre le mercredi et le samedi (ambiance beaucoup plus calme en début de semaine).

🍷 ***Manceba*** *(plan B1, **41**)* **:** *Luis Pasteur 10. Mer-sam 13h-3h.* Une *pulquería,* entendez un endroit où l'on sert du *pulque,* ce jus (non alcoolisé) issu de l'agave (plante de la famille des cactus). Ils en proposent une trentaine de sortes, au café, au vin rouge, à la noix... mais notre préféré est peut-être celui aux pignons de pin, surprenant ! Sinon, bières servies dans des pots à confiture, grand choix de mezcals et, en exclusivité, l'*anforita,* un mélange de fruits rouges, vin et vodka très prisé des jeunes qui hantent le lieu. Ambiance animée et bruyante, cadre sympa.

🍷 ***El Rincón de los Sentidos*** *(plan B2, **42**)* **:** *Reforma 25.* ☎ *212-04-69. Tlj 10h-minuit (1h ven-sam).* Vraiment relax, avec plusieurs petites salles colorées entourant un agréable patio et son arbre touffu garni de lampions. Lumières tamisées, fauteuils, canapés ou, au contraire, nattes et coussins à même le sol... bref, très intime et propice à la détente. On peut y manger ou prendre juste un verre, au rythme, le week-end, de la guitare acoustique.

🍷 ***La Selva Taurina*** *(hors plan par B1, **43**)* **:** *Independencia 159. Tlj 10h-3h.* Les gens d'ici appellent ce genre d'endroit une *cantina* car on y sert des *botanas* avec la boisson commandée, en l'occurrence un taco ou une petite portion de plat cuisiné... Côté cadre, un bar en fer à cheval dans une salle décorée sur le thème de la corrida, avec des têtes de taureau partout. Musique et clientèle variées... mais attention, l'entrée (peut-on lire à côté de la porte) est interdite aux manipulateurs, aux commères, aux intrigants, aux envieux et aux chiens... à deux pattes !

🍷 ***GAD*** *(plan B1, **44**)* **:** *andador Libertad 52. Mar-sam 14h-1h30.* L'une des adresses les plus animées en fin de semaine, où il faut parfois jouer des coudes pour accéder aux 3 bars qui abreuvent l'assemblée des fêtards. Plusieurs salles et espaces à l'air libre, avec DJ dans un coin, musique live dans un autre... et ça danse comme ça peut. Refuse souvent du monde après 23h !

🍷 Pas mal d'autres bars sur 5 de Mayo et Carranza *(plan B1),* cette dernière menant à la *plaza de los Fundadores,* très vivante aussi le week-end. Y'a qu'à se laisser guider par les décibels !

Achats

Les lécheurs de vitrines pourront laisser traîner leur langue dans les ***rues piétonnes à l'ouest du jardín Zenea,*** en particulier sur la *calle 16 de Septiembre (plan B1),* bordée de nombreuses boutiques (de fringues notamment). Également quelques stands ambulants d'artisanat dans la partie piétonne d'*andador Libertad (plan B1)* et dans les ruelles adjacentes.

Dulces Típicos *(plan A1,* ***50****) : Juárez Norte 69. Face au théâtre. Tlj 10h-22h (15h30-20h30 lun).* Une vraie caverne d'Ali Baba de confiseries en tout genre, issues de la région et du pays, avec des étagères chargées de bonbons au chocolat, de pâtes de fruits et autres douceurs ou boissons peu connues chez nous : *cajeta* (confiture de lait), *rompope* (liqueur de crème d'œuf), *anis dulce...* ou encore l'alcool de pomme (une spécialité locale) ou le miel sans sucre ! Accueil chaleureux, et on peut goûter à certains produits.

À voir

Flâner dans le centre colonial est un plaisir sans fin. Difficile de décrire ici tout ce qu'il y a à découvrir, chaque coin de rue réserve une nouvelle surprise. En gros, on compte une quarantaine d'églises, temples et couvents dispersés dans le centre-ville ; nous ne citons que les plus remarquables. L'histoire de chaque monument est relatée par un panneau rédigé en espagnol et en anglais.

➢ Possibilité de visiter le centre historique en ***bus touristique.*** *Départ sur la calle Corregidora, entre 16 de Septiembre et Angela Peralta (à deux pas du jardín Zenea). Tlj 11h-19h (ttes les 30 mn en saison). Visite commentée en espagnol slt. Compter 90 $Me pour 1 parcours ; env 150 $Me pour les 2 ; réduc.* Deux parcours au choix (environ 1h vers l'*acueducto* ou vers le *cerro de las Campanas*). En faisant les deux, on visite la totalité du centre historique.

Templo Santa Clara de Jesús *(plan A1) : Madero, entre le jardín Guerrero et la calle Allende. Horaires assez aléatoires.* L'une des églises les plus importantes de la Nouvelle-Espagne. Le couvent servit de prison à Joséfa Ortiz de Dominguez (la *Corregidora,* lire plus loin « Casa de la Corregidora ») en 1810. L'extérieur, plutôt sobre, ne laisse rien supposer du délire baroque-churrigueresque, cher au XVIIe s, de l'intérieur. Les murs sont entièrement tapissés de retables d'une exubérance folle, jusqu'à donner l'impression d'être complètement submergé...

Museo de Arte *(plan A1-2) : Allende Sur 14. ☎ 212-23-57. • museodearte queretaro.com • À côté de l'église San Agustín. Tlj sf lun 10h-18h. GRATUIT.* Un superbe musée à la scénographie soignée, dans l'un des plus somptueux bâtiments baroques de la ville, ancien couvent de l'église San Agustín. Le patio aux voûtes colorées est entièrement sculpté de figures indigènes, le cigare aux lèvres en guise de gouttière. Les salles présentent des toiles du XVIe au XIXe s, dont une remarquable collection de peintures religieuses (artistes mexicains et européens). Au 1er étage, intéressante exposition de peintures mexicaines maniéristes et baroques des XVIIe et XVIIIe s. Et puis au diable les peintres christiques, la bâtisse mérite à elle seule la visite ! Également des expos temporaires d'art contemporain. Jeter un œil au passage à la librairie, bien approvisionnée.

Templo y ex-convento San Francisco *(plan A1) : face au jardín Zenea. Tlj 9h-17h.* Majestueuse église en pierre ocre sculptée, au dôme recouvert de tuiles colorées. Construite au XVIIe s dans un style baroque, elle fut la cathédrale de la ville jusqu'au début du siècle dernier. Sur sa façade, on notera le bas-relief de saint Jacques, patron de la ville. L'intérieur est moins impressionnant ; pas de retables ni de tableaux, mais un vaste orgue et un christ sanguinolent dans la chapelle. Le *Museo regional* est aujourd'hui installé dans l'ancien couvent de l'église.

Museo regional (plan A1) **:** *Corregidora Sur 3. ☎ 212-20-31. À côté de l'église San Francisco. Tlj sf lun 9h-18h. Entrée : 55 $Me, gratuit dim. Droit vidéo : 45 $Me.* Logé dans un ancien monastère franciscain commencé au XVIe s et achevé au XVIIIe s, d'où les différences de styles. Superbes cours intérieures ornées de colonnes sculptées. Les nombreuses salles présentent un vaste panorama de l'histoire de la région, à travers un riche ensemble de peintures religieuses des XVIIe et XVIIIe s, de mobilier baroque, de pièces archéologiques et d'objets préhispaniques. Également quelques masques et costumes, ainsi que des expos temporaires. C'est à l'étage qu'on trouve le gros de la collection : la colonisation espagnole, l'évangélisation du pays et la vie des « frères martyrs » (les franciscains), puis l'indépendance. Au passage, on notera les restes d'une femme momifiée retrouvés dans une crypte du couvent de Santa Clara, le cercueil utilisé pour le transport de Maximilien d'Autriche le jour de son exécution et un exemplaire de la Constitution mexicaine de 1917. Attention, certaines salles sont parfois fermées par manque de personnel.

Teatro de la República (plan A1) **:** *ne se visite pas.* Théâtre à l'italienne où s'est réuni en 1867 le congrès qui jugea l'empereur Maximiliano et ses principaux généraux. C'est aussi le lieu où fut signée, le 31 janvier 1917, la Constitution générale de la République, qui contient la promesse faite à la nation pour la révolution constitutionnelle.

Casa de la Corregidora (plan B1) **:** *pl. de Armas.* C'est le bel édifice qui domine la place, aujourd'hui siège administratif. Un lieu capital dans l'histoire du Mexique. En effet, c'est ici que Joséfa Ortiz (la *Corregidora*), femme du gouverneur de l'époque, informa les leaders indépendantistes de leur arrestation imminente, alors qu'ils préparaient l'insurrection de 1810. Le bâtiment servit aussi de prison.

Templo Santa Rosa de Viterbo (plan A2) **:** *à l'angle d'Arteaga et d'Ezequiel Montes. Tlj 9h-17h.* L'extérieur, exubérant, ressemble à un gigantesque décor de théâtre avec ses imposants arcs-boutants arrondis. L'intérieur churrigueresque est aussi splendide que chargé. Un bel exemple de cet art baroque du XVIIIe s qui faisait un peu trop dans la dentelle, en témoignent ces six retables dorés enrichis de tableaux. La chapelle est séparée de la nef par une grande grille. Dans la sacristie, trois confessionnaux du XVIIe s et une représentation de la Cène avec des apôtres grandeur nature en bois sculpté, entourant un christ dont la poitrine s'ouvre pour contenir les hosties. En sortant, ne pas manquer les jeux d'eau musicaux *(ttes les heures)* sur la jolie **plazuela Mariano de las Casas** encadrée d'arbres touffus.

Museo-casa de la Zacatecana (plan B1) **:** *Independencia 59. ☎ 224-07-58. • museolazacatecana.com • Tlj 10h-18h. Entrée : 45 $Me.*
Superbe hôtel particulier ayant appartenu à la riche Zacatecana et qui fut le théâtre d'un étrange fait divers au XVIIIe s : l'assassinat de son mari, qu'elle fit commettre par un domestique avant de l'éliminer à son tour. Transformé au fil du temps par l'imagination des conteurs, le fait devint légende, que l'on raconte aux enfants pour leur faire peur...
Outre la vidéo retraçant cette sombre histoire interprétée par des comédiens, le lieu vaut surtout pour son riche ameublement d'époque. Sur deux niveaux autour du patio, nombreux salons, salle à manger, salle de musique, parloirs et chambres au mobilier et bibelots variés de styles français, espagnol, italien, victorien et même indigène.

LE CRIME PARFAIT

La riche propriétaire, la Zacatecana, ordonna à son domestique de tuer son mari. Mais le docile serviteur fut aussi sa victime : elle l'assassina à son tour puis enterra les deux corps dans le sous-sol de sa maison. Pas de témoin, pas de cadavre, le crime était parfait. La vengeance le fut aussi. Peu de temps plus tard, la veuve noire fut à son tour assassinée, et personne ne sut jamais qui avait perpétré cette revanche. Quant aux corps du mari et du domestique, ils ne furent découverts que des décennies plus tard, à l'occasion de travaux dans la maison que l'on dit, depuis, hantée...

Le salon des Christs expose une impressionnante collection d'une soixantaine de crucifix en matériaux divers. Il est situé entre les chambres des époux, où le mannequin de la Zacatecana surprend le visiteur par son étrange regard dans un habile jeu de miroir. À l'étage toujours, une quarantaine de pendules cliquetantes – dont deux imposantes cathédrales de Reims en bronze –, impressionnantes quand elles sonnent toutes en même temps. Enfin, on ne manquera pas la montée au mirador circulaire sur le toit du bâtiment, accessible par un escalier dérobé, qui offre une vue impressionnante sur le centre historique et ses nombreuses églises. Les plus attentifs auront remarqué, dans la crypte, les macabres squelettes des deux victimes de la belle, visibles par une dalle en verre à côté de la fontaine du patio. Rassurez-vous, ce sont des reproductions, mais c'est bien là qu'ils ont été trouvés !

Templo y convento Santa Cruz *(plan B1)* **:** *visite guidée du couvent (30 mn, en espagnol et en anglais, gratuit) mar-sam 10h-14h, 16h-18h ; dim 10h-16h. Slt si un petit groupe se constitue.*
Son histoire mouvementée remonte à son édification vers 1650, à l'emplacement même d'un combat qui opposa Espagnols et Indiens. Pendant longtemps, de nombreuses missions partirent d'ici, puis Maximilien d'Autriche en fit sa place forte, avant d'y être emprisonné. Aujourd'hui, une petite communauté de franciscains y réside. La visite du couvent vaut surtout pour sa partie non restaurée, très austère, et l'habile circulation d'eau du toit jusqu'aux baignoires d'azulejos, en passant par divers puits. Dans le jardin, après le calme patio transformé en terrain de basket, de curieux arbres à épines en forme de croix, dont l'origine légendaire est assez floue. Sur le parvis, quelques étals d'artisanat local. Un lieu à l'atmosphère populaire, légèrement à l'écart du centre plus touristique.

Acueducto *(hors plan par B1-2)* **:** *à 15 mn à pied du centre. Longer l'église Santa Cruz par sa gauche jusqu'à tomber sur le mirador face à l'acueducto.*
Au XVIIIe s, un homme tombe fou amoureux d'une nonne qui exige de lui, comme preuve de son amour, qu'il fasse construire un aqueduc pour alimenter la ville en eau potable. La preuve est longue de 1 280 m et sa construction dura 9 ans ! Du mirador, lieu de rendez-vous des amoureux au coucher du soleil, belle vue générale sur les faubourgs de la ville qui se découpent sous les 74 arches de l'aqueduc. Derrière, le mausolée de *la Corregidora* et de son époux est entouré de statues des personnalités historiques de la ville.

Cerro de las Campanas *(hors plan par A1)* **:** *petite colline à l'ouest de la ville. Suivre la rue Morelos toujours tt droit vers l'ouest ; au bout, tourner à droite et longer l'université jusqu'au mur orange du parc. Ferme à 18h. Prix d'entrée symbolique.* Parc mignonnet tout bien taillé, planté d'une chapelle construite par le gouvernement autrichien. Faut dire que c'est ici que fut exécuté l'empereur Maximilien d'Autriche en 1867. La chapelle n'atteint cependant pas les dimensions de la gigantesque statue de Benito Juárez, premier président de l'après Max, érigée pour le centenaire de l'exécution de cet empereur tant aimé. Autrichiens, Mexicains, à chacun son symbole... Du pied de la statue, belle vue sur les montagnes environnantes. Derrière elle, ***La Magia del Pasado*** *(tlj sf lun 9h-17h ; 15 $Me, réduc ; tickets en vente à l'entrée du parc),* un petit musée interactif pour les enfants, conte l'histoire de la ville de l'époque préhispanique à nos jours. En espagnol seulement. Pour prendre le vert sans s'essouffler, on peut aussi aller flâner au grand ***parc Alameda*** *(plan B2),* plus proche du centre.

Fêtes et manifestations

– ***Callejoneadas*** **:** *départ sam à 20h sur la pl. de Armas (plan B1).* Dans les pas d'une dizaine de musiciens costumés, on parcourt le centre historique en musique. Gratuit et super ambiance.

- **Concerts :** *dim 19h-20h, dans le jardín Zenea.* Orchestre à vent. Gratuit.
- **Festival internacional de Jazz de verano :** *1 bonne sem pdt la 2de quinzaine de juil, surtout sur la pl. de Armas.*
- **Siguiente Escena :** *mi-août.* Pendant 1 semaine, les arts de la scène sont à l'honneur sur les places du centre historique. Y participent des troupes nationales et étrangères.
- **Posadas :** *au moment de Noël et du Jour de l'an.* Nombreux concerts et manifestations. Demandez la liste des lieux à l'office de tourisme. Crèche géante sur le *jardín Zenea* et nombreux marchands de tacos, *quesadillas* et *bebidas* à partager dans une ambiance chaleureuse et conviviale sur des tables de fortune.

SAN MIGUEL DE ALLENDE 70 000 hab. IND. TÉL. : 415

• Plan *p. 426-427*

Située à 1 850 m d'altitude, cette belle ville coloniale vallonnée, classée Monument historique et inscrite au Patrimoine mondial de l'Unesco en 2008, a charmé de nombreux artistes américains venus dans les années 1940 suivre les cours du muraliste Siqueiros. Séduits par cette douceur de vivre teintée d'exotisme, certains y sont restés, et le bouche-à-oreille a fonctionné. Aujourd'hui, San Miguel est peuplée d'un bon nombre de *gringos* vieillissants, et le prix du mètre carré y atteint des sommes démentes. Le charme du vieux centre colonial encore dans son jus, avec ses rues empierrées de pavés disjoints et bordées de petites maisons multicolores, est un peu gâché par la surabondance de galeries d'art, de restos chic et de boutiques d'antiquités, d'artisanat ou de bijoux. On aime ou on n'aime pas. Les soirs d'hiver, il peut y faire aussi froid qu'à Mexico, si ce n'est plus. En haute saison d'été, la ville est envahie de touristes.

Arriver – Quitter

En bus

Pour la liste et les coordonnées des principales compagnies, se reporter à la rubrique « Transports » du chapitre « Mexique utile ».

Central de autobuses *(hors plan par A2, **1**) : à env 2 km à l'ouest du centre.* Pour rejoindre le centre, prendre un minibus sur l'av. face au terminal (*Ruta 2*, 7h-21h). Dans l'autre sens, départs en face de l'église de la Salud *(plan B1, **2**)*. En taxi, compter 50 $Me. Consigne à bagages, distributeur et petit bureau d'infos touristiques (plan de la ville) sur place.

- On peut aussi acheter ses billets de bus 1re classe à l'agence *Operadora* (voir « Adresses utiles » ci-après).

➢ ***Querétaro et Mexico*** *(terminal Norte)* **:** ttes les 40 mn avec *Flecha Amarilla* ou *Pegasso* (7h-20h). Également de nombreux bus avec *ETN* (6h-18h) et 3 avec *Primera Plus* (à 6h30, 10h et 16h30). Trajet : 1h20 pour Querétaro et 3h30-4h pour Mexico.

➢ ***Guanajuato :*** 10 bus/j. (6h-19h30) avec *Primera Plus*, 4 avec *ETN* (9h-18h) et autant avec *Flecha Amarilla* (6h45-14h45). Trajet : env 1h30.

➢ ***Dolores Hidalgo :*** ttes les 20 mn (7h45-21h30) avec *Flecha Amarilla* et ttes les 40 mn (7h-20h) avec *Pegasso*. Trajet : 1h.

➢ ***Guadalajara :*** 6 bus/j. (7h10-19h30) avec *Primera Plus* et 4 avec *ETN* (9h-18h). Trajet : 5h30.

➢ ***San Luis Potosí :*** pas de liaison directe ; avec prendre un bus *ETN* pour Querétaro, de là correspondance pour San Luis.

➢ ***Morelia :*** 2 bus/j. (7h30 et 19h30) avec *Primera Plus*. Trajet : 3h50.
➢ ***León :*** 9 bus/j. (6h-19h30) avec *Primera Plus* et 4 avec *ETN* (9h-18h). Trajet : 2h30.

Adresses utiles

La place principale de San Miguel s'appelle officiellement « jardín principal », non pas « plaza de Armas » (et encore moins *zócalo*). Mais on peut aussi tout simplement l'appeler « plaza principal ».

Office de tourisme *(plan B2)* **:** *sur la pl. principal, porte de droite du* palacio municipal. *☎ 152-09-00. • visitsanmiguel.travel • Lun-ven 9h-17h.* Donne un plan de la ville et des petits livrets-guides sur les hôtels, restos, boutiques et activités. Bon accueil.
✉ ***Poste*** *(plan B2)* **:** *Correo 18. Lun-ven 8h-16h30, sam 9h-13h.*
■ ***Distributeurs, change :*** *distributeurs* ***Banamex*** *(plan B2,* ***4****) et* ***Santander*** *(plan B2,* ***5****) sur la pl. principal. Change notamment à l'agence* ***CI Banco*** *(plan B2,* ***6****), à l'angle de la pl. San Francisco (lun-ven 9h-17h, sam 10h-17h, dim 10h-14h), ainsi que la banque* Santander *de la* plaza.
@ ***Cybercafés :*** *plusieurs en ville, notamment dans le hall de l'hôtel* Casa de los Soles, *à côté du marché d'artisanat (plan B1), Loreto 19. Tlj 9h30-22h.*
■ ***Agence Operadora*** *(plan B2,* ***7****)* **:** *cuna de Allende 17 A. ☎ 152-80-11. Dans la ruelle qui longe la Parroquia. Lun-ven 10h-15h, 17h-19h ; sam 10h30-14h.* Vente de tickets de bus de 1re classe (*Primera Plus, ETN* et *Omnibus de México*), ainsi que billets d'avion et excursions.
■ ***Laverie Arco Iris*** *(plan B1,* ***8****)* **:** *dans le passage Allende ; au niveau du nº 5 de la calle Mesones. Lun-ven 9h-14h, 16h-19h ; sam 9h-14h.* Au poids (minimum 4 kg).

Où dormir ?

Les hôtels, plutôt chers à San Miguel, ont tendance à se remplir le week-end et encore plus durant les ponts, les périodes de fêtes (feria de septembre, entre autres), à Noël et autour de Pâques. Il faut alors impérativement réserver à l'avance.

De bon marché à prix moyens (moins de 800 $Me / env 40 €)

Hostal Alcatraz *(plan B1,* ***10****)* **:** *Relox 54. ☎ 152-85-43. • alcatrazhostal.com • Dortoirs 160-200 $Me/pers, petit déj inclus en sem slt.* Petite AJ fort bien tenue. Une vingtaine de lits en dortoirs de 4 à 6 lits, avec balcon sur la rue pour certains, salles de bains impeccables et petit salon TV. Patio calme, cuisine commune équipée, casiers et laverie. L'atmosphère est conviviale et l'accueil jovial. Une bonne adresse routarde à 5 mn de la *plaza*.
Hostel La Catrina *(plan B1,* ***11****)* **:** *callejón Loreto 80 A. ☎ 121-45-45. • lacatrinahostel.com • À 5-10 mn à pied de la pl. principal. Lits en dortoir 150-170 $Me, doubles 400-640 $Me (selon taille, équipement et période) ; petit déj continental inclus.* Récente et moderne, cette petite structure de 2 étages offre 3 dortoirs de 4-6 lits, un peu exigus mais agréables et très bien tenus, et 4 chambres privées (dont 3 de belle taille !), dotées ou non de salle de bains privée mais toutes avec literie neuve et écran plat. Belle cuisine équipée et terrasse avec faux gazon. Excellent accueil.
Hotel Parador San Sebastián *(plan B1,* ***12****)* **:** *Mesones 7. ☎ 152-70-84. Double 680 $Me. (réception).* Bon hôtel dans le style colonial, agrémenté d'un joli patio coloré et luxuriant où gazouillent des canaris. Les chambres,

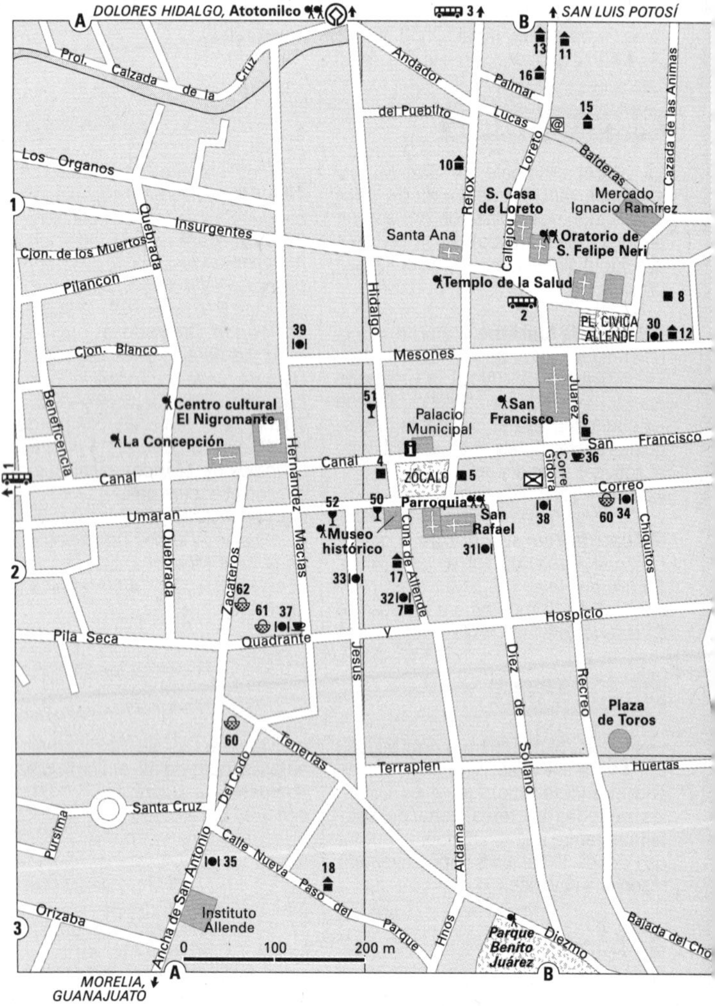

pour 2-6 personnes, avec salle de bains, sont agréablement rustiques, fraîches et très bien tenues. Accueil très sympa. Une adresse simple et calme (le patron ne veut pas entendre parler de TV dans les chambres), l'une des meilleures de la ville dans cette catégorie.

Hotel Quinta Loreto (plan B1, **15**) : *callejón Loreto 15. ☎ 152-00-42. • quintaloreto.com.mx • Juste à côté du marché d'artisanat. Doubles 700-800 $Me. Parking.* Les chambres, sobres et spacieuses, à la déco un peu à l'ancienne, sont bien tenues et alignées autour d'un grand jardin tranquille et ravissant. Celles avec TV sont plus grandes et un peu plus chères. Resto pratique pour prendre le petit déj. Un honnête rapport qualité-prix.

Adresses utiles

1 Central de autobuses
2 Bus pour la gare routière
3 Bus pour Atotonilco
4 Banamex
5 Santandor
6 Change Cl Banco
7 Agence Peradora
8 Laverie Arco Iris

Où dormir ?

10 Hostal Alcatraz
11 Hostel La Catrina
12 Hotel Parador San Sebastián
13 Posada La Gloria
15 Hotel Quinta Loreto
16 Posada de Luna
17 Posada Carmina
18 Hotel Boutique Nena

Où manger ?
Où prendre un petit déjeuner ? Où faire une pause sucrée ?

30 Baja Fish Taquito
31 La Alborada
32 La Posadita
33 Café de la Parroquia - La Brasserie
34 Néctar
35 Hecho en México
36 Chocolates y Churros San Agustín
37 La Cocina - Café El Viajero
38 Restaurant El Correo
39 Tío Lucas

Où boire un verre ? Où sortir ?

50 Bar-resto Mama Mía
51 Hank's
52 Bar La Chula

Achats

60 Camino Silvestre
61 Mixta
62 Abrazos

SAN MIGUEL DE ALLENDE

LES VILLES COLONIALES

De chic à très chic (800-1 600 $Me et plus / env 40-80 €)

Posada de Luna *(plan B1, **16**) : callejón Loreto 29. ☎ 152-34-58. • posada.deluna@hotmail.com • Doubles 800-1 500 $Me (selon type de chambre et période), petit déj complet compris. Parking.* Plutôt qu'une *posada*, voici un *B & B* de charme, tenu par un couple de Mexico. Les 4 chambres, toutes à l'étage, sont bien jolies et douillettes, chacune d'une couleur différente, avec salle de bains en mosaïque vernissée, grand écran plat et literie (1 ou 2 lits) très confortable. Cour-jardin creusée d'une piscine, et petite terrasse à l'avant pour le petit déj. Charmant et cosy.

Posada La Gloria *(plan B1, **13**) : callejón Loreto 68. ☎ 152-31-70. • hotelposadalagloria.com • Double env 800 $Me (1 000 $Me en hte saison).* Dans une petite rue calme, un minihôtel au charme colonial, avec une réception aux allures de salon privé. À peine 5 chambres autour d'un patio coiffé d'une terrasse sous tonnelle. Elles sont nickel et assez coquettes, avec leur mobilier en bois brun et leur sobre déco au cachet ancien. TV câblée, ventilo et salles de bains modernes.

Posada Carmina *(plan B2, **17**) : cuna de Allende 7. ☎ 152-88-88. • posadacarmina.com • À côté de l'église de la Parroquia. Doubles 1 900-2 500 $Me (+ 20 % en hte saison). (patio slt).* Superbe maison coloniale s'agençant autour d'un patio planté d'orangers et inondé de verdure. Le lieu compte 24 chambres spacieuses et décorées avec goût. Grands volumes, mosaïques... toutes sont superbes. 3 d'entre elles donnent sur la rue, dont la n° 101, particulièrement élégante. Ceux qui préfèrent le confort moderne au charme de l'ancien opteront plutôt pour une chambre dans l'annexe récente. Resto dans le patio.

Beaucoup plus chic (à partir de 2 700 $Me / env 135 €)

Hotel Boutique Nena *(plan A3, **18**) : Nemesio Diez 10. ☎ 154-71-29. • hotelnena.mx • Doubles env 2 700 $Me en sem, 3 900 $Me le w-e.* Pour nos lecteurs les plus fortunés (ou enclins à faire une petite folie), un hôtel d'exception, installé dans une superbe résidence au look colonial. Les 6 chambres, vastes, splendides et de grand confort, risquent fort peu de vous décevoir. Mais le clou, c'est encore la terrasse sur le toit, qui dispose d'une piscine et d'une vue géniale sur la ville et la Parroquia ! Accueil, service et prestations à l'avenant.

Où manger ? Où prendre un petit déjeuner ? Où faire une pause sucrée ?

Bon marché (moins de 150 $Me / env 7,50 €)

Baja Fish Taquito *(plan B1, **30**) : Mesones 11 B. ☎ 121-09-50. Tlj 11h-20h.* Un petit snack nickel avec tabourets et hautes tables en bois, où l'on propose des tacos et *tostadas* de poisson et crevettes, préparés sous vos yeux dans un grand souci d'hygiène. Bon, pas cher (plusieurs formules avantageuses), et ça change !

La Alborada *(plan B2, **31**) : Sollano 11. ☎ 154-99-82. Lun-sam 13h-22h30.* Une petite affaire familiale qui tourne bien, très fréquentée par les Mexicains – et les touristes avisés – pour sa cuisine authentique et bon marché. Carte restreinte, avec une dizaine de plats au choix, des classiques *pozoles* et *antojitos* aux pieds de porc farcis (!). L'accueil est charmant et le cadre très convivial, 3 petites salles colorées et ornées de bibelots, ainsi qu'un patio sous verrière, garni de plantes en pots. Attenant, mais différent, le petit café ***La Ventana,*** ainsi nommé car on peut aussi commander de la rue, par la fenêtre ! Parfait pour la pause-café, bio de surcroît.

Prix moyens (150-300 $Me / env 7,50-15 €)

La Posadita *(plan B2, **32**) : cuna de Allende 13. ☎ 154-88-62. Tlj sf mer 12h-22h.* Une excellente adresse à prix mesurés, malgré la proximité de la *plaza.* On grimpe une volée de marches pour accéder aux 2 terrasses colorées et verdoyantes. Accueil aimable, service efficace et vaisselle soignée. Des conditions idéales pour apprécier une goûteuse cuisine mexicaine (*pozole,* enchiladas... mais aussi *cochinita pibil,* poulet farci au fromage de chèvre et saumon sauce mangue), élaborée à partir de bons produits frais.

|●| ***Café de la Parroquia – La Brasserie*** *(plan A2,* ***33****) :* *Jesús 11.* ☎ *152-31-61. Mar-sam 8h-16h, 17h-22h. Formule brasserie (plat + dessert + vin) autour de 150 $Me.* Jolie maison vieille de 3, voire 4 siècles, tenue par une Française du Jura installée à San Miguel depuis plus de 25 ans. Plats mexicains et internationaux (offre assez rare pour être soulignée !). Pour les nostalgiques donc, fondue au fromage et steak-frites (ou encore le civet de lapin le mardi midi, et même les moules les mercredi et jeudi soir) joueront parfaitement leur rôle de madeleine de Proust... Une cuisine fraîche et goûteuse, plébiscitée par les habitants et à déguster dans la petite salle garnie de tableaux ou dans le patio aéré.

|●| ***Néctar*** *(plan B2,* ***34****) :* *Correo 43.* ☎ *152-39-18. Lun-sam 8h30-17h30, dim 10h-15h.* Attenante à la jolie boutique *Camino Silvestre* (voir plus loin la rubrique « Achats »), cette maison de thé, installée dans une charmante cour ombragée, propose une restauration inventive et très saine. À part un peu de poisson, tout est végétarien, préparé avec des produits bio ou locaux, et cuisiné au... thé, des soupes aux sandwichs en passant par les burgers et les pâtés ! Ça change des *filetes* et autres *milanesas de res...* On peut aussi n'y venir que pour prendre le thé : la théière n'est pas bon marché, mais les amateurs apprécieront.

|●| ***Hecho en México*** *(plan A3,* ***35****) :* *Ancha de San Antonio 8.* ☎ *154-63-83. Tlj 12h-22h.* Une valeur sûre à San Miguel. Côté cadre, 2 agréables salles aux murs ocre décorés de grandes peintures et un patio couvert. Dans l'assiette, une cuisine originale et succulente avec des plats du genre burger paysan, salade de poulet croustillant ou grosses crevettes enrobées d'une pâte de bière et de noix de coco râpée, à tremper dans une marmelade d'orange piquante. Tous les plats principaux sont servis avec 2 accompagnements au choix (purée de patate douce, épinards à la crème, salade de chou...). Accueil et service chaleureux, prix bien étudiés... Que demande le peuple ?

☕ ***Chocolates y Churros San Agustín*** *(plan B2,* ***36****) :* *San Francisco 21.* ☎ *154-91-02. En face de l'église San Francisco. Lun-ven 8h-23h, le w-e 9h-minuit.* Un look qui oscille entre la brasserie et le salon de thé, avec une salle aux plafonds ornés de vannerie et des murs couverts de tableaux. Une adresse qui ne désemplit pas, où il faut quelquefois faire la queue dehors. On s'y presse pour déguster leur onctueux chocolat chaud accompagné de *churros,* mais aussi leurs jus de fruits frais 100 % naturels. On peut aussi y manger normalement.

|●| ***Restaurant El Correo*** *(plan B2,* ***38****) :* *Correo 23. Juste en face de la poste. Tlj sf mar 8h-23h.* Cadre sobre et élégant pour ce petit resto mexicain. Carte réduite déroulant une bonne cuisine, servie généreusement et bien présentée, le tout à prix très honnêtes. Clientèle composée de touristes surtout, mais c'est San Miguel...

|●| ☕ ***La Cocina – Café del Viajero*** *(plan A2,* ***37****) :* *Macías ; à l'angle de Quadrante. Tlj sf mar 9h-20h.* Modeste, convivial, ce café-galerie d'art offre ses 8 tables dans le patio ou sa petite salle face au bar, décorée sur le thème du voyage. Au menu, de bons sandwichs, salades, viandes ou poissons, servis avec beaucoup de courtoisie. Une pause paisible, un peu à l'écart des rues plus touristiques.

Plus chic (300-500 $Me / env 15-25 €)

|●| ***Tío Lucas*** *(plan A1,* ***39****) :* *Mesones 103.* ☎ *152-49-96. Tlj 12h-minuit.* Une adresse chic au cadre soigné, subtilement chargé de motifs décoratifs mexicains et distribuant ses petits espaces autour d'un agréable patio couvert. On y vient autant pour l'ambiance – cubaine ou jazzy –, avec presque tous les soirs (dès 21h) un petit groupe de musiciens, que pour le vaste choix de bonnes viandes et grillades à la carte. Le chaleureux patron, qui veille sereinement à ce que tout se déroule bien, vous accueillera peut-être lui-même.

Où boire un verre ? Où sortir ?

🍷 ***Hank's*** *(plan B2,* ***51****) :* *Hidalgo 12. ☎ 152-26-45. Tlj 12h30-minuit.* Un peu le repaire des *gringos* de San Miguel, mais qu'importe, il règne entre les murs de ce bar-resto une ambiance « New Orleans » unique ! Ne pas hésiter à venir y siffler une bière ou un verre de rouge (plutôt bien servi) à l'heure de l'apéro, c'est souvent le moment choisi par les habitués. Et si vous n'arrivez pas à décrocher, vous n'avez qu'à rester dîner, la cuisine aux accents cajun ne déçoit pas !

🍷 ♩ ***Bar-resto Mama Mía*** *(plan B2,* ***50****) :* *Umaran 8. ☎ 152-20-63. Tlj 19h-3h (5h le w-e).* Un vaste bar-resto branchouille établi dans une vieille maison coloniale, fréquenté par les étrangers et la jeunesse dorée mexicaine. On aime venir y boire un verre pour le cadre et l'ambiance rugissante et festive, mais on ne ferait pas du resto notre cantine. Belle terrasse sur le toit et plusieurs petites salles surpeuplées d'une faune déchaînée en fin de semaine, au rythme de la *música en vivo.*

🍷 Pour profiter de la meilleure vue sur la Parroquia, on vous conseille la terrasse en hauteur du bar ***La Chula*** *(Umaran 10 ; plan A2,* ***52*** *; mer-dim à partir de 17h),* presque à côté du *Mama Mía* (et repérable à sa cabine téléphonique rouge dans l'entrée).

Achats

San Miguel est une ville de choix pour faire vos achats en un temps record : nombreuses boutiques d'artisanat en tout genre, régional et national, sans compter les brocanteurs, les antiquaires et les bijoutiers.

🧺 ***Camino Silvestre*** *(plan B2,* ***60****) :* *Correo 43. Lun-sam 10h-19h, dim 12h-17h.* Couplée à un très agréable salon de thé (voir « Où manger ? »), une boutique chic proposant tout plein d'objets décoratifs pour la maison, certains vraiment très jolis mais... pas donnés. Autre adresse sur *Zacateros (plan A2,* ***60****),* plutôt axée sur le thème des oiseaux.

🧺 ***Mixta*** *(plan A2,* ***61****) :* *Pila Seca 3. Lun-sam 10h-18h, dim 12h-17h.* Comme son nom l'indique, une boutique à l'offre variée : bijoux, tissus, vêtements, sacs à main, sets de table, objets pour la maison et même du chocolat. Le tout exposé dans une maison de caractère du XVIIIe s.

🧺 ***Abrazos*** *(plan A2,* ***62****) :* *Zacateros 24. Tlj 10h-18h.* Pour les amateurs d'articles chatoyants : sacs, robes, tabliers, chemises, cravates, taies d'oreiller, étiquettes de valises, maniques, étuis pour téléphones portables, le tout très... coloré !

– On peut aussi aller faire un tour au ***marché d'artisanat*** *(tlj 10h-18h)* qui prolonge le marché couvert jusqu'à la calle de Loreto *(plan B1).* Les prix sont plus doux, et on y trouve de tout : des objets religieux, décoratifs, en bois, en petits morceaux de miroir, en faïence... ainsi que des tongs, chapeaux, bracelets, foulards, masques, lampes de maison, etc.

À voir

➢ Comme dans les autres villes coloniales, on peut visiter le centre historique en ***tranvía,*** ici un vieux bus en bois. *Départ ttes les 40 mn en sem et ttes les 20 mn le w-e, 9h-20h, de la pl. principale. Compter 75 $Me/pers.*

👁👁 ***Parroquia de San Miguel Arcángel*** *(plan B2) :* *en face de la pl. principale. Tlj 8h-14h, 16h-20h.* Étrange édifice commencé en 1578 puis maintes fois remanié. À la fin du XIXe s, Zeferino Gutiérrez, un architecte d'origine indienne imprégné de l'esprit majestueux des cathédrales européennes, lui imprimera son style néogothique actuel. Son clocher nous a fait penser à la *Sagrada Familia* de Gaudí, ses tours roses dominant le centre-ville, à un château de conte de fées. Le soir, la façade est superbement mise en valeur par un jeu d'éclairages. L'intérieur, où domine la brique, est en revanche moins remarquable. À gauche de l'édifice, la première église de la ville, ***San Rafael,*** plus sobre, fut construite en 1564. Elle est en partie ornée de fresques. Face à la Parroquia s'étend la ***plaza principal,*** toujours pleine de vie, et encore plus dès 17h lorsque les groupes de mariachis se mettent à gratter les cordes de leurs guitares.

Museo histórico de San Miguel *(plan B2)* **:** *cuna de Allende 1. ☎ 152-24-99. À côté de l'église de la Parroquia. Tlj sf lun 9h-17h. Entrée : 50 $Me.* Installé dans la maison natale d'Ignacio Allende, héros de l'indépendance. Et pas n'importe lequel, il a tout de même légué son nom à la ville (et à un bon nombre de rues du pays) ! La demeure, restaurée et meublée dans le style du XVIIIe s, abrite salons, chambres à coucher, salle à manger, cuisine avec tous ses ustensiles... ainsi que des pièces dédiées aux faits d'armes de l'insurgé. Au rez-de-chaussée, quelques modestes tableaux, objets et textes anciens illustrent l'histoire de la ville (bornes et panneaux explicatifs en anglais et espagnol).

Templo de la Concepción *(plan A2)* **:** *à l'angle de Canal et Zacateros. Tlj 7h30-14h, 16h-19h.* Construit au milieu du XVIIIe s, il était intégré dans l'ancien monastère du même nom (voir ci-après). Ce n'est qu'à la fin du XIXe s que Zeferino Gutiérrez lui ajouta son dôme, en s'inspirant des Invalides à Paris. L'intérieur ne présente pas d'intérêt majeur, si ce n'est justement le dôme vu d'en dessous et quelques beaux tableaux de Miguel Cabrera.

Escuela de Bellas Artes – Centro cultural El Nigromante *(plan A2)* **:** *Canal y Macías. Tlj 10h-18h (14h dim).* Cet ancien couvent, qui comprenait l'église de la Concepción, accueille aujourd'hui le centre culturel *El Nigromante* et des expos d'art temporaires. Bel ensemble architectural aux couleurs ocre. Autour du patio à deux étages, les arcades abritent des fresques murales, dont une, inachevée mais impressionnante, de Siqueiros (dans l'une des salles du fond).

Oratorio de San Felipe Neri *(plan B1)* **:** riche façade baroque du XVIIIe s en pierre rose qui trahit une influence indigène, notamment sur les statues des niches. L'intérieur est plus intéressant que beau, avec une kyrielle de statues de saints enfermés dans des cercueils de verre. Au fond du transept de gauche se trouve la ***Santa Casa de Loreto*** – une reproduction du sanctuaire italien dédié à la Vierge de Lorette –, dont le sol et les murs sont ornés de céramiques en provenance de Puebla, de Valence et même de Chine. Bien entendu, elle abrite la Vierge Marie, avec, à ses pieds, le donateur Manuel Tomás de la Canal et son épouse. Ne manquez pas non plus le *camarín,* étonnante chambre baroque octogonale couverte de feuilles d'or, avec trois magnifiques retables et un plafond de style mudéjar.

Templo de la Salud *(plan B1)* **:** *près de l'église précédente.* Construit en 1735. Portail churrigueresque assez impressionnant, avec sa grande coquille Saint-Jacques abritant l'œil de Dieu. À l'intérieur, quelques éléments baroques intéressants, mais l'ensemble est plutôt austère, à l'exception d'une collection d'ex-voto populaires qui redonnent le sourire.

Templo San Francisco *(plan B1-2)* **:** construit en 1779. Il est doté d'un très beau portail churrigueresque là encore, d'un dôme aux tuiles vernissées et d'une haute tour néoclassique, style qui caractérise aussi l'intérieur. L'ensemble, aux airs d'église fortifiée, s'ouvre sur un petit square fleuri.

Museo del Juguete popular mexicano *(plan C1)* **:** *Núñez 40. ☎ 152-26-02. • museolaesquina.org.mx • Mer-sam 10h-18h, dim 11h-16h. Entrée : 30 $Me ; réduc.* Sur 2 étages, une jolie expo de jouets mexicains : poupées, trains, avions, animaux en peluche... ainsi qu'une riche collection de jouets en rapport avec les festivités locales ou primés lors de concours nationaux. Belle vue depuis la terrasse. Expos temporaires également.

Parque Benito Juárez *(plan B3)* **:** vaste et agréable parc fleuri, ombragé par des arbres exotiques et ponctué de placettes avec fontaine. Un lieu très apprécié des joggeurs et des familles.

Le panorama sur la ville : *au sud-est du centre, à env 20 mn à pied du centre. Pour y aller, prendre la calle Recreo en direction de la pl. de Toros (plan B2) puis, à gauche, Piedras Chinas (plan C3) et, enfin, la rue Salida a Querétaro.* Jolie grimpette jusqu'au mirador pour jouir d'une superbe vue sur San Miguel et les paysages environnants.

Manifestations

– ***Fiesta de San Miguel Arcángel :*** *le ven le plus proche du 29 sept.* Toute la nuit du vendredi, fête en l'honneur du saint patron de la ville : spectacles, concerts... et même un feu d'artifice à 4h du mat' !
– ***Festival international de jazz :*** *la dernière sem de nov.* Une semaine de concerts avec des artistes internationaux.
– Sans oublier la ***Semaine sainte*** ni le ***festival de musique de chambre*** *(10 j. entre fin juil et début août).*

DANS LES ENVIRONS DE SAN MIGUEL DE ALLENDE

Jardín botánico – El Charco del Ingenio (hors plan par C3) **:** *à env 5 km du centre, direction Querétaro. Dans la partie haute de la ville. Au grand rond-point (statue de San Miguel de Allende), prendre à gauche (venant du centre-ville) un chemin sur 2 km (fléché). En taxi, compter 50 $Me. ☎ 154-47-15 ou 88-38. • elcharco.org.mx • Tlj 9h-18h. Entrée : 40 $Me ; réduc. Visite guidée en anglais mar et jeu à 10h (80 $Me).* Les amateurs de nature se doivent d'y faire un tour. Près de 1 000 variétés de cactées et de plantes grasses. La plupart poussent naturellement sur les collines escarpées, les plus rares sont préservées en serre solaire. Belle balade de 1h30 environ dans la réserve écologique de 67 ha aux sentiers bien tracés ; très romantique au coucher du soleil ! Vaste et calme plan d'eau central, squatté par des canards siffleurs mexicains, des hérons et des aigrettes. Une partie est même réservée à l'observation ornithologique et abrite des ibis, des pélicans blancs et une multitude d'oiseaux migrateurs. Petite cafétéria en terrasse sur place.

➢ ***Balneario Escondido :*** *suivre la route 51 en direction de Dolores Hidalgo et, au bout de 10 km env, prendre un chemin à gauche (fléché) ; c'est un peu plus loin. En bus, demandez au chauffeur de vous laisser à l'embranchement. ☎ 185-20-22. • escondidoplace.com • Tlj 8h-17h30. Entrée : 120 $Me ; gratuit moins de 2 ans.* Dans un parc arboré souffrant de la sécheresse ambiante, parsemé d'étangs poissonneux appréciés des canards. Pour les amateurs d'eaux thermales, une dizaine de bassins de tailles et formes différentes, bien intégrés au calme du lieu. Certains, dans des grottes artificielles voûtées, sont reliés entre eux par d'étroits passages de 50 cm de largeur. L'eau atteint les 45 °C et s'écoule alors du plafond dans une chaleur tropicale (déconseillé à ceux qui souffrent de claustrophobie).

Atotonilco : *à 15 km de San Miguel, après les sources chaudes, sur la route 51 direction Dolores Hidalgo (fléché sur la gauche). Pour y aller, minibus ttes les 30 mn depuis la Calzada de la Luz (hors plan par B1,* ***3****), au bout de la calle Relox, à 10 mn à pied de la place principale.* L'église du XVIIIe s, blanche et massive, est remarquable pour ses murs et ses plafonds entièrement recouverts de fresques (d'ailleurs inscrites au Patrimoine mondial par l'Unesco depuis 2008), mais aussi pour une tranche d'histoire chère aux Mexicains. En effet, c'est ici que Hidalgo, à la tête de son armée d'indépendantistes, retira de l'église le portrait de la Vierge de Guadalupe pour en orner sa bannière. La Guadalupe, patronne des Indiens, servit, du coup, d'étendard aux insurgés. Et, depuis, cette petite église accueille des pèlerins de tout le Mexique, en particulier lors de l'importante procession de la Semaine sainte. À l'entrée de l'église, une petite borne interactive conte l'histoire du lieu en musique.

SAN LUIS POTOSÍ

722 000 hab. IND. TÉL. : 444

• Plan *p. 434-435*

Ville-étape située à 1 880 m d'altitude, à mi-chemin entre Mexico et la ville industrielle de Monterrey, San Luis Potosí conserve de beaux restes de son glorieux passé colonial. Elle n'a certes pas autant de charme que ses voisines, mais son centre rénové et en partie rendu aux piétons, ses larges places bordées de monuments, de nobles édifices coloniaux et d'imposantes églises rappellent l'époque prospère où la cité vivait de ses mines d'argent. De quoi flâner avec plaisir, d'autant que San Luis, populaire et commerçante, déborde d'énergie.

UN PEU D'HISTOIRE

Au moment de la conquête, la région était seulement habitée par les rudes tribus nomades chichimèques, aguerries à la vie hostile dans le désert. Ce sont les moines franciscains qui s'y aventurèrent les premiers (vers 1589, soit presque 70 ans après la chute de l'Empire aztèque) et fondèrent plusieurs missions, dont celle de San Luis (en hommage à Saint Louis, roi de France). On découvrit alors de riches gisements argentifères et des mines d'or qui firent accourir les colons espagnols. L'histoire se répète ; les Indiens furent soumis et envoyés aux mines. En novembre 1792, la ville fut fondée officiellement et l'on ajouta fièrement le mot « Potosí », en référence aux fameuses mines de Bolivie (*potosí* signifie « grande richesse » en quechua).
Plus tard, lors de l'invasion du Mexique par les troupes françaises de Maximilien, Benito Juárez installa son gouvernement à San Luis Potosí, qui devint la capitale provisoire du pays entre 1863 et 1867.

Arriver – Quitter

En bus

Pour la liste et les coordonnées des principales compagnies, voir la rubrique « Transports » du chapitre « Mexique utile ».

🚌 ***Central de autobuses*** *(hors plan par C2, **1**)* : *situé sur la route 57, en direction de Querétaro, à 2-3 km du centre.* ☎ *818-11-99.* Consignes à bagages, bureau de change, distributeur de billets, etc.
Pour ***rejoindre le centre-ville,*** bus collectif jaune ttes les 5 mn 6h-22h au bord de la route, de l'autre côté du parking. En taxi prépayé au terminal, compter 45 $Me. Dans l'autre sens, prendre le bus urbain *Ruta 6* calle Constitución *(plan C2, **2**)*. Si vous voyagez avec les compagnies *Primera Plus* et *ETN,* résa possible en ligne ou dans une agence en ville.

➢ ***Matehuala (Real de Catorce) :*** 1 bus/h (7h-17h30 et 20h-22h) avec *Autobuses del Noreste* *(☎ 01-800-280-10-10)* et 6 bus/j. (15h-23h) avec *Estrella Blanca.* Trajet : 2h20.

➢ ***Querétaro :*** ttes les heures (quasi

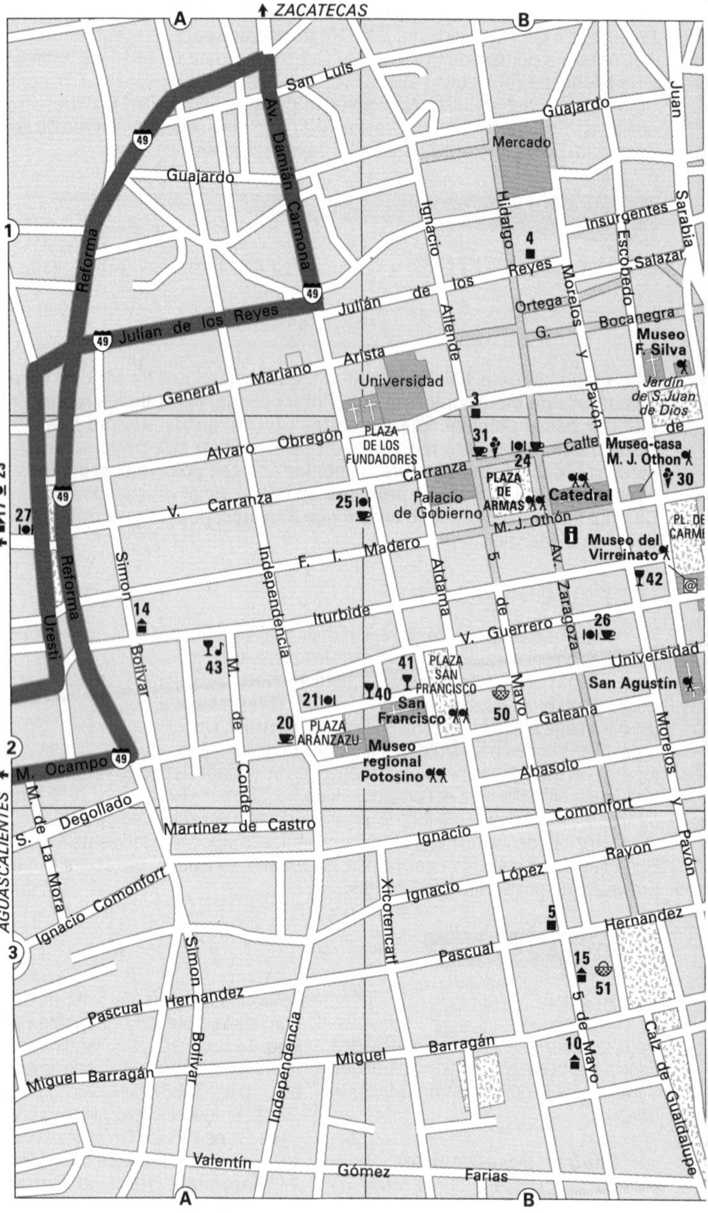
ZACATECAS
A
B
1
2
3
AGUASCALIENTES
17
23
San Luis
Guajardo
Av. Damián Carmona
Reforma
Julián de los Reyes
General Mariano Arista
Universidad
Alvaro Obregón
PLAZA DE LOS FUNDADORES
V. Carranza
Carranza
Palacio de Gobierno
PLAZA DE ARMAS
Catedral
M. J. Othón
Mercado
Hidalgo
Ignacio Allende
Insurgentes
Sarabia
Escobedo
Salazar
Ortega
G. Bocanegra
Morelos y Pavón
Museo F. Silva
Jardín de S. Juan de Dios
Calle de
Museo-casa M. J. Othon
PL. DE CARMEN
Museo del Virreinato
Juan
F. I. Madero
Iturbide
Simon Bolivar
Independencia
Aldama
5 de Mayo
Av. Zaragoza
V. Guerrero
Universidad
San Agustín
PLAZA SAN FRANCISCO
San Francisco
Galeana
M. de Conde
PLAZA ARANZAZU
Museo regional Potosino
Abasolo
Comonfort
Rayon
Uresti
M. Ocampo
S. Degollado
M. de La Mora
Martínez de Castro
Ignacio López
Ignacio Comonfort
Xicotencatl
Pascual Hernandez
Hernandez
Miguel Barragán
Calz de Guadalupe
Valentín Gómez Farías
49
4
3
31
24
25
27
30
42
26
14
43
41
40
21
20
50
5
15
51
10

SAN LUIS POTOSÍ

■ Adresses utiles

- Secretaría de Turismo
- 1 Central de autobuses
- 2 Bus urbain
- 3 Banque Banamex
- 4 Chango
- 5 Laverie

Où dormir ?

- 10 Corazón de Xoconostle Hostal
- 11 Hotel del Río
- 12 Hotel Anáhuac
- 14 Eco Hostal
- 15 Hotel Ruma San Luis
- 17 Hotel Real Plaza

Où manger ? Où prendre un petit déjeuner ?

- 20 Cafe Cortao
- 21 El Rincón de Don Pancho
- 23 Rincón Huasteco
- 24 La Posada del Virrey
- 25 Restaurante La Parroquia
- 26 Café Tokio
- 27 Cielo Tinto

Où faire une pause sucrée ?

- 30 Tucky-Tucky
- 31 Chaires

Où boire un verre ? Où sortir ?

- 40 Luna Café
- 41 La Oruga y La Cebada
- 42 Ezgodi Bar Club
- 43 Rockabilly Rebel Bar

Achats

- 50 Casa Grande
- 51 La Casa del Artesano

24h/24) avec *Primera Plus,* 9 bus/j. (4h15-22h30) avec *ETN,* 10 bus/j. (6h15-22h30) avec *Flecha Amarilla* (2de classe). Trajet : 2h45.
➢ ***Zacatecas :*** env 7 bus/j. (17h50-22h30) avec *Estrella Blanca* et 5-6 bus (bien répartis dans la journée) avec *Omnibus de México.* 3h30-20h30. Trajet : 2h30-3h.
➢ ***Mexico :*** ttes les heures 24h/24 avec *Primera Plus* ou *ETN,* à peine 4 bus/j. (6h15-14h20) avec *Flecha Amarilla.* Trajet : 5-6h selon compagnie. Également 1 bus/j. *(Primera Plus)* pour l'aéroport, à 18h.
➢ ***Dolores Hidalgo :*** 3 bus/j. (4h20, 9h20 et 18h) avec *Primera Plus.* De là, correspondance pour ***San Miguel de Allende.***
➢ ***Guadalajara :*** env 10 bus/j. (la plupart avt 14h30) avec *Estrella Blanca* et 1 bus/h le mat (puis ttes les 2h après 12h) avec *Primera Plus.* Pas mal de départs aussi avec *ETN.* Trajet : 5-6h.
➢ ***Morelia :*** 11 bus/j. (5h30-1h30) avec *Primera Plus.* Trajet : 6h30.
➢ ***Uruapán :*** 3 bus/j. (1h30, 5h50 et 23h45) avec *Primera Plus.* Trajet : 10h.
➢ ***Puerto Vallarta :*** 1 bus/j. (à 23h) avec *Primera Plus.* Trajet : 11h.

En avion

✈ ***Aéroport*** *(hors plan par C2) : à env 10 km au nord, par la route de Matehuala.* Vols directs pour **Mexico, Monterrey** et **Dallas.**

Adresses utiles

Attention, de nombreuses rues du centre historique portent encore la plaque de leur ancien nom. Pour éviter la confusion, ne tenez compte que de la plus grosse des deux plaques.

ℹ ***Secretaría de Turismo*** *(plan B2) : M. J. Othon 130, dans le palacio municipal. ☎ 812-99-39. • visitasanluispotosi.com • À 10 m de la cathédrale. Lun-ven 8h-21h, sam 9h-15h.* Personnel serviable. Donne un bon plan de la ville et une carte de l'État.
■ ***Distributeurs*** *(plan B1-2,* ***3****) :* ***Banamex,*** *angle Álvaro Obregón et Allende, à 1 bloc de la pl. de Armas.* Accessibles 24h/24.
■ ***Change*** *(plan B1,* ***4****) : plusieurs casas de cambio sont regroupées sous les arcades de la rue Julián de los Reyes, entre Hidalgo et Morelos. La plupart ouv lun-sam 9h-20h.* Change des euros à un taux très honorable.
✉ ***Poste*** *(plan B-C2) : Universidad 526. Lun-ven 8h-17h.*
@ ***Copias e Internet*** *(plan B2) : Escobedo 315 A, sur la pl. del Carmen, face à l'église. Lun-sam 9h-21h, dim 10h-20h.* Matériel récent et rapide.
■ ***Laverie*** *(plan B3,* ***5****) : 5 de Mayo 870. Lun-ven 10h-20h, sam 10h-15h.* Prix au poids.

Où dormir ?

Bon marché (moins de 400 $Me / env 20 €)

⌂ ***Corazón de Xoconostle Hostal*** *(plan B3,* ***10****) : 5 de Mayo 1040. ☎ 243-98-98. • corazondexoconostle.com • Dortoirs 160-200 $Me/pers, doubles 320-400 $Me.* La façade gris foncé aux touches de vert est mignonne et, passé la porte, on découvre une maison ancienne joliment restaurée. À peine 5 chambres dont 3 dortoirs de 6 à 8 lits, petits mais bien nets, et 2 doubles (l'une avec salle de bains) plutôt sympas. Au milieu, une petite cour aux tonalités orange avec quelques tables, parasols et arbres fruitiers. Cuisine équipée à disposition et quelques produits en vente à la réception. Bon accueil du jeune Alejandro.
⌂ ***Eco Hostal*** *(plan A2,* ***14****) : Iturbide 980. ☎ 814-76-01. • hikuriecohostal@gmail.com • Dortoirs 185-225 $Me/pers ; 1 chambre double env 515 $Me.* L'autre *hostel* de San Luis, avec un devant de camionnette en guise de réception ! Sur 2 niveaux, 3 dortoirs

assez vastes de 4-6 lits, une chambre double et une individuelle, le tout très bien tenu. Salon TV tout coloré avec des sièges en pneus de voiture, cuisine, petite cour pour les fumeurs et terrasse sur le toit. Une adresse pour *backpackers*.

Hotel del Río (*plan C1*, ***11***) **:** *Chicosein, à droite du museo del Ferrocarril. ☎ 812-15-07. • hoteldelrio.com.mx • Double env 390 $Me.* Dans une rue lépreuse mais à 500 m à peine de la plaza del Carmen, un hôtel propret, aux chambres un peu sombres mais plutôt bien équipées et arrangées (couvre-lits et murs colorés) pour le prix, avec salle de bains, TV et petit bureau. En bref, une bonne affaire. Cafét' au rez-de-chaussée pour le petit déj.

Hotel Anáhuac (*plan C1*, ***12***) **:** *Xochitl 140. ☎ 812-65-05. • hotelanahuac.com.mx • Double env 400 $Me. Parking.* Hôtel en béton rénové et offrant, là encore, un confort intéressant. Chambres (pour 2 à 4 personnes) très bien tenues, dans les tons clairs, avec lits douillets, ventilo, TV et salle d'eau. Pas un charme fou mais un bon rapport qualité-prix, à un demi-bloc de la plaza del Mariachi.

Prix moyens (400-800 $Me / env 20-40 €)

Hotel Ruma San Luis (*plan B3*, ***15***) **:** *5 de Mayo 905. ☎ 812-57-22. • hotelrumasanluis.com • Double env 590 $Me.* Dans une rue calme à quelques blocs au sud de la plaza de Armas, une petite structure récente dans une maison ancienne, où l'on pénètre par une jolie porte en fer. Elle abrite une quinzaine de chambres pour couples (juste un grand lit), certes pas grandes mais coquettes et bien agréables, avec TV, ventilo, coffre-fort, petit bureau en verre et salle d'eau équipée de lavabo tout rond posé sur une surface en petits carreaux de faïence. En bref, un petit hôtel de charme, avec en prime un bon accueil.

Hotel Real Plaza (*hors plan par A2*, ***17***) **:** *V. Carranza 890. ☎ 814-69-69. • realplaza.com.mx • À 15 mn à pied du centre. Double env 800 $Me. Parking.* Changement de style avec cette tour en verre de 14 étages ! On est un peu loin du centre (à environ 1 km de la plaza de Armas), mais le quartier, bourgeois, est commerçant et animé. Chambres avec moquette, bien finies et tout confort. Au choix, lit *king size* ou 2 lits individuels. TV câblée. Tâchez d'en avoir une située dans les étages supérieurs : vue superbe sur la ville (celles situées dans les angles offrent le plus beau panorama). Fitness et piscine sur le toit. Accueil pro. Très bien pour le prix !

Où manger ? Où prendre un petit déjeuner ?

De bon marché à prix moyens (moins de 300 $Me / env 15 €)

Cafe Cortao (*plan A2*, ***20***) **:** *Independencia 1150. ☎ 188-18-85. Tlj sf dim 8h30 (9h30 sam)-13h45, 18h-21h30.* La salle informelle, en duplex, avec ses tables et chaises en plastoc, n'impressionne guère mais c'est l'une des meilleures adresses où prendre le petit déj à San Luis ! On compose son *desayuno* soi-même ou l'on opte pour les œufs couverts de sauce, comme seuls les Mexicains savent le faire... Le soir, l'endroit a moins d'intérêt.

El Rincón de Don Pancho (*plan A2*, ***21***) **:** *av. Universidad 145. ☎ 812-16-17. Tlj 8h-23h (minuit le w-e).* Des restos qui bordent ce tronçon de rue piétonnier, celui-ci nous a bien plu pour son bon menu complet le midi, servi dans une salle très haute de plafond, avec des cages à oiseaux en suspension et les fourneaux bien en vue. Dans l'assiette, une cuisine mexicaine soignée à prix sages. Également 2 terrasses donnant sur l'église San Francisco. Accueil et service au diapason.

Rincón Huasteco (*hors plan par A2*,

23) : *Cuauhtémoc 232 ; à l'angle de Tres Guerras (au bout à gauche de la rue qui débute face à l'hôtel* Real Plaza*). ☎ 814-60-03. Tlj 8h-23h (21h dim).* 2 salles aux murs jaunes décorés de costumes traditionnels et de clichés de la Huasteca Potosí. Grand choix à la carte sur photos, dont un savoureux *adobo de puerco* (ragoût de porc), parmi d'autres excellentes spécialités locales. Accueil amical et service rapide. L'un des meilleurs restos de la ville dans cette gamme de prix, connu depuis plus de 20 ans mais hélas, un peu excentré.

La Posada del Virrey *(plan B2,* **24***)* : *pl. de Armas. ☎ 812-71-50. Tlj 7h-minuit.* Dans le vaste patio à arcades d'une maison historique (l'une des plus anciennes, encore debout, de la ville), construite en 1736. Sans marquer les esprits, la cuisine mexicaine se défend, avec des plats typiques tels que la *crema de elote* (maïs) ou les enchiladas *potosinas.* Petit déj-buffet aussi. Surtout bien pour son cadre, sa situation (on ne peut plus centrale) et son heure tardive de fermeture.

Restaurante La Parroquia *(plan A-B2,* **25***)* : *Carranza 303. ☎ 812-66-81. Tlj 7h-minuit.* Grande salle kitsch façon cafét', aux hautes baies vitrées donnant sur la plaza de los Fundadores. Toutes les générations s'y côtoient sur les banquettes en skaï rouge. Au programme : buffets pour le petit déj et le dîner et, entre les deux, une *comida corrida* peu ruineuse. Sinon, on peut piocher un plat à la carte, comme ces bonnes enchiladas *huastecas y cecina.* Joueur de synthé le week-end en soirée.

Café Tokio *(plan B2,* **26***)* : *Zaragoza 305. ☎ 814-61-89. Tlj 7h-22h (23h jeu-dim).* Ce resto populaire, bien net, est décoré de quelques lampions et estampes japonaises, histoire de justifier son nom. Sinon, ni sushis ni sashimis au menu, mais les classiques de la cuisine mexicaine. *Comida corrida* pour le déjeuner et bon choix de petits déj. Côté ambiance, c'est familial et la télé tourne en boucle, de quoi rester bouche bée, la fourchette en équilibre entre le pouce et l'index, devant le 318e rebondissement d'une *telenovela.*

Plus chic (300-500 $Me / env 15-25 €)

Cielo Tinto *(plan A2,* **27***)* : *Carranza 700. ☎ 814-00-40. Tlj 8h-23h.* Un resto chic mais encore abordable, très prisé des *Potosinos.* L'endroit est vaste, avec plusieurs salles aux murs de pierre distribuées autour d'un patio avec fontaine et colonnes, le tout baignant dans une lumière tamisée. Au menu, une cuisine mexicaine-internationale soignée, avec des viandes et poissons savoureux. Musique tous les soirs et chaude ambiance bruyante et animée. Parfait si c'est ça, plutôt que la petite cantine tranquille, que vous recherchez.

Où faire une pause sucrée ?

Tucky-Tucky *(plan B2,* **30***)* : *Manuel José Othon 315. Tlj 9h-21h.* Le glacier de San Luis. Plus d'une vingtaine de parfums et un grand choix de yaourts à déguster autour de la tranquille fontaine de la plaza del Carmen. À côté, le ***SanMy,*** autre glacier *potosino,* propose aussi de bonnes glaces (goûtez à l'amaretto).

Chaires *(plan B2,* **31***)* : *au nord de la pl. de Armas. Tlj 8h-22h.* Dans une belle salle à arcades ouverte sur la plaza de Armas. Pâtissier-glacier rétro, aux vitrines de bois patiné garnies de gros gâteaux crémeux. À déguster accompagnés d'un bon cappuccino (non moins crémeux !), posé sur une chaise en fer forgé.

Où boire un verre ? Où sortir ?

Luna Café *(plan A-B2,* **40***)* : *Universidad 155. ☎ 812-44-14. Tlj 13h-23h30.* Un bar-salon de thé très prisé de la jeunesse de San Luis. On profite des salles intimes et joliment décorées pour conter fleurette, en sirotant un café *especial,* un chocolat chaud servi dans une tasse en terre cuite, une liqueur ou un cocktail fruité à base de tequila. Les plus romantiques optent sans hésiter pour la terrasse sur le toit, avec superbe vue sur le dôme de l'église San Francisco.

🍷 ***La Oruga y La Cebada*** *(plan B2,* ***41****)* **:** *Universidad 169.* ☎ *812-45-08. Tlj 12h-minuit (22h lun).* À deux pas du *Luna Café* (rue animée le soir !), il s'agit en fait d'un bar-brasserie brassant ses propres bières (essayez la « 1810 », une blonde savoureuse), à déguster par exemple avec l'un de leurs plats « artisanaux »... ou à jeun ! Le cadre est au diapason : salle aux murs de pierre ouverte sur la rue, garnie de tables et banquettes en bois. Service jeune. Un chouette endroit où se poser pour se rafraîchir le gosier.

🍷 ***Ezgodi Bar Club*** *(plan B2,* ***42****)* **:** *Morelos 835. Lun-jeu 10h-23h, ven-sam 10h-1h, dim 12h-20h.* Amateur d'insolite, voilà un bar resté dans son jus depuis les années 1950, le seul du genre en ville... On ne vous pousse pas à y aller exprès car l'ambiance n'est pas toujours au beau fixe mais si vous passez devant, écartez-en les portes coulissantes pour voir ce qui s'y passe, surtout si c'est un vendredi soir (cumbia et salsa dès 21h30 !). Accueil sans façons.

🍷 ♪ ***Rockabilly Rebel Bar*** *(plan A2,* ***43****)* **:** *Iturbide 925. Jeu-sam 20h-5h.* Grosse maison de 2 étages, qui baigne dans une lumière rougeâtre, relativement calme le jeudi (encore que !) mais qui s'anime brusquement les vendredi et samedi vers 23h, quand démarrent les concerts de rock (petit droit d'entrée)... Atmosphère trash de bon goût et clientèle de tous âges. L'un de nos lieux de sortie préférés à San Luis.

Achats

Qu'on se le dise, en matière d'artisanat et de vêtements, l'État de San Luis Potosí produit des *cajas taraceadas* (boîtes incrustées de jolis motifs colorés) et des *rebozos,* ces mantilles typiquement mexicaines.

Casa Grande *(plan B2,* ***50****)* **:** *Universidad 220. À deux pas de la pl. San Francisco. Tlj 9h-21h.* Belle vitrine de l'artisanat traditionnel de Potosí : poteries, vanneries, objets en bois, cuir, produits bio (café, miel, liqueurs) et les fameux *rebozos* et *cajas taraceadas...* dans différentes salles dispersées autour d'un patio. Un bon plan pour faire le plein de souvenirs intelligemment, car l'argent est reversé directement aux artisans.

La Casa del Artesano *(plan B3,* ***51****)* **:** *jardín Colón 23. Lun-ven 8h-15h, 17h-20h ; sam 10h-17h.* Version un peu plus chic que la *Casa Grande,* avec une offre très variée de produits de la région, y compris alimentaires.

À voir

➢ Possibilité de parcourir le centre historique à bord d'un ***bus touristique.*** *Départs en face de la cathédrale. 6 rotations/j. 10h-19h, et 1 départ supplémentaire ven-dim à 20h30. Compter 45 mn de circuit et 50 $Me/pers ; réduc.*

Plaza de Armas *(plan B2)* **:** vaste place aux belles proportions, toute de pierre rose et ocre vêtue. En fin de journée, les teintes sont superbes. La cathédrale et le palais municipal font face au *palacio de Gobierno.* De style néoclassique, ce dernier a été érigé en 1770.

Catedral *(plan B2)* **:** *tlj 7h30-14h, 16h30-20h.* Construite en pierre rose à la fin du XVIIe s, c'est l'une des plus belles églises baroques de la région. À l'intérieur, de grandes voûtes gothiques couvertes de dorures soutiennent un magnifique plafond peint en bleu qui diffuse une lumière subtile. À l'entrée, belles statues de style réaliste du roi Saint Louis et de saint Sébastien. D'autres sculptures intéressantes le long des deux travées, notamment un *Christ penseur.* Belle coupole au-dessus du chœur.

Petite boutique d'art sacré sur le côté, en face de l'office de tourisme.

Templo del Carmen (plan C2) : sur la place du même nom. L'église, de facture indigène comme disent les spécialistes, présente une façade churrigueresque du XVIIIe s incroyablement chargée et percée d'un magnifique vitrail. L'intérieur est particulièrement original, regroupant deux retables de styles différents, dont un naïf assez extraordinaire peint en blanc et beige, où dansent des angelots colorés dans toutes sortes de postures saugrenues ! Au fond à gauche, superbe chapelle baroque.

Museo del Virreinato (plan B2) : dans l'ancien couvent accolé au templo del Carmen. Mar-sam 10h-19h, dim 10h-17h. Entrée : 15 $Me ; gratuit mar. Le bâtiment, superbement restauré, abrite un joli patio arboré orné de belles colonnades. Hélas, la collection permanente d'art colonial s'est beaucoup appauvrie ces derniers temps, et il ne reste plus, en gros, que des peintures de saints et de vierges du XVIIIe s, des fragments de retables anonymes, une curieuse collection de clés et d'éperons en fer forgé et... un joli coffre étrangement orné d'une scène de la mythologie grecque. Également des expos temporaires tournant autour de l'époque de la vice-royauté au Mexique.

À côté du museo del Virreinato, sur la plaza del Carmen, s'élève le ***teatro de La Paz*** (plan B-C2), construit au début du XXe s dans un style néoclassique (les théâtreux qui maîtrisent la langue de Cervantès assisteront à une représentation).

En face du théâtre, le ***museo de la Máscara*** (dim-lun 10h-15h, mar-ven 10h-18h, sam 10h-17h ; entrée : 20 $Me, gratuit mar) présente sans surprise une collection de masques traditionnels funéraires, de danse, de diables, d'animaux, de mort, etc. Ceux qui ont visité le musée Rafael Coronel de Zacatecas (voir ce chapitre) pourront passer leur chemin.

Plaza del Mariachi (plan C1) : vision assez insolite en fin de journée : des grappes de musiciens costumés en mariachis battent le pavé, attendant d'être embauchés pour animer une soirée.

Templo San Agustín (plan B-C2) : bâti au XVIIe s dans un style baroque par les moines augustins pour y loger leurs missionnaires, il fut rénové au XIXe s à la manière néoclassique. Il se distingue par son superbe clocher sculpté aux penchants churrigueresques. Le parvis est planté de quelques arbres et creusé d'une fontaine.

Templo de San Francisco (plan B2) : sur la place du même nom. Belle coupole recouverte d'azulejos et façade baroque datant de la fin du XVIIe s. À l'intérieur, un magnifique plafond peint d'un bleu divin et de nombreux tableaux anciens (Cabrera, Antonio de Torres...). Sur la gauche du *templo,* mignonne petite église presbytérienne bâtie au XIXe s. Quant à la *plaza San Francisco,* elle est vraiment jolie avec sa grande fontaine au centre, de nombreux arbres pour flâner à l'ombre et de beaux bâtiments coloniaux tout autour, le tout délicatement mis en valeur à la nuit tombée.

Museo regional Potosino (plan A-B2) : pl. de Aranzazu ; derrière l'église San Francisco. ☎ 812-03-58. Mar-dim 9h-18h, gratuit dim. Entrée : 50 $Me.
Dans un ancien couvent franciscain fondé vers 1590, un musée consacré aux civilisations préhispaniques. Au rez-de-chaussée, sculptures, poteries, céramiques et objets artisanaux des peuples mayas, aztèques, zapotèques, huastecos, totonacos, mexicas et autres cultures méso-américaines... le tout complété par des expos temporaires.
Le « clou » se trouve plutôt au 1er étage, avec la ***capilla de Aranzazu.*** Un chef-d'œuvre de l'art churrigueresque. Cette chapelle construite en 1748 était réservée à l'usage personnel des franciscains. Vraiment surprenante avec ses ornements de stuc peints en rose et turquoise, soulignés de dorures. Dans un espace à gauche (accès à l'entrée ou au fond de la chapelle), quelques tableaux d'art sacré, ainsi qu'un drôle de christ du XVIIIe s, dont la structure en bois est couverte de pâte

de maïs et de stuc, puis peinte, lui donnant presque l'aspect du bois. Au passage, on notera aussi les trois énormes coffres-forts en fer à l'astucieuse fermeture, qui servaient à stocker l'or des mines environnantes.
Enfin, en sortant du musée, ne manquez pas de jeter un œil aux photos exposées sous les arcades du bâtiment, à droite. Il s'agit de clichés (régulièrement renouvelés) puisés dans les archives du musée, montrant les villes et villages de l'État de Potosí au XXe s.

Museo-casa Manuel José Othon *(plan B2)* **:** *Manuel José Othon 225. ☎ 812-74-12. Lun-ven 10h-18h. Entrée : 5 $Me.* La maison natale de Manuel José Othon (qui ?), poète et dramaturge potosinien (ahhh...) né en 1858. Avocat de profession, il consacra sa vie aux lettres et accéda au panthéon des poètes avec son *Himno de los Bosques,* ses *Poemas Rústicos* et son *Idilio Salvaje.* Belle demeure, bien qu'assez austère, organisée autour de deux petits patios. Les pièces, toutes meublées, ont la particularité de ne pas être reliées entre elles, la cuisine et la salle de bains étant même reléguées au fond de la deuxième courette. Quelques tableaux et photos de l'artiste à la petite moustache retroussée.

Museo Federico Silva *(plan B1)* **:** *Obregón 80, face au jardín de San Juan de Dios. ☎ 812-38-48. • museofedericosilva.org • Lun-sam 10h-18h, dim 10h-14h. Fermé mar. Entrée : 30 $Me.* Musée d'art contemporain installé dans l'ancien hôpital et couvent de l'église Juan de Dios, devenu école au siècle dernier. Il abrite les étranges et géométrisantes sculptures de pierre de Federico Silva, ainsi que d'intéressantes expositions temporaires de sculpteurs contemporains de renommée internationale.

Museo del Ferrocarril *(plan C1)* **:** *Chicosein. • museodelferrocarril.gob.mx • Mar-ven 9h-18h, le w-e 11h-17h. Entrée : 25 $Me.* L'ancienne gare de passagers de San Luis, qui fonctionna jusqu'en 1997, a été reconvertie en un musée du chemin de fer, avec des expos tournantes sur le train, son histoire et son développement dans divers pays. On peut aussi visiter quelques vieux wagons posés sur les voies à l'arrière du bâtiment.

Fêtes et manifestations

Infos complètes et actualisées sur le site : *• agendasanluis.com •*
– ***Muestra internacional de Cine :*** *autour de la 2de quinzaine de janv. Rens auprès de la Secretaría de Cultura, jardín Guerrero 6. ☎ 812-90-14.* Intéressante programmation de films espagnols, sud-américains, européens, asiatiques...
– ***Festival del Café potosino :*** *le dernier w-e de janv pdt 3 j.* Animations, dégustation et vente de café des producteurs locaux.
– ***Festival San Luis :*** *début avr, pdt 1 sem.* Riche programme : concerts de musique classique, spectacles de danse, expos d'art contemporain, cinéma, etc. Concerts symphoniques gratuits sur les plazas de Armas et de los Fundadores.
– Si vous avez la chance de vous trouver là pour la ***Semana santa*** et en particulier le Vendredi saint, vous assisterez à la procession du silence, un événement impressionnant où des milliers de participants (parmi lesquels des pénitents) défilent dans les rues en portant des scènes reconstituées de la vie du Christ. Durant toute la semaine, spectacles, concerts et animations dans le centre historique.
– ***Festival internacional de danza « Lila López » :*** *pdt 2 sem fin juil.* Spectacles de danse contemporaine assurés par des compagnies mexicaines et étrangères. Nombreuses représentations au théâtre de La Paz.
– ***Feria nacional potosina :*** *pdt 3 sem en août.* Au sud de la ville, un vaste espace consacré au commerce, à l'agriculture et au tourisme de l'État de San Luis. Nombreuses animations, notamment d'importants combats de coqs, et gigantesque fête foraine.

– ***Fiesta de San Luis :*** 25 août. Pour clore la feria. Très populaire, elle célèbre le saint patron de la ville, roi de France. Au programme, parades de chars, musique, danses folkloriques et feux d'artifice.

ZACATECAS

env 138 000 hab. IND. TÉL. : 492

• Plan *p. 443*

Isolé au milieu d'un paysage aride et rocailleux, Zacatecas, petit joyau de l'architecture coloniale, se cache parmi les collines désertiques, à 2 500 m d'altitude. Si les Espagnols ont bravé les éléments pour venir s'installer ici à la fin du XVIe s, c'est que le sous-sol regorge d'argent et, depuis très longtemps, les mines ont assuré la prospérité de la ville et de ses habitants. Amoureux d'histoire et d'architecture coloniale, prenez donc le temps de visiter cette jolie ville inscrite au Patrimoine mondial de l'Unesco. Le tracé des ruelles pentues suit les ondulations du terrain, découvrant au fil de la balade escaliers, petites places arborées, squares et recoins pleins de charme... La pierre rose des édifices se détache sur le ciel bleu, les petites maisons colorées grimpent à l'assaut des collines, le nom des enseignes se peint sur les murs des boutiques. Le soir, de superbes éclairages mettent en valeur les monuments historiques et donnent à la ville une note théâtrale et romantique.
Mais Zacatecas n'est pas non plus une ville-musée figée dans l'histoire. Vivante et populaire, elle a une vie culturelle très dynamique, avec des musées de qualité, des théâtres, un cinéma d'art et d'essai, des spectacles, des concerts, sans oublier la forte densité d'étudiants qui investissent bars et discothèques le week-end ! Chaque fin de semaine aussi, la ville est animée par les musiciens-troubadours, qui entraînent la foule sur des airs traditionnels.

UN PEU D'HISTOIRE

« De l'argent ! » Attirée par les rumeurs, la petite expédition menée par Juan de Tolosa arrive dans cette région inhospitalière en 1546. Celle-ci est déjà habitée depuis bien longtemps par des tribus nomades chichimèques, les Zacatecos, qui s'opposent farouchement aux conquistadors. Mais la découverte des filons d'argent attire de plus en plus d'Espagnols. Le développement urbain s'accélère, au point que Zacatecas devient, au cours du XVIe s, la deuxième ville la plus peuplée du Nouveau Monde après Mexico. Et les ordres religieux d'accourir, faisant de Zacatecas le point de départ de l'évangélisation du nord du pays.
Au XVIIIe s, la ville connaît son apogée économique. Elle produit alors 20 % de l'argent de la Nouvelle-Espagne. À cette époque, les riches exploitants miniers rivalisent d'orgueil en faisant construire d'imposantes demeures coloniales, et de nombreux édifices publics sont bâtis : églises, couvents, collèges, hôpitaux... Après la révolution mexicaine, l'exploitation des mines reprend. Aujourd'hui encore, la région reste le premier producteur d'argent du pays (sur les villes argentifères, voir aussi Guanajuato et Taxco).

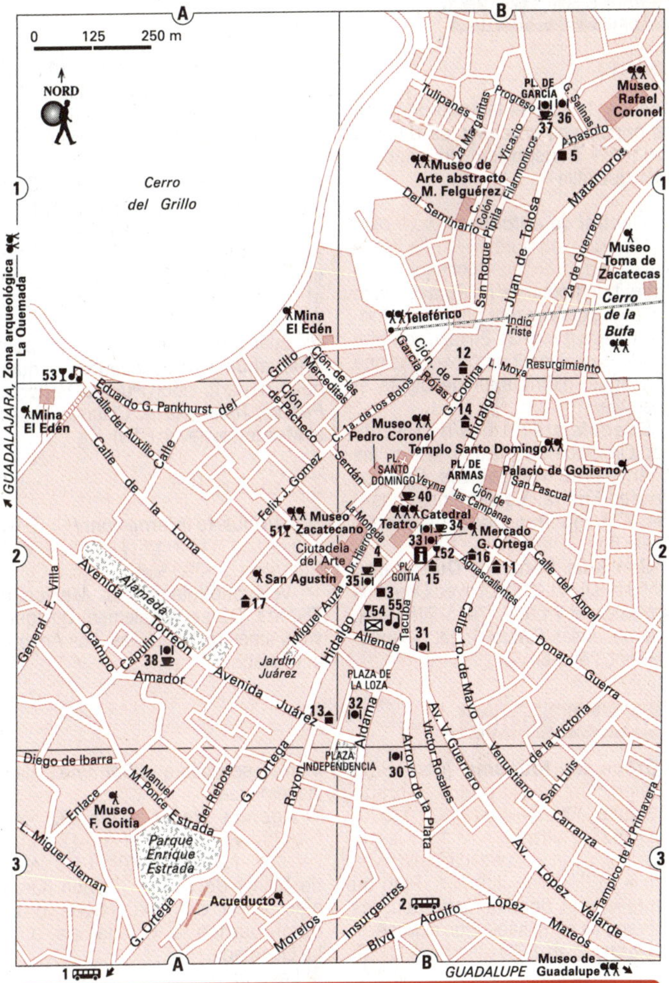

ZACATECAS

Adresses utiles

1 Central de autobuses
2 Combis pour le museo de Guadalupe et la zona arqueológica La Quemada
3 Banque Santander
4 Agence Jema
5 Laverie

Où dormir ?

11 Hostel Villa Colonial
12 Hotel Mesón de la Concepción
13 Hotel Condesa
14 Casa Santa Lucía
15 Hostal Reyna Soledad
16 Hostal Cielito Lindo
17 Terrasse Hotel

Où manger ? Où prendre un petit déj ?

30 Mercado Arroyo de la Plata
31 Gorditas Doña Julia
32 Mercado Codina
33 La Cantera Musical
34 Acrópolis
35 Trattoria Il Goloso
36 Los Dorados de Villa
37 Taquería Wendy
38 El Recoveco

Où boire un bon café (militant) ?

35 Il San Patrizio Caffè
40 El Rincón Zapatista

Où boire un verre ? Où sortir ?

51 Las Quince Letras
52 Bar Caprichosa
53 Club La Mina
54 La Casona
55 La Cubanita

Arriver – Quitter

En bus

Consulter la liste et les coordonnées des principales compagnies dans la rubrique « Transports » du chapitre « Mexique utile ».

Central de autobuses *(hors plan par A3,* ***1****)* **:** *en bordure de la ville, à env 2 km au sud du centre.* Pour rejoindre le centre, bus fréquents (le *Ruta 8,* blanc et orange), qui passent par la rue Gonzalez Ortega *(plan A3).* En taxi, compter 40 $Me. Sur place, on trouve consigne à bagages, distributeur de billets et cybercafé.

➢ **Guadalajara :** 1 bus/h (7h-20h) avec *Omnibus de México* et ttes les 2h env avec *Transportes Chihuahuenses/Futura.* Également 4 bus/j. avec *ETN* ou *Transporte del Norte.* Trajet : 5h.

➢ **San Luis Potosí et Querétaro :** env 10 bus/j. (7h-23h20) avec *Omnibus de México* et 7 bus/j. (7h15-21h) avec *Chihuahuenses/Futura.* Trajet : respectivement 3 et 5-6h.

➢ **Mexico** *(terminal Norte)* **:** 10 bus/j. avec *Omnibus de México* (4 le mat et 6 le soir), autant (7h15-23h45) avec *Chihuahuenses,* et 7 bus/j. avec *ETN.* Trajet : 8h.

➢ **León** *(correspondance pour* ***Guanajuato****)* **:** 11 bus/j. (4h30-22h) avec *Omnibus de México.* Trajet : 4h.

➢ **Morelia :** bus à 7h30, 13h20 et 0h15 avec *Omnibus de México,* et à 3h et 9h avec *Chihuahuenses.* Trajet : 8h.

➢ Également pas mal de bus pour **Chihuahua** et **Aguacalientes,** et quelques départs pour **Puerto Vallarta, Puebla, Tijuana** (avec *Chihuahuenses*) et **Monterrey** (avec *ETN*).

En avion

✈ **Aeropuerto internacional :** *à 25 km au nord de la ville. ☎ (478) 985-03-38. Compter 250-300 $Me en taxi.*

➢ Vols quotidiens pour **Mexico** et **Tijuana.** Dessert également quelques villes américaines (Dallas, Los Angeles et Chicago).

Adresses utiles

Office de tourisme *(plan B2)* **:** *Hidalgo s/n, intégré au mercado G. Ortega. ☎ 924-40-47 ou 01-800-712-40-78. Autre bureau dans la rue G. Ortega (plan A3). • zacatecastravel.com • Tlj 9h-21h (18h dim).* Plan du centre-ville et documentation sur les monuments et musées. Bon accueil.

✉ **Poste** *(plan B2)* **:** *Allende 111. Tlj 8h-17h (14h sam).*

■ **Banque Santander** *(plan B2,* ***3****)* **:** *Hidalgo 320-321. Lun-ven 9h-16h, sam 10h-14h.* Distributeurs et change. Mêmes services à la **Banamex,** dans la même rue.

■ **Agence Jema** *(plan B2,* ***4****)* **:** *Hidalgo 411. ☎ 924-24-47. Lun-ven 10h-19h, sam 10h-14h.* Vente de billets de bus et d'avion. Organise aussi des excursions d'une demi-journée à Guadalupe ou à La Quemada.

■ **Laverie** *(plan B1,* ***5****)* **:** *calle Abasolo. Lun-ven 11h-14h, 17h30-21h ; sam 11h-16h30.* Au poids.

Où dormir ?

Attention, les tarifs dans certains hôtels font un bond à Pâques, au milieu de l'été, pendant la *feria nacional* (1re quinzaine de septembre) et parfois à Noël. Le reste du temps, on peut souvent négocier un peu à la baisse.

De bon marché à prix moyens (moins de 800 $Me / env 40 €)

Hostel Villa Colonial *(plan B2,* ***11****)* **:** *1ro de Mayo 201. ☎ 922-19-80. Dortoir* *env 100 $Me/pers, doubles avec ou sans sdb 200-360 $Me.* Membre du réseau *Hostelling International.* Dans une maison coloniale pleine de coins et recoins. Accueil chaleureux et ambiance conviviale, presque communautaire ; ici, on est comme chez soi. Petits dortoirs de 4-5 lits (superposés ou non), avec *lockers,* et chambres sans froufrous mais bien tenues et bon marché. Mini-salon TV en mezzanine, 2 cuisines collectives bien aménagées, bouquins à dispo. Sur le toit, grande terrasse avec jolie vue sur la cathédrale et les collines environnantes. Tout à fait recommandable pour les budgets serrés.

Hostal Cielito Lindo *(plan B2,* ***16****) : Aguascalientes 213. ☎ 921-11-32. • cielitolindohostal.com • Dortoir 200 $Me/pers, doubles 500-750 $Me.* Dans une grande maison du XIXe s fort joliment restaurée, 3 dortoirs de 6 à 14 lits superposés (et étonnamment hauts !), et 4 chambres privées dont une avec salle de bains. L'ensemble, agencé autour d'un patio sur 2 étages, est neuf, coquet et de bon confort (excellente literie). Sympathique cuisine-salle à manger. Bon accueil de Bernardo. Juste un bémol : l'*hostal* étant situé à deux pas de la vie nocturne, il peut y avoir du bruit dans les dortoirs et les chambres côté rue le week-end.

Hotel Condesa *(plan A2,* ***13****) : Juárez 102. ☎ 922-11-60. Doubles 500-700 $Me.* Bâtiment de 3 étages en bordure du centre historique. Un rapport qualité-prix très honorable car si les chambres ne sont pas bien grandes, elles se révèlent agréables et impeccablement tenues, avec salle de bains et bons lits douillets. Demandez-en une donnant sur la rue ou sur la cathédrale, elles sont au même prix que les intérieures. Bar et resto. Accueil charmant.

Hotel Mesón de la Concepción *(plan B1,* ***12****) : Genaro Codina 717. ☎ 147-03-12. Double env 550 $Me.* Un hôtel coloré et tout garni de tableaux, avec des couloirs, des courettes et des terrasses sur plusieurs niveaux. Les chambres sont du même style, un peu sombres mais spacieuses (et hautes de plafond !), avec salle de bains et TV. N'hésitez pas à en voir plusieurs, toutes sont différentes. Fait aussi bar et resto.

De prix moyens à chic (700-1 200 $Me / env 35-60 €)

Terrasse Hotel *(plan A2,* ***17****) : Fernando Villalpando 209. ☎ 925-53-15. • terrassehotel.com.mx • Doubles 700-1 000 $Me, petit déj continental inclus.* Derrière cette façade rose saumon se cache une petite structure moderne, proposant une quinzaine de chambres bien finies et tout confort, à la déco contemporaine, avec TV (câblée) grand écran, salle de bains carrelée, clim, faux parquet, petit bureau... Un beau petit luxe à des tarifs abordables ! De plus, service de parking gratuit et situation de choix, en plein centre historique mais dans une rue calme. Terrasse panoramique. Accueil gentil. N'hésitez pas !

Casa Santa Lucía *(plan B2,* ***14****) : Hidalgo 717. ☎ 924-49-00 à 03. • hotelcasasantalucia.com • Doubles env 750-900 $Me.* Hôtel très bien situé, presque en face de la plaza de Armas. Une vieille demeure à l'architecture labyrinthique, disposant de 25 chambres confortables de style un peu colonial, avec des copies de tableaux du XVIIe s. Certaines donnent sur le grand patio en vieille pierre, d'autres sur la plaza de Armas, d'autres encore sont intérieures. Accueil pro et cordial.

De plus chic à très chic (plus de 1 200 $Me / env 60 €)

Hostal Reyna Soledad *(plan B2,* ***15****) : calle Tacuba 170. ☎ 922-07-90. • hostalreynasoledad.com • Doubles 1 200-1 800 $Me (réduc en basse saison). Parking gratuit.* Dans une bâtisse ancienne, un hôtel aménagé dans le style colonial : terre cuite au sol, meubles en bois patiné, fer forgé, plantes à foison, bref, un lieu coloré et chaleureux. Grandes chambres coquettes et bien finies, à l'image de l'ensemble. La plupart donnent sur l'un des 2 patios. Tranquille.

Où manger ? Où prendre un petit déj ?

Bon marché (moins de 150 $Me / env 7,50 €)

Mercado Arroyo de la Plata et mercado Codina (plan B3, **30**, et B2, **32**) **:** 2 marchés couverts, reliés l'un à l'autre par des ruelles bordées d'étals. Un souk version mexicaine, populaire, grouillant, avec une foultitude de gargotes où manger pas cher, du moins au *mercado Arroyo de la Plata,* investi de petits *comedores* où dévorer tacos, enchiladas, soupes de *chivo* (cabris) et autres plats mexicains typiques en sauce (avec riz et *frijoles*) pour moins de 50 $Me. L'offre est moins variée au *mercado Codina,* mais les étals de fruits et de légumes (notamment le nopal) valent le coup d'œil. D'autres stands proposent des jus de fruits frais.

Taquería Wendy (plan B1, **37**) **:** *sur la mignonne plazuela de García. ☎ 924-17-65. Tlj 10h-minuit.* Petite affaire familiale où déguster une savoureuse cuisine. Menu différent en fonction du repas : *huevos al gusto* pour le petit déj, *comida* le midi (soupe suivie d'un ragoût de viande ou d'un *chile relleno*) et *pozoles,* enchiladas ou tacos pour le dîner. Atmosphère chaleureuse dans une salle colorée au mobilier en fer forgé, joliment décorée de soleils en céramique. Le tout est servi avec le sourire et copieusement, faisant de cette adresse l'une des plus populaires du quartier.

Gorditas Doña Julia (plan B2, **31**) **:** *au n° 23 de la plaza avec la fontaine formée par Tacuba, Independencia et Guerrero. ☎ 923-79-55. Tlj 8h-22h30.* Les *gorditas* (« petites grosses ») sont de petites galettes de maïs à fourrer de la garniture de son goût. On coche son choix sur une fiche, puis on attend d'être servi, en observant du coin de l'œil les cuisinières pétrir la pâte à coups de petites claques. Les garnitures sont nombreuses, de la classique *picadillo* (viande hachée, pomme de terre et carotte) à celles au fromage, aux *nopalitos* (légume de la famille des cactus), à la langue de porc et même au boudin aux épices... plutôt bon, mais surtout typique et pas très cher *(env 15 $Me l'unité).* Le succès aidant, une autre salle aussi colorée s'est ouverte dans l'avenue centrale *(Hidalgo 409).* Même carte et mêmes horaires.

El Recoveco (plan A2, **38**) **:** *av. Torreón 513. ☎ 924-20-13. Tlj 8h30-19h. Petit déj-buffet env 90 $Me ; buffet repas env 100 $Me.* Le cadre est banal, mais ce resto propose un bon buffet pour le *desayuno* suivi d'un autre, non moins appétissant, d'une dizaine de plats, pour le déjeuner. La qualité et les prix restent très honnêtes. Sympa et populaire.

Prix moyens (150-300 $Me / env 7,50-15 €)

Acrópolis (plan B2, **34**) **:** *à l'angle de Hidalgo et Rinconada de Catedral ; à côté du mercado G. Ortega. ☎ 922-12-84. Tlj 8h-22h.* Caféteria rétro, avec banquettes vert clair et collection de cadres sur les murs, qu'on vous recommande surtout pour le petit déj (copieux !), ou pour une pause-café, glace ou gâteau en journée. On peut aussi y manger des plats classiques.

La Cantera Musical (plan B2, **33**) **:** *Tacuba 2. ☎ 922-88-28. Tlj 12h-22h (21h dim).* Dans les anciennes caves du marché G. Ortega, sous une voûte en pierre décorée d'amusants tableaux en relief. Bonne cuisine mexicaine traditionnelle préparée sous les yeux des clients, avec en vedette l'*asado de boda,* le ragoût de porc épicé typique de Zacatecas. Très animé en fin de semaine, du moins à certaines périodes de l'année.

Los Dorados de Villa (plan B1, **36**) **:** *sur l'adorable plazuela de García 314. ☎ 922-57-22. Tlj 15h-1h (23h dim).* Ce superbe resto s'est choisi comme patronyme le surnom donné à l'armée du révolutionnaire Pancho Villa. La décoration, incroyablement riche, est elle aussi inspirée de la révolution mexicaine. Bien bonne cuisine régionale proposant, entre autres spécialités locales, le *pozole verde,* de délicieuses enchiladas ou encore des plats plus costauds comme le *chamorro de la Adelita* (jambonneau). La carte est au dos d'un reproduction d'un journal de 1923 annonçant la mort du légendaire voleur de bétail. Service impeccable dans de belles assiettes en céramique peinte. Fruit du succès, pointez-vous tôt ou pensez à réserver.

Plus chic (300-500 $Me / env 15-25 €)

Trattoria Il Goloso *(plan B2, **35**)* **:** *Dr Hierro 400. ☎ 922-09-38. Tlj sf lun à partir de 14h, jusqu'à 21h30 mar-jeu, 23h ven-sam et 20h dim.* Certes on ne viendra pas ici pour manger mexicain, mais si vous rêviez justement d"autre chose que d'enchiladas et autres *arracheras,* c'est le lieu : cuisine transalpine succulente, avec des salades délicatement assaisonnées et d'excellents plats de pâtes cuites *al dente* et servies bien fumantes ! De plus, bonnes portions dans les assiettes et cadre chaleureux, sous voûte de pierre. L'un des meilleurs restos de la ville.

Où boire un bon café (militant) ?

El Rincón Zapatista *(plan B2, **40**)* **:** *callejón de Gómez Farias 111 B. Lun-sam 17h-20h.* Petit café militant, engagé dans la diffusion des idées du mouvement rebelle zapatiste du Chiapas (lire le chapitre qui lui est consacré dans « Hommes, culture, environnement »). Outre de bonnes boissons chaudes, on y vend du café bio du Chiapas, de l'artisanat et des T-shirts à l'effigie du Che, d'Emiliano Zapata et du *subcomandante* Marcos, bien sûr. Expos, projection de films... Tous les bénéfices sont reversés à la cause. Pour une pause altermondialiste, et à coup sûr passionnante si vous engagez la conversation avec les gérants.

Il San Patrizio Caffè *(plan B2, **35**)* **:** *Hidalgo 403. Lun-sam 10h-22h, dim 12h-21h.* Passez-y, posez-vous-y pour la pause-café, le lieu est chaleureux (un patio couvert ou une petite salle garnie d'affiches et d'étagères chargées de tasses), et l'on y sert du vrai bon café : cappuccino *de la casa,* espresso *breve...* les amateurs n'auront que l'embarras du choix !

Où boire un verre ? Où sortir ?

Ville estudiantine, Zacatecas ne manque pas de lieux où se détendre et faire la fête, surtout en fin de semaine !

Las Quince Letras *(plan A2, **51**)* **:** *Martires de Chicago 309. ☎ 922-01-78. Lun-sam 13h-2h.* Passage obligé par ce bar antérieur de 14 ans à la prise de Zacatecas par Pancho Villa, avec toujours la même famille aux commandes ! L'intérieur est resté dans son jus, avec son carrelage, ses petites tables rondes et ses murs chargés de cadres. Ambiance extra, surtout lorsque les deux chanteurs-musiciens, le soir venu, entonnent *los rurales* auprès des clients qui les sollicitent ! Souvent hyper fréquenté en fin de semaine (ils ouvrent alors une autre salle à l'étage). Pourquoi le nom « Las Quince Letras » ? Comptez (le nombre de lettres) et vous saurez...

Bar Caprichosa *(plan B2, **52**)* **:** *Tacuba 178. Mar-sam 19h-2h.* Avec ses murs couverts de papier peint vert et de photos du vieux Zacatecas, ce pub draine une foule compacte le week-end, pour sa bande musicale mexicaine traditionnelle mais aussi ses promotions quotidiennes, genre deux verres pour le prix d'un... À bon entendeur... Le proprio possède un autre bar du même style, ***La Famosa,*** dans le callejón De Cuevas *(plan A2).*

La Casona *(plan B2, **54**)* **:** *Hidalgo 316. Tlj 14h-minuit ou 1h.* À l'étage du resto du même nom (franchir le couloir depuis la rue et monter l'escalier monumental), plusieurs salles dans les tons gris et rouge, avec fauteuils et poufs en simili, et même des balconnets suspendus au-dessus de la rue Hidalgo. Clientèle jeune et branchée venue siroter une *cucarracha* (cocktail flambé) ou partager, en petits groupes, une colonne de bière. Attention, la musique est assez forte, pas vraiment l'endroit pour un tête-à-tête au calme donc.

♫ ***La Cubanita*** *(plan B2, **55**) : Tacuba 125. Jeu-sam 22h30-3h.* Atmosphère un peu trash dans un espace aux tons acidulés où l'on danse comme des toupies le week-end, au son de la salsa et des rythmes latinos !

🍷 ♫ ***Club La Mina*** *(plan A1, **53**) : à l'intérieur de la mine El Edén.* ☎ *922-30-02. Bar jeu-ven 16h-22h30 (conso min 50 $Me), disco sam 22h-3h (entrée : 150 $Me).* Une idée originale, ce bar-discothèque a été aménagé dans les entrailles du *cerro del Grillo,* à 540 m de l'entrée (on y accède par un petit train) et 320 m sous le sommet de la colline ! Pour une fois, les mineurs sont acceptés en boîte... Intérieur « grottesque », un peu froid au début mais vite réchauffé quand il y a du monde, et musique électro-moderne.

À voir. À faire

Le centre colonial de Zacatecas présente plusieurs visages. Populaire, il palpite dans sa partie basse autour des *mercados Arroyo de la Plata* et *Codina* (*plan B2-3* ; voir plus haut « Où manger ? »). Sa colonne vertébrale, l'*avenida Hidalgo,* se révèle, elle, plus bourgeoise et commerçante, avant de rejoindre, dans la partie haute de la ville, un quartier plus tranquille. Mignon et résidentiel, populaire lui aussi, il rayonne autour de la charmante *plazuela de García (plan B1).* De part et d'autre de cet axe sud-nord, édifices coloniaux puis petites maisons cubiques et colorées s'entassent à l'assaut des collines.

Au cœur du centre historique

*** ***Catedral*** *(plan B2) : tlj 6h30-13h, 17h-21h.* La façade principale, superbe, préchurrigueresque, en grès rose, est considérée comme l'un des chefs-d'œuvre du baroque mexicain. Sa construction s'est achevée en 1752. Elle est ornée de statues des 12 apôtres entourant le Christ ; Dieu est lui-même représenté au sommet, parmi les anges. Marie est en effigie juste au-dessus de l'impressionnante porte d'entrée. L'intérieur, lui, est plus sobre, ni retable doré ni tableau.

* ***Palacio de Gobierno*** *(plan B2) : pl. de Armas 54.* Ancienne demeure particulière du XVIIIe s. Une très belle fresque murale peinte en 1970 par Antonio Rodríguez domine l'escalier central. Elle relate l'histoire de l'État de Zacatecas de la période préhispanique à un futur ultramoderne. On y trouve aussi parfois une expo d'art temporaire.

* ***Mercado González Ortega*** *(plan B2) : entre la pl. Goitia et la cathédrale. Tlj 10h-21h.* Un beau bâtiment de fer et de verre, bâti en 1890 dans un style néoclassique aux influences parisiennes. Il abrita le grand marché couvert de Zacatecas jusqu'à sa rénovation, au début des années 1980. Depuis, on y trouve une galerie commerciale avec des boutiques d'artisanat, de souvenirs et de vêtements de marque, ainsi qu'une poignée de restos et bars branchés.
En face, le beau ***Teatro Calderón,*** datant de la fin du XIXe s, programme des pièces de théâtre et des concerts.

** ***Templo Santo Domingo*** *(plan B2) : pl. Santo Domingo. Tlj 7h30-13h, 17h30-20h.* Érigée par les Jésuites au milieu du XVIIIe s, cette église à la belle et sobre façade baroque fut cédée aux prêtres dominicains en 1767. Le séminaire qui lui est accolé abrite aujourd'hui un superbe musée (lire ci-après), après avoir été confisqué par le gouvernement puis transformé en prison au début du XXe s. L'intérieur est particulièrement exubérant. Doté de plafonds peints, d'un impressionnant orgue rouge et d'un parquet qui grince préservé dans son état d'origine, il est enfin tapissé, sur les côtés, de sept retables en bois dorés de style churrigueresque.

Museo Pedro Coronel *(plan B2)* **:** *pl. Santo Domingo. ☎ 922-80-21. Tlj sf lun 10h-17h. Entrée : 30 $Me.* Artistes et collectionneurs éclairés, les frères Pedro et Rafael Coronel, originaires de Zacatecas, ont rassemblé au cours de leur vie une collection d'art et d'objets du monde entier assez incroyable. Dans un ancien séminaire jésuite, on a droit ici à la collection de Pedro, notamment de nombreux dessins, gravures, lithographies, eaux-fortes de Picasso, Miró, Goya, Fernand Léger, Cocteau, Braque... et même de Kandisky, Dalí, Max Ernst ou Giacometti. Également des estampes japonaises et une riche collection de statuettes et céramiques précolombiennes, des antiquités romaines, grecques, égyptiennes, asiatiques, africaines... et, évidemment, mexicaines. L'ensemble, bien mis en valeur, s'accompagne de nombreuses explications, sur le parcours des artistes exposés notamment. Au rez-de-chaussée, bibliothèque (hélas parfois fermée) de plus de 20 000 volumes du XVIe au XXe s, dont quelques ouvrages en français. Un musée d'une grande richesse. Celui du second frère Coronel, Rafael, est quant à lui consacré aux masques mexicains (lire plus loin).

Museo Zacatecano *(plan B2)* **:** *Dr Hierro 307. ☎ 922-65-80. Tlj sf mar 10h-17h. Entrée : 30 $Me ; réduc.*
Un joli musée installé dans l'ancienne *Casa de la Moneda,* où l'on frappait la monnaie. Consacré à l'histoire locale et à l'art huichol. Pour commencer la visite, petit film de présentation suivi de deux-trois salles sur l'histoire ancienne de la région, avant de découvrir la section sur l'exploitation minière, le travail du fer (qui date des Espagnols) et la frappe des monnaies (vieilles machines), que d'autres pays firent parfois faire ici car, l'or étant sur place, cela revenait moins cher. À l'étage, riche collection de retables populaires et peintures naïves représentant toute une pléiade de saints et martyrs et des scènes de la passion du Christ. Mais le clou du musée est plutôt la partie dédiée à l'artisanat huichol, peuple indigène de la région qui ne compterait plus qu'environ 25 000 représentants.
À voir : des étoffes brodées chargées de symboles tel le cerf, l'animal sacré des Huichols (qui avait le don, paraît-il, de faire pousser du *peyotl* – une plante psychotrope – là où il foulait la terre !). Également une expo de photos montrant des scènes de leur vie quotidienne, la *fiesta del Peyote* et le pèlerinage vers les lieux sacrés. Enfin, plus loin, d'autres étoffes, plus récentes et colorées, une tapisserie (de 2 millions de perles) illustrant la cosmologie huichol et même, pour nos lecteurs curieux, un petit tunnel recréant les effets hallucinogènes du *peyote...* Expos temporaires.

– Juste à côté du *Museo Zacatecano* se trouve la ***Ciudadela del Arte*** *(tlj 10h-17h ; GRATUIT),* qui abrite la *cinémathèque* (film français tous les mercredis à 18h), généralement une expo photos et, à l'étage, une exposition sur Manuel M. Ponce (compositeur et pionnier du nationalisme mexicain) et sur Antonio Aguilar, grand chanteur (nationaliste aussi) de la seconde moitié du XXe s, récompensé par de nombreux disques d'or.

Ex-templo San Agustín *(plan A-B2)* **:** l'histoire de cette église construite au XVIIe s n'est pas très catholique. Elle a été en grande partie détruite au XIXe s, puis l'ensemble est devenu un hôtel (de passe, murmure-t-on ici) avant d'être reconverti en entrepôt. Finalement, le monastère fut racheté en 1904 par l'Église qui y installa l'évêché, et une partie du temple abrite aujourd'hui un petit centre culturel (expos temporaires). À l'extérieur, magnifique façade baroque exubérante.

Museo Rafael Coronel *(plan B1)* **:** *installé dans les ruines de l'ancien couvent San Francisco. ☎ 922-81-16. Tlj sf mer 10h-17h. Entrée : 30 $Me ; réduc.*
Cadre sublime : le musée occupe une partie de l'ex-*convento,* en partie en ruine, érigé par les Franciscains au XVIe s. Il présente la collection privée de Rafael Coronel, le frère de Pedro (voir plus haut le musée de ce dernier) : quelque 2 300 masques mexicains (sur les 11 000 que compte le fonds), exposés surtout par régions et, du coup, un peu aussi par thèmes, les deux étant liés.

L'origine des masques mexicains remonte à l'époque préhispanique. Ils étaient utilisés comme symboles lors des fêtes, cérémonies et autres rites (propitiatoires, funéraires...) et servaient aussi à entrer en contact avec le monde des esprits. En vrac, on peut admirer des masques de danse, de carnaval, d'animaux, du diable et de la mort elle-même. Ils sont faits en bois, en peau, en papier mâché ou en terre cuite. Et si la muséographie date un peu, la collection exposée ici est la plus importante du pays.
Également un ensemble de marionnettes, de nombreux instruments de musique, des figurines indigènes en céramique, des statues préhispaniques, etc. Joli jardin labyrinthique ponctué de ruines ; petite boutique et cafétéria. Une agréable visite.

Museo de Arte abstracto Manuel Felguérez *(plan B1)* **:** *Colón 1 ; à l'angle de Seminario. ☎ 924-37-05. Tlj sf mar 10h-17h. Entrée : 30 $Me ; réduc.* Musée entièrement dédié à l'art abstrait. Endroit pour le moins original : cet imposant édifice fut bâti au XIXe s pour loger les séminaristes, puis il servit de garnison, avant de devenir pendant de longues années la prison de Zacatecas ! Pas moins de 200 artistes y sont représentés, mais c'est surtout le travail de Manuel Felguérez qui est mis en lumière. Ses œuvres sont exposées chronologiquement depuis le 3e étage (années 1950-1960) jusqu'au rez-de-chaussée, autour des passerelles de la prison restaurée. À la fin du parcours, une grande vitrine retrace sa vie. Ne pas manquer non plus les spectaculaires *murales* très colorés, réalisés pour le pavillon du Mexique à la Foire mondiale d'Osaka de 1970. Un étonnant musée là encore, que vient judicieusement compléter une bonne librairie d'art à l'entrée.

Autour du parque Enrique Estrada *(plan A3)*

Acueducto *(plan A3)* **:** *à côté du joli parc Enrique Estrada.* Un peu noyé au centre de plusieurs axes routiers, l'aqueduc fut construit à la fin du XVIIIe s et alimenta la ville en eau jusqu'en 1910.

Museo Francisco Goitia *(plan A3)* **:** *General Enrique Estrada 102 ; face au parc du même nom. ☎ 924-02-11. Tlj sf lun 10h-17h. Entrée : 30 $Me ; réduc.* Installé dans la somptueuse demeure à colonnades d'un ancien gouverneur, au cœur d'un jardin à la française, ce musée porte le nom d'un peintre célèbre né à Zacatecas, Francisco Goitia (1882-1960). Y est exposée une copie (non conforme) de son fameux *Tata Jesucristo,* considéré comme l'une des grandes œuvres de la peinture mexicaine du XXe s (l'original se trouve au *museo nacional de Arte* de Mexico). À voir aussi, deux de ses six autoportraits (dont un où il prend la pose napoléonienne). Le musée est aussi dédié aux autres artistes de Zacatecas, comme les frères Coronel, Manuel Felguérez ou encore Julio Ruelas (qui avait l'habitude de s'enivrer avec Allan Poe !). Décidément, cette ville fut féconde en artistes ! Également des expos temporaires d'art contemporain.

Autour du cerro de la Bufa

Mina El Edén *(plan A1 et A2)* **:** *il y a 2 entrées ; l'une près de la station du téléphérique ; pour l'autre (La Esperanza), suivre Juárez, puis Torreón le long du parc Alameda et tourner à droite après l'hôpital. ☎ 922-30-02. • minaeleden.com.mx • Visite tlj 10h-18h (en anglais sur résa). Entrée : 100 $Me. Prévoir un vêtement chaud car la température n'excède pas les 12 °C.* La mine fut exploitée de 1586 à 1960. Les mineurs, dont des enfants, y travaillaient dans des conditions abominables pour extraire de l'argent, mais aussi de l'or, du fer, du cuivre et du zinc. Aujourd'hui, seul un niveau est ouvert aux visiteurs sur les sept existants. On pénètre à l'intérieur par un petit train (sur un trajet de 540 m), puis on parcourt quelques galeries pour sortir de l'autre côté par un ascenseur (ou l'inverse). Au passage, un petit musée de minerais et quelques mannequins de mineurs (de différentes époques) en situation, des effets sonores pour être dans l'ambiance, une petite chapelle et une nappe phréatique. Hélas, la balade manque un peu de saveur : les galeries cimentées et trop propres permettent difficilement au visiteur de se rendre compte de ce qu'elles furent pendant leur activité. Sinon, on peut aussi découvrir la mine de nuit en allant au Club *La Mina* (cf. « Où boire un verre ? Où sortir ? »).

Teleférico *(plan B1)* **:** *☎ 922-56-94. Pour y accéder, monter les marches du callejón Garcia Rojas. Tlj 10h-18h, départs ttes les 10 mn env, sf quand il y a trop de vent. Prix aller : 50 $Me.* C'est l'attraction numéro un de Zacatecas ! Le téléphérique relie le *cerro del Grillo* au *cerro de la Bufa* (trajet de 650 m à 85 m de hauteur). La vue est superbe. Pour aider à se repérer, le préposé fait office durant le trajet de table d'orientation vivante. *Propina* bienvenue. Bar chic à l'arrivée au *Cerro de la Bufa (ouv 11h-18h).*

Cerro de la Bufa *(plan B1)* **:** une imposante colline qui surplombe la ville, point d'arrivée du téléphérique. On peut aussi y monter à pied (mais ça grimpe dur !) ou par la route. Vue imprenable sur le centre historique. Sur l'esplanade, d'imposantes statues de bronze rendent hommage à Francisco Villa et à ses deux généraux vainqueurs de la bataille de Zacatecas, tous trois juchés sur leur destrier. Leurs biographies rappellent une fois de plus que les révolutionnaires finissent rarement leurs jours en pantoufles dans le jardin d'une maison de retraite. En face, la ***capilla de la Virgen del Patrocinio,*** charmante petite chapelle du XVIe s dédiée à la sainte patronne des mineurs, attire des milliers de pèlerins pendant la fête de la ville, début septembre. Petite restauration sur l'esplanade et boutiques de souvenirs. Enfin, pour les casse-cou, une tyrolienne.

Museo Toma de Zacatecas *(plan B1)* **:** *sur l'esplanade au sommet du cerro de la Bufa ; à côté de la chapelle. ☎ 922-80-66. Tlj 10h-16h30 (dernière entrée). Entrée : 20 $Me ; réduc.* Dans un ancien hospice datant de 1830, petit musée récemment refait et qui commémore la prise de Zacatecas le 23 juin 1914 par Francisco Villa et ses généraux Felipe Ángeles et Pánfilo Natera, à la tête d'une armée de quelque 7 000 hommes. Cette bataille victorieuse, qui dura 8h et fit des milliers de morts, ouvrit la voie vers Mexico. Le tout est relaté au travers d'une muséographie moderne et interactive (mais explications seulement en espagnol), avec panneaux, écrans tactiles et armes sous vitrines. On peut se faire prendre en photo avec un hologramme de Pancho Villa...

Manifestations

– ***Callejoneadas :*** *tte l'année, jeu-sam à partir de 20h30.* Cette tradition existe depuis 1610. La foule suit gaiement des musiciens-troubadours à travers les rues de Zacatecas. Départ sur la place de l'Alameda *(plan A2),* puis parcours en fonction du groupe.
– ***Festival cultural :*** *à Pâques, pdt la Semaine sainte et celle qui suit.* Excellents concerts (des pointures de la musique latine comme le *Buena Vista Social Club* y sont passées), spectacles et théâtre sur les places publiques.
– ***Festival Zacatecas del Folclor :*** *1 sem fin juil-début août.* Spectacles de danses folkloriques de différents pays (et continents !) un peu partout dans la ville. Dans le genre, c'est le plus important du Mexique.
– ***La Morisma de Bracho :*** *le dernier w-e d'août.* Un événement très populaire qui, durant 3 jours, met en scène l'expulsion des Maures par l'Espagne catholique ; une tradition depuis plusieurs siècles. Étrange coutume... Servait-elle de défouloir dans l'attente de l'expulsion des Espagnols ?
– ***Feria nacional :*** *1re quinzaine de sept.* Nombreuses animations, spectacles (avec taureaux et chevaux notamment) et une flopée de stands de produits et d'artisanat locaux.
– ***Festival Teatro de Calle :*** *2e sem d'oct.* Théâtre de rue sur toutes les places de la ville, avec des troupes nationales et étrangères.

DANS LES ENVIRONS DE ZACATECAS

Museo de Guadalupe : *à* **Guadalupe** *(à 7 km du centre de Zacatecas), dans le jardín Juárez. ☎ 923-20-89. Prendre un bus* Ruta 14 *sur le bulevar López Mateos (plan B3,* **2***), au niveau de la pl. Bicentenario, sous la passerelle piétonne. Tlj sf lun 10h-18h. Fermé 1er janv et 25 déc. Entrée : 55 $Me ; gratuit dim.*

C'est en 1707 que commença la construction de ce superbe couvent franciscain. Il servait de collège pour préparer les missionnaires avant qu'ils ne partent essaimer le nord de la Nouvelle-Espagne. Il abrite aujourd'hui une riche et magnifique collection d'art religieux de l'époque coloniale. La plupart des tableaux, certains monumentaux, ont été conçus pour s'intégrer à l'édifice. Tous sont accompagnés d'un panneau détaillant la composition, un vrai cours illustré de théologie. À l'époque, c'était d'ailleurs souvent la fonction de ces œuvres : enseigner par l'image la Bible aux fidèles.

Ne pas manquer non plus l'église en grès rouge, juste à côté, avec son plafond rose bonbon et surtout sa très belle et très dorée chapelle, la *capilla de Nápoles.* Au pied de l'église s'étend le ***jardín Juárez,*** une jolie place pavée encadrée de maisons basses, qui semble ne pas avoir bougé depuis le XIXe s.

LES MARTYRS DU JAPON

Exposés au museo de Guadalupe, une série de tableaux religieux évoquent l'épisode oublié des martyrs chrétiens... au Japon. Parti d'Acapulco pour évangéliser les Philippines, un navire espagnol s'échoua sur les côtes de l'archipel en 1596. Prenant les missionnaires pour des envahisseurs, l'empereur du Japon fit torturer en public et exhiber de village en village 26 jésuites, franciscains et convertis japonais. Pourtant l'empereur Tagosama ne manquait pas de culture chrétienne, puisqu'il finit même par ordonner qu'on les crucifie, puis qu'on les transperce d'une lance...

Zona arqueológica La Quemada : *à 50 km de Zacatecas, direction Guadalajara. Prendre un combi* « Transporte Villa Nueva » *sur le bulevar López Mateos (plan B3,* **2***), qui vous laisse sur la route principale, à 2 km du site. ☎ 922-21-84. Tlj 9h-18h. Entrée : 55 $Me. Visite guidée possible. Prévoir de l'eau et de quoi se protéger du soleil ; sur place, il n'y a pas d'ombre.*

De la route principale, bien scruter les collines pour deviner les remparts de cette ancienne cité chalchihuite qui épouse le contour et la couleur brune de l'une d'entre elles. Habitée à la période classique (surtout entre 400 et 900 de notre ère), elle fut détruite par un incendie, d'où son nom *La Quemada* (« la brûlée »). Un espace ouvert hérissé de colonnes, une pyramide tronquée, un terrain de pelote et bien d'autres vestiges bordent les voies dallées et les escaliers qui gravissent les différents niveaux de cette vaste cité fortifiée en pierre plate. Belle balade, qui coupe un peu le souffle vu l'altitude, à l'assaut des collines écrasées par le soleil. Vue superbe sur le paysage désertique alentour et le lac artificiel bordé de cactus. Pour finir, allez jeter un œil au petit musée qui présente une grande maquette du site et divers objets retrouvés sur les lieux.

GUANAJUATO

70 800 hab. IND. TÉL. : 473

• Plan *p. 454-455*

Imaginez une ville où tout serait imbriqué, enlacé, entremêlé, une folie au dessin labyrinthique ! Cette ville, c'est Guanajuato : une bizarrerie

enchâssée dans plusieurs collines recélant des charmes qui se dévoilent peu à peu, dans des ruelles parfois si étroites qu'on peut s'y embrasser de balcon à balcon. Une bonne partie du centre historique (inscrit au Patrimoine mondial de l'Unesco) est piéton, et l'on prend plaisir à se perdre dans les *callejones* adjacents, allant de surprise en surprise, à la découverte de charmantes places arborées, de ravissantes fontaines, de balcons en fer forgé, de corniches sculptées. Ça, c'est pour la surface. Mais Guanajuato vit aussi sous terre. Car cet ancien centre minier, l'un des plus importants au monde à l'époque coloniale, est un véritable gruyère dans lequel on circule à travers un dédale de rues souterraines. Si vous y pénétrez en voiture (sans GPS), préparez-vous à un vrai casse-tête pour arriver à bon port...

Outre son activité universitaire et culturelle, Guanajuato s'anime aussi le soir, quand les *callejoneadas* et les mariachis inondent les rues de leur musique. Les monuments s'illuminent, les places et les marches des églises se remplissent de jeunes Mexicains et d'étudiants étrangers. Une atmosphère très festive et conviviale, qui attire aussi de nombreux touristes. En octobre, la ville accueille le festival de théâtre le plus célèbre du pays, le *Cervantino,* un peu l'équivalent du Festival d'Avignon. Et d'ailleurs, Guanajuato s'est autoproclamée capitale de Cervantès, avec un superbe musée consacré à Don Quichotte, un théâtre et de belles statues disséminées dans le centre historique.

REBELLES, À EN PERDRE LA TÊTE

Après avoir exécuté à Chihuahua les quatre leaders indépendantistes, les Espagnols les décapitèrent et abandonnèrent leurs corps sur place. Salées pour éviter qu'elles ne se décomposent, les têtes furent, quant à elles, à titre d'exemple, exposées 10 ans durant dans des cages aux quatre coins du bâtiment de la Alhóndiga à Guanajuato. En 1823, après que l'indépendance fut acquise, on transporta têtes et corps à Mexico, où ils furent conservés dans la cathédrale. Et ce n'est qu'en 1925 qu'ils connurent leur sépulture définitive.

Arriver – Quitter

En bus

Central de autobuses *(hors plan par A1) :* à 7-8 km au sud du centre, sur la route de Silao. ☎ 733-14-40. Pour se rendre au centre-ville, bus urbain en face de la sortie indiquant « Mercado Hidalgo ». Dans l'autre sens, prendre, devant le mercado Hidalgo *(plan A1),* le bus qui indique « Central de autobuses ». En taxi, compter 50 $Me. Pour certaines compagnies, on peut acheter ses billets en ville, à l'agence *Viajes Frausto* (voir « Adresses utiles » ci-après). Guanajuato n'est pas un nœud routier. Pour plus de fréquences et de destinations, prendre un bus pour León (1h de trajet).

➢ ***San Miguel de Allende :*** 4 bus/j. (7h30-15h20) avec *Flecha Amarilla,* 9 bus/j. (8h-20h30) avec *Primera Plus* et 5 bus/j. avec *ETN* (11h30-23h). Trajet : 1h15-1h30.

➢ ***León :*** ttes les 20 mn (5h50-21h30) avec *Flecha Amarilla* et ttes les heures (ou 2h), 24h/24, avec *Primera Plus.* Trajet : 1h.

➢ ***Querétaro :*** 10 bus/j. (6h-17h30) avec *Primera Plus.* Trajet : 2h30.

➢ ***Mexico :*** 10 bus/j. (5h30-minuit) avec *Primera Plus,* autant avec *ETN* (5h-19h15) et 1 bus *Futura* à 12h40. Trajet : 5h.

➢ ***Guadalajara :*** 9 bus/j. (9h-1h) avec *Primera Plus*, autant avec *ETN* (5h-19h45). Trajet : 4h.

➢ ***Zacatecas :*** 1 bus/j. avec *Omnibus de México,* à 12h30. Trajet : 5h.

➢ ***Morelia :*** 2 bus/j. (7h50 et 14h) avec *Primera Plus.* Trajet : 3h30.

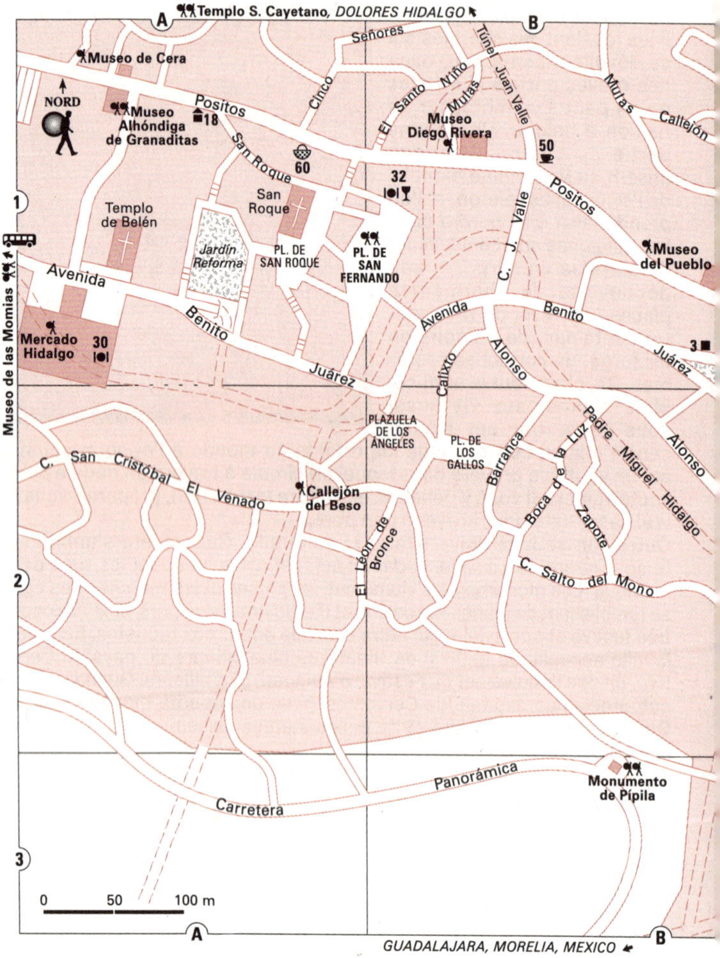

Adresses utiles

- Kiosques de la Dirección general del turismo
- **1** HSBC
- **2** Banamex
- **3** CI Banco
- **4** Viajes Frausto
- **12** Laverie

Où dormir ?

- **10** Casa Bertha
- **11** Al Son de Los Santos et Hostal Casa de Dante
- **12** La Casa del Tío
- **13** Posada Molino del Rey
- **15** Casa de Pita
- **16** Hospedería del Truco 7
- **17** Alma del Sol B & B
- **18** Hotel Antiguo Vapor

Où manger ? Où prendre un petit déjeuner ?

- **30** Mercado Hidalgo
- **31** Truco 7
- **32** La Clave Azul

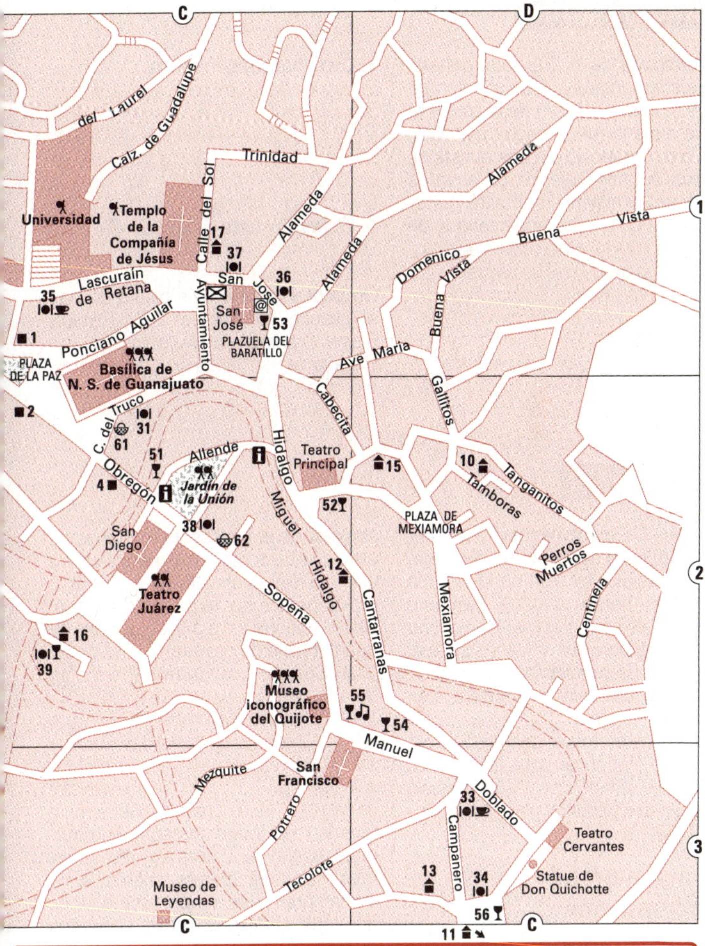

GUANAJUATO

33 Santo Café
34 Habibti Falafel
35 El Tapatio
36 Los Campos
37 El Midi Bistró
38 Casa Valadez
39 El Gallo Pitagórico

Où boire un bon café ?

50 Café Conquistador

Où boire un verre ? Où sortir ?

32 La Clave Azul
39 El Gallo Pitagórico
51 Bar Tradicional Luna
52 FBI
53 Antik Kfé
54 Los Lobos
55 La Dama de las Camelias, es él
56 Bar Fly

Achats

60 El Viejo Zaguán
61 La Casa de la Abuela
62 La Catrina

Adresses utiles

i 2 ***kiosques*** de la *Dirección general del turismo,* postés à deux pas l'un de l'autre (l'un sur le *jardín de la Unión* et l'autre dans la rue *Allende* ; *plan C2*), sont là pour répondre à vos questions et vous donner l'*agenda de eventos* (brochure détaillant l'actualité culturelle), ainsi qu'un plan schématique de la ville. *Tlj 10h-17h30 (20h en saison).*

✉ ***Poste*** *(plan C1)* **:** *Ayuntamiento 25. Près de l'église de la Compañía. Lun-ven 8h-17h, sam 8h-12h.*

@ ***Internet* :** *plusieurs petits cybers dans le centre, notamment au nº 24 de la calle San José (plan C1), ouv lun-ven 8h-minuit, le w-e 17h-23h.*

■ ***Distributeurs, change* :** *distributeurs aux banques regroupées autour de la pl. de La Paz, notamment* ***HSBC*** *(plan C1,* ***1****) et* ***Banamex*** *(plan C2,* ***2****). Pour le change, il y a une agence de* ***CI Banco*** *(plan B-C1,* ***3****), lun-ven 9h-17h, sam 10h-14h.*

■ ***Viajes Frausto*** *(plan C2,* ***4****)* **:** *calle Luis Obregón 10. ☎ 732-35-80. Lun-ven 9h-14h, 16h30-20h ; sam 9h-14h.* On peut y acheter ses billets de bus à l'avance (compagnies *ETN, Primera Plus* et *Omnibus de México*).

■ ***Laverie* :** *sur Hidalgo Cantarranas, à côté de La Casa del Tío (plan C-D2,* ***12****), tlj 9h-21h (17h dim).*

Où dormir ?

Outre que l'hébergement est plus cher ici que dans d'autres villes du pays, les prix peuvent faire un bond de 20 à 100 % en haute saison : Semaine sainte, juillet-août, Festival Cervantino (en octobre ; grosse affluence !), Noël et week-ends prolongés. Réservation fortement conseillée pendant ces périodes chargées.

Si vous êtes motorisé, sachez qu'il est interdit de stationner dans les rues du centre-ville, il faut laisser son véhicule dans l'un des parkings payants *(compter 13 $Me/h).*

De bon marché à prix moyens (moins de 800 $Me / env 40 €)

⌂ ***Casa Bertha*** *(plan D2,* ***10****)* **:** *Tamboras 9. ☎ 732-13-16. • paginasprodigy.com/casabertha • Fléché depuis la mignonne pl. de Mexiamora. Compter 250-400 $Me/pers selon taille et équipement de la chambre.* 📶 C'est par un dédale d'étroits *callejones* que l'on atteint cette gentille auberge à l'accueil tout sourire. Les chambres, simples mais propres, grimpent les unes sur les autres, reliées par des escaliers et passerelles en fer. On les choisit avec ou sans salle d'eau, voire cuisine. Au sommet de la bâtisse, le toit-terrasse, avec cuisine commune et pergola, offre une vue exceptionnelle sur la ville et le *Pípila,* perché sur la colline d'en face. Un nid tranquille et à prix doux, dans un quartier plein de charme.

⌂ ***Al Son de Los Santos*** *(hors plan par D3,* ***11****)* **:** *San Sebastián 94. ☎ 731-33-68. • alsondelossantos.com • À env 10 mn à pied du centre. Dortoir 240 $Me/pers, chambres privées pour 1-4 pers 650-1 210 $Me ; petit déj (léger) inclus.* 📶 Derrière cette jolie façade rose foncé se cache un charmant *hostel* de 2 dortoirs, pas énormes mais agréables et colorés, et de 4 chambres : une simple, une double, une triple et une quadruple, coquettes et bien équipées (salle de bains, TV câblée et ventilo). La plus grande (qui est aussi la plus belle) a même une cheminée, un petit bureau et une terrasse privative. Petite cuisine commune et terrasse sur le toit avec les collines tout autour. Certes un peu excentré mais, au moins, le quartier est tranquille.

⌂ ***Hostal Casa de Dante*** *(hors plan par D3,* ***11****)* **:** *callejón de Zaragoza 25. ☎ 731-09-09. • casadedante.com • À env 15 mn à pied du centre, accès par le paseo de la Presa ou la carretera Panorámica. Dortoir 550 $Me/pers, double 1 000 $Me ; petit déj inclus.* 📶 Sans doute l'*hostal* le plus attrayant de la ville, niché dans une ruelle en pente sur les hauteurs de Guanajuato. Une dizaine de chambres à la déco mexicaine de bon goût, avec salle de bains, et 2 dortoirs pétaradant de couleurs, non moins agréables. Mais le must, c'est la terrasse, bariolée là encore, avec barbecue, petit coin cuisine et… une vue plongeante sur la ville ! Fontaine à eau à chaque étage et vrai petit déj, avec œufs et tout. Enfin, bon accueil de Dante, le proprio, qui a réalisé lui-même une bonne partie des fresques qui ornent les murs de l'AJ.

La Casa del Tío *(plan C-D2,* ***12****) : Cantarranas 47. ☎ 733-97-28. • lacasadeltio.hostel.com • Dortoir 250 $Me/pers, doubles 620-780 $Me ; petit déj inclus.* À l'étage d'un petit resto, une AJ de taille familiale aux dortoirs convenables, mixtes ou non, de 4 à 8 lits. Pas la plus belle des auberges, mais la situation, très centrale, est intéressante. Également 2 doubles avec salle de bains privée (en dehors de la chambre pour l'une). TV, laverie, casiers et cuisine à dispo. Sur le toit, jolie terrasse délimitée par un muret rose, offrant une belle vue sur une partie du centre historique.

De chic à plus chic (800-1 600 $Me / env 60-80 €)

Posada Molino del Rey *(plan D3,* ***13****) : Padre Belaunzarán y Campanero 15. ☎ 732-22-23. • molinodelrey.webs.com • À l'angle d'une ruelle en retrait de la place. Double 870 $Me.* Architecture assez originale, avec des chambres de style colonial aux voûtes en brique, réparties sur plusieurs niveaux autour d'un grand patio sous verrière. Propres, mais un brin austères et vieillottes. Préférer celles, plus lumineuses, donnant sur la rue. Accueil très courtois.

Casa de Pita *(plan D2,* ***15****) : Cabecita 26. ☎ 732-15-32. • casadepita.com • Accès par les escaliers à droite du teatro Principal. Résa conseillée (par Internet). 800-1 400 $Me pour 2 selon confort. Petit déj inclus.* Cette maison familiale possède bien du charme, et l'accueil de la pétillante (Lu)Pita est inégalable ! Au menu, 8 chambres personnalisées, l'une à l'atmosphère très cosy, avec cheminée et meubles en bois ; une autre pour les lunes de miel (sic !) ; une autre encore pour les familles, avec mezzanine et 2 lits simples à l'étage. Bref ! On vous laisse le plaisir de la découverte, et apprécier l'ambiance du lieu. Pour ne rien gâcher, le quartier, un peu en hauteur, est populaire et calme, à seulement 5 mn du centre. Terrasse panoramique sur le toit.

Hospedería del Truco 7 *(plan C2,* ***16****) : Constancia 9 E. ☎ 732-65-13. • hospederiadeltruco7.com • Doubles 1 000-1 150 $Me, petit déj inclus.* Dépendant du sympathique resto du même nom (lire plus loin « Où manger ? Où prendre un petit déjeuner ? »), un petit hôtel pimpant accroché à la colline, disposant d'une poignée de chambres tout confort. Spacieuses, elles jouissent toutes, sauf une, d'une belle vue sur la ville. Salles d'eau ornées de céramiques, lits *king size,* canapés, TV écran plat… le tout enrobé d'une déco chaleureuse, sobre et soignée. Une belle adresse, intimiste.

Très chic (plus de 2 000 $Me / env 100 €)

Alma del Sol B & B *(plan C1,* ***17****) : calle del Sol 3. ☎ 733-54-23. • almadelsol.com • Double env 2 100 $Me, petit déj inclus.* Bienvenue dans ce charmant *B & B* situé en plein centre-ville, avec 4 chambres de type rustico-mexicain très hautes de plafond équipées de bons gros lits douillets et de salle de bains en azulejos. Le lieu est parfaitement tenu par le très sympathique Hugo, artiste graveur de son état, qui possède son atelier sur place et se fera un plaisir de vous faire une petite démonstration de son art. Petit déj de qualité et très complet servi dans une salle toute guillerette à l'étage, à côté de la terrasse où se prend l'apéro (avec Hugo) en fin d'après-midi… directement à l'ombre de la Compañía de Jesús. Seul bémol : il y a un peu de bruit dans les chambres le matin, à cause du trafic et des écoliers.

🏠 ***Hotel Antiguo Vapor*** *(plan A1,* ***18****)* **:** *Galarza 5. ☎ 732-32-11. • hotelavapor.com • Doubles à partir de 2 150 $Me, petit déj continental et parking inclus.* Dans une ancienne boulangerie, un hôtel aux tarifs certes un peu élevés mais plein de caractère. Une douzaine de chambres à la sobre déco coloniale, impeccables et colorées, avec TV écran plat et salle de bains avec des carreaux de faïence, certaines avec vue superbe sur la ville. Petit déjeuner pris dans un espace tout en pierre avec arcades et haut plafond. Les motorisés peuvent se garer directement dans la cour de l'hôtel, pratique !

Où manger ? Où prendre un petit déjeuner ?

De bon marché à prix moyens (moins de 300 $Me / env 15 €)

|●| ***Mercado Hidalgo*** *(plan A1,* ***30****)* **:** *Benito Juárez. Tlj 7h30-21h.* Le marché de la ville, avec ses nombreux comptoirs servant *tortas,* sandwichs, *burritos* et autres *taquitos.* On vous conseille tout spécialement la viande de cochon grillé, à déguster avec une sauce piquante et un bon grand jus de fruits frais. Un régal qui ne vous ruinera pas, parfait pour le déjeuner ! Comme d'habitude, choisir le stand qui paraît le plus propre et qui rameute le plus de monde.

|●| ***Truco 7*** *(plan C2,* ***31****)* **:** *Truco 7 (donc !). ☎ 732-83-74. Tlj 8h30-23h.* Resto très convivial, style café littéraire. Tables rondes, fauteuils recouverts de cuir, affiches, tableaux et tout un bric-à-brac d'objets hétéroclites. Chouette musique en fond sonore. Beaucoup d'étudiants, d'intellos mais aussi de familles le week-end ; c'est souvent bondé aux heures de pointe. Faut dire que le menu du jour ne coûte que 60 $Me ! Également de bons *antojitos,* enchiladas, *huevos al gosto,* viandes, pâtisseries, etc. Une petite institution.

|●| ***La Clave Azul*** *(plan B1,* ***32****)* **:** *dans l'étroite ruelle qui relie la pl. San Fernando à la calle Positos. Tlj sf dim 13h30-22h ; comida corrida jusqu'à 18h.* Petit resto-bar à *botanas* (sortes de tapas), tout en coins et recoins, niché dans le coude du *callejón.* Pour environ 150 $Me, on vous apporte une succession de petites assiettes de spécialités du jour délicieuses (quelquefois très épicées), accompagnées de la boisson de votre choix. En soirée, on vient y prendre un verre sur fond musical jazzy, blues ou latino, avant d'aller vers d'autres aventures... Clientèle d'étudiants, de profs, d'artistes et d'intellos. Un excellent rapport qualité-prix !

|●| ☕ ***Santo Café*** *(plan D3,* ***33****)* **:** *Campanero 4. Tlj 10h-23h.* Ce petit café chaleureux a déployé sa mignonne terrasse sur une passerelle suspendue au-dessus de la ruelle. Sympa pour s'offrir une pause au cours d'une balade dans la ville, en gardant un œil sur l'animation. Selon l'heure et l'appétit, on se sustentera d'un petit déj, d'une soupe, d'une salade, d'une crêpe salée ou d'un petit plat coloré, mexicain ou plus internationalisé.

|●| ***Habibti Falafel*** *(plan D3,* ***34****)* **:** *Sostenes Rocha 18 C. ☎ 732-94-18. Tlj 11h-23h.* Pour un bon sandwich-falafel pas cher et qui cale bien, c'est l'endroit. À emporter ou à consommer dans une petite salle aux tonalités noires. On peut aussi demander les falafels en salade ou sur assiette, avec ou sans houmous, taboulé et feuilles de vigne. Pas d'alcool.

|●| ☕ ***El Tapatio*** *(plan C1,* ***35****)* **:** *juste en face du grand escalier de l'université. ☎ 732-32-91. Lun-sam 8h30-21h, dim 10h-17h30.* La déco est assez kitsch, avec TV en fond sonore, mais l'ambiance reste chaleureuse et familiale. Quelques profs, des employés de l'université et des routards avisés ! De bons plats surtout et, au déjeuner, une *comida corrida* bon marché. Musique live et karaoké certains soirs.

De prix moyens à plus chic (150-500 $Me / env 7,50-25 €)

Los Campos (plan C1, **36**) : *calle de la Alameda 4 A. Tlj sf lun 14h-22h.* Alors que les prix restent sages, on a droit à une cuisine vraiment fine : guacamole au mezcal, boulettes de porc sauce poivron, filet de bœuf au fromage bleu, lasagnes et burger végétariens, sandwichs, salades... tout est succulent et bien présenté ! Évidemment très fréquenté. Accueil et service tout en douceur dans une salle soignée et chaleureuse. Que dire d'autre ?

El Midi Bistró (plan C1, **37**) : *San José 4. ☎ 732-74-01. Tlj 9h-23h.* Au 1er étage de la *Casa Cuatro* (petit centre culturel), un resto français occupant 2 salles parquetées avec tables et chaises en bois vernissé, face à une galerie d'art. On a adoré la cuisine, bien de chez nous mais proposant aussi quelques plats d'ailleurs, comme le bœuf Wellington, un vrai délice ! Excellents vins au verre aussi et mezcals artisanaux. Bar à salades le midi et jazz live les jeudi et dimanche soir, pour ajouter encore un peu de chaleur à l'ambiance déjà fort animée.

Casa Valadez (plan C2, **38**) : *jardín Unión 3. ☎ 732-03-11. Tlj 8h30-23h.* Difficile de passer sous silence ce resto en terrasse du jardín de la Unión, c'est celui qui fait le plus de bruit ! Accueil charmant et atmosphère assez chic, notamment dans la salle (banquettes Chesterfield et notes de piano). La cuisine (mexicaine et fusion) ne relève pas du prodige mais reste honnête. On vient avant tout pour le cadre et la situation, dont les moins argentés pourront profiter en choisissant le menu du jour, servi à partir de 14h.

El Gallo Pitagórico (plan C2, **39**) : *Constancia 10 A. ☎ 732-94-89. Tlj 14h-23h.* Perché au sommet d'une maison tout en hauteur, on pourrait se dire que son principal attrait est la vue imprenable sur Guanajuato. Et cela est vrai... sauf que la cuisine, italienne mais pas seulement, vaut aussi le détour ! Essayez donc le *filetto Claudio,* vous nous en direz des nouvelles ! Fait aussi bar.

Où boire un bon café ?

Café Conquistador (plan B1, **50**) : *Positos 35. Tlj 8h-22h.* Dans ce mouchoir de poche ouvert sur la rue, on torréfie un café bio de l'État de Veracruz, à déguster avec un petit gâteau ou une pâtisserie maison.

Où boire un verre ? Où sortir ?

Ville estudiantine, Guanajuato grouille de jeunes fêtards qui investissent les rues dès la nuit tombée, surtout en fin de semaine. Et, bien sûr, le centre regorge de petits bars festifs.

Plusieurs cafés étalent leurs terrasses sur le *jardín de la Unión,* le cœur du vieux centre. Notre préféré, le **Bar Tradicional Luna** *(plan C2, **51** ; tlj jusqu'à 2h),* pile en face du kiosque à musique. Un repère idéal quand l'orchestre municipal est de sortie. Sinon, reste les mariachis, ou le juke-box à l'intérieur. On peut aussi y manger.

FBI (plan C2, **52**) : *Cantarranas 15. Tlj 11h-minuit.* Le « FBI », c'est le *Famoso Bar el Incendio...* oui, *famoso* (célèbre) car il tourne depuis près d'un siècle ! À l'intérieur, c'est petit et bondé d'étudiants tous les soirs. Difficile parfois de s'y frayer un chemin, mais difficile aussi de faire plus chaleureux !

Antik Kfé (plan C1, **53**) : *plazuela del Baratillo 16. Tlj 8h30-0h30.* Pour une ambiance plus calme que le *FBI* mais néanmoins agréable, dans plusieurs salles aux fauteuils et banquettes en skaï rouge et papier peint gris. Musique rock et alternative diffusée à un volume propice à la discussion. Boissons bien servies et, pour éponger, on peut aussi y manger. Service charmant.

Los Lobos (plan D2, **54**) : *Manuel Doblado 2. Face à l'église*

San Francisco. Tlj 19h-3h (18h-1h dim). Assez des mariachis ? Place au rock, au vrai, aux tables qui collent et aux guitares qui crissent. La clientèle, jeune, squatte les recoins embrumés et tente de s'entendre dans le brouhaha. D'autres optent pour le billard, au fond de la salle, où il n'est plus besoin de causer. Concert le jeudi. Un lieu qu'on repère de loin, à l'oreille !

La Dama de las Camelias, es él *(plan C-D2,* ***55****) : Sopeña 32. En face du musée Don Quijote. Mar-sam 21h-4h30.* Vraiment étrange, ce nom : « La Dame aux Camélias, c'est lui » ! Tout comme l'ambiance de ce bar délirant, aux murs recouverts de fresques, de collages, de partitions, de miroirs brisés... Musique surtout latino (salsa, rumba...), parfois aussi du tango. Hétéroclite à souhait, de petits groupes d'âges, d'affinités ou de genres s'y retrouvent à leurs heures. Et tout ce petit monde sorti d'un film de Fellini se met à danser après quelques verres de tequila. Propice aux rencontres insolites...

Bar Fly *(plan D3,* ***56****) : Sóstenes Rocha 30. Mar-sam 21h-3h, dim 18h-minuit.* Pour clore le chapitre, on se doit de signaler aussi ce bar à l'atmosphère trash, aux murs bariolés et coins et recoins enfumés. Musique reggae, ska, cumbia, clientèle jeune et surtout très nombreuse... Prenez-y une *burra,* mélange de bière, grenadine et tequila !

Sans oublier ***El Gallo Pitagórico*** *(plan C2,* ***39*** *; voir « Où manger ? »),* pour sa vue géniale sur la ville, ni ***La Clave Azul*** *(plan B1,* ***32*** *; voir « Où manger ? »),* qui se prête fort bien à une escale apéritive (essayez le mezcal « chilcuague », aux propriétés anesthésiantes !).

Achats

El Viejo Zaguán *(plan A1,* ***60****) : Positos 64. Mar-sam 10h30-15h, 17h-20h ; dim 11h-15h.* Belle boutique de produits artisanaux où piocher souvenirs, beaux livres et CD. Petit café sympa au fond de la salle.

La Casa de la Abuela *(plan C2,* ***61****) : Truco 5. Tlj 11h-22h30.* Mi-boutique d'artisanat, mi-brocante, cette caverne d'Ali Baba propose un nombre impressionnant d'objets divers et variés. Un plaisir des yeux pour les chineurs !

La Catrina *(plan C2,* ***62****) : plazuela de los Ángeles 74. Tlj 10h-21h30.* Si vous aimez les confiseries artisanales mexicaines, pas la peine de chercher plus loin, il n'y a, ici, que l'embarras du choix ! Parmi les spécialités locales, les « charamuscas », des figurines de momies en sucre, les *lagrimitas* (« petites larmes ») ou les fruits secs agglutinés...

À voir. À faire

➢ Découverte du centre historique en ***tranvía « El Quijote »*** : *départ de la pl. de la Paz (plan C1-2), au pied de la basilique. ☎ 732-21-34 ou 28-38. Durée du circuit : 1h30. Billet : 100 $Me. Départs tlj à 12h, 14h et 16h (davantage en hte saison).* Le parcours à bord de ce bus touristique inclut le *museo de las Momias*, le *Pípila*, les *minas de Valenciana* et l'*Hacienda de Cochero.*

Jardín de la Unión *(plan C2)* : charmante place ombragée par des lauriers d'Inde si touffus qu'ils dispensent une douce fraîcheur. Le cœur de la vieille ville, le lieu de tous les rendez-vous : c'est ici que se rassemblent les mariachis et les flâneurs de tout poil. Le kiosque au centre du jardin accueille des orchestres de cuivres les mardi et jeudi dès 18h, ainsi que le dimanche à 12h. Ils disputent alors la vedette aux groupes de mariachis, toujours prêts à aller pousser une sérénade aux clients calés sur les terrasses des cafés et restos chic. C'est d'ici aussi que partent, tous les soirs vers 20h, les *callejoneadas* (payantes à Guanajuato) qui se répandront ensuite joyeusement dans les rues de la ville. En costume, un groupe de musiciens entraîne alors derrière lui les passants, et tous reprennent en chœur des chansons populaires, s'esclaffent aux plaisanteries du maître de cérémonie. Un moment de fête collective, vécu sans artifices.

Teatro Juárez (plan C2) **:** *en face du jardín de la Unión. Ouv aux visites mar-dim 9h-13h45, 17h-19h45. Entrée : 40 $Me ; réduc.* Inauguré en 1903 par Porfirio Díaz. Les colonnes de sa façade néoclassique sont coiffées d'une balustrade sur laquelle s'élèvent les statues des muses. La salle, splendide et au style mozarabe très marqué, s'inspire de l'Alhambra de Grenade. Le foyer est assez surprenant, néoclassique mais avec des touches Art nouveau exubérantes et très colorées. Représentations (une ou deux fois par semaine) de mars à décembre dans le cadre de « *Todos al teatro* » et spectacle de rue tous les jours sur les marches extérieures.

Basílica de Nuestra Señora de Guanajuato (plan C1-2) **:** *tlj 6h-21h.* Toute de jaune vêtue, cette basilique du XVIIe s dévore la plaza de La Paz par son architecture baroque imposante. Les ornements intérieurs, peintures, balcons, lustres et statues, en font l'une des plus belles églises de la région. La statue de la Vierge à l'Enfant du chœur, richement parée de bijoux, fut offerte par le roi Philippe II d'Espagne.

Museo iconográfico del Quijote (plan C2) **:** *Manuel Doblado 1 ; à côté de l'église San Francisco. ☎ 732-67-21. • museoiconografico.guanajuato.gob.mx • Mar-sam 9h30-18h45, dim 12h-18h45. Entrée : 30 $Me ; réduc ; gratuit mar.* Dans un superbe bâtiment colonial du XVIIIe s, où séjourna entre autres figures mexicaines ce bon vieux Maximilien d'Autriche. Mais c'est à un tout autre « antihéros » que ce musée est dédié. On y célèbre Don Quijote, le personnage de roman le plus lu et commenté de la littérature hispanique. De nombreux artistes – dont Picasso et Dalí – l'ont représenté sous diverses formes artistiques, allant du figuratif à l'abstrait en passant par le cubisme. Tant de représentations du même personnage, c'est à peine croyable. De quoi faire pâlir de jalousie Jésus-Christ, autre incontestée star des toiles. Sculptures, peintures, fresques et dessins revisitent les tribulations du héros de Cervantès, accompagné de son fidèle écuyer Sancho Panza. Parmi ces œuvres, ne pas manquer celle, délirante et monumentale, de Pedro Coronel, *El Quijote cósmico.*

Callejones : on se plaît à se perdre dans le labyrinthe d'étroits *callejones* qui s'entrelacent au-dessus de la mignonne *plaza de Mexiamora (plan D2).* Une balade guidée par le hasard dans ce quartier paisible et populaire, à l'assaut des volées d'escaliers, au gré de minuscules placettes aux bancs en fer forgé, le long de maisons colorées parfois mangées de lierre.

Les rues souterraines : la ville repose sur une sorte d'énorme gruyère, des trous desquels surgissent, disparaissent et réapparaissent des rues en zigzag aux parois de roche. Elles débouchent parfois sur des maisons à encorbellement miraculeusement accrochées aux flancs des ravins creusés lors de l'inondation de 1905. En voiture, cauchemar total assuré pour l'étranger qui débarque, du moins sans GPS ; il faut abandonner son véhicule au plus vite dans n'importe quel parking souterrain.

Monumento de Pípila *(plan B2-3)* **:** il surplombe la ville. Accessible par des escaliers (dur, dur quand il fait chaud !) ou en bus. *Pípila* (« la dinde ») est le charmant surnom de Juan José de los Reyes Martínez, un héros de la guerre d'indépendance, durant laquelle il se distingua en attaquant le grenier municipal où les Espagnols s'étaient réfugiés. Il y mit le feu, offrant ainsi les clés de la ville aux troupes de Hidalgo. Perchée là-haut, sa statue monumentale domine toute la cité, et une esplanade panoramique permet ainsi de jouir d'une vue splendide sur Guanajuato. Et on ne vous dit pas le spectacle en fin de journée, lorsque le soleil couchant embrase les monuments et les maisons aux façades colorées. Petit musée à l'intérieur du monument, retraçant la vie du héros *(tlj 11h-19h).*

Plaza de San Fernando *(plan A-B1)* **:** romantique place ombragée, bordée de belles maisons coloniales et cernée de bars et restos en terrasse. C'est le contrepoint calme et tranquille du *jardín de la Unión,* pas de mariachis mais parfois un marché de livres d'occasion en journée. Les petites ruelles à l'ouest mènent à la *plaza de San Roque,* dominée par son église baroque, l'un des principaux lieux où sont jouées des saynètes théâtrales durant le Festival Cervantino.

Mercado Hidalgo *(plan A1)* **:** *Juárez.* Au cœur d'un quartier commerçant, bouillonnant et populaire, un vaste bâtiment du début du XXe s qui, outre le marché, principalement de vêtements et de souvenirs, abrite aussi des comptoirs où se sustenter (voir « Où manger ? Où prendre un petit déjeuner ? »).

Universidad de Guanajuato *(plan C1)* **:** *Lascuraín de Retana 5.* Impressionnante université moderne dont l'architecture néoclassique se fond parfaitement dans le paysage historique de la cité. Elle fut construite en 1950 sur les ruines d'un hospice, en intégrant certains bâtiments d'un ancien collège jésuite. Sa réputation est d'excellence pour le droit et les matières artistiques. L'immense escalier extérieur rassemble à toute heure la jeunesse estudiantine locale.

Templo de la Compañía de Jesús *(plan C1)* **:** église à la façade churrigueresque typique, érigée par les Jésuites au XVIIIe s. L'intérieur aux larges volumes présente une coupole néoclassique ajoutée plus tardivement, et deux tableaux de Miguel Cabrera.

Callejón del Beso *(ruelle du Baiser ; plan A2)* **:** *près de la plazuela Los Angeles.* C'est l'une des grandes attractions de la ville. Pas grand-chose à voir, mais la légende est mignonne... et tragique : à une époque indéterminée, une fille, Carmen, tomba amoureuse d'un jeune homme, Luis. Mais le père de Carmen ne voulait pas entendre parler de leur union, menaçant sa fille de l'envoyer au couvent si elle contrevenait à sa volonté. Luis décida alors d'acquérir la maison située face à la chambre de Carmen, si proche (quelque 68 cm !) de celle-ci qu'ils pouvaient s'embrasser de leurs balcons respectifs. Mais le père surprit un jour les deux amants lors d'une rencontre et mit fin aux jours du jeune homme en le poignardant dans la poitrine.

BAISERS VOLÉS

En 2009, le maire de Guanajuato a réussi à créer la polémique en interdisant sous peine de prison les baisers et tout autre type d'effusion affective dans les lieux publics. Un comble dans la ville du callejón del Beso (ruelle du Baiser), passage obligé des amoureux ! Mais, face au tollé suscité, le maire a dû rétropédaler, et les bonnes vieilles habitudes ont repris.

Museo Alhóndiga de Granaditas *(plan A1)* **:** *au bout de la rue Pocitos. ☎ 732-11-12. Mar-sam 10h-18h, dim 10h-15h. Entrée : 65 $Me. Droit vidéo : 60 $Me.*
Installé dans les anciens greniers de la ville (réserves de céréales et entrepôts de tabac), qui furent transformés en place forte par les Espagnols en 1810, lors de la guerre d'indépendance. Pípila, un indépendantiste mené par le père Hidalgo, finit par y pénétrer en y boutant le feu, offrant ainsi la victoire à son camp. La bataille fit plus de 300 morts, et les *insurgentes* mirent ensuite la ville à sac. Cette période capitale dans l'histoire du Mexique est racontée ici à travers les grandes fresques de Chávez Morado, qui ornent les murs des escaliers.
À l'étage, les salles autour du patio relatent l'histoire du Mexique, depuis les Aztèques jusqu'à la fin de la colonie, l'instauration de la république, la révolution et les réformes. Nombreux panneaux très instructifs, pour peu que l'on comprenne l'espagnol. L'accent est bien sûr mis sur l'État de Guanajuato, à travers une foule d'objets, de sceaux préhispaniques, de peintures, de sculptures, etc. Parmi les curiosités, l'une des cages en fer où furent exposées pendant 10 ans, à l'extérieur du bâtiment, les têtes des quatre leaders indépendantistes : Allende, Hidalgo,

Aldama et Jiménez. On retrouve leur tête sous forme de sculptures monumentales, exposées au rez-de-chaussée. Également quelques salles d'expos temporaires. En sortant, les inconditionnels des mannequins de cire pourront jeter un œil au petit musée Grévin local, le ***museo de Cera*** situé de l'autre côté de la rue *(tlj 9h-18h30 ; entrée : 30 $Me).* Une bonne trentaine de personnages en tout, pas tous liés au Mexique puisqu'on y voit aussi bien Frida Kahlo et Don Quichotte que Tom Cruise et Sean Connery, idoles de la conservatrice !

Museo Diego Rivera *(plan B1)* **:** *Positos 47. ☎ 732-11-97. Mar-sam 10h-19, dim 10h-15h. Entrée : 20 $Me ; réduc. Photo-vidéo interdite. Visite guidée possible.* C'est la maison où le peintre Diego Rivera (1886-1957) a passé la première partie de son enfance. Au rez-de-chaussée, quelques pièces meublées ; aux étages, quelques photos et un grand nombre de ses œuvres, illustrant les différentes périodes de sa vie. Très éclectique, son évolution artistique est impressionnante : figuratif, cubisme, naïf, expressionnisme... D'autres de ses fresques murales se trouvent notamment au *Palacio nacional* de Mexico.

Museo del Pueblo *(plan B-C1)* **:** *Positos 7. ☎ 732-29-90. Tlj sf lun 10h-19h (15h dim). Entrée : 20 $Me.* Dans cette belle maison du XVIIe s, une étonnante collection de miniatures (certains objets ne sont visibles qu'à la loupe !) occupe quasiment tout le rez-de-chaussée et représente les arts de toutes les provinces du pays. Aux étages, expositions temporaires d'art contemporain et une collection de Hermenegildo Bustos (tableaux religieux, entre autres) et d'artistes anonymes des XVIIIe et XIXe s. Ne pas manquer, dans la chapelle baroque, le beau triptyque du muraliste José Chávez Morado.

Museo de las Momias *(hors plan par A1)* **:** *en dehors du centre. ☎ 732-06-39. • momiasdeguanajuato.gob.mx • Prendre, du marché Hidalgo, un bus affichant « Pueblo de Rocha », « Panteón » ou « Momias ». À pied, compter min 20 mn de marche. Tlj 9h-18h (18h30 ven-dim). Entrée : 55 $Me ; réduc.* C'est l'une des attractions principales de la ville, dans laquelle se pressent les touristes mexicains. Une centaine de cadavres momifiés issus du cimetière voisin y sont exposés dans de froides vitrines, devant lesquelles se photographient les couples en goguette. Certains ont encore leurs vêtements, leurs cheveux, leurs poils, leurs dents... ou racontent (sur un cartel) leur petite histoire : untel se noya, un autre fut poignardé ou enterré vivant... Tous, cela dit, arborent d'horribles expressions, dues à la déshydratation progressive de leur corps. La galerie des bébés est même carrément insoutenable. Et pour clore ce tour macabre, la visite s'achève par le *salón de la Muerte,* rempli de cadavres lui aussi, comme celui de cet homme condamné par l'Inquisition à être transpercé de pointes après son exécution !

N'EST PAS MOMIFIÉ QUI VEUT

Pour devenir une momie ou, plutôt, pour voir (façon de parler) son corps se momifier après sa mort, il faut reposer dans un endroit très sec et, surtout, exempt d'oxygène. Cela empêche les germes et bactéries de proliférer et, du coup, le processus de putréfaction de se produire. Mais tout le monde n'a pas cette chance puisque seule une fraction des cadavres inhumés jouit de ces conditions privilégiées, permettant la préservation des tissus mous...

Fêtes et manifestations

– **Callejoneadas :** *départ tlj vers 20h du jardín de la Unión et de l'escalier du teatro Juárez (plan C2).* Des musiciens vêtus de costumes espagnols du XIXe s invitent, moyennant participation financière *(env 120 $Me),* la foule à les suivre dans les rues de la ville. Le défilé se transforme rapidement en une vaste fête populaire...

– ***Viernes del Dolores :*** *le ven avt la Semaine sainte.* C'est le jour des offrandes à la Vierge de Dolores, sainte patronne des mineurs. Traditionnel *paseo* fleuri sur le *jardín de la Unión.* Un beau spectacle coloré.
– ***Fiestas de San Juan :*** *la 2de quinzaine de juin.* Spectacles, concerts et animations dans le centre historique... Le point d'orgue de la fête a lieu le 24 juin, jour de la Saint-Jean.
– ***Festival Cervantino :*** *3 sem en oct.* • *festivalcervantino.gob.mx* • Ce célèbre festival de musique, de danse et de théâtre réunit d'excellentes troupes d'artistes venus du monde entier. Spectacles dans les théâtres, mais aussi une multitude de groupes et d'animations partout dans la ville.
– ***Feria del Alfeñique :*** *fin oct-début nov.* Une tradition populaire. On réalise à cette occasion des figurines en sucre, notamment des squelettes pour le jour des Morts, le 2 novembre.

DANS LES ENVIRONS DE GUANAJUATO

Templo San Cayetano *(hors plan par A1)* **:** *à env 4 km sur la route de Dolores Hidalgo. Prendre un bus affichant « Valenciana » près du musée Alhóndiga.* Magnifique église baroque du XVIIIe s, construite sur les hauteurs dominant la ville. La façade de style churrigueresque est superbe. À l'intérieur, trois retables baroques, dorés et bien lourds.
En contrebas, la *mine de Valenciana* *(tlj 10h-19h ; 35 $Me),* très active à la fin du XVIIIe s, produisait en grande quantité de l'or et de l'argent exportés en Espagne. Elle fut fermée au moment de la révolution mexicaine et rouverte bien plus tard... à des fins touristiques (mais visite sans grand intérêt).

Hacienda San Gabriel de la Barrera : *☎ 732-06-19.* • *sangabrieldebarrera.com.mx* • *Pour y aller, bus en direction de Noria Alta ou Marfil et descendre à l'hôtel* Misión Guanajuato *(à 2,5 km du centre). Tlj 9h-18h. Entrée : 30 $Me ; réduc.* Belle propriété datant du XVIIe s, qui fut remaniée en résidence officielle pour les grands de ce monde (le roi d'Espagne et la reine d'Angleterre y séjournèrent) au début du XXe s. En 1979, elle fut reconvertie en musée (beau mobilier ancien à dominante française), entouré de 17 jardins d'agrément aux styles divers (oriental, anglais, français, arabe...). Boutique d'artisanat et café-resto sur place. Un lieu tranquille, pour prendre l'air.

MORELIA

730 000 hab. IND. TÉL. : 443

• Plan *p. 466-467*

À 300 km de Mexico et 200 km de Querétaro, Morelia est une magnifique ville coloniale aux allures bourgeoises. Toute de pierre brune vêtue, elle renferme d'authentiques merveilles architecturales. Son centre historique a d'ailleurs été inscrit au Patrimoine mondial de l'Unesco en 1991. On peut y admirer les façades du XVIIIe s et pénétrer dans les patios des édifices publics où l'on découvre arcades sculptées, colonnades et fontaines octogonales. Longtemps ville de province endormie (il y avait même un couvre-feu), Morelia est désormais une cité bien vivante, avec un bon choix de restaurants et de bars tout autour de Madero, l'axe qui traverse le centre historique. Côté climat enfin, on reste à près de 2 000 m d'altitude, il peut donc faire frisquet le soir en hiver.

UN PEU D'HISTOIRE

La ville s'appelait encore Valladolid quand, au milieu du XVIe s, elle fut peuplée par une cinquantaine de familles issues de la noblesse espagnole. Dès lors, « la ville des conquistadors » n'eut de cesse de vouloir ravir la primauté à sa rivale Pátzcuaro, la cité indienne qui était protégée par le fameux évêque Vasco de Quiroga. Mais une fois le « défenseur » des Indiens purepechas mort, la donne changea : Valladolid obtint le siège de l'évêché et, plus tard, le titre de capitale de l'État de Michoacán. Quant au nom de « Morelia », il fut donné en 1828 en l'honneur de Morelos, héros de l'indépendance natif de la ville.

Arriver – Quitter

En bus

Voir la liste des principales compagnies et leurs coordonnées dans la rubrique « Transports » du chapitre « Mexique utile ».

Central de autobuses *(hors plan par A2)* **:** *sur le périphérique, au nord-ouest de la ville, en face du stade Morelos.* Pour ***rejoindre le centre-ville,*** prendre le combi rouge n° 1. Il passe ttes les 10-15 mn devant les 3 bâtiments du terminal. Dans l'autre sens, le prendre sur Francisco I Madero (l'artère qui traverse le centre). En taxi prépayé, compter 45 $Me. Moderne, le terminal se compose de 3 bâtiments : sur la droite, le ***terminal A*** pour les bus de 1re classe ; au fond, le ***terminal B*** pour ceux de 2de classe ; sur la gauche, le ***terminal C*** pour les destinations locales. Consigne dans les terminaux A et B, cybercafé dans le terminal A.

À noter que la compagnie ***Autovías*** *(☎ 01-800-622-22-22)* possède un service de 1re du terminal A et un service « ordinaire » du terminal B.

Terminal A (1re classe)

➢ ***Mexico :*** pour le *terminal Poniente-Observatorio,* ttes les 45 mn (presque 24h/24) avec *Autovías,* et presque autant (sf en soirée) avec *ETN.* Pour le *terminal Norte,* ttes les 1h30 (6h-19h) avec *Autovías* et autant avec *Primera Plus* (6h15-20h30). Trajet : 4h.

➢ ***Querétaro :*** 1 bus/h (5h-minuit) avec *Primera Plus* et 6 bus/j. (10h-20h30) avec *ETN.* Trajet : un peu plus de 3h.

➢ ***Guanajuato :*** 3 bus/j. (6h30, 9h20 et 14h30) avec *Primera Plus.* Trajet : 3h50. Pour plus de fréquences, passer par ***Irapuato*** (min 1 bus/h et, de là, bus pour Guanajuato ttes les 20 mn).

➢ ***San Miguel de Allende :*** 2 bus/j. (14h et 17h40) avec *Primera Plus.* Pour plus de fréquences, passer par Querétaro.

➢ ***Guadalajara :*** bus ttes les 2h (de 6h jusqu'en soirée) avec *ETN,* autant avec *Primera Plus* et *Autovías.* Trajet : 3h30.

➢ ***San Luis Potosí :*** ttes les 2h (7h-minuit) avec *Primera Plus.* Trajet : 6h.

➢ ***Zacatecas :*** 3 bus/j. (13h30, 18h et 21h) avec *Omnibus de México.* Trajet : 8h.

Terminal B (2de classe)

➢ ***Pátzcuaro :*** ttes les 10 mn (5h-21h) avec *Purhépechas/Ruta Paraíso,* et 9 bus/j. (10h20-19h20) avec *Flecha Amarilla.* Trajet : 1h.

➢ ***Uruapán :*** ttes les 30 mn (5h-21h) avec *Purhépechas/Ruta Paraíso.*

➢ ***Mexico :*** 1 bus/h avec *Autovías* (4h10-17h pour le *terminal Norte,* jusqu'à 16h pour *Observatorio*), et 10 bus/j. (5h45-23h40) avec *Flecha Amarilla (terminal Norte).* Trajet : 6h.

➢ ***Querétaro :*** 8 bus/j. (7h20-16h40) avec *Flecha Amarilla.*

➢ ***Guadalajara :*** 8 bus/j. (5h-16h15) avec *Flecha Amarilla.* Trajet : 7h.

➢ ***San Felipe*** *(étape sur la route du* ***sanctuaire des papillons****)* **:** ttes les 30 mn (4h30-18h) avec *Alegra.* Trajet : 2h30.

➢ ***Cuitzeo et Yuriria :*** ttes les 20 mn (6h-23h40) avec *Flecha Amarilla.* Trajet : 50 mn et 1h50.

En avion

✈ ***Aeropuerto :*** *à 35 km au nord-est de la ville (même route que pour Mexico). Compter 250 $Me en taxi.*

➢ 2-3 vols/j. pour ***Mexico*** et ***Tijuana.*** Quelques liaisons aussi avec ***Houston, Dallas*** et ***Los Angeles.***

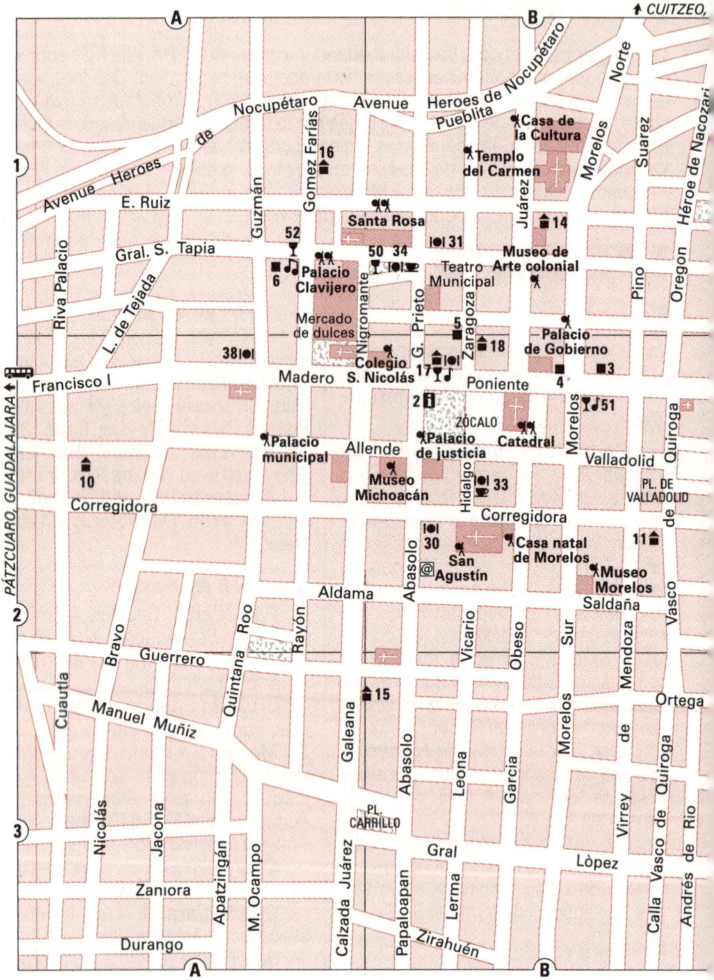

■ Adresses utiles

- 1 Office de tourisme principal
- 2 Kiosque d'informations touristiques
- 3 Bancomer
- 4 Scotiabank
- 5 Viajes Kuanary
- 6 Laverie

Où dormir ?

- 10 Hotel & Hostel Allende
- 11 Posada Don Vasco
- 12 Hostal San Fransiskuni
- 14 Hotel El Carmen
- 15 Hotel Casa Galeana
- 16 Hotel Concordia
- 17 Hotel Casino et Hotel Misión Catedral
- 18 Hotel de la Soledad

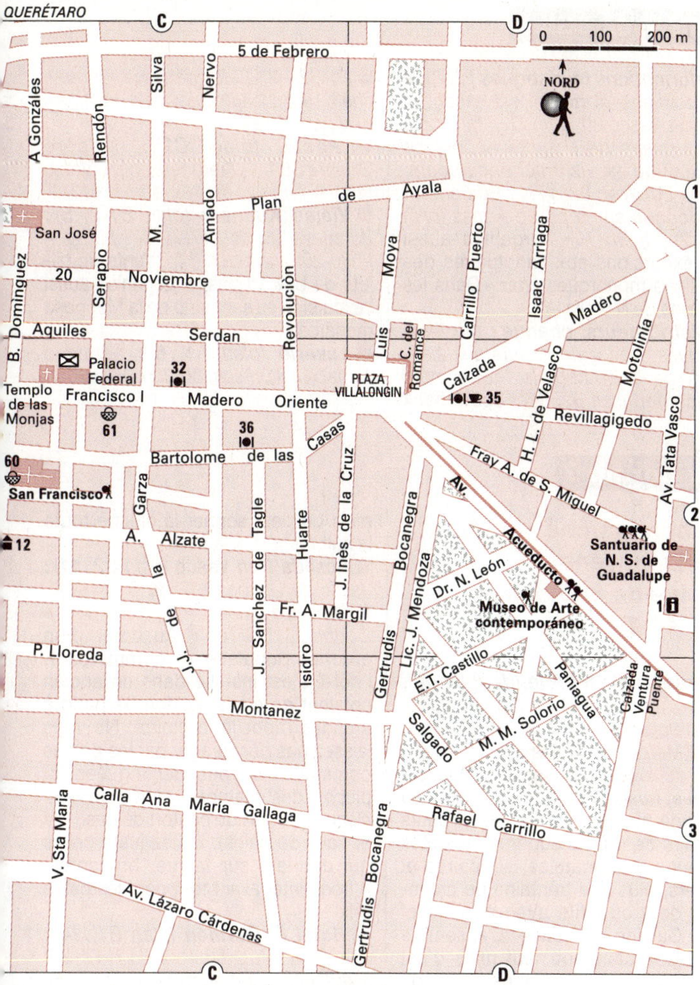

MORELIA

Où manger ? Où prendre un petit déjeuner ?

- **17** Lu
- **30** Petits restos de rue
- **31** Super Cocina Las Rosas
- **32** Govinda's
- **33** El Tragadero
- **34** La Casona de las Rosas
- **35** Restaurant Villalongin
- **36** Tata Mezcalería
- **38** Fonda Las Mercedes

Où boire un verre ?
Où sortir ?

- **17** Onix
- **50** Café del Conservatorio
- **51** Bar de l'hôtel Los Juaninos
- **52** Monina Ronería

Achats

- **60** Casa de las Artesanías
- **61** Museo del Dulce

Adresses utiles

Informations touristiques : *l'office* ***de tourisme principal*** *est excentré, av. Tata Vasco 80 (plan D2,* ***1****), à côté du santuario de Nuestra Señora de Guadalupe. • visitmichoacan.com.mx • Lun-ven 9h-17h. Également un* ***kiosque*** *sur la pl. de Armas (plan B2,* ***2****), tlj 9h-19h.* Organise aussi des excursions aux sanctuaires des Papillons monarques (voir « Dans les environs de Morelia »).

Distributeurs, change : *plusieurs banques avec distributeurs aux alentours de la cathédrale, notamment* ***Bancomer*** *(plan B2,* ***3****) et* ***Scotiabank*** *(plan B2,* ***4****). Cette dernière (lun-ven 8h30-16h) change aussi les euros (mais taux pas génial).*

Poste *(plan C2) : Madero Oriente 369. À l'intérieur du palacio federal. Lun-ven 8h-18h, sam 8h-12h.*

Viajes Kuanary *(plan B1-2,* ***5****) : Zaragoza 95. ☎ 317-79-97. Lun-ven 9h30-20h, sam 10h-14h.* Vente de billets de bus 1re classe. Organise aussi l'excursion au santuario de la Mariposa monarca.

Laverie *(plan A1,* ***6****) : Santiago Tapia 543. Lun-sam 8h-20h.* Au poids.

Où dormir ?

De bon marché à prix moyens (moins de 800 $Me / env 40 €)

Hotel & Hostel Allende *(plan A2,* ***10****) : Allende 843. ☎ 312-22-46. • hotelallendemorelia.com • Dortoir 250 $Me/pers, doubles 490-780 $Me ; petit déj léger compris.* À la fois hôtel et *hostal*, autour d'un patio bleu et jaune planté d'un oranger. 3 petits dortoirs de 4-6 lits superposés dotés de bons gros matelas, sanitaires et casiers, plus une trentaine de chambres de 1 ou 2 lits avec douche et w-c. Cuisine collective. L'ensemble n'est pas flambant neuf mais c'est l'un des hôtels les moins chers de la ville, malheureusement un peu excentré.

Hostal San Fransiskuni *(plan C2,* ***12****) : Antonio Alzate 302. ☎ 313-07-03. • hostalsanfransiskuni.com • Dortoir 210 $Me/pers, double 380 $Me ; petit déj continental inclus.* Modeste mais bien tenu, sur 3 niveaux, avec 5 dortoirs de 4-6 lits et 3 petites chambres privées (sur le toit, à éviter peut-être en été), dont une avec salle de bains. Petite salle à manger et cuisine au rez-de-chaussée. Excellent accueil. La porte ferme à 22h mais on peut sonner la cloche toute la nuit.

Posada Don Vasco *(plan B2,* ***11****) : Vasco de Quiroga 232. ☎ 312-14-84. • hotelposadadonvasco.galeon.com • Double 320 $Me.* Au cœur d'un quartier populaire et commerçant, l'hôtel s'est installé dans un ancien couvent de clarisses dont le patio à arcades rappelle le cloître. Ne vous laissez pas décourager par les parties communes un peu déglinguées, la plupart des chambres sont rénovées, clean et dotées du confort de base (TV et salle de bains). Évitez juste celles qui donnent sur la rue, bruyantes. À fréquenter avant tout pour les petits prix.

Hotel El Carmen *(plan B1,* ***14****) : Eduardo Ruiz 63. ☎ 312-17-25. • hotelelcarmenmorelia.com.mx • En face de l'ancien couvent* del Carmen *(se reporter à la rubrique « À voir »). Doubles 550-600 $Me, petit déj continental inclus.* Quartier sympa, calme, à deux pas du centre. Les chambres à lit *matrimonial*, de style un peu monacal, sont petites ; celles à 2 grands lits, aux étages, sont plus spacieuses mais plus chères. Demandez-en une qui s'ouvre sur la jolie place, très romantique... L'ensemble est confortable et bien tenu.

Hotel Casa Galeana *(plan A-B3,*

15) : *Galeana 507.* ☎ *275-44-99.* • *casagaleana.com* • *Doubles 450-620 $Me.* Un peu excentrée, cette maison basse à la façade de brique cache une charmante pension familiale. Petites chambres simples aux tons ensoleillés, très propres, toutes avec salle de bains et TV câblée. Courette où l'on peut boire un verre. Un bon choix dans cette catégorie.

Hotel Concordia (plan A1, **16**) : *Valentín Gómez Farías 328.* ☎ *312-30-52.* • *hotelconcordiamorelia.com.mx* • *Double env 720 $Me, avec petit déj. Parking gratuit.* Le genre d'hôtel que prisent les voyageurs d'affaires, niché derrière une façade à balcons de 4 étages. Chambres sans décoration particulière mais fonctionnelles, bien tenues et confortables, avec écran plat et salle de bains. Une valeur sûre.

De chic à plus chic (800-1 600 $Me / env 40-80 €)

Hotel Casino (plan B2, **17**) : *portal Hidalgo 229, sous les arcades, en face de la pl. de Armas.* ☎ *313-13-28 ou 14-56.* • *hotelcasino.com.mx* • *Double 1 010 $Me, petit déj inclus. Parking gratuit.* Pour être aux premières loges. Grand hôtel classique offrant des chambres modernes et confortables, avec moquette, écran plat et cafetière individuelle. Si vous êtes côté plaza de Armas, vous aurez la vue, mais gare aux cloches de la cathédrale ! Côté patio intérieur, les chambres sont plus calmes. Fitness et machine à laver gratuite. On vous conseille vivement aussi le resto *Lu,* installé au rez-de-chaussée (voir « Où manger ? » ci-après).

Hotel Misión Catedral (plan B2, **17**) : *entrée par Zaragoza 37.* ☎ *313-04-06.* • *hotelesmision.com* • *Doubles 1 400-1 500 $Me. Parking.* Presque à côté de l'hôtel *Casino,* tarifs un peu plus élevés mais chambres d'un niveau un peu supérieur. Elles sont intérieures, donnant sur l'un des 2 élégants patios ocre rouge, aux proportions aristocratiques, ou avec vue sur la place (bon double vitrage). Bar-resto au dernier étage, là encore avec une vue (sensas celle-là !) sur la plaza de Armas.

Très chic (plus de 2 000 $Me / env 100 €)

Hotel de la Soledad (plan B1-2, **18**) : *Ignacio Zaragoza 90.* ☎ *312-18-88.* • *hsoledad.com* • *Double env 2 500 $Me, avec petit déj. Parking.* Probablement le plus bel hôtel de la ville, à un demi-bloc à peine de la plaza de Armas. Il s'agence autour d'un magnifique patio luxuriant à arcades, baignant dès le matin, pour le petit déj, dans le chant des oiseaux. Chambres superbes et de grand confort, avec une literie d'une qualité exceptionnelle (en revanche, le wifi a du mal à entrer dans certaines, en raison de l'épaisseur des murs !). Accueil et service impeccables. La grande classe !

Où manger ? Où prendre un petit déjeuner ?

Bon marché (moins de 150 $Me / env 7,50 €)

Petits restos de rue (plan B2, **30**) : *Corregidora et Abasolo ; sous les arcades de l'église San Augustín.* Tacos, enchiladas, *gorditas, tostadas, quesadillas, pozoles, sopas, pollo con papas...* Un tas de petits plats (y'a même des cocktails de fruits de mer !) à avaler sur des tables en bois installées sous les arcades. Toutes les gargotes, très propres, ne sont pas ouvertes en même temps mais il y en a toujours quelques-unes prêtes à vous servir midi et soir. Bon et pas cher.

El Tragadero (plan B2, **33**) : *Hidalgo 63.* ☎ *313-00-92. Tlj 7h30-22h (18h dim).* Le cadre est chaleureux, une salle très haute de plafond ouverte sur la rue et littéralement tapissée de vieilles photos de la ville ! Resto assez fréquenté au déjeuner, notamment pour son copieux menu du jour très accessible. Sinon, tous les classiques de la cuisine mexicaine à la carte. Sert aussi des petits déj.

Super Cocina Las Rosas *(plan B1, **31**) : à l'angle de Guillermo Prieto et Santiago Tapia. Tlj 8h30-17h.* Un petit local modeste mais avenant. On mange à côté des fourneaux où la cuisine mijote dans des marmites. Bonne cuisine familiale typique, avec un menu pas cher. Vend aussi à emporter.

Govinda's *(plan C2, **32**) : Madero Oriente 549 ; au 1er étage. Tlj 11h-18h.* À l'étage d'une maison, un bon petit végétarien dans une salle toute simple aux tons blanc, vert et orange (les couleurs du drapeau mexicain ?). Plusieurs formules proposant un assortiment de petits plats.

Prix moyens (150-300 $Me / env 7,50-15 €)

La Casona de las Rosas *(plan B1, **34**) : jardín de las Rosas 331. ☎ 317-88-22. Face au couvent Santa Rosa. Tlj 8h-minuit (2h le w-e). Música en vivo mar-dim à partir de 21h.* Café-resto-galerie idéalement situé, sur l'adorable place de las Rosas. Côté cour, un beau patio à colonnades tapissé de tableaux. Côté rue, une terrasse calme et reposante en journée. Le soir tout s'anime, on bat alors le pavé le temps qu'une table se libère. Dans l'assiette, d'excellentes truites d'élevage accompagnées de légumes frais, cuits simplement à la vapeur. Un régal ! Viandes et salades également, et de petits plats *para picar* avec l'apéro. À toute heure, c'est un plaisir d'y repasser, ne serait-ce que pour boire un café, grignoter une crêpe ou une pâtisserie.

Restaurant Villalongin *(plan D2, **35**) : calzada Madero 1044. ☎ 313-00-84. Tlj 8h30-minuit.* Bonnes grosses viandes grillées au feu de bois, à dévorer en plein air, sous les arcades du porche face à l'aqueduc avec, en point de mire, la cathédrale qui se découpe sous les arches. Petite salle colorée s'il fait frisquet. Pour faire glisser, de copieux jus de fruits mousseux sont servis en carafe. Petit déj le matin. Et c'est comme ça depuis 40 ans.

Plus chic (300-500 $Me / env 15-25 €)

Lu *(plan B2, **17**) : portal Hidalgo 229. ☎ 313-13-28. Tlj 7h30-22h (23h ven-sam).* C'est le resto de l'hôtel *Casino* (voir « Où dormir ? »), et à notre avis l'un des meilleurs de la ville. On s'installe en terrasse face à la cathédrale ou à l'intérieur face à la réception, dans un espace sobrement décoré mais agréable et bien net. Au menu : mouton sauce noix de macadamia, truite à la noix de coco (un must !), poulet *al carbón* au jus d'orange... c'est à la fois inventif, fin, copieux, bien présenté et... plutôt sage côté tarifs. Sans oublier l'excellent service. Que dire de plus ?

Tata Mezcalería *(plan C2, **36**) : Bartolomé de Las Casas 511. ☎ 312-95-14. Tlj sf lun 13h30-1h30 (20h dim).* Il faut sonner pour entrer. On découvre alors un patio arboré au sol en brique qui baigne dans une douce lumière tamisée, avec des photos de bon goût sur les murs et des vélos qui pendent dans un coin... Original, à l'image du contenu de l'assiette (la maison revendique « *una cocina de autor* » !) : agneau aux piments et purée de *camotes* (patate douce) orange, saumon au rocou et asperges grillées, jambonneau aux oignons caramélisés et tortillas de maïs bleu bio, etc. Ici encore, c'est vraiment de l'excellente cuisine. Et cela se sait car le week-end, pas de place sans réservation ! Seul bémol : la musique, pas géniale et un peu forte. Il faut dire que le lieu fait aussi bar à mezcals...

Fonda Las Mercedes *(plan A2, **38**) : León Guzmán 47. ☎ 312-61-13. Lun-sam 14h-22h30 (cuisine), dim 14h-19h30.* Pour clôturer la ronde des bons restos de Morelia, on touche ici à des sommets en matière de déco ! Somptueux mariage de pierre coloniale, fragments de colonnes, sculptures sacrées et éclairages tamisés ultra-contemporains. Bar au plafond couvert de pots en terre cuite et élégant patio agrémenté de plantes exotiques. En hiver, la cheminée crépite dans les magnifiques salons. Belle carte de viandes et de poissons ; goûtez à l'exquise truite *(trucha)* à la portugaise ! Un lieu rare, pour un dîner chic.

Où boire un verre ? Où sortir ?

🍷 ***Café del Conservatorio*** *(plan A-B1,* ***50****)* **:** *Santiago Tapia 363. ☎ 312-86-01. Juste en face de la belle église Santa Rosa. Tlj 9h-23h.* Un lieu chic et cosy, avec plein de tables en terrasse sur la jolie place ombragée. Étudiants et intellos viennent y prendre leur espresso. Délicieux et copieux sandwichs, assiette de fruits frais, pâtisseries... Un peu cher.

🍷 ♩ ***Bar de l'hôtel Los Juaninos*** *(plan B2,* ***51****)* **:** *Morelos Sur 39 ; presque à l'angle de Madero. ☎ 312-00-36. Tlj 13h-22h30 (1h ven-sam, avec DJ à partir de 21h).* On prend l'ascenseur en verre pour monter au dernier étage de cet ancien palais épiscopal de la fin du XVIIIe s. Depuis la terrasse, vue imprenable sur la cathédrale et magnifique perspective sur la rue Madero. Belle carte de tequilas et de cocktails. Le soir, clientèle de yuppies mexicains.

🍷 ♫ ***Monina Ronería*** *(plan A1,* ***52****)* **:** *Santiago Tapia 499. ☎ 312-79-47. Tlj sf lun 14h-3h.* Notre endroit préféré pour prendre un verre en soirée à Morelia. Tenu par le sympathique Mathieu (un compatriote), le cadre, fait de matériaux de récup', est pour le moins original : dessus de table en ciment, sièges en morceaux de bois, plafond constitué des gravats d'un mur abattu... Ensuite, c'est une authentique rhumerie (goûtez au *ronina,* le rhum maison, léger et fruité) avec, pour amortir le choc, une petite restauration bien inspirée (burgers, pizzettes...). Clientèle hétéroclite, de tous âges et styles. Expos d'artistes sur les murs et, les mercredi et vendredi, c'est soirée salsa et cumbia !

🍷 ♩ ***Onix*** *(plan B2,* ***17****)* **:** *portal Hidalgo 261, sous les arcades, à quelques pas de l'hôtel Casino. ☎ 312-62-03. Tlj 13h-1h (2h le w-e).* Le resto-bar branché de Morelia, plus propice aux libations qu'aux agapes, malgré un drôle de menu flirtant avec la fondue suisse et le steak de crocodile... Plutôt que pour déguster, on vient surtout ici pour se montrer, calé en terrasse sous les arcades face à la plaza de Armas, ou accoudé au bar chromé face à un splendide miroir en onyx. Dans la salle, déco contemporaine et mobilier design, avec des chaises rouges au dossier interminable. Choix de cocktails exotiques. Bonne musique, live à partir de 21h.

Achats

🧺 ***Casa de las Artesanías*** *(plan B-C2,* ***60****)* **:** *entrée sous les arcades de la pl. Valladolid adossées à l'église San Francisco. Lun-sam 9h-20h, dim 9h-16h.* Dans l'ancien couvent de l'église, expo-vente d'objets en terre cuite et de meubles du Michoacán. Pas mal de trucs imposants, genre amphore conçue pour stocker des quintaux de maïs en prévision de la fin du monde (rappelez-vous, les Aztèques s'y préparent tous les 52 ans !), certes pas très pratique à rapporter dans l'avion... mais on trouve aussi des articles plus maniables (vêtements, laques, etc.).

🧺 ***Museo del Dulce*** *(plan C2,* ***61****)* **:** *Madero Oriente 440. Tlj 11h-19h30 (20h30 sam).* Vendeuses en costume du XIXe s, vitrines en bois verni, douceurs présentées dans des écrins de joaillerie... Cette boutique n'a rien d'un musée, même si les bonbons et autres gourmandises y sont bichonnés comme des œuvres d'art. Grand choix d'*ates* (pâtes de fruits), *obleas* à la confiture de lait et autres caramels durs ou mous (pour ne citer que cela), ici plus alléchants (un peu plus chers aussi) qu'au *mercado de dulces* (lire ci-après « À voir »). À l'arrière, joli petit patio avec salon de thé le week-end (bons gâteaux).

🧺 Le dimanche, un grand ***marché aux puces*** investit le sud de l'avenue Garcia Obeso *(plan B3)* et les rues adjacentes. Beaucoup de monde et plein de petits stands pour manger pas cher.

À voir

➢ On peut visiter la ville en ***tranvía*** (bus touristique). *Départ ttes les 1h30 en moyenne (dépend de l'affluence) 10h30-17h30, face au kiosque situé sur la pl. de*

Armas (plan B2). Durée : 1h. Compter 70 $Me/pers. • moreliatranvia.com • Également, en fin de semaine, des tours nocturnes qui content les légendes *(leyendas)* de la ville *(90 $Me/pers).*

🚶🚶 ***Catedral*** *(plan B2)* **:** *au milieu de la pl. de Armas.* Elle a été commencée en 1660 et achevée une centaine d'années plus tard. Un mélange de baroque et de néoclassicisme. Levez les yeux : les coupoles recouvertes d'azulejos se découpent sur le ciel bleu. De superbes photos à faire. Contrairement aux autres cathédrales du pays, elle ne donne pas sur la place elle-même, mais sur l'avenue principale. Son et lumière sur la façade (avec même un feu d'artifice !) le samedi à 20h45. L'intérieur fera moins grosse impression, en dépit des fonts baptismaux en argent, de l'orgue imposant (4 600 tuyaux) construit en Allemagne et du christ en pâte de maïs du XVIe s, portant une couronne en or offerte par Philippe II d'Espagne.

🚶 ***Palacio de Gobierno*** *(plan B1-2)* **:** *face à la cathédrale.* Un ancien séminaire construit en 1750. Du beau baroque. Autour du patio cerné d'arcades, splendides peintures murales d'Alfredo Zalce sur le peuple de Michoacán.

🚶 ***Templo del Carmen*** *(plan B1)* **:** sur une place charmante et sereine. Il était intégré à l'ancien couvent des moines carmélites du XVIIIe s, qui héberge aujourd'hui la ***Casa de la cultura*** *(entrée par Morelos 485)* avec ateliers, salles d'expos, cafétéria... Un imposant ensemble architectural aux allures de forteresse, où se rencontre la jeunesse locale. À deux pas, on jettera un œil au ***museo de Arte colonial*** *(Juárez 240 ; lun-ven 9h-20h, le w-e 10h-19h ; GRATUIT).* Collection de peintures religieuses et, surtout, de christs en pâte de maïs.

🚶🚶 ***Santa Rosa*** *(plan A-B1)* **:** cet ancien couvent de religieuses dominicaines occupe tout un pâté de maisons. Très belle façade ornée de gargouilles et prolongée d'une série d'arcades. À l'intérieur de l'église, splendide retable churrigueresque. En face, à portée de notes du conservatoire de musique, les terrasses de cafés-restos prennent leurs aises sur la romantique place arborée où trône une fontaine.

🚶🚶 ***Palacio Clavijero*** *(plan A1)* **:** *entrée par Nigromante 79.* Colossal et magnifique ensemble architectural du XVIIe s. Il a servi, entre autres, de collège jésuite. Aujourd'hui, il abrite la bibliothèque de l'université du Michoacán. Immense cour *(tlj sf lun 10h-18h)* en pierre brun-rose ornée d'une fontaine centrale octogonale. À l'arrière (accès par Gómez Farías), sous les arcades de l'ancien collège, le ***mercado de dulces*** *(tlj 9h-23h)* propose dans ses échoppes un vaste choix de douceurs sucrées, spécialités de la ville (bonbons au lait, au miel, caramels, pâtes de fruits...). Également quelques stands de verroterie et d'artisanat.

🚶 ***Colegio de San Nicolás de Hidalgo*** *(plan B2)* **:** fondé en 1580, ce fut la première université du continent américain. Morelos y usa ses fonds de culotte. Et c'est toujours un lycée aujourd'hui.

🚶 ***Palacio municipal*** *(plan A2)* **:** *angle Allende et Galeana.* Bel édifice baroque construit en 1781 pour y installer une fabrique de tabac. Superbe patio avec de très belles arcades, pas toujours ouvert malheureusement.

🚶 ***Museo regional Michoacán*** *(plan B2)* **:** *Allende et Abasolo. Mar-dim 9h-17h. Entrée : 50 $Me.* Cette belle demeure coloniale de 1775 abrite sur 2 niveaux une riche expo sur l'histoire du Michoacán, avec des collections archéologiques et précolombiennes au rez-de-chaussée et une section sur l'époque espagnole (avec cartes, peintures et dessins) à l'étage. On peut aussi y voir une grande fresque réalisée en 1935 par des étudiants américains communistes, mettant en garde, entre autres, contre les dangers du nazisme naissant.

🚶 ***Palacio de justicia*** *(plan B2)* **:** *Allende et Abasolo. Lun-ven 10h-13h, 17h-19h. GRATUIT.* L'un des plus anciens bâtiments de la ville, remanié en 1885. Petit musée sur l'histoire du pouvoir judiciaire dans la région. Une immense fresque murale d'Agustín Cárdenas domine l'escalier central.

Prenez la rue piétonne Hidalgo pour passer devant l'église **San Agustín** *(plan B2)* avec sa belle et sobre façade plateresque. Quelques pigeons arpentent sa mignonne esplanade.

Casa natal de Morelos *(plan B2)* **:** *Corregidora et Obeso. Tlj 9h-20h. GRATUIT.* C'est ici que naquit l'illustre insurgé. Petite expo sur son rôle dans la guerre d'indépendance. À l'arrière, un agréable jardin et une petite cinémathèque.

Museo histórico de sitio casa Morelos *(plan B2)* **:** *Morelos Sur 323. ☎ 313-26-51. Mar-dim 9h-17h. GRATUIT.* S'il naquit à 200 m au nord-ouest (voir ci-avant), c'est ici qu'habita le célèbre héros Morelos, qui donna son nom à la ville et à un État. Des panneaux explicatifs et écrans, un peu épuisants, retracent les différentes campagnes qu'il mena dans sa lutte pour l'indépendance. Également des portraits et objets (armes, lettres manuscrites). Pour les passionnés.

Remontez ensuite vers la plaza Valladolid, elle aussi ornée d'une fontaine. Attenante à la *Casa de las Artesanías* (voir « Achats »), **San Francisco** *(plan C2)* est la plus vieille église de la ville.

Santuario de Nuestra Señora de Guadalupe *(plan D2)* **:** *pour y aller, descendre la rue Madero Oriente.* On arrive à un charmant quartier bien tranquille, que l'on traverse en empruntant la ***chaussée Fray Antonio de San Miguel.*** Construite en 1732, cette ravissante rue pavée et piétonne est bordée d'anciennes maisons de campagne des XVIIIe et XIXe s. Elle débouche sur une vaste esplanade hérissée de palmiers. Bâtie en 1656, l'église vaut vraiment le déplacement. L'extérieur est assez sobre, mais l'intérieur est un joyau. Un feu d'artifice de couleurs vives. Les plafonds et les murs sont peints en rouge, jaune et fuchsia, les frises virevoltent en arabesques dorées. Un surprenant et somptueux mélange de baroque et d'art populaire. De quoi en mettre plein les yeux aux indigènes. D'immenses tableaux évoquent, pleins de manichéisme, l'évangélisation des Indiens. Derrière l'autel agonise un christ sanguinolent. Si vous n'avez plus de force pour le retour, de fréquents combis remontent vers la plaza de Armas.

On peut aussi remonter vers le centre à pied, en suivant l'***acueducto*** *(plan D2),* superbement illuminé le soir. Il est bordé d'un grand parc dans lequel s'est installé, dans une petite bâtisse du XIXe s, le ***museo de Arte contemporaneo Alfredo Zalce*** *(Macaz ; plan D2 ; lun-ven 10h-20h, le w-e 10h-18h ; GRATUIT).* Expos temporaires d'artistes mexicains et étrangers. L'aqueduc s'achève (ou démarre, si vous venez du centre) sur la jolie ***plaza Villalongin*** *(plan D2),* où jaillit une fontaine symbolisant la ville, avec ses trois princesses purépechas. De l'autre côté de la rue Madero Oriente s'échappe le mignon ***callejón del Romance*** *(plan D1-2),* un passage piéton encadré de maisons du XIXe s mangées par les fleurs.

DANS LES ENVIRONS DE MORELIA

Cuitzeo *(hors plan par B1)* **:** *à 35 km au nord de Morelia. Bus* Flecha Amarilla *ttes les 20 mn de Morelia.* Village tranquille au bord du lac du même nom, dont l'architecture rappelle celle de Pátzcuaro : des rues en damier, pavées et bordées de maisons basses d'un blanc immaculé, avec le nom des enseignes peint sur la façade. Face à la *plaza* s'élève le très beau ***convento de Santa María Magdalena*** du XVIe s, magnifiquement restauré *(mar-dim 10h-17h ; entrée 40 $Me).* On se balade à travers le cloître et les cellules des novices organisées autour de deux patios. Petit musée présentant quelques tableaux religieux du XVIIIe s et belle collection de céramiques archéologiques polychromes d'époque *preclásica* (de 1000 à 500 av. J.-C.).

– À la sortie du village, tel Moïse séparant les eaux, la route traverse le magnifique lac, véritable paradis pour les oiseaux.

Yuriria : *à 22 km au nord de Cuitzeo et à 65 km de Morelia. Bus* Flecha Amarilla *ttes les 20 mn de Morelia.* Au cœur du bourg se dresse un imposant ***convento agustino*** du milieu du XVIe s, encerclé d'une vaste esplanade jardin accueillant le week-end un grand marché. Belle façade ouvragée de style plateresque et campanile carré. À l'intérieur *(ouv 10h-17h ; entrée payante),* magnifique cloître garni d'orangers. Grimpez l'escalier pour découvrir la vue fabuleuse sur les alentours et la laguna de Yuriria. Cela a dû susciter bien des vocations ! Pas grand-chose à voir sinon, la plupart des salles sont vides, à part quelques pièces d'art religieux et une collection de tampons préhispaniques. Déjà, le poids de l'administration... Adossée au monastère, superbe église à la façade sculptée de divers personnages (y'a même un joueur de volley).

Santuarios de la Mariposa monarca *(sanctuaires des Papillons monarques)* ***:*** *à env 150 km de Morelia et 200 km de Mexico. Les excursions partent du village d'****Angangueo.***

➢ ***En voiture :*** prendre l'autoroute de Mexico sur 100 km, sortir à Maravatío, suivre la direction de Ciudad Hidalgo, puis, avt l'entrée d'Irimbo, celle d'Aporo et d'Angangueo. Trajet : env 2h.

➢ ***En bus :*** départ ttes les 30 mn du terminal de Morelia (voir « Arriver – Quitter ») pour San Felipe (trajet : 2h30), puis prendre un combi (départs fréquents) pour Angangueo (30 mn de trajet).

➢ ***En excursion organisée :*** on peut laisser à l'office de tourisme ou à une agence de voyages de Morelia le soin d'organiser l'excursion. Compter 700 $Me/pers, uniquement pour le transport et le guide.

Chaque année, des millions de papillons monarques quittent le Canada et les États-Unis où ils sont allés se ravitailler, pour venir hiberner (entre novembre et mars) et se reproduire quelque 3 000 ou 4 000 km plus au sud, dans les montagnes mexicaines. Partir à la rencontre de ces millions de gros papillons voyageurs, aux ailes orange, blanc et or si finement dessinées, venus se poser sur le promeneur ébloui, est un spectacle inoubliable et exceptionnel ! Ils sont d'ailleurs le symbole de l'État du Michoacán. Mais comment ces papillons, dont l'espérance de vie ne dépasse pas 9 mois, reconnaissent-ils ce long trajet ? Et pourquoi reviennent-ils toujours ici, dans ces montagnes au climat plutôt frais, à plus de 3 000 m d'altitude ?

IL RÈGNE EN MONARQUE

N'est pas monarque qui veut, mais qui peut ! Alors que ses congénères se reproduisent environ trois fois dans leur existence, le papillon monarque mâle atteint la performance sept fois ! Parfois, emportés par leur vigueur, ils sautent même sur des papillons du même sexe qu'eux. Chaud devant !

Comment visiter les sanctuaires ?

Le village d'***Angangueo*** sert de point de départ à la visite des sanctuaires. Grimpant sur la montagne, il est dominé par le *templo de la Immaculada Concepción,* bâti au XVIIIe s. On trouve, au pied de cette église, un ***petit bureau d'infos touristiques*** très efficace *(tlj jusqu'à 18h).*

Il existe cinq sanctuaires de papillons, mais deux seulement se visitent : *El Rosario* et *Sierra Chincua (ouv fin nov-début mars).* Le nombre de papillons varie d'un site à l'autre en fonction de la température. Mieux vaut commencer l'excursion tôt le matin. Prévoir de bonnes chaussures et des vêtements chauds (il peut faire froid en hiver à cette altitude, surtout aux petites heures !) et imperméables. Attention, en cas de temps nuageux ou pluvieux, les papillons, anesthésiés par le froid, se regroupent pour dormir en grappes serrées, formant des cocons de 2 à 3 m suspendus aux branches. La déception peut alors être grande de ne pas en voir un seul voler. Cela dit, il suffit parfois d'un rayon de soleil pour les voir déployer leurs ailes !

Autre recommandation importante : les papillons sont des insectes fragiles, la plus grande discrétion est demandée aux observateurs afin de le pas les perturber dans leur habitat naturel, sous peine de les voir migrer vers d'autres sanctuaires non visitables.

Les sanctuaires
– ***Sanctuaire d'El Rosario :*** *à 12 km d'Angangueo. On peut s'y rendre en voiture de tourisme ou en bus depuis Angangueo. Compter alors 25 $Me l'aller. 3 bus/j., à 8h30, 12h et 15h. Dernier retour à 15h30. Entrée : 50 $Me.* Facile d'accès, ce site est le plus visité. Il peut même être envahi de touristes certains week-ends, ce qui gâche le charme de la balade. À l'entrée, suivre le guide (compris dans le billet) sur 2 à 5 km à pied pour atteindre le lieu (changeant) d'hibernation des papillons. Resto et petit musée avec vidéo de présentation sur place.
– ***Sanctuaire de Sierra Chincua :*** *sur la commune d'Ocampo, à 6 km d'Angangueo. Parking accessible en voiture, en taxi (négocier) ou à pied pour les plus courageux (ou fauchés...). Entrée : 50 $Me.* Du parking, compter 45 mn de marche sur des chemins escarpés et parfois boueux. Ça descend, il faudra donc monter au retour... Sinon, on peut louer un cheval *(compter 100 $Me/pers),* mais cela alourdit le coût de la balade bien sûr. La récompense sera de se retrouver parmi des millions de papillons, pas farouches pour un sou, qui viendront se poser sur vous (enfin, pas tous !). Ne pas manquer non plus, depuis le mirador, la vue fantastique sur les vallées environnantes.

PÁTZCUARO

env 80 000 hab. IND. TÉL. : 434

• Plan *p. 477*

Posée à 2 140 m d'altitude entre ce qui était considéré comme le plus beau lac du Mexique et les forêts de pins, Pátzcuaro est une bourgade pleine de caractère qui nous a charmés. Petit bijou architectural, ce gros village de montagne frappe par son style colonial si particulier. Appuyées sur des charpentes en bois brûlé et coiffées d'un toit de tuiles, les maisons blanches au liseré lie-de-vin rappellent les villages traditionnels du Pays basque. On est pourtant là au cœur de la terre des Indiens purépechas, les Tarasques, comme les ont appelés les Espagnols. Ils ont toujours résisté à l'envahisseur, notamment aux attaques des Aztèques. Cependant, les Espagnols ont réussi à s'imposer, d'abord avec le cruel Nuño de Guzmán, qui fit brûler vif leur dernier chef, Tanganxoan II. Vint ensuite l'évêque Vasco de Quiroga (*Tata Vasco* pour les intimes) qui, nourri des idéaux utopisto-humanistes de Thomas More, organisa les indigènes en communautés. Il les incita aussi à s'autogérer et à développer leurs propres activités économiques, raison pour laquelle, peut-être, la région est grande productrice d'artisanat. De fait, les boutiques et galeries d'art sont légion à Pátzcuaro, qui vit en partie de ses marchés et du tourisme.

EL DÍA DE LOS MUERTOS

Les 1er et 2 novembre se déroule, dans les villages du lac de Pátzcuaro, l'émouvante et traditionnelle cérémonie religieuse *del día de los Muertos,* le « jour des Morts ». Les gens du pays honorent leurs disparus avec solennité et ferveur. Les cimetières sont en fête. On place sur les tombes de magnifiques autels de fleurs. Puis, dans la nuit du 1er au 2 novembre *(la noche de los muertos),* les femmes

apportent les offrandes (pain des morts et victuailles) qu'elles déposent sur de petites nappes. Parfois, des groupes de musiciens viennent jouer sur les tombes les airs préférés du défunt.
Chaque village a ses propres rites. Sur l'île de Janitzio, la plus connue, la cérémonie s'est reconvertie en fête touristique, avec, durant toute la nuit, un va-et-vient de bateaux surchargés de visiteurs... et l'impression amère que cette célébration séculaire est piétinée par les marchands du temple, bateliers, restaurateurs et vendeurs de souvenirs. Préférez d'autres îles ou bien les hameaux du rivage comme Tzurumutaro, Tzintzuntzán et Ihuatzio. L'office de tourisme régional publie une brochure qui décrit le programme des manifestations dans chaque village.

Arriver – Quitter

En bus

Central de autobuses *(hors plan par A2)* **:** *à env 15 mn à pied du centre. ☎ 342-16-75.*
Pour **rejoindre le centre,** combis jaunes indiquant « Central » à la sortie du terminal ou sur l'av. principale. Dans l'autre sens, départ de la pl. Gertrudis Bocanegra *(plan A-B1).* En taxi, compter 35 $Me.
À noter que Pátzcuaro n'est pas une station routière importante et que, pour certaines destinations, mieux vaut se rendre à Morelia, où le choix et les fréquences sont supérieurs. Pour les bus 1re classe *Primera Plus,* voir site et n° national gratuit dans le chapitre « Mexique utile », rubrique « Transports ».

➢ ***Morelia* :** ttes les 30 mn (5h40-20h40) avec *Ruta Paraíso/Purépecha,* et 9 bus/j. (6h-19h) avec *Autovías.* Trajet : 1h.

➢ ***Uruapán* :** ttes les 30 mn (6h30-20h) avec *Ruta Paraíso/Purépecha.* Trajet : 1h20.

➢ ***Mexico* :** 8 bus/j. (dont 3 en fin de soirée) pour le *terminal Poniente-Observatorio* avec *Autovías.* Trajet : 5h. Pour le *terminal Norte,* 4 bus (dont 2 en fin de soirée) avec *Primera Plus* et 2 bus (11h45 et 23h40) avec *Autovías.*

➢ ***Guadalajara* :** 1 bus à 12h15 avec *Autovías* et 1 autre à 0h15 avec *Primera Plus.* Trajet : 4h.

➢ ***Santa Clara del Cobre* :** minibus ttes les 30 mn (5h45-20h) avec *Autobuses de Occidente.* Trajet : 20 mn.

➢ ***Tzintzuntzán* :** minibus ttes les 15 mn (6h20-18h20) avec *Erandi.* Trajet : 30-40 mn. Ticket en vente directement sur le quai.

➢ ***Tocuaro, Erongaricuaro* :** minibus ttes les 10 mn (7h-20h30) avec *Línea Verde.* Trajet : 30 et 45 mn.

Adresses utiles

Office de tourisme municipal *(plan A2)* **:** *sur la pl. Vasco de Quiroga, à 30 m de l'hôtel* Los Escudos. *☎ 342-02-16 (ext. 106). • patzcuaro.gob.mx • Lun-sam 9h-20h ; dim 9h-15h, 17h-19h.* Donne un plan schématique du bourg et un dépliant sur l'État de Michoacán. Accueil très serviable.

■ ***Distributeurs* :** **Bancomer** *(plan B1,* ***1****), à l'angle d'Iturbe et de La Paz. Également* **Banamex** *(plan A1,* ***2****), sur la pl. chica.*
– Il y a aussi 2-3 ***casas de cambio*** aux abords de la plaza chica mais elles ne changent que les dollars.

✉ ***Poste*** *(plan A-B1)* **:** *Obregón 13. Lun-ven 8h-16h30, sam 8h-12h.*

■ ***Laverie*** *(hors plan par A2,* ***3****)* **:** *Terán 16, à env 100 m de la pl. San Francisco. Tlj sf dim 8h-20h.* Au poids.

Où dormir ?

À Pâques, le 8 juillet (fête de Notre-Dame de la Salud) et, surtout, pour la fête des Morts (Toussaint), pensez à réserver longtemps à l'avance. En outre, les tarifs augmentent considérablement. En période creuse en revanche, on peut parfois négocier.

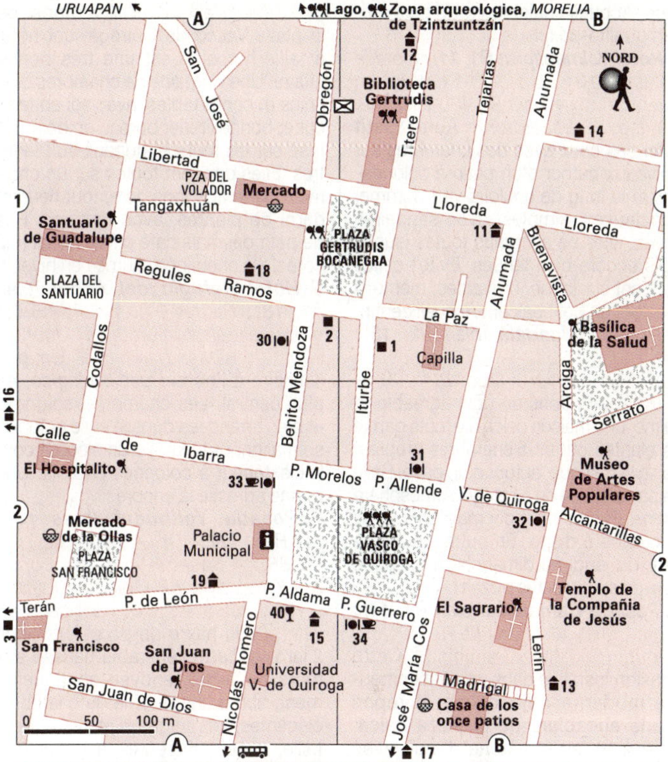

PÁTZCUARO

- ■ **Adresses utiles**
  - ℹ Office de tourisme municipal
  - **1** Bancomer
  - **2** Banamex
  - **3** Laverie
- **Où dormir ?**
  - **11** Hotel Valmen
  - **12** Posada de los Angeles
  - **13** Posada Mandala
  - **14** Posada Camelinas
  - **15** Posada San Rafael
  - **16** Pueblo Mágico
  - **17** Posada Yolihuani
  - **18** Hotel Refugio del Ángel
  - **19** Casa de la Real Aduana
- **Où manger ? Où prendre un petit déjeuner ?**
  - **30** Restaurant Don Rafa
  - **31** Ivo's
  - **32** Restaurant Lupita
  - **33** La Surditora
  - **34** El Patio
- **Où boire un verre ?**
  - **40** El Campanario

De bon marché à prix moyens (moins de 800 $Me / env 40 €)

Posada de los Angeles *(plan B1, **12**) : Titere 17.* ☎ *342-24-40. Double 450 $Me.* Un joli petit hôtel familial très calme, lové dans une ruelle charmante. Les chambres, impeccablement tenues, avec TV et (petite !) salle de bains, s'ouvrent sur un beau patio fleuri. Accueil chaleureux. Un bon rapport qualité-prix.

Hotel Valmen (plan B1, **11**) : *Lloreda y Ahumada 34. ☎ 342-11-61. • valmen hotel.com.mx • Doubles 400-600 $Me. Parking. (réception).* Autre petit hôtel pas cher, avec des chambres sur 3 niveaux autour d'un patio à colonnades et le long de couloirs vert pomme. Spacieuses, simples, avec sanitaires privés, elles ne sont plus toutes jeunes mais encore bien tenues. Évitez celles donnant sur la rue, bruyantes, même si elles ont un petit balcon. Accueil gentil.

Posada Mandala (plan B2, **13**) : *Lerin 14. ☎ 342-41-76. • posada mandala.com • Doubles 350-700 $Me.* Dans un coin agréable et calme, une maison coloniale toute garnie de plantes offrant 5 chambres propres, de style rustique, autour d'un patio. Salle de bains privée ou à l'étage. Atmosphère intime. Pas de petit déj mais café offert et cuisine à dispo. En outre, l'auberge sert, du jeudi au dimanche à partir de 14h, de succulentes pizzas !

Posada Camelinas (plan B1, **14**) : *Efrén Urincho 17. ☎ 342-18-74. Double env 500 $Me. Parking.* Cette pension installée dans un petit immeuble moderne offre calme et repos à une encablure de la plaza chica. Chambres au ton jaune d'œuf, avec meubles en bois, TV câblée et salle de bains nickel. Elles sont réparties sur 3 niveaux autour d'un petit patio lumineux. Certaines bénéficient d'une vue sur les toits de la ville. Également une annexe avec des chambres similaires autour d'une courette tranquille.

Posada San Rafael (plan A2, **15**) : *sur la pl. Vasco de Quiroga. ☎ 342-07-70. Double env 500 $Me. Parking. (réception).* Vaste hôtel de style colonial. Il dispose d'une centaine de grandes chambres rénovées, à la déco un peu passe-partout, réparties sur 2 niveaux autour d'une cour tout en longueur où peuvent se garer les voitures. Fonctionnel avant tout, à prix bien étudiés. Resto.

Chic (800-1 200 $Me / env 40-60 €)

Pueblo Mágico (hors plan par A2, **16**) : *Ibarra 81. ☎ 342-11-62. Double 820 $Me. Parking.* À 3 blocs de la plaza Vasco de Quiroga, cet hôtel à taille humaine est une très bonne affaire. Une vingtaine de chambres bien finies et confortables, avec sol en terre cuite, bonne literie, bureau en bois, TV, frise sur les murs et rideaux aux fenêtres. Elles donnent toutes sur un charmant patio aux tons ocre, tout fleuri et garni de plantes, avec fontaine. Pas de petit déj mais café offert le matin (à côté de la cheminée allumée en hiver !).

Hotel Refugio del Ángel (plan A1, **18**) : *Ramos 1 C. ☎ 342-55-05. • hotelesdelrefugio.com • Doubles 900-1 200 $Me. Parking.* Un peu similaire à l'hôtel *Pueblo Mágico*, en plus central. Les chambres, soignées et bien arrangées dans le style colonial, sont alignées le long d'un élégant couloir extérieur à colonnes en bois. Une bonne adresse là encore !

Posada Yolihuani (hors plan par B2, **17**) : *Dr Cos 40. ☎ 342-16-66. • posada-yolihuani.com • À 300 m de la pl. Grande. Doubles 1 100-1 300 $Me, avec petit déj. Parking.* Un havre de paix. Autour de 2 jardins, cette vénérable bâtisse aux murs de terre, rénovée continuellement, abrite une dizaine de chambres élégantes, très soignées et de fort belle taille, toutes différentes, avec plafond en bois et belles salles d'eau couvertes de céramiques. Accueil des plus chaleureux (et francophone !) de Vicky et d'Éric, qui organisent le lundi des soirées ciné-club et invitent le vendredi des paysans des environs à venir vendre leurs produits bio. Sans oublier les cours de yoga (3 fois par semaine) et les spectacles musicaux occasionnels. Un lieu où l'on se sent chez soi.

Très chic (plus de 3 000 $Me / env 150 €)

Casa de la Real Aduana (plan A2, **19**) : *Ponce de León 16. ☎ 342-02-65. • realaduana.com • Doubles 200-270 US$ (guetter aussi les offres sur Internet).* On entre ici comme chez des amis. La maison de Gemma et Didier, une ancienne douane du XVIe s, est presque une œuvre d'art : le moindre détail – les terres cuites du sol, les ferronneries des lourdes portes d'époque, les objets posés çà et là, les plantes des patios luxuriants... – est d'un grand raffinement. Et les chambres... Ah ! Toutes portent le nom d'artistes inspirés par le mouvement musical de la Folia (XVe s), avec lequel Didier se sent des affinités. La « Folia », justement, possède un plafond voûté couvert de fresques qui ne peuvent que vous inciter à faire de beaux rêves. Mais toutes manifestent un savant mélange d'ancien et de moderne, en plus de disposer de tout le confort. Une adresse pour amoureux de l'art et amoureux tout court. La douane royale est aussi un lieu de culture abritant expos, petits concerts et autres manifestations.

Où manger ? Où prendre un petit déjeuner ?

Le choix de restos est assez limité à Pátzcuaro. Mais que cela ne vous empêche pas de goûter à la savoureuse soupe tarasque *(sopa tarasca)*, à base de tomate, haricots rouges et fromage. On la sert partout.

De bon marché à prix moyens (moins de 300 $Me / env 15 €)

Mercado municipal *(plan A1)* **:** *tlj 8h-18h.* Côté calle Libertad, plein de gargotes populaires où l'on avale, perché sur un tabouret, des tacos de viande hachée, *birrias de borrego* (soupes rouges à la viande de mouton), fritures de poissons d'eau douce et d'immenses *quesadillas.* Bon marché et authentique.

– Le soir *(17h30-22h30),* de l'autre côté de la place (à l'angle de la calle de la Paz et d'Irurbe), se tiennent 2 petits stands qui servent l'*atole de elote,* une succulente soupe verte à base de maïs et d'anis. N'hésitez pas, c'est typique et délicieux !

Ivo's *(plan B2,* ***31****)* **:** *pl. Vasco de Quiroga, à l'angle de la calle Ahumada. Tlj sf lun 13h30-19h30.* Dans une petite galerie donnant sur la place, de super pizzas pas chères du tout, réalisées avec des produits frais et cuites à point. On place sa commande à un comptoir et on va s'asseoir dans un patio. Un bon plan pour le midi !

Restaurant Don Rafa *(plan A1,* ***30****)* **:** *Benito Mendoza 30. ☎ 342-75-33. Tlj 8h30-20h30.* Un petit resto familial dans une salle tout en longueur, à la déco classique mais soignée. Bonne cuisine à prix très sages, dont la délicieuse soupe tarasque. On peut aussi profiter du menu du jour.

Restaurant Lupita *(plan B2,* ***32****)* **:** *cuesta V. de Quiroga 5. Tlj sf mer 8h-22h.* L'un de nos restos préférés à Pátzcuaro. Outre l'accueil amical et le service attentif, on y mange fort bien et la présentation des plats est très soignée. Essayez par exemple la *trucha campestre* (une excellente truite saumonée) ou les spaghettis carbonara. À déguster dans le patio ou dans une salle chaleureuse avec cheminée et sièges rustiques. Atmosphère agréable.

La Surditora *(plan A2,* ***33****)* **:** *portal Hidalgo 71 A, sous les arcades de la pl. principale. ☎ 342-28-35. Tlj 7h-22h.* Murs en terre, carrelage en céramique... ce café-resto au charme suranné, donnant sur la place principale, est resté dans son jus depuis son ouverture, en 1916. Vaste choix de plats bien préparés à la carte, mais on peut aussi se contenter d'y boire un bon café, au pied de hautes étagères en bois où s'alignent bouteilles de vins et de tequilas. Quelques tables sous les arcades également, ou dans une seconde salle à l'arrière, plus quelconque. Un classique.

El Patio *(plan B2,* ***34****)* **:** *pl. Vasco de Quiroga 19. ☎ 342-04-84. Tlj 8h-22h.* Autre resto installé de longue date sur la place. Murs blancs ornés de tableaux kitsch et nappes bleues sur les tables, voilà pour le décor. Dans l'assiette, une cuisine locale classico-traditionnelle, parfois bonne, parfois moyenne. Également des petits déj, sympas à prendre en terrasse, face à la place.

Où boire un verre ?

Qu'on se le dise, on ne vient pas à Pátzcuaro pour sortir le soir...

El Campanario *(plan A2,* ***40****)* ***:*** *Aldama 12 ; sur la pl. Vasco de Quiroga. Tlj 15h-3h.* L'un des seuls bars du bourg qui bougent un peu... certains soirs. Mais, de toute façon, la terrasse sous les arcades de la place centrale est agréable et, même, idéale pour « apéroter ». Musique *en vivo* (années 1980 !) du mercredi au dimanche à partir de 20h. Et bon choix de cocktails à prix doux.

Achats

Aucune difficulté, ici, à s'approvisionner en souvenirs : le centre de Pátzcuaro compte presque autant de boutiques d'artisanat que de maisons ! Entre autres spécialités du coin :

– ***Les « lacas » :*** petits meubles et objets laqués aux motifs floraux colorés, rehaussés de peinture à l'or ou au bronze. La minutie du travail est telle qu'un grand plateau peut demander plusieurs mois de labeur.

– ***Le « maque » :*** également des motifs floraux et des oiseaux, mais cette fois selon une technique préhispanique, surtout développée par les Purépechas d'Uruapán. On a retrouvé des plateaux en *maque* datant de 250 av. J.-C. en parfait état ! Vous pouvez donc acheter, c'est du solide ! Tous les ingrédients utilisés sont naturels. Sur un fond noir (ou foncé), les motifs sont d'abord évidés avec une sorte de stylet, puis ils sont remplis d'une couleur en poudre (cochenille, terre ou fleur) mélangée à de la poussière de quartz ; d'où sa résistance une fois sec. Cette mixture est appliquée avec la paume de la main à l'aide d'une huile extraite d'un ver (le *chía*), ce qui donne cet aspect lisse et brillant. Seuls quelques artisans pratiquent encore cet art. On peut notamment en voir à la *Casa de los 11 patios* (lire plus bas).

– ***Cuivre :*** tradition artisanale du village de Santa Clara del Cobre (lire plus loin « Dans les environs de Pátzcuaro »). Vases, assiettes, pichets, marmites, etc.

– ***Bois sculpté :*** meubles, coffres, cadres... Surtout une tradition de Tzintzuntzán (lire plus loin « Dans les environs de Pátzcuaro »).

– ***Poterie :*** grande variété de formes, d'objets, de couleurs et de techniques de fabrication. L'un des centres de production est aussi Tzintzuntzán (voir plus loin « Dans les environs de Pátzcuaro »).

Casa de los 11 patios *(plan B2)* ***:*** *tlj 11h-19h.* Superbe ensemble de cours, jardins et escaliers dans un ancien couvent dominicain. Un vrai labyrinthe, aujourd'hui consacré à l'artisanat local. On y voit des artisans œuvrer, et bien sûr, on peut acheter. Ne pas manquer, dans le 2e patio (le plus beau), la salle de bains des nonnes : un véritable jacuzzi... en pierre sculptée !

Mercado municipal *(plan A1)* ***:*** saturé de couleurs, ce marché couvert aux échoppes de bois déborde largement sur les rues adjacentes. L'animation y est maximale entre 9h et 14h. Des Indiens viennent y vendre leurs produits, surtout des fruits et des légumes, mais aussi des plantes médicinales et de l'artisanat. En fouillant un peu, on peut tomber sur quelques babioles marrantes.

Mercado de las Ollas *(plan A2)* ***:*** *pl. San Francisco, ven tte la journée.* Autrement dit des marmites, pots et autres récipients en terre.

À voir. À faire

➢ Un ***tranvía*** (bus touristique) relie en fin de semaine le centre du bourg à la rive du lac de Pátzcuaro, située à quelques kilomètres. *Achat des billets au resto* El Patio *(voir plus haut « Où manger ? Où prendre un petit déjeuner ? ») et* *départ devant ce dernier, sur la pl. Vasco de Quiroga (plan B2). Ven-dim 10h-18h (fréquence variable). Compter 50 $Me/pers ; réduc. Durée : 45 mn.*

🎥🎥🎥 ***Plaza Vasco de Quiroga*** *(appelée aussi* ***plaza grande*** *; plan A-B2)* **:** immense, plantée d'arbres centenaires et entourée d'arcades et de fort belles demeures coloniales. Elle est vraiment séduisante, c'est d'ailleurs l'une de nos places préférées au Mexique, rien que ça. Particularité, et non des moindres, elle ne possède ni cathédrale ni église ! Au centre, en revanche, s'élève une statue de Vasco de Quiroga, premier évêque du Michoacán, nommé en 1536 et considéré comme un grand protecteur des Indiens.

🎥🎥 ***Plaza Gertrudis Bocanegra*** *(appelée aussi* ***plaza chica*** *; plan A-B1)* **:** du nom d'une héroïne locale de l'indépendance. Sa statue trône au centre de la place. Ambiance plus populaire que sur la précédente (le marché est juste à côté). Jetez un coup d'œil dans l'ancienne église du XVIe s, transformée en ***bibliothèque*** *(plan B1 ; lun-ven 9h-19h30, sam 9h-14h).* Des jeunes y étudient, bavardent... dans un cadre pour le moins mystique. Atmosphère surprenante ! Sur le mur du fond : imposante fresque de Juan O'Gormán, qui raconte l'histoire du Michoacán.

🎥 ***Basílica de la Salud*** *(plan B1)* **:** elle domine la ville de son imposante architecture néoclassique. Construite à partir du XVIe s sur des plans de Vasco de Quiroga. De nombreuses restaurations l'ont aidée à survivre aux tremblements de terre et aux guerres civiles. Mais l'intérieur laisse assez froid avec ses grossiers vitraux montrant la vie de Tata Vasco. Au-dessus de l'autel trône la *Virgen de la Salud,* une statue en pâte d'épi de maïs du XVIe s (technique préhispanique). Elle est extrêmement vénérée par les Tarasques, qui viennent lui rendre hommage le 8 de chaque mois. Sur la gauche en entrant, un mausolée contient les restes de Don Vasco.

🎥 ***Museo de Artes e Industrias populares*** *(musée des Arts et Fabriques populaires ; plan B2)* **:** *☎ 342-10-29. Mar-dim 9h-17h. Entrée : 50 $Me ; réduc.* Installé dans les bâtiments de l'ancien collège Saint-Nicolas, qui a été fondé en 1540 par Vasco de Quiroga (encore lui !) pour former les jeunes Indiens. Belle collection relative aux métiers et aux arts populaires régionaux (poterie, vannerie, textiles, ferronnerie, instruments de musique, etc.). Et fondations d'une pyramide à l'arrière, dans le joli jardin.

🎥 Plusieurs autres belles églises, à voir ou non dans cet ordre : ***santuario de Guadalupe*** *(plan A1),* ***El Hospitalito*** *(plan A2),* qui est, paraît-il, la plus vieille de Pátzcuaro, ***San Francisco*** *(plan A2)* et sa très belle porte ouvrant sur le cloître, ***San Juan de Dios*** *(plan A2)* et son ancien hôpital adjacent, ***El Sagrario*** *(plan B2)* enfin, avec, en face, le ***templo de la Compañía de Jesús*** *(plan B2)* et son couvent qui abrita les jésuites avant leur expulsion. Il accueille désormais un centre culturel, qui présente des expos temporaires *(lun-ven 9h-14h, 16h-19h ; le w-e 9h-15h).*

DANS LES ENVIRONS DE PÁTZCUARO

➢ ***Cerro del Estribo*** **:** pour les marcheurs, balade très sympa et pas trop longue à travers les pins jusqu'à cet ancien volcan. Partir de la rue Ponce de León *(plan A2),* sortir du bourg en traversant la route principale, continuer toujours tout droit (ça grimpe), puis passer devant l'église *El Calvario,* qu'on laisse sur sa gauche. Compter 1h de marche jusqu'au sommet, sans trop se presser. Et même moins si vous n'allez pas au-delà du mirador, d'où la vue sur le lac, splendide, est la même que du sommet. Accès en voiture également.

Lago de Pátzcuaro : *à 4 km de Pátzcuaro. Prendre un combi indiquant « Lago », « Muelle » ou « Estación » sur la pl. Gertrudis Bocanegra, qui vous déposera à l'embarcadère principal* (muelle general ; *☎ 342-06-81). De là, des* lanchas *desservent l'île de Janitzio ttes les 30 mn env, de 8h/9h à 19h. Compter 60 $Me le billet A/R. Pour 90 $Me (si min 3 pers), on peut visiter Janitzio plus l'un des 3 autres îlots de son choix.*
Une trentaine de villages et de hameaux sont installés sur les rives et les îlots du lac. Il faut le reconnaître, ce dernier a un peu perdu ses couleurs bleu turquoise depuis le tremblement de terre de 1985, suite aux glissements de terrain, mais aussi à cause de la pollution et du traitement inadéquat de certaines eaux usées. De même, comme on y pêche toujours, certaines espèces de poisson, comme le *pescado blanco,* ont tout simplement disparu. L'attraction majeure reste la célèbre ***isla de Janitzio,*** au milieu du lac (accès depuis le *muelle general,* voir plus haut), qu'on repère de loin grâce à la haute statue de Morelos érigée au sommet. Au pied, un village construit à flanc de coteau, certes mignon, mais les innombrables boutiques et sollicitations permanentes des visiteurs de la part des habitants lui ont fait perdre une partie de son charme. Cela dit, si vous êtes là, n'hésitez pas à monter tout en haut de la statue *(accès : 10 $Me),* pour la vue dont on jouit depuis le poing dressé. Au cours de l'ascension, on a droit aussi à une petite expo sur la vie de Morelos.
En revanche, si vous êtes allergique au mercantilisme, contentez-vous, si vous êtes motorisé, de découvrir le lac en longeant sa rive est, entre Ihuatzio et Tzintzuntzán, la route livre des vues superbes sur l'étendue d'eau et les montagnes qui l'encerclent. On peut aussi tenter de se rendre sur d'autres îlots (***Yunuén, La Pacanda*** et, le plus petit, ***Tecuena***), mais il faut alors, si on veut y passer un peu de temps, affréter un bateau privé et cela revient cher.

La communauté indienne de l'île de Yunuén, pour ceux qui s'y rendraient, gère de très chouettes ***cabañas*** (avec salle de bains et cuisine), construites en bois et bien conçues. On peut aussi y camper.

Zona arqueológica de Tzintzuntzán : *à 14 km au nord de Pátzcuaro, au-dessus du village du même nom. Bus ttes les 15 mn de la gare routière (voir « Arriver – Quitter »). Compter 100 $Me en taxi. Tlj 9h-18h. Entrée : 55 $Me.* Après une petite grimpette et la visite du minimusée à l'entrée, on arrive sur le site, majestueux, occupant un plateau hérissé de pins, perché en surplomb du lac. S'y dressent des vestiges de *Yácatas,* d'imposantes structures cérémonielles de la culture tarasque (1 200-1 500), sortes de pyramides rectangulaires prolongées d'une avancée circulaire. Très beau panorama sur le lac dans son écrin de montagnes. Le site est vite visité cependant. Plus au sud, le village d'***Ihuatzio*** conserve également des vestiges de *Yácatas (tlj 9h-18h ; entrée : 40 $Me)* sur une immense esplanade. Pour ceux qui ont du temps.

Tzintzuntzán : le « lieu des colibris » en purépecha. Tout mignon avec ses basses maisons blanches, le bourg accueille un marché d'artisanat spécialisé dans le bois sculpté et la poterie, moins chers qu'à Pátzcuaro. Derrière, au fond d'un grand parc, s'élèvent les très beaux restes du *couvent franciscain Santa Ana,* du XVIe s *(tlj 10h-17h, petit droit d'entrée).* Dans l'église, les fidèles agrafent des ex-voto à la robe de bure d'une statue de saint Antoine.

Tocuaro : *à 11 km à l'ouest de Pátzcuaro. Prendre un des bus* Línea Verde *au terminal (voir « Arriver – Quitter »), ou un combi sur la pl. Gertrudis Bocanegra. En taxi, compter env 80-100 $Me.* Tocuaro est réputé pour ses ***masques traditionnels purépechas.*** Felipe Orta et sa famille sont passés maîtres dans leur fabrication. Leurs ateliers sont situés dans la calle Morelos (perpendiculaire à la route). N'hésitez pas à sonner. Les masques sont réalisés avec du bois de copal, les couleurs sont vives, les motifs expressifs et les traits particulièrement fins. Évidemment, les prix sont fonction de la taille et de la finesse du travail.

Restaurante Campestre Alemán : *un peu après Tocuaro, au km 14, côté droit de la route. ☎ 344-00-06. Tlj 12h-19h.* Pour une pause déjeuner rafraîchissante au cours de la balade. Les familles viennent en fin de semaine y déguster la spécialité maison : la truite saumonée d'élevage cuisinée, avec finesse, de 12 façons différentes. Cadre verdoyant et reposant ; on déjeune sur des terrasses ombragées posées au bord de petits bassins.

En poursuivant la même route, on arrive à ***Erongaricuaro,*** un joli village tout en relief, dont l'architecture rappelle celle de Pátzcuaro. L'une de ses particularités, outre la fabrication du miel, est d'avoir abrité brièvement une communauté de surréalistes, dont André Breton. On peut voir devant l'église une croix élevée par lui (pas la peine de chercher la signature, il n'y en a pas). Aujourd'hui, il y resterait une petite communauté de hippies, mais ils doivent être vraiment discrets...

UN REPAIRE DE SURRÉALISTES

À la fin des années 1930, André Breton, venu donner des conférences sur l'art à Mexico, était hébergé par Frida Kahlo et Diego Rivera. Ensemble, ils partirent rencontrer Trotski à Erongaricuaro. C'est là qu'ils rédigèrent le manifeste Pour un art révolutionnaire indépendant, *que Trotski ne signa pas. Pendant la Seconde Guerre mondiale, André Breton et ses copains surréalistes s'installèrent au Mexique. Malin !*

Santa Clara del Cobre : *à 16 km au sud de Pátzcuaro. Bus ttes les 20 mn de la gare routière (voir « Arriver – Quitter »). Compter 100 $Me en taxi.* Encore un bourg coquet à l'architecture d'inspiration basque, cette fois-ci entièrement consacré au travail du cuivre *(cobre).* Nombreuses boutiques avec leur atelier au fond, notamment dans la calle Pino Suárez. Les pièces sont montées à coups de marteau, remises au feu, puis subissent encore quelques coups de marteau avant d'être à nouveau chauffées. Et ainsi de suite... Un simple pichet demande une douzaine de jours de fabrication !

URUAPÁN

235 000 hab. IND. TÉL. : 452

Deuxième ville de l'État du Michoacán, Uruapán n'a pas l'attrait des belles cités voisines que sont Pátzcuaro et Morelia. On pourrait même la qualifier de ville sans charme. Mais elle bénéficie d'un climat plus chaud et humide, propice à l'établissement de parcs nationaux luxuriants dans sa proche périphérie. *Uruapani* désigne d'ailleurs en purépecha « la plante qui fleurit et donne des fruits en même temps ». Tout est dit. La ville s'est ainsi autoproclamée capitale mondiale de l'avocat, dont on cultive intensément ici plus de 100 espèces. La production de *Hass* assure à elle seule plus de 80 % de la consommation mondiale. Ville maraîchère donc, Uruapán est aussi réputée pour son café, fort et très parfumé, que l'on a coutume de servir ici dans son marc comme le café turc. La ville s'enorgueillit également de compter dans son proche périmètre le seul volcan au monde que des hommes encore vivants ont vu naître : *el volcán Paricutín.* C'est, enfin, un carrefour routier important et un passage obligé pour rejoindre les belles plages du Michoacán.

Arriver – Quitter

En bus

Central camionera d'Uruapán : *à 3 km au nord-est de la ville.* En taxi, compter env 35 $Me.

➢ **Mexico** *(terminal Norte)* **:** 5 bus/j. 7h-23h15 avec *Primera Plus.* 1 bus à minuit avec *Autovías.* Trajet : 7h.

➢ **Mexico** *(terminal Poniente-Observatorio)* **:** 7 bus/j. avec arrêt à **Toluca** avec *Autovías.* 8bus/j. 8h30-minuit avec *ETN.* Trajet : 5h30.

➢ **Guadalajara :** 2 bus/j. 6h30-23h45 avec *ETN.* 7 bus/j. 8h45-22h30 avec *Primera Plus.* 6 bus/j. 7h45-23h30 avec *Autovías.* Trajet : 4h30.

➢ **Morelia :** en 1re classe, bus ttes les 30 mn 24h/24 avec *Parhikuni.* 9 bus/j. 7h-minuit avec *Primera Plus* et 8 bus/j. 6h45-minuit avec *ETN.* Trajet : 50 mn (par l'autoroute). 4 bus *Primera Plus* continuent leur route pour **Querétaro** et **San Luis Potosí,** et 3 bus *ETN* pour **Querétaro** slt. En 2de classe, bus ttes les 15 mn 4h30-21h avec *Purépecha/ Ruta Paraíso.* Trajet : 1h20, par la nationale. 12 bus/j. 6h30-20h15, un peu plus chers, prennent l'autoroute. *Transportes del Norte* et *Flecha Amarilla* assurent aussi 3-4 départs/j. Les bus de 2de classe s'arrêtent à **Pátzcuaro.**

➢ **Manzanillo :** 1 bus/j. slt, à 21h45, avec *Autovías.*

➢ Enfin, *Omnibus de México* propose 2 départs/j. pour **Zacatecas, Chihuahua** et **Ciudad Juárez,** à 9h et 12h ; 1 départ à 16h pour **Zacatecas** et **Durango.** Et 2 autres, à 15h45 et 18h30, pour **Monterrey.**

Adresses utiles

Office de tourisme : *Juan Ayala 16.* ☎ *524-71-99.* • *uruapan.gob.mx* • *À 1 cuadra au nord-ouest de la pl. principale. Lun-sam 9h-14h, 16h-19h ; dim 9h-14h.*

Poste : *Jalisco 88. Lun-ven 9h-16h, sam 9h-13h.*

Téléphone : *plusieurs centres d'appels à l'ouest du zócalo, dont 2 sur Ocampo et Carranza, à l'angle de la place et de l'axe principal traversant la ville. Tlj 7h-22h.*

Banque Bancomer : *au début de Independencia, au nord-ouest de la place, à côté de l'hôtel* Tarasco. *Lun-ven 8h30-16h.* Distributeur et change. *Une autre à l'angle de Carranza et 20 de Noviembre.*

Viajes Tzi-Tzi : *Ocampo 64.* ☎ *523-34-19. Lun-ven 9h-19h, sam 9h-14h.* Vente de billets de bus *ETN* seulement.

Où dormir ?

Hotel Posada Morelos : *Morelos 30.* ☎ *523-23-02.* • *posadamorelos.com* • *À 5 mn à pied au sud-est de la place ; descendre Morelos sur 300 m.* On y accède par un vaste patio fleuri, tout jaune avec des colonnades vertes, doté d'une grande fresque murale des curiosités de la région (le volcán Paricutín, le site de Tzintzuntzán, le lac de Pátzcuaro, les papillons monarques). Les chambres sans salle de bains sont simples : un lit *matrimonial,* une table et des murs à la peinture quelque peu écaillée. Les autres sont plus fraîches, plus spacieuses, mieux meublées et presque mignonnes. Préférez celles à l'étage du 2e patio, refaites et plus lumineuses. Une bonne adresse économique et à l'accueil charmant.

Hotel El Tarasco : *Independancia 2.* ☎ *524-15-00.* • *contacto_hoteltarasco@hotmail.com* • *À 1 cuadra au nord-ouest du zócalo.* Très bel hôtel, au vaste hall élégant agrémenté de statues, proposant dans sa moderne tour de verre de luxueuses chambres rustico-chic aux épaisses portes faussement vermoulues. TV câblée, AC, baie vitrée donnant sur la place, 2 lits douillets ou 1 lit *king size,* belle salle de bains... le confort est indéniable.

Pour encore plus de calme, d'aussi élégantes chambres ont été aménagées autour d'un vaste patio à l'arrière de l'hôtel. Entre les 2, une magnifique piscine entourée de plantes vertes et un excellent resto, *K'eri T'irekua* (cf. « Où manger ? Où prendre un petit déjeuner ? »). Bref, un hôtel luxueux à petit prix !

Où manger ? Où prendre un petit déjeuner ? Où boire un verre ?

Café tradicional de Uruapán : *Carranza 5 B. ☎ 523-56-80. Tlj 8h-22h30.* Grande et belle brasserie au carrelage luisant, entièrement revêtue de bois sculpté et décorée de tableaux très « nature ». Bon choix à la carte, *antojitos,* fajitas et nombreuses viandes très honorables. Un lieu où l'on se retrouve à toute heure et particulièrement pour boire un café.

Café La Lucha : *Garcia Ortiz 22. Au nord-ouest de la place, dans la ruelle faisant face à l'hôtel* Régis. *Tlj 9h-21h.* Un vieux café plein de vitraux et de photos en noir et blanc de la ville. Lieu traditionnel et typique pour déguster le fameux café d'Uruapán servi dans son marc. Des effluves enivrants parfument la petite rue tranquille. Le magasin, collé au café, propose un large choix du nectar en grains derrière un grand comptoir de pharmacie à l'ancienne.

K'eri T'irekua : *c'est le resto de l'hôtel* El Tarasco *(voir « Où dormir ? »). Tlj 8h-23h.* Élégante salle recouverte de bois et décorée de statuettes du *día de los muertos.* Baie vitrée laissant entrevoir la belle piscine de l'hôtel et une autre ouverte sur la cuisine. Personnel aimable, service impeccable mais pas ampoulé. Dans l'assiette, une excellente *trucha a la macadamia* joliment présentée, accompagnée de petits légumes frits, suivie d'un dessert flamboyant. Bon choix de viandes aussi et de vins chiliens au verre. L'un des meilleurs restos de la ville.

La Casa : *Revolución 3. À 3 cuadras à l'ouest de la pl. principale, entre Independencia et Carranza. Jeu-dim 9h-2h.* « Café-cocktails » dans un beau patio aux allures cosy, où tous les âges se retrouvent pour traîner à toute heure. Ambiance de plus en plus jeune à mesure que l'heure avance. À partir de 23h s'ouvre la salle du fond, donnant sur un petit jardin. Lumière tamisée, plusieurs TV diffusant des clips et ambiance *lounge.*

À voir

Plaza de los Mártires : vaste *zócalo* dont le kiosque central est le lieu de rendez-vous musical des week-ends. Au nord, la *iglesia de la Immaculada* offre une façade plus séduisante que l'intérieur. La *Huatápera,* le premier hôpital d'Amérique construit par les Franciscains en 1533, abrite le petit musée de la culture *purépecha.*

Parque nacional Barranca del Cupatitzio : *calzada Fray Juan de San Miguel. ☎ 524-01-97. À 1 km à l'ouest du zócalo, au bout de Carranza ou de Independencia. Tlj 8h-18h (19h en été). Entrée : 15 $Me ; réduc.* En bordure du centre historique, un parc vallonné de 458 ha à la végétation luxuriante et tropicale, abritant une faune et une flore importantes et variées. Deux zones de promenade traversent le parc par de petits sentiers bien entretenus : le long de la rivière *Cupatizio* ou dans une partie montagneuse, moins exotique. Au passage, on notera une dizaine de fontaines et de belles cascades à proximité des nombreux ponts en arche qui font le bonheur des photographes romantiques. 495 espèces de plantes, 213 vertébrés terrestres, 43 types de mammifères dont 28 espèces endémiques du Mexique (13 de reptiles, 11 de chauves-souris, 132 d'oiseaux, des salamandres, des lézards, des renards...). Nous, on a surtout vu des écureuils ! Petite restauration au bord des sentiers pédestres et un bon resto spécialisé dans la truite, *La Terraza de la Trucha (tlj 9h-18h),* face à la *Rodilla del diablo,* le vaste bassin d'eau turquoise en amont de la rivière, où le diable se serait agenouillé. Dommage que les nombreux marchands de souvenirs gâchent un peu la bucolique balade.

DANS LES ENVIRONS D'URUAPÁN

VOLCÁN PARICUTÍN

C'était plat et il y avait des champs de maïs. Aujourd'hui, il y a un volcan et un énorme champ de lave noire. C'est en 1943 que le Paricutín s'est éveillé et a décidé d'engloutir les villages alentour (non, non, ne pleurez pas, l'éruption a duré plusieurs années et les habitants ont eu le temps de fuir). Seul le clocher d'une église émerge, fixé dans la lave, prisonnier du temps. Surréaliste comme un tableau de Magritte. Le spectacle est splendide. On peut aller jusqu'à l'église ou pousser jusqu'au cratère, à pied ou à cheval. Le site, entouré de montagnes couvertes de sapins, est vraiment magnifique. Ici, quasiment pas de voitures. On se trimballe à cheval. Les habitants parlent le purépecha. Au moins, avec votre espagnol balbutiant, vous n'aurez pas de complexes. Au fait, sachez que « bonjour » se dit *nashki.*

Comment y aller ?

Le point de départ pour le volcan est le petit village tarasque de ***Angahuán*** (5 000 habitants), à 37 km d'Uruapán et à 2 380 m d'altitude. Bus au départ de la *central camionera d'Uruapán* ttes les 30 mn 5h-20h avec *Purépecha/Ruta Paraíso* ou avec le très local *Rumbos Tarascos* (direction Los Reyes ou Zicuicho). Bus de retour ttes les 40 mn 5h-20h aussi. Trajet : 40-45 mn. En taxi, compter 200 $Me.

À l'arrivée, vous serez assailli par les guides et loueurs de chevaux. Si vous voulez simplement aller à l'***église*** à pied (2h aller-retour), vous n'en aurez pas besoin. Il suffit de traverser le village, de passer à côté du petit centre écotouristique *Las Cabañas* et de suivre le chemin qui descend vers la forêt (suivre les traces de sabots).

Si vous préférez le ***sommet du volcan,*** encore fumant et tout chaud (2 800 m d'altitude), sachez que, à pied, c'est une vraie randonnée de 1 journée (plus de 8h aller-retour, avec passage à l'église au retour). L'ascension du cratère ne pose pas de difficultés particulières, excepté le final abrupt dans la lave aux abords du sommet (prévoir de bonnes chaussures). La randonnée nécessite un guide, car le sentier est difficile à trouver dans la forêt de pins. Partez tôt, car bonjour les détours !

À cheval, c'est super sympa, même pour les cavaliers inexpérimentés. En revanche, dur, dur pour les fesses le lendemain ! Compter alors 6-8h, car le passage à l'église est prévu dans la balade. *Loc du cheval env 300 $Me pour le volcan, 150 $Me pour l'église ; plus autant pour le guide, à cheval aussi.*

Où dormir ? Où manger ?

On peut loger à ***Angahuán,*** authentique village tarasque perdu dans la montagne, mais le confort y est spartiate et le village sans intérêt particulier avec ses ruelles boueuses ou poussiéreuses suivant le temps. Malgré tout, c'est une option pour partir tôt. Il peut être intéressant dans ce cas de négocier avec votre logeur un forfait comprenant le logement, le guide et les chevaux. Pour les repas, un resto face au *zócalo,* 2 autres à la sortie du village en direction du volcan et un dernier au centre touristique *Las Canacuas.*

🏠 |●| ***Cabañas Las Canacuas :*** *au bout du village, sur la route qui mène à l'église. 📱 (452) 106-87-51 (à Uruapán). Entrée : 10 $Me pour les non-résidents. Bon marché.* Centre de vacances dans la forêt, au départ du sentier, géré par la communauté. Des dortoirs et des grandes chambres (très froides en hiver) avec salle de bains, 1 grand lit et 2 lits superposés. Demandez à dormir dans le *troje,* la petite cabane en bois, typique de l'architecture locale. Si vous désirez une cheminée, il vous faudra louer une cabane pour 6 personnes ! Sur place, un petit musée retrace la naissance du volcan, avec des photos de 1943 à 1952. Parking, barbecue et jeux pour les enfants. Du resto, vue magnifique sur le volcan et l'église prise dans le champ de lave.

GUADALAJARA ET LA CÔTE PACIFIQUE NORD

• Carte *p. 489*

GUADALAJARA

1 500 000 hab. IND. TÉL. : 33

• Plan *p. 490-491*

Ville test pour la prononciation, Guadalajara cherchera aussi à tester votre condition physique. La deuxième conurbation du Mexique est aussi la ville de la musique et de la danse. C'est le berceau des mariachis, qui sont nés ici, moulés dans leur costume à paillettes et coiffés de leur grand chapeau rond, le fameux sombrero mexicain. Et puis il y a la célèbre tequila, produite dans le village du même nom, à quelque 60 km de là. C'est aussi, comme Guanajuato, une importante ville universitaire, pratiquant des échanges avec des villes de plusieurs pays. Rien d'étonnant, donc, à ce que Guadalajara aime faire la fête. On ne s'en plaindra pas.
En se promenant dans le centre historique, on ne peut s'empêcher de penser à Nuño de Guzmán, le plus brutal et le plus cruel des conquistadors, qui massacra une bonne partie des Indiens, fit venir ses petits copains espagnols et fonda la ville. Cela dit, le centre historique, avec ses rues piétonnes, recèle de belles maisons coloniales et quelques magnifiques édifices publics. Les quatre places qui se succèdent, de la cathédrale à l'Hospicio Cabañas, constituent une impressionnante réalisation architecturale, désormais consacrée à de très agréables promenades.

– En octobre, nombreuses manifestations culturelles, concerts et événements festifs.

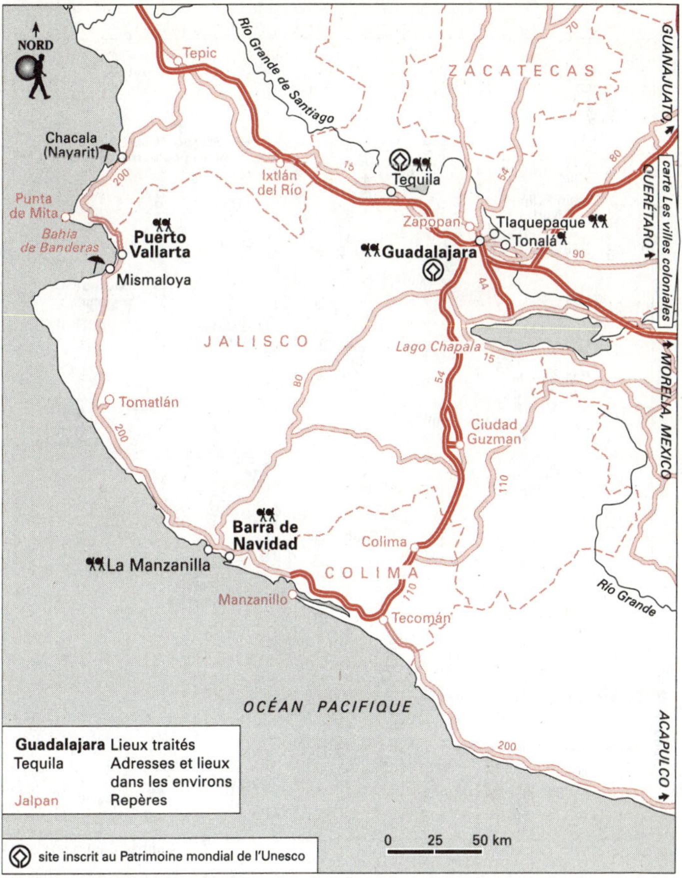

GUADALAJARA ET LA CÔTE PACIFIQUE NORD

Arriver – Quitter

En bus

Voir la liste des principales compagnies et leurs coordonnées dans la rubrique « Transports » du chapitre « Mexique utile », ou ci-après.

Central Camionera *(hors plan par C2)* **:** *à env 10 km au sud-est, en direction de Tlaquepaque.* Des bus urbains font la navette avec le centre historique : le bus urbain n° 275, le bus *Tur* (n° 706) ou le bus *Cardenal* (n° 709) passent ttes les 15 mn env sur 16 de Septiembre, à l'angle avec Prisciliano Sánchez *(plan B2).* Trajet : env 40 mn. Navette entre les 2 terminaux ttes les 10 mn. Bien vérifier la direction, écrite en petit et pas très lisible. Sinon en taxi, la course n'est pas très onéreuse.

■ ***Achat des billets*** *Primera Plus, ETN* à la gare routière ou sur le site internet de l'une des compagnies choisies. Voici les principales.

➢ ***Mexico :*** départs jour et nuit, ttes les 20 mn. Trajet : 7-8h. Prendre un bus de nuit ; avec *ETN* par exemple, les sièges se transforment en couchettes (20 % plus cher).

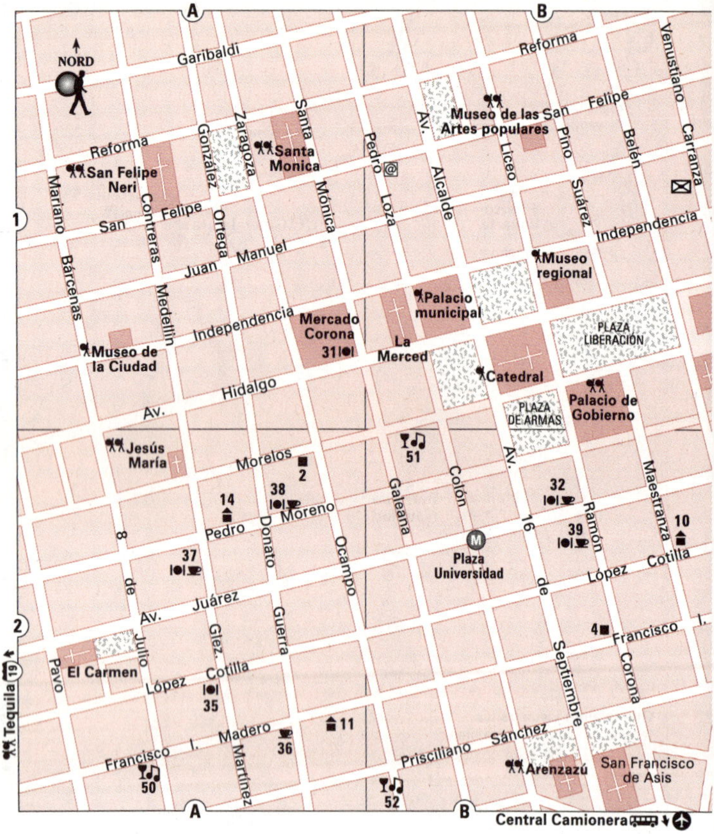

Adresses utiles

- Office de tourisme du Jalisco
- **2** Banorte
- **3** Change
- **4** Aeroméxico

Où dormir ?

- **10** Hospedarte Guadalajara Centro
- **11** Hotel Posada San Pablo
- **12** Hotel Latino
- **13** Hotel Lisboa
- **14** Hotel Dali Plaza
- **16** Hotel Azteca
- **17** Don Quijote Plaza
- **18** San Francisco Plaza
- **19** Hotel de Mendoza

➢ ***Manzanillo :*** avec, entre autres, *Flecha Amarilla, Primera Plus* et *ETN.* Départs ttes les heures env. Trajet : 5h.

➢ ***Puerto Vallarta :*** avec, entre autres, *Primera Plus, Futura* et *ETN.* Départs ttes les 30 mn env. Trajet : 5h30.

➢ ***Morelia :*** au moins 4 compagnies, dont *Primera Plus* et *ETN.* Départs ttes les heures env. Attention,

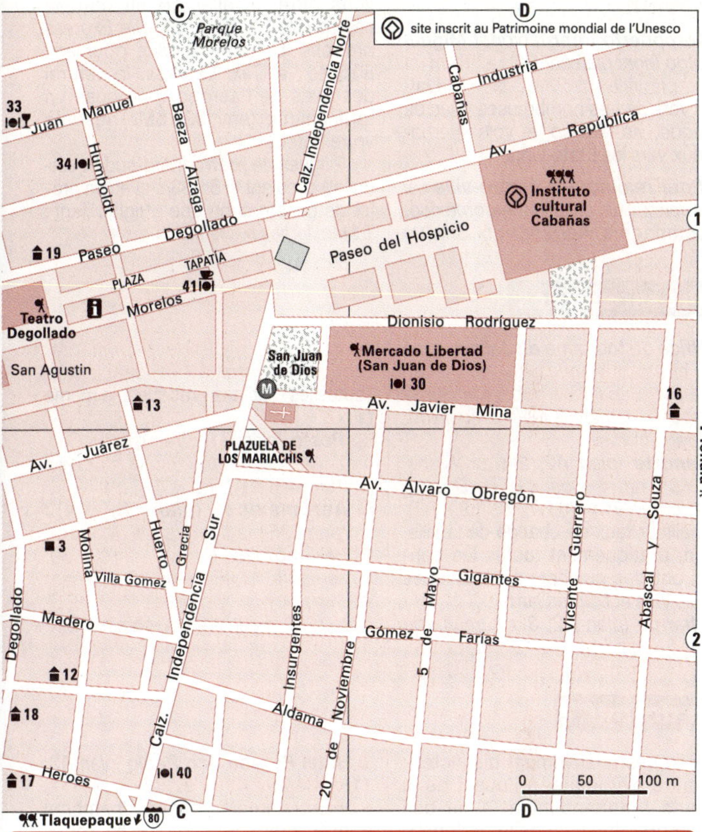

GUADALAJARA

Où manger ? Où prendre un petit déjeuner ?

- **30** Mercado Libertad
- **31** Mercado Corona
- **32** Café Madrid
- **33** Café André Breton
- **34** Las 2B et La Buena Cocina
- **35** Villa Madrid
- **36** Panadería Danés
- **37** Café Madoka
- **38** La Fonda de San Miguel
- **39** La Chata
- **40** Nuevo León
- **41** La Rinconada

Où boire un verre ? Où sortir ?

- **33** Café André Breton
- **50** La Mutualista
- **51** Terraza Oasis
- **52** Caudillos

certains bus prennent la nationale (trajet : 4-5h), d'autres l'autoroute (trajet : 3h).

➢ ***Zacatecas :*** avec, entre autres, *Chihuahuense*, *Futura* et *Turistar.* Départs ttes les 30 mn env. Trajet : 4h45.

➢ Également des bus pour/de ***Los Mochis, Querétaro, San Miguel de Allende, Guanajuato,*** etc.

En avion

✈ ***Aeropuerto internacional Miguel Hidalgo*** *(hors plan par B2)* **:** *à 18 km au sud de la ville.* ☎ *36-88-52-48.* Liaisons vers de très nombreuses villes du Mexique, via Mexico, et vols internationaux vers les États-Unis.

➢ ***Pour rejoindre le centre-ville :*** si vous avez pris un billet *Aeroméxico,* la compagnie *Aeroméxico Shuttle* vous offre un aller gratuit pour le centre-ville (5h-22h) ; *Shuttle Express* propose le même service pour env 80 $Me ; et *Taxi Express,* le central des taxis de l'aéroport, propose un tarif unique (env 330 $Me) jusqu'à votre hôtel.

➢ 2 lignes de ***métro*** (nord-sud et est-ouest) circulent tlj 5h-23h, avec en projet de construction une 3ᵉ ligne. Tarif : 7 $Me. *Infos : • siteur.gob.mx •*

Adresses utiles

ℹ ***Office de tourisme du Jalisco*** *(plan C1)* **:** *andador Morelos 102.* ☎ *36-68-16-00. • guadalajara.gob.mx • Sur la pl. Tapatía, derrière le teatro Degollado. Lun-ven 9h-15h.*

■ **Banorte** *(plan A2,* ***2****)* **:** *av. Morelos 180 ; entre Ocampo et Donato Guerra. Lun-ven 9h-17h, sam 9h-14h.* Le meilleur taux de change de la ville. Sinon, pratiquement toutes les banques ont des guichets automatiques (cartes *Visa* et *MasterCard*).

■ ***Change*** *(plan C2,* ***3****)* **:** *bureaux de change regroupés sur López Cotilla, entre Molina et 16 de Septiembre. Ouv lun-sam jusqu'à 19h ; parfois dim.* Toutes les officines pratiquent le même taux.

✉ ***Poste*** *(plan B1)* **:** *Venustiano Carranza 16. Tt près du zócalo. Lun-ven 8h-19h, sam 8h-15h.*

■ **Aeroméxico** *(plan B2,* ***4****)* **:** *Corona 196 ; à l'angle de Madero.* ☎ *36-58-07-99. Lun-ven 9h-18h30. À l'aéroport :* ☎ *36-88-56-66. Lun-sam 9h-18h ; ou pour les résas :* ☎ *01-800-021-40-00. • aeromexico.com.mx •*

Où dormir ?

Deux zones relativement distinctes : le centre historique, à l'ouest de la calzada Independencia (à ne pas confondre avec la calle Independencia) ; et le quartier très populaire de la rue Mina, près du grand marché et de la place des Mariachis. Le soir, évitez de vous y balader avec votre sac Vuitton...

Bon marché (moins de 400 $Me / env 20 €)

⌂ ***Hospedarte Guadalajara Centro*** *(plan B2,* ***10****)* **:** *Maestranza 147 ; à l'angle de López Cotilla.* ☎ *35-62-75-20. • hospedartehostels.com • Petit déj inclus. Réduc avec la carte HI.* 💻 Bien situé. Cuisine équipée. Propose un passeport à 5 US$ pour avoir des réducs dans certains restaurants, bars, sites touristiques et boutiques de vêtements.

⌂ ***Hotel Posada San Pablo*** *(plan A2,* ***11****)* **:** *Madero 429.* ☎ *36-14-28-11. • posadasanpablo.com •* Chambres pour 2 avec ou sans bains, ainsi qu'une chambre avec 4 lits. Dans une vaste maison tranquille, chambres très spacieuses. Préférer celles donnant sur la terrasse du 1ᵉʳ étage. Tout est très propre. Atmosphère familiale. Laverie. Stationnement possible à côté.

⌂ ***Hotel Latino*** *(plan C2,* ***12****)* **:** *Prisciliano Sánchez 74.* ☎ *36-14-44-84.* Bon petit hôtel, propre et confortable. Chambres avec *baño,* certaines avec lit *king size.* Seul problème : l'hôtel est vite complet, et on ne peut pas réserver ; arriver tôt.

⌂ ***Hotel Lisboa*** *(plan C1,* ***13****)* **:** *calle Huerto 20, entre Pedro Moreno et Juárez.* ☎ *36-14-25-27.* Dans un quartier populaire mais calme. Chambres propres d'un bon rapport qualité-prix. Accueil sympathique.

Prix moyens (400-800 $Me / env 20-40 €)

Hotel Dali Plaza *(plan A2, **14**) : Pedro Moreno 570 ; entre Guerra et Martínez. ☎ 36-13-04-20. • hoteldaliplaza.com* • Bel hôtel rénové, bien situé. Chambres propres, avec clim, TV, et, si vous avez une chambre au dernier étage, vue sur la ville. Une bonne adresse à prix raisonnables. Resto et bar.

Hotel Azteca *(plan D1, **16**) : Javier Mina 311. ☎ 36-17-74-65. Parking.* Un peu excentré. Hôtel moderne et confortable pour un quartier très populaire. Chambres avec ventilo, TV câblée, téléphone. Les *matrimoniales* donnant sur les tours de la cathédrale et les *hospices* sont les plus sympas : blanches, spacieuses, avec un petit balcon. Terrasse sur le toit. Ascenseur et resto.

Don Quijote Plaza *(plan C2, **17**) : Heroes 91. ☎ 36-58-12-99. • hoteldonquijoteplaza.com.mx • Au bout de Maestranza.* Joli hôtel de style colonial. Bien entretenu. Chambres confortables, sans fenêtre, avec parquet et carrelage. Toutes donnent sur un patio intérieur agréable avec fontaine et quelques tables pour se détendre. Salle de bains de bonne taille. Petit resto.

San Francisco Plaza *(plan C2, **18**) : Degollado 267. ☎ 36-13-32-56. • sanfranciscohotel.com.mx* • Belle bâtisse. Plus de 70 chambres réparties autour de plusieurs patios. Très spacieuses et confortables, avec de beaux meubles en bois, clim et TV câblée. Tous les services de cette catégorie. Grand resto sous les arcades en pierre. Bon rapport qualité-prix.

Plus chic (800-1 200 $Me / env 40-60 €)

Hotel de Mendoza *(plan C1, **19**) : Venustiano Carranza 16, à 50 m du théâtre. ☎ 39-42-51-51. • demendoza.com.mx • Parking.* On ne peut mieux situé ! Une partie de l'hôtel faisait partie du couvent voisin dont il reste une église. Dans un dédale de couloirs labyrinthiques, plusieurs catégories de chambres, toutes très confortables, certaines un rien vieillissantes (moins chères). Celles donnant sur les cours intérieures sont très calmes et pourtant si près de l'animation ! TV satellite. Piscine, jacuzzi. Restaurant.

Où manger ? Où prendre un petit déjeuner ?

Bon marché (moins de 150 $Me / env 7,50 €)

Mercado Libertad *(ou San Juan de Dios ; plan D1, **30**) :* au 1er étage, des dizaines de stands de nourriture où l'on peut manger correctement, dans une ambiance unique. Bien se faire préciser les prix avant de commander.

Mercado Corona *(plan A1, **31**) : angle Hidalgo et Santa Monica.* Plus petit que le précédent, mais atmosphère plus familiale, plus liée au quartier. Petites échoppes pour goûter aux spécialités, sans oublier les tacos de *Rosticerías Rizo.* Miam ! N'oubliez pas de monter au 1er étage pour les herbes médicinales, les légumes et les fruits.

Café Madrid *(plan B2, **32**) : av. Juárez 264. ☎ 36-14-95-04. Tlj 7h30-22h30.* Très sympa le matin pour un bon petit déj (céréales, salades de fruits, jus naturels). De plus, un vrai espresso ! En journée, bonne et copieuse *comida corrida.* Clientèle d'habitués.

Las 2B *(plan C1, **34**) : Humboldt 105, en face de l'edificio del Trabajo. Lun-ven 8h-17h.* Un petit resto populaire très fréquenté par les employés à l'heure du déjeuner. Cuisine familiale, variée et servie généreusement. Tout à côté, plus confortable, avec nappes et fauteuils, même qualité, ***La Buena Cocina.***

La Rinconada *(plan C1, **41**) : Morelos 86 (partie piétonne), à l'angle du pasaje del Rincón del Diablo. ☎ 36-13-99-25. Tlj 9h-21h.* Dans le superbe cadre d'une vaste maison de style colonial, on peut soit prendre son copieux petit déj-buffet *(70 $Me),* soit s'attabler pour déguster le menu entre

13h30 et 17h *(80 $Me),* soit acheter à l'échoppe de délicieux tacos à emporter, pour 1 à 4 personnes.

Villa Madrid (plan A2, **35**) : *à l'angle de López Cotilla et E. G. Martínez. Tlj 11h30-21h.* Cadre rafraîchissant, avec des montagnes de fruits tropicaux. Viande, hamburgers, salades composées... et un magnifique choix de jus de fruits, de *licuados* et de yaourts maison aux fruits.

Café André Breton (plan C1, **33**) : *Juan Manuel 175. ☎ 33-45-21-94. Lun 10h-20h, mar-ven 10h-3h, sam 14h-3h.* Un petit café-restaurant tenu par un Français, Charles Pinet, et sa femme mexicaine, Alheli Rivas. On peut y déguster 60 bières différentes, manger des spécialités françaises ou mexicaines à très petits prix, et surtout, participer à des miniconcerts, 5 soirs par semaine. Ambiance animée.

Panadería Danés (plan A2, **36**) : *à l'angle de Madero et Donato Guerra. ☎ 36-13-44-01. Tlj 8h (9h dim)-21h.* Plein de délicieux *panes dulces* (viennoiseries) et même des croissants, *cuernitos,* c'est-à-dire « petites cornes ». Malheureusement, pas de table pour se poser, tout est à emporter, même l'espresso.

Prix moyens (150-300 $Me / env 7,50-15 €)

Café Madoka (plan A2, **37**) : *E. Gonzalez Martínez 78. ☎ 36-13-06-49. Tlj 8h-22h.* Dans un décor désuet à souhait, une cafétéria immense proposant 15 sortes de cafés et plein de petits plats sympas. Ambiance animée. Les vieux Mexicains viennent à toute heure y jouer aux dominos ou lire le journal. Une autre certaine image du Mexique.

La Fonda de San Miguel (plan A2, **38**) : *Donato Guerra 25. ☎ 36-13-19-49. Tlj 14h-minuit, dès 9h le w-e. Formules petit déj bon marché.* Si la cuisine est moyenne, le lieu vaut d'y passer une soirée romantique ou au moins d'y prendre un verre ou un petit déj. Dans un ancien couvent plein de légendes (lisez le petit fascicule, qui en parle mieux que nous !), un patio à la déco surprenante.

La Chata (plan B2, **39**) : *Corona 126. ☎ 36-13-13-15. Tlj 7h30-minuit.* Une adresse colorée, bourdonnante de monde au moment des repas. Il faut dire que la cuisine est extra et copieuse, servie avec diligence. Et c'est nickel. Conseillé de venir tôt pour éviter de faire la queue. Bien aussi pour le petit déj, servi jusqu'à 12h.

Nuevo León (plan C2, **40**) : *Libertad, 1586. ☎ 38-2578-27. Tlj 11h-23h.* Bon resto fondé en 1959, dans une grande salle populaire avec jeux pour enfants, et dont la spécialité est le chevreau au gril « *cabrito del pastor* », prix fixe mais un peu cher. Une adresse réputée et un patron très aimable. Un peu triste le soir.

Où boire un verre ? Où sortir ?

Café André Breton (plan C1, **33**) : *Juan Manuel 175. Voir « Où manger ? ».*

La Mutualista (plan A2, **50**) : *Madero 553 ; à l'angle de 8 de Julio.* Quand une ancienne *cantina* réservée aux commis voyageurs de la ville devient une boîte branchée ! Concerts de salsa du jeudi au samedi à partir de 23h, ambiance d'enfer. Du lundi au mercredi de 13h à minuit, petit bar sans intérêt.

Terraza Oasis (plan B2, **51**) : *Morelos 435 (partie piétonne) ; entre Colón et Galeana. ☎ 36-13-82-85. Tlj 11h-21h30.* Une immense salle au 2e étage, qui domine la rue. Ici, c'est le règne du Mexique populaire comme vous ne le goûterez que dans le nord du pays. À partir de 18h, oui, en plein après-midi, un orchestre se met à jouer, et la salle de s'ébranler. Jeunes fiancés, retraités, couples dépareillés se bousculent sur la piste de danse. À ne pas rater. En plus, les prix sont aussi cool que l'ambiance.

Caudillos (plan B2, **52**) : *Priscillano Sánchez 407 ; à l'angle de Ocampo. Tlj à partir de 20h. Entrée gratuite et consos bon marché.* L'une des nombreuses boîtes gays de Guada. Toujours plein à craquer, souvent jusqu'à 4h.

À voir

➢ ***Visite guidée*** à pied du centre historique. *Pdt les périodes de fête et en hte saison, tlj à 9h30 ou 13h ; se présenter 30 mn avt. Départ en face de l'entrée du palacio municipal. Compter 3h de parcours. GRATUIT.*

➢ Plus touristique, avec audioguide en français, les bus rouges de ***Tapatio Tour*** : *☎ 36-13-08-87 ou 36-14-74-30. • tapatiotour.com • Départ de la Rotonda de los Jaliscientes Ilustres lun-sam ttes les 45 mn 10h-20h30. Forfait : 130 $Me, valable pour la journée.* Ils permettent de voir les principaux sites de la ville, d'aller jusqu'à Tlaquepaque, Tonalá ou Zapotán. On peut descendre à tout moment du bus et prendre le suivant.

➢ ***Balade en fiacre :*** *on en trouve sur la pl. San Francisco (plan II, D5).* Sympa, mais bonjour les gaz d'échappement ! Compter 200 $Me/h.

★ ***Catedral*** *(plan B1)* **:** sa construction se termina en 1618, mais les tours furent reconstruites deux siècles plus tard, à la suite d'un tremblement de terre. Intérieur néoclassique sans grand charme..

★ ***Palacio municipal*** *(plan B1)* **:** *lun-ven 9h-18h. GRATUIT.* Fresque murale de Flores, élève d'Orozco. Cinq parties sur l'histoire mexicaine.

★★ ***Palacio de Gobierno*** *(plan B1-2)* **:** *Mar-sam 10h-18h, dim 10h-15h. GRATUIT.* Magnifique façade (1774) pour le siège du gouvernement de l'État de Jalisco. À l'intérieur, célèbre peinture murale d'Orozco de 400 m², qui domine l'escalier central. Au centre d'une humanité écrasée par les tragédies, les guerres, la religion hypocrite et les idéologies totalitaires, se dresse l'homme pur et incorruptible : Hidalgo, le grand héros initiateur de la révolution mexicaine. De sa main puissante, il éclaire le chemin avec une torche. Impressionnant. Dans la salle du Congrès, autre fresque qui illustre l'abolition de l'esclavage par Hidalgo.

★ ***Museo regional*** *(plan B1)* **:** *Liceo 60. À côté de la cathédrale, face à la pl. de la Rotonda de los Jaliscientes Ilustres. Mar-dim 9h-17h. Entrée : 55 $.* Département archéologique important et peintures régionales des XVIIIe et XIXe s.

★ ***Teatro Degollado*** *(plan C1)* **:** *ouv en principe aux visites tlj sf dim 10h-14h.* De style néoclassique. Plafond peint par Orozco, qui s'est inspiré d'un des cantiques de *La Divine Comédie* de Dante. Ballet folklorique le dimanche à 10h : 2h de spectacle de qualité.

★★★ ***Instituto cultural Cabañas*** *(ex-hospicio ; plan D1)* **:** *☎ 36-81-16-45. • hospiciocabanas.jalisco.job.mx • Mar-dim 10h-18h. Entrée : 70 $Me ; gratuit mar. Visite guidée recommandée (espagnol, anglais, français).* Imposant édifice néoclassique (1810), inscrit au Patrimoine mondial de l'Unesco. Rien moins que 23 patios ! Il servit d'orphelinat durant de nombreuses années. Dans la chapelle, magnifiques fresques d'Orozco peintes en 1937. Au total, 53 peintures et 2 ans de travail. Les explications du guide valent vraiment la peine, car chaque peinture recèle des effets d'optique incroyables. La pièce maîtresse par exemple, *El Hombre de fuego,* est une véritable prouesse technique : bien que peint sur la surface concave de la coupole, « l'Homme de feu » paraît complètement droit. Des bancs permettent de se coucher pour mieux admirer les fresques du plafond.

★★ La tournée des ***églises*** est un bon prétexte pour se balader dans les rues du centre historique. Très belles façades pour certaines : ***San Felipe Neri*** *(plan A1),* ***Santa Monica*** *(plan A1),* ***Jesús María*** *(plan A2)* et ***Arenzazú*** *(plan B2).* Splendides retables dans cette dernière, mais elle est souvent fermée...

Museo de la Ciudad *(plan A1)* **:** *Independencia 684. ☎ 12-01-87-12. Mar-sam 10h-17h30, dim 10h-14h30. Entrée : 20 $Me ; gratuit dim.* L'histoire de la ville depuis sa fondation en 1542. Intéressant.

Museo de las Artes populares *(plan B1)* **:** *San Felipe 211, à l'angle de Suárez. ☎ 36-14-38-91. • cultura.jalisco.gob.mx • Mar-sam 10h-18h, dim 10h-16h. GRATUIT.* Bon aperçu de la variété de l'artisanat de la région : verre soufflé, magnifiques objets en terre cuite, ex-voto, art des Indiens huicholes... Vous verrez aussi des boules de Noël, une tradition du village de San Julián. Cet artisanat est exposé en fonction des périodes festives de l'année. Une salle est consacrée à la *charrería* : costumes des cavaliers, somptueuses selles et harnais en cuir.

Plazuela de los Mariachis *(plan C2)* **:** l'ancien royaume des mariachis a bien perdu de sa superbe. Ambiance mi-glauque, mi-touristique. Tout autour s'étend un quartier très chaud le soir. Plein de *cantinas* d'où s'échappent des flots de musique. La tequila coule éperdument, les corps des danseurs évoluent dans une chaleur moite, chemises et robes collent à la peau...

Mercado Libertad ou San Juan de Dios *(plan D1)* **:** immense (3 étages) ! Ambiance unique.

DANS LES ENVIRONS DE GUADALAJARA

Tlaquepaque *(hors plan par C2)* **:** *à 30 mn en périphérie du centre-ville. Prendre le bus n° 275 ou le R 616, dans la rue 16 de Septiembre, à l'angle avec Prisciliano Sánchez (plan B2). Il existe également des bus « spécial touristes », bleus, un peu plus chers. En taxi, compter 120 $Me.* Un très joli village ancien, de l'époque coloniale. Sa mise en valeur réussie vous ravira les mirettes. Ici, l'artisanat s'est élevé au rang d'art : de très belles pièces qui valent le coup d'œil mais sont évidemment très chères. Beaucoup de galeries d'art. Vous pourrez toujours aller voir les deux superbes églises, vous promener dans les ruelles et autour du *zócalo,* parce que ça, c'est gratuit. De même que le *musée de la Céramique (dans la rue piétonne Independencia 237 ; lun-sam 10h-18h, dim 10h-15h)* ; ou le *museo del Premio Nacional de la Cerámica Pantaleón Panduro (sur Priscilliano Sánchez 191 ; mar-sam 10h-18h, dim 10h-15h).*

Tonalá *(hors plan par C2)* **:** *bus n°s 275, 231 ou TUR Tonalá à prendre dans la rue 16 de Septiembre (plan B2), comme pour Tlaquepaque ; compter 50 mn de trajet.* Tonalá est réputé pour artisanat, en particulier ses céramiques et poteries à des prix défiant toute concurrence. Marché les jeudi et dimanche. C'est immense (2 km de long), populaire, et il y a peu de touristes. Vous pourrez faire de très bonnes affaires.

Tequila *(hors plan par A2)* **:** *à 60 km de Guadalajara. Tequila Bus ttes les 30 mn (6h-20h) au départ de l'ancienne station de bus, la Central Antigua (hors plan par D2).*
Village dédié à la boisson nationale, désormais célèbre dans le monde entier. La consommation a été multipliée par 15 entre les années 1970 et 2000 ! À tel point que la région a connu une grave crise de sous-production de l'agave bleu, dont on tire le précieux nectar (voir la rubrique « Boissons » dans « Hommes, culture, environnement »). À Tequila, pas moins de 18 distilleries, dont les deux leaders nationaux *Cuervo* et *Sauza.* Imaginez un instant que le fantasme de Salman Rushdie dans *La Terre sous ses pieds* (Plon, 1999) devienne réalité et que, à la suite d'un séisme, les rues de Tequila se transforment en fleuves d'alcool... La ville et la région, plantée d'agaves, sont inscrites au Patrimoine mondial de l'Unesco.

– **Mundo Cuervo :** *la plus vieille fabrique est située au centre de Tequila, à côté de l'église. ☎ 01-800-006-86-30. • mundocuervo.com • Visite des usines, avec un droit d'entrée : env 150 $Me ; ttes les heures, tlj 10h-17h (18h sam) ; avec dégustation à la clé.* Très touristique : boutiques, artisanat, restaurant... mais très bel espace créé par José Cuervo, pour propager la culture mexicaine.

– **Hacienda San José del Refugio :** *une autre distillerie se visite à* ***Amatitán*** *(sur la route, au km 46, le bus pour Tequila s'y arrête). ☎ 39-42-39-00. • casaherradura.com • Visite de l'entreprise Casa Herradura avec droit d'entrée : 230 $Me ; ttes les heures, tlj 10h-15h ; dim 10h-16h ; dégustation incluse.* L'hacienda est très aérée, avec une partie moderne pour la fabrication et une partie ancienne bien conservée – cour ombragée, patio, belle bibliothèque, vieux alambics, pressoirs et cuves de fermentation. On peut aussi y aller en train, avec le *Tequila Express* (*• tequilaexpress.com.mx •*) car *La Casa Herradura* propose des tours organisés au départ de Guadalajara jusqu'au terminus Amatitán. Cher, et ambiance pigeons en goguette : mariachis au départ du train, buffet traditionnel mexicain avec chanteurs et ballets folkloriques, mais quand même avec visite de l'hacienda et dégustation.

BARRA DE NAVIDAD

4 400 hab. IND. TÉL. : 315

À 60 km au nord de Manzanillo et à 275 km de Puerto Vallarta. Charmante petite station balnéaire, lovée entre la mer et une lagune. On la préfère de beaucoup à Melaque, sa voisine. Des maisons blanches, des rues pavées, des pélicans et des vagues... une ambiance paisible, troublée entre mi-novembre et fin avril par les touristes nord-américains et européens qui colonisent la ville. Barra peut servir de point de départ pour aller voir les plages des environs telle que celle de La Manzanilla.

Arriver – Quitter

En bus

Les 2 principales petites ***gares routières*** se trouvent dans le village, côte à côte, face à Oxxo.

■ ***Primera Plus :*** *Veracruz 263. ☎ 355-61-11.*

■ ***ETN :*** *Veracruz 269. ☎ 355-84-00, 50 m plus loin.* Compagnie chic.

■ ***Cihuatlán :*** *Veracruz 228. ☎ 355-52-00.* Ses bus desservent les villages de la région ainsi que La Manzanilla et Puerto Vallarta.

➢ ***La Manzanilla :*** avec *Cihuatlán,* 5 départs/j. 7h30-16h30 ; retour 1h après.

➢ ***Puerto Vallarta :*** avec *Primera Plus,* une douzaine de bus/j. en 2de classe (pratique pour s'arrêter sur la côte) et 3 bus/j. en 1re classe ; avec *Cihuatlán,* 7 bus/j. en 2de classe et 2 bus/j. en 1re classe.

➢ ***Guadalajara :*** avec *Primera Plus,* 7 bus/j. dont 4 en 2de classe 8h-20h. Trajet : 6h en 1re classe, 8h en 2de classe. Avec *ETN,* 5 bus/j. (les 3 premiers passent par l'aéroport). Trajet : 6h. Avec *Cihuatlán,* 6 bus/j. en 2de classe et 2 bus/j. en 1re classe.

➢ ***Mexico*** *(terminal Norte)* ***:*** avec *Primera Plus,* 1 départ en 1re classe à 18h. Avec *ETN,* départ à 18h30 (on voyage de nuit). Trajet : env 12h30.

Adresses utiles

🛈 ***Office de tourisme :*** *Jalisco 67. ☎ 355-51-00. • costalegre.com • Lun-ven 9h-17h.* Plan de la ville.

✉ ***Poste :*** *angle Veracruz et*

Guanajuato. Lun-ven 8h-16h, sam 9h-13h.

■ ***Banamex et Bancomer :*** *à côté de la poste.* Pas d'agences, uniquement des distributeurs.

Où dormir ?

Prix moyens (400-800 $Me / env 20-40 €)

Hotel Sarabi : *Veracruz 196. ☎ 355-82-23. • hotelsarabi.com • Parking.* Passé un porche, de jolies chambres colorées qui donnent sur une cour tranquille. Impeccables. Ventilo et TV. Une bonne adresse.

Hotel Delfin : *Morelos 23. ☎ 355-50-68. • hoteldelfinmx.com • Parking privé.* Joli petit hôtel sur plusieurs niveaux, noyé dans la végétation. Chambres coquettes, avec ventilo, donnant toutes sur une galerie faisant office de balcon commun, avec sièges et tables pour bouquiner. Très bien tenu. Adorable terrasse où prendre le petit déj. Une autre sur le toit, d'où l'on a une belle vue sur la baie. Petite piscine. Salle de fitness. Bon accueil. Un excellent rapport qualité-prix.

Où manger ? Où prendre un petit déjeuner ? Où boire un verre ?

Plusieurs restos de fruits de mer assez chers. Côté lagune pour le déjeuner, côté mer pour le coucher du soleil. Restos plus économiques dans les rues perpendiculaires à Veracruz.

De bon marché à prix moyens (moins de 300 $Me / env 15 €)

El Horno Francés : *López de Legazpi 125. ☎ 355-81-90. Tlj sf mer 7h-22h30. Fermé de début mai à mi-nov.* Les propriétaires ont atterri ici un beau jour avec leur camping-car en provenance du Canada. Coup de foudre, ils sont restés. Lui est boulanger, elle décoratrice. Christine et Émeric, tous deux français, ont ouvert une boulangerie dans ce local riquiqui. Dès 7h, de délicieux croissants et vraies baguettes sortent du four. Vous n'avez plus qu'à vous attabler en terrasse sur le trottoir, pour savourer un bon petit déj.

|●| ***El Manglito :*** *Veracruz 15 ; côté lagune. ☎ 355-81-28. Tlj 12h-20h30.* Terrasse agréable sur un bout de plage où embarquent les touristes pour se balader sur la lagune. Même carte que ses voisins mais à prix plus économiques, pour des produits de la mer d'une grande fraîcheur.

Plus chic (300-500 $Me / env 15-25 €)

|●| ***Veleros :*** *Veracruz 64 ; côté lagune. ☎ 355-59-07. Tlj 12h-22h30.* Choisir une table au bord de l'eau pour observer le ballet des *lanchas* sur la lagune et les îles en face. Excellents poissons frais. Prix selon poids. Crevettes panées ou en brochettes.

La Azotea : *López de Legazpi 152 ; au 1er étage. ☎ 355-50-29. Tlj 20h-2h.* Joli bar sur une grande terrasse couverte d'un toit de palmes. Excellents cocktails et jus de fruits. Bonne musique et chouette ambiance.

À voir. À faire

➢ Au programme : promenades dans les rues piétonnes, bronzette sur la grande plage qui borde la ville et balades en bateau sur la lagune (les prix sont affichés mais dépendent du nombre de personnes ; n'hésitez pas à négocier ferme, car pas mal d'arnaque !).

– Pour les sportifs, surf et pêche au gros.
– Allez voir aussi le christ aux bras ballants dans la petite église moderne au cœur de Barra. Lors du cyclone de 1971, ses bras sont tombés, ce qui, selon les habitants, a épargné la ville.

DANS LES ENVIRONS DE BARRA DE NAVIDAD

La Manzanilla : *à 20 km au nord de Barra.* Un petit coin très peu connu et tranquille, où des Canadiens se sont installés mais, ici, la vie reste une longue baie tranquille. Les quelques spéculateurs immobiliers ont battu en retraite devant les assauts chroniques du Pacifique, car la montée des eaux est bien là une réalité. Les pêcheurs pêchent, les crocodiles lézardent dans la lagune, les dauphins plongent à quelques mètres de la plage (bon, ça, c'est de fin décembre à fin février...). Et le samedi soir, on danse sur la place du hameau.
➢ *Pour y aller :* à Barra de Navidad, prendre un bus direct de la compagnie *Transportes Cihuatlán,* ou un bus local devant le terminal de *Primera Plus* indiquant « La Manzanilla ». Au pire, prendre un bus 2de classe pour Puerto Vallarta et demander l'arrêt au chauffeur. Il vous déposera à l'embranchement. Il reste 2 km à faire à pied ou en stop.

Pour manger, faites votre choix sur la plage : plusieurs gargotes proposent du poisson, mais leur réputation est variable. Certains restos sur la plage, comme ***Aceves,*** proposent des chambres avec cuisine.

PUERTO VALLARTA

204 000 hab. IND. TÉL. : 322

• Plan *p. 501*

En voiture ou en bus, la *carretera* 200 traverse de petits villages écrasés sous la chaleur. Chemises collant à la peau, rues défoncées, maisons basses aux toits de palmes, enseignes rouillées, *mamas* langoureusement allongées dans des hamacs et donnant le sein à leur bébé... Depuis Guadalajara, la route traverse la sierra Madre et entame sa descente vers les terres chaudes, *las tierras calientes.* Le climat et la végétation changent peu à peu, l'atmosphère devient lourde et humide, apparaissent les plantations de canne à sucre, les bananeraies et enfin les cocotiers. Pendant la saison des pluies, les averses transforment les rues en bourbier. Surgissent enfin Puerto Vallarta et son immense baie, avec sa végétation luxuriante qui dévale les collines jusqu'au bord de mer.
Près de 20 % de la population active de Puerto Vallarta est composée d'Américains et de Canadiens ! Cependant, la ville est loin d'avoir atteint les proportions d'Acapulco. Séparée en deux par une petite rivière, elle a conservé tout son charme, colonial du côté nord, plus populaire du côté sud. De toutes parts, on aperçoit les collines recouvertes de jungle épaisse.
Pour en profiter pleinement, évitez les périodes de rush, surtout Pâques et Noël.

JOHN HUSTON À PUERTO VALLARTA

Dans ses mémoires, le cinéaste John Huston écrit : « À partir de 1975, j'ai passé la majeure partie de ma vie dans l'État de Jalisco, au Mexique. Lorsque j'y suis venu pour la première fois, il y a une trentaine d'années, Puerto Vallarta était un village de pêcheurs qui comptait à peine 2 000 âmes. [...] Par la suite, je suis revenu souvent à Vallarta ; en particulier en 1963, pour y tourner *La Nuit de l'iguane.* Ce film révéla au monde l'existence de mon village, et les touristes d'accourir. » On trouve une statue du metteur en scène sur l'île Cuale.

Arriver – Quitter

Terminal des bus et aéroport *(hors plan par B1)* **:** *situés à une dizaine de km au nord de la ville.* Bien desservis par les *bus urbains* que l'on prend sur Pino Suárez, au niveau du parc Lázaro Cárdenas *(plan A3,* ***2****)* ou bien à l'angle d'Insurgentes et Madero *(plan B2).* Grimper dans un de ceux qui indiquent « Ixtapa », « Las Mojoneras » ou « Las Juntas », parfois « Aeropuerto » (le terminal des bus se trouve à 2 km au nord, après l'aéroport ; s'arrêter à la Central Gaseo, puis continuer à pied sur 300 m, à droite).

En bus

Voir la liste des principales compagnies et leurs coordonnées dans la rubrique « Transports » du chapitre « Mexique utile ».

À l'arrivée, si on veut éviter de prendre le taxi pour rejoindre le centre (tarifs affichés par zone), il faut marcher jusqu'à l'avenue principale – qui est en fait la route à 4 voies qui mène à Tepic (env 300 m) –, la traverser et prendre un bus bleu indiquant « Centro ».

À noter qu'en ville, pour aller vers le nord, le sens de la circulation passe par Insurgentes et Juárez ; pour le sud, il passe par Morelos, Vallarta, Basilio Badillo. Les bus urbains empruntent donc ce trajet.

➢ ***Guadalajara :*** très grande fréquence avec *Elite, Futura, Pacífico, Primera Plus* et *ETN.* Trajet : 6h (7h30 avec les bus 2de classe).

➢ ***Mexico*** *(terminal Norte)* ***:*** départs en milieu de journée ou le soir pour des trajets de nuit avec *Primera Plus* et avec *ETN* dont les sièges se transforment en couchette (cher, mais on arrive à dormir !). Trajet : 12h.

➢ ***Barra de Navidad :*** ttes les heures avec *Cihuatlán.* Pour les autres compagnies, voir aussi « Arriver – Quitter » à Barra.

➢ ***Los Mochis :*** avec *TAP* (1re classe), 3 bus/j., à 16h20, 19h30 et 21h10. S'il n'y a pas assez de voyageurs, la compagnie annule votre transport. Dans ce cas, prendre un bus 2de classe jusqu'à Tepic, puis un bus *TAP* (1re classe), jusqu'à Los Mochis.

Adresses utiles

- Office de tourisme
- **2** Bus urbain pour le terminal de bus et l'aéroport
- **3** Colectivo Transportes Mismaloya
- **4** Banamex
- **5** Bancomer
- **6** Laverie El Cisne

Où dormir ?

- **21** Hotel Ana Liz
- **22** Hotel Villa del Mar
- **23** Hotel Hortencia
- **24** Hotel Yazmin
- **25** Hotel Los Cuatro Vientos
- **26** Hotel Posada de Roger
- **27** Hotel Rosita

Où manger ?
Où prendre un petit déjeuner ?

- **26** Fredy's Tucan
- **40** Mercado
- **41** Dianita
- **42** Gilmar
- **43** Planeta Vegetariana
- **44** A Page in the Sun
- **45** Magna Magna
- **46** Pipi's
- **47** La Dolce Vita
- **48** El Palomar de los Gonzales
- **49** Si Señor Garden
- **51** Memo's Pancake House

Où boire un verre ?
Où sortir ?

- **60** Bar Zoo
- **62** Punto
- **63** Roxy
- **64** Pacos Ranchos

Achats

- **70** Tierra Huichol

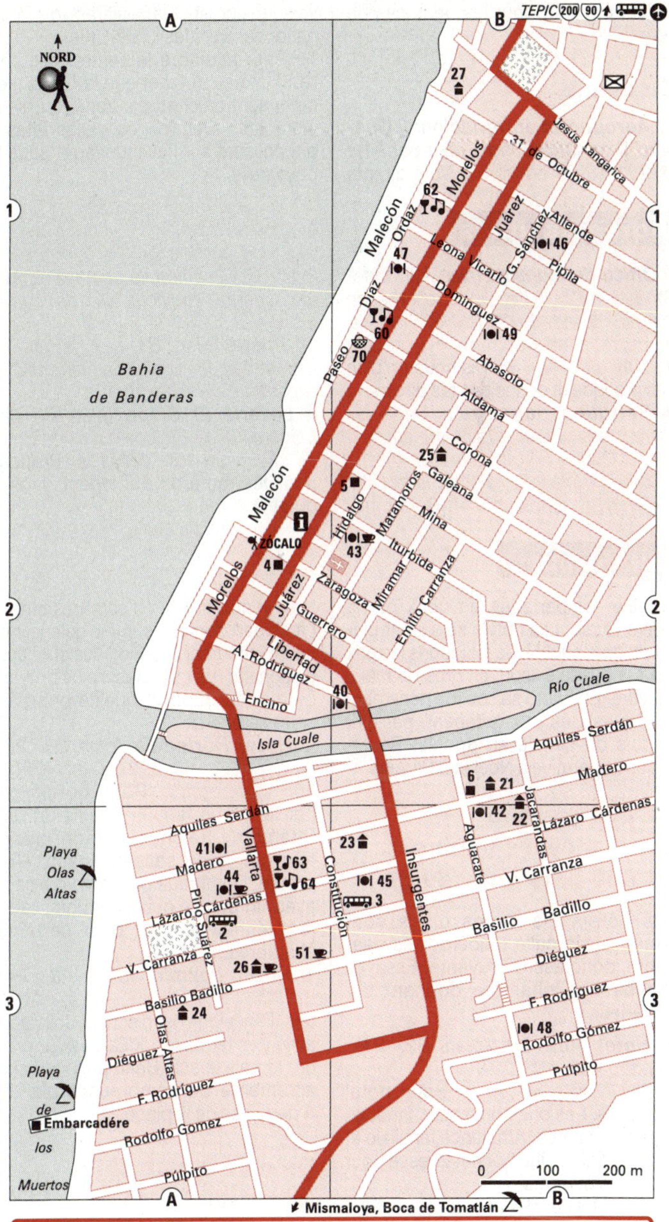

PUERTO VALLARTA

Trajet : env 14h pour les deux cas de figure.

En avion

✈ ***Aeropuerto internacional Gustavo Díaz Ordaz*** *(hors plan par B1) :* *☎ 221-13-25 ou 12-98.* Vols directs vers Mexico et Guadalajara ; vols internationaux vers les États-Unis.

➢ Pour rejoindre le centre, taxi collectif (même guichet que les taxis ; les tarifs sont affichés par zone) ou bleus indiquant « Centro » ou « Olas Altas », qui passent sur l'avenue (arrêt sous la passerelle).

Adresses utiles

ℹ ***Office de tourisme*** *(plan A2) : Independencia 123 ; à l'angle du zócalo et de Juárez. ☎ 226-09-23 (ext. 230). • visitapuertovallarta.com.mx • Lun-sam 8h-19h, dim 10h-16h.* Distribue un plan très pratique et donne des tas d'infos.

■ ***Banques, change :*** *banques regroupées autour du zócalo, au nord du río Cuale. Distributeurs de billets.* ***Banamex*** *(plan A2,* ***4****) : sur le zócalo. Lun-ven 9h-16h, sam mat.* ***Bancomer*** *(plan B2,* ***5****) : à l'angle de Mina et Juárez. Change (meilleur taux de la ville) lun-ven 8h30-16h30.*

✉ ***Poste*** *(plan B1) : à l'angle de Colombia (qui prolonge Sánchez) et Argentina. Lun-sam 8h-18h.*

■ ***Laverie El Cisne*** *(plan B2,* ***6****) : Madero 407 A. En face du resto Gilmar. Tlj sf dim 9h-15h, 16h-19h.* Pratique pour les routards qui logent dans le quartier.

Où dormir ?

La ville est partagée en deux par la rivière Cuale. Les hôtels se situent plutôt du côté sud. Nous indiquons les prix pour la basse saison, en gros de mai à octobre. En haute saison (de décembre à Pâques), les prix grimpent, passant parfois du simple au double. Réservation impérative à Noël et à Pâques.

De bon marché à prix moyens (moins de 800 $Me / env 40 €)

Les hôtels les moins chers sont situés sur la calle Madero, très passante, donc assez bruyante. Essayez d'avoir une chambre donnant sur l'intérieur.

🏠 ***Hotel Ana Liz*** *(plan B2,* ***21****) : Madero 429. ☎ 222-17-57. • hotelanalizpv@hotmail.com •* Petit hôtel tranquille. Les chambres avec fenêtres sont plus aérées. Ambiance familiale et sympathique. Une bonne adresse pour les petits budgets.

🏠 ***Hotel Villa del Mar*** *(plan B2-3,* ***22****) : Madero 440. ☎ 222-07-85. • hvilladelmar.com •* Sans doute le plus agréable de la rue, et donc souvent complet. Chambres bien aménagées, avec ventilo et point d'eau. Très propre. La plupart donnent sur une galerie intérieure entourant le patio. Plus cher avec balcon sur rue mais aussi plus bruyant. Le meilleur rapport qualité-prix dans cette catégorie.

🏠 ***Hotel Hortencia*** *(plan B3,* ***23****) : Madero 336. ☎ 222-24-84. • hotelhortencia.com •* Petit hôtel tenu par la même famille depuis un bail. Chambres fraîches, au ton orangé très gai, avec salle de bains. Très propre. Dommage que son voisinage, avec un bar de nuit à l'arrière, rende le sommeil difficile pour certaines chambres.

🏠 ***Hotel Yazmin*** *(plan A3,* ***24****) : B. Badillo 168. ☎ 222-00-87.* Attention, l'enseigne est discrète. Joli cadre, avec des terrasses, idéales pour prendre le frais le soir. Beau patio intérieur, agrémenté de nombreuses plantes. À deux pas de la plage.

De chic à plus chic (800-1 600 $Me / env 40-80 €)

🏠 ***Hotel Posada de Roger*** *(plan A3,* ***26****) : B. Badillo 237, à 200 m de la* *plage.* ☎ *222-08-36.* • *hotelposadaderoger.com* • *Doubles 45-70 US$. Parking.* Chambres impeccables. Celles sur rue ont un balcon. Piscine-terrasse au 1er niveau. Un peu bruyant, mais très agréable et d'un bon rapport qualité-prix. C'est l'un des préférés des Américains. Fait aussi bar et resto.

Hotel Rosita (plan B1, **27**) : *dans la partie nord de la ville, tt au bout du malecón (front de mer), paseo Díaz Ordaz/31 de Octubre.* ☎ *176-11-11 ou 01-800-326-10-00.* • *hotelrosita.com* • *Doubles 65-90 US$.* Très bien situé, à l'écart de l'agitation sans être éloigné. Plus d'une centaine de chambres, dont la moitié avec vue *al mar.* Spacieuses et confortables. Suite avec 3 lits de 2 personnes ; prix très intéressant à plusieurs. Ventilo ou AC. Belle piscine face à la mer, bar et resto.

Hotel Los Cuatro Vientos (plan B2, **25**) : *Matamoros 520, dans la partie ancienne de la ville.* ☎ *222-01-61.* • *cuatrovientos.com* • *Doubles 89-99 US$; suites 99-110 US$.* Cadre intime et chaleureux, noyé dans la végétation, très calme. Richard Burton, Elizabeth Taylor et d'autres stars de l'époque venaient dîner avec leurs amis au restaurant attenant, *Chez Elena,* la première propriétaire des lieux. Celui-ci (ouvert tous les soirs) est d'ailleurs réputé. Côté hébergement, les 16 chambres sont joliment arrangées dans le style rustique (terre cuite, brique...). Celles du 2e étage ont une vue magnifique sur le village et la baie (à réserver à l'avance). Petite piscine et, surtout, un superbe bar-terrasse sur le toit, qui offre un panorama exceptionnel.

Où manger ? Où prendre un petit déjeuner ?

Bon marché (moins de 150 $Me / env 7,50 €)

Sur la plage au sud de la rivière, on peut s'acheter pour quelques pesos des brochettes à déguster sur un banc ou sur la plage.

Mercado (plan B2, **40**) : *juste au nord de la rivière, au niveau du pont de Insurgentes.* Au 1er étage, plusieurs stands bien délimités. Ne cédez pas au racolage des premiers et installez-vous là où il y a le plus de monde. Le dernier au fond, dans l'angle, *Meme's,* propose une cuisine mexicaine correcte en profitant de la vue sur l'île. Plats copieux et bon marché.

Dianita (plan A3, **41**) : *Madero 243.* ☎ *429-79-32. Tlj sf dim 8h-18h.* Très bon menu pas cher du tout, servi à partir de 12h30. Simple et populaire.

Planeta Vegetariana (plan B2, **43**) : *Iturbide 270 ; entre Hidalgo et Matamoros.* ☎ *222-30-73. Tlj 8h-22h ; formule petit déj-buffet servie jusqu'à 12h.* Un végétarien situé dans le vieux Puerto Vallarta, quartier plein de charme. Joli cadre et accueil sympathique. Formule buffet à prix très serré pour les 3 repas de la journée. Très bonne cuisine.

A Page in the Sun (plan A3, **44**) : *Cárdenas 179.* ☎ *222-36-08. Tlj 7h30-minuit.* Un café-bibliothèque très convivial avec ses petites tables sur le trottoir et, à l'intérieur, ses étagères murales couvertes de bouquins, dont certains en français. On y vient pour manger sur le pouce une délicieuse salade composée ou un copieux sandwich chaud bien garni. Très bons *licuados* aux fruits tropicaux et savoureux gâteaux pour une pause sucrée. Pour le petit déj, bon café, espresso ou cappuccino. Le tout accompagné de pain grillé en feuilletant le journal du matin ou le livre que vous venez de découvrir.

Memo's Pancake House (plan A3, **51**) : *B. Badillo 289. Tlj 8h-14h.* Memo, l'aimable patron, a vécu jadis quelques années dans l'Hexagone et parle le français. Copieux petits déj composés de fruits, pancakes, gaufres à volonté dans une ambiance chaleureuse et authentique. Une bonne petite adresse.

Fredy's Tucan (plan A3, **26**) : *B. Badillo 245.* ☎ *223-07-78. Même proprio que l'*Hotel Posada de Roger *(voir « Où dormir ? »). Tlj 8h-15h.* Un bon plan pour le petit déj : plats mexicains, *huevos* et omelettes à toutes les sauces, pancakes, gaufres, *licuados* et milkshakes, etc.

Prix moyens (150-300 $Me / env 7,50-15 €)

Gilmar *(plan B3, **42**) : Madero 418. ☎ 223-97-07. Tlj 8h-23h.* Un resto sans prétention, avec une bonne cuisine mexicaine, des fruits de mer et du poisson. Petit déj-buffet copieux d'un très bon rapport qualité-prix. À l'apéritif, Benjamin, le patron, qui parle le français, vous prépare des amuse-gueules à la demande. Un resto fréquenté aussi bien par les autochtones que par les touristes.

Magna Magna *(plan B3, **45**) : Cárdenas 288. 104-82-75. Tlj sf lun 14h-22h30. Formule déj 70 $Me.* Un petit resto italien de qualité, où l'on déguste de bonnes spécialités du chef, sur place ou à emporter. Bon accueil dans un cadre chaleureux.

Plus chic (300-500 $Me / env 15-25 €)

Pipi's *(plan B1, **46**) : à l'angle de Pipila et G. Sánchez. ☎ 223-27-67. Tlj 11h-23h.* Un resto réputé pour ses savoureuses et copieuses fajitas (à la viande, aux crevettes, au poisson...) et ses inventives margaritas. Le chef aime bien associer viande et poisson ou fruits de mer dans ses spécialités. Arriver au moins 30 mn à l'avance ; le soir, c'est la cohue. Ambiance on ne peut plus animée...

La Dolce Vita *(plan B1, **47**) : paseo Ordaz 674, le malecón. ☎ 222-38-52. Lun-sam 12h-2h, dim 18h-minuit.* On s'y presse surtout pour les pizzas, cuites au feu de bois, il est vrai, délicieuses. Terrasse au 1er avec vue sur la mer.

El Palomar de los Gonzales *(plan B3, **48**) : Aguacate 425, col. Alta Vista. ☎ 222-07-95. Tlj 18h-23h. Résa conseillée.* Prendre la rue Aguacate vers la colline et monter un long escalier ardu avant d'arriver à cet élégant « pigeonnier » qui propose une délicieuse cuisine raffinée. On peut prendre aussi un taxi et redescendre à pied. Un endroit de charme. Vue splendide sur la ville et la baie. Pour assister au coucher de soleil, arriver tôt et s'installer au bord de la petite piscine en sirotant une *piña colada* puis, pour un dîner romantique, sur la terrasse au-dessus, avec toujours ce beau panorama.

Si Señor Garden *(plan B1, **49**) : Ortíz de Dominguez 274 ; à l'angle de Sánchez. 113-00-64. Tlj 11h-23h.* Accroché à une pente du vieux quartier, le resto offre dans son jardin luxuriant de romantiques petits espaces en terrasse. S'il fait frisquet, on préférera la belle salle à la présentation chic. Le tout dans une ambiance décontractée. Excellente cuisine mexicaine et métissée, gastronomique et joliment présentée. Service aimable.

Où boire un verre ? Où sortir ?

Avec la plage, c'est la 2e activité essentielle ici. Vous pouvez démarrer la soirée sur le *malecón*, autrement dit le front de mer, qui se trouve au nord de la rivière. Là, vous trouverez bien une charmante Américaine (ou un charmant Américain) qui vous indiquera la dernière boîte à la mode.

Sur le *malecón*, les bars se succèdent, avec leurs baies grandes ouvertes et leurs façades plus ou moins kitsch. Impossible de les rater : le **Punto** *(plan B1, **62**)*, qui fait aussi restaurant en terrasse à partir de 11h et bar-disco dès 20h30, ou le très branché ***Bar Zoo*** *(plan B1, **60**)*. On y danse... de plus en plus au fur et à mesure que la nuit avance. Pour ce dernier, longue file d'attente à l'entrée durant les vacances et ambiance proche de l'hystérie collective.

🍷 ♪ Dans la partie sud de la ville, l'atmosphère est plus soft. L'animation se trouve surtout calle Vallarta : quelques bars classiques avec mariachis. Allez plutôt au bar-disco ***Roxy*** *(plan A3, **63** ; Vallarta 217 ; tlj sf dim).* Bons groupes de rock et ambiance sympa. Pas de *cover* et la bière n'y est pas chère.

🍷 ♫ Quant aux gays, le plus simple pour eux est d'aller tout droit au fameux bar-disco ***Pacos Ranchos*** *(plan A3, **64** ; Vallarta 237 ; tlj sf lun-mar, shows de travestis minuit-3h).* Ou dans les bars de la même rue.

Achats

Les boutiques et les galeries d'art sont nombreuses. Certaines proposent de magnifiques objets d'artisanat huichol, notamment :

Tierra Huichol *(plan B1,* ***70****)* **:** *sur le malecón, paseo Diaz Ordaz, à l'angle d'Aldama.* 2 points de vente pour ces « Galerías museos ».

À voir. À faire

➢ ***Balade dans la ville :*** dans la partie nord, la vieille ville qui surplombe la cathédrale est pleine de charme. Rues pavées de cailloux ronds, terrasses fleuries, abondance de bougainvillées multicolores, toits de tuiles rouges et, au détour d'un escalier, de superbes vues sur la baie. En haut de la rue Zaragoza *(plan B2),* on devine à peine l'emplacement de la *Casa Kimberley,* la maison où Richard Burton et Elizabeth Taylor abritaient leur idylle.
En bord de mer, le ***malecón*** (la promenade des Anglais locale) est un point de passage obligé pour admirer le coucher de soleil et les châteaux de sable créés par des artistes.

LIEU CULTE GÉRÉ PAR DES INCULTES

Dix ans après la mort de Richard Burton, Liz Taylor vendit la Casa Kimberley *avec tout ce qu'il y avait à l'intérieur, jusqu'à ses vêtements, souvenirs trop douloureux qu'elle ne pouvait emporter. Puis la maison devint un B & B-musée. En 2009, une banque l'acquit pour en faire, paraît-il, un hôtel, alors que le maire voulait en faire un musée. La villa fut démolie, puis les travaux suspendus par décision de justice.*

Zócalo *(plan A2)* **:** au nord de la rivière, avec sa ***catedral*** coiffée d'une reproduction géante de la couronne de l'impératrice Charlotte. Du 1er au 12 décembre (le jour de la fête nationale de la Guadalupe), elle est illuminée comme un gros gâteau d'anniversaire et, le soir, les corporations de la ville viennent en procession y faire leurs dévotions.

Museo naval : *à l'angle du zócalo et de Zaragoza. Mar-ven 9h-19h30 ; w-e 10h-14h, 15h-19h. GRATUIT.* Petit musée qui expose des maquettes de caravelles et bateaux de l'époque coloniale. À l'étage, cafétéria avec vue sur la mer.

Les plages

Cette baie immense (la plus grande du Mexique) compte de nombreuses plages. Dans la ville même *(plan A3),* deux belles plages pour les flemmards, où l'on peut se baigner sans risque : la ***playa Olas Altas*** et la ***playa de los Muertos.*** Sur cette dernière, il y a un petit ***embarcadère*** *(plan A3)* pour prendre le bateau-taxi ou partir à la pêche.

Vers le sud

C'est là que se trouvent les plus belles plages. Pour s'y rendre, prendre un *colectivo* ***Transportes Mismaloya*** devant Constitución 363 *(plan B3, **3**)*. Départs ttes les 10-15 mn. Ils vont jusqu'à Boca de Tomatlán, mais s'arrêtent où vous voulez le long de la splendide route côtière.

Mismaloya : la plus célèbre, la plus touristique avec ses complexes hôteliers, ses restos de plage, et le coin favori des cinéastes. À la suite de Huston, c'est Bebel qui est venu tourner ici *Le Magnifique*. Et, plus tard, Schwarzy a joué les *Predators*, un peu plus haut dans la forêt vierge. Au bout de la plage, on ne peut plus visiter les restes de bâtiments qui apparaissent dans *La Nuit de l'iguane* : la propriété, abandonnée, est fermée ; on peut juste se balader sur le sentier côtier jusqu'à l'iguane en ciment.

➢ Si la plage vous ennuie, l'alternative consiste à partir dans les montagnes à travers la forêt vierge. La balade classique, c'est de grimper jusqu'à l'***Eden,*** un resto-bar au bord d'une rivière (fermé en janvier). On peut y aller à pied (environ 5 km) et revenir en taxi (environ 150 $Me) ; ou l'inverse. Également la possibilité de faire cette balade à cheval (compter 3h aller-retour jusqu'à l'*Eden,* trempette dans la rivière comprise).
Un petit conseil : se contenter de prendre un verre à l'*Eden.* Côté resto, c'est de la pure arnaque. Sur place, canopy au-dessus de la rivière. • *canopyeleden.mx* •

Boca de Tomatlán : *un peu plus loin sur la route, à 17 km de Vallarta.* Une charmante petite crique où il n'y a pas encore d'hôtel, uniquement quelques chambres à louer et seulement quelques paillotes où l'on déguste des fruits de mer. C'est aussi là que l'on peut prendre un hors-bord *(lancha)* pour les plages qui suivent.

Las Ánimas, Quimixto et Yelapa : trois plages idylliques auxquelles on n'accède guère qu'en bateau, et qui accueillent durant la journée les cargaisons de touristes en provenance de Puerto Vallarta. Prendre le bateau-taxi à l'*embarcadère (plan A3)* de la plage de los Muertos à 10h ou 11h, avec retour à 16h et 16h45 *(250 $Me A/R).* La solution la plus économique est d'aller en bus jusqu'à Boca de Tomatlán et, de là, prendre une *lancha* qui vous conduira à la plage de votre choix, à 10h, retour à 17h *(env 120 $Me A/R).* En haute saison, c'est très organisé ; en basse saison, on peut négocier. *Conseil :* si c'est possible, ne prenez pas le retour, vous déciderez sur place. Mais renseignez-vous auparavant pour l'heure de passage des dernières *lanchas* ; sinon, ce sera dodo sur la plage.
– ***Las Ánimas :*** c'est la plus proche (donc le moins cher pour y aller) et aussi la plus jolie et la plus tranquille. Les bateaux de croisière n'y débarquent pas trop. Belle balade à pied pour rejoindre la plage de Quimixto, en longeant la côte (1h de marche).
– ***Quimixto :*** ravissante également et déjà un peu plus fréquentée. Mais en marchant un peu, vous trouverez sans difficulté un p'tit coin désert rien que pour vous. Cascade dans la jungle à 30 mn à pied ou à cheval.
– ***Yelapa :*** la plage la plus éloignée. Depuis Puerto Vallarta, compter 45 mn en bateau-taxi. C'est la plus touristique, squattée par les Américains. On peut y loger (un hôtel sur la plage et d'autres plus modestes dans le village). Le soir, quand les bateaux touristiques sont partis, c'est très sympa.

Vers le nord

Chacala (Nayarit) : *à 2h (95 km) au nord de Puerto Vallarta, sur la route de Tepic et Guadalajara.* Un petit village de pêcheurs de 300 âmes, installé au fond d'une anse parfaite, qui s'est bien développé, avec ses restaurants en bord de mer, ses chaises longues, et ses petits hôtels au village. Malgré les touristes américains qui bronzent en écoutant une ritournelle de musiciens ambulants, le nord de cette belle plage bordée par une immense palmeraie est tranquille. Activités : trouver un pêcheur pour partir en mer, visiter les grottes sous-marines ou suivre les baleines (de décembre à février).

➢ *Pour y aller :* uniquement pour une halte sur la route entre Tepic et Guadalajara, bus jusqu'à Las Varas. Demandez au chauffeur de vous laisser avant ou après l'entrée de ce bourg, à l'embranchement pour Chacala. Il reste 9 km, en taxi collectif ou en stop. Le hameau se trouve au bout, sur la droite, vers le port.

HOMMES, CULTURE, ENVIRONNEMENT

ARCHITECTURE

Architecture précolombienne

La structure de base de l'architecture précolombienne est la pyramide. Un bon millénaire av. J.-C., les Olmèques en édifiaient déjà en terre. Quant à la célèbre pyramide du Soleil à Teotihuacán (près de Mexico), elle fut dressée dès le Ier ou IIe s de notre ère, annonçant le développement du premier centre urbain de l'Amérique centrale (autour de 100 000 habitants).

Les pyramides mexicaines n'ont rien à voir avec celles de l'Égypte ancienne. Elles n'ont pas de vocation funéraire et sont destinées à se rapprocher des dieux et/ou à démontrer la grandeur du souverain. Construites au cœur de ce qu'on appelle le centre cérémoniel, ce sont avant tout des bases sur lesquelles étaient dressés des temples. De là-haut, les prêtres accomplissaient leurs rites religieux face à la foule amassée au pied de la pyramide. Les temples ont systématiquement disparu parce qu'ils étaient construits avec des matériaux éphémères, à l'inverse des pyramides construites en pierre. Au sommet, on trouvait également des autels et des sculptures représentant les dieux.

Exception faite de la pyramide du Soleil de Teotihuacán, ce sont les Mayas qui édifièrent les plus hautes : le temple IV du site guatémaltèque de Tikal (au Guatemala) domine la forêt tropicale de ses 65 m (72 m à l'origine) et celui de Calakmul, le site rival dans le sud de la presqu'île du Yucatán, de 55 m ! Les escaliers qui mènent au sommet sont abrupts (pente de 45 à 60°). Un véritable exploit lorsqu'on considère le caractère rudimentaire des outils en pierre et le recours exclusif à la force humaine pour transporter les matériaux.

On distingue deux types d'architecture urbaine. D'une part, les centres cérémoniels regroupant, autour de vastes *plazas,* pyramides, édifices religieux et administratifs, palais où résidaient principalement les prêtres, les monarques et leur famille. D'autre part, en périphérie, les zones d'habitation où la population vivait dans des quartiers en fonction de son activité.

L'architecture servait aussi de représentation à la cosmogonie. À La Venta, les Olmèques avaient défini un plan nord-sud, de sorte que les portes des édifices s'ouvraient au lever et au coucher, dans l'axe du soleil. Ce principe a été repris par toutes les civilisations ultérieures.

Phénomène étonnant, les peuples précolombiens du Mexique ne détruisaient jamais pour reconstruire : ils « enrobaient » plutôt les monuments existants, notamment lors de l'avènement d'un nouveau souverain. C'est ainsi qu'au fil du temps, le Templo Mayor de Tenochtitlán (Mexico) en est venu à compter 11 « couches » architecturales !

Architecture coloniale

Les Espagnols ont naturellement importé au Mexique les styles architecturaux européens. Rappelons donc les différentes influences de l'architecture castillane puisque ce sont ces caractéristiques que l'on retrouve dans le Mexique colonial, parfois influencées par la culture locale. En Espagne, le XVIe s a d'abord été marqué par le gothique avant d'être rapidement influencé par la Renaissance italienne. C'est à cette époque que le style plateresque fit florès, avec une décoration rappelant le travail de l'orfèvrerie – d'où son nom, *plata* signifiant « argent » : colonnes en forme de candélabres ornementées de motifs en arabesques et surmontées de chapiteaux corinthiens, intégration de motifs floraux et de sculptures, usage ornemental de blasons héraldiques et d'enroulements... très enroulés.

Au début du XVIIe s, en contrepied à une stylisation de plus en plus épurée, voire austère (style de Herrera, architecte du palais de l'Escurial), le baroque fit son apparition. Stucs et sculptures polychromes, angelots potelés et dorés, coquillages et guirlandes, moulures végétales et balustrades entrèrent en fanfare dans les églises. Plutôt sage au début, le baroque explosa au XVIIIe s sous la forme du rococo, qui connut son apogée avec l'architecte espagnol Churriguera (1665-1725) qui laissera d'ailleurs son nom pour qualifier l'ultra-baroque : le style churrigueresque.

PLEIN LES YEUX !

Le baroque latino-américain se traduit par une architecture fastueuse et clinquante, aux décors exubérants. Pourquoi s'attacher et s'efforcer à une telle démonstration de la puissance divine ? Tout simplement pour amener les Indiens à se convertir au christianisme. Une seule solution : impressionner, émerveiller et persuader, afin que s'éveille durablement la foi.

De nombreuses façades d'églises mexicaines, superbement sculptées et chargées d'ornements, sont de magnifiques exemples du style churrigueresque, comme à Mexico, Taxco, Zacatecas, Querétaro, Guanajuato, Puebla, Oaxaca, San Cristóbal de Las Casas...

Ne pas occulter non plus l'influence arabe en Espagne jusqu'à la fin du XVe s, qui du coup se propagea jusqu'au Mexique. L'influence maure dans l'architecture tropicale de l'Amérique latine est le style mudéjar. L'utilisation des azulejos, ces fameux carreaux de faïence peints, en est une manifestation. Enfin, il y a l'influence propre des Indiens, que les colons employèrent comme artisans, surtout au début de la Conquête. Ces derniers ont utilisé leurs propres références cosmogoniques pour la décoration des églises. Et il n'est donc pas rare de voir des angelots avec des traits indigènes ou des guirlandes de fruits... tropicaux !

L'ART DES « ROTULOS »

Dans les villes mexicaines, on lit souvent, au-dessus d'une porte, ce curieux mot qui semble annoncer l'officine d'un kiné spécialisé dans les soins du genou... Il signale en fait l'atelier de ces artisans qui peignent à la main les enseignes colorées ornant les façades des commerces.

BOISSONS

Dès qu'on s'installe à la table d'un resto, une question revient : « *¿ Y de tomar ?* » (Qu'est-ce que vous prenez ?). La question se réfère à la boisson. Trois réponses possibles : *una cerveza* (une bière), *un refresco* (un soda) ou *una agua fresca* (jus de fruits allongé). Mais dans les stations touristiques, c'est à plusieurs que les serveurs se mettent pour vous poser la fameuse question et avancer une autre proposition : tequila, margarita ?

– ***La bière :*** presque une boisson nationale ! Outre la fameuse *Corona,* on connaît la *Sol,* mais il existe des dizaines d'autres marques de bière mexicaine : la *Victoria* ou la *Bohemia,* à la saveur inégalée de fleurs, la brune *Negra Modelo* ou la *Dos X* (prononcer « Dos Equis »), ou encore la *Montejo* que l'on trouve surtout dans le

Yucatán, la *León,* presque ambrée, et la *Pacífico* (surtout dans le Nord). Comme pour la tequila, les Mexicains accompagnent souvent leur bière d'un quartier de citron vert, voire d'une pincée de sel pour la faire mousser.

– Principaux concurrents de la bière, les innombrables ***sodas*** et autres boissons gazeuses inondent littéralement le marché mexicain. Les *refrescos* occupent ainsi la moitié du frigo de n'importe quelle famille. Un Mexicain consomme 200 litres de *soft drink* par an et caracole donc en tête du classement avec les Nord-Américains, en consommant à eux seuls environ 40 % du *Coca* bu dans toute l'Amérique latine... Boostés par un marketing conquérant, le *Coca-Cola* et son rival *Pepsi* règnent en maîtres, omniprésents jusqu'aux fins fonds du Chiapas ou du désert du Chihuahua. On en trouve aussi bien dans les églises des Indiens tzotziles (qui les utilisent pour provoquer des rots et ainsi expulser leurs péchés !) que sur les tables des restos chic de Polanco, dans la capitale. Cette surconsommation de boissons sucrées n'est pas sans poser un problème de santé nationale, voyant grimper la courbe de la population en surpoids : l'obésité touche aujourd'hui 40 % des Mexicains...

POUR L'AMOUR DES BULLES...

Avec près d'un demi-litre par jour en moyenne, les Mexicains sont les champions du monde toutes catégories de la consommation de soda. Faut dire que dans les restaurants, l'eau est facturée le double du Coca ! Une addiction qui pèse lourd sur la santé publique puisque, selon les études, 7 Mexicains sur 10 sont en surcharge pondérale.

– ***Les jus de fruits :*** une heureuse alternative aux *refrescos.* On les rencontre sous plusieurs formes, frais et bon marché chez les vendeurs ambulants et sur les marchés ou (moins intéressants) en bouteille, en berlingot ou en canette dans les épiceries. Les ***licuados*** sont des fruits mixés avec du lait, la version mexicaine du milk-shake.

– ***L'agua fresca :*** une autre boisson typique, appelée aussi *agua de sabor* (« eau de goût »). Elle est servie notamment avec le menu du jour dans les restos populaires. C'est tout simplement une eau purifiée d'amande ***(almendra),*** parfumée au jus de citron ou d'orange (***limonada*** et ***naranjada***), de riz et de cannelle ***(horchata)*** ou encore de fleurs d'hibiscus ***(jamaica)*** l'équivalent du *bissap* africain ou du *karkadé* égyptien. Très rafraîchissant et bon marché.

– ***L'eau :*** on ne boit pas celle du robinet, qu'on se le dise ! Elle n'est pas potable, au sens où on l'entend chez nous. Même les Mexicains évitent de la boire et achètent plutôt de grosses bonbonnes de 10 ou 20 l d'eau filtrée. Beaucoup d'hôtels en mettent à disposition à l'accueil et dans les chambres. L'eau plate se dit *agua sola...* L'eau gazeuse se dit *agua mineral.*

– Quant au ***café,*** bien que le Mexique soit producteur, il est plutôt délavé, « jus de chaussette » en bon français et *café americano* en espagnol. Heureusement, on trouve des expresso et cappuccino dans tous les bons restos et cafés des grandes villes et lieux touristiques. Une des spécialités du Mexique traditionnel est le ***cafe de olla,*** préparé dans de grandes jarres en terre et parfumé à la cannelle. Très sucré et excellent. Il est servi dans les restos populaires et sur les marchés.

– ***La tequila :*** c'est LA boisson nationale. Dès maintenant, habituez-vous au changement de genre, *tequila* est masculin en espagnol (contrairement à *Coca-Cola* qui est féminin !). Comme vous le constaterez, il y a l'embarras du choix avec plus de 500 marques et autant de bouteilles, plus originales les unes que les autres. L'important est que *el* tequila soit *reposado* ou *añejo,* c'est-à-dire

AGAVE *THE BLUES*

L'agave est une plante particulière, car elle ne fleurit qu'une seule fois dans sa vie. S'élance alors vers le ciel une hampe qui peut parfois atteindre jusqu'à 15 m de haut ! Une érection salvatrice pour les graines, mais pas pour la plante elle-même... puisqu'elle meurt tout de suite après.

vieilli dans des fûts (de 2 mois à 1 an pour *el reposado,* 1 à 3 ans pour *el añejo* et 3 ans ou plus pour l'*extra añejo*). Si vous avez l'occasion d'aller à Tequila (berceau de cet alcool, près de Guadalajara), vous apprendrez tout du processus. En tout cas, l'étiquette doit indiquer « 100 % agave » ; les autres sont à éviter. Quelques très bonnes tequilas (chères) : *Don Julio, José Cuervo, Herradura, Tres Generaciones...*
Boire la tequila est une véritable cérémonie : mettre une pincée de sel sur le revers de la main (dans le creux entre les tendons du pouce et de l'index), puis l'avaler. Ensuite, boire la tequila cul sec. Terminer en suçant un quartier de citron vert. Une autre manière consiste à la boire en alternance avec de la *sangrita* (composée de jus d'orange, jus de tomate, citron, sauce Tabasco, sauce anglaise et condiments) de la façon suivante : tequila puis *sangrita...* Mais c'est surtout en cocktail que vous la trouverez déclinée le plus souvent.
À savoir : si vous souhaitez rapporter une (ou deux) bouteille(s) en souvenir, vous aurez plus de choix dans la boutique *duty-free* de l'aéroport de Mexico, mais les prix sont beaucoup plus élevés que dans le commerce et les achats sont possibles uniquement si vous avez un vol retour direct. En cas d'escale en Europe ou aux États-Unis, tout liquide est confisqué. Idéalement, faire ses achats avant le départ, dans une distillerie, boutique spécialisée ou même en supermarché, à condition de bien emballer la bouteille et de la caler dans votre bagage en soute.
– Le Mexique est le pays des – très bons – ***cocktails.*** Le *coco loco,* mélange de coco et de rhum, surtout servi sur les plages. La *cucaracha,* mélange de tequila, d'alcool de café *(kalhua)* et d'autres liqueurs, le tout flambé. Une vraie bombe, à boire avec une paille ! Dans toutes les fêtes ou ferias, vous pourrez goûter aux *cantarritos,* mélange de tequila, jus de citron, grenadine, orange, ananas et *Squirt* (boisson gazeuse à base de pamplemousse, genre Sprite), avec du *chile* (piment) et du sel, le tout servi dans des pots en terre. Un cocktail populaire excellent. Enfin, il y a le traditionnel *cuba* (rhum et Coca-Cola), qui, au Mexique, n'est pas *libre,* l'éternelle et délicieuse *piña colada* et, bien sûr, la très mexicaine *margarita* : trois mesures de tequila, une mesure de Cointreau, une mesure de jus de citron, de la glace pilée ; et les bords du verre recouverts de sel.
– Dans la région de Oaxaca et aujourd'hui un peu partout dans tous les bars qui se respectent, la boisson à la mode est le ***mezcal*** ! Parfumé et particulièrement apprécié en digestif, c'est un alcool très fort qui monte vite à la tête ; autant le savoir. Le mezcal, comme la tequila, est un alcool d'agave, le *maguey,* obtenu à partir du cœur de ce cactus. Le titre alcoolique s'établit autour de 40°. Très souvent, on trouve dans la bouteille le *gusanito,* c'est-à-dire un ver blanc ou rouge qui vit dans le *maguey...* À croquer !

QUESTION DE GOÛT

Contrairement aux idées reçues, l'introduction du petit ver, en fait une chenille, qui flotte dans les bouteilles de mezcal, n'a rien d'une coutume ancestrale. Ce n'est qu'en 1940 qu'un certain Lozano Páez goûta le fameux breuvage, et trouva que la bestiole lui donnait meilleur goût.

– L'alcool préhispanique s'appelle le ***pulque.*** Il est fait à base de *maguey,* fermenté au lieu d'être distillé. On peut le boire nature ou fruité dans des *pulquerías,* débit de boissons traditionnellement réservé aux hommes... C'est le seul alcool qui existait au temps des Aztèques, qui avaient, à de très rares occasions, le droit de boire (en dehors de ces moments,

PROHIBITION SÉLECTIVE

Les Aztèques produisaient le pulque *grâce à la fermentation de l'agave. Très conscients du danger des effets de cet alcool fermenté, les gens du peuple étaient autorisés à en boire seulement à partir de... 50 ans (leur espérance de vie était inférieure !). Deux castes faisaient exception : les nobles et les prêtres ! Ben voyons.*

s'enivrer était puni de mort...). Le *pulque,* c'est un peu comme l'absinthe des surréalistes, il enivre plutôt qu'il ne soûle.
– Les ***vins*** mexicains sont nombreux et proviennent, pour la plupart, de Basse-Californie et de l'Hidalgo. Ceux qui sont de bonne qualité demeurent assez coûteux. On dénombre aujourd'hui au Mexique pas moins de 300 étiquettes.

CINÉMA

Le Mexique, source d'inspiration pour Hollywood

Avec ses révolutions, ses bandits de grand chemin et ses généraux idéalistes et autres malfrats mal rasés, le Mexique passionna très tôt les metteurs en scène de Hollywood. Dès 1912, ceux-ci franchirent le río Grande avec Raoul Walsh et son projet de film *La Vie de Villa,* qui donna naissance à l'extraordinaire épopée des westerns mexicains. Pancho Villa et ses hordes de bandits, avec sombreros et cartouchières en bandoulière, chevauchant sans répit les sierras et les déserts, devint le héros principal de ces « West movies » des tropiques. Le mythe dépassa vite le personnage, à tel point qu'il attira tous les grands du cinéma, d'Eisenstein (*¡ Qué viva México !,* 1931) à Sergio Leone (*Il était une fois la révolution,* 1971) en passant par John Ford (*Dieu est mort,* 1947), Louis Malle (*Viva Maria,* 1965) et Sam Peckinpah (*La Horde sauvage,* 1969).

PANCHO VILLA ET HOLLYWOOD

Pour gagner la révolution, Pancho Villa avait besoin de séduire l'opinion publique américaine. Il signa un contrat avec le grand producteur D. W. Griffith qui autorisa une équipe à le filmer lors de ses attaques contre les propriétaires terriens. Le film sortit, mais Pancho Villa n'alla jamais le voir. Depuis, les bobines ont disparu...

Son rival, Emiliano Zapata, n'inspira quant à lui que Kazan en 1952 (*¡ Viva Zapata !*) avec, aux côtés d'Anthony Quinn, un Marlon Brando inoubliable dans le rôle de Zapata. Un nouveau *Zapata,* du réalisateur mexicain Alfonso Arau, est sorti en 2004, mais, trop romanesque, le film fit un flop.
Bizarrement, l'épopée de Cortés, sans doute trop éloignée des poncifs nord-américains, n'intéressa pratiquement personne. Cependant, *La Controverse de Valladolid,* de Jean-Daniel Verhaeghe avec Jean-Pierre Marielle, Jean-Louis Trintignant et Jean Carmet ; ou *1492,* avec Gérard Depardieu, donnent une certaine idée des rêves des conquistadors et des souffrances endurées par les populations locales. Enfin, *También la lluvia* (2011), d'Icíar Bollaín avec Gael García Bernal, même s'il ne se déroule pas au Mexique, s'essaie avec justesse à faire entrer en résonance colonisation d'hier et néocolonialisme d'aujourd'hui, guerres indiennes contre les conquistadors et luttes sociales indigènes.
Le cinéma mexicain connaît son « âge d'or » de 1935 à 1958. Leader mondial sur le marché des films en langue espagnole, il inonde le continent latino-américain et produit davantage de films que les États-Unis. Les réalisateurs mexicains bénéficièrent de l'effervescence culturelle et d'une certaine stabilité politique pour réaliser quelques grands classiques, fondateurs de l'industrie cinématographique nationale. Cette période est marquée par les films des réalisateurs Fernando de Fuentes, Emilio Fernández et Miguel Zacarías.
Au milieu du XXe s, expression d'une longue histoire d'échanges culturels avec la France, le cinéma mexicain adapta plusieurs œuvres de la littérature française (Dumas, Daudet, Hugo, Maupassant...) : *Le Comte de Monte-Cristo* de Celestino Gorostiza (1941), *La Femme sans âme* de Fernando de Fuentes (1943), *Les Misérables* de Fernando A. Rivero (1943)...
Le Mexique a servi également de toile de fond à quatre chefs-d'œuvre internationaux : *Los Olvidados,* de Buñuel (1950), qui retrace la vie des enfants pauvres des faubourgs de Mexico ; l'inoubliable *Nuit de l'iguane* (1963), de John Huston,

avec Richard Burton et Ava Gardner, qui mit fin définitivement à la tranquillité du lieu de tournage, le petit village de pêcheurs de Puerto Vallarta ; *Au-dessous du volcan* (1983), du même metteur en scène, tiré du roman culte de Malcolm Lowry, avec Albert Finney et Jacqueline Bisset, qui a pour cadre la ville de Cuernavaca. Enfin le plus récent, *Traffic,* de Steven Soderbergh, oscar du meilleur réalisateur en 2001, sur la corruption et les difficultés du démantèlement des cartels de la drogue, servi par Michael Douglas, Catherine Zeta-Jones et Benicio del Toro.

La « nouvelle vague » du cinéma mexicain

En crise dès 1960, le secteur montre un certain renouveau depuis les années 2000. Cette « *buena onda* » ou « nouvelle vague » permet aujourd'hui au Mexique d'être l'un des plus développés d'Amérique latine, notamment grâce à un regain de créativité, l'émergence de jeunes réalisateurs talentueux, et la venue de capitaux. Même si la production reste faible, ce « nouvel âge d'or » affiche des films d'auteur de qualité qui portent un regard aiguisé et sans concession sur la société mexicaine moderne, ses tabous, ses contradictions et sa violence. Des films au caractère social marqué envahissent les écrans. Leur réalisme est brutal et parfois insoutenable, comme *De la calle,* qui décrit la violence de la vie des enfants des rues à Mexico, ou *Amar te duele,* qui évoque douloureusement le racisme de classe.
Après des années de censure ou d'autocensure, les cinéastes mexicains s'en donnent à cœur joie, dénonçant les abus de pouvoir : la corruption du monde politique avec *La Ley de Herodes,* la corruption de la police avec *Todo el Poder,* l'hypocrisie de l'Église et ses collusions d'intérêt avec les narcotrafiquants dans *Padre Amaro,* un film dérangeant et l'un des plus grands succès du box-office mexicain de ces dernières années. L'un des acteurs du film, Gael García Bernal, à la fois acteur et réalisateur (on se souvient de lui dans *Carnet de Voyage,* où il incarne le jeune Ernesto Guevarra) est devenu du coup la coqueluche du cinéma mexicain. Membre du jury officiel au Festival de Cannes 2014, il incarnera un candidat à l'émigration vers les États-Unis dans *Desierto,* le film d'une brûlante actualité portée à l'écran en 2016 par Jonás Cuarón (le fils d'Alfonso), avant de camper le rôle du commissaire chargé de traquer Pablo Neruda dans les années 1950, dans le film *Neruda* du réalisateur chilien Pablo Larrain, sorti début 2017.
Ainsi, depuis 2000, la nouvelle vague mexicaine a-t-elle commencé à recevoir ses premiers galons : le film d'Alejandro González Iñárritu, *Amores Perros (Amours chiennes)* – où s'illustre aussi García Bernal –, a remporté le prix de la Quinzaine des réalisateurs à Cannes. Réalise le très beau *21 grammes*, puis récidive en 2006 avec *Babel* (prix du meilleur réalisateur), bouclant ainsi sa trilogie. Son film suivant, *Biutiful* (2010), toujours aussi noir, est servi par l'acteur espagnol Javier Bardem. Suivront *Birdman,* oscar du meilleur film en 2014 et César du meilleur film étranger en 2016, et *The Revenant,* en 2016, avec Leonardo DiCaprio, qui a reçu l'oscar du meilleur acteur pour ce film. Notons enfin, qu'à l'image d'Iñárritu, d'autres cinéastes mexicains ont quitté le Mexique pour Hollywood. C'est le cas de Guillermo del Toro, avec *Le Labyrinthe de Pan,* une coproduction mexicano-espagnole, ou encore d'Alfonso Cuarón, avec *Harry Potter et le prisonnier d'Azkaban* et *Les Fils de l'homme...* et qui collecta pas

ARRÊTEZ CE CINÉMA !

Joaquín Guzman, alias « El Chapo », boss du cartel de Sinaloa, était en cavale depuis plusieurs mois quand il prit contact avec Hollywood en vue de faire un film sur sa vie mouvementée. Sean Penn l'a même rencontré en octobre 2015. Selon les autorités mexicaines, cette rencontre et les nombreux échanges de courriels qui ont suivi auraient permis à la police de le localiser et de lui remettre le grappin dessus !

moins de 7 Oscars avec *Gravity*. Notons quand même que ce dernier est de retour dans son pays natal depuis fin 2016, pour y tourner son 8e long métrage.

Filmographie

Quelques films à visionner avant ou après votre voyage.

– ***Los Olvidados*** (Luis Buñuel, 1950) **:** le chef-d'œuvre du cinéaste espagnol, réfugié au Mexique. Un drame social au cœur des bidonvilles de Mexico, où l'on suit une bande d'ados qui s'organise pour survivre en commettant divers pillages.

– ***La Nuit de l'iguane*** (John Huston, 1964) **:** avec Richard Burton, Ava Gardner et Deborah Kerr. Un pasteur alcoolique et lubrique est déchu et doit se reconvertir en guide de voyage pour vieilles Américaines. Les affrontements et les frustrations des unes et des autres finiront en un huis clos intense dans un hôtel de la côte pacifique près de Puerto Vallarta.

– ***Amores Perros*** (« Amours chiennes », Alejandro González Inárritu, 2000) **:** à Mexico, de nos jours, un accident de la circulation sert de fil conducteur à trois histoires parallèles où se mêlent la violence, le sexe et le désespoir.

– ***Y tu mamá, también*** (Alfonso Cuarón, 2001) **:** drame au cœur de l'adolescence de deux jeunes des classes aisées. Un gros succès commercial au Mexique. Un des premiers rôles importants de l'acteur Gael García Bernal.

– ***Frida*** (Julie Taymor, 2003) **:** avec Salma Hayeck dans le rôle-titre, la vie mouvementée de Frida Kahlo qui se distingua par son œuvre surréaliste, son engagement politique en faveur du communisme et sa bisexualité. Le film relate également ses relations tumultueuses avec son mari, le peintre Diego Rivera, et sa liaison secrète avec Léon Trotski.

– ***Le Labyrinthe de Pan*** (Guillermo del Toro, 2006) **:** film fantastique magnifique et funèbre, inspiré d'un conte de fées, qui se déroule peu après la guerre d'Espagne. Le film a reçu notamment trois oscars (meilleure photographie, direction artistique et maquillage) et sept prix Goya (les récompenses espagnoles).

– ***La Zona*** (Rodrigo Pía, 2008) **:** un cambriolage dans les beaux quartiers tourne mal. Au lieu de faire appel à la police, les habitants choisissent de faire justice eux-mêmes. Une exacerbation de la paranoïa urbaine.

– ***Post Tenebras Lux*** (Carlos Reygadas, 2012) **:** un couple et leurs enfants quittent Mexico pour s'installer à la campagne et appréhendent cette nouvelle vie. Prix de la mise en scène au Festival de Cannes 2012.

– ***Desierto*** (Jonás Cuarón, 2016) **:** un groupe de migrants en route pour les États-Unis devient la cible d'un chasseur en plein désert. Commence alors pour eux une traque sans merci.

CUISINE

Une reconnaissance importante

Pour l'Unesco, qui l'a inscrite en 2010 sur la liste représentative du Patrimoine immatériel de l'humanité, la ***cuisine traditionnelle mexicaine*** est un modèle culturel complet qui rassemble de longue date des pratiques agricoles, des techniques culinaires et des coutumes communautaires ancestrales.

Le système culinaire mexicain est basé sur le maïs, les

POURQUOI « TOMATE » SE TRADUIT EN ITALIEN PAR *POMODORO* ?

Les grands navigateurs découvrirent la tomate chez les Aztèques. Elle avait bien la forme d'une pomme et valait le prix de l'or parce qu'elle était particulièrement difficile à conserver. D'où son nom : pomme d'or. En italien, le nom est resté.

haricots et le piment *(chile)*. S'y ajoutent des ingrédients autochtones, parmi lesquels des variétés de tomates, de courges, d'avocats, de pommes de terre, ainsi que du cacao et de la vanille. Ensuite, il y a des méthodes agricoles uniques telles que la *milpa* (cultures par rotation sur brûlis), la *chinampa* (culture artificielle en zone lacustre), mais aussi des procédés de cuisson particuliers, comme le décorticage du maïs à l'eau de chaux (ce qui augmente sa valeur nutritive) et l'usage d'ustensiles comme la pierre meulière et le mortier en pierre.
La cuisine mexicaine est également chargée de symboles, *tortillas* et *tamales* à base de maïs faisant partie intégrante des offrandes le jour des Morts.

Pratiques quotidiennes

Les Mexicains sont des pros du petit déj *(desayuno)*, qui est servi de 8h à 12h-13h dans la plupart des restos... en version *continental* (jus de fruits, café, petits pains ou toasts et marmelade), *americano* (même chose avec des œufs – *al gusto* – en plus) ou *mexicano*. Dans ce dernier cas, les œufs – qui sont la pièce maîtresse du petit déj – sont préparés avec de la tomate, du piment, des oignons, et toujours accompagnés des éternels *frijoles* (haricots rouges en purée). À noter, une spécialité pour les couples, les *huevos divorciados*...
On déjeune ensuite entre 14h et 16h30. Pour ceux qui se sont contentés d'un petit déjeuner léger, c'est le repas le plus important de la journée, comme en atteste la *comida corrida*, servie dans la plupart des restos. Le soir, ces mêmes restos ne proposent que des plats à la carte, jusqu'à 21h-22h, plus tard dans les grandes villes ou les stations balnéaires. Mais en réalité, chez eux, les Mexicains ne mangent guère au dîner. Ils déjeunent tellement tard qu'ils se contentent généralement d'un en-cas en soirée. Que ces horaires ne vous inquiètent pas : dans la pratique, les Mexicains n'ont pas vraiment d'heure fixe pour manger. On grignote dès qu'on a faim, c'est-à-dire à toute heure du jour. De fait, beaucoup de restos sont ouverts en continu.

Les restaurants

On trouve au Mexique des adresses pour tous les budgets et tous les goûts. Du moins cher au plus chic :
- les ***puestos,*** petits bouis-bouis ambulants qui proposent des tacos, des *quesadillas* ou des *tortas* (sandwichs) ;
- dans chaque ville, il y a un ***mercado de la comida*** à l'intérieur du marché principal, concentration de petits comptoirs (les *comedores*) qui servent une nourriture typique et bon marché ;
- les ***fondas,*** petits restos traditionnels qui servent des menus complets le midi, la fameuse *comida corrida* : soupe, plat de résistance avec riz et *frijoles* (haricots rouges), dessert, le tout accompagné d'une *agua fresca*... C'est généralement familial, bon et pas cher ;
- Enfin, il y a une grande variété de ***restaurants*** : outre les restos ordinaires ou classiques, un nombre croissant d'établissements plus chic proposent une « nouvelle cuisine mexicaine » ou internationale, sans oublier les restos italiens, les pizzerias, les japonais, quelques chinois *(chifas)* et les inévitables fast-foods.

La patrie du *xocoatl*

Lorsque le conquistador Hernán Cortés rencontre pour la première fois un *cahuaquahitl* (cacaoyer), se doute-t-il qu'il va faire déferler sur le monde une redoutable et délicieuse friandise : le chocolat ? Le cacao servait à préparer le *xocoatl* (d'où « chocolat »), une boisson d'origine divine, aphrodisiaque et fortifiante. Moctezuma en était tellement friand qu'il en aurait bu une cinquantaine de tasses par jour ! Initialement, les Aztèques grillaient les fèves, les pilaient et les mélangeaient dans une marmite avec de l'eau, du poivre, du gingembre, du piment, de la cannelle et du miel. Le tout était porté à ébullition et battu fortement pour obtenir une mousse onctueuse à laquelle on ajoutait du jus de maïs.

Cette exquise boisson était réservée aux riches et aux seigneurs. Car qui d'autre aurait songé à boire son argent ? En effet, les fèves de cacao servaient de monnaie dans tout l'Empire aztèque. À titre d'exemple, un esclave valait 100 graines de cacao. On a même retrouvé des falsifications : des cabosses de cacao vidées de leurs graines et remplies de terre !

DU BREUVAGE DES DIEUX AU PÉCHÉ GOURMAND

Introduite en Espagne par Cortés, la boisson au chocolat n'est plus épicée comme celle dont Moctezuma en raffolait jadis, mais additionnée de sucre. Dès le XVIe s, elle connaît un succès grandissant à la cour, à tel point que l'Église menaça d'excommunier les gourmand(e)s. Au XVIIe s, le cardinal Bracaccio affirma que le chocolat, comme le vin, pouvait être consommé pendant le jeûne. Voilà pourquoi il se répandit si vite dans toute l'Europe.

Bien avant les Aztèques, les Mayas cultivaient déjà le cacao et savaient même préparer le beurre de cacao, qui servait de remède et de crème hydratante.

Cortés, fasciné par cette graine-argent, développa les plantations de cacao et en envoya régulièrement à la cour de Charles Quint. Il ne restait plus qu'à introduire des reines espagnoles en France pour populariser le nouveau produit, ce qui fut fait avec l'infante d'Espagne Anne d'Autriche, lorsqu'elle épousa Louis XIII, et avec Marie-Thérèse, qui convola avec le jeune Louis XIV (on disait d'elle qu'elle avait deux passions : le roi et le... chocolat). On lui trouva même à l'époque des vertus thérapeutiques. La marquise de Sévigné écrivait à sa fille : « Je veux vous dire, ma chère enfant, que le chocolat vous flatte un temps, puis vous allume tout d'un coup d'une fièvre continue... » Cette excellente attachée de presse y gagna sûrement, ce jour-là, l'honneur de donner son nom à l'une des plus prestigieuses boutiques de chocolat parisiennes !

Pas de cuisine mexicaine sans *chile*

Vous n'y couperez pas ! À un moment ou à un autre, vous aurez la bouche en feu ! Pas de panique, ce n'est qu'un peu de capsaïcine. C'est la substance qui confère son piquant au *chile*, le fameux piment mexicain. Il paraît qu'il y en a plus de 250 variétés ! Les Aztèques en avaient bien compris les enjeux. Ils les classaient en trois catégories : brûlant, très brûlant et... brûlant à se sauver en courant !

LE PIMENT, CET INCONNU

Le « piquant » n'est pas une saveur, car il n'agit pas sur les papilles mais sur les nerfs. La sensation est donc une douleur dont l'intensité est graduée de 1 à 10 selon l'échelle de Scoville. Il est fort utilisé dans les cuisines tropicales, car c'est un bactéricide, et il réduit les infections intestinales. Pour l'atténuer, ni eau ni pain mais... du lait.

Le plus « doux » est le *chile Poblano*, qu'on utilise farci de viande. L'un des plus forts est le *chile Tabasco*, originaire de l'État du même nom au sud-est du Mexique, et ingrédient majeur de la célèbre sauce inventée en 1868 en Louisiane.

N'hésitez pas à manger épicé. Cette nourriture est parfaitement adaptée au pays : elle fait transpirer, élimine les toxines et chasse les moustiques. Et les piments désinfectent, en plus d'être une bonne source de vitamines A et C. Les Mexicains s'en servent également pour guérir la *cruda* (gueule de bois) ! Bon à savoir : les *chiles* les plus brûle-gorge sont souvent les plus petits.

Quelques plats courants

Certains plats parmi les plus typiques ont une origine précolombienne. Riche et variée pour les uns, un peu lourde ou trop épicée pour les autres, la cuisine mexicaine vous plaira... ou pas. Dans le centre du pays, on pourrait dire qu'il s'agit d'une cuisine de paysans pauvres, à base de farine de maïs, qui peut atteindre un certain raffinement. Au Yucatán, les saveurs deviennent plus variées. Dans le Nord, on mange de bonnes viandes bovines, et sur les côtes beaucoup de poisson et quelques fruits de mer... Commençons par la base de tout : la *tortilla.*

La tortilla

C'est la base de la cuisine mexicaine et elle accompagne la plupart des plats, à l'égal de notre pain. Préparée avec des grains de maïs (ou plus rarement de blé) détrempés dans une mixture de chaux et d'eau, on lui donne la forme d'une galette. Les tortillas sont utilisées pour la confection des tacos, enchiladas, *quesadillas*... en fait un nombre impressionnant de plats. Traditionnellement, elles sont faites à la main et c'est d'ailleurs tout un spectacle que d'observer les femmes prendre une boule de pâte, l'aplatir avec les paumes avant de la mettre à cuire sur le *comal* (la plaque chauffante). Dans les villes, les Mexicains les achètent toutes faites, à la *tortillería* ou, pire, au supermarché, sous vide.

> ### *BURRITO*
>
> *Dans les années 1910-1920, Juan Méndez eut l'idée d'enrouler la nourriture dans une tortilla, et de livrer sa cuisine à l'aide d'un petit âne* (burrito). *Le bouche-à-oreille fonctionna si bien que bientôt, tout le Mexique voulut essayer la spécialité du* burrito *! Ainsi naquit l'un des plats les plus populaires du Mexique.*

Les plats les plus communs

Incontournables de la cuisine populaire, on désigne ces petits plats sous le nom générique d'*antojitos.*

- ***Le taco :*** c'est une tortilla garnie de viande de bœuf, de porc, de poulet, de foie ou encore de cervelle. Le sandwich du Mexicain, quoi ! À goûter absolument : le ***taco al pastor,*** qui s'inspire du *shawarma* (kebab) moyen-oriental. C'est un taco garni de viande de porc (cuite à la broche) avec de l'ananas, de l'oignon et du *cilantro* (coriandre). Délicieux !
- ***L'enchilada :*** tortilla fourrée de bœuf ou de poulet, avec du fromage, mijotée dans une sauce au piment, avec de la tomate et des oignons. Il y a des enchiladas *verdes* ou *rojas,* en fonction du piment utilisé. Ne vous laissez pas abuser par le code couleur, les vertes sont plus fortes que les rouges. Les enchiladas *suizas* sont servies nappées de crème aigre et de fromage fondu.
- ***La quesadilla :*** tortilla garnie au choix de fromage, viande, champignons, *flor de calabaza* (fleur de courgette), cervelle... Elle peut être frite dans l'huile ou simplement cuite sur une plaque.
- ***Le chicharrón :*** sorte de chips géante que l'on trouve sur tous les marchés. C'est en fait de la peau de cochon séchée au soleil puis frite dans l'huile.
- ***Le guacamole :*** purée froide d'avocat écrasé, additionnée d'oignons et de coriandre fraîche, relevée d'une pointe de piment, et arrosée d'un filet de citron vert. Un vrai délice quand il est bien préparé !
- ***Les chilaquiles :*** morceaux de tortilla frite avec des oignons, du fromage râpé, du *chile* rouge et de la crème fraîche.
- ***Les gorditas :*** « petites grosses » en bon français. Petites galettes épaisses, nature ou fourrées au fromage, à garnir de l'accompagnement de son choix (viande, œufs, guacamole...). Idéal pour combler un petit creux.
- ***Les burritos :*** de la viande, des haricots, des oignons, des épices, du piment et des légumes enroulés dans une tortilla de farine de blé. S'il est frit, le *burrito* devient ***chimichanga.***

Autres plats traditionnels

– ***Le nopal :*** les feuilles de nopal (variété de cactus *Opuntia,* comme le figuier de Barbarie) se mangent crues en salade, bouillies ou frites (sans les épines, évidemment !). Goût à mi-chemin entre le haricot vert et l'artichaut.

– ***Les soupes :*** tout repas mexicain commence par une soupe. Il en existe de toutes sortes et elles sont généralement très bonnes. Les plus connues sont peut-être la *sopa azteca,* avec des morceaux de tortilla frite et du fromage ; et le *pozole,* soupe traditionnelle avec maïs, viande de porc (ou parfois de poulet) et pois chiches. Cette dernière est appréciée des Mexicains, qui se retrouvent souvent le jeudi dans des restos spécialisés (le jeudi, c'est *pozole* !). À essayer absolument.

MAIS D'OÙ VIENT LA DINDE ?

N'étant pas très fort en géographie, Christophe Colomb était persuadé d'avoir découvert l'Inde quand il débarqua en Amérique. D'où le nom de ces poules d'Inde, qu'il rapporta en Espagne. Les Anglais, qui aiment se distinguer, appellent ces volailles... turkey *! Ils les confondaient avec la pintade originaire de Turquie.*

– ***Les tamales :*** sortes de papillotes à base de semoule de maïs, de piment, de viande en ragoût, le tout cuit à la vapeur dans des feuilles d'épi de maïs ou de bananier. Salé ou sucré. Là encore, un plat traditionnel très apprécié.

– ***Les tortas :*** sandwich ovale, servi chaud, avec une base toujours identique d'avocat, de *frijoles,* de fromage fondu, de salade, d'oignons, de *chiles,* et qui peut être garni de poulet, de jambon, de viande panée... Très consistant, pas cher et très bon.

Quelques spécialités

– ***Huachinango a la veracruzana*** *(façon Veracruz)* **:** filet de vivaneau (le *red snapper* anglais) cuit avec des piments, des oignons, des olives et des tomates. Ça ressemble à la daurade.

– ***Chile en nogada :*** c'est un gros poivron farci à la viande hachée, avec des raisins secs et une sauce à base de noix pilées. Ne se mange qu'en été et à l'automne ; en dehors de ces saisons, vous n'en trouverez que dans les restos éminemment touristiques.

La légende raconte que le *chile en nogada* a été inventé en 1821 par des religieuses de Puebla en l'honneur d'Agustín de Iturbide (l'empereur éclair du Mexique). Il reprend les trois couleurs du drapeau mexicain : vert (le poivron), blanc (la sauce) et rouge (les graines de grenade qui saupoudrent le plat). Dieu, que leur avait donc fait cet empereur ?

– ***Mole poblano :*** la grande spécialité de Puebla. C'est avant tout une sauce, totalement baroque, à base de cacao, d'amandes et de dizaines d'autres ingrédients dont, bien sûr, différents piments. Elle accompagne généralement un morceau de poulet. À Puebla, on en trouve facilement en pot, pour essayer chez soi !

– ***Mole oaxaqueño (ou mole negro) :*** le *mole* de Puebla, mais version Oaxaca. La sauce est noire : c'est la réduction d'une purée de poivrons avec du millet, des oignons et des bananes caramélisés.

– ***Gusanos de maguey :*** petits vers (!) que l'on trouve sur le *maguey,* variété d'agave. Servis rissolés avec du sel et du citron à l'heure de l'apéritif ou en entrée. Bon, mais c'est un plat que vous trouverez plus dans les grands restaurants que dans les *cantinas.*

– ***Escamoles :*** œufs de fourmis préparés avec une sauce de piments et de tomates vertes, et dont les Aztèques se délectaient à l'apéritif. Pas souvent à la carte...

- ***Chapulines :*** sauterelles grillées et servies avec quelques gouttes de citron. Il y en a des petites et des grandes, à vous de choisir. Sous la dent, ça craque comme des pralines. Rien que d'y penser, on en a l'eau à la bouche !
- Sur la côte, on déguste le délicieux ***ceviche,*** du poisson cru macéré longtemps dans du jus de citron, avec oignons et tomates. Proche du *ceviche,* une marinade épicée de fruits de mer ou de poisson, servie dans du jus de fruits ou un soda sous forme de ***cockteles,*** sucrée, salée ou pimentée. Un genre d'apéro où les amuse-gueules seraient tombés dans le verre, quoi !
- ***Cochinita pibil :*** une spécialité du Yucatán. Lanières de porc marinées dans une sauce à base de jus d'orange amère, d'ail et de cumin, puis cuisinées à l'étouffée dans une feuille de bananier. La plupart du temps servi dans une tortilla.
- ***Poc chuc :*** tranches de porc grillées, là encore marinées dans un jus d'orange amère, et accompagnées de haricots, d'oignons et d'une sauce tomate. Une spécialité du Yucatán.
- ***Papadzules :*** tacos mous, farcis avec des œufs durs et nappés de sauce tomate et graines de courge. Au Yucatán également.
- ***Dzotobichay :*** *tamal* enrobé dans des feuilles de *chaya* (l'épinard des Mayas) farci aux œufs durs et cuit au bain-marie. Une autre spécialité yucatèque.
- ***Barbacoa :*** l'ancêtre du barbecue (*barbacoa* prononcé à l'américaine !). Une viande de mouton cuite au fond d'un trou, dans des pierres chauffées à blanc pendant 24h.
- Ne cherchez pas désespérément le ***chili con carne,*** c'est une spécialité purement texane.

LA RÉCOLTE DES *ESCAMOLES*

On trouve les escamoles dans des grottes, entre février et mai. Après s'être bouché les narines et les oreilles, les « récoltants » pénètrent tout nus dans la grotte, et leur corps se couvre alors de milliers de fourmis qui y déposent leurs œufs. À la sortie, leurs camarades n'ont plus qu'à les balayer avec des branchages pour récupérer les petits œufs blancs.

Les fruits

Le Mexique est le paradis des fruits tropicaux : ananas, bananes (les plus petites sont les meilleures), mais aussi papaye *(papaya),* mangue *(mango),* goyave *(guayaba)* ; et d'autres moins connus comme la *mamey,* le *chico zapote* (sapotille), le *guanábano* (corossol), la *chirimoya* (pomme-cannelle), la *tuna* (figue de Barbarie), etc., en plus de tous les fruits classiques. On conseille, bien sûr, de peler les fruits ou de désinfecter ceux que vous achetez sur le marché. Les fruits achetés au supermarché n'ont besoin que d'un bon lavage.

CURIEUX, NON ?

- Plus encore que le drapeau national, c'est la Vierge de la Guadalupe qui représente le vrai symbole de l'unité mexicaine. Objet de consensus dans tout le pays, toutes classes confondues (lire plus loin « Religion »).
- Un étrange rapport unit les Mexicains avec la mort *(muerte),* qu'ils ont baptisée de multiples noms : la *flaca* (la maigre), la

¡ TRANQUILO !

L'unité de temps des Mexicains, c'est le fameux mañana *(demain), utilisé des dizaines de fois par jour, et qui signifie souvent dans 2 ou 3 jours... voire 1 semaine ! Et si, parfois, vous entendez un* ahorita *(dans un instant), ce n'est qu'une façon de parler...*

catrina... Le Mexique est probablement l'un des seuls endroits au monde où l'on peut habiter Barranca del Muerto (précipice du Mort), faire son jogging sur calzada del Hueso (avenue des Os) ou boire une tequila au bar *La Calavera* (Le Squelette). La fête des Morts est aussi un voyage au plus profond de l'identité mexicaine.
– À la campagne et dans les milieux populaires, la fête la plus importante est celle des 15 ans, véritable rite de passage entre l'état de jeune fille et celui de femme. Sans doute un résidu de la tradition du premier bal des jeunes donzelles de l'aristocratie espagnole à l'époque coloniale.
– Les Mexicains sont les rois des formules de politesse. Outre l'expression *¡ Es tu casa !* (littéralement « c'est ta maison ! »), une phrase que les Mexicains répètent à loisir et qui en dit long sur leur sens de l'hospitalité, le langage est émaillé de tournures courtoises et dramatiquement soumises, du type : *¿ A sus órdenes. En qué le puedo servir ? ¡ Que Dios le bendiga !* Ce qui donne : « À vos ordres. En quoi puis-je vous servir ? Que Dieu vous bénisse ! »
– De peur que cela n'embrase les foules, au Mexique, un décret interdit la vente d'alcool la veille des élections et des fêtes nationales. C'est la *Ley seca,* littéralement la loi sèche... Évidemment, l'avant-veille, les magasins sont pris d'assaut !
– Sous toutes ses formes, le *pollo* (poulet) est à la carte de pratiquement tous les restaurants au Mexique. Mais on se demande bien comment il fait pour survivre... puisque les Mexicains comptent parmi les plus gros consommateurs d'œufs au monde. Ils en ingurgitent plus de 300 par an !
– Pour avoir du pain tout chaud, pointez-vous plutôt le soir à la boulangerie, car les Mexicains dînent très rarement (les restos fermant sur le coup de 18h), avec pour habitude de prendre un vrai petit déj... avant d'aller se coucher !

DROITS DE L'HOMME

Après la Syrie, la guerre entre – et contre – les cartels au Mexique est la plus meurtrière au monde. Selon Amnesty International, elle a directement et indirectement causé la mort de plus de 36 000 personnes en 2016, chiffre en hausse par rapport à l'année précédente. Une recrudescence liée en grande partie à la bataille pour la succession de Joaquín Guzmán, dit El Chapo (« le trapu »), qui contrôlait le puissant cartel de la Sinaloa. Arrêté en 2014, il s'est évadé de façon rocambolesque, puis a de nouveau été incarcéré et extradé aux États-Unis en janvier 2017.
Victimes collatérales, les journalistes qui enquêtent sur la mafia et la corruption, paient souvent un prix élevé. Six d'entre eux ont été tués au cours des premiers mois de 2017. La population ne se laisse pas faire et de nombreuses marches sont régulièrement organisées pour protester contre la violence et la collusion des « Narcos » avec les forces de police et de la justice. Mais cette résistance citoyenne peut, là encore, avoir de lourdes conséquences. Miriam Rodrigues Martinez, qui avait enquêté seule sur la mort de sa fille, tuée par un cartel, et aidé les forces de l'ordre à retrouver le coupable, a été assassinée le 10 mai 2017.
Par ailleurs, l'évolution des modes de consommation aux États-Unis où l'usage d'héroïne monte en flèche et où la production de cannabis est désormais légalisée dans de nombreux États a eu pour conséquence une réorientation de la production vers le pavot. Le gouvernement est tenté, comme l'ont fait certains de ses prédécesseurs, de remilitariser certaines zones du pays pour éradiquer cette culture. Une tactique très controversée qui avait abouti par le passé à de graves dérives de la part de l'armée (torture, exécutions, racket, etc.) sans véritablement aboutir à des résultats concrets. Depuis, les ONG ont tout de même obtenu certaines garanties qui permettent de lutter un peu plus contre l'impunité des forces de l'ordre.
Autre conséquence de la persistance du crime organisé, l'organisation d'un trafic à grande échelle de migrants provenant d'Amérique centrale (plus de 400 000 passent la frontière sud chaque année), pour tenter leur chance aux États-Unis.

Plusieurs évolutions législatives positives et récentes, comme la décriminalisation de l'immigration illégale, ou l'inscription du droit d'asile dans la Constitution sont néanmoins à signaler.
Toutes les violences ne sont pas liées au crime organisé. La contestation sociale, notamment contre une réforme de l'éducation, a été à l'origine de nombreux affrontements entre manifestants et forces de l'ordre, qui se sont parfois soldés par des morts et des blessés. Des manifestations massives ont également été organisées pour protester contre l'impunité des crimes commis envers les femmes (« feminicidios »). Six femmes sont tuées chaque jour, le plus souvent sous les coups de leur conjoint, et au moins deux tiers des Mexicaines affirment avoir déjà été victimes de harcèlement sexuel.
Enfin, les populations autochtones continuent de subir des discriminations de la part des autorités, en matière d'accès aux soins et à l'éducation, mais aussi pour ce qui concerne les droits concédés aux entreprises minières sur leurs territoires.

N'oublions pas qu'en France aussi les organisations de défense des Droits de l'homme continuent de se battre contre les discriminations, le racisme et en faveur de l'intégration des plus démunis.

■ ***Fédération internationale des Droits de l'homme (FIDH) :*** • fidh.org •

■ ***Amnesty International :*** • amnesty.fr •

ÉCONOMIE

Une économie dépendante des États-Unis

Deuxième économie d'Amérique latine après le Brésil, le Mexique est très dépendant de l'économie américaine, à qui elle réserve 80 % de ses exportations. Si la croissance a joué au yoyo depuis les années 1970 (on se souvient des trois crises majeures, de 1976, 1982 et 1994, qui provoquèrent la dévaluation du peso, entraînant les classes moyennes dans sa chute alors que les capitaux trouvaient refuge aux États-Unis...), elle s'est stabilisée en 2016 autour des 2 %. Pour fin 2017, le ministère mexicain des Finances est un peu plus pessimiste avec 1,5 % de croissance attendue. Cela est en partie dû au fait de l'élection de Donald Trump de l'autre côté du Río Bravo et surtout à sa volonté de mettre en place une économie protectionniste. Le principal moteur de la croissance ayant été ces dernières années la forte demande domestique en biens de consommation mais également l'augmentation des transferts de fonds vers leur pays d'origine des travailleurs mexicains expatriés aux États-Unis. En 2016, on estimait ces *remesas* à plus de 26 milliards de dollars !

Le Mexique au bon vouloir de Trump

Depuis 2016, le Mexique n'échappe pas aux facteurs qui ralentissent la croissance mondiale, comme l'effondrement du baril de brut. À cela s'ajoute l'élection de Donald Trump qui a entraîné la dévaluation du peso par rapport au dollar. Sans compter la volonté de ce dernier de renoncer, voire carrément d'abroger l'*Alena,* le traité de libre-échange nord-américain, celui-là même qui étranglait les petits paysans mexicains tout en dopant les exportations des grandes entreprises vers les États-Unis. Ajoutons à cela la construction du fameux mur, l'expulsion de 2 à 3 millions de sans-papiers et son projet de taxation sur les transferts d'argent des Mexicains vivant sur le sol américain. Une mesure qui aurait pour effet de ralentir considérablement les transferts d'argent, donc les rentrées de devises... Sans compter le manque à gagner pour les nombreuses familles mexicaines pauvres restées au pays. Notons pour la petite histoire que consécutivement à l'élection de Donald Trump, le ministère mexicain des Finances a été obligé de créer un budget spécifique de plus d'un million de pesos à l'endroit des 50 consulats actuellement répartis sur le sol américain. Tout ceci afin d'assurer la protection juridique de ses ressortissants menacés d'expulsion...

Une situation économique sur la sellette

Pour tenter de redresser la barre, la banque centrale mexicaine a été contrainte de relever ses taux d'intérêt. D'un autre côté, le gouvernement a sérieusement taillé dans le budget de l'État pour tenter d'enrayer la dette publique, tout en faisant les yeux doux au secteur privé. En mai 2016, le FMI accordait au Mexique un crédit sur 2 ans. Quoi qu'il en soit, le pays tout entier reste gangréné par le trafic de drogue et les cartels, et, quand bien même 2016 fut l'année de l'arrestation d'El Chapo (le baron du cartel de Sinaloa, 2e fortune du pays après Carlos Slim, d'après Forbes), les affrontements entre cartels et forces de l'ordre demeurent l'une des préoccupations du pays et un réel frein à son développement économique.
Malgré un taux de chômage officiel relativement peu élevé de l'ordre de 4 % (en fait l'économie parallèle emploierait près des deux tiers de la population active), le Mexique devrait néanmoins poursuivre le programme de réformes structurelles initié en 2012, notamment pour attirer les investisseurs étrangers dans des secteurs comme l'énergie ou les télécommunications. 2017 sera donc sans conteste pour le Mexique l'année des négociations avec les États-Unis.

Une économie diversifiée mais une agriculture en déclin

L'agriculture mexicaine emploie environ 13 % de la population. Ses secteurs de pointe dans le domaine sont la production de café, de sucre de canne, d'avocats (avec un marché français en plein boum, lequel, soit dit en passant, contribue au désastre écologique que représente la culture de ce fruit), de maïs et d'agrumes. Le problème, c'est que seul le nord du pays en a profité, avec d'immenses exploitations agricoles à haut rendement (fruits, canne à sucre, etc.). Ces régions ont aussi développé l'élevage extensif de bœufs, une production essentiellement tournée vers l'exportation en direction des États-Unis.
Ailleurs, si l'on produit certes du café pour l'export, on se contente surtout d'une culture vivrière fragile qui se traduit par une multitude de petites parcelles de moins de 2 ha où l'on utilise des techniques traditionnelles (brûlis, absence de mécanisation) et dont les récoltes parviennent à peine à faire vivre une famille. Un « modèle » menacé à la fois par les exportations états-uniennes, donc, et par les sécheresses récurrentes. Force est de constater que les pouvoirs publics ont laissé l'agriculture en jachère, la production est faible, c'est même l'une des plus faibles d'Amérique latine avec 3,5 % seulement du PIB, et ce pourcentage se réduit régulièrement.
Le secteur de la ***pêche*** est aussi sous-développé, un paradoxe pour un pays qui compte près de 10 000 km de littoral !
Pays de montagne, le Mexique est aussi un pays de mines : argent (1er pays producteur au monde), fluorite, cadmium, arsenic, cuivre, mercure, zinc... Sans oublier le pétrole, le Mexique est le 7e plus grand pays producteur au monde et la PEMEX, là où vous irez faire le plein, la 2e société plus puissante d'Amérique latine.
Dans le domaine de l'industrie, le secteur aéronautique s'est aussi fortement développé, de même que celui de l'automobile (7e rang mondial en 2016) sans oublier les télécoms ou l'informatique (le tertiaire assurant près des deux tiers du PIB).
Le tourisme apporte lui aussi sa pierre à l'édifice, avec un peu plus de 8 % du PIB. C'est la troisième source de revenus du pays, après le pétrole et l'argent envoyé au pays par les émigrés. Un secteur dynamique, qui assure de nombreux emplois et d'importantes rentrées de devises. Le Mexique reçoit plus de 24 millions de visiteurs par an – majoritairement des Nord-Américains, et demeure la 10e destination touristique mondiale. En réalité, les Nord-Américains restent de préférence dans le nord du pays (Basse-Californie et côte du Pacifique nord) ou se contentent

d'un séjour à Cancún ou à Playa del Carmen ; Acapulco n'ayant plus la cote en raison des problèmes de sécurité liés au narcotrafic. Les Européens, eux, préfèrent explorer le Sud, de Oaxaca au Yucatán, et les villes coloniales des environs de Mexico.

ENVIRONNEMENT

Un patrimoine naturel exceptionnel...

Le Mexique est l'un des six pays au monde les plus riches d'un point de vue de la biodiversité, cette donnée représente à elle seule 10 à 12 % de la biodiversité de la planète, et l'on compte au Mexique pas moins de 12 000 espèces endémiques (qu'on ne trouve nulle part ailleurs), recensées dans une trentaine de réserves de biosphère, elles-mêmes incluses dans une bonne soixantaine d'aires naturelles protégées représentant près de 15 % du territoire (ouf !).

LE SECRET DE LA VANILLE

Cette orchidée pousse naturellement au Mexique. La pollinisation naturelle se fait grâce à l'abeille melipona, qui ne peut vivre ailleurs que dans cette contrée. Déjà les Aztèques en faisaient leur miel. En 1841, Edmond Albius, un esclave réunionnais de 12 ans, réussit à polliniser à la main. Depuis, la vanille est exploitée dans de nombreuses zones tropicales (Madagascar, La Réunion, Polynésie, etc.).

Malgré le cadre juridique mis en place pour faire face aux dérives en matière d'environnement, les études récentes montrent que le Mexique a perdu des portions importantes d'écosystèmes riches en biodiversité ces dernières années. À titre d'exemple, le nombre d'espèces en voie d'extinction a augmenté de plus de 25 % depuis 10 ans et les couvertures naturelles végétales (forêts notamment) ne représentent plus aujourd'hui qu'un peu plus de la moitié de ce qu'elles étaient à l'origine.

... mis en danger par l'homme

Car avec près de 125 millions d'habitants, dans un pays où l'industrie représente environ un quart du PIB, l'impact du Mexique sur l'environnement est loin d'être négligeable (aggravation de la pollution, surexploitation des ressources naturelles, déforestation, surpâturage, etc.).

Ajoutons à cela des phénomènes aggravants comme l'introduction d'espèces invasives, la contamination des espèces natives par des plants d'OGM en provenance des États-Unis (au Mexique, 40 % du maïs importé est transgénique) et surtout le très préoccupant réchauffement climatique, dans un pays sec de chez sec... Rappelons que 9 millions de Mexicains vivent sans accès à l'eau potable, tandis que rien qu'au Chiapas, la firme Coca-Cola continue de payer des sommes pharaoniques afin de continuer à puiser les 100 millions de litres d'eau annuels dont elle a besoin dans une nappe phréatique déjà largement déficitaire, obligeant les habitants à boire de l'eau de pluie... Un bilan écologique affligeant augmenté d'une véritable catastrophe en aval pour les consommateurs, puisqu'à peine 25 % des eaux usées en zone urbaine sont traitées et que les déchets émis ne sont que 20 % à être recyclés. Passons sur l'impact dévastateur de l'industrie pétrolière, responsable d'un accident majeur par jour depuis une quinzaine d'années, les rivières polluées par les industries chimiques, etc.

Que dire également de la pollution à l'ozone qui frappe régulièrement la capitale où circulent quotidiennement pas moins de 5 millions de véhicules. Au printemps 2016, devant le danger que cela représentait pour la population, les autorités municipales ont dû interdire à près de 40 % du parc automobile de circuler pendant plusieurs jours. Rendus gratuits, les transports publics ont évidemment été pris d'assaut !

Un pays vulnérable au réchauffement climatique

Dans un pays où, sur les 13 % de terres cultivables, à peine 10 % d'entre elles bénéficient d'assez d'eau de pluie sans avoir recours aux techniques d'irrigation, les problèmes de sécheresse sont un casse-tête quotidien pour les paysans. L'enjeu du changement climatique est donc de tout premier ordre pour les Mexicains. Engagé très tôt dans une lutte contre le changement climatique (en 2000, le Mexique annonçait vouloir réduire de moitié ces fameux gaz à effet de serre d'ici 2050), le pays de Zapata se positionne aujourd'hui comme l'un des pays émergeants les plus déterminés à résoudre ce problème. Bien décidé à mettre en veilleuse l'utilisation d'énergies fossiles, ce pays pourtant producteur de pétrole s'est engagé à produire 35 % de son électricité à partir d'énergies renouvelables d'ici à 2024.

Il faut dire que depuis 20 ans, les événements climatiques (cyclones, périodes de sécheresse, etc.) ont fortement impacté l'activité agricole et la sylviculture, occasionnant par là-même d'importantes déconvenues sur le plan économique. Les experts s'accordent à dire aujourd'hui que près de la moitié du territoire est soumis aux affres du changement climatique : dégradation des sols entraînant une chute des rendements, appauvrissement des pâturages, etc.

Des vacances cher payées

Autre impact non négligeable sur l'environnement : le tourisme de masse (Cancún, Playa del Carmen et plus généralement la Riviera maya). Une fièvre du béton qui a détruit des milliers d'hectares de mangrove depuis une trentaine d'années. Le meilleur exemple est celui de Cancún, où le système « *all inclusive* », non content d'avoir entièrement modifié les écosystèmes, a complètement bouleversé l'équilibre social, avec aujourd'hui des travailleurs rémunérés au salaire minimum incapables de se loger aux abords de leur lieu de travail en raison de la pression financière sur l'immobilier. Ghettoïsés dans des zones très éloignées qui les obligent à passer une partie de leur paye dans les transports en commun, ils vivent désormais sans eau ni électricité. Pourtant l'écotourisme pourrait être une réalité au Mexique. Car tout en mettant l'accent sur l'aspect culturel de son patrimoine comme il l'a fait ces dernières années, ce pays offre de nombreuses possibilités en matière de tourisme « responsable », notamment en s'appuyant sur la communauté native, à travers la mise en place de projets communautaires. Une forme de vacances où l'impact sur le milieu est limité ou carrément inexistant.

FAUNE ET FLORE

La multiplicité des milieux naturels, du désert à la forêt humide, vaut au Mexique d'abriter une faune et une flore d'une ***grande diversité.*** Certaines espèces se rattachent au monde nord-américain, d'autres, au contraire, à celui de l'Amérique tropicale. Elles ne se rencontrèrent qu'après la formation, il y a environ 3 millions d'années, du pont

COUP DE SOLEIL !

Parmi les arbres les plus emblématiques de la forêt sèche figure le gumbo limbo, *aussi connu sous le nom d'*Indio desnudo *en raison de son tronc et de ses branches nus et cuivrés. Certains préfèrent le surnommer* « tourist tree » *à cause de sa peau qui pèle !*

naturel (en grande partie volcanique) reliant les deux parties du continent, Nord et Sud. Conséquence : le pays est le ***5e au classement mondial du plus grand nombre d'espèces*** !

Au nord, ***deux déserts*** dominent : Sonora et Chihuahua. C'est le domaine des cactus (tuyaux d'orgue, *saguaros*, figuiers de Barbarie, *ocotillos*, etc.), mais aussi d'une faune spécifiquement adaptée à ce milieu hostile – à l'exemple du pic des saguaros ou de la petite chevêchette des saguaros (une minichouette), qui creusent leurs nids dans les troncs des cactus... L'étonnant lièvre à queue noire a d'immenses oreilles à forte vascularisation, qui l'aident à se rafraîchir ! En tout, 90 % des espèces du désert mexicain sont endémiques.

BARBARISME

Le figuier de Barbarie, c'est un peu comme pour le cochon d'Inde, il désigne un cactus qui n'est en rien originaire de Barbarie (l'Afrique du Nord) ! Non, cette variété vient du Mexique, appelé ici nopal.

Au centre du pays, les ***chaînes montagneuses*** se couvrent de pins. C'est là que, l'hiver, on peut assister à un spectacle unique en son genre : des millions de ***papillons monarques,*** venus de l'est des États-Unis et même du Canada (3 000-4 000 km), se retrouvent pour hiverner. Ils s'agglutinent pour ne pas succomber au froid nocturne, recouvrant entièrement les branches des arbres ! Ils repartiront au printemps, léguant à leurs descendants cette mémoire génétique qui leur permettra de retrouver les forêts mexicaines quatre ou cinq générations plus tard. Un vrai mystère de la nature. Malgré son inscription au Patrimoine mondial par l'Unesco et plusieurs décrets visant sa protection, le sanctuaire des papillons monarques est toujours menacé par la déforestation sauvage et les incendies...

QUESTION DE SURVIE

Le papillon monarque a un frère jumeau quoiqu'un peu plus petit : le vice-roi. Ils sont parfaitement ressemblants. La différence, c'est que le premier est toxique contrairement au second. C'est pourquoi les prédateurs, qui ne peuvent les distinguer, n'attaquent aucune des deux espèces.

Les zones d'altitude abritent bien d'autres animaux, et des plus gros : daims, mouflons, coyotes, renards, *bobcats,* pumas.

Passé l'isthme de Tehuantepec, un monde nouveau se dessine, plus chaud, plus humide. Dans la ***jungle tropicale,*** à l'approche du Petén guatémaltèque, vivent encore tapirs, fourmiliers, singes araignées et singes hurleurs, coatis, tatous, aras, perroquets, ocelots et même de rarissimes jaguars. La déforestation constitue ici une grave menace.

Le ***littoral pacifique,*** lui, est bordé en partie par une très belle ***forêt sèche...*** Là où se jettent les rivières, des lagunes se sont formées, abritant une très ***riche avifaune...*** De très nombreux oiseaux migrateurs y nidifient. Parmi les plus gros et les plus beaux : spatules roses au bec plat, ibis au long bec effilé, tantales (cigognes d'Amérique). Les ***plages*** mexicaines, celles du Pacifique en particulier, sont aussi réputées pour accueillir ***10 des 11 espèces de tortues marines recensées dans le monde*** ! Les plus fréquemment observées sont les tortues olivâtres *(golfinas),* mais il arrive de croiser d'énormes tortues-luths (500 kg). Incitées par des ONG, de plus en plus de communautés villageoises ont abandonné le ramassage des œufs pour se lancer dans l'écotourisme. À encourager ! Au large, les baleines à bosse sillonnent les eaux dans leur quête incessante de nourriture. L'hiver en Basse-Californie, l'été en Alaska, tandis que sur les côtes du Yucatán, entre mi-mai et mi-septembre, se rassemblent les requins-baleines (appelés *tiburones* au Mexique).

FOLKLORE

On compte de nombreuses traditions populaires toujours très vivaces au Mexique. Quelques exemples :

– ***Mariachis :*** pantalon noir ajusté au plus près, brodé d'or ou d'argent, veste très courte, brodée elle aussi, lavallière bouffante, sombrero et bottes à talons... Mais oui, bien sûr, vous avez déjà vu ce costume, au cinéma ou sur une scène d'opérette ! Petits groupes de musiciens mariant guitares, violons et trompettes, les mariachis sont omniprésents et les Mexicains en raffolent, dépensant des sommes considérables pour entendre quelques airs traditionnels. On fait régulièrement appel à eux pour qu'ils aillent jouer la sérénade sous le balcon d'une bien-aimée. Entre 1 500 et 3 500 pesos la prestation ! Les chansons des mariachis évoquent l'amour de la terre, du pays d'origine, de la ville natale, de la religion, de la nature, des compatriotes et de la force du pays. La transmission à l'oreille de cette musique et le savoir-faire s'effectuent généralement de père en fils et à l'occasion des événements festifs, religieux et civils.

ACCORDS ET DÉSACCORD

Mais d'où vient donc le nom mariachi ? Du mot « mariage », clament les Français, toujours prompts à s'attribuer toutes sortes de découvertes. Ces petits groupes de musiciens français jouaient pour les noces de l'occupant Maximilien d'Autriche. Il leur aurait donc légué leur appellation, ainsi qu'un certain appétit pour la révolution.

Au titre d'élément fondamental de la culture mexicaine, la musique des mariachis a été reconnue par l'Unesco comme Patrimoine immatériel de l'humanité en 2011.

– ***Marimbas :*** il s'agit d'un groupe musical composé principalement d'un ou de plusieurs marimbas, une sorte de grand xylophone en bois qui trouve son origine au Guatemala et dans le Chiapas. On les croise aussi à Veracruz.

– ***Ferias :*** elles ont lieu un peu partout dans le pays (Puebla, Aguascalientes, San Luis Potosí) et marquent en général la pleine saison d'un fruit (ananas, raisin, etc.). Elles donnent lieu à des concours de beauté, des corridas, des courses de chevaux, des combats de coqs. Ambiance populaire torride garantie.

– ***Piñatas :*** à l'origine en terre cuite, celles d'aujourd'hui sont le plus fréquemment en papier mâché et demeurent incontournables lors des fêtes (anniversaires, Noël, etc.), pour le plus grand plaisir des petits et des grands. Ce sont des figurines multicolores, de toutes formes, suspendues au bout d'une corde et renfermant toutes sortes de friandises. Pour en obtenir le contenu, il faut les briser les yeux bandés, à tour de rôle et après avoir tourné plusieurs fois sur soi-même avant de frapper. Les missionnaires espagnols introduisirent les *piñatas* pour convertir les Aztèques qui les adoptèrent rapidement, ces derniers ayant déjà un jeu assez proche. Il n'y avait plus qu'à donner un sens religieux à cette coutume ludique.

– ***Corridas :*** héritage de la présence espagnole, la corrida, bien que moins populaire au Mexique que les combats de coqs, a ses adeptes. Mexico possède la plus vaste *plaza de toros* au monde, avec 50 000 places ! Les « vraies » corridas, celles des professionnels, ont lieu de novembre à mars et sont de grands rendez-vous familiaux où tout le monde se réunit. Rite barbare ou art sublime ? Chacun se fera son idée.

– ***Combats de coqs :*** encore un spectacle cruel que ces *peleas de gallos,* assez répandus dans les campagnes. Ils ont lieu dans des arènes spéciales *(palenque)*... Les paris montent à toute allure, les plumes volent, les propriétaires vocifèrent leurs encouragements... Lisez la superbe nouvelle de Juan Rulfo, *Le Coq d'or.*

FRONTERA

3 200 km de frontière séparent les États-Unis d'Amérique du Mexique. On comprend pourquoi, malgré une surveillance de plus en plus serrée des Américains, nombreux sont encore les Mexicains qui arrivent à passer du côté de « l'Eldorado ». La *Frontera,* zone frontière entre « l'État impérial » et le tiers monde latino-américain, est un univers à part.

Côté mexicain, la zone frontière a connu à partir des années 1970 un boom économique et démographique avec l'arrivée des *maquiladoras,* ces usines appartenant à des multinationales nord-américaines ou japonaises qui ont délocalisé leur production pour profiter de la main-d'œuvre mexicaine bon marché. Résultat : Laredo, El Paso, Matamoros, Ciudad Juárez ou Tijuana ont connu des records de croissance... mais se sont aussi rapidement transformées en villes de Far West, avec des ambiances glauques comme on peut en voir dans les films de Quentin Tarantino ou de Robert Rodriguez. Des milliers de Mexicains se sont déplacés vers la frontière, attirés par des salaires bien au-dessus de la moyenne nationale. Mais le rêve ne fut que de courte durée. Sous l'effet conjugué de la mondialisation, du ralentissement de l'économie nord-américaine, de la crise, les *maquiladoras* ont déménagé en Chine, les salaires chinois étant plus compétitifs que ceux des Mexicains ! Ces dernières années, des centaines d'usines ont fermé, laissant des milliers d'ouvriers sur le carreau...

Le mur de la honte

Côté américain, plus de 10 000 soldats de la *border patrol* contrôlent jour et nuit la *Frontera* pour éviter que les paysans pauvres du Mexique et de toute l'Amérique centrale ne déferlent sur le sol américain. Ce « rideau de tortillas » aligne clôtures électriques, détecteurs de mouvement...

On estime qu'entre 200 000 et 500 000 personnes franchissent illégalement la frontière chaque année. Cela dit, depuis la crise financière de 2008, quand bien même le chiffre des Mexicains sans papiers résidant aux États-Unis est estimé à 6 millions d'individus (sur un total de 12 millions d'immigrés en situation irrégulière), le flux se serait inversé. Beaucoup de travailleurs mexicains auraient été contraints de rentrer au pays consécutivement à la perte de leur emploi dans le bâtiment, notamment. En ce qui concerne les candidats au départ pour les États-Unis, on compte aussi de nombreux Nicaraguayens, Guatémaltèques ou Salvadoriens. Le Mexique subit ainsi une double peine, il est à la fois pays d'émigration et de transit. On estime à 700 le nombre de migrants qui entreraient chaque jour dans le pays, espérant ainsi poursuivre ensuite leur périple vers les États-Unis. Les passeurs, peu scrupuleux, leur demandent des sommes faramineuses pour parfois les abandonner en plein désert ! (Lire à ce propos le dernier roman de John Vaillant, *Le Fils du Jaguar*, sorti en 2016.) Des centaines de Latino-Américains périssent ainsi chaque année dans cette *via crucis* du pauvre. Pour y remédier, le gouvernement mexicain a décidé la construction de tours comme des phares en plein désert, visibles la nuit à 10 km de distance. À leur pied, des bonbonnes d'eau et, parfois, des agents des services de l'immigration

LE GUIDE DU *CLANDESTINO*

Il existe un guide à l'attention des candidats à l'émigration, on y trouve pêle-mêle de nombreux conseils : se méfier des passeurs, suivre les poteaux électriques pour ne pas se perdre dans le désert, savoir que faire en cas d'arrestation, connaître les droits des étrangers aux États-Unis... Comment éviter de se faire prendre une fois installé : « s'abstenir de faire des fêtes bruyantes », et même « ne pas commettre de violences conjugales » ! Un petit Routard *de l'immigré en somme...*

qui reconduisent ces émigrés perdus du bon côté de la frontière ! Enfin, c'était encore comme ça il n'y a pas si longtemps, car depuis que le président Donald Trump a projeté de réaliser ce qui fut sa « tête de gondole électorale », savoir la construction d'un mur en béton sur toute la longueur de sa frontière avec le Mexique, la donne va forcément changer.
En fait, Trump poursuit l'œuvre de Georges W. Bush qui, en 2006, avait déjà fait voter la construction de plus 1 000 km d'un mur métallique. Trump, en définitive, ne fait que terminer le travail sur 2 000 km ! Une entreprise colossale, estimée à plus de 20 milliards de dollars... si le budget est réuni. En tout cas, ce projet est aux antipodes mêmes de la culture historique des États-Unis.

GÉOGRAPHIE

Il n'a pas l'air comme ça, mais le Mexique est un grand pays. Presque ***quatre fois la superficie de la France...*** Environ 3 200 km à vol d'oiseau entre Tijuana, à la frontière américaine, et Tapachula, à la frontière guatémaltèque. Il est aussi le pays de transition entre l'Amérique du Nord et l'Amérique centrale : c'est l'isthme de Tehuantepec (200 km de large) qui marque la jonction.
Deux énormes chaînes de montagnes traversent le pays du nord au sud : la *sierra Madre* occidentale, côté pacifique, et la *sierra Madre* orientale, côté atlantique. Entre ces deux épines dorsales : les hautes terres, ce qu'on appelle le haut plateau central *(Altiplano),* dont les altitudes varient entre 1 000 et 3 000 m, et qui abrite les deux plus grandes villes du pays : Mexico et Guadalajara.
Le voyageur ne cesse donc de monter et de descendre, de quitter sa chemise et de la remettre selon les microclimats et les fluctuations de la température. Le Mexique est en réalité un pays de montagnes et de forêts. Entre Tepic et Veracruz, une barrière volcanique vient ceinturer le haut plateau. Elle voit s'aligner les plus hauts sommets du pays comme le volcan Popocatépetl (5 426 m) ou le Pico de Orizaba (5 700 m), aux cimes couvertes de neiges éternelles. Conclusion pratique : ne jamais oublier que la moitié du Mexique est à plus de 1 500 m d'altitude.
Pour la chaleur et la végétation tropicale, il faut descendre vers les *tierras calientes,* les « terres chaudes », comme les ont appelées les Espagnols, c'est-à-dire les deux régions côtières. Rien que du côté pacifique, le Mexique aligne plus de 7 000 km de côtes. On y trouve les principales stations balnéaires du pays : Puerto Vallarta, Manzanillo, Zihuatanejo, Acapulco, Puerto Escondido et Huatulco. Les plages sont belles et étendues mais battues par des vagues énormes, idéales pour le surf. La côte du golfe du Mexique, avec ses plages de sable gris, est moins développée. Pour trouver des eaux turquoise et du sable blanc, il faut descendre jusqu'à la péninsule du Yucatán, bordée à l'est par la mer des Caraïbes.
Après l'isthme de Tehuantepec commencent la *sierra Madre* du Chiapas et sa forêt tropicale, puis la péninsule du Yucatán.
Quant aux étendues désertiques, aux rocailles et aux cactus, vous les trouverez principalement dans le nord du pays (États de Sonora ou Chihuahua), en Basse-Californie ou même dans l'ouest du Mexique (État de Jalisco). De toute façon, en saison sèche (8 mois dans l'année), l'ensemble du pays devient aride et semi-désertique.

HISTOIRE

PRINCIPAUX REPÈRES

– ***1400 av. J.-C. à 300 av. J.-C. :*** période préclassique.
– ***300 av. J.-C. à 700 apr. J.-C. :*** c'est l'âge des civilisations dites classiques, telles que Teotihuacán, El Tajín, les Zapotèques (dans la vallée de Oaxaca) et les Mayas (Tikal, Palenque). La plupart de ces civilisations connaissent une fin brutale vers l'an 1000.

- ***935-947 :*** les Toltèques s'installent au Yucatán.
- ***1168 :*** chute de Tula, ville symbole des Toltèques ; apparition de la tribu des Aztecas.
- ***1325 (environ) :*** les Aztèques s'installent le long de la rive ouest du lac de la vallée de Mexico.
- ***1519 :*** Cortés débarque sur la côte du golfe du Mexique (vers Veracruz) et atteint Tenochtitlán (Mexico).
- ***1521 :*** chute de la capitale de l'Empire aztèque, Mexico-Tenochtitlán, qui tombe aux mains des Espagnols.
- ***1598 :*** les Espagnols sont implantés sur tout le territoire du Mexique actuel.
- ***1810 :*** un groupe de créoles, sous la conduite de Miguel Hidalgo, organise un complot contre les Espagnols. C'est le début de la guerre d'indépendance.
- ***1811 :*** défaite de l'armée d'Hidalgo, qui sera fusillé. Morelos et Guerrero reprennent les combats contre les royalistes.
- ***1821 :*** traité de Córdoba, qui consacre l'indépendance du Mexique.
- ***1846-1848 :*** guerre entre le Mexique et les États-Unis d'Amérique. Perte du Texas, du Nouveau-Mexique et de la Haute-Californie.
- ***1861 :*** Benito Juárez est élu président de la République (voir « Personnages »).
- ***1864-1867 :*** l'archiduc Maximilien d'Autriche est sacré empereur du Mexique et gouverne grâce à l'occupation militaire française (voir « Personnages »).
- ***1876-1910 :*** long règne dictatorial de Porfirio Díaz (le « Porfiriato » ; voir « Personnages »).
- ***1910 :*** début de la révolution. Francisco Madero amorce une réforme sociale et agraire.
- ***1913 :*** Madero est trahi par le général Huerta et assassiné. Luttes intestines, parfois féroces, entre les différents protagonistes de la révolution : Huerta, Venustiano Carranza, Pancho Villa, Emiliano Zapata...
- ***1923-1934 :*** le président Carranza et ses amis anticléricaux déclenchent la guerre civile contre les catholiques. Ces conflits très meurtriers vont durer plus de 10 ans.
- ***1934-1940 :*** sous la présidence du général Cárdenas, importante réforme agraire et nationalisation des compagnies pétrolières. Création de *Petroleos Mexicanos (Pemex).*
- ***1942 :*** après maintes hésitations, le Mexique déclare la guerre aux puissances de l'Axe.
- ***1968 :*** massacre de Tlatelolco ; des révoltes étudiantes se terminent par un bain de sang le 2 octobre, sur la place des Trois-Cultures. Des centaines de morts. Les Jeux olympiques ont lieu 4 jours après...
- ***1982 :*** élection de Miguel de la Madrid à la présidence. Crise financière, point de départ d'un virage néolibéral.
- ***1985 :*** terrible tremblement de terre à Mexico. Plus de 30 000 structures s'écroulent, causant près de 10 000 morts.
- ***1988 :*** élection contestée de Carlos Salinas (PRI). Commencent 6 ans de privatisations massives et de corruption à grande échelle.
- ***1994 :*** soulèvement des Indiens zapatistes de l'État du Chiapas, menés par Marcos. Le même jour, le 1er janvier, signature de l'Accord de libre-échange nord-américain (Alena). Le Mexique devient le premier pays en développement à accéder à l'OCDE. Le candidat à l'élection présidentielle, Luis Donaldo Colosio, est assassiné.
- ***1998 :*** l'année des désastres écologiques. Graves incendies de forêt. La pollution bat tous les records. Inondations dans le Chiapas. L'ouragan *Mitch* frappe le sud du pays.
- ***2000 :*** fin d'une grève étudiante de plus de 1 an à l'UNAM (la plus grande université d'Amérique latine). Entrée en vigueur du traité de libre commerce avec l'Union européenne.
- ***2002 :*** cinquième visite du pape à Mexico. Énorme affaire de corruption chez *Pemex,* qui met en cause les dirigeants et les syndicats.

– ***2005 :*** après *Stan* au Chiapas, l'ouragan *Wilma* ravage la Riviera maya. La guerre des cartels de la drogue met en évidence la complicité à très haut niveau de la police avec les narcotrafiquants.
– ***2006 :*** la mort de 65 mineurs dans une mine de charbon révèle plusieurs scandales dont l'immense fortune du leader syndicaliste des mineurs. La droite gagne la présidence de la République avec Felipe Calderón.
– ***2007 :*** Calderón inaugure son mandat par une vaste opération contre les cartels de la drogue. Dans l'État du Tabasco, inondation sans précédent, qui laisse plus de 1 million de personnes sans abri.
– ***2008 :*** à Mexico, plus de 200 000 personnes habillées en blanc manifestent pour protester contre l'insécurité. En novembre, crash en pleine ville de Mexico de l'avion qui transportait le Premier ministre et plusieurs hauts fonctionnaires.
– ***2009 :*** la revue *Forbes* fait scandale en introduisant à la 701e place, dans sa liste des personnes les plus riches du monde, Joaquin Guzman, dit *El Chapo,* le trafiquant de drogue le plus recherché du Mexique !
– ***2010 :*** Carlos Slim est sacré homme le plus riche du monde. La guerre contre le narcotrafic bat son plein.
– ***2012 :*** en mars, visite du pape Benoît XVI dans le pays. Mort de l'écrivain Carlos Fuentes en mai. En juillet, Enrique Peña Nieto du PRI (centre droit) est élu président de la République.
– ***2013 :*** en janvier, libération, après 7 ans de détention, de Florence Cassez (pour « violation des droits de l'inculpée ») par la Cour suprême. En décembre, adoption de la réforme ouvrant le secteur de l'énergie aux investisseurs privés.
– ***2014 :*** disparition, dans la nuit du 26 au 27 septembre, de 43 étudiants venus manifester dans la ville d'Iguala, dans l'État de Guerrero.
– ***2016 :*** le pape François, en visite à San Cristóbal de Las Casas, demande un examen de conscience sur le sort réservé aux Indiens du Chiapas.
– ***2017 :*** en réponse aux intentions formulées par Donald Trump de taxer les importations en provenance du Mexique, le président mexicain menace de se retirer des négociations de l'accord de libre-échange nord-américain (Alena).

HISTOIRE PRÉCOLOMBIENNE

Les origines

Le Mexique, comme le reste du continent américain, a été peuplé par des ***tribus venues d'Asie,*** qui commencèrent à traverser le détroit de Béring il y a 30 000, voire 40 000 ans, lorsque le niveau de la mer était bien en dessous de ce qu'il est actuellement, une grande partie des eaux étant retenue par les glaces. Entre 25000 et 16000 av. J.-C., une partie de ces tribus effectua une ***lente migration vers le sud,*** traversant l'actuel Mexique. Certaines s'y établirent, d'autres franchirent l'isthme de Panamá. Dès 2000 av. J.-C., des cultures dites « archaïques », vivant de l'agriculture et travaillant la poterie et la vannerie, émergent dans la vallée de Mexico. C'est dans ce contexte que s'est développée la première grande ***civilisation méso-américaine.***

Les Olmèques : première civilisation en « èque »

La ***civilisation olmèque*** (ne pas les confondre avec les « povmèques »), est née sur la ***côte du golfe du Mexique,*** dans une région qui comprend les États actuels de Veracruz et de Tabasco (à partir de 1500 avant notre ère). Elle va influencer toutes les civilisations qui vont suivre, notamment la culture maya, et créer l'unité culturelle du monde préhispanique. La ville de Lorenzo se développe d'abord, puis c'est la grande cité de La Venta (près de Villahermosa) qui prend le dessus, s'épanouissant entre 1200 et 600, et jusqu'à 400 av. J.-C. Les Olmèques étaient environnés d'arbres à caoutchouc dont ils tiraient la précieuse substance pour fabriquer les balles du traditionnel *juego de pelota*... D'où le nom d'Olmèque qui signifie « habitant des terres du caoutchouc ».

Les civilisations dites classiques

La ***civilisation de Teotihuacán*** (50 km au nord de Mexico) apparut ***vers le Ier s av. J.-C.,*** lorsque de nombreux villages de la région, qui avaient en commun la langue et les rites, commencèrent à bâtir des édifices religieux... Ce sont eux qui répandirent le ***culte de Quetzalcóatl*** (« le Serpent à plumes ») dans presque toute la Méso-Amérique. La ville de *Teotihuacán* (« la cité des dieux ») s'étendait sur 20 km, avec de très nombreux temples, et a dû atteindre une population de 200 000 habitants vers l'an 500. Sa chute brutale, entre les VIIe et VIIIe s, reste globalement un mystère.

Plus au sud, dans la région de Oaxaca, le ***peuple zapotèque*** – dont l'apogée se situe entre les IVe et VIIIe s – était composé d'agriculteurs sédentaires, adeptes d'une religion centrée sur le culte de la mort, comme en témoignent les vestiges de leur art, notamment à Monte Albán. Ils furent chassés par les Mixtèques (XIe s), qui durent finalement se soumettre eux-mêmes aux Aztèques (XVe s).

MUXE ET HOMOSEXUALITÉ

Fondées sur le matriarcat, les communautés zapotèques de l'isthme de Tehuantepec intègrent dans leur organisation sociale les muxe *(« mouché »). Dérivé de* mujer *(« femme » en espagnol), ce mot signifie par extension « homosexuel » en zapotèque. Ce sont souvent les derniers fils de la famille, qu'on éduque comme des filles. Ils s'habillent parfois avec des vêtements féminins, dont le* huipil *brodé traditionnel. Sans susciter étonnement ni sarcasme.*

L'Empire maya

À coup sûr, une des civilisations précolombiennes parmi les plus importantes avec celles des Aztèques et des Incas. Elle s'est distinguée par ses avancées dans les domaines de l'***écriture,*** de l'***art,*** de l'***architecture,*** de l'***agriculture*** et de l'***astronomie...*** Sa maîtrise des ***mathématiques*** a eu des répercussions jusqu'à nos jours, puisque son fameux calendrier a fait couler beaucoup d'encre en prévoyant la fin d'une ère – et même du monde, selon certains ! – au 21 décembre 2012...

ATTENTION AUX COULEURS

Pour aller au combat, les guerriers mayas s'enduisaient le corps de peintures rouge et noir. En revanche, les victimes destinées aux sacrifices humains étaient recouvertes de bleu.

Calendrier

La chronologie de l'ancien Empire maya (jusqu'au IXe s) a pu être établie grâce à des stèles datées par un ***calendrier très compliqué,*** basé sur les cycles. D'abord, le « compte court », ***haab,*** en rapport avec les cycles de la nature et qui divise l'année solaire en 13 cycles harmonieux de 28 jours plus un jour, le « jour en dehors du temps », pour atteindre le total de 365 jours. À cela s'ajoute le ***tzolkin,*** un calendrier de 260 jours utilisé à des fins religieuses et divinatoires.

L'invention du zéro (comme les Indiens) permit de faire avancer mathématiques et astronomie et leur donna une maîtrise du temps qui permettait non seulement d'écrire l'histoire, mais aussi et surtout de prédire l'avenir grâce à l'observation astronomique. Pour faire bref, le « compte long » de leur calendrier s'articule sur des multiples de 20, et considère des périodes de 20 ans (7 200 jours), 394 ans (144 000 jours), 7 885 ans (2 880 000 jours), 157 000 ans (57 600 000 jours), etc., jusqu'au milliard d'années, de quoi flanquer le vertige !

Une brillante civilisation

À son apogée (600-900 apr. J.-C.), la civilisation maya s'étendait sur presque tout le ***territoire actuel du Yucatán, du Chiapas, du Guatemala, du Belize, du Salvador et du Honduras.***

L'appellation maya est héritée du mot « maïs ». Ses origines remontent à la préhistoire : la présence de populations sédentarisées est déjà attestée, à l'époque archaïque, entre les VIIe et IIIe millénaires av. J.-C. Les villages les plus anciens ont été retrouvés sur les côtes de la mer des Caraïbes et du Pacifique. Les premières traces d'organisation sociale remontent au IIe millénaire av. J.-C. (époque préclassique ancienne), avant l'émergence progressive d'États constitués, au préclassique récent (de 400 av. J.-C. à 250 apr. J.-C.).

Au sud, les ***cités-États*** telles que ***Copán, Tikal, Calakmul*** et ***Palenque*** ont connu leur niveau de développement le plus élevé entre les VIe et IXe s de notre ère (période classique), avant de décliner, jusqu'à leur abandon au IXe s. Des millions de personnes vivaient dans ces cités, constituant une des plus fortes concentrations humaines de l'histoire. D'autres cités subsistèrent ou se développèrent ensuite dans les basses terres du Nord ainsi que dans les hautes terres du Sud, avant de tomber en ***décadence*** puis d'être abandonnées ou assimilées par les conquistadors espagnols au XVIe s.

On connaît les aspects essentiels de cette culture grâce au *Popol Vuh,* un ***poème épique et symbolique*** écrit en langue quichée peu après l'arrivée des Espagnols et retraçant la création du monde et les aspects de la vie religieuse des Mayas. Le dieu créateur était le serpent à plumes : *Kukulcán* (*kukul* = l'oiseau-quetzal ; *cán* = serpent), l'équivalent de Quetzalcóatl (pour les Aztèques). Un autre dieu maya fut *Itzamna* (le dieu Ciel), qui correspondait un peu au dieu grec Zeus. Mais le dieu le plus populaire – et dont il reste le plus grand nombre de représentations artistiques – était Chac, le dieu de la Pluie.

Les premiers explorateurs qui défrichèrent les vestiges mayas ont contribué à forger une image romantique assez différente de la réalité. On évoquait alors volontiers une civilisation maya où un peuple laborieux et pacifique menait une vie idéale en s'adonnant à l'agriculture et à la contemplation des astres. Les découvertes récentes ont recadré la vérité historique. Si les anciens Mayas étaient incontestablement des bâtisseurs hors pair, des artistes remarquables et comptaient de nombreux savants, ils n'en étaient pas moins résolument belliqueux et accompagnaient leurs rites de sacrifices sanglants.

SACRIFICES HUMAINS

Les nobles mayas se perçaient les chairs pour laisser couler leur sang sur un papier qu'ils brûlaient ensuite au cours d'une cérémonie rituelle. Ils croyaient ainsi entrer plus facilement en contact avec les dieux et les ancêtres. Les sacrifices d'animaux étaient courants et visaient à obtenir les faveurs divines. Pour les pratiques divinatoires particulièrement importantes, des humains étaient immolés.

Aspects de la civilisation

Les Mayas disposaient d'une ***écriture hiéroglyphique*** élaborée, mais c'est surtout grâce à des fresques comme celle de *Bonampak* que l'on a pu avoir connaissance de leur histoire. Ils ignoraient le fer et l'usage de la roue pour le travail car ils ne possédaient pas d'animaux de trait, et ***leurs outils étaient de type néolithique*** : l'obsidienne tenait la place qu'a occupée le silex sur le Vieux Continent.

CONCOURS LÉPINE

Les Mayas et les Aztèques étaient très brillants en astronomie, mathématiques et architecture. Ils connaissaient la roue (on en a trouvé sur des jouets), mais ils ne l'ont jamais utilisée pour le transport. Pour l'agriculture, on n'a pas trouvé trace d'animal de trait. Ils connaissaient la métallurgie (bijoux) mais n'ont jamais fabriqué d'outils en fer.

Malgré cela, l'***agriculture*** était très développée. Autour des cités s'étendaient des champs de maïs, de patates douces, de tomates, de haricots, de manioc et des arbres fruitiers comme l'avocatier. En revanche, ***ils ne connaissaient pas l'élevage,*** et les seuls animaux domestiques étaient la dinde et le chien. L'apogée de leur savoir et de leur art correspond aux VIIe, VIIIe et IXe s. Les Mayas possédaient une ***littérature assez riche*** (brûlée par les Espagnols). Ils ***naviguaient*** aussi le long du Yucatán et des côtes de l'Amérique centrale, établissant ainsi des ***relations commerciales entre les différentes cités-États.***

Déclin, renouveau et fin

De nombreuses hypothèses ont tenté d'expliquer leur déclin. On est maintenant convaincu qu'après une longue période de pluviosité exceptionnelle (entre 450 et 650 de notre ère), qui a accru la productivité agricole et la population, la région a connu une longue ***sécheresse*** d'un siècle provoquant l'épuisement des ressources, puis la ***déstabilisation du système politique...*** Les guerres ont fait le reste. Vers le Xe s, des envahisseurs venus du nord, les ***Toltèques,*** occupèrent le Yucatán et donnèrent un second souffle à la civilisation maya. Ce nouvel empire, basé à Chichén Itzá, est à l'origine d'une nouvelle culture mixte toltèque-maya, où l'orfèvrerie et la ferronnerie sont désormais acquises, mais où l'on voit se banaliser les sacrifices humains. Ces derniers sont l'une des causes qui firent que, ***vers 1200, commença une période de divisions et de révoltes*** de la part des Mayas. Elles aboutirent à la ***chute de Chichén Itzá*** et à l'effondrement, en 1441, de la cité de Mayapán, alors le siège de la ligue qui dominait le nouvel empire. En 1697, quand les Espagnols prirent la dernière ville maya indépendante à Tayasol, au Guatemala, les autres cités avaient été détruites ou abandonnées depuis bien longtemps. Les conflits avec les Espagnols associés à la vulnérabilité aux ***maladies importées*** achevèrent de réduire la population des Mayas du Yucatán à moins de 10 000 âmes vers 1850.
Il y a encore deux siècles, on ignorait tout des Mayas. La forêt avait complètement recouvert leurs cités tandis que des prêtres fanatiques avaient brûlé la quasi-totalité de leurs livres en écorce de figuier. Seuls quatre d'entre eux ont été retrouvés.

Mayas toujours

Aujourd'hui, le terme *maya* est une appellation collective qui englobe des populations bien distinctes et des groupes ethniques qui ont chacun leurs propres traditions, mais qui partagent un certain patrimoine linguistique et culturel.
Dans la péninsule du Yucatán, entre 750 000 et 1 200 000 personnes parlent une des 33 langues mayas. Les descendants des Mayas, dont la langue maternelle est l'espagnol, sont trois fois plus nombreux.

LES AZTÈQUES, DEUX SIÈCLES D'HISTOIRE

La première junte latino-américaine

Le mythe de la ***fondation de Mexico-Tenochtitlán*** n'a rien à envier à celui de la Rome antique. Après avoir quitté leur ville mythique d'Aztlán (certains la situent à Mexcaltitán, une petite île perdue dans les marais, au nord de Tepic, près de Tuxpan, sur la côte pacifique), les Aztèques errèrent durant un siècle et demi à la recherche d'une terre à la hauteur des ambitions décrétées par leur dieu ***Huitzilopochtli...*** Ce dernier guida leurs pas jusqu'à la ***vallée de l'Anáhuac,*** l'immense bassin de Mexico protégé par des montagnes et des volcans, recouvert en grande partie par trois immenses lacs, aujourd'hui disparus. En l'an Deux-Roseau, ***1325 de notre ère,*** les Aztèques y installèrent leur ***capitale.*** Dès lors, ils s'attachèrent à accomplir la prophétie divine – jusqu'à l'arrivée des Espagnols.
Derrière le mythe fondateur, destiné à octroyer à la capitale impériale ses lettres de noblesse, la réalité paraît bien prosaïque. Les Aztèques ne sont en fait que

l'***une des nombreuses tribus barbares venues du nord*** pour s'installer dans la vallée au cours du XIIe s (comme les Chichimèques). Ils étaient même les derniers arrivants... Plus d'un siècle s'écoula avant que les Aztèques se sédentarisent (à partir de 1325), puis un autre siècle, encore, d'efforts, d'opiniâtreté et d'ingéniosité pour qu'ils parviennent à dompter cette topographie hostile et commencent réellement à jouer un rôle politique dans la vallée.
Au début du XVe s, sous le commandement de leur quatrième roi historique, *Itzcóatl,* les Aztèques profitèrent de conflits entre les autres villes de la vallée pour fonder une ***triple alliance en s'alliant aux rois des cités-États de Texcoco et de Tacuba...*** Très vite, ils prirent les rênes de cette ligue tricéphale, le souverain aztèque intervenant de plus en plus dans les affaires dynastiques et politiques de ses deux alliés, à tel point que Mexico-Tenochtitlán en arriva à répartir à sa guise les tributs de guerre et les impôts des provinces de l'empire qui se constituait.

De la pêche à la guerre...

Pêcheurs et chasseurs à l'origine, les Aztèques devinrent peu à peu un ***peuple de guerriers.*** Synthèse des cultures toltèques et classiques (Teotihuacán), la civilisation aztèque s'en distingue par une évolution particulière : son caractère guerrier omniprésent. L'***Empire aztèque*** n'était pas vraiment centralisé, mais plutôt structuré comme une ***confédération de cités et de provinces répondant à un pouvoir militaire.*** À la fin du règne de Moctezuma II, l'empire comptait 38 provinces, soit un territoire s'étendant du Michoacán (au nord) jusqu'aux régions mayas, et de l'Atlantique au Pacifique. Toute cité qui n'acceptait pas l'autorité de Mexico-Tenochtitlán était de fait considérée comme rebelle, alors on lui faisait la guerre...

Abreuver la terre-mère

Pour les Aztèques, la ***création du monde et de l'homme*** n'est pas un don mais le ***fruit d'un sacrifice des dieux...*** L'homme se voit donc dans l'obligation de rétribuer ce don par un certain nombre de rites propitiatoires. La manière de s'élever à la hauteur de l'effort divin, c'est de lui ***offrir son propre sang...*** C'est pour cette raison que les sacrifices humains sont essentiels, puisque, selon eux, l'homme n'existerait pas sans les dieux. Mais, à l'inverse, les dieux n'existeraient pas sans les hommes, c'est pourquoi ils exigent d'eux leur sang et leur cœur. Cette cosmogonie complexe explique ainsi les nombreux rituels de sacrifices humains qui, avec l'accroissement de l'empire, prirent de plus en plus d'importance dans la vie sociale et religieuse des Aztèques.
La vie de l'homme dépendant des battements de son cœur, c'est donc l'offrande de ce cœur encore palpitant, arraché à vif de la poitrine de la victime à l'aide d'un couteau d'obsidienne puis présenté au soleil, qui était le point culminant des cérémonies. Les décapitations permettaient, en revanche, d'étancher la soif de la terre-mère par le flot de sang qui jaillissait. Les corps étaient ensuite dépecés et certaines parties offertes en nourriture aux parents des plus valeureux guerriers.
À l'origine, la ***guerre*** avait des visées expansionnistes, mais très vite elle ***devint essentiellement religieuse,*** destinée à faire des prisonniers... pour les ***sacrifices humains...*** Les cités aztèques de la vallée de Mexico organisaient régulièrement des affrontements très codifiés dans le but unique de se constituer une réserve de futures victimes à immoler au

DON DU SANG

Lors des batailles, dans un but religieux, on attrapait les futurs prisonniers par les cheveux pour ne pas les blesser. Les prêtres retiraient le cœur des victimes. Le sang humain permettait de régénérer le soleil et de lui donner l'énergie pour poursuivre sa course.

sommet des pyramides. Il faut dire que les sacrifices humains étaient de mise lors de chaque fête et que leur nombre atteignait parfois des proportions délirantes. Ainsi, pendant le règne du roi *Auitzotl* (1486-1503), à l'occasion de la consécration de la *grande pyramide du Soleil* de Tenochtitlán (le *Templo Mayor,* à côté de l'actuelle cathédrale de Mexico), pas moins de 20 000 captifs furent ainsi immolés.

Dans l'imagerie aztèque, toutes les morts ne se valaient pas... Ainsi la mort sur l'autel du sacrifice était un honneur et assurait une place au soleil à celui qui en était victime. Les femmes mortes en couches avaient un paradis qui leur était réservé, car leur mort était aussi prestigieuse que la mort sur le champ de bataille. Ceux qui mouraient noyés ou accidentés étaient assurés d'un billet d'entrée pour un paradis géré par *Tlaloc,* le dieu de la Pluie et de la Fertilité. En revanche, les gens qui mouraient « normalement » avaient un avenir triste dans l'univers sombre du dieu de la Mort. Ce sont ces arguments de poids qui permettaient au système politico-religieux de se maintenir.

La Venise des Amériques

Les Aztèques, qui avaient commencé les pieds dans la vase, se nourrissant de gibier d'eau et de poissons, réussirent ***en un siècle*** à bâtir une ***ville somptueuse,*** digne capitale de l'empire. À l'arrivée des Espagnols, Mexico-Tenochtitlán comptait au moins 300 000 habitants (plus de 500 000 selon Jacques Soustelle). C'était probablement la ***plus grande cité du monde,*** devant Constantinople ou Paris. Excellents ingénieurs et bâtisseurs, les Aztèques avaient réussi à créer une ***ville flottante*** qui éblouit les Espagnols par sa grandeur et sa beauté.

Des ***énormes digues*** servaient à réguler les eaux du lac à la saison des pluies, un magnifique ***aqueduc*** transportait l'eau depuis Chapultepec jusqu'au cœur de la cité et de ***larges chaussées*** reliaient la ville à la terre ferme, entrecoupées de ***ponts*** qui permettaient le passage des barques chargées de marchandises. Sur la ***place centrale,*** près de la grande pyramide du Soleil, se dressait l'immense ***palais de Moctezuma*** : des salles richement décorées, dont l'une pouvait accueillir jusqu'à 3 000 personnes, de vastes cours intérieures avec fontaines, des jardins dont l'un était entièrement consacré aux plantes médicinales, un zoo personnel avec tous les animaux de l'empire... et toutes sortes de « monstres humains ». Ils étaient censés avoir des pouvoirs surnaturels.

La ville était un ***exemple de propreté,*** à l'image de ses habitants particulièrement soucieux de l'hygiène, qui se baignaient quotidiennement dans des ***bains alimentés par l'eau courante...*** À cela s'ajoutait la grâce des ***jardins*** remplis de fleurs et d'arbres fruitiers, qui séduisirent même les Espagnols, pourtant habitués aux raffinements des parcs mozarabes.

Le calendrier aztèque

La représentation la plus belle et la plus célèbre est au musée d'Anthropologie de Mexico. C'est un ***colossal disque de pierre*** de 24 t et 3,50 m de diamètre, connu sous le nom de « pierre du Soleil », peint à l'origine de couleurs vives, conçu comme ***hommage au dieu solaire Tonatiuh...*** Les Aztèques, qui n'ont fait d'ailleurs que reprendre les calculs des Toltèques, avaient deux types de calendriers : l'un religieux, composé d'une année de 260 jours et qui servait surtout aux prêtres pour décider de la date des sacrifices, des fêtes religieuses et des dates des batailles... L'autre solaire, qui rythmait la vie agricole et civile et qui comptait 365 jours. L'année était divisée en 18 mois de 20 jours chacun. Si vous comptez bien, il reste 5 jours. C'étaient 5 jours néfastes et inutiles, chômés bien entendu, et qu'on passait dans la terreur d'une calamité naturelle comme la disparition du soleil.

Le ***temps aztèque*** était également organisé en ères de 52 ans chacune. Chaque fin de cycle représentait le moment d'une possible destruction du monde. Les

Aztèques s'y préparaient en détruisant les temples et les objets usuels, ainsi qu'en éteignant tous les feux. Quand les Espagnols arrivèrent, les Aztèques vivaient sous l'ère du Cinquième Soleil.

Le panthéon des dieux

De nombreux dieux régissaient la vie quotidienne des Aztèques jusque dans ses moindres détails. Ce ***polythéisme,*** fruit d'une synthèse de toutes les croyances antérieures, est extraordinairement ***complexe...*** Les Espagnols firent disparaître une énorme quantité de codex (les « livres » des Aztèques), si bien que la principale source d'information est orale et postérieure à la conquête. D'où viennent les dieux ? À l'origine de tout, il y a un ***couple primordial qui représente le double principe créateur*** : le féminin et le masculin. De leur union naissent ***quatre fils...*** Ce sont eux en réalité qui créeront les dieux mineurs ainsi que le monde et les hommes. Au sein de la création, l'acte fondamental est évidemment la naissance du Soleil. Deux des fils jouent un rôle extrêmement important pour les peuples de Méso-Amérique et, bien sûr, pour les Aztèques. Il s'agit de Quetzalcóatl (dieu de la Vie et de l'Air) et Huitzilopochtli (dieu du Soleil et de la Guerre). Il faut y ajouter Tezcatlipoca (le méchant de l'histoire).

Si l'humanité est créée par les dieux, elle peut aussi être anéantie par eux. C'est ce qui est d'ailleurs arrivé plusieurs fois ; ***il y a eu au moins quatre créations...*** Ainsi, pour les Aztèques, le destin des hommes est fragile et l'existence n'a rien de définitif. C'est une lutte permanente qui dépend du combat entre les deux dieux créateurs, Quetzalcóatl, le dieu bienfaiteur, et Tezcatlipoca, le dieu nocturne et souvent jaloux de son frère.

– ***Quetzalcóatl :*** son nom signifie « serpent à plumes ». On le retrouve constamment, et à toutes les époques, même chez les Mayas où il porte le nom de ***Kukulcán.*** Et pour cause, c'est le ***dieu créateur de l'humanité*** et donc le ***grand bienfaiteur.*** Son originalité, c'est que, non content d'être un dieu, il est aussi le roi des Toltèques, qui règne sur Tula. On comprend qu'il soit vénéré : il est même allé jusqu'en enfer pour récupérer les os des morts afin de créer un nouveau monde. Alors qu'il tente d'échapper au dieu des Enfers, il fait tomber les os ; mais au lieu de fuir, il s'arrête au péril de sa vie pour les ramasser, les arrose de son sang et donne ainsi naissance aux hommes. Les humains sont donc les ***fils de Quetzalcóatl*** qui, en bon père, leur offre le maïs, leur enseigne l'agriculture et la science, leur apprend à polir le jade, invente le calendrier, etc. La vie de ce dieu bienfaisant est celle d'un saint qui jeûne et fait pénitence. Mais, bien entendu, ***son frère Tezcatlipoca*** (qui, sur un plan symbolique, ***représente son ombre ou ses aspects obscurs***) le fait tomber dans le péché de la chair. Quetzalcóatl doit alors abandonner son trône et fuir Tula en direction de la côte du golfe du Mexique, où il prend la mer. Le Mexique est alors livré aux maléfices du dieu noir Tezcatlipoca et aux autres dieux qui réclament des sacrifices humains. On attend avec impatience le retour du prince de Tula...

– ***Tlaloc :*** enfin un dieu au nom facile à prononcer ! Important, lui aussi. À tel point qu'il règne sur un pied d'égalité avec Huitzilopochtli et qu'on le trouve à ses côtés dans les temples. C'est qu'il représente la pluie, l'eau et l'orage ; autrement dit, c'est à lui qu'appartient le maïs. C'est évidemment le ***dieu suprême des paysans...*** Son culte est très ancien.

LARMES BIENVENUES

Pour honorer le dieu de la Pluie, Tlaloc, on choisissait de préférence des enfants que l'on noyait. Leurs pleurs avant le sacrifice étaient de bon augure, puisqu'ils symbolisaient les abondantes pluies que l'on attendait de Tlaloc.

– ***Huitzilopochtli :*** on lui attribue une ***naissance prodigieuse,*** sa mère ayant été fécondée par une boule de plumes qui renfermait l'âme d'un sacrifié. Il naît déjà armé et chasse les ennemis de sa mère, c'est-à-dire ses frères les étoiles et sa sœur la Lune. Huitzilopochtli est donc vraiment le ***créateur du jour,*** c'est-à-dire le ***dieu Soleil...*** Mais ce combat contre l'obscurité se répète tous les matins. Or, pour que le Soleil puisse triompher et se lever chaque jour, il a besoin de forces régénératrices. C'est donc un devoir pour l'homme – ou plutôt une nécessité vitale – de l'alimenter en lui offrant son sang, principe de vie. On voit comment le sort du peuple aztèque est lié à celui du dieu Soleil ; et combien étaient indispensables les sacrifices humains.

Une société cloisonnée et disciplinée

Une ville construite sur un site instable (tremblements de terre et inondations), une population nombreuse, un état de guerre permanent, un univers fragile soumis à la volonté des dieux... tout cela requérait une ***organisation sociale sans faille*** et une autorité incontestée. On l'a vu, la religion – et donc les prêtres – jouait un rôle clé dans le maintien de cette structure sociale. La société aztèque était ainsi parfaitement organisée en ***castes.***

L'***agriculture*** tenait, bien sûr, une ***place extrêmement importante...*** Les Aztèques avaient compris et développé le principe de la fertilisation de la terre (ils récupéraient, par exemple, les excréments humains !). Ils avaient notamment mis au point la technique des *chinampas,* des ***îlots artificiels*** construits à l'aide de branchages, de pierres et de vase, qui servaient de champs (on peut encore en avoir une idée approximative en se baladant sur les ***canaux de Xochimilco,*** au sud de Mexico). Hormis le maïs et la citrouille, on cultivait le haricot *(frijol),* la courge, la tomate et le *chile* (piment). De l'agave (*maguey),* les Aztèques utilisaient non seulement les fibres pour confectionner des cordes, des textiles et des chaussures, mais aussi les feuilles qui servaient à fabriquer les toitures des maisons, et la sève dont était tirée une boisson plus qu'euphorisante appelée *octli* (*pulque* de nos jours). Mais bien d'autres ingrédients en provenance des confins de l'empire arrivaient chaque jour au grand marché de Tenochtitlán : le très recherché cacao dont on tirait une boisson, le *tchotcolatl,* censée avoir des vertus aphrodisiaques et qui était réservée à la noblesse (il coûtait très cher) ; la neige que des coureurs de fond allaient ramasser sur la cime du volcan Popocatépetl et rapportaient à toute vitesse pour la servir recouverte de sirop, l'ancêtre du sorbet. Tous les chroniqueurs, y compris les conquistadors, s'émerveillent de la profusion du marché et de son organisation.

UN ÉCORCHÉ VIF

Xipe Tótec, patron des orfèvres, était surtout le dieu du Renouveau de la nature et de l'agriculture. Les sacrifiés en son nom étaient dépiautés après le combat et leurs crânes empilés sur des autels en forme de râteliers.

Au sein de la société, les ***artisans*** formaient une classe nombreuse et à part. Ceux qui travaillaient l'or, l'argent et le cuivre, l'obsidienne et le jade, ou qui se consacraient à l'art de la plume étaient appelés *Toltecas,* en référence à la civilisation toltèque née de Quetzalcóatl. Pour cette ville lacustre, sans autres ressources que celles du lac, la soumission des provinces de l'empire était une nécessité vitale puisqu'elle permettait non seulement de récupérer des butins de guerre et de lever des tributs, mais aussi et surtout d'assurer la sécurité des routes commerciales. Car le commerce était vite devenu essentiel pour la société aztèque, toujours plus avide de produits rares et exotiques. On comprend pourquoi la corporation des marchands, les *pochtecas,* disposait d'un statut particulier et jouissait d'importants privilèges. D'énormes caravanes partaient régulièrement vers les provinces les plus reculées et revenaient à Tenochtitlán chargées de produits de luxe : du jade, des coquillages, des émeraudes, des écailles de tortues, des bois précieux, de l'ambre et surtout les longues plumes caudales du fameux quetzal des forêts du Guatemala. Ce sont probablement ces marchands qui rapportèrent à Moctezuma les premiers témoignages de ces étranges oiseaux blancs flottant sur les eaux le long des côtes du Yucatán. En effet, depuis quelques décennies, les caravelles espagnoles, celles de Christophe Colomb notamment, croisaient dans les parages. L'une d'elles, avec à son bord un certain Hernán Cortés, n'allait pas tarder à accoster sur la côte du golfe du Mexique.

HISTOIRE MODERNE ET CONTEMPORAINE

La conquête espagnole

Éléments du succès

Comment la petite armée de Cortés – à peine 600 hommes – put-elle venir à bout d'un empire, vaincre la majestueuse Tenochtitlán et soumettre ce peuple de guerriers ? L'histoire de la conquête est celle d'un ***vaste malentendu,*** d'un quiproquo tellement énorme qu'on pourrait presque croire que les Aztèques ont tout fait pour accomplir leur tragique destin. La méprise commence par une série de ***funestes présages*** qui sèment la peur et provoquent une sensation de cataclysme imminent dans les esprits : le temple de Huitzilopochtli prend feu et tombe en ruine, une comète passe dans le ciel, l'eau de la lagune s'agite brusquement avec furie sans raison apparente... Il y a bien là de quoi tourmenter des esprits dominés par l'attente de la fin du monde. Le malentendu, c'est aussi et surtout cette ***vieille légende*** datant de la période toltèque qui prévoit le retour d'exil de Quetzalcóatl à cette période.

Celle-ci impressionne fortement le ***roi aztèque Moctezuma II,*** hanté par des rêves annonciateurs d'apocalypse. Or, précisément, une rumeur circule dans son empire sur l'apparition de ***mystérieux étrangers sur les côtes du Yucatán...*** Moctezuma ne fut sans doute pas surpris d'apprendre, en ***mars 1519,*** la nouvelle du ***débarquement, dans la rade de l'actuelle Veracruz,*** d'une étrange race d'hommes barbus. Les prophéties annonçant le retour de Quetzalcóatl s'étaient donc réalisées et Cortés fut, selon toute vraisemblance, considéré tout d'abord comme un émissaire de l'ancien dieu toltèque, sinon comme la divinité elle-même.

Un autre malentendu est évidemment l'***évaluation des forces de Cortés,*** qui se résumaient pourtant à bien peu de chose. Mais les Indiens, conditionnés par les prophéties, se laissèrent fortement impressionner par les 11 navires, les quelques bruyants canons et les 16 chevaux de Cortés. Ils crurent d'ailleurs que les cavaliers ne formaient qu'un seul et même personnage au corps de cerf et buste d'être humain. Lors des batailles, Cortés ordonnait le retrait immédiat des cadavres des soldats afin de maintenir intacte la croyance qu'ils étaient immortels. Lorsque les Aztèques se rendirent compte de la supercherie, il était déjà trop tard. Cortés avait déjà ses alliés parmi les populations autochtones !

DÉSÉQUILIBRE DES ARMES

Aux canons, mousquets, épées d'acier, armures et chevaux caparaçonnés des Espagnols, les Aztèques ne pouvaient opposer que des haches ou épées de bois garnies de lames en obsidienne, des boucliers en peau, des flèches et des protections de coton rembourré. En dehors du nombre, l'efficacité des armes n'était vraiment pas en leur faveur.

Cette ***stratégie d'alliance*** fut d'ailleurs l'autre clé du succès des conquistadors. De nombreux peuples soumis aux Aztèques ne pensaient qu'à une chose : se venger de leurs maîtres sanguinaires, qui venaient en permanence chercher chez eux des prisonniers pour leurs sacrifices et réclamer des impôts. Le machiavélique ***Cortés*** a su parfaitement tirer parti de cette situation pour sceller des alliances avec les ennemis de l'empire et ***renforcer ainsi sa maigre armée...*** Un ***autre***

facteur déterminant fut que les Aztèques se battaient non pas pour tuer mais pour faire des prisonniers destinés aux sacrifices humains. Une énorme perte de temps dont tirèrent avantage les Espagnols, qui ne s'embarrassaient pas de telles considérations. Enfin, le massacre fut relayé, vers la fin de la conquête, par les ***maladies importées,*** notamment la variole, qui furent fatales aux populations locales.

La fin d'un empire

À son arrivée, ***Hernán Cortés fonde la ville de Veracruz...*** Puis, après avoir beaucoup appris sur l'Empire aztèque grâce à ses premiers contacts avec les Indiens de la côte, il en « embauche » plusieurs centaines et, avec quelques Espagnols seulement, commence sa marche sur la capitale Tenochtitlán.

Moctezuma le reçoit avec tous les honneurs, il lui offre même une coiffure de plumes de quetzal, emblème de la double dignité, royale et divine, de Quetzalcóatl (envoyée en Espagne, cette coiffure fait actuellement partie des collections du Musée ethnographique de Vienne, en Autriche, et fait l'objet de réclamations permanentes du ministère des Affaires étrangères mexicain). Mais, à peine est-il confortablement installé dans un palais proche de celui de Moctezuma, que ***Cortés apprend que les Aztèques viennent d'attaquer Veracruz,*** où il a laissé une partie de ses troupes, et qu'ils sont sur le chemin du retour avec, comme trophée, la tête d'un des soldats espagnols. La situation est critique, terminé l'immunité ! Fin stratège, le conquistador se rend immédiatement auprès du roi aztèque avec ses soldats pour exiger qu'on lui remette les guerriers aztèques responsables du massacre. Ni une ni deux, il les brûle vifs devant les portes du palais, ce qui ne manque pas d'impressionner favorablement les Indiens ! En plus de ça, il oblige Moctezuma II à reconnaître la souveraineté du roi Charles Quint et à lui payer une rançon en or et en bijoux (ben tiens donc !).

UNE VRAIE PESTE !

Plus dévastatrice que les Espagnols, c'est la variole introduite sur le continent qui anéantit véritablement l'armée aztèque. Cette maladie, inconnue à l'époque en Amérique, se propagea par la respiration et les vêtements souillés. En 50 ans, les Aztèques perdirent 90 % de leur population.

Mais ***les ennuis de Cortés ne font que commencer...*** Peu de temps après, il apprend qu'une force espagnole commandée par Narvaez vient de débarquer avec pour objectif de lui retirer le commandement. Du coup, Cortés laisse 200 hommes à Tenochtitlán et part affronter Narvaez puis revient à Tenochtitlán. Seulement entre-temps, le peuple s'est soulevé contre ses hommes, et Moctezuma est mort pendant l'assaut.

L'arrivée de Cortés ne fait qu'envenimer les choses. Durant la dramatique ***bataille de la nuit du 29 au 30 juin 1520,*** la *Noche Triste,* il perd près de la moitié de ses troupes. Rien ne va plus entre lui et les Aztèques, il se tourne alors vers les tribus ennemies des Aztèques et entreprend le démantèlement de l'empire. ***La bataille décisive contre la capitale a lieu le 13 août 1521, Cortès rase Tenochtitlán.*** C'est sur son emplacement même que ***sera fondée Mexico en 1522.***

ARISTOCRATIE MILITAIRE

Les guerriers-aigles et les guerriers-jaguars constituaient l'élite de l'armée aztèque. Ils obtenaient leur statut en réussissant à capturer au moins quatre prisonniers en une seule bataille. Avec privilèges à la clé : le droit de porter des bijoux et des vêtements distinctifs, de dîner dans le palais royal, d'entretenir des concubines, de manger de la chair humaine et de boire du pulque (boisson fermentée).

L'occupation espagnole et ses séquelles

Le Mexique devient une ***vice-royauté de la Nouvelle-Espagne*** en 1535. Malgré l'action de l'Église, notamment les décrets du pape Paul III, les ***Amérindiens*** sont exploités, maltraités et ***réduits en esclavage...*** En théorie, ils étaient considérés comme des « pupilles de la nation » que la couronne espagnole devait protéger, éduquer et convertir... en échange de quoi ils devaient travailler gratuitement pour le compte des colons. Ce système s'appelait l'*encomienda...* Lorsque le père dominicain ***Bartolomé de Las Casas*** débarque en 1512, il se rend rapidement compte qu'il assiste à une véritable politique d'extermination. Il se fait alors l'apôtre des Amérindiens et, grâce à son action et à celle de quelques autres ecclésiastiques, leur sort est adouci. Les lois promulguées en 1542 mettent les Amérindiens sous la protection de la couronne d'Espagne, en exigeant des vice-rois du Pérou et des tribunaux de Lima et de Guatemala de ***sévir contre les abus*** des *encomenderos* et de ne plus attribuer de nouvelles *encomiendas...* Ces lois, à la durée éphémère, provoquent un soulèvement des *encomenderos* et la mort du vice-roi du Pérou. Charles Quint éprouve alors la nécessité de trancher définitivement la question.

La controverse de Valladolid

Ce que l'on nomme « la controverse de Valladolid » est donc le ***débat contradictoire*** demandé par Charles Quint pour « traiter et parler de la manière dont doivent se faire les conquêtes dans le Nouveau Monde, afin qu'elles se fassent avec justice et en sécurité de conscience ». Il se déroule au collège Saint-Grégoire de Valladolid en Espagne, en deux parties entre 1550 et 1551. Les conclusions de ce débat eurent une influence capitale sur le devenir du continent américain.
Le choix des protagonistes fut primordial. Charles Quint, après avoir interdit l'esclavage en 1542, souhaite établir le meilleur constat possible et confronte, pour ce faire, deux spécialistes. D'une part, ***Bartolomé de Las Casas,*** protecteur officiel de la cause indienne. D'autre part, le ***théologien humaniste Juan Ginés de Sepúlveda,*** historien attitré de l'empereur et précepteur de Philippe II. Il avait justifié par le passé les conquêtes en Méditerranée et en Allemagne et revendique « la juste cause espagnole » dans le Nouveau Monde.
Ces deux autorités incontestables vont soumettre leurs arguments au jugement d'un aréopage prestigieux de théologiens, de juristes et d'administrateurs, tous représentatifs des instances espagnoles concernées par la conquête.

Les thèses en présence

Les deux parties s'accordent d'emblée sur le devoir de conversion des Indiens incombant aux Espagnols, mais diffèrent sur les moyens pour y parvenir. Colonisation pacifique et vie exemplaire pour Las Casas et colonisation institutionnelle où la force est légitimée par la nature cruelle des civilisations précolombiennes, pour Sepúlveda.
Las Casas défend l'idée selon laquelle toutes les sociétés sont d'égale dignité, celle des païens n'étant pas moins légitime qu'une société chrétienne. Las Casas estime que la conversion par la force est contraire à l'esprit de l'Évangile.
L'ensemble de la thèse Sepúlveda englobe des arguments de droit naturel avec des arguments théologiques, car l'Espagne, pour lui, a « le devoir moral à diriger, par la force si nécessaire, des populations immatures, dépourvues de sens moral au vu des observations rapportées par les voyageurs sur leurs mœurs ». Il énumère les violations des règles de la morale naturelle pratiquées dans les sociétés précolombiennes : sacrifices humains, anthropophagie, inceste royal, et décrète la mise sous tutelle des populations pour leur « propre bien » afin de sauver les futures victimes des sacrifices humains.
Las Casas réplique en démontrant la rationalité des indigènes à travers leur degré de civilisation (l'architecture des Aztèques et des Incas) et évoque l'abondance

des pratiques cruelles dans le passé des civilisations de l'Ancien Monde comme le furent celles de l'Empire romain ou celles de l'Espagne médiévale.
À l'issue des débats, les deux parties se proclament vainqueurs.

Conséquences

Une loi interdit la vente de terres indiennes. Le pouvoir des patrons d'*encomiendas* est limité. Un nouveau type d'organisation est mis sur pied : les « *reducciones* » qui visent à reconstituer des communautés indiennes agraires et à les doter de terres et d'une gestion autonome. Le but est à la fois économique (en faire des unités d'exploitation de type européen) et spirituel (les évangéliser). Les ***réductions*** sont confiées à des missionnaires ou à des *corregidores* locaux, mais elles sont surtout représentatives des zones de missions.
Entre 1550 et 1580, l'ancien régime du travail gratuit et illimité des Indiens est remplacé par un système de travail obligatoire et rétribué ; cependant, cela ne représente qu'un piètre progrès par rapport aux premières *encomiendas*... Les abus, les illégalités et les extorsions restent monnaie courante.
En réalité, Las Casas a échoué : ses ***thèses,*** qui condamnent toute forme d'impérialisme, sont ***désavouées...*** Pour le dominicain, les Indes sont l'enfer, et les diables les Espagnols. Il publie en 1552 *La Très Brève Relation de la destruction des Indes* : un ouvrage qui relève de la littérature apocalyptique : *Dieu ne laissera pas impunies les cruautés des Espagnols dans le Nouveau Monde...* Mais l'esclavage, qui avait tout de même été supprimé sans restrictions pour les Amérindiens dès 1542, continue à sévir ***clandestinement.*** Ce n'est qu'à partir du XVIIe s qu'il disparaît complètement.
Dans les années 1570, l'Espagne apparaît comme le garant du catholicisme. Reprendre les arguments de Las Casas est alors très utile à la ***légende noire anti-espagnole,*** née à l'époque des guerres italiennes dans la première moitié du XVIe s. Avec l'avènement du calvinisme se développe l'idée d'une Espagne ***tyrannique, rétrograde et obscurantiste,*** avec comme preuve le fait que les Espagnols ont exterminé les habitants du Nouveau Monde. Vers 1650, ***la population indigène est réduite à 2 millions,*** alors que son nombre atteignait les 25 millions au moment de la conquête en 1520 (voir plus loin « Population »).
Alors ? La controverse de Valladolid, « le premier procès des Droits de l'homme » ? À n'en pas douter, car il s'agit bien du Droit de l'homme à l'existence, à la reconnaissance de sa condition.

Prospérité de la Nouvelle-Espagne

L'exploitation des mines d'argent découvertes dans le Nord fait de la Nouvelle-Espagne le premier producteur d'argent du monde jusqu'aux années 1570. Ensuite, au début du XVIIe s, par occupation des terres devenues vacantes en raison de la chute démographique, se constituent les ***haciendas,*** consacrées aux cultures tropicales : maïs, canne à sucre, cacao, indigo et cochenille que cultivent les ***peones...*** Au nord, exposé aux attaques des populations nomades, les colons créent d'immenses *estancias,* où les *peones* cultivent le blé et font paître d'immenses troupeaux de bovins. L'***estancia*** s'organise autour de la résidence principale conçue comme une forteresse dotée d'une garnison et où le maître des lieux exerce sa propre justice. Au XVIIe s et dans la première moitié du XVIIIe s, les mines déclinent, le commerce avec l'Espagne diminue et la corruption administrative donne aux créoles une ***relative autonomie.*** C'est à la fois une époque de consolidation mais aussi de repliement. Les composantes de la société mexicaine prennent un visage presque définitif. Au nord, une société blanche ou métisse exploite les mines, tandis qu'ailleurs l'***aristocratie créole*** demeure propriétaire des haciendas. Les Amérindiens nomades non encore soumis côtoient les tribus sédentaires déjà évangélisées par les missionnaires. Au sud, des communautés indiennes coexistent avec des haciendas, tandis qu'à ***Mexico*** cohabitent Espagnols et métis aux côtés d'une plèbe urbaine colorée et turbulente.

À la fin du XVIIIe s, le Mexique redevient le premier producteur d'argent du monde. À la veille de l'indépendance, on peut considérer que la Nouvelle-Espagne vaut à elle seule le reste de l'Empire espagnol.

L'indépendance

L'indépendance du Mexique actuel trouve ses ***fondements dans la Révolution française*** et la vague des ***doctrines philosophiques*** qui balaya l'***Europe*** sous la bannière « Liberté, Égalité, Fraternité ». Un grand ***soulèvement populaire*** se prépare sous les directives d'un simple prêtre très versé dans la littérature révolutionnaire, ***Miguel Hidalgo...*** Il en ***donne le signal le 16 septembre 1810.*** Ce fut surtout le départ d'une ***révolution avortée,*** suivie d'un chaos inextricable. Entre 1821 (date où le vice-roi Odonojú signe avec le général Iturbide le traité de Córdoba assurant l'indépendance du Mexique) et 1876 (date de l'arrivée au pouvoir du dictateur Porfirio Díaz), il y eut deux régences, deux empereurs, plusieurs dictateurs et suffisamment de présidents pour que le Mexique ne connaisse pas moins de 74 gouvernements !

DRAPEAU MEXICAIN

Le vert représente la foi du peuple mexicain en son destin ; le blanc, la pureté de ses idéaux ; et le rouge, le sang des martyrs de la patrie. Au centre se trouve le fameux écusson figurant un aigle royal posé sur un nopal *(figuier de Barbarie) en train de dévorer un serpent. L'aigle représente la force cosmique du soleil ; le nopal, les forces de la nature ; et le serpent, les potentialités de la terre.*

Les guerres du Mexique

Dans les ***années 1820-1830,*** des ***colons américains,*** de plus en plus nombreux, s'installent au ***Texas...*** Devenus majoritaires, ils manœuvrent pour détacher le territoire du Mexique : après une courte guerre, ***la république indépendante du Texas est proclamée en 1836...*** Neuf ans plus tard, la jeune nation intègre officiellement l'Union. La ratification du traité met le feu aux poudres, le 13 mai 1846. Après une guerre courte mais pénible, consécutivement à la prise de Veracruz en mars 1847, puis de Mexico, ***un traité est signé le 2 février 1848*** par le général ***Lopez de Santa Anna*** : contraint et forcé, il vend le Texas aux États-Unis pour 15 millions de dollars, leur donne la Californie et laisse le Nouveau-Mexique libre de choisir son statut (il optera plus tard pour les États-Unis d'Amérique). ***Le río Grande se mue en frontière naturelle.***

Dès 1848, à la demande du gouvernement du Nicaragua, qui souhaite le percement d'un canal interocéanique, ***Louis Napoléon Bonaparte*** caresse l'idée de mettre en valeur les contrées inexplorées d'Amérique centrale. Son but : ***créer une nation latine sous influence française pour faire face au bloc anglo-saxon des États-Unis...*** Le prétexte va bientôt lui être fourni de tenter d'imposer son projet. Après une guerre civile entre partisans conservateurs et libéraux qui voit l'avènement de ces derniers au Mexique, le ***président Benito Juárez*** décide de ***suspendre le paiement des dettes*** intérieures et extérieures du pays. Craignant pour les intérêts de leurs ressortissants, les gouvernements anglais, espagnol et français lui expédient illico une lettre de protestation. Puis, dans la foulée, des troupes débarquent ***fin 1861 à***

MOT À MOTS

L'origine du mot gringo *remonte à 1846, lors de la guerre entre le Mexique et les États-Unis. Les troupes nord-américaines allaient au combat en entonnant la chanson populaire* Green grows the grass... *que les Mexicains comprenaient comme* « Gringos the grass »...

Veracruz : ***l'expédition du Mexique*** vient de débuter. Si l'Angleterre et l'Espagne signent rapidement avec Juárez la convention de Soledad, les Français, eux, décident de rester. ***Napoléon III*** pense enfin pouvoir réaliser son rêve. Il envisage d'***établir au Mexique un empire*** sur le trône duquel il placerait Maximilien d'Autriche.

Le corps expéditionnaire français arrive devant Puebla le 5 mai 1862. Après un siège de près de 1 mois, la ville capitule, et Mexico suit son exemple le 10 juin. ***Proclamé empereur en 1864, Maximilien de Habsbourg*** s'attire très rapidement des problèmes en raison de sa politique libérale opposée aux intérêts de l'Église et des riches propriétaires terriens. Pas très malin, il perd ainsi son seul soutien, celui de la droite réactionnaire... Au même moment, les États-Unis commencent à appuyer les troupes libérales de Juárez, qui regagne peu à peu du terrain, jusqu'à la bataille de Querétaro, où Maximilien est ***fusillé le 19 juin 1867*** (sur Maximilien, voir aussi « Personnages »).

L'INVENTION DU CHEWING-GUM

Les Mayas avaient déjà l'habitude de mâcher la sève du sapotier, appelée chicle. En 1869, un général mexicain se réfugia aux États-Unis en emportant 250 kg de chicle. Son but était de remplacer le caoutchouc. Sans succès. Un Américain, Adams, pensa alors à le mélanger à du sirop et en fit de la pâte à mâcher.

« Dictadores y revolución » : soubresauts d'une république

De 1876 à 1911, le dictateur ***Porfirio Díaz*** apporte au pays une ***stabilité politique*** suffisamment forte pour attirer les investisseurs étrangers (voir « Personnages »). Mais c'est tout ce qu'on peut dire pour sa défense. Le mécontentement qui grondait dans l'ombre prend alors le visage de ***Francisco Madero,*** un grand propriétaire terrien ***partisan d'une ouverture démocratique,*** qui appelle à l'insurrection générale, ***renverse Porfirio Díaz en 1911,*** puis se fait élire président de la République. Mais Madero ne sait pas concilier les attentes des différents courants révolutionnaires, fait des ***compromis désastreux*** et se met à dos les capitaux américains.

Le ***nouveau régime*** est ***instable.*** En 1910, on dénombre 820 propriétaires terriens qui possèdent 95 % des terres cultivables. Nulle part au monde les richesses ne sont si concentrées. Menées par ***Pancho Villa*** et ***Emiliano Zapata,*** les ***révoltes paysannes*** continuent de secouer le pays. Leurs leaders, ne se satisfaisant pas d'un régime parlementaire, combattent pour la mise en place d'une ***réforme agraire*** qui assurerait la ***juste redistribution des terres aux petits paysans.***

« ARMÉE MEXICAINE »

Dans les années 1910, les armées révolutionnaires entamèrent une guerre civile dirigée par Pancho Villa au nord et Zapata au sud. Pour se rallier les paysans, on n'hésitait pas à leur attribuer des grades honorofiques. Résultat : beaucoup de généraux et peu de véritables soldats !

Favorisé par cette situation insurrectionnelle, le contre-révolutionnaire ***Huerta,*** d'abord général de Madero, conspire contre lui avec l'aide des Américains. Il le fait renverser puis, à peine arrivé au pouvoir, le fait assassiner, lui et son vice-président, Pino Suárez. Une nouvelle dictature commence, mais pas pour longtemps. Huerta doit non seulement lutter contre les troupes révolutionnaires, mais aussi faire face à l'hostilité des Américains, lesquels finalement se retournent contre lui. ***Le nouveau président Wilson,*** mécontent de la politique économique de Huerta plus favorable aux capitaux européens qu'américains, ***soutient alors***

Pancho Villa et Venustiano Carranza, un « constitutionnaliste », ancien ministre de Madero. Ce dernier devient à son tour président (1915) et fait promulguer une ***nouvelle Constitution*** empreinte de réformisme social et d'anticléricalisme. Mais le pays est encore loin d'être pacifié. Carranza mènera la guerre encore pendant 5 ans contre les conservateurs et les grands propriétaires d'une part, et contre les guérilleros de Villa et de Zapata d'autre part (voir « Personnages »). Ce n'est qu'***en 1920*** que ***la guerre civile prend fin. Zapata, Carranza, puis Pancho Villa sont assassinés.***

Le XXe siècle : népotisme et corruption

L'histoire politique contemporaine du Mexique est celle d'un régime plus qu'original : la ***démocratie à parti unique*** ! De 1928 à 2000, tous les présidents sortent des rangs du PRI, le Parti révolutionnaire institutionnel (notez le paradoxe...), qui cherche à concilier toutes les tendances en même temps... en se prétendant démocratique, bien entendu. Une ***hégémonie*** qui se maintiendra ***durant plus de 70 ans grâce au clientélisme, à la corruption et à la fraude électorale...*** La machine est parfaitement huilée. Comme le mandat présidentiel n'est pas renouvelable, c'est le ***président sortant*** qui, à la fin de son mandat de 6 ans, ***désigne le prochain candidat,*** autrement dit le futur président. C'est le fameux *dedazo,* littéralement « coup de doigt », le président indiquant de son index tout-puissant son dauphin au cours d'une réunion du conseil des ministres. Cette coutume est d'une efficacité machiavélique. Elle assure la continuité du système tout en donnant l'impression d'un changement : le nouveau président est plus jeune, il incarne une nouvelle génération et les aspirations du renouveau. En réalité, ce n'est qu'un héritier fidèle et soumis, garant du maintien de cette « dictature parfaite », selon l'expression de l'écrivain Mario Vargas Llosa. ***Si le poulain se montre par trop rebelle ou progressiste, il disparaît,*** comme ce fut le cas de ***Luis Donaldo Colosio,*** candidat officiel du PRI, ***retrouvé assassiné*** au cours de la campagne de l'élection présidentielle de 1994.

« La dictature parfaite »

À l'actif du PRI : la ***stabilité politique...*** Durant le premier versant du XXe s, le président Lázaro Cárdenas mène à bien la ***réforme agraire.*** Achevée en 1936, celle-ci octroie 17 millions d'hectares aux paysans regroupés en coopératives *(ejidos).* Autre mesure d'importance : la ***nationalisation des compagnies pétrolières en 1938,*** suivie de l'entrée en guerre contre le fascisme en 1942 (quelques escadrons sont envoyés en Europe). Après la guerre, la ***politique d'industrialisation*** est poursuivie, soutenue par une opération « portes ouvertes » aux capitaux étrangers. Cependant, l'arrivée au pouvoir de ***Luis Echeverría (1970-1976)*** marque un ***virage vers la gauche,*** avec un programme de nouvelles réformes agraires et de nationalisations dans le secteur des matières premières. Les banques suivent, mais cette mesure n'a pas de résultats notables sur la stabilité de l'économie.

L'élection en 1982 d'un nouveau président, Miguel de la Madrid, marque un retour en force de l'aile droite du parti avec son cortège de privatisations, une politique d'austérité et de rigueur sociale, qui ne marchent guère mieux. À la même époque, une série de catastrophes naturelles (dont le tremblement de terre de Mexico en 1985) n'arrange rien...

En 1988, Carlos Salinas de Gortari est élu avec à peine plus de 50 % des voix. Ce n'est pas seulement son élection qui se trouve contestée, mais son mandat tout entier. Que pouvait attendre le Mexique d'un président qui a tué son cheval d'une balle de revolver pour avoir perdu aux Jeux olympiques ? Pas grand-chose, sinon de la ***corruption à grande échelle.*** Le temps d'un sexennat, ***l'homme devient multimilliardaire.*** Son frère finira en prison et lui en exil à l'étranger. Son sexennat se termine par une ***grave crise économique*** (« l'erreur de décembre », en 1994) qui annule d'un coup les quelques bons résultats obtenus dans le domaine financier : en quelques jours, le peso perd 50 % de sa valeur (coût du raté : 60 milliards de dollars !).

Schizophrénie à la mexicaine

Le Mexique bouge, mais presque malgré lui. Ce paradoxe atteint son paroxysme durant les années 1990. Alors que le système institutionnel essaie de maintenir la façade coûte que coûte, le peuple mexicain y croit de moins en moins. L'image est trop belle pour l'abandonner si vite. Les *telenovelas* et la publicité, omniprésentes à la TV, représentent l'archétype de la réussite et ne montrent, dans un racisme simpliste (ou vice versa), que des Blancs, rien que des Blancs. Quand des indigènes apparaissent, c'est dans des rôles de voleurs, malfrats ou tout simplement d'idiots du village. Il y a pourtant près de 500 ans que la colonisation a eu lieu, mais ***la situation des indigènes n'a pas évolué.*** Quant au Mexicain moyen, il n'a toujours pas digéré son métissage.

Car depuis belle lurette, le Mexique est soumis à une ***nouvelle colonisation,*** celle des États-Unis. L'influence nord-américaine est de plus en plus forte. Et le *tratado de Libre Comercio* (Alena) signé en 1994 n'a fait que renforcer ce ***processus de fascination-rejet.*** Pour résumer la situation, les Mexicains utilisent le dicton de Porfirio Díaz : *Pobre México, tan lejos de Dios y tan cerca de los Estados Unidos* (« Pauvre Mexique, si loin de Dieu et si près des États-Unis »).

Le malinchismo

Paradoxe connu des pays où se fabrique de toutes pièces une forme de bourgeoisie autochtone, ***pour l'élite du pays, tout ce qui est mexicain est objet de rejet.*** C'est ce qu'on appelle ici le *malinchismo,* du nom de la *Malinche* (ou *Malintzín*), cette fameuse Indienne de petite noblesse vendue par sa mère à des marchands mayas et offerte comme fille de joie après la bataille gagnée par Cortés. Désormais, les riches vont faire leurs emplettes à Houston, s'amuser à Las Vegas et se reposer à Miami. Les indigènes, eux, fournissent une main-d'œuvre bon marché et inépuisable pour les entreprises mexicaines et étrangères, tandis que leurs femmes travaillent comme servantes dans les maisons de la bourgeoisie.

LA TRAHISON DE LA *MALINCHE*

Cette jeune femme indienne issue d'une famille noble aztèque fut offerte aux Espagnols par des marchands d'esclaves mayas. Séduit par sa beauté, Cortés la prit pour maîtresse, et elle lui donna un fils. Rejetée par les siens, la Malinche *ou Doña Marina joua un rôle capital dans la conquête du Mexique, grâce à sa connaissance des langues locales. Dans le Mexique contemporain, la* Malinche *demeure une figure contradictoire populaire, à la fois symbole de la trahison et victime consentante, mais aussi mère du peuple mexicain moderne.*

L'entrée dans le XXIe siècle : entre démocratisation et corruption

Les Mexicains ne peuvent plus nier les drames qui se jouent au quotidien dans un pays qui compte ***45 % de pauvres*** sur quelque 125 millions d'habitants. Conséquence directe de cette pauvreté : la violence, ce fléau dont est victime le citadin, sous forme d'enlèvements, braquages, etc. Cette montée de l'insécurité n'est pas sans rapport avec le laxisme de la police et la ***corruption du système policier, judiciaire et politique.*** Et puis il y a la ***question indigène,*** qui éclate comme une bombe ***en 1994 avec la révolte des Indiens du Chiapas,*** menés par le sous-commandant ***Marcos.*** Le ***mouvement zapatiste*** réveille le Mexique du mirage de

l'Alena, de l'OCDE et du gouvernement tape-à-l'œil de Salinas de Gortari (lire aussi l'introduction du chapitre « Le Chiapas »).
En réponse, le président ***Ernesto Zedillo,*** élu en 1994, réalise quelques ***réformes*** qui permettent au Mexique de s'ouvrir un peu plus réellement au jeu démocratique. La plus significative est celle de l'organisation politique du district fédéral de Mexico. Auparavant nommé par le président de la République, ***le maire de Mexico est désormais élu au suffrage universel.***
L'année 2000 marque un tournant dans l'histoire politique du Mexique. Après 71 ans de domination du PRI, l'élection présidentielle voit la ***victoire de Vicente Fox,*** du Parti d'action nationale (PAN, démocratie chrétienne de droite). Ce tribun populiste, ancien P.-D.G. de Coca-Cola Mexique, doit affronter une immense tâche : réforme de l'État, éradication de la pauvreté, lutte contre la corruption, combat contre la violence, réforme de l'éducation, accords de paix au Chiapas, redistribution des revenus, rééquilibrage Sud-Nord... À la fin de son mandat, en 2006, la déception est partagée par tous. ***Felipe Calderón,*** membre du PAN également, lui succède sans plus de résultats. D'importants mouvements sociaux secouent le pays, notamment à ***Oaxaca,*** fin 2006, qui voit une grève des enseignants évoluer en occupation du centre-ville par une large coalition d'opposants d'extrême gauche et de syndicalistes pratiquant la démocratie directe. Les barricades tiennent 6 mois, jusqu'à ce qu'une répression terrible mette fin au mouvement, sans rien régler.

Vers un narco-État ?

Calderón s'illustre par le déclenchement de la ***guerre contre le narcotrafic*** qui causera des dizaines de milliers de morts et disparus. Face au démantèlement des réseaux et à la logique de confrontation directe, les représailles sanglantes de la part des cartels de la drogue vont crescendo. Il ne se passe pas une semaine sans qu'une macabre nouvelle, liée au trafic de drogue, ne s'invite à la une des journaux. Cette politique répressive à outrance est pourtant poursuivie par le nouveau président, ***Enrique Peña Nieto,*** élu en 2012. Alors que le président lance un « ***pacte pour le Mexique*** », promettant plus de démocratie et surtout de ***nombreuses réformes*** sur le plan économique et énergétique (en 2014, le monopole d'État sur le pétrole est ouvert aux investisseurs étrangers), c'est bien le ***narcotrafic,*** et ses corollaires, violence et corruption, qui continuent d'empoisonner la société mexicaine. Avec un événement, cristallisant la situation : en septembre 2014, ***43 étudiants*** venus manifester à Iguala, dans l'État de Guerrero, sont enlevés par des policiers locaux corrompus avant d'être livrés à un groupe de narcotrafiquants qui, selon la version officielle, les auraient tués puis brûlés. Une version qu'aucune preuve ne vient attester et que, appuyés par une commission d'enquête internationale, familles et militants récusent, dénonçant un « crime d'État », impliquant les autorités fédérales et l'armée.

MÚSICA Y NARCOTRAFICANTES

Les cartels de la drogue n'hésitent pas à se donner une bonne image, en finançant plusieurs groupes musicaux à leur solde. On y encense la drogue (lutte contre la pauvreté), les trafiquants (des héros) et les règlements de comptes (actes de courage bien machistes). Mais ces groupes prônant l'ultra-violence craignent certainement les balles perdues puisqu'ils vivent pour la plupart à... Los Angeles.

Le bilan de ces 10 ans de guerre contre les cartels est effroyable : 100 000 morts, 27 000 disparus. Et tout ça pour bien peu de résultats, malgré l'arrestation de quelques gros bonnets (comme celle d'« El Chapo », le boss du cartel de Sinaloa, le 8 janvier 2016) et le démantèlement de plusieurs réseaux criminels. Car, peu à peu, on découvre avec stupeur le niveau d'infiltration du narcotrafic dans les rangs de la police, au sein de la justice, dans les milieux politiques locaux et nationaux ;

et même chez les militaires, un bastion considéré jusqu'ici comme incorruptible. Le Mexique ne serait pas loin de devenir un narco-État ; d'autant que des pans entiers de l'économie légale seraient aussi déjà aux mains des narcotrafiquants...

Un bras de fer entre voisins

Aujourd'hui le parti au pouvoir à fort à faire s'il entend se maintenir lors des prochaines présidentielles en 2018. L'économie du pays est en berne (moins de 2 % de croissance prévue en 2017) et l'avenir incertain en ce qui concerne ses exportations vers les États-Unis, principal moteur de l'économie (Donald Trump entend leur appliquer une taxe de 20 %). Alors qu'il jouait les rock-stars le jour de son élection en 2012, l'avenir politique du président Peña Nieto (centre-gauche) est aujourd'hui étroitement lié à sa capacité à gérer la crise « trumpienne ». Déjà malmené dans les sondages (à peine plus de 20 % de satisfaits) le président mexicain est plus que jamais pointé du doigt. La plupart des sondés début 2017 évoquent son laisser-aller face à l'augmentation du coût de la vie et son incapacité à prendre des mesures efficaces pour limiter voire enrayer l'augmentation de la violence.
Dans un pays où les cartels de la drogue tirent les ficelles dans bien des rouages de la société, on est en droit de se demander quelle incidence aura la construction du mur censé perturber le narcotrafic et prémunir les États-Unis de l'arrivée massive de clandestins. Rappelons que 90 % de la drogue consommée aux États-Unis transitent actuellement par la frontière mexicaine. L'enjeu est donc de taille pour l'un comme pour l'autre des pays voisins...

MÉDIAS

Votre TV en français : TV5MONDE, la première chaîne culturelle francophone mondiale

Avec ses 11 chaînes et ses 14 langues de sous-titrage TV5MONDE s'adresse à 320 millions de foyers dans plus de 198 pays du monde par câble, satellite et sur IPTV. Vous y retrouverez de l'information, du cinéma, du divertissement, du sport, des documentaires...
Grâce aux services pratiques de son site voyage • *voyage.tv5monde.com* •, vous pouvez préparer votre séjour et une fois sur place rester connecté avec les applications et le site • *tv5monde.com* • Demandez à votre hôtel le canal de diffusion de TV5MONDE et contactez • *tv5monde.com/contact* • pour toutes remarques.

Presse

Outre la presse régionale, on trouve quelques grands quotidiens de référence à diffusion nationale. Ouvertement à gauche et proche des zapatistes, *La Jornada* symbolise peut-être le mieux la liberté de ton acquise depuis 1994. Nombre de ses collaborateurs sont attachés à l'université de Mexico. Plus modéré, le quotidien de centre droit *Reforma* est l'un des plus lus et une référence en matière de couverture de l'actualité internationale. On citera encore *El Universal,* le quotidien le plus lu, sérieux et complet, sans véritable affiliation politique, ainsi que l'*Excélsior,* longtemps proche du PRI. Dans la presse hebdomadaire, *Proceso* tient toujours le haut du pavé grâce à un journalisme d'enquête et à la qualité de ses reportages. Créé en 1976, cet hebdo est le vétéran de la presse d'opposition, mais il a du mal à rajeunir son image.

Télévision

Deux groupes privés se partagent le petit écran : TV Azteca et le groupe Televisa. Ce dernier compte plusieurs chaînes nationales, dont la célèbre Canal 2, qui affiche le record d'audience dans le pays... Géant de l'audimat, Televisa est aussi

un colosse de la production dans de nombreux domaines : TV, radio, musique, cinéma, sport... Ses investissements dans le câble et le satellite lui permettent de diffuser ses programmes dans toute l'Amérique latine, et même aux États-Unis, bénéficiant de l'audience de l'importante communauté hispanique.
Cela dit, autant Televisa que TV Azteca sont passées maîtresses dans l'art de gaver les téléspectateurs de divertissements lourds, de reality shows gras et de JT non moins toxiques... Au programme de la petite lucarne : *telenovelas, telenovelas* et *telenovelas* ! Ces feuilletons mettent en scène des héros qui doivent surmonter d'innombrables obstacles pour survivre aux coups du destin, le tout se terminant par un (inévitable) *happy end* où triomphent l'amour et la justice. Ils tiennent en haleine le pays entier, toutes classes confondues. Un véritable phénomène de société quand on sait qu'en moyenne une *telenovela* compte... 160 épisodes ! La concurrence avec Televisa a conduit TV Azteca à diffuser des *telenovelas* à caractère plus social. Cette nouvelle génération aborde des thèmes plus actuels comme la corruption des milieux politiques, la violence urbaine, l'homosexualité, les droits de la femme...
L'information est l'autre champ de bataille de la concurrence. La ligne éditoriale des journaux télévisés, après avoir été soumise durant des années à la loi de l'autocensure (voire à la censure politique), obéit dorénavant à la recherche de l'audimat. Autrement dit, le ton est passé de celui de la propagande à celui de la presse à sensation ! Heureusement, il existe quelques bonnes chaînes à caractère culturel, comme Canal 22 et l'excellente Canal 11. La TV par câble est très répandue. Dans les hôtels, vous aurez donc accès à de nombreuses chaînes américaines (dont CNN, en anglais ou en espagnol).

Liberté de la presse

Bien qu'il ne soit pas le théâtre d'un conflit armé, le Mexique est l'un des pays les plus dangereux au monde pour les médias. L'élection d'Enrique Peña Nieto à la tête du pays en 2012 – qui a marqué le retour au pouvoir du Parti révolutionnaire institutionnel (PRI) et mis fin à l'offensive fédérale lancée sous la présidence de Felipe Calderón – n'a en rien changé la situation de la liberté d'information dans le pays. Depuis son arrivée au pouvoir, pas moins de 27 journalistes ont été assassinés en raison de leur activité professionnelle. La collusion entre le crime organisé et certaines autorités politiques et administratives menace gravement la sécurité des acteurs de l'information et entrave le fonctionnement de la justice à tous les niveaux du pays. Le Mexique continue de s'enfoncer dans la spirale infernale de la violence et reste le pays le plus meurtrier d'Amérique latine pour les médias. Meurtres, enlèvements, agressions, menaces : les exactions se multiplient dans un climat d'impunité alarmant.
L'assassinat en plein jour du journaliste et écrivain Jesús Javier Valdez, le 15 mai 2017, dans l'État de Sinaloa, a suscité une vague d'indignation dans le pays. Le président Peña Nieto s'est alors engagé à mieux protéger les journalistes lors de la Convention nationale des gouverneurs. Parmi les engagements annoncés, Reporters sans frontières (RSF) a souligné l'importance du renforcement du mécanisme national de protection et du parquet fédéral spécialisé dans les atteintes à la liberté d'expression (FEADLE), ainsi que la création d'un protocole à l'échelle nationale pour les enquêtes des crimes commis contre les journalistes et l'attention aux victimes.
L'État du Veracruz est lui aussi particulièrement dangereux pour les journalistes, pris en étau entre des cartels ultraviolents et une classe politique largement corrompue (l'ancien gouverneur Javier Duarte a été arrêté en 2017 au Guatemala après avoir pris la fuite en octobre 2016 pour des problèmes avec la justice).
Dès lors qu'ils s'intéressent de trop près aux affaires gênantes et au crime organisé, les journalistes sont menacés, réprimandés, voire exécutés de sang-froid. Entre 2000 et 2016, plus de 100 journalistes ont été assassinés dans le pays en

relation évidente ou possible avec leur activité professionnelle, dont 20 % rien qu'au Veracruz. Les cas d'agressions et de disparitions sont également légion, et l'impunité criante, mettant ainsi en évidence l'inefficacité des mécanismes de protection.
D'après la Commission nationale des Droits de l'homme, 89 % des crimes contre les journalistes restent impunis. Un chiffre qui s'explique par la corruption généralisée. Certains élus sont même directement liés au crime organisé. Malheureusement, ni la FEADLE ni le mécanisme fédéral de protection des défenseurs de Droits de l'homme et des journalistes n'ont réussi à améliorer la situation.
Enfin, le paysage médiatique mexicain reste caractérisé par son manque de pluralisme, puisque *Televisa* et *TV-Azteca* possèdent une écrasante majorité des concessions de télévisions gratuites et payantes. Les nombreux médias communautaires sont souvent privés de fréquence légale et souffrent régulièrement de persécutions. Les assassinats d'Agustín Pavia et Salvador García Olmos, tous les deux collaborateurs de la radio communautaire *Tuun Ñuu Savi,* en septembre et juin 2016, en témoignent.

Ce texte a été réalisé en collaboration avec *Reporters sans frontières.* Pour plus d'informations sur les atteintes à la liberté de la presse, n'hésitez pas à les contacter :

■ ***Reporters sans frontières :*** • *rsf.org* •

PERSONNAGES

– ***Cuauhtémoc*** *(1503-1525)* **:** le dernier chef aztèque, l'ultime empereur à lutter contre les conquistadors. Succédant à Moctezuma II, c'est à lui qu'incombent les derniers combats pour défendre Mexico-Tenochtitlán assiégé par les Espagnols. Il sera finalement vaincu par Cortés, qui rasera littéralement la ville.

– ***Bartolomé de Las Casas*** *(1474-1566)* **:** 92 ans ! Record de longévité pour un personnage qui a connu autant d'aventures, de combats, d'engagements. Né sous les remparts de Séville, il effectua une quinzaine de traversées entre le Vieux Continent et le Nouveau Monde. Sa grande bataille fut sans conteste la défense des droits des Indiens. En 1542, il présida pour l'empereur Charles Quint une commission qui édicta des lois sur la liberté des Indiens, leurs droits au travail, leur libre propriété. Les révoltes de colons qui s'ensuivirent eurent raison de ces lois éphémères.

– ***Miguel Hidalgo*** *(1753-1811)* **:** le grand héros de l'indépendance du Mexique. En septembre 1810, ce « brave » curé de province lança son fameux appel aux armes contre la vice-royauté espagnole depuis le parvis de sa paroisse de Dolores (près de Guanajuato). Ce fut le début de la guerre d'indépendance. Aujourd'hui encore retentit, tous les 15 septembre à 23h, l'appel de Dolores : le président de la République, depuis la fenêtre centrale du Palais national donnant sur un *zócalo* envahi par la foule, crie trois fois : *¡ Viva Mexico !* Jusqu'au moindre petit village, tous les maires en font autant.

– ***Benito Juárez*** *(1806-1872)* **:** le seul président du Mexique d'origine indigène. Benito Juárez, Indien zapotèque de Oaxaca, n'apprit à lire et à écrire qu'à l'âge de 13 ans. D'abord gouverneur de l'État de Oaxaca, il devint un acteur politique important durant la période confuse de l'après-indépendance. À la tête du parti libéral et d'une petite armée, il se lança dans la lutte contre les conservateurs, installant son gouvernement à Veracruz. Il fut élu une première fois à la présidence de la République en 1858. Mais il dut affronter les troupes françaises de Maximilien de Habsbourg et, tandis que ce dernier montait sur le trône, il se réfugia dans le nord du pays, à Ciudad Juárez. Soutenu par les États-Unis, il reprit la lutte contre l'empire jusqu'au siège de Querétaro, fatal à Maximiliano (voir ci-après). Après la chute de l'empire, il devint premier président de la République restaurée et

poursuivit la mise en place de réformes progressistes : Constitution libérale, nationalisation des biens de l'Église, laïcité de l'école...
– ***Maximiliano*** *(1832-1867)* **:** le dérisoire symbole des ambitions impérialistes de Napoléon III. Pauvre Maximilien de Habsbourg ! Il n'en demandait sans doute pas tant, cet archiduc autrichien, frère de l'empereur François-Joseph, qui passait des jours tranquilles dans un château près de Trieste. En revanche, sa femme, Charlotte (Carlota), fille du roi des Belges, avait beaucoup plus d'ambition et rêvait de devenir impératrice comme sa belle-sœur Sissi. C'est elle qui poussa Maximilien à accepter l'offre de Napoléon III. Ce dernier prétendait étendre l'influence de la France en Amérique latine. Soutenu par le parti conservateur mexicain en lutte contre le régime libéral de Benito Juárez, il offrit la couronne du Mexique à Maximilien, qui s'installa en 1864 sur le trône impérial au château de Chapultepec de Mexico. Son règne fut de courte durée.
– ***José María Morelos*** *(1765-1815)* **:** curé, héros de la guerre d'indépendance (1810-1821). Habile tacticien, il réussit à occuper une grande partie du sud-ouest du pays. Il a laissé son nom à un État et à de très nombreuses rues.
– ***Porfirio Díaz*** *(1830-1915)* **:** 34 ans à la tête du Mexique ! Un record... là encore. Originaire de Oaxaca, il vit le jour dans une famille modeste et, dès 16 ans, s'engagea dans l'armée. Il y fit toute sa carrière, et ses succès militaires – notamment contre les troupes françaises et anglaises – le hissèrent au rang de général. Il s'opposa à Maximilien aux côtés des libéraux. Peine perdue, ce fut Benito Juárez qui remporta les élections après la chute de l'éphémère empire. En 1877, Porfirio Díaz fut élu à la présidence de la République et commença ainsi sa longue carrière de dictateur. Il supprima le principe constitutionnel de la non-réélection, ce qui lui permit d'être réélu six fois de suite ! Puis ce fut le cortège habituel de mesures autoritaires : suppression des libertés publiques, censure de la presse, répression. D'un autre côté, il permit l'industrialisation du pays : exploitation des mines, ports, développement du chemin de fer, urbanisme. Pendant le *Porfiriato* le pays connut une forte croissance économique. Mais devant tant d'injustices, la grogne aura tôt fait de monter, notamment sous l'impulsion de Madero, de Zapata et de Villa, jusqu'à se muer en révolution (1910). Porfirio Díaz renonça au pouvoir en 1911 et se réfugia à Paris, où il mourut quelques années plus tard.
– ***Emiliano Zapata*** *(1883-1919)* **:** avec ***Pancho Villa,*** Zapata fut l'un des grands protagonistes de la révolution. Le premier agissant dans le nord du pays, le second bataillant au sud-ouest. Emiliano Zapata, issu de la paysannerie métisse, prit la tête d'une armée de paysans indiens au nom de *tierra y libertad* (« terre et liberté »). Leur but était de récupérer la terre pour la rendre à ceux qui la travaillent. Sur leur passage, ils ravagèrent les grandes haciendas avec leurs plantations de canne à sucre et redistribuèrent la terre aux *peones...* En 1914, Zapata et Villa entrèrent dans Mexico. Mais ils durent se replier peu après, et Zapata continua sa lutte contre l'armée du gouvernement de Carranza qui finit par lui tendre un piège où « le héros des paysans » fut assassiné en 1919. Zapata reste aujourd'hui le symbole de la lutte paysanne contre la misère et pour la répartition équitable de la terre.
– ***Le sous-commandant Marcos*** **:** mais qui se cache donc sous cette cagoule ? Il s'agirait de Rafael Guillén, né en 1957 dans le nord du Mexique. Licencié en philo et en sociologie, il aurait enseigné dans une université de Mexico et aurait même étudié un temps à la Sorbonne. Le port de la cagoule, outre le fait d'être une formidable image médiatique, revêt bien d'autres significations : « Nous autres, Indiens, nous étions invisibles, il a fallu que nous nous cachions le visage pour que l'on nous voie... » Marcos a rejoint en 1984 le noyau de l'EZLN dans la forêt lacandone. Dix années s'écouleront donc avant le soulèvement zapatiste de janvier 1994. Dix années durant lesquelles il vécut avec les Indiens, apprit leur langage, leurs symboles, leur histoire... pour devenir leur porte-parole et le chef de leur branche militaire.
La guérilla de janvier 1994 ne dura qu'une dizaine de jours. Très vite, c'est la plume de Marcos qui devint l'arme principale. Le mouvement produisit une grande quantité de textes politiques et littéraires, une littérature originale et bourrée d'humour qui se

colore d'une mosaïque d'influences et de références, de Carlos Fuentes à Shakespeare, de Galeano à García Lorca, de Serrat à Sabina... Le 25 mai 2014 cependant, le sous-commandant Marcos a annoncé qu'il quittait définitivement la direction du mouvement EZLN. En 2016, l'État mexicain a abandonné toute poursuite contre lui.

– ***Diego Rivera*** *(1886-1957)* **:** le père du muralisme mexicain et de l'art engagé. Diego Rivera est né à Guanajuato. Il racontait que c'est sur les murs de sa chambre d'enfant qu'il peignit ses premières fresques. Il poursuivit sa formation de peintre en Espagne et à Paris, où il se nourrit de l'influence des cubistes, de Mondrian et surtout de Picasso. Il développa son propre style, plus réaliste, fortement teinté de mexicanité, introduisant des figures et des symboles aztèques dans ses peintures. Il revint au pays en 1921, peu de temps après la révolution, alors que naissait le mouvement pro-indigène. Diego Rivera peignit son premier *mural* en 1922, *Creación...* Il réalisa des dizaines d'autres fresques gigantesques dans les bâtiments publics. Membre du parti communiste, ses œuvres devinrent de plus en plus engagées politiquement.

– ***Frida Kahlo*** *(1907-1954)* **:** une vie sous le signe de la douleur. Frida Kahlo, la grande artiste mexicaine, trouva son exutoire dans la peinture. De père juif allemand et de mère métisse originaire de Oaxaca, elle naquit à Coyoacán (aujourd'hui quartier de Mexico). À l'âge de 6 ans, elle fut atteinte de poliomyélite et, à 18 ans, un terrible accident de tramway la laissa en partie paralytique, et l'obligea à utiliser un fauteuil roulant durant les dernières années de sa vie. Elle subit plus de 30 opérations. Sa peinture, largement autobiographique, reflète toutes ces blessures à son intégrité corporelle. Forte personnalité, elle milita au parti communiste, s'habillait avec les vêtements des Indiens, connut une liaison avec Léon Trotski, et défendit la cause des femmes. Sa relation passionnée avec Diego Rivera, avec qui elle se maria à deux reprises, fut compliqué. Elle mourut à l'âge de 47 ans dans la « maison bleue » *(Casa Azul)* de Coyoacán.

– ***Octavio Paz*** *(1914-1998)* **:** fils d'un avocat (qui fut conseiller d'Émilio Zapata) et d'une mère andalouse, c'est le seul Mexicain à avoir décroché, à ce jour, le prix Nobel de littérature, en 1990. Comme Pablo Neruda, il embrassa assez tôt une carrière diplomatique et vécut dans plusieurs pays (Espagne, France, États-Unis, Inde, etc.), fréquentant bon nombre de grands artistes et écrivains du siècle. Il laisse derrière lui une œuvre – poétique surtout – très importante.

– ***Luis Buñuel*** *(1900-1983)* **:** considéré comme l'un des plus importants réalisateurs de l'histoire du cinéma, Buñuel, espagnol naturalisé mexicain, fréquenta à ses débuts le milieu des dadaïstes et des surréalistes (André Breton, Salvador Dalí...) avant de se consacrer au grand écran. Son œuvre est inclassable mais toujours subversive et à charge contre la bourgeoisie, un de ses thèmes fétiches. Ses films les plus connus sont *Un chien Andalou* (1929), *Los Olvidados* (1950), *Belle de Jour* (1967) ou *Le Charme discret de la Bourgeoisie* (1972). Il émigra au Mexique pour échapper à la censure franquiste puis retourna en Europe pour y tourner son dernier film, *Cet obscur objet du désir* (1976).

– ***Carlos Slim*** **:** 4e fortune mondiale, ce magnat des télécommunications est né en 1940 au sein d'une famille modeste d'émigrants libanais maronites. Il est réputé pour son flair exceptionnel et démarre son ascension en rachetant des entreprises en difficulté qu'il redresse.

CARLOS SLIM, OU COMMENT FAIRE FORTUNE ?

Non content de posséder les télécommunications mexicaines, l'empire de Carlos Slim, l'un des hommes les plus riches du monde, s'est diversifié : il possède aussi bien la chaîne des magasins Sanborn's et des plates-formes pétrolières, que la production de disques, des infrastructures routières et même un musée. Il a été calculé que chaque jour, chaque Mexicain apporte au moins un peso de bénéfice à l'empire Slim. Faut bien manger !

POPULATION

Concentration urbaine

125 millions d'habitants. Il suffit de se promener dans les rues pour constater que la population est jeune. La moitié des Mexicains a moins de 25 ans. Ce qui donne une pyramide des âges calquée sur celles des Mayas, c'est-à-dire élargie à la base. Typique des pays émergents ou en voie de développement.
Question densité, on est loin des chiffres habituels en Europe : la densité est de 61 hab./km². En effet, le Mexique dispose encore d'immenses espaces quasiment vierges comme le nord du pays (États de Sonora, Chihuahua, Basse-Californie), à peine peuplé de 10 hab./km². À l'extrême opposé, la ville de Mexico avec 5 967 hab./km² ! Le centre du pays est le plus peuplé puisqu'il rassemble 60 % de la population. Depuis des décennies, les zones rurales ne cessent de se vider au profit des grands centres urbains comme Monterrey, Guadalajara et, bien sûr, Mexico. À elles seules, ces villes regroupent le quart des Mexicains.

Une soixantaine d'ethnies indigènes

On estime les Indiens à 10 millions d'individus, dont environ 6 millions ont conservé leur langue. Véritable mosaïque ethnique, puisqu'elle se divise en une soixantaine de communautés… et autant de langues différentes ! Et puisqu'on en parle si rarement, en voilà quelques-unes : Amuzgo, Cochimi, Cora, Chinantèque, Chocholtèque, Chol, Chontal, Cuicatèque, Guarijio, Guaycuri, Huastèque, Huave, Kikapu, Kukapa, Kumiai, Mame, Matlazinca, Maya Yucatèque, Mayo, Mazahua, Mazatèque, Mixe, Mixtèque, Ñahñu, Nahua, O'odham, Pame, Pericuri, Popoluca, Purépecha, Raramuri, Tenek, Tlahuica, Tlapanèque, Tojolabal, Totonaque, Triqui, Tzeltal, Tzotzil, Wixaritari-Huichol, Yaqui, Zapotèque, Zoque.

LES HUICHOLS

Ayant émigré au nord du Mexique, ce peuple est celui qui a gardé la langue et les traditions héritées des Aztèques. Adeptes du chamanisme, ils ont conservé l'adoration du peyotl, ce cactus hallucinogène qui régentait des cérémonies aztèques.

Les principales langues préhispaniques en usage sont le *nahuatl,* l'ancienne langue des Aztèques, parlé par 16,6 % de la population indigène, essentiellement dans le centre du pays, le *maya* (8,9 %) utilisé au Chiapas et au Yucatán, le *zapotèque* (5 %) parlé dans les États de Oaxaca et de Veracruz, et le mixtèque (5 %), dans la même région.

L'avenir incertain des Indiens

Les historiens sont loin d'être d'accord sur le nombre d'habitants qui vivaient en terre mexicaine avant l'arrivée des Espagnols. Les chiffres varient entre 4,5 et 25 millions ! Ce qui est certain, c'est que cette population indigène a dramatiquement décrû après la conquête ; tueries, guerres, travail forcé, épidémies (la variole notamment) ont fait des ravages.
Cependant, alors que commençait le grand brassage des races, les Indiens sont restés durant les trois premiers siècles de domination nettement plus nombreux que les Espagnols (18 % de la population au XVIIIe s). Durant cette époque, la population métisse augmenta de manière exponentielle. C'est au XIXe s que la démographie indigène entama son déclin : juste avant la guerre d'indépendance, en 1800, les Indiens représentaient 60 % de la population du Mexique. Un siècle plus tard, ils n'étaient déjà plus que 37 %.

Actuellement, les principales communautés indigènes se maintiennent en nombre, notamment celles des États de Oaxaca, de Veracruz, du Chiapas et du Yucatán. Mais d'autres ont un avenir beaucoup plus incertain, comme les Huichols (État de Nayarit) ou les Tarahumaras.
Comme on le constate aisément en se baladant dans les coins reculés du pays, les indigènes sont les laissés-pour-compte. Cette population, sans conteste la plus pauvre, est restée en marge du développement, sans accès à la santé ni à l'éducation.

RELIGION

Le Mexique est un État laïque, et la Constitution garantit la liberté de confession. N'allez surtout pas croire que tout le monde est catholique. Officiellement, le nombre de fidèles est passé de 93 % en 1993 à environ 82 % aujourd'hui. Cette baisse est surtout due à l'apparition des « sectes » dans les années 1960, comme les témoins de Jehova, les adventistes, les mormons ou les *cristianos,* qui gagnent de plus en plus d'audience.

La Vierge de Guadalupe

Elle représente le signe de ralliement du peuple mexicain, la véritable religion nationale. L'histoire raconte que le 12 décembre 1531, Juan Diego, un jeune indigène, voit la Vierge Marie apparaître sur le mont Tepeyac, à quelques kilomètres de Mexico (là où se trouve actuellement la basilique de la Guadalupe). L'endroit n'est pas neutre. Au sommet de cette même colline, les Aztèques avaient construit un temple dédié à Tonatzín, c'est-à-dire « la mère des dieux » ou « notre mère ». Éberlué, l'*Indito* Juan Diego entend la Sainte Vierge lui ordonner d'aller voir l'évêque de Mexico pour lui demander de faire construire une église en son nom sur le lieu même de son apparition. Il se rend à l'évêché, mais sa requête ne rencontre, bien entendu, aucun succès. Alors, la Vierge fait pousser de splendides roses de Castille au sommet de la colline (un endroit désertique, et nous sommes en plein hiver) et demande à Juan Diego d'en cueillir de pleines brassées pour l'évêque *(sic !).* Aussitôt dit, aussitôt fait, l'Indien s'en retourne à l'évêché, sa tunique chargée de roses. Reçu par monseigneur Zumárraga, il ouvre son manteau (ça change), et toutes les merveilleuses roses se répandent sur le sol, tandis que, sous les yeux émerveillés de l'évêque agenouillé, l'image de la Vierge s'imprime sur la tunique. Une chapelle sera rapidement construite sur la colline de Tepeyac, en lieu et place de l'ancien temple aztèque. La basilique ne viendra que plus tard (1555, puis 1609). On y exposera la fameuse tunique à l'effigie de la Sainte Vierge.
Beaucoup d'historiens tentent de comprendre l'origine de cette tunique (la *tilma*), voire de contester l'authenticité du miracle. Certains ecclésiastiques ont même nié l'existence de Juan Diego. Mais les Mexicains se moquent de ces querelles d'experts, et toutes les remises en question n'y font rien : les Indiens, dans leur désespérance de peuple vaincu et soumis, ont besoin d'une protectrice. La Guadalupe sera désormais leur Bonne Mère. En 2002, le pape Jean-Paul II, en visite au Mexique, canonise Juan Diego. C'est

UNE VIERGE LATINO-AMÉRICAINE

En 1737, la Vierge de Guadalupe devient patronne de Mexico. En 1910, l'Église la nomme sainte protectrice de toute l'Amérique latine. Mais le Mexique continue de s'approprier jalousement la Guadalupe, symbole de la revanche de l'indigène sur l'Espagnol (elle est noire). Cette vierge est le symbole d'une continuité entre les cultures préhispanique et catholique à travers un même culte à la Vierge. Subtile stratégie pour intégrer les rites païens...

le premier saint indien du calendrier chrétien. Pour la foule en liesse, notamment les indigènes, c'est la revanche de l'histoire. Ironie de la situation, le portrait du « petit Indien », qui envahit alors les rues, présente les traits d'un Espagnol ! L'épiscopat s'est justifié en expliquant que c'était la seule gravure existante de Juan Diego dont ils disposaient, datant du XVIIe s...

SITES INSCRITS AU PATRIMOINE MONDIAL DE L'UNESCO

Organisation des Nations Unies pour l'éducation, la science et la culture

En coopération avec le centre du patrimoine mondial de l'UNESCO

Pour figurer sur la liste du Patrimoine mondial, les sites doivent avoir une valeur universelle exceptionnelle et satisfaire à au moins un des 10 critères de sélection. La protection, la gestion, l'authenticité et l'intégrité des biens sont également des considérations importantes. Le patrimoine est l'héritage du passé dont nous profitons aujourd'hui et que nous transmettons aux générations à venir. Nos patrimoines culturel et naturel sont deux sources irremplaçables de vie et d'inspiration. Ces sites appartiennent à tous les peuples du monde, sans tenir compte du territoire sur lequel ils sont situés. Pour plus d'informations : • *whc.unesco.org* •

Dans ce guide sont concernés :

- centre historique de ***Mexico*** et ***Xochimilco*** (1987) ;
- cité préhispanique et parc national de ***Palenque*** (1987) ;
- cité préhispanique de ***Teotihuacán*** (1987) ;
- centre historique de ***Oaxaca*** et, dans les environs : les zones archéologiques de ***Monte Albán*** (1987), ***Mitla*** et ***Yagul*** (2010) ;
- centre historique de ***Puebla*** (1987) ;
- réserve de ***Sian Ka'an*** (1987) ;
- ville historique de ***Guanajuato*** et mines adjacentes (1988) ;
- ville précolombienne de ***Chichén Itzá*** (1988) ;
- centre historique de ***Morelia*** (1991) ;
- ***El Tajín,*** cité préhispanique (1992) ;
- centre historique de ***Zacatecas*** (1993) ;
- premiers monastères du XVIe s sur les versants du ***Popocatépetl,*** dont ***Huejotzingo*** et ***Tepoztlán*** (1994) ;
- ville précolombienne d'***Uxmal*** (1996) ;
- zone de monuments historiques de ***Querétaro*** (1996) ;
- ***Hospice Cabañas,*** Guadalajara (1997) ;
- zone de monuments historiques de ***Tlacotalpán*** (1998) ;
- zone de monuments archéologiques de ***Xochicalco*** (1999) ;
- ville historique fortifiée de ***Campeche*** (1999) ;
- ancienne cité maya de ***Calakmul,*** Campeche (2002) ;
- paysages d'agaves et anciennes installations industrielles de ***Tequila*** (2006) ;
- campus central de la cité universitaire de la ***Universidad nacional autónoma de Mexico*** (UNAM, 2007) ;
- ***San Miguel de Allende*** et le sanctuaire de ***Atotonilco*** (2008) ;
- ***Réserve de biosphère du papillon monarque*** (2008) ;
- grottes préhistoriques de ***Yagul*** et ***Mitla,*** vallée de Oaxaca (2010).

SPORTS ET LOISIRS

– ***Catch – Lucha libre :*** né en 1933, le catch à la mexicaine a désormais atteint ses lettres de noblesse. Après quelques années d'oubli, la *lucha libre,* grande tradition populaire par excellence, est revenue en force. Sur le ring, des malabars masqués, vêtus d'un costume mégakitsch, luttent au nom du Bien et du Mal, chaque lutteur incarnant l'une de ces forces éternelles. Autant dire que l'issue du combat est connue d'avance. C'est toujours le gentil qui gagne, tandis que le méchant doit quitter le ring sous les huées. Le héros est certes victorieux, mais après avoir reçu bien des coups et subi des prises spectaculaires qui laisseraient exsangue n'importe quel autre mortel. Les lutteurs portent d'ailleurs des noms évoquant leur origine supranaturelle : Astro, Super Ecolo, Ángel, Éclair, Démon bleu... et Místico, l'un des plus célèbres. Pour ces héros d'un autre âge, le masque est bien sûr essentiel, au point qu'un célèbre lutteur ne l'a jamais enlevé – il est mort avec, et personne n'a jamais vu son vrai visage. La foule est en liesse. Les billets sont bon marché. C'est le spectacle typiquement populaire, qui attire toutes les générations.

– ***Football :*** très populaire, comme dans tous les pays d'Amérique latine. Le championnat du Mexique se nomme « Primera División » et oppose traditionnellement, sans grande surprise, les deux plus grandes villes du pays : le *Club América* de Mexico et le *Chivas* de Guadalajara, celui-ci ayant la particularité de ne compter que des joueurs mexicains (les étrangers n'y sont pas admis !). Particularité mexicaine, les noms de clubs sont une sorte de franchise que l'on peut acheter librement, si bien qu'un club peut changer de ville et dans ce cas-là, la fédération n'a pas son mot à dire. Dernière chose, les salaires des footballeurs mexicains sont si élevés qu'il ne leur viendrait jamais l'idée de venir jouer en Europe !

– ***Plongée et snorkelling :*** les eaux de la mer Caraïbe en particulier, avec leurs poissons multicolores, et les *cenotes* du Yucatán sont réputés internationalement pour s'adonner à la plongée ou au *snorkelling.*

– ***Randonnées pédestres, VTT ou équestres :*** de nombreux sites naturels et autres réserves protégées offrent la possibilité de pratiquer ces loisirs. Que ce soit pour observer la faune et la flore (réserve des papillons monarques ou de Calakmul) ou aller à la rencontre des populations locales (villages tzotziles du Chiapas).

les ROUTARDS sur la FRANCE 2018-2019

(dates de parution sur • *routard.com* •)

Découpage de la FRANCE par le ROUTARD

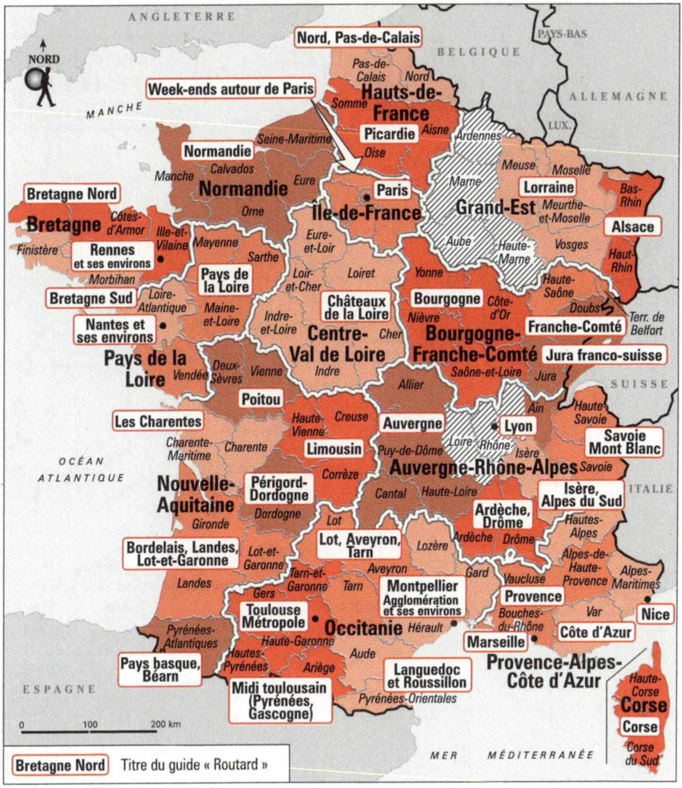

Autres guides sur la France

- Hébergements insolites en France
- Canal des deux mers à vélo (mars 2018)
- La Loire à Vélo
- Paris – Île-de-France à vélo (juin 2018)
- La Vélodyssée (Roscoff-Hendaye)
- Nos meilleurs campings en France
- Nos meilleures chambres d'hôtes en France
- Nos meilleurs restos en France
- Les visites d'entreprises en France

Autres guides sur Paris

- Paris
- Paris balades
- Paris exotique (octobre 2017)
- Restos et bistrots de Paris
- Le Routard des amoureux à Paris
- Week-ends autour de Paris

les ROUTARDS sur l'ÉTRANGER 2018-2019

(dates de parution sur • **routard.com** •)

Découpage de l'ESPAGNE par le ROUTARD

Découpage de l'ITALIE par le ROUTARD

Autres pays européens

- Allemagne
- Angleterre, Pays de Galles
- Autriche
- Belgique
- Crète
- Croatie
- Danemark, Suède
- Écosse
- Finlande
- Grèce continentale
- Hongrie
- Îles grecques et Athènes
- Irlande
- Islande
- Madère
- Malte
- Norvège
- Pays baltes : Tallinn, Riga, Vilnius
- Pologne
- Portugal
- République tchèque, Slovaquie
- Roumanie, Bulgarie
- Suisse

Villes européennes

- Amsterdam et ses environs
- Berlin
- Bruxelles
- Budapest (mars 2018)
- Copenhague
- Dublin
- Lisbonne
- Londres
- Moscou
- Naples (décembre 2017)
- Porto (janvier 2018)
- Prague
- Saint-Pétersbourg
- Stockholm
- Vienne

les ROUTARDS sur l'ÉTRANGER 2018-2019

(dates de parution sur • routard.com •)

Découpage des ÉTATS-UNIS par le ROUTARD

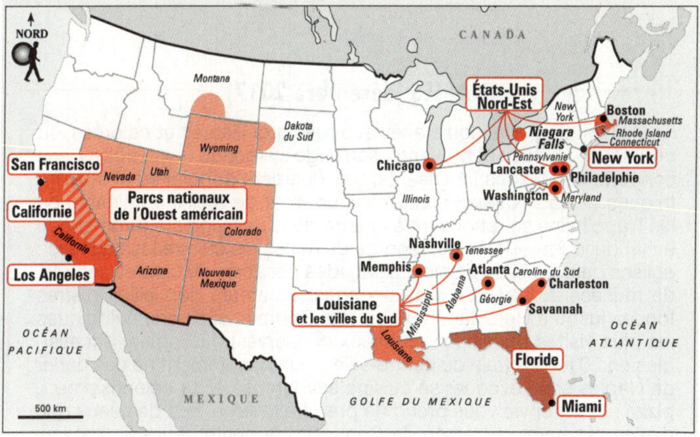

Autres pays d'Amérique

- Argentine
- Brésil
- Canada Ouest
- Chili et île de Pâques
- Colombie (avril 2018)
- Costa Rica
- Équateur et les îles Galápagos
- Guatemala, Yucatán et Chiapas
- Mexique
- Montréal
- Pérou, Bolivie
- Québec, Ontario et Provinces maritimes

Asie et Océanie

- Australie côte est + Red Centre
- Bali, Lombok
- Bangkok
- Birmanie (Myanmar)
- Cambodge, Laos
- Chine
- Hong-Kong, Macao, Canton
- Inde du Nord
- Inde du Sud
- Israël et Palestine
- Istanbul
- Jordanie
- Malaisie, Singapour
- Népal
- Shanghai
- Sri Lanka (Ceylan)
- Thaïlande
- Tokyo, Kyoto et environs
- Turquie
- Vietnam

Afrique

- Afrique du Sud
- Égypte
- Kenya, Tanzanie et Zanzibar
- Maroc
- Marrakech
- Sénégal
- Tunisie

Îles Caraïbes et océan Indien

- Cuba
- Guadeloupe, Saint-Martin, Saint-Barth
- Île Maurice, Rodrigues
- Madagascar
- Martinique
- République dominicaine (Saint-Domingue)
- Réunion

Guides de conversation

- Allemand
- Anglais
- Arabe du Maghreb
- Arabe du Proche-Orient
- Chinois
- Croate
- Espagnol
- Grec
- Italien
- Japonais
- Portugais
- Russe
- G'palémo (conversation par l'image)

Livres-photos Livres-cadeaux

- Voyages (octobre 2017)
- Nos 120 coins secrets en Europe (octobre 2017)
- Les 50 voyages à faire dans sa vie
- 1200 coups de cœur dans le monde
- 1200 coups de cœur en France
- Nos 52 week-ends dans les plus belles villes d'Europe

NOS NOUVEAUTÉS

NAPLES (décembre 2017)

Naples est une ville inouïe avec ses rues grouillantes et colorées, sa population joyeuse et bruyante, son linge suspendu aux fenêtres, ses concerts de klaxons incessants, ses quartiers populaires et labyrinthiques… Mais Naples, c'est aussi un front de mer interminable où les Napolitains se retrouvent à l'heure de la *passeggiata* (promenade en fin de journée). Naples, regorge de richesses culturelles cachées : églises baroques, de palais aux façades décaties, de cloîtres secrets, de musées aux trésors insoupçonnés. Amateurs de vieilles pierres foncez jusqu'à Herculanum et surtout Pompéi, sites archéologiques les plus visités d'Italie (et les mieux conservés), facilement accessibles en 20 mn de train du centre-ville… Enfin, comment ne pas parler de Naples sans évoquer sa cuisine savoureuse et sa célébrissime… pizza ! Et si l'envie vous prend de prendre le large, rien de mieux que d'aller découvrir la beauté de Capri, à une petite heure en bateau, ou à Ischia profiter de ses stations thermales, à moins que vous ne préfériez la minuscule île de Procida… la plus secrète.

PORTO (janvier 2018)

Établie sur des rives escarpées à l'embouchure du Douro, cette jolie ville était la « belle endormie » du nord du pays. Elle donna son nom à l'antique Lusitanie. Portugal ! Tout a commencé ici. Les épopées maritimes l'ont ouverte sur le monde. L'or du Brésil l'a enrichie et les fameux vins de Porto de la vallée du Douro assurent encore sa renommée. Le quartier historique de la Ribeira, autrefois délabré, a été classé par l'Unesco. Sous l'effet d'un nouveau souffle urbain, Porto se métamorphose. La 2e ville du Portugal retrouve l'éclat de sa splendeur passée. Vieilles demeures blasonnées sortant de leur décrépitude, façades splendides ornées d'azulejos, églises baroques gardiennes de l'esprit des lieux, tramways jaunes et échoppes anciennes, restaurants et bars branchés, hôtels design ! Déambuler dans ces ruelles tortueuses et populaires est un enchantement. Une virée à Porto passe toujours par Vila Nova de Gaia, le faubourg de la rive gauche du Douro où s'alignent les chais et magasins des grands domaines viticoles (Graham's, Taylor's, Sandeman, Ferreira...). Ici, les grandes épopées se dégustent dans un verre.

ASSOCIATION CONTRE
LA PROSTITUTION
DES ENFANTS
Okó - Espace offert par le Guide du Routard
Abusez d'un enfant au soleil
et vous passerez 10 ans à l'ombre
La Loi d'extraterritorialité votée en 1994, révisée en 1998, permet de juger un résident et/ou un ressortissant français ayant commis des abus sexuels en France ou à l'étranger. Les peines pour un abus commis sur un enfant sont sévères : jusqu'à 10 ans d'emprisonnement et 150 000 € d'amende.
www.acpe-asso.org
A C P E - 14, rue Mondétour - 75001 Paris
Tél. : 01 40 26 91 51 - acpe@acpe-asso.org
a c p e
ASSOCIATION CONTRE LA PROSTITUTION DES ENFANTS

Espace offert par l'annonceur – Avec le soutien de l'agence ★ EURO RSCG C&O
RÉPARER LES VIES
HANDICAP
INTERNATIONAL

NOS NOUVEAUTÉS

BUDAPEST (mars 2018)

À cheval sur le fleuve majestueux qui sépare la colline de Buda, à l'ouest, et la ville de Pest, en face, reliées par l'agrafe du Pont des Chaînes, la capitale hongroise est fière de ses 2000 ans d'une histoire splendide et douloureuse. Autrefois convoitée par les Turcs, soumise par les Autrichiens, meurtrie par les nazis et asservie par les Soviétiques, la « grande dame du Danube » a retrouvé son lustre à la faveur de son adhésion à l'UE. Desservie par les lignes aériennes *low-cost,* on y part volontiers sur les traces de sa grandeur passée avec son magnifique Parlement et ses demeures Sécession. Venez découvrir la tradition des bains chauds en plein air, l'émouvant quartier juif, ses magnifiques musées, la tournée des *ruin-pubs* et le festival rock de Szeged. Voici une cité jeune et bouillonnante de vie tout comme Prague et Berlin.

PARIS EXOTIQUE (octobre 2017)

Vibrante et cosmopolite, Paris est un concentré de cultures du monde entier. Partez donc pour un tour du monde écolo, en réduisant votre empreinte carbone à un ticket de métro, et sans *jet lag*. Notre champ d'investigation ? Les 20 arrondissements parisiens. De jardins secrets en musées, de marchés épicés en épiceries typiques, de pubs irlandais en bars à chicha, d'*empanaderias* argentines en *trattorias* italiennes, des temples de la gastronomie indienne à ceux de la *burgermania* en passant par l'authentique marché africain de Château Rouge, les repères de la culture manga et les pauses sucrées dans des salons de thé *so British*... Paname démontre sa richesse et sa vraie vitalité. Paname, surtout, n'a pas de frontière !

Nous tenons à remercier tout particulièrement Loup-Maëlle Besançon, Thierry Bessou, Gérard Bouchu, François Chauvin, Grégory Dalex, Fabrice Doumergue, Cédric Fischer, Carole Fouque, Michelle Georget, David Giason, Claude Hervé-Bazin, Emmanuel Juste, Dimitri Lefèvre, Fabrice de Lestang, Romain Meynier, Éric Milet, Pierre Mitrano, Jean-Sébastien Petitdemange et Thomas Rivallain pour leur collaboration régulière.

Emmanuelle Bauquis
Jean-Jacques Bordier-Chêne
Michèle Boucher
Diane Capron
Laura Charlier
Agnès Debiage
Jérôme Denoix
Tovi et Ahmet Diler
Marjorie Dubois
Clélie Dudon
Sophie Duval
Jeanne Favas
Alain Fisch
Alexandra Fouchard
Guillaume Garnier
Nicolas George
Bérénice Glanger
Adrien et Clément Gloaguen
Léa Guinolas
Manon Guyot
Bernard Hilaire
Sébastien Jauffret
Céline Kamand
Jacques Lemoine
Aurore de Lombarès
Caroline Ollion
Martine Partrat
Odile Paugam et Didier Jehanno
Prakit Saiporn
Jean Tiffon
Jean-Luc et Antigone Schilling
Caroline Vallano

Direction : Nathalie Bloch-Pujo
Contrôle de gestion : Jérôme Boulingre et Adeline Cazabat Barrere
Secrétariat : Catherine Maîtrepierre
Direction éditoriale : Hélène Firquet
Édition : Matthieu Devaux, Olga Krokhina, Gia-Quy Tran, Julie Dupré, Emmanuelle Michon, Alba Bastida Díaz, Amélie Gattepaille, Ludmilla Guillet, Pauline Janssens, Margaux Lefebvre, Amélie Ramond, Flora Sallot, Elvire Tandjaoui et Clémence Toublanc
Préparation-lecture : Agnès Petit
Cartographie : Frédéric Clémençon, Aurélie Huot et Thomas Dequeker
Fabrication : Nathalie Lautout et Audrey Detournay
Relations presse France : COM'PROD, Fred Papet. ☎ 01-70-69-04-69. • *info@comprod.fr* •
Direction marketing : Adrien de Bizemont, Clémence de Boisfleury et Charlotte Brou
Contacts partenariats : André Magniez (EMD). • *andremagniez@gmail.com* •
Édition des partenariats : Élise Ernest
Informatique éditoriale : Lionel Barth
Couverture : Clément Gloaguen et Seenk
Maquette intérieure : le-bureau-des-affaires-graphiques.com, Thibault Reumaux et npeg.fr
Relations presse : Martine Levens (Belgique) et Maureen Browne (Suisse)
Régie publicitaire : Florence Brunel-Jars

INDEX GÉNÉRAL

LISTE DES CARTES ET PLANS

Remarque importante aux hôteliers et restaurateurs

Les enquêteurs du *Routard* travaillent dans le plus strict anonymat. Aucune réduction, aucun avantage quelconque, aucune rétribution n'est jamais demandé en contrepartie. Face aux aigrefins, la loi autorise les hôteliers et restaurateurs à porter plainte.

Avis aux lecteurs

Le Routard, ce n'est pas comme le bon vin, il vieillit mal. On ne veut pas pousser à la consommation, mais évitez de partir avec une édition ancienne. Les modifications sont souvent importantes.
Les réductions accordées à nos lecteurs ne sont jamais demandées par nos rédacteurs afin de préserver leur indépendance. Les hôteliers et restaurateurs sont sollicités par une société de mailing, totalement indépendante de la rédaction, qui reste donc libre de ses choix. De même pour les autocollants et plaques émaillées.

Avec routard.com, choisissez, organisez, réservez et partagez vos voyages !

✓ Rejoignez la plus grande communauté francophone de voyageurs: de **2,2 à 2,6 millions de visiteurs uniques (par mois!).**

✓ Échangez avec les routarnautes: forums, photos, avis d'hôtels.

✓ Retrouvez aussi toutes les informations actualisées pour choisir et préparer vos voyages: plus de 200 fiches pays, une centaine de dossiers pratiques et un magazine en ligne pour découvrir tous les secrets de votre destination.

✓ Enfin, comparez les offres pour organiser et réserver votre voyage au meilleur prix.

Les **Routards** *parlent aux* **Routards**

Faites-nous part de vos expériences, de vos découvertes, de vos tuyaux et de vos coups de cœur. Aidez-nous à remettre l'ouvrage à jour. Indiquez-nous les renseignements périmés. Faites profiter les autres de vos adresses nouvelles, combines géniales... On adresse un exemplaire gratuit de la prochaine édition à ceux qui nous envoient les meilleurs courriers, pour la qualité et la pertinence des informations.
Quelques conseils cependant:
– Envoyez-nous votre courrier le plus tôt possible afin que l'on puisse insérer vos tuyaux sur la prochaine édition.
– N'oubliez pas de préciser l'ouvrage que vous désirez recevoir, ainsi que votre adresse postale.
– Vérifiez que vos remarques concernent l'édition en cours et notez les pages du guide concernées par vos observations.
– Quand vous indiquez des hôtels ou des restaurants, pensez à signaler leur adresse précise et, pour les grandes villes, les moyens de transport pour y aller.
Si vous le pouvez, joignez la carte de visite de l'hôtel ou du resto décrit.
En tout état de cause, merci pour vos nombreux mails.

122, rue du Moulin-des-Prés, 75013 Paris

• *guide@routard.com* • *routard.com* •

Routard Assurance *2018*

Née du partenariat entre *AVI International* et le *Routard*, *Routard Assurance* est une assurance voyage complète qui offre toutes les prestations d'assistance indispensables à l'étranger : dépenses médicales, pharmacie, frais d'hôpital, rapatriement médical, caution et défense pénale, responsabilité civile vie privée et bagages. Présent dans le monde entier, le plateau d'assistance d'*AVI International* donne accès à un vaste réseau de médecins et d'hôpitaux : pas de franchise, aucune avance de frais à faire, un numéro d'appel gratuit disponible 24h/24. *AVI International* dispose par ailleurs d'une filiale aux États-Unis qui permet d'intervenir plus rapidement auprès des hôpitaux locaux. À noter, *Routard Assurance Famille* couvre jusqu'à 7 personnes, et *Routard Assurance Longue Durée Marco Polo* couvre les voyages de plus de 2 mois dans le monde entier. *AVI International* est une équipe d'experts qui répondra à toutes vos questions par téléphone : ☎ 01-44-63-51-00 ou par mail • *routard@avi-international.com* • Conditions et souscription sur • *avi-international.com* • Avant de partir, pensez à télécharger l'appli mobile *AVI* et accéder à tous vos documents d'assurance en 2 clics.

Édité par Hachette Livre (58, rue Jean-Bleuzen, CS 70007, 92178 Vanves Cedex, France)
Photocomposé par Jouve (rue de Monbary, 45140 Ormes, France)
Imprimé par Lego SPA Plant Lavis (via Galileo Galilei, 11, 38015, Lavis, Italie)
Achevé d'imprimer le 4 septembre 2017
Collection n° 13 - Édition n° 01
58/6934/1
I.S.B.N. 978-2-01-279999-8
Dépôt légal : septembre 2017

PAPIER À BASE DE FIBRES CERTIFIÉES